OLAF LEITNER

West-Berlin! Westberlin! Berlin (West)!

OLAF LEITNER

West-Berlin! Westberlin! Berlin (West)!

Die Kultur – die Szene – die Politik
Erinnerungen an eine Teilstadt der 70er und 80er Jahre

SCHWARZKOPF & SCHWARZKOPF

Dies Buch ist all jenen gewidmet, die unbeirrt daran glauben, dass Zukunft nur durch Erinnerung möglich ist.

INHALT

Monika, ich liebe Dich!

Die Begründung für dieses Buch stammt, wie die Idee selbst, vom Verleger Oliver Schwarzkopf: Es gäbe allenthalben viel DDR-Nostalgie, zusammengefasst unter dem Begriff *Ostalgie*. Warum nicht auch mal etwas Westliches nostalgisch zubereiten? Und da böte sich West-Berlin als Objekt erinnerungsfreudiger Rekonstruktionen nachgerade an.

Eine gute Idee, sicher, aber wie, bitte, soll man zwölf Zentner Kartoffeln in eine Haribo-Tüte packen? Eine Stadt, die keine richtige Stadt, aber dennoch riesengroß war, wie soll man die im Nachhinein bändigen, alles Wichtige wach halten oder wieder wach machen? Es muss gehen, irgendwie, am besten mit Hilfe jener Persönlichkeiten, die West-Berlin gestaltet haben, die vielleicht nicht immer das Sagen hatten, aber zum Profil dieser Stadt beigetragen haben, die in ihrem Job etwas zum Wohl der ganzen Halbstadt bewirkten. Sei es als freier Unternehmer, Kulturbeamter, Entertainer, Künstler, Politiker, Impresario, Cineast, Verleger, Theaterdirektor, Medienarbeiter, Kunstmäzen, Designer oder als Vorsitzender einer Religionsgemeinschaft. Sie können helfen, das riesige Material, die Berge von Erinnerungen, Tatsachen, Spinnereien, Mythen, Siegen und Katastrophen, Wichtigkeiten-Nichtigkeiten zu sichten und zu bewerten. Nach eigenem Gusto. Frank und frei. Und mit dem Mut zur Unvollkommenheit, zur Lücke, zum Weglassen.

Nichts schätzen Sammler mehr als ein historisch abgeschlossenes Terrain. Da weiß man genau, was man schon hat, und was man noch braucht zur Komplettierung der Sammlung. Die DDR ist so ein Gebiet, West-Berlin auch.

Nun kann man zusammentragen und katalogisieren, was auffindbar oder noch zu entdecken ist. Das Buch bietet naturgemäß nur eine beschränkte Sicht auf West-Berlin, es liefert sicher nicht die ganze Wahrheit. Aber wer traut sich zu, diesen Koloss in seiner Gesamtheit zu erfassen? Wie sagte der Meister Brecht: Ich hab Vorschläge gemacht. Erbitte submissest, mich auch in den Schutz dieses Satzes begeben zu dürfen.

Die Auswahl der befragten Personen ist also das Ergebnis subjektiver, einseitiger Wertungen oder das Resultat persönlicher Unfähigkeit beim Erkennen des Wesentlichen. Ich bin bereit, jedes Schuldanerkenntnis zu unterschreiben. Denn es geht um die Erinnerung an *mein* West-Berlin, es gehörte mir nämlich ganz allein. So wie es den anderen 2,13 Millionen West-Berlinern auch ganz allein gehörte.

Es war ein Glück, dass die ausgesuchten Persönlichkeiten mit ganz wenigen Ausnahmen bereit waren, über West-Berlin zu sprechen. Über *sich* und West-Berlin zu sprechen. Es sind Menschen, die eine Stadt ausmachen. Erst dann macht die Stadt die Menschen. Was dachte, fühlte, wollte, konnte man in West-Berlin? Es ist mir nicht ganz gelungen, alle 2,13 Miollionen von damals danach zu befragen. Es kommen nur etwa 80 Augenzeugen zu Wort.

Der ehrenwerten Leserschaft sei freigestellt, etwas zu finden, was sie in diesem Kompendium nicht findet, Lücken und Fehlgriffe aufzudecken. Diese werden bereits jetzt schon aufs Herzhafteste bedauert. Die KollegInnen von der schreibenden Zunft seien heftig ermuntert, ein zweites Buch zu machen und alles Vergessene nachzuliefern.

Wenn aus den Dialogen Monologe wurden, so war das hoch willkommen. Denn es war die Absicht des Fragenden, sich selbst zurückzuhalten, die jeweils Befragten zum ausführlichen Reden zu verführen und das Gespräch ausufern zu lassen. Man durfte vom Hundertsten ins Tausendste kommen, wobei ja dabei die Reihenfolge interessant ist. Dieses Verfahren steht im krassen Gegensatz zum Zwei-Minuten-Journalismus des Radios und zum 20-Sekunden-Gesprächstakt des Fernsehens. Gespräche müssen sich entwickeln dürfen. Hier reproduzieren sie eine durch das individuelle Temperament gefilterte West-Berlin-Atmosphäre, offerieren die jeweils persönliche Sicht auf Ereignisse und Entwicklungen. Wer auf der Suche nach objektiven Fakten und Faktoren ist, bemühe die Stadtchronik oder die Statistischen Jahrbücher, er wird hier nicht fündig. Wie sagte, laut stern, die Mutter von Karl Lagerfeld? »Karl, du musst die Zusammenhänge kennen. Der Rest steht im Lexikon.« Die Befragten liefern diese Zusammenhänge mit Unzulänglichkeiten, Übertreibungen, Untertreibungen und tieferen Wahrheiten als Würze. Brillant gesponnen rangiert über blasser Wahrheit. Denn wie es hätte sein können, ist ja auch eine Wahrheit, eine virtuelle zumindest.

Abschweifungen waren gestattet, wenn sie uns intelligent vom Wege abbrachten und letztlich doch zum Ziel führten. Da sind Sachen zu erfahren, die in keinen großen Zusammenhang passen, aber dennoch Lebens-Zeichen und Indizien für, wie heißt es so modisch: für Befindlichkeiten liefern.

Die Befragten hatten also das Recht auf Irrtum, auf Fehlanalysen, auf Geschichtsklitterung, auf dreiste Lügen, auf »Meinung«. Nur haben die Interviewten dieses Recht kaum in Anspruch genommen, es wurden erkennbar keine Taschenspielertricks bei der Reanimation historischer Wahrheit angewandt. Hin und wieder ergeben sich Widersprüche – umso besser. Das gibt den Lesenden die Möglichkeit, aus These und Antithese seine Synthese zu entwickeln, ganz so wie es uns die 68er aus ihrem Hegel-Zettelkasten beigebracht hatten.

Und letztlich erbringt die Addition des Subjektiven irgendwann die höchste Stufe der Objektivität, sofern es die überhaupt geben mag.

Namen wurden genannt, die sonst untergehen würden. Oder schon untergegangen sind. Das ist bitte nicht als *name dropping,* als Imponiergehabe, zu interpretieren. Sondern als Anregung auszuforschen, wer/was hinter den Namen steckt. Sternstunden ergeben sich, wenn sich Personen, die im Buch vorkommen, auf Personen beziehen, die auch vorkommen. Und wenn sie dann noch über das gleiche Ereignis berichten, ist dies an Informationsdichte kaum mehr zu toppen.

Manche der Zeitzeugen decken mehrere Bereiche ab, manche haben den Bereich, den sie schildern, erst selbst erfunden (z.B. Juppy und die Ufafabrik).

Absagen erhielt ich von Günter Gaus (»Leider keine Zeit«) und Günter Grass, der erfreulicherweise inzwischen leider Nobelpreisträger geworden war, auch keine Zeit hatte und sowieso gerade an einem wichtigen Buch schrieb. Mein Ringen um den Berliner Verleger Klaus Wagenbach wird etliche Seiten später dokumentiert, und richtig traurig machte mich die Absage von Monika Döring, Konzertveranstalterin im Loft, in der West-Berliner Musikszene eine Kultfigur. Die Döring hat mit mir ein Zwei-Stunden-Gespräch geführt, das sie dann aber nicht zur Veröffentlichung freigab. Hier das Gedächtnisprotokoll eines letzten verzweifelten Versuches, sie umzustimmen:

> ***Olaf Leitner:*** *Monika, ich liebe dich, die Stadt hat dich geliebt, die Szene liebt dich noch immer – bitte, bitte, gib mein Interview mit dir frei!*
> **Monika Döring:** Nein, es war ein Fehler, mich überhaupt darauf einzulassen. Bitte quäle mich nicht, ich habe mit der Vergangenheit abgeschlossen. Ich will mich damit nicht mehr aus-

einander setzen, ich habe jetzt andere Interessen.

Olaf Leitner: Aber du warst doch ein Teil der West-Berliner Öffentlichkeit.

Monika Döring: Das habe ich nicht für mich, sondern für meine Musiker getan. Ich wäre für mich selbst nie an die Öffentlichkeit gegangen.

Olaf Leitner: Dieses Buch strotzt vor Männern – und jetzt springt mir eine der ganz wichtigen Frauen ab ... Meine ohnehin kümmerliche Frauenquote sinkt weiter!

Monika Döring: Du hast doch Irene.

Olaf Leitner: Ja, gottlob. Aber du warst auch wichtig.

Monika Döring: Mag ja sein, aber kapier doch mal endlich – ich will nicht. Dennoch lad ich dich jederzeit zum Kuchenessen ein.

Ein schwacher Trost. Aber ich werde drauf zurückkommen.

Dieses Buch versucht, die sinnlich mageren Chroniken aufzufüllen, Zahlen und den bekannten Fakten, Fakten, Fakten! Leben einzuhauchen, »Butter bei die Fische« zu geben, wie Ex-Kanzler Helmut Schmidt zu sagen pflegte.

In welchem Geschichtsbuch wird über jenen westdeutschen Vater berichtet, der seinem Sohn im Kreuzberger Untergrund regelmäßig ein Care-Paket überbrachte und mit einem Rolls Royce vorfuhr? Wo wird der Zusammenhang zwischen Bier und Revolution aufgezeigt? Wer erinnert an den namenlosen Passanten, der am Kudamm einen Steinwurf verhinderte? Wo ist notiert, wie subversive Kontakte zwischen West- und Ost-Berlin verliefen, wie Rudi Carell die Berliner SPD vor einer Blamage bewahrte und wann »Amis« und »Sowjets« zu gemeinsamen Sponsoren eines West-Berliner Kulturbetriebs wurden? Ringe sind's, die eine Kette machen. Und hier sind die Kettenglieder eine Reihe von individuellen Erfahrungen, Ereignissen, Mythen, Anekdoten, Fußnoten, Randbemerkungen, Detailbeobachtungen und Emotionalien. Die Boots aus den 60er Jahren berichten, dass sie mit langen Haaren Probleme hatten, MDK hatte 1983 Probleme mit kurzen.

Und so wird nun hoffentlich ein Bild von West-Berlin geprägt, an das sich Alteingesessene erinnern können und das sich zum Kennenlernen für zahlreichen Neubürger anbietet. Berlin-Newcomer sollten wissen, dass sie auf historischem Boden sitzen, und der Boden zwischen 1961 und 1989 besonders historisch war.

Einige Fragen wurden gebetsmühlenartig möglichst allen gestellt, etwa die nach der West-Berliner Gesellschaft, und wenn bedeutende Persönlichkeiten zwischen Lichtenrade und Frohnau aufzuzählen waren, folgte fast stets eine entlarvende Pause – gab es so wenig?

Nur drei gelernte DDR-Bürger kommen zu Wort (»Barney« Scheubert, Markus Ermert und Christoph Tannert), weil sie sich bereits »drüben« lebhaft mit West-Berlin auseinander gesetzt hatten, auf unterschiedliche Weise.

Die Gespräche wurden mitgeschnitten, abgetippt und den Beteiligten zur Beglaubigung vorgelegt. Sie wurden nicht vom Autor redigiert, sie sollten möglichst authentisch wiedergegeben werden. Das gehört zur Reproduktion von Wirklichkeit. Ziel war es, die spezielle Redeweise ins Gedruckte zu übertragen, mit allen sprachtechnischen Unvollkommenheiten und auf die Gefahr hin, dass mancher Satz stilistisch rauer erscheint, als wenn er in einem geschliffenen Schreibtext stehen würde. Nicht nur *was* gesagt wird, ist wichtig, sondern auch *wie* es gesagt wird. Zumal die emotionalen Beigaben während des Gesprächs im Drucktext ohnehin kaum zu transportieren sind. Doch auch die Wortwahl reproduziert Gefühl.

Es sollten sozusagen Tonbandaufnahmen auf Papier werden, ein irritierendes Verfahren, wie alsbald klar wurde: »Ich habe mich mit den Korrekturen sehr zurückgehalten, obwohl mir das ehrlicherweise gesagt sehr schwer gefallen ist, denn wenn man so liest, was man da formuliert hat, möchte man sofort von A–Z korrigieren. Zugegeben, es wäre dann ein sehr veränderter Text geworden, also soll es so bleiben, wie ich es Ihnen ursprünglich ins Mikrofon gesprochen habe«, schrieb Jürgen Schitthelm, und es sei ihm für sein Einverständnis gedankt. Alle anderen Gesprächspartner (w/m) empfanden vermutlich das Gleiche. Auch ihnen Dank für den Mut zur Unvollkommenheit.

Beim Versuch, auch den Klang der Gespräche zu transportieren, ergeben sich Schwierigkeiten: Wenn jemand Berliner Slang spricht (wie Musiker der Gruppe MDK), klingt das »prollmäßig« und irgendwie doof (das Problem haben wir Berliner mit unserem Nicht-Dialekt, und darum vermeiden wir ihn in der Regel – »Berlina nich so!«), obwohl eine proletarische Wurzel nun wahrlich nicht bedeutet, doof zu sein. Da war bei der Transkription ein Kompromiss zu finden, indem das Berlinische eher angedeutet wurde, um die Person nicht zu desavouieren. Und gerade in rauen Sprachmustern ist oft sehr viel Zartheit und getarntes Gefühl zu entdecken.

Die Zitate stammen mit wenigen, gekennzeichneten, Ausnahmen aus Gesprächen mit dem Autor. Die Schreibweise »West-Berlin« (s. Glossar!), vom Autor protegiert, ließ sich nicht immer durchsetzen, Ulrich Eckhardt gar empfand die Schreibvariante »Westberlin« als Erleichterung.

Manches, was gesagt wird, ist womöglich bereits überholt, deshalb sollte auf das Gesprächsdatum geachtet werden. Da die Aussagen jedoch einen längst abgeschlossenen Zeitraum behandeln, müssen sie nicht dem Aktualitätswahn genügen, man könnte gar sagen, je dichter sie am behandelten Zeitpunkt dran sind, umso weniger kommt das süße Gift verblassender Erinnerungen zur Wirkung. Die sich breit machende Milde beim Blick in den Rückspiegel wächst bekanntlich mit den Jahren. Und das Thema »11. September« kam aus Gründen der Zeitläufe nur in einem Gespräch (Broder) zur Sprache. Am 13.3.2001 hatte beispielsweise Peter Schneider noch bilanziert, dass »es plötzlich keine Konkurrenz mehr zum real existierenden Kapitalismus gibt. Das Schlimmste, was einer Gesellschaft passieren kann, die ganz auf Konkurrenz gegründet ist, ist die Abwesenheit von Konkurrenz.« Möglicherweise würde er diese Feststellung nun revidieren: Die Konkurrenz ist da – der real existierende weltweit organisierte Terrorismus und Fundamentalismus. Aber dies wäre wirklich ein anderes Thema.

Einige der Gespräche sind älteren Datums und mit dem Hinweis »Aus dem Archiv« gekennzeichnet. Drei davon wurden, teilweise stark gekürzt, bereits im tip-Magazin (Heinz Galinski, MDK) oder bei Radio Brandenburg (K. M. Michel, Neuss – Biermann) veröffentlicht. Im tip erschienen auch einige der Glossen.

Ich danke allen, die sich befragen ließen, für Offenheit, Geduld, Freundlichkeit und Nachsicht.

Es war und ist ein Vergnügen, Ihre und eure Erinnerungen ausbeuten, sichten und präsentieren zu dürfen.

Olaf Leitner
im Frühjahr 2002

Windbeutel, Mantras, Hugenotten und der König der Löwen

Eine einseitige Einführung ins Thema

Es war ein Sonntag, es war August und die Sonne schien, und es war viel zu früh, als das Telefon klingelte. Ein Freund vom SFB-Fernsehen war dran und sagte, raus aus den Federn, setz dich in die Bahn und scher dich zum Potsdamer Platz. Wir brauchen Leute, da ist was im Gange. Eine knappe Stunde später hatte ich einen dicken roten Schlauch zwischen den Fingern und sorgte dafür, dass der Kameramann sich frei entfalten konnte. Denn er und seine Kollegen hatten ein hochinteressantes Motiv abzulichten: Der Westsektor Berlins wurde gerade zugemauert. So habe ich als kabelschleppender Oberschüler die wahre Geburtsstunde West-Berlins hautnah miterlebt (der Zeugungsakt dauerte etwa von 1944–61), ich musste sogar zwecks Wahrheitsfindung auf dem Dach des Esplanade herumkrauchen. Fortan konnte ich mir aus dem Ostsektor keine wohlfeilen Reagenzgläser mehr für meine hochgeheimen Experimente besorgen und keine billigen Reclam-Hefte, für die ich Ostpfennige herüberreichte, die ich zu einem sehr frei schwebenden Wechselkurs getauscht hatte.

Die Mauer wurde höher und höher, der Zorn und die Verzweiflung wurden immer größer, aber Konrad Adenauer blieb in Bonn. Bei diversen Veranstaltungen mit Präsidenten und Vizepräsidenten aus den USA vor dem Schöneberger Rathaus wurde den West-Berlinern viel Mut gemacht. Das ließ die Mauer zwar nicht wanken, aber machte den »Westteil der Stadt« zum Nabel der freiheitlichen Welt. Stolz bin ich auf ein Zeitungsfoto, das mich zusammen mit Vizepräsident Lyndon B. Johnson auf dem Rathausbalkon zeigt. Von mir ist zwar nur eine winzige Gesichtshälfte zu sehen, aber der Mantel der Geschichte streift eben doch mal ein Kabelhelferlein des SFB.

So, und nun? Wer war eingemauert, wir West-Berliner oder die drüben? *Wir* konnten ja heraus, notfalls, wie einst die Care-Pakete und Trockenkartoffeln, via Luftweg. Oder per Auto über den Acker, den wir trotzig und moralisch voll gerechtfertigt die »Zone« nannten.

Irgendwann, viele etliche Jahre später, sagte ein anderer Präsident, aber wieder einer aus den USA, »Mr. Gorbachev – tear down this wall!« und Gorbatschow meinte in Moskau, OK, logo, geht in Ordnung, *no problem*, das haben wir doch gleich! und schon kurz darauf las Günter Schabowski seinen berühmten Spickzettel vor, der nichts anderes war als eine getarnte Urkunde zur Entlassung der DDR-Menschen aus ihrer Staatsbürgerschaft. Alsbald wurden für alle herbeieilenden und am *Stone-washed*-Jeans-Look erkennbaren Brüder und Schwestern aus der DDR 100-DM-Scheine ausgegeben, mit denen uns West-Berlinern die Ananas-Joghurts vor der Nase weggekauft wurden. Die Firma Aldi denkt an jene schöne Zeit mit Wehmut zurück.

Zwischen dem Telefonanruf und dem verdaddelten Spickzettel aus dem Politbüro liegt für mich – West-Berlin. Ich war dabei, als es geboren wurde, und ich ließ es mir nicht nehmen, es auch zu beerdigen. Man benötigte dazu einen kleinen Hammer, um damit hektisch, aber beseelt, an der Mauer oder deren Resten herumzupicken – reih dich ein in die Mauerspechte-Einheitsfront! Und als mir beim Überqueren der nun offenen Grenze in Richtung Teltow die DDR-Grenzer angeblich zu Gunsten des rumänischen Roten Kreuzes ein Stück Mauer für 10 Westmark andienten, jene Grenzer, die mich jahrelang gefilzt und in irgendwelchen Schuppen mein Auto durchleuchtet hatten, um dort Handgranaten oder Atombomben aufzuspüren, da dachte ich nur noch an den alten Brecht: Am Grunde der Moldau, da wandern die Steine – das Große bleibt groß nicht und klein nicht das Kleine ...

Da waren Steine im wahren Wortsinn gewandert, und so kaufte ich das Betonstück, verlangte aber, dass es mit einem Ein- und Ausreisestempel versehen werde. Das taten die Grenzer grinsend. Leider ist die Farbe auf der Mauerreliquie inzwischen so verblasst wie die Erinnerung an jene Zeit.

Mit dem Zusammenbruch des »antiimperialistischen Schutzwalls« (DDR-Lyrik) bekam also auch West-Berlin den Gnadenschuss. Aus West-Berlin und Berlin (Hauptstadt der DDR) wurde wieder – Berlin. Hauptstadt Gesamtdeutschlands.

Geblieben sind Erinnerungen an einen Mythos. An eine Weltmetropole auf dem Abstellgleis.

Manche sagten aber, erst mit dem großen Zusammenbruch 2001 in Berlin habe West-Berlin aufgehört zu existieren. Da mag nun jeder zu seiner Zeit West-Berlin zu Grabe getragen haben.

West-Berlin. Unsere schizophrene Situation ließ uns zwischen Lokalstolz und Minderwertigkeitsgefühlen einhertaumeln. Politisch waren wir ganz wichtig, ein Symbol für Freiheit, ein Bollwerk gegen Unterdrückung und Bevormundung, waren Weltstadt, aber irgendwie waren wir nicht direkt erreichbar und stets unter der Fuchtel. Wir waren wir der Löwe im Zoo: zwar König der Tiere, ach, nicht so bescheiden: König der Löwen, aber eingesperrt und auf Fütterungszeiten angewiesen. West-Berlin war ein hochbedeutendes Nichts. Was blieb, war die Hoffnung auf eine große Zukunft. Schon der Blick auf die Landkarte konnte einen wehmütig machen: Das ganze Berlin – eine Stadt mitten in Europa, am Schnittpunkt zwischen Ost und West und Nord und Süd, mit breiten Straßen, mit Wäldern und Seen, mit Bauten, die an vergangene Pracht erinnerten, mit Flughäfen im Süden und im Norden und mit einigen dazwischen, die sich die Alliierten gesichert hatten. Auf unseren Friedhöfen lagen bedeutende Männer und Frauen.

Die Alliierten – d.h. die West-Alliierten, man merkte sie kaum, sie waren wohlgelitten, wenn sie sich nicht gerade, wie die GI's, im »White Horse« prügelten in Ermangelung anderer Kampfhandlungen. Man sah ihr »Outpost«-Kino, irgendwo stand auch

Berlin bleibt doch Berlin, auch wenn es nur West-Berlin ist. (PR-Kampagne)

George Washington herum, der uns allen hier viel sympathischer war als Lenin; da waren die Straßenkreuzer der Amis mit den exotischen Nummernschildern und die blitzsauberen Uniformen der Schutzmacht. Die fand es in West-Berlin auch viel gemütlicher als in Vietnam. Und der AFN, heiß geliebt von den Kids – alles ein Hauch große Welt irgendwie, man hatte das gern. »Ich hab von den Alliierten gelebt. Ich habe mich immer gefreut, dass die da waren. Das war eine gewisse Internationalität«, sagt Klaus Hoffmann. »Ami go home!«, dachte mancher, »aber nimm mich mit!«

West-Berlin. Eine merkwürdige Gegend. Mit den Jungen und mit den mental furchtbar Alten, mit der Freiheit – so gut es ging – innen und mit der Unfreiheit außen. Dass zwei Welten aufeinander prallten, war historisch nichts Neues. Aber dass dies in einer Stadt mit einer Sprache und zwischen Menschen geschah, die miteinander verwandt und befreundet waren, das lieferte eine neue Situation. »Ick werd verrückt – die sprechen hier ja meine Sprache, die reden ja wie ick! Und trotzdem is hier allet anders!«, rief der Bluesmusiker Hansi Biebl (DDR) aus, als er das erste Mal am Kudamm stand. Er hatte für ein Gastspiel im Quasimodo den Reisepass bekommen.

Die geteilte Stadt war in ihrer West-Hälfte noch einmal geteilt: Es gab das streng konservative Proletariat, frei von allen Revolutions-Flausen, den typischen Ur- oder Altberliner, breitärschig, großmäulig, Bierbüchse, Kippen, schlabbernder Trainingsanzug, möglichst grün-lila, Pantoffeln auch für über die Straße, B.Z. unterm Arm, fettige Haare, schon leicht schütter, nass nach hinten gekämmt und so getrocknet, den »Ein Herz für Kinder«-Aufkleber am Heck des Opel Kadett. Dieses Gesamt-Outfit findet man immer noch – am Stück oder auf Einzelpersönlichkeiten verteilt. Und für solche Typen sollten die braven GI's in Dahlem notfalls ihr Leben lassen? Der typische Berliner – alle Vorurteile stimmen. Wenn man auch das Vorurteil einschließt, dass er einen guten Kern haben kann. Mancher hatte, in erträglicherer Variante, schon die bürgerlichen Kreise erreicht, die Morgenpost-Leser, jenen Bereich der braven Angestellten, öffentlich Beschäftigten und Beamten, die dann bereits mit einem Tagesspiegel-Abo und Ticket für das Re-

Übliche West-Berliner Straßenidylle

naissance-Theater in der Tasche plus Creme-Schnittchen-Termin im Café Kranzler weilten. Zudem kam die Phalanx der Zehlen- oder Wilmersdorfer Witwen, sie standen, leicht McCarthy-inspiriert, überwiegend treu und fest zur Schutzmacht USA, welche wiederum treu und fest zu ihnen stand. Deren Berlin-Seligkeit mit Sportpalast-Walzer-Frohsinn, Anita-Kupsch-Folklore und Das-ist-die-Berliner-Luft-Luft-Luft-Ekstasen lastete immer wie kalter Zigarrenrauch über einem Tanzsaal am Morgen danach. Da musste dringend gelüftet werden. Das taten die anderen, die »Krakeeler«, Nestbeschmutzer, Hausbesetzer, Graffiti-Schmierer, die Zugereisten, die »Beute-Berliner«, all die, die erst mal arbeiten lernen sollten, bevor sie sich für unsere Steuergelder hier breit machen – na, is doch so!! Also all die kreativen Störer, die wider den öffentlichen Stachel löckten oder ihn am besten gar nicht zur Kenntnis nahmen. Sie waren für Berlin das, was dermaleinst die Hugenotten für Brandenburg bedeuteten, meint Holger Klotzbach. Sie haben für Erneuerung gesorgt.

Für die Braven aber war alles, was ihnen nicht passte, was sie sich nicht erklären konnten, kommunistisch und von Moskau gesteuert. Und den Unbraven war das – schnurzpiepegal. Sie hatten Teile der Stadt längst für sich erobert und vom Rest der Welt abgesetzt.

Diese West-Stadt war also vom Kopf her konservativ, stellte sich taub gegen die Apostel einer vermeintlichen neuen, schöneren, gerechteren Welt, die, leider im Schatten Stalins, die Schalmeien bliesen. Durchaus real übrigens, wenn man an Erich Honecker denkt.

Vom Hintern her aber war sie dynamisch und nach vorne preschend, war wie einst der Wilde Westen: Sie zog Pioniere, Gestrandete und Abenteurer an, das Terrain zu besiedeln und auf neue Art urbar und bewohnbar zu machen. Die Aborigines legten fassungslos das Sofakissen in den Fensterrahmen, packten die prallen Unterarme drauf und glotzten vom 3. Stock hinab auf die Straße, aufs Leben da unten, das sich in der City zu verändern begann.

Es wurde zum *essential* der Soziologen, West-Berlin als Testfeld zu behandeln, hier spätere Entwicklungen für den Rest der Republik zu diagnostizieren. West-Berlin lag

Wandzeitung (mobile Ausführung)

immer schon im Fieber, wenn sich der Rest der Nation noch quietschwohl fühlte.

Eine Frage mochten die West-Berliner, echt oder zugereist, besonders gern, wenn sie ins Ausland oder in die BRD gereist waren: »Kommen Sie aus West- oder aus Ost-Berlin?« Allenfalls Kleinstädtern aus Wisconsin oder Maine war diese Frage erlaubt, aber nicht Bürgern aus Passau oder Eckernförde. Die Antwort auf so viel Ignoranz hatte zu lauten: »Wenn ich aus Ost-Berlin wäre, wäre ich jetzt nicht hier«.

Die Mauer. Auf der einen, der Ost-Seite, Todesstreifen, entsiedeltes Brachland oder Sperrgebiet, nur mit speziellen Genehmigungspapieren zugänglich, Wachhunde, Grenzpatrouillen, gar Selbstschussanlagen. Auf der Westseite – nichts Besonderes: Muntere Kinder, die ihren Ball gegen die Wand warfen, fernsehtrainierte Hobby-Fußballer, die an ihr den Spannschuss übten, Laienkünstler, die endlich eine genügend große Leinwand gefunden hatten und wacker pinselten und sprayten.

Und irgendwann haben die West-Berliner die Mauer nicht mehr gespürt: Stell dir vor da is 'ne Mauer, und keiner geht hin. Und so verhielt man sich. Man umkreiste am Wochenende den Schlachtensee, stapfte hoch droben durch den nördlichen Tegeler Forst, holte sich am südlichen Strandbad Wannsee eine winzige Dosis Mittelmeer-Atmosphäre und wich beim Umrunden des Grunewaldsees Tonnen von Hundekacke aus. Und wer in der City bleiben wollte, veranstaltete ein Barbecue im Tiergarten, umrahmt von fröhlich aktiven Türkenfamilien. Nur zu Urlaubszeiten, auf dem Weg ins Fichtelgebirge oder den Schwarzwald, merkte man sie wieder, diese Mauer: Ihre Personalpapiere, bitte, haben Sie Funkgeräte, Schusswaffen oder Munition dabei? Und das überwiegend auf Sächsisch oder was wir dafür hielten, ein Dialekt, den die West-Berliner allmählich hassen mussten. – Ihr freundlichen Sachsen und Thüringer, was hat man damals mit euch gemacht? Wenn heute ein Ex-West-Berliner Rochlitzer, Plauener oder Dresdner Mundart hört, greift er sofort zum Personalausweis und versteckt die Bild-Zeitung.

Aber die Mauer war, vom Westen aus gesehen, auch schön kuschelig. Man konnte es sich in ihrem Windschatten gemütlich machen, sie hielt widrige Winde ab. Und wenn Kreuzberg mal wieder auf den Putz haute, gab es zumindest eine Flanke, die sicher war vor dem Angriff der rauen Staatsgewalt, der vitalen grünen Männchen, unseren Freunden und Helfern mit dem Rohrstock in den Fäusten und der Spritzwasserverteilanlage im Gepäck: Das war die Mauerseite.

Bescheiden, wie die West-Berliner waren, konnten sie sich mit nur zwei Mantras geistig-moralisch über Wasser halten – mit Ernst Reuters »Ihr Völker der Welt, schaut auf diese Stadt ...«, ein Trösterli aus dem Jahr 1948, und Kennedys »Isch bün oin Börlina« von 1963. Phantasievolle Gegenparolen wie »Brecht dem Schütz (Klaus Schütz, einst Regierender der Stadt, O. L.) die Gräten, alle Macht den Räten«, »Amis raus aus Vietnam« oder gar »Ho-Ho-Ho-Chi-Minh« waren später nicht ganz so erfolgreich.

Ost-Berlin wiederum war eingepfercht zwischen zwei historische Aussagen mit geringem Wahrheitsgehalt: Die eine (Juni 1961) stammte von Walter Ulbricht: »Niemand hat die Absicht, eine Mauer zu errichten«, die andere von Erich Mielke (November 1989): »Ich liebe doch alle, alle Menschen«.

Die DDR erstrebte immer »Weltniveau«, und wurde deswegen bespöttelt. West-Berlin war da ähnlich beflissen, obwohl hier »nicht mal ordentlich Fußball gespielt wurde«, wie Erik Spiekermann sagt. Und so hätschelte man verzückt jeden auswärtigen Staatsgast, wenn es ihn in die Mauerstadt verschlug. Jeder Konzern, der in Berlin (West) aus Steuergründen eine Klitsche hinstellte, in der im

Grunde nichts Wesentliches getan wurde, musste öffentlich geküsst und geherzt werden, hatte er doch damit die Stadt der Freiheit am Leben erhalten. Obwohl Bonn immer spendabel war und Berlin für seine Märtyrer-Rolle reichlich belohnt wurde. Das Geld dafür wurde anfänglich auch mit Hilfe von Notopfermarken eingetrieben. Als Gegenleistung haben wir zu Weihnachten grüne Kerzen mit weißer Bauchbinde und roter Schrift in die Fenster gestellt – für die Brüder und Schwestern drüben: »Ich denk an dich«. Sozusagen »candle in the wind«. Ein Licht scheint in der Finsternis und im Sturm des Kalten Krieges. Wir guckten alsdann die Häuserfronten ab, wer sich wohl alles dem innigen Symbol des Zusammengehörens verweigert hatte. Ach, die Meiers wieder, typisch! Er soll ja nicht mal in der Kirche sein …

Man hatte sein Geld in »Mach das Tor auf«-Anstecknadeln angelegt, die einem beim Durchqueren der »Zone« erheblichen Ärger einbrachten, hatte nach '45 die Stromsperren erduldet und das sparsame Zuhause mit Karbidlampen erhellt. Das waren kleine potenzielle Molotow-Cocktails mit Glasschirm, sehr hell, aber sehr gefährlich. In ihrem weißen Licht wurden Trockenkartoffeln geknabbert und auf das Gebrumme der Rosinenbomber gelauscht. Geld haben wir allerdings später auch in die Sammelbüchsen für eine neue Philharmonie geworfen, die ja nun seit Jahrhunderten schon plus Kammermusiksaal in goldener Pracht schimmert und in der sogar Rockkonzerte stattfanden. Ganz früher, als noch niemand so genau hinsah.

Urberliner haben im Übrigen auf jede positive Nachricht aus der DDR, die aus den Medien tröpfelte, ekstatisch reagiert. So, als habe man dem in der Wüste Verdurstenden eine weitere Wasserflasche hingestellt. Als Honi und Helmut Schmidt in Mecklenburg Bonbons tauschten, dachten wir, die Vereinigung sei nahe. Wir waren süchtig nach ein paar netten verbindlichen Worten, befanden uns teils auf der Kriech-, teils auf der Schleimspur. Trotz der Todesschüsse an der Mauer und trotz der Tatsache, dass engste Freunde aus der DDR nicht zur Hochzeit nach Wilmersdorf kommen durften, haben wir eine rosarote Brille aufgehabt, und liberale Medienmenschen garnierten in ihrer Ost-Berichterstattung den real existierenden Sozialismus gern mit einem Schuss Himbeersoße (der Autor nimmt sich da nicht aus). Und vielleicht, das werden wir aber nie zugeben, hat unsere Hass-Ikone Gerhard Löwenthal im ZDF doch ein- oder zweimal die Wahrheit gesagt.

Er war weniger geschützt als West-Berlin.

West-Berlin gehörte den West-Berlinern, das war klar, und Eigentum verpflichtet bekanntlich. Aber es verpflichtete wohl nicht alle, denn viele machten sich auf die Socken, um jenseits der Berliner Mauer und auch jenseits der DDR-Grenzen Karriere zu machen oder dort ihre Schäflein und Scherflein ins Trockne zu bringen, um vielleicht gar die Haut zu retten. Es wurde befürchtet, dass bald Mongolenherden im Olympiastadion ihre Reitkünste erproben würden und die Tataren alle Eingeborenen in die Spree oder den Wannsee treiben würden. Die Abgänge bewirkten bei uns Zurückbleibenden stets einen dezenten Anflug von Panik, der sofort durch adrenalin-gesteuerten Trotz kaschiert wurde. Postwendend wurde jeder Berlin-Flüchtling als Hochverräter gebrandmarkt.

Nein, die Tapferen blieben da, und es gab ja auch Positives zu vermelden:

Die Kneipenszene war berühmt-berüchtigt, 6000 Budiken sollen es gewesen sein. Eine Polizeistunde gab es nicht, kein *last order*-Ruf wie in London oder Dublin. Irgendwie bekam man auch spät nach Mitternacht noch irgendwo was zu essen, einen Döner oder was Indisches (Currywurst). Für manche begann da erst der Tag.

Spießbürgers Sündenbabel waren Etablissements à la Red Rose, oder das Chez Nous und das KC, das Kleist-Casino – was sich hinter seinen beiden Buchstaben und den dicken Mauern verbarg, konnte man nur dunkel ahnen. Multikulti gab es noch nicht als Begriff, aber das Terzo Mondo stand dafür; das Folk Pub, der Steve Club und das Go-Inn lieferten die von '68 inspirierte Folklore. Hannes Wader trat da auf, noch bettelarm, und borgte sich von seinem Studienkollegen Peter Butschkow, heute ein bekannter Cartoonist, schicke Hosen für den Auftritt.

Getanzt wurde ab den 60er Jahren im südlich gelegenen Top Ten, im Casaleon (Hasenheide), im Liverpool Hoop, im nördlichen Sportcasino Tiefwerder oder im Seeschloss Hermsdorf, in der Grünen Hölle, im Star Club Berlin (das gab es auch!), im Riverboat, in der Eierschale, im Zodiac oder im Milli Vanilli, wo man unermüdlich In-a-gadda da schon wieder von Vanilla Fudge hörte, bei Stroboscop-Lampen ekstatisch herumhüpfte und Dias mit wabernden Farbblasen beglotzte. Brav abgehottet wurde auch in den staatlich gelenkten Tanzdielen wie der Dachluke hoch über dem Mehringdamm oder dem Jazz-Saloon in der Ahornstraße – anfänglich häufig mit Live-Musik. Es gab (oder gibt noch) die Szeneläden wie Tolstefanz, Meadow, Kleine Weltlaterne, Hardtke, Franz Diener, Fofis, Florian, Galerie Natubs, die Paris Bar, das Exil in Kreuzberg, einst im Besitz von Ossi Wiener, Annabell's (für die exakte Rechtschreibung der Namen wird keine Garantie übernommen, da der Autor nicht unbedingt zu den Stammgästen gehörte!) Das Publikum war launisch und wechselte die Läden wie ein Playboy die Verlobten – ein Inside-Tipp war *in* und schnell auch wieder *out*. Die Szene zeigte sich vielschichtig und ebenso ihre Versammlungsräume. Auf jeden Topf passte auch ein Deckel. Mehrere Abteilungen (Künstler, Politiker, Manager) abzudecken, wie es heute das Borchardt schafft, gelang allenfalls der unerschütterlichen Paris-Bar oder dem schnieken Café Einstein.

Das bringt die Frage nach einer Berliner Gesellschaft aufs Tapet, die im Verlauf der gleich folgenden Gespräche vielfach, aber in der Regel wenig leidenschaftlich, beantwortet wird. Dem sei nicht vorgegriffen. Moritz Müller-Wirth hat sich in einem Beitrag für das Buch »Die Berliner Gesellschaft. Ein Sittenbild – gestern, heute, morgen«, erschienen im Bostelmann & Siebenhaar Verlag, wunderbar boshaft, und ganz offenbar von einschneidenden Erfahrungen geprägt, des Themas angenommen:

Bis vor kurzem fragte niemand nach der Berliner Gesellschaft. In Berlin nicht, und außerhalb Berlins erst recht nicht. Wohlmeinende Interpreten führen das darauf zurück, dass Berlin als Weltstadt weit über dem vermeintlich provinziellen Glamourgehabe südlicher und nördlicher Regionalmetropolen steht. Diese Ansicht ist vor allem in Berlin verbreitet. Andere vermuten hinter der über Jahre auffälligen öffentlichen Abstinenz dessen, was man andernorts als Society bezeichnet, schlicht den Mangel an vorzeigbaren Protagonisten. (...) Was auf anderen Feldern des öffentlichen Lebens, beispielsweise in der Politik, durch Vorschriften wie die protokollarische Ordnung diktiert wird, ist im gesellschaftlichen Leben einem unbarmherzig-unübersichtlichen Spiel der Kräfte ausgesetzt. Was in der Politik das Protokoll, ist im gesellschaftlichen Leben die Gästeliste. Im alten West-Berlin existierte in den Jahren, bevor die Mauer fiel, lange Jahre nur eine einzige.

Das ist selbstverständlich nicht wörtlich zu nehmen. Natürlich waren jene Figuren, die sich auf der Terrasse des Verlegers Wolf Jobst Siedler trafen, nicht identisch mit jenen, die die Bälle des ADAC im Internationalen Congress-Centrum besuchten. Und selbstverständlich sind die sonntäglichen 17-Uhr-Teerunden bei dem Literaten Nicolaus Sombart von anderen Themen beherrscht als die nach Auskunft der Teilnehmer höchst amüsanten, einträglichen Zusammenkünfte, zu denen der Juwelier David »Goldi« Goldberg von Zeit zu Zeit lädt. Auch das alte Schaubühnen-Premierenpublikum und den Logenbesucher der Avus-Rennen trennt gewiss mehr, als sie verbindet. Viele dieser Menschen sprachen nicht nur niemals miteinander, sondern häufig auch nicht gut übereinander. Und doch wurde der außenstehende Betrachter gewahr, dass sie, geeint durch das gemeinsame Mauerschicksal, letztlich nichts aufeinander kommen ließen. In konzentrierter Form bündelte sich dieser gesellschaftlich-wirtschaftliche Komplex in jenen beiden Bereichen, die damals wie heute den Pulsschlag der Stadt maßgeblich bestimmen: die Baubranche und der Kulturbetrieb. Als melting pot haben sich die Förderkreise großer Opern- und Theaterhäuser herausgebildet, in denen die Eitelkeit spendabler Wirtschaftsbosse, ehemaliger und aktueller, und die finanzielle Bedürftigkeit der eitlen Bühnenwelt zusammentreffen. Der Verein der Freunde der Nationalgalerie mit seinem Vorsitzenden, dem Anwalt und Notar Peter Raue, sei als Exempel für dieses Zusammenwirken zum uneingeschränkten Wohle der Kultur herausgegriffen.

Die Anlässe, sich als Gesellschaft zu spreizen, waren eher bescheiden. Etwa wenn das Schillertheater mit neuer Bestuhlung aufwartete, die Schaubühne fast eine Nacht hindurch die Orestie aufführte, oder – weit häufiger – wenn eine Diskothek wie das Metropol eröffnete (1978) – nicht eben ein Ereignis von allerhöchstem Rang. Dennoch drängten sich die große Welt West-Berlins und die Halbwelt um Einlass- und möglichst um Freikarten. Es gab ja auch keine schwerreichen Industriellen, die ihre Töchter öffentlich verheiraten konnten.

Auch jene Politiker, die zwecks Karrieretraining und in Ermangelung eigener Berliner Kandidaten importiert wurden, Hans-Jochen Vogel etwa oder Richard von Weizsäcker, brachten nur kurzzeitig Glanz in unsere Schöneberger Hütte mit der Glocke und der Fahne oben drauf. Immerhin brachte es »Richie« (Wolfgang Neuss) bald darauf zum Bundespräsidenten.

Und wenn bei den Filmfestspielen die Weltstars eingeladen wurden, kamen viele nicht, wohl wegen des Wetters und weil Cannes einen schöneren Strand hat. Immerhin konnte sich West-Berlin mit Rolf S. Eden einen echten Playboy ans Revers heften, der diesen Posten bis heute tapfer besetzt hält, nur die Damen wurden aktualisiert. Das Geld kam von den Eden-Schuppen am Kudamm (Eden Saloon, Old Eden, etc., Motto: »Was wolln wir reden, gehn wir ins ...«).

Auch die Sünde hatte etliche Domizile in der Teilstadt, und jeder Taxifahrer wusste, was sein Fahrgast aus Gelsenkirchen wollte, wenn der herumdruckste, er würde gern mal was richtig Nettes erleben. Es ging um den Abbau akuten oder gar chronischen Triebstaus, und verständnisinnig wurde der Touri zu den entsprechenden Heilungsstätten kutschiert. Wobei der hilfsbereite Zubringer von den Etablissements üblicherweise eine Provision kassierte.

Gelegentlich machten Bordelle Schlagzeilen, weil sich ehrbare Lokalpolitiker bei dienstlichen Lokalterminen in ihnen verlaufen hatten, und es gab sogar richtige Gangster in West-Berlin, und es gab einen Kiez an der Potsdamer Straße und einen um den Stuttgarter Platz, wo den Touris die K.O.-Tropfen in den schlechten Whisky gemischt wurden, um an deren Brieftaschen zu kommen. Es hatte alles etwas rührend Harmloses, reichte gerade aus für knallige Überschriften in Bild und B.Z. Die großen Deals, sollte es sie schon gegeben haben, spielten sich jenseits jeder Öffentlichkeit ab. West-Berlin hatte nämlich eine Achillesferse – das waren seine Ausgänge gen Osten. Um die Teilung nicht zu sanktionieren, wurde Ein- und Ausreisende gen Ost-Berlin westlicherseits nicht kontrolliert. Das wussten alle außer Edmund Stoiber (s. Gespräch H. R. Laurien!). Somit konnte die DDR jeden Bösewicht nach eigenem Gutdünken aufnehmen oder schadenfroh ins feindliche Westterrain abschieben. Wie man weiß, wurde ja auch einigen RAF-Terroristen eine Heimstatt, ein Alterssitz in der DDR ermöglicht. Die DDR ist nun perdu, und somit der Alterssitz. Oft hatte man davon gehört, dass West-Berlin eine

Fremde Vögel überwintern gern in West-Berlin.

Dependance aller Geheimdienste der Welt sein solle und war stolz darauf. Gemerkt hat man davon aber wenig. Nur ab und an, wenn auf der Glienicker Brücke unten im Süden bei Potsdam irgendwelche Spione spielfilmmäßig hin- und hergeschoben wurden, ahnte man etwas von den heißen Spielchen der Schlapphüte.

Und immer hatte West-Berlin seine Skandale, Antes, Garski, Steglitzer Kreisel – die Beteiligten waren zumeist dieselben, man kannte längst alle Namen, und einige, die verstrickt waren, übersprangen mühelos die Jahrtausendmarke – in Amt und Würden. Jedermann wusste, dass in den Cafés am Kudamm die wettbewerbswidrigen Preisabsprachen der großen Baufirmen und Handwerksbetriebe quasi bei Windbeutel, Kaffee und Cognac durchgezogen wurden. Schummeleien, Korruption gehörten zum Stadtbild wie der lange Lulatsch an der Avus. Die West-Berliner schüttelten den Kopf und fühlten die alte Weisheit bestätigt: »Polletik is eben 'n Räubajeschäft.« Immerhin garantierte es einen gewissen Unterhaltungswert.

Die Drogenszene hingegen erreichte West-Berlin ziemlich spät. Als ich 1965 für den Blickpunkt eine Geschichte über LSD recherchierte, ging ich zum Rauschgiftdezernat, wo man mir andachtsvoll ein verstaubtes *piece* Haschisch vorführte, das noch Heinrich Schliemann irgendwo ausgegraben haben musste. Ansonsten aber versicherte man, keinerlei Probleme mit Suchtmitteln zu haben. Mit der Unschuld war es bald vorbei, nicht viele Jahre später besorgte man sich *shit, grass,* all den *dope,* den schwarzen Afghanen oder roten Libanesen, in den entsprechenden Einkaufszentren: am Kudamm kurz vor Halensee etwa, oder da, wo die großen Möbelhäuser des Nachts menschenleer herumstanden, an der Kurfürstenstraße. Man deckte sich reichlich mit Cola ein, fuhr zum Kumpel, stopfte sich seine Joints, legte »Ceremony« von Spooky Tooth auf oder »Umma-gumma« von Pink Floyd und war plötzlich mittendrin in der Musik. Nachts, wenn der große Hunger kam, musste zumindest eine Packung Aldi-Kartoffelpufferpulver vorrätig sein und jemand, der bereit war, daraus köstliche Knusprigkeiten herzustellen. Einer jener Kumpel, nennen wir ihn Kalle, arbeitete als Techniker bei der Post, in einem, laienhaft ausgedrückt, Telefonstellwerk. Meist lag er da ungestört auf dem Boden und pennte, weil man nachtsüber halt Pink Floyd gehört hatte. Einmal besuchte ihn ein Kollege, sagte, Morjn! ick hab da ma' wat zu erledigen, fummelte mit dem Lötkolben herum und verschwand wieder. Kalle schaute nach, was da wohl gelötet worden war und entdeckte an einer Stelle, an der normalerweise zwei Drähte entlangliefen, einen dritten. Der Telefonanschluss gehörte einem Journalisten, so fand Kalle heraus. Weitsichtig wurde da schon mal für den großen Lauschangriff geübt.

Eine Polizeistunde, erfuhren wir, gab es nicht in West-, wohl aber in Ost-Berlin. Spätestens kurz vor Mitternacht hatten alle Westbesucher das Hauptstadt-Terrain zügigst zu verlassen. Spätestens ab 22 Uhr schauten die Besucher daher regelmäßig auf die Uhr, um den Termin ja nicht zu verpassen. Man wusste zwar nicht genau, ob man bei Übertretung der Sperrstunde gleich nach Bautzen verschleppt oder nur standrechtlich erschossen würde, austesten wollte das aber niemand, man musste ja anderntags zur Arbeit. Zwischen Alkohol-Fahnen, Winke-Winke, »Grüß den Herbert schön!« und beidseitigem »Vielen Dank für alles!« wurde allabendlich Abschied genommen, wurden die kurzen Stunden deutsch-deutscher Personalvereinigung mit feuchten Augen beendet. Das Zentrum dieser traurigen Zeremonien lag an der Friedrichstraße und trägt bis heute den Namen »Tränenpalast«.

Es bedurfte einiger Formalitäten, um die DDR-Hauptstadt besuchen zu können. Man musste sich bei der Passierscheinstelle am Bahnhof Zoo einen Antrag besorgen, ihn gründlich ausfüllen, abgeben, um dann einige Tage später das Visum abholen zu dürfen. In dem Büro saßen echte Ossis, und das mitten im Westen, alle in den gleichen braunschwarzen Anzügen, einen »Bonbon« am Revers, und manchmal konnte man den mausgrauen Barkas sehen, der die Crew wieder zurück nach Ost-Berlin kutschierte. Im Umgang der Wessis mit den DDR-Offiziellen wurde ein Ton angeschlagen, der vermutlich auch historisch einmalig bleiben wird. Seitens der DDR-Vertreter war eine gewisse Freundlichkeit vorgegeben, aber beileibe nicht zu viel davon, eine politisch äußerst korrekte Wortwahl ließ die Atmosphäre immer offiziell bleiben. Versuche, durch einen harmlosen Scherz die Stimmung etwas zu entkrampfen, scheiterten zumeist oder bewirkten nur gedämpfte Reaktionen. Jeder außerplanmäßige Satz, jede zwischenmenschliche Zusatzbemerkung seitens der Visum-Behördlinge wurde von uns wie ein Gottesgeschenk quittiert, Motto: Die sind ja gar nicht so ...

Die waren vielleicht auch nicht so, aber sie standen unter sorgfältiger Beobachtung der eigenen Leute und vermieden deshalb strikt, Verdacht auf Verbrüderung zu erregen. Arme Teufel waren das, sie kamen in den Westen und hatten nichts davon. Konnten gucken, aber nicht nippen.

Mit dem Behelfsmäßigen Personalausweis, dem Visum und der sorgfältigst ausgefüllten Zollerklärung durfte man sich dann am vorgegebenen Tag dem Grenzübergang nähern. Man hatte, je nach Andrang, Minuten oder gar Stunden zu warten, durfte sich, wenn es die Grenzhüter grad so überkam, gründlich filzen lassen, hatte den Pflichtumtausch (DDR-Definition) bzw. Zwangsumtausch (Definition West) zum Kurs von 25 DM zu 25 M (oder waren es 20?) zu vollziehen und durfte irgendwann das Staatsgebiet der Deutschen Demokratischen Republik betreten. Einfuhrverbot herrschte für die meisten Druckartikel, Bücher, Zeitschriften, Kassetten, Tonbänder, Schallplatten – hatten doch findige Altnazis unter Tarnhüllen wie »Mozartsinfonie« oder »Klavierkonzerte« Hitler-Reden nach drüben geschmuggelt, wie mir ein Grenzer gelegentlich mitgeteilt hatte, während er mein Sechserpack Radeberger in die Röntgenkammer schob. Das Radeberger, ein ursprünglich aus der DDR stammendes Export-Bier, hatte ich im Supermarkt billig eingekauft, um es wieder in die DDR zurückzubringen, wo es sehnlichst erwartet wurde. Denn die DDR selbst hatte derartige Köstlichkeiten nicht im Angebot, sondern setzte sie als Devisenbringer ein. Heute wird das Radeberger, traut man der Fernsehwerbung, in der Dresdener Semper-Oper gebraut.

Ansonsten hatte man Jacobs-Kaffee im Gepäck, ein aus dem Werbefernsehen hinlänglich bekanntes Marken-Waschmittel, Bananen, Apfelsinen, Mandeln, ein nettes After-Shave (West-Frage: Euer Rasierwasser riecht doch auch ganz gut, oder? Ost-Antwort: Ja, schon, aber wir riechen alle danach!), blumige Seife, für die Tochter ein fetziges T-Shirt, für Söhnchen das Poster eines vom US-Kapitalismus unterdrückten Farbigen, etwa Bob Marley oder Michael Jackson.

Der sog. *Behelfsmäßige* Personalausweis *war das Identitätspapier der deutschen Einwohner West-Berlins. Seine Grundlage war die von den Vier Mächten erlassene BK/O (46) 61 vom 24.1.1946, die später ergänzt wurde (BK/O [Berlin Kommandatura Order]). Die alliierte Regelung der Personalausweis-Angelegenheiten dokumentierte den Sonderstatus der Stadt. Sichtbar kam das darin zum Ausdruck, daß das Berliner Identitätspapier im Unterschied zu dem in der Bundesrepublik ausgestellten den Zusatz be-*

helfsmäßig trug, nicht den Bundesadler als Hoheitszeichen zeigte und auch sonst keinen Bezug auf die Bundesrepublik Deutschland oder einen Staatsnamen enthielt. Die deutschen, französischen und englischen Inschriften kennzeichneten den Inhaber lediglich als deutschen Staatsangehörigen, da die Alliierten trotz der Teilung vom Fortbestand einer einheitlichen deutschen Staatsangehörigkeit ausgingen. Im Transitverkehr und bei Einreisen in die DDR oder andere Ostblockländer galt der B. seit 1960 als ausschließliches Reisedokument.

aus: Berlin Handbuch, Das Lexikon der Bundeshauptstadt, FAB Verlag, 1993 (Zitiert nach CD-ROM)

So kompliziert war das damals, darum musste das hier zitiert werden. Wer nun doch seinen Reisepass vorzeigte (weit reisende West-Berliner hatten selbstverständlich auch dieses »Identitätspapier«), kam in Schwierigkeiten und durfte nicht einreisen.

West-Berlin hatte Stadtpläne mit zwei alphabetisch geordneten Straßenverzeichnissen, eines für Berlin-West und eines für Berlin-Ost. Ost-Berlin wiederum hatte einen Stadtplan, in dem West-Berlin gar nicht vorkam, da blieb es weiß, da hatte die Druckerfarbe nicht mehr für westliches Bunt gereicht. Ach, dieser blöde Kleinkrieg damals. Aber bekanntlich ist das Versteckte gerade das Reizvolle. Somit füllten die Ost-Berliner das weiße Nichts mit ihren eigenen Farben aus. Und Ost-Berlin hatte einen eigenen Geruch, der bei ungünstigem Wind im Westen zu spüren war. Nach schwierigen Recherchen (man wollte die DDR-Bürger nicht beleidigen oder sie desavouieren) kam heraus, dass es ein bestimmtes Reinigungspräparat oder Desinfektionsmittel gewesen sein muss, das diesen Eigenmief hervorrief.

In West-Berlin fuhr man, öffentlich, mit dem Bus oder der U-Bahn. Die S-Bahn, von den Ur-Berlinern »Spalter-Bahn« genannt, war tunlichst zu meiden. Sie durchschrammte Teile West-Berlins und war meistens leer, kalt und ungemütlich. Sie gehörte der DDR und das ließ man sie spüren. Nach dem berühmt-berüchtigten Rolling-Stones-Konzert im September 1965 wurde sie von aufgeheizten Rock-Fans demoliert, es entstand angeblich ein Schaden von etlichen 100.000 Westmark – sozusagen eine Grenzverletzung der besonderen Art. Damit war West-Berlin deutlich sichtbar an den internationalen Jugendprotest angeschlossen und hatte glorreich seine eigene Variante vorgeführt. Der Senat von West-Berlin bekam dafür postwendend die Rechnung aus Ost-Berlin.

Man fuhr also nicht S-Bahn und man hörte nicht DDR-Rundfunk, Zonenradio, da war sowieso alles geschwindelt, wie jeder brave Neuköllner oder Mariendorfer Bürger wusste. Im »freien Teil der Stadt« hörte man entweder RIAS oder SFB, und was das Fernsehen angeht, verbreitete die Berliner Abendschau wohligen Lokalmief. Einer der Moderatoren war lange Zeit Wolfgang Hanel. Es hieß, sein Konterfei aus Babytagen wäre dermaleinst auf Zwiebacktüten zu bestaunen gewesen. Das qualifiziert zu vielem. Hans-Werner Kock war ein weiteres Urgestein, mit einem verschwiemelten Blick aus Augen, die hinter Brillengläsern, dick wie Flaschenböden, versteckt waren und der die Sendung stets mit einem herzigen »Macht's gut, Nachbarn!« ausleitete. Über allem wachte als Oberlehrer Harald Karas, griesgrämig, humorlos und unerbittlich für die Freiheit der Teilstadt kämpfend. Und freitags durfte Stachelschwein Wolfgang Gruner als »Schruppke« Berliner Schnauze demonstrieren – laut, poltrig und absolut ungefährlich. Interessanter wurde es erst, als in der Abendschau eine Dame auftauchte, von der ein ehemaliger Klassenkamerad behauptet, sie habe früher Bodo geheißen. Was ja kein Verbrechen ist, man hätte damit sogar dem Langweiler-

Image der Crew entgegentreten können. Leider wurden solche schönen zwischenmenschlichen Fakten der Öffentlichkeit vorenthalten.

Es gab also die RIAS- und die SFB-Fraktionen, der Graben dazwischen wurde selten übersprungen. Möglicherweise sonntags um 11.45 Uhr, wenn der RIAS, »Bitte, Herr Luft!«, die »Stimme der Kritik« mit Friedrich Luft sendete – stets live. Ein Pflichttermin für Theatergänger und Theaterschaffende, in dem das Bühnen- oder auch das Filmgeschehen der verflossenen Woche rekapituliert und rezensiert wurde. Luft war über viele Jahrzehnte eine Instanz, immer verbindlich, nie elitär, nie zynisch, dennoch deutlich, immer daran denkend, dass auch Menschen ohne Abitur theaterbegeistert sein können. Seine unnachahmliche vorpreschende Diktion wurde gern und liebevoll parodiert, die Floskel am Ende »gleiche Stelle, gleiche Welle« wurde zum geflügelten Wort. Der Autor bekennt sich schuldig, ein Original-Manuskript des Meisters entwendet und verschleppt zu haben – aus tiefer Verehrung. Es waren Zeiten, in denen es als Glücksfall galt, wenn man Mitglied der Theaterbesucherorganisation Freie Volksbühne e.V. werden durfte und mithin Zugriff auf die begehrten Theaterkarten hatte.

Nach Luft dröhnte dann die dicke Freiheitsglocke vom Band und staatlich geprüfte Schauspieler rezitierten einen Text, auf den später noch einzugehen ist. Einige drückten schnellstens auf den Aus-Schalter, um dem Pathos zu entkommen, andere fanden darin Trost und Seelenbalsam.

Aber Seelenbalsam anderer Art gab es freitags ab 18 Uhr, da erklangen Töne aus einer anderen Welt, wenn der jüdische Oberkantor Estrongo Nachama, zuständig für seine Gemeinde in West- *und* Ost-Berlin, zusammen mit dem RIAS Kammerchor die »synagogalen Gesänge« in den Äther schickte. Da traf uns Andacht, wo wir eigentlich nicht auf Andacht disponiert waren; Christenmenschen haben sich für das geistliche Gut bekanntlich den Sonntag vorbehalten. Aber Estrongos Singen verkündete das Bestehen auch anderer Wirklichkeiten, die einen Unkundigen seltsam berührten und in den Bann zogen. In diese nahezu trancehafte Atmosphäre hat sich mancher gern fallen lassen und konnte sich so auf das kommende Wochenende einstimmen. Estrongo fehlt mir, weil man sich keine Zäsuren mehr erlaubt. So etwas wie ein Sabbat täte in einem betriebsamen, nie wirklich schlafenden Gesamt-Berlin allen gut.

Viele Kisten lassen sich aufmachen, wo »West-Berlin« draufsteht und worin die Erinnerungen gestapelt sind: Da waren die Zugereisten und jene Einheimischen, die dem elterlichen Herrschaftsbereich entfliehen wollten, sie suchten Wohnungen. Und wenn am Samstagabend die Sonntagszeitungen ausgeliefert wurden, bildeten sich am Bahnhof Zoo Menschentrauben, die nach dem Kauf der Morgenpost zur Telefonzelle eilten, vor der sich ebenfalls wahre Völkerschaften versammelt hatten. Ein herrlicher Anblick für sadistisch veranlagte Wohnungsvermieter.

Die Stadt taumelte kulturell zwischen dem Metamusik-Festival, atonalen Irritationen, den Jazztagen einerseits und den Pfingstkonzerten im Zoologischen Garten, dem Sportpalastwalzer oder dem Ballhaus Resi (»Ich seh Sie – heute Abend im Resi!«) andererseits. Es gab Festspiele und Festivals, großformatige Ereignisse, weil der Begriff Event noch nicht eingebürgert war. Es gab die Ferienzeiten, und irgendwie dazwischen wurde auch gearbeitet.

Rechts und Links waren noch eindeutig getrennt, und mancher taumelte zukunftsorientiert zwischen beiden Lagern (siehe MDK-Gespräch!). Und wo anders als in Berlin war es möglich, dass ein biederer Handwerker im Ornat des Universitätsleiters und unter dem Beifall des vorwiegend studentischen Publikums aus dem Parterre-gelegenen Fenster des FU-Rektorats springt? In jener Universität, in der man anfänglich noch angepfiffen wurde, wenn man seine Jacke mit ins Audimax nehmen wollte, jener Hörsaal, in welchem später Rudi und der rote Dany (Cohn-Bendit), heute Europaabgeordneter der Grünen, ihre Predigt abhielten? Da hätte man ohne Einspruch sogar sein Hausschwein dabei haben dürfen.

Und die erste Pizzeria, die wir wahrgenommen haben, war die Pizzeria Romana in Schöneberg, der Teig war wunderbar dick mit einer Pampe belegt, dazu trank man den angesagten Wein: Das war der prickelnd süße Lambrusco. Und da der Laden immer proppevoll war, konnte man verduften, ohne bezahlt zu haben. Es fiel nicht weiter auf.

Die besseren Kreise, betont schlicht, aber sehr teuer gewandet, schlürften ihre Austern und ein Gläschen Champagner im KaDeWe und besiegten ihre Hummer mit entsprechendem Equipment und kurzen routinierten Handbewegungen. Gab es in Kreuzberg, besonders um den 1. Mai herum, die Vorhölle, so sah man hier den Vorhimmel. In jener weltberühmten Lebensmittelabteilung, bei der alles stimmte, nur nicht der Begriff »Lebensmittelabteilung«. Später, beim Mauerfall, wurden sie und die Dependance von Beate Uhse, gegenüber dem Zoo-Palast, zur ersten westlichen Anlaufstelle für sensationsentwöhnte DDR-Bürger.

Apropos Zoo-Palast: West-Berlin hatte seine Originale, da war, wie hieß sie doch gleich, die rundlich-vitale Rentnerin, die bei den Filmfestspielen in jeder Pressevorführung saß und auch die sensibelsten Filmszenen lautstark kommentierte: »Na, det is aba nich richtich, watt die da macht – so'n Luder!« Die Stimmung war im Eimer, alles lachte. Oder die Tütenfrau, die mit unzähligen blauen Müllsäcken, Einkaufswagen und, bekleidet mit einem dicken speckigen Wintermantel, stumm, grantig und bewegungslos am Kudamm saß, auch in sommerlichster Hitze. Sie soll, geht die Sage, nach der Wende in ihre westdeutsche Heimat zurückgekehrt sein und als Vollmitglied der menschlichen Gemeinschaft gar nutzbringende, offizielle Tätigkeiten übernommen haben. Oder Helga Goetze, die an der Gedächtniskirche stand und mit ihrem Ruf: »Ficken ist Frieden« die Passanten, vor allem die von außerhalb, unvermutet in Verlegenheit brachte. Nachdem ihr bestätigt worden war, dass sie weder besonders sittenzersetzend noch plemplem war (Berliner Terminus für debiles Verhalten!), wurde sie von der Stadt einfach als neues Berliner Original akzeptiert und eingemeindet.

West-Berlin hatte eine Fläche von 450 km^2, von Hochnord nach Tiefsüd waren es 38 km, von Ost nach West 45 km – jetzt. Bis 1989 betrug die weiteste Entfernung von Ost nach West 65 Jahre, wie jeder DDR-Bürger wusste. Die Einwohnerzahl hob wieder an und erreichte Ende 1989 einen Stand von 2,13 Miollionen, das waren rd. 87.000 weniger als im Jahr des Mauerbaus 1961. Immerhin sind immer einige dageblieben, als die »Beute-Berliner«, die Westdeutschen Wessis, nach Jahren im Sperrmüllambiente und mit dem Klo auf halber Treppe, wieder in den zumeist sicheren Schoß elterlicher Wohlhabenheit zurückgekehrt waren.

Kritische West-Berlin-Observanten allerdings bemerkten mit Auslauf der 80er Jahre ein Erlahmen der Stadt, ein Schwinden der kreativen Ideen, und mancher ist versucht zu sagen, der Zusammenschluss mit der DDR, oder mit Ost-Berlin habe West-Berlin davor gerettet, unbedeutend zu werden.

West-Berlin, das ist zwar Schnee von gestern. Aber es gibt eine Menge Leute, die angesichts des Nach-der-Wende-Berlins noch einmal Schlitten fahren würden. Bei großzügigem Verzicht auf Mauer und Stacheldraht. Aber wäre das eine möglich ohne das andere?

Deutschlandpolitisches Glossar: 1948 bis 1989

Bärlin
Auf das Wappentier abhebender Kosename für West-Berlin, gern in der alternativen Szene gebraucht.

Berlin
In der Zeit zwischen 1948 und 1989 ungebräuchlicher und missverständlicher Oberbegriff für die Stadt an der Spree. Hier im Buch häufig aus Bequemlichkeitsgründen für West-Berlin verwendet.

Berlin (Ost)
Nur im Westen und da sehr selten benutzte Etikettierung für Ostberlin.

Berlin (West)
Eher westlich orientierte Kompromissformel zwischen West-Berlin und Westberlin. Immerhin wurde als Friedensangebot der DDR gegenüber der Teilaspekt des Ganzen berücksichtigt und das »West« in Klammern gesetzt, um »Berlin« in seiner Gesamtheit etwas zu minimieren.

Berlin – Hauptstadt der DDR
Offizielle DDR-Formel für Ost-Berlin. Einzige Hauptstadt der Welt, die ihren Titel im Namen führte. Im Westen nur bei den SED-subventionierten Parteien DKP und der SEW gebräuchlich.

Besondere Politische Einheit Westberlin
Feiertags- und Ehrentitel der SED für West-Berlin. Im Westen trotz des Wahrheitsgehaltes als besondere Infamie der DDR-Propagandisten gescholten.

BRD
In der DDR gebräuchliche Abkürzung für die Bundesrepublik Deutschland. In der Bundesrepublik Deutschland erregte der Gebrauch dieses Kürzels sofort den Verdacht, von Moskau gesteuert zu sein und führte zu heftigen Abwehrreaktionen. Tauchte allerdings aus Platzgründen häufig als Herkunftsbezeichnung auf kleinformatigen Industrie- und Lebensmittelprodukten der Bundesrepublik Deutschland auf.

DDR
Abkürzung für Deutsche Demokratische Republik. Besonders gern in Deutschland-West benutzt.

»DDR«
Abkürzung für Deutsche Demokratische Republik, Variante des Axel-Springer-Verlages.

Deutsche Demokratische Republik
Bezeichnung für Deutschland-Ost. Besonders häufig in der Deutschen Demokratischen Republik statt des Kürzels DDR verwendet, um den republikanisch-demokratischen Charakter des Staates offen zu legen und zu popularisieren.

Deutschland
In Deutschland-West oft benutzter Begriff für Deutschland-West und West-Berlin. Oft auch aus reaktionär-revanchistischer-imperialistischer Grundhaltung (»Alleinvertretungsanspruch!«) für beide Staaten, für die Bundesrepublik *und* die DDR, gebraucht. D. wurde in der DDR nur noch in Verbindung mit einer weit verbreiteten Tageszeitung und einem dort stationierten Truppenteil der ruhmreichen Sowjetarmee verwendet.

Deutschland-Ost
Nicht ganz wertneutrale Bezeichnung für die DDR, benutzt nur in Deutschland-West.

Deutschland-West
Nicht ganz wertneutrale Bezeichnung für die Bundesrepublik Deutschland, benutzt nur in Deutschland-West.

Drüben
Einziger von beiden Deutschlands akzeptierter Terminus für den jeweils anderen deutschen Staat.

Beispiel 1: »Der is weggemacht nach drüben« – oder die Kurzform: »Der hat rübergemacht« – DDR-Umschreibung für Republikflucht.

Beispiel 2: »Jeh doch nach drüm, wennet dir hier nich passt!« – freundliche West-Berliner Aufforderung für Kommunismus-verdächtige MitbürgerInnen, sofort in Ost-Berlin Asylantrag zu stellen.

Ostberlin
Westdeutsche und West-Berliner, die Realitäten leugnende Bezeichnung für Berlin – Hauptstadt der DDR.

Ostdeutschland
Nachkriegsbezeichnung für Deutschland-Ost seitens Deutschland-West. Auch später noch zur Verächtlichmachung gebräuchlich. Heute als rein geografischer Terminus teil-rehabilitiert.

Ostsektor
Veraltetes Diminutivum von Ost-Berlin.

West-Berlin
Korrekte Bezeichnung für den von den Westmächten kontrollierten und geschützten Westsektor Berlins.

Westberlin
DDR-Variante für den Westsektor Berlins. Sollte Berlin durch Kleinschreibung im Wortganzen verschwinden lassen. Dank raffinierter PR seitens der DDR wurde dieser Begriff schließlich auch teilweise im Westen benutzt, z.B. durch die Süddeutsche Zeitung, die damit den Preußen eins auswischen wollte (historisch unbelegt, aber wahrscheinlich).

Westdeutschland
Nachkriegsbezeichnung für Deutschland-West seitens Deutschland-Ost. Dann strikt durch BRD ersetzt. Heute als rein geografischer Terminus teil-rehabilitiert.

Westsektor
Veraltetes Diminutivum von West-Berlin.

Zone
Aus den 40er Jahren stammende abfällige Bezeichnung für Deutschland-Ost.

Stempel-Politik

West-Berlin herbeizitiert

Playback-Tunten mit kaputten Träumen
suchen Liebe, die sich nie erfüllt,
Jungen mit Computerherzen sind Gefangene der Vergangenheit
Kommt zu uns in die Stadt der verlorenen Seelen!

Schamloses Berlin, du wechselst Namen und Sex, Insel im roten Meer.
Die Hauptstadt der Bastarde wird nie sterben.
Kommt zu uns in die Stadt der verlorenen Seelen!

Rosa von Praunheim:
Stadt der verlorenen Seelen / Berlin Blues 1983
Soundtrack-Platten-Text (Auszug)

Berlin ist eine ungeheuer lebendige Stadt, ich empfinde es so nach – na, jetzt bin ich schon so was um die sieben Monate hier, und Berlin ist schon durch Notwendigkeit lebendig, Berlin muss lebendig bleiben und bleibt es dadurch. Man hat hier immer das Gefühl, dass hier etwas los ist und dass die Leute wach sind.

Georg Kreisler, 12.2.1977
(Interview: Ricky Matejka)

Was fällt mir zu Berlin ein – bis auf die Tatsache, dass ich hier geboren bin und hier meine ersten Schulerfahrungen machte, die nicht so gut waren, kann man, glaub ich, mit Fug und Recht behaupten, dass Berlin sehr starke Ähnlichkeiten oder sogar Parallelen mit New York hat. Es hat sich zu einem Schmelztiegel entwickelt. Ich würde sagen, dadurch entsteht natürlich hier auch unheimlich viel Kreatives durch diese Vermischung der vielen Mentalitäten, Charaktere – das erzeugt natürlich Aggression, und nur aus Aggression heraus kann ja irgendetwas Kreatives entstehen. Und deswegen glaube ich, dass es richtig ist, wenn man diese Stadt mit New York vergleicht, das ist also die gleiche Hektik, es hat die gleichen Exzesse. Das ist auf der einen Seite eben sehr positiv, diese Kreativität, das Künstlerische, und auf der anderen Seite sehr negativ, denn wir wissen ja, dass es in der Stadt auch sehr üble Geschichten gibt. Deswegen ist der Vergleich gerecht. Berlin ist höchstwahrscheinlich der Bauch von Deutschland. Ich sag immer von mir, ich singe mit dem Bauch. Das würde ich eigentlich ganz gerne so sehen.

Drafi Deutscher, in den 60er Jahren West-Berlins bester Rocksänger, wechselte ins Schlagerfach und schrieb erfolgreiche Songs (»Marmor, Stein und Eisen bricht«, »Jenseits von Eden«)
20.8.1983

Ich komme aus dem Sudan und habe die Kneipe »Witwe Bolte« in der Uhlandstraße. Ich lebe in Berlin seit 18 Jahren, und Berlin ist für mich meine zweite Heimat geworden. Ich kenne viele Berliner, ich komme mit den Leuten gut aus, und auch durch meine Kneipe ist mein Bekanntenkreis größer geworden. Ich habe fast keine Schwierigkeiten mit all diesen Berlinern umzugehen.

In Berlin gibt es 6000 Kneipen. Das Schöne bei diesen Kneipen ist, sie sind klassifiziert nach verschiedenen Leuten, also Intellektuelle, Studenten, Arbeiter. Es gibt Kneipen, wo die Frauen auch alleine hingehen können, und es gibt Kneipen, die nach politischen Gruppierungen eingeteilt sind, also jeder weiß da, wo das Publikum ist, dem er angehört und kann in seiner Kneipe dort das entsprechende Publikum treffen.

Berlin ist eine Weltstadt von seinem internationalen Kultur-Angebot her.

Machmoud Tahir, 3.8.1983

Kultur ist ja für Berlin sozusagen der außenpolitische Posten, und wenn der funktioniert, kann man ja froh sein.
9.4.1988

Spontan fällt mir zu Berlin ein: natürlich ist das für meinen Arbeitsbereich, den ich hier mache, 'ne schöne Sache, weil es, wahrscheinlich auch durch die politische Situation, in der diese Stadt steht, ein sehr waches Publikum hat, ein sehr experimentiertfreudiges Publikum, also jedenfalls besser als in vielen anderen deutschen Städten. So empfinde ich es jedenfalls. Und das vielleicht einzig Negative ist, ich hab die Berge sehr gern, und wenn ich wohin fahren will, dann ist es halt immer ein großes Problem, weil 300 km sind auf jeden Fall zu überwinden, ob mit der Bahn oder mit dem Flugzeug oder mit dem Auto. Und es ist natürlich das Problem, wenn man mal zwei, drei Tage ausspannen möchte, dann ist ein halber Tag im Eimer, weil man da halt hinfahren muss. Aber bei meiner Arbeit, meinen Hobbys überwiegen die positiven Seiten die negativen. Also ich muss sagen, ich leb gern da, ich lebe ja auch schon sehr lang' da, und mir macht's halt Spaß.
3.8.1983

Heribert Sasse, Generalintendant der Staatlichen Bühnen West-Berlins

Flugblatt anlässlich Fallada-Premiere im Schillertheater

JEDER STIRBT FÜR SICH ALLEIN ??

Aber das muß nicht sein. Nicht in dieser unsrer schönen verkommenen Stadt.

Wir haben einen Senat, der spielt uns das Lied vom Tod. Eine todessüchtige SPD/FDP spielt auf zum letzten Tango von Berlin.

Und eine marode Tante namens CDU mit ihren schicken Neffen & Nichten machen einen Chor dazu, dass der Schaubühnen-Stein sich verstecken kann.

So stirbt eine Stadt, und die Stadt sind wir, und keiner stirbt für sich allein:

Hereinspaziert! Hereinspaziert, meine Herrschaften! Hier brauchen Sie keinen Mut zur Zukunft! Hier regiert die Lust am Untergang!

Nein, auch eine neue Beleuchtungsanlage würde unsrer Stadt-Regierung nicht helfen besser auszusehen, so wenig wie ein guter Souffleur einem schlechten Stück im Schillertheater, zum Beispiel.

Was könnte dem heruntergekommenen Senatstheater helfen?

Mein Vorschlag: das Schillertheater!!!!

Zadek, Sander, Boy und die ganze Bühnenschar, incl. Technik, Kostüm und Maske!! Sie ziehen um ins Schöneberger Rathaus und spielen Senat. Aus dem Stand! Das wäre eine Erneuerung an Haupt und Gliedern! Radikal, schnell, unkonventionell, wild, unbedenklich! Schmiere, Staatstheater, Volkstheater (Zadeks Traum!) Kriminalkomödie, hochgezüchteter Boulevard, etc. etc.

Umgekehrt ziehen Stobbe und der Rest ins Schillerthater und machen dort genauso weiter wie bisher. Sie dürfen Politik spielen, sorgten für Spaß und schadeten niemandem mehr.

So käme die Politk endlich ins Theater, und zwar als Spaß! Und der Spaß käme in die Politik!

Das Theater ist eine zu ernste Sache, um es den Künstlern zu überlassen. Und die Politik, wie sie hierzustadt betrieben wird, zu lächerlich, zu dumm und zu brutal, um sie nicht endlich theatralisch nutzbar zu machen. Und die Garski-Millionen wären doch noch ein Gewinn für uns alle!

WEHE EINER STADT, DIE MUT ZUR ZUKUNFT NÖTIG HAT !!!

Viel Spaß mit Fallada wünscht:
Holger Franke

Berliner Publikum

In Berlin fand ich die Stimmung im Sportpalast (vermutlich 1971, O. L.) so unglaublich aggressiv, so violent, dass ich es nicht für verwunderlich halte, dass das vorgekommen ist (es wurde ihm das Mikrofon weggerissen, in das dann sog. Linke ihre Parolen brüllten, O. L.). Es war kein Saal mit dem, was ich eine musikalische Stimmung nennen würde. Ich bin beinah so aggressiv geworden wie das Publikum, ich habe all die Selbstkontrolle benutzt, die ich hatte, Leuten nicht eine zu hauen. Weil es auf mich genauso gewirkt hat. Und das war schwer, das war am schwersten noch, niemanden zu hauen.

Ich habe geschimpft, aber ich verstand schon zu der Zeit, dass Deutschland viel mehr politisch engagiert ist als England. Es ist mir immer auf die Nerven gegangen, wenn sie Blues als politische Musik bezeichnet haben, das ist nicht wahr, das war nicht so. Und ich habe das sehr oft diskutiert. Und mit den Leuten, die immer frei reinkommen wollten, hab ich gesagt, OK, also ihr kommt frei rein, aber dann bringe ich meine Frau, meine drei Kinder, meine acht Katzen, unseren Lizard (= Eidechse), und ich wohne bei dir eine Woche, und ich wohne bei dir eine Woche – und plötzlich wollten sie alle bezahlen.

Alexis Korner, weißer Bluesmusiker, Lehrer der Rolling Stones, 7.5.1975

Berliner Publikum

Es gibt Sachen, wo man hinterher böse ist und sagt, das mache ich nicht noch mal. Es bringt nix. Und so was war das im Cinema Paris. Es gibt ganz viele Komponenten, dass es dazu kommt. Ich hab die Vorführung nicht gesehen, ich hab noch gemischt und war am Arbeiten, das war so eine Aggression da, so eine ganz merkwürdige, und es ging gar nicht um den Film. Diskussionen, die dann darum gehen, warum man den Film gemacht hat und die letzten Endes darin gipfeln, warum man nicht 'n andern Film gemacht hat, das ist wirklich frustrierend. Und das ist auf 'ne Art auch sehr böse.

Ich hab aber in Berlin auch ganz andere Erfahrungen gemacht, wo es wirklich um die Arbeit ging, die man gemacht hat und um die Erfahrungen und um die Erfahrungen von Zuschauern.

Wim Wenders, Regisseur, über eine Diskussion mit dem Publikum anlässlich der Vorführung seines Films »Der amerikanische Freund« im West-Berliner Cinema Paris
26.6.1977

Berlin ist so ähnlich wie Wien eine verloren gegangene Hauptstadt. Ich mein', Wien ist es zwar noch auf dem Plan als Hauptstadt von Österreich, aber als Hauptstadt eines großen Reiches hat sich's aufgelöst. Das heißt, wir kriegen auch nicht mehr diesen Nachschub, wir haben nicht mehr die Versorgungswege an Figuren, an Gesichtern, an spielerischen Möglichkeiten, die sich aus neuen Kombinationen verschiedener Rassen und Religionen und Sitten und Kulturen ergeben. Also Wien ist als Schmelztiegel abgeschafft und Berlin eben auch bis zu einem gewissen Grad. Das ist das, was es mir lieb macht und verwandt macht und vertraut macht. Und dann hat Berlin etwas, womit ich sehr wenig anfangen kann, es ist sehr modisch. Es hat ein unheimliches Modebewusstsein und ist immer auf der Höhe der Zeit. Und, ich mein', so tief unten haben wir nicht sehr viel verloren, nämlich auf der Höhe unserer Zeit. Dann hat's, sehr typisch, dieses Wort Zeitgeist auch gleich aufgesaugt, das ist ja das infamste Wort, das der Feuilleton-Kameradschaftsbund überhaupt je erfunden hat, weil, es heißt wahrscheinlich: ein bisschen Zeit für ein wenig Geist. Oder ein bisschen Geist für ein wenig Zeit, so irgendwas – es hat einen Durchlauferhitzer-Charakter, dass man also Dinge rasch durchschickt und auch rasch wieder ausscheidet – das ist mir die Seite, mit der ich wenig anfangen kann. Das Zeitlose an Berlin ist, dass es auch eine Art von Melancholie hat, die Heimweh nach sich selbst bedeutet – im Wienerischen Sinn, und das spür ich oft bei Berlinern. Viel Heimweh nach sich selbst. Und sonst – wünsch ich mir, dass das wieder einmal eine Stadt ist, mit vielen Meinungen, und nicht zwei Städte, wo es auf der einen Seite viele Meinungen gibt und auf der anderen Seite nur eine geben sollte. (...)

Es ist so, dass meine Konzerte hier besonders schön sind, ich merk, dass es ein sehr großes Gefühl für Zwischentöne gibt. Das ist an und für sich das Kennzeichen einer kulturellen Großstadt, dass es Zwischentöne begreift, das Publikum, das dort lebt oder die Zuhörer, oder die Mitarbeiter – in meinen Konzerten sind sie ja mehr Verbündete.

Ich hab's gern, es haben einige Liebesgeschichten hier begonnen von mir, was mich dann besonders sentimental an den Ort bindet. Ich hab hier viel, wovor es Achtung gibt, wahrscheinlich die größte Achtung doch vor der Schaubühne und den Dingen, die dort geschehen und einigen Schauspielern, spezifisch vor der Edith Clever.

Ja, ich könnt' lang erzählen, aber es ist mir die vertrauteste deutschsprachige Stadt außer Wien. Also mir ist alles in Österreich außer Wien fremder, als es mir Berlin ist. Und mir ist alles in Deutschland fremder als Berlin.

(...) Es ist unendlich schwierig, gegen die Schaubühne anzutreten, ich wäre heilfroh, wenn wir in Wien ein Theater hätten vom Viertelrang der Schaubühne, nicht? Und jede andere Stadt der Welt wäre wahrscheinlich auch froh.

André Heller, 21.7.1983

Berliner Publikum

Das ist so unterschiedlich, manchmal find ich es herrlich und stimme denen bei, die, von andern Städten kommend, sagen, ah, ist das aber dufte, dieses Publikum, wie schnell das reagiert. Ich hab das jetzt gerade bei der Elfriede Kuzmany erlebt, die sagt, ach, es ist doch herrlich, in Berlin wieder zu spielen, diese schnelle Reaktionsfähigkeit des Publikums. Das war ja auch schon in den Voraufführungen, wo ein sehr junges Publikum drin saß in unserm »Über allen Gipfeln ist Ruh«, wirklich stupend, wie diese Leute hörten und wie sie reagierten. Das Premierenpublikum ist dann schon viel stumpfer. Da gilt es, möglichst auch zu zeigen, dass man eine ungeheuer kritische Haltung hat, und wenn sich einer in irgendeiner Weise so äußert, dass man das als Kritik empfindet, dann hat man gleich im Publikum ein großes Publikum wieder, das das mitmacht, weil man sagt, das zeigt ja unseren Kunstverstand, unsere kritische Haltung. Dann kann es passieren, dass man sagt, das Publikum war wieder mal schrecklich, nicht?

Ich bin manchmal beglückt über das Publikum (...), dann möchten alle die Berliner umarmen, und dann kommt die Verstörung aber irgendwann hinterdrein, nicht? Und dann sitzen irgendwelche Störenfriede da, und die beeinflussen ein Publikum immer – springt ein Hammel über den Bach, springen alle andern nach, heißt es im Figaro. Und so ist es auch. Aber, wenn so 'ne Bereitschaft da ist, sich nicht nörglerisch zu geben sondern aufgeschlossen, dann trägt das ja auch eine Inszenierung so, dass die Inszenierung dadurch immer besser wird. Das Positive aus dem Publikum überträgt sich immer auf die Spieler und sie werden dadurch immer besser.

Kurt Hübner, Intendant Freie Volksbühne, 26.4.1983

Berliner Publikum

Ich hab das Gefühl, wenn ich in London oder in New York im Theater bin, dass die Leute viel aufgeschlossener und auch toleranter sind. Und zwar deshalb, weil sie auch andere Gedanken gelten lassen und darüber erst mal nachdenken. Dass sie auch über anderes lachen können, sogar über sich selbst, und sie scheinen mir manchmal, was diesen einfachen Bildungsgrad anbelangt, auch gebildeter zu sein. Die lachen, wenn etwas aus Shakespeares King Lear im Stück vorkommt, während bei uns nie jemand über eine Anspielung aus einem Schiller-Werk, Shakespeare schon gar nicht, lachen würde. Das kennen die nämlich gar nicht. Oder haben sie längst vergessen. Oder finden's auch nicht komisch, wenn es in einer Komödie vorkommt.

Jürgen Wölffer, Geschäftsführer, Theater am Kurfürstendamm und Komödie, 20.4.1989

Das Stattbuch

Im Juni 1978 erschien erstmalig das Stattbuch, in dem West-Berliner Institutionen, Initiativen und alternative Aktivitäten unterschiedlichster Art aufgelistet, beschrieben und kommentiert wurden. Zwölf Personen wurden als Herausgeber genannt, einer von ihnen war Klaus Röder, heute Unternehmer auf La Palma.

Das Problem war eben, wie überall in diesen alternativen Projekten, dass es niemanden gab, der den Chefredakteur gespielt hat, es musste vielmehr alles als Gruppe erarbeitet werden, und es mussten erst mal bestimmte Strukturen geschaffen werden. Und dann ergibt es sich halt, dass es letzten Endes an ein paar Leuten hängen bleibt. Und einer davon war ich. Ich war damals wohl der Einzige, der das Buch von vorne bis hinten gelesen hatte, weil ich es redigiert habe, mehr oder weniger. Und das lag im Wesentlichen daran, dass ich damals Publizistik studiert habe, damit in den letzten Wehen lag und von daher das Stattbuch-Projekt auch beruflich interessant für mich war. Das war für mich nicht nur so ein reines Freizeitprojekt wie für die meisten anderen. Ich hab das alles ein bisschen ernster genommen. Dazu kommt meine Art grundsätzlich, dass, wenn ich mich irgendwo engagiere, das auch perfekt und gut machen will. Insofern gab es halt zwei, drei innerhalb dieser Gruppe, die dann letzten Endes die Kärrnerarbeit getan haben und versucht haben, die Sache auf den Punkt zu bringen. Dazu gehörte der Klaus Esche, der, so glaube ich, heute noch das Stattbuch macht. Weil alles dem Kollektivgedanken untergeordnet wurde, tauche ich auch nicht als alleiniger Herausgeber auf.

Ich hab als Berliner West-Berlin so kennen gelernt, dass da die Szene regierte, es gab relativ wenig altersmäßige Mittelschichtler.

Die Alten sind in Berlin geblieben, aber die Mittelschichtler, die Angestellten, Arbeiter – Siemens, Osram, die haben ja alle ihre Fabriken ausgelagert. Und die Jungen sind zugezogen, viele um der Bundeswehr zu entgehen, und weil die Szene sehr stark war in Berlin. Insofern war West-Berlin so ein bisschen der Nabel des westlichen Europas – da steppte einfach der Bär. Da wurde alles ausprobiert, da roch es immer nach Abenteuer und nach Fortschritt. Das war schon ein dolles Biotop. Allerdings hat es sich dann schon in den 80er Jahren verselbstständigt, vieles ist kommerziell geworden, anderes ist versackt im Dogmatismus. Ich hab das nicht mehr so mitbekommen, denn ich habe die Stadt 1983 verlassen nach einem ganz typischen Erlebnis:

Ich war bei der Alternativen Liste in der Pfalzburger Straße, noch unten in dem Igel-Keller. Da wurde über eine Demonstration diskutiert, die am nächsten Tag stattfinden sollte. Zwei Stunden lang wurde darüber diskutiert, ob die um 5 oder um 6 nachmittags stattfinden sollte. Und zum Schluss, nach den zwei Stunden, eskalierte diese Diskussion so sehr, dass sich die Leute mit Aschenbechern bewarfen. Da hab ich gedacht, nee, das ist irgendwie nicht mehr mein Ding. Und diese Stimmung und vieles andere, was dazu passte, haben mich dann bewogen wegzugehen. Aber ich hab aus der Ferne mitbekommen, dass sich das in der Stadt alles ziemlich normalisiert und verbürgerlicht hat. Der Fall der Mauer war letztlich die Rettung des Ganzen, weil sich die Situation West-Berlins auf völlig neue Beine stellen musste.

Die Hoch-Zeit West-Berlins verlief ungefähr von 1965 bis Mitte/Ende der 70er Jahre – die Schah-Demonstration, und alles, was damals ins Rollen gekommen ist. Der Vietnam-Kongress und alles, was damit zusammenhing. Aber es gab verschiedene Phasen. Da gab es sicher eine Drogenphase, die um 1970 sehr stark war, das war sicher auch ein Höhepunkt, weil es eben völlig naiv ablief und es keine Erfahrung mit harten Drogen gab. Es ging um Halluzinogene, um Bewusst-

seinserweiterung und solche Sachen. Erst später wurde die ganze Szene kriminalisiert und veränderte sich total. Insofern hat in der Zeit Mitte der 60er Jahre bis Ende der 70er immer sehr viel stattgefunden.

Berlin, das war die Insel, hier gab es viele Subventionen und viele Freiheiten, es war eine andere Atmosphäre als in München oder Hamburg und selbst in Frankfurt. Frankfurt hat ja immer ein bisschen mitgehalten, der »Pflasterstrand« und viele Dinge waren in Frankfurt parallel zu Berlin ja auch sehr angesagt. Aber Berlin, da konnte man alles ausprobieren, es war sehr viel liberaler, es wurde alles geduldet. Man war ja froh, dass sich die jungen Leute wenigstens in West-Berlin angesiedelt haben, wenn schon Siemens, Osram und Konsorten weggegangen sind.

Klaus Röder, 17.2.2002, La Palma (auf die Frage, was ihn wieder aus den USA zurück nach Berlin treibe)

Das letze Mal, als ich das gefragt wurde, habe ich gesagt, ich wollte keine deutschen Touristen mehr sehn, aber jetzt mal Spaß beiseite: Ich war 38 Jahre aus Deutschland weg, meine Heimat war Erfurt/Thüringen, und da konnte ich nicht hin, da hatte ich Schwierigkeiten, und ein paar Mal durfte ich auch gar nicht mehr einreisen in die DDR. Und Westdeutschland ist für mich ein Land, in dem ich nie gewohnt habe, das war für mich immer Ausland, so dass ich mich eigentlich nur in Berlin richtig wohlgefühlt habe.

Reinhard Lettau, 15.1.1995

Anything in Berlin would be better than staying in Frankfurt.

GI Robert W. Rynerson, Army Specialist 5, Berlin Brigade 1969 (aus dem Internet)

Berlin ist für Leute, die hierher ziehen, ein hartes Pflaster. Das höre ich immer wieder. Ich hab es ja so nicht erlebt, weil – ich bin von hier, und das hat sich ziemlich organisch entwickelt, aber wer hier frisch herkommt, der muss ganz schön kämpfen, dass er Leute findet, denen er auch vertrauen kann.

Manfred Maurenbrecher, Singer / Songwriter, 7.11.1986

Wenn du schon oft die Ost-West-Situation erlebt hast, fragt man sich doch langsam, wer braucht denn eigentlich noch die ganze Idee Ost-West? Keiner eigentlich. Man bemerkt es, wenn man an die Grenze kommt, die ganze Stimmung so bei den Zollbeamten ändert sich. Aber warum soll das alles so lang dauern? Nach meinem Gefühl ist es jetzt schon so weit, dass auch das ganze Ost-Publikum nicht mehr weiß, warum die Mauer noch da ist. Das wird irgendwie so eine ganz weltfremde Angelegenheit, das ist es sowieso, aber jetzt, wo das noch irgendwo in Stand gehalten wird, als Museumsstück vielleicht ... Es bleibt also: Berlin schmerzt. Es wird immer unrealistischer, immer weniger Leute brauchen das, vielleicht ein paar? Ich weiß nicht, es wird immer lächerlicher, mein' ich.

Berlin? Das find ich grad immer so faszinierend, wenn eine Stadt wie Berlin den Ruf errungen hat, dass sie modern ist, es hat mit Bowie und so angefangen, aber es war hier schon immer etwas Besonderes. In Berlin finde ich das schön, dass die Leute, die in der Stadt wohnen, auch damit anfangen, sich mit dem Ruf der Stadt zu identifizieren, und dann eskaliert das, und dann kommt der Moment, dass jeder auch wirklich modern denkt und damit erreicht man eine ganz schöne Situation. Jeder, der in Berlin oder in New York wohnt, weiß, er lebt in einer Stadt mit einem modernen Gesicht und (fragt sich), soll ich auch so sein. Und dann ist er so.

Herman Brood, Niederländischer Rockstar und Maler, 6.7.1988

Sendung Schießbude, RIAS 23.7.1977
Gäste: Edgar Froese (Tangerine Dream), Walter Bachauer (RIAS)
***Olaf Leitner:** Edgar, du wohnst immer noch in Berlin, warum eigentlich – es ist doch in New York, in London viel schöner?*
Edgar Froese: Es gibt verschiedene Gründe, erstens häng ich sehr an der Stadt, aus verschiedenen Gründen, die alle hier aufzuzählen es müßig ist, und dann gibt es noch einen ganz kleinen, aber nicht unerheblichen Grund – Berlin macht sich steuerlich ganz gut. Es ist mir diesmal das erste Mal passiert, dass ich schweren Herzens zurückgekommen bin nach Berlin, weil wir in Amerika 'ne gute Zeit hatten, aber ich möchte Berlin nicht missen. Das ist nun kein Lokalpatriotismus ...
***Olaf Leitner:** Es gibt Leute, die behaupten, du bist nur in Berlin, um endlich mal ein Autogramm von David Bowie zu kriegen. Ist das richtig?*
Edgar Froese: Natürlich ist das richtig. Das liegt doch auf der Hand, oder? *(Lacht.).*
Walter Bachauer: David Bowie produziert gerade wieder in Berlin.
***Olaf Leitner:** Mit Eno zusammen.*
Edgar Froese: Ja, das ist richtig. Wir kennen uns sehr gut und haben uns da auch schon musikalisch etwas artikuliert, ohne das hier jetzt näher ausführen zu wollen. Dass wir bis jetzt hier noch nicht enger was machen konnten, liegt einfach daran, dass beide Teile sehr beschäftigt sind. Entweder ist er unterwegs oder wir sind unterwegs.
***Olaf Leitner:** Und warum hast du den David Bowie nicht mitgebracht heute Abend?*
Edgar Froese: Na, ich hab ihn telefonisch nicht erreicht heute.
***Olaf Leitner:** Und warum nicht? Nun erzähl doch, warum du ihn telefonisch nicht erreicht hast.*
Edgar Froese: *(Lacht.)* Sein Telefon war blockiert.
***Olaf Leitner:** Und warum blockiert?*
Edgar Froese: Vielleicht hat er nicht bezahlt ...
(Gelächter.)
***Olaf Leitner:** Vielleicht ist er in Finanznöten.*
Edgar Froese: Na, ich glaub kaum.
***Olaf Leitner:** Walter, du bist aus Graz, du bist nicht aus Berlin, fühlst dich aber hier wohl und kommst doch auch ganz schön rum. Irgendetwas muss diese Stadt doch haben, dass man hier leben kann und dass hier auf einer gewissen kulturellen Sumpflandschaft wunderschöne Blüten gedeihen. Wie siehst du das?*
Walter Bachauer: Ja, ich seh das auch so. Ich finde Berlin vor allem deswegen so erstaunlich, weil man jedes Mal, wenn man zurückkehrt aus Städten, die noch etliche Millionen, vielleicht das Zehnfache mehr an Einwohnern haben, immer wieder feststellt, dass in Relation zur Einwohnerzahl von West-Berlin hier unglaublich viel los ist, dass unglaubliche Spielräume für Produktionen bestehen, für Festivals, für Musik ganz allgemein. Wenn man andererseits aber aus Tokio kommt, hat man das Gefühl, aufs Land zurückzukehren. In einer gewissen Weise schon durch das Äußere, aber auch dadurch, dass in solchen Millionenstädten wie Tokio ein Mediendruck

besteht, vom Fernsehen, vom Rundfunk, usw., und eine Konkurrenz unter den Produzenten, das kann Berlin nicht bieten.

Zyklisches Ende

Es gibt sieben Hauptzyklen, zwei davon werden der Saturn- und der Neptunzyklus genannt, und diese beiden treffen sich etwa alle 36 Jahre. Das heißt, alle 36 Jahre ist in Bezug auf diesen speziellen einen Zyklus hin ein Höhepunkt. Da schaukelt sich etwas hoch, was nachher wieder abflacht. Man kann nicht sagen, dass das nur ein Jahr umfasst. Das fängt in etwa an, steigert sich, und nimmt wieder ab. Wie eine Sinuskurve, die dann wieder abfällt. Und dieses Muster kehrt eben alle 36 Jahre wieder. Da fang ich mal mit 1846/47 an, eine große Hungersnot, in Irland fallen die Kartoffelfelder einem Schädling zum Opfer, die Menschen wandern aus. Dieses Auswanderungsmuster, das heißt Saturn-Neptun, da werden die Grenzen durchlässig. Eine gewisse Notsituation, eine Zeitdepression kommt hoch, also eigentlich alles Verdrängte wird ein bisschen hochgedrückt – so ein Grundmuster sollte man mal auf die Situation 1846/47 überprüfen. Das Kommunistische Manifest wird geschrieben aufgrund der Not der Zeit. 1882, also 36 Jahre später, wird der Sozialstaat gegründet, natürlich als Folge der Sozialnot. Auch die Krankenversicherungen werden gegründet, die dann dreimal 36 Jahre später, nämlich 1989, plötzlich in Frage gestellt werden. 1882 stirbt Marx, der 36 Jahre vorher sein Manifest geschrieben hat, und 1882 hat die Einwanderungsquote einen Höhepunkt erreicht. Die USA erlassen einen Einwanderungsstopp.

Weiter: 1917 – die Novemberrevolution, einhergehend mit großer Not, 1952/53 Stalin stirbt, die Ereignisse um den 17. Juni – das bezieht sich wieder in dem Fall auf die kommunistische Entwicklung. Dann wieder 36 Jahre später, 1989: die Mauer fällt und es erfolgt der Zusammenbruch des sozialistischen Dogmas in Europa, was zwei Zyklen vorher hochkam – 1989, 1952/53, 1917/18. Und das ist doch erstaunlich.

Ralph Tarne, Astro-Logisch-Zyklische Unternehmensberatung, Steingaden – 24.6.1992

Eine Vereinigung wie bei Daimler und Chrysler

Peter Schneider über den Himmel Berlins, Besitzverhältnisse, ein luxuriöses Alcatraz, die Mauer im Kopf, das Sich-Ein- und Sich-Ausgrenzen, die Berliner Schnauze, die Restitutionsfrage, leichte Hände und *heavy issues*, linke Anti-Kommunisten, selbstgemachte Nachrichten und kulturelle Re-Gewichtung.

Gesprächsdatum: 13.3.2001

Olaf Leitner: West-Berlin ist lang dahin. Fehlt dir was?

Peter Schneider: Mir fehlt nichts, ich habe diese Stadt in mein Herz geschlossen und liebe sie, unter der Bedingung, dass ich sie jederzeit verlassen kann. Daran hat sich nichts geändert, egal, ob wir nun von West-Berlin oder vom neuen Groß-Berlin sprechen. Der Trieb, immer wieder abzuhauen, hat nichts mit Politik zu tun, eher mit der durchschnittlichen Laune in Berlin und dem Wetter, mit diesem Selbstmord-Wetter im Winter, mit diesem Himmel aus Zement. Was das Berlin vor dem Fall der Mauer angeht – keine Nostalgie. Man hatte das Gefühl, alles könnte immer so weitergehen, man könnte ewig in dieser Suppe weiterköcheln, aber es würde sich auch nichts Neues ergeben. Es war ein Zustand im Eisschrank, in einem ziemlich warmen Eisschrank. Ich kann diese ganze Nostalgie nicht teilen, von der ich so viel höre.

Die Idee zu diesem Buchprojekt hier stammt nicht von nostalgischen Wessis, sondern wird von Ossis befördert.

Jaja, aber die haben es ja genauso mit der Nostalgie, die wollen auch gerne noch mal ihre Mauer wiederhaben. Ich halte das für eine ziemlich gewöhnliche Übergangskrankheit. Es braucht eben seine Zeit, bis zwei so ungleiche Kulturen zusammenwachsen, vor allem dann, wenn es sich um zwei so rechthaberische Kulturen handelt, wie es die zwei deutschen nun einmal sind. Und natürlich ist es dabei nicht fein zugegangen. Um es mit einem Wirtschaftsausdruck zu sagen: Die Vereinigung war natürlich – genau wie der sogenannte Daimler-Chrysler-Merger – eher ein *takeover* als ein *Merger of Equals*. Und so ein *takeover* erzeugt naturgemäß einen Trotz, der die Unterschiede und Feindschaften eher verstärkt und verlängert. Die West-Deutschen haben die Gelegenheit nicht ergriffen, ihre steinzeitlichen Strukturen wie das Beamtenunwesen, den Flächentarifvertrag, ihr ausrangiertes Universitätsmodell zu erneuern – alles, was schon bei uns nicht mehr funktionierte, ist einfach naht- und erbarmungslos auf die in dieser Hinsicht wirklich unschuldigen »neuen Länder« übertragen worden. Vor allem die Regelung der Besitzverhältnisse, das halte ich für den größten Skandal. Aber am Ende, sagen wir in einhundert Jahren, wird es mit der Vereinigung doch klappen. Solange dauert es schon – siehe die USA. Der Bürgerkrieg ist hier immer noch nicht zu Ende.

Konnte sich dieses zweigeteilte Berlin als dialektisches Prinzip von These, Gegenthese und Synthese begreifen? Hier ist der Kapitalismus mit seinem Kulturbetrieb, dort der Sozialismus, die DDR ...

Viele Linke, vor allem westdeutsche Linke, wollen nicht wahrhaben, dass man mit der bequemen Äquidistanz ehrlicherweise nicht mehr über die Runden kommt. Diese symmetrische Kritik: wir halten gleich großen Abstand zum westlichen Kapitalismus wie zum östlichen Sozialismus, beides ist nicht ganz das Wahre, wir sind für irgendetwas Drittes, das wir ökonomisch lieber nicht genau definieren, einen dritten Weg – das ist doch schiere Denkfaulheit. Der Sozialismus ist gescheitert und wird wahrscheinlich überall auf der Welt scheitern. Die freie Marktwirtschaft hat sich als das überlebensfähigere und effizientere ökonomische System erwiesen. Die alte gemütliche Äquidistanz der Intellektuellen hilft nicht weiter; sie lässt sich nur von Leuten aufrechterhalten, die es nicht fertigbringen, sich ihren Irrtümern zu stellen. Die sozialistische Utopie hat den Untergang des entsprechenden Systems eben nicht unbeschadet überstanden. Die Utopie selber ist in ihrem Kern beschädigt. Das alles heißt selbstverständlich nicht, dass der globalisierte Kapitalismus, den wir haben und bekommen, die letzte Antwort der Geschichte ist. Es heißt nur, dass ihm auf dem Wege der sozialistischen Theorie offenbar nicht beizukommen ist. Keineswegs sollten wir uns verbieten, weiterhin und radikal Kritik zu üben. Aber es bedarf einer ganz neuen Denkanstrengung – schon deswegen, weil es plötzlich keine Konkurrenz mehr zum real existierenden Kapitalismus gibt. Das Schlimmste, was einer Gesellschaft passieren kann, die ganz auf Konkurrenz gegründet ist, ist die Abwesenheit von Konkurrenz.

Du sagtest, in der West-Berliner Idylle war es schön, aber es gab keine Entwicklung und irgendwann wären wir alle eingeschlafen. Aber andererseits stand West-Berlin für eine Stadt, in der sich sehr viel ereignete, was es andernorts nicht gab. Wie geht das zusammen?

Es gab eine ganz spezielle, internationale West-Berliner Kultur, die in dieser ungesunden Abgeschirmtheit, in diesem luxuriösen Alcatraz, sehr vital war. Aber es war eine sowohl zukunftslose wie alterslose Gesellschaft. Du hast doch in den fünf Dutzend Stammkneipen ...

6000, bitte!

... die gleichen Leute getroffen wie schon vor zwanzig Jahren. Diese Zeitlosigkeit ... Geschichte war ja aus West-Berlin wie ausgewandert, es war wie in dem Film »Und immer grüßt das Murmeltier« ... dass du immer den gleichen Tag erlebst, immer die gleichen Gesichter siehst, auch im Fernsehen, immer Landowsky, Diepgen, Harald Juhnke, das hatte doch etwas Unheimliches. Im Vergleich dazu war die DDR ja ein ganz ordentlicher Staat, der zumindest einen Kalender hatte, ein paar Feiertage, Gründungstage, seine Rosa-Luxemburg-Demonstrationen, seine FDJ-Feiern, wo dann jedes Mal ein et-

Peter Schneider (*1940)

Eine Lesung aus Teilen seiner Berlin-Trilogie (die Romane »Der Mauerspringer», »Paarungen» und »Eduards Heimkehr«) befindet sich als Dokument der Weltliteratur im Archiv der Library of Congress in Washington. Peter Schneider, geboren in Lübeck und ab 1962 Wahl-West-Berliner, hat es geschafft, als Romancier, Essayist und kritischer Zeit-Geist den Zeitgeist zweier Kontinente zu analysieren und, künstlerisch verdichtet, sinnlich rekonstruierbar zu machen.

Er publiziert in Deutschland und den USA. Das folgende Gespräch lief via Telefon, Schneider befand sich gerade in Virginia, auf der anderen Seite des Potomac, als »*Parker Distinguished Writer in Residence* » und »*Visiting Professor in the German Department and the School of Foreign Service*« der Georgetown University.

was älterer »jüngster« Vorsitzender oder Erster Sekretär auftrat. West-Berlin war dagegen eine permanente Rocky-Horror-Picture-Show.

Dein Slogan von der »Mauer im Kopf« ist ja selbst in Amerika angekommen (»Wall in the head«), das hat denen auch imponiert. Obwohl du über diese Formel nie ganz glücklich warst?

Ich habe die Formel von der »Mauer im Kopf« Anfang der achtziger Jahre eher naiv erfunden. Und habe sie nie für brillant gehalten, erstaunlich war eigentlich nur, dass das Offensichtliche nicht wahrgenommen wurde. Denn man brauchte ja nur seine Augen auf zu machen, damals, um zu sehen, dass da nicht nur zwei Staaten entstanden waren, sondern zwei verschiedene Kulturen.

Du hast den Begriff Mauer aber auch noch anders definiert, als Spezifikum der Berliner, sich abzugrenzen, einzugrenzen, Mauern aufzustellen, wo gar keine hingehören, zwischenmenschliche Mauern sozusagen, unfreundlich zu sein, andere auszugrenzen.

Als ich den »Mauerspringer« schrieb, wollte ich das nicht unbedingt schönste, aber bekannteste Bauwerk Berlins zum Helden einer Geschichte machen. Ich wollte also nicht die Geschichte von Erna und Britta und Thomas erzählen, sondern wie ein solches Bauwerk Menschen wie Erna, Britta und Thomas und deren Schicksale prägen kann. In »Paarungen« hatte ich dann ein verwandtes Projekt, das sich aus dem ersten sozusagen ganz logisch ergab. Ich wollte die inneren Mauern, die Menschen zwischen sich – in ihren Wohnungen und Betten – aufbauen – beschreiben und enträtseln. In »Paarungen« gibt es eine Stelle, wo Eduard, der Romanheld, zurückkommt in die geteilte Stadt und sich fragt, wie es eigentlich kommt, dass in Berlin so viele Hinterhofmauern stehen, die manchmal sogar höher sind als die Mauer. Mich hat immer fasziniert, wie es möglich war, dass man gewaltige Mauern, oft mit Glasscherben bewaffnet, aufbaut, nur um ein winziges Gartenstück von einem anderen zu trennen. Oder um den Nachbarn daran zu hindern, auch nur einen Blick hinüber zu werfen. Und wenn man dann weiterdenkt, fragt man sich, ob die Deutschen nicht allgemein eine Macke mit Mauern haben, mit diesem Sich-Eingrenzen und -Ausgrenzen, und schon ist man bei den Lagerzäunen und den Wachtürmen. Erst haben sie die »Anderen« hinter Mauern gebracht und am Ende sich selber, sagte mir ein verblüffter Besucher aus dem Ausland.

Am Ende bin ich bei meinen inneren Ausflügen aber auf nichts spezifisch Berlinisches gestoßen, eher auf etwas allgemein Menschliches. Überhaupt sehe ich Berlin, je älter ich werde, mit milderen Augen. Was für eine Diskussion das war, ob Berlin die Hauptstadt des vereinigten Deutschland werden sollte – die Hauptstadt des Dritten Reiches! Aber in keiner deutschen Stadt hatten die Nazis kulturell so wenig Boden unter den Füßen wie in Berlin. Bei allen Wahlen in den zwanziger Jahren bis in die dreißiger Jahre hat Berlin mit der Zustimmung zu den Nazis sieben bis acht Prozent unter dem Reichsdurchschnitt gelegen. Berlin war zu kommunistisch, zu sozialdemokratisch, zu weltstädtisch und einfach zu groß – es lag dem Diktator aus Österreich nie ganz zu Füßen. Die Berliner Schnauze, die ja sehr aggressiv und verletzend sein kann, hat schon ihr Gutes – sie lässt sich von Autoritäten nicht so leicht imponieren. Und es gibt eben eine metropolitane Tradition in Berlin.

Ich habe mit meinen Büchern – jeweils im Abstand von zehn Jahren – eine Art Stadtporträt von Berlin zu schreiben versucht, eine Art fiktionalisierter Chronik der Stadt. Unvermeidlich habe ich dabei Epochen der Stadt festgehalten, die inzwischen nur noch in Büchern lebendig sind. Die Berlinansichten und Schicksale, die ich beschreibe, sind zum guten Teil längst versunken. Niemand weiß eigentlich heute mehr, wie es 1991/92 war, als da nur Baulöcher waren und die Stadt sich selber suchen und finden musste in diesen Löchern. Und niemand kann sich mehr richtig erinnern, wie das 1982/83 war, bevor Gorbatschow an die Macht kam; als es schien, als habe sich die Geschichte für immer aus der Stadt verabschiedet und als führe man in den Kneipen schon so eine Art Leben im Jenseits. Ich glaube, ich habe viele dieser Stimmungen und Augenblicke festgehalten, nicht wenige dieser Seiten sind sozusagen geschriebene Fotografien.

Eine Claudia Voigt schrieb in der Kulturbeilage des SPIEGEL, Heft 6/1999: »Vielen deutschen Autoren scheint der Blick auf die eigene Geschichte durch die Fülle der Ereignisse verstellt. Weil in Berlin die Zeit den Schleudergang eingelegt hat, gerät sogar die jüngere Vergangenheit ganz schnell in Vergessenheit. Ob Judith Hermann oder Peter Schneider, Tim Staffel, Tanja Dückers oder Uwe Timm – sie alle schauen kaum weiter zurück als bis zur Wende.« – Das gilt doch für dich nun wirklich nicht, oder?

Offenbar hat sie meinen letzten Roman nicht gelesen, sie wollte eben einen deftigen Satz haben. Denn wie sechzig Jahre Vergangenheit in die unmittelbare Gegenwart hineinregieren, das ist eigentlich das bestimmende Thema in »Eduards Heimkehr«. Eben das hat mich an der Restitutionsfrage fasziniert: dass Millionen von Erben auf einmal gezwungen sind, ihre Familiengeschichten bis 1933 zurück zu verfolgen. Und das tun sie auch brav, weil vom Ergebnis dieser Recherche abhängt, ob sie das Erbe antreten dürfen oder nicht. Auf einmal haben wir in Deutschland Millionen von Hobbyhistorikern. Sie mussten oder müssen herauskriegen: Hat meine Großtante, mein Großvater oder Vater oder Onkel dieses Haus oder Grundstück, auf das ich jetzt Ansprüche anmelde, redlich erworben? Von wem haben sie es erworben, und – wenn es sich um ehemaligen jüdischen Besitz handelte – haben sie den jüdischen Vorbesitzern den handelsüblichen Preis bezahlt oder aus dem Schicksal der gewaltsamen Vertreibung Profit gezogen, bzw. das Erbe für'n Appel und 'n Ei von einem Nazifreund zugeschustert bekommen? Dieser Vorgang wird ausführlich in »Eduard« beschrieben. Vielleicht hat die Dame, die mir den Vorwurf macht, selber keine Lust gehabt sich mit diesen Dingen zu beschäftigen, aber Spaß daran, anderen Aufträge zu erteilen, auf die sie keine Lust hat.

Galt das Interesse der Amerikaner hauptsächlich dir oder deinem Thema, der Mauer?

Ich wage zu vermuten: beidem. Was das amerikanische Interesse an Deutschland angeht, beschränkt es sich weitgehend auf Berlin, und ich werde hier als der Interpret dieser Stadt gesehen. Ich glaube, Berlin ist die einzige deutsche Stadt, die zur Zeit im Ausland, nicht nur in Amerika, von sich reden macht. Man interessiert sich nicht für Deutschland, man interessiert sich für diese eine Stadt. Woran das liegt, ist gar nicht so leicht zu sagen. Natürlich hat das, soweit es die Amerikaner angeht, mit ihrer eigenen Geschichte und mit einer entsprechenden Identifikation zu tun – Luftbrücke, Zeit der Besatzung, Mauerbau, der Kennedy-Besuch, Reagans berühmter Satz und dann der Mauerfall. Was nun mich angeht, so schätzen es die Amerikaner offenbar, dass ich gerade die *heavy issues* eher mit leichter Hand und einer gewissen Frechheit angehe. Sie sind ja fest davon überzeugt, dass Deutsche überhaupt keinen Humor haben. Ich höre oft – und das ist wohl als Kompliment gemeint – ich sei eben gar kein typischer Deutscher. Wenn ich dann antworte, doch, doch, ich sei durchaus ein typischer Deutscher (und auf unsere ruhmreiche Tradition von Scherz, Satire, Ironie und tieferer Bedeutung verweise), halten sie das wieder für einen Witz, aber immerhin irritiert er sie. Das erste Buch, mit dem ich in den USA ein gewisses, durchaus begrenztes Interesse erregte, war der »Mauerspringer«. Daraus haben sich dann verschiedenen Einladungen der Universitäten, dann auch der Presse ergeben.

Hattest du regelmäßigen Kontakt nach Ost-Berlin?

Ja. Daraus ist ja der »Mauerspringer« entstanden. Ich bin 1962 nach Berlin gekommen, und ab '64 konnte man als Westdeutscher mit einem vorher beantragten Visum nach Ost-Berlin reisen. Das habe ich gemacht, bin sehr rasch bei Biermann gelandet und Heiner Müller und anderen. Ich war einfach fasziniert von dieser anderen Welt, von »diesem anderen Gesetz im ähnlichen Leben«. Dann kam '68, eigentlich muss man sagen: '67, dazwischen, als wir uns mit dem realen Sozialismus etwas entschiedener befassten. Im SDS gab es dazu geteilte Meinungen. Da gab es die Lefèvre-Fraktion, die die DDR für eine Alternative zum westlichen System hielt und von der Kritik ausnahm, während Rudi Dutschke und Bernd Rabehl, also im Grunde die »Genossen aus dem Osten«, Anti-Stalinisten waren. Dany Cohn-Bendit hat mich schockiert, als er sehr fröhlich und sehr früh sagte: »Ich bin linker Anti-Kommunist«. Ich habe – meiner Erfahrungen in Ost-Berlin wegen – zu seiner Position geneigt, aber es brauchte Jahre, bis ich mir seine Definition aneignete. Dann gab es Anfang der 70er eine nächste sehr wichtige Station – das Treffen zwischen den Schriftstellern F. C. Delius, Hans Christoph Buch, Günter Grass und Nicolas Born – ein leider viel zu schnell vergessener, großartiger Schriftsteller aus meiner Generation – mit Schriftstellern aus Ost-Berlin. Wir haben uns privat in Ost-Berliner Wohnungen getroffen, etwa bei Joachim Schädlich, Klaus Schlesinger oder Sarah Kirsch – Christa Wolf und Heiner Müller waren übrigens nie dabei – und haben uns gegenseitig unsere Texte vorgelesen. Schon von früheren Besuchen kannte ich Thomas Brasch und Kathi Thalbach, mit denen ich mich befreundete, und es war mir aufgefallen, dass die gleichaltrigen Kollegen aus dem Osten, die ja, genau wie wir Wessis in unserem Kontext, Dissidenten waren, auf dieselben Ereignisse oder Nachrichten ganz anders reagierten – und zwar spontan. Wir hatten völlig verschiedene Prioritäten und Interpretationsmuster, und wenn das für diejenigen galt, an denen ich diesen Unterschied beobachtete, so mussten sie umgekehrt einen ähnlichen Unterschied an mir wahrnehmen. Das war eigentlich der Ansatz vom »Mauerspringer«. Ich glaube, dass das bis heute ein brauchbarer Ansatz ist, wenn sich Wessis mit Ossis und umgekehrt beschäftigen. Beide Seiten tun gut daran, sich für die kulturellen Unterschiede zwischen ihnen zu interessieren, statt sie einfach abzutun. Das Verrückte und irgendwie auch Tolle an der Situation vor dem Mauerfall war doch, dass man immer zwei vollkommen gegensätzliche Versionen der Welt im Radio oder Fernsehen vorgeführt bekam. Alle sahen ja die beiden Sorten von Kanälen, wenn auch eher mit ethnologischem Interesse, und jeder hat sich dann seinen eigenen Reim gemacht. Man hat einen gesunden Zynismus gegenüber den Medien insgesamt entwickelt. Natürlich sah man, dass Herr von Schnitzler es im Schwarzen Kanal etwas toller trieb als sein West-Kollege Löwenthal im ZDF, aber man sah auch, dass beide Seiten die Nachrichten enorm selektierten und sogar fabrizierten, nicht nur der Ost-Kanal. Das sieht man jetzt nicht mehr, wir merken nicht mehr, dass auch wir im Westen in einer total gelenkten und vorfabrizierten Nachrichtenwelt leben. Wir halten das tatsächlich für wahr, was uns aufgetischt wird, weil das Korrektiv dieses hysterischen und verrannten kleinen Bruders fehlt.

Ist denn von der anderen Seite, vom Westen aus gesehen, etwas übrig geblieben, hat sich da etwas behauptet so wie Grüner Pfeil und Sandmännchen?

Ich glaube, dass die vermeintlich linke These, der Westen verschlucke alles, mache alles platt, auf einer phantastischen Selbstüberschätzung des Westens beruht. Es gibt so eine Selbstkritik als Fertigware: »ein Schnäppchen namens DDR«, etc. Man braucht dann gar nicht mehr nachzugucken, was für ein Schnäppchen das eigentlich war. Selten hat man »ein Schnäppchen« teurer erworben! Auch die Idee, dass sich der Westen kulturell auf ganzer Linie durchsetzt – was er zweifellos vorhatte – halte ich für Unsinn. Wenn man mit einigem Abstand nach Berlin zurückkommt, fällt es doch ins Auge, wie stark die Stadt veröstlicht ist. Das ist für manche ein Schreckgespenst, für mich nicht. Berlin war immer eine mitteleuropäische Metropole, die eine Hälfte der Stadt ist durch den Kalten Krieg sozusagen 500 km nach Westen verschoben worden. Aber das war nicht der natürliche Schwerpunkt von Berlin. Insofern findet jetzt eine Art Re-Gewichtung statt ... Natürlich drängen nicht etwa Italiener, Franzosen, Amerikaner in Massen in die Stadt, sondern Polen, Russen, ehemalige Jugoslawen und auch Deutsche aus den sogenannten »neuen Ländern«, die ja eigentlich die alten Länder sind. Und natürlich bringen sie ihre Kultur mit. Wir werden uns noch wundern, wie viel davon übrig bleibt. Die Ostdeutschen haben sich erst einmal aufs Lamentieren verlegt, aber ich glaube, dass sich das, was man im Guten wie im Bösen als ihre durchaus eigenständige »Kultur« anerkennen muss, nicht einfach unterbügeln lässt. Im Gegenteil. Wir sollten uns gelegentlich – siehe die anstehende rot-rote Koalition in Berlin – fragen, ob wir nicht untergebügelt werden.

Peter Schneider – West-Berlin dankt dir für dieses Gespräch!

Ich gehörte nicht zu dem Kreis, der die Macht verteilt

Hanna Renate Laurien über die Klatschinsel Berlin und gelbe Rosen, über bislang unbekannte Seiten des Heinrich Lummer, William Shakespeare, schwarze Kanonen, einen ahnungslosen Edmund Stoiber, einen drei- oder vierfachen Abschied – aber »Not with the Russians«, das Sagen der Schutzmächte, über himmelschreiende Gesamtschulen, Bauchnabelschauen, verzweckte Kultur, fehlende Courage, über Brüllen statt Denken, die CDU Sibirien, das Gesamtschulzeugnisanerkennungsabkommen, zwei Mal Vogel und gut-böse Messer.

Gesprächsdatum: 29.3.2001

Olaf Leitner: Frau Dr. Laurien, Sie haben einen Ruf in der Stadt – das ist sensationell!

Hanna-Renate Laurien: Ich weiß das. Ich hab damit leben lernen müssen. Anfangs habe ich mich dagegen sehr gewehrt und habe gesagt: Nein, das ist Schmeichelei und dann hat ein mir befreundeter Priester gesagt: Hören Sie mal zu, Sie haben die falsche Demut! Sie dürfen den Leuten nicht verweigern, dass die sich bedanken. Ich treffe Leute, die sagen: Als Sie noch Schulsenatorin waren, da ..., usw. Kürzlich hatte ich in B1 eine Sendung, »Alex« – wer mich darauf alles anspricht! Ich geh essen mit Freunden, und als wir fertig sind, sagen die Kellner: Oh, Signora Renata!! Gestern bin ich bei Reichelt, da sagt eine Frau ganz laut (ich hab sie dann gedämpft!): Das war toll, Sie haben's der roten Ziege gut gegeben! Ich sag, pscht!!, die war doch nett zu mir. – Ja, das stimmt. Solche Sachen muss man dann annehmen. Aber irgendwo zeigt es, dass man Politik auch machen kann ohne krumme Touren. Also: Jetzt sind Sie dran!

»West-Berlin« – was empfinden Sie bei diesem Begriff?

Also erstmal fällt mir komischerweise die Mauer ein. Weil sie eben ein Teil war und ich jedenfalls immer die Erfahrung hatte, es ist nur ein Teil Deutschlands oder ein Teil Berlins. Es kommt vielleicht daher, dass ich vorher in Nordrhein-Westfalen und in Rheinland-Pfalz gelebt habe, wo die Mauer etwas weiter weg war.

Das zweite: auch eine unglaubliche Klatschinsel. Wenn man zu Empfängen ging, was ich in der Amtszeit ja machen musste, obwohl ich es auch immer möglichst reduziert habe, im Unterschied zu vielen Leuten, die in der Politik ihr Nest hatten, ich hab ja nie eine eigene Hausmacht gehabt in Berlin und auch nicht haben wollen. Da traf man immer dieselben Leute. Man hätte sich viele Sitzungen sparen können, wenn man die Partys zu Sitzungen umgeformt hätte.

Aber auch einen unbeugsamen Geist der Freiheit. Wenn ich an eine Zeit denke, in der es sehr kontrovers war! an die Zeit des NATO-Nachrüstungsbeschlusses, also Helmut Schmidt und Helmut Kohl, da standen in Berlin viele Schulen kopf. Da machten Schulleiter statt Unterricht Demonstrationen – das muss man sich mal vorstellen! Da bin ich gegen vorgegangen, mit Parlamentsdebatte und allem möglichen, und habe übrigens all denen, die eine Führungsposition hatten, Lehrer waren, verantwortlich, eine Beförderungssperre von drei Jahren verordnet. Die haben dagegen prozessiert, und der Prozess endete nach fünf Jahren. Da hatten die »gesiegt«. Da hab ich natürlich laut gelacht, denn die drei Jahre waren ja um. Da war zu spüren: Die einen waren sehr antiamerikanisch eingestellt, aber die Mehrzahl war eben unglaublich freiheitlich. Und es gab immer auch einen bestimmten Geist der Fairness. Ich will zwei Beispiele dafür nennen: Da hat die taz einen, mir auch bekannten, ganz linken Lehrer befragt: Also, wenn in Ihrer Unterrichtstunde ein Schüler, jetzt wörtlich: »die beschissene Meinung der Senatorin« vertritt, was machen Sie dann? Da hat der gesagt: Dann sorge ich erst mal dafür, dass dieser Schüler unbeschadet seine Meinung sagen kann. Dem hab ich gelbe Rosen geschickt! Das andere Beispiel: Die Hausbesetzer-Szene. Die war ja schwierig. Aber, als dann Weizsäcker, Lummer – nicht zu vergessen! –, der Bausenator Ulrich Rastemborski und Pieroth, als die die Idee hatten, wer selber wieder herstellt, darf bleiben, da gab es einen bestimmten Fundus von Fairness. Vor ein paar Tagen hat mich ein Pfarrer aus der Szene-Zeit angerufen, der jetzt ganz was anderes macht: Frau Laurien, haben wir nicht damals ... besetzte Szene und so ... da hat es in der Gegnerschaft immer noch ein Miteinander gegeben. Das wäre für mich jetzt mal ein ziemlich breites Bild von West-Berlin.

Sie sagten Lummer, der war auch dafür??

Das darf man nicht vergessen. Der war Senator. Zuerst war er absolut gegen die Ungesetzlichkeiten, aber als die Möglichkeit kam, dass es friedliche Lösung gab, mit Eigenbeteiligung, hat er mitgemacht, das darf man nicht vergessen! Der Lummi ist ja eine herrliche Type. Wir von der CDU-Fraktion waren auf einem Boot, damit niemand weglaufen konnte, da sollten die Frauenbeauftragten eingeführt werden. Und das vertrat Gabriele Wiechatzek, ganz sachlich und tadellos. Und alle waren kontra. Daraufhin bin ich in die Bütt gegangen und habe eine Rede gegen die Frauenbeauftragten und für den Männerbeauftragten gehalten, wo sie alle jubelten, Lummer vorn. Da hab ich gesagt: So, meine Herren, so stellen sich die Gegner die CDU vor und hab es dann umgedreht. Und hab gesiegt. Dann hat Lummer gesagt: Sie brauchen doch keine Frauenbeauftragte! Da hab ich gesagt: Aber Sie!! Und sie kamen dann durch. Und wir haben dann auch CDU-nahe Frauen reingekriegt. Und köstlich war, was ich doch auch noch von Lummi sagen möchte, was, glaub ich, auch in keiner anderen Verwaltung möglich wäre: es ging um eine Frau, um Pensionsrechte, Lycealbildung, zwanziger Jahre. Und der Innensenat hatte schon ein, zwei Mal abgelehnt, ich sagte zu meinem Mitarbeiter: Komm, wir versuchen es ein letztes Mal – das Argument und jenes

Hanna-Renate Laurien (*1928)

Sie kam aus dem Höheren Schuldienst, wurde Stellvertretende CDU-Kreisvorsitzende in Köln, war erst Staatssekretärin, dann Kultusministerin in Rheinland-Pfalz, danach von 1981 bis 1989 Senatorin für Jugend, Schulwesen und Sport in Berlin sowie Bürgermeisterin und von 1991 bis 1995 war sie Präsidentin des Berliner Abgeordnetenhauses. Sie gehörte dem Präsidium der Union an, war Mitglied im Hauptausschuss des Zentralkomitees der Deutschen Katholiken und der Berliner Volksmund verlieh ihr wegen ihrer Resolutheit, ihres Engagements, ihrer Spontanität und ihres kämpferischen Geistes den Ehrennamen »Hanna-Granata«.

Argument. Ich unterschreibe und setze handschriftlich darunter: »That mercy seasons justice« – dass die Gnade die Gerechtigkeit würzt. Es vergehen ein paar Tage, da kommt der Brief von Lummer: Frau Kollegin, ich habe Ihren Shakespeare erkannt. Hochgebildet!

Guck an.

Immer, ja – hochgebildet! Und dann: Sie sind für die Gnade zuständig, ich für das Recht. Und er hat's mir genehmigt. Das gibt es, glaub ich, in keiner anderen Verwaltung. Diese Mischung aus Ungewöhnlichkeit, manchmal himmelschreiend, und dann wieder hinreißend. Das hätte sich nirgendwo gehalten außer hier.

Warum ist dies nicht bekanntgeworden? Lummer hat ja ideologisch ein eindeutiges Image.

Ja, aber wie! Und er hat viel dazu beigetragen zu diesem Bild. Wahrhaftig. Aber wenn man mit Leuten spricht, die damals dabei waren, übrigens auch mit Journalisten, die sagen dann, so eindeutig dürfe man ihn aber nicht sehen. Das ist auch typisch West-Berlin. Dass immer nur ein Klischeebild bekannt wird und nicht eine Differenzierung. Das kommt aus der Kalte-Kriegs-Mentalität. Entweder pro oder kontra.

Bei Ihnen aber hat sich das Bild gedreht, denn als Sie nach Berlin kamen, haben alle gezittert. Wir haben gedacht: Um Gotteswillen ...

Die schwarze Kanone kommt ...

... die kommt da irgendwo aus der Provinz – alles was nicht West-Berlin war, war bekanntlich Provinz! – die kommt hier her und will ...

Meine Schulverwaltung begrüßte mich: Das ist die schwarze Kanone der CDU in Sachen Bildungspolitik. Weil ich ja schon viel veröffentlicht hatte. Auch zum Thema Gesamtschule. Aber das sehr maßvoll. Der Landesschulrat begrüßte mich: Frau Senatorin, Sie können hier mit unserer Mitarbeit rechnen, aber Ihren Fünf-Prozent-Erlass aus Rheinland-Pfalz, den dürfen Sie nie machen! Das war denen zu viel Freiheit. ich hatte nämlich jeder Schule erlaubt, fünf Prozent der Stundentafeln in eigener Regie umzupolen. Nein!! Da war man hier rechter als rechts, auch wenn man links war.

Die West-Berliner SPD war beim Fortschrittsmarathon nicht immer ganz vorne.

Das kann man wohl so sagen.

Haben Sie irgendwann mal die Alliierten gespürt?

Ja, mehrfach. Ein Beispiel: Ich war schon Bürgermeisterin, Diepgen war in Urlaub und wir haben täglich telefoniert. Da kamen ständig Asylbewerber und Stoiber forderte die CDU-Regierung auf, sie soll die Grenzen dicht machen.

Die Berliner Grenzen? Das war ein heißes Politikum.

Eben. Da hab ich im Fernsehen gesagt, lieber Herr Stoiber: Das können wir nicht, wir haben keine Polizeigewalt, das müssen die Alliierten machen. Da habe ich mit den Alliierten Stadtkommandanten verhandelt (Diepgen hielt sich zurück, das war klug, dass er sich noch als letzte Instanz in Reserve hielt – falls was schiefging, war immer noch jemand da!), dass die nun endlich etwas stoppten. Da merkte man auch die unterschiedliche Haltung zwischen den Alliierten, und es gelang dann schließlich doch, wenn ich mich recht entsinne, mit den Amerikanern eine Bejahung zu finden. Und, um es etwas gegenwartsbezogener zu sagen, als die Alliierten abzogen, ich Parlamentspräsidentin war, da hab ich das auch noch mal herrlich gemerkt. Da ging es darum, feiern wir den Abschied der Vier oder der Drei. Das war höchst kontrovers in der Politik bei uns. Meine Partei war absolut nur für die Drei und die Grünen für die Vier. Da habe ich mit mir nachgedacht und hab gedacht: das muss ich trennen. Ich mache für die Vier ein Volksfest mit Musik und dann einen Abschied für die Drei – hatte das aber mit noch keinem besprochen. Es kommt der französische Botschafter und macht einen Antrittsbesuch bei mir, er war neu, und höflich, wie die Franzosen sind, sagte er: Madame, haben Sie noch einen désire? Ich sage: Oui, ich hab einen désire, Sie sind doch am kommenden Montag – oder Dienstag, die Tage weiß ich nicht mehr – alle drei Botschafter der Schutzmächte hier – dürfte ich Sie bitten, dass Sie bei mir einen Besuch machen? Die sind alle drei gekommen. Der Amerikaner sagte: Not with the Russians, not with the Russians! Da hab ich gesagt: Ja, aber mit Musik, mit Kapellen, die Bundeswehr auch dazu mit Kapelle, ein richtiges Volksfest! Und dann im September, meine Herren, ein Abschiedsfest für die Drei! Die guckten und dann sagte einer: Ja, dann sind die Russen ja nicht mehr da! – Ich sagte: Ja, das war meine Idee. – Ja, dem könnten wir zustimmen! – Darauf habe ich mit den Grünen geredet, und die sagten, Frau Laurien, wer nicht mehr da ist, den kann man weder ein- noch ausladen – einverstanden! Das war toll! Da war also auch der parlamentarische Konsens möglich. Dann fand dieses Viererfest statt. Da haben wir gesungen, wir Parlamentarier: My Johnny is over the ocean, Sur le pont d'Avignon, und Kalinka, Kalinka. Die Leute sagten zu mir: Warum singt Ihr denn keine deutschen Lieder? Ich sage: Na, weil wir hier bleiben. Und nun: Pressekonferenz. Da war der Ami auf einmal weg. Es war mir klar: Not with the Russians! Ich hab geschwindelt, dass sich die Balken gebogen haben, der wär da gewesen, er hätte plötzlich einen Telefonanruf bekommen – dafür hab ich ruhig die Presse mal eingespannt.

Es waren also alle da?

Alle Vier waren da!

Beim Volksfest.

Beim Volksfest. Aber bei der Pressekonferenz war der Ami weg, er war weg! Not with the Russians!! Da merkte man, dass bei jedem Land Innenpolitik auch in der außenpolitischen Vertretung eine Rolle spielt. Diese Story eben mit »Not with the Russians« ist neu, die ist für Sie!

Vielen Dank! Und wie haben sich die Alliierten dann letztlich entschieden, dass die Grenzen nicht zugemacht werden?

Doch, doch! Sie haben dafür gesorgt, dass die Asylsuchenden dann doch nicht mehr so durchströmten. Sie haben Kontrollen eingesetzt.

Aber sicher keine deutschen.

Nein, die Deutschen hatten damit nichts zu tun.

Das hätte die Anerkennung des West-Berlin-Status' im Sinne der DDR bedeutet.

Das wäre unbeschreiblich gewesen. Und dass die Bayern uns dazu aufforderten ... Ich war sehr ironisch bei meinem Fernsehauftritt zu diesem Thema: Dass ich doch etwas mehr politische Staatskunde von einem derart staatserhaltenden Land erwarte. Aber der (Stoiber, O. L.) war so entsetzt, dass hier die Asylsuchenden hereinströmten, da hat er gesagt, macht mal die Grenzen dicht. Das war irgendwie eine emotionale Unkenntnis der Situation. Wenn ich, zum Beispiel, hochgebildeten Schülergruppen, die bestens vorbereitet waren, gesagt habe, jetzt möcht ich mal ganz was Einfaches feststellen: Hier ist ein Staatsempfang, wie wird bei Euch zu Hause begrüßt, wer wird zuerst begrüßt? – Dann kam wie aus der Pistole geschossen: Na, der Ministerpräsident, oder der Oberbürgermeister. – Na und dann? – Die anwesenden Militärs. – Ich sage: Bei uns heißt es: Mr. General Soundso – und dann kommt der Regierende Bürgermeister. – Waaas?? – Ja!

Kamen nicht erst Sie dran – als Parlamentspräsidentin, vor dem Bürgermeister?

Na ja gut, das hab ich ausgelassen, also den Parlamentspräsidenten, das wäre verwirrend, ich bin gleich auf die Regierung gegangen. Die Kinder müssen das verstehen. Also übersetzt: Erst der General, dann der Ministerpräsident. – Waaas? – Ja, das ist die zweite Figur hier. Da haben die das viel mehr begriffen als mit viel Theorie. Auch wenn die gesagt haben, in Berlin haben die Schutzmächte das Sagen, wenn sie das umsetzten in den Alltag, dann kam großes Staunen auf. Das meine ich mit emotionaler Unkenntnis.

Sie hatten ja die Freie Universität mit gegründet?

Ja, als Studentin.

Sie sind dann einige Zeit weg gewesen.

Das kann man wohl sagen.

Irgendwann kommt man wieder in diese Stadt, diese Stadt hat sich verändert, man selber hat sich verändert. Wie bekommt man diese Stadt mit, was macht man, um diese Stadt möglichst schnell wieder kennen zu lernen, weil man ja in dieser Stadt regieren muss?

Also dazu sind ein paar Zwischenbemerkungen notwendig: Ich habe hier ja eine etwas andere Situation – meine Schwester lebt in Berlin mit ihrem Mann und zwei Söhnen, dadurch habe ich viel von Berlin mitbekommen, auch von Berliner Schulen. Mein einer Neffe war auf einer himmelschreienden Spandauer Gesamtschule, wo es Gewalt unter den Kindern gab. Und eine himmelschreiende Pädagogik. Mein einer Neffe hatte in der Schule großen Misserfolg, aber war immer ein prima Mensch. Und ich geh mal mit ihm essen in Berlin und er sagt: Gehste mit meinem Broder ooch essen? Ich sag: Warum, ich geh grad mit dir! – Mein Bruder ist doch in der Schule besser. Da hab ich Gläser, die auf dem Tisch standen, genommen und habe gesagt: Guck mal – das ist voll und das ist voll und das. Das sind die verschiedenen Schularten. Entscheidend ist, dass die jeweilige voll ist. Du bist der Beleg für meine Bildungspolitik, du bist dieses Glas. Drei Tage später ruft mich meine Schwester an und sagt: Was hast denn du mit dem Thomas gemacht? – Warum? – Die Schule hat heute angerufen. Eine Lehrerin hat was zu ihm gesagt, da hat er gesagt: Gehn Sie mal weg, ick bin der Beleg von der Bildungspolitik von meena Tante! – Da kriegt man von Berlin schon was mit!

Und dann, in der schlimmen Zeit, als meine geliebte freie Uni alles andere als frei war, hat meine Partei mich öfter nach Berlin geholt. Ich habe in der ›Rostlaube‹ auf dem Boden übernachtet, denn der erste Flug ging ja morgens um sieben. Da waren verschiedene bekannte Berliner Politiker auch da, die gingen gegen halb 2 oder 3. Ich blieb noch da und habe ihnen immer die Möglichkeit der Einstimmigkeit genommen. Da habe ich diese Szene mitgekriegt. Das ist was anderes als wenn man einfach weg war. Deshalb war mir schon eine Menge vertraut.

Aber ich habe mich gar nicht irgendwie bemüht, die Stadt kennen zu lernen, ich habe meinen Dienst gemacht, bin in die Schulen gegangen, in die Elternversammlungen, in die Sportvereine, habe den Kindernotdienst neu organisieren können mit Hilfe guter Mitarbeiter, den Jugendnotdienst, da kam die Bosch-Stiftung mit so einem ganz feinen Programm, mit einem Suizid-Hilfe-Programm, die hatten ja immer viel Geld, wo wir bestürzt waren, weil die das Geld kriegten, was wir nicht hatten und ziemlich elitär arbeiteten, aber dann haben wir gedacht, besser elitär arbeiten als gar nicht.

Und sonst: In meinem Ressort stand ja auch die Drogenarbeit an. Als ich das erste Mal die Streetworker einlud, haben die gedacht, die können mich aufs Kreuz legen, hatten alle ihre Hemden bis zum Bauchnabel offen, da hab ich gesagt: Meine Herren, ich bin nicht gekommen, um die Qualität Ihrer Brüste zu beurteilen, sondern die Qualität Ihrer Arbeit. – Da lernen Sie eine Stadt kennen!

Ich hatte auch immer Konzerte gebucht, früher auch Theater wegen meiner Theaterleidenschaft, das hat man mir sehr schnell abgewöhnt, die Theaterszene hat mich verscheucht. Wenn immer nur der Regisseur sich interpretierend einbringt und vom Dichter mehr Interpretation als Substanz zu bemerken ist, dann ist das nicht meine Sache. Aber in der Musik bin ich immer gewesen. Senator Böger geht auch in Konzerte, den hab ich auch in schlimmen Zeiten getroffen. Weizsäcker ging auch, selbstverständlich. Aber sonst ist die Distanz der Regierenden zur Kultur beachtlich. Ich meine nicht, bei Eröffnungen dabei zu sein, sondern hingehen um dort auch zu tanken, um in der Kunst auch Ahnung eines vertieften Menschseins zu erfahren, eines Geheimnisses. Ich kann mit nichts begründen, warum es Kunst gibt, wie ich auch mit nichts begründen kann, warum es den Menschen gibt. Und diese Fragen berühren mich. Das hat Georg Steiner in seiner großen anthropologischen Kunsttheorie hinreißend entwickelt, das hab ich Schülern immer wieder verdeutlicht, denen dann aufgeht, dass letztlich die Frage nach dem Geheimnis des Lebens in der Kunst steckt und im Menschen. Und wehe, wenn ich das verzwecke. Wenn ich den Menschen verzwecke, die Kultur verzwecke, beende ich Menschsein. Dann kann ich den Artikel über die Menschenwürde streichen.

Was heißt Kultur verzwecken?

Wenn ich nur noch Nützliches mache, nur noch Schraubenzieher gestalte. Wenn ich Kunst auslasse und statt dessen nur noch Zweckgegenstände mache. Das ist auch West-Berlin.

Gab es eine Berliner Gesellschaft?

Ich glaube schon, ja.

Was waren das für Leute, die Baufraktion, die Kulturfraktion?

Das war die Baufraktion, die Denker, die Juristen. Was sich auch mischte. Eine High Snobiety auch. Und Sport – ich war immer erfreut, wenn ich neben Herrn von Richthofen saß, wir haben uns nämlich richtig unterhalten. Und nicht bloß dieses schreckliche Geschwätz über andere Leute, die sich dann über ihre Golf-Erfolge unterhielten – da bin ich innerlich gestorben. Ich gestehe, als wir die Wahl verloren '89, hatte ich einen frevelhaften Gedanken: Hurra, du musst nie wieder in den Landesschulausschuss, du musst nie mehr Frau Sowieso anhören.

Der Begriff Ausschuss hat einen Beigeschmack von Wahrheit.

Als ich in den Ruhestand ging, habe ich gedacht: Hurra, du musst nie mehr zu Bällen gehen.

Was hätten Sie als Kultursenatorin anders gemacht?

Das ist eine unglaubliche Frage – ich habe schon Herrn von Weizsäcker gesagt, Sie müssen 'ne GmbH gründen! Wenn man damals GmbHs gegründet hätte plus Eigenverantwortung! Ich hatte begriffen, dass es nicht, wie man oberflächlich meint, die großen Gagen sind, die ins finanzielle Nichts führen, sondern es sind die Tarife für die Beleuchter, Maskenbildner, für all die. Ich hab von August Everding gelernt: Er sagte, ich kann in Deutschland keine große Oper mehr uraufführen, weil die Arbeitszeiten begrenzt sind. Ich muss 12 bis 15 Stunden durchproben, und dann wechseln die mit der Schicht. Ich hatte begriffen, dass da die Schwierigkeiten liegen. Wenn man das früh genug in die GmbH gesetzt hätte, vor den Katastrophen, dann wäre manches gemildert gewesen. Dann hätte es immer noch Probleme gegeben, als die Ostbezirke zu uns kamen ... Gysi hat ein schlimmes und gutes Buch geschrieben, das heißt »Ein Blick zurück – ein Schritt nach vorn«, ich hab's gerade rezensiert, er hat einen absolut zutreffenden Satz in seinem besten Kapitel (es sind schlimme Kapitel drin!) über den Umgang mit den Eliten formuliert. Er sagt, nach '45 brauchte man die kleinen Eliten der NS-Zeit, um das Land aufzubauen. 1989 brauchte die Bundesrepublik nichts von der DDR, um das Land aufzubauen. Statt dessen gab es die dritte Charité, die dritte Oper und das dritte oder vierte Orchester usw., das ist richtig. Das Problem hätte sich auch dann gestellt. Aber es wäre leichter zu bewältigen gewesen mit dieser Wettbewerbslandschaft. Da hat damals die Courage gefehlt, und natürlich auch die Kulturmafia, die damals meinte, die Kultur hält die Einheit und die Kultur hält den Geist in West-Berlin. Wenn da jemand nur kratzte ... Man sieht ja, Radunski hat ja versucht zu kratzen und man ist ihm derart in die Parade gefahren. Ob er alles richtig gemacht hat, ist was Zweites, aber er hat wenigstens strukturelle Änderungen versucht. Und das war nicht drin.

Ein GmbH-Modell gab es ja, die Berliner Festspiel GmbH.

Ja, und das ist ja auch gut gelaufen, das hat Eckhardt großartig gemacht.

Welche Persönlichkeiten hatte West-Berlin?

Ich möchte, jetzt mal querbeet, Götz Friedrich nennen, der sehr beeindruckend war, und ich möchte Wolf Jobst Siedler nennen, dem ich sehr dankbar verbunden bin.

Gab es wichtige Philosophen?

Ich würde sagen, es ist keine philosophische Ausstrahlung von dieser Stadt ausgegangen. Die linken Philosophen, die da kamen, waren dritter Klasse. Ich tue mich schwer, mich noch an ihre Namen zu erinnern. Das hing vielleicht damit zusammen, dass die guten Professoren gingen. Weil es in Berlin unerträglich war, weil die Studenten brüllten statt zu denken. Ich war über die Freie Uni so entsetzt, habe gesagt, das ist nicht mehr meine Uni!

Es war doch für Berlin gut, dass so viele junge Leute kamen, die Wehrdienstverweigerer.

Nein, das war schlimm. Das hat die linke Lehrerszene bis zur Demokratiefeindschaft bestimmt. Nirgendwo gab es so viele Demokratiegegner unter der Lehrerschaft wie in Berlin. Ich habe vor jedem Achtung, der den Zivildienst macht, aber die waren schlicht Drückeberger. Als ich, schon als Präsidentin des Abgeordnetenhauses, den Lebenslauf eines Mitarbeiters, der sich als Honorarkraft beworben hatte, las, fragte ich: Ja, und was ist mit – dem Wehrdienst? Dann kam es zu einem Gespräch, und ich gestehe, wenn er beschönigt hätte, hätte ich ihn nicht genommen. Aber er war offen, er sagte: Ja, ich hab mich gedrückt, ich wollte dies und das, ich war und bin ohne Opfersinn.

Wenn jemand ehrlich zu sich selbst ist, dann können wir miteinander. Er bekam dann die nachträgliche Einberufung und da hab ich ihn freistellen lassen. Weil er ehrlich war. Aber wenn er mir was vorgegaukelt hätte, dann wäre ich gnadenlos streng gewesen.

Sie waren mal im Wettstreit mit Eberhard Diepgen. Hätten Sie jemals wirk-

lich Regierende Bürgermeisterin werden können?

Nein, nie!

Und warum nicht?

Ich gehörte nicht zu dem Kreis, der die Macht verteilte – die Runde um Landowsky. Die entschied, wer was machte und wie man miteinander umging. In der war ich nie drin. Deshalb war mir von Anfang an klar, ich bin nicht eingebunden in die Fraktion. Ich bin ich. Und hätte unter Umständen auch gegen die Fraktion entschieden.

Hat man nicht mal versucht, Sie mit Bonbons in den Wald zu locken?

Nein, es hat nur einmal ein Zeichen anderer Art gegeben. Das war nach dem Wettstreit. Da will mich eines Tages Senator Franke sprechen. Ich denke, hat der Enkelkinder in der Schule, lasse in meiner Verwaltung sofort nachfragen – Sie sehen, ich bereite mich immer vor! –, nein, also nichts Schwieriges. Er kommt also und sagt: Frau Laurien, wir haben bewundert, wie fair Sie die Sache mit Diepgen und Ihnen gemacht haben, wir möchten Sie in die Kittelmann-Runde einladen. Da sind alle Bezirke außer Wilmersdorf drin. Na ja – Wilmersdorf, CDU Sibirien! Ich war dann die einzige Frau in dieser Runde und habe gesagt, ich bin nicht so schnell bereit, mein Urteil vorschnell zu ändern, ich habe ein schlechtes Urteil über diese Runde. Doch dann habe ich festgestellt, mein Urteil war zu schlecht, denn es wurde sachlich diskutiert und es wurden wirklich auch Qualitäten abgewogen. Dann geschah etwas ganz Herrliches, die Frauenunion hatte inzwischen eine Menge Mitglieder, ich war immer im Landesvorstand, weil ich Präsidiumsmitglied der CDU war und man dann in den unteren Gremien sowieso drin ist – mit Sitz, aber ohne Stimme. Na, die Stimme brauchte ich nicht! Dadurch war immer eine Frau mehr dabei, die da den Platz hatte. Aber nun wollten wir eine dritte (ich dann die vierte). Die Frauen haben abgestimmt und entschieden sich für Marlies Wanjura. Ich sage zu Kittelmann: Wir haben gewählt und ich werde sie auf dem Landesparteitag vorschlagen. Darauf Kittelmann: Nein!!! Wir entscheiden anders! – Was?! – Ich erfuhr, die Männer wollten eine andere Frau, also nicht das Votum der Frauen-, sondern das Votum der Männer-Partei. Es gab verschiedene Gespräche, und eines Tages ruft mich doch tatsächlich – das war höchster Ehren wert! – diese Gegenkandidatin an und sagt, sie durchschaute, dass sie hier nur eingesetzt würde und sie werde zurücktreten. Darauf habe ich gesagt: Aber erst am Tage selbst, keine Sekunde vorher! Das hat sie getan, und Frau Wanjura war gewählt. Kittelmann geht an mir vorbei und sagt: Das passiert nie wieder! Darauf ich: Das passiert noch öfter! Und dann war Frieden. Frau Wanjura ist ihren Weg gegangen, sie ist heute Bürgermeisterin in Reinickendorf und macht ihre Sache vortrefflich. Heute will das alles keiner mehr wahr haben. Ist ja auch gut gegangen, aber das waren so die kleinen Dinge ... Da merken Sie, die Einbindung war da, aber in Grenzen.

Insert: Ich erinnere an den Zwist zwischen der Schulsenatorin Laurien und dem Kinder- und Jugendtheater Rote Grütze (vgl. Gespräch mit Holger Franke ab S. 447).

In dieser Sache braucht sich keine Seite zu schämen und es charakterisiert auch Ihren Stil.

Ich hab mit den Leuten geredet, es war ein gutes Gespräch.

Dieser Vorgang ist aber sehr untypisch für einen Clinch mit Politikern.

Ja, leider. Bei dieser Sache fällt mir noch eine andere Geschichte ein: Da war eine Schule in Kreuzberg, die es heute noch gibt, da kamen die Linken, engagierte Linke, sie wollen autonome Zeugnisvergabe. Ich habe einen Gesprächstermin angesetzt, bin dort hingefahren. Kein CDU-Aas war da! Ich habe dann gemerkt, die wollen den Kindern dort, die höchstens einen Hauptschulabschluss haben, die Chance geben, den Realschulabschluss zu gewinnen. Ich habe gesagt: Jetzt nehme ich Sie ernst – Sie können die ersten beiden Schuljahre, also 7. und 8. Klasse, wie eine Gesamtschule machen. In der 9. müssen Sie Kurse differenzieren und in der 10. machen Sie eine Realschulklasse und eine Hauptschulklasse. Dann nicht mehr als Gesamtschule, denn da gilt das Gesamtschulzeugnisanerkennungsabkommen (ein Begriff fürs Guinness-Buch der Rekorde? – O. L.), das schaffen Sie nie! Denn für die Realschule gibt es sowas nicht, zwei Jahre halte ich Ihnen die Realschulklasse auch stellenmäßig durch. Wenn dann die Schülerzahl nicht reicht, ist es aus. Im ersten Jahr waren es drei Schüler, im nächsten mehr, und das gibt es heute noch. Realschulabschluss für Kinder in verzweifelter Gegend möglich. Nicht in Kompaniestärke, aber für einige. Engagierte Lehrer. Ich hab ihnen gesagt, warum »autonom« verrückt ist, wie sie scheiterten, muss ich hier jetzt nicht schildern, aber man konnte sich auf ein gutes Konzept einigen. Ein bisschen verrückt, man muss eben dafür die Vorschriften kennen.

Sie sind ein prinzipienfester Mensch und ...

Manchmal. Mit Löchern!

Wie schafft man sich dafür die Sicherheiten?

Ich verstehe mich als Christin, und mein Glaube ist meine Kraftquelle. Und wenn ich Mist gebaut habe, kann ich das meinem Gott auf die Füße werfen. Und der nimmt mich an.

Hat sich die Kirche in West-Berlin gesellschaftspolitisch eingemischt?

H. J. Vogel: Verschnupft im West-Berliner-Klima

Aber sicher! Die Kirchen geben ja ihr Votum ab. Ich bin schon seit Jahrzehnten im Zentralkomitee Deutscher Katholiken. Wir haben immer wieder zu politischen Entscheidungen Stellungnahmen abgegeben – zum Asylverfahren, zur Abschiebehaft. Und diese Stellungnahmen werden selbstverständlich in die politische Entscheidung mit einbezogen.

In meiner Zeit waren die Kirchen, die evangelische Kirche und in einem Fall eine katholische Gemeinde, unglaublich und sehr unterschiedlich engagiert in der Hausbesetzerfrage. Die evangelische Kirche zum Teil aktiv, aber gewaltfrei. Und die katholische Kirche – die war in Kreuzberg, da gab es einen Pfarrer, der hat sehr engagiert vermittelt. Er hatte Kontakt zu den Autonomen und hat mehrfach geholfen, dass Gewalt gemindert wurde.

Sind Sie in West-Berlin heimisch geworden?

Als Bernhard Vogel mein Chef war, gab es immer ein Wir-Gefühl, das war in Berlin überhaupt nicht vorstellbar. Der Unterschied zwischen dem Kabinett Vogel damals und hier, das ist ein Unterschied wie zwischen Tag und Nacht. Hier ist nicht eine einzige Freundschaft gewachsen, ich habe mich in kühler Distanz gehalten. Hier gab es einen anderen Politikstil, der zum großen Teil nicht der meine ist.

Und der andere Vogel?

Hans-Jochen? Ein ehrenwerter Mann. Ich erlebte aber mit – er wird mir das nicht übel nehmen, wenn ich das sage, aber es endet gut –, wie er mit den Mitarbeiterinnern umging. In einer Sitzung in Bonn habe ich gesagt, also, Herr Vogel, ich bin einen anderen Vogel-Stil gewöhnt! Mit mir nicht!! Darauf sagte Annemarie Renger: Sie dürfen das sagen, hurra!! Dann wurde er krank und das hat ihn unglaublich verändert, er ist seitdem ganz großartig, tüchtig und redlich war er immer, aber jetzt wurde er auch liebenswürdig. Vor ein paar Jahren habe ich zu seinem Bruder gesagt: Chef, wenn das mit Ihrem Herrn Bruder so weiter geht, dann fange ich an, den auch zu mögen. Inzwischen ist das so. Er hat eine unglaubliche Einsatzbereitschaft und eine hohe Lauterkeit, die beide haben. Wenn wir nur solche Politiker hätten, dann gäbe es die ganzen Debatten nicht. Beiden ist ein Machtbewusstsein eigen, aber das muss sein. Wer die Macht verteufelt, ist ein Idiot. Denn ohne Macht krieg ich nichts durch. Aber ich darf für die Macht nicht mein Gewissen opfern. Und dafür stehen die beiden Vogel-Brüder.

Thomas von Aquin spricht vom Messer und sagt, das Messer ist in sich weder gut noch böse, es wird gut oder böse durch die Richtung, die die menschliche Hand ihm gibt.

Frau Dr. Laurien – West-Berlin dankt Ihnen für dieses Gespräch!

Sehnsucht nach dem Schwarzen unterm Fingernagel

Werner Mathes über Wasser statt Bier, das Harken von Parkwegen, Anfänge bei Zitty, wehrhafte Schwaben, Ernüchterungsprozesse, Bilder zu Schnäppchenpreisen, die Schwanz-ab-Affäre, schöne Hässlichkeiten, Ost-Berliner Verhältnisse, nordkoreanischen Wodka, Senator Erich Pätzold, ein fränkisches »Ick«, die Berliner Aura und über schlechten Espresso.

Gesprächsdatum: 4.4.2001

Olaf Leitner: Erinnerst du dich noch an das alte West-Berlin?

Werner Mathes: Ja, doch. Ich bin zur Jahreswende '75/'76 mit einem VW-Bus nach Berlin gekommen. Ich musste umziehen, weil ich damals einen größeren Schuldenbetrag aus nicht gerade legalen Geschäften bei einem Zuhälter hatte. Der hatte mich gejagt, und ich musste einfach weg. Ich wiederum wusste, dass er wegen ausstehender Alimentenzahlungen nicht nach West-Berlin konnte. Es war ja damals so, wenn du Unterhaltsverpflichtungen hattest und denen nicht nachkamst, konntest du in West-Berlin nicht einreisen. Da gab es ja diesen berühmten Knast in Helmstedt, wo die Unterhaltsflüchtlinge einsaßen. Ich bin in der Sonnenallee bei einem Freund untergekommen. Ich lebte da auch etwas länger. Länger hieß damals in West-Berlin ein Jahr. Mich hat an West-Berlin immer der Mythos fasziniert. Der Film »Unter dem Pflaster ist der Strand« mit Heinrich Giskes und Grischa Huber von Helma Sanders. Da hat mich die Ecke Gleisdreieck, Yorckbrücken fasziniert – das spielte in diesem morbiden Viertel. Ich war auch fasziniert von den durchgehenden Öffnungszeiten, hatte aber größere finanzielle Probleme, weil ich arbeitslos war. Ich bezog damals Arbeitslosenhilfe, ich glaube, 200 DM in vierzehn Tagen und hatte nichts auf der Tasche. Ich saß politisch eher im linksextremen Spektrum, trieb mich in der Kneipe »Spektrum« in der Coburger Straße rum. Dann ging ich immer zu Fuß von der Sonnenallee in die »Hasenburg« Fichtestraße / Körtestraße. Mein erster Gang war immer auf die Toilette, um Wasser zu trinken, damit ich nicht so viel Bier trinken musste, weil ich das einfach nicht bezahlen konnte. Ich hielt mich teilweise nur an ein, zwei Bier die Nacht hindurch fest.

Berlin habe ich so entdeckt, wie man es eben als Neuankömmling entdeckt. Man hat so landsmannschaftliche Gruppen, und ich war erschüttert, dass ich keinen Urberliner traf ...

Wir kannten uns damals leider noch nicht.

... sondern immer nur schwäbische Berliner, hessische Berliner, Badener aus Freiburg, bayerische Berliner. Es war ein ganz komischer Mix, der mich aber irgendwie sehr fasziniert hat. Was ich mir damals immer vorgenommen hatte, nämlich in die Schaubühne zu gehen, dies oder das zu machen, funktioniert nur am Rande. Ich wusste, wenn du hingehen willst, kannst du hingehen, es ist alles möglich. Aber das Programm, was man sich vorgenommen hatte, hat man natürlich nicht durchgezogen.

Du kamst von woher?

Ich bin in Fulda geboren, ich wohnte in Kassel in einer WG in einem ehemaligen Puff, wo der Fahrstuhl bis in die Wohnung ging. Und wo das alte Black-Light-Mobiliar noch erhalten war. Ich schlief auf so einer Eckbank, die früher wohl mal in der Bar stand. Gut. Ich setze mich also in der »Hasenburg« fest. Die »Hasenburg« war ein Treffpunkt von teilweise gestrandeten Leuten aus verschiedenen Ecken Deutschlands, wie gesagt, mit wenig Urberlinern. Die Kneipe wurde geführt von Alf Lehmann, mit dem ich dann irgendwann zusammenzog, wo auch mehrere Leute wohnten. Teilweise wechselten die von Woche zu Woche. Es war sehr unterhaltsam, und unsere Wohnstube war die »Hasenburg«.

War das die Kneipe, in der sie mal einen Gast angestoßen haben, damit er endlich sein Bier bezahlt und der umgekippt ist, weil er schon zwei Tage tot war?

Nein, das war in Kreuzberg, irgendwo am Kotti. Ich hatte, wie erwähnt, sehr wenig Geld, und irgendwann sagte das Arbeitsamt, du musst jetzt mal eine Renten- oder Gehaltsbescheinigung von deinen Eltern und von deinen Großeltern beibringen. Das ist ja bei Arbeitslosenhilfe so. Ich hab gesagt: Das will ich nicht, das lehne ich ab. Ich will arbeiten. Ich kriegte dann eine Arbeit in einer ABM zugeteilt und durfte im Jahnpark die Wege harken, harkte Rosen auf und ging da jeden Morgen um 7 Uhr hin, und um 4 war Feierabend. Das war im Grunde nur eine Beschaffungsmaßnahme. Ich bekam da 1000 DM, und damit kam ich ganz gut über die Runden. Um die Ecke bei der »Hasenburg« hatte ich einen alten Arzt, dem hab ich irgendwann mein Problem beschrieben, dass ich das nicht unbedingt machen will und dass er mich krankschreiben solle. Der bekam immer mal einen Hunderter und schrieb mich krank. Meistens wegen Magenverstimmung, obwohl ich nie was am Magen hatte. Ich hab das ein Jahr lang gemacht und war meistens krank. Dann entdeckte ich eine Anzeige im Hobo.

Ich hatte in Geislingen an der Steige und in Fulda ein Volontariat bei Lokalzeitungen gemacht und hatte in Hessen dieses halbkriminelle Milieu kennen gelernt. Ich dachte, ich könne mich davon eigentlich ernähren. Was hinten und vorne nicht klappte. Jetzt in Berlin wollte ich wieder was Richtiges machen. Die Anzeige in Hobo besagte, dass sie Anzeigenverkäufer suchten. Ich ging da hin, aber es gab da schon heftige Auflösungstendenzen. Es gab eine abtrünnige Gruppe, die dann Zitty gründete, und die fragten, wieso willst du Anzeigen verkaufen, du hast doch eine ganz andere Ausbildung – willste nicht für uns schreiben? So bin ich zu Zitty gekommen, der Titel mit den Gummibärchen war der erste, glaub ich. Da lernte ich Matthias Matussek kennen, der von der Münchener Journalistenschule kam. Manche kamen aus der DDR wie Wolfgang Spielhagen oder Sonja Schwarz-Arendt. Ich dachte aber irgendwie, das ist eine Mischpoke, da fühlst du dich nicht wohl. Das war ein Projekt, mit dem

Werner Mathes (*1954)

Er kam als junger Provinzjournalist etwas unfreiwillig nach West-Berlin und reüssierte daselbst über die Ochsentour. Da er demzufolge die Stadt nicht nur aus der Paris-Bar-Perspektive wahrnahm, konnten sich seine Berichte und Rezensionen mit allen Etagen der städtischen Kulturhierarchie und deren Präsentationen auseinander setzen. Mathes wurde Chefredakteur des tip-Magazins und ist heute Ressortleiter Deutschland aktuell beim stern.

ich nicht klar kam. Ich liebäugelte immer mit dem tip. Der kam mir professioneller vor. Ich schickte dann irgendwann an den Verleger Klaus Stemmler, der damals noch die Redaktion machte, irgendwelche Literaturkritiken zu, die wurden auch abgedruckt. Bei der ersten ging es um Thomas Brasch: »Vor den Vätern sterben die Söhne«. Dann bestellte mich Klaus irgendwann in die Redaktion. Da war der tip schon in der Potsdamer, nicht mehr in der Hauptstraße. Ich war krankgeschrieben und schlug vor, für jedes Heft zwei Literaturseiten zu liefern, machte dann auch irgendwann die Redaktion mit, ohne dass Klaus es merkte. Und als er es merkte, fragte er: Was machst du hier eigentlich? Wirst du denn dafür bezahlt? Ich hab redigiert, Titel, Überschriften gemacht, mit Letraset abgerieben (inzwischen leicht obsoletes System von Aufklebebuchstaben, O. L.). Als Hobo einging und Zitty noch nicht so weit war, hatten wir die Marktlücke und konnten weiter Fuß fassen. Die Auflage stieg, Geld war da, um Leute zu verpflichten, und ich fühlte mich da sehr wohl. Mit der alten Truppe Hans-Ulrich Pönack, Olaf L., »Tatze«. Ich merkte, dass der tip eine bestimmte Mache bekommen hatte. Wir hatten viel Kontakt zu Kinobetreibern, mit Leuten, die die Off-Szene machten. Als ich diese Leute alle kennenlernte, gewann ich den Eindruck, dass das im Grunde genauso Leute wie ich sind, die irgendwie aus Westdeutschland gekommen sind. Bis auf dich hab ich damals überhaupt keinen Ur-Berliner getroffen. *(Lacht.)*

Pöni auch.

Richtig, Pönack. Tatze auch. Aber die Leute, die für die Off-Szene standen, was sich nicht nur aufs Kino bezog, sondern auch aufs Theater und Projekte aller Art. Auch auf Werbeagenten, die sich im »Leuchtturm« (→ *Stemmler!*) in der Crellestraße trafen. Das war die Schwaben-Kneipe. Da hab ich gemerkt, dieser Mythos West-Berlin ruht auf Fundamenten, die bröcklig sind. Es war so ein komischer Mix aus Leuten, die irgendwann mal abgehauen sind, irgendwann von einem anderen Leben geträumt haben, sich aber hier sehr spießbürgerlich eingerichtet haben. Ich kann mich an Szenen erinnern, bei denen ich dachte, das kann doch nicht wahr sein: Da gab es Dreharbeiten in Kreuzberg, ich glaube, zum Brasch-Film »Die Gladow-Bande«. Da haben Kreuzberger gegen diese Dreharbeiten protestiert, Kreuzberg müsse Kreuzberg bleiben, Filmmafia raus! und alle, die da gebrüllt haben, waren Schwaben und haben sich auf schwäbisch verbeten, dass man in Kreuzberg dreht. Mich hat das leicht verstört damals, ich bin nüchterner geworden. Für mich war seinerzeit West-Berlin *terra incognita*, so ein Ort, der sehr geheimnisvoll war, weil er zu war, weil er politisch sehr faszinierend war und immer was mit Gefahr zu tun hatte. Wenn du nach Westdeutschland gefahren bist oder nach West-Berlin zurückgekommen bist, war immer irgendwie ein Kitzel dabei. Viele haben es in West-Berlin dann nicht geschafft, das waren Leute, die hingekommen sind, was ausprobiert haben, und dann wieder abgezogen sind. Weil sie oft den Druck nicht ausgehalten haben, sich das anders vorgestellt hatten. Und es gab Leute wie mich, die, wenn sie es nicht geschafft hätten oder der Ernüchterungsprozess früher eingetreten wäre, möglicherweise auch wieder weggegangen wären.

Um auf die Eingangssituation noch einmal zurückzukommen: Mein damaliger Freund, mit dem ich die Schulden bei diesem Zuhälter hatte, war inzwischen Architekt in Kiel. Dem erzählte ich irgendwann, dass ich jetzt ganz gut verdienen würde und die 20.000 DM zurückzahlen könne. Damit ich Ruhe hab und wieder normal ans Telefon gehen könnte. Da sagte er: Wie, weißt du denn nicht, dass der tot ist? Der hat sich erschossen. Na schön, da hatte ich 20.000 DM gespart!

Wunderbar. Schwenkow meint, in West-Berlin war alles möglich.

Das ist richtig, ich hab das ja dann an einzelnen Figuren gemerkt. Ich hab mich '76/'78 sehr für das Umfeld der Punkbewegung interessiert, für die Szene am Oranienplatz, für die Neuen Wilden und hab mich mit einigen Leuten von da angefreundet. Ich hab gerad gestern mit Hans-Georg Sausse (Nachfolger von Mathes beim tip, O. L.) eine Szene rekapituliert. Da saßen wir über dem »Quartier Latin« ganz oben, und irgendwann kam Salomé mal hoch und sagte: Jungs, Ihr müsst mir helfen, ich hab kein Geld für die Miete. Ich hab ein großformatiges Bild, ich hab's unten, kann es nicht hoch bringen, weil ich damit nicht durchs Treppenhaus komme. Aber: 1000 Mark, und es gehört Euch! Wir waren keine Kunstsammler, konnten es nicht einschätzen, ich hatte auch die Wohnung nicht, um das Bild hinzuhängen. Aber ein, zwei Jahre später war das Bild 60.000 DM wert.

Wir haben gemerkt, dass man auf dem Humus des subventionierten Kulturbetriebes einiges machen kann. Und wenn ich damals nicht beim tip, gerne!, gewesen wäre, hätte ich mit Sicherheit auch mit anderen irgend etwas gemacht. Wenn du geschickt und geschäftstüchtig agieren konntest, hättest du alles machen können. Da hat Schwenkow recht. Und das hat er ja auch gemacht. Er hat ja auch gern etwas den Protz raushängen lassen, ich weiß, da bin ich mal mit ihm in seinem Mercedes, einem Riesenschlitten, den Kudamm runtergefahren. Er hatte damals schon Autotelefon, was eine Sensation war und ich hörte nur: Hunderttausend?! Nee, schreib die ab! *(Lacht.)* Ich weiß nicht, ob er wirklich telefoniert hat, oder ob er nur dem tip-Redakteur Mathes vorführen wollte, hier, sieh mal, ich bin die große Nummer. Nimm mich bitte ernst. Das waren dann auch Erfahrungen, die ich gemacht hatte, dass du als tip-Chefredakteur mit bestimmten Beziehungen zu tun hattest, wo du dann ausgenutzt worden bist. Und wo man sehr aufpassen musste, dass da keine Abhängigkeitsverhältnisse entstehen. Ich hab mich dann mit Peter Schneider und Thomas Brasch ange-

freundet. Mit Brasch lief eine ganz komische Geschichte. Wir verstanden uns unheimlich gut, ich hab ihn öfter in der Droysenstraße, wo er mit Kathi Thalbach wohnte, besucht, Droysen 8, in einer sehr großen Wohung, die völlig leer war, wo die beiden in so einer Besenkammer geschlafen haben. Was mich sehr beeindruckt hat, dass man eine Wohnung auch leer lassen kann.

Wo nicht die Möbel der Luxus sind, sondern der Raum.

Nur der Raum, ja. Da ist dann irgendwas vorgefallen. Ich fand ihn und seine Arbeit gut, aber da hat Matthias Matussek, der damals beim Abend war und den ich dann, kurz bevor der Abend dichtmachte, zum tip rübergeholt hatte, einen Film verrissen, in dem Kahti Thalbach mitspielte oder den sie sogar gedreht hatte, ich weiß das nicht mehr. Und da hat er plötzlich den Kontakt abgebrochen, hat mich wüst beschimpft. Ich erinnere mich, dass ich damals völlig verblüfft war, wie ein ansonsten sehr souveräner Mann so eine Reaktion zeigen konnte. Das bewies mir wiederum, du bist für bestimmte Leute nur solange ein Freund, solange du nützlich sein kannst. Ich hab mit Peter Schneider darüber geredet, der hat dann vermittelt und es ging dann auch wieder. Aber das war eine Zäsur, wo ich sagte, da muss man aufpassen. Da musst du dich auch selbst unabhängig von machen. Und ich hatte damals immer noch die »Hasenburg«, wo zunehmend auch Leute hinkamen, die mit dem Typen verbandelt waren. Zum Beispiel Rainer Götz-Otto ...

Der machte Promotion für Filme und hat mir mal anlässlich der Filmfestspiele in eine Live-Nachtsendung des RIAS Rudi Augstein, Karena Niehoff, Fassbinder, Helmut Griem, Alexander Kluge – ganze Teams aus dem Film »Deutschland im Herbst« angeschleppt. Ich war tief beeindruckt.

Das hat er auch bei uns gemacht. Wir haben damals gemerkt, der deutsche Film kommt hoch, und der tip wurde sozusagen das Sprachrohr. Otto hat maßgeblichen Anteil daran gehabt, dass wir Originalbeiträge der Regisseure, der Schauspieler hatten, und das verselbstständigte sich natürlich und wurde weit über Berlin hinaus goutiert, was wir damals gemacht haben. Er betrieb ja das Kino Studio am Kurfürstendamm und saß immer schon um 7 oder 8 in der »Hasenburg« und trank mit uns. Da waren auch Regisseure im Schlepptau, und die Kneipe wurde dadurch aufgewertet. Sie war jeden Abend brechend voll. Und es gab viel Schwemmgut, was der tip reingespült hatte, auch Leute vom tip selber. Da wurde manches Geschäftchen probiert, was aber nicht geklappt hat. Dass man also eine gute Kritik erreichen wollte und so. Und Rainer Götz-Otto kriegte dann immer abends gegen 10, wenn die letzte Vorstellung angefangen hatte, von seinen Kassiererinnen 'ne Plastiktüte mit Bargeld hingestellt.

Die reisten extra an?

Ja! Er schaute rein und sagte, na ja, das sieht ja ganz gut aus heute. Dieser Mann, ohne ihm zu nahe treten zu wollen, war ja auch ein Produkt dieses West-Berlins. Er war wohl mal Produktionsleiter bei Peter Weiß gewesen, hat dann das Studio gemacht und merkte, du kannst mit Hilfe des Subventionsbetriebes Leute durchs Kino jagen, auch wenn du denen kein Geld abknöpfst. Du kriegst dann den Preis für bestimmte Zuschauerquoten. Und er hat immer die ersten Preise eingeheimst. Was niemand wusste, er hatte sich als erster in Berlin eine Adressiermaschine angeschafft und alle Schulklassen, alle Lehrer in Berlin angeschrieben: Wenn sie morgens zu bestimmten Filmen ins Kino wollen, sollten sie sich anmelden und dann hat er morgens Vorstellungen für Schüler gemacht. Und hatte damit die Quote lässig erfüllt.

Heute ist er als Promoter in Sachen Literatur unterwegs.

Er ist ein Marketingtalent gewesen, aber alles in diesem West-Berliner Suppentopf. Da gab es viele Leute, die außerhalb des Topfes nichts geworden wären.

Du selbst hast ja damals in der Schwanz-ab-Affäre die Frauen gegen dich aufgebracht. Du hattest anlässlich einer Berlinale mit Blick auf Margarethe von Trotta geschrieben, mann müsse sich nur den Schwanz abschneiden, um als Filmemacher gelobt zu werden. Das brachte Empörung und war beste Werbung.

Wir hatten unsere Reklame, die hatten ihre Reklame, es war alles wunderbar.

So lief das damals, es wurde gern ein bisschen Stunk gemacht. Die Berlinale war stets der Auftrieb der Westdeutschen, die mit großen Augen durch Berlin liefen und immer beim Berlinale-tip vorbeischauten und dachten, oh, was machen die hier? Wir kochten natürlich auch nur mit Wasser, wie alle anderen auch. Das ist diese seltsame Blütenlandschaft, die mich selbst heute noch immer völlig verständnislos nach hinten blikken lässt. Ich hielt damals West-Berlin für die schönste Stadt der Welt. Ich war dann irgendwann mal in New York, kam zurück und dachte: In welchem Dorf bist du denn hier gelandet? War aber bald wieder von dieser Schönheit, wie ich dachte, völlig fasziniert. Irgendwann war ich dann beim stern, später mal, und hab meinem damaligen Ressortleiter und heutigen Chefredakteur die Stadt und die vermeintlich schönsten Plätze und schönsten Brandmauern gezeigt. Aber er war völlig verständnislos und hat gesagt: Das findest du schön?? Das hat mich, der ich heute größtenteils in Hamburg wohne, auch nachträglich immer wieder darüber grübeln lassen, was ich damals wohl an West-Berlin schön gefunden habe, aber das war diese Kulisse, die mich damals in diesem Film so beeindruckt hatte.

Nicht der Text, sondern der Subtext.

Genau. Die komische Folie, wo unheimlich viel drunter ist, wo du viel drunter lesen kannst. Was viele Leute damals auch begriffen hatten. Die Leute, die immer wieder nach Berlin kamen und uns besuchten, die haben diese Faszination gefühlt. Du hast keine Polizeistunde gehabt, du hast diese komische Mauer gehabt, wo du nicht weitergehen konntest, du hast diese Ausflüge gehabt, wenn du Leute in Ost-Berlin kanntest und deinen West-Berliner Besuch mitschleppen konntest. Damals in die Hackeschen Höfe, weiß ich noch, das war für die das Größte. Auch für uns natürlich. Und dass du dann immer noch vor 12 drüben, also hier, sein musstest. Das waren Abläufe und Rituale, die in Westdeutschland überhaupt nicht bekannt waren.

Warst du oft in Ost-Berlin?

Nicht so oft, vielleicht sechsmal im Jahr. Ich hatte einen Freund drüben und auch einige »Verhältnisse«. Was immer ganz praktisch war. Du bist rüber gefahren und wenn du nichts mehr wolltest, dann hast du das einfach mal für ein paar Monate gemieden und dann war es damit wieder gut. *(Lacht.)*

Viele unserer ausländischen Mitbürger in West-Berlin haben sich irdisches Glück für ein paar Strumpfhosen bescheren lassen. Hat dich auch die übrige Ost-Berliner Kultur interessiert?

Ich fand die DDR-Literaturszene interessant, die bald nach West-Berlin rübergeschwappt ist. Ich kannte Klaus Schlesinger auch persönlich, und einmal kam Christoph Hein nachts nach West-Berlin. Er hatte eine Spezialität aus Nord-Korea mitgebracht, nämlich Wodka aus Nord-Korea. In Flaschen, die leider nur halbwegs verstöpselt waren. Ich bekam auch drei davon geschenkt, brachte die zu meinem Auto, stellte sie einfach hinten rein und fuhr nach Hause. Am nächsten Morgen öffnete ich den Wagen, und da waren die Flaschen ausgelaufen. Das Auto musste ich leider verkaufen, weil es so nach Alkohol stank und das nicht mehr rauszukriegen war.

Gab es in West-Berlin eine Gesellschaft, eine Gruppe von Leuten, die stilprägend war und den Lauf der Dinge bestimmte?

Das ist ein Kapitel, das mich heute noch beschäftigt. Ich hab ja zumindest Teile der kulturellen Entscheidungsträger kennengelernt. Später dann, '80/'81, als die Hausbesetzungen losgingen, auch das politische »Establishment«. Ich hatte immer den Eindruck, dass die Entscheider in Berlin genauso verschnarcht waren wie in einem Dorf in Westdeutschland. Ich konnte mir das damals überhaupt nicht vorstellen. Später habe ich begriffen, wie das gelaufen ist, dass Bonn überhaupt nicht interessiert war, in Berlin irgendwie interessante Leute hochkommen zu lassen. Die hatten immer ihren Regierenden Bürgermeister hingesetzt, und alles andere, was parteipolitisch in West-Berlin wuchs, war dazu verdammt, klein zu bleiben. Und es waren Regierende Bürgermeister, die oft nicht aus der Stadt kamen. Das waren Gastarbeiter.

Vogel, Apel als Kandidat, Weizsäcker ...

Die durften mal rein und wurden dann alle wieder weggeschwemmt. Und die Leute, die die Berliner Politik machten, also Diepgen, Landowsky, Ristock, Lummer – das waren immer diese Kleingärtner. Nachdem ich dann mal etwas »vernünftiger« geworden war, hab ich in die SPD reingeguckt und habe da nichts Attraktives bemerken können. Einer, vor dem ich heute noch den Hut ziehe, ist der frühere Innensenator Erich Pätzold. Das war einer derjenigen, die immer einen geraden Weg gegangen sind und letztlich deswegen kaltgestellt wurden. Alles andere war eine komische Mischung aus Kleingartenverein, Mief, aus Großmäuligkeit. Das ist ja ein Zug, der dieser Stadt immer angehangen hat. Es gab eine komische Diskrepanz zwischen den Zugezogenen, den hessisch-schwäbisch-bayerischen Landsmannschaften, also der *scene*, und dann diesen Urberlinern, diesen älteren Urberlinern, mit denen man gar nix zu tun hatte ...

Die Pfitzmann / Wolfgang-Gruner-Fraktion.

Ja, auch die einfachen Leute, die in der Eckkneipe ihr Bier tranken, und die immer unheimlich aggressiv waren. Ich hatte den Eindruck, dass diese Aggressivität in der Stadt selbst begründet lag. Dass die guten Leute in der Stadt immer rausgegangen sind – also die jungen Leute. Entweder zum Bund, oder, wenn sie nichts mit dem subventionierten Kulturbetrieb oder Off-Kultur-Betrieb zu tun hatten, zu Siemens oder zu Daimler nach Stuttgart gezogen sind und dort gearbeitet haben. Aber ich habe, bis auf wenige Ausnahmen, gleichaltrige Berliner erlebt, die in der Stadt geblieben sind – du bist so ziemlich der einzige, an den ich mich spontan erinnern würde.

Wie peinlich für mich, nicht abgehauen zu sein.

(Lacht.) Es blieben immer nur die Leute da, die es ohnehin nicht schafften. Und die dann in der Eckkneipe sitzen.

Vielleicht waren die Urberliner deswegen so aggressiv, weil sie es nicht überwinden konnten, nicht mehr der Mittelpunkt des Universums zu sein.

Das mit Sicherheit! Die haben das, anders als die Zugezogenen, natürlich mehr bemerkt, dass sie am Tropf hängen. Auch wenn es niemand ausgesprochen hat. Das war immer so ein Blinddarm, so ein Wurmfortsatz gewesen. Die alten Berliner hatten nichts zu sagen. Und wenn jemand was zu sagen hatte, dann kam der immer von außen. Und dann haben die immer geguckt, wer jetzt ihre Stadt in Beschlag nimmt und das Leben bestimmt. Die kamen alle von außen. Und es waren Leute, die zwar angefangen hatten, das Image der Stadt aufzupolieren, mit denen die aber wenig zu tun haben wollten. Ich hab natürlich auch sehr viele liebenswerte Berliner kennen gelernt. Und dann immer mehr, und habe sie schätzen gelernt. Den Hausmeistertypen, mit dem du dich ganz anders unterhalten konntest als mit scheinbar Linken.

Ich zog '81 in die Goebenstraße, das war ein besetztes Haus. Da waren die Seitenflügel besetzt, die abgerissen werden sollten und da hatte ich eine Zwei-Zimmer-Wohnung, die damals 120 DM kostete. Die Stadt hatte verlangt, dass hinten also ein Flügel abgerissen werden sollte. Wir kriegten es aber hin, dass der Flügel stehen blieb. Die da unten wohnten, waren alles Linke, wie man dachte. Die machten sich dann beispielsweise Gedanken über den Abtransport des Bauschutts. Da sagte eine Linke, die »Hauptlinke« in diesem Haus: Der geht nicht bei uns durch, der geht im Nebenhaus durch, da wohnen nur Türken. Da dachte ich: Holla, super! Da merkte ich, dass sie Weltbilder, die man damals hatte, gebröckelt sind. Es gab ja damals so Blättchen wie das Info-BUG oder die radikal, da war ich auch immer, bevor ich beim tip landete, und da merkte ich, dass die Leute, die sich Anarchisten und Spontis nannten, die eifersüchtigsten waren, wenn es um ihre Freundinnen ging. Da stimmte nichts mehr. Du merktest, dass es in dieser Szene mehr Spießbürger gab als draußen, wo du die eigentlich vermutet hättest. Das war so symptomatisch für Berlin, dass es da viele eingewanderte Spießer gab, die ihre Süppchen gekocht haben, in ihren Cliquen saßen und immer versucht haben, in Projekten hier ein bisschen Geld abzustauben, dort ein bisschen Geld abzustauben. Was teilweise gelang und teilweise nicht. Dann waren sie aber auch wieder weg. Es setzte sich ein Firnis von Leuten ab, die das ganz gut beherrschten, die durchblickten, wo man das Geld herbekam, welche Stellen man anlaufen, welche Papiere man abgeben musste und wie das eigentlich läuft. Da waren geschickte Könner dabei. Da war auch Schwenkow dabei, er hat ja auch diese CDU-Verbindung immer ganz gut nutzen können. Ohne dass ich ihm da jetzt ans Leder will, er hat ja dafür auch was Beachtliches hingestellt. Das kommt ja nicht von ungefähr. Wir haben damals mitbekommen, wie klein er angefangen hat und wie das peu à peu gewachsen ist. Es ist ja nicht so wie heute, dass man irgendwie ein Internet-Geschäft aufgemacht hat und an die Börse geht und 40 Millionen Mark einsteckt und dann wieder zumachen muss. Das war damals schon viel Arbeit, die er sich gemacht hat.

Hattest du, hattet ihr, die in West-Berlin was auf die Beine gestellt haben, ein Wir-Gefühl oder war jeder auf dem Einzelkämpfer-Trip?

Es gab schon so ein solidarisches Wir-Gefühl, weil man sich auf dieser komischen Insel auch vieles erlesen hatte – ein Buch von Peter O. Chotjewitz hieß sogar »Die Insel«. Das waren so Standardwerke, wo du dann auch noch mal den Mythos schwarz auf weiß bestätigt bekommen hast. Wo du dich dann auch gern ein bisschen reingeträumt hast. Man hat sich durch eine bestimmte Wortwahl abgegrenzt zu denen in Westdeutschland, also es gab bestimmte Code-Wörter, woran du ganz genau den Berliner erkannt hast. Es gab auch den lächerlich wirkenden Berliner Slang, den man versucht hat zu imitieren, um zu zeigen, man sei aus Berlin. Wenn der Schwabe in seinem schwäbischen Dialekt »ick« gesagt hat. Das gibt es ja heute noch bei eingefleischten Neuzuzüglern, die schon zwanzig dreißig Jahre lang da waren. Die haben immer noch ihren fränkischen Dialekt und sagen »ick«.

Wobei die sog. gebildeten Stände oft versucht haben, diesen Dialekt zu unterdrücken. Ganz anders übrigens als in Ost-Berlin, wo auch die Intellektuellen ein zudem noch viel urwüchsigeres Berlinisch sprachen.

Das waren immer die Diskrepanzen, daran hast du ganz genau gemerkt, wo jemand herkam und wie er tickte.

Wirtschaft – Politik – Kultur. Drei Pfeiler West-Berlins. Welcher trug am besten?

Kultur war von Bedeutung, logisch. Das hat Berlin geprägt. In dem Bereich hab ich mich natürlich auch bewegt. Politik? Die konntest du nicht ernst nehmen. Wie gesagt – die haben ihre Insel wie einen Kleingartenverein verwaltet, und das Geld kam woanders her. Und da kam unheimlich viel Geld in die Stadt. Ob das Geld richtig ausgegeben worden ist, weiß ich nicht. Und Wirtschaft? Industrie hat's nicht gegeben. Ob die Wirtschaft eine Rolle gespielt hat, weiß ich nicht. Ich hab's nicht wahrgenommen.

Hast du die Alliierten wahrgenommen, in deiner Eigenschaft als Chefredakteur?

Nein. Ich war immer fasziniert, wenn ich die Clayallee runterfuhr, auch heute noch, wenn ich dieses Städtchen gesehen habe, oder in Tegel die französischen Straßennamen – aber viel zu tun hatten wir nicht mit denen. Ich war vor ein paar Jahren, noch vor der Wende, auf diesem englischen Gelände, wo sie den Häuserkampf geübt haben, das war sehr beeindruckend. Die haben da Dörfchen aufgebaut, Häuserfassaden, teilweise leere Häuser und haben den Straßenkampf für Nordirland, für Belfast geübt. Das sind so Relikte aus einer Zeit, die die Westdeutschen so unheimlich neugierig gemacht haben, also ich hab teilweise davon gelebt, als ich für den stern ab '85 als Korrespondent wieder in Berlin war. Ich hab einiges davon dann da auch beschrieben. Was immer dankbar abgenommen wurde, weil die das hier (in Hamburg, O. L.) nicht kannten. Als Berliner war dir das sehr vertraut, aber wenn du das in Westdeutschland erzählt hast, wurde das exotisch.

Wie war es, als du aus dem chaotischen West-Berlin dann in das schön geordnete Hamburg kamst?

Das war 'ne ganz komische Sache. Ich bin '85 dahin gezogen, wohnte im Schatten des alten Verlagshauses von Gruner+Jahr, zog dann später in eine große Wohnung in der Sierichstraße und war beim stern im Kulturressort. Nach zwei Jahren bekam ich ein so fürchterliches Heimweh nach Berlin, dass es fast weh tat. Ich war noch häufig da, hatte in Berlin auch noch 'ne Wohnung. Ich bekam plötzlich eine Sehnsucht nach dem Schwar-

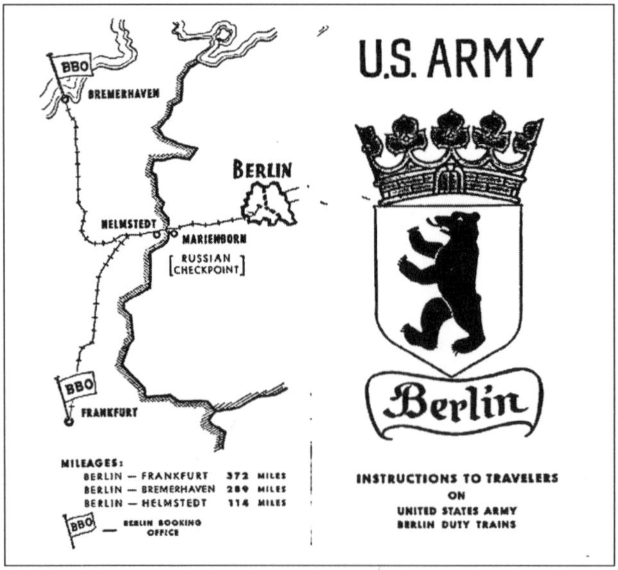

zen unter dem Fingernagel, was du in Hamburg nicht hattest. Sehnsucht nach einem bisschen Dreck, Müll, nach eben diesem Chaos. Ich hab gesagt, ich will wieder nach Berlin. Das bot sich dann zufällig an, weil der Korrespondent in Berlin wieder nach Hamburg wollte, und ich durfte wieder nach Berlin. Da war ich völlig glücklich, ich hab dann bis zur Wende das West-Berliner und bis 1994 das Gesamt-Berliner Büro geleitet.

Die Wende hast du also als Korrespondent erlebt. Was war das für ein Gefühl, als die Stadt nun von allen Seiten penetriert wurde, alles herbeiströmte?

Das war ganz komisch.

Hast du gesagt, halt mal! Ihr betretet meinen Rosengarten?

Ja klar! Ganz deutlich. Wir haben uns ja vom 40. Jahrestag der DDR bis zum November '89 immer wieder gefragt: Was wird denn das jetzt? Und wenn das so ist, kann das konföderiert nebeneinander bestehen? Was wird aus der Stadt?! Und als es dann in der Nacht losging, bin ich zum Kudamm hoch. Da waren gottseidank zehn oder fünfzehn Leute vom stern gerade in der Stadt. Ich lief die ganze Nacht in der Stadt rum und dachte das wird die Zäsur, Berlin wird nicht mehr Berlin sein. Und das war auch so. Als ich dann Tage später wieder durch die Stadt lief, mit den Trabbis und den Urberlinern aus Ost-Berlin, wusste ich, dass wir da ziemlich erdrückt werden.

Wir westlichen Aborigines. Da hast du dich also als echter West-Berliner gefühlt und längst nicht mehr als Zugereister.

Ja!

Na, das hat West-Berlin immerhin geschafft.

Ja. Bis heute. Na, heute ist es leicht. Was ich heute immer mit großem Vergnügen in der Konferenz mitbekomme ist, wenn einer der Kollegen mal in Berlin war und erzählt, wie spannend diese Stadt auf einmal geworden sei, wie aufregend das alles ist ... Und ich bin fast jedes Wochenende da und frage immer: Ich versteh das überhaupt nicht. Wo ist denn was Aufregendes? Wo wart ihr denn da?! – Ja, in der Paris-Bar, und in Mitte und Friedrichstraße. – Tja, ich versteh es nicht. Sie können mir auch nicht schlüssig erklären, was da so aufregend und spannend ist.

Die Aura. Schlicht und einfach: die Aura!

Hm. Ich wohne im Augenblick in der Nassauischen Straße, und die ist so wie immer. Da ist das Schrubbel-Café an der Ecke, wo ich im-

> Was mir zu West-Berlin einfällt – dass die Szene hier, die sich hauptsächlich aus Westdeutschen zusammensetzt, maßlos überschätzt wird, zumindest im Ausland. Dass es hier sehr viele alte Leute gibt, die immer noch einen maßgeblichen Einfluss haben – leider – und dass hier die Subventionsmentalität stäker ist als anderswo.
>
> Das waren die miesen Sachen. Und die schönen Sachen: Dass Berlin doch ein Eldorado für Leute ist, die irgendwas auf die Beine stellen wollen und es auch teilweise machen können. Was mir nicht so gut gefällt ist, dass es begrenzte Verkehrswege nach außen gibt, die Bundesbahn müsste sich da was überlegen. Zum Beispiel Intercity-Züge einsetzen. Damit man nicht auf zwei Fluggesellschaften hängen bleibt. Was mir noch gut gefällt in Berlin ist, dass sich ziemlich schnell und ziemlich viele Moden und Stile bilden, die irgendwie immer aus Westdeutschland beeinflusst werden, wodurch hier die Stadt ein Spiegelbild der ganzen Republik darstellt.
>
> Werner Mathes zum Thema West-Berlin 1983

mer hingehe, die haben jetzt einen Espresso-Automaten mit dem schlechtesten Espresso, den ich je getrunken habe, und da stehen rauchende Bauarbeiter drin, weil die den Kaffee immer nachschenken können. Jetzt haben sie ein Schild draußen angebracht: Coffee to go! und denken, das ist nun das große Ding. Und wenn ich hier in Hamburg ins »Balzac« gehe oder in eine dieser Kaffee-Ketten, da bekomme ich einen sehr guten Espresso, der möglicherweise ein bisschen teurer ist, wo aber diese Berliner Schludrigkeit und Schlunsigkeit nicht da ist, die natürlich auch angenehm sein kann. Aber wenn du einen Espresso haben willst, dann willst du einen richtigen Espresso. Dann willst du es nicht mit jemandem zu tun haben, der noch nicht mal weiß, dass der Kaffeesatz ausgeschüttet werden muss. Dem du zeigen musst, wie das mit der Maschine überhaupt geht. Weil sie den ihrer Klientel nicht ausschenken müssen. Und andere verirren sich normalerweise da nicht rein.

Lassen wir diese defätistischen Äußerungen über unsere Lieblingsstadt einfach mal im Raum stehen.
Werner Mathes – West-Berlin dankt dir für dieses Gespräch!

Kreuzberg

Den Atem des Säufers
klaut sich der Wind
und hißt ihn über
der nüchternen Stadt.

aus: Friedrich Christian Delius: Selbstporträt mit Luftbrücke,
Ausgewählte Gedichte 1962–1992, Reinbek, 1993
Zitiert mit freundlicher Genehmigung des Autors

B-U 7340
KaDeWe 24 0171

Ich back' die Kuchen mit den großen Formen

Peter L. H. Schwenkow über ein Tübingen an der Spree, journalistische Promotion, billige Mieten und Tennisplatzbüros, nützliche Bühnendächer, mafiotische Zustände, hochgeklappte Bürgersteige, die Schwenkowisierung der Kultur, Selbstausbeutung, echte Drecksäcke, Todesdrohungen aus der Charité, FDJler im KaDeWe, über den Stich ins Wespennest und Feuilletonistas, Subventionen als Selbstschutz und die Steigerung der Rendite.

Gesprächsdatum: 29.3.2001

Olaf Leitner: Was fällt dir zu West-Berlin ein?

Peter Schwenkow: Enklave, Biotop. Geordnet, sortiert, übersichtlich, eingeschlossen – auf der einen Seite, wenn man das jetzt rückwirkend betrachte. Auf der anderen Seite war es immer irgendwie schräg, schrill, schnell, hohes Gespür, Nase am Wind. Weißt du, in Berlin haben mich immer zwei Sachen fasziniert: Die kürzesten Ampelphasen der Welt, das ist bis heute noch so, und wenn Nana Mouskouri in ganz Deutschland noch vor 5000 Leuten spielte, spielte sie hier vor 2000, und du wusstest, Nana Mouskouri ist auf dem Weg nach unten. Und wenn überall in Deutschland 1000 Leute zu Police gingen, gingen hier schon 5000 Leute zu Police. Das Publikum hier hatte immer eine gute Nase, eine Trend-Nase. Deshalb war Berlin auch immer Testmarkt für Deutschland.

Und wieso ist das Publikum hier reaktionsschneller, weil es mehr Angebote zum Unterscheiden hat oder schlummert da noch eine alte hauptstädtische Kulturkompetenz?

Ich weiß nicht. Mein Eindruck ist, der Berliner ist ja vive und wahrscheinlich ist er viver als andere, er ist heller und das hat sich offensichtlich auch darin zum Ausdruck gebracht. Die Stadt war für junge Leute, für Studenten, für die, die der Bundeswehr entgehen wollten, immer ein guter Ort. West-Berlin war ein aufgepumptes altes Tübingen oder Heidelberg.

Hat dir geholfen, dass diese Leute, die ja nicht die dümmsten waren, hierher kamen?

Ich denke, die Stadt hat mit geholfen. Ich hab ja schon vor 15 Jahren gesagt, wer es in Berlin schafft, der schafft es überall. Und Berlin ist eben eine schwierigere Stadt, und auch nicht so verkrustet in den Strukturen. Berlin war immer *melting pot*, Berlin war nie kastisch, es gab nie bestimmte Schubladen. Hier kommst du rein und – vor zwanzig Jahren hab ich gesagt, in Berlin kannste für 110.000 Mark Mitglied der Gesellschaft werden, für 5000 Mark mietest du dir ein kleines Büro irgendwo, 5000 Mark gibst du Barbara Jänichen zur damaligen Zeit, damit du in die Zeitung kommst, und auf der Hauptversammlung des Vereins der Freunde der Nationalgalerie rufst du ganz laut: Hier! Das kommt von mir! wenn die ein Otto-Dix-Bild kaufen wollen und die letzten 100.000 fehlen. Dann hat dich das insgesamt 110.000 Mark gekostet und du bist 1A positioniert in der Stadt.

Durch Peter Raue.

Ja, genau.

Darf ich dem entnehmen, dass bestimmte Journalisten in West-Berlin bestechlich waren?

Nee, glaub ich nicht. Ich glaube, dass man damals Promotionaufträge angenommen hat. Ich glaube nicht, dass Journalisten früher anders waren als heute.

Es gab also eine Berliner Gesellschaft?

Ich denke, es gab eine.

Wer gehörte dazu?

Da gehörten die Bauträger dazu, dazu gehörte ein Teil der Politik, und die etwas feinere Variante waren dann schon britischer, französischer, amerikanischer Stadtkommandant. Das war's dann. Zumindest ist es das, was ich wahrgenommenen habe. Am Anfang war ich sicher nicht Teil der Berliner Gesellschaft. Über viele Jahre nicht. Habe das auch aus vielen Gründen abgelehnt, hab dann aber festgestellt, als der Kontakt mit der Politik kam und es darum ging, mehr zu tun als nur Konzerte zu veranstalten, dass das auch gar nicht so falsch ist, wenn man für die Dinge, an die man glaubt, auch wirbt – auch außerhalb der direkten, eigenen Klientel.

Du kamst in diese Stadt, ich erinnere mich gut, du hast einen richtigen Antrittsbesuch gemacht, was uns in den Medien sehr imponiert hat, du warst sehr höflich, hast dich vorgestellt. Und ich fragte dich: Bei wem arbeiten Sie denn? Und du sagtest: Bei Wolfgang Jänicke. Da sah ich einen netten Goldfisch in einem Haifischbecken verschwinden. Denn Jänicke war ein anerkanntes Stadt-Ekel, das wusste jeder. Aber es war der Haifisch, der schnell Schwierigkeiten bekam ...

(Lacht.) Ich hatte es natürlich leicht, er war ein Ekel, und ich war jung und freundlich und hoch motiviert, da ging's mir automatisch schon mal gut. Jänicke hat mich schlecht behandelt, Versprechungen nicht eingehalten. Er hatte zugesagt, wenn er in ein größeres Büro umzieht oder ich mit meinem Studium fertig bin, bekomme ich meinen Schreibtisch. Denn – man kann sich das heute gar nicht mehr vorstellen – meine Wohnung in der Stephanstraße kostete 112 DM, ich fuhr einen alten Opel Commodore, machte die gesamte Pressearbeit für Jänicke und die gesamte technische Abwicklung, dafür bekam ich 1400 DM, da blieben mir 900 DM von über. Von den 900 DM hatte ich aber 400 DM Telefonkosten und 200 DM Spritkosten. Also 300 blieben mir über, und von zu Hause

Peter L. H. Schwenkow (*1954)

Seine Berufsbezeichnung ist Kulturunternehmer, und er hat wahrlich von unten angefangen und sich als »Partner-Fetischist«, wie man in der Branche sagt, seinen Konzern zusammengebastelt. 1978 gründete der in Hamburg geborene Peter Schwenkow die Concert Concept Veranstaltungs GmbH Berlin und 1995 die DEAG (Deutsche Entertainment AG). 1996 wurde er der »Herausragendste Unternehmer des Jahres« und Mitglied der Hauptversammlung der Industrie- und Handelskammer Berlin. 1998 ging die DEAG an die Börse, 2000 übernahm die DEAG wesentliche Unternehmensteile der STELLA AG – und weitere Aktionen des viven Entrepreneurs beschreibt das Internet!* Schwenkow reaktivierte im übrigen die Waldbühne, baute an der Potsdamer Straße mit André Heller und Bernhard Paul den Wintergarten und übernahm mit großem Medienecho zeitweilig das Schiller-Theater. Der »Beinah-Monopolist« ist in seinem Business europäische Spitze und »der größte Live-Entertainment-Veranstalter Deutschlands« (Tagesspiegel).

* www.deag.de

bekam ich einen Scheck von 500 DM. Von den 800 DM hab ich gut gelebt und hab immer gedacht, OK, du kannst hier was lernen, du kannst hier investieren, du machst hier die Kontakte und eines Tages ... Aber ich wollte von diesen Telefonkosten runter und deshalb hatte er mir ein großes Büro und einen Schreibtisch versprochen: Du kannst in dem Büro arbeiten. Er zog um von der Cicerostraße in die Heydenstraße, hatte sich da eine riesige Villa gekauft und oben war ein Büro, von dem ich heute sagen würde, das war mindestens so groß wie ein Tennisplatz und da stand ein einziger Schreibtisch drin und als ich nach meinem fragte, sagte er: Da müssen wir noch mal drüber reden! Da wusste ich, dass er mich angeschissen hatte.

Du kamst also her, eine riesengroße Stadt, und du wolltest hier was machen. Du brauchtest Partner. Und dann kamst du mit der unverschämten Forderung über, die Waldbühne wieder bespielen zu wollen. Die war heilig, aber es war da nichts mehr los. Wie hast du die Zuständigen überzeugt, dass du das kannst?

Ich habe nach Jänicke mit Jochen Zanke Concert Concept gegründet und unser erstes Konzert am 7. September 1978 war mit Frank Zappa, Peter Gabriel, John McLaughlin und, ich glaub, mit den Flaming Groovies. Dieses Konzert fiel ja in den völligen Regen, wir hatten 7000 zahlende Besucher, und weil es so lange und intensiv regnete, zogen wir von der Waldbühne in die Deutschlandhalle um, die war auch kleiner. Ich musste damals eine Mindestmiete von 5.000 DM an die Waldbühne bezahlen, und die hab ich bezahlt. Und das hat damals dem Peter Schließer, der heute wie damals der Waldbühne vorsteht, imponiert. Wenn ich sie nicht bezahlt hätte, wäre mein Verlust um ein Viertel geringer gewesen. Das haben wir erst einmal verdaut in '80, und dann war es das Konzept, was überzeugt hat. In der Waldbühne gab es kein Bühnendach und wir haben gesagt, einmal Bühnendach aufbauen kostet 30.000 DM und damit war die Waldbühne

immer gleich unheimlich teuer. 5.000 DM Mindestmiete und 30.000 Dach – das waren 35.000 DM, das ging nicht. Wenn wir da ein Bühnendach hinstellen, und das steht da drei Monate, dann kostet es mit Vorhaltungskosten 40.000 DM, und wenn du das durch 10 Konzerte teilst, dann kostes es pro Veranstaltung nur noch 4.000 DM. Mit dem Konzept sind wir da hingegangen. Und Peter Schließer erzählt heute noch die Geschichte, dass er sich gesagt hat, guck mal, diese jungen engagierten Leute damals, so eine verrückte Idee, gerade haben die ihren Laden aufgemacht, bald sind sie wieder Pleite, aber wir versuchen es mal. Und so haben wir es denn versucht. Denn die Vision, die dahinter stand, war: Große Festivals mit Bob Dylan, Joan Baez, Frank Zappa und was damals so alles angesagt war, fanden in Deutschland an Wochenenden statt. Die fanden am Wochenende statt, weil du dafür viele Leute brauchtest. Und weil du viele Leute brauchtest, musstest du eine große Infrastruktur aufbauen, und weil die teuer war, brauchtest du viele Leute. Und viele Leute kriegtest du nur am Wochenende. Weil man nur am Wochenende ein Festival machte, wo die Leute aus 300, 400 Kilometer Umkreis kamen. Meine Vision war: Die Waldbühne steht ja schon, die war erstens verhältnismäßig billig. Zweitens: Die Waldbühne hatte ein ganz klares Einzugsgebiet, nämlich West-Berlin. Länger als eine dreiviertel Stunde konntest du da nicht fahren. Und so war es egal, ob das Konzert am Dienstag oder am Donnerstag oder am Wochenende war. Ich sagte mir, was machen eigentlich die Künstler, die am Freitag in Nürnberg und am Sonntag in Hamburg und am darauf folgenden Wochenende in Stockholm oder in Amsterdam spielen – was machen die eigentlich in der Woche? Guck es dir an: Die meisten Waldbühnenkonzerte, als es dann '82, '83, '84 anfing zu laufen, haben immer in der Woche stattgefunden, denn du konntest ja immer mit der U-Bahn anreisen und zu den anderen Festivals warst du 300 Kilometer unterwegs. Das war das Konzept.

Was haben deine Künstler über West-Berlin gedacht, wenn sie Zeit hatten, sich die Stadt anzugucken? Haben sie hier was entdeckt, was sie woanders nicht gefunden haben?

Nein, also – abgesehen davon, dass der eine oder andere gern mal die Mauer besichtigen wollte und den Todesstreifen, war Berlin nix besonderes. Berlin lag auch nicht auf dem Plan. Berlin war, naja, jetzt haben wir nichts anderes mehr zu tun, jetzt gehen wir mal in den Zoo und füttern auch noch mal sozusagen die hässlichen verlausten und verwanzten Tiere. Köln war wichtig, München war wichtig, Hamburg war Schallplatten- und Medienhauptstadt, Berlin war nicht wichtig. Ob du diese 1,8 Millionen hier bespielt hast oder nicht, das war egal. Da haben wir schon viel ackern müssen in den ersten Jahren, um das hinzukriegen.

Gab es in West-Berlin eine Kulturmafia?

Das verwischt in der Betrachtungsweise. Berlin war ja so oder so mafiotisch. Es gab hier eine Gemütlichkeit, und was da nicht funktionierte, wurde am Jahresende ausgeglichen, um es mal so zu sagen. Geld war in Hülle und Fülle da, denn das führte ja auch zu einer gewissen Ruhe. Diese Ruhe war wieder toll, auf der anderen Seite: Wer Unruhe brachte, konnte eben wirklich was bewegen. Du – vor 25 Jahren war Entertainment noch ein Schimpfwort! Und das, was ich machte, wie ich rumlief, lange Haare, Bart, war eher so eine Outlaw-Geschichte. Die haben sich das alle so angeguckt: Naja ...

Richtig spannend wurde es ja erst, als es mir gelang, den damaligen Leiter des Verkehrsamtes 1982 zu überzeugen, dass wir etwas unternehmen müssen, denn in Berlin gab es die sogenannte tourismusschwache Zeit, das waren die Monate von Mitte Mai bis Mitte September. Da gab es keine Veranstaltungen. Herr Jänicke fuhr im Mai immer nach Keitum auf Sylt und kam im September wieder. Und von da arbeitete er so ein kleines bisschen weiter, aber ansonsten war hier nichts.

Und die Theater machten dicht.

Ja, tote Hose. Als wird dann am 4. Juli '83 den Amerikanischen Sommer machten – damals habe ich übrigens John Kornblum kennengelernt, aus dieser Zeit rührt auch unsere Freundschaft, als Richard Burt amerikanischer Botschafter war – da hatten wir das erste Mal irgendwie was gemacht, und daraus entstand dann in Zusammenarbeit mit Volker Hassemer als Kultursenator und Pieroth als Wirtschaftssenator die Idee, mit Winfried Bauernfeind zusammen '84 den Berliner Sommernachtstraum zu machen. Das ist der Startschuss gewesen für die gesamten sommertouristischen Aktivitäten, die es hier gab. '84 haben wir den Sommernachtstraum in Berlin gemacht, '85 den Hamburger Sommer in Hamburg und Musik über dem Meer, das erste Sommermusik-Festival an der Lübecker Bucht, aus dem dann '86 das Schleswig-Holstein-Musikfestival entstand. Damals ging das gerade erst los, da stand ich das erste Mal im SPIEGEL, 1984. Da haben Leute angefangen, aufzuhorchen. Weil ich da mit Herrn Pieroth und Herrn Hassemer anfing, Dinge zu realisieren, merkte man plötzlich, oh, auf den muss man vielleicht doch aufpassen! Es gab ja damals immerhin 1,6 Mio. DM dafür. So fing ich dann an, mit meinen Aktivitäten gesellschaftsfähig zu werden.

Vor dir gab es also keine Zusammenarbeit zwischen Verkehrsamt u.ä. und Veranstaltern – jeder wurschtelte vor sich hin?

Ja. War ja auch keine Not, da klappte man eben die Bürgersteige von Mai bis September hoch und sagte: Abwarten, Tee trinken, müssen wir mal gucken. Was für einen Aufwand war es, das Berliner Philharmonische Orchester, '83 das erste Mal, dann '84 das zweite Mal in der Waldbühne, unter freiem

Himmel, zu einem Klassikkonzert zu überreden! Diesen weltberühmten Klangkörper! Das war drei Jahre vor dem Schleswig-Holstein-Musikfestival, acht Jahre vor den Drei Tenören in Rom, das war ja alles immer irgendwie visionär.

Die FAZ spricht von der Schwenkowisierung der Kultur. Ehrt dich das oder ist das eine Unverschämtheit?

Ich hab das als totale Ehre genommen, weil es in Wirklichkeit ja ein Synonym ist für die Selbstständigkeit eines bestimmten Angebotes, was in dieser Stadt noch viel zu lange bis zum heutigen Tag hoch subventioniert ist. Dass ein Friedrichstadtpalast sich brüsten kann, eine Auslastung von 95% zu haben, liegt ausschließlich daran, dass jede Eintrittskarte, die er verkauft, mit ein paar Dutzend Mark subventioniert ist. Das Musical wird überall auf der Welt kommerziell betrieben, und das Theater des Westens versucht es auch kommerziell im Wettstreit zu den Anbietern, die es hier gibt, braucht dafür aber 20 Millionen. Das sind irgendwie Auswüchse. Das mit der Schwenkowisierung der Kultur fand ich eigentlich in Ordnung. Als Begriff. Er ist nur anders eingesetzt worden – nach dem Motto: Jetzt kommst du um die Ecke, und schon hat der Mann sich das Schiller-Theater gegriffen. Das war es nicht. Aber die Kommerzialisierung: Berlin soll das Las Vegas der 90er Jahre werden, das habe ich 1984 gesagt.

Diesen Satz von dir habe ich nicht ganz verstanden: »Ich würde lieber zwanzig gut gehende McDonalds-Läden mieten als eine neue Boulette erfinden.«

Was das meint, ist, dass ich glaube, dass, wenn es ein erfolgreiches Produkt gibt, dann soll man nicht der Lust anheim fallen, nur für das Ego etwas besseres zu entwickeln, man soll lieber in Ruhe und anständig mit dem »Plagiat«, was da ist, sein Geld verdienen. Es geht nicht darum berühmt zu werden. Es geht ausschließlich darum, reich zu werden.

Das widerspricht aber einem derzeitigen Trend, in der Wirtschaft, in den Medien, den Verlagen: Da kommen neue Leute, die alles ganz anders machen wollen, die gute Boulette, um im Bild zu bleiben, unbedingt nach neuen Rezepten zusammenmanschen wollen.

Dieses Zitat ist unendlich alt. Zur damaligen Zeit war mein Ziel, so viel Kapital und Speck anzusammeln, dass ich mich hinterher um das Neuerfinden von Bouletten kümmern kann. Heute ist es genau anders herum. Heute ist es so, dass ich in der Lage bin, mit großem Spielzeug zu spielen. Also: das Leben ist eine Sandkiste, und ich sitze mitten drin und back' die Kuchen mit den großen Formen. Das funktioniert nur, wenn du viel Sand und wenn du große Formen hast. Damals hatte ich wenig Sand und kleine Formen.

Axel Springer, Klaus Zapf, Peter Schwenkow – woran lag es, dass West-Berlin kaum weitere Unternehmer hatte, die über den Stadtrand hinaus guckten?

Ich denke, die Stadt war im unternehmerischen Sinne so lethargisch, dass hier in dieser Stadt jeder eine Chance hatte, der bereit war, über das normale Maß hinaus zu arbeiten oder sich zu engagieren. Im klassischen Marx'schen Sinne musstest du hier Mehrwert kreieren. Und das funktioniert für junge Unternehmer nur durch Selbstausbeutung. Wenn du drei Jobs machst, und von einem lebst, hast du zwei, mit denen du ansparen kannst, das kannst du investieren und kannst was anderes damit machen. Ich hatte einfach eine andere Geschwindigkeit als die Durchschnittsgeschwindigkeit in dieser Stadt. Und mit 'ner höheren Geschwindigkeit warst du hier schon automatisch der König. Ich hab das dieser Stadt auch nie vergessen, und deswegen bin ich nicht weggegangen, sondern hab von hier aus meine nationalen und dann internationalen Aktivitäten angefangen zu bauen. Die Stadt hat eine super Lebensqualität aufgebaut, sie hat heute noch die gleiche Geschwindigkeit mit den gleichen pfiffigen Leuten. Interessanterweise hat die Politik nachgezogen, was auch nicht falsch ist, wenn man da im Bereich des Lobbying Dinge machen kann, die nicht ganz unwichtig sind. Ich kümmere mich aktuell sehr intensiv um die Senkung der Ausländersteuer, weil das bisherige System zu großen Verwerfungen geführt hat. Weil viele ausländische Künstler, gerade kleine und wichtige Künstler, sich das einfach nicht mehr leisten können, in Deutschland aufzutreten, weil du eben vom Brutto besteuert wirst und nicht auf deine tatsächlichen Netto-Erlöse. Aber es gibt nur sehr wenige, die im alten West-Berlin bis '89 sich eine Position erarbeitet hatten, und die sie heute auch noch haben. Denn viele sind weggespült worden, als der neue marktwirtschaftliche Wind kam und als auch andere Leute kamen. Mich hat das eher wie eine Woge nach oben getragen.

Und die Administration hat in deinem Bereich immer mitgespielt? Die Bürokratie hat sich nicht gegenüber der Kreativität durchgesetzt?

Dafür war ich auch immer zu schlau, um mich da austricksen zu lassen, denk ich mal. Mir hat in der Beziehung eigentlich nie einer was getan. Du darfst eins nicht vergessen: Von dem, was ich tat, also spätestens nach dem Sommernachtstraum '84, und dann '87/'88 die Konzerte am Reichstag – David Bowie, Michael Jackson, Pink Floyd, Genesis, Eurythmics, Bruce Hornsby, all das – das waren Sachen, die waren attraktiv, die waren interessant, die brachten die Stadt ins Gespräch, da kriegtest du in Bonn, wenn du als Regierender Bürgermeister hinfuhrst, auch mal was auf die Schulter geklopft: Dolles Ding, was Sie da auf die Beine gestellt haben! Es kostete aber keine müde Mark, ich hab ja nichts gekostet! Ich hab weltweit zur Steigerung der Attraktivität beigetragen – ich meine, wer hätte mich da nicht mögen sollen? Nach dem David-Bowie-Konzert hab ich mein erstes CNN-Interview gegeben.

Diese Konzerte haben ja jenseits der Mauer zu Gegen-Konzerten geführt, um die DDR-Jugend von der Mauer wegzulocken. Hast du dich je um DDR-Rockmusiker gekümmert?

Gar nicht, eigentlich überhaupt nicht. Ich war gegen das System da drüben, ich hatte mein Schlüsselerlebnis 1976 oder 1977, als damals der Truck mit dem Equipment von Tina Turner für ein Konzert in der Philharmonie in der DDR verunglückte. Zwei sind dabei tödlich verunglückt, der Fahrer wurde inhaftiert. Ich habe am nächsten Tag mit einem Mietwagen alles Zeugs nach Hamburg gefahren, da bin ich von den Jungs an der Grenze angehalten worden, mein Laster wurde versteckt, ich wurde in so einen Raum geführt: Warum interessiert Sie das, was haben Sie damit zu tun? Mit vorgehaltener Waffe wurde ich verhört. Da hab ich gedacht, das sind ja echte Drecksäcke, da hat sich irgendwie ein Feindbild aufgebaut. Ich durfte dann auch nicht in die DDR. 1984 habe ich ihnen das erste Mal einen richtig vor den Koffer gegeben, mit dem Feuertheater. Der Platz war faszinierend, und es war gut, das mit André Heller zu machen. Aber es war einfach geil, direkt an der Mauer Raketen hochzuschießen und zu hoffen, dass auf der anderen Seite Leute stehen, die die da nicht unter Kontrolle kriegen. Und in Wirklichkeit war das David-Bowie-Konzert nur eine Fortsetzung einer permanenten Provokation, die dann ihren Höhepunkt in dem Pink-Floyd-Konzert (mit »The Wall«, O. L.) fand: Da gab es ja massive Interventionen von Ost-Berlin, die besagten, wenn Sie das Pink-Floyd-Konzert hier genehmigen, dann lassen wir die Leute oben in der Charité sterben, dann sind Sie für den Tod verantwortlich. Da gab es Druck auf Bonn, das war wirklich unglaublich! Und viele Jahre später, so Mitte der

90er, hab ich erfahren, dass es drüben 1988, als Berlin Europäische Kulturhauptstadt war, einen Plan des DDR-Regimes gab, der von der FDJ umgesetzt werden sollte, mich hier in der Stadt vollständig zu diskreditieren, in dem sie Eintrittskarten für ein ausverkauftes Waldbühnenkonzert fälschen wollten, um mehr Tickets zu verkaufen. Dann hätte ich am Pranger gestanden, mit 10.000 zuviel verkauften Karten als geldgeiler Kerl, der den Hals nicht vollkriegen kann, damit man mir die Waldbühne wegnimmt, damit ich hier nicht weiter unternehmerisch aktiv sein kann. Ich kenne Joachim Gauck gut und ich will ihm abnehmen, dass er auf höchster Ebene wirklich alles getan hat, um in der Gauck-Behörde irgendwelche Informationen zu meiner Person zu finden und ich gehöre zu den hochbrisant vernichteten Akten, weiß aber heute von Augenzeugen und ehemaligen Politleuten da, dass es über mich riesige Akten gegeben hat. Denen bin ich richtig auf den Sack gegangen. Die wollten mich vernichten.

Weshalb ist die FDJ-Aktion gescheitert?

Es hatte wohl damit zu tun, dass am Tag, an dem die Aktion geplant war, ein paar von den Jungs hier drüben gewesen sind – die Mauer war ja sehr porös und viele von den Jungs sind ja immer in West-Berlin herumgelaufen – und einer von ihnen hatte seinen Sohn mit, der ist ihm im KaDeWe abgehauen. So kenne ich die Geschichte.

Eine ganz triviale Panne.

Ganz trivialer Grund. Der liebe Gott hatte seine Hände im Spiel.

Politik, Wirtschaft, Kultur – was war das wichtigste in Berlin?

Für mich war das kulturelle Berlin das wichtigste, weil ich in diesem Segment gearbeitet habe. Das wirtschaftliche Berlin war aus sich selbst heraus überhaupt nicht lebensfähig. Auf der anderen Seite: Wenn du den Platz an der Sonne hier erklettert hattest, war das hier natürlich das Paradies. Es hat dazu geführt, dass bestimmte Urinstinkte verkümmerten. Wir können heute nicht mehr in den Busch gehen und barfuß überleben, in dem wir uns nur nach Geruch und Gehör gegen wilde Tiere wehren. Und die Berliner waren genauso, die waren absolut buschfremd, die konnten im Dschungel der freien Marktwirtschaft überhaupt nicht mehr überleben. Aber wer das konnte, hatte natürlich einen super Job.

Du sagtest, für Deine Künstler war Berlin nicht sehr attraktiv. Hat sich das nun geändert?

Berlin steht heute ganz weit oben, es ist die Hauptstadt und »You have to play the capital«. Es ist ein attraktiver Markt, darüber hinaus ist die Waldbühne eine der schönsten Spielstätten, die es auf der Welt gibt. Gerade für die vielen Tourneen, die wir machen, Berlin ist der Hauptsitz der DEAG und dadurch ist es absolut unabdingbar – ob es nun Tina Turner ist oder Marius Müller-Westernhagen oder Lionel Ritchie – ein Konzert wollen wir schon auch immer in unserer Stadt haben. Tim Rennert zieht jetzt mit Universal hier rüber, Jochen Leuschner ist mit Sony schon da, alle kommen hier her, hier ist einfach mehr los, hier ist es hipper. Alles andere ist, naja, nicht Provinz – wir sind ja so föderal organisiert, dass die anderen alle ihre Existenzberechtigung haben und wichtig sind, auch vom Markt her. Aber Berlin ist einfach der wichtigste Standort.

Sag mir bitte, nun mit einem gewissen zeitlichen Abstand, noch ein Wort zum Thema Schiller-Theater. Die Sache war für dich nicht sehr erfolgreich und du hast in ein Wespennest gestochen. Welche Tabus hattest du verletzt?

Also, erstens war ich, wie oft bei unternehmerischen Entscheidungen, drei bis fünf Jahre zu früh. Heute kriegst du jedes Theater mit Kusshand hinterher geworfen. Zweitens war ich ja in der Stadt schon 15 Jahre *everybody's darling* und hatte gedacht, dass mein Konzept und meine Leistung an sich ausreichen und man mich schon machen lassen würde. Was ich total unterschätzt habe, war das publizistische Problem, was in drei Punkten zu beschreiben ist. Ich hab damals den großen Fehler gemacht, mir von Roloff-Momin neben einer Kostenübernahme in Höhe von 2,5 Mio. DM im Jahr noch zusätzlich 4.000 DM Miete abquetschen zu lassen. Das kam so aus den Verhandlungen raus. Nun sagte jeder: Ach, der zahlt ja nur 4.000 DM Miete! Keiner sagte, der übernimmt ja auch noch Kosten von 2,5 Mio. DM. Und für 4.000 DM Jahresmiete kriegst du ja nicht mal 'ne Wohnung am Prenzlberg. Und jeder sagt: Der hat das Theater viel zu billig bekommen. Das war das erste. Das Zwote: Ich hab völlig unterschätzt, dass das Feuilleton ja jeden Tag mindestens genau so viel Platz zu füllen hat wie die Wirtschaft. – Lassen wir den Satz mal so stehen. Und das Dritte, und das war das wirkliche Problem: Das war der Beginn des Niedergangs der subventionierten Hochkultur, und es wurde von den Gralshütern der Hochkultur, den Feuilletonistas, mit Zähnen und Klauen verteidigt. Und wann auch immer diese Wunde gerade anfing zu verschorfen, brach sie dadurch, dass ich akzeptiert hatte, dass das Theatertreffen immer in das Schillertheater (Schwenkow bevorzugt diese Schreibung! O. L.) kam, immer mit voller Vehemenz wieder auf, und alle zeigten mit dem nackten Finger auf mich und sagten: Der Mann da, am Rand der Wunde, der dort sitzt und mit der Tabasco-Flasche immer in die Wunde reinspritzt, das ist der Schwenkow! Das war das Problem Schillertheater in der Kurzanalyse.

Du spielst auf die Macht der Medien an, hättest du damals etwas gegen die deiner Meinung nach einseitige Darstellung der Medien machen können?

Nein, das war nicht zu biegen. Es war nicht, dass ich etwa paralysiert war, aber es war nicht zu drehen. Das ging nicht, das musste weg.

Wären positive Artikel über dich nicht gedruckt worden?

Doch, der wäre vielleicht auch erschienen, die Frage ist, ob überhaupt einer positiv geschrieben hätte, er hätte dann ja gegen das aktuelle super angesagte Thema geschrieben. Das Thema Schillertheater war ja damals so angesagt wie später Big Brother, wenn da einer sich hingestellt hätte und hätte gesagt, es ist doch aber alles ganz anders, Freunde! dann wäre das nichts gewesen, was der breiten Meinung entsprochen hätte. Und die Zeitungen mussten ja am Ende des Tages auch verkauft sein.

Ich habe mit dem einstigen Zitty-Chefredakteur Rainer Bieling (siehe Gespräch ab S. 363) über dich gesprochen, und wir haben rausbekommen, weshalb du oft so eine schlechte Presse hast, weshalb die Stadt so eine Hassliebe zu dir entwickelt hat.

Ach, das würde mich wirklich ernsthaft interessieren!

Bieling meint, weil du der Einzelkämpfer warst. In Berlin geschah alles immer in Gruppen, mit Gruppen, im alten 68er Wind: Nun machen wir mal was Tolles zusammen, der macht dies, jener macht das, aber immer hübsch gemeinsam. Du als Einzelkämpfer warst was Neues, so ging es eigentlich nicht.

Kann sein, ja. Das ist nicht falsch.

Wer mit seinen kulturellen Unternehmungen nicht am öffentlichen Tropf hängt, hat zur Kultursubvention eine andere Einstellung als die, die alimentiert werden. Was hältst du von Subventionen?

Ich bin ein großer Fan von Subventionen. Erstens, weil es bestimmte künstlerische Entwicklungen und bestimmte Kunstprodukte gibt, die ohne Subventionen nicht entwickelt werden können und nicht überlebensfähig wären. Wobei mir das Entwickeln viel, viel wichtiger ist als die Frage der Überlebensfähigkeit. Es sind ja nicht nur die Subventionen, die das Land gibt für Theater, es sind auch die Subventionen, die die Sendeanstalten für ihre Klangkörper oder für Auftragskompositionen geben. Ich weiß nicht, ob wir Reimann und Hentze heute hätten, wenn man sie nicht subventioniert hätte.

Der zweite Aspekt: Es ist reiner Selbstschutz, ja? An dem Tag, an dem es keine Subventionen für Kultur mehr gibt, aber man diese Kultur haben will, dann würde man bei den Kommerziellen den Subventionstaler einkassieren, und dann werden die Leute, die nicht von Subventionen profitieren, noch zusätzlich zur Kasse gebeten. Nach dem Motto: Wenn Sie die Rolling Stones oder Peter Alexander sehen wollen, müssen Sie mit zehn Mark extra auch noch die Deutsche Oper subventionieren.

Die DDR hatte den Kulturgroschen, die Kulturabgabe von zehn Pfennigen.

Ja, richtig. Wehret den Anfängen! Wäre ich Kultursenator, was ich nie werden würde und was ich auch nicht sein möchte, würde ich das subventionieren, was a) Neues schafft und b) im freien Markt nicht funktioniert. Ich würde nie ein Theater des Westens und nie einen Friedrichstadtpalast subventionieren. Ich würde vielleicht ein Kindertheater subventionieren. Ich würde aber gleichzeitig die Frage diskutieren, wenn wir denn drei Opernhäuser haben, können wir dort nicht zu einer programmlichen Struktur kommen, einfach in der Logik. Warum muss ich denn jeden Monat dreimal Figaros Hochzeit spielen, wenn ich das drei Tage hintereinander spielen und damit erhebliches Geld einsparen könnte. Es gibt keinen einzigen Grund auf der Welt, warum drei Ring-Aufführungen an drei unterschiedlichen Tagen innerhalb von sechs Wochen stattfinden müssen und nicht drei Tage hintereinander. Gibt's nicht, passt aber gut in die Struktur, um Subventionen zu erhalten.

Würdest du als Peter Schwenkow ein Kinder- und Jugendtheater sponsern?

Als Peter Schwenkow wäre das zu diskutieren, da engagiere ich mich woanders. Als Vorstandsvorsitzender der Deutschen Entertainment AG aber müsste ich gute Gründe haben, warum ich meinen Aktionären empfehle, das Geld dort zu investieren und es nicht zur Steigerung der Rendite zu verwenden.

Wie kommt man mit den Forderungen seiner Aktionäre klar?

Ich hab noch nie Probleme damit gehabt. Meine erste Firma, da hatte ich Jochen Zanke als Partner, ich hab so viele Partner über die Jahre gehabt, und ein Aktionär ist genau so ein Partner wie andere Geschäftspartner. Für mich macht das wirklich überhaupt keinen Unterschied.

Peter Schwenkow – West-Berlin dankt dir für dieses Gespräch!

Wir fühlten uns als Helden, oder: Marlene reichte mir die Hand, und ich verneigte mich

Erich Richter über Brigitten-Tage und Nachmittags-Freuden, Rotwein-Köder, die Armee Richter, sture Verwaltungsmitarbeiter, suspendierte Sorgen, einen zu misstrauischen Frank Schöbel, seniorenresistente Staatssekretäre, grüne Zyniker, abgezockte Alt-Rentner, faule Experten, Varieté-Pioniere, den Rettungsanker Rudi Carell, einen Umtrunk mit Roy Black; über Blumensträuße, Laudatios und Ovationen für Marlene Dietrich, de Gaulles Sorgen, prestigegeladene Autonummern, heldenhafte Außenposten und flüchtige Freiheitskämpfer, warmen Regen, West-Berlin in Niedersachsen, den Blickpunkt im Blickpunkt, autoritäre Bundesvertreter, den Ausrutscher eines Liberalen und Glöckchen nach Saigon; über Mandatsträger als Sympathieträger, Erich Honecker und russische Beobachter sowie einen scheiternden Ex-Leutnant bei den »Falken«.

Gesprächsdatum: 29.3.2001

Olaf Leitner: Sie machen seit Jahrzehnten in Berlin Varieté für Senioren. War das von Anfang an schon als Service für die Älteren so geplant?

Erich Richter: Nein, angefangen hat es aus einer Konkurrenzsituation heraus, als die Berliner Morgenpost in West-Berlin nach Kriegsende Anfang der 50er Jahre wieder erschien. Zunächst im Ullstein-, später im Springer Verlag. Die Redaktion dieser Zeitung griff eine bewährte Tradition wieder auf und beauftragte Georg Specht mit der Durchführung von sogenannten »Bunten Nachmittagen« unter der Firmierung »Brigitten-Tage«, abgeleitet von der seinerzeit im Ullstein-Verlag erschienenen Frauenzeitschrift Brigitte. Das waren Veranstaltungen mit Varieté-Charakter für die Leser und Freunde der Morgenpost. Der Telegraf – unter englischer Lizenz erstmals 1946 erschienen – musste ohne traditionelle Bindungen erst mühsam eine feste Leserschicht für sich gewinnen. Als ersichtlich war, dass die Konkurrenzzeitung durch ihre »Brigitten-Tage« neue Leser als Abonnenten gewinnen konnte, fragte mich der Herausgeber und Chefredakteur des Telegraf Arno Scholz: »Würden Sie sich zutrauen, ähnliche Programme für uns zu gestalten?« Ich sagte zu, weil ich damals schon Kontakte zu bedeutenden Schauspielern angebahnt hatte. Nach entsprechenden Verhandlungen mit den West-Berliner Gastspieldirektionen Bunte Bühne Berlin unter Hanno Pietsch, Union-Gastspiele unter Karl-Heinz Bernstein und der Konzert- und Gastspieldirektion der Gebrüder Walter und Kurt Schibille startete im Herbst 1953 eine erste Varieté-Serie unter der Schirmherrschaft des Telegraf im Steglitzer Titania-Palast. Doch ich merkte sehr schnell, dass die gewinnorientierten Vorstellungen der Gastspiel-Unternehmer mit meinen künstlerischen Erwartungen kollidierten. So konnte ich schließlich meinen Chef überzeugen, mir neben meinen sonstige Aufgaben die Verantwortung für diese »Telegraf-Nachmittage« zu übertragen. Ergo konnte ich im September 1954 meine erste selbst gestaltete Programmserie unter dem Motto »Einmal wieder jung sein« mit der Staatsschauspielerin Käthe Haack als Star und erstklassigen Artisten – begleitet vom Tanzorchester Egon Kaiser und von der Ballett-Choreografin Carola Krauskopff betreut – im viermal ausverkauften Titania-Palast (je 1874 Plätze) dem Publikum präsentieren. Und zwar eine Woche nach den dort ebenfalls stattfindenden »Brigitten-Tagen«. Die Rechnung ging auf, das Leitmotiv »Freude durch den Telegraf« prägte sich als Positivbegriff in das Bewusstsein vieler Berliner ein. Zumal ich mich in der Programmgestaltung nicht nur auf Artistik beschränkt hatte, sondern auch Kabaretts wie »Die Stachelschweine« und »Die Wühlmäuse«, Chanson-Interpreten und natürlich auch populäre Schlagerstars einbezog. Zugpferd war jeweils ein populärer Star der Bühne, des Films, später des Fernsehens. Dabei halfen mir meine Kontakte, die ich in den Jahren zuvor zu namhaften Künstlern geknüpft hatte. Ausgelöst wurde das durch die damalige Oberbürgermeisterin Louise Schröder. Während eines Besuches im Telegraf-Verlagsgebäude – damals noch in der Babelsberger Str. in Wilmersdorf – regte sie an, Wohltätigkeitsveranstaltungen durchzuführen mit Künstlern, die in der Stadt verfügbar waren und denen damit neue Chancen eröffnet werden sollten. Der Reinerlös – es war ja noch die Reichsmark offizielles Zahlungsmittel – sollte an einen Sozialfonds überwiesen werden, aus dem die Stadt hernach ihre amtliche Heimkehrerbetreuung finanzieren konnte, weil auch damals schon Ebbe in den öffentlichen Kassen herrschte. Folglich versuchte ich als Assistent unseres Chefs der Lokalredaktion, Rudolf Brendemühl, dafür in Frage kommende Schauspieler, Tänzer, Kabarettisten und Artisten ausfindig zumachen und sie zur Mitwirkung – ohne Gage natürlich – zu gewinnen. Ich erinnere mich, wie ich z.B. den Schauspieler Paul Wegener ködern konnte: Ich entlockte ihm seine Zusage mit dem Hinweis, dass dank eines Versprechens der englischen Lizenzgeber hinter der Bühne des Schillertheaters bzw. des Hebbel- und Renaissance-Theaters jeweils ein Buffet für die Mitwirkenden als Dank angerichtet werde – mit lukullischen Genüssen, auf die wir alle damals verzichten mussten und auf dem für Wegener sein favorisierter roter Burgunder zur ausreichenden Verfügung stehe. Als er das hörte, klopfte er mir hocherfreut auf die Schulter mit den Worten: »Jungchen, wenn ihr das Versprechen einlöst, dann sage ich euch die ganze Ringerzählung aus Lessings ›Nathan‹ auf. Sprach's und unterschrieb den Vertrag. Alle Vereinbarungen wurden korrekt eingehalten. Auf englischer Seite wurde das durch den damaligen Presseoffizier und späteren Großverleger Maxwell garantiert. Die Matinees wurden allein schon durch ihr einzigartiges Aufgebot großer Zugnamen – wie wir heute sagen – singuläre Events. Schlußendlich konnte den Heimkehrern wesentliche Hilfe zuteil werden.

Bis zum April 1962 fanden die Telegraf-Nachmittage jeweils in den sechs Wintermo-

Erich Richter (*1923)

Er ist gelernter Journalist und ein Impresario der besonderen Art. Er war Redakteur einer Berliner Tageszeitung, leitete die erste linke Berliner Jugendzeitschrift nach dem Krieg und kümmert sich seit Jahrzehnten nahezu unbeachtet, aber höchst erfolgreich um die kulturelle Versorgung der Senioren. Und durch Klaus Schütz wurde Erich Richter rechtzeitig davor bewahrt, Berufspolitiker zu werden.

naten im Titania-Palast und dann ab November 1962 in der Urania statt. Als der Telegraf am 30. Juni 1972 sein Erscheinen einstellte, fand sich als Retter in der Not der damalige Arbeits- und Sozialsenator Harry Liehr ein mit der Frage: »Wie wäre es, wenn du diese Veranstaltungen im Rahmen der kulturellen Seniorenbetreuung Berlins fortführen würdest? Die Senatsverwaltung garantiert die finanzielle Basis, in der Programmbesetzung hast du freie Hand, die Karten werden zum Einheitspreis von den bezirklichen Sozialämtern verkauft, du legst uns eine Abrechnung mit allen Verträgen vor, weitere Einzelheiten regeln Senatsdirektor Werner Müller, Senatsrätin Dr. Lore Lipschitz und der zuständige Abteilungsleiter einvernehmlich mit dir. Ist das ein Angebot?« Ich habe gleich zugestimmt. Auch der Nachfolger im Amt, Senator Olaf Sundt, erwies sich als engagierter Förderer. Gelegentlich erschien er unerwartet zur Premiere, um das Publikum persönlich zu begrüßen. Immer mit dem Hinweis verbunden, dass diese Varieté-Nachmittage der Sympathie der Verwaltung sicher sein können. Einmal sagte Sundt zu mir: »Heute hätte ich beinahe vergessen, hierher zu kommen. Aber als ich während eines Diktats aus meinem Fenster auf die Urania schaute und sah, wie die Besucher en masse die Straße an der Ampel überquerten, wusste ich, dass die »Armee Richter« im Anmarsch ist, und flugs bin ich gewissermaßen als Nachbar schnell herübergekommen.« Mit ähnlichem Wohlwollen begleitete auch der CDU-Senator Ulf Fink die Varieté-Shows. Ebenso wie Ingrid Stahmer, die sich schon als Stadträtin in Charlottenburg und später als Senatorin dieser Veranstaltungsinitiative gegenüber als aufgeschlossen und hilfreich erwiesen hatte. Im Vorwort für das Programmheft zur 215. Show-Serie im November 1991 mit Heintje (»Mama«) Simons als Stargast schrieb sie: »... Ohne den Initiator und Organisator dieser Varieté-Nachmittage, Herrn Erich Richter, wären diese Nachmittage nicht möglich

gewesen. Ich möchte ihm an dieser Stelle ganz offiziell im Namen des Senats von Berlin Anerkennung und Dank sagen für sein unermüdliches Engagement, den Berliner Seniorinnen und Senioren solch anspruchsvolle Unterhaltungskunst zu präsentieren ...«

Erst als nach dem Mauerfall die sogenannte Berlin-Hilfe reduziert, später eingestellt wurde, übertrug der Senat seine Zuständigkeiten Bezirksverwaltungen, deren Mitwirkung sich lediglich auf Bestellung und Verkaufsgarantie von unterschiedlichen Kartenkontingenten reduziert. Der Eintrittspreis wurde einheitlich auf 18 DM festgesetzt, die Zahl der Vorstellungen auf je acht in den Monaten November und März begrenzt.

Die Kalkulation ist bei einer Auslastung von 100 % (je 857 Plätze) kostendeckend.

Nach der Bezirksfusion nehmen nur 10 von 12 Bezirken an dieser Initiative teil. Mithin wenden sich immer mehr Senioren direkt an mich mit der Bitte, ihnen Karten zu reservieren. Begründung ist die offensichtliche Unzufriedenheit mit einem wenig bürgerfreundlichen Service in einigen zuständigen Ämtern.

Da liegt im organisatorischen Bereich einiges im Argen. Ich war mal Zeuge eines mir unverständlichen Verhaltens. Zugegeben, es war ein Mittwoch – gewöhnlich finden da für Besucher keine Sprechstunden statt. Während ich mich im Zimmer der zuständigen Kartenverkäuferin mit ihr abstimme, öffnet sich die Tür und eine Besucherin – gestützt auf einen Stock – fragt, ob es Karten für eine angekündigte Veranstaltung gäbe. Antwort: Ja, aber nicht heute. Besuchszeit ist morgen bis 14.00 Uhr. Enttäuscht schließt die alte Dame die Tür. Meine Frage an die Verwaltungsangestellte: Glauben Sie, dass die Frau sich morgen nochmal hierher bemüht? Sie hätten doch mal eine Ausnahme machen können, zumal Sie die Karten doch im Schubfach Ihres Schreibtisches griffbereit aufbewahren. – »Nein, die Leute müssen sich endlich mal an die vorgesehenen Amtszeiten halten.« So viel über die Probleme.

Jedenfalls stelle ich jeweils im März in jeder Vorstellung die Frage an die Besucher, ob sie wünschen, dass diese Varieté-Nachmittage fortgesetzt werden sollen. Die Antwort ist ein lautstarkes einhelliges Ja.

Damit ist dann offiziell die Kultur für die alten Leute abgehakt?

Nicht unbedingt. Die Bezirke bieten in kleinerem Rahmen Tanznachmittage an oder offerieren einen Theaterbesuch zu verbilligten Preisen. Doch Theateraufführungen erfordern hohe Konzentration und überfordern mitunter ältere Besucher. Da erweisen sich vermindertes Seh- oder Hörvermögen als hinderlich. Oft entsprechen auch moderne Inszenierungen oder lautstarke Musik nicht den Erwartungen. – Im Gegensatz dazu bewährt sich für ältere Mitbürger Varieté schon der wechselnden Darbietungen wegen als geradezu ideal, weil sie beim Zuschauen die Gedanken schweifen lassen können.

Ein Conferencier sorgt mit Humor in drei vergnüglichen Stunden für Stimmung, die die Zwerchfelle motiviert usw. Ein Mediziner hat mir mal anerkennend bestätigt: »Mit Ihren Veranstaltungen vermitteln Sie den alten Menschen die beste Therapie, durch die sie Schmerzen und Sorgen zumindest zeitweilig suspendieren können«.

Die Struktur der Programme basiert also auf Ihren Erfahrungen.

Ja, ich bilde mir ein, zu ahnen, was bei Senioren ankommt und was nicht. Bei einer Playback-Begleitung der Artisten per CD mit elektronischem Sound vermute ich schon Probleme für die Zuschauer. Doch wenn sich die Darbietung als leistungsstark auf hohem Niveau erweist, goutieren ältere Leute sogar fetzige Begleitmusik. Wenn ich hingegen den nuschelnden Udo Lindenberg oder den hektisch kreischenden Herbert Grönemeyer – ohnehin für mich unbezahlbar – engagierte oder Disco-Phon-Power bzw. Techno-Bombardement zuließe, würden sich die Parkettreihen schnell lichten. Dann wären diese Programme für Senioren gestorben.

Wer ist für die Begleitmusik zuständig?

Die hochqualifizierte, absolut notensichere, kreative und sehr kooperative Reinhard Stockmann-Show-Band aus Dresden. Zum Ensemble gehören auch die attraktiven und modernen – aus dem Fernsehballett hervorgegangenen – sieben Show-Dancers unter der künstlerischen Leitung von Horst Wiegand.

Bei einem extrem niedrigen Eintrittspreis von 18 DM kann man auch bei 100-prozentiger Auslastung keine Supergagen zahlen. Gibt es Künstler, die der Sache wegen mit ihren Forderungen heruntergehen?

Ja – schon früher für die Zeitung – wegen der garantierten Publicity durch die Interviews mit ihnen, die ich im Telegraf veröffentlicht habe. Später, weil sie aus ihrer sozialen Gesinnung heraus zeigen konnten, dass sie ein Herz für alte Menschen haben. Günter Pfitzmann z.B., mit dem ich kurz nach Kriegsende oft zusammengearbeitet hatte, fand eine Gage von DM 1.200 DM plus Mehrwertsteuer pro 20-Minuten-Auftritt für honorig. Für dieses Honorar gastierte auch Helga Hahnemann wie alle Promis, die ich gewinnen konnte. Nur Frank Schöbel, um den ich mich entsprechend bemüht hatte, zweifelte den Gagenvorschlag an und hat folglich nicht akzeptiert.

Werden diese Veranstaltungen nicht von der Kulturverwaltung gefördert?

Die Senatsverwaltung für Kultur hat diese Varieté-Nachmittage vollkommen ignoriert. Nur in der Amtsperiode des Senators Roloff-Momin war dessen Staatssekretär zu einem Senatsempfang aus Anlass meines 75. Geburtstages in das Restaurant des Friedrichstadtpalastes gekommen und hatte staunend die Laudatio seiner Senatskollegin für Soziales zur Kenntnis genommen. Im anschließenden persönlichen Gespräch versprach er mir, die folgende Vorstellungsserie zu besuchen, um einen direkten Eindruck zu gewinnen. Obwohl ich ihm zwei Ehrenkarten – von mir selbst bezahlt – ins Amt geschickt hatte, habe ich nie wieder etwas von ihm gehört. Ähnlich lief im Februar 1976 eine Begegnung in der Urania ab. Damals war Roy Black der Stargast. Er hatte den damaligen Leiter der Berliner Festspiele, Walther Schmieding, zur Vorstellung eingeladen. Sie muss ihm sehr gefallen haben, denn er machte mir in Blacks Garderobe tolle Komplimente mit der einleitenden Frage: »Warum weiß man in der Kulturverwaltung nichts von diesen ausgezeichneten Programmen?« – Weil sie sozusagen unter Ausschluss der Öffentlichkeit nur für Senioren stattfinden.

Mit dieser Begründung wurde übrigens auch ein mit der Senatsverwaltung für Soziales einvernehmlich formulierter Antrag an das Zahlenlotto um eine einmalige Zuwendung zur Abgeltung der Saalmieten abgelehnt – »weil diese Varieté-Nachmittage nur einem begrenzten Teil der Gesellschaft zugänglich seien«. So, sinngemäß, war die Ablehnung begründet worden. Damit hier nicht nur Negatives berichtet wird, will ich noch ein Positivum erwähnen: Der ehemalige Chef der Senatskanzlei, Hanns-Peter Herz – er war auch Stadtrat für Soziales im Bezirk Neukölln und hatte in dieser Funktion mehrmals die Programme miterlebt – erwähnte einmal in seiner Publikumsbegrüßung: »Mein persönliches Urteil über die Qualität dieser kulturellen Initiative – auch wenn ich sie als sehr gut empfinde – ist nicht ausschlaggebend. Ich befrage diesbezüglich meine Mitarbeiter im Amt. Und wenn sie mir berichten, dass die von Neukölln übernommenen je zwei Vorstellungen in jedem Monat ausverkauft waren, dann werte ich das als eine eindeutige Zustimmung der Besucher und gebe deshalb für unseren Bezirk meine Zustimmung für eine Fortsetzung dieser Veranstaltungsreihe.« Ein Gegenbeispiel: In einem nordöstlichen Randbezirk fragte eine Seniorin die örtliche Verwaltungsspitze schriftlich, warum der Bezirk sich dieser Veranstaltungsreihe bisher nicht angeschlossen habe und bekam die lapidare und sachlich völlig falsche Begründung, die Bezirksverwaltung sei schließlich nicht dazu da, für »einen privaten Unternehmer« Eintrittskarten zu verkaufen. Wenn man das mitgeteilt bekommt, kann man nur noch den Kopf schütteln. Oder wenn ein Bezirksverordneter der Grünen einem Amtsleiter im Sozialamt die provokante Frage stellt, warum solche Veranstaltungen überhaupt durchgeführt werden, Senioren seien doch bestens versorgt durch Tanznachmittage oder in der Vorweihnachtszeit mit Adventskränzchen usw. Außerdem hätten doch wohl die meisten einen Fernsehempfänger zu Haus, das genüge doch wohl ...

Aber damit sich kein falscher Eindruck verfestigt, muss ich fairerweise hinzufügen, dass die sich über Jahrzehnte erstreckende Zusammenarbeit mit den Funktionsträgern der beiden großen Volksparteien CDU und SPD – in alphabetischer Reihenfolge genannt – in den öffentlichen Verwaltungen als engagiert und erfolgsfördernd bestätigt hat. Wo es nicht funktioniert, da kommen halt die alten Menschen zu mir und laden dann auch sehr freimütig ihren Frust ab, dankbar, dass ihnen jemand Aufmerksamkeit schenkt, auch wenn er die Verhältnisse nicht ändern kann.

Fazit dieser Unterhaltungen: Viele Senioren fühlen sich von den Politikern insbesondere seit der letzten Bundestagswahl ausgegrenzt, enttäuscht und sogar betrogen. Immer wieder wird in diesem Zusammenhang auf die 1999 nicht erfolgte nettolohnbezogene Rentenanpassung von 0,6 % hingewiesen. Die wahltaktische Formel der »sozialen Gerechtigkeit« deuten sie um in »Ungerechtigkeit«! Die Aufforderung zur privaten Altersvorsorge an die junge Generation wird höhnisch kommentiert vor allem von jenen Alt-Rentnern, die ein Leben lang vom versteuerten Einkommen für ihr Alter vorsorgend gespart haben und nun ausgerechnet von einer rot-grünen Bundesregierung durch die verfügte Halbierung der Freigrenzen in der Zinsertragsversteuerung regelrecht abgezockt werden.

Zu dieser Rententhematik bat ich auf einer Zusammenkunft der SPD-Arbeitsgemeinschaft 60-plus um Argumentationshilfe, weil sich der angekündigte Experte und Mitglied der SPD-Bundestagsfraktion als Referent entschuldigen ließ, um schriftliche Beantwortung meiner eingereichten Fragen. Sie wurde mir auch zugesichert. Inzwischen sind trotz meiner höflichen Erinnerung mehr als drei Monate vergangen, aber bisher warte ich leider noch immer auf eine sachkundige Antwort.

Soviel über Anspruch und Wirklichkeit in der Politik.
Zurück zum Varieté. Dieses Genre war ja wohl zu Mauerzeiten in West-Berlin nicht sehr präsent?

Richtig. Einzig die beiden Zeitungen Berliner Morgenpost und Telegraf leisteten mit ihren Leser-Veranstaltungen in den 50er und 60er Jahren Pionierarbeit, indem sie durch ihre jeweilige Programmgestaltung an die glanzvolle Vergangenheit des Varietés mit »Scala«, »Plaza« oder »Wintergarten«, um nur die wichtigsten zu nennen, erinnerten und somit Traditionspflege für diese Sparte der Unterhaltungskunst realisierten. Erst als nach dem Fall der Mauer auch West-Berliner die erstklassigen Revuen im »Friedrichstadtpalast« wahrnehmen konnten ohne an der Sektorengrenze schikanösen Kontrollen unterzogen zu werden, hat auch im Westteil der Stadt ein regelrechter Varieté-Boom eingesetzt. Wenn heute Peter Schwenkow und Roncalli-Paul Premieren in ihrem »Wintergarten« feiern, tummeln sich eingeladene VIPs unterschiedlicher Couleur, die absolut nichts für diese

Kunst-Variante getan haben. Jene aber, die seit Kriegsende Varieté praktiziert haben – wenngleich in bescheidenerem Rahmen – bleiben draußen vor der Tür. Leider!

Sie haben ja im Laufe der Jahrzehnte fast alle, die Namen und Rang hatten, für Ihre Veranstaltungen gewinnen können – von Peter Alexander bis Helmut Zacharias, von Lale Andersen und Lys Assia bis Grete Weiser und Sonja Ziemann. Das Alphabet ist fast ganz abgedeckt.

Einige wesentliche Namen möchte ich noch hinzufügen: Johannes Heesters, Zarah Leander, Marika Rökk, Roy Black, Rex Gildo, Theo Lingen, Paul Hörbiger, O. E. Hasse, Ivan Rebroff, Roberto Blanco, die Kessler-Zwillinge, Rudolf Schock, Peter Frankenfeld, Jürgen von Manger, Georg Thomalla. Dann viele Ufa-Stars: Olga Tschechowa, Ilse Werner, Willy Birgel, Harry Piel, Lilian Harvey, Lil Dagover, Luis Trenker, Paul Henckels, Günter Lüders, Rudolf Platte.

Damit hätten wir das gesamte Prominentenpotenzial von zwei Dritteln des vorigen Jahrhunderts im Korb!

(Lacht.) Was Fernseh-Stars angeht, nenne ich nur Rudi Carell, der im Varieté bei mir zum ersten Mal in seiner Karriere live in Berlin aufgetreten ist.

Einer der Auftritte von Carell verlief ja etwas ungewöhnlich, nicht?

Das kann man sagen: Die SPD hatte im Dezember 1969 eine Zusatzvorstellung für ihre Funktionäre bei mir, natürlich gegen volle Kasse, bestellt. Als alles geregelt war, fragte ich beiläufig, wem ich die 857 Eintrittskarten übergeben solle. »Karten brauchen wir nicht«, wurde mir gesagt, »bisher kamen zu diesen Veranstaltungen nach Ankündigung in der Berliner Stimme (Berliner SPD-Zeitung, O. L.) immer so ca. 400 Zuschauer.« Mein Einwand: »Aber doch nicht bei einem Programm mit Carell, Edith Hancke, den Kuban-Kosaken und anderen Attraktionen, da werden die Plätze nicht ausreichen.«

Erich Richter mit Rex Gildo

Meine Voraussage wurde noch weit übertroffen. Nicht nur alle Plätze im Saal waren besetzt, in den Gängen stand das Publikum dicht beieinander, die Cafeteria war so überfüllt wie das Foyer, Garderobe konnte nicht mehr aufbewahrt werden, da alle Haken überbelegt waren. Wir konnten schon aus baupolizeilichen Gründen nicht anfangen. Ich bat ein Berliner Vorstandsmitglied, den Besuchern zu erklären, wie das Problem gelöst werden könnte. Aber man winkte ab, der »Schwarze Peter« blieb bei mir. Nachdem sie mir wenigstens eine weitere Sonderveranstaltung für alle, die stehen mussten, zugesagt hatten, ging ich vor den Vorhang und versuchte, die aufgeregten Gemüter zu beruhigen. Plötzlich stand Rudi Carell hinter mir. Er hatte das Dilemma beobachtet und fand – von einem herzlichen Applaus begrüßt – eine spontane Lösung: »Meine Damen und Herren, wenn Sie jetzt die Gänge frei geben, so dass hier die Vorstellung beginnen kann, dann komme ich zu Ihnen in die Cafeteria, stelle mich dort auf die Theke, und gebe für Sie eine Extra-Vorstellung.« Riesenbeifall. Er hat's tatsächlich getan und dadurch seinen Sympathiebonus noch erheblich gesteigert. Auch in der folgenden Zusatzveranstaltung war ein volles Haus stimmungsmäßig »aus dem Häuschen«. Nur der SPD-Schatzmeister hatte nun wohl ein Problem ...

Sie haben vorhin Roy Black erwähnt. Sein Gastspiel hatte doch wohl ein Nachspiel?

Ja, Roy hatte mich gefragt, ob er ein bisschen Publicity machen könne, indem er einige Journalisten der Boulevard-Presse zu einem Umtrunk ins Hotel einladen würde. Ich habe ihn gewarnt, da diese Zeitungen – vorerst verkaufsfördernd orientiert – an Negativberichterstattung interessiert sind. Außerdem hätte ich keine Pressekarten zur Verfügung, da alle Vorstellungen ausverkauft wären. Aber er hörte nicht auf meinen Rat. Der Small-Talk mit Buffet und ausreichenden Drinks fand in gelockerter Atmosphäre statt, wie er mir vor der Premiere freudig berichtete. Über die Komplimente war er regelrecht glücklich. Ein Reporter der Springer-Presse hatte es – wie, weiß ich nicht – geschafft, die Vorstellung zu sehen und den vom Publikum gefeierten Starauftritt mitzuerleben. Am folgenden Tag, es war im Februar 1976, erschien die Bild-Zeitung mit der Überschrift: »Das traurige Comeback von Roy Black in der Urania«. Unterzeile: »Der Star von einst sang vor Rentnern ...« Der Verfasser des Artikels, Peter Auer, hatte indes korrekt berichtet und den Erfolg von Roy Black besonders hervorgehoben. Da ich den Autor kannte, rief ich ihn an und machte ihm Vorhaltungen wegen der unqualifizierten *headline*, die mit Roy Black zugleich die Rentner emotional getroffen hatte. Er selbst war betroffen und gab einen vielsagenden Einblick in die Redaktionspraxis: »Sie sind doch selbst vom Fach und können sich doch vorstellen, wie das so läuft. Ich bin zwar für den Inhalt des Berichts verantwortlich. Aber die Überschriften werden von den Kollegen einer Spezial-Redaktion formuliert, und nur was spektakulär ist, verspricht einen hohen Absatz, dazu bot sich der Reim bestens an.«

Ich habe damals mit Roy Black gesprochen, das Interview ist in diesem Buch auch abgedruckt (siehe S. 96). – Konnten Sie jemals Sponsoren für die Senioren-Nachmittage gewinnen?

Nein. Die Werbebranche hat noch immer nicht begriffen, welche enorme Kaufkraft sich bei Senioren wecken ließe. Vor allem dann, wenn die Erzeugnisse den älteren Mitbürgern mit leicht verständlichen Gebrauchsanleitungen angeboten würden. Ich denke hier zuerst an die elektronischen Fabrikate wie Video-Recorder, Handys, Computer usw. Aber noch warten Senioren darauf, als potentielle Konsumenten von der Industrie entdeckt zu werden. Die Konjunkturflaute ließe sich leichter überwinden, wenn auch die Renten- und Steuerpolitik diesbezüglich eine Aufbruchstimmung forcieren würde.

Haben Sie einen Vertrag für Ihre freiberufliche Tätigkeit als Arrangeur und Initiator Ihrer Veranstaltungen?

Es wurde ein Vertrag weder unterzeichnet noch ausgearbeitet, weder mit der Senatsverwaltung noch mit den Bezirksämtern. Alles basiert lediglich auf einer mündlichen Absprache aus dem Jahre 1972. Damals wurde die offizielle Konstruktion für meinen Aufgabenbereich von der Senatsverwaltung festgelegt: »Varieté-Veranstaltungsdienst – beauftragt für die kulturelle Seniorenbetreuung Berlins – vertreten durch Erich Richter.« Sie ist bis heute gültig. Die einzige finanzielle Absicherung für mich erfolgt z.Zt. durch die Empfangsbestätigung der von den Ämtern als Veranstalter bestellten und an sie ausgelieferten Kartenkontingente, deren garantierter Verkaufserlös rechtzeitig auf das Konto überwiesen wird. Ich habe freie Hand für meine künstlerischen Arrangements, für die Vertragsverhandlungen mit den Mitwirkenden, informiere jedoch die Ämter in einer Kostenanalyse mit allen Vertragskopien über die Ausgaben. Die Rechnung muss Plus-Minus Null aufgehen. Wenn ich diesen Etat überziehe, muss ich die Mehrkosten privat ausgleichen. Sollte aus unbekannten Gründen die Überweisung der Verkaufseinnahmen nicht fristgerecht erfolgt sein, hilft mir nur ein Überziehungskredit, da ich mich den Mitwirkenden gegenüber an die Regelung der pünktlichen Gagenzahlung grundsätzlich gebunden fühle. Vertrauen gegen Vertrauen, das ist die Basis dieser Zusammenarbeit.

Manche Leute müssten sich schämen, wenn sie das hören. Wenn Sie aufgeben, ist vermutlich Feierabend?

Manche, wenn auch bei weitem nicht alle Behördenmitarbeiter würden das klaglos, vielleicht sogar erleichtert, zur Kenntnis nehmen, weil es für sie Arbeitsentlastung bedeutet. Aber wenn ich kann, nehme ich ihnen diese Arbeit sogar ehrenamtlich ab. Beispielsweise für die Seniorenkonzerte in der Philharmonie, die ich schon '69 mal moderiert habe, die allerdings gegen Honorar. Meistens waren diese Konzert-Nachmittage zeitlich einige Wochen nach den Varieté-Shows terminiert. Deshalb konnte ich die Besucher in der Urania schon rechtzeitig informieren und mich dort nach dem Finale an die Kasse setzen und Konzertkarten verkaufen. Arbeit schändet nicht. So konnte ich als Resultat z.B. für das großartige Robert-Stolz-Konzert im Jahr 2000 fast die Hälfte der Philharmonieplätze, exakt 989, verkaufen.

Es gibt einen Weltstar, der viel mit Berlin zu tun hatte, der heute 100 Jahre alt sein würde, den Sie zwar nicht engagieren konnten, aber mit dem Sie eine Viertelstunde reden konnten: Marlene Dietrich. Ihre Zeitzeugenschaft wurde ja sowohl vom japanischen Staatsfernsehen ausgebeutet wie auch von der ARD und schließlich vom ZDF in der Serie »Hitlers Frauen«.

Das Gastspiel 1960 von Marlene Dietrich, es war ihr einziges im Nachkriegsberlin, wurde für mich zur unvergessenen singulären Sensation. Schon meine Eltern hatten von ihr geschwärmt und hin und wieder die Melodie von Friedrich Holländer »Ich bin von Kopf bis Fuß auf Liebe eingestellt« fast verklärt gesummt. Als ich den »Blauen Engel« zum ersten Mal im Fernsehen gesehen hatte, war ich enttäuscht. Ich empfand die Diva in dieser Rolle nicht faszinierend, vielmehr als peinliches Pummelchen. Diese Meinung änderte sich total, als sie, wiederum im Deutschen Fernsehen, das Chanson »Sag' mir, wo die Blumen sind« kreierte. Da hatte mich ihre persönliche Ausstrahlung stark beeindruckt. Ich habe nicht geahnt, dass ich ihr einmal begegnen und mit ihr sogar ein Gespräch führen würde. 1960 war die Gelegenheit dafür insofern günstig, weil im Titania-Palast, wo dieses Gastspiel geplant war, ja auch die Telegraf-Nachmittage stattfanden. Der dortige Bühnenmeister signalisierte mir im Mai, wann die Dietrich zur Probe mit der Technik im Palast erscheinen werde. So konnte ich mich vorzeitig im Bereich der Künstlergarderoben postieren. Als sie in der Gutsmuthsstraße vorfuhr, habe ich ihr die Tür geöffnet und sie mit einem Blumenstrauß überrascht. Als herzliches Willkommen im Namen vieler Berliner, die sich auf ihren Besuch aufrichtig freuen. Sie bedankte sich sehr freundlich und fragte mich, ob ich ihr erklären könnte, warum der Vorverkauf angeblich so schleppend verlaufen würde. Ich sagte ihr, nicht die von ihr vermuteten politischen Vorbehalte gegen sie, sondern die hohen Preise seien dafür ausschlaggebend: 100 Mark waren 1960 ziemlich happig. Erstaunt entschuldigte sie sich fast mit dem Hinweis, darauf keinen Einfluss zu haben, dies bestimme allein die für Deutschland zuständige Tourneeagentur Collien in Hamburg. Ich machte ihr ein Kompliment über ihr akzentfreies Deutsch und ihren zünftigen unverkennbaren Berliner Dialekt. Sie meinte: »Was haben Sie denn anderes erwartet?« Ich wies darauf hin, dass ich Artikel gelesen hatte, in denen stand, dass sie als Amerikanerin und als Konsequenz der politischen Situation von 1933 bis 1945 grundsätzlich nicht mehr deutsch sprechen wollte. Darauf reagierte sie sehr bestimmt, was ich später genauso formuliert in ihrer Biografie nachlesen konnte: »Ich war Deutsche, ich bin Deutsche und ich werde Deutsche bleiben, Berlin ist doch meine Geburtsstadt. Ich war nie gegen Deutschland, sondern nur, und das mit Nachdruck, gegen die deutschen Nazis – und die hat es doch wohl gegeben, oder? Es kann nicht mir angelastet werden, wenn ich falsch in der Presse zitiert worden bin. Kann sich denn niemand vorstellen, was man empfindet, wenn man weiß, dass die Amerikaner Bomben auf Berlin abwerfen, wo die eigene Mutter noch lebt, und man dennoch wünscht, dass nicht die Nazis, sondern die Alliierten diesen Krieg gewinnen.« Ich suchte und fand einen verbindlichen Ausklang, indem ich ihr vorausschauend versicherte, dass sie während ihres Gastspiels die aufrichtige Verehrung des Berliner Publikums spüren werde. Sie reichte mir die Hand, ich verneigte mich.

Der Kavalier alter Schule!

(Schmunzelt) Die Wirklichkeit hat meine Voraussage bestätigt. Die Premiere, die ich miterlebt habe, gestaltete sich zu einem Triumph für sie. Sie erwies sich als Entertainerin von Spitzenformat, woran aber auch eine perfekte Inszenierung wesentlichen Anteil hatte. Alles, was die Berliner Gesellschaft an Prominenz aufzubieten hatte, war zur Premiere vereint. In der Mittelloge im Rang die Alliierten Stadtkommandanten mit ihren Begleitungen, in der ersten Parkettreihe Willy Brandt als Regierender Bürgermeister, Parlamentspräsident Henneberg und Hildegard Knef. Nach einem den ersten Teil füllenden Varieté-Programm rätselte man in den Pausengesprächen, ob die Dietrich eventuell doch abgesagt habe wegen der beiden Provokateure mit ihren Go-home-Plakaten, die von den Besuchern kaum beachtet worden waren. Nach der musikalischen Einleitung durch das Orchester Burt Bacharach wurde der rote Zwischenvorhang wieder zugezogen. Sollte sich etwa doch eine Absage ankündigen? Mein Argwohn verschwand, als Helmut Käutner für eine kurze Laudatio auf die Bühne kam. Damit gab er die Bühne frei für 90 Minuten Marlene pur, die vom ersten Moment an nach jedem Song mit Ovationen überschüttet wurde.

Ähnlich verhielt es sich an den beiden folgenden Abenden. Übrigens nun zu verbilligten Eintrittspreisen. In anderen deutschen Städten muß die Resonanz sehr viel zurückhaltender gewesen sein. Aus dem Rheinland wurde sogar über hasserfüllte Attacken berichtet. Woraufhin General de Gaulle an Marlene telegrafiert haben soll, mit der besorgten Ermahnung zum Abbruch der Tournee, weil er um ihre Sicherheit bangte. Sie aber hielt in ihrer preußischen Pflichterfüllung eisern durch bis zum Vertragsende. Dann aber verließ sie Deutschland für immer. In ihren Erinnerungen schrieb sie: »Ich hatte genug davon, diffamiert, angespuckt zu werden«.

Aber Berlin, also West-Berlin, hat sich ihr gegenüber insgesamt fair verhalten, oder?

Absolut. Willy Brandt hat sie offiziell als Regierender Bürgermeister im Schöneberger Rathaus zur Eintragung in das Gästebuch des Senats empfangen. Es war gerade Markttag auf dem Rudolph-Wilde-Platz ...

Heute John-F.-Kennedy-Platz, da, wo die Regierenden immer an Gemüseständen und Fischverkäufern vorbei mussten, um ins Gebäude zu gelangen!

... und als Marlene das Rathaus verließ, ging ihr eine Berlinerin mit einem Blumenstrauß entgegen. Sie soll ihr gesagt haben, was man in der Stadt einvernehmlich damals dachte: »Na, Marlene, woll'n wir uns wieder vertragen?«.

Mit Tränen in den Augen soll Marlene sie unter dem Beifall der Zufallszeugen dankbar umarmt haben. Ich war nicht dabei, aber einer unserer Reporter hat es mir bestätigt.

Die Promis bei Marlene im Konzert. Hatte Berlin eine Gesellschaft?

Ich glaub' schon. Es gab elitäre Zirkel, deren Einladungslisten verfügten, wer wichtig genug ist, um dazugehören zu dürfen. Millionärsgattinnen aus der Immobilienbranche, die zu Spendenaktionen aufriefen. Wer einen ansehnlichen Betrag spendierte, der wurde in die *crème de la crème* aufgenommen und wurde künftig hier- und dorthin eingeladen, der konnte Kontakte knüpfen und war schließlich »in«. Der wurde in den Klatsch-und-Tratsch-Rubriken der Boulevardpresse regelmäßig erwähnt, was der Eitelkeit ungemein schmeichelte, weil das Ego öffentlicher Wahrnehmung permanent sicher war. Erbarmungslos reagierten diese sogenannten Gesellschaftskreise, sobald einer der Mitglieder seine mehr oder wenige wichtige Position aus welchen Gründen auch immer eingebüßt hatte. Die Verbannung von der Liste erfolgte postwendend. Die derart »Ausgesonderten« wurden für die erhabene Gesellschaft beinahe über Nacht zu Nobodys.

Zu welch ausufernden Verzweiflungsaktivitäten ein gesellschaftlicher Abstieg führen konnte, beweist ein Vorgang, über den sich damals Insider sehr amüsiert hatten: Er betraf einen ansonsten honorigen Parlamentspräsidenten und Gewerkschaftsboss, der nach achtjähriger Amtszeit als Folge einer Wahl vom ersten Platz in der politischen Stadthierarchie auf den zweiten, auf den eines Parlaments-Vizepräsidenten, rücken musste. Wie viel Energie hatte er aufgewendet, um wenigstens die Kennnummer seines Dienstwagens »B – 01« behalten zu können. Er scheiterte an den Vorschriften und empfand diese Abstufung als leidvolle persönliche Demütigung.

Mein Gott, Walter ...

Waren die West-Berliner eigentlich in der Mehrzahl stolz auf den ihnen im Kalten Krieg zugestandenen Helden-Status?

Irgendwie schon. West-Berlin war seit dem Bau der Mauer weltweit zu einem Symbol für den Freiheitswillen seiner Bevölkerung geworden. Auf die West-Berliner war Verlass, das konzidierte man ihnen überall mit Bewunderung. Höchste Auszeichnung für diesen unerschütterlichen Selbstbehauptungswillen war eine Gabe aus Amerika: die Freiheitsglocke, die Nachbildung einer Glocke aus Chicago. Jeden Mittag punkt 12.00 Uhr ertönte vom Schöneberger Rathausturm ihr weihevoller Klang. Und der RIAS spulte den

Wortlaut der Glockenwidmung – gesprochen vom Staatsschauspieler Walter Franck und später von Wilhelm Borchert – ab:

»Ich glaube an die Unantastbarkeit und an die Würde jedes einzelnen Menschen. Ich glaube, dass allen Menschen von Gott das gleiche Recht auf Freiheit gegeben wurde. Ich verspreche, jedem Angriff auf die Freiheit und der Tyrannei Widerstand zu leisten, wo auch immer sie auftreten mögen.«

Amen. Das hörte sich immer an wie ein Sakrament und jagte uns braven Berlinern den heiligen Schauer über den Rücken. Man hörte das ja zwangsläufig, weil vorher Friedrich Luft kam, und der war ein Muss.

Richtig. Die West-Berliner fühlten sich als Helden, die auf einem Außenposten der westlichen Welt die Freiheit gegen den menschenverachtenden Bolschewismus verteidigten. Und je intensiver wir West-Berliner damals verinnerlicht haben, dass wir in unserem Streben nach Freiheit, Sicherheit und Wohlstand vor allem auf die Amerikaner bauen konnten, desto emotionaler haben wir unsere Sympathie für sie bekundet. Danach erst rangierten die Engländer und Franzosen. Und als schließlich John F. Kennedy sein berühmtes Bekenntnis »Ich bin ein Berliner!« abgelegt hatte, da fühlten wir uns alle erhoben und schwebten wie auf »Wolke Sieben«.

In den Folgejahren wirkte sich der Außenposten-Status auch finanziell wie ein warmer Regen aus. Man existierte wirtschaftlich sorgenfrei, Subventionen wurden problemlos gewährt. Die öffentlichen Verwaltungen wurden personell überbesetzt, wodurch sich die Arbeitslosenstatistik in Richtung Null-Level einpegelte – Bonn wird's schon finanziell richten.

Mit dem Glücksfall des Mauerfalls, auf den nur noch wenige meiner Generation gehofft hatten, ist nun alles anders, schwieriger, problematischer geworden. Dank Gorbatschow ist die Welt um uns herum friedlicher geworden, die Berliner sind wiedervereint und zugleich Hauptstädter geworden. Die Mauer in der Stadt ist abgetragen, wer sie nie gesehen hat, vermag sie sich auch kaum noch vorzustellen. Selbst am Checkpoint Charlie sucht man mühsam ihre Spuren. Die sind in den Köpfen der Menschen aber noch längst nicht gelöscht.

Einige der so genannten »tapferen Berliner Freiheitskämpfer« hatten sich lange vor der Wende aus dem Staub gemacht, Wohn- und Firmensitz gen Westen verlagert.

Man hörte davon, aber dieses heikle Thema wurde auch in den Medien meistens verschwiegen. Mit wenigen Ausnahmen ist der Stadt damals die industrielle Basis verloren gegangen. Daraus resultieren die aktuellen Probleme: Arbeitslosigkeit, Konjunkturflaute, Konsumverzicht, Ausländerfeindlichkeit, Gewaltbereitschaft, usw.

An eine Kuriosität, die in den 60er Jahren tatsächlich manche Köpfe ernsthaft verwirrt hatte, muss unbedingt erinnert werden. Nämlich die irrwitzige Idee, in Niedersachsen ein zweites Berlin als Ersatz für verlorene Heimat aufzubauen. Sogar mit Brandenburger Tor. Vielleicht wäre so auch das Stadtschloss wenigstens als Attrappe wiedererstanden. Ich weiß bis heute nicht, wer als Urheber dieser absurden Gedankenkonstruktion benannt werden kann.

Sie waren als Journalist des Telegraf auch zuständig für dessen Jugendseite und hatten zusätzlich 25 Jahre als Redakteur die Verantwortung für den Blickpunkt und damit gewissermaßen den Nachwuchs im Blickfeld. Der Blickpunkt als Monatszeitschrift des Berliner Landesjugendringes fand zwar viel positive Beachtung, war aber zugleich vielen ein Dorn im Auge.

Das ist richtig, weil wir oft mit der veröffentlichten politischen Medienmeinung in unseren Artikeln kollidierten und in politisch gravierenden Fragen Gegenpositionen vertraten. Die zuständigen leitenden Referenten im Bundeshaus in der Bundesallee (die Außenstelle der Bundesregierung) versuchten mehr oder weniger eindringlich, ihren Einfluss geltend zu machen, indem sie uns empfahlen, Politik nur als Randnotizen zu bearbeiten und verstärkt unsere Berichterstattung auf Kultur und Jugendfragen zu konzentrieren. Dann wäre es für sie auch leichter, in Bonn vor den Mitgliedern des Haushaltsausschusses des Bundestages die Finanzforderungen für die Herausgabe des Blickpunkt zu vertreten und zu bewilligen.

Ich hielt dem entgegen, dass eine Zeitschrift des Berliner Landesjugendringes – einem Zusammenschluss vorwiegend politisch freier Verbände – politische Zeitfragen aus der Berichterstattung nicht ausklammern kann, sondern in besonderer Weise ihren Lesern gegenüber, zumeist Multiplikatoren der Jugendarbeit, verpflichtet ist, politische Artikulationshilfe anzubieten. Und zwar aus unterschiedlicher Perspektive formuliert. Mitunter musste man sehr viel diplomatisches Geschick anwenden, um den dezent angekündigten Daumenschrauben hinsichtlich der Kostenfinanzierung auszuweichen.

Nach dem Mauerbau stellten sich derartige Probleme nicht mehr. Ich erinnere mich einer telefonischen Anfrage aus dem Bundeshaus: »Sind Sie kurzfristig in der Lage, eine Broschüre über die ›Jugend im Brennpunkt Berlin‹ zu produzieren?« Meine spontane Zusage machte Eindruck, aber man forderte, die Manuskripte vor Drucklegung einsehen zu können. Das lehnte ich konsequent ab mit Hinweis auf die Qualifikation, die wir in den Jahren zuvor hinreichend bewiesen hätten und die uneingeschränktes Vertrauen rechtfertigen müsste. Der Blickpunkt erschien ja bereits seit 1951!

Nachdem ich ein druckfrisches Exemplar der Broschüre vorgelegt hatte, fand man es großartig: »Das Bundeshaus ist begeistert!« Daraufhin wurden die Mehrkosten für eine Auflage von 250.000 Exemplaren in englischer, französischer und spanischer Übersetzung großzügig genehmigt. Seitdem galt der Blickpunkt in Bonn als eine repräsentative, politisch engagierte Jugendzeitschrift von Format. Ein Prestige, das sich nach Erscheinen weiterer Schwerpunkthefte zu den Themen Todesstrafe, Bildungsnotstand, Revolution der Sexualmoral oder Vietnam-Krieg bei den Parlamentariern des Bundestages parteiübergreifend festigen konnte.

Aber irgendwann kam dann doch wieder ein Rückschlag.

Ja, und das war umso verwunderlicher, als sich der Blickpunkt Jahre zuvor schon für eine Völkerverständigung auch im osteuropäischen Raum eingesetzt und somit die Ostpolitik von Willy Brandt und Walter Scheel uneingeschränkt zustimmend begleitet hatte. Mit der Vereidigung von Willy Brandt begann auch im Berliner Bundeshaus das große Stühlerücken. Die Leitung wurde dem neuen Ministerialdirektor Hermann Kreutzer übertragen.

Einem Sozialdemokraten, der politisch eher rechts orientiert war.

Er war einst als Häftling ein Opfer der DDR-Willkür geworden, und er war ein Kritiker des Blickpunkt. Bei seinem Besuch des Telegraf-Herausgebers und -Chefredakteurs Arno Scholz im Verlagshaus Grunewald stellte er Scholz die Frage, ob er nicht diesen Blickpunkt-Richter gewissermaßen politisch-journalistisch »zur Räson bringen, ihm und seinen Mitredakteuren einen Maulkorb verpassen« könnte. Scholz begründete seine Weigerung kaufmännisch argumentierend: »Was den Blickpunkt betrifft, ist der Richter nicht mein Mitarbeiter, sondern mein Kunde, der die Zeitschrift in meinem Haus drucken lässt. Ich kann ihm also keine Weisungen erteilen.« Statt dessen empfahl er Kreutzer einen anschließenden Besuch in meinem

Büro vis-à-vis. Kreutzer war sichtlich ungehalten, stürmte unangemeldet durch mein Vorzimmer, riss die Tür auf, warf seinen Mantel auf einen Sessel und verkündete in schneidendem Befehlston seine Order: »Passen Sie mal auf, junger Mann, künftig gestalten Sie den Blickpunkt wie ein Mitteilungsblatt für Termine und Veranstaltungen im Jugendbereich und beschränken sich redaktionell auf Berichte aus dem Verbandsleben der Landesjugendring-Verbände und der freien Träger!« Nur das Wort »basta« versagte er sich. Auf meine wütende Reaktion war er nicht vorbereitet: »Sagen Sie mir überhaupt erst mal, wer Sie sind, was Sie zu Ihrem arrogant anmaßenden Auftritt berechtigt, und nehmen Sie bitte zur Kenntnis, dass ich keine Weisung von Ihnen akzeptieren werde.«

Offensichtlich beeindruckt, stellte er sich als der Neue im Amt des Bundesbevollmächtigten der Bundesregierung in Berlin vor und nahm erstaunt zur Kenntnis, dass ich allein dem Landesjugendring bzw. der Senatsverwaltung für Jugend und Sport verantwortlich war. Folglich müsste er sich mit diesen Institutionen auseinander setzen. Wütend zog er ab. Wochen später lud er auf Weisung aus Bonn die LJR-Vertreter und mich zu einem Gespräch in das Bundeshaus ein und eröffnete es zum allgemeinen Erstaunen mit einer Entschuldigung für sein ruppiges Verhalten und mit einer Rücknahme seiner Auflagen gegen den Blickpunkt. So fand die »Kreutzer-Sonate«, wie die Überschrift einer Glosse lautete, schlussendlich ein versöhnliches Finale.

Aber auch innerhalb der CDU regte sich vor allem bei konservativen Hardlinern Widerstand gegen Meinungsartikel der Blickpunkt-Redaktion. In Berlin wurden diese Kreise repräsentiert durch Jürgen Wohlrabe, den späteren Präsidenten des Abgeordnetenhauses, durch Manfred von Richthofen, der zum Präsidenten des Landessportbundes avancierte, und anderen.

Sogar ein Superintendant der evangelischen Kirche, dessen Name mir entfallen ist, sah sich oft durch unsere Arbeit zu vehementer Kritik herausgefordert. Mitunter waren die ausgelösten Querelen geradezu lächerlich. Beispiel: Nach der seinerzeitig heftig umstrittenen Berliner Uraufführung von Rolf Hochhuths »Stellvertreter« hatte ich aus aktuellem Anlass ein Szenenfoto für die Titelseite disponiert. Das hatte heftige Diskussionen auf katholischer Seite ausgelöst, so dass sich ein Vertreter der Katholischen Jugend im LJR veranlasst sah, bei mir gegen dieses Vorhaben auftragsgemäß zu protestieren. Wir einigten uns auf einen Kompromiss, das Foto erschien nicht als Aufmacher, sondern erst auf Seite 3 als Vorspann unserer Kritik.

Nur auf die beiden Senatorinnen für Jugend und Sport, Ella Kay und Ilse Reichel, konnte sich die Blickpunkt-Redaktion verlassen, ihre helfenden Hände schirmten die Existenz dieser Zeitschrift gegen alle Liquidationsabsichten konsequent ab. Sie verteidigten unsere Konzeption, dass eine demokratische Gesellschaft in einer Zeitschrift für junge Menschen unpopuläre, aber dennoch sachlich formulierte Meinungsartikel mit gebotener Fairness zur Kenntnis nehmen und sich argumentativ und nicht autoritär mit diesen Ansichten auseinander setzen muss.

Ärger gab es dann wieder mit dem erwähnten Vietnam-Report des Blickpunkt: Auf der Titelseite das Foto eines verwundeten GI's im Dschungel. Das löste sogar den Protest einer liberalen Berliner Tageszeitung aus.

Es war keine Zeitung des Springer-Konzern, sondern zu meiner Bestürzung der Tagesspiegel, von den Amerikanern 1946 lizensiert und durch seine Ursacheninformationen überregional bedeutungsvoll und geschätzt. »Rerum cognoscere causas« – das verpflichtende redaktionelle Prinzip steht noch immer auf der Titelseite.

Günter Matthes, der gern gelesene und geachtete Lokalchef des Tagesspiegel, hatte sich im Februar 1966 vom Autor eines Blickpunkt-Artikels über die Ursachen des Vietnam-Konfliktes zu einer unfreundlichen glossierenden »Randbemerkung« provoziert gefühlt. Er machte dem Verfasser, Georg Alexander, einem Studenten der Freien Universität, und mir, dem verantwortlichen Redakteur, zum Vorwurf, durch die Veröffentlichung dieser, seiner Meinung nach sehr einseitigen Darstellung, eine studentische Protestdemonstration ausgelöst zu haben, die leider einige Rowdies nach dem offiziellen Abschluss der Demo zu einem Krawall vor dem Amerika-Haus umfunktioniert hatten.

Seine Vermutung war zwar unzutreffend, wäre aber von uns als Contra-Standpunkt toleriert worden. Dass er sich aber in seinem journalistischen Übereifer dazu hinreißen ließ, die Parlamentarier indirekt aufzufordern, dem Blickpunkt die Bundesmittel zu sperren, das konnten wir nur als Angriff auf die Presse- und Meinungsfreiheit werten, dem wir energischen Widerstand entgegensetzen mussten. Immerhin hatte er erreicht, dass wir uns nicht auf den Widerspruch beschränkten, sondern das Folgeheft ausschließlich dem Vietnam-Krieg widmeten und in ihm Pro-und-Contra-Meinungen gleichrangig veröffentlichten. Später nahm er den »Finanz-Boykott« als Überreaktion zurück, lobte das Schwerpunktheft, das differenzierten Ansichten einen breiten Raum auf 67 Seiten eingeräumt hatte, womit die auch von mir bedauerte Fehde einvernehmlich vergessen war.

AUFRUF

Wir bitten um Unterstützung der amerikanischen Politik für Hitler in Vietnam.

Wir bitten um klare Bezeichnung der amerikanischen Propagandakompanien in Westberlin (Westberliner Tageszeitungen).

Spandauer Volksblatt
Der Tagesspiegel
Der Kurier   Telegraf – BZ – Morgenpost

kurz, acht Westberliner Tageszeitungen bitten um Vertrieb in Saigon und Umgebung.

Wir bitten um Gasmasken und Luftschutzkeller für die Redaktionsstäbe der Westberliner Tageszeitungen. Wie leicht fällt aus Versehen so eine Napalmbombe der Amerikaner auf das Ullsteinhaus.

Berliner Weihnachts-Damoklesschwert 1965

Spendet für Johnsons Gallensteine!

Amerikas Führung treibt Anti-Kennedy-Politik in Vietnam.

Heute für die amerikanische Vietnam-Politik Geld spenden heißt sparen fürs eigene Massengrab.

Eure Rührung ist mörderisch
Das Wasser in euren Augen ist gut
für die ewigen Blindenverführer
Lasset die Toten die Toten begraben
Ergründet wie die Lebenden Lebende bleiben

Die Redaktion Neues Deutschland, Abteilung Begräbnishilfe

Hatte nicht die Stadt Berlin Freiheitsglocken nach Saigon verschickt? Weil doch bekanntlich in Vietnam die Freiheit West-Berlins verteidigt wurde …?

Das war keine Aktion des Senats von Berlin, sondern, ausgelöst von Axel Cäsar Springer, eine Initiative des Verbandes Berliner Zeitungsverleger, dem auch der Telegraf angeschlossen war. Folglich musste ich im Auftrag meines Chefs Arno Scholz versuchen, den damaligen Tagesspiegel-Verleger, Franz Karl Maier, der noch zögerte, in einem persönlichen Gespräch zu überzeugen, die Unternehmung zu unterstützen und seine Unterschrift unten den gemeinsamen Aufruf zu setzen. Er blieb zwar skeptisch gegenüber dem politischen Anliegen der Gemeinschaftsaktion, die den Verdacht, in Berlin gewinne eine antiamerikanische Stimmung in der Bevölkerung die Oberhand, entkräften sollte. Doch er unterschrieb, weil er aus der Phalanx Berliner Verleger nicht ausbrechen wollte. Und so flogen ein Vertreter des Springer-Konzerns und Arno Scholz mit den Freiheitsglocken aus edlem KPM-Porzellan nach Saigon, um sie dort dem amerikanischen Oberbefehlshaber als Würdigung für den kämpferischen Einsatz der GI's gegen den Kommunismus zu überreichen.

Warum ist Axel Springer eigentlich nicht mit nach Saigon geflogen?

Ich weiß es nicht und kann über seine Motive nur spekulieren. Vielleicht war auch er kritischer geworden. Oder er wollte der akademischen Opposition keine weiteren Angriffspunkte bieten.

Welche Resonanz löste die Glocken-Spende in der öffentlichen Meinung West-Berlins aus?

Eine geteilte. Man verstand sie als gutgemeinte Geste der Verbundenheit mit den Amerikanern, als eine Art Danksagung für ihre entschlossene Haltung in allen Berlin betreffenden politischen Auseinandersetzungen. Andererseits breitete sich Skepsis aus, ob man den Einsatz für Berlin dem Krieg in Vietnam gleichsetzen kann. Immerhin waren die ersten dramatischen Berichte über die Opfer der vietnamesischen Zivilbevölkerung als Folgen von Napalmbombardements und über die erheblichen Verluste der Amerikaner durchgesickert. Insbesondere politisch links orientierte junge Menschen und Pazifisten fühlten sich zu Protesten herausgefordert. Es wurde zu Demonstrationen aufgerufen, deren lautstarke »Ho-Ho-Ho-Chi-Minh!«-Rufe Aufsehen erregten, weil sie als antiamerikanische Hysterie missverstanden wurden. Es waren aber vor allem Antikriegsbekundungen. Um falsche Verdächtigungen zu vermeiden, stellten sich diesen Protestmärschen populäre Berliner Mandatsträger als Sympathieträger an die Spitze – Leute wie Harry Ristock, später Senator für Verkehr, danach für Bau und Stadtentwicklung, Alfred Gleitze, später Bezirksbürgermeister in Schöneberg oder Erwin Beck, Sozialstadtrat in Kreuzberg. Demokratisch gewählte Persönlichkeiten also, denen man keine anti-amerikanische Haltung unterstellen konnte. Dennoch fühlten sich die damaligen Repräsentanten West-Berlins zu einer Gegendemonstration herausgefordert. Wohl um zu bekunden, dass Amerika sich nach wie vor auf die aufrichtige Freundschaft der Berliner verlassen könne. Dem innerlich erregten Regierenden Bürgermeister Klaus Schütz entglitt in seiner Ansprache eine rhetorische Peinlichkeit gegen seine Parteifreunde: »Ristock, Gleitze und Beck haben den Amerikanern auf die Stiefel gespuckt!« Am darauf folgenden Sonntag habe ich gegen diese diskriminierende Unterstellung auf der Telegraf-Jugendseite heftig, aber wie ich meinte, rational polemisiert, was bei den Lesern lebhafte Zustimmung fand, so dass diese Seite nachgedruckt werden musste, weil viele sie weiter verteilen wollten. *(Lacht.)* Meine Zivilcourage hatte sich sogar als auflagensteigernd ausgewirkt – zumindest vorübergehend. Eine Zivilcourage, wie sie uns nach dem Krieg im Rahmen der demokratischen *reeducation* von den Alliierten beispielhaft beigebracht worden war. Ich denke dabei dankbar an den damaligen, allseits beliebten britischen Jugendoffizier Mike Berenson.

Und wie hat Klaus Schütz reagiert?

Ich weiß es nicht. Wir haben nie darüber diskutiert, unser Verhältnis war gespannt ...

Ausgelöst durch persönliche Erfahrung mit ihm ?

Durch eine Erfahrung, für die ich ihm eigentlich dankbar bin. 1948 wurde ich als jüngster Kandidat für die Wahl zur Stadtverordnetenversammlung aufgestellt, d.h. ich wurde von der Sozialistischen Jugend »Die Falken« und den Jungsozialisten einstimmig nominiert. Auch Schütz – damals als Kreisvorsitzender der »Falken« in Zehlendorf – hatte seine Zustimmung in einer Landesausschuss-Sitzung im Parteihaus in der Zietenstraße erteilt. Weil ich mich schon 1946 mit Nachdruck auf SPD-Versammlungen für die Urabstimmung und damit gegen die von Pieck und Ulbricht, Grotewohl und Fechner propagierte Vereinigung von KPD und SPD zu Wort gemeldet und mit meinen Redebeiträgen lebhafte Zustimmung ausgelöst hatte.

Auch später in manchen Jugendversammlungen konnte ich als Contra-Referent zu Heinz Kessler und Erich Honecker, den Spitzenfunktionären der FDJ, rhetorisch derartige Zusammenkünfte politisch umfunktionieren – im Sinne freiheitlich verstandener Demokratie. Da hatten russische Beobachter der Kommandantur mitunter viel zu notieren.

Zurück zur Kandidaten-Nominierung '48. Als sie vom SPD-Parteivorstand unter Franz Neumann und Kurt Mattick, den damaligen Vorsitzenden, besiegelt werden sollte, meldete sich Klaus Schütz, der mir ca. 14 Tage zuvor noch gratuliert hatte, zu Wort: »Wir können unmöglich zulassen, dass die SPD einen wenn auch sehr talentierten Genossen als Kandidaten aufstellt, der der Deutschen Wehrmacht als Offizier gedient hat.« Ich gab sofort auf. Wenn Schütz mir seine Bedenken vorzeitig offenbart hätte, wäre ich, da ich sie in der Sache für gerechtfertigt hielt, spontan zurückgetreten. Ich war weder Nazi noch Mitläufer des NS-Systems, wurde aber im September '44 zum Leutnant der Reserve befördert und war folglich bis zum Januar '45 Offizier. So wie auch Helmut Schmidt, Erich Mende (ehem. FDP-Vorsitzender, O. L.), Richard von Weizsäcker u.a. Aber '48 konnte man diesen Sachverhalt durchaus noch als politisch belastend betrachten. Wie gesagt, in der Sache hatte Klaus Schütz mit seinem Vorbehalt durchaus recht; er hätte mir seine Bedenken nur persönlich mitteilen und mir nicht noch statt dessen vor der definitiven Nominierung gratulieren sollen.

Und das Gute daran?

Dieses Erfahrung bewahrte mich davor, in der politischen Betätigung eine erstrebenswerte Berufsperspektive zu sehen.

Erich Richter – West-Berlin dankt Ihnen für dieses Gespräch!

Aus dem Archiv:

Ich wünsch mir nur, dass ich Frieden bekomme

Roy Black über miese Journalisten, das Aasgeier-Prinzip, Yellow Press und SPIEGEL, das Fertigmachen, deklassierte Rentner, freiwillige Gagenabstriche, sog. Theater-Skandale, feige Anwälte, aufgebauschte Trennungen, das Verhalten der Kollegen, Einzelgängertum, den Unterschied zwischen Opern- und Schlagersänger, Anitas »Zusammenbruch«, die Laxheit im Tonstudio und die Lust auf kreatives Arbeiten.

Gesprächsdatum: 2.2.1976

Olaf Leitner: Black out, Black in – können Sie etwas über Ihr Verhältnis zu den Journalisten sagen, die Sie offensichtlich mal nach oben schieben, mal nach unten drücken – je nach Belieben?

Roy Black: Na ja, man muss das differenzieren. Es gibt in der großen Zahl von Show-Journalisten zwei Hände voll, oder man kann das reduzieren auf eine Hand voll Journalisten, die echt mies sind. Und alle anderen leiden eigentlich drunter, denn viele meiner Kollegen sind inzwischen der Presse gegenüber sehr, sehr ablehnend eingestellt, wie ich auch. Wie gesagt, es leiden alle drunter, verursacht wurde es aber durch ein paar ganz ganz miese Typen.

Was haben diese miesen Typen, wie Sie sagen, für eine Veranlassung, bestimmte Leute mal nach oben und mal nach unten zu zerren?

Also nach oben zerren können sie niemanden. Denn wenn einer Erfolg hat, mit seinen Platten oder mit seinen Auftritten und Filmen, dann ist er oben. Und dann hängt sich meistens die Presse ran und schreibt zunächst positiv über diesen Mann. Oder diese Frau. Dann kommt dieses Aasgeier-Prinzip. Wenn sie merken, dass einer ein bisschen weg ist oder abfällt oder eben nicht mehr oben ist, dann fallen sie über ihn her. Und das ist unabhängig davon, ob der Mann vorher fair gegenüber der Presse war oder nicht. Sie fallen wahrscheinlich immer über ihn her. Warum sie das tun – ich kann mir vorstellen, dass man Auflage machen kann mit Negativmeldungen, mit Negativstories.

Der Manager von Elvis soll gesagt haben, es ist egal, was sie über ihn schreiben, Hauptsache, der Name ist richtig geschrieben.

Diese Meinung ist verbreitet. Mir wäre es lieber, bevor eine negative Lüge irgendwo erscheint, dass gar nichts geschrieben wird.

Da ist mal ein Kinderbuch von Ihnen erschienen, und Sie sagten mir, das hätten Sie leider nie gelesen. Und Sie haben zugegeben, dass da einige Dinge über Sie gesagt werden, die Sie eigentlich nicht unterschreiben würden. Haben Sie inzwischen ein etwas kritischeres Verhältnis zu Leuten, die über Sie etwas schreiben wollen?

Ich hab mich damals, als dieses Buch gemacht wurde – das ist auch schon zehn Jahre her – wenig gekümmert um diese Dinge. Das muss ich ganz ehrlich sagen. Da wurde so viel publiziert, über mich und von mir, dass ich ein bisschen nachlässig gewesen bin. Heute würde ich das natürlich in der Form nicht mehr durchgehen lassen. In diesem Buch versuchte man, es allen recht zu machen.

Waren denn niemals publizistische Berater an Ihrer Seite, die merkten, jetzt wird er ein Star und jetzt müssen wir ihn ein bisschen leiten, damit er bestimmte Fehler, die andere gemacht haben, nicht auch macht?

Nein, wer sollte das machen? In Amerika ist es wohl so, dass die Leute zwar auch an einem verdienen wollen, aber bereit sind, vorher zu investieren. Bei uns wollen die Leute auch an einem verdienen, aber sie sind nicht bereit zu investieren.

Die Beatles, beispielsweise, beschäftigten sofort, nachdem sie ein paar Hits hatten, Pressemanager und publizistische Hilfen.

Woher kommen diese Leute? Das frag ich mich. Wenn ich jetzt die Chance habe, mit einer Platte bekannt zu werden, oder mit einem Film, mit einem Buch oder womit auch immer – die Initiative muss dann von diesen Leuten ausgehen, d.h. sie müssen auf mich zukommen und sagen, hören Sie, ich will Sie da schützen und managen und machen, usw. Es kamen natürlich welche zu mir, nur hatte ich da das dumpfe Gefühl, dass es denen darum ging, aus mir Geld raus zu pressen, und nicht mich zu schützen.

Welcher Presse gegenüber vertrauen Sie? Vertrauen Sie der sog. Yellow Press, der Presse für ältere Frauen oder für die, die getröstet werden wollen und die eigentlich prinzipiell immer Gutes über einen Künstler schreiben? Oder sind Sie da auch misstrauisch? Trauen Sie den sog. seriösen Journalisten der sog. seriösen Zeitungen, oder haben Sie gar keine Kategorien?

Ich möchte mal fast hart sagen, dass jedes Blatt seine Richtung hat, und jeder muss seine Masche verfolgen. Das gilt für das Yellow-Blatt wie für den SPIEGEL zum Beispiel. Je-

Roy Black (1943–1991)

Er war das Idol einer ganzen Generation von Schlagerfans und einer der erfolgreichsten und beständigsten Künstler dieses Genres: Roy Black, alias Gerhard Höllerich. Als Interpret schmuseweichen und eher einfältigen Liedguts wurde er zum Antipoden der Rock-Generation und galt ihr als Reizfigur, wenngleich er ursprünglich in einer Beatband gespielt hatte. Doch seine Fan-Gemeinde sorgte dafür, dass der Sänger innerhalb von 25 Jahren über 8 Millionen Singles und 2 Millionen LPs verkaufen konnte. 1975 trennte sich Black von seinem Produzenten Hans Bertram. Die Boulevardpresse schoss sich auf ihn ein, zumal er Alkoholprobleme zu haben schien. Er wechselte mehrfach seine Geschäftspartner, taumelte weiter durch Erfolge und Niederlagen, kämpfte mit privaten und gesundheitlichen Schwierigkeiten. Als er 1991, 48jährig, einsam in seiner Blockhütte an einem Herz-Kreislauf-Versagen starb, war der Weg zum Kultstatus frei. Roy Black überlebte fortan als Mythos unschuldiger, aber bedrängter Gefühlswelten. Im September 2001 widmete ihm die ARD einen großen Show-Abend.

der hat seine literarisch vorgeschriebene Art eigentlich, sein Gleis, um etwas zu machen. Im Yellow-Blatt wird meistens das rosige und romantische Privatleben, speziell das Privatleben, des Stars gebracht. Im SPIEGEL wird angeprangert, werden so genannte Hintergründe aufgedeckt. Ich sage »so genannte«, weil ich sie nicht weiß, und beide verfolgen da aber konsequent eine Linie. Es würde dem SPIEGEL nie einfallen zu sagen, der und der Sänger ist ein netter Mensch und verdient sein Geld zu Recht, weil er was kann. Und dem Yellow-Blatt, der Yellow-Press, würde es nicht einfallen, einen Star moralisierend oder sozialkritisch in die Pfanne zu hauen.

Die sog. seriösen Journalisten mögen Sie im Allgemeinen nicht. Ich meine, nicht Sie persönlich, sondern die Art, die Sie vertreten und das Genre. Dadurch sitzen Sie ja irgendwie zwischen allen Stühlen. Wo widerfährt Ihnen denn da Gerechtigkeit? Gerechtigkeit in dem Sinne, dass man den Song von Roy Black, den man vielleicht nicht mag, von der Persönlichkeit des Roy Black, die man vielleicht mag, trennt.

Da wird meiner Ansicht nach nicht differenziert. Der Journalist, der glaubt, was ich da singe und was ich da mache, nicht goutieren zu können, der wird mich auch als Person in Bausch und Bogen verdammen und fertig machen wollen. Die anderen, ob das jetzt Bravo ist, oder ein Yellow-Blatt, die werden versuchen, möglichst viel aus meinem Privatleben und Intimes eben anzuschleppen für die Leser. Wenn ein Journalist heute sagt, das, was Roy Black macht, gefällt mir nicht, dann hat er subjektiv das Recht, mich fertig zu machen. Er müsste aber so objektiv sein zu sagen, dass das (Konzert) ein Erfolg war, dass das Haus voll war, dass die Leute sich gefreut haben, usw.

Weil Sie das ja gerade anschneiden: Wie haben Sie darauf reagiert, als die Bild-Zeitung und die B.Z. in Berlin geschrieben haben: Roy Black ist ganz unten, jetzt singt er sogar vor Rentnern?

Zunächst: Ich bin darüber nicht mehr beleidigt, denn ich habe in den letzten anderthalb Jahren so viele Hämmer gekriegt, dass diese Kleinigkeit auch nicht mehr viel ändert. Was mich zutiefst empört, ganz ehrlich, ist, dass die Rentner mit diesem Satz im Grunde deklassiert werden. Sie werden als Menschen, als Publikum 2. Klasse angesprochen. Und das ist etwas Unverschämtes.

Sie sagten kürzlich, dass dieses Gastspiel hier in West-Berlin nicht so viel Geld bringt, als wenn Sie zum gleichen Zeitpunkt in einer Diskothek getingelt hätten. Warum haben Sie es trotzdem gemacht?

Ich habe den Vertrag schon vor einem Jahr abgeschlossen. Ich habe mich gefreut auf Berlin, und habe mich gefreut, nachdem mir die Agentin, die das vermittelt hat, genau erklärt hat, was es genau ist. Ich habe mich extra, nachdem ich hörte, die Gage ist soundso hoch, genau erkundigt, ist es nun wirklich eine echte Seniorenbetreuung oder ist es nur fingiert von dieser Frau, damit ich eben für diese Gage zu der Veranstaltung komme. Nachdem ich überzeugt war, und wusste, dass es sich tatsächlich um Seniorenbetreuung handelt, habe ich sofort zugesagt. In der Zwischenzeit habe ich zwei Fernsehsendungen abgesagt wegen dieser Sache und hätte Diskotheken machen können, wo mir das Fünf- bis Zehnfache bezahlt worden wäre.

Also – wenn Sie ein Publikum erreichen wollen, das nicht so finanzkräftig ist, sind Sie bereit, auch mal Gagenabstriche zu machen.

Unbedingt! Unbedingt.

Nun kann man höhnisch sagen, er hat ja unter den älteren Leuten auch sehr viele Anhänger, er will sie ein bisschen kitzeln.

Man hat einmal geschrieben, mein Publikum geht von acht bis achtzig. Da ist irgendwo was Wahres dran. Ich hab sehr viele Kinder oft, die mich mögen, und dann habe ich sehr sehr viele ältere Menschen, die mich mögen. Nur – mit dieser Frage haben Sie aber auch eine Wertung vorgenommen, muss ich sagen. Ich sehe da keinen Unterschied zwischen dem Publikum. Mir sind diese Leute so viel wert wie jeder andere auch.

Können Sie zu dem »Theaterskandal« in Hamburg etwas sagen, wo Sie sozusagen eine auslösende Funktion hatten?

Wenn ich das vielleicht kurz schildern darf: Wir waren fast sechzig Tage auf Tournee, davon waren fünfzig Tage sehr erfolgreich. Wir sind durch ganz Deutschland gezogen, haben auch kleine Städte bespielt. Und dann kamen wir nach Hamburg für zehn Tage ins Operettenhaus. Die ersten drei Vorstellungen waren ausverkauft oder gut verkauft, dann ließ es sehr stark nach. Aber der Skandal, der sogenannte Skandal, kam so: Einer unserer Darsteller, ein junger Schauspieler aus Zürich, hatte wochenlang kein Geld gekriegt, wie wir alle übrigens auch nicht, und hatte wochenlang gedroht, nicht aufzutreten. Man hat ihn da ziemlich ausgelacht und als er dann wieder sagte, also wenn ich heute nicht wenigstens eine Abschlagzahlung kriege, dann komme ich nicht, hat das natürlich keiner geglaubt. Das Stück begann, und zu seinem Stichwort, das ungefähr fünfzehn Minuten nach Beginn fiel, kam er nicht. Ein Schauspieler, der einen Diener spielte und ich, wir standen allein auf der Bühne, etwas belämmert. Der Vorhang fiel auch nicht, darauf sagte ich: Meine Damen und Herren, ich glaube, hinter der Bühne gibt es Streit um Geld und ich will versuchen, das zu überbrücken. Da lag ein Playback-Band, das sollte später im Stück vorkommen. Da hab ich gesagt: Na, dann sing ich Ihnen was! Der Mann, der das Playbackband bediente, saß schon da, Gott sei Dank, er zog das vor, ich sang diesen Titel, und nach dem Titel fiel auf einmal der Vorhang. Keiner kam zu uns auf die Bühne, der »Diener« und ich standen weiter da, und nach fünf Minuten kam ein Geraune hinter der Bühne auf, er kommt! er kommt! In dem Moment ging der Vorhang wieder auf, und wir standen immer noch alleine, aber dann rauschte der Schauspieler herein, hatte Auftrittsapplaus, und das Stück ging ganz normal weiter.

Hatte er sein Geld bekommen?

Er hatte anscheinend etwas bekommen. Das Stück ging dann normal weiter bis zum Schluss. Danach hatte die Hauptdarstellerin aber nichts weiter zu tun als hinterher die Bild-Zeitung anzurufen und ihr zu sagen, was da passiert war. Nun, für die Bild-Zeitung war der junge Schauspieler aus Zürich uninteressant, und deswegen wurde der Skandal dann eben von mir provoziert oder inszeniert, und so fing die Geschichte an. Das ist eben die Methode, mit der solche Leute arbeiten.

Sie wurden als schwarzes Schaf dargestellt, wie haben Sie sich dagegen gewehrt?

Ich habe mich zunächst sehr gewundert. Seit zehn Jahren war ich der liebe Junge und danach bin ich auf einmal das schwarze Schaf, das enfant terrible des deutschen Schlagers. *(Lacht.)* Ich hab mich gewehrt, in dem ich prozessiert habe. Das ist ein ziemlich sinnloses Unterfangen. Ich habe also gewagt, gegen die Bild-Zeitung anzugehen. Da lauern etwa vierzig Juristen, bis sie losgelassen werden, um den zu zerschmettern, der es wagt, gegen die Bild-Zeitung vorzugehen. Nun, ich hab's trotzdem getan, denn ich bin der Meinung, um seine Ehre zu bewahren, damit man sich morgens beim Rasieren anschauen kann, muss man manchmal auch aussichtslose Dinge tun. Und ich weiß, dass es aussichtslos ist, dagegen zu klagen. Aber ich hab's getan.

Haben Sie einen Anwalt gefunden, der Sie vertreten hat?

Ja, es hat gedauert, erst das vierte Anwaltsbüro hat den Auftrag übernommen, die anderen drei vorher hatten Angst es zu machen. Oder wollten nicht.

Glauben Sie, dass das für Sie Folgen hatte, dass es zum Beispiel auch zu negativen Reaktionen der Berliner Springerpresse führte?

Ja. Ich bin sicher, dass, nachdem ich geklagt hatte, eine Art Boykott gegen mich verhängt wurde. Das glaube ich schon, ja. Und ich kann in Zukunft wahrscheinlich machen, was ich will, ich werde von der Bild-Zeitung immer fertiggemacht. Als kleines Beispiel: Früher, wenn ich im Kempinski wohnte, dann hieß es: Roy Black verdient soundsoviele tausend Mark und wohnt in einer Suite, und seine Fans sind teilweise Menschen, die nur, was weiß ich, 600, 700 Mark im Monat nach Hause tragen. Das gab's schon, ja? Heute heißt es, je nach Windrichtung, er wohnt bei seinem Schwager im kleinen Einfamilienhäuschen, er kann sich nicht mehr leisten, die Suite und alles, das ist vorbei, usw. Jetzt ist er ganz unten. Sehen Sie – man kann alles drehen und wenden, wie man will.

Sind Sie finanziell abgesichert?

Ja, das möchte ich sagen.

Wenn Sie also eine weitere Durststrecke durchzustehen hätten, wäre das nicht der wirtschaftliche Ruin?

Nein, das möchte ich hier einmal betonen: Ich arbeite nicht, weil ich muss, aus finanziellen Gründen, sondern weil ich Lust dazu habe.

Die Presse spielt offenbar auch eine große Rolle in der Beziehung zwischen Künstlern und Management. Das sieht man am Beispiel Ihrer spektakulären Trennung von Ihrem Produzenten Hans Bertram.

Wenn ich das ganz kurz schildern darf: Nachdem zwei Jahre vergangen waren, ohne dass sich Herr Bertram sonderlich um mich kümmerte, um neue Platten usw., habe ich ihm in einem sehr höflichen Brief gesagt, dass ich mich von ihm trennen will und habe mich bedankt für das, was er für mich getan hat in all den letzten Jahren. Daraufhin passierte einen Monat lang nichts, ich habe weder telefonisch noch brieflich etwas bekommen. Einen Monat später stand dann in einigen Tagesblättern: Ich habe – also der Produzent sagte das – Roy Black rausgeschmissen. Und und und. Wüste Hasstiraden über mich. Darauf kamen natürlich Journalisten zu mir und fragten mich, was ist da wahr, und ich habe das erzählt, was ich Ihnen hier erzählt habe. Und ich wünsch mir nur eines, dass ich jetzt endlich Frieden bekomme. Ich habe mich getrennt, und ich will jetzt weiterarbeiten. Aber ich möchte, dass endlich diese Hasstiraden, diese Angriffe aufhören. Ich seh' das nicht ein. Ich seh's nicht ein, denn Geschäftsleute trennen sich täglich. Wir hatten eine berufliche und keine persönliche Bindung. Und wenn alle (Geschäftsleute) so ein Getöse darum machen würden, dann wären die Zeitungen nur noch voll von diesen Geschichten.

Wenn erfahrene Kollegen beobachten, dass da jemand Fehler macht, melden die sich? Sagen die, jetzt ruft du den Roy mal an und warnst ihn, gibst ihm vielleicht einen Tipp? Gibt es kollegialen Rat? Oder ist man sich so Konkurrenz, dass man den anderen voll in den Graben sausen lässt?

Nein, das eigentlich nicht. Aber in diesem Fall ist da nichts passiert. Es ist nur eines passiert, was mich auf der einen Seite gefreut, auf der anderen Seite bestürzt hat: Wie dieser sog. Skandal in Hamburg war, wo ich da so ziemlich fertig gemacht wurde, da riefen mich Kollegen an, Freddy oder Christian Anders zum Beispiel, die mir sagten, Junge, mach dir nichts draus, das sind so miese Kerle, und du weißt ja, wie das läuft, und so.

Aber die Leute, die an mir zehn Jahre lang verdient haben, wie mein Produzent, der hat nichts von sich hören lassen. Kein Sterbenswörtchen.

Im Hinblick auf Ihren Mitarbeiterstab wird es für Sie jetzt eine Stunde Null geben. Gibt es darunter nun Leute, mit denen man besser zusammenarbeiten kann, mit denen man es anders machen kann?

Ja, ich habe nach dieser Trennung begonnen, mich mit jungen Textern und Komponisten zu treffen, das war fast wie eine Wiedergeburt. Wir haben mit der Gitarre gearbeitet, ich hab Vorschläge gemacht zu Texten und zu Melodieführungen. Da habe ich gemerkt, wie viel Spaß diese Arbeit eigentlich machen kann. Da sehe ich meine Chance, in dieser Teamarbeit!

Werden Sie sich publizistische Berater suchen? Leute wie Hans R. Beierlein, die ihren Künstlern genauestens vorschreiben, was sie zu tun und zu lassen haben, was sie sagen dürfen und was nicht? Das wird zwar immer belächelt in der Öffentlichkeit, aber es gibt offenbar eine Notwendigkeit dafür.

Ja, ich sehe ein, dass es eine Notwendigkeit ist so einen Mann wie Beierlein zu haben. Nur – wenn man sich in so etwas hinein begibt, dann wird die individuelle Freiheit sehr stark eingeschränkt. Und wer das ertragen kann, der soll's ertragen. Er hat genug Vorteile davon. Ich könnte es nicht. Lieber nehme ich in Kauf, dass ich weiter fertig gemacht werde.

Ich habe neulich einen Auftritt von Freddy Breck beobachtet. Er wurde von Leuten umgeben, die seine gebügelten Hosen getragen haben, seine Pelze und möglicherweise auch seine Gage. Sie haben hier in Berlin wie viel Auftritte gehabt?

Dreizehn.

Dreizehn Auftritte – Sie sind ganz allein, Sie sind sozusagen etwas verlassen nach außen hin. Wie kommt das, können die Leute einfach wie Fliegen von einem abfallen, wenn man nicht mehr genug Stoff für sie liefert?

Nein, nein, das liegt nicht daran. Das liegt daran, dass ich es ablehne mit so genannten Betreuern oder Betreuerinnen zu reisen oder zu Auftritten zu gehen. Ich bin lieber allein und hole mir meinen Kaffee, zum Beispiel, selber, als dass ich da von irgendwelchen Leuten umgeben bin, die dummes Zeug reden und mich eigentlich nur belästigen. Ich bin ein bisschen ein Einzelgänger und genieße es, allein zu sein.

Welche Einstellung haben Sie zu Ihrem Beruf: Ist das ein Job, den man so gut wie möglich macht, oder sehen Sie das als hohe künstlerische Leistung?

Man kann nicht sagen, das ist eine hohe künstlerische Leistung, denn man muss sich relativ messen an dem, was an künstlerischer Leistung da ist. Gemessen an dem, was an Kunst da ist – nehmen wir zum Beispiel einen Wagner-Sänger, der leistet künstlerisch einfach mehr. Der leistet mehr! Das ist physisch und psychisch eine große Anstrengung. Er braucht auch viel länger, um stimmlich so weit zu kommen. Nur die Vergleichs...

Nun braucht der wiederum, wenn ich da mal einhaken darf, nicht das zu können, was Sie andererseits wieder können: Er hat sein Rahmenprogramm, seine festgelegte Rolle, seine Schritte, die ihm der Regisseur vorgibt, und hat seine Lieder zu singen. Sie wiederum müssen aber reagieren können, mit dem Publikum spielen können.

Da sagen Sie etwas Richtiges! Bei mir müssen sicherlich die Showelemente stärker ausgeprägt sein, das heißt, ich muss spontaner mit dem Publikum umgehen können, als es ein Opernsänger tun muss. Das sehe ich, also wenn Sie mich schon darauf bringen, muss ich sagen auch als schwierig, als künstlerische Arbeit an. Ich habe das Risiko der Show – ich kann einbrechen, ich kann nicht rüberkommen. Das gibt's ja, dass Barrieren zwischen dem Publikum und dem (Künstler) auf der Bühne bestehen. Das (zu regeln) ist dann meine Fähigkeit. Meine Möglichkeiten liegen auf diesem Gebiet. Es ist beides nicht miteinander zu vergleichen, aber beides hat, meiner Ansicht nach, mit dem Beruf zu tun und ist sehr schwierig.

Um noch einmal auf Ihren Produzenten zu kommen: Warum diese Hasstiraden, warum reagieren bestimmte Leute so?

Ich hab damals diesen Brief an ihn geschrieben und eingeschrieben geschickt und wollte eigentlich, dass das still zwischen uns abgemacht ist und dass in der Branche nicht weiter drüber geredet wird. Aber er ist dann eben an die Presse gegangen, um mich zu beschimpfen. Und dann fing das Ganze an. Ich kann nicht sagen, was es ist. Ich nehme fast an, es ist verletzte Eitelkeit, dass ich es gewagt hab, den großen Produzenten zu verlassen oder mich von ihm zu trennen. Vielleicht hat er sich gedacht, wenn sich jemand trennt, dann werfe ich ihn raus oder wie auch immer. Ich hab mich nicht im Hass getrennt, sondern mich höflich nett verabschiedet und bedankt für alles. Und deswegen ist es mir ein bisschen rätselhaft.

Für das Zusammenbrechen der kleinen Anita sind Sie ja, laut stern, auch verantwortlich.

Inzwischen bin ich auch dafür verantwortlich. Ich kann mich nur nicht erinnern, dass Anita jemals auf dieser Tournee hinter der Bühne zusammengebrochen ist. Es gab einmal etwas – sie sollte von Köln nach Hamburg fliegen, es war ein stürmischer Tag und ich war von München nach Köln gekommen und erzählte in der Hotelhalle, dass der Flug sehr unruhig war und dass es also ziemlich geschüttelt hat. Daraufhin fing sie an zu weinen, weil sie ein bisschen flugängstlich war, und wollte partout nicht von Köln nach Hamburg fliegen. Und nachdem wir ihr ein bisschen zugeredet haben, speziell die Mutter, und gesehen haben, dass es nicht geht, dass sie nicht bereit war (zu fliegen), ist sie eben zu der Sendung, ich glaube es war Thoelke, nicht hingeflogen. Daraus wurde am nächsten Tag gemacht, sie sei weinend zusammengebrochen. Ich glaube, der stern bezieht sich da, ein bisschen flüchtig recherchierend, auf diese Sache.

Zu Ihrer Musik: Was mich an den Roy-Black-Aufnahmen immer gestört hat, war die Art, wie man da die Arrangements zusammengeknallt hat. Hatten Sie denn darauf gar keinen Einfluss?

Nein, eigentlich nicht. Ich bin (ins Studio) gekommen, die Playbacks waren fertig, ich hab mich ins Studio gestellt und hab die Kopfhörer aufgesetzt, nachdem ich vorher am Klavier ein bisschen geprobt und die Titel gesungen hatte. Jetzt muss ich allerdings dazu sagen, dass ich eigentlich manchmal recht dankbar war, dass das alles so bequem für mich war. Ich kam an und konnte oft am selben Tag noch wieder wegfliegen. Und eine LP dauerte dann auch nur eine Woche. Nur – ich sehe heute ein, dass das nicht die richtige Art ist, um Schlager oder Lieder zu machen. Man muss dabei sein – von vorn bis hinten. Und von Anfang bis Ende. Und das tue ich jetzt, und das ist auch weiter meine Absicht.

Ziehen wir ein Fazit: Sie haben derzeit nur eine vertragliche Bindung, nämlich die zu Ihrer Plattenfirma, können aber ansonsten völlig neu beginnen. Was wird jetzt definitiv passieren?

Jetzt wird das passieren, was ich mir immer gewünscht habe: Ich werde mich mit jungen Komponisten – ob jung oder alt, das ist jetzt keine Wertung! – und Textern zusammensetzen. Ich werde versuchen, eigene Ideen mit der Gitarre vorzubringen, ich werde eigene

Textideen einbringen und ich hoffe, dass wir dann ein echtes kreatives Arbeiten haben. Das heißt, man sucht zunächst zehn, 15 Titel zusammen, bevor man sich überhaupt entscheidet, was aufzunehmen. Und nur aus dieser Arbeit heraus, nur aus diesem ständigen Verbessern und ohne dass jemand dünkelhaft sagt, ich bin der Boss, und ich bestimme, was gemacht wird. Sondern jeder sollte gehört werden und sollte sagen können, das gefällt mir jetzt daran nicht. Das ist die einzige Form der Arbeit überhaupt auf diesem Gebiet.

Das war der Kudamm: Porno & Porsche

Eine Expedition zu Fuß den Kudamm hinauf bestätigt erneut den Fakt, dass die so genannte Prachtstraße eine unerquickliche Mischung aus Luxus und Langeweile ist. Der Kudamm entspringt seinem Delta aus KaDeWe, Tauentzien und Wittenbergplatz, dessen U-Bahnstation von der BVG zu einem hübschen Art-déco-Schmeckerchen mit Kacheln, Chronometer und Kanthölzern gestylt wurde. Vor dem Nobelkaufhaus, das mit Ramsch-Slogans lockt (»Superpreise«), schrammt ein Greis auf gammliger Mandoline. Keiner hört zu. Meter weiter verhökert man »laufende Hunde« aus Plastik – wenigstens scheißen die nicht. Am EuropaCenter verkündet ein Schriftband materialaufwendig die Zeit (»13.34«), im Schreibwarenladen daneben hat Fa. Pelikan den Kalauer des Monats: »Nie war es so modern, nicht mit der Mode zu gehen«. Ein Fenster weiter kostet ein Fingerhut voll Hautcreme 42 Mark. Jetzt weiß ich, wie billig Bücher sind. Im Center ist es kühl. Eine Boutique heißt tatsächlich »Liberty«. Bei »Tiffany's« plätschert Leitungswasser, und Importpflanzen mimen auf tropischer Regenwald. Da hinten eine Nonsense-Konstruktion aus Glas, in der eine grünliche Suppe in Spiralen und Röhren sinnarm von Stockwerk zu Stockwerk blubbert.

An der Gedächtniskirche wird hinter Zäunen gebuddelt, Stahlfinger picken am Asphalt. Auf den Treppen hält ein alternder Jesus Zwiesprache mit seinen auf drei geschrumpften Jüngern. Wessis rütteln an der Kirchenpforte – no, Sir. Die Kudamm-Kultur beginnt im Marmorhaus mit »Donald Ducks Ferienabenteuern«. Die Piste ist hier einseitig derangiert, auf der anderen Spur passiert man das Gebäude neben Nr. 234, unverputzt, mit toten Fenstern, schmarotzt es uneffizient auf teuerstem Boden. Das Möhring wird von alten Damen bei Kaffee und Torte besetzt und instandgehalten. Ich meide das Blue Movie im Kudamm-Eck, habe Angst auszurutschen. Versacke lieber hinter einem Doppel-Whopper bei Burger King. Junkfood unter gestressten Teenies. Die Türkin stellt ihren Abfall am Beistelltisch weg, ich verzuppe mich mit leeren Händen. Draußen in der Sonne hüpfen die Brüste, und die Röcke enden kurz unterm Nabel. Beschließe, den zweiten Frühling vorzuverlegen. Aber: Umso weniger Schönheit, umso weniger Stoff – das gilt noch. Die »ShadowFuchs Schlangenwender« bei Pelz-Lösche kostet 10.950 DM. Hab ich grad nicht dabei. Auf dem Mittelstreifen Ecke Fasanenstraße turtelt ein Punkpärchen. Sie hat ihn gemütlich zwischen den Beinen, während Maler R.W. Timm (er pinselt für Leute mit viel Knete und wenig Ahnung) einsam und ohne seinesgleichen vor »Kings Teagarden« seinen Tea schlürft und den blauen Rolls gegenüber betrachtet. »Ohrlöcher schnell und preiswert«, löchert ein Schild. Verdächtig oft liest man »Räumungsverkauf«. Wo die DDR am nobelsten ist, beim Meißener Porzellan, fehlen diskret die Preise.

Das Maison de France ist hinter blauen Mülltüten verhangen, ab Uhlandstraße schlafft der Kudamm ab, schreckt nur hoch, wenn ein Motorrad bei 200 km/h die Stille zerfräst. »Die Pantry« ist leer und dreckig die Scheiben, man hat »vorübergehend geschlossen«.

Das Kudamm-Karree aus Karate, Kneipe, Kitsch und Körrie ist ein Labyrinth, in dem verschreckte Touristen einen Hauch Exotik auflesen wollen und ihn bei Bratwurst und Zwiebelsuppe zu »halbierten Preisen« als »Hit« wohl auch finden. Dürftig fröhliche Musik klatscht von der Decke auf die Fliesen der leeren Spielsalons. Hier ließe sich ein Krimi drehen. 15 Uhr. »Lucullus« ist zu vermieten. An der Leibniz wird gegraben, Ladenruinen. Eh das Bier auf dem Tisch steht, hat der Besitzer gewechselt. Ein Knabe hält den »Wachtturm« in die Sonne. Der Peep-Schuppen mit meinem Namen, zu viel der Ehre. Keiner geht rein, wie soll ich da existieren? An der Wilmersdorfer lebt es wieder auf. Im Café Da Da Da stechen Jünglinge lustlos bei greller Musik, klöck, klöck, auf bunte Kugeln ein. Das Hemdchen sitzt adrett. Bei »O'Brian« haben nur schöne Menschen Zutritt, die übliche Hässlichkeit sitzt nebenan im Wienerwald. An der Joachim-Friedrich ist der Kudamm wieder in Hausfrauenhand, es riecht supermärktisch-ätzend nach Waschmittel und Käse. Ein Silberkranz von Rentnerköpfen drapiert sich wohlig auf Sonnenbänken. Ein grünes Männchen mit Maschinenpistole hält bei Eduscho unter einer Wolke aus Luftballons Wache. Ist der Grünrock nervenstark, falls einer platzt? Ab Karlsruher werden nur noch Autos verkauft. Hier könnten Kühe weiden. Und: »Jetzt kommt Penny-Markt«. Der fehlte noch. Eine knappe Viertelstunde warten zwanzig Leute auf den Bus, der die öde Prachtstraße abfährt. Nicht alle dürfen mit. »Stehen im Gang nicht gestattet« – ist das ein Witz? Dass der Fahrer wie die wilde Sau losdonnert, wäre britisches Understatement. Gottlob haben alle überlebt. Ich verzeihe ihm. Bei so viel Porno, Porsche, Polizei, Popper, Peep und Pleiten wird man halt plemplem.

Juni 1983

Die Stadt am Tropf, oder: West-Berliner Wertschöpfungsquoten

Jan H. Bräutigam über Rechtspersönlichkeiten, Wertschöpfungsquoten, die Lasten des Fiskus, Immobilienreichtum, die City-Ost, die Faszination West-Berlins, die Kapitalabstinenz, über Berlin als Jungfrau und einen Gysi ante portas.

Gesprächsdatum: 6.7.2001

Olaf Leitner: Herr Bräutigam – konstruieren wir ein Beispiel für eine wirtschaftliche Kooperation zwischen einer Stadt in Wessiland und dem alten West-Berlin: Unternehmer Alois Dimpflmoser aus Passau stellt Nachttöpfe ohne Henkel her. Er stellt aber auch Henkel für seine bis dato henkellosen Nachttöpfe her. Dann schickt er einen großen Lkw Töpfe und einen kleinen Lkw Henkel nach Berlin, lässt dort Henkel mit Topf verbinden und holt die verschmiedeten Kunstwerke wieder zurück nach Passau. Was sollte dieser Irrsinn?

Jan H. Bräutigam: Das diente dazu, Arbeitskräfte nach Berlin zu schaffen. Es war eine Möglichkeit, hier eine Wertschöpfungsquote zu erzielen. Und der Anreiz für den jeweiligen Unternehmer sollte der sein, möglichst eine Umsatzsteuerkürzung zu erhalten, das wurde auch Umsatzsteuerpräferenz genannt. Die hier in Berlin-West hergestellten Gegenstände konnten zu einer Umsatzsteuerkürzung bei dem Berliner Unternehmer führen und ebenso bei dem korrespondierenden Unternehmer in Westdeutschland. Das musste dort allerdings ein anderer Unternehmer sein – also Ihr Beispiel würde insofern nicht ganz passen, der Passauer Unternehmer und der Berliner Unternehmer mussten zwei verschiedene Rechtspersönlichkeiten sein.

Er musste sich also in West-Berlin einen Partner besorgen.

Es hätte ausgereicht, wenn er eine eigene GmbH dort drüben gegründet hätte. Eine Berliner Gesellschaft, beispielsweise, und eine gegebenfalls auch unter seiner Ägide stehende Gesellschaft in Westdeutschland.

Also hätte er durchaus unter seinem Namen eine identische Firma in West-Berlin aufmachen können?

Richtig – wenn es zwei verschiedene Rechtspersönlichkeiten, also beides GmbHs beispielsweise gewesen wären, dann hätte das ohne weiteres so gehen können.

Dieses System hat ja offenbar funktioniert, aber absurd bleibt es trotzdem, weil ja da enorme Kosten hinzu kamen, für den Transport, die Logistik, etc. – hat sich das letztlich wirklich gelohnt?

Für die Unternehmer ganz sicher, denn die Umsatzsteuerpräferenz war ja für den hier in Berlin produzierenden Unternehmer, je nach Höhe seiner Wertschöpfungsquote, sehr hoch. Sie konnte bis zu 11 % ausmachen. Damals hatten wir ja zum Ende hin einen Umsatzsteuersatz von 14 %, und da konnte bis über 11 % hinweg eine Präferenz gewährt werden. Das bedeutete also, von der geschuldeten Umsatzsteuer von 14 % hatte man den Vorteil von 11 %-Punkten, das sind also knapp 80 % Einsparung der gesamten Umsatzsteuer.

Bleiben wir in unserem Grobraster und sagen wir, unser Nachttopf-Unternehmer würde in Passau 1 Mio. DM per anno verdienen. Nun macht er aber den Schwenk über West-Berlin. Wie viel würde er dann mehr verdienen?

Na – in dieser Form kann man die Frage nicht stellen. Aber nehmen wir das mal weiter als Beispiel: Der Unternehmer sagt, er lässt in Berlin produzieren, beispielsweise für ein Umsatzvolumen von 3 Millionen netto, dann ergäbe das, wenn er die höchste Wertschöpfungsquote erzielen würde, einen Vorteil von 11 %, also von 330.000 DM. Der Abnehmer in Westdeutschland hat dann auch noch eine Präferenz von, wenn ich mich recht erinnere, 3 %. Er konnte also auf den Warenwert, den er dort eingekauft hatte, auch noch mal 3 % erhalten, so dass also – dort 3 und hier 11 % – insgesamt wieder 14 %, das heißt 420.000 DM, Vorteil herauskommen konnte.

Zu wessen Lasten ging das?

Zu Lasten des Fiskus.

Ist klar, aber war es der Fiskus Berlins?

Nein, die Umsatzsteuer war eine Bundessteuer, der Bund hatte die Ertragshoheit. Insofern hat der Bund das Ganze subventioniert.

So funktionierte das also.

Eine Zusatzfrage: Hatte West-Berlin richtig reiche Leute? Die sich mehr als einen Porsche oder Daimler leisten konnten?

Ja, will ich wohl sagen.

In welchen Branchen waren die tätig?

Die bestverdienende war wohl die Immobilienbranche.

Firmen wie Bendzko.

Ich meine damit nicht unbedingt nur die Makler, und bei Bendzko habe ich keinen Einblick. Das waren auch Leute, die Fonds initiiert haben, Eigentumswohnungen. In der Industrie wurde auch Geld verdient, aber ich will nicht sagen, dass das überdurchschnittlich war, was die Einkommensgrößen betrifft. Es war bestimmt nicht anders als in anderen Städten, die das auch ermöglicht hätten. Im Immobilienbereich mag das anders als in anderen Städten der damaligen Bundesrepublik gewesen sein.

Es gab ja in West-Berlin keine großen renommierten Firmenzentralen. Wovor hatten die Angst? Dass die Russen kommen??

Das war sicherlich mit ein Grund. Und die Industrieansiedlung hätte weniger oder möglicherweise gar nicht stattgefunden, wenn es diese Präferenzierung nach dem Berlin-Förderungsgesetz nicht gegeben hätte. Da bin ich ganz sicher.

Wenn die alle Angst vor den Russen hatten – weshalb hatten Sie mit Ihrer Kanzlei keine Angst?

Weil unser Unternehmen hier ja keine großen Produktionsstätten hatte, die man im Falle

Jan H. Bräutigam (*1956)

West-Berlin war wegen seiner Lage im »Feindgebiet« und aufgrund beschwerlicher Zufahrtswege kein Ort, wo sich Konzerne sicher fühlten, das Umland war devisenarm und ließ keine Gewinnmaximierung erwarten. Die Teilstadt selber lockte mit Subventionen und Steuervorteilen der skurrilsten Art. Jan H. Bräutigam ist wie alle aktiven Berliner nicht in der Stadt geboren. Als Geschäftsführer der Aurum-GmbH siedelt er am Kudamm und wird freundlicherweise erklären, wie West-Berlin manch westdeutsche Firmenkassen füllte.

eines Falles hätte abbauen oder im Stich lassen müssen.

Sie hätten nur den Karteikasten, die Aktenordner und Ihre Bibliothek mitnehmen müssen.

So kann man das wirklich sagen, ja.

Sie haben Ihre Kanzlei am Kudamm. Was bedeutete das an Renommee vor dem Mauerfall?

Ich bin ja erst später in die Kanzlei eingetreten, ich habe diesen Standort nicht initiiert. Aber der Kudamm war damals sicherlich die Erste Adresse in der Berliner City.

Gilt das für die Gegenwart auch noch?

Das ist heute nicht mehr ganz so gültig. Ich will nicht sagen, dass der Kudamm seine Attraktivität ganz verloren hat, aber die neue City-Ost macht diesem Bereich hier schon zunehmend Konkurrenz.

Hat das nur etwas mit Ost und West zu tun, vielleicht auch mit bestimmten gesellschaftlichen Gruppen, Schichten oder Klassen, oder ist das vielleicht nur branchenspezifisch zu definieren?

Das ist Ansichtssache. Ich meine, und dieser Standpunkt wird auch von Berlinern, die schon vor der Wende hier waren – ich selbst bin ja auch nur ein zugezogener Berliner – geteilt, dass Unternehmer aus den alten Bundesländern, die nun erstmals nach Berlin kommen, verstärkt die Mitte nachfragen. Die haben dazu einen ganz anderen Bezug als die Unternehmer, die es schon gegeben hat, als dies noch eine geteilte Stadt war. Das ist ein ganz anderer Faktor, den diese Leute da mit hineinlegen.

Sie haben sich gerade als Zugereister geoutet – was hat Sie nach West-Berlin getrieben?

Ich bin in Westfalen geboren, habe, bevor ich nach Berlin ging, in Hamburg gewohnt. Nach Berlin bin ich während das Studiums gekommen, ich wollte Berlin als Studienstandort kennen lernen.

War Berlin auch für Ihr Metier interessant, das sich ja vielleicht eher nüchterner gibt und nicht unbedingt zur Off-Kultur gehört?

Ja, ganz sicher! West-Berlin übte schon eine gewisse Faszination aus. Und es stand ja nicht unbedingt mit Beginn meines Betriebswirtschaftsstudium gleich fest, dass ich in die

Steuerberatung / Wirtschaftsprüfung gehen würde.

Warum hält sich das Kapital, wie es scheint, aus dem jetzigen Berlin immer noch fern?

Ich denke, die Feststellung zerfällt so in verschiedene Facetten. Ich will gar nicht die gegenwärtige (6. Juli 2001, O. L.) etwas konfuse politische Lage hier beschwören, aber insgesamt möchte ich meinen, dass von der Infrastruktur und vielleicht auch vom Umfeld her eine gewachsene Stadt wie etwa beispielsweise Hamburg doch noch ein bisschen was anderes bietet als es Berlin im Augenblick tut. Das wird sich sicherlich ändern, aber gegenwärtig ist es, auch was das Wohnumfeld betrifft, vielleicht noch ein wenig – ja: jungfräulich.

Sie sagen, die Regierung in Berlin sei derzeit nicht sehr stabil. Aber ist es nicht so, dass die Konzerne und Geldhäuser der Meinung sind, es sei egal, wer unter ihnen an der Regierung ist?

Da gebe ich Ihnen prinzipiell recht, nur haben wir im Augenblick eine sehr unklare Situation. Das muss man schon berücksichtigen, vor so einer Situation hat man hier meines Wissens nach noch nicht gestanden.

Vor so einem schönen Chaos.

Das wollt' ich so nicht sagen, aber ...

Und mit dem drohenden Gysi im Hintergrund.

Ich will das jetzt gar nicht bewerten, aber es ist eben eine recht unklare Situation.

Herr Bräutigam – West-Berlin dankt Ihnen für dieses Gespräch!

Nix zahlen und trotzdem alles haben

Klaus Stemmler über Texte für Wolfgang Neuss, Fasching in Pforzheim, diskutieren statt studieren, auskunftsfreudige Häuserfronten, Lochschienen und Glasplatten, schwäbische Mentalitäten, den Nebenbuhler Hobo, Lonely Hearts und Fisch sucht Fahrrad; über Papiergreifer-Sinfonien, Anzeigenklauer, einen flexiblen Senator, einen zweigeteilten Berlinale-Chef, wilde Spekulationen, allzu große Skepsis und verborgene Freundschaften.

Gesprächsdatum: 30.3.2001

Olaf Leitner: Du bist auch kein geborener Berliner, was hat dich damals hergetrieben?

Klaus Stemmler: Die Initialzündung für meinen späteren Entschluss, dauerhaft nach Berlin zu ziehen, war eine Studienfahrt der Jungen Presse Baden-Württemberg im Januar 1963. Für uns in der süddeutschen Provinz leuchtete Berlin als Glanzstern am Kultur-Himmel. Die Stadt übte auf uns eine besondere Anziehungskraft aus, verstärkt durch die durch die Mauer entstandene Insellage.

Ein Referent aus dem Bundeshaus in der Stresemannstraße erfüllte sein politisches Pflichtprogramm über die Sektorensituation. Sein abschließender Hinweis, die Berliner Luft sei so gesund, dass man mit viel weniger Schlaf auskomme, wurde von uns wörtlich genommen. Nach drei Tagen hatten wir mehr erlebt – nicht nur kulturell – als zu Hause in einem Jahr. Dort waren wir schon froh über jede Ausstellung und jedes Konzert. Wichtige Filme konnten wir nur einmal im Monat im Jugendfilmring sehen. Während einer Tournee konnte ich mit Wolfgang Neuss über Berlin, aber – noch wichtiger – über die neueste Ausgabe meiner Jugendzeitschrift WIR reden, die unter dem sinnigen Motto »Ewig währt am Längsten« stand. Unsere Satire mit dem Professor-Eiermann-Sarg nahm er in sein Programm »Das jüngste Gerücht« auf. Es war witzig, dies später im Domizil live zu hören.

Es gab noch den Jazzkeller, der am Wochenende die wichtigste Anlaufstelle war, die wir hatten. Aber alles andere endete vor Mitternacht, da wurden die Stühle auf die Tische gestellt. Wenn du dich nachts unterhalten wolltest, musstest du dich auf der nächsten Autobahnraststätte treffen. Aber gerade dadurch ist im kleinen Kreis viel Kreatives entstanden. Wenn du eingeengt und behindert wirst, staut sich mehr und mehr in dir auf und du reagierst darauf, weil du raus willst aus dem Käfig.

Du sprichst von ...?

Pforzheim. Nennt sich die »Pforte des Schwarzwalds«, die Goldstadt, schön gelegen, eine der reichsten Städte, aber eben »Kleinstadtidylle« ... Franz Josef Degenhardts »Sonntags in der kleinen Stadt« charakterisiert dies bestens. Wenn irgendwo Druck her kam, habe ich reagiert, auch wenn es mir nicht immer gut bekommen ist. Ich verpasste unserer Schülerzeitung »Brennpunkt« eine neue Gestaltung, änderte den Inhalt. Vergebens. Schülerzeitungen mussten damals noch opportun sein oder die heile

Welt widerspiegeln. Nach der Schulzeit habe ich versucht, Ideen zu verwirklichen. Eine möglichst breite Öffentlichkeit wollte ich erreichen, nichts für die Ewigkeit machen, sondern Aktuelles publizieren, ein Forum schaffen für die, die etwas zu sagen hatten, unzensiert. So entstand »WIR«, die sich im Untertitel großspurig eine »unabhängige und feuilletonistische Zeitschrift« nannte. Die einzelnen Ausgaben hatten Themenschwerpunkte, eine war z.B. die satirische Aufarbeitung der Pforzheimer Faschingsgesellschaft, die wir mit Karikaturen und dem Motto »Nichts ist ernster als der Spaß« bloßgestellt hatten. Die hauptamtlichen Spaßmacher waren beleidigt, das hätte mir fast einen Prozess eingebracht.

Meine größte Leidenschaft war die Fotografie, das Gestalten mit Licht und Schatten. Mit ihr konnte ich nah am Menschen sein, oder auf Distanz gehen. Und ich habe mich auch schnell mit den fototechnischen Verfahren vertraut gemacht, die zur Herstellung einer Zeitung notwendig sind. Das zahlte sich aus, als es darum ging, den tip fast ohne Geld zu produzieren.

In Schöneberg fand ich schließlich eine Laden-Wohnung, in der Leberstraße – nahe dem Gasometer. Schräg gegenüber wurde Marlene Dietrich geboren.

Endgültig kam ich 1965 nach Berlin. Ich hatte schon an der staatlichen Kunstakademie in Karlsruhe bei Prof. Ruthardt Fotografie und Fotografik studiert und wollte nun in Berlin an der Hochschule für Bildende Künste bei Hajek-Halke weiterstudieren. Daraus wurde nichts. Es war sein letztes Semester. Er wusste aber sofort eine Alternative, Professor Helmut Lortz, der den Bereich angewandte Kunst vertrat und auch starkes Interesse an der Fotografie hatte. Sein Logo für die Funkausstellung mit dem Kopf und den Pfeilen, die auf Auge und Ohr zielen, ist weltweit bekannt. Lortz lebte uns Kunst vor. Kreativ und vital. Der erste im Atelier und der letzte, der ging. Der Funke sprang bei mir gleich über und glühte sieben Semester lang.

Wir kamen dann in die 68er-Szene rein. Das war für uns Provinzler eine faszinierende Sache, weil wir ja aus einer völlig unpolitischen Situation nach Berlin kamen und uns hier plötzlich vor dem Schöneberger Rathaus wiederfanden um nach dem Prager Frühling mit wildfremden Leuten auf der Straße über den Sozialismus zu diskutieren. An der Uni wurde mehr diskutiert als studiert, alles Autoritäre wurde in Frage gestellt. Die Solidarisierung untereinander war groß. Sie war sicher auch Wegbereiter für den tip. Die

Klaus Stemmler (*1941)

Er kam aus der Provinz, um hier auf Umwegen über die Layout-Abteilung einer Autozeitung Deutschlands größtes Stadtmagazin, den tip, aufzubauen, den er dann nach vielen Jahren an Gruner & Jahr verkaufte. Hobbyflieger Klaus Stemmler galt als der Howard Hughes unter den nicht konzern-gebundenen Berliner Verlegern. Er mied strikt die Öffentlichkeit, und somit ist das Gespräch eine Rarität.

Stadt öffnete sich, viele Kontakte wurden geknüpft. Nach dem Studium bin ich als Layouter nach Köln zum Heinrich Bauer Verlag gegangen. Die Professionalität, aber auch die Begeisterungsfähigkeit des jungen Teams der Autozeitung hat mir sehr viel geholfen. Das dort erworbene Know-how half mir bei der Herstellung und Leitung des tip.

Die Wohnung in Berlin hast du aber behalten?

Logisch. Berlin stand weiter als Lebensmittelpunkt fest, Köln war nur ein Zwischenstopp, der auch finanzielle Gründe hatte. Mit den festen Bezügen konnte ich mir eine, wenn auch schwache, Basis für meinen Kleinverlag ansparen. Ich war inzwischen noch während meines Studiums in die Hauptstraße in Schöneberg gezogen, nachdem ich einen Monat lang nur herumgefahren bin um mir Häuserfronten anzugucken, ob irgendwo die Scheiben nicht geputzt waren und ich einen Leerstand vermuten konnte. Außer der Zentralheizung hatte meine neue Wohnung nicht viel zu bieten. Keine Zimmerwände, keine Türen, keine Bodendielen, vierter Stock Altbau, aber mit Fahrstuhl! Mehr brauchst du nicht, habe ich mir gesagt und einen Deal mit dem Hausbesitzer gemacht: Fünf Jahre keine Miete, dafür alles herrichten. Ich habe Rigipsplatten gegen die Decken genagelt, Stromkabel verlegt. Aus Abrisshäusern, von denen es zu dieser Zeit in Berlin viele gab, holte ich mir die Türblätter und Fußbodendielen. Weil die Wohnung viel Platz bot, wurden die Räume bald Zug um Zug als »Verlagsräume« genutzt. In der Küche fanden die täglichen Besprechungen bei Kaffee und Schrippen statt.

Learning by doing.

Das war das Rezept – Improvisation, um nicht an den Kosten zu scheitern. Die ersten Repros für die Druckvorlagen entstanden mangels Reprokamera per Vergrößerungsapparat, zwar umständlich, aber mit ausreichender Qualität. Als der Aufwand zu groß wurde, baute ich mit Lochschienen, Glasplatten und schwarzem Karton eine Reprokamera mit 2 Ebenen für die Repros 1:1 und einer Verkleinerungsstufe von A3 auf A4. Das war nötig, weil die Programmseiten auf A3 Format montiert wurden, um mehr Raum für die Veranstaltungen zu haben – schließlich hatte die Schreibmaschine nur eine Schriftgröße. So waren wir auch zeitlich nicht abhängig von Reproanstalten, denn häufig wurde die Nacht zum Tag gemacht.

Mit der Abhängigkeit hatten wir sowieso unsere Schwierigkeiten. Wichtig war, dass man im Postzeitungsdienst vertrieben wurde, das ermöglichte den Versand zu erschwinglichen Portokosten. Aber dort ließ man sich erst immer was Neues einfallen um unseren Aufnahmeantrag abzulehnen, und als wir dann die Hürden alle genommen hatten, fand man ständig Gründe uns wieder die Kündigung anzudrohen. Manchmal wollten wir schon aufgeben, wegen der wenigen Abonnenten so ein großer Aufwand, aber wir planten ja für die Zukunft. Irgendwann gab es dann einen Kompromiss und dann war plötzlich Ruhe.

Aber das Abo garantiert eine gewisse Beständigkeit – du weißt, der / die nimmt mir das immer ab.

Ja, das war schon für die Anzeigen-Agenturen wichtig. Die konnten nur in Abo-Kategorien denken. Die meinten, wenn eine Zeitung keine Abos hat, hat sie auch keine Leser-Blatt-Bindung. Deshalb haben wir die Abonnements eingeführt. Der Verkauf über den Zeitschriftenhandel, der Handverkauf an den Unis und in den Szene-Lokalen sollte aber stets das sichere Standbein sein. Oft waren die Hefte schon nach zwei Tagen am Kiosk vergriffen. Ein guter Grund für das Abo mit dem Slogan zu werben: »Ein Abo ist nie ausverkauft.« Ich glaub es war 1982, da brachte dann eine Leserumfrage Klarheit: Jeder 2. Berliner zwischen 19 und 29 las den tip.

Damals gab es ja noch Hobo.
Wir haben mehr Informationen geboten als Hobo, aber man hatte das Gefühl, Hobo sei das wichtigere Heft, weil Geld dafür verlangt wurde. Da gibt es ja auch den Spruch »Was nix kostet, taugt nix«. Also haben wir 50 Pfennig verlangt und von da an ging es rasch bergauf. Da wir die gleiche Buchbinderei hatten, erfuhren wir die Auflagezahlen und merkten plötzlich, wir sind ja größer als die!

Wie entstand der tip überhaupt?
Ich wollte auch in Berlin etwas publizieren, das mit der Kulturszene, aber hauptsächlich mit Film zu tun hat. Mich hat gestört, dass man sich nirgendwo informieren konnte, oft gab es nur die Mund-zu-Mund-Propaganda. In den Tageszeitungen fanden sich kaum Hinweise, und wenn, waren die gesiebt. Damals erschienen die ersten kostenlosen Zeitungen. In Stuttgart gab es eine, die auflagenmäßig wie eine Rakete nach oben ging. Die haben mit ein paar Seiten angefangen, und zum Schluss kamen dann Pakete an. Das ist auch so eine schwäbische Mentalität: Nix zahlen und trotzdem alles haben. Meine erste wöchentliche Zeitung, die »Pforzheimer Information«, war kostenlos und zweifarbig im Offset gedruckt, mit allen lokalen Veranstaltungen. Mit kleinen Artikeln über das, was uns geärgert hatte oder über das Kulturgeschehen. Wenn ich mir das heute ansehe, bekomme ich natürlich rote Ohren. *(Lacht.)* Über das, was man damals für wichtig hielt. Immerhin gab es die Möglichkeit, dass man so etwas machen konnte, ohne Lizenzen. In Berlin wollte ich das natürlich fortführen. Für die »Berliner Woche« habe ich mir schon Stempel und Briefbogen machen lassen. Sie sollte bezirksweise erscheinen – zuerst in Schöneberg, als Hauswurfsendung. Mit Kino- und Fernsehprogramm und mit TV-Tipps, die nicht in den normalen Fernsehzeitschriften stehen, damit die Berliner sehen, dass es da noch was anderes gibt, als das, was bei Springer steht. Es scheiterte daran, dass allein Schöneberg von den Haushalten her so groß war wie meine Heimatstadt, ich hab mir das durchgerechnet und erkannt, dass das mit meinen finanziellen Mitteln als Student nicht funktioniert. Das Wort Subvention hatte damals noch keine Konjunktur und mein Motto, immer nur das Geld auszugeben, was vorhanden ist, zwang mich dazu erst mal mit dem was ich studiert hatte Geld zu verdienen: Fotografie und Grafik.

Und dann sollte ein weiterer Pforzheimer mit seinen Kinoaktivitäten den Anlass zur tip Gründung geben: Gunter Rometsch. Er folgte seinem Bruder Frieder nach Berlin, um die große Filmemacher-Karriere anzustreben. Einige seiner Kurzfilme, wie »Das winkende Mädchen«, liefen auf verschiedenen internationalen Festivals und fanden viel Beachtung. Er war witzig, hatte ein Wahnsinnswissen und war ein wandelndes Filmlexikon. Er ist dann als Geschäftsführer bei der »Lupe« gelandet, im Hinterkopf immer der Gedanke ans eigene Kino. Eines Tages hatte er Glück: Ich könnte den »Filmhof« in Schöneberg übernehmen, das ist ein kleines total vergammeltes Bezirkskino. Hilfst du mir dabei? – Ich sagte, gut, gründen wir!

Unsere Geldnot machte erfinderisch. Alle Wände bekamen einen schwarzen Anstrich, damit sah man nicht mehr, dass der Zuschauerraum ein langer schmaler Schlauch war. Als Kontrast suchte ich mir eine leuchtend grüne Farbe aus. Damit wurde das Holz der Kinosessel gestrichen. Ich habe mir aus vier verschiedenen Filmrollen Bildsequenzen von drei bis vier Bildern kopiert und als Filmstreifen auf Raumhöhe vergrößern lassen. Mit kleinen Scheinwerfern angestrahlt, setzten sie cineastische Akzente im Zuschauerraum. Gunter hatte gleich einen passenden Namen »Notausgang« (das konsequente Kino). Mein Wunsch, in Berlin eine Zeitschrift mit Schwerpunkt Film herauszugeben, nahm durch die Notausgang-Premiere neue, wenn auch erst mal bescheidene Formen an: Um

Filmbegeisterte in unser Kino zu bringen, druckte ich von den wichtigen Programm-Kinos in Berlin wie Arsenal, Filmbühne am Steinplatz, Filmkunst 66, Die Lupe 1 + 2 deren Programm ab und fügte das Notausgang-Programm ein, als Kuckucksei im Nest der angesagten Filmkunstkinos. Die sechs Seiten der ersten Ausgabe waren schnell gefüllt: mit TV-Tipps der Woche, 24 Kleinanzeigen, garniert mit fünf Anzeigen, die den kostenlosen Vertrieb sichern sollten. Ein Name war schnell gefunden. tip. Nomen est omen. Tausend Stück wurden am 7.1.1972 in Unis, Kneipen und Clubs ausgelegt. Im Wochenrhythmus ging es weiter. Im April verteilten wir schon 4.000 Stück, der Umfang stieg auf 16 Seiten, mit einem Film A–Z, mehr redaktionellen Beiträgen und ersten Buchbesprechungen. In den nächsten Ausgaben wurden weitere Programmkinos aufgenommen.

Aber die Konkurrenz schlief nicht.

Natürlich hat man in der Szene mitbekommen, dass der tip im Anmarsch ist, weil ich wegen der Programme und der Anzeigen sehr wirbeln musste. Hobo erschien dann schon Ende '71. Ich wusste davon, aber dachte mir, es ist besser mit dem neuen Jahr zu starten. Das war also die Geburtsstunde des tip. Die erste Nummer wurde in einer Schnelldruckerei im Forum Steglitz gedruckt. Ein junger Typ, hatte sich gerade selbstständig gemacht und mir als Starthilfe die ersten 1.000 Exemplare kostenlos gedruckt. Ich bin dann aber relativ schnell aufs Selberdrucken umgestiegen. Sagt Dir der Name Peter-Paul Zahl was?

Gewiss doch! Er ist auch in diesem Buch vertreten.

Er hatte eine eigene Druckerei in Neukölln und brachte u.a. die Zwergschul-Ergänzungshefte heraus. Bei ihm wurden unsere Kino-Plakate gedruckt – Mai-Grün als Wiedererkennung *(zeigt das Plakat)*, zum fairen Preis, versteht sich. Dafür half man bei der Druckvorbereitung. Er war politisch sehr engagiert, kämpfte kompromisslos um seine Ideen, bis alles eskalierte: Der Verfassungsschutz machte seine Druckerei dicht. Sein Onkel löste nach seiner Festnahme die komplette Druckerei auf. Ich kaufte unter anderem Regale, Leuchttische und zwei Rotaprint-Druckmaschinen im A2 Format, in der Hoffnung darauf den tip drucken zu können.

Bezahlt habe ich mit einem Scheck. Ich hatte gar nicht so viel Geld auf dem Konto. Aber irgendwie konnte ich den Filialleiter überzeugen, den Scheck einzulösen. Ein Freund und Mitbewohner hat mir dann aus der Patsche geholfen. Er hat sein Einrichtungsdarlehen, was man damals vom Senat bekommen konnte, sozusagen in die Druckmaschinen investiert, und ich habe es ihm dann in Raten zurückgezahlt.

Wir haben in dieser Zeit sehr viel und kreativ diskutiert, nächtelang. Wir waren auch die extremen Kinogänger, zumal wir ja ein »eigenes« Kino hatten. Das gab es sonst auch nirgends, dass man morgens um drei Uhr in der Früh ins Kino gehen konnte. Frühstückskino mit Kaffee und Schrippen im Notausgang. Es war die Zeit der Wohngemeinschaften. Tabus wurden gebrochen. Durch die Studentenbewegung wurde vieles unkomplizierter. Der Zusammenschluss von sechs Programm-Kinos zu den Off-Kudammkinos um gemeinsam stärker zu sein, ging in diese Richtung. Die Symbiose tip / Off-Kinos gipfelte darin, dass ein Teil der Kino-Betreiber den Start ihrer Filme auf die Erscheinungstermine des tip legten.

Wer hat eigentlich den tip zum Händler befördert? Eine studentische Pipeline?

Wir hatten ein Vertriebsproblem, die Kioske wollten uns gar nicht haben. Eine Vertriebsfirma konnten wir uns noch nicht leisten, die wollten die Hälfte vom Erlös. So mussten wir die wichtigsten Kioske selbst beliefern. Wir haben genug Zeitschriften, wir brauchen nicht noch eine! Bekamen wir meistens zu hören. Aber die Nachfrage nach tip stieg. Jetzt wollten plötzlich alle beliefert werden. Das war Balsam für unsere Seele.

Du warst immer noch bei der Autozeitung?

Ja klar, Druckrechnungen und Papier wollten bezahlt werden. Monatliche Bezüge aus Köln waren da hilfreich. Meine Grafikaufträge hielten mich auch die nächsten Jahre über Wasser. Es entstanden u.a. Fotos, Plakate und Plattenhüllen für »Die Stachelschweine« und das »Reichskabarett«, das Friedrich Luft demonstrativ nie besuchte. Es gab Fotoaufträge für Filmprojekte und Fotografien für eine Ausstellung im Reichstag. Damit habe ich das alles finanziert. Und Reszö (Marko) Markovicz, der damals die ersten tip-Ausgaben sah und helfen wollte den tip bekannt zu machen, warnte, »ich habe das durchgerechnet, lass es sofort sein, das bringt nur Miese ein«. Doch die Anfangsschwierigkeiten waren bald überwunden. Das regelmäßige Erscheinen und der Ausbau des Serviceteils wurden honoriert: Die Vertriebszahlen stiegen und damit das Interesse der Werbebranche am tip.

Mein Dreier-Konzept, 1/3 Redaktion, 1/3 Programm und 1/3 Kleinanzeigen, schien aufzugehen. Vor allem unsere »Lonely Hearts«, die bei uns besonders liebevoll behandelt wurden, bestätigten meine Annahme, dass junge Menschen oft Kontaktschwierigkeiten haben. Später haben wir das sogar noch als Party-Idee ausgebaut. Seit sieben Jahren werden regelmäßig unter dem Motto »Fisch sucht Fahrrad« Lonely-Hearts-Partys gefeiert.

Aber zurück zu den Anfängen. In den ersten Jahren verdoppelten wir jährlich unsere verkaufte Auflage. Wir erschienen inzwischen vierzehntäglich, ein bis heute erfolgreicher Rhythmus: Eine Woche produzieren, eine Woche vorbereiten. Hobo erschien ebenfalls vierzehntäglich, eine Woche versetzt zu unserem Termin. Ideal für beide. So gab es viele Doppelleser. Der Versuch von Hobo, das Erscheinen auf wöchentlich umzustellen, mit dem Hintergedanken, dass die Inserenten ihren tip-Etat auf die 2. Woche verlagern und sich dadurch die lästige Konkurrenz tip von alleine erledigt, ging nicht auf. Natürlich konnte ich diese Attacke nicht aus Köln abwehren. Die Autozeitung hatte viel Verständnis und entließ mich vorfristig aus dem Vertrag. Präsenz in Berlin war jetzt angesagt. Und dann kam der Tag, von dem an Hobo wöchentlich erscheinen sollte. Die Überraschung war groß. Das Kampfexemplar war schmächtig. Viele Inserenten hatten keine Anzeigen geschaltet und hielten stattdessen dem tip die Stange. Aber auch die Leser waren sauer, für das gleiche Geld nur noch die Hälfte zu erhalten.

Wir warten ja alle noch auf das Fest, dass du aus Anlass der ersten 10.000er Auflage machen wolltest ...

Jaja, aber die 10.000 wurden zu schnell erreicht. Aber es gab ja Jahresfeten, zum Fünften in der Eierschale und zum Fünfzehnten im Quartier Latin, ein großes Fest mit Juppy als Conferencier, den Rainbirds, Altmann und Kraehkamp, du erinnerst dich? Okay, ich habe mich in der Regel immer davor gedrückt. Jubiläen feiern etwas Vergangenes und erinnern, wie alt man geworden ist, wichtiger ist die Zukunft. Ganz nebenbei, viele unserer Mannschaft kamen wie ich aus Wessi-Land. Die wussten den Berlin-Bonus zu schätzen. Klar, als Berliner kanntest du ja kaum was anderes, aber für uns war das schon ein großer Schritt.

Mit dem Ergebnis, dass es in Berlin eine Schwabenmafia gab. Dein Anzeigenchef gehörte auch dazu.

Gert Pflüger lernte ich im Leuchtturm kennen, das war die Kneipe von Gunters Bruder, der als Schauspieler nach erfolgreichem Abschluss am Max-Reinhardt-Seminar auf die Rolle seines Lebens wartete und solange als Szene-Kneipier sein Geld verdiente. Gert hatte sein Architekturstudium beendet und fragte, haste nicht 'n Job für mich? Du bringst da so 'ne Zeitung raus ... – Ich habe geantwortet, wenn du was für mich tun willst, wirb Anzeigen. Und ich bin nicht sauer, wenn's nicht klappt und du alles hinschmeißt. Bei hundert Anfragen fliegst du 99mal raus und der eine sagt, ich hab jetzt keine Zeit. Acht Tage später, Pflügers Ausbeute: Keine einzige Anzeige. Macht nichts, sagte ich, aber was anderes habe ich im Augenblick nicht. Doch Pflüger gab sich nicht geschlagen: Nee, nee – jetzt erst recht! Ich versuche es so lange, bis ich das im Griff habe. Und wie er später den Markt im Griff hatte!

Hatte er dann einen Trick?

Bei diesem Job musst du Geduld haben und natürlich das richtige Produkt – und Zeit, in der Branche die Leute kennen zu lernen, die Entscheidungen treffen. Du musst dich in der Szene auskennen, das ist wichtig. Du wirst dann weiter vermittelt. Und natürlich wurde der tip auch bekannter. Später sind wir zu den HiFi-Läden gegangen, Ludwig, King-Music, Sigma und wie sie alle hießen, und haben gesagt, sie sollten bei uns inserieren. Die meinten, wieso denn, wir sind doch schon in der B.Z. oder so. Da haben wir gesagt: Sie gehen doch kein Risiko ein. Wir wissen, dass der tip ein guter Werbeträger für Sie ist. Bieten Sie ein Gerät im tip an, ein Sonderangebot, zu einem Preis, der nur bei uns auftaucht. Wenn Sie keine Resonanz auf die Anzeige haben, brauchen Sie die Anzeige nicht zu bezahlen. Probieren Sie's! – Das hat bei allen funktioniert. Ein Händler hat uns begeistert angerufen, das habe ich noch nie erlebt. Die kamen mit eurem tip unterm Arm, haben die Seite mit meiner Anzeige aufgeschlagen und gesagt: Diese Anlage möchte ich haben. Bei Springer wurde der Anzeigenleiter in die Chefetage zitiert, weil fast sämtliche Hi-Fi-Anzeigen wegblieben. Die fanden sich dann alle bei uns wieder. Wir hatten Berlins größten HiFi Markt. Das war Pflügers große Strategie. Klar, keiner hatte uns so richtig die Auflage geglaubt, da wird sicher in der Branche auch viel gemogelt. Aber der Erfolg ihrer Anzeigen ließ sie dann nicht länger an unseren Worten zweifeln. Es waren eben keine leeren Versprechungen, die wir machten.

Stattdessen die Redlichkeit der Schwaben.

Was mich angeht, genau genommen Badenser. Die schwäbischen Einflüsse sind jedoch nicht zu leugnen. Ich hätte nie ein Problem mit Geld gehabt, wenn etwas schief gegangen wäre, ich wäre auch wieder mit weniger klargekommen. Das war auch das Positive in der Firma und hat alle zusammengehalten. Sie haben gesehen, dass man nicht abhebt. Ob eine Glühbirne auszuwechseln war oder umgeräumt wurde, jeder fasste mit an, egal welche Position er innehatte. So hat der tip ja auch angefangen. Man war auf die Mitarbeit von jedem angewiesen. Mehr noch, alle 14 Tage mussten die Hefte zusammengetragen werden. Anfangs haben wir das selbst gemacht. Du musst dir vorstellen: ein großer Tisch, darauf viele Papierstapel und dann liefen alle von einer Seite auf die andere, griffen von jedem Stapel ein Exemplar, steckten die dabei ineinander und einer klammerte das Heft mit einer Heftmaschine. Da brachten alle ihre Freunde mit, und es war dann fast ein Happening.

Und du hast ja lange Zeit selber gedruckt.

Ja, hauptsächlich den zweifarbigen Umschlag. Das Markenzeichen des tip. Schwarz/Rot auf weißem Grund und der Schriftzug mit dem angeschnittenen roten Punkt. Dafür erhielten wir vom Patentamt übrigens den Gebrauchsmuster-Schutz.

Also, ich bin morgens in die Charlottenstraße in Kreuzberg gefahren, in einer Fabriketage im Hinterhaus stand meine kleine Offset-Maschine. Eine Reproanstalt im gleichen Haus fertigte für uns die Rasterarbeiten und erklärte mir die Druckmaschine. Im Dezember 1975 haben wir auf vierfarbig umgestellt, da hatten wir die Mnouchkine auf der Titelseite, mit »1789«. Ich habe die Seiten gedruckt, die bis spät in die Nacht montiert wurden, Offsetplatten kopiert, Papier eingestapelt, Farbe aufgetragen und dann saß ich davor, übermüdet und häufig vom Sekundenschlaf überrascht, eingelullt vom monotonen Ansauggeräusch des Papiergreifers – fftsch – fftsch – fftsch – fftsch – tschhhhh. Um zehn mussten die Umschläge in der Buchbinderei sein. Bis die damalige Auflage von 4000 Stück gedruckt war, wurden per Boten druckfrische Stapel nachgeliefert. Das Innenleben wurde inzwischen auf 16seitigen Bogen bei Movimento-Druck gedruckt, das war eine kleine linke Druckerei in Kreuzberg, und als die es auch nicht mehr gepackt hat, landeten wir bei Oktoberdruck. Die waren total fasziniert, dass ihnen aus der Maschine druckfrische Bogen geklaut wurden. Ich sagte, klar, das sind die Kleinanzeigenseiten mit den Wohnungsangeboten. Wir haben euch doch gebeten, die Tür zuzumachen. Damals gab es die Wohnungsnot.

Endlose Schlangen am Bahnhof Zoo!

Richtig. Dort wurde die Berliner Morgenpost zuerst verkauft. Sie hatte den größten Wohnungsmarkt. Jede Minute zählte. Na, und bei Oktoberdruck, das haben wir dann rausgekriegt, haben die Leute den Drucker bestochen. Da ging für ein Pfund der Druckbogen mit den Kleinanzeigen raus. – Schließlich druckten wir bei zwei Druckereien gleichzeitig, weil Umfang und Auflage stetig zunahmen. Als die damit verbundenen organisatorischen Probleme zu groß wurden, entschloss ich mich auf Rollenoffset umzusteigen. Nach langem Suchen fand ich die ideale Druckerei in Herzberg am Harz.

Mit der Druckerei und deren Mitarbeitern hatten wir das große Los gezogen. Während des großen Druckereistreiks war der tip das einzige Heft, das dort gedruckt wurde. In der Freizeit der Leute. Die wollten nicht, dass wir dabei einen Schaden haben. Sicher auch ein Grund, weshalb der tip noch heute dort gedruckt wird.

Meine Vorstellung vom Zeitungsmachen war, dass ich zwar einen bestimmten Stil, eine bestimmte Richtung und eine bestimmte Meinung habe und dass der Inhalt in dieser Richtung vertreten werden muss, dennoch kein Diktat, keine Zensur, keine Einschränkung. Das fand ich wichtig.

So konnte sich ein spannendes Magazin entwickeln. Das haben auch viele Agenturen erkannt und wir bekamen relativ leicht tolle Anzeigen. Das brachte uns die Unterstellung ein, wir würden Anzeigen deshalb bekommen, weil wir besonders gut über diese Produkte geschrieben haben. Ein Gerücht, das häufig durch die Landschaft geisterte. Der tip war nie käuflich. Paradox: Es konnte passieren, dass wir einen wichtigen Film super aufgemacht haben und dann fast als einzige ohne Anzeige dastanden, mit der Begründung, dass man ja jetzt nicht noch zusätzlich inserieren müsse, bei so einer schönen Geschichte. Aber das hat uns nie davon abgehalten über gute Leistungen auch gut und optisch ansprechend zu berichten. Und auf einen Verriss haben wir wegen einer Anzeige auch nie verzichtet. Aber Gerüchte wird es wohl immer geben.

Euer Konkurrent Hobo ist ja dann irgendwann bravourös gescheitert und aus den Ruinen erwuchs neues Leben: Zitty. Das Alter Ego vom tip?

Zitty hatte einen großen Vorteil uns gegenüber, sie konnte sich immer gut als alternative Zeitschrift verkaufen. Sie druckten auf billigstes Papier, der gesamte Inhalt einfarbig, nur der Umschlag war mehrfarbig. Die konnten sich auch erlauben, Anzeigen nicht sauber zu drucken. Dann hieß es eben, Zitty ist Zitty, da erwartet man nichts anderes. Übrigens, indirekt hatte ich auch etwas mit der Zitty-Gründung zu tun. Ein paar Wochen vorher saß die versammelte Hobo-Mannschaft beim Italiener am Breitenbachplatz und wollte zum tip überwechseln, weil ihr Boss gewünschte Verträge zurückhielt. Das ging leider nicht. Soviel neue Mitarbeiter wären nicht zu finanzieren gewesen.

Der tip war für viele ein Sprungbrett: Beispiel Matthias Matussek und Werner Mathes, die in diesem Buch auch vertreten sind.

Die Kompetenz des tip in Sachen Film und später auch Literatur fand weit über Berlins Grenzen hinaus Beachtung. Mein Konzept, der Kreativität der Redakteure einen möglichst ebenen Weg zu bereiten, hatte zwei Seiten. Ich stand da in einer Zwickmühle. Einerseits habe ich gut erkannt, wenn jemand toll geschrieben, fotografiert oder gezeichnet hat. Ich konnte viele dieser Leute auch für den tip gewinnen. Das hat die Entwicklung sowohl der Autoren, Fotografen und Zeichner gefördert, als auch den tip. Nur irgendwann konnte ich ihnen mit unserem doch regionalen Heft keine weitere Perspektive mehr geben. Sie mussten einfach gehen, das war logisch – traf aber immer hart. Du kennst das, über die Distanz geht doch viel in einer Beziehung verloren. Ein Problem war auch, dass sie immer eine Lücke hinterließen. Immer wieder hast du neue Leute aufgebaut, das war schon anstrengend. Natürlich ist man fast ein wenig stolz, wenn sie anschließend so erfolgreich wurden wie Matthias Matussek und Werner Mathes, oder Alfred Holighaus. Aber das sind nur drei Namen, man könnte schon Seiten damit füllen, und würde sicher immer noch jemand vergessen. Und es gab viele, die den tip auch nutzten und außerhalb ihrer normalen journalistischen Betätigung ein Forum gesucht haben um wichtige Themen zu behandeln oder filmpolitische Grundsatzdiskussionen zu führen, zum Beispiel Peter W. Jansen, Ponkie, Wolf Donner, Peter Hajek, um nur einige zu nennen. Oder Leute aus dem Rundfunkbereich wie Barry Graves, Wolfgang Doebeling oder auch du selbst, der du seit 1975 in jeder Ausgabe mit deiner Kolumne vertreten bist. Und es gab unermüdliche Filmenthusiasten wie Hans-Ulrich Pönack, der sich gut mit Gunter Rometsch in jedem Quiz über Film hätte messen können. Aber darüber könnte man ein ganzes Buch schreiben, vielleicht kann ich mich dazu mal aufraffen.

Selbst unser Senat schmückte sich gern und oft mit »seinem« Stadt-Magazin, bei seinen Gästen. Wir haben davon nie etwas gespürt, vielleicht nahmen wir das mit der »Pressefreiheit« ja auch zu wörtlich. Immerhin: Der Prüfer vom Finanzamt stand regelmäßig vor der Tür, das war doch auch schon was. Ein Lichtblick war Volker Hassemer, damals als Kultursenator. Er war der erste Politiker, der sich bei uns öfter mal eingefunden hat, nicht nur bei Ausstellungs-Eröffnungen im tip-Laden.

Den hat der tip gleich nach Amtsantritt mit ein paar netten Worten hofiert, weil er sofort mit der Off-Szene Kontakt aufgenommen hat und erst später in die Oper gegangen ist.

Richtig, er war begeistert von der Szene. – Er unterstützte freie Gruppen, ließ sich bei den Off-Theatern sehen und wurde von denen auch akzeptiert.

Der Bereich Film und Kino war immer ein Schwerpunkt im tip und ein späterer Leiter der Berliner Filmfestspiele gehörte längere Zeit zu den Mitarbeitern.

Dr. Wolf Donner, ja. Sein früher Tod riss eine Lücke. Seine Filmkritiken, vor allem seine filmpolitischen Essays, die immer etwas länger als geplant wurden, weil er soviel zur Filmlandschaft zu sagen hatten, brachten dem tip viel Anerkennung als wichtige Filmzeitschrift. Nicht nur in Deutschland. Donner liebte das Kino. Aus der verstaubten Sommer-Berlinale machte er ein Arbeitsfestival im Frühjahr. Aufbruchstimmung. Er bestand darauf, dass wir für ihn das offizielle

Bulletin herstellen. Meine Versuche ihm zu erklären, dass wir personell gar nicht in der Lage waren zwei Wochen täglich ein Bulletin zu füllen, ließ er nicht gelten. Ihr seid so frech und kinoverrückt, holt euch den Florian Hopf aus München. Er ist ein brillanter Filmkritiker, chaotisch und genial zugleich. Der lässt sich nicht den Mund verbieten. Der passt zum tip und zu meinem Berlinale-Konzept. – Das hat geklappt, unter vielen technischen Pannen und mit vielen Flüchtigkeitsfehlern. Trotz der noch unausgereiften Satzcomputer, die zum Entsetzen unserer englischen Redakteurin Jan Dawson englische Wörter nach deutschen Regeln trennten. Aber uns war wichtiger, dass die Informationen spontan ins Blatt kamen, als dass jedes Komma stimmte. Das kleine Redaktionsteam in der Budapester Straße wurde schnell zur Anlaufstelle vieler Besucher und die unübliche Kommentierung des Film-Festes fand viel Zustimmung. Und der Einzige, von dem sich damals Florian Hopf etwas sagen ließ, war mit im Boot – Jörg Kopp. Er schaffte es immer, das Chaos zu bändigen.

Wir hatten ein kleines Büro im Festspiel-Center, genau gegenüber von Donners Büro. Am Tag nach der ersten täglichen berlinale-tip-Ausgabe, ging plötzlich die Tür auf, Donner kommt rein, rotes Gesicht, außer sich: Was habt ihr euch denn hierbei gedacht?! Zeigt auf einen kritischen Artikel und schreit weiter: Wollt ihr mein Festival ruinieren? Ihr greift die Leute an, die ich ganz dringend brauche. Wie kann man so was schreiben?! Eine Katastrophe! Sagt's und haut die Tür hinter sich zu. Wir saßen uns sprachlos gegenüber. Weltuntergangsstimmung. Da geht langsam die Tür wieder auf, ein strahlender Donner flüstert: Das war der Festspielleiter. Und jetzt der Journalist: Großartig, der Text ist großartig! Das ist Journalismus. Macht ja weiter so!

Das war Größe. Hier wurde noch Kompetenz honoriert, nicht Kommerz.

Der berlinale-tip war zwar das offizielle Festival-Bulletin, aber Donner wollte keine Hofberichterstattung. Er war Journalist und erwartete Journalismus – unabhängigen. Moritz de Hadeln, Donners Nachfolger, hatte andere Vorstellungen vom offiziellen Bulletin. Wir wollten unabhängig bleiben und ersetzten im Untertitel »offiziell« durch »unabhängig«. Von da an gab es zwei Bulletins, ein offizielles und ein kritisches.

Der berlinale-tip hat Spaß gemacht. Den Redakteuren und mir. Geld konnte man damit nicht verdienen, aber es unterstrich die Kompetenz und hat so auch dem tip geholfen. Wie auch die anderen Experimente, die ich wichtig fand. Den literatur-tip, zum Beispiel. Ein Superheft der Literatur. Ohne Übertreibung, es hat einen riesigen Spaß gemacht, mal ein Heft ohne den wirtschaftlichen Druck zu produzieren, der sonst alle 14 Tage beim tip anstand. Werner Mathes und Jörg Fauser haben den Inhalt besorgt. Und das tip-Filmjahrbuch haben wir uns auch lange Zeit gegönnt. Ein Jahresalmanach des Films, subjektiv und mit filmpolitischen Essays gespickt.

Meine Lieblingsfrage: Gab es eine Berliner Gesellschaft? Ich weiß, dass du immer sehr scheu warst, was Öffentlichkeit betraf.

Das war rückblickend gesehen sicher ein Teil des Erfolges. Ich hatte den tip so konzipiert, dass ich immer im Hintergrund bleiben konnte und damit auch relativ wenig Angriffsfläche geboten habe. Dadurch konnte ich auch viele meiner Ideen verwirklichen, ohne ständig Rechenschaft abgeben zu müssen, oder einer Seelenmassage unterzogen zu werden – »über meinen Laden müssen Sie aber mal was schreiben«. So musste ich auch nie die Frage beantworten, wie viel denn der tip so abwirft. Darüber wurde immer wild spekuliert. Ich habe viele Einladungen bekommen, aber in der Regel habe ich dann einen Mitarbeiter geschickt, was sicher bei manchem auf Unverständnis stieß. Zudem war ich auch nicht der große Partygänger und auf der Liste der üblichen Verdächtigen für Events und Empfänge zu sein, legte ich keinen Wert. Heute sehe ich dies teilweise schon als Fehler an, ich hatte einfach verkannt, dass es den Einladenden auch darum ging, mit dem Verleger Kontakt zu halten und nicht mit einem Vertreter. Vielleicht war ich zu skeptisch. Aber ich hatte natürlich auch die Befürchtung, dass ich dann vielleicht auch nicht mehr unvoreingenommen gegenüber kritischen Artikeln sein könnte. Die mich kannten, wussten sich zu helfen. Manch einer kam persönlich vorbei wie Peter Schwenkow, der hat mir seinen Wintergarten vor der Eröffnung präsentiert, jedes einzelne Teil, das er und sein Team zur Ausstattung und Dekoration liebevoll zusammengetragen hatten. Er wusste, dass die Redaktion keine Gefälligkeitsberichte schrieb, trotzdem war ihm meine Meinung wichtig. Kontakte und Freundschaften wurden nicht an die große Glocke gehängt. Es spielte sich mehr im kleinen Rahmen ab. Je größer der tip wurde, umso mehr habe ich mich aus der Sache rausgehalten. Aber ich steuerte bestimmte Entwicklungen, hatte Visionen und gab Anregungen und Unterstützung. Ich glaube mein Ziel, den tip möglichst populär und erfolgreich zu machen, habe ich erreicht. Da half wieder das tip-Prinzip – nicht im Alleingang. Über 80 Mitarbeiter zogen an einem Strang, um alle 14 Tage ein Heft mit über 240 Seiten mit Leben zu füllen.

Klaus Stemmler – West-Berlin dankt dir für dieses Gespräch!

Das Recht der ersten Nacht

Franz Stadler über Dr. Western, Action-Regisseur Hitchcock, Leo Kirch im Hintergrund, »Easy Rider« in der Innenstadt, Querschläger im Vorführraum, Säulenheilige vom Straßenstrich, Start-Up nach dem Schuheputzen, die Garde der mutigen Leute, die Legende Salzgeber; über politische Botschaften im Subtext, Rotationssysteme, die Strafe Straub, Riech mit dem schwarzen Hut, Trendgefühle, Missionare der Hochkultur, gestaltete Schaukästen, den Überraschungsgast Dennis Hopper, Nicholson um Mitternacht, die Videokonkurrenz und das Karussell von tausend Titeln.

Gesprächsdatum: 18.8.2001

Franz Stadler: Wer will denn von diesen alten schönen Zeiten noch was hören?

Olaf Leitner: Ich zumindest. Wir wollen doch nicht zu geschichtslosen Wesen werden. Sind Sie zufällig Berliner?

Ist man Berliner, wenn man dreißig Jahre dort gelebt hat?

Ich meine: geborener Berliner?

Nein, ich komme aus Essen.

Warum frage ich überhaupt ...

Wann sind Sie nach Berlin gegangen?

In der wilden Zeit, '68.

Und warum?

Genau auf's Stichwort. Ich war vorher in einem Filmkunst-Theater in Münster. Aber die superkatholische Atmosphäre hat mich erstickt. Ich habe sehnsüchtig nach etwas anderem Ausschau gehalten, und ich las dann eine Anzeige »Theaterleiter für Filmkunst-Kino gesucht«, und als ich dort anrief und fragte, wo denn das sei, wurde mir von meinem neuen eventuellen Chef entgegnet: Wo wollen Sie denn hin? Darauf meine Gegenfrage: Ich dachte, dass würden Sie mir sagen. Ja, sagt er, dass muss ich Ihnen erklären. Die Anzeige war eigentlich gedacht für ein Kino in Wiesbaden, aber seit gestern habe ich auch ein Kino in Berlin. Und wenn wir uns einigen werden – und da Sie der erste sind, der sich gemeldet hat, können Sie sich aussuchen, wo Sie hin wollen. – Nun fragen Sie mal einen jungen Mann von 27, ob er lieber nach Berlin oder nach Wiesbaden geht!

Sie gelten als Erfinder oder Mit-Erfinder des Programmkinos. Ich wusste nie, was das ist, denn die anderen machen ja auch »Programme«. Ich wusste nur: da sieht man die besseren Filme!

Als ich mich selbstständig machte, habe ich mir gesagt, ich will es anders machen als die anderen. Die anderen Filmkunstkinos spielten zwar gute Filme, aber nur die anerkannten Werke, die damals anerkannten Filme. Ich wollte das Unbekannte an den Mann bringen. Es war ja eine Zeit, wo Regisseure wie Hitchcock, Howard Hawks oder John Ford als Action-Regisseure galten. Sie werden überhaupt erst heute, im Nachhinein, als die Besten, als Kultregisseure überhaupt, entdeckt. Und dazu haben wir in Kinos wie dem Filmkunst 66 beigetragen.

Leute wie Hitchcock galten als Mainstream?

Ja, sie wurden von Filmkunsttheatern gar nicht gezeigt. Ich habe Genre-Festivals für alle Sparten durchgeführt: Western, Horror, Science Fiction, Melodram bis hin zum Sexfilm. Das bedeutete damals noch richtige Recherche-Arbeit. Heute gibt es über alle Genres deutschsprachige Literatur, damals nicht. Ich musste mir die englischen Werke besorgen, musste mir das alles übersetzen, und dann las man ja auch nur die englischen Titel. Man musste gucken, ob es den Film überhaupt noch gab und wenn ja, bei welchem Verleiher. Es war schon eine sehr aufwendige Arbeit, aber das ist ja alles leistbar. Ich hab geschaut, welche Filme ich überhaupt bekommen kann und habe dann eben ein Festival zusammengebastelt. Aber ich habe nicht nur die Filme gezeigt, die für das Genre gut und bedeutend waren, sondern ich habe noch strukturiert nach Grundthemen des Genres – nach Regisseuren, nach Entwicklungen, usw. Als ich ein Western-Festival gemacht habe, hat eine Zeitung geschrieben, das wäre eine Doktorarbeit über den Western. Sowas freut mich natürlich! Das war also eine Seite des Ganzen, dass man Filme entdeckt hat, die vorher untergebuttert wurden. »Hellzapoppin'«, diesen Kultfilm des Nonsens-Kinos, war auch meine Entdeckung.

Das ist der, in dem ein Mann als running gag durchs Bild läuft und eine Pflanze mit sich rumschleppt, die von Auftritt zu Auftritt größer wird?

Jaja, das ist der! Den habe ich als erster ins Kino gebracht und dann hat ihn ganz Deutschland überall nachgespielt. Und die andere Seite war, dass wir Erstaufführungen von Filmen gemacht haben, die sich die Kudamm-Kinos nicht zu spielen getraut hatten. Die ersten Filme von Regisseuren, den Kultregisseuren, die dann später Mainstream-Regisseure wurden, liefen, als sie noch unbekannt waren, bei uns in den Programmkinos. Später, als sie dann berühmt waren, hatten wir Schwierigkeiten, noch weiterhin deren Filme zu bekommen.

Ihr erstes Kino ...?

War das Bellevue am Hansaplatz, heute Grips-Theater. Dort gab es die ersten zaghaften Versuche, eine Programmereihe zu entwickeln. Die erste war mit Roger Coreman, die Edgar-Allen-Poe-Verfilmungen. Die »Freunde der deutschen Kinemathek« machten dann einmal pro Woche bei mir Vorstellungen, zur Zeit, als es das Arsenal noch nicht gab. Dort liefen auch die ersten Marx-Brothers-Filme, das werde ich nie vergessen.

Hat Ihr Chef Sie einfach machen lassen?

Nein, er bestimmte das Hauptprogramm. Der Big Boss im Hintergrund war übrigens Leo Kirch, der besaß eine Filmkunsttheater-Kette in Deutschland und hatte zwei Kinos in Wiesbaden und das in Berlin dazugekauft. Das Hauptprogramm also wurde zentral ent-

Franz Stadler (*1940)

Er ist einer von denen, die die West-Berliner Kinolandschaft veränderten und prägten. 1999 erhielt er vom Berliner Kulturstaatssekretär das Bundesverdienstkreuz für seine Verdienste rund um das Kino. Es war ein Verlust für die Stadt, als Franz und Rosemarie Stadler aufgrund großmäuliger Versprechungen ihrer Vertragspartner ein Kino auf Sylt übernahmen, mit der Absicht, die Insel cineastisch ein wenig aufzumöbeln. Das Unternehmen scheiterte, weil die Partner der Stadlers nach vielen kühnen Höhenflügen allzu hart auf der Erde gelandet waren. Das Kino »Filmkunst 66« in der Bleibtreustraße ist nun wieder in den Händen der Stadlers. Es hat Kultstatus bei all jenen, die auf der Leinwand nach Alternativen zu Hollywood suchen, wenngleich Franz Stadler kein Purist ist, sondern auch Entertainment-Kino kulturfähig gemacht hat.

schieden, aber was sonst noch lief und unsere Festivals habe ich natürlich gemacht.

Die gaben den Mainstream vor und Sie durften die Blümchen anheften?

Nein, nein! Der machte auch Filmkunst. Der erfolgreichste Film damals lief ein halbes Jahr im Bellevue: »Easy Rider«. Es gab damals einige Kinos in Berlin, wo gute Filme gezeigt wurden: das Allegro, das gehörte zum Adria, das gibt es auch nicht mehr, und im Studio und im Bellevue. Das waren drei Kinos, die bessere Filme gezeigt hatten.

Das Kino am Steinplatz?

Ja, das war auch schon da, aber das zeigte nur alte Filme und Repertoire-Programme wie das Capitol in Dahlem. Das ginge heute nicht mehr, weil die alten Filme ja alle im Fernsehen laufen. Um noch mal auf »Easy Rider« zurückzukommen: Der lief ein halbes Jahr, dann hatten ihn alle gesehen. Damals war es nicht so wie heute – wenn heute ein Film gut läuft, ziehen die Verleiher sofort Kopien nach und fast jeder, der die Hand hebt, kriegt eine Kopie. Denn im Hintergrund drückt der Video-Start, der ein halbes Jahr später erfolgt. Also muss das Geld so schnell wie möglich reinkommen. Leider ist es ja heute so, dass sich ein Film gar nicht mehr entwickeln kann. Entweder er kommt im Massenstart ins Kino und geht gleich gut, oder er ist nach einer Woche wieder weg. Aber damals war es so, er lief eben nur hier, kein anderer kam ran. Aber, wie gesagt, nach einem halben Jahr hatten ihn alle gesehen. Danach lief er im Filmkunst 66, das mir damals noch nicht gehörte, und auf einmal war der Laden wieder voll. Da war ich überrascht. Wieso kommt keiner mehr zu uns nach Tiergarten, und im Filmkunst 66 läuft er gut. Das Geheimnis war, er lief zum ersten Mal in der Innenstadt. Kurz darauf wurde mir das Kino angeboten, und da habe ich dann gleich zugeschlagen.

Ich erinnere mich: Im Jahr zuvor hatte ich mal mit meinem Chef dem Filmkunst 66 gegenüber gestanden, damals war die Bleibtreustraße noch berüchtigt und hieß im Volksmund »Bleistreustraße« wegen der Schießereien dort. In einer Scheibe des Vorführraums im Kinos war noch immer ein Loch von einem Querschläger. Wir standen also an dieser dunklen Ecke gegenüber vom Kino, wo später dann das Café Bleibtreu hinkam. Da gab es damals eine plüschige Zuhälterkneipe, und mein Chef, dem man das Kino angeboten hatte, sagte: Nee, hier kann man kein Kino machen. Als ich dann da aufmachte, hatte ich ähnliche Schwierigkeiten. Ich hatte gleich vom ersten Tag an zwei lebende Säulenheilige, nämlich zwei Nutten vom Straßenstrich. Und als ich noch überlegte, wie werd' ich die wieder los, war das gar kein Problem, weil sie sich von allein verkrümelt haben. Es kam nicht mehr ihr Publikum, es kamen ganz junge Leute und plötzlich auch sehr viele Leute. Da waren sie bald ganz verschwunden. Inzwischen hatte sich die Bleibtreustraße auch verändert, »Café Bleibtreu« hat aufgemacht, dann das »Ali Baba«, und die ganze Straße hatte ihr Gesicht gewandelt. Und sie ist jetzt eine der schönsten und attraktivsten Straßen von Berlin.

Auch Sie hätten der Bundeswehr ein Dankschreiben schicken müssen, weil Sie Ihnen unfreiwillig das Publikum organisiert hat!

Der Bundeswehr wäre ich aus anderen Gründen ein Dankschreiben schuldig, denn ohne sie wäre ich vermutlich nicht in die Filmbranche gekommen. Da wollte ich immer hin, wusste aber nicht, wie. Es gab ja keinen Lehrberuf »Filmkaufmann«. Aber ich war eingezogen, und während des Schuheputzens las ich auf meiner Zeitungsunterlage, es war ein überregionales Blatt, eine Anzeige. Atlas-Film suchte jemanden, den er zum Filmkaufmann ausbilden wollte. Das war haargenau das, was ich lesen wollte! Ich habe mich beworben und wurde auch genommen – allein schon deswegen, weil ich der einzige war, der sich beworben hatte. Da habe ich auch meine Frau kennen gelernt, die da auch Lehrling war. Also muss ich allein schon deshalb dankbar sein.

Wie viel Kinos Ihrer Art gab es damals in West-Berlin?

Wir hatten ja damals gleichzeitig angefangen. Der Michael Weinert im Klick-Kino und Gunter Rometsch im Notausgang und ich. Wir beide haben zusammen im Herbst '71 aufgemacht. das waren die drei ersten Kinos, später kam die Kurbel nach und Manfred Salzgeber mit dem Bali. Das Bali war mehr politisch ausgerichtet.

Und das Kino am Bundesplatz?

Ja, das auch so ein Ableger, dessen Betreiber auch noch zur Garde der mutigen Leute zählte.

Im alten Bali gab es Eddie-Constantine-Filme in der Spätvorstellung. Da wurde mit Spielzeugpistolen herum geballert und aus Leibeskräften »Eddie, Eddie!!« gebrüllt. Das muss ihm durchaus geholfen haben, denn Eddie war am Ende immer Sieger. Und, wenn ich das noch einfügen darf: Salzgeber war eine Legende. Wir haben später viele Kinosendungen mit ihm gemacht und sein großes Wissen ausgebeutet, das er in seiner ruhigen, freundlich-nachdrücklichen Art ans Publikum gebracht hat.

Als er gemerkt hat, dass das Interesse an politischen Filmen nachließ, hat er das Bali dann verkauft.

Was gab es in den 70er und 80er Jahren für Trends im Kino? Die 68er-Bewegung hatte ja auch Auswirkungen auf die Filmproduktion.

Es gab viele Filme, die diese politische Botschaft im Subtext eines Krimis, eines Politthrillers oder sogar eines Italo-Westerns transportierten. Aber in erster Linie zeichnete sich die Zeit dadurch aus, dass die Leute viel neugieriger und denkensbereiter als heute waren. Sie waren dem Unbekannten viel aufgeschlossener. Heute schauen sich die Leute nur das an, was sie kennen oder wovon sie gehört haben. Und deshalb ist es so wichtig: Wenn man mit einem Film Erfolg haben will, braucht man die Medien. Und zwar sämtliche. Die großen potenten Verleiher, die es sich nicht nur leisten können, große Anzeigen zu schalten, sondern auch überregional Fernseh- und Radiospots zu plazieren, haben es da viel viel leichter als ein kleiner Verleih, der das gar nicht könnte. Die Großen haben auch das Geld, die Stars und Regisseure nach Deutschland zu karren ...

Gleich auf die Bühne zu »Wetten, dass ...?«

... was dann wieder weitere Artikel zur Folge hat, die die Leute auf den Film aufmerksam machen.

Claudia Skoda sagt für den Modebereich etwas, das dem sehr ähnelt: Früher sind Frauen losgegangen, und wenn sie irgendwas Schönes gesehen haben, so haben sie es sich gekauft.

Heute entscheiden sie sich aber für ein Image, für eine Firma. Also für etwas, dass durch Werbung publik ist.

Habt ihr Drei euch das Terrain West-Berlin geteilt?

Wir waren ja befreundet, und was Erstaufführungen angeht, so haben wir das Gebiet abgesteckt. Jeder hat sich in einer Richtung spezialisiert, und dann hat auch keiner im Terrain des anderen gewildert. Bestes Beispiel: Es gab und gibt ja die AG Kino, ein Zusammenschluss der unabhängigen Programmkinos, und die hat auch einen eigenen Verleih. Wir haben für uns ein sog. Rotationssystem entwickelt, in dem jeder einmal der Reihe nach dran war. Wenn der Film jemandem von uns nicht passte, dann sagte er, das ist nicht mein Ding, nimm du den, aber das nächste Mal hab ich das Recht der ersten Nacht. Und das hat sehr gut funktioniert. Doch das geht nur, wenn man befreundet ist. Und wenn es nur wenige Leute sind. Heute wäre das bei der Vielzahl von Kinos ganz unmöglich.

Wie war das im Rückblick mit dem sog. Autorenfilm, ein Begriff, der heute ja schon fast pejorativ gebraucht wird?

In der Zeit, als er en vogue war und die Regisseure, die diese Filme gemacht haben, auch bekannt und anerkannt waren, da fand sich auch ein Publikum, das aufnahmebereit war. Aber das währte nur eine gewisse Zeitspanne, heute wäre das dem Publikum viel zu anstrengend. Wenn wir nach Frankreich rüber schauen, Jean Eustache »Die Mama und die Hure – Bestandsaufnahme einer Generation«, ein Vier-Stunden-Film, in dem nur geredet wurde, in dem eigentlich nur drei Leute mitspielen. Ich hab den im 66 gezeigt, der war wochenlang ausverkauft. Heute undenkbar! Der Film lief mal im Fernsehen, ich hab ihn mir aufgezeichnet, ich habe angefangen, ihn mir anzusehen, aber ich konnte mich da nicht mehr reinfühlen. Es war eben der Zeit verhaftet.

Aber die kommenden Filmleute, die damals in der Ausbildung waren, haben die nicht einen Schock für's Leben bekommen?

(Lacht.) Ich fürchte schon.

Mein Lieblingsfilm war »Die Chronik der Anna Magdalena Bach« von Jean-Marie Straub. Das war Langeweile-Hardcore. Das Thema war gut, aber Straub hasste wohl das Publikum.

Straub? Das war der Schlimmste überhaupt. Das war schon damals eine schwere Strafe, sich das anzusehen. Seine Klientel war noch wesentlich kleiner.

Das Kino in West-Berlin aber hieß damals Heinz Riech, ihr wart doch nur die Separatisten. Riech war das Böse, quasi mit dem schwarzen Hut, ihr wart die Guten, die der sinkenden Sonne entgegen ritten.

Das war doch damals klassische, wunderbare Einteilung. Am Kudamm, wo Riech die meisten Kinos gehörten, lief der ganze Mainstream-Schrott, und bei uns lief die hehre Filmkunst. Aber diese Grenzen sind heute fließend geworden. Riech war damals ein Negativbegriff, nicht nur von seiner Programmstruktur her, sondern auch als Geschäftsmann. Er hat uns brutal von Filmen abgedrängt, weil er allmählich auch gesehen hat, verdammt noch mal – mit Filmkunst kann man ja Geld verdienen, warum laufen diese Filme nicht bei mir? Nur, wenn er uns aufgrund seiner Machtposition von Filmen abgeschnitten hatte, musste er feststellen, dass diese Filme bei ihm nicht liefen, weil er nicht das Publikum dafür hatte, das wir uns herangezogen hatten.

In der Berlinale waren Sie auch aktiv.

Ja, im Panorama, das im Filmkunst 66 zu einer festen Institution geworden war, bis es dann zu eng wurde. Das Panorama hatte Manfred Salzgeber initiiert. Als es noch im Aufbau war, sprach er mich an, ob ich mitmachen würde. Ich habe nicht gezögert, und es lief bombig, es liefen tolle Filme und hat ungeheuren Spaß gemacht. Für die unabhängige Kinoszene war das Filmkunst 66 dann immer der große Sammelpunkt. Die Leute wollen sich auf einem Festival treffen, und sie wollen reden. Und hier war immer irgend jemand da, entweder ich oder sonst jemand.

Habt ihr Trends gesetzt?

Eigentlich fast mit jedem Film, denn es hat uns immer gereizt, unbekannte Filme für das Publikum zu entdecken. Den Trend schafft ja das Publikum dann selber, wenn es schon am ersten Tag zu bestimmten Filmen hinrennt. Der Film »Brot und Tulpen« ist dafür ein typisches Beispiel. Die Kritiken waren gar nicht so doll. Auch der Verleih hat auf den Film nicht viel gegeben, hat ihn nur klein vermietet, trotzdem haben die Leute vom ersten Augenblick an das Kino gestürmt. Warum? Da muss irgend etwas in der Luft liegen, was die Leute fühlen. Ich glaube, dass das nicht manipulierbar ist. Das Publikum will zu bestimmten Zeiten bestimmte Filme sehen. In fünf Jahren ist der Trend dann schon wieder vorbei.

Da liegt irgendwas in der Luft.

Ja. Wie beim Italo-Western. Den gab es nur für eine ganz bestimmte Zeit. Wie es den klassischen Western auch nur für eine bestimmte Zeit gab.

Ist man als Kinobesitzer nicht dann selbst auch so viel Publikum, dass man den Trend mit spürt?

Dieses Feeling ist ein Geheimnis meines Erfolges, ich habe ja viele Filme oft schon im voraus auf Festivals gesehen. Da gab es noch keine Kritiken, man wusste auch noch nicht, wie dieser oder jener Film gehen würde. Ich hab dann gedacht, Mensch, der Film ist Klasse, er wird das Publikum wahrscheinlich begeistern und vom Sitz hauen. Das hat sich eben oft bewahrheitet, und wenn ich mich dann frühzeitig um die Filme gekümmert hatte, dann habe ich die auch bekommen, weil die Verleiher selber unsicher waren. Wenn die vorher gewusst hätten, dass der Film so toll gehen würde, hätten sie ihn mir wahrscheinlich gar nicht gegeben, sondern ihn gleich von vornherein an ein größeres Haus vermietet.

Wie wir ja alle wissen, ist Kino eine Jahrmarktskunst, gleichberechtigt mit Gespensterbahn, Scheibenschießen und Haut-den-Lukas. Hattet ihr Kinoleute Kontakte zu den Missionaren der Hochkultur, von denen einige auch in den beschaulichen Stübchen des SFB logierten und über Kunst und Nichtkunst richteten?

Das war eine ganz andere Welt. Wir haben ja in Deutschland die Unterscheidung zwischen E-Kultur und Unterhaltung. Das sind zwei völlig verschiedene Welten. Ich habe immer versucht, mit den Genre-Festivals diese Grenze aufzuheben, und das wurde ja auch anerkannt. Aber in der offiziellen Meinung gibt es diese Grenze immer noch zwischen anspruchsvoller Kunst und eben »nur« Unterhaltung.

Hat sich auf dem West-Berliner Humus ein spezielles Kinopublikum entwickelt?

Ich glaube schon, ein politisch bewussteres Publikum. Denn andere Städte haben uns immer um unsere Erfolge beneidet und haben gesagt: Ja, das kannste in Berlin machen, aber in München geht das nicht! Die Leute hier waren aber auch, wie ich schon sagte, offen für neue Kunstformen und Unbekanntes. Und das ist ja auch etwas Politisches, wenn man offen für Neues und Anderes ist. Und in Berlin hat sich ja durch die exklusive Mauerlage immer alles zugespitzt, auch der Kinobesuch. Man hatte ein Volk in Berlin, das leicht zu begeistern war. Im Gegensatz zu heute.

In Kinos wie dem Filmkunst 66 ging ja nur das junge West-Berlin, oder?

Wir hatten in der Frühzeit ausschließlich ein junges Publikum. Und wenn ich mir das Publikum in den letzten Jahren anschaue, ist das Publikum mit mir zusammen älter geworden. Ich sehe älteres Publikum in einem Ausmaß, in dem ich es früher nicht gesehen habe.

Ist der Mainstream heute besser als der damals?

Heute hat man anerkannt, dass Kommerz nicht nur Schrott oder schlechtes Kino heißt. Da hat sich das Bewusstsein verändert, ohne dass das Hollywood-Kino besser geworden ist. Man erkennt inzwischen aber auch die künstlerischen Seiten des Kommerz-Kinos an. Ich glaube, das liegt auch an der Filmarbeit, die wir geleistet haben. Denn wir haben des Action-Kino, das Genre-Kino aufgewertet. Und Regisseure, die vorher als primitive Action-Regisseure galten, waren auf einmal Kunst-Regisseure. Ein Regisseur wie Ridley Scott, bekannt durch »Blade Runner« und die »Alien«-Filme, ist jetzt anerkannt.

Haben Sie Kontakt mit Filmleuten, denen Sie geholfen haben?

Man trifft sich ab und an wieder auf Festivals, und da spricht man miteinander. Manche sind geblieben, was sie waren und andere haben den großen Sprung gemacht. Tom Tykwer, etwa. Heute ist er fast ein Welt-Regisseur, früher war er Kollege von mir und noch früher war er im alten 66 Stammgast und hat bei mir erst die Liebe zum Kino entdeckt.

Gab es Kontakt nach Ost-Berlin?

Null. Es gab ja da kein Kino unserer Richtung.

Bewährtes Gespann: Rosemarie und Franz Stadler

Ist Kino wirklich ein Ort der Begegnung oder nur des Konsums von Bildern, Popcorn und Gummibärchen?

Da ich ja als Kinomacher immer vor Ort war und Kino nicht vom grünen Tisch aus gemacht habe, habe ich auch die Besucher gesehen. Und die meisten Besucher kommen überwiegend in Gruppen oder zu zweit. Man trifft sich im Kino, und man spricht vorher miteinander und hinterher und geht dann anschließend woanders hin. Die Einzelgänger sind in der Minderheit.

War das mit dem Kaffeeausschank im Kino eure Erfindung?

Unsere Erfindung war es auf jeden Fall, dass man frischen Kaffee trinken konnte und nicht einen, wie in dieser Kanne dort drüben, der schon eine Stunde rumsteht und dann schal schmeckt. das mochten wir nicht und wollten es auch unserem Publikum nicht zumuten. Wir haben unsere Kaffeemaschine angeschafft, damit jede Tasse frisch gebrüht wurde. Aber das Besondere bei uns war weniger das Ambiente, sondern das Programm selber. Und zu jedem Film habe ich Kritiken gefunden. Nicht nur zu neuen, sondern auch zu alten. Und zu den unbekanntesten. Die Leute konnten sich am Kinoaushang informieren. Es spielt auch eine Rolle, wie man etwas dekoriert. Ich habe meine Schaukästen nicht dekoriert, ich habe sie gestaltet. Ich habe viel Zeit damit verbracht, Bilder und Plakate sorgfältig zu arrangieren. Man hätte das auch schneller machen können, aber dann sähe es nicht so gut aus.

Wichtig war, dass ich auch immer als Ansprechpartner vor Ort war. Die Leute kannten mich allmählich, ich wurde oft von den Leuten angesprochen, die irgendwelche Fragen hatten. Und ich wusste die Antwort immer. Das zählt auch zum Service.

Einmal war als Überraschungsgast Dennis Hopper im Kino, das war zu »The Hot Spot«, wo er Regisseur war. Ursprünglich sollte er bei Gottschalk auftreten, aber dann begann der Golfkrieg und aus Pietätsgründen ist »Wetten, dass ...?« ausgefallen, er war also frei, und man hat ihn zu mir ins Kino geschickt. Er war total begeistert. Das Kino war voll, aber nicht weil der Superstar kam, das wusste ja keiner, er war ja ein Überraschungsgast. In Amerika hat der Film gefloppt, aber hier nun war auch die Nachtvorstellung ausverkauft, Hopper bekam also gleich zwei ausverkaufte Vorstellungen hintereinander mit. Ich hatte außerdem im Nachtprogramm eine Retro mit Dennis-Hopper-Filmen gemacht. Er hat sich die Schaukästen angesehen und hat den Verleih-Repräsentanten, der ihn begleitet hat, gefragt, verdammt nochmal, wo hat der Typ, der das Kino macht, die ganzen Filme und die ganzen Fotos her? Das war ihm völlig unverständlich. Er war völlig weg.

Jack Nicholson gab sich auch mal die Ehre?

Ja, das war Ende der 80er Jahre anlässlich der Berlinale. Wir hatten die »Technicolor Dream Show«, diese Live-Show, im alten 66. Unter anderen war Debra Winger, ein zierliches Persönchen, die damals noch niemand kannte, anwesend, und Jack Nicholson war auch angekündigt. Er war in Berlin wegen des Films »Stunden voller Zärtlichkeit«. Und innerhalb des Panoramas lief der Erstlingsfilm eines seiner Freunde. Er wollte ihn durch seine Anwesenheit unterstützen. Die Weltaufführung fand bei mir im Kino statt, verbunden mit der »Technicolor Dream Show«. Nicholson erfüllte dann alle denkbaren Klischees. Er kam um Mitternacht, aber mit Sonnenbrille, und war total voll Koks. Ich wollte ihm etwas zu trinken anbieten, er mochte aber nicht, die Bühnenshow lief noch. Ich wusste, wo noch ein freier Platz war und wollte ihn hinbringen. Er sagte aber: Oh no! I'm just looking. Ich dachte, lange würde der nicht gucken, er ist von Las Vegas ganz andere Sachen gewöhnt. Er kam dann aber doch noch mal zu mir und sagte: They are great! und wollte dann doch wissen, wo noch ein Platz frei war. Und dann hat er sich im stockdunklen Saal durch die Reihen gezwängt und sich zwischen zwei nichtsahnende Zuschauer gesetzt, die wahrscheinlich ihr Lebtag nicht vergessen werden, dass auf einmal Jack Nicholson neben ihnen saß.

Ab 1985 kam der Durchmarsch des Privatfernsehens. Was hatte das in Ihrem Bereich für Konsequenzen?

Hinzu kam noch der Videoboom. Das hieß, alle Filme, die wir bisher im Repertoireprogramm zeigen konnten, konnte man jetzt nicht mehr vorführen. Das Repertoireprogramm war für Programmkinos eine feste Grundfinanzierung, das war eine feste Programmsäule, die ein Drittel des Programms darstellte und ein Drittel der Besucher brachte, und die brach nun weg. Total weg. Es war nicht mehr zu erhalten. Zwar sagen Filmfans noch immer, ein Film wirkt nur auf der großen Leinwand, aber ich hab es dann deutlich bei »Blade Runner« gesehen, der inzwischen schon ein paar Mal im Fernsehen gelaufen ist. Ich habe diesen Film vor seiner Ausstrahlung im Fernsehen gezeigt, da kamen 200 Leute. Einmal habe ich ihn eine Woche nach einer Ausstrahlung im Fernsehen gezeigt, da kamen nur noch 20. Die Sprücheklopfer, die sagen, dass Filme im Fernsehen gar nicht wirken, kommen dann auch nicht mehr.

Und es stört niemanden mehr, dass Filme im TV durch Werbung zerhackt werden?

Die Leute haben sich daran gewöhnt. Und die Filmflut ist ja nicht nur bei den Privaten, wo sie zerhackt werden, sondern auch in den Ersten und Zweiten Programmen, auf 3sat und in den Dritten Programmen. Überall laufen die gleichen Filme. Wenn ich diese Woche einen Film auf 3sat verpasse, läuft er ein halbes Jahr später auf N3. Es gibt ein Karussell von tausend Titeln, das dreht sich ständig hin und her. Ich habe irgendwann angefangen, Filme aufzuzeichnen, habe jetzt alle guten Filme auf zig Kassetten. Da kommt auch nix Neues dazu! Ich hab mir schon seit Jahren keine Kassetten mehr gekauft!

Zehren wir also vom Bestand!

Franz Stadler – West-Berlin dankt Ihnen für dieses Gespräch!

Frage-Künste

Wie es guter Brauch ist, wurde auch bei dieser Berlinale das Filmangebot nach der Aufführung debattiert. Die Journalisten spreizten sich bei den Pressekonferenzen des Wettbewerbs, der Rest der Welt ergriff das Wort, wenn Ulrich Gregor seinen Filmemachern den Stuhl vor die Forum-Leinwand des Delphi schob.

Hierdurch fordere ich die Regisseure Christian Ziewer und Co. ultimativ auf zu erklären, weshalb sie nicht bereit sind, in ihren Filmen die Dinge der Welt grundlegend und vor allem endgültig zum Besten zu ändern. Andernfalls sollen sie aller bürgerlichen Ehrenrechte verlustig gehen. Amen. Wie ich darauf komme? Gut, also: Das Berliner FilmFest liegt nun schon über eine Woche zurück und jeder, der wichtig ist – und wer ist das nicht –, hat an entsprechender Stelle gesagt, was es zu sagen galt. Viele schöne Erinnerungen bleiben haften, sogar an Filme. Besonders aber an Pressekonferenzen. Die waren gut besucht, weil es da immer heißen Kaffee gab – umsonst. Sodann wird nach der ersten Frage gefragt. Nix passiert. Die Top-Journalisten sind eh' nicht da, sie speisen später mit den Stars im exklusiven Szene-Etablissement. Da erfahren sie, was sie wissen wollen. Oder sollen. Die zweitwichtigsten Journalisten sind zwar anwesend, aber sie werden sich hüten, den Inhalt ihrer gleich zu tippenden ätzenden Kritik vorausahnen zu lassen. »Wenn ich dann um die Fragen bitten darf?« bittet der Pressechef und gibt sich selbst das Wort: »Na, dann fange ich mal an ...« Er macht den Eisbrecher, und nun traut man sich. Beliebt sind Fragen nach den Kosten des Films. Das ist unverbindlich, man kann auf die Antworten mit einem gewichtigen und sibyllinischen »So, so ...« reagieren. Als habe gerade der Regierungschef die Etatsumme des Geheimdienstes bekanntgegeben.

Gut kommt auch der Satz, was denn der Regisseur mit seinem Film sagen wolle? Ob er, Ziewer, z.B. nicht wisse, dass bereits im Mittelalter die Frauen nicht nur Hausfrauen gewesen seien, da gäbe es doch ein Buch von ... Und: »Mir fehlen in deinem Film Details, weißt du, Details ...«

Lassen wir die Frageprofis – sie können's halt nicht besser – und erinnern wir uns ans schön vermuffte Delphi. Da saßen sie dann an Gregors Tischchen, die, die einen Film gewagt haben. Und unten die Kontrahenten: den Jute-Beutel mutig gegen die Cordhose gedrückt, den Anspruch in der dezent geballten Faust und das Seminar-Wissen im Genick: »Ich wollt' nur mal von dir hörn, wie du das Thema Kirche in deiner Programmatik situiert siehst?«

Die Fragereien, ein gutes Erbe der 68er Jahre, geben uns Einblick in das, was Film für viele in der Gegenwart zu sein hat: Man lässt sich für Erlebnisdefizite entschädigen, nimmt als Trittbrettfahrer an Abenteuern teil, für die man selbst kein Risiko eingeht, lässt sich durch fremde Länder und Mentalitäten kutschieren und Gedanken bebildern, die einem selbst nicht kommen. Und ganz wild ist man darauf, irgendeine »Botschaft« einzufahren. Doch man entlohnt diese Dienste durch Verweigerung von Zustimmung. Flugs wird eine eigene diffuse Vorstellung von dem entwickelt, was man selbst erwartet hatte und mit dem konfrontiert, was man auf der Leinwand sieht: Warum der Film da aufhöre, ihn, da in der dritten Reihe, hätte doch gerade die andere Perspektive gereizt!? Was denn so ein Film wie der von Elfie Mikesch auf einem Festival zu suchen hätte? Zensur-Apostel lauern überall. Nicht nur im Innenministerium.

Mein Lieblingssatz anlässlich einer trüben Diskussion war dieser: »Ihr habt in eurem Film eure Phantasie dargestellt, ohne sie zu problematisieren.« Auf sowas muss man erst mal kommen. Schlage Formblatt Ph-123/IV/81 vor: Phantasie? Soso:

a) Seit wann? Wie oft?
b) Weiteres abnormes Verhalten in der Familie?
c) Entsprechende Vorstrafen?

Irgendwie kriegen wir die Kunst schon klein. Und wenn wir sie zerfragen.

März 1985

Unser Feind war nicht mein Feind, oder: Opernarien im Delphi-Kino

Ulrich Gregor über abgedichtetes Terrain, den Zusammenbruch von Utopien, westliche Segnungen, das *Meshdunarodnyj forum molodoj kino*, offizielle Filmstellen, Wanzenkinos und Skandale als Existenzgründer; über politisch-philosophische Erleuchtungen, neue künstlerische Horizonte, Leipziger Annotationen, Diskussionen um 2 Uhr nachts, ein *uncontrolled cinema*, das Schaubühnen-Kino, Schlagsahnen-Vorhänge und furchtbare Hintertreppen.

Gesprächsdatum: 20.8.2001

Olaf Leitner: Sie sind natürlich auch kein Berliner, oder?

Ulrich Gregor: Ich bin in Hamburg geboren.

Aja.

Wir sind alle aus bestimmten Erwägungen und Motiven hergekommen.

Welche waren das?

Ich bin in den späten 50er Jahren als Student hierher gekommen, ich war vorher in Paris gewesen, und es war für mich die Frage, an welchem Ort in Deutschland ich mich zeitweilig aufhalten wollte. Ich habe ein paar Städte abgecheckt, war auch in München, aber da hat es mir irgendwie nicht so gut gefallen, und Berlin war zum damaligen Zeitpunkt eine einmalige Stadt, weil man hier einen Einblick in zwei verschiedene Welten haben konnte. Der ständige Kontakt mit Ost-Berlin und allem, was da vorging an Kultur und Politik, das war etwas sehr Aufregendes. Der zeitweilige Aufenthalt zog sich dann in die Länge, und eh ich mich versehen hatte, war ich hier fest installiert.

Was kommt Ihnen bei »West-Berlin« in den Sinn?

Es war unser Dasein in einem abgedichteten Terrain, und man fühlte sich irgendwie etwas seltsam prekär, unser Status war ja immer umstritten. Wenn wir auf Festivals in den östlichen Bereich fuhren, dann hieß es immer, sind wir denn nun Deutsche oder sind wir West-Berliner? Es war ein ewiges Hin und Her. Aber das machte das Leben auch wieder sehr spannend. Letztendlich haben wir hier im damaligen West-Berlin doch interessante Dinge bewegen können, und es hat sich eine Atmosphäre, ein Lebensgefühl formiert, das wahrscheinlich auch aus den vielen verschiedenen Menschen gebildet wurde, die hierher gekommen waren, möglicherweise aus verwandten Motivationen. Man hatte das Gefühl, hier in West-Berlin mit der ganzen Welt verbunden zu sein. Man konnte nach Manila und nach New York, bloß nach Potsdam zu kommen war etwas schwerer. Nach Ost-Berlin sind wir auch regelmäßig gefahren. Wir hatten ein Lebensgefühl, mit dem wir gut leben konnten.

Wer ist nun »wir«?

Meine Frau und ich, vielleicht auch der Kreis unserer Freunde und Mitarbeiter.

Vermissen Sie etwas von damals?

Ich glaube, es gibt politische Veränderungen, in denen wir jetzt leben, dazu gehört der Zusammenbruch aller utopischen Vorstellungen. Das ist ein Schock, mit dem wir fertig werden müssen, der natürlich auch irgendwo seine Folgerichtigkeit hat. Das ist wahrscheinlich die Herausforderung, die übrig geblieben ist von den großen Veränderungen. Ansonsten – die Mauer ist nicht mehr da, wir hatten uns daran gewöhnt, mit der Mauer zu leben. Die Mauer war ja für uns durchlässig, aber eben nur immer in der einen Richtung.

30 Jahre Internationales Forum des Jungen Films – hätten Sie das auch in einer anderen deutschen Stadt so lange machen können?

Das ist wahrscheinlich nicht so leicht zu verpflanzen. Einmal wegen der Größe der Stadt, dann aber auch wegen der großen Zahl an Studenten, Intellektuellen und Künstlern, die sich hier in diesen Jahren aufhielten und so etwas wie einen besonderen Geisteszustand, ein besonderes Klima schufen. Und letztendlich auch wegen der politischen Bewegungen, der Studenten- und Protestbewegung. In den 60er Jahren haben wir das ja alles sehr intensiv durchlebt. Das hat uns beeinflusst in unserer Arbeit und in unserem Umgang mit Film. Das hat die Menschen auch motiviert, zu uns zu kommen, mit uns zu reden oder uns gelegentlich auch in Frage zu stellen. Es gab Polemiken, Zusammenstöße, und es gab die ständige Auseinandersetzung mit dem Osten und mit der eigenen Vergangenheit. Wir waren ja drum bemüht, und sind es immer noch, dass wir uns als Deutsche darüber klar sein müssen, wer wir sind und durch was wir hindurchgegangen sind und was für Verantwortung wir immer noch tragen. In der damaligen Zeit haben wir die Entwicklung im Osten sehr genau verfolgt und standen lange Zeit in Opposition zur Politik unserer eigenen Regierung; wir meinten, wir müssen die Vergangenheit durch verstärkte Aktivität wettmachen, dass wir die Fühler und Antennen auf all das ausrichten, was in Osteuropa vor sich geht und insbesondere auf die Veränderungsprozesse im kommunistischen Machtbereich. Falls solche erkennbar waren. Das fand dann natürlich unser großes Interesse.

Das Forum hatte schon wesentlich früher als der Wettbewerb Filme aus dem so genannten Ostblock im Programm.

Für den Ostblock war die Teilnahme in Berlin ein Tabu. Die Filmfestspiele sind ja aus der Ideologie des Kalten Krieges heraus entstanden. Man wollte den Osten zunächst gar nicht als Teilnehmer haben. Im Gegenteil. Die Brüder und Schwestern sollten aus dem Ostsektor rüberkommen und sollten für geringes Geld die Segnungen der westlichen Filmkultur irgendwie wahrnehmen können. Aber nach einer Weile hat man erkannt, dass das zu einer großen Einengung führt und insbesondere nach dem Bau der Mauer hat

Ulrich Gregor (*1932)

Er ist eine Berliner Kultur-Ikone von untadeligstem Ruf: Über 30 Jahre hat der Filmpublizist Ulrich Gregor die Berliner Filmfestspiele mitgestaltet und sie als Leiter des Internationalen Forums des Jungen Films ergänzt und konterkariert. 1963 gründete er mit Gleichgesinnten die Freunde der Deutschen Kinemathek und erregte durch allerlei Minifestivals und Parallelveranstaltungen zur Berlinale allgemein Aufmerksamkeit. Mancher Film, den das Festival abgelehnt hatte, wurde dafür von den ›Freunden‹ in der Akademie der Künste gezeigt. Als die Krise der Berlinale um 1970 eskalierte, rettete man das Festival, indem man Gregor und die ›Freunde‹ integrierte und ihnen einen eigenen Bereich zuwies: eben das Forum. Gregor wird, nachdem er nun dessen Leitung abgegeben hat, mit seiner Frau Erika weiter im Auswahlgremium des Forums mitarbeiten.

man angefangen zu überlegen, was können wir denn tun, um möglicherweise doch die osteuropäischen Länder bei uns zu haben. Aber das war außerordentlich schwierig wegen der prekären und umstrittenen politischen Definition von West-Berlin, und es vergingen viele Jahre damit, dass Einladungen geschickt und nicht beantwortet wurden. Oder aber es hieß, Ihr habt wohl den Verstand verloren, solange die Bundesregierung hier irgendwie an einer Aktivität in West-Berlin beteiligt ist, werden wir als sozialistisches Lager natürlich niemals teilnehmen.

Für Newcomer schnell nachgetragen: Der Osten wollte immer zeigen, dass West-Berlin kein Teil der BRD ist, und die BRD ihrerseits wollte immer die Bindungen zu West-Berlin betonen oder verstärken. Klassisches Tauziehen.

Als wir mit unserer Arbeit 1971 anfingen, haben wir hin und her überlegt, wie wir dieses strikte Tabu unterlaufen könnten. Aber im direkten Anlauf war das nicht möglich. Was wir aber getan haben, war, bestimmte Beziehungen zu osteuropäischen Institutionen wie zum Beispiel zum sowjetischen Filmarchiv Gosfilmofond auszunutzen, indem wir gesagt haben, wir möchten bitte die sowjetischen Filmklassiker vorstellen, wir wollen Filme von Sergej Eisenstein, Dsiga Wertow, Wsewolod Pudowkin, Esfir Schub und anderen zeigen, die bei uns wenig oder gar nicht bekannt sind. Bitte schickt uns doch die dazu nötigen Filmkopien. Und das haben die auch gemacht, das war eine gewisse Art von Unterlaufen der offiziellen Tabus. Ich erinnere mich noch wie große blau angemalte zylinderförmige Filmbehälter aus Blech ankamen, auf denen in kyrillischen Buchstaben stand: Meshdunarodnyj forum molodoj kino, was allein schon wegen der kyrillischen Buchstaben ein Unikum war. Das haben die Leute vom Gosfilmofond also gemacht, das entging der Aufmerksamkeit (Direktor Priwato, der unser Freund war, hat das riskiert). Aber das war nur mit historischen Filmen möglich. Dann allmählich gab es aber doch bestimmte Signale, dass möglicherweise eine Auflockerung stattfinden könnte. 1972 konnten wir schon einen kubanischen Spielfilm ins Programm bringen mit Hilfe unseres Freundes Saul Yelin. Ich weiß, dass die Ungarn, zu denen wir besonders gute Beziehungen hatten, darauf brannten, nun auch in West-Berlin auftreten zu können. Der damalige Chef von Hungarofilm, Istvan Dosai, fragte uns, ob er nicht ein ähnliches Modell heranziehen könnte wie das mit den alten sowjetischen Filmen, vielleicht könnte er dann auch einen ungarischen Film schicken. Wir hatten sogar schon einen neuen ungarischen Film programmiert, der musste aber im letzten Moment wieder zurückgezogen werden. Das war noch ein bisschen verfrüht, genauer: ein Jahr zu früh. Aber 1975 haben die Sowjetunion und die übrigen sozialistischen Länder dann doch gesagt, wir kommen, und von da ab war alles möglich. D.h. wir konnten Filme einladen, aber nur im Einverständnis mit den offiziellen Filmstellen, Ministerien und Verbänden.

Vor dem Mauerbau sind ja Ost-Berliner Jugendliche nach West-Berlin gepilgert, um sich in entsprechenden Kinos Westfilme anzusehen. Die DDR-Rock-Gruppe City besang das 1987 in ihrem Song »z.B. Susann«:
Da fuhren noch die Straßenbahnen
bis an den Streifen Niemandsland
wo für die armen Zonenkinder
ein Wanzenkino offenstand.
Die LP hieß folgerichtig »Casablanca«. Dazu gibt es noch eine schöne Geschichte – wenn ich die kurz einflechten darf: Toni Krahl, der Sänger von City, hatte mich gefragt, ob ich zufällig einen O-Ton von Humphrey Bogart hätte, er bräuchte ihn unbedingt für den Titelsong der LP. Ich sagte

ihm, kein Problem, höre heute Abend mal ab 23 Uhr den RIAS und schneide mit. Ich baute unter fadenscheinigen Begründungen in meine Sendung eine LP ein, auf der Bogarts Stimme in »Casablanca« zu hören war. Toni in Berlin (Hauptstadt der DDR) nahm alles aufs Band, hatte somit seinen O-Ton, brachte ihn tags darauf ohne Quellenangabe ins AMIGA-Studio, und Bogey kam mit auf die Platte.

Das mit den »Wanzenkinos« habe ich selber nicht erlebt, da war ich noch nicht in Berlin, aber ich habe viel drüber gelesen. Das waren die Konstellationen, unter denen die Berliner Filmfestspiele geboren wurden. Und das ganze Jahr über gab es in der Nähe der Sektorengrenze Kinos, die verbilligte Karten ausgaben. Ich glaube sogar, es war überall in West-Berlin so, dass Bewohner des Ost-Sektors verbilligte Karten oder Karten auch für Ostwährung erstehen konnten.

Die Existenz des Forum fußt auf einem Skandal, nämlich den um die Präsentation des Films »OK« anlässlich der Berlinale. Und Sie selbst haben sich anfangs mit Gegenfestivals zur Berlinale hervorgetan. Was wohl bedeutet, dass Ihnen die Berlinale nicht geschmeckt haben muss.

Mit der Berlinale waren wir damals nicht einverstanden. Ich war Mitarbeiter der Zeitschrift »Filmkritik«, und wir bildeten da so ein gewisses oppositionelles Lager und hatten ganz andere Vorstellungen, was Kino sein könnte und was Kino leisten muss. Diese Vorstellungen existierten aber bei den Filmfestspielen überhaupt nicht. Man nahm uns gar nicht zur Kenntnis. Als ich mich zum ersten Mal bei den Berliner Filmfestspielen akkreditieren wollte – es muss irgendwann in den späten 50er Jahren gewesen sein – da hieß es: Von was für einer Zeitschrift sind Sie? »Filmkritik«?? Davon haben wir ja noch nie etwas gehört. Wie hoch ist denn die Auflage? Was? Die Auflage ist, ich glaube, ich habe gesagt, einige tausend. – Na, das ist ja eine viel zu geringe Auflage. – Ich musste

also kämpfen, um überhaupt akkreditiert zu werden. Wir haben die Berlinale immer einer beißenden Kritik unterzogen, haben alles in Grund und Boden kritisiert. Ich weiß, dass mein Freund und Kollege Enno Patalas einen Bericht über die Filmfestspiele schrieb, dessen Überschrift lautete. »Es ist Mitternacht, Dr. Bauer«. Obwohl ich heute rückblickend sagen muss, auch in diesen frühen Zeiten gab es hin und wieder durchaus interessante Filme auf der Berlinale, von Ingmar Bergman beispielsweise. Und es gab sehr sehr gute Retrospektiven. Wir haben Kurosawa und Ozu kennengelernt. Das war auch irgendwann in den 60er Jahren. Trotzdem hatten wir andere filmpolitische Vorstellungen. Dann hat Dr. Bauer, der damalige Berlinale-Chef, erkannt, er muss uns irgendwie zu Verbündeten machen und hat mich und, ich glaube, auch Enno Patalas, zeitweise zu Mitgliedern seines Auswahlkomitees gemacht – das war schon Ende der 60er Jahre – sodass wir da ein bisschen Einfluss durchbringen konnten. Gleichwohl kam es 1970 zu den bekannten dramatischen Auseinandersetzungen seitens der Amerikaner um den Film »OK« von Michael Verhoeven, der ja bewirkte, dass diese Filmfestspiele noch vor Schluss abgebrochen werden mussten. Es entstand eine derartige Turbulenz und Aufregung, dass jedem klar wurde, es musste etwas geändert werden an diesen Filmfestspielen. In dieser Konstellation waren wir die Richtigen, um gewissermaßen eine neue Abteilung der Festspiele aus dem Boden zu stampfen. Denn wir waren die Stimme der Opposition. Dennoch hatten wir uns bereits ein gewisses Ansehen verschafft und galten als seriöse Menschen, mit denen man reden kann.

Zu den Auswahlkriterien im Forum – was war wichtiger: die Ästhetik, die politische Aussage oder gar der Raritätencharakter?

Wir haben versucht, die ästhetischen und die so genannten politischen, inhaltlichen Kriterien nicht auseinander zu dividieren, sondern als eine Einheit zu begreifen. Und wir haben durchaus nach Filmen gesucht, die versuchten – etwas pathetisch gesprochen – die Welt zu verändern oder die Veränderung der Welt zu beschreiben. Das war unsere Blickrichtung. Aber es ging uns niemals um Filme, die das in Form einer verbalen Botschaft an die Zuschauer bringen, sondern um solche, die ihre Thesen oder ihren Inhalt in eine eigene Bildsprache umsetzen. Das war für uns ein sehr wichtiger Gesichtspunkt. Wir haben immer auch die filmischen Qualitäten gesucht. Es gab Ende der 60er Jahre ja viele Filme, die politisch korrekt, ansonsten aber filmisch äußerst langweilig waren. Es waren gewissermaßen bebilderte Vorträge. Dann gab es wiederum Filme, die mit einer sehr großen Einfachheit gemacht waren und dadurch eine besonders starke Wirkung entfalten konnten. Ich erinnere mich noch an den Film »Winter Soldier« aus den USA, ein Film über den Vietnamkrieg, den wir im ersten Forum 1971 gezeigt haben. Er bestand nur aus Selbstaussagen amerikanischer GIs über Vietnam, was sie dort gesehen und erlebt hatten. Die saßen an einem Tisch und erzählten nacheinander ihre Geschichten. Es war kaum etwas an dokumentarischem Material eingeblendet. Es waren hauptsächlich diese Menschen, die dasitzen und erzählen. Das war einer der stärksten und erschütterndsten Filme, der bis heute seine Kraft bewahrt hat. Wichtig ist: Wir haben nicht nur immer die politisch-philosophische Erleuchtung gesucht, sondern auch die neuen künstlerischen Horizonte. Das war für uns eine Einheit.

Sie haben damit aber auch dem Wettbewerb die Last der komplizierteren Filme abgenommen und er konnte sich fortan auf das Wahre, Schöne und Gute konzentrieren?

Es mag sein, dass man am Anfang durchaus so gedacht hat. Es war ja ganz offenbar, dass auch die Abteilung Wettbewerb sich irgendwie den Zeiten anpassen musste und den veränderten Zeitgeist ebenfalls zu reflektieren oder abzubilden hatte. Nur wusste kein Mensch, wie das zu machen sei. Und die Leute, die da am Ruder saßen, hatten auch nicht das Vertrauen der jüngeren Generation. Insofern waren wir diejenigen, die hier in die Bresche gesprungen sind und ich glaube, dass die »Offiziellen« zuerst einmal erleichtert waren. Sie waren allerdings auch ängstlich und misstrauisch. Man hat uns am Anfang nie einen etwas länger währenden Vertrag gegeben, sondern es ging immer nur von Jahr zu Jahr. Und wir selber waren auch nicht sicher, ob das ein Jahr überdauern würde. Aber nach einer gewissen Weile hat auch die andere Abteilung der Filmfestspiele gesehen, dass sie so nicht einfach stehen bleiben können, dass sie mit bestimmten Dingen nachziehen müssen. Das haben wir all die Jahre hindurch immer wieder erlebt, dass bestimmte Schritte, die wir gemacht haben, von der anderen Abteilung nachgemacht wurden. Zum Beispiel haben wir ganz zu Anfang ein sehr hohes Level für die Seriosität des Informationsmaterials vorgegeben. Die Informationsmaterialien, die die Filmfestspiele bis dahin herausbrachten, waren im Grunde lächerlich. Das waren kurze Werbesprüche und ein Minimum an Information. Wir dagegen kamen mit einem quasi wissenschaftlichen Anspruch daher und haben jeden einzelnen Film reichlich mit Texten aller Art ausgestattet, mit Interviews, teilweise mit Originalartikeln, was von der damaligen Kritik sehr aufmerksam vermerkt wurde. Nach einer Weile stellten wir fest, dass auch der Wettbewerb plötzlich anfing, kleine Annotationen herauszubringen. Annotation (Anmerkung, kurze Charakterisierung, Vermerk, O. L.) ist ja ein Wort, das aus dem östlichen Sprachgebrauch kommt, das haben sie in Leipzig besonders gepflegt. Und langsam hat der Wettbewerb sein Niveau auch höher geschraubt. Ganz blind waren sie natürlich auch nicht, selbst Herr Dr. Bauer nicht. Den habe ich nie als meinen Feind angesehen, er wohl aber uns. Er hatte auch schon vor 1970 gelegentlich Wochen des Jungen Films veranstaltet. Also die haben schon gesehen, dass man etwas in Richtung Neues, Experimentelles unternehmen muss. Aber zunächst einmal waren wir dafür da und die anderen konnten sich beruhigen und wieder Tritt fassen.

Beim Internationalen Forum des Jungen Films gab es immer ein Ritual, das wohl noch eine Reminiszenz an die 68er Gewohnheiten war – die Diskussion danach. Es wurde im Delphi nach den Vorführungen ein Tisch auf die Vorderbühne gebracht, Ulrich Gregor war sich nicht zu schade, höchstselbst einige Stühle dazu zu tun, und dann wurden, zumeist von Ihnen, – wenn es vonnöten war, in einem wunderbaren Französisch – die Gäste vorgestellt, mit einigen Fragen angewärmt und alsbald durfte das Auditorium disputieren. Waren diese Diskussionen fruchtbar?

Diese Diskussionen haben wir von Anfang an als sehr wichtig angesehen. Wir wollten keine Pressekonferenzen haben, auf denen sehr häufig dieselben Fragen oder auch irrelevante Fragen gestellt werden, sondern wir wollten einen richtigen Dialog haben. Und zwar auch unter Beteiligung der Zuschauer. Die Zuschauer sind schließlich diejenigen, die den Film gerade gesehen haben. Sie sind motiviert und haben mitunter auch eine gute Intuition, worüber man reden sollte. Wir haben viel Energie auf diese Diskussionen verwendet, das war für uns einer der wichtigsten Punkte. Ebenso wichtig vielleicht wie das Ausstatten der Filme mit guten Dokumentationen. Es ist natürlich jedes Mal ein kleines Risiko dabei, und man weiß nie ganz genau, wie so eine Diskussion eigentlich ausgeht. Ob der Betreffende nun sehr lakonischschweigsam ist oder aber sehr redselig, oder wie die Stimmung im Saal ist. Mal geht es gut und mal nicht. Aber es muss auf jeden Fall gemacht werden. So viel ist sicher.

Haben Sie irgendwann mal Ihre nahezu sprichwörtliche Contenance verloren?

(Zögernd.) Ja, das ... hmmmmm.

Sie müssen diese Frage nicht beantworten.

Ich muss ein bisschen nachdenken. Sagen wir mal: es gab schwierige Situationen. Ich erinnere mich daran, dass wir einen Film von Rosa von Praunheim zeigten, den zeigten wir um Mitternacht. Und bei den Mitternachts-Filmen machen wir im Allgemeinen keine Diskussionen mehr, weil es dann wirklich sehr spät wird. Rosa von Praunheim wollte aber unbedingt eine Diskussion, er hat darauf bestanden, es war ungefähr um 2 Uhr. Und als wir dann auf der Bühne saßen, brach irgendwie das reine Chaos aus, weil alle Leute in einem überdrehten Zustand waren. Es redeten im Publikum immer mindestens drei Leute gleichzeitig. Andere erkletterten die Bühne und kamen in unsere Nähe, um da direkt ein Gespräch zu führen. Und auf dem Balkon des Delphi-Kinos, das weiß ich noch, stellte sich jemand auf seinen Sitz und sang eine Opernarie.

Herrlich – das war Rest-Berlin in Reinkultur! Immer voll daneben.

Es war also ein unbeschreibliches Chaos, und selbst dem Praunheim wurde es irgendwann zu viel. Er wollte nicht mehr und hat das dann abgebrochen. Nicht ich habe es abgebrochen, er hat es abgebrochen!

Aber Stühle schleppende Festivalleiter gibt es sicher nicht so viel ...

Es ist vielleicht nicht die Regel, aber das hat wohl auch damit zu tun, dass wir immer versucht haben, unseren organisatorischen Apparat klein zu halten. Deshalb packte jeder zu, wo es nötig war. Das war unser Arbeitsprinzip. Und nicht einen riesigen Apparat mit Arbeitsteilung auszubauen. Das war unser Vorteil und vielleicht auch unser Privileg, dass wir eine kleine Gruppe waren und nicht in Organisationsstrukturen erstickt sind.

Ich wollte Ihnen nur klar machen, dass das wohlwollendst vom Publikum bemerkt worden ist.

(Lacht.) Auch Filmrollen habe ich schon getragen, und ich habe mir gesagt, wer mit Film zu tun hat, kann sich immer wieder im Schleppen schwerer Gewichte üben, denn die Situationen kommen einfach. Und eine 35mm-Filmkopie wiegt etwas über zwanzig Kilo, das habe ich gelernt.

Kann man ein Publikum aufbauen?

Das kann man, aber man muss dabei sehr häufig wieder von vorn anfangen. Wenn man meint, man hat ein Publikum aufgebaut und hat ihm dies und jenes mitgeteilt – eh man sich's versieht, ist plötzlich schon wieder eine andere Generation da, bei der man wieder von vorne anfangen muss. Man kann sich nie drauf verlassen, dass man etwas gebaut hätte, worauf man nun immer setzen könne. Wir brauchen aber die Übereinstimmung im Grundsätzlichen. Zwischen uns, die wir was bewegen wollen, und den Leuten, für die wir das tun. Es muss irgendwelche Grundübereinstimmungen geben, das sind Motivationen oder Auffassungen allgemeiner Art über das Leben in der Gesellschaft. Oder was man mit seiner Freizeit anfangen will. Oder was für Werke oder Erlebnisse man überhaupt im Leben sucht. Ich denke mir, es sind manchmal auch Erwartungen oder Bedürfnisse noch unausgesprochen, unformuliert, undurchdacht, auf die wir dann reagieren können. Und dann kommt irgendetwas zustande. Man muss versuchen, den glücklichen Moment herauszufinden und den Zeitgeist immer wieder neu abzuklopfen und da anzusetzen, wo ein Interesse besteht, um dann vielleicht auch etwas an Kenntnissen einzuschmuggeln oder Erlebnissen, die für die Zuschauer eine Bereicherung sein können.

Das führt logischerweise zu der Frage: Was war der Grund, seinerzeit die »Freunde der Deutschen Kinemathek« ins Leben zu rufen und damit einem doch relativ starken Medium noch Schützenhilfe zu geben?

Die Gründung dieses Vereins geht ja sehr weit zurück, das war im Jahre 1963. Und was hatten wir denn in diesem Jahr in Deutschland für eine Situation? Da war der Film irgendwie in der Wüste, das war eine totale Stagnation, es gab nirgendwo den Ansatz von etwas Neuem und diejenigen, die das Neue suchten oder herbeibringen wollten, das war eine jüngere Generation, in meinem Fall, von Kritikern und schreibenden Menschen. Es gab aber auch bei den Filmemachern selbst und in anderen Bezirken der Kultur solche Entwicklungen und Ansätze. Aber wir waren noch nicht durchgedrungen und gehörten noch nicht zum Establishment, sondern mussten um unsere Anerkennung kämpfen. Es gab in den 60er Jahren hier und da interessante Signale, das Oberhausener Manifest vom Februar '62, beispielsweise. Das war etwa zeitgleich mit unsere Gründung. Wir haben damals die filmkulturelle Szene beobachtet, aber von Kultur kann man fast gar nicht reden, es gab so etwas gar nicht und wir dachten, wir müssen jetzt unbedingt etwas bewegen, etwas selbst erzeugen. Da haben wir dann ganz einfach einen Verein gegründet, nämlich diesen Verein »Freunde der deutschen Kinemathek«, der sich zunächst einmal zur Aufgabe gemacht hatte, die Filmbestände, die in der damaligen deutschen Kinemathek archiviert waren, der Öffentlichkeit zugänglich zu machen und darüber hinaus auch noch andere Veranstaltungen auf die Beine zu stellen. Zunächst einmal in einem monatlichen Rhythmus in der Akademie der Künste. Das alles ohne jede Hilfe, ohne jede Unterstützung. Das haben wir für selbstverständlich gehalten, dass wir das so machen. Wir begriffen uns als eine Opposition und wir dachten, wir können gar nicht erwarten, dass uns irgendwelche Leute jetzt kräftig unter die Arme greifen, sondern wir müssen alles mit eigenen Kräften realisieren. Das war unsere Überzeugung, und das hat uns dann auch die innere Motivation und das Rückgrat gegeben, keine Kompromisse zu machen. So haben wir damals diesen Verein gegründet und uns erst einmal in den 60er Jahren profiliert durch viele Veranstaltungen, die wir gemacht haben, oft auch politischer Natur. Aber es war nicht leicht, wir mussten kämpfen und keiner von uns wurde irgendwie bezahlt, und irgendwann schrieb Karena Niehoff, wir müssen aufpassen, dass die Helden nicht müde werden. Damit meinte sie uns. Sie gehörte ja ebenfalls zu unseren Mitgründern, genau wie Friedrich Luft und einige andere bekannte Figuren, Helmut Käutner gehörte auch dazu. Ungefähr in dieser Zeit wurde ja auch die Schaubühne gegründet und der Wagenbach-Verlag.

Man kann also leicht pathetisch sagen, dass Sie mit dieser Institution den Film in die Kulturlandschaft West-Berlins eingefügt haben.

Das war unser Ziel. Wir wollten Filmbildung erzeugen, gleichzeitig aber auch das moderne Kino ins Bewusstsein rücken. In unserer ersten Veranstaltung zeigten wir einen alten expressionistischen Stummfilm, das »Wachsfigurenkabinett« von Paul Leni, und dazu haben wir die Kurzfilme der Regisseure von Oberhausen gezeigt, die es damals schon gab – also diese Kombination von Altem und Neuem, dieses Funkenschlagen aus der Begegnung von weit auseinander liegendem Material erschien uns wichtig. Wir haben mit diesem Konzept von Anfang an sehr starke Resonanz gehabt. Die Akademie der Künste war voll. Wir haben viel aus dem Osten geholt, zum Beispiel den Film »Der geteilte Himmel« nach dem Roman von Christa Wolf. Das war kurze Zeit, nachdem die Mauer gebaut wurde, und Konrad Wolf, der den Film gemacht hatte, kam nach West-Berlin und hat mit uns diskutiert. Wir haben auch Michail Romms »Gewöhnlichen Faschismus« gezeigt und das amerikanische *uncontrolled cinema*, wobei es übrigens die Amerikaner waren, die uns etwas Unterstützung gewährt haben.

Lief das über die Alliierten?

Nein, es war so: Wir hatten unter unseren Freunden und Bekannten zufällig jemanden, der in der damaligen amerikanischen Mission oder im Amerika-Haus tätig war. Und der war sehr filmbegeistert und hatte auch sonst die richtige Einstellung. Mit dem haben wir uns öfter getroffen. Er hat uns Tipps und Anregungen gegeben und uns Unterstützung zugesagt, wenn wir amerikanische Regisseure einladen wollen. Tja, warum nicht! Das haben wir gern angenommen. Die Amerikaner haben uns überhaupt geholfen, wir bekamen Unterstützung auf abenteuerliche Weise und aus den verschiedensten Lagern. Das Amerika-Haus hatte bei der Linken wenig Sympathie im damaligen West-Berlin.

Es galt als Eier- und Farbbeutel-Abwurfstelle.

Trotzdem waren da sehr gute Leute, und als wir das dringend benötigten, bekamen wir eines Tages sogar neues Mobiliar geschenkt, weil sie gerade ihre Sitze abmontiert hatten, die noch sehr gut waren. Und so konnten wir das damalige alte Arsenal mit neuen Sitzen ausstatten. An den Wänden hatten wir aber Fotos aus alten sowjetischen Stummfilmen, die sich teilweise auch jetzt noch im neuen Arsenal befinden. Diese Bilder waren wiederum ein Geschenk der Firma Pegasus von ihrem Inhaber Sergio Gambarow, im Hintergrund standen aber die sowjetischen Instanzen und die offizielle Firma Sovexport Film. So konnten wir sagen, wir sind die einzigen, die in der Lage sind, Gastgeschenke sowohl von den Sowjets wie von den Amerikanern anzunehmen und sie auch in vernünftiger Form wirksam zu machen.

RIAS-Befragung (v.l.n.r.: Rainer Höynck, Olaf Leitner, Lothar Wichert, Ulrich Gregor, Erika Gregor)

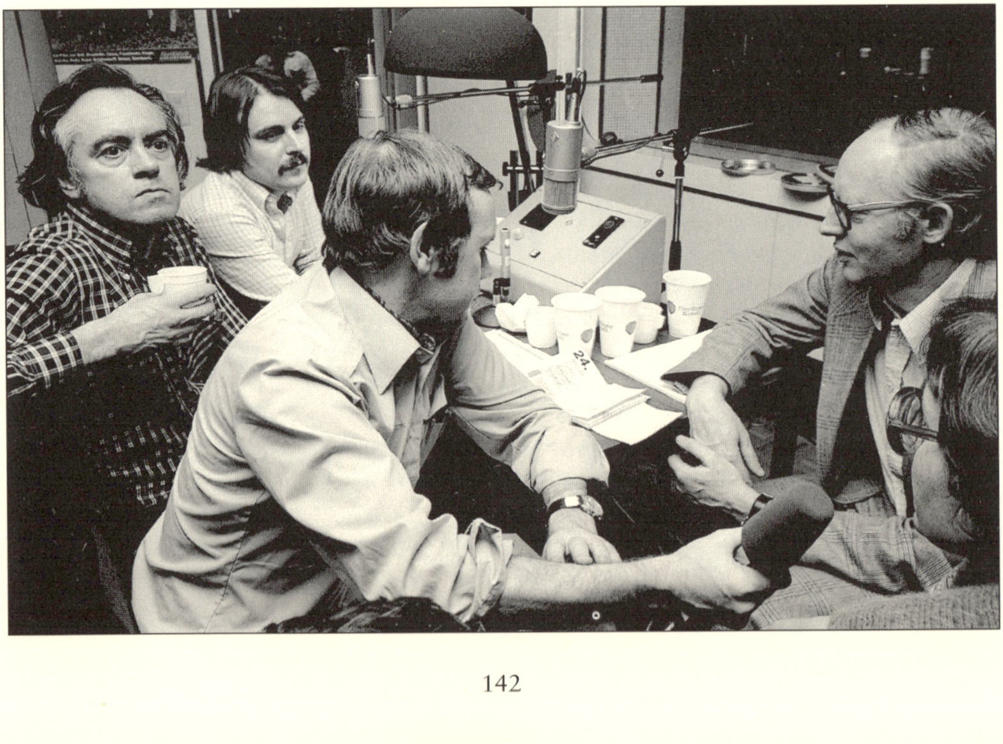

Ihre Frau Erika, die in der Berliner Cineasten-Szene längst einen legendären Ruf genießt, gilt als freundlicher Mensch. Aber die Sage geht, einmal sei sie sehr erbost gewesen, als eine historische Kinostätte, nämlich der Mendelsohn-Bau am oberen Kudamm, an ein Theater, nämlich an die Schaubühne, gegeben wurde.

Wir haben uns damals bemüht, diesem Kinogebäude eine Zukunft als Kino zu sichern. Aber das war zu einer Zeit, als man uns in den Instanzen von West-Berlin, in der Stadtregierung, noch kein Gehör geschenkt hat. Wir galten als irgendein studentischer Klub, der sich da mausig machte. Es war vielleicht etwas zu früh. Aber die Schaubühne ist ja nun auch eine renommierte Institution *(im Hintergrund eine Stimme, Gregor lacht)* – meine Frau protestiert noch immer, das sei ein falscher Schritt gewesen in die falsche Richtung. Es hatte in diesem Bau ja zwei Kinos gegeben, ein großes und ein kleines. Das kleine Kino, ein Filmkunsttheater, präsentierte eine besonders hübsche architektonische Lösung. Wir sind da oft gewesen.

Ihre Frau plädiert auch für das Teil-Genre Nachtkino. Ist es eigentlich am schönsten, sich Filme nachts anzugucken?

Spätvorstellungen haben oft eine besondere Atmosphäre, und man kann feststellen, dass zum späten Zeitpunkt oder gar um Mitternacht Filme ein besonderes Leben entfalten. Aber ich würde sagen, die ernsthafte Bemühung um Kino ist unabhängig von der Zeit. In unseren Anfangszeiten hatten wir so gut wie jede Nacht eine Mitternachtsvorstellung, und gelegentlich gab es auch um 2 Uhr noch eine Vorstellung. Wir haben sogar ganze Nächte hindurch Filme gezeigt, das war auch etwas Besonderes. Aber man braucht dazu natürlich auch physische Energie.

Nachdem die Superkinos offenbar doch nicht der Superhit wurden, plant man, wie kürzlich zu lesen war, in den USA bereits das Super-Mega-Giga-Kino. Was wäre für Sie das ideale Filmtheater?

Ein Kinosaal soll eine Aura haben. Dazu gehört Architektonisches, dazu gehört die Beleuchtung, die Bestuhlung, aber natürlich auch die Präsenz von Programmgestaltern und ein Programmplan mit einer gewissen Linie. Und es gehört ein bestimmter Zuschauerkreis dazu. Das muss alles irgendwie zusammen wirken.

Sie lieben aber hoffentlich auch diesen gerafften Rüschenvorhang, der rot angestrahlt wird und der irgendwann nach oben oder zur Seite gezogen wird?

Sie meinen den Schlagsahne-Vorhang? Gegen den habe ich nichts. Es gibt ja Fans, die großen Wert darauf legen, dass der Film zunächst auf den sich öffnenden Vorhang projiziert wird. Dagegen könnte man halten, dass auch das erste Bild eines Films bereits vollgültig auf der Leinwand erscheinen muss. Das sind eben verschiedene Kriterien. Das ist ganz interessant: Wir haben im Delphi immer die Sichtverhältnisse kritisiert, weil die Schräge dieses Kinos nicht ausreicht, es ist quasi waagerecht angelegt. Und wenn das Delphi voll besetzt ist, hat man nicht immer den unverstellten Blick auf die Leinwand. Man muss den Kopf recken, damit man auch eventuell die Untertitel lesen kann. Überhaupt – man will ja das Bild komplett wahrnehmen. Irgendwann habe ich dann mal zu einem Architekten oder Kinobetreiber gesagt, was ist denn das – man kann ja gar nicht richtig das Bild sehen? Darauf wurde mir entgegengehalten: Was wollen Sie denn? Als das Kino in den 50er Jahren gebaut wurde, da wollte man das so haben. Das war ja eben das Kinoerlebnis, das darin bestand, dass man ganz viele Köpfe vor sich sieht, die auch im Bild sind. Da musste ich mich im Stillen schon wundern. So ein Kino möchte ich natürlich nicht haben. Heute werden die Kinos mit einer stärkeren Schräge gebaut, sodass man einen unverstellten Blick auf die Leinwand hat. Allerdings kann man auch hier wieder zu weit gehen, denn wenn man das bis zu einer Schräge von 45 Grad baut, dann bekommt man eine Atmosphäre wie im Wartesaal. Durch die geringere Neigung aber entsteht ein angenehmes Raumgefühl. Raumgefühl und Wahrnehmungsmöglichkeit – das ist kontradiktorisch gelagert.

Der soziale Faktor spielt beim Kinoerlebnis natürlich auch nach wie vor eine große Rolle. Das reine Zeigen von Filmen ist heute nicht mehr so ganz ausreichend. Was die Zuschauer gern haben, ist die Präsentation und die Gegenwart, die Anwesenheit von Menschen. Wenn über einen Film geredet wird oder wenn noch irgendetwas im Anschluss an den Film passiert. Sei es, dass es einen kleinen Umtrunk gibt, wo man sich treffen und reden kann. Solche sozialen Faktoren spielen eine Rolle, und man muss jede Filmvorführung zumindest zu einem Mini-Ereignis machen.

Hinzu kommt, dass die Möglichkeit, zwischen verschiedenen Filmen zu wählen, von den Zuschauern dankbar begrüßt wird und man es sich eigentlich nicht leisten kann, so etwas nicht mehr anzubieten. Selbst die Filmkunsttheater versuchen, in allen möglichen Nischen und Vorräumen kleine Extrasäle zu etablieren. Die Mehrfachkinos oder Multiplexe müssen ja nicht a priori schlecht sein. Rein theoretisch könnte man ein Multiplex-Kino wie ein Filmmuseum programmieren und da immer nur gute Filme zeigen. In der Realität aber sind die Multiplexe natürlich Maschinen, um Profite einzufahren, die Menschen werden reingeschleust und dann wieder entlassen. Meistens sind die Eingänge prächtig und die Ausgänge sind irgendwelche furchtbaren Hintertreppen, wo es äußerst ungemütlich zugeht. Letztlich aber wollen die Leute aus einer Palette, einem Angebot auswählen. Wir sind dem ein bisschen entgegengekommen, indem wir nun am Potsdamer Platz auch zwei Kinos, Arsenal 1 und Arsenal 2, haben. Wir sind da eingebaut zwischen zwei Multiplexen, zwischen Cinemaxx und CineStar. Und sehr häufig beobachte ich bei uns Menschenströme, große Ansammlungen und gucke dann durch die Fensterscheibe auf die großen Korridore und schönen Teppiche und denke, ist das Kino dort überhaupt in Betrieb? Ich kann da keine Menschen sehen, außer der Bedienung an der Sekt-Bar, die auf Kundschaft wartet. Aber es kommt keine. Ich übertreibe jetzt vielleicht ein wenig. Wir haben auch keine Berührungs ängste, wir haben sogar Türen gebaut, dass man zwischen diesen Bereichen hin- und hergehen kann. Unser Programmangebot kann man als einen Teil der großen Vielfalt begreifen. Wir bieten eben etwas, was kein anderer bietet. Wir sind ein aktives Filmmuseum – es gibt ja auch noch ein Filmmuseum buchstäblicher Art in diesem Hause, einige Etagen höher. Das ist eben auch eine lebendige Art, Kino zu rezipieren, auf die wir großen Wert legen und die auch nicht ausstirbt.

Ulrich Gregor – West-Berlin dankt Ihnen für dieses Gespräch!

1500 Jahre Berlin – Die Doppel-Fête an der Spree

Noch ist dieser 1. Mai in Berlin ein schöner Tag. Im Radio sagt Herr Breit die 35-Stunden-Woche an, im Fernsehen (West) ist der Papst am Segnen. Und im Fernsehen (Ost) marschieren fröhliche DDR-Menschen durch ihre aufgeputzte Geburtstags-Hauptstadt, schwenken Fähnchen und reichen ihre Babys dem Genossen Honecker zum Küssen. Der ist gut drauf und winkt unermüdlich. Ich bewundere ihn in meiner Wohnung am Bayerischen Platz, einige tausend Meter jenseits der Mauer (von ihm aus gesehen). Die aufziehenden Regenwolken, die sich am Himmel zusammenrotten, entgehen mir nicht. Unerbittlich streben sie nach jenseits der Mauer (von mir aus gesehen). Noch winkt Erich leicht bekleidet, neben ihm muffelt Willi Stoph (Ministerratsvorsitzender) missmutig in die Menge. Hier, in West-Berlin, gießt es inzwischen kübelweise, und auch das DDR/TV-Bild trübt sich ein. Und als endlich verdiente Sportler des Volkes die Ehrentribüne passieren, passiert es. Der Regen hat die Mauer überwunden und platscht über die jungen Recken. Als am Schluss der Parade die Kampfgruppen (das Auge wach, der Marschtritt fest!) herbeistampfen, gilt es nicht mehr, dem Klassenfeind zu trotzen, sondern den Fluten. Die Mauer, die jene Herren anno '61 bauten, war offenbar doch nicht hoch genug. Genosse Erich, immer noch bester Stimmung, hat sich einen Regenmantel überlegen lassen. Und winkt. Mannhaft stemmt man unter ihm die Fahnen gegen den Sturm, unerbittlich wie ein Standbild aus den Fäusten des Sozialistischen Realismus.

Das DDR-Fernsehen beendet seine Originalübertragung und sendet ein Volkslieder-Potpourri bekannter Melodien. Eben stimmt man eine neue Weise an: »Die Bächlein von den Bergen springen ...« Nanu, wo war denn die erste Strophe? Die geht nämlich so: »Wem Gott will rechte Gunst erweisen, den schickt er in die weite Welt ...« Ach so, na klar, jaja. Die Tabus unberührt lassen: Nicht Gott, sondern die Partei liefert den Reisepass. Dabei denke ich an Helga aus Cottbus, die gerade bei Verwandten in Hannover ist. Es wird doch, Freunde, nur Geduld!

Auch in der »Besonderen Politischen Einheit Westberlin« (DDR-Lob) kommt man an diesem Abend in fröhlicher Geburtstagslaune zusammen und haut auf den Putz. Mancher atmet erleichtert auf: Kreuzberger Nächte sind noch immer heiß. Die Szene wirft Dreck auf den Smoking der feiernden Doppelstadt. Die Gegenkultur lebt. Auch wenn sie sich stets gehorsamst danebenbenimmt und pubertierenden Polizisten, den Prügel-Knaben verfehlter Sozialpolitik, quälende Überstunden aufbrummt. Denn in Kreuzberg wohnen Leute, die keine Yacht am Wannsee haben. Und keine Lobby im Senat. Anderntags wird sich die Szene dennoch fragen, ob es Sinn macht, den kleinen Leuten die Läden zu demolieren (was Konzern-Filialen betrifft, ist die Antwort schnell parat).

Das Schöngetue und das eitle Spreizen vor den Touristen hat an jenem ersten Maitag einen Dämpfer bekommen. Der Regierende Bürgermeister streut inzwischen einen neuen Begriff unters Volk: »Anti-Berliner«. Das sind jene Leute, denen der SPD-Filz von einst genauso auf den Senkel ging, wie die Baulöwen-Puff-Connections der schwarzen Politiker heute. Und wenn die ihre Westen schon nicht weiß bekommen, wollen sie's jedenfalls mit dem Kreis schaffen. Die Mietpreisbindung soll weg, die Stadt wird »Weißer Kreis«. Es locken Münchener Verhältnisse. Jedoch ohne Umland als Fluchtregion für Kleinverdiener. Auch ein Geburtstagsgeschenk. Für die Hausbesitzer.

Anti-Berliner. Diepgen teilt die Stadt also nochmals. Und seine Mauer ist ebenso hoch. Auf der einen Seite die Medien, die zur einen Hälfte von Springer Nachf., zur anderen von der CDU direkt gesteuert werden. Auf der anderen der klägliche Rest: Das Wenige, was in der Splitterpartei SPD noch nach vorn guckt, dann taz-Leser, AL-Sympathisanten, das alternative Proletariat, die Aussteiger mit dem Drang nach Ruhe vor dem Staat. Ein ungleiches Match.

Im übrigen nervt Diepgen mit der Frage, ob er Honecker einladen soll oder nicht, ob er dessen Einladung annehmen soll oder nicht. Da er sich immer für Nein entscheidet, muß er andererseits die unzerstörbare nachbarliche Liebe beschwören: »Trotz Rückschlägen will Diepgen weiter mit dem Osten reden« lässt er die Berliner Morgenpost verkünden. Und holt sich Körbe aus Riga, Moskau, Kiew für seinen 750. Geburtstag.

West-Berlin, Berlin(West) oder Westberlin feiert genauso protzig wie der »Ostteil der Stadt«. Zweimal 750 sind 1500 Jahre Berlin. Man hat auch zwei Embleme, Feier-Logos. Das der Hauptstadt ist seriös und altmodisch, das von Restberlin bunt und abstrakt. Die Jubiläumszahl ersäuft in Geometrie. Die Wahrheit läge in der Mitte. Am Kiosk in Kudamm-Nähe sehe ich das Berlin-Sonderheft der NBI (Neue Berliner Illustrierte), ein beliebtes Buntblatt aus der DDR. Kostet jetzt 6 DM (West), Verkaufspreis drüben 3 Mark (Ost). Auch ein Schwindelkurs. Die NBI bei uns – das lässt hoffen. Findet man bald den SPIEGEL am Alex?

Sagt Diepgen: »Die wechselvolle Geschichte unseres Vaterlandes hat zur Teilung der Stadt geführt.« So schlicht kann man das ausdrücken. Vergangenheit als Gottesfügung. »Aber im Bewusstsein der Bürger geht es um eine Stadt, einen Geburtstag, um eine gemeinsame Geschichte.« Der definitive Geburts-Tag soll, so hat man herausgefunden, auf eine Festlegung von Goebbels zurückgehen. Wechselvolle Einflüsse.

Erich geht anders vor: »Als Stadt des Friedens weltbekannt, zeugt Berlin vom Schöpfertum des Volkes und der Lebenskraft des Sozialismus.« Er hat seine Teilstadt flott zur »Hauptstadt der DDR« veredelt, während in West-Berlin noch immer über Statusfragen wg. Teilanbindung an die BRD debattiert wird. Die Alliierten haben's hingenommen wie seinerzeit den Mauerbau.

Die Mauer. »Antiimperialistischer Schutzwall«, größte Graffiti-Wand der Welt – Berlin ist stolz darauf. Was sollten wir Mr. Reagan und dem Rest der Welt sonst zeigen?

Meine liebste Mauer-Inschrift lautet: »Made in Germany«. Eben. Bestimmte Produkte können nur von hier kommen. Das ist wirklich die tollste Grenze der Welt: Man spricht die gleiche Sprache, fast den gleichen Slang – die drüben nur viel direkter, unverfälschter, weil unvermischter! Wenn ein Popstar aus Ost-Berlin im West-Berliner KaDeWe einkaufen geht, bleibt er von Autogrammwünschen unbehelligt. Keiner kennt ihn mehr. Zwei, drei Kilometer westwärts, und er fällt in die Anonymität.

»750 Jahre sind genug!« hallt es inzwischen aus Kreuzberg. Die Geburtstagskinder sind bockig. Bei so vielen Wessis ist es eh ein Leihgeburtstag. »Wessis« – das sind die, die von jenseits der DDR kamen. Und es sind schon viele. Und das ist gut so. Ihr versumpft in unseren Kneipen, holt euch den AvantgardeKitzel in Monika Dörings »Loft« und versichert, dass ihr es ewig hier nicht aushalten werdet. Ewig muß ja nicht sein, immer reicht schon. Inzwischen baut ihr euch in aller Gemütlichkeit was auf. Die anderen, die auf der Durchreise, haben alle »noch einen Koffer in Berlin« – eine verdächtige Metapher. Es meint: Berlin ja, aber ... Die Notopfermarken von einst werden heute als verbaler Treueschwur auf die Seele der Spreeathener geklebt.

Neben der Randale hat Berlin noch ein anderes Geburtstagsthema – der Skulpturenboulevard am Kudamm. Da sind einige zeitgemäße Monumentalplastiken zu sehen, die, so meint der Urberliner, zu teuer und zu hässlich seien. Peepshows und Pornoschuppen hatten ihn weniger gestört. Des Volkes Seele kocht, Telefonnetze brechen zusammen, wenn der lokale TV-Sender um Meinungen bittet. Weltstadt?

Wir haben es ja gerne, wenn man uns mit New-York-Vergleichen schmeichelt. Das würde hinhauen, wenn dies hier eine offene Stadt wäre. Im Schnittpunkt Europas, ideal auf der West-Ost-Nord-Süd-Achse placiert, würde Berlin das reich machen, was es jetzt verarmen läßt – sein Standort. Bislang sind wir noch nicht New York, nur die größte türkische Stadt außerhalb der Türkei.

Sitze also hier am Bayerischen Platz, und während ich dies tippe, sehe ich auf den Telespargel (»Fernsehturm«) in der Hauptstadt, sehe die Spitze des Schöneberger Rathauses und habe den bayerischen Löwen im Blick. Keine schlechte Kombination. Wir Berlinischen Preußen mögen die Bayern, auch wenn die uns zur Hölle wünschen. Der Joseph Bierbichler war neulich hier mit Achternbuschs »Gust«. Da sind sie empört rausgerannt aus dem Theater, unsere Ex-Reichshauptstadt-Spießer. Der Bierbichler hat ihnen von der Bühne nachgeschaut und gebrummt: »Solang's zoahlt hoam ...« Oh, war das wunderbar. Der bayerische Humor und der Berliner haben viel gemeinsam. Sie bringen die Sache wieder auf den Teppich. Da kuscht man nicht vor der Autorität. Da sieht man den Rost hinterm Flitter.

Berlin hat Geburtstag. Alles, was sich hier derzeit ereignet, wird als Geburtstagsereignis hochgepuscht. Egal, ob Brecht Premiere hat (natürlich nur die »Dreigroschenoper«), ob ein Japanisches Superfeuerwerk den alten Flughafen Tempelhof in die Luft sprengt oder im Kiez an der Potsdamer Straße die »Geschichte der Prostitution« als Ausstellung geadelt wird. Letzteres allerdings könnte einen Besuch lohnen.

1987

Ich gehörte nicht zum »System Eckhardt«

Ulrich Eckhardt über Geld sparen in Schönefeld, ein deutsches Laboratorium, Fragen ohne Antwort, geheime Zeichen, Blockflöten, Transportsystem Kultur, transatlantische Aspekte, Ausschmückungsaufträge; über Wasserkorsos und Wasserfeste, Devisen statt Kontakte, die Flucht eines Bügermeisters, die graue Eminenz Ragwitz, Hassemer und das Realkabarett, den Minister Kachelofen, Finsterlinge mit Lupe, die Keller-Diepgen-Sensation, unbeliebte Fragen; über Karajan und den »Kommunisten« Eckhardt, den Sieg über die Sonne, Kultur als Vorgarten, die Unberechenbarkeit des Publikums und 1500 Jahre Gesamt-Berlin.

Gesprächsdatum: 28.3.2001

Olaf Leitner: Meine Dauerfrage: Was fällt Ihnen zu West-Berlin ein?

Ulrich Eckhardt: Als erstes fällt mir ein, dass man jetzt Westberlin in einem Wort schreiben darf, das durfte man früher nicht, das war die DDR-Schreibweise und wir waren immer verpflichtet, West Bindestrich Berlin zu schreiben, darauf wurde großer Wert gelegt, das war die Kleiderordnung. Heute ist das überhaupt kein Problem mehr. Dann fällt mir natürlich ein, das Gegenstück zu Westberlin war immer »Berlin – Hauptstadt der DDR«. Ansonsten ist Westberlin für mich nach wie vor ein positiv besetzter Begriff, Westberlin klingt für mich wie Deutsches Laboratorium. Es wurde ja immer von der »Besonderen Politischen Einheit Westberlin« gesprochen, das mochte man nicht hören, das war aber die Wahrheit, in jeder Hinsicht. Es war völkerrechtlich die Wahrheit, und es war realiter so, und wer von Westdeutschland hierher zog, zog dieser Besonderheit wegen hierher und zog nicht hierher wie man von München nach Hamburg umzog.

Es gab ja auch die »Bes. Pol. Einh. Ostberlin«

Man merkte das auch daran, wenn man, was man ja konnte, als Westberliner nach Ost-Berlin fuhr. Dann geriet man doch hin und wieder auch in Kontrollen an der Außengrenze von Ost-Berlin. Also: Die »Besondere Politische Einheit« gab es auch zweimal.

Letztere »Besondere Politische Einheit« hat die DDR aber immer tunlichst vertuscht.

Da wurde ja von beiden Seiten vertuscht. Und es wurde auch von beiden Seiten die Abgrenzung betrieben. Das hat uns aber nicht interessiert, die wir aus anderen Gründen hier waren, weniger aus politischen, sondern mehr aus geistig-kulturellen Motiven heraus. Da hat uns das nicht gestört, das war eigentlich so ein Rollenspiel, das man einfach immer so mitmachte. Man muss das auch wie so eine Art politisches Theater betrachten, so habe ich das immer gesehen. Dieses Hickhack und dieses Theater, wenn wir zum Beispiel, also ich auch selbst, nach Moskau reisen wollte, dann sollte ich immer über Frankfurt fliegen, das hat mich immer amüsiert, ich bin aber natürlich doch von Schönefeld aus geflogen. Als GmbH-Geschäftsführer hat man damit Geld gespart, aber ich fand das auch viel lustiger und viel spannender.

Das war nun wieder eine Auflage des Westens.

Der Westen hat diese Ausgrenzungsgeschichte genau so betrieben. Im Rathaus Schöneberg, dem Westberliner Regierungssitz, gab es im Grunde genommen genau dasselbe Problem wie hier im Roten Rathaus, wo wir gerade sitzen, dass nämlich die jeweilige Stadtverwaltung eigentlich nicht Herr im Hause war. Und so wie hier ganz bestimmt alles kontrolliert und abgehört wurde, so war das im Rathaus Schöneberg genau so – auf der Ebene des Büros des Regierenden Bürgermeisters saßen die sogenannten Verbindungsoffiziere der West-Alliierten, und alles Wesentliche wurde gegengelesen und gegengeprüft. So war das, es war eigentlich eine ganz lustige Zusammenarbeit. Natürlich war sie weniger lustig, wenn Grenzverletzungen passierten und wenn, was ich übrigens auch selbst mitbekommen hatte, dann auch auf Kanuten oder Ruderer am Wannsee geschossen wurde. Aber was das politische Spiel angeht, war das so eine bestimmte Rolle, die jeder hatte und die man so miteinander spielte. Und was ich immer wieder gern erzähle: Unter der Hand oder unter der Grenzlinie hindurch gab sehr viele Kontakte, mehr als nach außen erkennbar wurde, und auch das machte das Besondere aus, und deshalb behaupte ich nach wie vor, das alles wäre nicht so gekommen, diese weltgeschichtliche Veränderung, die wir 1989 erlebt haben, hätte es dieses Westberlin nicht gegeben. Das war auch insofern ein Experimentierfeld oder ein Laboratorium, das das alles vorbereitet hat, was wir jetzt haben und was noch längst nicht vollendet ist, nämlich dieses Wiedererstehen von Mitteleuropa.

Das hatte sich aber aus dem Alltag ergeben – oder haben da hüben und drüben irgendwelche Leute gedacht, wenn es mal anders kommt, dann ...?

So ist das im menschlichen Leben – manche Aktionen macht man, ohne das Ergebnis zu kennen, aber irgendwo gibt es doch so etwas, behaupte ich mal, so was wie einen siebten Sinn. Irgendwo hatte man so das Gefühl, so kann es ja nicht bleiben. Wenn dann in dieser komischen Redeweise von den Oberhirten der DDR da gesagt wurde, die Mauer würde ewig stehen – man sieht es ja, der Beton bröckelte schon, die Mauer hätte sowieso nicht lange gehalten, der Beton war viel zu schlecht. Aber wir waren nie wirklich davon überzeugt, dass das Westberlin so bleibt wie es ist. Man wusste nicht wie und wann, aber es war immer das Gefühl vorhanden, dass sich etwas ändern werde. Für Westdeutschland galt das nicht, da war man einfach zu weit weg davon. Es hat zwar Sonntagsreden gegeben, aber im Grunde hat kein Mensch daran geglaubt, dass es solch radikale Veränderung geben würde, man hatte sich häuslich eingerichtet und nur in Westberlin, deswegen sehe ich das so positiv, hatte man irgendwo noch diese offene Situation gespürt. Und dass sich da noch was verändern könnte. Es war so ein tief sitzendes Gefühl, das man nicht so genau beschreiben konnte: Da tut

Dr. Ulrich Eckhardt (*1934)

Fast drei Jahrzehnte war Ulrich Eckhardt der wohl einflussreichste Kulturrepräsentant West-Berlins. Die Brandt-Scheel'sche Ostpolitik der 70er Jahre hat er kulturell spektakulär begleitet und, wenn es nötig war, diskret abgestützt. Der promovierte Jurist und Musiker, der »unermüdliche Ansauger und Umwälzer von Ideen, Namen und Projekten« (FAZ), war seit 1973 Intendant der »Berliner Festspiele GmbH«. Die Ära seines offiziellen Wirkens endete mit dem letzten Jahrhundert. Das Geheimnis seines diplomatischen Geschicks: »Er geht freundlich auf Menschen zu, und er achtet die Künstler, weil er sie liebt« (Claus Peymann).

sich noch was. Es ist auch richtig, wenn man sagt, es gab diese zwei Gesichter von Westberlin. Es gab dieses Westberlin in dieser Offenheit und in dieser Unvollständigkeit, das Gefühl, da fehlt noch was, und auf der anderen Seite gab es auch diese Verfilzungen und Verfestigungen.

Noch etwas ist ganz wichtig in diesem Zusammenhang zu erklären, dass in den Jahrzehnten der Abschnürung sehr viele abgewandert sind, die man gut hätte brauchen können. Leute, die weiterkommen wollten, die gingen ja von Berlin weg, weil sie keine Perspektive mehr sahen. Das wurde teilweise durch Leute ausgeglichen, die von Westen nach Berlin kamen, weil sie Fragen stellten, die ihnen dort niemand beantwortete. Natürlich gab es auch welche, die dem Wehrdienst entgehen wollten – gut, warum auch nicht!

Es waren nicht die Dümmsten.

Eben. Das waren vielleicht auch die Fragenden. Also Westberlin war ein Ort der Fragen.

Heute ist der Begriff Westberlin eher negativ besetzt. Es heißt immer, das alte Westberlin ... und wenn jetzt wieder diese Sachen hochkommen wie Bankgesellschaften und Immobiliengeschäfte, da klingt wieder so etwas an wie damals Antes und der ganze Baufilz, Kressmann-Zschach, man erinnert sich daran, Garski – dieses negativ besetzte Westberlin ist möglichweise auch manchem noch suspekt. Aber bei mir steht das nicht im Vordergrund.

Wie funktionierte das mit den inoffiziellen Kontakten nach Ost-Berlin?

Das ist eine sehr diffizile Angelegenheit, das kann man mit all seinen Details nur sehr ausführlich besprechen. Ich habe meine Erfahrungen im kulturellen Sektor gemacht. Da war das doch sehr ziseliert in den wechselseitigen Möglichkeiten. Mir fällt dazu eine Anekdote ein, wie Heiner Kipphardt mal das Berliner Ensemble besuchen wollte, das war noch in einer sehr strengen Zeit, und er kam zum Bahnhof Friedrichstraße. Er hat wie alle seinen Ausweis gezeigt, dann verschwand der Grenzer hinter einer dieser geheimnisvollen Türen, er kam zurück und sagte: Sie können nicht einreisen, Sie sind hier eine unerwünschte Person. Worauf der Kipphardt sagte, können Sie nicht mal oder kann ich nicht mal mit Herrn Wekwerth telefonieren? Das war der Intendant vom BE. Das geschah, wie es genau lief, weiß ich nicht, jedenfalls kam kurze Zeit später ein ordenbesetzter hochrangiger Offizier, knallte die Hacken zusammen und legte die Hand an die Mütze und sagte: Wir begrüßen Sie in der Deutschen Demokratischen Republik, Sie sind uns ein willkommener Gast!

Da waren wohl die Akten noch nicht aktualisiert ...

Dann hat mir mal jemand aus der DDR, der mich besuchte, eine ganz winzige, kaum sichtbare Vignette in seinem Pass gezeigt. Das war das geheime Zeichen dafür, dass er Nationalpreisträger ist und deswegen große

Möglichkeiten hatte. Kulturschaffende und Wissenschaftler, die eine Reisegenehmigung hatten und die war nicht so selten, wenn es Leute waren, von denen man annahm, dass sie auch wieder zurückkommen, die schickte man zur Staatsbibliothek am Potsdamer Platz, um dort das Wissen der Welt zu tanken, das in der DDR nicht direkt zugänglich war, denn es gab ja noch nicht diese modernen Technologien, da musste man also noch in Büchern lesen und Fachzeitschriften studieren, die konnten ganz unkontrolliert einreisen. Das ist ganz wichtig für diesen experimentellen Status von Westberlin, dass der Zugang nach Westberlin vom Osten her völlig unkontrolliert offen war.

Weil es die Grenze westoffizieller Ansicht nach nicht gab.

Nein, wer aus der DDR Bahnhof Friedrichstraße ausreisen durfte, konnte am Bahnhof Zoo völlig unkontrolliert aussteigen. Ob Spion oder Normalbürger – wer auch immer. Insofern war dieses Westberlin von einer unbekümmerten Offenheit. Was ich irgendwie auch ganz schön fand. Das hat uns auch etwas eingebracht. Da blieb es natürlich nicht aus, dass dann auch persönliche Begegnungen stattfanden. Man darf nicht den Fehler machen immer zu denken, dass alle, die ausreisen durften und uns besuchten oder hier Wissen zapften, ideologisch approbierte knallharte Parteimenschen waren, ganz im Gegenteil. Es gab unter Intellektuellen die übereinstimmende Meinung: Dableiben und das Land verändern. Das war's eigentlich. Die rasanten Ausreisewünsche der allgemeinen Bevölkerung waren in den Eliten in dieser Weise nicht vorhanden. Man trauerte immer nach, wenn auch dort der eine oder andere ausreiste oder auch über Umwege geflüchtet ist, aber es blieb immer, und das können auch jetzt die Bürgerrechtler bestätigen, die Überzeugung, man sollte nicht abhauen, sondern dableiben. Das zeugt auch davon, dass unter kulturell, geistig und wissenschaftlich arbeitenden Menschen ein sehr viel stärkeres Bewusstsein als bei uns für das Gesamtgesellschaftliche existierte. Man fühlte sich mitverantwortlich, und noch etwas muss ich sagen: Die frechsten und aufsässigsten Kritiker des DDR-Vormundschaftsregimes waren, soweit ich sie kennen gelernt habe, immer Leute, die das SED-Parteiabzeichen hatten. CDU-Leute, also Ost-CDU, die sogenannten Blockflöten, die waren viel vorsichtiger, viel opportunistischer als die in der Massenpartei SED. In der SED gab es auch allmählich einen Generationskonflikt. Man hat gemerkt, dass die Leute, die einen von oben kujonierten und gängelten, dass sie biologisch schon abgebaut werden mussten, und unter den Jüngeren war jetzt keineswegs ein verschärfter Realsozialismus im Schwange, sondern da kamen die Ideen, die man aus Prag kannte, dem frühen Prag, nämlich Sozialismus mit menschlichem Antlitz, zum Zuge. Das waren dieselben Leute, die nachher, '89, auch nicht sofort die Vereinigung wollten. Sondern die wollten zuerst mal eine Konföderation. Deshalb kann ich heute aus meiner Erfahrung im Umgang mit DDR-Menschen nicht mehr sagen, wer in der SED war, darf nicht mehr zum Zuge kommen. Das wäre, aus meiner Sicht, total falsch. Weil gerade unter den SED-Mitgliedern sehr viele waren, die sich darum bemühten, die Bedingungen zu verbessern. Die wussten natürlich gut Bescheid über diese innere Hohlheit der DDR, die sich nach außen als siebt-stärkstes Industrieland präsentierte, in Wirklichkeit aber längst bankrott war. Das wussten die natürlich. Komischerweise wusste das die Bundesregierung nicht. Was haben die eigentlich gemacht? Wozu hatten die ein innerdeutsches Ministerium?? Die waren auf diesen Tag X überhaupt nicht vorbereitet.

Hatten Sie Kontakt zu den Alliierten? Haben die sich eingemischt?

Natürlich nicht so offen. Als ich 1973 hierher kam, ging ich sofort daran, meine Aktivitäten in Richtung Osten zu entwickeln, wobei ich nicht nur die DDR, sondern das ganze östliche Europa einschließlich der Sowjetunion zum Ziel des Kulturaustausches hatte. Es gab sehr merkwürdige Indizien, die mich zur Überzeugung brachten, falls ich, so wie man das in der Gauck-Behörde kann, auch unsere Geheimdienstakten einsehen könnte, ich bestimmt eine finden würde. Ich wurde auch abgehört. Es wurde nicht gerade mit besonderer Begeisterung betrachtet, dass ich diese Aktivitäten entwickelte. Ich war aber nicht zu bremsen, denn ich war GmbH-Geschäftsführer und kein Politiker. Der Osten konnte das nie begreifen, die haben immer gefragt, was ist denn das, eine GmbH? und 'ne Kultureinrichtung als GmbH ist doch Blödsinn. In den ersten Jahren hatte ich damit zu tun, dass ich als Teil der Bundespräsenz in Westberlin betrachtet wurde, denn die Berliner Festspiele GmbH gehörte ja zur Hälfte dem Bund. Ich musste da erst sehr viel Barrieren abbauen. Aber genau dasselbe im Westen: Die wollten ja auch nicht, dass ich das tat. Im Schöneberger Rathaus gab es eine ganze Truppe, die nur immer argwöhnisch hinterher guckte, was der Eckhardt schon wieder treibt und warum der schon wieder so eifrig in der DDR und im Ostblock herumreiste. Es ist ganz eindeutig nicht erwünscht gewesen, sich nach Osten zu orientieren. Das hat sich aber gewandelt im Zuge der Ostpolitik, und dann hat man den Nutzen gesehen, den man mit kulturellen Kontakten hat. Denn die kulturellen Kontakte sind ja auch so ein Transportsystem gewesen. Das sieht man daran, dass die Ständigen Vertreter (der BRD in der DDR) sich sehr stark mit Kultur und Kulturpolitik beschäftigt haben. Das waren, mehr noch als das Ökonomische, deren Arbeitsfelder. Einer der wichtigsten Umschlagplätze und Meinungsbörsen war dieser geheime Saal, der angeblich abhörsicher war, im Garten der Ständigen Vertretung. Da traf man die gesamte DDR-Elite, denn eine Einladung der Ständigen Vertretung hat niemand ausgeschlagen, weil man wusste, da trifft man sich mit entsprechenden interessanten Leuten.

Inklusive der Stasi.

Das wusste aber jeder!

Die Festspiele GmbH, das GmbH-Modell sollte diese Institution entpolitisieren, im gewissen Sinn entstaatlichen?

Ich habe es jedenfalls so benutzt, als Camouflage. Ich war zwar ein Stück Bundespräsenz (die DDR war stets pingelig darauf bedacht, die Bundespräsenz in West-Berlin nicht auszuweiten, O. L.), und ich war ein staatliches Institut mit dem ausdrücklichen Auftrag, internationale Kontakte herzustellen. Die Gründung der Berliner Festspiele war allerdings ganz in Richtung Westen gedacht. Es war ganz eindeutig, dass man den Vorposten Westberlin mit Hilfe einer solchen Einrichtung, Filmfestspiele, Festwochen, nutzen wollte, um die Kraft der westlichen freien Kultur am vordersten Blickpunkt in Richtung Osten zu markieren. Es war also durchaus eine ideologische Angelegenheit. Ich hab das genauso instrumentalisiert, nur den Inhalt verändert und habe gesagt: Diese GmbH ist nicht nur für die Ankopplung westlicher Entwicklungen gedacht. Berlin hatte ja immer in der künstlerischen Entwicklung eine eigene Position. Da musste man diesen transatlantischen Aspekt schon etwas verstärken, was man von Hamburg, Köln oder München aus gar nicht musste, da lief das sowieso. Aber Berlin hatte so einen gewissen Eigensinn. Das sieht man im übrigen in der Bildenden Kunst, die realistische Malweise hat sich nirgendwo außer in Berlin-West so stark erhalten, und das war im übrigen auch etwas, was so eine gewisse Gemeinsamkeit zwischen Ost und West war, ein bisschen anderer Zungenschlag, mit ihrem sozialistischen Realismus, den aber keiner so richtig ernst nahm. Die Leute, die so richtig realsozialistisch malten, die wurden ja auch in der DDR nicht so richtig anerkannt. Das waren die offiziellen Maler, die bekamen bestimmte Ausschmückungsaufträge, aber das war im Westen auch nicht anders. Der Gerling-Konzern nahm auch keine kritische Kunst, sondern nahm abstrakte Dekorationen in seine Kölner Konzernzentrale rein. Das ist im Grunde dasselbe, nur mit unterschiedlichen Profilen.

Diese GmbH als Instrument zu benutzen für diese andere Aufgabe, nämlich den Blick nach Osten offen zu halten und auch zu sehen, dass man jenseits der staatlichen und ideologischen Situationen eine gemeinsame Geschichte hat und dass man vielleicht auch mal wieder eine gemeinsame Zukunft haben könnte, das konnte man mit so einer GmbH wunderbar machen. Im Osten hatte ich dann endlich durchgesetzt, dass ich als Geschäftsführer einer GmbH anerkannt wurde. Ich habe immer gesagt, ich bin eine Handelsgesellschaft, ich bin Kaufmann und will in der DDR einkaufen. Das haben die dann mit Augenzwinkern auch akzeptiert. Genauso konnte ich gegenüber westlichen Einsprüchen sagen, ich fahre über Schönefeld, ich muss nicht über Frankfurt/Main fliegen, denn ich bin kein Teil staatlicher Verwaltung.

Was war der politische Aspekt beim Abflug von Schönefeld?

Kein Beamter, kein Funktionsträger durfte in Schönefeld starten oder landen. Er hätte andernfalls eine gewisse Anerkennung der DDR oder was auch immer demonstriert, vielleicht waren es auch Kontaktverbote. Manchmal sind es auch nur Erfindungen der Bürokratie, die man vergisst abzuschaffen. Kontaktverbot gab es vom Osten in Richtung Westen. Aber es gab auch das Kontaktverbot vom Westen in den Osten. Der Kontakt zur Sowjetunion war unproblematisch, der wurde sogar gefördert. Aber die DDR wurde immer in eine Tabuzone gebracht. Ein Beispiel: Es gab ja nicht nur die Festwochen im Westen sondern auch die Festtage im Osten. Das war sowieso immer merkwürdig: Wenn ich bekannt gab, dass es '87 in Westberlin einen Wasserkorso geben würde, konnte ich Gift drauf nehmen, dass zwei Wochen später in Ostberlin verkündet wird, bei uns gibt's ein Wasserfest. Man hatte prompt diesen Pawlowschen Reflex. – Nun gab es da in Ostberlin einen Kollegen, ich konnte gar nicht einsehen, dass wir nicht eine vernünftige Zusammenarbeit machen könnten, der Intendant-West mit dem Intendanten-Ost. Das war auch ein netter vernünftiger Mann, aber er hatte Kontaktverbot. Er benutzte das Theatertreffen und das Rahmenprogramm, das ihn sehr interessierte, um Reisen zu sparen, denn er hatte nur einen schmalen Reiseetat. So fuhr er mit der S-Bahn, um sich die Stücke hier anzusehen. Das Kabuki- und das Noh-Theater zum Beispiel hat er sich hier angesehen, um es ein Jahr später in Ostberlin zu zeigen. Ich traf ihn dann auch, besuchte ihn und habe ihm gesagt, wenn Sie dies oder das sehen wollen, rufen Sie mich an, zwei Karten sind immer für Sie da. Aber er rief nie an, er durfte nämlich nicht. Ich hatte damals die Angewohnheit, und hab es gern gemacht, weil es für mich wichtig war: wenn Vorverkaufsbeginn war, ging ich auch immer an die Kasse und guckte mir das an, begrüßte Leute und war präsent. Regelmäßig in der Schlange fand ich dann unseren Kollegen Festspielleiter-Ost. Dem war das immer sehr peinlich. Ich sagte dann, Sie sind doch mein Gast!

Wo hatte er das Westgeld her, Devisen waren doch knapp?

Nein nein, er hatte dafür Geld. Lieber gaben sie Westgeld aus, als dass sie ihm erlaubten, mit mir Kontakt zu halten. Er hatte eben Kontaktverbot. Zu diesem Thema muss ich noch eine Geschichte erzählen: So war das auch mal mit Rheinsberg, der Komponist Siegfried Matthus träumte ja zu DDR-Zeiten schon von seiner Kammeroper Rheinsberg. Irgendwann hab ich ihn mal im Sommer besucht auf seinem Seegrundstück in Stolzenhagen und da sagte er, ach, wir fahren jetzt mal nach Rheinsberg. Ich träum davon, und Sie sind doch ein erfahrener Festspielleiter. Wir fuhren nach Rheinsberg und Matthus sagt: Wir gehen jetzt auch mal zum Bürgermeister ins Rathaus. Ich sagte: Das können Sie so einfach? – Ja, ich bin Ehrenbürger von Rheinsberg!, der hat für mich da zu sein. Na, wir haben also den Bürgermeister besucht, Matthus hat mich vorgestellt: Das ist der Festspielleiter Eckhardt, alles war wunderbar. Aber im Gespräch, so allmählich, dämmerte es dem Bürgermeister, dass das der Festspielleiter West ist, und er sitzt da als getreuer SED-Genosse – da hat dieser Mann sich aus dem Staube gemacht, plötzlich war der weg und wir saßen allein im Zimmer, weil er gemerkt hatte, da ist ein kontaktverbotener Mensch. So lächerlich war das damals, aber wir nahmen das nicht so ernst.

Das war ziemlich erniedrigend für Leute wie den Bürgermeister oder Ihren Festspiel-Kollegen.

Ich finde bis heute, die mutigste Tat von dem Rechtsanwalt Rolf Henrich war es, dieses Buch »Der vormundschaftliche Staat« in der DDR zu veröffentlichen, er bekam dafür Berufsverbot. Diese Analyse der DDR ist bis heute unerreicht, die Art, wie Sie sagen, die Leute klein zu machen und sie zu entmündigen.

Wer war der ranghöchste Politiker oder Parteifunktionär, mit dem Sie gesprochen haben?

Mit dem Kulturminister Hoffmann hatte ich einen sehr netten regelmäßigen Kontakt. Den hab ich mal durch eine meiner Ausstellungen im Martin-Gropius-Bau geführt. Ich merkte, er war sehr begeistert und überwältigt und meinte: So etwas gibt es bei uns gar nicht. Wir machten ja diese inszenierten Ausstellungen, das war in der DDR noch ganz ungewohnt. Am Schluss wollte er mir ein großes Kompliment machen, ich merkte, er rang nach Worten und dann sagte er: Also, wenn Sie in der DDR wären, dann kriegten Sie jetzt den Nationalpreis Erster Klasse, oder so ähnlich.

Na, der war immerhin mit Geld verbunden.

Und mit der Reisefreiheit. Hoffmann war ja selbst unter Druck und kontrolliert, und die Kontrolldame ...

Frau Ragwitz?

... Ragwitz! Die habe ich auch kennen gelernt. Aber auf eine ganz unangenehme Weise. Das hat mit Udo Zimmermann zu tun, den ich zur Eröffnung der Dresdner Musikfestspiele besuchte, zu denen ich eingeladen war. Da findet im Rathaus immer so ein Eröffnungsempfang statt. Da sagt der Udo Zimmermann: Ich stell Sie jetzt mal der Frau Ragwitz vor. Ich wusste ja, wer das war, das war die graue Eminenz im Hintergrund, was die Kulturpolitik seitens der Partei betraf. Ich merkte natürlich, er hat ja immer so etwas den aufsässigen Schalk im Nacken gehabt, dass ihm das Spaß macht, die Ragwitz in Verlegenheit zu bringen. Also schleppte er mich hin und brachte mich so richtig schön in Positur und hat mit seiner schneidenden Stimme gesagt, das ist Ulrich Eckhardt, der Intendant der Berliner Festspiele. Da riss die Ragwitz ihre Augen auf, brachte kein Wort heraus, lief rot an, drehte sich um und war weg. Das führte dazu, dass ein für den anderen Tag verabredetes Gespräch im Klub der Intelligenz mit dem damaligen Leiter der Dresdner Musikfestspiele nicht zu Stande kam. Da standen wir dann mit Udo Zimmermann zur verabredeten Stunde an der Tür, aber es machte keiner auf. Zimmermann war ganz irritiert, nach einer Weile ging die Tür einen kleinen Spalt auf, der Hausmeister guckte heraus und sagte: Ich soll Ihnen bestellen, dass das Treffen abgesagt ist. Da hatte die Ragwitz also nichts besseres zu tun als zu sagen, dieser Kerl darf nicht hier mit uns reden.

Kurt Hager haben Sie nicht kennen gelernt?

Nein. Ich hatte auch kein besonderes Bedürfnis, diese Leute kennen zu lernen.

Interessant war noch, dass den Mitgliedern des Berliner Senats, und das ist ein bisschen 'ne heiße Kiste, die ich Ihnen jetzt erzähle, nicht gestattet war, zu Mitgliedern des Ministerrats der DDR Kontakt aufzunehmen, weil es völkerrechtlich wohl nicht kompatibel war – aus Westsicht. Damit aber nun der heiße Wunsch von Herrn Hassemer in Erfüllung gehen konnte, Herrn Hoffmann kennen zu lernen, mit ihm in gemeinsame Überlegungen zum Kulturaustausch einzutreten, haben sich der damalige Ständige Vertreter Bräutigam und ich anlässlich eines Mittagessens, zu dem wir uns ab und zu trafen, etwas ausgedacht. Die Formel war, dass Herr Hassemer Herrn Hoffmann trifft, wenn er in die DDR reist, nicht als Senator, sondern als Vorsitzender des Aufsichtsrats der Berliner Festspiele GmbH. So geschah es denn auch. Es hatte aber zur Folge, dass, wenn immer die sich trafen, ich trotzdem dabei sein musste, um deutlich zu machen, dass hier nicht der Senator Hassemer sitzt, sondern der Vorsitzende. Auch wenn das, was beredet wurde, mit den Festspielen gar nichts zu tun hatte. Diese Treffen, Hassemer-Hoffmann, die werde ich nie in meinem Leben vergessen, denn das war, aus heutiger Sicht, das reinste Kabarett, wie sich das immer abspielte, weil der Hoffmann, den man in der DDR den »Kachelofen« nannte, denn er strahlte Wärme aus, der war immer eingekesselt von finsteren Gestalten. Hassemer – Sie kennen seine fröhliche direkte Art! – und ich, der ich auch kein Kind von Traurigkeit bin, wir saßen auf der einen Seite und freuten uns. Und auf der anderen Seite saß auch einer, der freute sich, das war Hoffmann, aber rechts und links saßen eben diese Finsterlinge, von denen man genau wusste, was Sache ist, dass alles, was hier gesagt wurde, minutiös unter die Lupe kam, kein falsches Komma, und die schrieben auch immer so fleißig mit. Man hatte den Eindruck, der Hoffmann kriegt ab und zu unterm Tisch eins vor's Schienbein. Obwohl – Hoffmann war eine großartige Erscheinung, er machte was her. Er hatte dann später einen Staatssekretär, einen Mann, den habe ich sehr geschätzt und schätze ihn bis heute, Dietmar Keller ...

Der wurde dann später Kulturminister in der neuen DDR.

Richtig. Ich erinnere mich an die Eröffnung einer Ausstellung für Mattheuer, die machte der Dietmar Keller. In der ersten Reihe saßen die ganzen Parteibonzen, Männer mit breiten Brüsten, Uniformen, Parteiabzeichen, alle mit düsterer Miene, an der Sache selbst völlig desinteressiert, aber es war wohl ein Protokolltermin, da musste man sitzen. Der Keller, der ja ein schlanker Mann ist und mit intelligenten Formulierungen, war das völlige Gegenbild, er stand hinter dem Rednerpult, und ich traute meinen Ohren nicht, was der alles über Mattheuer sagte! Da vorne natürlich keine Reaktion, wahrscheinlich wurde das hinterher alles kräftig kritisiert, aber er hatte Mut, das zu tun.

Keller kam 1988, als wir die Ausstellung »Zeitvergleich« hatten, offiziell zur Eröffnung. Das war das erste Mal, dass ein DDR-Minister offiziell nach Westberlin kam. Keller hat zusammen mit Diepgen die Ausstellung eröffnet. Das war eine Sensation. –

Wann haben Sie Berlin kennen gelernt?

1958 bin ich das erste Mal nach Berlin gekommen, ich hab den Anhalter Bahnhof noch stehen sehen.

Ich bin sogar von da noch abgefahren, das Dach war weg, nur die Außenmauern standen noch.

Als ich kam, war das die Endphase des Abrisses. Ich kannte also die Ost-West-Situation auch schon vor dem Mauerbau. Helga Schütz hat das mal beschrieben, das hat mich sehr bewegt: Sie musste, da ja alles zentralisiert war, von Babelsberg aus oft nach Ostberlin, und damals fuhr man mit der S-Bahn noch durch Westberlin durch. Sie schrieb, dass einem gar nicht in den Sinn kam, in Westberlin auszusteigen, und wenn man es tat, dann dachte man, man sei irgendwie im Urlaub oder in der Fremde. Das zeigt, wie man das schon verinnerlicht hatte bei offenen Grenzen, dass es da zwei Berlins gab. Und es ist auch heute noch so, Peymann hat das neulich auch in einem Interview gesagt, es gibt heute noch das Gefühl, in einer anderen Stadt zu sein, wenn man die nicht mehr sichtbare Grenze überschreitet. Das ist beim einen stärker, beim anderen weniger. Wer von Pankow nach Lichtenberg oder Köpenick fährt, bleibt im Land. Wenn Sie aber von Pankow zum Kurfürstendamm fahren, dann ist das fast wie eine Reise, als ob Sie in eine andere Stadt fahren. Die Lebensumstände sind eben noch verschieden und die gesellschaftlichen Netzwerke, was ganz wichtig ist. Die Erfahrungen zeigen mir zum Beispiel, ich kann hinkommen, wo ich will – Sie wissen ja, so eine Gesellschaft lebt ja von diesen unendlich vielen Molekülen und kleinen Gruppen ...

Reden wir doch Klartext: Sie sprechen vom »System Eckhardt«, wie es die FAZ nannte.

Ich gehörte nicht zum »System Eckhardt«, das ist das Absurde an der ganzen Geschichte, denn ich habe, wenn ich es selbst gestalten konnte, immer Wert darauf gelegt, dass gemischte Gruppen entstehen, und wenn ich es nicht gestalten kann, kritisiere ich es immer. Wo immer ich hinkomme und feststelle, es ist kein Ossi dabei, und man redet über Dinge, die die ganze Stadt betreffen, mache ich mich immer unbeliebt, wenn ich die Frage stelle, ist hier ein Ossi dabei? und muss feststellen, es ist keiner da. Dann wird gesagt, wir kennen keinen oder es gibt keine. Weil die Leute, die für uns interessant wären, sich verkrochen haben, sie haben auch eine Desillusionierung hinter sich, Enttäuschungen, Frustrationen, weil sie nicht angekommen sind oder nicht aufgenommen wurden. Es ist eindeutig so: Dieses alte Westberlin regiert jetzt ganz Berlin. Wir dürfen die Wirkung dieser informellen Gruppierungen nicht unterschätzen. Wir haben eine parlamentarische Demokratie, aber die Hälfte der Entscheidungen läuft unterirdisch.

Die Wirtschaftspolitik wurde im klassischen West-Berlin auch nicht in den entsprechenden Senatsressorts gemacht, sondern bei Sahnetörtchen und Cognac im Café Bristol am Kudamm.

Das Parlament ist nicht alles für einen Staat oder eine Gesellschaft. Genauso wichtig sind diese informellen Gruppen und ihre Netzwerke. Und in ihnen ist die Stadt noch getrennt. Diese Gruppen gibt es in Ostberlin auch, aber sie haben nicht so viel Einfluss. Außerdem reden die Westmenschen schneller und die Ostmenschen hören mehr zu, und das macht sie gleich unterlegen. Ehe sie den Westmenschen etwas Durchdachtes entgegensetzen können, haben die das schon in Gang gebracht. Das ist eine Übergangsphase, die irgendwann zuende sein wird, aber noch ist es da. Aber die Einsicht nimmt zu, dass man in unseren Diskussionszirkeln und Brainstormings die andere Seite mit einbeziehen muss. Und dann wird immer der berühmte Friedrich Dieckmann geholt, der neulich selbst gesagt hat, er könne es eigentlich nicht mehr durchstehen, dass er immer zu allem Stellung nehmen müsse, wenn ein Ossi gebraucht wird, sei es zur Schlossdebatte, zum Fußball, zu Preußen oder was auch immer. Er ist aber auch ein unbelasteter unverdächtiger Mann, außerdem steckt er uns intellektuell alle in die Tasche, er ist hoch gebildet, kann hervorragend formulieren und schreiben, er ist wirklich eine Rarität. Er wäre auch in Westberlin eine Rarität, so wie Wolf Lepenies auch eine

Rarität ist oder Wapnewski. Sobald wir auf die mittleren Etagen gehen, ist es aus.

Selbst wenn man ganz bewusst gemischte Runden zusammenstellt, macht man immer noch die Erfahrung, dass sich die beiden Teile nicht mischen, dass man immer noch das Gefühl hat, es sitzen zwei Parteien am Tisch. Seltsam.

Hatten Sie, bei Ihrer Rückkehr nach Berlin Anfang der 70er Jahre, eine Mission?

Ich bin ein Kriegsmensch noch, 1934 geboren, die Katastrophe des Krieges, des Faschismus und der Konzentrationslager, das habe ich ja alles mit eigenen Augen gesehen. Die Nachkriegszeit hatte deshalb für mich nicht die Bedeutung von Wiederaufbau, sondern hatte für mich die Aufgabe, das nachzuarbeiten, was da geschehen war. Und diese Ost-West-Teilung ist natürlich eine Frucht dieser Katastrophe gewesen. Ich kam also aus einem anderen Zusammenhang, der mich irgendwo von Westdeutschland entfremdete, das mochte ich nicht, diese apolitische Haltung, und suchte einen Ort, wo es politischer zuging. Wo man den Kampf der Systeme ganz direkt mitkriegte. Es war logisch, dass die Vietnam-Demonstrationen und ähnliches am heftigsten hier stattfanden, dass die 68er-Geschichte eigentlich hier ihren Höhepunkt hatte. Berlin war bis dahin eine ziemlich konservativ eingestellte Kulturstadt, ich wollte deshalb hier ein bisschen aufmischen, mit Soziokultur, Vorstadtkultur, Kultur für Kinder und mit Kindern, mit Open Air, ungewöhnlichen Spielorten, auf der Straße. Was heute gang und gebe ist, habe ich als erster gemacht.

Und wie hat die Karajan-Fraktion darauf reagiert?

Na, das ist doch bekannt: Ich hatte ja ein Erbe zu verwalten, hatte nicht nur mit der Vorstadt zu tun, sondern eben auch mit Karajan in der Philharmonie. Ich mochte den Karajan, ich war ja auch sein Schüler gewesen als Dirigent. Eines Abends kam es dann zu dem schönen Ausspruch von ihm, da haben wir nach einer Bruckner-Aufführung ein Abendessen gemacht. Ich wollte immer wissen, was hat Musik für einen politisch-gesellschaftlichen Hintergrund. Ich finde, Musik ist immer Ausdruck ihrer Zeit, und versuchte, mit dem Karajan darüber zu diskutieren, wie denn nun Bruckner zu verstehen ist, mit Gründerzeit, usw. Er war fassungslos, hat sich das stumm angehört und zum Schluss sagte er: Ja, aber das kommt doch alles vom lieben Gott?! Damit war die Diskussion beendet. Mir wurde dann kolportiert, dass er einen Tag später gesagt habe, der Eckhardt ist ein Kommunist. Er meinte natürlich, ein Marxist.

Mir ging es also darum, breitere Bevölkerungsschichten anzusprechen, soziale Aufgaben mit zu übernehmen. Mein Interesse für den Osten hat sich dann später entwickelt aus einer Analyse der Lage. Ich habe mir darüber Gedanken gemacht, welchem Zweck die Festpiele GmbH dienen könnte, wenn sie nicht nur kommunal operiert, sondern international. Es war sozusagen ein Stufenplan. Während die Festwochen bislang in Richtung Westen und USA schauten, dachte ich, jetzt machen wir das mal anders, jetzt machen wir Westberlin als vorgeschobenen Horchposten für den Westen, als Vermittler, damit die im Westen auch mal wissen, was im Osten los ist. Die Rechnung ist aufgegangen, die Leute kamen hierher, um hier etwas zu sehen, was sie im Westen nicht sehen konnten. Zum Beispiel die große Ausstellung und das Programm drumrum »Sieg über die Sonne – Russischer Symbolismus und Futurismus« – da waren wir die ersten.

Wenn es Regierungswechsel gab in West-Berlin, waren Sie da jedes Mal beunruhigt?

Sie waren mir nur lästig. Herr Stölzl war der Kultur-Senator Nr. 10, Regierende Bürgermeister habe ich sieben erlebt. Es hat nie ein Problem gemacht. Ob es nun CDU oder SPD war, kleine oder große Koalition. Das einzige war, dass ich immer wieder Leute neu anlernen musste, das zu verstehen, was ich machte. Aber das hat immer geklappt. Offensichtlich waren die Ziele überparteilich zu vermitteln. Man muss ja ehrlicherweise sagen, dass auch die Regierung Kohl die Ostpolitik nicht abgedreht hat, sondern sie hat sie sich organisch weiterentwickeln lassen.

Man sagte, Sie waren immer der heimliche Kultursenator, aber waren Sie nicht sogar auch der heimliche Bürgermeister? Was ich meine ist, die Kultur war doch das wichtigste in Berlin. Große Politik konnte nicht gemacht werden, die Wirtschaft dümpelte vor sich hin, aber die Kultur war die Identität West-Berlins.

Das ist ein wahres Wort! Die Kultur war auch immens politisch. Das unterschied sie ganz stark vom westdeutschen Kulturleben. Alles, was sich hier kulturell tat, hatte immer irgendwo, auch wenn es noch so peripher war, auch eine politische Komponente. Es war für die ›Insel im roten Meer‹ nach draußen das Anbindungsmittel, aber es war auch die identitätsstiftende Kraft in der Stadt. Es war zudem sozialer Kitt, der hielt die Stadt zusammen und brachte der Stadt das Gefühl, jawohl, wir sind eine Gemeinschaft mit einer Aufgabe. Insofern ist Ihre Aussage, das ist mir vorher noch gar nicht so in den Sinn gekommen, wahr! Dass für Westberlin die Kultur an erster Stelle stand. Deswegen ist ja auch der Absturz, den wir jetzt zu verzeichnen haben, so schmerzlich, weil das vielleicht nicht mehr gilt, oder weil es neue Überlagerungen gibt. Weshalb die Kultur eine so hervorragende Rolle gespielt hat, lag daran, dass wir politisch bedeutungslos waren. Wenn ich nur daran denke, wie viele Kilometer Papier beschrieben wurden, um darzustellen, in welcher völkerrechtlichen Lage diese Stadt war, die ganze Transit-Problematik. Eigentlich war die Politik nur eine Lachnummer, ernstgenommen wurde nur die Kultur. Der Westen hat Westberlin ja auch immer so etwas von oben herab betrachtet, wir haben so eine Art Narrenfreiheit gehabt. Und es ist ja bekannt, dass die Kultur in Zeiten von Narrenfreiheit besonders gut gedeiht. Sie ist auch deswegen so gut gediehen, weil es hier unheimlich viele Freiräume gab, es war keine übervölkerte Stadt, sie hatte einen unglaublich metropolitanen Zuschnitt, und es gab überall diese unbesetzten Räume, die die Kunst besetzen konnte, diese Nischen.

Rein körperlich.

Ja, und es gab die Abschnürung, die dazu führte, dass man sich auf das konzentrierte, was in der Stadt passierte. Kultur war unser Vorgarten, den Vorgarten hatten wir allerdings mitten in der Stadt: das Alpenpanorama, die märkische Seenlandschaft, in Form von Essig und Öl oder Ton und Text. Kultur stand also für Narrenfreiheit und war Ersatzhandlung. Ersatz für Politik, Ersatz für Wirtschaft – damit ließ es sich gut leben. Deshalb auch diese vielen Programme, ich glaube es gibt weltweit kaum eine Kulturverwaltung, die so viel anzubieten hatte: Atelierprogramme, Frauenförderung, Stipendien für Literaten, etc., etc. Man hat hier ein großes System von Kulturförderung entwickelt, weil man diesen Garten im Inneren der Stadt immer bewässern wollte.

Gab es eine Berliner Gesellschaft?

Ich habe mich von solchen gesellschaftlichen Gruppierungen immer ferngehalten, denn wenn Sie zu viel auf Partys oder zu Mittag- oder Abendessen gehen, dann haben Sie ständig irgendwelche Verpflichtungen an der Backe, die Sie hinterher nicht erfüllen können. Um mich also nicht total unbeliebt zu machen, bin ich gar nirgendwo hingegangen, wo ich mir hätte solche Obligationen einfangen können. Sie wissen ja: Was man dann irgendwann beim Mittagessen mal fallen lässt, das wird dann später ernst genommen, und deshalb kann ich da nicht mitreden. Aber von außen betrachtet, ist diese Partygesellschaft von heute, die man ja jetzt auch als Society erkennt, ein Phänomen, das es in Westberlin nicht gab. Es gab eine unüberschaubare Menge kleinerer Gruppen auf allen Etagen, die sich kannten und die auch ständig wechselten, was eine gewisse Elastizität und Beweglichkeit der gesellschaftlichen Struktur erkennen ließ – sich mal dem einen, mal dem anderen zuwenden. Also: Es war stärker atomisiert, und es waren weniger Societies als vielmehr Milieus. Die miteinander aber durchaus kommunizierten. Komisch, das Vorhandensein der erwähnten Gruppierungen widerspricht eigentlich dem äußeren Befund, dass es sich um eine zernierte (umzingelte, eingeschlossene, O. L.) Stadt gehandelt hat.

Vielleicht kann man sich besser atomisieren, wenn man einen ganz festen Rahmen hat.

Ja, vielleicht ist es doch gar nicht so widersprüchlich. Kürzlich fand eine Diskussion in einem der Kulturkreise statt, da wurde von Außenstehenden, von Westdeutschen, gefragt, ob es hier Milieugrenzen gegeben hätte oder ob es sie heute gibt. Also scharfe Teilungen – manche gehen nur in die Oper, andere nur in die Off-Szene. Ich habe als ein Kennzeichen für Westberlin gehalten, dass es so etwas eben nicht gab, sondern dass man genau so, wie man in die Philharmonie ging, auch in das Theater zum Westlichen Stadthirschen ging, wenn es einen interessierte.

Auch in der Kulturpolitik, auch wenn sie die CDU machte, war es nie so, dass man sagte, ach, diese Off-Szene, die sind uns zu aufsässig oder ähnliches. Das haben auch immer Leute verteidigt, die lieber in die Oper gehen. Aber heute ist das anders, es ändert sich.

Ich war eine Zeit lang für den RIAS als Theaterkritiker unterwegs und glaube, ich hätte das Theater, in dem ich gerade war, schon an seinem Publikum und an seinem Outfit erkennen können.

Das widerspricht sich nicht. Es gibt das Phänomen, und das muss jeder Kulturmanager wissen, eine gewisse Bindung an Häuser. Ich sage ja auch nicht, dass alle immer alles wahrgenommen haben, das muss ja auch nicht sein. Was ich meine ist, dass das, was da geschieht, in der Wahrnehmung registriert wird, man musste ja nicht immer überall hingehen, aber man kann es wahrnehmen und auch akzeptieren können. Da habe ich im Gegensatz zu Städten wie München, wo die Milieus immer stark getrennt sind, in Berlin eine Durchlässigkeit empfunden. Ob die heute noch gegeben ist, weiß ich nicht.

Es hat alles damit zu tun, dass es doch eine In-sich-Gesellschaft war. Diese »Besondere Politische Einheit Westberlin« war auch eine besondere soziale und gesellschaftliche Einheit, die auch bestimmte Denkweisen hervorbrachte. Und diese Denkweisen sind nicht eindeutig nur auf eine Richtung festgelegt, es gibt genauso die negative Seite, die aber sind in einer anderen Stelle in der Gesellschaft als da, wo ich mich aufgehalten habe. Wenn Sie mich ausfragen, bekommen Sie dieses positive Bild, glücklicherweise, aber es gibt natürlich auch, das ist mir nicht verborgen geblieben, Nachteile und Defizite, Opfer und Verluste, die so eine Situation mit sich bringt. Es gibt Gewinn und Verlust, und man muss die Rechnung aufmachen. Ich finde, die Gewinne überwiegen.

Wenn Sie Ihre Kulturereignisse geplant haben, wussten Sie immer, wie viele ungefähr kommen würden? Haben Sie auf Quote hin gearbeitet, oder war Ihnen das Ereignis wichtiger, auch wenn es nicht erfolgreich sein würde?

Überraschungen erlebt man in Berlin immer wieder. Bis zu meinem letzten Arbeitstag war ich nie sicher. Das ist ein ganz typisches Kennzeichen für diese Stadt, die völlige Unberechenbarkeit des Publikums. Auf der anderen Seite war es immer ein gutes Publikum, was auch reagierte, aber es war nie kalkulierbar. Man denkt, hier ist eine Sache völlig ausgereizt und sieht sich einem Ansturm gegenüber, dann denkt man, hier ist ein großer Ansturm zu erwarten, nimmt einen großen Saal und hat ihn halb voll. Man denkt, hier ist etwas, das interessiert die Leute schon ganz früh, und es interessiert kein Aas. Und am Abend muss man eine halbe Stunde später anfangen, weil die Leute an der Abendkasse alles verstopfen. Deshalb haben mich die Anwürfe von Kritikern nicht interessiert, die mir vorwarfen, da oder da sei der Saal nur halbvoll gewesen. Da konnte ich nur sagen, der einzige Fehler war, ich hab den falschen Saal genommen. Die sagten, na, die Philharmonie war nur halbvoll. Aber wenn die Philharmonie halbvoll ist, dann wäre der Kammermusiksaal überfüllt gewesen und hätte nicht gereicht. Insofern hat das bei der Planung auch nie eine Rolle gespielt, ich nahm darauf keine Rücksicht. Ich nahm das Risiko auf mich, auch vor zu wenigen Leuten zu spielen, dann habe ich mir hinterher gesagt: Selber schuld, da haben die was versäumt! Eine Institution, die staatliche Mittel erhält, muss nicht von der Akzeptanz her planen. Ich kann gut verstehen, wenn Peter Schwenkow von der Akzeptanz her plant, trotzdem würde ich das, was Herr Schwenkow tut, nie im Leben machen, auch wenn ich wüsste, damit könnte ich Geld verdienen, weil das Geld verdienen, trotz der GmbH-Struktur, nicht unser erstes Ziel war. In Ausnahmefällen nimmt man natürlich gern mal was mit. Wenn man, und das hatte ich meinem Nachfolger noch ins Körbchen gelegt, alle Neune von Beethoven mit Simon Rattle und den Wiener Philharmonikern bringt, dann kann man natürlich Geld verdienen.

1987 wurde Gesamt-Berlin ja 1500 Jahre alt, hier 750 und dort 750. Da musste doch für Sie die Luft gebrannt haben. Sie waren »für den freien Teil der Stadt« der Beauftragte – sind die »drüben« nicht in Panik geraten, weil sie Angst hatten, jetzt findet die große Umarmung statt?

Das war die allerspannendste Zeit, diese 2 x 750-Jahr-Feier. Beide Halbstädte hatten sich vorgenommen, sich als Weltstädte zu präsentieren und groß rauszukommen. Da hat man aufgetrumpft. Das ging ja nicht nur in die Kultur hinein, sondern auch in den Städtebau, das Nicolai-Viertel und anderes wurde hergerichtet, bei uns ja genau so. Die Luft hat gebrannt, weil natürlich auch der Ehrgeiz bestand, es dem anderen zu zeigen. Es gab dann die merkwürdige Reaktion, dass man nachahmte, was der jeweils andere tat. Es war vorher nie so viel wechselseitig beobachtet und insgeheim an Informationen abgezapft worden wie in dieser Zeit. Was aber nicht zustande gekommen ist, obwohl es der dringende Wunsch auch von Diepgen und mir war, dass wir diese 750-Jahr-Feier doch irgendwie als eine gemeinsame Geschichte hinkriegen.

Herr Dr. Eckhardt – West-Berlin dankt Ihnen für dieses Gespräch!

Erst kommt der Ruf, dann kommt das Echo

Volker Hassemer über ein diskriminierendes kleines »b«, Profil-Produktion, Mafia-Resistenz, Gesamtberliner Vorahnungen, Trampelpfade ins Ungenutzte, Retorten-Orte, den spirit der Eingeschlossenen, Verständnis von Organismen; über Philharmoniker-Vibrationen, Karajan zwischen 11 und 1, den Mangel an reichen Leuten, Chambres séparées, produktive Nudeln, finstere Stasi-Typen und Städte im Kopf.

Gesprächsdatum: 15.6.2001

Olaf Leitner: Herr Dr. Hassemer – wie ist Ihnen zumute, wenn Sie mit dem Begriff »West-Berlin« konfrontiert werden, was fällt Ihnen dazu ein?

Volker Hassemer: Ja – Festgefügtheit, Gefesseltheit auch, eine Konzentration geringer Möglichkeiten. Zugleich aber, wenn man das intern sieht, schön zu leben, interessant zu leben. Aus dieser Kesselsituation ergaben sich besondere Spannungen, auch eine besondere Kreativität – das fällt mir dazu ein. Und vor allem fällt mir ein – vorbei.

Vermissen Sie was, wenn Sie das so betonen – vorbei?

Ich vermisse in diesem Wortsinn nichts, denn das, was West-Berlin hatte, wird durch das, was Berlin jetzt hat, mehr als aufgewogen und erweitert. Ich vermisse nichts mehr. So gern ich in West-Berlin war, bin ich doch froh, das es vorbei ist. Mich hat die Lust, jetzt neu zu starten, nie verlassen. Das war für mich seit 1989 beherrschend.

Wie schreiben Sie »West-Berlin«?

Ich würde es wohl in zwei großen Wörtern schreiben, ich wollte es dem Wort »Berlin« nie antun, mit einem kleinen »b« zu beginnen.

Das war genau die Strategie der DDR, durch das kleine »b« die Stadt auch klein zu machen.

Das kann sein, ich hab nur noch gar nicht von Gegenstrategien geredet, sondern nur von meinem eigenen Gefühl. Das hat Berlin nicht verdient, dass es aus politischen Gründen zum kleinen »b« gemacht wird.

Aber die DDR hat sich diese Strategie zu eigen gemacht.

Ja, ich glaube schon, dass es so wahr. Die haben sich ja selbst auch nicht Ost-Berlin genannt, sondern »Hauptstadt der DDR«.

Heute machen Sie professionell Werbung für Berlin, ist das was anderes als Ihr Job damals im Senat? Da haben Sie doch auch Werbung für Berlin gemacht.

Ja, aber damals hab ich am Produkt gearbeitet, und heute stelle ich das Produkt vor. Es geht immer um das Thema Berlin, hundert Prozent, aber einmal war ich Konstrukteur, und jetzt bin ich der Marketing-Mann. Ich versuche, das Produkt zu profilieren, besser gesagt: ich versuche die Profile zu schärfen. Ich ziehe, wenn Sie so wollen, Nutzen aus dem, was ich damals als Produzent vorbereitet habe.

So sind Sie einer der wenigen Marketingleute, die ihr Produkt auch in- und auswendig kennen.

Ja – ziemlich gut kennen. Gott sei Dank ist Berlin so vielschichtig – wir sind ja nicht in Tauberbischofsheim –, dass es niemand auch nur annähernd rundherum kennen kann. Das ist ja gerade der Reiz von Berlin, dass es nie in einen Begriff oder in eine Erkenntnis zu bringen ist.

Politik – Wirtschaft – Kultur. Was ist für West-Berlin am wichtigsten?

Wirtschaft am wenigsten. Durch die Lage – denn wir waren ja geradezu idealtypisch zu einer Insel gestempelt, so viel Meer kann eine andere Insel gar nicht haben, um so eine Insel zu sein, wie wir es waren. Und was die beiden anderen Bereiche betrifft – ich glaube, für die Substanz war Kultur das wichtigste. Die Politik hat dann immer wieder die Randbedingungen so gesetzt, dass die Stadt unter Stress stand, und sich auch vom Stress erholte und mit Stress fertig werden konnte und musste. So war das. Politik war da nicht ein Faktor, der die Stadt stark machte, also ein produktiver Faktor. Aber die Stadt war natürlich in exemplarischer Weise politikabhängig. Und wenn Sie wissen wollen, was war West-Berlin, dann spielte da natürlich Politik in der Definition des Irrsinns und dann in dem Versuch, mit diesem Irrsinn zurechtzukommen, eine große Rolle.

Gab es Zirkel, die Ihre Entscheidungen beeinflusst haben, oder das zumindest versuchten?

Zirkel?

Ich könnte auch Mafia sagen.

Nee nee, da bin ich sehr resistent. Es ist ja auch interessant: Es ist nie versucht worden, mich in Zirkel zu ziehen. Ich musste mich gar nicht widersetzen. Meine Resistenz war offenbar augenscheinlich. Nee, das war's nicht. Aber das andere halt: ich bin ungeheuer interessiert an Einfluss auf mich. Aber nicht in Form von Zirkeln und Einzelinteressen und Gemauschel, sondern im Sinne von konfrontiert zu werden mit Erfahrungen, Wünschen, Kenntnissen, Zielen, die ich nicht habe. Die Manifestation des Ganzen ist eben das Stadtforum, das ich dann 1991 machte. Und das ich ja schon mal 1982 angefangen habe. Wir haben ja damals im Weizsäcker-Senat eine Strategie gehabt, einen Zentralen Bereich Berlins zu definieren, obwohl er natürlich am Ende der Welt lag: Es ging um die Umgebung Reichstag bis Siegessäule. Und wir hatten schon einmal eine Stadtforum-ähnliche Diskussion. Das ist zwanzig Jahre her, und man hat das inzwischen vergessen. Das ist die Art, wie ich mich Beeinflussungen stelle oder sogar Beeinflussungen suche.

Hatten Sie, was den Zentralen Bereich angeht, gewisse Vorahnungen gehabt? Sie haben ja mit Zentrum offenbar ein Zentrum von Gesamt-Berlin vordefiniert, wo aus West-Berliner Perspektive die Pampa lag.

Nein, nein! Das war eher ein Problem für uns, dass wir dann diese Zentrale Lage entwickeln

Volker Hassemer (*1944)

Er studierte Soziologie und Juristerei, machte 1971 in West-Berlin sein 2. Staatsexamen und arbeitete dort ab 1972 als Anwalt. Seit 1974 engagiert er sich für Stadtplanung und Umweltpolitik, seit 1979 ist er Mitglied der CDU-Fraktion im Berliner Abgeordnetenhaus, von 1981 bis 1983 Senator für Stadtentwicklung und Umweltschutz und danach bis 1989 Kultursenator. Von 1991 bis 1996 übernahm Hassemer wieder das Stadt- & Umweltressort und war dann bis Ende Februar 2002 Geschäftsführer der Gesellschaft für Hauptstadt-Marketing mbH, »Partner für Berlin«. Der freundlich-aufgeschlossene, zudem beharrliche Hassemer war als Kulturchef seiner Stadt in den Gefilden der Hochkultur ebenso zu Hause wie in den »Niederungen« alternativen Kulturschaffens, wo ihm die subventionsabhängigen Szene-Etablissements launig zuriefen: »Hassemer 'ne Mark!?«.

und uns immer wieder fragen mussten, wie verlaufen denn nun die Straßen, gehen die auf die andere Seite? Und unsere prinzipielle Überlegung war immer, die Planung muss stimmen und in Ordnung gehen, auch wenn die Mauer nicht fällt. Also, dass wir da etwa so eine Art »Öffnet das Tor!«-Planung gemacht hätten, das war nicht. Das kann die Stadtplanung nicht leisten. Aber was Stadtplanung leisten muss, ist tatsächlich auch, Orte mit zu machen. Und das geht wiederum nicht so, dass man Orte aus der Retorte macht, sondern dass man die Entwicklungspotenziale der Orte nutzt und damit etwas anfängt. Das schien uns für den Zentralen Bereich ganz wichtig. West-Berlin hatte ja eine Westwanderung hinter sich. Der größte Ankerpunkt der Westwanderung West-Berlins war die Planung des ICC im Messebereich. Das Congress-Centrum dort hinzulegen machte deutlich: Ost-Berlin hatte die Mauer gebaut, und West-Berlin wandte sich nun von diesem Schreckgebäude Mauer ab, drehte der Mauer den Rücken zu. Wir haben gesagt, das ist zwar verständlich, aber ihr dreht auf diese Weise auch Ost-Berlin den Rücken zu und das ist nicht richtig. Also leiteten wir die Verfahren zum Zentralen Bereich ein.

Im Jahr 1987, als große Animation dieses Grundgedankens, den ich natürlich nicht verloren hatte, als ich dann Kultursenator war, legten wir die bedeutendsten Massenveranstaltungen in diesen Zentralen Bereich. Da wollten wir auch nicht gewissermaßen über die Mauer rufen, darum ging es gar nicht. Aber wir wollten ein solches Großereignis wie den 750. Geburtstag der Stadt nutzen, um, wie ich es damals nannte, Trampelpfade in einen Sektor zu legen, der völlig untergenutzt war. Damit ging auch eine bessere Nutzung und Zugänglichmachung des Reichstages einher – alles was dabei hätte helfen können, war willkommen. Die Bundestagsleute haben mich immer angegriffen, wenn ich gesagt habe, der Reichstag läge absolut am Rande. Aber es war eben halt so. In den 80er Jahren gab es bei uns schon Versuche, das Projekt von Christo hinsichtlich der Verhüllung des Reichstages zu unterstützen – alles lag auf der Linie, den Zentralen Bereich in das Bewusstsein der Bevölkerung zu bringen.

Hat man Ihnen verübelt, dass Ihr erster Weg als Kultursenator nicht zu Karajan, sondern in die Off-Kultur geführt hat?

Diese Frage, ob mir einer was verübeln könnte, habe ich mir gar nicht erst gestellt. Das ist ja auch der Grund gewesen, warum ich am Amt des Senators interessiert war und mit gewissem Erfolg auch Senator geworden bin. Ich hab ja nie Ämter gesucht, die Verantwortung für die ganze Stadt bedeuten würden – bis zum heutigen Tage. Weil Sie als Senator für ein großes Einzelthema dann doch in einer solchen Stadt einen ganz erheblichen Einfluss innerhalb Ihres Bereiches haben. Wenn Sie das geschickt anstellen, sind tatsächlich 90 % von Ihnen verantwortbar. Natürlich auch immer mit Kompromissen, aber letztlich gibt es keine Entscheidung über Ihnen. So. Und das hieß dann wiederum, dass die Art und Weise, wie ich Kulturpolitik verstand, im Ergebnis in meinen Händen lag. Da habe ich mich eben entsprechend verhalten und, wenn ich mich einigermaßen geschickt verhalten habe, konnte mich keiner daran hindern.

Der Name Juppy sagt Ihnen ja was, nicht wahr?

Ja!

Juppy meint, ich zitiere mal: »Und da haben wir halt gesagt, was können wir jeden Tag unternehmen, dass uns diese Ungerechtigkeit mit der Mauer nicht immer im Alltag tangiert, dass wir hier nicht ständig abgetörnt werden. Und so entstanden in jedem Hinterhof Kulturzentren, Menschen, die Mu-

sik, Theater und alles gemacht haben.« Er lobt West-Berlin als Kultur-Biotop und vertritt die Theorie, dass die Kultur ein Instrument war, die Bevölkerung vom Mauerfrust abzuhalten. Gefällt Ihnen das?

Na, ich glaube, die Mauer, die Eingeschlossenheit hatte Wirkung auf die Kultur, auf die Bedeutung der Kultur und auf den *spirit* der Kultur. Besondere Druckverhältnisse können die Kultur nicht nur domestizieren, sondern sie wird dann einfach kreativ, damit zurechtzukommen. Das glaube ich schon, diese Ursache-Wirkung – ja. Aber ich würde für mich nicht sagen, und ich glaub das auch für den Juppy nicht, dass er gesagt hätte, des Morgens aufstehend: Was tue ich heute Gutes für die Berliner gegen die Mauer? Sondern er hatte schlicht Lust, es zu machen. Es war eher ein Ursache-Wirkung-Konstrukt als ein Ziel. Vieles, was in West-Berlin passiert war, war Mauer-verursacht, aber entstand nicht als 'ne Aktion, die jetzt die Mauersituation erleichtern sollte. Das nehm' ich wenigen ab. Das war auch gar nicht nötig. Ich hab auch nicht gesagt, jetzt werd ich mal Kultursenator, damit ich was gegen die Mauer tun kann. Das hätte die Mauer auch viel zu wichtig gemacht und hätte ihr viel zu viel Ehre gegeben. Es genügte schon, dass dieser Blödsinn da war. Sich von ihr dann auch noch den Tagesablauf diktieren zu lassen, das hätte mir nicht ins Gemüt gepasst.

Wie war das Verhältnis Off-Kultur zur Hoch-Kultur, gemessen an den jeweiligen Etats?

Natürlich ist die Hochkultur einfach teurer, die Aufwände, die da zu treiben sind, sind einfach größere. Das ist nicht zu bestreiten. Die Neuköllner Oper verlangte einfach weniger Geld als die Deutsche Oper. Nur – ich bin ja von Hause aus nicht Kulturmensch, sondern mit meinen Erfahrungen eher Umweltsachverständiger und Planer – ich bin ein großer Anhänger von Organismus-Verständnissen. Und das hieß für mich, dass es wichtig ist, das jeweils Adäquate für unterschiedliche Lebendigkeiten dieses Gesamtorganismus zu tun. Das war in der Tradition Berlins, ob SPD oder CDU, nicht unbedingt so bisher praktiziert worden. Und so fiel auch ein bisschen mehr auf, dass ich mich für die Organismusteile, die nicht in den Glanzbroschüren waren, mehr interessierte als andere vorher. Das war aber nicht eine kühle Analyse, eine Strategie, sondern es interessiert mich einfach als Person, weil ich bis zum heutigen Tage davon überzeugt bin, dass mein eigenes Interesse, mein eigenes Wohlbefinden, dass es gut sei, dass ich in Berlin bin, auch mit dieser Qualität zu tun hat. Also musste ich mich nicht in die Off-Szene hinquälen, sondern das entsprach meinem eigenen Stadterleben.

Es war schön, Karajan hier zu haben, und es ist wunderbar, ein berühmtes Philhamonisches Orchester in der Stadt zu wissen. Dennoch die Frage: Haben Karajan und die Philharmoniker wirklich in messbaren Werten etwas für die Stadt gebracht, und wie wirkte sich das aus?

Man muss das, glaube ich, in zwei Kapiteln bedenken: Die Philharmoniker sind natürlich eine unerhört noble und eben auch berechtigt hoch angesiedelte Institution, und da sie

Berliner Philharmoniker heißen, und da man auch sagen kann, so etwas entsteht natürlich nicht nur wegen der zahlbaren Gehälter, sondern weil sich so etwas nur in einer derartigen Stadt aufrecht erhalten lässt – in Dinkesbühl oder so sind schwer solche Leute zusammenzubringen und lebendig zu halten, das heißt, in Vibration zu halten. Also die Berliner Philharmoniker sind wirklich aus gutem Grund, wie manches andere, eine Sache, die uns sehr hilft, die ein tolles *testimonial* der Bedeutung und der Attraktivität Berlins sind. In meiner Zeit damals gab es die Frage, wie halten wir es mit Karajan, weil manche der Philharmoniker eher zurückhaltend waren und sagten, also der ist uns jetzt doch ein bisschen ... wir wollen ihn nicht mehr – aus unterschiedlichen Gründen. Ich hab da ein klares Ziel gehabt, ein Ziel, das ich nicht gegen die Philharmoniker durchsetzen wollte, was auch gar nicht gegangen wäre, aber ich hab damals viel Arbeit investiert, um sowohl Karajan wie auch die Philharmoniker miteinander kooperationsfähig zu halten. Weil ich mir sagte, ein Mann mit dieser großen Leistung für die Philharmoniker in der Stadt und überhaupt für die Musik – man darf wirklich nicht ganz vergessen, Karajan war in seinen letzten Jahren ja wirklich nur noch mit zwei Orchestern arbeitsfähig, nämlich mit den Wienern und den Berlinern – da sagte ich mir, ich kann weder dirigieren noch Musik machen, ich muss aber alles tun, was ich als Politiker tun kann, damit diese Kooperation, solange sie überhaupt noch geht, nicht durch Bruch beendet wird, sondern bestehen bleibt. Das ist mir ja dann auch gelungen. Das war eine ziemlich große Arbeit, auf beiden Seiten, ich bin wirklich wie ein Diplomat vorgegangen, ich kannte die Flugverbindungen und hatte ein bestimmtes System, wie ich so zwischen 11 und 1 Karajan in Salzburg treffen konnte, um mit ihm in Ruhe zu reden und dann anschließend wieder schnell nach Berlin zu fliegen.

Wobei sich die Wiener und Berliner Philharmoniker nicht besonders grün waren. So wie Pepsi und Coca Cola!

Richtig. Für die Wiener war ich ja nicht zuständig, aber von Karajan wusste ich, dass für ihn durchaus die Berliner die Nr. 1 waren. Trotz aller Dinge, die er dann so immer mal nebenbei als Verwundungen ausstrahlte. Dass er dies letztlich wollte, aber sich selbst im Weg stand. Das ist dann so eine Situation, wo man was tun muss ... es war wie jetzt die letzten Wochen zwischen dem Senat und der Love Parade, dass sich Leute selbst im Wege stehen, aber letztlich zusammengehören. Dass man sich da was einfallen lässt, um die Vernunft durchzusetzen.

Es gab offensichtlich in West-Berlin keine wirklich reichen Leute. Hatten Sie für spezielle Projekte genug Sponsoren oder gar Mäzene?

Nein, das war wirklich ein ganz großes Problem. Ich hab damals als Kultursenator in dieser Sache viel Arbeit investiert. Wir hatten innerhalb der Kulturverwaltung begonnen, Mitarbeiter darauf anzusetzen, zum Thema Sponsoring Ideen zu entwickeln, ich hatte unterschiedliche Methoden, um Leute zusammenzubringen. Aber es ist vollkommen richtig, übrigens bis zum heutigen Tage: Berlin ist da in einer nicht einfachen Lage und kann heutzutage nur darauf setzen, dass wir mehr sind als nur Berlin, sondern die Zentrale in Deutschland werden. Wir dürfen nicht warten, bis nun endlich mal eine entsprechende Anzahl von reichen Leuten nach Berlin kommt, sondern wir müssen das Interesse vermögender, erfolgreicher Leute oder wichtiger Unternehmen, die nicht in Berlin sitzen, für Berlin motivieren. Weil es auch deren Interesse ist, Akteur in diesem Berlin zu werden.

Sponsoren sind keine Füllhörner, die nur austeilen. Sponsoren geben, weil sie auch was bekommen. Anders der Mäzen, der segensreich zumeist im

Hintergrund arbeitet und nichts dafür haben will, keine Imagepolitur oder gesellschaftliche Aufwertung. Gibt es denn diesen Typus spendabulus noch?

Den gibt es durchaus noch, aber es gibt ihn relativ immer weniger. Das Sponsoring rückt in den Vordergrund. Und Sponsorship heißt auch, dass man sich zwischen den Institutionen und denen, die Geld geben sollen, überlegen muss, wie man eine größere Nähe – ich sag das bewusst so allgemein – vom einen zum anderen herstellen kann. Größere Nähe ist eben nicht, dass man ihnen die Kontonummer bekannt gibt, sondern dass man sich auf Unternehmen einlässt. Und das sind dann ja Versammlungen von Menschen – Nähe zu suchen ist eben nicht nur eine Last, sondern ist auch eine Aufgabe, die die Institutionen ohnehin haben. Das ist ja wirklich vorbei, das sollten die alle wissen, dass man bei Opernhäusern, Theatern, auch Museen, nur die Aufgabe hat, die Exponate hinzustellen, oder die Schauspieler in Gang zu setzen und ansonsten die Tür aufzumachen – das ist vorbei. Es muss mehr geben, und wenn es mehr gibt, dann ist eben halt auch die Anwesenheit dieser kulturellen Institution in dieser Gesellschaft verwurzelter und stärker und logiert nicht nur in den Chambres séparées. Heute sind Opernhäuser, Theater, Institutionen oft noch Chambres séparées in der Stadtlandschaft. Aber sie müssen sich öffnen und ihren Einfluss über ihr Haus hinaus vergrößern.

Eine für hiesige Aborigines niederschmetternde Erkenntnis ist, dass die vielen erfrischenden und innovativen Kulturideen weniger von Einheimischen als vielmehr von Wessis initiiert wurden.

Nicht ganz falsch.

Auch Sie waren ein Auswärtiger – was hatte Sie dermaleinst nach West-Berlin getrieben?

Ich glaube, Berlin zieht vor allem Leute in ganz spezifischer Konstellation an. Ich hatte damals Interesse an der sehr großen Stadt in Deutschland. Ich hab sie anlässlich einer Abiturreise kennen gelernt, so wie das damals war. Ich habe mich dann ganz entschlossen, im Studium hierher zu gehen, was ich ein Jahr lang gemacht habe. Und war dann ganz klar entschlossen, nach meinem Examen nach Berlin zurückzukehren. Ich wollte diese Unerschöpflichkeit und Unendlichkeit dieser Stadt mit ihrer Vielfalt und mit ihren Ablenkungen.

Welche Persönlichkeiten haben das kulturelle West-Berlin geprägt – ein paar Namen?

(kleine Nachdenk-Pause) Das ist wirklich schwierig zusammenzufassen. Denken Sie mal an so einen Mann wie den Eberhard Roters, der für die Künstler und für die Berliner Kunst, eben nicht nur für die Berlinische Galerie, sondern als Partner enorm wichtig war. Natürlich war dieser Dinosaurier Götz Friedrich für das Musiktheater hoch bedeutsam. Für die Klasse der Kultur, damit auch für die Aufmerksamkeit, war natürlich ein Mann wie Karajan sehr wichtig. Ich rede jetzt wirklich ungeordnet, aber es ist immer wichtig, dass es Leute gibt, die entweder im Netzwerk wichtig waren wie eben Roters, oder dass es Leute gibt, die Expeditionen machen, die Aktionen machen, die Grenzen überschreiten oder der Stadt etwas zumuten, was die Stadt aus eigener Kraft und eigenem Spektrum nicht hinkriegt. Das ist so ein Mann wie der Christo oder ein Mann wie der Joachimides. Und wiederum als Netzwerk-Mensch ist so ein Typ wie der Peter Raue von höchster Bedeutung. Und genau so ein Typ wie der Peter Schwenkow. Und per Netzwerk kommen wieder Leute wie der Ulrich Eckhardt oder die Nele Hertling. Oder ein Mann wie – das ist ja kaum noch zu glauben, wie lange der über alle Klippen hinweg Kultur gemacht hat! – wie der Jürgen Schitthelm. Zu

erwähnen ist auch so eine produktive Nudel wie die Regina Ziegler. Ich kann jetzt gar nicht vollständig werden – gottseidank, das sind so Typen, die einfach die Kraft hatten über eine ziemlich lange Zeit hindurch zu agieren. Da gab es eine Menge Leute im alten West-Berlin, auf die man sich dann auch sehr verlassen konnte. Bei den Galeristen ein Typ wie der Nothelfer, aber auch wie der Brusberg, der neu kam. Man könnte schon ganz viele nennen. Die Maler sind alle etwas ruhig und schweigsam, mal von privaten Begegnungen abgesehen, aber natürlich auch die im Gesamtumfeld der Wilden, gerade die haben ja damals einen ziemlichen Schub gegeben in der Atmosphäre Berlins – das war natürlich auch nicht ohne.

Ulrich Eckhardt erzählt, Sie wollten unbedingt Herrn Hoffmann, Kulturminister der DDR, kennenlernen. Das ging aber nicht offiziell, weil es von Seiten unseres Senats verboten war da einfach rüber zugehen. Das hätte politische Verwirrungen gegeben, man hätte die DDR-Regierung anerkannt u.ä. Sie haben ihn aber doch getroffen in Ihrer Eigenschaft als Aufsichtsratsvorsitzender der Berliner Festspiele GmbH. Das war der diplomatische Trick.

So war es wirklich.

Ulrich Eckhardt erzählt auch höchst amüsiert, dass Sie Hoffmann gegenüber und neben ihm saßen finstere Stasi-Typen, die alles mitgeschrieben haben. Konnte man trotzdem noch vernünftig miteinander reden, auch wenn man weiß, dass alles, was man sagt, auf direktem Wege ins Politbüro transportiert wird?

Davon sind wir natürlich beide, er und ich, ausgegangen. Aber vernünftig miteinander reden – das ist ein Begriff, den ich dabei nicht unterkriege. Das muss ich ehrlich sagen. Weil er auch selbst in seinen Potenzialen begrenzt war. Hoffmann war ein richtiger alter Kommunist. Das erwähne ich um zu sagen, er hatte gar keine Lust, sich da auf aktuelle Ränkespiele einzulassen, er machte das ja schon zwanzig Jahre, den Kulturminister. Er war Kommunist und ansonsten altersmilde. Aber es kam einmal vor, dass er sagte, so, jetzt gehen wir einfach mal zusammen um den Dom. Und dann sind wir tatsächlich um den Dom gegangen und konnten dann sehr klar miteinander reden. Das war im Vorfeld der Kulturstadt Berlin, so, dass mir auch deutlich geworden ist, wie die Ausgangsposition Ost-Berlins da war.

Die Taktik, der Trick war notwendig – man muss sich das ja mal vor Augen führen. Die Alliierten hätten uns das ja sogar verboten, wenn ich da als Senator hingegangen wäre. Ich bin stattdessen als Mann einer Organisation hingegangen, die zu 50 % dem Bund gehörte. Von denen wiederum bin ich betrachtet worden als ein Mann, der von einer Organisation kommt, die zu 50 % West-Berlin gehörte. Beide Seiten haben davon kein Aufhebens gemacht, vor allem Hoffmann auch nicht, was für mich wichtig war – wir haben's einfach getan.

Gab es grundsätzliche Meinungsverschiedenheit zwischen Ihrer Partei, der CDU, und der SPD, was die Grundsätze der Kulturpolitik betraf?

Ich hab nicht danach gefragt. Für mich war es in Berlin wichtig – ich weiß nicht, wie es die anderen machen – dass ich die Themen der Kulturpolitik so weit es geht von der allgemeinen Politik fernhalte. Es gibt Politiker, die gefragt haben, wie oft bist du denn mit irgendwelchen Anträgen oder Anfragen im Parlament beschäftigt worden, und die dann froh sind, wenn es möglichst viele sind, weil es dann nach guter Arbeit aussieht – bei mir ist es umgekehrt. Ich hab gesagt, der Kultursenator muss innerhalb des Politischen eine möglichst große Unauffälligkeit hinkriegen. Nur so kann er erfolgreich sein. Kulturpolitik ist nicht gut aufgehoben, wenn sie sich im normalen Abstimmungsverfahren innerhalb der Politik durchsetzen muss.

Sind Sie mit Ihrer Epoche als Kultursenator ganz zufrieden oder hätten Sie im Nachhinein doch einiges anders gemacht.

Ich wollte ja nicht Kultursenator werden, das war damals die entschiedene Bitte von Weizsäcker. Ich bin im Ergebnis durchaus zufrieden, dass es so gelaufen ist. Ich hatte Lust an Kultur oder Kunst, aber hatte nicht die Fachkenntnis. Und ich hatte vor allen Dingen alle meine Konzentration auf Umwelt und Stadtplanung gerichtet, was ich gerade in einem neuen Senatsressort geordnet hatte. Da war ich gerade in der Spur – ich hab ja vorhin an den Zentralen Bereich erinnert, das war wirklich eine fabelhafte Situation. Gut. Aber im Nachhinein bin ich sehr zufrieden. Sie haben am Anfang gesagt, ich würde Berlin sehr gut kennen, was sicher nicht richtig ist. Aber ich habe zumindest mithilfe zweier großer Scheinwerfer Berlin kennengelernt. Und zwar solchen, die strukturell wichtig sind: Stadtplanung und Kultur.

Die Berliner haben damals gesagt, ach, jetzt macht er Kultur, ist aber gar nicht schlecht, so auseinander sind die Ressorts ja gar nicht.

Ich erinnere mich etwas anders; an Kommentare wie: Er mag ja, sagt man uns, ein ganz guter Stadtentwicklungs- und Umweltsenator gewesen sein, aber was um Gottes willen befähigt ihn deshalb schon, das besonders prekäre Gut Kultur in die Hand zu bekommen. ich erinnere mich daran sehr genau. Und zwar deshalb, weil ich damals stocksauer war. Ich hab Journalisten angerufen und gesagt: Ihr könnt nicht wissen, ob ich es kann, klar. Aber ihr könnt doch nicht wissen, ob ich es nicht kann! Ist das so in der Kultur, dass man so hochnäsig angemeiert wird?

Ja, es ist so.

(Lacht.)

Wenn ich irgendwo auf internationalen Flughäfen bin, dann gibt es oft Panoramen von wichtigen Städten der Welt als Wandzierde zu bestaunen. Da ist der Eifelturm, Big Ben, das Kolosseum, die Freiheitsstatue, die Golden Gate Bridge usw. Ein Berliner Symbol sucht man stets vergebens. Können Sie in Ihrem jetzigen Job dieses Manko beseitigen?

Das bekommt man nicht geschenkt. Solche Anwesenheiten sind nur den Städten erlaubt, die schon in den Köpfen und Herzen aller Leute drin sind. Wir kommunizieren das neue Berlin, was bedeutet, wir fangen erst an, in diese Rolle wieder reinzuwachsen. Wir sind hier von »Partner für Berlin« soweit gegangen, dass wir rundherum wichtige Zeitungen angeschrieben und gebeten haben, sie sollen doch bitte in ihren Wetterkarten nicht Frankfurt drin haben, sondern Berlin. Ja – das sind doch alles solche mittelbaren Sachen! Aber wir haben gemerkt, es ging auch so ein bisschen, ist aber nur begrenzt möglich. Erst kommt der Ruf, dann kommt das Echo. Das, was Sie gefragt haben, ist eine Art von Echo.

Aber in den täglichen Nachrichten taucht ja nunmehr der Name der Hauptstadt Berlin immer auf.

Ja, das ist wahr. Zumindest in Deutschland.

Herr Dr. Hassemer – West-Berlin dankt Ihnen für dieses Gespräch!

Das war der Kudamm: City-Summer

Berlin hat Ferien. Die Familien sind auf Mallorca oder im Allgäu. Berlins Prachtstraße offeriert ihren Charme mit Jauche und Juwelen. Sommer in der Stadt. Man findet Parkplätze und sogar die Urberliner zeigen Ansätze von Freundlichkeit. Es ist fast ein bisschen wie ganz woanders. Ich will eine graue, weiche Stoffkrawatte kaufen. Am späteren Vormittag, den Wittenbergplatz und die Sonne im Rücken, glimmt der Kudamm am Horizont. Die schöne alte Trinkwasserpumpe hat ein Schild um den Hals »Kein Trinkwasser!« Und ein weiteres: »Verunreinigungen der Straße und Störungen durch vermeidbaren Lärm sind verboten«. Auf dem Frotteetuch vor dem Wäschegeschäft lockt die Strapsnackte. Vergeblich. Zwei Schwule, die Hand in Hand vorübergehen, haben die Blicke anderswo. Das Europa-Center ist voll im Griff der Wessis. Vor der fluoreszierenden Eiterbrühe in der gluckernden Glasuhr glauben sie an die Wunder des Universums. In der Boutique im Souterrain, aus der grünkaltes Neonlicht quillt, kaufe ich von seelenlosen, aber schönen Wesen ein Billig-T-Shirt. Als ich den Kühlschrank mit aktueller Hitberieselung verlassen will, leuchtet warmes Rot und es quäkt über mir. Das Wesen hatte nicht nur keine Seele, sondern auch kein Gedächtnis. Es vergaß, meine Diebstahlsicherung im T-Shirt zu entwarnen und entschuldigt sich dezent. Eine graue Krawatte? »Ha'm wa nich!« erfahre ich und man denkt dabei: Is der pervers?

»Toll, wa?!« sagen die Berliner, wenn sich Gegenwartskunst so handlich verwerten läßt wie beim Wasserklops an der G-Kirche. Omas hüten Enkel, Rentner Bruno D. flickt am Schlauch seines Rennrads. Else pennt auf der schattigen Bank und hat die Spuren nächtlicher Ekstasen zur Besichtigung freigegeben: Die Pulle »Kellergeister« ging längst zur Neige. Irgendeine Blaskapelle pustet triviale Harmonien aus Blechkübeln in die Luft. Am Hintereingang der Kirche haben Generationen ihr Wasser abgeschlagen und Weisheiten an die Wand gefilzt. Besonders ein Victor weiß, wo's langgeht: »Hast du Four Roses im Blut, dann geht's dir gut. Hast du nur noch Blut in Four Roses, dann war's 'ne Überdosis.« Im neuen Teil der Kirche schwimmt man im kosmischen Nachtblau und denkt an Ewigkeiten: Jesus hängt irgendwo zwischen oben und unten. Ohne Kreuz im Kreuz – oder sieht man's nur nicht? Die Hippies vor der Tür liegen da so richtig, als habe sie das Fremdenverkehrsamt drapiert: Der Edelladen mit Teppichflor und 1000-DM-Jacken ist ratlos: »Muss die Krawatte wirklich grau sein? Das trägt man heute kaum ... Nicht mal der Herr Bundeskanzler.« Eben drum. Wo alles bunt ist, wird Grau Avantgarde.

Das Gloria zeigt den Film »Wegen Umbau geschlossen«. Die Heilsarmee kriegt bei Wertheim von mir eins in die Büchse. Die Gitarristin peitscht die Saiten wie Ry Cooder und dankt mit einem Erbauungsheftchen. Ein Nachwuchszuhälter führt seinen Kampfhund Gassi. Als ich den Herrenausstatter betrete, wehrt er gleich ab: »Ich kann Ihnen leider auch nicht helfen!« und wirft einen Blick auf meinen Steckbrief. Sommer in der Stadt. Vor dem Juwelier in Kempi-Nähe hingegossen, demonstriert ein Pennbruder im Koma die Zweiteilung der Welt. Ein Jogger hastet vorbei und filtert mit seinen Lungen opferwillig die Luft: Abgase rein, klares Kohlendioxyd wieder raus. Er gibt sich auf für uns. Ich rufe ihm zu, ob er wisse, wo man hier graue Kr... – schon ist er keuchend und in Panik davon. Die Herren-Boutique für gehobene Stände: »Graue Krawatte? Die gab's mal nebenan. Aber der hat dichtgemacht.« Diskret greift man zum Telefon. Ich verschwinde lieber.

Sommer in der Stadt. Und wenn der Winter kommt mit seinem Betonhimmel, schneid' ich mir davon ein Stück heraus und häng's mir um den Hals. Dann scheint oben die Sonne durch und erinnert mich an den Sommer in der Stadt.

Juni 1986

Ich hab virtuell in ganz Berlin gelebt

Uwe Lehmann-Brauns über das ent-szenisierte Kreuzberg, Buchrezensionen im SFB, Ehre und Stolz, den Barlach-Nachlass, Hermann Kants schlechtes Deutsch, den Dosenöffner Ostpolitik, die Hauptstadt im Wartestand, den äußerst kurzen Adenauerdamm; über Grenzwachboote und Schnüffelhunde, Ray Charles für die gute Laune, die Schandtat Checkpoint Charlie, den Wilden im Rolls Royce, autonomisches Schwäbisch sowie über Struktur- und Wertkonservative.

Gesprächsdatum: 9.2.2001

Olaf Leitner: Keiner hat daran geglaubt, aber sie kam doch, die Vereinigung. Und Berlin ist wieder eine Stadt. Herr Dr. Lehmann-Brauns – welche Gefühle haben Sie als langjähriger Kulturpolitiker West-Berlins dabei?

Uwe Lehmann-Brauns: Es berührt mich nach wie vor. Es ist so, das Ethos der West-Berliner war ja nicht das Ethos einer Insel, sondern war das Ethos: die Stadt muss wieder zusammenkommen. Und deshalb eine helle, lang anhaltende, für mich ewige Freude, dass sie wieder zusammen ist.

Gab es irgendwas, das mit dem alten West-Berlin untergegangen ist?

Nein. Kann ich nicht sagen. Im Gegenteil. Ich finde, durch die Erweiterung – Gott, das ist ja fast ein Klischee! – ist die abgeschnittene, die kupierte Stadt, in ihr ursprüngliches Bett zurückgeflossen und kann ihre Möglichkeiten wieder übersehen, hat ihr Umfeld wieder gewonnen. Nein, ich bin in dieser Hinsicht gar kein Nostalgiker. Wenn man unbedingt was finden will, gut, dann ist es schade mit Kreuzberg, dass Kreuzberg ›ent-szenisiert‹ worden ist. Aber dafür haben wir ja die Mitte und den Prenzlauer Berg und Friedrichshain, und es gibt auch viele Leute, die in Kreuzberg wohnen geblieben sind und da leben wollen – also: ich vermisse nichts!

Die Friedrichstraße könnte dem Kudamm den Rang ablaufen.

Das sind zwei völlig verschiedene Straßen. Was man am Kudamm vermisst und was nichts mit der Einigung zu tun hat, das sind die Caféhäuser. Dass das Bristol und das Möhring gestorben sind, das ist schon schade. Berlin ist eine polyzentrische Stadt, immer gewesen, und es war eigentlich ungesund, dass in West-Berlin sich alles auf den Kudamm konzentrierte, so wie es in Deutschland ungesund war, dass sich alles in den Süden oder in den Westen verlagerte.

Die West-Berliner haben immer gern im eigenen Saft geschmort und wenig in den anderen Teil der Stadt geguckt.

Ich gehörte zu dieser Kategorie nicht. Ich kannte mindestens genauso viel Künstler und Künstlerinnen in der DDR wie hier und habe auch einen regen Austausch gehabt. Ich habe auch das eine oder das andere rüber geschmuggelt. Ich war immer auf den Kulturempfängen der Ständigen Vertretung, da war immer die gesamte DDR-Szene, ich habe Heisig mal besucht, ich hatte regen Kontakt mit Mattheuer in Leipzig, ich hatte auch viele Freunde drüben und habe systematisch versucht, mir ein Bild darüber zu machen und hatte viele Bekanntschaften und Freundschaften mit Schriftstellern, von Monika Maron über Lutz Rathenow und viele andere, deren Bücher ich auch besprochen habe, im SFB. Dann bekam ich immer die Rückmeldung, wenn ich wieder rüber ging, haste gut gemacht oder haste schlecht gemacht. Ich habe bewusst, aber ohne mich da anzustrengen, immer drüben mitgelebt. Es gab hier schon einen großen Teil von Leuten, denen der Osten nicht gleichgültig war. Wenn Sie gesehen haben, was da immer rüber fuhr, täglich oder zu irgendwelchen Festen, das waren ja auch Zehntausende, zum Teil Hunderttausende, also: den West-Berlinern war der Osten überhaupt nicht gleichgültig. Es war immer für uns ein Unterschied, auch ein Stück Ehre oder Stolz: die Wessis und wir. Wir hatten Ahnung von den Dingen, wir wussten ungefähr, was los ist, wir kannten die Schikanen, wir kannten auch die Möglichkeiten und wir kannten auch das, was gut und positiv war am Leben, trotz dieser staatlichen Unterdrückung, während die Wessis ahnungslos waren und blauäugig und gar nicht wussten, wo Berlin liegt. Manche waren ganz überrascht, dass West-Berlin eine Insel war. Die dachten, es liegt an der Grenze irgendwo. Davon unterschieden wir uns, das heißt, ich war da keine Ausnahme, es gab viele Leute, die sich sehr für die DDR interessierten. Und Sie dürfen nicht vergessen, im Laufe der Jahre, je mehr '89 heran rückte, desto mehr landeten ja hier die Bürgerrechtler und die Widerstandsgruppen aus der DDR an. Und die haben ja auch zusätzlich für ein solches Klima gesorgt, dass man sich unbedingt für drüben interessierte und die Kontakte aufrecht erhielt.

Waren Sie als Mensch drüben oder als Funktionsträger?

Ich wurde eingeladen als Abgeordneter, sonst wäre ich vielleicht gar nicht eingeladen worden.

Von wem?

Von der Ständigen Vertretung. Über ein Anwaltsmandat hatte ich Kontakt zur Akademie der Künste, weil ich den Barlach-Nachlass vertrat, und habe deshalb einen Teil der offiziellen Kulturpolitik der DDR ein bisschen kennen gelernt, daraus ergab sich aber leider nie etwas Konstruktives. Die waren fest und zu, aber meine Hauptkontakte waren mit den Leuten, die ich Ihnen eben geschildert habe.

Ich habe auch versucht, meine Kinder, die in den 80er Jahren geboren wurden, an den Gedanken zu gewöhnen, dass Deutschland

Uwe Lehmann-Brauns (*1938)

In der West-Berliner Kulturpolitik saß er nie auf Platz 1, weil er es als Mitglied des Abgeordnetenhauses und als Kreisvorsitzender der CDU Zehlendorfs vermied, vor einflussreichen Parteifreunden den Kotau zu machen, zumal er seinen Standpunkt nie auf Stromlinie trimmte. Lehmann-Brauns, Anwalt mit einer Kanzlei am Kurfürstendamm, war mit seinem Einfluss ein stets origineller und unbestechlicher Quertreiber in den Kulturwogen der Halbstadt. Zu seinen Freunden und Bekannten zählen Persönlichkeiten durchaus unterschiedlicher politischer Färbung. Genau markiert waren und sind auch seine sorgsam gepflegten Feindschaften.

nicht in Tempelhof oder Bayern aufhört, sondern wir sind regelmäßig nach Sachsen oder nach Thüringen gefahren, ins Erzgebirge, wo meine Frau her stammt, zu allen Ferien, ob Ostern oder zu den Großen Ferien und haben dort Urlaub gemacht. Damit die Kinder wussten: auch das ist Deutschland. In mancher Hinsicht war mir manchmal das, was da kulturell produziert wurde, näher als das, was im Westen produziert worden ist. Ich war beispielsweise von Biermann fasziniert, von Lutz Rathenow– ich müsste jetzt an meinem Bücherregal stehen, da hab ich die alle versammelt.

Die verkörpern aber eher die andere Seite der DDR-Kultur.

Na – diese Propagandaschriftsteller, das war nicht mein Ding. Kant hab ich zwar gelesen, aber ich hab ihn negativ besprochen im SFB. Nicht aus Vorurteil, ich hab versucht, mir ein Bild zu machen, aber ich fand, der schrieb so schlecht, so schlechtes Deutsch und so langweilig. Aber Günter de Bruyn zum Beispiel war jemand, der mir zusagte, wo man diese DDR-Luft in seinen Büchern spürte, aber auch den Versuch, sich dagegen zu wehren. Das fand ich eben immer interessanter an der Kultur, die von da kam, als an unserer oder an der westlichen, die diesen Druck gar nicht hatte und abstrakt, freischwebend war, während drüben immer die Auseinandersetzung spürbar war und damit auch Funken und Qualität.

Welcher Dichter m/w würde Ihnen für West-Berlin einfallen?

Ich hatte hier mit Schädlich, mit Fuchs, mit Monika Maron zu tun, auch mit Günter Grass, also auch wieder vorwiegend mit Leuten, die von drüben rüber gekommen waren, das war mein Hauptinteresse und mein Hauptkontakt.

Und welcher »rein« West-Berliner Autor?

Günter Bruno Fuchs, der ist zu früh gestorben, als dass ich ihn hätte kennen lernen können. Matthias Koeppel, der Starkdeutsch-Dichter, der ist ja ein wunderbarer Mann, der ist ja jetzt noch sehr aktiv mit seinem Starkdeutsch, ein Malerpoet. Dann Mühlenhaupt ... Wissen Sie, ich hab nicht auf dem Territorium West-Berlin gelebt, sondern ich hab für mich, vielleicht ein bisschen virtuell, immer versucht in ganz Berlin zu leben. Und in ganz Deutschland. Und hab vielleicht mehr von der DDR verstanden als von Westdeutschland. Vielleicht war ich insoweit eine Ausnahme.

Es hieß immer, die DDR-Regierung käme mit Konservativen, wenn ich Sie mal als solchen bezeichnen darf, besser klar als mit westlichen Linken, von denen sie immer eine Umarmung fürchtete.

Da müssen Sie DDR-Leute fragen und nicht mich. Aber ich habe mich immer um ein höfliches Miteinander bemüht, auch wenn ich den einen oder anderen Bonzen da mal kennen lernte, aber ich war immer ein Kalter Krieger. Ich war immer jemand, der dieses Regime, na, gehasst ist vielleicht zu viel gesagt, aber der immer mit einer tiefen Abneigung gegenüber diesem Regime war und bin und habe das versucht zu verbinden.

Sie tragen den Begriff ›Kalter Krieger‹ ja fast wie eine Ehrennadel.

Nein, man muss das natürlich definieren: Kalter Krieger war ja ein Schimpfwort, und ich wollte damals auch kein Kalter Krieger sein insoweit, als ich auch für die Brandt'sche Öffnungspolitik war, aber nicht, um die Spaltung in Deutschland zu verfestigen wie die politische Linke, sondern als Dosenöffner, um die politische Spaltung zu überwinden, um zur Einheit zu kommen. Insoweit galt ich damals als Kalter Krieger. Ich weiß, der Momper hat mich mal in einem Streitgespräch im SFB ..., es ging um die Funktion Berlins, da hab ich gesagt, Berlin ist eine Hauptstadt im Wartestand. Das war damals reaktionär, so eine Äußerung, und das hat er mir auch gleich aufs Butterbrot geschmiert: »Na, Herr Lehmann-Brauns, das ist ja nun von vor-vorgestern und man müsste doch die Ergebnisse des 2. Weltkriegs anerkennen«, usw. Wer die Wiedervereinigung wollte, allein schon das Wort ›Wiedervereinigung‹ aussprach, galt als Kalter Krieger. Und insoweit bin ich stolz darauf, ein Kalter Krieger gewesen zu sein.

Aber überrascht waren Sie dann doch, als die Mauer fiel?

Aber sehr! Ich hab das mit viel Bangen und Zittern und Zagen betrachtet und konnte mir auch gar nicht vorstellen, dass das kommen würde, weil wir alle, die die Entwicklung nach dem Krieg verfolgt hatten, Angst hatten, dass die Russen mit den Panzern kommen. Siehe 17. Juni, siehe Ungarn, siehe Polen, siehe Prag – da hatten wir ja die historischen Beispiele. Und als sie dann doch nicht kamen, als die Mauer geöffnet wurde, da war das ein Jubel.

War Berlin von Bonn gut gelitten? Adenauer hatte sich nach dem Mauerbau viel Zeit gelassen, eh er an die Spree kam.

Ich hatte nie große Sympathie für Adenauer und seine Politik, seine West-Politik, weil ich dachte, ein Deutscher hätte noch eine andere Aufgabe, nämlich zu versuchen, die Wunde der Teilung zu schließen, die Einheit herzustellen. Mir war Adenauer zu westorientiert. Und ich gehöre auch zu denen, die befreit waren, als der Kaiserdamm wieder zum Kaiserdamm wurde und nicht Adenauerdamm. Zwei drei Tage lang hieß der nämlich mal Adenauerdamm, da ging ein Volkszorn los, an dem ich mich beteiligt habe, obwohl ich CDU-Mitglied bin. Deshalb war unser Verhältnis zu den Westdeutschen nicht so positiv, wir haben sie auch ein bisschen verachtet.

Hatte die Mauer etwas Positives für West-Berlin? Weil sich im Schutz der Mauer so ein gemütliches Biotop entwickeln konnte?

Nein, also das überhaupt nicht. Das war etwas Negatives, eine widerwärtige kalte Betonwand, manchmal war sie weiß gestrichen, das hatte überhaupt nichts Attraktives. Ich habe viele Besucher immer an die Oberbaumbrücke geführt, da war ja keine Mauer, sondern da war die Spree. Unter der Oberbaumbrücke lagen die DDR-Grenzwachboote, die versuchten, irgendwelche Flüchtlinge, die es dann doch mal geschafft hatten, aufzubringen, das war schaurig.

Im Bahnhof Friedrichstraße ließen die DDR-Grenzer die Unterseite der Fernzüge Warschau-Paris von ihren Hunden abschnüffeln. Falls sich jemand zwischen die Achsen geklemmt haben sollte. Das war widerwärtig. Als ob man ein Möbelstück nach Wanzen und Kakerlaken absucht.

Themenwechsel: Was war wichtiger für West-Berlin, die Oper oder das Tempodrom?

Beides, alles!

Oper hat man überall.

Ja, aber die Deutsche Oper Berlin ist ’62 eröffnet worden, kurz nachdem die Mauer gezogen war – das waren ja alles Ausrufungszeichen, sowie auch Karajans Verpflichtung, das waren Ausrufungszeichen gegen die Isolation, um wenigstens über die Kultur Brücken zu bauen. Die Kultur hat ja hier eine große Brückenbaufunktion gehabt, die Berliner Festspiele, die Gastspiele, die es hier gab, die berühmten Amis, die reingeholt wurden, um uns bei Laune zu halten: Ella Fitzgerald, »Satchmo« Louis Armstrong, Ray Charles. Das wurde gemacht, damit die West-Berliner bei Laune blieben. Und die Kultur war natürlich auch die Brücke in den Osten. Über die Mauer rüber, unter der Mauer durch, übers Telefon.

Hat sich das, was in die Kultur finanziell hineingepumpt wurde, wieder ausgezahlt? Später hieß sowas ja dann »Kultur als Wirtschaftsfaktor«.

Immer, immer! Kultur ist einer der profitabelsten Wirtschaftsfaktoren. Berlin gilt in Europa, gilt in der Welt als die Stadt, die eine kulturelle Ressource hat, wie ein Bienenkorb, wo eben alles ist, drei Opern und eine gute Subkultur vom Prenzlauer Berg bis Staatsoper bis zur Deutschen Oper, das zahlt sich immer aus, das zieht die Leute an. Wir sind von unserer äußeren Gestalt her nicht die schönste aller Städte, vielleicht ein bisschen Moskau-ähnlich, zum Teil sehr hässlich, zum Teil aber auch schön. Aber was uns attraktiv macht, ist die Kultur und deshalb ist jede Mark richtig investiert.

Schlimm ist nur, wie wir jetzt mit den Spuren der Vergangenheit umgehen – also der Abriss des Wachturms am Checkpoint Charlie ist eine Schandtat, die gar nicht wieder gutzumachen ist.

Wer hat das zu verantworten?

Ein Investor hat das Ding abgerissen, aber politisch verantwortlich ist ein ehemaliger PDS-Stadtrat, der natürlich Geschichte, die ihm unangenehm ist, beseitigen wollte und der SPD-Senator Strieder, der da völlig maßstabslos ist. Der ist ja auch kein Berliner, der kommt von außen und hat nicht das Empfinden dafür, dass das ein Wahrzeichen von Berlin war. Wir unterscheiden uns doch von Düsseldorf oder Hannover durch das eine oder andere, und wenn wir das jetzt wegnehmen und nur noch solche Häuser bauen wie da drüben, dann ..., das muss man hegen und pflegen, das gehört zur Sicherung der Vergangenheit West- und Ost-Berlins.

War es gut für West-Berlin, dass so viele Bundeswehrflüchtlinge herkamen?

Na, solange das legal war ... Sie haben dazu beigetragen, dass es hier zu einer gewissen Blutauffrischung kam, sie waren natürlich auch Fremdkörper. Ich habe mal ein Jahr lang eine Arbeitsgruppe Kreuzberg gemacht, ich erinnere mich, wie mir ein Pfarrer aus einer dieser belasteten Kreuzberger Gegenden mal sagte, wir haben hier jemand, der ist der wildeste von allen, aber alle halbe Jahre hält ein Rolls Royce mit Chauffeur und der Vater steigt aus und gibt ihm ein bestimmtes Paket und fährt dann wieder weg. Das heißt, man hat schon registriert, dass die hier zwei Jahre lang Hullygully gemacht haben, und dann waren sie wieder weg. Ich hab ihnen das gegönnt. Wenn ich aus dieser langweiligen Provinz gewesen wäre, dann hätte ich mich vielleicht auch so verhalten. Die meisten Autonomen sprachen schwäbisch.

Aber es gab ja viele unter ihnen, die hier was Positives geleistet haben. Auch das Aufzäumen von Häusern, die verwahrlost sind, ist ja ein kreativer Akt.

Das haben die natürlich nicht gemacht, um die schönen alten Häuser zu erhalten, wie so ein Wertkonservativer wie ich es gerne hätte, sondern sie haben es gemacht, weil sie a) billig wohnen wollten und weil sie b) dem Senat die Zähne zeigen wollten.

Was bedeutet dieser mysteriöse Begriff: Wertkonservativer?

Na, das ist eben kein Strukturkonservativer ...

???

..., nicht jemand, der an bestimmten Riten festhält, der immer im dunklen Anzug geht oder der eng und beschränkt ist, sondern ein Wertkonservativer ist der, der die Werte dieser demokratischen Gesellschaft, mal ganz abstrakt gesagt: Freiheit, soziale Gerechtigkeit, Gleichheit, Wert der Kultur, hochhält. Und der nicht wackelt, wenn der Sozialismus wieder sein Haupt erhebt und sagt: Mensch, es ist doch eigentlich moderner, jetzt Sozialist zu sein. Oder wenn sich auf der rechten Seite ähnliche Dinge entwickeln. Also jemand, der in dieser demokratischen aufgeklärten Gesellschaft ruht und sie zu verteidigen bereit ist.

Wer war West-Berlins wichtigster Unternehmer?

Der wichtigste war natürlich Axel Springer, wann haben sie das Hochhaus gebaut? Nach dem Mauerbau. Auch wenn man mit der Bild-Zeitung nicht einverstanden war. Aber das war ein eindeutiges politisches Signal in einer Zeit, wo Berlin sehr schlecht aussah. Ich meine, dass man von diesem Haus auch immer reingucken konnte in den Ost-Sektor, die Mauer sehen konnte, die Stelle, wo Peter Fechter niedergeschossen worden ist, das war schon was. Axel Springer war schon der wichtigste, der bedeutendste. Denn die meisten hauten ja mit ihren Vorständen und ihren Zentralen ab und ließen nur die Werkbänke hier zurück.

Aus Steuergründen.

Ja, das wurde subventioniert, manche haben wir ja auch hergeholt, zum Beispiel Ford, da in der Spinnstofffabrik Zehlendorf, hatte eine irrsinnige Subvention pro Arbeitsplatz.

Haben Sie das mit den Gänsefüßchen (»DDR«) gut gefunden?

Ich hab, glaub ich, keine Gänsefüßchen hinter DDR gemacht, weil es sie gab. Aber ich hab sie nie anerkannt. Aber zu der Sorte Kalte Krieger, die immer Gänsefüßchen gesetzt haben, gehörte ich nicht, aber ich war nie ein Freund der DDR, ich war immer ein höflicher Gegner, wenn ich mit denen zusammen kam.

Also, Fazit, es gibt nichts, was Sie vom alten West-Berlin vermissen?

Nein. Das tut mir leid für Sie.

Herr Dr. Lehmann-Brauns – West-Berlin dankt Ihnen für dieses Gespräch!

Salli Sallmann

Im Bauch vom Omnibus

Nachts wenn ich wach in Kreuzberg lieg,
Allein in meinem Zimmer,
Nicht schlafen kann, wer weiß, warum,
Treibt's mich hinaus wie immer.
Ich steig in die Klamotten 'rein,
Lauf vor zum Deutschlanddamm.
Im kalten Regen glänzt Berlin
Und saugt mich auf wie'n Schwamm.

Ich schwimm im Bauch vom Omnibus
Den nassen Tauentzien 'runter
Und mach um drei am Bahnhof Zoo
'nen Currywurstmann munter.
Dann brät er mir Bouletten, die
So scharf sind wie der Westen.
Neben mir 'n Schäferhund
Frisst aus'm Dreck von Resten.

Zwei Polizisten kommen her
Und woll'n Pommes frites mit Zwiebeln,
Ich fang aus Langeweile an,
Mit ihnen Bier zu kübeln.
Wir streiten über Ost und West,
Das vereinte Land von morgen.
Ich frag sie, ob sie mir vielleicht
Bis morgen drei Mark borgen.

Da hau'n sie ab, es wird auch Zeit
Ich kauf zwei Bier in Dosen,
Damit ich in der S-Bahn noch
Was habe zum Liebkosen.
Es kommt, wie's kommen muß, ich fahr
Bis tief in' Osten 'rein.
Mit einem Geist: der DDR!
Hab ich ein Stelldichein.

Da treff ich eine fremde Frau
Mit grell geschminkten Lippen,
Die sagt: ich brauch viel D-Mark jetzt,
Ich geh in' Westen strippen!
Sie stolpert über Frischbeton
Der im Erstarren liegt
Der deutsche Stacheldraht so scheint's
Ist vorerst mal besiegt.

Ich schwimm im Bauch der ersten Bahn
Durchs nasse Gleisdreieck
Und mache mit der Sonne mich
Nach Westen auf den Weg.

Abdruck mit freundlicher Genehmigung des Autors

Die Sehnsucht nach Bildern ist geblieben

Peter Raue über geschlossene Gesellschaften, jugendlichen Patriotismus, aufregende Kultursenatoren, Aids-Galas und Center Courts, Sponsoring, über den eigenen pädagogischen Eros, über Prominenz und Bettelkönige, Mäzenatentum, Dachkammerpoeten, Galeristenprobleme und das Kunstbewusstsein der 68er.

Gesprächsdatum: 20.8.2001

Olaf Leitner: West-Berlin. Erinnerungen, Assoziationen?

Peter Raue: Hmmmm ... Das West-Berlin war zu Zeiten der Berliner Mauer der Ort des Überlebens einer freiheitlichen Demokratie auf einer Insel umgeben von einer feindlichen, kommunistischen Macht, ein Ort, von dem aus die Wiedervereinigung nicht nur mit Ost-Berlin, sondern auch mit der übrigen DDR ausgehen würde, ausgehen musste. Insofern war der Begriff für mich immer positiv besetzt. Ich war gern als ursprünglich Westdeutscher, nämlich Münchener, ein »West-Berliner«. Heute steht der Begriff West-Berlin für mich nicht als etwas Überkommenes, das es zu bewahren gilt, sondern für etwas, was durchaus problematisch ist. Es ist plötzlich der Teil, der sich mit dem Begriff »West-Berlin« abgrenzt von dem, was man früher Ost-Berlin genannt hat und man heute zu Recht Berlin-Mitte nennt. Es ist sozusagen die »geschlossene Gesellschaft«, die es früher ja auch gegeben hat, die aber heute eigentlich auch die Gefahr einer hermetischen Situation darstellt. Man trifft sich mit und ist unter West-Berlinern. Die so genannten Ost-Berliner oder Ossis finden in diesem alten West-Berlin nicht statt. Und das kann kein wünschenswerter Zustand sein, insofern ist der Begriff West-Berlin für mich heute eher negativ besetzt.

Sie sind also Münchener und bestätigen somit meine niederschmetternde Erkenntnis, dass viele wichtige Persönlichkeiten in West-Berlin Zugereiste waren.

Ich bin 1961, damals hatte ich gerade das Abitur hinter mir, nach Berlin gekommen, weil die Mauer gebaut worden ist und weil damals die West-Berliner Universitäten leer waren, da die Leute aus der Humboldt-Universität oder aus Ost-Berlin nicht mehr in den Westen konnten. Es hatte außerdem eine Flucht aus West-Berlin eingesetzt. Und ich kann ruhig zugeben: So viel Patriotismus war in meinem Busen, dass ich gesagt habe, diese Stadt kann nur überleben, wenn möglichst viele nach Berlin zum Studieren kommen. Aber das war kein Opfergang, es war vielmehr eine große Lust. Berlin war damals schon die aufregendste Stadt Deutschlands, wenn man neugierig auf Kunst, auf Theater war und wenn einem das Feld, auf dem die Künstler arbeiten, Lebensmittelpunkt war. Insofern waren es ein bisschen Patriotismus, ein bisschen Lust auf diese Stadt und der Plan, allenfalls zwei Jahre hier zu bleiben, das heißt, vier Semester hier zu studieren. Daraus sind inzwischen 80 geworden.

Theater hieß für Sie Boleslaw Barlog?

Das hieß auch Barlog. Aber das war nicht nur Barlog, es gab ja damals schon eine aufregende Szene. Es gab unter anderem das Forum-Theater, an das sich keiner mehr erinnert.

Wo man klassische Handke-Stücke aufführte.

Unvergessen die »Publikumsbeschimpfung«, aber auch Arrabals »... und sie legten den Blumen Handschellen an«. Es gab viele, viele Orte, es gab eine lebendige Max-Reinhardt-Schule und sehr bald dann auch die Schaubühne. Noch vor Peter Stein (aber schon mit Jürgen Schitthelm!). Es gab ein aufregendes Kabarett in dieser Stadt. Es war einfach toll!

Was war das aufregende Kabarett? Etwa die Stachelschweine?

Am Anfang war das noch spannend; wirklich fasziniert waren wir aber vom Studentenkabarett. Da war unter anderem und hervorragend Hannelore Kaub mit dem »Bügelbrett«.

Von den essentials West-Berlins Politik, Wirtschaft, Kultur war letztere wohl am wichtigsten, wie meine GesprächspartnerInnen behaupten?

Ganz sicher! War und ist.

Würden die Politiker, die damals regierten, Ihnen zustimmen?

Ja. Das war eine Zeit, wo wir aufregende Kultursenatoren hatten, ich nenne Joachim Tiburtius und Adolf Arndt, später Dieter Sauberzweig und kunstengagierte Senatoren. Ja, ich würde dem zustimmen. Kultur im weitesten Sinne des Wortes. Es gab damals immerhin das Hansa-Viertel als ein erstes Architektur-Experiment, den DAAD, die Berliner Festspiele.

West-Berlin konnte überwiegend über das Kulturangebot selber bestimmen. Bonn hat sich nicht um Details gekümmert, hat nur Gelder herübergereicht.

Richtig.

Nun ist es alles etwas anders geworden, man will zwar Geld von der Bundesregierung, aber die Eigenständigkeit des Berliner Kulturwaltens ist nicht mehr so ganz gewährleistet. Zumal wir jetzt sogar einen eigenen Minister für Kulturbelange haben. Ist das eine gute Situation für Berlin?

»Gut« macht immer so einen zufriedenen, so einen abgeschlossenen Eindruck. Die Diskussion, die wir zur Zeit führen, ist absolut erforderlich und unausweichlich. Damit stellt sich auch unvermeidlich die Frage nach der – ich nenne es mal – »Bundeskultur« und »Landeskultur«. Ich habe da weniger Berührungsängste als andere, sowohl verfassungsrechtlicher wiewohl politischer Art. Dass eine Hauptstadt auch eine Hauptstadtkultur haben muss, ist doch einleuchtend. Wie Bonn damals, wo Helmut Kohl die Bundeskunsthalle und das Museum in dieser doch relativ kleinen Stadt bauen ließ, muss jetzt der Bund sich natürlich auch überlegen, welchen

Peter Raue (*1941)

Der Rechtsanwalt Prof. Dr. Peter Raue »ist ein sehr wichtiger, eloquenter, für Kunst wie Interessenbindungen werbender Kunstkenner. Dass er bei den Freunden der Nationalgalerie durch sein Engagement überzeugend zu wirken versteht, (...) das hat ihn in eine wichtige, geradezu unverzichtbare Position gebracht. Und er ist (...) in seiner Rolle als Meinungsmacher nicht wegzudenken. Aber das spannendste ist sein Charisma, sein Bildungshorizont« (Christoph Tannert in diesem Buch). In diversen Gremien und Kuratorien sitzt Raue bundesweit mit einflussreichen Persönlichkeiten zusammen, berühmte Künstler lassen sich von ihm anwaltlich vertreten, er kennt nicht nur Gott und die Welt, er kennt viele Götter. Stets fällt auch sein Name, wenn die Stadt wieder einmal einen Kultursenator sucht.

metropolen Charakter er dieser Stadt geben will. Nehmen Sie die Diskussion um die Museumsinsel: Es ist doch geradezu absurd zu sagen, dass die Finanzierung der Museumsinsel im wesentlichen von Berlin geleistet werden muss. Das ist eine nationale Einrichtung wie der Louvre. Kein Mensch käme in Frankreich auf die Idee, zu fordern, dass der Louvre von der Stadt Paris gezahlt werde. Ich war ja dafür, dass auch die Berliner Philharmoniker vom Bund finanziert werden, weil sie eine nationale Institution sind wie das (vom Bund finanzierte) Jüdische Museum. Da müssen die Dinge in Bewegung kommen, und da ist der Bundeskultusminister geradezu berufen, diesen Weg zu gehen.

Auch an Sie die Fragen aller Fragen, vielleicht an Sie besonders: Gab es eine Berliner Gesellschaft?

Ja ... ich sage das etwas zögernd. Es gab eine West-Berliner Gesellschaft insofern, als es zahllose Ereignisse gab – nehmen Sie mal die jeweilige Eröffnung der Berliner Festspiele mit Karajan oder Abbado – da trafen Sie die Berliner Gesellschaft. Und das waren dieselben Leute, die Sie zur Aids-Gala in der Oper getroffen haben und, wenn ich das ganz hart formuliere, auch auf dem Center Court von Rot-Weiß, wenn da die großen Spiele stattfanden, auf dem Presseball und bei den großen Militärparaden. Insofern gab es eine West-Berliner Gesellschaft, und es gibt sie beinahe noch »ungestört« – hätte ich fast gesagt. Es sind eigentlich dieselben *personae dramatis*, die Sie da treffen. Andererseits gibt es keine Berliner Gesellschaft, wie es eine Hamburger oder eine Münchener gibt: Die sog. »gute« Gesellschaft, in die man nicht hineinkommt, die einem verschlossen ist. Wo man, wie in Hamburg gesagt wird, mindestens hundert Jahre in der Stadt gelebt haben muss, um dort als »Familie« zu zählen, das hat es in West-Berlin nie gegeben. Die Berliner Gesellschaft inkarniert in Wolf Jobst Siedler, das ist einer der wenigen, der die Tradition herübergerettet hat. Und wenn ein Mann wie Wilhelm von Boddien, ich sag es despektierlich: als Traktorhersteller im Norden Deutschlands nach Berlin kommt und sagt, ich kümmere mich jetzt um den Schlossaufbau, dann ist er in wenigen Tagen genauso zu Hause in dieser »Gesellschaft« wie es andere sind, die seit Jahrzehnten »mitspielen« in dieser Stadt. Es ist überhaupt keine geschlossene Gesellschaft, aber es ist eine Gesellschaft. Das ist keine Frage.

Nehmen wir mal an, in der guten alten West-Berlin-Zeit hätte ich Ihnen und den Freunden der Nationalgalerie 300.000 DM als kleines Zubrot für ein Gemälde übersandt, das die Freunde gerade kaufen wollten. Wäre ich damit als gesellschaftsfähig akzeptiert worden?

Selbstverständlich, auch mit 30.000 DM und mit 3.000 DM. Es gab ja für den Verein Freunde der Nationalgalerie nie irgendeine »Aufnahmesperre«. Die Presse, die sich immer gegen alles, was ein bisschen elegant und schön ist, skeptisch äußert und dagegen sträubt und nicht mal bereit ist, den Namen eines Sponsors in der Zeitung zu nennen, als sei Sponsoring etwas Unanständiges, die Presse also tat immer so, als seien die Freunde eine besonders geschlossene und daher irgendwie verdächtige Gesellschaft. Das ist dummes Zeug. Jeder, der sagt, ich unterstütze euch mit mindestens 1.200 DM jährlich, ist einer der unseren. Und beim festlichen Mitglieder-Essen werden die Plätze verlost: Da sitzt der Minister neben einem Schullehrer und der junge Anwalt neben einem Teppichgroßhändler.

Jürgen Schitthelm erzählt amüsiert von einer Ausstellungseröffnung, anlässlich derer Sie eine kurze Rede gehalten hätten, wonach alle Geladenen ans Kalte Buffet gestürmt seien. Nur Sie und die Schitthelms hätten sich in Richtung Exponate bewegt ...

Ja, ja! Komischerweise finde ich das auch ganz in Ordnung. Ich weiß, das ist immer das Problem. Ich sage dann, habt doch wenigstens pro forma einen kurzen Blick übrig! Oder – ich habe durchaus einen pädagogischen Eros! – wir eröffnen das Buffet eben erst eine Stunde, nachdem die Reden gehalten sind. Aber die Frage, wie interessiert die Leute nun daran sind, schwerverständliche Kunst an so einem durchaus gesellschaftlichen Abend zu verdauen, wo man lauter Freunde trifft, die interessiert mich nicht. Die Leute unterstützen unsere Vereinigung mit 1.200 Mark pro Jahr und manche geben noch Geld dazu. Die einen sagen, mir ist das ziemlich egal, was in dieser Ausstellung zu sehen ist, die anderen sagen, ich komme noch einmal gesondert her, damit ich mir das in Ruhe ansehen kann; heute Abend treffe ich meine Freunde, und mit denen will ich reden. Das ist doch völlig in Ordnung. Ich habe damit gar kein Problem.

Um mal einen berühmten Satz, den man Franz Josef Strauß untergeschoben hat, zu variieren: War es Ihnen egal, wer unter Ihnen Kultursenator wurde?

(Lacht.) Nein, das ist mir nicht egal! sag ich in meiner unendlichen Bescheidenheit. Aber meine Funktion wird ja mit diesem Satz bei weitem überschätzt. Ich hab in dieser Stadt überhaupt keine Funktion. Ich bin Anwalt, vertrete Künstler, Theater, Orchester, Sammler und bin daher oft der natürliche Gesprächspartner und Gegner eines Kultursenators. Das ergibt sich so. Wenn ich etwa die Stiftungssatzung der Philharmoniker betreue, oder wenn ich Sir Simon Rattle vertrete, dann rede ich natürlich in der Stadt mit denjenigen, die darüber entscheiden müssen: das ist ja meine Aufgabe. Mein Beruf. Aber ansonsten habe ich überhaupt keine Macht. Ich repräsentiere kein großes Theater, gehöre keiner Partei an und ich habe kein Amt. Aber ich kann öffentlich Dinge benennen, wenn ich sie für schlecht oder für gut halte und finde dafür ein Forum. Das ist die einzige Form von »Macht«, die ich habe.

Aber Sie können vermutlich kulturpolitische Entscheidungen oder Personalentscheidungen beeinflussen?

Vielleicht, in sehr engen Grenzen, ja. Was die Kultursenatoren betrifft, so habe ich eigentlich mit allen Kultursenatoren, am Ende selbst mit Frau Anke Martiny, freundliche Beziehungen gehabt. Der einzige, der mich für den Rest meines Lebens verärgert hat, ist Roloff-Momin, weil ich die von ihm initiierte Schließung des Schiller-Theaters nach wie vor für skandalös und jedenfalls für die West-Berliner Kulturlandschaft katastrophal – im übrigen vollkommen überflüssig und unsensibel – halte. Nach wie vor ist das eines der schrecklichsten Erlebnisse, die ich in dieser Stadt hatte.

Man wird mächtig, wenn man die Mächtigen und die Prominenten kennt: Gabriele Henkel, Edzard Reuter, Friede Springer, Otto Schily, Mi-

chael Naumann, Hein Berggruen, Eva Wagner-Pasquier, etc. pp.

»Mächtig« stimmt nicht. Ich hab vor vielen Jahren mit Bernd Schultz (»Villa Grisebach«), Hermann Josef Abs und Otto von Simson für das Watteau-Bild im Schloss Charlottenburg – »Einschiffung nach Cythère«, einem Jahrhundertbild – gesammelt. Ich habe für die »Skatspieler«, jenem Bild von Otto Dix, das in Berlin bleiben musste, (das Pendant zu dem in der Nationalgalerie hängenden »Stützen der Gesellschaft« von George Grosz) gekämpft. Das Bild hat 6 Mio. Mark gekostet und einen guten Teil dieses Preises mussten wir durch private Spenden abdecken. Und das geht natürlich nicht, wenn Sie nicht Leute kennen, die Sie dafür um Hilfe bitten können. Andererseits habe ich die Leute ja kennen gelernt, weil ich solche Hilfe gesucht habe. Ich kannte die ja nicht von vornherein. Wenn ich mit Herrn Abs zusammensaß, dann hat es Bernd Schultz entriert und Hermann Josef Abs hat mit mir – besser: ich unter ihm – gearbeitet, weil er meinte, ich hätte vielleicht Ideen oder auch den Mut zu betteln, und Bernd Schultz, der Motor bei dieser Aktion, gehört sicher im Kulturbereich zu den »Bettelkönigen« dieser Stadt, wenn es um die richtige Sache geht.

Bei Ihren Verbindungen und Kontakten, weshalb sind Sie in Berlin geblieben? Statt vielleicht mal ein paar Jahre im kunstintensiven Paris zu leben?

Wenn ich mein Leben zurückdrehen könnte, dann würde ich einige Jahre im Ausland leben. Dies nicht getan zu haben, ist das schmerzlichste *missing link* meiner Vita. Aber diese »Sesshaftigkeit« hatte – meine Eltern hätten mir einen Auslandsaufenthalt nicht bezahlt – auch berufliche Gründe. Schon als Referendar konnte ich in einem guten Anwaltsbüro arbeiten, nachdem ich nach dem ersten Examen zunächst bei dem großen Professor Bettermann – er lebt noch heute, 87-jährig, in Hamburg, und ich habe regen Kontakt zu ihm – Assistent werden konnte. Nach dem Examen der Anwaltsberuf: Das war alles so nahtlos. Dann Gründung der Familie, zwei Kinder. Beruflich ausgefüllt – und plötzlich lebt man 40 Jahre in derselben Stadt. Keine lange Zeit im Ausland, das ist ein Manko, aber es ist so: Ich bin »streng monoglott«.

Sie haben das Sponsoring erwähnt – viele denken, das heißt, einfach irgendwo Geld abholen.

Wir müssen ganz streng unterscheiden: Hier das so genannte Mäzenatentum, das in einer spätbürgerlichen Zeit durch die Fördervereine, nicht mehr durch die Kirche, später durch die Fürsten, vertreten wird – Fördervereine, die es ja nun ohne Zahl in dieser Stadt gibt, dort das Sponsoring, was etwas vollkommen anderes ist. Sponsoring ist ein hartes Geschäft, gegen das ich überhaupt nichts einzuwenden habe, wenngleich, und da könnten wir jetzt stundenlang drüber reden, man die Gefahren des Sponsoring nicht übersehen darf. Das heißt, Einrichtungen, die ihre Existenz dem Sponsor verdanken, sind natürlich auch vom Liebesentzug des Sponsors bedroht. Wenn man sieht, wie die Salzburger Festspiele Millionen von Alberto Vilar bekommen, ist das wunderbar. Nur wenn er eines Tages sagt, nun habe ich die »Cosi« von Hans Neuenfels gesehen, das möchte ich nicht mehr weiter fördern, dann wird das plötzlich zu einer Existenzgefährdung für solche Einrichtungen, und deswegen, denke ich, müssen die Einrichtungen zur Wahrung der künstlerischen Unabhängigkeit so aussehen, dass sie auch ohne die Sponsoren lebensfähig sind und mit den Sponsoren sozusagen die Eskapaden finanzieren. Das ist also, ganz grob, der Aufriss. Sponsoring ist keineswegs unproblematisch, und ich kann Ihnen auch Fälle nennen, anlässlich derer ich die Probleme sehr deutlich erlebt habe.

Gibt es das reine Mäzenatentum überhaupt noch?

Natürlich gibt es das. Es gibt in Berlin einen Dr. Günter Braun und seine Frau Waldtraut Braun, die Vorlesungsreihen finanzieren, Bücher herausgeben, junge bildende Künstler fördern, ohne dies lautstark zu verkünden. Leise. Präsent. Großherzig. Das ist Mäzenatentum uralter, kostbarster Prägung. Wenn Sie den Kulturkreis des BDI nehmen, das ist reines Mäzenatentum! Der finanziert junge Maler, Dichter, Architekten, Musiker, ohne dass die Geldgeber als Financiers in Erscheinung treten. Nein, es gibt das Mäzenatentum in viel größerem Maße, als man glaubt. Und viel weniger, als nötig wäre.

Das Spezialgebiet des Mäzenatentums, in dem Sie sehr tätig sind, also u.a. bei den Freunden der Nationalgalerie und den Freunden der Deutschen Oper oder des Hebbel-Theaters, scheint ja dann im Vergleich noch ein ziemlich sicheres Terrain zu sein, weil vermutlich keine einsamen Entscheidungen gefällt werden.

Ganz eindeutig richtig, ja!

Der Sponsor Philip Morris hält sich erstaunlicherweise immer sehr bedeckt.

Philip Morris ist sozusagen Sponsor, ganz nahe am Mäzenatentum dran.

Brigitte Seebacher-Brandt, Leiterin des Bereichs Kultur und Gesellschaft der Deutschen Bank, eine Dame, die Sie auch kennen, sagt: »Die größten Kunstwerke sind aus der Not geboren« und »Kulturförderung besitzt keine Ewigkeitsgarantie«. Das wäre eine andere Position. Obwohl – Goethes Faust ist sicher nicht ein Produkt elender Lebensumstände …

Ach, bei aller Liebe und allem Respekt: Das ist die spätromantische Vorstellung des armen, darbenden und aus der Not sich das Ohr abschneidenden Künstlers.

Spitzwegs Dachkammer-Poet.

Das halt ich für überholt, allerdings, und da muss man dann schon eher nachdenken: Eine saturierte Kunst, die nicht mehr den Kampf um ihre Existenzberechtigung und um ihre Akzeptanz aufnimmt, ist gefährdet. Ich war immer dagegen, dass Künstler einen Anspruch darauf haben sollen, dass der Staat ihnen Kunstwerke abkauft, wie wir es in Holland hatten. Das ist natürlich falsch. Auf der anderen Seite ist der reiche Künstler nicht eo ipso der schlechte Künstler. Liebermann war immer ein reicher Künstler und trotzdem ein Genie. Und Toulouse-Lautrec war, in unserer Sprache, immer Millionär und hat dichte großartige Werke geschaffen, die unser Bohème-Bild des ausgehenden 19. Jahrhunderts geprägt haben. Da ist mir der Satz »Kunstwerke sind aus der Not geboren« zu kurz gegriffen, wenn mit der Not, wie ich fürchte, die finanzielle und nicht die existenzielle Not gemeint ist (dann wäre die These schon interessanter).

Waren Sie mit Berlin als Kunst-Stadt einverstanden? Rainer Haarmanns Rückblick in diesem Buch ist eher etwas skeptisch, zumal es keinen Kundenkreis gab, der die Galerien und mithin die Künstler durch Investitionen in Kunstwerke unterstützte.

Das ist für den Bereich der bildenden Kunst durchaus richtig, auch aus meiner Sicht. Ich denke, dass die aktive Künstlerseite, u.a. durch den DAAD, Hochschule der Künste, Hofer-Gesellschaft schon ziemlich lebendig war und es heute mehr denn je ist. Man darf nicht vergessen, hier haben die »Jungen Wilden« gearbeitet – also damals noch die 1. Generation mit KH Hödicke, Markus Lüpertz, Georg Baselitz, Bernd Koberling, dann die 2. Generation mit Rainer Fetting, Salome, Luciano Castelli und all diesen Leuten. Das war schon eine quicklebendige Szene. Schwierig war es in der Tat mit der Käuferschicht, die es in Berlin nicht gegeben hat. Das ist der Grund, warum die meisten Galeristen sich damals im Kölner Umfeld angesiedelt haben. Das Reisen von und nach »West-Berlin« war recht schwierig. Die Kunstmesse, die in West-Berlin Ende der 60er Jahre versucht worden ist, scheiterte daran, dass z. B. die Amerikaner und Franzosen Angst hatten, nach Berlin zu kommen. Die Landwege zu befahren war, wie Sie sich erinnern werden, ein Ausgeliefertsein an schikanöse »Zonenmachthaber«: unberechenbare Wartezeiten, willkürliche Durchsuchungen, widerliche Befragungen. Ekelhaft. Diese Erschwernisse wollten viele nicht auf sich nehmen. So konnte hier ein Markt sich kaum etablieren. Und die Galeristen, die hier gearbeitet haben, hatten es schwer: denken Sie an die Avantgarde-Galerie von Folker Skulima: Der hat hier eine sehr aufregende Galerie gehabt, aber das Geschäft hat er weitgehend in »Westdeutschland« oder im Ausland gemacht.

Gab es denn in West-Berlin genug Fachjournalisten, die Bildende Kunst einem größeren Publikum vermitteln konnten? Heinz Ohff, klar, Peter Hans Göpfert, Rainer Höynck ...

Das ist ganz einfach die Wahrheit! Heinz Ohff war eine großartige Figur, er schreibt ja heute kaum noch; Göpfert und Höynck sind Lichtgestalten aus dem alten West-Berlin. Aber da gab es kein breites Forum.

Hätte es denn geholfen, wenn es mehr kompetente Vermittler gegeben hätte?

Ich glaube, ja. Auch vor allem, um Käuferschichten zu akquirieren.

Ist es anstrengender über Kunst zu schreiben als über einen neuen Walser, Peter Schneider oder Botho Strauß?

Bildende Kunst ist sehr viel schwerer zu vermitteln. Es ist ja auch so, und das ist ganz symptomatisch, dass die Ausstellungskritiken meistens auf den Wochenend-Sonderseiten »Bildende Kunst« erscheinen, während es keine Sonderseite »Theater« gibt. Da ist man verpflichtet, am Tag nach der Premiere darüber aktuell im »normalen« Feuilleton zu berichten. Und nicht nur über das, was im Deutschen Theater stattfindet, sondern auch bei den Vaganten, im »Westlichen Stadthirschen« oder in der »Bar jeder Vernunft«. Das scheint ein anderes Neugierpotenzial zu bedienen.

Gibt es genug Nachwuchs für das Interesse an der Kunst oder machen die Flimmermedien alles platt? Stehende Bilder gibt es ja kaum noch, im Fernsehen, auf den Monitoren, ist ja alles in steter Bewegung.

Es ist sicher richtig, was Sie sagen, aber wenn Sie hier mal eine Lange Nacht der Museen miterlebt haben, dann haben Sie den Eindruck, Sie sind aus der geriatrischen Schicht üblicher Museumsbesucher in eine junge Welt entflohen. Ich war jetzt an zwei Abenden in der Kirchner-Ausstellung mit langen Öffnungszeiten, auch diese war unerhört jung besetzt. Man hat gesehen, wie die Leute sich unterhalten haben, sie haben einen anderen *approach*, sie haben ihr kleines Rucksäckchen und kauern auf dem Boden und unterhalten sich. – Ich glaube, dass die Sehnsucht nach Bildern bei den jungen Leuten in der gleichen Weise wie früher vorhanden ist.

Haben sich damals die aktiven 68er für Kunst interessiert?

Wohl kaum: Kunst war bürgerlich, bürgerlich war schrecklich. Das war geistiges Bilderstürmen.

Claudia Skoda erzählt, dass sie ihre Mode für die 68er gemacht habe, die wollten auch schick aussehen.

Ach, das ist ja witzig, aber sicher grundfalsch. Rudi Dutschke und die seinen, Kommune I und II als Modeträger der Frau Skoda, da muss ich lachen! Nun war die 68er-Gemeinde nicht so groß, wie es heute gern dargestellt wird. Jeder Erwachsene hält es ja für ganz wichtig zu sagen, dass er eigentlich auch ein heimlicher 68er war. Aber die Leute, die Adorno und Bloch aus der Universität rausgebrüllt haben, weil sie nicht über »Iphigenie« oder das »Prinzip Hoffnung« etwas hören, sondern über die Repression in der Hochschule und die Ausbeutung der Arbeiter reden wollten, brauchten nicht die Mode der Frau Skoda – und genau diese Menschen gingen damals auch nicht ins Museum. Und die, für die diese Mode entworfen wurde, die sie gekauft und bezahlt haben, waren die Schicki-Micki-68er, und die waren nicht revolutionärer als die Bussi-Gesellschaft der 80er Jahre.

Herr Professor Raue – West-Berlin dankt Ihnen für dieses Gespräch!

Brötchen holen auf der Diplomatenspur, oder: Jetzt brechen wir den Scheiß hier ab

Rainer Haarmann über Gesamt-Berlin in Ost-Berlin, den Mentor Gaus, Transmissionsriemen, beiderseitiges Misstrauen, geheime Galerie-Konzerte, die Dämlichkeit der Schnüffler, Tomatenattacken, innige Riegen, Wiedervereinigungs-Platten; über West-Berliner Avantgarde, arme Privatsammler, junge Wilde, Kaufhausmaler, West-Berliner Typen, Kunstkritik, Berliner Trotz, Freundeskreise, Garten-Jazz und Free-Music-Produzent Jost Gebers.

Gesprächsdatum: 2.4.2001

Olaf Leitner: Die Fragen aller Fragen – West-Berlin?!

Rainer Haarmann: Das heißt für mich Erinnerung an eine Lebenszeit, die prägend war. Ich bin zum 1. Januar 1976 nach Berlin gekommen und habe am 2. Januar meine Arbeit aufgenommen. Aber nicht in West-Berlin, sondern in Ost-Berlin – als Kulturreferent an der Ständigen Vertretung. Für mich war Berlin neu, ich war zwar mal zu Schulzeiten in Berlin, aber das war's. Für mich begann das Entdecken von ganz Berlin an diesem Tag. Ich hab dann acht Jahre oder etwas mehr in Berlin gelebt und habe Berlin auch nicht verlassen, als ich nach Bonn gezogen bin. Berlin blieb mein Lebensmittelpunkt. Ich hatte nicht nur einen Koffer, sondern auch eine Wohnung in Berlin. Berlin hat mich eigentlich nie losgelassen. Ich war, bis auf geringe Unterbrechungen, bis zum Ende der DDR auch immer mit dem Komfort eines Dienstvisums ausgestattet.

Berlin, das sind für mich Rückerinnerungen an eine Zeit, die sicher besonders war. Das Jahr 1976 war mit der Ausbürgerung Biermanns verbunden. Ich befand mich in einer sicher merkwürdig seltenen Situation – ich war nach Berlin und zwar in das Gesamt-Berlin gekommen. Ich hab die Mauer als trennend und problematisch erlebt, aber aus einem ganz anderen Blickwinkel. Ich lebte in Ost-Berlin und war dort mit vielen Freunden zusammen, und fuhr dann zum Wein und Kaffee kaufen oder Zigaretten holen schnell mal über den Checkpoint nach West-Berlin. Das war ebenso makaber wie selbstverständlich.

Aber das war nicht der Checkpoint Charlie?

Doch. Wir, die wir aus Sicht der DDR Diplomaten waren und ein Diplomatenvisum hatten, fuhren auf der Diplomatenspur zum Brötchen holen, wir durften diesen Ausländerübergang benutzen. Wenn ich heute durch Gesamt-Berlin fahre, so ist das für mich, bei allen Veränderungen, trotzdem nicht so etwas ganz Anderes oder ganz Neues. Ich habe die Maueröffnung insofern nicht als Stunde Null erlebt.

In der »Ständigen Vertretung« in Ost-Berlin habt ihr ja auch ein klitzekleines Gesamt-Berlin aufgebaut. Da trafen sich aufgrund eurer Einladungen Leute aus dem Westen mit denen aus dem Osten und hatten so eine Art überregionales Kulturforum geschaffen, das ja heute bereits legendären Ruhm genießt.

Das ist absolut richtig, und das war auch das Ungeheuerliche und Besondere dieser Zeit der Arbeit bei Günter Gaus, dem Leiter der Ständigen Vertretung. Für uns, muss ich sagen, wurde er so etwas wie ein Mentor. Ich habe mit Staunen und mit Bewunderung gesehen, wie er in dieser Funktion eines mir bis dahin so fremden Politikers und Leiters gearbeitet hat, wie er sein Engagement verstand. Das Tollste an ihm war, dass er so engagiert war und diese Leidenschaft auf alle seine Mitarbeiterinnen und Mitarbeiter übertrug. Er hat das nie aus der Ferne gemacht, er war immer mittendrin. Er hat uns ermuntert, diese Brücke zwischen West- Berlin und Ost-Berlin zu bauen, die Begegnung von Künstlern, von Intellektuellen, aber auch von einfachen Menschen, da gab es keine Trennung. Günter Gaus und wir saßen manche Nacht bis in den frühen Morgen in irgendeiner Ost-Berliner Wohnung oder in unseren Wohnungen oder bei ihm. Und meistens saßen wir da in einer großen Runde, wo gar nicht genug Stühle waren, auf der Erde zusammen und haben diskutiert. Wir haben die Leute zusammengebracht. Wir haben uns, und ich spreche sicher auch im Sinne der Kolleginnen und Kollegen wie etwa Jutta Wagner, Christian Narkonz oder Axel Schmidt-Gödelitz, oder auch im Sinne meines Nachfolgers Georg Girardet, wir haben uns begriffen als Transmissionsriemen, als Vermittler. Auch in sehr praktischen Sachen. Heute darf man das ja ganz ungeniert sagen, was früher teilweise mit Zittern erlebt wurde, wenn wir geholfen haben mit Manuskripten, mit technischem Equipment für Musiker. Ich erinnere mich an Jürgen Schweinebraden, der ja damals am Prenzlauer Berg in der Dunckerstraße eine Galerie führte – eine Privatgalerie, was ein undenkbarer Zustand war, der mit großem Argwohn nicht nur im Osten verfolgt wurde, sondern auch im Westen. Das war auch eine gesamtdeutsche Klammer, dass so etwas durch Eigeninitiative, durch eigenen Willen, durchs Widerborstig-Sein möglich war, das haben westliche Sicherheitsdienste genau so wenig geglaubt. Ich erinnere mich, und das war damals ein Dienstgeheimnis, dass wir verpflichtet wurden, dieses Wissen, das uns auf den Schreibtisch kam, für uns zu behalten. Wir wurden nämlich von den westdeutschen Sicherheitsstellen informiert und mit dem Zeigefinger mahnend gebeten, oder auch angewiesen, doch bei unseren Kontakten zu Jürgen Schweinebraden Zurückhaltung zu üben. Denn nach westlichen Erkenntnissen könne er für die Stasi tätig sein. Es hat sich ja nun gezeigt, dass dem nicht so war. Also das Misstrauen bestand auf beiden Seiten. Solche nur an der Sache orientierte Leidenschaft, die wir auch versuchten einzubringen, das war nicht nur östlichen Stellen suspekt. Einmal haben wir ein Konzert mit Jasper van't Hoff in seiner Galerie organisiert. Jasper spielt E-Piano und Synthesizer

Rainer Haarmann (*1942)

Als Kulturreferent der »Ständigen Vertretung der Bundesrepublik Deutschland in der DDR« und später als Pressesprecher eines West-Berliner Kultursenators kannte er beide Seiten der Berliner Medaille. Mehr noch – eine Zeitspanne lang konnte er stetig von hüben nach drüben wechseln und vice versa. Durch seine speziellen Kenntnisse und Leidenschaften auf den Gebieten Bildende Kunst und Avantgarde-Jazz öffneten sich ihm viele Künstlerkreise in Ost wie West, die er mit hohem diplomatischen Geschick und manchmal am Rande der Legalität miteinander in Kontakt brachte. Heute arbeitet er als Impresario überwiegend für die JazzBaltica in Deutschlands Norden.

und brauchte folglich ein Equipment, das er nicht in der Tasche als Tourist mitbringen konnte. Also habe ich das westlicherseits in meinen Wagen gepackt – ich fuhr natürlich einen Kombi, weil man in dieser Situation einen Kombi ganz gut brauchen konnte! – und dann hab ich diesen Krempel mit rüber gebracht, in die Galerie geschleppt und so konnte das Konzert stattfinden. Am nächsten Tag habe ich das wieder zurückgefahren. Natürlich mit Bauchschmerzen. Das war nicht so locker aus der Hüfte zu machen. Nein, wir haben uns schon überlegt, was wir tun. Wir hatten ja auch Anweisungen von unseren Dienstherren, uns entsprechend den Gesetzen der DDR zu verhalten. Das war eine Grauzone, in der wir uns nicht behaglich fühlten. Das muss ich schon sagen. Aber wir haben es getan, weil wir, von Günter Gaus der Sache nach ermuntert, uns engagieren und die Grenze etwas durchlässiger machen wollten. Und die Leute zusammenbringen wollten. In West-Berlin, und dies ist ja nicht meine Erkenntnis allein, gab es ja auch die Mauer im Kopf. Der normale West-Berliner, wenn er nicht durch verwandtschaftliche Beziehungen, durch freundschaftliche Kontakte oder durch sein Engagement involviert war, hat die Mauer nicht überschritten. Der fuhr nicht nach Ost-Berlin. Da wollte er nicht hin. Deshalb haben diese Leute ihre Enge auch besonders erlebt. Sie haben die Möglichkeiten des Kontakts, die zwar beschwerlich waren, nicht genutzt. Wir haben versucht, das etwas aufzubrechen. Wir wollten die Leute aus der Kulturszene, die Intellektuellen aus Ost und West zusammenbringen, um ein bisschen Reflektion in die Situation zu bringen.

Nun saß ja die Stasi immer mit am Tisch. Die hast du ja ohne es zu wissen – oder manchmal doch – mit eingeladen.

Ja klar, wir wussten ja, unter welcher Beobachtung wir standen. Wir waren nicht blauäugig. Wir waren vorsichtig, wir versuchten korrekt zu sein, und dort wo wir helfen wollten, waren wir im Rahmen des Möglichen korrekt und übermäßig vorsichtig. Wir haben ja dann später erfahren, wer alles aus unserem Umfeld uns ausgehorcht hat oder versucht hat, unseren Freunden im Osten zu schaden. Das lief über die Mikrofone, die wir überall vermuteten und die es auch überall gab. Wir, die wir Diplomatenstatus hatten, waren ja von westlicher Seite her immer gut geschützt. Das hat uns aber nicht leichtfertig gemacht. Unsere Messlatte war, vorsichtig zu sein um unsere Freunde in der DDR zu schützen und sie nicht in unnötige Bedrängnis zu bringen. Wir haben mit den Stasis in unserem Bewusstsein gelebt und haben gesagt, wir versuchen, ihnen den Job nicht zu leicht machen. Aber wir lassen uns auch nicht verbiegen. Wir haben versucht, normal zu sein. In Quantität und Qualität. Und wir haben mitbekommen, wie erschreckend manchmal auch die Dämlichkeit der Stasi-Schnüffler war, die sich unter Kunst beispielsweise zum Teil nichts vorstellen konnten und besonders nicht unter westlicher. Für sie war das dekadente Kunst. Wer sich mit dieser Kunst umgab, wurde auf die Person hin zugeschnitten bewertet und für ein bisschen beschränkt gehalten. Das könnte ich dir in den Akten zeigen. Es gibt eine Stasi-Akte, die die Karl-Marx-Städter Dependance der Staatsicherheit von der Zentrale in Berlin angefordert hatte – ein Dossier zu meiner Person. Ich war mit vielen Künstlern im Bezirk Karl-Marx-Stadt befreundet, deshalb. Dieses Dossier ist in komprimierter Form eine Horrorlektüre, die dir das schallende Lachen wie den Kloß im Hals beschert.

Die Einladungen der Ständigen Vertretung waren ja inoffizielle wichtige Kulturereignisse. Und die StäV wurde von Sicherheitsorganen der DDR fürsorglich umstellt. Gab es für eingeladene DDR-Bürger Repressionen?

Das ist vorgekommen, ja. Die Empfänge bei uns waren immer Ost-West Meeting Points für Künstler, Intellektuelle und für wen auch immer. Da hat es in der Tat Druck gegeben. Ich wüsste jetzt aber keinen Fall, wo jemand in dauerhafte Bedrängnis gekommen wäre. Die meisten haben sich auch dadurch nicht verbiegen lassen. Diese Leute waren ja auch häufig freiberuflich tätig. Das gab ihnen etwas mehr Spielraum als beispielsweise den Musikern, die beim Rundfunk der DDR angestellt waren. Damit waren sie aus Sicht der DDR Teil des Staatsapparates. Und da gab es Kontaktverbote. Das hat die Sache für sie schwieriger gemacht.

Habt ihr die Stasi-Mikrofone auch benutzt, um Desinformation zu betreiben? Man lernt ja schnell.

Aber ja! Wir haben natürlich damit auch gespielt. Erich Loest hat ja später ein Buch herausgegeben, in dem er die Stasi-Protokolle zu seiner Person veröffentlicht hat. Da kannst du nachlesen, wie viele Telefonate er mit mir geführt hat. Wir haben am Telefon nicht frei von der Leber weg geredet. Wir wussten ja, dass wir unter Kontrolle standen. Wir haben die Telefonate so ausgerichtet, dass wir ein in ihrem Sinne positives Bild abgaben.

Hab ich auch immer gemacht. Hab die mithörende DDR immer hochleben lassen.

Wir haben natürlich gewusst, wie wir in dieser Situation mit diesem System umzugehen haben. Auch spielerisch. Und wenn ich Freunde aus Ost und West zu mir nach Hause eingeladen hatte, gab es immer große Feten. Da waren dann die staatlichen Organe sichtbar, gewollt sichtbar, präsent rings ums Haus herum. Ein Künstler stand mal auf dem Balkon und hat die Stasileute mit Tomaten beworfen. *(Lacht.)* Es war nicht nur ein Angstsystem. Es war dann auch ein Alltagssystem.

Du hattest ja auch ein Privatleben. Wie verhält man sich da, wenn man weiß, unter der Matratze hängt das Mikrofon?

Das bin ich damals häufig gefragt worden. Ich hab gesagt, das ist mir egal. Wenn ich darauf zu stark eingehe und da verklemmt werde, dann ist das ja ganz fürchterlich. Ich wusste, die wissen viel von mir. So what! Es kam eben darauf an, dass man in entscheidenden Situationen sozusagen nicht die Hose runterließ.

Irgendwann war das dann alles vorbei für dich und du zogst um in den freiheitlichen Westen.

Wie ich dir schon sagte, durch diese Besonderheit, die ich als ein ungeheures Geschenk erlebt habe, nämlich nach Berlin zu kommen und ganz Berlin und auch das Hinterland erleben zu dürfen, habe ich West-Berlin nie so traumatisch erlebt. Ich hab es nur bei anderen beobachtet. Die Tätigkeit bei der Ständigen Vertretung war zeitlich begrenzt, ich wollte gern in Berlin bleiben. Die Stadt war schnell mein Zuhause geworden. Auch heute noch, wenn ich in Berlin ankomme, spüre ich immer, trotz aller Veränderungen, ich komme nach Hause. Ich bekam das Angebot, Pressesprecher von Kultursenator Dieter Sauberzweig zu werden und habe es angenommen. Das wurde dann nicht unbedingt eine beruflich glückliche Zeit, in die ich hineinkam, es war die Endphase der sozial-liberalen Koalition in West-Berlin. Günter Gaus wechselte nach Ablauf seiner Amtszeit dann auch nach West-Berlin und wurde für eine kurze Zeit Wissenschaftssenator. Ich kam in eine für mich völlig neue Funktion und wurde sofort mit der Besonderheit konfrontiert, dauerhaft Wahlkampf mitbetreiben zu müssen. Als die Machtverhältnisse in Berlin wechselten, bin ich schweren Herzens weggegangen.

Es waren auch in West-Berlin viele Freundschaften entstanden, zumal innerhalb des Bereiches der Bildenden Kunst. Wir (Max Neumann, Martin Rose, Rainer Pretzell und ich) nannten uns als Künstlerkreis die »Innige Riege«, haben Bücher und Ausstellungen zusammen gemacht. Es war eine sehr aktive Zeit.

Nachdem ich bei der Ständigen Vertretung aufgehört hatte, ging ich nach Bonn, war eine Zeit lang Kulturreferent im Bundesministerium für Innerdeutsche Beziehungen ...

Bald wird niemand mehr glauben, dass es so eine Institution gab ...

Helmut Schmidt wurde dann von Helmut Kohl abgelöst, ich habe aber auch nach dem Machtwechsel eine sehr aktive Arbeitsphase in den innerdeutschen Kulturbeziehungen miterleben und teilweise mitgestalten können. Ich habe zum Beispiel eine Tournee wichtigster westdeutscher Jazzmusiker, u.a. mit Albert Mangelsdorff, Wolfgang Dauner, Eberhard Weber, der Manfred-Schoof-Bigband, durch die DDR initiiert und betreut.

DDR - gesehen aus West-Berlin

Mit einem kleinen Nebenprodukt, das in den deutsch-deutschen Beziehungen singulär war. Es entstand nämlich während dieser Tournee die erste deutsch-deutsche Platten-Koproduktion. Die Platte erschien in Westdeutschland auf Mood-Records und zeitgleich auf dem DDR-Label AMIGA.

Ein Politikum, ohne Frage.

Heute kann man das kaum noch nachvollziehen. Das hatte einen hohen politischen Stellenwert.

Die DDR scheute Deutsch-Deutsches wie Dracula das Kruzifix.

Das war zumindest auf einer Platte schon ein kleines Stück Wiedervereinigung. Und wir haben damals die erste große Kunstausstellung westdeutscher Nachkriegsmalerei in Berlin und Dresden gezeigt. Das war eine Ausstellung von größter Bedeutung, bei der Künstler wie Gerhard Richter, Sigmar Polke oder Uecker zum Teil erstmals in den Osten zurückkamen.

In deiner Zeit als Pressesprecher Kultur in West-Berlin hast du irgendwie auch Wahlkampf machen müssen, sagtest du. Die Kultur als Stimmenfängerin?

Jedes kulturpolitische Feld ist ein politisches Feld. Das ist doch klar. Und es war ja auch eine Zeit, wo die Besetzung jeder Intendantenstelle äußerst wichtig war, weil sich West-Berlin ja sehr stark als Insel der intellektuellen und menschlichen Freiheit darstellte. Das kann man natürlich besonders mit Kultur demonstrieren. Deswegen wurde sehr viel Geld in kulturelle Institutionen gesteckt, nicht nur in die Institutionen, die Berlin selber trug, sondern auch in die, die vom Bund getragen wurden. Eine der wichtigen Positionen in der West-Berliner Kulturlandschaft war ja das DAAD-Künstlerprogramm (Deutscher Akademischer Austauschdienst, O. L.). Das bedeutete einen ständigen Input an neuen Ideen. Da kamen wunderbare, teilweise sehr namhafte Künstlerinnen und Künstler aus der ganzen Welt nach Berlin und lebten ein Jahr dort. Viele sind geblieben oder immer wiedergekommen. Das war eine Frischzellenzufuhr für diese Inselsituation. Die Leiter dieses Künstlerprogramms waren immer ganz wichtige und belebende Elemente in der Berliner Kulturlandschaft. Sie haben das auch alle sehr engagiert gemacht. Das waren tolle Leute, bis hin zu Joachim Sartorius, der inzwischen Berliner Festspielleiter ist.

Apropos: Es gab sehr viele *meeting places*, auch sehr spontane und unkomplizierte, die in der Berliner Kunstlandschaft eine große Rolle gespielt haben. Ich erinnere mich an viele Einladungen und Begegnungen bei Karl Ruhrberg, der mal Chef des DAAD-Künstlerprogramms war. Diese künstlerischen Meetings waren sehr wichtig – bis hin, später, zu den Salons von Joachim Sartorius, dessen Bedeutung nicht hoch genug eingeschätzt werden kann, weil er mit seinen Einladungen eine große Zahl von Berlinern wie internationalen Leuten zusammengebracht hat. Davon sind sicher viele Impulse gekommen.

Welche Genres kamen da zusammen?

Eben alle. Das Berliner Künstlerprogramm ist ja für alle Sparten offen. Deswegen gab es da ja auch über die künstlerischen Medien und Ausdrucksformen hinaus Begegnungen. Die Akademie der Künste hatte damals auch eine große Bedeutung, ich glaube, sie war vielleicht lebendiger als heute.

Das Künstlerhaus Bethanien muss mit Michael Haerdter und dem heutigen Leiter Christoph Tannert auch genannt werden, wenn es um wichtige, an der Quelle arbeitende Institutionen geht. Es stand und steht für Avantgarde. Es muss sich heute vorwiegend privat finanzieren und wurde, wie ich finde, kläglich vom Senat im Stich gelassen. Das Bethanien ist ein sehr mutiger Ort, da geht ständig ein frischer Wind durchs Haus.

Es gab aber auch einige eher eingerostete Berliner Institutionen, von denen nicht mehr so viele Impulse ausgingen, was auch Gegenstand vieler kulturpolitischer Diskussionen war. Ein Beispiel ist die Kunsthalle. West-Berlin hat, was die Bildenden Künste angeht, in der Nachkriegszeit immer Schwachstellen gehabt. Eine war die, dass es keine wirklich lebendigen Institutionen oder Bühnen gab, wo große aktuelle internationale Ausstellungen gezeigt werden konnten. Vieles ist an West-Berlin vorbeigegangen. Die Berliner Kunstszene selbst war ja über lange Zeit hinweg auch eher »berlinisch« gefärbt und weniger international ausgerichtet. Daher auch die besondere Bedeutung, die dem DAAD-Künstlerprogramm zukam. Abhilfe kam viel später durch die Renovierung des Martin-Gropius-Baus, den Hamburger Bahnhof gab es als Ausstellungsort noch nicht.

Woran lag es, dass die Bildende Kunst so stiefmütterlich behandelt wurde?

Die Bildende Kunst hat sozusagen traditionell nach dem Krieg in diese Insellage West-Berlin nie große, engagierte und mit entsprechendem Volumen ausgestattete Privatsammler vorgefunden. Große Privatsammlungen entwickelten sich im Rheinland, aber nicht in West-Berlin. Da gab es keine großen Impulse, die sozusagen auf die Kunst zugingen, deswegen kamen damals auch nicht viele westdeutsche Künstler nach Berlin. Das zeigte sich auch in der Galerienlandschaft. Die Galerie Rudolf Springer war eine der wenigen Galerien, die schon sehr früh begonnen hat, so engagierte und dauerhafte Arbeit zu machen, dass das dann die deutsche Galerienlandschaft insgesamt mitgeprägt hat. Ebenfalls erwähnt werden muss René Block als Speerspitze der Avantgarde in West-Berlin. Mit bedeutenden, damals in Berlin aber nicht so wahrgenommenen Aktivitäten. Wenn ich an das Ende der Galerie denke, wird mir immer noch wehmütig ums Herz: Ich war schon in West-Berlin, da kam der René und sagte, er würde aufhören, aber er mache noch eine Ausstellung, ein Projekt mit Joseph Beuys, das bezogen sei auf das Ende der Galerie. Er möchte einen kleinen Katalog machen, aber es fehle das Geld – ob nicht der Senat da etwas helfen könnte. Ich konnte das arrangieren, obwohl ich offiziell als Pressesprecher des Kultursenators nicht zuständig war. Aber – wie bescheiden das war! Wenn du hörst »Katalog«, denkst du, dass da eine große Publikation entstanden sei. Nein, es war ein kleines Heftchen, das die heute inzwischen legendäre Schlussperformance von Joseph Beuys dokumentierte. Sie hatte den schönen Titel »Jetzt brechen wir den Scheiß hier ab«.

Dass René Block aufhörte, war sicher auch ein bisschen Resignation, weil West-Berlin nicht der Ort für avancierte Projekte war. Das muss man kritisch anmerken. Die Kunstsituation war lange lange Jahre, Jahrzehnte sehr eingeschlafen.

Woran lag das? Hätte man sich nicht ein Publikum heranziehen können?

Es war eben eine Insellage, das hat sich in diesem Feld besonders bemerkbar gemacht. Galerien siedeln sich da an, wo sie überleben können. Galerien, die mit den großen historischen Werten handeln, gab es ja auch immer in Berlin. Aber die, die nach vorne guckten und Mut hatten, sind in diesem Mut nicht sehr unterstützt worden. Die fanden kaum ihre Käufer. Die mussten dann nach draußen gehen, das war mühevoll von Berlin aus. Das war immer ein weiter Weg. Der Senat hat dann mal versucht, Galerien, die auf Messen gingen, zu unterstützen, aber das kann eine fehlende Infrastruktur vor Ort nicht ersetzen. Wenn du in Köln eine Galerie machst, dann hast du nicht nur Kölner Sammler, sondern du findest deine Leute in dem weiten Umfeld des Rheinlands, in diesem dichten Knäuel von Städten, von Leben und Potenz. Berlin hat damals versucht, eine eigene Kunstmesse ins Leben zu rufen. Das ist alles gescheitert, das wurde ein paar Jahre mühevoll durchgehalten, aber hat sich nicht etabliert. Die Wirklichkeit war anders. Auch der Weg nach Berlin war sehr weit und man kam nicht dorthin, um Kunst zu kaufen.

Das Problem ist also die Distribution.

Eben. Literaten sitzen zu Hause und schreiben. Sie brauchen einen Verleger, der Verleger produziert ein Buch, das dann über den Buchhandel vertrieben wird und überall erreichbar ist. In der Bildenden Kunst dagegen geht es immer um das singuläre künstlerische Ergebnis. Das hat entsprechend einen anderen Preis. Und es muss seinen Käufer dort finden, wo es gezeigt wird. Das macht den Unterschied.

Erst zu Beginn der 80er Jahre, mit den Jungen Wilden um Salome und anderen, brach das auf. West-Berlin wurde der Ausgangspunkt für eine neue Haltung. Diese Entwicklung gab es auch in Köln und anderswo, aber die West-Berliner waren zum ersten Mal mit dabei. Das war zwar neu, hat aber nicht grundsätzlich zu einer Veränderung der Berliner Galerien- und Kunstlandschaft geführt. Man ist dann eher woanders hingegangen, irgendwann landeten sie dann in der Welt, lebten in New York etc. und kamen später noch einmal nach Berlin zurück. Es wurde nach einigen Jahren auch wieder ruhiger. Viele sind inzwischen wieder vergessen.

Kanntest du den Maler Reinhold W. Timm selig?

???

Nicht? Es ist keine Bildungslücke. Nur – dessen Bilder hingen am Kudamm aus, der war ein so genannter Promimentenmaler. Es galt für die Promis als schick, seine Bilder über dem Kamin zu haben. Er war teuer und so etwas wie André Rieu heute unter den Geigern. Will sagen, die Berliner Schickeria hatte zum Großteil einen ziemlich schlechten Geschmack.

Aber das ist ja immer so. Ich behaupte, es gibt richtige Subkulturen von Kaufhauskunst, die einen riesigen Markt haben. Es ist offenbar ein Grundbedürfnis, sich mit Bildern zu umgeben. Das wird von der Kaufhauskunst bedient. Das gibt es überall, aber vielleicht hat das in Berlin eine besondere Tradition, das Tümelnde, das Berlin-Tümelnde hatte da immer einen besonderen Stellenwert. Auch der Berliner Unikum-Charakter, die originalen Berliner Pflanzen bis hin zu Kurt Mühlenhaupt, der ja nun wirklich ein guter Künstler, wenn auch kein sehr fortschrittlicher, war. Aber er hatte seine eigene Welt und seine eigene Sprache. Und Günter Bruno Fuchs, ein Literat und Bildender Künstler, der zur Berliner Nachkriegskultur in besonderer Weise gehört hat. Da könnte man noch viele nenne, die Rixdorfer, diese Künstlergruppe um Uwe Bremer und Ali Schindelhütte. Die haben eine zeitlang von Berlin aus sehr erfolgreich die Galerien- und Ausstellungslandschaft in ganz Deutschland geprägt – aber eben mit dem typischen Berliner Label des Berliner Typen versehen.

Was ich nicht verstehe, Berlin spreizte sich als Avantgarde-Zentrum, hier keimte und wuchs das Neue, es brutzelte emsig in den Experimentierküchen – und in der Bildenden Kunst war tote Hose?

Ich kann nur immer wieder sagen: Berlin behauptete, eine Weltstadt zu sein, aber war eben doch nur eine Insel. Mit all den negativen Konsequenzen des Abgeschlossenseins. Da kann sich in der Bildenden Kunst so eine aktive Szenerie nicht entfalten. Jetzt, seit einigen Jahren, seit der Maueröffnung, entfaltet sie sich dafür umso explosiver. Jetzt gibt es einen Run auf Berlin, auch ein Galerien-Run, was geradezu atemberaubend ist, wie viele Galerien täglich eröffnet werden. Viele von denen machen inzwischen schon über Jahre hinweg in Berlin und von Berlin aus eine sehr lebendige und erfolgreiche Arbeit. Aber wenn du mit Galeristen in Berlin sprichst, wirst du auch heute noch hören, dass sie immer noch mehr außerhalb der Stadt als an Sammlungen oder Sammlern in Berlin selbst verkaufen. Obwohl heute sicher viel mehr Geld in Berlin vorhanden ist. Und es übrigens ja auch viel mehr staatliche Einrichtungen gibt, die sich ja jetzt alle ausstatten. Da haben ja viele Galeristen sicher auch ein waches Auge drauf.

Hing das Problem mit der Bildenden Kunst in Berlin nicht auch mit deren Vermittlung zusammen? Ich konnte als Kulturredakteur beim RIAS oder dann ORB hundert Literaturkritiker finden, ebenso viele für den Bereich Theater, Musik oder Film – Leute jedoch, die kompetent über eine Vernissage berichten konnten, gab es kaum. Wir hatten unter denen, die in der Lage waren, auch einem größeren Publikum ihre Kenntnis und ihr Urteil zu vermitteln, Heinz Ohff, Rainer Höynck, Peter Hans Göpfert und wenige andere.

Ich glaube nicht, dass es daran liegt. Es ist viel einfacher – der Markt hat gefehlt, die Kenner und Kritiker gab es, du hast einige genannt, ich nenne z.B. noch Werner Rhode.

Meine Standard-Frage: Politik – Wirtschaft – Kultur. Wo lagen die Prioritäten in West-Berlin?

Ich glaub' schon in der Kultur. in dieser isolierten Situation konnte sich eine Stadt wie Berlin nur durch ein eigenes Gesicht behaupten. Berlin wurde durch die Politik definiert, deswegen wurde viel Geld hineingesteckt, es musste sich finden und durch eine eigene Identität definieren. Das konnte sie nur als »Insel der Freiheit« und »Insel der Kultur«. Wenn man so etwas von der Politik her angeht, wird vieles künstlich. In West-Berlin war auch vieles künstlich. Anderes erlangte durch sich selbst große Bedeutung. Denk an die sehr lebendige Theaterlandschaft bis hin zur Entwicklung der vielen Freien Gruppen. Nirgendwo gab es so eine vielfältige Szene. Theater wie die Schaubühne haben über Jahrzehnte die Theaterlandschaft in ganz Deutschland mitgeprägt. Oder die Deutsche Oper – Götz Friedrich hat diesem Haus und dem Opernbereich überhaupt seinen Stempel aufgedrückt. Hinzu kam ja auch, dass sich aus der Situation heraus als Gesamtbewusstsein eine Trotzhaltung entwickelt hat, die sich auch in der Kultur widerspiegelte. West-Berlin war ein Konstrukt, das künstlich am Leben gehalten wurde, dann auch sein Leben entfaltet hat. Und auf sehr eigenwillige Weise. Die Trotzhaltung hat dann die Berliner Charakteristik sehr stark geprägt.

Gab es die Berliner Gesellschaft?

Nicht so ausgeprägt wie – das fällt einem dann immer sofort ein – etwa Hamburg mit seinen sehr abgeschotteten gesellschaftlichen Kreisen und wo es schwer ist, Zugang zu bekommen, die aber das Kulturleben sehr stark mitbestimmen. In Berlin hat das Zusammenrücken aufgrund der Insellage andere Haltungen produziert. Aber es gab in Berlin gesellschaftliche Kreise, die sich um die Kunstlandschaft Berlins bemühten und sich da viele Verdienste erworben haben. Ich denke an Peter Raue mit seinem Freundeskreis der Nationalgalerie zum Beispiel, der sich sehr früh schon für die West-Berliner Kunstlandschaft engagiert hat.

Vermisst du was im Rückblick auf die guten alten schlechten Zeiten?

Das darf jetzt nicht als nostalgische Position missverstanden werden, aber was mir manchmal fehlt, ist eine andere Zeitgeschwindigkeit, eine ganz andere Lebenshaltung. Bitte das um Gotteswillen nicht falsch verstehen. Aber das, was man früher im Osten am meisten hatte, war – Zeit. Und Gelegenheit zum Gespräch. Die Kommunikation hat sich sehr stark verändert. Ich hab aus meinen Jahren in Ost-Berlin als eine der wichtigsten Erfahrungen in Erinnerung, erleben zu können, wie viel man kommunizierte, wie viel Zeit man sich für den anderen nahm. Man hatte auch gar keine andere Chance, es gab nicht tausend Bars, Restaurants und Clubs, man traf sich privat, man musste sich privat treffen. Und das haben wir gemacht. Es gab viel mehr direkte Kommunikation. Heute ist das anders, viel hektischer, man trifft sich nimmer, man hat meetings. Das ist der Unterschied zu früher.

Ein Wort zum Jazz in West-Berlin?

Das Jazzfest in Berlin hat ja eine ganz besondere Tradition. Wenn man sich die Nachkriegsgeschichte ansieht, muss man sagen, dass Berlin für den Jazz in Deutschland eine ganz besondere Bedeutung hatte. Joachim-Ernst Berendt, George Gruntz und Rolf Schulte-Bahrenberg haben als Leiter der Jazztage, wie sie damals hießen, Festivalgeschichte geschrieben. Ich freue mich, dass ich in diesem Jahr wieder Dave Brubeck bei meinem Festival JazzBaltica habe, einen Menschen, der mir auch privat ans Herz gewachsen ist. Er hatte schon damals in der West-Berliner Deutschlandhalle große Konzerte gegeben. Auf der Platte gibt es »Dave Brubeck in Berlin«, 1964 in der Philharmonie. Oder Ella Fitzgerald: Eine der bedeutendsten Live-Platten von ihr wurde am 13. Februar 1960 in der Deutschlandhalle aufgezeichnet. Da sang sie zum ersten Mal einen ihrer großen Erfolgstitel: »Mack the Knife«. Damals hatte sie den Text vergessen und daraufhin spontan den Text durch Scat-Gesang ersetzt. Und nicht nur Scat, sie hat einen Text frei improvisiert gesungen. Insofern ist dieses Konzert auch ein historisches Dokument geworden.

Ich zitiere mal aus dem Internet über »Ella in Berlin« auf Verve: »One of the greatest live jazz albums of all time, ›Ella in Berlin‹ finds the lady in awesome form.«
Und: »Topping it all off, Ella's extraordinary rendition of Mack the Knife, one of the most jaw-dropping displays of vocal improvisation ever recorded.«

Ja. Berlin hat damals Konzert- und Jazzgeschichte geschrieben. Und die Jazztage haben eine riesige Bedeutung gehabt. Die großen amerikanischen Stars – wenn sie nach Deutschland kamen, kamen sie nach Berlin. Das ist heute ganz anders, das Jazzfest muss sich jetzt auf neue Weise behaupten.

Es gab später auch witzige und spannende Konzertreihen. Rolf Schulte-Bahrenberg hat etwas gemacht, was es heutzutage viel zu wenig gibt, nämlich Fantasie in die Konzertlandschaft einzubringen. Er hatte auch ein Gefühl für andere Spielorte und so initiierte er eine Reihe, die von größter Qualität war. Er hat im kleinen, aber wunderschönen Skulpturengarten der Neuen Nationalgalerie eine Konzertreihe gemacht, die es heute leider nicht mehr gibt: »Jazz in the garden«.

Ich erinnere mich da unter anderem an ein frühes Konzert von Pat Metheny.

Das war eine wunderschöne Sache, da spielten die Größen der Jazzwelt und das Publikum kam ganz dicht ran, es war Nähe zwischen den Künstlern und ihrem Publikum, es war ein witziger und charmanter Spielort. Vielleicht ist auf diese Art auch mancher zur Berührung mit der Kunst gekommen. Ich fand es immer schön und inspirierend, wenn verschiedene Künste zusammentrafen und nicht nur so in Schablonen gedacht wurde. Wichtige Spielorte wie das Quartier Latin gibt es nicht mehr, sie werden heute durch andere wichtige wie etwa den Tränenpalast ersetzt, das Quasimodo in der Kantstraße gibt es gottlob noch. Die Berliner Jazzgeschichte der Nachkriegszeit gehört sicher zu den Pluspunkten der Kultur, auch mit Jost Gebers und der Free Music Production sowie dem Total Music Meeting in der Akademie der Künste. Das war nicht nur ein *melting pot* für die Avantgarde-Musik jener Zeit, es war auch ein Transmissionsriemen nach Osten und von Osten nach Westen. Er war der erste, der die DDR-Jazzszene zur Kenntnis genommen hat und auch produziert hat. Unter widrigen und, wegen der politischen Situation, vielleicht nicht immer legalen Umständen. Er hat sich für die Leute drüben sehr engagiert. Für Baby Sommer, Ulli Gumpert, für Luten Petrowsky, Bauer usw. ... Die haben ihre ersten Platten in West-Berlin verlegen können. Und nicht im Osten. Gebers hatte Bedeutung für Ost und für West. Er hat die Musiker zusammengebracht, auch mit Hilfe der Ständigen Vertretung. Ich weiß noch, wie häufig ich in das Außenministerium der DDR gewandert bin mit Einladungen für Jazzmusiker aus der DDR. Die Einladungen hatten wir mit Veranstaltern in Westdeutschland organisiert, wir haben das mächtig forciert und dafür gekämpft.

Ohne Einladungen lief nichts. Bei den Rockbands auch nicht.

Genau. Im Außenministerium habe ich ganz offiziell gesagt, hier gibt es den Wunsch eines Veranstalters, wir, die Bundesregierung, unterstützen dieses Anliegen und würden uns freuen, wenn die Künstler reisen dürften. Steter Tropfen höhlte auch da den Stein, denke ich, und wir haben mitgeholfen, dass die in die Bundesrepublik kommen durften. Jost Gebers ist eine der wichtigsten Persönlichkeiten im Kulturbereich. Er hat sehr viel bewirkt. Das, was er machte, galt sicher nicht als Hochkultur, aber es war ein Teil jener Art von Kultur, die sich in West-Berlin aus sich selber heraus entwickelt hatte und die nicht zur inszenierten Kulturlandschaft gehörte. Sie war aus sich selbst heraus gewachsen und gewollt.

Lieber Rainer Haarmann – West-Berlin dankt dir für dieses Gespräch!

Lila war ein Statement, oder: Das richtig Besondere verliert sich jetzt

Claudia Skoda über 68er Strickmode, Model Obermeier, katholische Frühmessen, Tonbandkleider, Dominas, Trommelfeuer, Performances statt Modenschauen, Ermunterungen durch David Bowie, Namensverluste; über die Juhnke-Schickeria, schickes Armsein, Tuxedo Moon, Berliner Lücken und Defizite, Verantwortungsgefühle, den Tod als Tabu und Frühreife.

Gesprächsdatum: 26.7.2001

Olaf Leitner: Hurra – endlich eine echte Persönlichkeit, die aus Berlin stammt, trotzdem etwas auf die Beine gestellt hat und eine Frau ist!

Claudia Skoda: Ja, in Berlin-Schmargendorf gebürtig.

Ihre Absicht war es also, Pfiff in die West-Berliner Mond-, ich meine: Modelandschaft zu bringen.

Nee, nee, nee. Ich war eigentlich Lektorin in einem literaturwissenschaftlichen Verlag.

Welchem?

Georg-Achterberg Verlag, aber den gibt es nicht mehr. In der Zeit habe ich nebenher Mode gemacht, für mich. Insbesondere Strickkleider. Damals gab es irgendwie nichts in Berlin. Ich hatte ein paar Schlüsselerlebnisse, die haben mich dazu gebracht, mal selber etwas zu machen. Angefangen habe ich dann übrigens mit Männersachen. Das war die Zeit der 68er, als ich anfing, Strickmode für flippige junge Leute zu entwerfen.

'68? Da sollte doch die alte Welt gekippt werden. Da hat sich doch niemand für Mode interessiert!

Ich schon. Diese ganze Kommune 1 und diese Leute – ich kenne zum Beispiel Uschi Obermeier, die hat für mich gemodelt. Das ist doch diese Generation. Das waren ja immer zwei Geschichten. Einmal die wirkliche Politik und dann aber auch diese hippe Politik, das Kommunenwesen. Das geschah ja parallel.

Hat sich in diesen Kreisen eine eigene Ästhetik entwickelt?

Ja, klar! Dies, dann die Hippie-Bewegung bis hin zum Punk – das waren alles die Jugendströmungen, die hat man aufgenommen und mit ihnen gearbeitet, weil man im entsprechenden Alter war. Diese Strömungen haben die Arbeit auch verändert. Man ist ja nicht stehen geblieben. Bis heute nicht.

Das, was man mit Hippie-Mode verbindet, Schlabberkleider, lila Latzhosen, Flokati-Jacken – das fanden Sie damals in Ordnung?

Das hat man ja alles mit entfacht!

Welche ideologische Bedeutung hatte die Farbe lila? Mit dieser Farbe wird gemeinhin am Ortseingangsschild auf die Katholische Frühmesse hingewiesen.

Das war schon flippig! Das hatte auch etwas mit Drogen zu tun, lila und orange. Normal war beige-braun. Dem wollten wir etwas entgegensetzen, und das war lila-orange.

Ihr habt versucht, Farben durchzusetzen?

Ja. Lila war ganz stark. Es war ein Statement. Das ist dann später zu den Alternativen hinübergeglitten, mit denen hatte ich nichts mehr zu tun. Da war bei mir schon Punk angesagt. Und schwarz und alle möglichen Neonfarben. Aber Farben als Botschaft haben immer eine große Rolle gespielt.

Die Botschaft muss auch in den Materialien gelegen haben. Wer außer Ihnen macht aus Tonbändern Kleidungsstücke?

Ein Pullover, ja. Wir haben zu Beginn der 80er Jahre in Kreuzberg in einer Kommune gelebt, in der Fabrik Neu, das war unser Raumschiff. Wir haben mit Musikern zusammengewohnt, ich habe in der Zeit auch selber Musik gemacht.

Produziert von Manuel Göttsching von Ash Ra, früher Ash Ra Tempel. Mit dessen damaliger Freundin Rosi haben wir im RIAS viele Features produziert, eines hieß »Dracu-Lullaby« mit Otto Sander als Dracula. Sie hat eine wunderbare sanfte Stimme. Otto auch, nur eben sehr viel kratziger. Das ging grandios zusammen.

Rosi hat meine Geschäftsstelle in New York geleitet. Und wir haben damals zusammen eine Platte gemacht, »Die Dominas«. Auflage 2000, auf einem Independent Label. Das Cover hat Kraftwerk gestaltet. Rosi und ich haben getextet, Synthesizer gespielt und gesungen. Die Platte ist inzwischen Kult. Aus der Techno-Szene wurden davon später *cover versions* gemacht.

Ich lerne mithin, dass die 68er zwar Revolution machen wollten, aber dabei gut gekleidet sein wollten.

Absolut!

Gut. Sie saßen also damals auf der Insel West-Berlin. Und wenn Sie über den Zaun geguckt haben, war da nicht gerade atemraubendes Design zu entdecken. Wie orientiert man sich?

Berlin hatte immer eine starke Nachtszene, eine starke Klub-Szene. Daher kamen letztlich die Antriebe und Anregungen. Man ist viel ausgegangen. Es war immer sehr wichtig, sich in der Szene originell zu kleiden. Jedenfalls in der Szene, in der ich mich bewegt habe. Es ist sehr viel daraus hervorgegangen. Wir haben zum Ende der 70er bereits mit unseren Live-Schauen angefangen, so etwas gab es vorher nicht. Die sind inzwischen auch legendär. Die »BIG BIRDS Show« oder »Trommelfeuer«.

Waren Sie da schon berühmt?

Ich bin dadurch berühmt geworden. Unsere Firma hat 1976 offiziell angefangen. Ich musste ein Gewerbe anmelden, habe richtig Kollektionen gemacht, musste auf Messen gehen. Davor, von 1968 bis 75, habe ich nur frei gearbeitet. Da war man ein Hippie.

Claudia Skoda (*1943)

In den siebziger Jahren begann »eine neue Entwicklung. In West-Berlin (...) entstand eine ›Off‹-Modeszene, die sich teilweise aus den jungen Absolventen der Modeschulen und aus vielen Autodidakten rekrutierte. Diese setzten sich bewusst von der etablierten Konfektionsmode ab und verfolgten eigene Vorstellungen, suchten aber auch die Anerkennung der internationalen Modeszene. Der Begriff Designermode entstand. Zu den ersten neuen Modemachern gehörte Claudia Skoda, die Mitte der siebziger Jahre ihre individuellen Strickkollektionen auf spektakulären Modeinszenierungen präsentierte.«* Die Skoda löste zudem die starren Genre-Grenzen auf und bei ihrer Arbeit kommunizierte sie mit anderen Metiers wie Musik, Bildende Kunst und Tanz. Heute residiert sie, eingerahmt von Galerien, in der Berlin-mittigen Linienstraße.

* Cornelia Kubitz, Modemachen in Berlin, Ateliers und Modeläden, Tips und Trends, Berlin 1998, S. 16

Wenn man Geld brauchte, hat man ein paar Klamotten gemacht. Man ist viel verreist, nach Frankreich oder nach Ibiza und hat dort Sachen verkauft. Dann ist man wieder nach Hause gefahren, hat wieder etwas gemacht. Es war alles so unbeschwert. Ohne jeglichen kommerziellen Druck. Aber der hat dann immer stärker zugenommen. Man musste eben die Firma anmelden, weil man schon berühmt war und in der Presse auftauchte. Es ließ sich nicht umgehen.

Und wie war die Reaktion im Ausland? Galt man als Kuriosum, wenn man aus so einer merkwürdigen Stadt kam?

Berlin stand ja auch vor der Mauer immer schon im Focus der Weltöffentlichkeit, das kann man schon sagen.

Auch in Sachen Mode? Da gab es Heinz Oestergaard mit dem Flair der 50er Jahre. Fotos von ihm finden sich im Deutschen Historischen Museum.

Ich habe mich ja auch nie so richtig als Modeschöpferin gesehen, es ging vielmehr um Happenings, um Geschehen, um Performances. Immer in Verbindung mit Musik. Unsere internationalen Auftritte waren in New York, in London und in Mailand. Und da hat man bestimmte Sachen erwartet. Wenn jemand aus Berlin kam, hat man erwartet, dass es flippig oder etwas Besonderes ist.

Auch aus der Sicht New Yorks hatte Berlin einen Stellenwert?

Ja, absolut! Es gab auch einen regen Austausch zwischen New Yorkern und Berlinern. Dann war ja auch David Bowie in Berlin und hat hier gewohnt. Und Iggy Pop. Wegen David Bowie bin ich ja hauptsächlich 1979 nach New York gegangen. Der hat gesagt, du musst hier raus, du musst woanders hin! Er fand, dass ich international eine Rolle spielen könnte. 1982 habe ich dann in New York meinen eigenen Laden gehabt. In Berlin konnte man kein internationaler Modestar werden. Das wusste auch jeder. Das weiß ich auch heute, aber dennoch habe ich immer wieder gesagt: Berlin! Denn ich wollte gar kein internationaler Modestar werden. Ich wollte immer eher das machen, was ich will. Meine Sachen durchziehen. Und nicht ein großes Imperium gründen, Firmen aufbauen.

Was hatte Bowie nach Berlin gezogen?

Die elektronische Musik. Edgar Froese und Tangerine Dream, Klaus Schulze, Klaus Krüger. Das hat ihn interessiert. In New York und Los Angeles war er absolut Kult, er konnte sich da kaum auf die Straße wagen. In Berlin konnte er sich ein bisschen tarnen. Da war er irgendwie undercover.

Es gibt Leute, die haben ihn an der Currywurst-Bude stehen sehen.

Ja. Klaus Krüger, der mit uns gewohnt hat, hat später für ein paar Jahre bei Iggy Pop Schlagzeug gespielt – diese Zeit, also die 70er Jahre, waren für mich die beste Zeit in Berlin. Nicht die 80er.

Hat Berlin denn jetzt eine Chance, auf dem internationalen Modeparkett zu reüssieren?

Wissen Sie, das ist ja schon so besetzt! Die Welt hat das Mode-Mekka schon aufgeteilt mit Paris, Mailand und neuerdings mit New York, was daran liegt, dass die amerikanischen Designer so stark geworden sind. Also diese drei Plätze spielen weltweit eine große Rolle. Aber selbst London hat, vom Markt her, keine richtige Chance. Es ist wie Tokio oder Berlin nur Inspirationsgeber. In Berlin wird es eine junge Szene geben, die Impulse setzen und nach außen strahlen wird, aber wenn sie wirklich berühmt werden will, muss sie auch nach Paris oder Mailand gehen.

Gab es in Berlin eine Gegenbewegung zur Skoda? Junge Wilde, die alles ganz anders machen wollten?

Nein, eigentlich nicht. Was ich geschafft habe, ist irgendwie ganz merkwürdig: Ich bin irgendwie ein Vorbild für junge Designer, die sich einen Namen machen wollen. Einmal, weil ich Autodidaktin bin und zweitens, weil ich schon fast dreißig Jahre lang immer eine besondere Art der Mode produziert habe. Also nicht irgendwelchen kommerziellen Scheiß, sondern ich bin immer noch sehr speziell und sehr besonders geblieben. Das bewundern junge Leute, die jetzt gerade in der Ausbildung sind. Ich hatte ja auch eine Professur in Hamburg. Ich hab da eine Vorbildfunktion. Das ist ja auch was. Bin zwar nicht so am Markt wie Herr Joop oder Jil Sander, aber die gibt es ja, so gesehen, auch nicht mehr.

Weil sie die Firma verkauft haben.

Was das letztlich bedeutet, weiß man ja. Man ist nicht mehr sein eigener Herr. Herr Joop und Jil Sander können ihren Namen nicht mehr benutzen. Die dürfen keine Mode mehr machen – das müssen Sie sich mal vorstellen!!

Wie schafft man es, sich immer wieder zu erneuern?

Dadurch, dass Berlin in der Mode ein schwieriger Platz ist, kommt es zu so einer Trotz-Reaktion. Man sagt sich: jetzt erst recht! Und immer wieder. Das ist dieses Typische, das Berlinerische, würde ich sagen: Verhärmt, aber formtreu. *(Lacht.)* Immer wieder neu anfangen, das Schnoddrige.

Formtreu spielt auf die solide Verarbeitung Ihrer Produkte an?

Ja, unsere Verarbeitung – so wie wir arbeitet heute eigentlich niemand mehr. Aber trotzdem steht das Design immer im Vordergrund. Die Idee, die Erneuerung. Die gu-

te Verarbeitung ist dabei die Voraussetzung, wenn man in einer bestimmten Preisklasse arbeitet.

Wieso eigentlich? Reiche Leute tragen ihre Klamotten doch ohnehin nur ein- bis zweimal.

Wenn man ein bisschen in die Jahre gekommen ist, stellt man an Kleidung Ansprüche. Dann will man ein Kleid doch öfter tragen, auch wenn man noch so viel Geld hat. Im übrigen kann man unsere Sachen auch deshalb länger tragen, weil sie nicht nach einem halben Jahr schon out sind. Man kann sie noch in zehn oder zwanzig Jahren tragen. Und das ist betrüblich – jedenfalls fürs Business. Aber ich kann's nun mal nicht ändern. Man ist progressiv, weil man etwas entworfen hat, was andere noch nicht gemacht haben. Dann überlebt es eine gewisse Zeitspanne und dann wird es klassisch.

Was mich leicht erstaunt hat – Sie haben auch mal für Escada entworfen? Das fängt ja immer gleich klassisch an.

Nicht für Escada selbst, sondern für eine Tochterfirma, die es inzwischen nicht mehr gibt. Deren Zielgruppe war wesentlich jünger.

Wer hat Ihre Kleider verkauft?

In der Zeit, wo wir auf dem Markt waren und noch größere Produktion hatten, waren wir in allen großen Häusern, in den besten Läden der Stadt vertreten. In anderen Städten auch, in London, New York. Aber nicht permanent. Wir werden gekauft von Leuten, die immer mal wieder was Besonderes brauchen. Heute entwickelt sich das alles in Richtung Mono-Store, d.h. die großen Firmen haben ihre eigenen Läden, wie ich ja auch, obwohl ich keine große Firma bin. Aber weil es einfach schwierig geworden ist, in diesem Sammelsurium von Boutiquefirmen unterzukommen. Das sind alles *no names*. Weil man aber einen Namen hat, passt man da nicht hin. Andererseits sind die großen Läden alle belegt mit den großen Namen, die eben Werbung schalten. Die Landschaft hat sich total verändert. Früher, also in den 60ern, mehr noch in den 70ern, ist die Frau losgegangen, und wenn sie irgendwas Schönes gesehen hat, so hat sie sich das gekauft. Das macht sie heute nicht mehr. Sie entscheidet sich für ein Image, für eine Firma.

Weil bestimmte Kreise bestimmte Marken erwarten. Das ist wie bei den Kids in der Schule: Drei Streifen adidas, zwei Streifen Caritas.

Ja, das ist so. Das Label-Denken.

Hatte West-Berlin eine Gesellschaft?

Naja, diese Schickeria, ich nannte das immer: Kudamm-Szene, um Harald Juhnke, die hat mich nie interessiert. Wir hatten ja in Berlin eine sehr starke Underground-Szene.

Die hatte doch aber kein Geld?!

Nö. Aber das war ja auch kein Thema. Geld als Thema gibt es ja eigentlich erst seit der Wende. Schauen Sie mal: Sie haben relativ preiswert leben und wohnen können in Berlin. Wir beispielsweise haben seit 25 Jahren in Kreuzberg zwei Fabriketagen gehabt. Das fing an mit 85 Pfennig pro Quadratmeter und hörte auf bei 5 DM, als die Wende kam. Das ganze Geld, was Sie heute verdienen, müssen Sie in Mieten investieren, teure Geschäftsräume. Man muss ja repräsentieren und kann nicht in irgendein Loch gehen. Berlin erfordert ganz andere Statements, die man setzen muss, will man mithalten können.

Früher war es ja in Berlin chic, kein Geld zu haben. Die Reichen wurden ja etwas schief angesehen. Man musste originell sein, Künstler sein – das war wichtig. Das hat gezählt. Und das hat auch bestimmte Leute in ihrem Ausdruck geprägt.

Was kam denn nach der Öffnung an Talenten nach West-Berlin? Die DDR war modemäßig vielleicht nicht ganz auf Pariser oder Mailänder Niveau ...

Das kann man gar nicht so sagen. Mode passierte dort trotz allem. Und kreative Leute gab es auch in der DDR. Man hat sie nur nicht so gelassen wie sie wollten. Nach dem Mauerfall waren die manchmal viel kreativer als die im Westen. Und sie hatten durchaus eine gute Ausbildung. Sie hatten nur nicht so viele Möglichkeiten wie wir. Auch nicht so viele Materialien.

Hat Sie der Kultursenat wahrgenommen?

Absolut! Hassemer hatte mich ja 1987 beauftragt, die Eröffnungsgala für die E 88 im Hamburger Bahnhof »Dressed To Thrill« auszurichten, das war eine Über-Über-Überproduktion! Ich hatte den Hamburger Bahnhof ein Jahr lang ganz für mich allein zur Verfügung. Die haben mir den Schlüssel gegeben und gesagt: Jetzt können Sie das Haus verwalten. Mehr oder weniger. Ich hatte aus dem Kulturetat über eine Million bekommen und habe mit Sponsorengeldern und den Einnahmen für die Fernsehrechte über anderthalb Millionen Mark verfügen können. Damit habe ich diese internationale Multi-Media-Show gemacht, diese sog. »Dressed To Thrill«. Wir hatten einen schwebenden Laufsteg, der hing an Seilen und ging über die ganze Halle. Das war schon mal ein Architektur-Statement. Die Gala war der absolute Höhepunkt bei Berlin 88 Kulturstadt Europa, eine absolute Kultveranstaltung. Vivian Westwood war auch dabei. Es gab Live-Musik mit Tuxedo Moon, die wurde extra von Steven Brown komponiert.

Stilrichtung: Etwas düster, aber gut.

Das ist Gruftie-Musik, aber es waren einfach gute Musiker. Die waren eben *underground* und Kult. Zu meinem Konzept gehörte, dass ich acht Designer aus acht Ländern einladen wollte. Darunter waren Exponate von Uli Gernreich, ein Modedesigner, der aus Österreich stammte, tolle Sachen machte und früher mal den Oben-ohne-Badeanzug erfunden hatte. Der lebte in Los Angeles, ist aber dann früh verstorben. Wir haben seine Originalsachen aus dem Museum in L.A. bekommen und konnten sie während unserer Modenschau zeigen. Jeder, der da mitmachte, war hochkarätig. Wir waren auch in der Sojetunion, um einen Designer aus dem Ostblock mit einbeziehen zu können, haben aber »nur« einen aus Ungarn bekommen. Mit der Perestroika war es 1987 noch nicht ganz so weit. Die Gala war dann aber auch der Schlusspunkt. Danach kam dann im sog. *underground* von West-Berlin nichts mehr. Nach der Maueröffnung gab es von den Ost-Berlinern noch ein Nachholbedürfnis, das war ein ständiges Wiedergekäue, denn es gab außer Techno ja nichts Neues. Auch nicht in der Theater- oder Literaturszene. Es wurde erst mal konsumiert. In dieser Zeit ist in Berlin ziemlich viel verloren gegangen. Es hat sich alles auf eine kommerzielle Schiene begeben.

Das Einzugsgebiet ist aber seit '89 größer geworden. Merkt man das in Ihrer Branche?

Wir haben ein armes Umland, und Berlin ist immer noch unterbevölkert für die Ausdehnung. In so einem Gebiet wie London wohnen drei- viermal so viel Menschen wie in Berlin. Man kann von Berlin nicht so eine Struktur erwarten, wie London sie hat oder New York. Das schätzen die Leute immer falsch ein, wenn sie sagen, Berlin wird jetzt Weltstadt. Berlin ist ganz nett. Es passiert was, und es sind viele Lücken da, die gefüllt werden müssen. Und das ist es, was Berlin interessant macht, weswegen die Leute kommen und schauen. Aber Berlin kann in keinster Weise mit den großen Zentren dieser Welt konkurrieren. Weder mit Paris noch mit London, wo sich seit Generationen Kultur und Geld angesiedelt haben. Berlin ist nach wie vor arm, und es gibt wenig Leute, die sich was leisten können. Wenn man Berlin mit München vergleicht, so ist das etwas völlig anderes. Berlin als Standort ist immer noch nicht attraktiv. Ich bin wirklich aus Liebe zu meiner Heimat hier, weil ich Berlinerin bin und mich immer für Berlin eingesetzt habe. Um Berlin herum hatten meine Großeltern ein Grundstück, wo ich als Kind in den Ferien war und wo ich gerne hingehe, das sind Sentimentalitäten, ja, das stimmt. Aber wenn ich da mit einem anderen Blick rangehe, muss ich sagen, Berlin ist uninteressant. Berlin war früher immer etwas Besonderes. Aber das richtig Besondere verliert sich jetzt irgendwie. Es findet ein großer Angleichungsprozess statt. Zunächst einmal an andere westdeutsche Städte. Man kann noch nicht einmal von einer Angleichung an die großen internationalen Städte sprechen. Dazu müssten noch zig Jahre vergehen.

Also auch in Sachen Mode – hier passt der Begriff buchstäblich: Tote Hose.

Berlin hat international keine Chance. Eher redet man dann noch von Düsseldorf, weil dort die größte Modemesse der Welt stattfindet und wo die Branche hinreist und verkauft, europaweit, auch in Richtung Osten. Berlin muss herhalten für Events, für Auftritte, Begegnungen, Inspiration, Austausch – dafür taugt es, weil es junge Leute anzieht. Es liegt günstig zwischen Ost und West und Nord und Süd. Das merkt man, wenn skandinavisches Design in Berlin auf italienisches trifft. Beide Einflüsse sind hier wahnsinnig stark.

Was hier an Kultur ausradiert wurde – wie soll sich das so schnell wieder aufbauen? Die jüdische Kultur wurde völlig ausradiert – hier will doch keiner mehr sein, der Jude ist. Was soll denn hier, geistig gesehen, passieren? Es gibt nach wie vor eine große Abwanderung. Da nun auch der Subventionsaspekt wegfällt, wird es immer weniger mit individueller Kultur, und der Kommerz wird immer stärker. Und was in den Medien so passiert – wenn man Veranstaltungen wie den MTV-Award sieht – was zudem noch den globalen Stempel drauf hat, der wiederum eine große Gleichschaltung bedeutet. Berlin hat irgendwie unheimlich verloren für mich.

Sie haben mal irgendwem gesagt, es gäbe nirgendwo so viele hässliche Kleider auf den Straßen wie in Berlin.

Na ja – die Berliner sind verhärmt. Ich war gestern mal wieder in Kreuzberg, wir sind da in unsere alte Fabriketage gegangen, weil wir da ein Kunstwerk – egal, das ist eine andere Geschichte. Aber da habe ich gedacht, meine Güte!, das habe ich ganz vergessen, was in Berlin Neukölln und Kreuzberg so los ist, was es da für Menschen gibt, was da so auf den Straßen herumläuft, das trifft man hier in Mitte natürlich nicht. Hier ist eine andere Welt. Aber hier sind dann andere Dinge ekelhaft. Spezielles Thema »Mitte« zum Beispiel: Da gehen die abends ins Greenwich einen Cocktail trinken, aber wenn man keine Blondine ist, dann haben sie da nichts zu melden. Oder diese Juppies – die Männer in der Szene sehen ja alle gleich aus, sie haben nichts Auffallendes. Die ganze Jugendkultur hat sich total verändert, die ist langweilig geworden, die ist nicht mehr wild, die ist nur noch angepasst.

Vielleicht eine Trotzreaktion auf die Wildheit der Eltern?

Wahrscheinlich. Eine Gegenbewegung. Das denk ich schon. Aber Kreuzberg ist flippig – nach wie vor. Doch da, wo der höhere Mittelstand sich angesetzt hat, Charlottenburg etc. – langweilig! Da passiert nichts, was in irgendeiner Form spannend ist. Hier in Mitte oder Friedrichshain ist es schon so, dass junge Leute was verändern, aber sie haben eine ganz andere Vorgehensweise, sie machen es nicht irgendwie aus dem Underground-Sumpf heraus, sondern die gehen gleich mit Kohle ran. Stecken viel Geld rein. Da hat jetzt gerade neben dem Hackeschen Markt ein wunderschönes pan-asiatisches Restaurant aufgemacht, das international Zeichen setzt. Es gibt im kommerziellen Bereich viele Sachen, die waren vorher in Berlin nicht möglich. Aber die findet man hauptsächlich in Ost-Berlin.

Ich glaube, wenn das mit dem Mauerfall nicht gekommen wäre, wäre ich nicht mehr hier, sondern nach New York gegangen. Mein Freund ist aus New York. Aber dann fühlte ich mich auf einmal wieder mit Berlin so verbunden und hatte auch so ein Verantwortungsgefühl. *(Lacht.)* Es hat mich hierher in diesen Dreh gezogen – Auguststraße, Linienstraße. Irgendwie nahe der Museumsinsel oder dem Scheunenviertel. Nach 25 Jahren Kreuzberg/Fabriketage wollte ich etwas anderes. Aber es war noch nicht sicher, ob es Ost- oder West-Berlin sein würde. Wir hatten ein sehr tolles Angebot in der Bundesallee, aber ich konnte mich nicht dafür entschließen. Ich hab gedacht, nee, da will ich nicht hin. Heute bin ich heilfroh, dass ich das nicht gemacht habe. Und so war es dann für mich, als ob ich richtig umziehe, in eine andere Stadt. Aber wenn Sie das hier vor sieben Jahren gesehen hätten ... Die Leute haben gesagt, dass ist der soziale Abstieg der Claudia Skoda. Wir hatten ja auch schon einen Laden am Kudamm. Und jetzt hier – zwischen die besetzten Häuser! Das hat niemand verstanden. Aber ich wusste, dass hier etwas entstehen wird.

Hier ist inzwischen eine Galerie neben der anderen.

Ja eben.

Fazit – West-Berlin, ein bisschen Wehmut bleibt übrig?

Ja, aber das betrifft nicht nur West-Berlin, es ist überhaupt ein wenig Nostalgie. Früher war es eben wichtig, sich total gegen alle Formen und Normen zu stellen und es anders zu machen. Diese Herausforderung haben die Leute heute ja gar nicht mehr. Wogegen sollen die sich stellen? Da gibt es kaum noch was. Kommunismus ist kein Thema mehr, Sex schon gar nicht. Der Tod – das ist noch ein Tabu. Man darf das alles aber nicht laut sagen, sonst gehört man sofort zu den Oberspießern, gegen die wir früher vorgegangen sind. Trotzdem – die Youngsters wissen nicht, was man meint, weil sie es nicht erlebt haben. Es ist ja das erste Mal, dass sich das so umgedreht hat. Dass die Kinder die Eltern nicht mehr verstehen, weil die zu unruhig waren. Drogen werden zwar auch noch genommen, aber andere – Verblödungspillen. Diese Ecstasy-Dinger. Damals hat man ja Drogen aus ganz anderen Gründen genommen, man hat Bewusstseinserweiterung angestrebt, wollte finden, was man noch nicht kennt. Und heute knallen die sich einfach nur so zu.

Um länger tanzen zu können. Was ja an sich nichts Schlechtes ist, aber wenn ich mich dazu chemisch animieren muss ...

Man soll so was alles nicht sagen. Man weiß es und gut, aus, basta! Andererseits, als ich in Hamburg die Gastprofessur hatte, hab ich mich gewundert, über welches Wissen die jungen Leute verfügten. Die waren mit 20 schon geistig so reif wie es andere erst mit 40 sind. Da hab ich einfach nur gestaunt.

Claudia Skoda – das wilde flippige alte West-Berlin dankt Ihnen für dieses Gespräch!

Was ich nicht wusste, hab ich halt erfunden

Erik Spiekermann über Berliner Windschatten, lila Trainingsanzüge, Drecksgegenden, Mauerkoller, Wohngemeinschaftsgeschichten, feuchte Hände, Führerbunkerbuckel, drucken statt diskutieren; über die Lick&Stick-Methode, Raub- und Feierabenddrucke, Geben und Nehmen, historische Herkünfte, schlechten Fußball, Opfermentalitäten, dogmatische Zahnärzte; über das Bräute-Motiv, Hinterachsen und Selbstgedrehte, Pflastermalereien, koreanische ›Dankeschön!s‹; über schwedische Mädchen, Lokomotiv- oder Sargfabriken, deutsch-deutsche Baustile, kryptische Anschlagtafeln, Haltestellen-Schnüre, den oberen Nil, die alte Tatra, ein Beamtengelb und weitere Null-Farben.

Gesprächsdatum: 27.3.2001

Olaf Leitner: Was fällt dir zu West-Berlin ein?

Erik Spiekermann: Mir fehlt es ein bisschen – es waren zwar zweieinhalb Millionen Leute, aber ich lebte ja hier im Citybereich wie in so 'nem Dorf wie du auch (ich in Zehlendorf, O. L.), das sehr überschaubar war. Damals kam es mir unheimlich lange vor, zum Schlesischen Tor zu fahren. Ich hatte meine allererste Werkstatt am Schlesischen Tor in der Falkensteinstraße so um '68/'69 zur Studentenzeit, ich hab da Flugblätter gedruckt und all solchen Kram gemacht und das war unglaublich weit weg! Wenn man mit der BVG fuhr – Taxi war ja nicht drin, Autos hatten wir auch nicht – da war das am Ende von Berlin. Und das hatte einen großen Vorteil – es war wie ein Windschatten. In Berlin gab es viele solche Windschatten, wo man von Polizei, von allem ungestört irgendwas machte.

Und da kam nie einer hin, da konntest du halb in der Illegalität leben, ohne dass wir wussten, was Illegalität eigentlich ist. An der Lohmühlenbrücke, wo die Ecke Treptow an den Kanal rankommt – da ist rechts ein bisschen West-Berlin, in der Mitte Osten und vorne wieder West-Berlin. Da hab ich immer die Leute hingefahren, denn da konnte man den völligen Wahnsinn wunderbar sehen. Aber für uns hieß es, da war die Welt zu Ende, und da drüben, das war uns auch völlig egal. Ich war auch nur ganz selten in der DDR, in der »Hauptstadt« schon gar nicht.

Als West-Berliner war man eine ganz kleine Truppe, es gab so eine Kreuzberger Clique, so hinten ums Schlesische Tor rum bis zum Wassertorplatz. Dann gab es diese Schöneberger Szene, die Charlottenburger Szene und ein bisschen FU da unten – mehr kannten wir eigentlich gar nicht. Das war alles sehr überschaubar, du kanntest in der Szene alle Leute.

Und der Norden war sowieso tabu.

Na – im Wedding wohnte kein Arsch, auch in Neukölln wohnte damals keiner. Das war dieser Spießerbezirk mit den lila Trainungsanzügen. Manche wohnten dann schon durchaus in Friedenau, da hab ich auch mal gewohnt, in der Léfèvrestraße.

Aber im Prinzip waren wir alle in den Gegenden, wo wir auch jetzt noch sind, bezeichnenderweise. Also entweder Olivaer Platz, Savignyplatz, als das noch keine Szene war.

Da war die Passage an der S-Bahn noch eine versiffte Gasse, wo jetzt die schicken Boutiquen sind. Es gab eine kleine Bierkneipe, und mehr war nicht. Da konntest du nachts kaum durchgehen. Und die S-Bahnbögen waren nicht benutzt. Sonst gab es die sog. »Studentenkneipen«, um den Savignyplatz rum, die »Dicke Wirtin«, den »Zwiebelfisch«. Ich hab in der Pfalzburger gewohnt, dann in der Uhlandstraße – immer in diesem Dreh. Oder hier in der Ecke, Viktoria-Luise-Platz. Selbst der Winterfeldplatz wurde erst Ende der 70er Jahre so richtig zur Szene. Das war vorher auch eher eine Drecksgegend. Aber der Vorteil war, alles war schön begrenzt, und man konnte sich auch nicht verlaufen, denn irgendwann kam man an die Mauer, und dann musste man entweder links oder rechts gehen – man kam immer wieder zurück zum Ausgangspunkt. Es war wirklich eine Insel, im guten wie im schlechten Sinn. Und um dem Mauerkoller zu entkommen, fuhr man in den Westen. Auf der Reise traf man die gleichen Leute wieder. Man traf sich in Dreilinden, wo man dann den Motor ausmachte, das Auto schob. Wir jedenfalls, die Spießer nicht. Da trafst du alle Leute: »Ach, wo fahrt'n Ihr hin?!« Im Guten wie im Schlechten war West-Berlin ein wahnsinnig kleines Dorf. Ich weiß, ich konnte hingehen in die Kneipen oder ins Kino – es gab damals so genannte »Szenekinos« wie die »Lupe«, wo sich alle trafen. Das war wie eine große Wohngemeinschaft und bevor das Programm anfing, riefen alle durch den Saal: »Eh, Paule, watt machst'n heut Abend?« »Ich bin bei Kathrin, kommste mit?« Und dann schrie Kathrin: »Nee, ich kann aber janich. Wo is'n Monika?« »Die is bei Gisela. Gisela, bist du da?!« Das ging so durch's Kino, weil alle wussten, irgend jemand ist im Kino, den du kennst. Ob das im »York« war oder am Kudamm. Es waren immer diese Wohngemeinschaftsgeschichten, die mir aus den 70er Jahren ganz deutlich in Erinnerung geblieben sind. Ich war ja fast acht Jahre in England, aber ab '81 wieder hier.

Die 60er Jahre – das war das Studenten-Berlin für mich, die Schiene von hier nach Dahlem zur FU.

Zur TU hatte man keinen Kontakt?

Nein.

Das waren die anderen.

Das waren ganz andere. Das waren Ingenieure, die waren alle so präzise. Wir haben zwar '68 in der TU den berühmten Vietnam-Kongress gemacht – Holger Klotzbach, der heute die Bar jeder Vernunft macht, war damals einer der Mitorganisatoren.

Das Schöne an West-Berlin war, drumherum war alles so ein bisschen gruselig, und wenn Leute aus dem Westen kamen oder aus dem Ausland, konnte man ihnen das Gruselige zeigen. Konnte sie irgendwann an die Mauer fahren, ans Brandenburger Tor oder eben zum Lohmühlenplatz. Da gab's ein paar eklige Ecken, wo sie sagten: »Das kann ja wohl nicht wahr sein!« Oder an der Glienicker Brücke, der»Brücke der Einheit«.

Erik Spiekermann (*1947)

Er studierte Kunstgeschichte, wurde im Berliner Untergrund handwerklich und künstlerisch tätig und versorgte die Szene mit solidem technischen Basiswissen. Er lebte von 1973 bis 81 mit Unterbrechungen in England, arbeitete mit renommierten Grafikern und Designern zusammen, um irgendwann selbst zu einem der weltweit gefragtesten Schrift-Gestalter heranzureifen. Unter anderem brachte er die Verkehrsbetriebe von Berlin und Potsdam optisch ins Nach-Mauer-Zeitalter. Spiekermann, geschäftlich auch in Kalifornien verankert, gründete in Berlin die Firma MetaDesign, die er wieder verließ. Heute jettet er als gefragter Experte durch die Welt.

Wo sie nachts die Agenten hin und her bugsiert haben.

Jawohl, Spione austauschen. Die Amis haben dann immer ganz feuchte Hände gekriegt, haben gleich Fotos gemacht und zu Hause erzählt, dass sie kurz vor Sibirien gestanden hätten. Ich habe das immer entsprechend dramatisiert. Ich hab dann auch Stadtrundfahrten gemacht für die Amis, für Hertz mit großen Daimlers. Ins Olympiastadion, zum Beispiel, zum Stein, wo Adolf gestanden hat. Habe ich zwar erfunden, aber die Amis haben es immer geglaubt: »Oh my god, hier hat der Führer gestanden – take a photo!« Auf dem Stein mit Sieg heil! und so. Hat ihnen mächtig imponiert. Aber es gab eben auch Plötzensee, wo ich die Leute zur Hinrichtungsstätte gebracht habe. Noch heute, wenn ich vorbei fahre, kriege ich 'ne Gänsehaut. Als Fremdenführer wusstest du dann auch die ganzen Fakten.

Das war ein Studentenjob?

Ja, bei Hertz-Autovermietung, ich hatte einen Freund, der war da Fahrdienstleiter. Und da kamen immer Amis, die ein bisschen was besseres wollten, meistens ältere Ehepaare. Die haben sich dann einen großen Daimler gemietet mit »English speaking Chauffeur«. Und da ich ja Kunstgeschichte studierte und in Architektur mich auskannte, wusste ich ganz gut Bescheid. Und was ich nicht wusste, hab ich halt erfunden. Es hat immer gereicht – also, wo der Führer grad gestanden hatte. Aber die ernsten Sachen wie Plötzensee, da bin ich mit den Amis nicht hingefahren, sondern mit Schülergruppen. Denen konntest du die Stauffenberg-Geschichte zeigen, und dann die Brache am Potsdamer Platz mit dem Buckel dahinten. Da hab ich immer gesagt, das wäre der Führerbunker. Weiß ich nicht, ob es genau da war, aber es gab mehrere Buckel in der Wiese. Ich hab gesagt: »Da drunter war es!« Und alle haben sich gegruselt.

Ich fand West-Berlin oberromantisch, war aber sehr viel weg. Ich weiß nicht, wie es gewesen wäre, wenn ich hier einen Job gehabt hätte von morgens um neun bis abends um sechs. Das hätte ich wahrscheinlich nicht so komisch gefunden. Ich hatte nach der Falckensteinstraße eine Werkstatt am Paul-Lincke-Ufer 45, wo die Gruppe Os Mundi ihr Studio hatte. Da war auch Mixed-Media drin, die Frank-Burckner-Geschichte.

Frank Burckner, der Tausendsassa.

Richtig, der das Forum-Theater am Kudamm machte, wo sie damals Queneau aufführten ... Ja, das war dann mein Großbüro, das war schon wirklich weit nach Kreuzberg zu fahren, obwohl ich damals bereits ein Auto hatte. Ich hatte dummerweise 'nen Lastwagen, was ein bisschen doof war. Denn das war so die Zeit, kennste ja auch: mit Bands wie Agitation Free, Tangerine Dream, Os Mundi, Tequila Sunrise. Irgendwie hingen wir alle in den verschiedenen Übungsräumen rum ... Ich hatte meine Druckerei da oben. Diese Gegend von Kreuzberg war damals noch nicht türkisch – es war wirklich nur verkommen, das alte S.O. 36. Was heute »romantisch« ist, war eine finstere Gegend. Völlig feuchte Buden, für die wir damals pro Quadratmeter 1,20 DM bezahlt haben. Zu der Zeit kosteten die Wohnungen hier in der City noch 4 DM der Quadratmeter. Meine Werkstatt in der Falckensteinstraße war sogar unter 'ner Mark/pro qm. Es war eine feuchte Souterrainwohnung. Naja, aber kostete eben nüscht.

Was hast du denn für 'ne Klientel gehabt, Flugblätter zu drucken bringt ja nicht viel ein.

Es war für mich eine gute Erfahrung, dass der Besitz von Produktionsmitteln ganz günstig ist. Während die »Genossen« oben noch die 3. Version des Flugblattes diskutiert haben, hatte ich es unten im Keller schon gedruckt, in der 1. Version. Weil sie ja morgens um 5 Uhr vor den Werkstoren stehen mussten. Sie hatten immer so romantische Ideen und wollten die Arbeiter bei Schering oder bei Osram agitieren. Ich hab dann gesagt: »Leute, hier sind 200 Flugblätter!« »Wie, was??! Wir sind doch noch am Diskutieren!« Und ich sagte: »Leute, tut mir leid, irgendwann muss es doch gemacht werden!« Und dann war die Diskussion zu Ende.

Ich konnte drucken und setzen, ich konnte fälschen. Ich konnte auch das drucken und setzen, was man nicht drucken und setzen durfte.

Als du da in Kreuzberg die Flugblätter für deine Politaktivisten drucken musstest, da hattest du sicher Kontakt zu den Leute von der »883« und der »radikal«. Diese Blätter mussten doch verpuffen, weil sie absolut nicht lesbar waren vom Layout her?

Das war gräuslich.

Hast du nicht mal gesagt, Freunde, so geht das nicht? Ihr könnt ja gern alles übereinander drucken, aber das kann keiner lesen.

Wir haben nur Krach gekriegt – »Linkeck« gab's auch noch, das war so ein bisschen wie später der Punk. Zum einen war es der Mangel an Produktionsmitteln, die haben das alle irgendwie selber zusammengeklebt, das war noch »Lick & Stick«, weißt du, Schreibmaschine und dann reingeklebt. Sie konnten's einfach nicht, das war keine Absicht.

Warum mussten die auf dunkelgrau noch schwarz drucken?

Weil das Papier zum Teil geklaut war. Aber zum Teil war es das Anti-Bürgerliche. Wenn es der Bürger lesen kann, dann ist es schon Scheiße. Wenn es der Bürger nicht lesen kann, ist es revolutionär.

Du konntest deinen Einfluss nicht geltend machen?

Nee, bei den Leuten war ich sowieso als Spießer verschrien, ich hatte ja Familie. Ich hatte schon mit 21 Frau und Kind, da war man dann ein Spießer, du weißt ja: wer zweimal mit derselben pennt ... Aber was die Kollegen schon taten: Sie kamen immer zu uns zum Essen. Weil es bei uns abends immer Essen gab. Das war in Ordnung, Spießbürger waren ja für so etwas gut zu gebrauchen. Da gab es eine Waschmaschine und ordentliche Mahlzeiten und 'nen prima Garten. Aber sonst: Ich hab gearbeitet – ich war der einzige, der ins Studium mit schmutzigen Fingern gekommen ist. Die anderen waren doch eher Bürgersöhne, kamen aus Esslingen oder so, wir hatten eine große Schwabenkolonie.

»883« – das waren Bommi Baumann und die ganzen Typen, die waren da in der Ludwigkirchstraße, im Hinterhof, und ich hab zu der Zeit in der Pfalzburger gewohnt. Hab den Jungs ab und zu mal geholfen, ihnen Platten kopiert. Die konnten das alles nicht, hatten handwerklich keine Ahnung. Die »883« er hatten sich nach den ersten Ziffern der Telefonnummern aus dieses Gegend benannt. Da um den Ludwigkirchplatz gab es auch eine Szene, die irgendwie ganz witzig war, eben alternativ.

Apropos: Es gab ja damals eine Zeit, wo man jedes Buch, das gerade Furore machte, als Raubdruck kaufen konnte. Wie haben die das gemacht, es gab ja noch keine Fotokopierer mit der technischen Raffinesse von heute?

Na, du hast das mit der Reprokamera Seite für Seite fotografiert. Der berühmte Ratzlow, der jetzt immer noch in der Köpenicker Straße seine Druckerei hat, der hatte als erster eine Riesenmaschine, 'ne 50–70er Rotaprint. Das war eine schlechte Maschine, aber

Berliner CDU

Kann man in Kreuzberg leben, ohne zu arbeiten, ohne Miete, Strom, Gas, Müllabfuhr zu zahlen, und trotzdem Geld zum Leben haben ?

Einige können das – allerdings auf Ihre Kosten. Sie, liebe Kreuzberger, arbeiten und zahlen Steuern. Sie erwarten, daß der Staat dieses Geld vernünftig ausgibt. Bei uns in Kreuzberg werden seit Jahren zwei sogenannte Wohnkollektive aus Steuergeldern bezahlt: im ehemaligen Bethanien-Krankenhaus und in der Wilhelmstraße 9. Dort leben sozial schwer geschädigte Jugendliche. Der Senat glaubt, diesen Jugendlichen zu helfen, wenn er sie allein und sich selbst überläßt. Er behauptet, diese Experimente seien erfolgreich gewesen.

Wir stellen fest:

Der Senat irrt. In Wahrheit wurden diese Jugendlichen von linken Agitatoren (sogenannten Beratern) weiter in die Isolation getrieben. Statt sie auf ein eigenverantwortliches Leben vorzubereiten, werden sie zum Haß auf unsere Gesellschaft erzogen. Äußere Zeichen dafür sind rote Fahnen auf den Dächern, und der Senat sah tatenlos zu, als sie die Häuser nach Angehörigen der Baader-Meinhof-Bande benannten. SPD und FDP stört das alles nicht.

Die CDU Kreuzberg war von Anfang an gegen diese Projekte, weil Kreuzberg sowieso schon Probleme genug hat, und unser Bezirk nicht zum Sammelpunkt aller Randgruppen aus Berlin hätte werden dürfen.

Der Senat will, unterstützt von seinen Kreuzberger Genossen in SPD und FDP, diese Experimente nun fortführen und Unsummen in die Häuser stecken.

Damit ist den Jugendlichen nicht zu helfen.

Wir fordern deshalb erneut, diese Wohnkollektive aufzulösen und die Jugendlichen in Einrichtungen unterzubringen, in denen sie von sozialpädagogisch geeigneten und verantwortlichen Fachkräften aus ihrer sozialen Randlage befreit und befähigt werden, ein eigenverantwortliches Leben in unserer Gesellschaft zu führen.

Linksradikale Kräfte haben dazu aufgerufen, gegen eine mögliche Schließung dieser Projekte beim Senat und Bezirksamt zu protestieren.
Die Kreuzberger CDU ruft alle Kreuzberger auf, ihre Meinung zu diesem Problem zu sagen.

Bitte schreiben Sie uns.

CDU-Kreuzberg, Schenkendorfstraße 1, 1000 Berlin 61

mit ihr konnte man schwarzweiß ziemlich groß drucken, eben vier Seiten A4 gleichzeitig. Das war für ein Buch genau richtig. Die Bücher wurden einfach in die Reprokamera geschoben, knips!, Negativ fertig. Das war ziemlich aufwändig, aber in einer Nacht konnte man so ein Buch durchknipsen.

Und das hat das dann beim Verkauf in den Kneipen wieder eingespielt? Für zehn Mark oder so?

Das weiß ich nicht so richtig. Es gab ein paar Leute, die haben sich darauf spezialisiert, Ratzlow war so einer, und ein paar andere noch. Viele haben das aber nebenher in ihren bürgerlichen Firmen gemacht. Ich hab auch in einigen Druckereien gearbeitet, da will ich lieber nicht drüber reden, damit keine Namen fallen. Da hat man es so gemacht, wie es im Osten hieß: »Nach Eins mach ich meins«. Da hat man also mal ein paar Überstunden gemacht oder irgendwie am Wochenende vom Chef den Schlüssel gekriegt und dann mal ein paar Platten kopiert und ein bisschen was gedruckt. Papier gab's immer irgendwo, das war nicht so teuer, wie heute. Auf diese Art ist unglaublich viel entstanden. In der Druckereibranche war komischerweise die erste alternative Szene, die haben damit angefangen. Das war eben der Besitz von Produktionsmitteln. Da gab es »Oktoberdruck« hinten in Kreuzberg und mehrere solcher Firmen, da kommen ja auch tip und Zitty her. Klaus Stemmler war mit dem tip in der Hagelberger- oder der Charlottenstraße, oben auf der Etage mit einer Reprobude. Das war die Szene, in der ich verkehrt habe. Das waren Stemmler und Ratzlow, die besaßen diese Mischung aus Drucken und Machen und daraus entstanden viele alternative Ideen.

Trotzdem: Wie hast du denn dein Geld verdient, die Flugblätter haben ja nichts gebracht, oder?

Ich hab einen Plakatvertrieb gemacht und ganz banale Sachen, Kleinkram, was der Drucker Akzidenzen nennt. Bei mir waren die aber eher primitiv, ich hatte ja wenig Zeugs, wenig Produktionsmittel. Als ich '71 auf den Fichteberg gezogen bin, habe ich Poster verkauft im Großhandel. In Berlin und in Westdeutschland. Dann ist aber der Druckereibetrieb allmählich zu einem Designbetrieb geworden, weil man, bevor man druckt, skizzieren muss. Und dann hab ich eben immer mehr skizziert und immer weniger gedruckt, bis ich dann plötzlich Grafiker war, was ich ja nie gelernt hatte. Mein Kunstgeschichtestudium hab ich dann ohne Abschluss auslaufen lassen und bin '73 nach England gegangen. Zwischendurch bin ich ein paar Mal wiedergekommen, aber im Prinzip war ich aus der Szene raus. Als ich wiederkam aus England, endgültig erst '81, da war ich plötzlich Grafiker. Und der Grund, weswegen ich wiedergekommen bin, war auch, dass mir wirklich Berlin, und damit meine ich West-Berlin, gefehlt hat. Und zwar nicht als Stadt, da empfinde ich Berlin immer noch als hässlich. Berlin macht mich nicht an wie Paris oder London, geschweige denn wie Florenz oder Siena. Im Sommer finde ich Berlin ganz schön – aber nur im Sommer. Ich bin wiedergekommen, weil ich immer noch unglaublich viel Leute kenne und mir hier alles so leicht fällt. Damals, in der Szene, meine Drucker, meine Setzer, meine Reproleute, das waren alles Typen in meinem Alter, die mit mir zusammen groß geworden sind. Entweder kannte ich sie von der HdK von irgendwelchen Kursen oder einige eben aus der Szene. Die hatten dann alle bürgerliche Firmen, ich hatte später auch eine bürgerliche Firma. Aber wir hatten immer noch diesen Draht, weißt du? Meine Angestellten haben dann die Produktion selber gemacht, aber wenn's mal gar nicht mehr ging und die Druckereien sagten, es ginge nicht, Termin wäre unmöglich, und alles wäre so und so teuer, dann kamen sie an: »Oh Erik, was machen wir jetzt?« Dann hab ich gesagt, lass mich mal machen. Ich habe angerufen und gesagt: »Gib mir mal den Dieter!« Und die Kollegen haben ganz komisch geguckt, weil ich den Chef kannte in all den Betrieben, es waren immer irgendwelche alten Kumpel von mir. In der Kommunikationsszene im weitesten Sinne hatte ich meine ganzen Freunde. Auch bei den Sendern, in der Druckerei- und in der Presseszene. Und dadurch ist mir das Leben unheimlich leicht gefallen. Wenn es irgendwelche technischen Probleme gab im Beruf – die gab's nicht lange. Wenn ich mal irgendwas umsonst brauchte, für 'nen guten Zweck, dann haben wir getauscht. Ich habe dem was gemacht, und er hat mir was gemacht. Das war eine alternative Szene, wo es nicht um viel Geld ging, aber um ein relativ angenehmes Leben. Da man alle kannte, hat man sich auch nie groß strecken müssen. Und trotzdem Qualität gekriegt. Ich treff heute noch Leute aus der Szene, die bürgerlich geworden sind, wir gehn ja alle auf die 60 zu. Die sind alle in ihren Berufen geblieben, haben immer noch ihre Druckereien. Wenn's mal hart wurde, auch in den letzten Jahren bei »MetaDesign«, habe ich immer noch jemanden anrufen können. Die haben dann gesagt: »Ach, du bist das? Naja dann – dann können wir tausend Mark abziehen, oder dann können wir auch am Wochenende arbeiten.« Das ist toll, das haste sonst nur auf'm Dorf.

Gibt es jetzt wieder so eine Szene?

Wie ich das sehe, wollen alle nach Mitte. Meine ehemaligen Mitarbeiter sind alle irgendwo in Mitte. Da ist es so voll, wie sonst nur in London. In Berlin kennt man das ja gar nicht so, dass es irgendwo überlaufen ist, dass man keine Parkplätze findet. Stress und Staus, das kannten wir eigentlich im Westen früher nicht, das gab's nicht. Verkehrsstau – kennst du'n Verkehrsstau aus den 70er Jahren? Das gab's nicht, wenn doch, dann haben die sich eher drüber gefreut, weil es aussah wie Großstadt. Jetzt gibt's das schon, und da wollen natürlich die Leute hin. Die wollen in London nach Covent Garden, oder in Paris ins Marais. Da muss es brummen, da muss der Verkehr zusammenbrechen, wie er es ja auch in Mitte tut, dann finden sie's gut. Es gibt so eine Art Straßenszene, mit ganz vielen Leuten, aber keiner kennt sich. Es ist wie in London in Covent Garden – Touristen jede Menge und es gibt auch Büros, aber es gibt keinen Zusammenhalt, keine Nachbarschaft. Vielleicht gibt es hier wieder eine Szene in Kreuzberg, aber was wir damals hatten, das kam nicht aus dem örtlichen Zusammenhang, das war höchstens ein Nebeneffekt. Es kam aus der historischen Herkunft – dass wir die Szene waren, die die 60er Jahre erlebt haben, wir also in die 68er Szene reingewachsen sind und dass wir kulturell, politisch und altersmäßig miteinander zu tun hatten. Damals kam alles zusammen, aber jetzt nicht mehr. Die Leute sind entweder in der gleichen Gegend, oder im gleichen Alter; sie haben den gleichen Beruf oder die gleiche Ausbildung, aber wir hatten alles gemeinsam. Wir waren entweder FU oder TU, irgendwie fast nur Studenten, aber so richtig studiert hat eigentlich keiner. Alle, jedenfalls in meiner Szene, hatten irgendwie mit Medien zu tun, also wie Conny Konzack eben mit seinem Kant-Kino, der gehört ja auch zu den allerersten Bekannten aus den 70er Jahren. Oder einer wie Klotzbach, alles Leute, die aus der Szene kamen und irgendwie was gemacht haben, wo man nichts zu gelernt haben musste. Was hat Conny studiert, wenn überhaupt? Er hat ein Kino gemacht und kannte irgendwie alle Leute. Und bei mir ging es ja genau so, ich hab keinen Beruf gelernt, und trotzdem kamen alle prima miteinander aus. Das fehlt mir schon. Wobei ich mich frage, wie viel das mit Berlin zu tun gehabt hat, ob es so 'ne Szene nicht auch in Freiburg gab oder in Heidelberg oder in Göttingen, oder auch in Hamburg. Aber in Berlin kam das durch das Eingeschlossen-Sein und ein bisschen, dass wir allen Leuten leid taten.

Wenn wir dann mal draußen waren, nach Frankfurt/M. fuhren, und die haben mitgekriegt, dass wir aus West-Berlin waren, haben sie gesagt: »Mein Gott, wie ist denn das mit der Mauer und so?! Das muss ja schrecklich sein – mit dem Mauerkoller.« Und dann wurde hier auch kein ordentlicher Fußball gespielt, das war alles schwierig. Dafür wiederum gab es 'ne ganz gute Musikszene, wahrscheinlich besser als woanders. Irgendwie hatten wir eine Opfermentalität: Wir haben es hier ausgehalten. Und uns in Dreilinden getroffen. Zum Autoschieben oder Brote austauschen und so: »Ej, watt hast du'n auf deiner Stulle? Oh Mann, der hat Salami!!« Dann kamen sie alle an und wollten Salami haben. Das hatte was total Kumpelmäßiges drauf.

Hattet ihr auch Kontakt zu den 68er Hard-Core-Typen, die immer gleich die Transparente entrollt und die große Indoktrinationsshow abgezogen haben?

Wir kannten so Leute, aber wir haben über die immer nur gelacht, weil das so völlig verklemmte Idioten waren. Es gab ja noch die SEW-Szene, die damals noch SED-West hieß. Verklemmte Eisenbahner, die immer mit geballten Fäusten durch die Gegend rannten und uns agitieren wollten – das war alles nur lächerlich. Ich war ein eindeutiger Sponti, von Anfang an. Ich hab zwar dann auch mal meinen Marx-Kursus gemacht, aber nur weil man das eben machte. Es war albern.

Alle, die ich für dieses Buch befragt habe und die sich als 68er bezeichnen können, waren Spontis, du, Monika Döring, Irene Moessinger, Holger Klotzbach, Conny Konzack ...

Daher kenn ich die alle!

Die Dogmatiker haben offensichtlich nix zu Wege gebracht.

Die Dogmatiker sind alle Anwälte und sonst was geworden, die haben eben dogmatische Berufe. Oder sind in diese Ämter gegangen. Trittin ist so einer, die waren für den langen Marsch geeignet, weil sie dieses Bürokratische drauf gehabt haben. Damals schon. Die haben immer gute Aktenlage gehabt, die konnten immer mit zwei erhobenen Händen ihren »Antrag zur Geschäftsordnung« vorbringen. Die wussten immer alles, und sagten: »Das steht aber nicht in der Satzung.« Hatte ich schon mal 'ne Satzung gelesen? Bis heute nicht. Aber die wussten Bescheid. Es waren immer diese K-Truppen. Ich war mal ein Jahr lang Seminarsprecher bei den Anglisten, im 68er Semester, da kamen die immer und haben alles usurpiert durch ihre Geschäftsordnungstricks. Die wussten einfach Bescheid. Die haben wirklich das System benutzt mit der bürokratischen Methode. Wenn wir hingegen irgendwas wollten, sind wir hingegangen und haben es uns genommen und gesagt: »Guten Tag, Herr Doktor oder Herr Professor, wir machen hier jetzt grad mal eine Versammlung.« Dann hat der mit offenem Mund dagestanden und wir haben unsere Versammlung gemacht. Danach haben wir gesagt: »Schön' Dank!« und sind wieder rausgegangen, und er hat seine Lehrstunde weitergemacht. Die K-Leute haben das stattdessen ordentlich beantragt. Die sind dann alle in die bürgerlichen Systeme und Berufe gegangen, und heute sind sie alle Minister oder irgendwas. Oder zumindest Staatsanwälte oder Zahnärzte. Während die Spontis alle in den Medien geblieben sind.

Und die ganz andere Fraktion, die Diepgen-Landowsky-Clique vom RCDS, hat man sich mit denen bekämpft?

Denen haben wir ab und zu mal die Luft aus dem Reifen gelassen. Mehr aber auch nicht. Man erkannte die ja auf dem Campus. Übrigens haben wir den Campus nie Campus genannt, das war einfach die FU. Man ging von den Anglisten in der Boltzmannstraße über den Campus zur Kantine, zur Mensa, zu den Germanisten, den Romanisten, die saßen alle da. Die Amerikanisten waren am Kennedy-Institut. das war woanders. Das OSI war auch noch ein bisschen woanders, die Ost-Asiaten waren zwei Straßen weiter. Die Ost-Asiaten hatten wir mal besetzt 'ne Woche lang. Keiner wusste richtig, warum, es hieß nur: »Ej, Institut besetzt, alle kommen, Schlafsack mitbringen!« Dann sind sie alle gekommen, keiner wusste, warum, aber es hat Spaß gemacht. Tee gekocht, rumgemacht und irgendwie gehofft, dass es auch ein bisschen Bräute gibt – das war ja sowieso das einzige Motiv bei den meisten Jungs, wie du weißt.

Ich weiß von nix! Die Diepgens haben derweil ihre Karriere vorbereitet.

Wir wussten, es gab diese Leute, die hatten immer VW-Cabrios und Krawattenschals, also, die hatten so Autos, die man von den Eltern kriegt und Kamelhaarpullover. Wir hatten, wenn wir Autos hatten, Bullys von der Post. Ich hatte einen Post-Lkw, einen großen Magirus. Ziemlich unpraktisch, aber man konnte prima Umzüge damit machen. Was das Problem war. Jeden zweiten Tag rief einer an: »Sag mal, du hast doch so 'nen ...« – »Naja, OK, ich komme.« Weil den außer mir keiner fahren konnte. Die Kiste war so versifft, kein 1. Gang, Kupplung ging auch nur jeden dritten Tag. Naja, dann haben wir halt geschleppt. Aber damals war es noch so, wenn du was brauchtest, hast du ein paar Kollegen angerufen, »Kumpel« sagte man bei uns, nicht etwa »Genossen«. Und dann haste 'nen Kasten Bier gekauft und den Umzug gemacht. Oder am nächsten Tag rief einer an und hat gesagt: »Wir sind bei Soundso, komm doch mal vorbei!« Da wusstest du genau: Aha, »Vorbeikommen!« Die wohnten immer im 5. Stock oder im 4. Ich hab nie einen Umzug in den 1. gemacht, immer nur in den 4. Und wenn man Handwerker brauchte, waren das dann die Kumpels von 'nem Kumpel von 'nem Kumpel, die haben das erledigt. Man wusste gar nicht, wie die heißen. Es gab Bargeld und: Tschüss! Jeder kannte irgendwie Leute. Der eine konnte malen, der andere Dach decken, der andere konnte Autos reparieren. Das konnte ich auch noch – keiner hat in die Gelben Seiten geguckt. Du hast eben angerufen: »Dein Schwager kann doch schweißen?« Oder: »Ich brauch einen Kadett-Motor oder 'ne Hinterachse für den Käfer.« Wie viele Motoren ich in der Zeit ausgewechselt habe, weiß ich nicht mehr. Dauernd war man auf irgend einer Straße und hat irgend jemandem den Motor ausgetauscht.

Um auf deine Frage mit den RCDS-Leuten zurückzukommen: Wir wussten von denen, dass sie manchmal in den Vollversammlungen genervt haben. Die waren auf die gleiche Art wie die K-Leute autoritär und satzungsbegabt und aktenlagenkundig. Sahen nur ein bisschen besser aus. Hatten richtige Haarschnitte, wie gesagt: ich kann mich noch an die Krawattenschals erinnern. Haben auch richtige Zigaretten geraucht. Bei uns gab es eher Selbstgedrehte, wenn überhaupt, oder verbotene Zigaretten, und sie hatten eben richtige Autos, während wir nur solche Schleudern hatten.

Du bist auch in Wessiland geboren?

In der Nähe von Hannover. Ich bin mit knapp 17 Jahren nach Berlin gekommen, weil mein Vater mich hergeholt hat. Mein Vater war in Berlin, aber ohne Familie. Ich ging auf die Höppner-Schule, weil es da einen musischen Zweig gab. Ich hatte Musik und Kunst als schriftliches Hauptfach. Hab das erste Jahr in Berlin alleine gewohnt, so 'ne kleine Kammer hinter der Küche am Steinplatz, das war sehr romantisch. Nachmittags nach der Schule habe ich immer Pflaster gemalt, Fasanenstraße Ecke Kudamm gegenüber vom Kempinski und dabei eine Schweineknete verdient. Ich kam um zwei aus der Schule, hab um vier Uhr angefangen zu malen. Ich hab immer so ein Bild angefangen, es dann unfertig gelassen. Drumherum stand »Dankeschön!« in vierzig, fünfzig Sprachen.

Wenn einer vorbei kam, der aussah wie ein Japaner, hab ich gesagt: Schreib mal »Danke schön!« auf japanisch. Das hab ich dann ausgemalt mit Schatten und allem Drum und Dran, und dann standen natürlich Trauben von Menschen und haben geguckt, was jetzt Dankeschön! auf Dänisch oder Koreanisch heißt. Ich hab das mit den Nationalfarben ausgemalt, offensichtlich war meine typografische Begabung mit 17 schon entwickelt. Jeden Tag habe ich zwanzig Mark nur fürs Pflastermalen bekommen. Zwanzig Mark – damals war der Stundenlohn drei Mark 50 auf'm Bau! Abends habe ich Straßenmusik gemacht mit 'ner Skiffleband. Da zogen die Lords rum, die damals, '64/'65, noch Skiffle-Lords hießen. Wir haben uns mit so einem selbstgemachten Seifenkistenbass mit nur einer Saite, einer blauen Nylonschnur, hingestellt, der wurde mit 'nem Handschuh gezupft. Ich hab Gitarre gespielt und manchmal Banjo, naja – und danach in die »Dicke Wirtin« und Geld gezählt! Ich hab richtig Knete gehabt! Dann zu Aschinger. Da gab es die kleinen kostenlosen Brötchen, die lagen in solchen Körben auf dem Tresen. Ich dann den Gitarrenkoffer auf und wutsch! die Brötchen rein. Irgendwann haben die das geschnallt – da hatte ich dann Hausverbot.

Was macht man denn mit so vielen Brötchen?

Die haben wir gegessen oder verteilt, es ging ja nur darum: dass es die umsonst gab, die mussten weg! Dann gab es noch das Quick-Restaurant, wo jetzt Wertheim ist, in dieser Ruine damals im 1. Stock. Da haben wir uns mit 'ner selbstgemachten Mark die Suppen aus dem Automaten gezogen. Es ging mehr ums Prinzip als um den Hunger. – Mein Vater hat uns ab und zu mit seinem alten VW-»Standard«-Käfer durch die Gegend gefahren. Oben Schiebedach auf, damit der Bass rein passte und dann zum Breitenbachplatz, da haben wir in der »Eierschale« geskiffelt.

Die legendäre »Eierschale« war damals das wildeste, was ein Oberschüler an verruchtem Nachtleben mitmachen konnte. Dort einen hochprozentigen Escorial-Grün zu ordern war die Sünde schlechthin.

Und schwedische Mädchen anquatschen.

Nein, so etwas Tollkühnes sprengte meine Vorstellungskraft.

Das war mein Ding.

Und jetzt – Berlin jetzt?

Anfang der 90er fand ich erst mal ganz schrecklich, das Alte war auseinander gefallen, und das Neue war noch nicht da. Dann fiel besonders auf, was für eine prächtige Clique von herrschenden Politikern wir hatten. Das wussten wir zwar schon immer, aber jetzt wurde es eklatant sichtbar. Eben die Landowskys, das war sehr ärgerlich. »Mein« Berlin ist weg, weil das 'ne Jugendfrage war zum einen, und weil es eben die Mauer nicht mehr gibt und alles offen ist. Es kommen Leute, die es früher nicht gab. In Berlin gab es ja keine Immobilienmakler und Geschäftemacher ...

Einige gab es schon!

Naja, das waren drei Hanseln, die hatten nichts zu sagen, es gab ja genügend Wohnungen in Berlin. Wir haben doch innerhalb von drei Stunden 'ne Wohnung gefunden. Wo ich überall gewohnt habe – Wahnsinnsbuden! Für nix, für 'n Appel und 'n Ei. Unglaublich. Das ist ja alles weg. Damals gab es kaum Spekulanten – gut, natürlich gab's die, sogar im ganz großen Stil, wie wir heute wissen – nur in unserer Szene gab es keine Karrierelinge, die sind alle wieder weg. Die haben hier studiert und sind danach wieder weg. Und Leute, die Karriere gemacht haben, die Geld hatten, gab's in Berlin auch nicht. Natürlich gab es in Dahlem Leute mit Knete, aber da, wo wir gelebt haben, ging es relativ einfach zu. Berlin war, das haben die Leute aus dem Westen auch immer bestätigt, eine ziemliche Proletenstadt. Proleten und

Studenten und dann später Türken. Es gab kein Schickimicki, es gab keine Juppies, es war alles ein bisschen ärmlicher und ein bisschen heruntergekommener. Das war natürlich auch der Reiz.

Am Anfang habe ich mich also eine Weile geärgert, aber jetzt muss ich sagen, jetzt ist es die einzige deutsche Metropole, die ein bisschen im Flair, in der Internationalität, auch im Chaos, in der Geschwindigkeit an westeuropäische Städte rankommt. Wenn ich 26 wäre und 'nen Job suchte, ich würde nach Berlin kommen. In Hamburg, München oder Frankfurt/Main ist es zwar viel schöner landschaftlich, aber in Berlin ist wahnsinnig was los. Und zwar nicht nur abends, sondern auch tagsüber. Ein Haufen neue Firmen, neue Branchen, immer noch gepaart mit diesem witzigen Ambiente. Es gibt eben immer noch irgendwelche alten Fabriken, die man auftun kann, ob es nun Lokomotivfabriken oder Sargfabriken sind. Ich war neulich an der Franklinstraße, da wo der TÜV ist, zwischen Ernst-Reuter-Platz und Moabit. Da ist die riesen Gewerbeanlage zur Spree rüber, jetzt kommen Filmleute dahin. Seit hundert Jahren ist da nüscht passiert. Völlig versiffte, aber wunderschöne Räumlichkeiten, die nur darauf warten, dass jemand mit Fantasie kommt und das ausbaut. Sowas gibt es ja in Hamburg oder München nicht mehr, vielleicht noch im Ruhrgebiet, aber wer will schon freiwillig nach Recklinghausen. Diese Stadt hat mehr Architekturstile als jede andere, weil wir eben preußisch und klassizistisch hatten, aber auch Ost und West. Wir haben im Osten den Stalin-Stil und die Plattenbauten. Im Westen hatten wir die 60er Jahre-Platte, und dann diese postmoderne Schreckenzeit. Berlin hat im guten wie im schlechten Sinn mehr Breite als jede andere deutsche Stadt, und diese Diskontinuität, solche Unterbrechungen, die hat es ja nirgendwo sonst gegeben. Da gab es eine Stunde Null und man hat wieder angefangen, aber in zwei völlig verschiedenen Richtungen. Ganz schnell, schon 1948–49, waren der Osten und der Westen ganz anders vom Bauen her. Das ist schon eine spannende Sache. Und vom Ausland her – je weiter man weg ist, desto unschärfer ist das Bild, desto wichtiger ist Berlin! Für die Amerikaner ist Germany Berlin. Alles andere kennt keiner oder es ist in der geografischen Unschärfe. Oder in der kulturellen.

Du hast ja schon frühzeitig Berlin via BVG verschönert.

Ich hab für die BVG schon '85 gearbeitet, das war meistens so Kleinkram. Es gab mal so eine Musterstrecke, damals noch der 9er Bus, der von der Kurfürstenstraße zum Flughafen Tegel fuhr, da hat man mal mustermäßig Haltestellen ausgestattet mit beispielhaften Informationen. Früher in Berlin, da hing an den Haltestellen eine Kelle mit dem grünen H und dann waren da drauf ein paar Reiter. Wenn du Glück hattest, da konntest du die Nummern entziffern. Mehr nicht. Du wusstest nicht, wie die Haltestelle heißt. Wenn du Glück hattest, gab es noch so eine kleine Anschlagtafel, die man kaum entziffern konnte, mit einem versifften Zettel drauf, und da konntest du dann eventuell herausfinden, dass der 19er nach Halensee fährt. Irgendwann mal wieder. Das war auch alles. Wenn du jetzt die Haltestellen anguckst: der Haltestellenname ist groß und lesbar. Als ich 1985 das erste Mal vorgeschlagen hatte, dass man den Haltstellennamen zeigen solle, haben die BVGler gesagt: »Det brauchen wir ja nich.« – »Wieso nicht?« – »Na, det weeß man doch, wie die Haltestelle heeßt.« – »Wie denn?!« – »Na, wie die nächste Querstraße.« – Aha. Wusste ich natürlich nicht. Fährste Kudamm rauf, hält'ste vor der Bleibtreustraße, also heißt sie Bleibtreustraße. Hält'ste Olivaer Platz, heißt sie Olivaer Platz. Und umgekehrt zurück.

Muss man erst mal wissen. Aber die neuen Haltestellen haben inzwischen alle Informationen. Da ist jede Busnummer drauf mit den Anfangs- und Endstationen. Also: Halensee – Flughafen Tempelhof. Steht beides groß drauf, von weitem schon sichtbar. Und dann gibt es inzwischen ordentliche, nicht nur lesbare, sondern auch relativ gut anzuschauende Pläne, wo du sehen kannst, wann der nächste Bus kommt. Und eine Schnur mit allen Haltestellen. Das hat es alles vorher nicht gegeben, und das ist auch nur durch die Wende herbeigeführt worden. Die Haltestellen waren nur versiffte Trümmergrundstücke.

Nach der Wende haben wir es denn zwangsläufig machen müssen, weil im Osten war der Westen ja ein weißer Fleck, uns gab es ja gar nicht auf der Karte. Und bei uns war der Osten nur so ein paar Linien, da fuhr die U-Bahn halt durch. Es war für beide Seiten *terra incognita*. Es war wie der obere Nil – man wusste, dass es einen gab, aber man war nie da. Und da gab's halt Eingeborene. Das war wie Livingstone und Stanley. Man ist 1990 zu einer Expedition ins Unbekannte aufgebrochen.

Und dann mussten wir ganz schnell sowohl für den neuen U-Bahn-Plan sorgen, der auch politisch geprägt ist. Das heißt, die Querverbindungen, also die Stadtbahn, ist viel dicker da drin als sie vom Verkehr her ist, um zu symbolisieren, »Leute, man kann jetzt wieder von Charlottenburg zum Ostbahnhof fahren.« Das macht zwar keiner, aber man kann es machen. Deshalb so ein dicker Strich da in der Mitte.

Und dann haben wir mit dafür gesorgt, und das rechne ich mir persönlich hoch an, dass die alten Tatra-Straßenbahnen nicht weggeschmissen wurden. Die sollten alle weg, weil sie so alt und schäbig waren. So eine Bahn kostet etliche Millionen, ich weiß jetzt die Zahl nicht mehr. Aber renovieren kann man sie für etwa 400.000 Mark. Und wir haben die überredet, dass man diese alten Tatras, wenn man sie ordentlich gelb streicht und neue Polster rein setzt und neue Innenbekleidung, für wenig Geld wieder flott machen kann. Wir haben also einige Millionen Mark gespart, und sie fahren immer noch. Die haben neue Bremsen gekriegt, die quietschen nicht mehr so, mit einer Schienenschleifmaschine werden die Riefen raus gemacht.

Das zweite, worauf ich stolz bin, das ist noch viel wichtiger: Ich habe mich immer gewundert, dass die Berliner vom »großen Gelben« sprachen, die Busse waren aber immer beige.

So ein ausgeblichenes Gelb.

Ich hab das immer »Beamtengelb« genannt. Wenn sich sechs Beamte aus verschiedenen Verwaltungen um einen Tisch setzen und Gelb erfinden wollen, dann kommt da so ein Beige bei raus. So ein Aktendeckelgelb. Das hab ich dem Lorenz mal gesagt, der war damals BVG-Chef, und der meinte: »Da haben Sie eigentlich recht!« Ich sag: »Das ist Beamtengelb. Ihr habt keinen Mut zu Gelb.« Und daraufhin haben die im Handstreich über Nacht das Gelb eingeführt. Guck dich heute um. Alle Busse, die seit neun oder zehn Jahren gekauft werden, sind gelb gespritzt. Wenn wir noch ein paar Jahre weiter denken, wird Berlin sehr stark wie London durch die roten Busse durch die gelben Busse und gelben Straßenbahnen dominiert sein, wenn es nicht zu viel Werbung gibt. Das Stadtbild ist damit wesentlich definiert.

Die Taxifahrer werden sich auch was einfallen lassen müssen, die haben ja auch so eine langweilige Farbe.

Diese Cremefarbe, das ist auch so eine typische Nullfarbe. Früher waren sie ja noch schwarz, mit der schwarz-weiß gewürfelten Leiste drum rum.

Das packst du dann nach der nächsten Wende. – Herr Prof. Spiekermann, West-Berlin dankt dir für dieses Gespräch!

Morgens in der U-Bahn

Morgens in der U-Bahn verschlafen und verpennt
Ich starre aus'm Fenster auf 'ne schnelle Wand
Mir dreht sich schon der Magen um
ich fühl mich wie 'n Gespenst
Verdrossene Gesichter betroffenes Gelächter
Die Zeitung deckt den Blick
Ich komm mir vor wie inner Geisterbahn
ich glaub ich werd verrückt
morgens in der U-Bahn
Du fährst mit und ich fahr mit Richtung Endstation
Wir sitzen hier zusammen, keiner sagt 'nen Ton
Wir sind uns alle fremd hier, wir kommen nicht mehr klar
Träume haben keine Chance, die Wahrheit ist zu nah
Ein bisschen zu riskieren fällt uns allen schwer
Niemand will sich blamieren und Helden gibt's nicht mehr
Morgens in der U-Bahn
Wir spiegeln uns im Fenster heimlich und verstohlen
Noch drei Stationen, ich sitz schon wie auf Kohlen
Ich seh mir die Gesichter an und denke, die verblöden
Die kriegen nich mal mit, wie sie langsam veröden
Fahrt geht immer weiter bis zum nächsten U-Bahnhof
Und jeder tut als ob nichts wär, als wärn schon alle tot
Morgens in der U-Bahn

gesungen von Lüül (=Lutz Ulbrich)
Textabdruck mit freundlicher Genehmigung der Autoren,
der Gorilla Musik-Verlag GmbH und Ja/Nein Musikverlag GmbH

Große Freiheit.

West-Berlin war eine fremde Galaxie im Kopf

Christoph Tannert über Reisewellen, Deckadressen, Haarlängen, fremde Galaxien, Schmierseifenfunktionäre, Giftscheine und zweierlei Gettos sowie über die Aushandelungsgesellschaft, über Kubas griechische Vasen, vogelfreies Agieren, den Wahnsinn Ost und den Wahnsinn West, den zweiten Markt, kreative Spielwiesen, das Privileg der Langsamkeit, Eberhard Roters, das Risiko der Galerien, über Kunstfreunde und natürlich auch über das Künstlerhaus Bethanien.

Gesprächsdatum: 27.7.2001

Olaf Leitner: Du durftest, kurz bevor die anderen durften, auch schon mal in den freiheitlichen Westen. Wie kamst du zu dieser Ehre?

Christoph Tannert: Seit Anfang der 80er Jahre gab es eine verstärkte Ausreisewelle aus der DDR. Der Apparat hat daraufhin versucht, die Leute zu ködern, einige kamen ins Gefängnis, die anderen ließ man raus. Und die dritte Gruppe bekam ganz offiziell einen Reisepass. Ich war in der dritten Welle, zusammen mit Durs Grünbein, Bert Papenfuss-Gorek, Rainer Schedlinski und anderen Schriftstellern und Künstlern.

Da haben ja einige Karriere gemacht von denen, die du da aufzählst.

Ja, Grünbein, zum Beispiel als Büchner-Preisträger.

Die anderen als Szene-Dichter.

Im Bereich der Bildenden Kunst lief das über den Verband Bildender Künstler, man musste Einladungen vorweisen, dann war es aber auch möglich, reisen zu können. Ich war damals Sekretär der Zentralen Arbeitsgruppe Junge Künstler, bis man mich im November 1984 vom einen zum anderen Tag feuerte. Der Rausschmiss wurde offiziell mit »Verstößen gegen das Statut« begründet. Ich wollte mit jungen Künstlern arbeiten, die nicht die Duldung des Künstlerverbandes hatten, weil sie zu innovativ waren, oder zu verrückt, jedenfalls nicht auf Linie operierten. Von Ende '84 bis zum Ende der DDR war ich Freiberufler und bin 1991 in West-Berlin im Künstlerhaus Bethanien eingestiegen. Erst mit einem Werkvertrag und später mit einem festen Arbeitsverhältnis. Ich bin dort jetzt Projektleiter und Geschäftsführer.

Dein Vorgänger, Michael Haerdter, war eine Kultfigur im alten West-Berlin.

Ja, er war eine Institution, weil er Ungesehenes und Abseitiges entdeckt und durchgesetzt hat.

Seit wann hast du West-Berlin im Visier deiner speziellen Interessen gehabt?

Solange ich mich überhaupt mit kulturellen Ereignissen auseinandergesetzt habe. Das waren natürlich als Teenager in den 70er Jahren Rockmusik und Film, als ich noch in Dresden wohnte.

Im »Tal der Ahnungslosen«, wo die Westmedien nicht hin strahlen konnten.

Richtig, also mußte man seinen Arsch aus der Talsohle irgendwie heraus bewegen. Ich bin dann regelmäßig in den Sommerferien mit einem großen Spulentonbandgerät in Richtung Norden gefahren, weil ich eine Freundin in der Gegend von Cottbus hatte, wo man den RIAS hören konnte. Dort habe ich mich stundenlang ans Radio angestöpselt und habe Sendungen mitgeschnitten. Das war extrem aufregend. Die Sache mit dem Notieren der Deckadressen, die Charts – unglaublich. Das ganze popmusikalische Know-how, Information und Entertainment, das lief bei mir über den RIAS. Den Feindsender. Der war ja ganz böse. Für mich gab es auch noch Radio Luxemburg und den Saarländischen Rundfunk, aber der Empfang war wegen der Ausstrahlung auf Kurz- bzw. Mittelwelle äußerst schlecht. Da war es dann schon ein Leckerbissen, wenn man mal in der Umgebung von Berlin rauschfreie Sounds auf UKW hatte. Damals existierten vor den Toren Berlins übrigens noch Kontrollpunkte, und zwar nicht die der Alliierten, sondern die der sozialistischen Staatsmacht selbst. Die hatte um Berlin herum ihre eigenen Polizisten oder Soldaten stationiert, um den Zugang der eigenen Landsleute in die Hauptstadt zu kontrollierten. Deswegen war es äußerst schwierig, nach Berlin hineinzukommen. Als Tramper schon gar nicht. Und junge Leute, die ein Tonbandgerät dabei hatten, wurden garantiert aus dem Zug oder dem Auto geholt. Deswegen fuhr ich eben in die Lausitz. Dort haben wir biergestützt am Radio gehangen und mitgeschnitten. Roberta Flack, zum Beispiel, »Killing me softly« – das war eine Erleuchtung! Ich habe mich daran erinnert, als ich jetzt von den Fugees die Cover-Version hörte. Da kamen sofort die Erinnerungen zurück, mit wem und wo ich damals mein Ohr an die Boxen gedrückt habe, als der Titel lief. Und da spielte der RIAS natürlich eine Rolle. Das war eine Größe für Sehnsuchtsproduktion und Hörverständnis.

Die DDR hat also den eigenen Leuten den Zugang zu ihrer vielgepriesenen Hauptstadt verweigert. In West-Berlin wären sie durchaus willkommen gewesen.

Bekanntermaßen hatte die Volkspolizei alle Verfügungsgewalt, permanent den Personalausweis, diesen kleinen blauen, zu kontrollieren. Davon haben die regen Gebrauch gemacht: Wer zu kurze Haare hatte, wer zu lange Haare hatte, wer dreckig war, wer keine Strümpfe anhatte und nur in Jesuslatschen ging. Wer wenig Gepäck hatte oder zu viel – alles was auffällig war, mußte vom Gewahrsamsstaat kontrolliert werden. Und die Schnüffler hatten immer einen Grund, entweder ihnen passte die Nase nicht, dann wurde man gleich zurückgeschickt, oder sie blätterten mit Hingabe in ihrem Fahndungsbuch. Gab's eine Eintragung, dann wurde man umgehend festgesetzt. Wie oft ich damals aus dem Zug rausgefischt wurde und mir die Nächte in irgendeinem Kaff um die Ohren schlagen mußte. Ich kannte so ziemlich jede Wartebank zwischen Weißenfels, Markkleeberg und Hohenmölsen. Von wegen Ausspähen und Abhören, der Sicherheitsapparat der DDR setzte in allererster Linie auf physische Präsenz und Handarbeit und verfügte über

Christoph Tannert (*1955)

Er ist gelernter DDR-Bürger mit früher Blickrichtung gen Westen vor allem auch gen West-Berlin, was ihn qualifiziert, als einer von wenigen Ossis, Kronzeuge für die westliche Halbstadt zu sein. Tannert studierte Kunstgeschichte mit gesteigertem Interesse an der Moderne, auch was die Musik inklusive ihrer Populärformen angeht. Durch die Kenntnis des Metiers und dessen Umfeld sowie einen pointiert-geschliffenen Sprachduktus sind seine Rezensionen und Analysen zu aktuellen Ereignissen der Bildenden Kunst selbst schon ein rarer Kunstgenuss. Heute ist Tannert Geschäftsführer und Projektleiter Bildende Kunst im Künstlerhaus Bethanien.

unendlich viel Personal. In diesem Zusammenhang muss man sich erneut in Erinnerung rufen, dass in der DDR ein anderer Zeittakt herrschte, ein anderes Zeitgefühl, ein anderer Lebensrhythmus. Man hatte sehr viel mehr Zeit, weil es ja nicht diese hektische kapitalistische Verwertungsmaschinerie gab.

Da saß also irgendwo in Guben ein verzückter Christoph Tannert, und ganz oben, hoch im Norden am Horizont, leuchtete und strahlte es verheißungsvoll – das war unser West-Berlin.

(Lacht.) Naja, so exotisch würde ich das Bild nicht zeichnen wollen. Aber West-Berlin war eine fremde Galaxie im Kopf, absolut. »Leuchten« ist etwas überzogen, aber als ich kleiner war, da habe ich sogar Bierbüchsen gesammelt und Coca-Cola-Flaschen. Wir haben sämtliche Plastiktüten zusammengerafft und getauscht. Alles, was mit der Werbeästhetik des Westens zu tun hatte, war faszinierend. Erst in den 80er Jahren, mit New Wave und dem Aufkommen von Gorbatschows Perestroika, gab es dann so etwas wie einen Bolschewiken-Schick und man trug ganz absichtlich Rote-Sterne-Anstecker neben Sex-Pistols-Buttons und Lenin-Abzeichen.

Im Rahmen eines Buchprojektes und auch rein privat hab ich wiederum später alle möglichen Reliquien und Hostien aus der DDR gesammelt: Sticker von Rockbands, Plakate, Streichholzschachteln, »Club«-Packungen, Nordhäuser Doppelkorn, Florena Rasiercreme »mit Kamille« und natürlich Fachzeitschriften, Bücher und Platten. Ich erwähne das um der historischen Gerechtigkeit willen. So herum ging es auch, allerdings waren Leute wie ich wohl eher die Minderheit.

Beuys hat um 1980 die sog. »Wirtschaftswerte« aus den HO-Regalen der DDR in einem Kunstwerk dargestellt. Es gab da sicher eine deutsch-deutsche gegenseitige Fixierung. Aber ich bin in einem Pastoren-Elternhaus aufgewachsen, wo eigentlich ein eher kritisches Verhältnis zu allen Erscheinungen des täglichen Lebens entwickelt wurde. Wir hatten zudem viel Westverwandtschaft, insofern hatte ich schon seit meiner Kindheit eine sinnliche Wahrnehmung, auch über Gerüche, Waschmittel, Kaffee, später über Gespräche, da wusste man schon, wie anders der Westen sich anfühlt oder einem in die Nase steigt. Ich hatte meinen Kulturschock schon lange bevor die Mauer fiel. Der Westen war als kulturelle Größe permanent präsent, als Korrektiv zu allen Erscheinungen. Mein ganzes Leben in der DDR wurde durch den Blick nach dem Westen und in erster Linie immer über Radio und Fernsehen korrigiert. Als ich '76 nach Ost-Berlin kam und anfing zu studieren, war den ganzen Tag das Radio an oder der Fernseher lief. John Peel im Ra-

dio war Kult und jeder »Rockpalast« eine unendliche Party.

Der Westen, also auch West-Berlin, hat sich dir über die Medien vermittelt, wie wir erfahren. Haben die Medien die Westwelt richtig dargestellt?

Man konnte durchaus unterscheiden: Es gab ein aktiv gestaltetes »Kalter-Krieg«-Spiel, wobei der RIAS sehr viel offensiver war, der SFB war distanzierter. In den 70er und 80er Jahren begann sich jedoch auch einiges zu verschieben. Und insbesondere das Verhältnis zur »Szene« entwickelte sich anders. Jemand wie Georg Gafron hat anders argumentiert als später Matthias Hanselmann oder so. Die Namen standen für bestimmte Positionen, und über die Medien setzte sich mein Bild dann spezifischer zusammen. Bestimmte Hardliner-Positionen konnten deutlich von anderen unterschieden werden.

Interessant war, dass dort, wo vom Westen aus die DDR am stärksten kritisiert wurde, die Offenheit gegenüber dem Untergrund umso stärker war. Und dort, wo die Westmedien so ein sozialdemokratisches Gefühl von »Na, wir wollen doch mal miteinander ...« zu verbreiten suchten, dort war die Nähe zu den Staatsrockbands viel deutlicher. Ich fand es gut, als nach Mitte der 80er Jahre die sog. »anderen DDR-Bands« Flagge zeigten und ihre Tapes in den Westen lancierten bzw. dass im Osten auch DJs wie Ronny Galenza und Ebi Fischel Songs aus dieser Szene spielten und Konzerte in Ost-Berlin organisierten, was dazu führte, dass wenig später sogar in Sendungen des DDR-Rundfunks, nämlich bei Lutz Schramm auf DT 64, Kassetten zum Einsatz kamen, die es nur im Untergrund gab. Damit begann die DDR ihre eigene Independent-Szene aufzubauen. Das war ein Moment der Veränderung, der mich an der DDR genauso überrascht, ja schockiert hat wie der Fall der Mauer selbst. Ich hätte nie für möglich gehalten, dass der Versuch unternommen werden würde, in der DDR den Untergrund dadurch auszutrocknen, dass man sich ihm offensiv öffnet. Über Jahrzehnte wurde die Front zwischen den Staatstragenden und den Nicht-Staatstragenden betoniert und dann plötzlich kamen die Funktionäre mit Schmierseife.

Und wann begann dein Interesse an der Bildenden Kunst?

Meine Mutter hat mir das eingepflanzt, indem sie mich schon als 15-jährigen mitnahm zu Ausstellungen und in Dresdner Künstlerateliers. Später, mit Beginn meines Kunstgeschichtsstudiums an der Berliner Humboldt-Uni, hab ich mir dann alles, was ich lesen wollte, mit sog »Giftscheinen«, also Genehmigungen für »verbotene Literatur«, über Bibliotheken und natürlich vieles über West-Freunde besorgt oder in Antiquariaten und internationalen Buchläden in Polen und Un-

garn. Wir sind mit dicken Bücherpaketen von Dumont und anderen Verlagen nach Hause gefahren. Wenn man wusste, was man will, konnte man durchaus viele Dinge finden. Was ich immer als sehr positiv empfunden hab, war, hinter der Zeitmauer zu sitzen mit schönen Kunstkatalogen, um dann wirklich sechs bis acht Wochen an so einem Buch zu lesen. Heute habe ich jeden Tag die Kataloge stapelweise auf dem Tisch und hab keine Zeit reinzuschauen. Das ist der große, frustrierende Unterschied, und ich nehme eigentlich dankbar wahr, dass das in der DDR eine sehr intensive Zeit war, in diesem Getto zu sitzen und die Bücher aus der anderen Welt zu studieren.

War West-Berlin denn, was die Bildende Kunst angeht, eine intensive Betrachtungsweise wert?

Na hör mal! West-Berlin wurde ja von Westseite immer auch als ein Getto charakterisiert, und natürlich gibt es bis heute das Fortleben bauchnabelfixierter regionaler Kunstströmungen. Aber gleichzeitig färbten und bestimmten die internationalen Tendenzen das Kunstleben der Stadt. Man denke nur an das Künstlerprogramm des DAAD, an die Fluxus-Leute, an Beuys, Vostell und Paik, die René Block unterstützt hat und an Christos Joachimides, der mit »Zeitgeist« 1983 einen Paukenschlag setzte und in dieser Zeit sogar nach Ost-Berlin kam und sich inoffiziell mit Szene-Künstlern traf. Aber ich erinnere mich auch an Rezensionen aus dem »Tagesspiegel« und der »FAZ« über Ausstellungen in den Galerien von Reinhard Onnasch, Folker Skulima, Anselm Dreher, die ich lesen konnte, weil ich sie heimlich aus dem Archiv des Künstlerverbandes herausschmuggelte. Viele Künstler, die gerade wegen der Situation des Kalten Krieges eingeflogen wurden, haben Berlin ja erst zu einem Durchlauferhitzer gemacht. Da war doch unheimlich viel los. Um den Anschluss nicht zu verpassen, fuhr ich in Richtung Osten, und zwar ins Museum nach Łódź oder nach Warschau, aber nur, um dort ins Kino zu gehen (West-Filme liefen in Originalsprache) und im Internationalen Presseklub Zeitung zu lesen. Polen war in vielerlei Hinsicht wesentlich weltoffener als Ost-Berlin.

Man konnte sich die Künstler einfach herholen nach West-Berlin? Hat sich denn auch die Spitzenklasse für die Stadt interessiert?

Ich glaube, dass Berlin immer ein außergewöhnlicher Ort war. Gerade wegen der Mauer. Bis 1960 hat West-Berlin vom Flair der 20er Jahre oder der Nachkriegszeit mit ihrem Aufbau- und Demokratisierungswillen gelebt. Der Osten setzte mit seiner Stalinallee die Perspektiven anders. Das hat übrigens auch aus dem Westen viele Leute interessiert. Nach 1961 mussten sich alle Künstler an der Mauer und an den Systemunterschieden reiben, ob sie wollten oder nicht. Ost wie West.

Als die APO-Generation sich im Westen zu Wort meldete, hat das natürlich im Osten sowohl das antiautoritäre Denken als auch linke Perspektiven verändert und sowohl im Westen wie im Osten zum gesellschaftlichen Wandel beigetragen. Berlin und Frankfurt am Main, das waren die Brennpunkte der sich chaotisch gebenden Aushandelungsgesellschaft – und in Ost-Berlin zog pünktlich jeden Mittwoch ab 14.30 immer und immer wieder das Wachregiment vor die Neue Wache Unter den Linden. Der sozialistische Tugendstaat belebte ständig mit Marschmusik und Stiefelknall preußische Tugenden. Obwohl das rote Ost-Berlin ganz anders sein wollte, stand es doch bis spät in die 80er Jahre ausschließlich in der Tradition von Sauberkeit und Pflichterfüllung. Ganze Busladungen amerikanischer Touristen sahen sich das Schauspiel an und fanden ganz sicher ihr Klischee von Deutschland nicht bei den Studentenunruhen im Westen, sondern in den Paraden und Fackelumzügen im Osten bestätigt.

Beim Beobachten West-Berlins via Medien und dank persönlicher Kontakte konntest du zwar eine Platte der Einstürzenden Neubauten oder von Foyer des Arts wahrnehmen, konntest literarische Texte durch Literatursendungen kennenlernen, aber die Form einer Skulptur oder die Farbnuancen eines Gemäldes war ja ungleich schwerer vermittelbar.

Mein ganzes Studium der Kunstgeschichte war ja ein Studium der Kunstgeschichte per Dia. Ich habe die Werke der italienischen Renaissance oder den Louvre oder auch den Großteil der klassischen Moderne nie im Original sehen können. Aber natürlich gab es museale Erfahrungen auch in der DDR, z.B konnte man griechische Vasen in Museen auf Kuba studieren. So ganz unbeleckt bin ich natürlich nicht aufgewachsen. Aber es stimmt, die aktuellen Entwicklungen, auch die Ereignisse auf dem Kudamm beispielsweise, Matschinsky-Denninghoff, oder dann 750 Jahre Berlin mit der Skulptur von Olaf Metzel usw., das wusste man dann nur vom Hörensagen und von Abbildungen. Aber wie sich ein Geländer anfasst, mit dem Metzel da gearbeitet hat bzw. gestapelte Polizeigitter, diese haptische Erfahrung kannte man auch aus dem Osten und konnte sich das gesamte Werk mit einem gewissen Abstraktionsvermögen vorstellen. Außerdem erfährt der erwachsene Mensch die Welt nicht mehr taktil wie ein Baby, sondern hat ja den Abstraktionssinn über das Auge. Insofern rundete sich meine Erfahrung dann doch, würde ich sagen.

Konntest du bestimmte Grundströmungen im Kunstgeschehen West-Berlins ausmachen und bewerten?

Es gab einen permanenten Informationsfluss, der selbstverständlich nicht hierarchisch strukturiert war. Alle Informationen, die ich über den Lehrstoff an der Uni und privat über West-Zeitungen, über den Rundfunk oder übers Fernsehen bekam, erzeugten einen Informationsbrei, der strukturiert werden wollte. Insofern stellte sich Kunstgeschichte für mich als eine Bruchstücksammlung dar, in der es textliche und bildliche Versatzstücke gab, die Künstler verschiedener Generationen betrafen, verschiedene Schulen, Strömungen, Haltungen. Ich war ständig am Sammeln und Archivieren, um zu verstehen, was da parallel oder auch konträr läuft. Ohne dass ich je ein Atelier von innen gesehen hatte, konnte ich durchaus unterscheiden zwischen »Großgörschen 35«, aus der ja sowohl »kritisch realistische« wie neoexpressive Anstöße kamen, und den »Wild Boys« vom Moritzplatz. Welche Rolle das »Büro Berlin« spielte, hab ich aber erst nach dem Mauerfall erkannt.Ganz anders verhält es sich mit meinem Blick auf die Institutionen Neue Nationalgalerie, Akademie der Künste, Berlinische Galerie oder die damalige Staatliche Kunsthalle. Die bereitwillige Öffnung gegenüber der Staatskunst der DDR fand ich immer bedenklich und ich konnte nie so recht begreifen, wie man Qualitätskriterien einfach beiseite schieben und Maler wie Willi Sitte und Bernhard Heisig einladen konnte, ohne auch nur die Subkultur im Ansatz gewürdigt zu haben bzw. etwa bei der Neuhängung der Nationalgalerie Anfang der 90er Jahre versuchte, Kunst so mir nichts dir nichts (nach Bacon oder Richter z.B.) als politischen Dosenöffner umzufunktionieren. Bewundert hab ich dagegen das, was in Kreuzberg in den 80er Jahren abgegangen ist, diese Interaktion zwischen Szenemusik, Bildender Kunst und Theater. Außerdem dieses vielfältige Auf und Ab, das von unten Auftauchen und oben Ankommen, Underground und Mainstream. Das war ein offener Prozess, den es so in Berlin-Ost anfänglich überhaupt nicht gab. Dort waren die Fronten hermetisch verschlossen, es gab nur beschränkt einen informellen Generationenaustausch (etwa bei Lothar Böhme), ansonsten entwickelte sich mehr oder weniger unkritisch eine ganz klassische Schulnachfolge ohne Brüche. Und mit nur zaghaften Gegenformulierungen von außen (z.B. bei Sonderlingen wie Toppl, Henze, Joachim Böttcher, Voges, Reich, später Colden und Köhler). Der Prenzlauer Berg wurde erst mehrfach aufgeknackt durch Künstler, die ab 1980 aus dem Süden der DDR (Dresden, Leipzig, Karl-Marx-Stadt, Jena) nach Ost-Berlin kamen, dort wie vogelfrei agierten, den typischen »Sensualismus« aufkochten und eine Auflösung der Genregrenzen propagierten. Aber über kurz oder lang gingen diese Querschläger (etwa Bonk, Scheib, Stangl, Kerbach, Leiberg, Schlegel, Schleime, Florschuetz, Scheffler, Hans J. Schulze) nach West-Berlin und haben dort, lange vor dem Mauerfall, deutsch-deutsche Traditionslinien verlängert, über die heute tragischerweise wenig gesprochen wird.

Genau wie in der Theaterszene.

Natürlich! Insofern gab es persönliche Verbindungen, Telefongespräche, ein stetes Sich-Informieren. Insofern war die Szene mauerübergreifend sehr stark miteinander verbunden. Nur dass eben nicht interaktiv miteinander produziert wurde. Künstler, die z.B. aus Dresden, von der klassischen Dresdner Malerschule, kamen, fühlten sich in West-Berlin auch deshalb wohl, weil es dort eine sehr starke Maler-Szene in unterschiedlichsten Schattierungen gab und gibt. Bis in die 80er Jahre hinein, bis zu den Wilden, war Malerei das Markenzeichen. Fluxus, konzeptuelle Strömungen, Video-Kunst – dafür schien der Boden weniger bereitet. Das ist im Grunde noch heute so. Hätte es nicht das Kunst-Sound-Mode-Crossover der 80er und 90er Jahre gegeben, die Maler würden weiter ungerührt vor sich hinrühren.

Als du dann West-Berlin leibhaftig betreten konntest, entdecktest du da Sachen, von denen du vorher nichts gewusst hattest? Oder warst du bestens präpariert? Was mich dabei interessiert, ist die Frage, ob die Medien als Vermittler von Kulturinformationen funktioniert haben. Ob wir, alle Medien zusammen, die wesentlichen Steinchen für ein in etwa wahrheitsgetreues Gesamtbild geliefert haben.

Bis heute bin ich auf der Suche und entdecke Unbekanntes. Die Berieselung durch die Medien ist das eine, ein selbst erweiterter Erfahrungshorizont etwas anderes. Das Weiterlesen, Fragen und mit Leuten Sprechen fing nach dem Mauerfall erst so richtig an. Gleichzeitig wurde deutlich, wie fremd sich Ostler und Westler sind. Aber daran sind nicht die Medien schuld, die ihren Informations- und Unterhaltungsansatz nach allen Regeln der Amüsiergesellschaft erfüllen.Erstaunt hat mich, welchen Stellenwert die unerhörten Ereignisse der Musik-Szene damals im West-Radio bekamen, das »Atonal«-Festival beispielsweise. Alles unhörbar im Prinzip, all dieses Wahnsinnsgetrommel und die Schrei- und Todesopern. Aber wie über Klangverhältnisse als soziale Verhältnisse gesprochen wurde, das hat mich schwer begeistert. Im Vergleich zu heute war Radio damals noch diskursorientiert. Mittlerweile regiert das aalglatte Wohlfühl-Radio mit dem »Beste-Hits-aller-Zeiten-Programm« inkl. Werbeblock und Gewinnspielen.

Ich habe mich immer darüber gewundert, dass ausgereiste DDR-Bürger sich darüber wunderten, wie schlecht der Westen sein kann. Ich fragte: Warum wusstet ihr das denn nicht? Regelmäßig gab es doch in ARD und ZDF kritische Berichte über diese oder jene Zustände. War denn dadurch nicht alles längst bekannt?

Wen meinst Du? Ich würde sagen, um Welt, um Gesellschaft zu begreifen, muss man schon extrem deutlich hinhören und hinschauen. Da die Bedürfnislage verschieden ist, versuchen die einen Bockwurst und Banane miteinander zu verbandeln, die anderen legen ihre Träume auf Eis und schlagen sich durch den Dschungel der Realitäten. Wem es in der DDR dreckig ging, dem konnte es im Westen nicht noch dreckiger gehen. Wer dagegen in der DDR seinen goldenen Käfig hatte, der wunderte sich natürlich über den Stress in der Hackordnung.

Ich finde viel erstaunlicher, dass manchen Ost-Bürgern die Augen erst so spät aufgegangen sind, obwohl sie doch alle Marx und Engels pauken mussten.

Ich darf aus den Akten des Kunst-Ensembles Die Tödliche Doris einen Leserbrief aus der taz vom 5.3.1982 zitieren: »Der Dilettant ist weit entfernt von der modischen Trümmer- und Weltuntergangsästhetik, erblickt aber durchaus in der zerfallenen Mietskaserne den Kokon, aus dem er wie ein schäbiger Schmetterling entflattert ...«

Großartig! Wolfgang Müllers Buch über die »Genialen Dilletanten« (Wortgag, O. L.), veröffentlicht im Merve Verlag, war ein echtes Kult-Buch im Osten. Leider traf der Wahnsinn West nie auf den Wahnsinn Ost. Als Wolfgang Müller mit der »Tödlichen Doris« im Sommer 1989 anläßlich der von Eugen Blume und mir organisierten »Permanenten Kunstkonferenz« in Ost-Berlin auftrat und Käthe Be am Ost-Berliner Käthe-Platz in unmittelbarer Umgebung der Stasi-Villen seinen Kopfabdruck hinterließ, hatten sich Ost-Aktionisten wie Tohm di Roes oder die Jungs vom »Demokratischen Konsum« bereits nach West-Berlin abgesetzt. Es war wie im Märchen: sie konnten zueinander nicht kommen ... Hätten sie gekonnt, wäre es vielleicht zum Schreikrampf oder zum Kampf in der Endlosrille gekommen. Mit ihren ästhetischen Entgleisungen vermochten die »genialen Dilletanten« ihre wahre Heimat weder im Osten noch im Westen zu finden und blieben doch immer dort, wo sie ihre Autodemontage weiterzutreiben in der Lage waren.Dieses sperrige Bewusstsein hat mich an bestimmten West-Positionen fasziniert – gerade auch bei Martin Kippenberger und den Leuten von Der Plan.

Konnte man in der DDR ein Bild malen und es verkaufen? Bei Büchern und Schallplatten war das nur auf Umwegen über die Zensurinstitutionen möglich.

Das ist so nicht richtig. Es gab in allen Bereichen die Möglichkeit eines offiziellen sowie eines zweiten Marktes. Durch die Gründung des Staatlichen Kunsthandels der DDR im Jahr 1974 gab es ganz normale Verkaufsstellen, wo Kunst gehandelt wurde. Verkauft wurde in der DDR (in Mark der DDR) und nach dem Westen (in DM, wobei die Künstler nicht vollständig, sondern nur anteilig auch in harter Währung bezahlt wurden). Die offizielle Kunst sollte damit promotet, Sparguthaben abgeschöpft und Devisen ins Land gebracht werden. In der Subszene wurde schon aus dem Grunde versucht, privat in DM zu verkaufen, um dank des hohen Umtauschkurses von DM in Ost-Mark auf dem Schwarzmarkt Kapital für weitere Unternehmungen und Projekte zu haben. Dagegen war die Produktion von Schallplatten nicht möglich, weil es nur die staatlichen Labels gab. Im Rockbereich war das AMIGA, die das Monopol besaß. Dagegen tauchten in den 80er Jahren plötzlich 4-Spur-Kassettengeräte auf, die im Westen nur noch etwa 1000 DM kosteten, und im Handumdrehen entwickelten sich Kassettenkombinate und Privat-Studios. Der zweite Markt war geboren, es wurde im Untergrund produziert und verkauft. Label wie »Trash Tape Rekords« (Rostock), die »Kröten Kassetten« des »Freien Orchesters« oder die Haus-Fabrik von AG Geige, »KlangFarBe« (Karl-Marx-Stadt), waren die Wegbereiter. Die Kassetten wurden verteilt bis zu hundert Stück. Eine Kassette kostete damals 30 Mark. 20 Mark für die

Kassette aus dem Laden und 10 Mark sozusagen für den *act* der Überspielung. Das war nicht viel Geld. Ich habe ja auch 100 bis 150 Mark Ost für eine West-LP ausgegeben. Außerdem gab es einen weitverzweigten Tauschmarkt. Wir haben Kassetten getauscht, sie kopiert, Platten überspielt, weiterverkauft. Ich bin mir sicher, dass viele Ostler über den Westen mehr wissen als umgekehrt. In der Literatur gab es ähnliche alternative Produktionsformen. Ich selber habe mit Dichter- und Künstlerfreunden Siebdruck-Bücher (Ursus Press) und per Schreibmaschinendurchschrift vervielfältigte Hefte mit inoffizieller Literatur (UND, USW, Schaden, Anschlag, Ariadnefabrik) in kleinen Auflagen produziert. Außerdem gab es die Möglichkeit, in Polen bestimmte Sachen anfertigen zu lassen, die dann nach West-Berlin reisende Polen wieder rüberbrachten. Und als es endlich Computer gab, war sowieso alles einfacher. Das letzte Drittel der 80er Jahre in der DDR war eine selten kreative Spielwiese, da endlich konnte sich eine Subkultur mit im Ansatz eigenen Informationskanälen, Produktionsformen und Vertriebsmitteln entwickeln, sogar mit einem, freilich von West-Berlin aus sendenden Piratenradio, »Radio Glasnost«, das mit Informationen aus dem Umfeld der Friedens-, Umwelt- und Menschenrechtsgruppen versorgt wurde.

Du hättest also ein Bild ohne Probleme verkaufen können?

Ja, das wäre gegangen. Ich hätte es entweder dem Kunsthandel verkauft oder an privat. Oder ich hätte es vielleicht auch nach dem Westen verkaufen können, da hätte es jemand abrollen und in seinen VW-Bus stecken und freilich ohne Keilrahmen mitnehmen müssen.

Irgendwann war die Mauer weg.

Ich bin enorm froh darüber, sonst hätte sich mein Leben, so, wie es sich entwickelt hat, nicht entwickeln können. Ich bin nicht ein Milligramm nostalgisch und wünsche mir auch nichts von früher zurück. Und meine Heimat hab ich doch behalten, das Haus meiner Großeltern in Leipzig, meine Wohnung in Berlin-Friedrichshain. Auch der Kontakt zu den alten Freunden ist stabil. Diejenigen, die für die Stasi spitzelten, haben sich von selbst abgemeldet und ich vermisse sie nicht. Freilich, das Privileg der Langsamkeit ist dahin.Wer sich heutzutage nicht bedingungslos dem verkürzten Zeitmaß der Spaßgesellschaft unterwirft, für den haben die Medien nur Verachtung übrig. In der Zeit ist nur, wer seinen zeitgemäß knackigen Körper jubelnd in den Fluß der Zeichen der Zeit wirft. Zu spät zu kommen und aus der Mode zu sein, wird mit Aufmerksamkeitsentzug und Verdammung zur Rastlosigkeit bestraft, kontrolliert von der heiligen Chronokratie. Blitzmerker, Zahlenakrobaten, Schnellsprecher, Schnellmaler – eben die Pausenclowns des alltäglichen Medienkonsums sind auf der Überholspur, weil mit der Informatik und dem Einzug der neuen Technologien des künstlerischen Sehens die menschliche Zeit nicht mehr die einzige Zeit der Wahrnehmung ist. Niemand kann so hirnrissig sein, sich deshalb die Mauer zurückwünschen zu wollen.

Bitte ein Satz zu Eberhard Roters von der Berlinischen Galerie.

Eberhard Roters war eine Lichtgestalt für Berlin. Er war ja Dresdner, das durch und durch bis in sein gepflegtes Sächsisch hinein, und flüchtete 1951 nach West-Berlin. 1975 gründete er die Berlinische Galerie. Und diese Gründung darf wohl mit Fug und Recht als seine zentrale Lebensleistung verstanden werden. In den 90er Jahren war er Stellvertretender Direktor der Abteilung Bildende Kunst der Akademie der Künste und hat wesentlich die Vereinigung der Akademien in Ost und West moderiert und vorangetrieben. Als dadaistischer Querdenker war er schon vor dem Mauerfall daran interessiert mehr zu erfahren über das, was in der DDR außerhalb der staatlichen Kunst-Normen lag. Mitte der 80er Jahre erwarb er für die Berlinische Galerie Ralf Kerbachs Bild »Der Zwilling«. Geradezu ein Symbol der deutschen Teilung. Roters hat gleich gesehen, dass das ein Epochenbild ist, diese ruppige Darstellung zweier zusammengebundener, an den Köpfen zusammengewachsener Figuren, die der Dresdner Kerbach da mit loderndem Pinsel gemalt hatte. Die Stimmung in West-Berlin gegenüber den kritischen Künstlern, die in den 80er Jahren der DDR den Rücken kehrten, war ja alles andere als wohlwollend. Offizielle Stellen sahen dadurch in erster Linie den Annäherungskurs an die DDR torpediert. Roters hat damals als einer der wenigen verstanden, was die Andersdenkenden aus der DDR trieb, in welchen alltäglichen Verzahnungen sich Tun und Nichttun, Dulden und Schweigen abspielten und was die Ankunft jener ostdeutschen Künstler im Westen hätte bedeuten können für die Diskussion um das Selbstbild der Deutschen. Aber die Diskussion wurde bis zum Mauerfall nicht geführt, weil die Flucht der West-Linken aus der deutschen Wirklichkeit anhielt und das Nachdenken über Deutschland als Nation wegen der nationalsozialistischen Vergangenheit als vollkommen unzeitgemäß, ja gefährlich galt. Auch der Staatliche Kunsthandel der DDR versuchte, das Label »DDR-Kunst« ausschließlich in einer Richtung, nämlich in der der sozialistischen Systemvertreter, zu verteilen. Wenn sich dabei noch gute Geschäfte mit Galerien und Sammlern im Westen machen ließen, um so besser. Bis heute fallen deshalb die Dissidenten mehr oder weniger durch den Rost.

Welche Macht hatten/haben die Galerien in Berlin?

Die Macht der Galerien ist eine internationale und deren Bindung an Berlin ist eigentlich keine spezifische. Insofern wunderten sich Insider immer, dass es gute Galerien in West-Berlin, ja dass es sogar von 1969–1976 eine Kunstmesse gab, wo doch weit und breit kaum Sammler zu finden waren.

Mit dem Boom der Jungen Wilden in den 80er Jahren kam frischer Wind ins Geschäft, in den Jahren nach dem Mauerfall stagnierte der Umsatz, mit Etablierung des Art Forum und dem Zuzug neuer Galerien gestaltet sich die Situation nun zunehmend erfreulicher. Die »Klassiker«, die in West-Berlin den Ton angaben und der Gegenwartskunst aus Richtung Kudamm und Fasanenstraße wichtige Anstöße gaben, waren zuerst Rudolf Springer, dann (ohne Anspruch auf Vollständigkeit) Bremer, Dreher, Fahnemann, Lietzow, Menzel, Nothelfer, Onnasch, Pels-Leusden, Petersen, Poll, Raab, Skulima, Wewerka, Zellermayer und der fleißig mit dem DDR-Kunsthandel operierende Dieter Brusberg. So richtig gut ging es den West-Berliner Galerien aber nie und es gehörte schon eine gehörige Portion Durchhaltevermögen dazu, seinen Frieden mit den Standortnachteilen zu machen, mit dieser Ghettosituation der Stadt, in der es kaum Industrie gab und weniger Kapital und Vermögen als andernorts. Die Kunstmessen mussten permanent alimentiert werden. In den 70er Jahren durch die Stadt, heute durch die Bankgesellschaft Berlin. Wenn die Galerien weniger konkurrent untereinander wären, dann könnte ihr Einfluss noch größer sein, immerhin ist mit den ausstellenden Galerien des Art Forum heute ein wichtiger wirtschaftlicher und kulturpolitischer Faktor etabliert worden. Mit dem Entstehen einer jungen Galerienszene um die Auguststraße in Berlin-Mitte und ihrer Vernetzung mit neuen Standorten in der Zimmerstraße und neuerdings in den S-Bahnbögen der Jannowitzbrücke ist das Kunstleben Berlins nach 1990 von Jahr zu Jahr mehr auf Touren gekommen. Nie zuvor hat es in Berlin so viel Aufmerksamkeit für junge Kunst und *lifestyle* gegeben. Galerien wie Chouakri, Contemporary Fine Arts, Eigen + Art, Gebauer, Klosterfelde, neu, neugerriemschneider, Thumm, Weiss, Wohnmaschine u.a. sind dabei zu Durchlauferhitzern für Stadtmarketing und Tourismusindustrie geworden, ohne dass man ihnen das irgendwie gedankt hätte. Jetzt tut eine Aktion wie der alljährliche »Kunstherbst«, gefördert von »Partner für Berlin«, so, als ob es vorher niemals Power-Aktionen gegeben hätte. So sind sie, die Berliner ...

Fühlen Galeristen sich eher den Künstlern oder dem Markt verpflichtet? Galeristen wollen ja auch Geld verdienen.

Es geht nicht um ein Entweder-oder. Das ist eine falsche Unterscheidung. Galeristen arbeiten für Künstler auf und mit dem Markt. Auch Kunst ist Ware und oftmals nicht zu knapp. Aber der gute Galerist entwickelt künstlerische Positionen, er stützt Positionen, er bildet einen Stamm, knüpft Traditionslinien, und er versucht, dies programmatisch durchzuhalten und gleichzeitig zu verkaufen. Wer nur am Verkauf interessiert ist, ist ein Spekulant. Gute Galeristen sind durch alle Prüfungen des Marktlebens gegangen und wissen genau, wie sie ihre Entscheidungen fällen müssen. Sie bilden Kontakte nach allen Seiten aus (in Richtung Sammler, Museum, Kunsthalle, Kunstverein) und versuchen natürlich auch, mit der Macht des Geldes bestimmte Dinge zu kanalisieren. Aber das sollte man nicht nur negativ sehen, weil das ein genuiner Teil der Warengesellschaft ist, die in diesem Punkt die Gewichte vom Dialogprinzip in Richtung Ökonomie verschiebt, was schiefgehen kann, aber nicht muss. Heute spielen übrigens Firmen-Sponsoren eine weit problematischere Rolle.

Gab es denn auch ein sachverständiges Publikum, das den guten Galeristen bei ihrer Entwicklungsarbeit folgen konnte?

Na sicher. Es gab ein Genießerpublikum, es gab und gibt auch ein begütertes Publikum. Man muss aber gleichzeitig sagen, dass es seit 1961 auch ein auf Staatssubventionen versessenes Interesse gibt. Also Geschäftemacher, die nach West-Berlin kamen, um hier mit Subventionen zu arbeiten. Auch die gehörten zur Klientel für den Kunstkauf. Die haben sich kleine Sammlungen zugelegt, gekauft und wieder verkauft. Das waren Neureiche, die es nötig hatten, ihr Neureich-Sein über Kunst darzustellen. Die alteingesessenen jüdischen Kunstkreise sind bekanntlich ab '33 vernichtet worden. Da gibt es Brüche im Berliner Kunstleben und Einmaligkeiten, so etwas wiederholt sich nicht.

Leute wie Paul Cassirer, der sich 1926 wegen der Trennung von Tilla Durieux erschoss und über den es hieß: »Dieser Kunsthändler war eine schöpferische Persönlichkeit. Die Entwicklung der Kunst seiner Zeit hat er entscheidend mit beeinflusst, im gewissen Sinne sogar mitbestimmt ... es lag in seiner Art, nicht nur Mitspieler, sondern Dirigent zu sein.« Berlin brauchte und braucht neben den Persönlichkeiten in offizieller Funktion und Amt und Würden auch Privatpersonen, die sich unverzichtbar im Kulturbereich engagieren. Beispiel: Prof. Peter Raue.

Richtig – ein sehr wichtiger, eloquenter, für Kunst wie Interessenbindungen werbender Kunstkenner. Dass er bei den Freunden der Nationalgalerie durch sein Engagement überzeugend zu wirken versteht, gute Argumente für Ankäufe wie Themen und Präsentationen hat, das hat ihn in eine wichtige, geradezu unverzichtbare Position gebracht. Und er ist, wenn ich mich nicht irre, seit mindestens 30 Jahren im Berliner Kunstgefüge aktiv und in seiner Rolle als Meinungsmacher nicht wegzudenken. Aber das spannendste ist sein Charisma, sein Bildungshorizont und dass er Leute kennt, Verbindungen hat und so vieles in Bewegung bringt. Es müsste noch mehr Persönlichkeiten seines Schlages geben. Na, zum Glück gibt es noch Rolf und Erika Hoffmann, Paul Maenz, Claus Bacher, Annette Giebel-Weber und Friedrich Weber und den Motor der »berlin biennale für zeitgenössische kunst«, Eberhard Maynz.

Sag bitte noch etwas über deine Institution hier.

Für mich war das Künstlerhaus Bethanien immer ein magischer Ort. Ich kannte verschiedene Projekte, die dort inszeniert wurden aus der Literatur und vom Hörensagen und habe dann über den Kontakt zu Michael Haerdter 1989 versucht, Künstler, die in Bethanien waren, mit einem Tagesvisum als Touristen nach Ost-Berlin zu holen, um in Privaträumen Ausstellungen und Performances zu veranstalten. Später reifte in Ost-Berlin die Idee, dort auch ein Künstlerhaus zu machen. Da stand die DDR noch. Michael Haerdter hat uns da sehr unterstützt, sodass Eugen Blume, der jetzt am Hamburger Bahnhof arbeitet, und ich tatsächlich den Vorstoß gewagt haben, beim Kulturministerium der DDR einen Vorschlag für die Gründung eines Künstlerhauses einzureichen. Mit der Wende ging alles sehr schnell, wir brauchten das Ministerium nicht mehr und haben, zusammen mit anderen, dann aber erst mal eine private Galerie, die Galerie Vier, gegründet. Den Kontakt zum Künstlerhaus Bethanien habe ich weiter gehalten und bin dann einige Zeit später ins Haus selbst eingestiegen. Das war eine einmalige Chance und ein Traum. Bis heute versuche ich, mit einigen neuen Akzentsetzungen, die künstlerische, politische, ästhetische Orientierung so weiterzuführen. Weil ich die Idee sowie den Entwurf für so ein Künstlerhaus für absolut richtig, zweckmäßig und zeitgemäß halte. Wir vergeben Studios und verbinden damit ein Programm der Innovation und des Erkenntnisgewinns, arbeiten eigentlich wie ein Dienstleistungsunternehmen, das den Künstlern Stipendien besorgt und sie mit Ideen und Kontakten unterstützt. Man kann nur in Bethanien arbeiten, wenn dafür auch die nötigen Stipendienmittel vorhanden sind. Die Künstler und Künstlerinnen arbeiten in der Regel ein Jahr im Haus, entwickeln ein Projekt und präsentieren es. Im Verlauf des Arbeitsaufenthalts versucht das Team des Künstlerhauses, die Künstler mit wichtigen Personen der Berliner und internationalen Kunstszene, mit Kuratoren, mit Sammlern, mit Kritikern, mit Galerien etc. in Kontakt zu bringen, so dass sie in ihrer Karriere einen Schritt weiterkommen. Wir geben neben Einzelkatalogen und Faltblättern außerdem eine zweisprachige Publikation, das »BE«- Magazin, heraus, mit dem wir wie ein Filter der öffentlichen Kunstdiskussion zu wirken versuchen. Das ist also eine sehr breitgefächerte kuratorische Praxis und kunstvermittelnde Zeitgenossenschaft. Wir sind kein Hotel, keine Schlafstation für sozial Bedürftige, sondern eine Produktionsbasis für avancierte Ideenproduzenten. Wenn wir in Kooperation mit den anderen Kulturarbeitern im Komplex Bethanien noch offensiver nach außen, in die Stadt hinein wirken könnten, wäre das ein Akzent, um den uns andere, die nur den Sog des Glamour verwalten, vielleicht beneiden könnten.

Christoph Tannert, West-Berlin dankt dir für dieses Gespräch!

Das war der Kudamm: Gipfelsturm

Sonntag ist's. Man findet sogar am Wittenbergplatz einen Winkel, um Autos zu parken. Fahnen wehen hier wie bei der Mai-Parade hinter der Mauer. Das KaDeWe ist bewimpelt, der ADAC läßt flattern und die Banner zum 750. ackern im Wind. Auf dikken Gummisohlen zuckelt eine Bimmelbahn mit Hamburger Kennzeichen vorbei – ist die billiger als die BVG? Regen peitscht die Straße, aber junge Dynamiker lassen ihr Cabrio offen. Die alte Wasserpumpe am Tauentzien ist immer noch giftig, und ein türkisches Ehepaar hat den Kulturschock überwunden: es knabbert an einer Eistüte. Eis ist überall. In der Passage am Europa-Center suppt es in den Ekken, und Vater Lehmann, auf der Suche nach der verlorenen Uhrzeit, dreht der Gemahlin das Handgelenk so geschickt, dass Mutterns Waffel das Gefrorene auf die Bluse gießt.

»Nena 87« ist da angesprayt – na hoffentlich. Im Center selbst (»Lebendig wie Berlin«) ballen sich Wessis und einige Eingeborene, als gäb's Freibier. Es mieft in den Hallen, nur Wurschtbuden haben offen. Der Weltstadthandel ruht.

Am Gesundbrunnen, da wo die Möve pickt, zieht sich ein Weltmeister im Fratzenschneiden just das Kinn über die Augen, Beifall. Er hat mehr Publikum als das Leierkasten-Duo mit dem traurigen Teddybären, Abbild unseres Schutzheiligen. Andische Folklore flötet von irgendwo. Die Trümmerkirche bietet Zuflucht vor saurem Regen. »Willst Du mit mir bumsen heute Abend?« hat ein Eric ans Portal gemalt. Lieber nicht, es würde eh' nur ein Quicky. Denn Eric schreibt auch: »Vidi, veni – fertig«. Das Haus über der Kantstraße ist mit Plaste verhüllt. Ob das vor Aids schützt? Als Kunstobjekt lockt eine Büroklammer – aufgebogen. Sie zuckt noch etwas. Otto grinst dazu am »Marmorhaus«. Die Gloria-Passage auf den Ruinen von Mike's Laden schimmert mystisch und postmodern im New Age-Look. »Trotz Gerüst und Leiter der Verkauf geht weiter!« motzt ein Laden, der zu hat. Wertheim zeigt wilde Torten auf der Fassade – für wessen Gesicht?

Unsere smarten harten grünen Männchen mit dem Walkie-Talkie haben eine Kollegin dabei. Die Kanone hopst ihr erwartungsfroh auf dem Hintern. Kranzlers Eisbecher »Cäsar« kostet 9,50 DM. Kein Wunder, wo der Rom angesteckt hat. Aber was hat »Merkur« (Preis 14,80) verbrochen? Auf dem Haus Ecke Meinekestraße ist ein Kunstpenis gewachsen mit süßen goldenen Eiern. Eben New Age. Die Triebe aber bleiben die alten. Der Andenkenkiosk am Kempi begeht einen tödlichen Fehler – er hat geschlossen. Auf den Bürgersteigen parken nur Porsches und Daimlers. Man hat die besseren Anwälte. Das schönste Kunst-Objekte steht an der Uhlandstraße: Eine Fernsprechzelle, randvollgestopft mit Telefonbüchern. Persiflage auf Zeitgeist und Bürokratie. Vorschrift und Anweisung blockieren den Nutzen. Bei McDonald's führen Kids ihr neues Outfit vor und was der Friseur so drauf hat. Und Yves Saint-Laurent stellt in seinem Shop ein Bild von sich selber aus – sonst keine neuen Ideen? Der Penner, der vorbeischlurft, hat geerbt und trägt 'ne Plastetüte mehr durchs Land.

Die Prachtallee: Ab Uhland wird sie Geisterbahn, aber die Bäume werden dichter. An der Leibniz liegt vor der Commerzbank Erbrochenes – genug vom 'Burtstagfeiern? Herder hat die Bücher aus dem Fenster genommen und einen Liegestuhl drapiert – schon die Hoffnung aufgegeben? Die aufgedonnerten Sitzmöbel hoch droben am Kudamm-Ende, Säulenkitsch mit Messing und Plastikdach, lassen Großes ahnen. Und so steht er dann da, der »Gipfel«, ein Trabbi in der Betonpyramide, von pfiffigen Bürgern bei Nacht und Nebel drapiert: »Einigkeit und Recht auf künstlerische Freiheit!« Versöhnlich liegen »Prawda« und »U.S. Today« hinter Trabbis Windschutzscheibe. Den versteinerten Cadillacs nebenan ist die Show gestohlen. Oh Kudamm, langsam kommste wieder!

Juli 1987

Der Ausweg aus der Mitte des Lebens

E-mail aus Jamaica vom 21.7.2001

Die Bitte, aus damaliger Ostberliner Perspektive etwas zum Thema »Was war Westberlin« zu schreiben, bringt mich in arge Verlegenheit. Ich bitte um Hilfe. Via e-mail kommt eine geballte Ladung knackiger Headlines als Erinnerungskrücken: »Agentenspielplatz, linkes Rattennest, soziologisches Idealbiotop, Kneipenparadies, Subventionsparasit am Tropf der BRD, Trainingscamp für Mauerspringer, Kreativcenter, gesellschaftliche Vorhölle ...?«

Großer Gott, nein! Das alles war doch Westberlin gar nicht – nicht für uns, die Generation der Zugereisten aus der Provinz. Rucksack-Berliner nannte man die Thüringer, Sachsen und Brandenburger, heiß auf die große Stadt. Berlin, Hauptstadt der DDR. Schon der U-Bahn-Geruch genügte als aufregendes Versprechen von Abenteuer.

Wir waren jung. Sex und Drugs und Rock-'n'Roll. Die Drogen hießen in unserem Falle Bier, Wodka/Cola oder Rotwein, das Leben war spannend und die besten Abenteuer passieren sowieso im Kopf, klapperte im Hinterhof ein junger sozialistischer Dichter beruhigend mit seiner Schreibmaschine.

Und wenn ich mich recht erinnere, wollten wir überhaupt nicht so genau wissen, was das war – Westberlin. Die Arbeiter und Bauern hatten die besondere politische Einheit Berlin-West im Auftrag der ruhmreichen Sowjetunion eh schon vor unserer Zeit einmauern lassen und angeordnet, das abschreckende Bauwerk »Antifaschistischer Schutzwall« zu nennen. Dieser war weiträumig zu umfahren und Neugierige wurden im Grenzgebiet sofort festgenommen oder erschossen.

Westberlin war in Berlin, Hauptstadt der DDR, ein blauer Stern, der sich in der Ferne drehte.

Ein paar merkwürdige Silhouetten am grünen Horizont. Keine Stadt. Eine deutsche Fata Morgana. Unvorstellbar, unerreichbar. Selbst mitten in der Stadt, oder gerade dort, zum Beispiel an der Rückseite des wuchtig-grauen Reichtags, war Westberlin ein Phantom. Eine verbotene Stadt.

Damals war's. Geschichten aus dem alten Berlin, Hauptstadt der DDR. Westberlin war für mich Jean Marc, mit Ami-Parka, Crème fraiche und dem heißersehnten Stones-Album in der viel beneideten Plastetüte (Jean Marc sagte immer Plastiktüte – auch das war Westberlin), Westberlin war Thomas, der LSD mitbrachte, Westberlin war Carol aus London und die Notwendigkeit, Englisch zu lernen ...

Im Lauf der Zeiten wurde Westberlin dann immer mehr zu einem Ort, den ausgewählte Künstler zu Studienzwecken besuchen wollten und endlich auch durften. Und schließlich spielte die erste Garde der Unterhaltungskunst der DDR den Faschisten in Westberlin sogar zu Konzert und Tanz auf.

»Wenn ich doch erstmal 'n Pass hätte, wäre alles ...«, grübelte ich. »Wenn meine Tante 'nen Schwanz hätte, wär's mein Onkel«, lachte mit schlechten Gewissen mein Kumpel Manne, Urberliner mit Herz, Schnauze und Reisepass für kapitalistische Länder.

Manne durfte immer mit nach Westberlin. Er war kein Künstler, dafür aber Tonmann bei Veronika Fischer & Band. Ich durfte die verdienten Unterhaltungskünstler nur in der Deutschen Demokratischen Republik und in den sozialistischen Bruderländern fotografieren. Irgendwann in dieser Zeit wurde Berlin, Hauptstadt der DDR, in meinem Kopf zu Ostberlin. Wir beklebten Knöpfe, die in Westberlin Badges genannt wurden und in Ostberlin weggingen wie die immer noch vielbetrauerten Schrippen. Ein Anstecker wie ein Blindensymbol, schwarz auf gelb: Ostberlin-geschädigt! Auch die Stasi wurde immer neugieriger und umschlich das Haus, in dem ich wohnte. »Was verboten ist, dass macht uns grade scharf«. Ein Biermann-Song, auf den sich Ostberlin-Geschädigte und IM's gleichermaßen einigen konnten. Aus einem verworrenen, angstmachenden Traum wurde langsam aber sicher ein deutliches Ziel: Westberlin! Der Ausweg aus der Mitte des Lebens! »Ich hau' jetzt ab nach Paris, dort ist das Leben so süß ...« Schließlich hatten wir das Lied hundertmal gehört.

Dann wurde Tacheles geredet in der Abt. Inneres beim Rat des Stadtbezirks Köpenick. »Ich möchte besuchsweise nach Westberlin, ebenso wie Frau Thalheim und Herr Jeske und Veronika.« Die Sachbearbeiterin in der weißen Dederon-Bluse unterbricht mich abrupt, fassungslos den wasserstoff-blonden Kopf mit dem braunen Haaransatz in ehrlicher Entrüstung schüttelnd: »Sie können sich doch nicht mit den führenden Vertretern der Unterhaltungskunst der DDR vergleichen!« In das gefährlich lauernde Schweigen fällt ein Wort, so schwerwiegend wie der Hammer im Staatswappen der DDR: Ausreiseantrag!

Alle Hemmungen fallen lassend, brülle ich: »Wenn ihr mich nicht rauslasst, springe ich vom Fernsehturm – unter Anwesenheit des Deutschen Fernsehens!«

Der rötlich-blasse Genosse hinter der Genossin zweifelt höhnisch lachend an meiner Zurechnungsfähigkeit und appelliert gleichzeitig an meinen Verstand, indem er mich drohend über das Ungesetzliche meines Antrags belehrt und dann ausführlich und mit eindringlichster Schärfe über die soziale Unsicherheit des unmenschlichen kapitalistischen Systems referiert (zu seiner Entlastung sei angemerkt, wenigstens im zuletzt genannten Punkt hatte er recht). Auch beim VEB Deutsche Schallplatten (meinem damaligen Arbeitgeber, wie man heute sagt), ist man äußerst betroffen: AMIGA-Direktor Büttner stöhnt vorwurfsvoll: »Wozu haben wir euch bloß studieren lassen ...«

PS: Sie haben mich dann schließlich irgendwann rausgelassen – verraten und verkauft für 20.000 Westmark.

Reisefreiheit als Einsicht in die Notwendigkeit, um jeden Preis Devisen verdienen zu müssen.

Bernd Scheubert (*1944)

Von den Jamaicanern längst in Barney umgetauft, war Bernd Scheubert in der DDR-Unterhaltungskunst ein bekannter Fotograf, Designer und Bühnengestalter, der für die dortigen Top-Stars arbeitete. Um, wie seine Künstler, auch einmal Paris sehen zu können, stellte er einen Ausreiseantrag, dem nach längerem Zögern stattgegeben wurde. In West-Berlin angekommen, arbeitete er für Werbeagenturen, bekam Heimweh und wollte wieder zurück, was die DDR ablehnte. Barney lebt seit 12 Jahren auf Jamaica, wo er Touristen herumführt und ihnen das Land erklärt: »Schau'n Sie mal, genauso paradiesisch wie im Katalog!«

Für Klos 30.000 DM aus der Jugendverwaltung

Bernd Mehlitz über Jugendheimklaviere, maroden Charme, »Kultur für alle«, Subsidiaritätsprinzipien, Personen und Sachen, einen exotischen Beamten, ein atonales Berlin, wunderbare Verrückte, Beinahe-Katastrophen, die Entdeckung der Waldbühne; über das erste Open Air, parlamentarische Umkleideräume, Sicherheit für 'nen Zehner, Mauerkonkurrenz, Orchesterpolitik, das Ende der Kameralistik, 750 und E 88, Regenvögel sowie Zelte in Regen und Schlamm.

Gesprächsdatum: 30.3.2001

Olaf Leitner: Der Titel »Rockbeauftragter« findet sich als Kategorie per se wohl nicht im Stellenplan der Senatsverwaltung für Kultur?

Bernd Mehlitz: Nein, das war eine Erfindung der Journalisten, die sich damals sehr für diesen Bereich engagiert haben. Ich hab das immer als Ehrentitel empfunden.

Strenggenommen gab es eine indirekte Rockförderung ja schon seit Beginn der 60er Jahre, als die Kids in den Kellern der Jugendfreizeitheime erst den Skiffle und dann den Beat probierten – ein vorgezogenes Übungsraumsponsoring, sozusagen.

Das hat aber nicht der Senat gefördert, sondern die Bezirksämter haben dies als Teil der Jugendarbeit betrachtet. Als meine Eltern damals das Klavier gegen ein neues Sofa und einen Fernseher eintauschten, habe ich mir ein anderes Klavier besorgt, was nicht schwer war, denn es war Mode, Klaviere durch Fernseher und Couchecke zu ersetzen. Ich hab mit einem Jugendheim verhandelt, hab einen Raum bekommen, hab das Klavier da reingestellt und eine Band gegründet.

Nebenbei: Ich würde gern wissen, ob unser altes Familienklavier auch noch im Jugendheim Mariendorf-Rathausstraße steht, wo ich es mal hinschaffen ließ. – Also doch staatliche Förderung.

Ja, aber das hing immer von einzelnen Personen ab, die diese Dinge aufgenommen haben. Ein Paradebeispiel ist der Bezirk Wilmersdorf. Dort wurde vom Leiter der Musikschule Konrad Latte und anderen, auch Musikern von Tangerine Dream, in der Pfalzburger Straße ein Studio eingerichtet. Klaus Schulze war dabei und Reinhold Heil, später bei der Nina Hagen Band und bei Spliff. Das war die Urzelle des Beatstudios, das es heute noch gibt.

Das wurde von der Szene das »Senatsrockstudio« genannt.

Es war ursprünglich eine Bezirksinitiative. Als ich 1979 anfing, habe ich mich mit Konrad Latte in Verbindung gesetzt und wir haben das Studio ausgebaut, um es professioneller zu machen. Der Bezirk wollte es eigentlich nicht weiterführen und so ist der Senat aufgrund unseres neuen Förderungskonzepts eingesprungen. Wir haben uns dann auch ein bisschen ausgesucht, wer da rein durfte. Mein Vorgänger Lutz Manthe hatte einen Jazz- und einen Rocksampler, »Querschnitt Berlin«, mit Berliner Bands hergestellt, ein Querschnitt mit so erfolgreichen Gruppen wie die Bleibtreu-Revue, Wednesday und anderen. Als ich anfing, war der

Rocksampler gerade frisch aus dem Presswerk gekommen und damit bin ich frohgemut zum SFB marschiert. Ich wurde aber sofort in die Ecke gestellt: Wie denn diese oder jene Gruppe auf die Platte gekommen seien, was der Senat mit dieser Förderung bezwecke, ob wir in die kommerziellen Strukturen eingreifen wollten, usw.

Also der ideologische Hammer.

Richtig. Es war mein erster Auftritt im SFBeat. Ich war darauf gar nicht inhaltlich vorbereitet, es war der dritte oder vierte Tag in meinem neuen Job und ich hab in meiner Not gesagt, diese Sampler-Produktion würde so nicht fortgesetzt, weil auch für mich nicht nachvollziehbar wäre, wie diese Gruppen auf die Platte gekommen seien. Wir würden nun ein transparenteres Verfahren entwickeln, aber man möge mir doch noch paar Tage Zeit geben, um darüber nachdenken zu können. Daraus entstanden dann die Berlin Rock News mit den Veranstaltungen im Quartier Latin.

Man kritisierte also, dass ihr euch in den Bereich der Kommerzialität einmischt. Diese Kritik hat nie aufgehört?

Nein, auch was das Studio betrifft. Ich wurde von Tom Mueller vom Hansa-Studio wegen unserer Studioförderung attackiert: Wir würden den kommerziellen Studios Konkurrenz machen. Das hat eine lange Diskussion heraufbeschworen, bei denen ich immer wieder darauf hingewiesen habe, dass wir ihnen keine Konkurrenz machten. Wir produzieren nur Demo-Bänder, die den kommerziellen Studios die Möglichkeit geben, entscheiden zu können, ob man mit den Bands professionell arbeiten könnte oder nicht.

Ihr habt denen Arbeit abgenommen.

Richtig. Und an der Stelle gab es dann erstmalig auch so 'n bisschen Solidarität bei den Sendern. Mit dem RIAS Treffpunkt war es relativ einfach, der SFBeat war immer viel kritischer. Aber es wurde klar, dass dies etwas ist, was für die Jugendkultur doch einen wichtigen Akzent darstellt. Aber man musste es behutsam angehen, weil nicht davon ausgegangen werden konnte, dass die Politik es immer stützen würde. Weißt du, wie die Freie-Gruppen-Förderung damals überhaupt begonnen hat?

Sag's mir bitte.

Die Urzelle der Freien-Gruppen-Förderung war eine Entscheidung, die zuerst mal gar nichts mit dieser unmittelbar zu tun hatte. Es war die Entscheidung, das Theater des Westens in eine landeseigene GmbH zu überführen. Das Theater war eine Immobilie der öffentlichen Hand, aber sie wurde von Privatleuten bespielt. Die neu gegründete GmbH wurde mit einer Zuwendung von 10 Mio. DM per anno ausgestattet. Damals gab es einen Antrag der FDP, dass zusätzlich 10 % dieser Summe für freie Aktivitäten genutzt werden sollten, das ergab also 1 Million im Haushalt 1979. Dafür sollte ein Konzept erarbeitet werden. Die Politik erwartete, dass freie Kulturaktivitäten = Theater sei. So de-

Bernd Mehlitz (*1940)

Er ist Abteilungsleiter in der Senatsverwaltung für Wissenschaft, Forschung und Kultur (Titel zu Zeiten des folgenden Gesprächs!). West-Berlin kannte ihn als »Rockbeauftragten« des Senats, den Titel verdankte er einem Zusatzjob, unter dem von nun an der Einfachheit halber seine Gesamtarbeitsleistung subsummiert wurde. Er war zuständig für Freie Gruppen, Orchester, Künstlerförderung, Bildende Kunst, Rock und Jazz – eben »für alles, was lebt in der Kunst«. Mehlitz war in der Szene West-Berlins eine Instanz, ein Hoffnungsträger im Bereich Fördermittel, ein stets freundlich-diplomatischer Partner für das eher alternativ orientierte Kunstvolk der Stadt.

finierte sich das Kulturverständnis. Dann hat aber die Kulturverwaltung eine andere Definition gegeben und gesagt, es ginge nicht nur um freie Aktivitäten im Theaterbereich, sondern das gelte ebenso für den Musikbereich. Ich habe 1979 mit einer Fördersumme von 275.000 DM angefangen. Damals wurden die ersten Sampler »Berlin Fusion« und »Querschnitt Berlin« produziert – davon sprach ich bereits. Wir haben das »Rockhaus Spandau« mitfinanziert und sind in den Rock-Wettbewerb eingestiegen. In einem nächsten Schritt habe ich mir politische Hilfe gesucht und gesagt, Berlin brauche auch einen Ort, der von der Szene, von den Gruppen und vom Publikum akzeptiert wird, den es in der Stadt bereits gibt und der in seiner maroden Art viel Charme hat, aber nicht für professionelle Auftritte geeignet ist – das war das »Quartier Latin«.

Der heutige »Wintergarten«.

Ja. Ich habe zusätzliche 500.000 DM erstritten, die dann sogar als jährlicher Dauerposten im Haushalt verankert werden konnten. Mit diesem Geld haben wir erst einmal das »Quartier« hergerichtet. Es wurde umgebaut zu einem einigermaßen nutzbaren Veranstaltungsort und gedieh allmählich zu einem der attraktivsten Auftrittsorte in der Stadt.

Soso – die FDP hatte sich eingeschaltet.

Bei vielen, die Kultur machten, gab es damals ein ausgeprägtes Interesse daran, sich nicht in staatliche Abhängigkeit zu begeben. Viele TheatermacherInnen hatten das Bedürfnis, unabhängig zu produzieren. Die Schaubühne, das Grips, du erinnerst dich. Das drang in das Bewusstsein der Politiker. Die sozialdemokratische Kulturpolitik war immer noch auf die soziokulturellen Zentren ausgerichtet, das entsprach damals deren Kulturbegriff. »Kultur für alle« und wie die Schlagworte so hießen. Das wandelte sich dann langsam in Richtung Subsidiaritätsprinzip, also, der Staat reglementiert nicht, er gibt aber Mittel zur Selbsthilfe und gibt den Gruppen die Freiheit, selbst Projekte erarbeiten zu können, Inhalte zu gestalten. Da hat sich die FDP eingeschaltet, die SPD hat das mitgetragen, es war ja damals ein SPD / FDP-geführter Senat. Kultursenator war Dieter Sauberzweig, er hat diese Form der Kulturpolitik während seiner Amtszeit zu einer seiner Leitlinien gemacht. Sauberzweig ist heute übrigens Kurator des Hauptstadt-Kulturfonds.

Sauberzweigs Pressesprecher taucht in unserem Buch auch auf – Rainer Haarmann.

Haarmann hatte ein großes Faible für die frei improvisierte Musik und war ein großer Anhänger der Free Music Production, FMP, die von Jost Gebers mit Leuten wie Peter Brötzmann ins Leben gerufen worden war. Die FMP hat eine Stilrichtung des Jazz vertreten, die ganz eindeutig von Deutschland ausging und eine Kernzelle in West-Berlin hatte. Gebers hat all sein Geld, was er verdient hat, immer wieder in die FMP gesteckt, hat Equipment gekauft, Veranstaltungen gemacht. Er ist von uns auch gefördert worden. Er hat das Total Music Meeting kreiert, das war damals ein Anhängsel des Jazzfestes, es kam aber zu Querelen. Wir haben es daraufhin mit Jost Gebers zusammen separiert und dafür einen eigenständigen Fördertopf eingerichtet. Dann gab es auch noch den Workshop Freie Musik an der Akademie der Künste. Jost ist jetzt ausgestiegen – solche Sachen hängen immer stark an Personen.

So – du hattest also einen Etat fürs Alternative, wunderbar, aber wie gibt man nun das Geld aus?

Ich habe eine Vorlage geschrieben über die gesamten Aktivitäten der freien Gruppen inklusive Theater, und wir haben probiert, ein Programm zu entwickeln. Man musste sich ja auch umschauen: Es war die Zeit der besetzten Häuser, es gab eine unruhige Jugend, die aber auch ein starkes Kulturinteresse hatte. Die Hausbesetzungen und die politisch motivierten Aktionen und die teilweise durchaus problematischen Initiativen waren immer mit starken Kunstelementen durchsetzt. Wir haben geguckt, wo die Defizite liegen. Was die Rockmusik angeht, haben wir erst einmal eine Bestandsaufnahme gemacht. Wir wollten wissen, wie viele Rockgruppen es überhaupt in der Stadt gibt und kamen bald auf eine Anzahl von über tausend, die in unterschiedlicher Professionalität hier gearbeitet haben. Die größten Defizite lagen im Bereich der Übungsräume. Rockmusik ist halt mit Lautstärke verbunden. Wir sagten, OK, wir geben Zuschüsse, um Übungsräume auszubauen, um sie mit Schallisolierung zu versehen. Wir haben geguckt, gibt es professionelle Arbeitsbedingungen im Bereich Aufnahmetechnik, das war die Kooperation mit dem Beat-Studio. Wir fragten uns, wie kann man den Gruppen helfen, dass sie mit Blick auf Veranstalter oder Plattenproduzenten eine Chance bekommen, in die Professionalität zu gehen. Wir wollten solange dranbleiben, so lange die Musiker noch nicht im Bereich der Kommerzialität waren. Sie sollen professionell arbeiten, aber wenn sie in den Kommerz abtauchen, klinken wir uns aus. Das ist dann nicht mehr unser Job.

Das hieß, wenn ein Plattenvertrag unterzeichnet war, war Ende der Fahnenstange. Was aber, wenn der Vertragspartner keine Major Company war, sondern ein kleines alternatives Label?

Damals gab es ja noch nicht so viele alternative Label. Die sind ja dann erst alle aus diesem ganzen Umfeld heraus entstanden. – Wir haben daraus eine Programmatik formuliert und diese auch sehr offensiv vertreten. Zu meinen Aufgaben gehörte neben dem Rockbereich die dezentrale Kulturarbeit, die Alternativkultur, dann auch die Kulturförderung für ausländische MitbürgerInnen. Ich habe mich bemüht, meinen Arbeitsbereich ins öffentliche Bewusstsein zu bringen, was dazu führte, dass ich von den Medien herumgereicht wurde. Ich tauchte sogar in den internationalen Medien auf. Ich war der Exot. Ich war der erste Beamte, der für Rockmusik zuständig war. Das galt als etwas sehr Bizar-

res. Es war wieder mal eine der exotischen Blumen, die dieses West-Berlin produziert hat. Die Popularität war mir sehr wichtig. Es ging ja dabei nicht um Mehlitz, es ging um den Erfolg, dass diese Stadt ein Thema besetzt, das politisch erfolgreich umzusetzen war und damit auch eine Identifikation mit dem Thema bei den politisch Verantwortlichen verursachte. Aber ich habe mir nie in die Tasche gelogen. Bei allen Diskussionen – Theater war immer vorne. Wenn du heute in die Diskussion gehst und nach den freien Aktivitäten fragst, wird man dir sofort Freie-Theater-Gruppen nennen, es wird dir keiner was über Musik erzählen. Das ist leider so.

Nachdem nun klar war, auf welchem Feld du operierst, müssen ja die Anträge auf Förderung waschkorbweise eingegangen sein.

Ja, natürlich. Wir haben uns immer als Dienstleister, als Ansprechpartner verstanden, die ein offenes Ohr haben. Wir arbeiten für Künstlerinnen und Künstler, da gibt es dann keine acht Stunden und 24 Minuten Arbeitszeit, man muss rausgehen, man muss ein offenes Büro haben, man muss reden, man muss zuhören, Ideen entwickeln. Wir sind Tag und Nacht durch diese Stadt gelaufen.

Das kann ich lebhaft bestätigen! Und der sog. »Senatsrockwettbewerb«?

»Berlin Rock News«, das war unser nächstes Projekt. Wir machten eine Ausschreibung für einen Wettbewerb und den Gewinnern wurde die Produktion einer Single ermöglicht. Es gab einen großen Zulauf, wir haben Singles produziert, einige wenige waren auch ganz interessant, aber es war eigentlich nicht der richtige Weg. Wir haben das dann sehr bald wieder eingestellt.

Ich war ja auch mal in der Jury, es war streckenweise akustische Folter. Die meisten Bands hatten Namen, die niemand aussprechen, geschweige denn sich merken konnte und sie präsentierten ihre Songs in einer Einheitsdramaturgie: endlos langes Intro, dann ein Rhythmuswechsel und danach langsames Zusteuern aufs Outro.

Drei Jahre haben wir das gemacht. Wir haben den Wettbewerb zwar beibehalten, aber schrittweise weiter entwickelt bis Ende der 80er Jahre. Aber irgendwie fand ich das langweilig, und dann habe ich jemanden gefunden, das war der Dimitri von Leningrad Sandwich, der hatte immer die Nase vorn gehabt und kannte sich gut aus. Und irgendwann haben wir dann in der 17. Etage des Europa-Centers gesessen (Sitz des Kultursenators damals, O. L.) und haben überlegt, was man Neues machen könnte und haben in der ersten Hälfte der 80er Jahre »Berlin atonal« geboren. Von Sprung aus den Wolken bis zu Einstürzende Neubauten. Eine Szene, die auch ihr Publikum hatte, aber sehr avantgardistisch war. In der TU Mensa und im SO 36 haben wir die ersten Festivals gemacht. Das war sehr spannend, weil dort das wahre Kreativpotenzial lag, da passierten Dinge, die für die Weiterentwicklung der Rock- und Popmusik ganz wichtig waren.

Du warst sehr fleißig, sehr aktiv, dennoch konnte man als Einzelner ja nicht die gesamt Szene überblicken.

Erstens habe ich den Job nicht alleine gemacht, Uwe Sandhop war und ist noch immer ein wichtiger Mitarbeiter. Unser Grundsatz war: Wir entscheiden nicht, was gut und was schlecht ist.

Es ist gut, eine Meinung zu den Dingen zu haben, aber man sollte sie nicht zum Kriterium der Förderung machen. Deshalb haben wir uns immer Experten aus dieser Stadt gesucht, um eine große Bandbreite an Information zusammentragen zu können. Und wir haben immer versucht, Gruppen nicht direkt, sondern möglichst die Infrastruktur zu fördern, was dann vielen zum Nutzen ist. Einen guten Überblick konnten wir uns mit dem Rockwettbewerb verschaffen. Wir hatten da Einsendungen von bis zu 360 Gruppen. –

Wenn man über diese Stadt redet, muss man auch über Personen reden, die in dieser Stadt einiges bewegt haben.

Wem sagst du das.

Und da fällt mir ganz besonders Monika Döring ein. Die Veranstalterin im »Loft« am Nollendorfplatz, die wunderbar Verrückte, ständig auf der Suche nach neuen jungen Talenten, eine ganz wichtige Person, die mich beeinflusst hat. Aber auch Conny Konzack zum Beispiel war mit seinem Kant-Kino so eine zentrale Figur. Das Kant-Kino hätte mich fast meinen Kopf gekostet. Nach dieser langen Zeit kann man jetzt etwas lockerer darüber reden. Wir hatten damals 275.00 DM Förderung in dieses Haus gegeben, es sollte umgebaut werden und eine neue Bestuhlung erhalten, die unter der Bühne verschwinden sollte, um es mobil für Kino oder für Bühnenveranstaltungen zu nutzen, aber auch als Spielwiese für Rockveranstaltungen. Die Umbaupläne waren vorhanden, nur Conny leitete die Maßnahmen nicht ein, er ging ins Tourneegeschäft, machte sein Kino-Großprojekt »Napoleon« und die Extrabreit-Tournee. Damit ging er in Konkurs. Ich erinnere mich noch an den Abend, als Conny mich anrief und sagte: Komm mal vorbei, ich muss dir was sagen. Ich bin hingefahren und da sagte er mir: Das Geld ist weg. Die Bank hatte das Geld eingezogen ...

Das Geld für den Umbau?

Ja, das Geld war weg. Wir haben daraus gelernt und in Zukunft immer mit einem Sonderkonto gearbeitet. Die Angelegenheit wurde aber bereinigt, der Zuwendungsempfänger, also Conny, hatte persönlich gehaftet und auch alles wieder zurückgezahlt. Doch damals habe ich mit der Sache ein Problem gehabt, weil es um die Frage ging, ob denn da alles ordnungsgemäß gelaufen war. Nur – wenn man in diesen Bereichen fördert, muss man Risiken eingehen, um bestimmte Dinge zu ermöglichen. Es war eine ziemlich heikle Situation. Dennoch war das Kant-Kino ein ganz wichtiger Ort neben dem Quartier Latin. Hinzu kam dann die Diskussion um die Waldbühne, Peter Schwenkow fing ja mit seinem damaligen Partner Zanke auch an, im Veranstaltungsbereich zu arbeiten. Conny machte jedoch die erste Veranstaltung in der Waldbühne. Es heißt zwar immer, Schwenkow habe die Waldbühne zum Leben erweckt, aber wenn man ganz ehrlich ist, muss man einfach zugeben, dass es Conny Konzack war, der die erste Veranstaltung machte. Peter Schwenkow, der einfach nüchterner und an dieser Stelle weitdenkender war, erkannte die Chance und hat die Waldbühne nach und nach zum Leben erweckt. Und da gab es durchaus Kooperationen. Es gab aus dem Tourismusbereich Geld für Veranstal-

tungen, er hat also den »American Summer« veranstaltet. Mit dem SFB und dem RIAS zusammen haben wir die »Berliner Rocknächte« präsentiert.

Eine weitere Schlüsselveranstaltung fand, 1982 war das, glaub ich, vor dem Reichstag mit Barclay James Harvest statt. Da rief mich eine Konzertagentur an und teilte mir mit, man habe ein Angebot von BJH für eine Open-Air-Veranstaltung. Ich habe daraufhin mit Schwenkow und mit Konzack geredet und gesagt, wir sollten das machen, aber wir, der Senat, könnten nicht Veranstalter sein. Schwenkow hat gesagt, nein, das funktioniere nicht, er hätte Bedenken, das sei alles viel zu risikoreich. Ich habe daraufhin Conny Konzack so lange bearbeitet, bis er gesagt hat, er mache das. Wir haben dann unheimlich hart gearbeitet, um für diesen Ort, der ja damals eine riesige freie Fläche war, eine Genehmigung zu bekommen. Es musste eine Logistik entwickelt werden. Derartige Open-Air-Veranstaltungen gab es ja überhaupt noch nicht in Berlin. Mit der Konzertagentur haben wir noch einen Deal gemacht und gesagt, wenn wir hier Open-Air machen, müssen im Vorprogramm Berliner Gruppen präsentiert werden. Darauf hat man sich eingelassen. Hinzu kam noch eine Kooperation mit dem RIAS, der den Event mitgetragen hat.

Es war die Hölle, niemand wusste, wie macht man so eine Veranstaltung? Was war mit den Gittern, die die Polizei zur Absperrung braucht und die aufgebaut werden mussten, welche Behörden mussten welche Genehmigungen geben? Bezirksamt, Polizei, Feuerwehr, Hilfsdienste – zum Schluss fehlten uns auf einmal 30.000 DM für die Klos. Es war eine Veranstaltung »umsonst und draußen«. Der Veranstalter selbst hatte kein Interesse, da groß Geld hineinzugeben. Ich hatte mir aber in den Kopf gesetzt, wir präsentieren die Sache. Aus der Jugendverwaltung habe ich die 30.000 DM für die Klos bekommen. Der Bühnenaufbau war nicht billig, das haben wir über Sponsoren zusammenbekommen, alles war eindrucksvoll vor dem Reichstag aufgebaut und es kamen ungefähr 280.000 Menschen: Es war die erste Open-Air-Veranstaltung dieser Größe, die Barclay James Harvest gemacht hatten. Die Umkleideräume waren im Reichstag, das heißt, der Deutsche Bundestag hatte auch seine Zustimmung gegen müssen, die sehr zögerlich kam: Kann man denn so etwas überhaupt machen? Keiner wusste genau, was da eigentlich passieren würde. Ich bin hoch gegangen zu der Band und stand da mit den Jungs und dann fragten die, wie viel Menschen sind denn da unten? Sie waren kreidebleich und wollten gar nicht auftreten! Aber sie sind dann doch runtergegangen, es war ein wahnsinnig tolles Konzert mit einem tollen Vorprogramm. Es gab natürlich auch viel Unruhe, denn es war eine lange Veranstaltung. Es gab die üblichen Schwierigkeiten in Verbindung mit sehr viel Bierausschank, all diese Störfaktoren. Die Erfahrungen, die man heute mit solchen Problemen hat, hatten wir damals noch nicht. In meiner Not bin ich zu einer Gruppe stolzer Herren mit schönen Motorrädern und wundervollen Tattoos gegangen und hab denen gesagt, Jungs, ich brauche Hilfe! Die haben geantwortet: Watt brauchst'n für Hilfe?! – Naja, wir bräuchten hier noch ein paar Ordner. Stunde 'n Zehner – können wir das vereinbaren? Die nickten und meinten: Na ja, OK – wir sind deine Leute. Ich hab die alle engagiert und die haben das Ganze in einer unglaublich ruhigen Art in den Griff bekommen. Wir hatten Ruhe. Es wurde eine absolut disziplinierte Veranstaltung. Wir haben diesen Platz zu einem Auftrittsort entwickelt. Peter Schwenkow hat ihn ja später auch entsprechend genutzt: Udo Lindenberg, Michael Jackson – es gab ja viele Veranstaltungen dort. Aber das erste Risiko für so etwas haben wir damals getragen, die Logistik dafür entwickelt und für die Stadt dieses Open-Air-Spektakel durchgezogen.

Was wurde an Gage gezahlt?

Nichts. Das war für BJH eine Promotionaktion, sie haben ein Video davon gedreht. Nein, es hat uns nichts gekostet, im Gegenteil: Ich habe mit dem Management von BJH geredet und habe gesagt, für das, was das Land Berlin hier auf die Beine gestellt hat, möchte ich gern für die Berliner Gruppen etwas haben. Die haben mir dann einen Scheck über, viel war es nicht, 10 oder 20.000 DM gegeben – nachdem das Video fertig war. Sie kamen nach Berlin, um das Video zu präsentieren. Das Konzert war ja quasi auch eine Demonstration gegen die Mauer, die Sache hatte also durchaus einen politischen Hintergrund, und es gab die entsprechenden Beschwerden aus dem Ostteil der Stadt. Da sind ja sehr viele Jugendliche in Richtung Mauer gepilgert, um von dem Konzert wenigstens akustisch etwas mitzubekommen. Seitens der Charité gab es Beschwerden wegen Lärmbelästigung. Bei der Präsentation des Videos also wurde mir ein Scheck überreicht »zur Förderung von Musik-Gruppen in Berlin«. Wir haben einen Sondertitel angelegt, sodass wir für Härtefälle immer noch 'ne Mark übrig hatten. Das war der Deal.

War dir dabei das Politische am wichtigsten?

Das Motiv, etwas gegen die Mauer zu machen, war natürlich immer irgendwie im Kopf. Klar. Aber das Wichtige war, zu zeigen, dass Jugendliche in dieser Größenordnung friedlich für ihre Kultur demonstrieren können. Ich habe immer argumentiert, es sei eine gesellschaftspolitische Notwendigkeit, in diesem Bereich zu fördern. Ein Jugendlicher, der sich mit Musik beschäftigt, der lernt kreativ mit seiner Situation umzugehen, etwas kreativ zu gestalten. Er wird auch in schwierigen Situationen seines Lebens in der Lage sein, Auswege zu finden. Das war immer meine Philosophie. Jede Mark, die ich dort investiere, ist ein Kredit, den ich auch für spätere Zeiten gebe. Das gilt auch für andere Bereiche, für die Ufa-Fabrik zum Beispiel. Das war auch immer eine Philosophie von Juppy und anderen in der Ufa-Fabrik. Die fingen auch '79 in Tempelhof an. Da gäbe es unendlich viele Geschichten zu erzählen – gut, bleiben wir bei unserem Thema. Dass es für Barclay James Harvest eine Promotion-Aktion war, wussten wir, und das war in Ordnung. Dass es die Stadt als ein großes Event aufgenommen hat, der die Stadt auch ins internationale Licht rückte, das war willkommen, und meiner Arbeit hat es letztlich gedient, weil es ein Erfolg war.

Wie vielen Senatoren hast du gedient?

Lass mal schnell nachrechen ... neun bis heute.

Hattest du jemals gebangt, dass dein Arbeitsbereich eingeschränkt wird?

Nein, ganz im Gegenteil. Er war nie in Frage gestellt, ich hab mit allen SenatorInnen immer hervorragend arbeiten können. Der einzige, der eine größere Distanz dazu hatte, war Herr Wilhelm A. Kewenig.

Weil er aus der Wissenschaft kam.

Eben. Aber da ist mir ein Zufall zur Hilfe gekommen: Kewenig war zu irgendeiner Tagung in Brüssel und wurde von einer zentralen Person angesprochen, die ihm sehr wichtig war. Ich weiß bis heute nicht, um wen es sich da gehandelt hatte. Jedenfalls kam er zurück und sagte: Herr Mehlitz, wir schicken hier die Schaubühne oder sonst was ins Ausland, wir müssen auch mit den Einstürzenden Neubauten werben, das ist die Entwicklung in der Kunst. Da konnte ich ihm zeigen, was wir in diesem Bereich alles schon gemacht haben. Und da hatte er dann ein gewisses Zutrauen, dass diese Dinge bei uns wahrgenommen wurden und besetzt waren.

Im Dreierpack Politik – Wirtschaft – Kultur – wo konnte West-Berlin am meisten bewegen?

Bewegen konnte es am meisten in der Kultur. Aber man muss das differenzieren. Als am wichtigsten wurde immer der wirtschaftliche Bereich betrachtet. Doch die Kultur war die tragende Säule dieser Stadt, deshalb hat die Kultur vom Senat und von der Bundesregierung Geld bekommen. Das ergab sich auch aus der Konkurrenzsituation zwischen Ost und West. Diese Konkurrenz im Kulturbereich hatte 1961 mit dem Bau der Mauer begonnen. Viele Musikerinnen und Musiker von der Staatskapelle zum Beispiel, oder der Komischen Oper etc., die in Ost-Berlin gearbeitet hatten und in West-Berlin lebten, oder auch umgekehrt in West-Berliner Kultureinrichtungen beschäftigt waren, hatten keinen Arbeitsplatz mehr. Zwangsläufig wurden, um die Arbeitsplätze zu erhalten, neue Orchester gegründet, aber es wurden auch ganz bewusst neue Prioritäten gesetzt. Die DDR hat das BSO, das Berliner Sinfonie-Orchester zur Konkurrenz zum BPhO, zum Berliner Philharmonischen Orchester, gesetzt. Alle jungen Leute von den Orchestern wie dem Rundfunk Sinfonie Orchester und von den Hochschulen wurden zum BSO gebracht. Unter der Leitung von Kurt Sanderling sollte dieses Orchester den Philharmonikern Konkurrenz machen.

Gleichzeitig wurde in West-Berlin das Symphonische Orchester Berlin, SOB, gegründet.

Finanzielle Zwänge und Vorgaben, wie wir sie heute kennen, standen in den 60er und 70er Jahren nicht im Vordergrund, wenn es darum ging, die Kunst und die Kultur gegenüber Ost-Berlin konkurrenzfähig zu halten. Finanzielle Investitionen in die Kultur erlebten 1987 und 1988 einen weiteren Höhepunkt, als es darum ging, eine eindrucksvolle 750-Jahr-Feier zu inszenieren und Berlin 1988 als Kulturhauptstadt Europas darzustellen.

Berlin 88, Berlin als Kulturstadt – die Planung und Organisation dieses Projektes hatte mir Hassemer übertragen. Zusammen mit Ulrich Eckhardt und Nele Hertling. Da haben wir viel Geld von der Bundesregierung bekommen, davon können andere Kulturstädte heute nur träumen. In diesen Größenordnungen wird heute gar nicht mehr finanziert. Und somit konnten wir in der Konkurrenzsituation zwischen Ost und West immer Dinge präsentieren, die andere nicht zeigen konnten. Was aber auch eine Gefahr war.

Inwiefern?

Weil denen, die unter diesen Umständen etwas geschaffen und aufgebaut haben, das Geld nun nicht mehr zur Verfügung steht. Es fällt schwer, sich an die neue Situation zu gewöhnen und sich selbst Gelder beschaffen zu müssen. Auch wir in der Kulturverwaltung mussten lernen, kaufmännisch zu denken, von Kameralisten zum Kaufmann zu werden, um vieles umzustrukturieren. Auch die Politik machte einen Lernprozess durch, man musste Mut haben und konsequent sein, um wieder gestalten zu können.

Konkurrenz – schön und gut. Aber die Bürger der Stadt hatten nicht viel davon. Ein Bürger aus Pankow konnte sein BSO nicht mit den Philharmonikern vergleichen, weil ein Haufen Beton dazwischen lag. Und dem Bürger aus Zehlendorf war die Anreise zum BSO meist zu stressig. Da verpufft doch das Element des Konkurrierens.

Was hat denn die Spannung in dieser Stadt mit der Mauer ausgemacht: Es sind sehr viele junge Menschen in diese Stadt gekommen, um hier zu leben. Auch aus dem Ausland. Sie haben gesagt, diese brüchige Stadt mit ihren Widersprüchen, diese Unruhe, dieses Unnatürliche ist für uns ein reizvoller Ort, um zu arbeiten. West-Berlin war ein begehrter Ort. In der internationalen Wahrnehmung spielte die Kultur immer die wichtigste Rolle. Und auf beiden Seiten wurde die Kultur für die internationale Präsentation genutzt. Das schaffte die Konkurrenz. Man wollte Menschen in die Stadt holen. Und bei uns ist die Touristen-Statistik immer sehr aufmerksam betrachtet worden. Die Besucherzahlen sackten Anfang der 80er Jahre rapide ab, dann kam die 750-Jahr-Feier, dann kam E 88, da boomte der Tourismus wieder und es galt, diese Zahlen auch zu halten. Das war auch eine Aufgabenstellung für die Kultur, denn die Stadt mit ihrer Besonderheit war selbst schon ein Museum, das man sich ansehen wollte. Das reichte nicht auf Dauer.

Kultur wiederum ist auch ein Wirtschaftsfaktor, der Senat hatte ja zu diesem Thema eine Studie in Auftrag gegeben. Gab es in eurer Senatsverwaltung Kontakte zu den Kollegen vom Wirtschaftssenat?

Ich habe Anfang der 80er Jahre versucht, mit der Wirtschaftsverwaltung über die Ansiedlung von Musikproduktionen in Berlin zu diskutieren, die sich in Europa ja auf London konzentriert hatte. Ich habe damit argumentiert, dass Deutschland der zweitgrößte Musikmarkt der Welt sei und es möglich sein müsse, die Musikindustrie nach Berlin zu holen. Damals gab es viele Vorbehalte gegen Berlin. Manager aus dem Musikbereich haben immer behauptet, die Berliner Taxifahrer sprächen kein Englisch und all diese Vorurteile. Es gab aber auch nicht die Bereitschaft in der Wirtschaftsförderung, sich des Themas anzunehmen. Heute ist das anders, jetzt hat man begriffen, wie wichtig das ist. Natürlich hat man jetzt auch bessere Bedingungen, weil der Markt in Richtung Osteuropa offen ist.

Kunst und Kommerz, noch einmal zum Thema Rockförderung: Wenn ihr einen Bildenden Künstler fördert, und er ein Bild malt, das er teuer verkaufen kann, redet kein Mensch drüber. Aber wenn ihr einer Band auf die Beine helft, die daraufhin kommerziell Erfolg hat, ist das sozusagen ehrenrührig und ein Vertrauensbruch. Wir haben das ja vorhin schon angesprochen. Wie habt ihr euch da durchlaviert?

Die Produktionen, die wir machen, haben die Qualität eines Demos, das auf relativ hohem technischen Niveau produziert wurde. Wenn ich eine kommerziell verwertbare Aufnahme haben will, brauch ich dazu einen Produzenten, der die Aufnahme so arrangiert und ordnet, dass sich das verkaufen lässt. Und die Band, die sich noch keinen Produzenten leisten kann oder einfach auch niemanden kennt, der das machen könnte, braucht eine Visitenkarte. So haben wir das immer formuliert. Diese Visitenkarte können wir produzieren, um die musikalische Idee erkennbar zu machen. Ein Beispiel: Wir hatten damals Katja mit den Rainbirds im Wettbewerb. Ich war der Meinung, die Band habe eine Produktion vorgelegt, die kommerziell Erfolg haben müsste. Ich habe daraufhin Jim Rakete, George Glück, Conny und alle, die in dieser Stadt in diesem Bereich die Fäden gezogen haben, angerufen und gesagt: Kommt her, hier ist jemand im Wettbewerb, der euer Interesse finden könnte. Gut, das war zweifelhaft, dass ich sowas machte, aber es war auch mein sportiver Ehrgeiz zu testen, wie *tough* man eigentlich in so einer Geschichte ist. Ich erinnere mich noch: Conny sagte, naja, könnte sein, aber ich weiß nicht ... Rakete sagte, ganz interessant, aber, hm hm ... Glück sagte garnichts, der griff zu. Er arbeitete mit der Gruppe, produzierte das Tape neu und brachte es als Platte heraus. Die kam in die Charts und wurde ein Erfolg.

Die Originalaufnahmen wurden also nie direkt kommerziell verwertet?

Nein, sie sind immer neu produziert worden. Ich glaube, nur auf der ersten LP von Ideal ist ein Originaltitel auf Vierkanaltechnik aus dem alten Beatstudio drauf.

Ein Satz zur Love Parade?

Die Loveparade ist am Anfang ein öffentlich nicht gewolltes Kind gewesen. Als die erste kleine Love Parade über den Kudamm zog, ging es um die Frage, ist es eine Demonstration oder ist es keine. Ich hab damals ein

Gutachten zur Behandlung der Einstweiligen Verfügung, die vom Veranstalter angestrengt wurde, weil die Love Parade nicht als persönliche Demonstration anerkannt wurde, geschrieben, was wohl für die Entscheidungsfindung nicht ganz unwichtig war: Die Love Parade sei die Demonstration einer Ausdrucksform von Jugendkultur, die hier ein Lebensgefühl umsetzen und dafür Gleichgesinnte werben will. Das Argument hat ja bis heute noch Bestand. Heute betrachtet man das ganz anders, man kalkuliert eben den Wirtschaftsfaktor des Ganzen. Volker Hassemer war einer, der das sehr schnell erkannt und sehr offensiv genutzt hat.

Einen weiteren Satz zum Tempodrom, habt ihr da auch etwas mitgeholfen?

Irene Moessinger kam damals mit Holger Klotzbach zu mir und sagte, Herr Mehlitz – guten Tag, ich möchte auf dem Potsdamer Platz einen neuen Veranstaltungsort gründen. Wir haben das diskutiert und ich habe, ähnlich wie damals mit der Barclay-James-Harvest-Geschichte, mit dem Bezirk verhandelt. Es war wahnsinnig schwer, aber wir haben die Genehmigung erhalten und Irene bekam diesen Platz. Sie hat natürlich die üblichen Anfängerfehler gemacht, hat eigenverantwortlich produziert und ist sofort in den Konkurs abgestürzt. Hinzu kam, dass dieser Platz nicht einwandfrei hergerichtet war. Irene rief an und sagte, wir ersaufen alle im Regen und überall sei nur noch Schlamm. Ich hab überlegt, was tust du jetzt und hab erst mal bei der Bauverwaltung angerufen und gesagt, ich brauche Kies. Ich fand da Kollegen, die das, was in dieser Stadt passierte, auch alles sehr spannend fanden. Die sagten, OK, wir leiten jetzt die Lastwagen vom U-Bahnbau aus Tegel um und kippen den Kies auf den Potsdamer Platz. Jetzt rief Irene wieder an und sagte, du, was soll ich machen, ich hab hier riesige Berge von Kies, den bewältigen wir nie. Wir haben nicht so viele Leute! Darauf rief ich bei den »Alliierten Freunden« an, es kam eine Pioniereinheit der Briten zum Tempodrom, die hat das Gelände mit dem Kies planiert. So wurde dieser Platz wieder nutzbar gemacht. Sehr viele Partner sind auf sehr unbürokratische Weise zusammengekommen. Und Irene konnte weiterspielen.

Mich erstaunt, dass sich die Alliierten als Dienstleister nützlich machten. Du konntest da einfach so anrufen und ordern?

Naja – das hängt schon irgendwie auch mit meinem Werdegang zusammen. Ich hab ja meine Berufslaufbahn in der Senatskanzlei, im Protokoll des Landes Berlin begonnen, und das Protokoll hatte immer den unmittelbaren Kontakt zu den Alliierten Behörden, ich kannte da also Leute. Ich bin ein Uraltinventar dieser Verwaltung und bin einer, der nie lange einen Job gemacht hat, ich wollte immer wieder was Neues ausprobieren, wenn ich es zulange gemacht habe, wurde es mir langweilig. Auf diese Art lernte ich sehr viele Menschen in dieser Stadt kennen und fand immer wieder Partner, die sich auch auf verrückte Sachen eingelassen haben. Aber das hat diese Stadt irgendwie ausgemacht, in dieser Inselsituation gab es eben solche Kooperationen.

Lieber Bernd Mehlitz – West-Berlin dankt dir für dieses Gespräch!

Der Mainstream hat hier nie funktioniert

Conny Konzack über das Kochen im eigenen Saft, rechtsfreie Räume, die DDR als Jungbrunnen, Napoleons Waterloo, Little New York, Frl. Menke, den begnadeten Rio, Abkocher, interessierte Mitläufer; über den Taxifahrer Joschka F., die Gregors, Hobo, das Jungvolk, das Niemandsland DDR, die Konvergenztheorie und den AFN.

Gesprächsdatum: 11.2.2001

Olaf Leitner: West-Berlin – war das immer ein Hit?

Conny Konzack: Ab Anfang/Mitte der 80er Jahre wurde Berlin doch langsam ziemlich müde und war eigentlich nicht wirklich mehr spannend. Es gab zwar noch die Klubs und das alles, aber es war nicht mehr innovativ. Die Sachen aus den 60er und 70er Jahren, ob du nun die Schaubühne oder anderes nimmst, die waren längst etabliert, da gab es keine Impulse mehr. Mitte der 80er kam das Tal, dann war alles ausprobiert. Die, die es bis dahin nicht geschafft hatten, haben den Mut und die Kraft verloren, es kam nichts mehr nach, auch von außen kamen keine neuen Impulse mehr, und dann kochte Berlins Kulturszene bis zur Wende doch extrem im eigenen Saft. Da taten zwar alle noch, wie schick und wie toll alles sei, aber am Ende war alles nur noch eine hohle Nummer.

Der Fall der Mauer war deshalb für die kulturelle Szene der Stadt ein Segen, unabhängig von den positiven politischen und wirtschaftlichen Veränderungen, weil nun plötzlich wieder wilder Underground herrschte, wie er schon Jahrzehnte nicht mehr geherrscht hatte und plötzlich das hier unheimlich interessant wurde. Dann gab es ja für zwei Jahre einen fast rechtsfreien Raum in Ost-Berlin, da konntest du machen, was du wolltest. Die Kreativen kamen hierher und haben alles Mögliche hier gemacht. Keiner hat sie gestört oder gehindert.

1985 kam die Einführung der Privatmedien (Hörfunk/TV). Hat man das in der Kultur gespürt?

Nee, also die Privatmedien sind letztendlich inhaltlich natürlich fragwürdig, das kann aber jeder für sich entscheiden, ob er es so sehen will oder nicht, also von daher keine Zensur, aber letztendlich haben die vielen Leuten Brot und Arbeit gebracht. Die brauchen ja kulturelle Ware oder Produkte ohne Ende.

Der Fall der Mauer hat also nicht nur der DDR was gebracht.

Ich kann es nur aus West-Berlin beurteilen, weil ich hier gelebt habe. Aber für West-Berlin war das ein Jungbrunnen, es war wie eine Spritze zu kriegen, wo man noch mal seine Jugend neu erleben konnte.

Wir waren gestern Abend auf der Piste und waren in zwei Klubs, in denen wir uns eher gelangweilt haben. Nicht, weil wir jetzt meinen, dass wir dafür zu alt sind, sondern weil wir es uninteressant gemacht fanden oder das Gefühl hatten, da geht nichts ab. Man muss auch vorsichtig damit sein zu sagen, die Jugend sei heute lahmarschiger – aber das war eben Anfang der 90er Jahre mit E-Werk und all diesen Läden eine andere Stimmung, das war Aufbruch und Hully-Gully. Und jetzt ist es eben so, dass die Leute andere Interessen oder Sorgen haben oder auch straighter geworden sind, weil auch das Überleben in der Gesellschaft nicht einfacher geworden ist – ich weiß es nicht. Natürlich könnte ich sagen, dass ich sowas wie das »SO 36« oder das »Loft« vermisse, aber vermisse ich es wirklich? Und wenn es noch da wäre, würde ich da noch jeden Tag hingehen so wie früher? Wahrscheinlich eher nicht. Man selber ist auch etabliert und gesettelt und wird ruhiger, hat nicht mehr die Energie, sein Leben neu aufzubauen. Das hab ich dreimal gemacht und jetzt bin ich froh, dass ich das nicht mehr muss.

Ich vermisse die Zeit des Kant-Kinos, aber die war eben zu der Zeit richtig gewesen, und ich könnte das heute gar nicht mehr so betreiben und führen. Das hat natürlich mit mir zu tun, aber auch damit, dass heute die Voraussetzungen andere sind.

Du hast ja mit dem Kant-Kino einen fulminanten Crash hingelegt, könnte das eine Folge des eingemauerten Berlins gewesen sein?

Nee, das hat mit dem Eingemauertsein und auch mit dem Kant-Kino nichts zu tun, dem ging es sehr gut. Den Crash habe ich gemacht, weil ich mit dem Stummfilm »Napoleon« von Abel Gance mit Symphonieorchester auf Tour gegangen bin und dies wirtschaftlich ein Desaster war. Und gleichzeitig ging ich im Abgesang der NDW, der »Neuen Deutschen Welle«, mit Extrabreit auf eine Tournee, die wirtschaftlich auch ein Flop war. Diese Verluste waren sowohl ökonomisch wie mental nur schwer zu verkraften, das gab einen Durchschlag aufs Kant-Kino, was ich, wenn ich es wirklich gewollt hätte, noch hätte retten können, aber irgendwann ist man an einem Punkt so erschöpft, dass man sagt: Nun mal alles weg, bis man sich wieder neu sortiert hat. Das Kant-Kino hätte weiter existieren können, aber irgendwann wäre auch für das Kant-Kino in der Form, wie es war, der Zug abgefahren gewesen.

Das »Napoleon«-Projekt mit großer und somit teurer Orchesterbegleitung – hattest du das genau durchkalkuliert?

Ja sicher, aber ich war immer zu sehr Fan und dadurch bereit, mir das alles immer ein bisschen positiver zu kalkulieren. Wobei man sagen muss, dass die fünf Tage im Berliner ICC ja richtig funktioniert haben. Erst die Tournee hat nicht funktioniert, weil die Aus-

Reinhard Conny Konzack (*1950)
In der Rock- und Programmkino-Landschaft West-Berlins war er eine Ikone, er schaffte in seinem legendären Kant-Kino an der Wilmersdorfer Straße noch unbekannte Talente herbei, die Ost-Berliner Starband City absolvierte bei ihm den ersten Westauftritt. Konzack hatte sich in den Szene-Medien umgetan, als Konzertveranstalter große Erfolge vorgewiesen und respektable Pleiten hingelegt. Er produzierte Filme, managte Bands, er arbeitete als Event-Manager für die Berlinale und war bei Spielfilmen für das Musikconsulting zuständig. Jetzt kokettiert er mit der Berufsbezeichnung »Pensionär«.

strahlung, die diese Unternehmung auf die Republik hatte, halt etwas überschätzt worden ist.

Die Ost-Berliner Rockband City hatte ihren ersten West-Berlin-Auftritt in deinem Kant-Kino. Warst du öfter mal »drüben«?

Nee, ich war in Ost-Berlin, als Tangerine Dream im Palast der Republik gespielt hat, aber sonst kaum. Das war mir alles zu kompliziert und zu anstrengend und auch viel zu unerotisch in der DDR. Was sollte ich da?

Die West-Berliner Kulturpolitik – eine Beurteilung aus deiner Sicht?

Was die offizielle Kultur betrifft, kann ich das nicht beurteilen, weil mich damals die offizielle Kultur nicht interessiert hat. Ich kann das nur aus meiner Sicht beurteilen, der Kultursenat war dieser jungen Berliner Szene gegenüber aufgeschlossen. Das hat sich dadurch dokumentiert, dass man dann Leute wie Bernd Mehlitz, der Verwaltungsbeamter war, zum sog. Rockbeauftragten gemacht hat, obwohl es diesen Begriff nie gab. Den haben die Medien erfunden. Das Tempodrom, das Loft oder das Projekt Übungsräume für Rockmusiker, das ist ja alle irgendwie über Senatsgelder gefördert worden.

War das schwierig für dich, Bands nach West-Berlin zu engagieren?

Nein, die wollten immer in Berlin spielen, denn es hatte sich rumgesprochen, dass hier was los ist. Ein Künstler sagte mir, für ihn sei Berlin wie Little New York. Die sind hier immer ausgeflippt. Und wenn du Musiker mit nach Hause genommen hast, haben die sich gewundert: Was, du kannst dir so eine Wohnung leisten? Du weißt ja, was in London los ist, was da Wohnungen kosten und in welchen Schuhkartons die wohnen.

Berlin war immer ein Muss. In Berlin haben neue Sachen funktioniert, die woanders noch längst nicht angesagt waren. Bei uns hier hat nie der Mainstream funktioniert. Das, was aus der Neuen Deutschen Welle dann im Mainstream gelandet ist, das hat nie einen Fuß nach Berlin gesetzt und hier ein Konzert gegeben, die Münchener Freiheit, zum Beispiel. Die wussten, hier interessiert sich keiner für sie.

Ich finde, immer wenn etwas Neues entstanden ist, ist es sowieso nicht über den Mainstream promotet worden. Als ich damals 1977 Mink de Ville verpflichtet habe, kannte ihn noch niemand. Ich hatte eine Platte in die Hand bekommen, hab mir die angehört, fand die total geil und hab gesagt, das machen wir, das finde ich gut. Und das Konzert war voll. So war es bei vielen Sachen, die Bands, die da im Kant-Kino gespielt haben, kannte doch meistens vorher keiner. Aber man ist hingegangen, weil das Kant-Kino den Nimbus hatte neue interessante Bands zu präsentieren. Natürlich nicht von Anfang an, sondern es musste sich erst mal entwickeln. Ich habe Bands auftreten lassen, zu denen anfangs keiner gekommen ist, oder nur ganz wenige. Man hatte die Unterstützung von dir und deinen Kollegen, die frühzeitig solche Bands kannten, die gut fanden und über ihre Sender in den Nischenprogrammen promotet haben. Dann kamen die Leute. Und irgendwann hat das Kant-Kino ein Eigenleben entwickelt, es stand für etwas. Dann sind die Leute eben auch gekommen, weil es im Kant-Kino stattfand. Aber es gab auch Konzerte wie mit Police, die vorher in Berlin mit Eberhard Schoener in der Neuen Welt auftraten, da sind alle Leute wegen Eberhard Schoener hingegangen und nicht wegen Police, die kannte keiner. Dann haben wir Police im Kant-Kino gemacht, und keine Sau hat das interessiert. Wir haben mit der Plattenfirma und mit der Agentur überlegt, was machen wir jetzt, ich bin dann zum SFBeat gegangen und hab da gesagt, wir machen heute ein Freikonzert. Wir mussten der Band keine Gage zahlen, wir haben unsere Kosten getragen und die haben ihre Kosten getragen. Da waren dann 300 bis 400 Leute bei Police, während es sonst nur 30 gewesen wären. Obwohl das Kant-Kino längst einen Namen hatte, hat Police keinen interessiert. Der Rest ist Geschichte, beim nächsten Mal haben sie in der Deutschlandhalle gespielt.

Das Neue, etwa die Techno-Szene, hat sich immer außerhalb der Medien entwickelt, das hat nie im Rundfunk stattgefunden, das hat sich ganz woanders entwickelt. Alles, was außerhalb der Innenkultur stattfindet, muss erst mal in der eigenen Szene bekannt werden. Und dafür gibt es andere Medien, andere Möglichkeiten, andere Kommunikationsformen. Da sagt es einer dem anderen. Als ich in den 70er Jahren angefangen habe, Bands zu managen, da gab es eine Wellenbewegung mit der Neuen Deutschen Welle, da hat sich jeder drauf gestürzt und da gab es eine Schublade, wo man das schön reinpacken konnte und dann fand jeder, das isses, das große Ding. Aber bevor die Neue Welle das große Ding wurde, musste die ja überhaupt erst mal existent sein. Vorher hatte sie auch eine Zeit, wo das niemanden interessierte. Bis jemand das Etikett NDW erfunden hat. Dann haben die Plattenfirmen alles da drunter gepackt, bis hin zu Frl. Menke, was mit Sicherheit nur noch Schlager war und nicht Neue Deutsche Welle.

Warst du da so eine Art Gründervater?

Nee, Quatsch. Ich war zum richtigen Zeitpunkt am richtigen Ort und hab das Richtige gemacht.

Wo kam die NDW her, aus Berlin wohl weniger?

Berlin war ein Zentrum, genau wie Düsseldorf ein Zentrum war mit dem Ratinger Hof. Das konzentrierte sich ja dann immer um irgendwelche Klubs herum, weil die Bands ja Auftrittsmöglichkeiten brauchten. In Berlin hatte man mehr davon, Hamburg war auch ein Zentrum, Hagen mit Nena, den Humpes, Extrabreit – alles Hagen. Die Neue Deutsche Welle ist entstanden, weil Leute in Deutschland Punk-Veranstaltungen gemacht haben. Das hat hier den Leuten Mut gemacht, selber wieder Musik zu machen und anders Musik zu machen, als es Udo Lindenberg gemacht hat. Nur – ohne Lindenberg hätte es keine Neue Deutsche Welle gegeben. Alles hat seine Wurzeln. Lindenberg hat ja die deutsche Sprache für die Rockmusik hoffähig gemacht. Die Berliner Szene hatte ihre Wurzeln sicher auch in Lok Kreuzberg, einer Agitprop-Rock-Kapelle. Da haben die ja alle mal gespielt, die Leute von der Nina-Hagen-Band und später Spliff, das war der Nucleus.

Fällt dir noch was zu Rio ein?

Rio Reiser war einer der begnadetsten Songschreiber Deutschlands. Das fällt mir dazu ein. Ich verehre und schätze ihn sehr.

Man hatte ihn grad noch im Studio, barfuß, und dann steht man in Fresenhagen vor seiner Totenmaske.

Tja – Ton, Steine, Scherben ...

Die Scherben, das war auch nicht unbedingt Mainstream. Du hast es ja schon gesagt: Middle of the road war in West-Berlin nicht gefragt.

Nein, hier hat immer die schrägere Nummer mehr funktioniert, die woanders oft nicht so ankam und vor allen Dingen auch die richtige politische Einstellung, sprich die linke. Die Scherben, sprich Rio, kamen aus der Hausbesetzer-Szene. Es hängt aber auch immer mit den Leuten zusammen, die da leben und was auf die Beine stellen. Es gab auch auf dem Land irgendwelche wilden Läden, wo die gleichen Bands gespielt haben wie im Kant-Kino, weil da jemand war, der seinen Kunden – letztendlich ist ja der Konzertbesucher ein Kunde! – klar gemacht hat, dass das gute Musik ist und sie die gefälligst zu hören haben. Eine Stadt lebt ja nur durch ihre Menschen, sie lebt ja nicht aus sich selbst heraus. Und alles, was jung ist, kam eben nach Berlin, damit sie nicht zum Bund mussten.

Den Vergleich mit New York fand ich ja immer ein wenig kühn!

RIAS
BERLIN

RUNDFUNKANSTALT
PROGRAMMDIREKTION

Eitel Optimal-Ideal
Herrn Reinhard Konzack
Postfach 125607
1 Berlin 12

8. Dezember 82

Betr.: Ihren Brief vom 5.12.82 "KEINE HEIMAT"

Sehr geehrter Herr Konzack,

Ihr Titel "Keine Heimat" unterscheidet sich hinsichtlich der musikalischen Einfallslosigkeit und des Schwachsinns des weitgehend unverständlichen Texten nicht von vielen anderen Produktionen dieses Genres. Die durch stereotype Wiederholung allmählich akustisch verständlich werdende Textzeile "Keine Heimat schützt uns vor Amerika" würde bei der grossen Mehrheit der Hörer unseres Sendebereiches als politischer Unsinn verstanden werden, was Sie, der Sie Ihr Unternehmen in Westberlin betreiben, zweifellos selber wissen. Deshalb können Sie sich im Grunde auch selber die Antwort auf die Frage geben, warum wir kein Interesse unserer Hörer an einem derartigen Agitprop-Geplärr voraussetzen, denn ich nehme doch an, dass Sie Ihre eigene Produktion kennen.

Mit besten Grüssen

gez. Prof. H. Kundler
Programmdirektor

Brief RIAS an Konzack

Nein, man muss das im übertragenen Sinne sehen. Wenn wir von New York reden, meinen wir sowieso nur Manhattan, das muss man relativieren. Schon nach Brooklyn kommt kaum einer, weil du da über die Brücke musst. Es ist von der Stadt her eine ganz andere Dimension, aber es geht mehr um den spirit, und dann meinen die auch nicht *uptown* Manhattan, sondern eher Greenwich Village, da wo die Häuser alle ein bisschen kleiner sind, diese Szenen dort wurden mit Berlin verglichen. Oder die Kneipenszene, wie die Leute sich gegeben haben und dass die Stadt rund um die Uhr geöffnet hatte. Und was an Möglichkeiten da war.

Welche Highlights aus der guten alten Mauerzeit fallen dir ein?

Die alte Schaubühne, nicht die neue. Die »Sommergäste« natürlich. Dann war die Mnouchkine mit ihrem Revolutionsstück ein Highlight, das Metamusikfestival, das der Bachauer gemacht hat, der sich ja leider umgebracht hat. Er hat die Nationalgalerie dafür gekriegt, sein Festival da zu veranstalten.

Was Konzerte angeht – *(Lacht.)* alle, die im Kant-Kino stattfanden. Kann ich einfach mal so sagen. Das »SO 36«, sozusagen als Mitbewerber, war interessant. Das war ja seinerzeit von Kreuzberger Malern mit initiiert worden. Dann diverse Läden wie »Backstage«, also die Kneipen, wo man nachts hingegangen ist, selbst »Lutter & Wegner« oder das »Axbax«. Zur Gastronomie gehörte unbedingt Ossi Wiener mit dem »Exil«.

Dein »Mitbewerber«, das »SO«, ging das immer gut?

Nein, am Anfang war das ziemlich ätzend. Ich galt ja als der reiche Sack aus Charlottenburg, der die arme Punkszene abkocht – es gab da ja ganz komische Vorstellungen über meine Person. Die haben den Laden schon ein bisschen als Opposition zum Kant-Kino gemacht. Erst später ist man dann ins Gespräch gekommen.

Hattest du was mit den 68ern zu tun?

Ja. Ich war damals 18. Als junger interessierter Mensch, der eigentlich aus dem Arbeitermilieu kam, aber sich daraus lösen wollte, hatte man damit zu tun. Ich hab nie studiert, ich war eher ein interessierter Mitläufer, der das alles richtig fand und sich für die Sache eingesetzt hat, politisch interessiert war, aber ohne in den Zirkeln drin zu sein. Also immer von außen betrachtend. Bin zu den Vollversammlungen in der TU gegangen und war bei Springer vor der Tür, als es brannte. Das hat mich politisch geprägt.

Warst du den Agitatoren willkommen, ich meine, die Terminologie, mit denen die sich umgeben haben, war ja für Außenstehende nicht immer sehr verständlich ...

Wenn ich denen gesagt hätte, wer ich bin, dass ich sozusagen ihr Vorzeige-Arbeiter bin, dann hätten sie mich wahrscheinlich aufs Podium gezogen und mich ausgestellt, wie meine Freundin Gerti mir sagte, die damals da sehr engagiert und aktiv war. Ich hatte aber keine persönlichen Kontakte in der Szene.

Was da lief, hat Berlin verändert.

Das hat nicht nur Berlin verändert, das hat die Republik total verändert!

Mit dem Ergebnis, dass in einem Film mit meinem Freund Achim Reichel und mit Rio Reiser, Willy de Ville sowie Kevin Coyne einer einen Taxifahrer spielt, der heute Außenminister der Bundesrepublik Deutschland ist, unser Joschi.

Das find' ich großartig! »Va Banque« – Diethard Küster war der Regisseur. Manches entwickelt sich eben. Genau wie das Kant-Kino: Wenn ich gewusst hätte, was das eigentlich bedeutet, was man da macht, hätte ich vielleicht nie das Kant-Kino eröffnet. Ich war ja völlig naiv, ich hab es aufgemacht mit 25. Ich bin mit 20 von Berlin nach München gegangen, weil ich gemerkt habe, in Berlin und in der Clique, in der ich war, versande ich. Ich hatte den Drang, mich aus dem elterlichen Milieu zu befreien und bin ganz bewusst nach München gegangen. Da hatte ich einen Freund, wir waren Kinofans, aber nicht so intellektuell oder cineastisch wie die Gregors, die ich übrigens sehr schätze, die darüber auch Abhandlungen schreiben, sondern eher aus dem Bauch heraus. Aus diesem Gefühl habe ich dann das Kant-Kino gemacht, weil ich in Berlin bei Hobo gearbeitet hatte, nachdem ich wieder zurück kam aus München – Hobo, Vorläufer von Zitty, kennst du ja noch!

Man sagte immer, Berlin sei eine überalterte Stadt. Trotzdem sah man viel junges Volk.

Das Problem hier war, dass der Mittelbau gefehlt hat. Die Leute, die hier studiert haben und in der Wirtschaft Karriere machen wollten, die mussten weggehen, weil es in Berlin keine Firmenzentralen gab. Der einzige, der seine Zentrale hierher gebracht hat, war Axel Springer. So hatten wir viele Alte und überproportional viel Junge. Die kamen, weil hier was los war und sie nicht zum Bund wollten.

Hast du mal Angst gehabt in West-Berlin, dass vielleicht doch »die Russen kommen!«?

Nee, nie! Mir war sonnenklar, dass, was auch immer passiert, Berlin sicher ist. Ich hab immer gesagt: Keine der Westmächte kann sich erlauben, West-Berlin kampflos den Russen zu überlassen. Die Fronten waren so festgefahren durch den militärischen Overkill und die Bedrohung. Ich hab auch das Gefühl gehabt, ich bin hier eingesperrt, wie viele Leute, die herkamen. Heute verstehe ich das, aber ich kannte es nicht anders, es war für mich völlig normal, dass es irgendwo eine Grenze gab, an der du nicht weiterkamst und nur bestimmte Durchlässe vorhanden waren, wo du dann ein Stück Niemandsland, sprich: DDR, überwinden musstest, um dich dann wieder frei bewegen zu können. Und heute, nachdem ich das Umland kennen und schätzen gelernt habe – es ist ja wirklich wunderschön! – jetzt würde mir das natürlich fehlen, wenn ich plötzlich Berlin nicht mehr so verlassen könnte, wie ich es jetzt verlassen kann. Aber damals hat mich das gar nicht interessiert. Als ich in München war, hab ich München auch nur bedingt verlassen, um aufs Land zu fahren. Denn ich war ja viel mehr an der Stadt interessiert, an dem Nachtleben, als mich auf die Berge zu setzen und mir da die Kühe anzugucken. Oder in Berlin dann irgendwie nach Niederfinow zu fahren, um mir das Schiffshebewerk anzugucken, das hätte mich damals nicht wirklich interessiert.

Hattest du gehofft, dass irgendwann die Mauer fällt?

Meine Einschätzung war immer, es gibt eine Konvergenz der Systeme irgendwann. Irgendwann ist das wirtschaftlich *equal*, und dann sind auch die politischen Systeme nicht mehr das Problem. Dann kann man aufmachen, dann existieren zwei deutsche Staaten, die aber miteinander ganz normal umgehen können. Das hatte ja Willy Brandt versucht auf den Weg zu bringen.

Hat man was von den westlichen Alliierten in der Stadt gespürt?

Nicht wirklich. Außer dass man AFN hatte, den wir alle sehr geliebt haben.

Genau: »... and if the Good Lord will it and the Creeks don't rise we'll see us tomorrow at Seventeen 0-Five«. Oder so ähnlich.

Lieber Conny Konzack – West-Berlin dankt dir für dieses Gespräch!

Die Mauer fiel, ich ging

Jim Rakete über richtige Fragen und richtige Antworten, Make-up-Damen, falsche Palmen, vogelfreie Riffs, den Irischen Frühling, das Fräulein vom Rhein, zweierlei Erklärungsnotstände, die lässige Regierung; über amerikanische Radiergummis, echte und falsche Stimmen, Betrachtungsabstände und den unglaublich guten Stan Nadolny.

Gesprächsdatum: 30.3.2001

Jim Rakete: Dann frag mal los!

Olaf Leitner: Du bist irgendwann von West-Berlin nach Hamburg emigriert. Was waren die Gründe dafür?

Ich musste mich damals neu definieren. Hamburg war ein Kompromiss, weil ich eigentlich nach Paris gehen wollte. Hab es mir dann glücklicherweise anders überlegt. Meine Wohnung in Berlin habe ich behalten, aber ich wollte nicht mehr in einer Loft leben, wo jeden Tag zehn Bands klingeln und sagen, sie hätten das heißeste Demo. Diese Zeit war einfach vorbei. Also hab ich das gemacht und habe in den zehn Jahren das von Hamburg gelernt, was ich lernen wollte. Das war die Lektion, die ich brauchte in Sachen Professionalität und all dem, was man in Hamburg lernen kann.

Wenn du von Professionalität sprichst, die du erlernen müsstest, klingt das nach Koketterie.

Nein, Hamburg ist, was das Metier anlangt, schon ziemlich Spitze in Deutschland. Sie haben den Umstieg von der Hafen- auf die Service-/Leistungsgesellschaft doch als erste in Deutschland vollzogen, und die Infrastruktur in Hamburg ist sehr professionell. Dann aber stellt sich auch heraus, dass es der Ort ist, wo nicht so schrecklich viel passiert. Da wissen alle Bescheid – hauptberuflich. Ich brauch aber eher Leute, die die richtigen Fragen stellen, als die, die immer die richtigen Antworten wissen.

Hatte West-Berlin keine gute Infrastruktur?

Als ich damals das Studio in Hamburg aufmachte, gab es in West-Berlin zwei funktionierende Agenturen für Models, ein Mietstudio und noch ein oder zwei Make-up-Damen, die man buchen konnte, wenn man in Not war. Das kann man nicht professionell nennen. Das war damals noch in den Kinderschuhen. Inzwischen sieht das viel besser aus. Als Fotograf muss ich sagen, Berlin hat inzwischen sehr aufgeschlossen, aber damals war es eine Katastrophe.

Wann hast du Berlin verlassen?

Exakt zur Wende. Die Mauer fiel, ich ging.

Absicht?

Das war Zufall.

Hast du miterlebt, wie die Ossis uns West-Berlinern die Joghurts aus dem Einkaufskorb gezogen haben mit dem Hinweis: Das habt ihr vierzig Jahre lang gehabt, jetzt sind wir mal dran!

Doch, das habe ich gesehen, weil ich ja auch oft hier war, aber ich habe mich eben drüben orientiert. Aber die Arbeit ist immer da, wo ich nicht bin. Also ist es völlig egal, wo ich mich aufhalte. Es geht immer um die Leute, der Inspirationsfaktor war in Berlin immer besser.

Kannst du den Inspirationsfaktor definieren?

Ja! In Berlin werden die wesentlicheren Fragen gestellt. Das mag damit zusammenhängen, dass da die Vergangenheit und die Zukunft in einer sehr fühlbaren Gegenwart zusammenkommen. In Hamburg spürst du keine Veränderungen, weil die immer auf dem beharren, was sie immer schon waren. In Berlin aber bringt jeder Tag eine Veränderung. Du stößt dreimal am Tag, egal, wie du dich bewegst, mit dem Kopf gegen eine Wand, die heißt Realität. Das ist in Hamburg nicht so, die Leute sind gut situiert. Sie können ihr Leben so einrichten, dass sie wenig Widerstände spüren. Die müssen sich nicht beweisen, die müssen sich nicht jeden Tag neu erfinden, sondern machen das, was sie immer gemacht haben. Und das machen sie sehr erfolgreich. Ich will das gar nicht kritisieren. Es ist nur ein anderer Umgang mit den Dingen.

Definierst du Realität als Unvollständigkeit, Unvollkommenheit, als Mangel?

Nö – wieso? Realität ist Überfluss. Realität ist das, was ist.

Du hast gesagt, du stößt in Berlin immer gegen eine Wand, die Realität. In Hamburg aber haben sie alles. Darum dachte ich, Realität hieße, dass nicht alles da ist.

Ja, so ’rum kann man es auch sagen. Dass man es eben neu erfinden muss, oder dass man sich die Bedingungen selber schafft.

Wer stellt denn hier die entscheidenden Fragen?

Was ich am stärksten empfinde, ist diese Sinnkrise unter jungen Leuten. Die Probleme entstehen genau an den beiden Enden. Die Probleme entstehen bei den älteren und bei den ganz jungen Menschen. Das sind eigentlich die Fragen. Ob die Gesellschaft eine Gesellschaft ist. Ob es eine Art von Austausch gibt, ob die große Selbstverwirklichungslüge der 80er Jahre heutzutage mit irgend etwas einzulösen ist. Das frag ich mich die ganze Zeit. Wenn ich mir die Leute anschaue, dann sind die so ver*serviced* inzwischen. Jedes Lufthansa-Mädchen am Telefon sagt irgendwie: Mein Name ist Brigitte Köhler, wie kann ich Ihnen helfen?

Sie kann uns helfen, indem sie diesen Satz einfach weg lässt!

Das ist amüsant, aber die Grundfrage bleibt ja: Was bedeutet das eigentlich, dass wir alles haben, dass es uns so gut geht, weißt du? Dass wir uns unseren Wohlstand irgendwo zu einem sehr hohen Preis geliehen haben – von Entwicklungsländern, von natürlichen Ressourcen. – Im übrigen gehöre ich einem Beruf an, der gerade stirbt, und deshalb kann ich sagen, dass es unheimlich schwer ist, Originale zu schaffen.

Du gehörst einem Beruf an, der gerade stirbt? Wo wir in einer Bildergesellschaft leben, wo wir das Wort an die Bilder verlieren?? Ziemlich unverfroren, Euer Ehren!

Nee, gar nicht! Weil, die Bildmanipulation hat dazu geführt, dass du heute, wenn du ein Bild siehst, als erstes fragst, ob das echt ist

Jim Rakete (*1951)

Mancher erinnert sich noch, wie Rakete (er heißt wirklich so!) mit schwarzen langen Haaren, grünem Parka, Pfeife und Kamera auf den Konzertbühnen herumturnte, um für die Tagespresse Bilderfutter zu liefern. Inzwischen ist er einer der besten deutschen Foto-Porträtisten mit einem Faible für ein sehr markantes Schwarz-Weiß, hat Künstler aufgebaut, die zu Stars wurden (Nina Hagen, Nena) und ist längst selber ein Star und operiert weltweit. Und wie Unternehmer Klaus Zapf ist er im Grunde seines Herzens ein Philosoph.

oder aus dem Computer stammt. 90 % der Bilder kommen inzwischen aus dem Computer. Da sind irgendwo Palmen eingebaut, wo früher Fototeams in Miami herumgeschlurft sind. Das Problem ist also wirklich, dass dies eine Zeit ist, die keine Originale schafft: Was kannst du zum Beispiel schützen – wenn du als Musiker ein gutes *riff* (kurze, markante melodische Phrase, Thema, etwa das einleitende Saxophon in ›Satisfaction‹, O. L.) erfindest, dann findest du es bald in einem anderen Song wieder. Weil ein *riff* nicht schützbar ist, eine kurze Tonfolge gilt als kopierbar, als benutzbar. Genau so ist es mit Bildern. Oder es ist wie ein gut erzählter Witz. In dem Moment, wo du ihn erzählt hast, ist er nicht mehr deiner. Und diesen Übergang feiern wir gerade aus vollem Rohr. Dass es das, was man beitragen kann, also was man Gestaltung genannt hat in vergangener Zeit, dass es das nicht mehr gibt. Es ist in Auflösung begriffen, ist amorph. Das, was wir Gestalten nennen, wird immer mehr zu so 'nem Pop-Recycling. Darunter leiden alle. Sie merken, dass sie die Welt, wie sie ist, im Grunde genommen nicht so richtig neu erfinden können. Je mehr die Werbung das behauptet, umso weniger ist es in Wirklichkeit so. Zumal die Werbung immer genau die Sachen widerspiegelt, die eine Gesellschaft nicht hat. Wenn eine Seife »Irischer Frühling« heißt, dann heißt sie das nicht zu Unrecht, denn so etwas gibt es halt nicht mehr. Werbung zeigt genau das, was uns verloren gegangen ist. Also – die Gestaltungsmöglichkeiten sind relativ klein. Vor zwanzig Jahren hatte man klare Gegner und klare Freunde. Das gibt es heute nicht mehr. Heute ist eben alles so na ja ... Egal ob wir in die Politik gucken oder sonstwo hin, es ist nicht mehr der gleiche Druck da.

Der ehemalige Herausgeber vom tip-Magazin erzählte mir, er hätte eines schönen Tags in der Redaktion Fotos liegen sehen und hätte gefragt, was sind denn das für Fotos, die sind ja klasse, der Typ ist sicher sehr teuer? Man hat ihm geantwortet, der Typ hieße Jim Rakete und er hieße wirklich so und der habe gesagt, zahlt mir das, was ihr immer zahlt, das ist schon OK. Du siehst, so etwas wird nicht vergessen.

Ich hab mit dem Stemmler mal ein sehr interessantes *encounter* gehabt, doch! Ich verbinde damit sehr lustige Erfahrungen, aber auch eine große Sentimentalität. Weil der tip immer eine Institution für uns war. Ich fand den *closed circle*, der Berlin bis zur Maueröffnung war, eine interessante Periode. Die Stadt war wie ein Trainingslager für Talente. Es war ein geschlossenes System. Du konntest in West-Berlin jedes Produkt ausprobieren. Den Effekt haben wir genutzt. Den haben aber die Hersteller, egal ob Programmproduzenten oder sonstwie, viel zu wenig bedacht. Dass man in Berlin Sachen ausprobieren kann, weil man gar nicht in der Lage war, einem Trend zu entgehen. Dazu war es einfach zu klein.

Bei zwei Millionen – zu klein?

Nein, ich meine den Raum und die Kommunikationsmittel. Das war ja sehr begrenzt.

Hast du ein gutes Gefühl, wenn du »West-Berlin« hörst?

Ja, unbedingt! Am meisten spüre ich es, wenn ich im Ausland bin. Ich war in den letzten dreizehn Jahren sehr viel in Amerika und fand es immer unglaublich interessant, wie stark man dann in Bezug auf Dinge, die man mag, empfindet. Ich vermag nicht zu sagen, dass ich die Amerikaner oberflächlich finde, was die meisten sagen, oder dass das Bier Scheiße schmeckt oder der Kaffee schlapp ist. Das stimmt alles gar nicht. Was mir in Amerika zu schaffen gemacht hat, war dieses völlige Fehlen von Sozialstaat, das Umsetzen dieser ursprünglich doch sehr klug erdachten Verfassung. Die haben ein Rechtssystem, dass es einem die Schuhe auszieht – also diese Sachen waren für mich immer so etwas wie Grundsteine. Demokratie ist ja nicht, was irgend jemand ausruft, sondern Demokratie ist ja, was man daraus macht. Aber in Amerika ist das eine Preisfrage. Wie gut du verteidigt wirst, wie gut dein Anwalt ist. Hast du zwei Termine verschlafen, hast du alles verloren. Das könnte in Deutschland gar nicht passieren. Wir haben ein sehr komplexes Rechtssystem, was, wie ich finde, auch sehr gerecht ist. Obwohl ich es nie gebraucht habe, aber wenn es nicht da ist, vermisst man es. Wenn's da ist, merkt man's gar nicht.

Und wenn die gefragt haben: Where do you come from? Was hast du da gesagt?

Ich hab gesagt: Berlin.

Und was dann?

Dann haben sie immer gefragt: Oh, did you come by car? Oder sie haben gefragt: East or West? Darauf hab ich dann geantwortet: Wenn ich aus Ost-Berlin wäre, wäre ich vermutlich jetzt gerade nicht hier!

Ist Berlin in den USA Synonym für Deutschland?

Es ist es jetzt geworden. Aber eigentlich nicht. Weil ich auch viele Menschen getroffen habe, die noch aus der Invasionszeit übrig geblieben waren und die ganz andere Orte in Deutschland erlebt hatten. Ich ging mal in meine Lieblings-Wüstenkneipe und hatte vorher gerade Iris Berben auf dem Salzsee fotografiert, da merkte ich, die hatten alles umdekoriert. Da, wo normalerweise die Jukebox stand, hatten sie eine kleine Bühne hingebaut. Und auf der Bühne saßen drei als Weihnachtsmann verkleidete Cowboys und spielten Country-Music. Ich kam also rein und weil die mich kannten, wechselten sie zu einem Song, den ich fraglos nicht kannte, nämlich: My sweet Frollein from the River Rhine. Einer der Musiker hatte auf einem Flugzeugträger Dienst getan und war auch mal in Deutschland gewesen. Der Rhein hatte es ihm angetan. Ich weiß zwar nix von Flugzeugträgern auf dem Rhein, auf jeden Fall hatte er den Rhein in Erinnerung behalten.

Berlin ist also als Symbol fürs ganze Land nur bedingt einsatzbereit. Weißt du etwas über eine West-Berliner Gesellschaft seinerzeit? Wenn man Gesellschaft definiert als eine Elite, die produktiv oder kontraproduktiv eingreift, mitbestimmt, steuert?

Der Ehrlichkeit halber muss man sagen, dass das, was wir Kultur nannten, in der oberen Etage immer von einem Subventionskarussell diktiert war. West-Berlin war ein hochsubventioniertes Unternehmen. Jede Schraube, die hier reingedreht wurde, war dreifach subventioniert, immer. Anders konnte diese Stadt nicht überleben. Für den Kulturbetrieb galt genau das Gleiche. Es war immer der Kampf um diese Kassen. Insofern war es logisch, dass sich irgendwann ein Bodensatz aus unzufriedenen Menschen bilden würde, die etwas ganz anderes wollten. So viel zu den Staatsbetrieben. Das andere hat sich damals selber erfunden. Die Leute haben mit einer gewissen Lust am Untergang gegen den amerikanischen Riesenberg von Supergruppen angekämpft und für einen Moment gewonnen. Das war ganz erstaunlich. Da hat David dem Goliath eine ganz schöne Schlappe beigefügt. im Moment sind wir davon weiter weg denn je. Ich meine nicht von den Umsatzzahlen, sondern von der Kultur. In unsere Sprache heißen Jugendliche eben *kids*. Die *kids* tragen *baseball-caps*, auf denen L.A.-Rangers steht. Obwohl sie diese Mannschaft noch nie gesehen haben. Aber das ist Kultur. Die Franzosen hingegen haben sich ein eigenes Film-Genre bewahrt und nennen den Computer immer noch *ordinateur*, weil sie das andere Wort nicht haben wollen. Sie sind auf einem anderen Niveau. Dagegen bemüht sich der deutsche Film amerikanischer zu sein als die Amerikaner, verkauft aber außer »Derrick« oder »Lola rennt« ins Ausland – nichts.

Warum hat man bei deutschen Filmen gegenüber den amerikanischen immer den Eindruck, es fehle eine ganze Dimension?

Ich hab da lange drüber nachgedacht und bin zu einem ganz einfachen Schluss gekommen: Die amerikanischen Filme haben immer einen großen Erklärungsnotstand, wenn es darum geht, warum ist der Gute gut. Die deutschen Filme haben immer einen großen Erklärungsnotstand, wenn es darum geht, warum ist der Schlechte schlecht. Dreimal darfst du raten, welche Filme man lieber sieht. Die, wo der Böse auftritt und nach Herzenslust böse ist, und auch gar nicht erklären muss, dass ihn seine Großmutter immer verhauen hat, oder die deutschen Filme, in denen man stundenlang erklären muss, warum der jetzt das Auto geknackt hat.

Und weshalb kapieren das die Deutschen nicht?

Weil sie immer erklären statt zu behaupten.

Vielleicht ist das Anpassen an andere Kulturen eine Möglichkeit, der eigenen Vergangenheit zu entwischen. In Berlin wurde jahrelang versucht, der Vergangenheit durch Ästhetisierung mithilfe von Mahnmal-Modellen beizukommen.

Warum meint man eigentlich, dass man diesen Kultursprung machen muss? Ich kann für mich die Kultur einer Nation nur als die Fähigkeit begreifen, mit ihrer eigenen Geschichte umzugehen. Das ist für mich im weitesten Sinne Kultur. Das Umgehen mit der Summe der Erfahrungen unserer Vorfahren. Und da machen wir augenblicklich ein unheimliches Heckmeck mit dem ganzen Gemahne und übersehen vermutlich, dass ein Bauwerk einfach ein Bauwerk ist, dass es darauf ankommt, was die Leute fühlen. Und sie schaffen es nicht, das in eine Form zu gießen, wir schaffen es nicht, die wirklich guten Aufarbeitungen, die es in Deutschland ja gab von Wolfgang Staudte bis zu – weiß ich nicht – gebührend zu würdigen. Wir schaffen das nicht. Da gibt es dann mal zu den Berliner Filmfestspielen eine große Retrospektive, aber es ist nicht Bestandteil der Alltagskultur. Man ist darauf nicht in dem Sinne stolz, wie man in den USA auf einen Nestbeschmutzer wie Oliver Stone stolz ist.

Bei Bauwerk und fühlen fällt mir die leidige Diskussion um das Berliner Stadtschloss ein.

Das Beispiel emotionalisiert mich nicht sonderlich. Frag mich lieber nach dem Bundestag. Ich habe kürzlich Monika Griefahn im Bundestag fotografiert, sie hat mir dabei das Gebäude nicht ohne Stolz vorgeführt. Ich muss sagen, ich finde, diese Berliner Republik ist die erste lässige Regierung, die wir haben. Politiker shutteln in kleinen Bussen in diesem törichten Berlin-Mitte zu ihren Dezernaten herum – es macht unheimlich Spaß, ihnen zuzugucken, wie sie alle gehetzt mit hochgestelltem Mantelkragen durch die Mauerstraße hasten. Ich genieße das. Es entsteht eine neue Art von Bürgernähe, die ich bisher nicht kannte. Früher waren das bedächtige Herren, die an dicken Zigarren gesogen haben und seltsam bürgerfern wirkten. Und jetzt sind das Leute, die, wenn du zur richtigen Stunde in die richtige Kneipe gehst, neben dir sitzen. Du hast das Gefühl, die sind vom wirklichen Leben gestreift.

Du bist irgendwie vom Pressefotografen im grünen Parka und mit Pfeife plötzlich zum Promoter avanciert. War das Karriereplanung?

Nein. Ich bin dazu überredet worden. Ironischerweise von Nina. Ich wollte das gar nicht, ich wollte nicht mit Geld und solchen Sachen umgehen. Und dann war ich plötzlich dazu gezwungen und habe mir das ganz schnell raufschaffen müssen. Ich hab's dann auch gekonnt, aber es hat mich nicht wirklich interessiert. Mich hat statt dessen interessiert, Leuten aufs Pferd zu helfen. Wenn eine gute Idee brach liegt, ihr die Medien fehlen oder die Aufmerksamkeit. Das war etwas, was mich interessiert hat. Es war eine ganz bestimmte Generation. Man muss der Ehrlichkeit halber sagen, dass dies kein Stuhl ist, auf dem man lange sitzen kann. Das lebt vom Wechsel. Ich fand es sehr konsequent, irgendwann an einer bestimmten Stelle zu sagen, OK, die Gitarrenkoffer werden immer kürzer, die sehen jetzt schon aus wie Aktenkoffer. Dann haben alle schon immer so in diesen Dimensionen geredet, die klangen alle schon so wahnsinnig bürgerlich. Es ging irgendwie schon um Eigentumswohnungen, denen ging es auch gut zu dem Zeitpunkt, innerhalb von zehn Jahren ist es ja unheimlich bergauf gegangen – dann war das ein guter Moment, um Schluss zu machen. Ich hab das alles so gesehen, ich saß immer an der Startrampe und hab die Maschinen voll getankt, die starteten durch, blauer Himmel, dann kam auch mal ein Unwetter, na ja.

Ich bin stolz darauf, deine Mutter noch gekannt zu haben. Wir haben im RIAS oft zusammen gehockt. Sie hieß Juliane Bothor, nicht?

Das war ihr Mädchenname.

Dein Vater war einer der Gründungsväter des RIAS.

Ja. Ich bin aufgewachsen mit amerikanischen Büromaterialien. Ich weiß auch, wie die amerikanischen Radiergummis rochen. Ich war da immer ganz aufgeregt drüber.

Ich habe noch die Papierhülle eines »Cinnamon Chewing Gum« der Firma Wrigley – Jahrgang etwa 1945/46. Mit natural and artificial flavors – damals schon. Diesen Zimtkaugummi hatte mir ein GI geschenkt. –

Was fällt dir denn zu Ost-Berlin ein? War das für dich terra incognita?

Ich hatte mit Ost-Berlin nie etwas zu tun, war nie dort gewesen. Plötzlich wurde die Mauer gebaut, was alle Leute ganz katastrophal fanden. Ich nicht. Ich wusste ja, die Amerikaner beschützen uns *(Lacht.)* – alles dummes Zeug! Gleich viel – ich bin dann Anfang der 80er Jahre mit Musikern zusammen gekommen und fand die Gruppe Silly immer ganz toll, die niemand verstehen wollte. Die habe ich öfter besucht. Ich war auch mal drüben bei Bettina Wegner. Ich hab eine Musik-Community erlebt, die ganz anders funktionierte als bei uns. Ich habe die Ostbands immer um ihre herzlichen Umgangsformen, die die hatten, beneidet. Wenn die ein gemeinsames Konzert hatten, haben hinterher alle Bands zusammen gesessen, man kannte sich gut, man brachte die Kinder mit. Das war höchst angenehm. Ich finde es unglaublich schade, dass sie das jetzt so für ein Butterbrot verkaufen – das, was sie konnten und das, was sie waren. Ich habe kürzlich eine Retrospektive auf die Ostbands gesehen, die sehr gut war, wo die Leute heute über ihre Karrieren reden. Die hatten damals so einen gewaltigen Gestaltungswillen. Heute aber sprechen sie davon, dass man sehen müsse, was der Markt braucht und so ... Da kriegte ich gleich wieder das Bauchgrimmen und dachte, da laufen wieder Leute den Trends hinterher. Das war früher viel schöner. So eine Band wie Silly war aus Überzeugung 300 Tage im Jahr auf Tour, hat jede Universitätsstadt bespielt. Die waren live in einem Zustand, mit geringsten Mitteln – da konntest du als Westband nur von träumen! Wenn heute ein Musiker zehn Tage im Jahr auf Tour ist, dann kann er von Glück sagen, dass er überhaupt noch das Erlebnis hat. Die meisten kennen dieses Glück vom Live-Spielen gar nicht. Warum auch. Das Misstrauen ist ja so groß, weil der *fake* ja überall ist. Das fing irgendwann Mitte der 80er an, dass Tina Turners Show eigentlich ein nachgestelltes Video war, ja? Wo du dich dann fragst: was ist da noch echt, ist das noch die Stimme, ist das noch die Performance – wo die Großleinwand auf der Bühne schon wichtiger war als das, was auf der Bühne passierte.

Du strahlst einen gewissen Kulturpessimismus aus.

Überhaupt nicht! Nein, nein. Das täuscht total. Das sind halt andere Mittel, mit denen muss man anders umgehen.

Wessis und Ossis – nach anfänglicher Euphorie ist die brüderlich-schwesterliche Liebe eher gedämpft.

Ja, aber wir reden nicht von Irland. Es ist kein unlösbarer Konflikt! Eine neue Generation steht auf, die sich nicht betrogen fühlt, sondern ihre Chancen wahrnimmt. Das ist richtig so. Verdammt – dieser blödsinnige Konflikt, dass Berlin ein Spielball der Großmächte war und dass Deutsche gegen Deutsche ausgespielt worden sind, ist jetzt vorbei. Die neue Generation wird in die Hände spucken und sich sagen, wir erfinden uns das neu. Das ist eine kreative Aufgabe. Ich finde, das hat die größten Chancen überhaupt. Und gucken wir uns doch mal an, wie sich das mit dem entwickelt, was man früher Gastarbeiter genannt hat. Guck dir Leute an, die hier in zweiter oder dritter Generation als Türken oder Italiener leben: Ich fände es ganz schrecklich, wenn die nicht da wären, mir gefällt das rasend gut, ich möchte das um Gottes Willen nicht anders haben. Da entsteht ein völlig neues Selbstverständnis. Zum Beispiel junge türkische Filmemacher in Berlin – was machen die für Filme? Das sind flotte Filme. Ob mir jetzt ein Film wie »Kurz und schmerzlos« gefällt oder nicht – er missfällt mir sehr, weil ich nicht zwei Stunden jungen Männern dabei zugucken mag, wie sie sich auf die Schulter klopfen und immer nur sagen: Du siehst gut aus, Mann, du siehst wirklich gut aus! Das geht mir total auf den Wecker. Gleichviel – es sind die Filme, die am deutlichsten in der Gegenwart angekommen sind. Das ist doch super! Die machen Filme über etwas, was sie was angeht. Während das Fernsehen zum Beispiel zuhauf Dinge produziert, die völlig aus der Luft gegriffen sind: »Helicops« oder »Emergency Room«, blah blah ...

Hauptsache, es rumpelt.

Jaja!

Ich stand mal in einem Schnellimbiss an der Kantstraße. Neben mir stand ein, wie es so schön heißt: ausländischer Mitbürger, der klappte sein Portemonnaie auf, da steckte ein Foto von einem Mann drin. Ich fragte ihn:

»Wer ist'n das?« Und er sagte: »Das ist Yilmaz Güney.« Du weißt, das war ein berühmter kurdischer Filmemacher, sein Film »Yol« (Der Weg) lief bei uns auch im Fernsehen. Da dachte ich, was sind wir für ein kulturloses Volk! Denn wer trägt bei uns das Bild eines landeseigenen Regisseurs oder Dichters mit sich rum?

Na, wir haben eh mit sowas Schwierigkeiten. Weißt du, das ist ja das, was ich an Deutschland so schade finde: Wenn zwei Leute eine Auseinandersetzung haben, dann ist das Argument, was als erstes fällt, wenn du sagst, was redet denn der für ein Scheiß?: Ja, aber sehr erfolgreich ist er. Das ist der Erfolgsopportunismus. Wenn man mal überlegt, wie viele Gestalten es in der Kulturgeschichte gibt, deren Bedeutung sich erst lange nach ihrem Tod entfaltet hat! Und wir erlauben uns, schon nach dem ersten Film, nach der ersten Platte sagen zu können, ob das gut oder schlecht ist. Dummes Zeug! Bei vielen Sachen braucht man einfach einen gewissen Betrachtungsabstand, den wir nicht haben. Und wenn man immer nur nach Kasse oder Popularität geht – tut mir leid, das reicht mir nicht.

Nenne bitte eine für dich wichtige West-Berliner Persönlichkeit.

Willy Brandt. Weil er den Laden zusammengehalten hat. Egon Bahr natürlich, ist ja auch klar. *(Lacht.)* Ist ja auch ein alter RIAS-Mann!

»Sie hören nun den Kommentar von Egon Bahr aus Bonn«.

Genau.

Warum zögerst du mit Namen?

Weil es sehr schwer ist da zu präjudizieren.

OK – ein bedeutender Schriftsteller?

Eindeutig Günter Grass. Da kann ja nun kein Zweifel dran bestehen. Aber es gibt auch jetzt große Schriftsteller in Berlin. Wer mir große Sympathie abnötigt, ist Stan Nadolny. Den finde ich auch als Typ unglaublich gut. Esgibt viele gute Leute hier. Und dass sie alle herkommen und irgendwie sagen, ich bleib nicht lange – jeder Giovanni di Lorenzo (Chefredakteur des Tagesspiegel, O. L.), der in die Stadt kommt und der sagt, ich guck mich hier mal um, das alles gibt den Stoff, aus dem Berlin gebaut ist. Diese Impulse sind ganz wichtig. Das gibt es auf keinem Schiff sonst. Das gibt es vielleicht noch in New York. Aber das mag ich irrsinnig gern, mit welchen Augen das jemand sieht, der hier frisch rein stolpert, und was er draus macht.

Jim Rakete – West-Berlin dankt dir für dieses Gespräch!

Aus dem Archiv:

Jim Rakete: Berlin ist eine Belastungsprobe

Gesprächsdatum: 13.12.1985

Olaf Leitner: Diese Stadt ist voll mit Talenten. Aber jede scene wurschtelt allein vor sich hin. Die Musiker kennen die Musiker, die Filmemacher die Filmemacher und die Dichter die Dichter. Aber die Dichter kennen keine Musiker, die kennen keine Filmemacher usw. usw. – was trennt da?

Jim Rakete: Die Tatsache, dass so viele Talente in dieser Stadt herumwuseln, aber nie ihre Talente kombinieren, liegt meines Erachtens daran, dass sie kein Medium haben, kein Forum. Es gibt keinen Platz, an dem sie sich treffen, und es gibt keine mediale Form, in der sie kommunizieren. Leider. Es gibt auch keine *conventions*, keine Tagungen mehr oder ein Forum, wo sich irgend jemand zusammensetzt und versucht, Musik und Theater zusammenzuknüppern, oder Rock oder Ballett zusammenzubringen, was ja sehr wichtig wäre. Das ist ja in jeder anderen Stadt einfacher als hier. Ich hab hier mal das Thema beim Götz Friedrich angesprochen, als wir mal dem Kultursenator ein Konzept vorgelegt haben für die Nutzung des Delphi-Kinos, das sollte so ein multimediales Zentrum werde: Unten das »Quasimodo«, was ja für neue Bands ein Testfeld ist, für ein kleines Auditorium, dann die Vaganten da unten im Keller. Tagsüber könnte das Delphi als Probebühne für das Ballett der Deutschen Oper genutzt werden. Das Kino hat die breiteste Leinwand in Berlin und ist deshalb für Wim-Wenders-Filme besonders geeignet und da könnte man auch Jazz- oder Rockkonzerte machen. Und mit der vorhandenen Gastronomie hätte das so ein Forum sein können, aus dem was wird.

Auf der anderen Seite hab ich auch immer schreckliche Angst vor solchen Institutionalisierungen, ich glaub, die wirkliche Arbeit passiert ja doch an Schreibtischen. Viel konkreter wäre es, an Themen zu arbeiten. An Themen, die alle beschäftigen. Also, beispielsweise, der deutsche Rock müht sich doch immer um so fragwürdige Inhalte. Das eine Jahr bemühen sich alle, besonders glatt zu produzieren, im nächsten Jahr wird wieder ganz ehrlich in karierten Hemden geschwitzt, dann wird wieder der Heimat-Rock ausgerufen.

Als wir diese Band-für-Afrika-Geschichte durchgezogen haben, da gab es den Entscheidungsfindungsprozess mit 23 *acts* in einem Raum. Kann man gar nicht gut erklären, was das für eine Atmosphäre ist, wenn plötzlich Leute, die sich immer gegeneinander ausgegrenzt haben, wie, was weiß ich, BAP und Spliff oder so, wenn die plötzlich miteinander reden, was da plötzlich an Ideen frei wird, was da an Zäunen verschwindet. Das hat mir unheimlich gut gefallen.

Gut, das ist der große Rahmen. Und der kleine? Wieso trifft man sich nicht aus allen Genres in ausgesuchten Kneipen?

Ich wüsste nicht, wie das laufen sollte. Denn Leute, die erfolgreich und viel beschäftigt sind, sind auch immer scheu. Zu recht, finde ich. Kontaktaufnahmen verursachen Zeitschulden, das weiß man aus dem Management, fahrlässige Kontaktaufnahmen führen zu erheblichen Zeitverschuldungen ...

Ich geh ja schon!

Nein, nein, nein – so war das nicht gemeint ... und deshalb ist es für den Künstler sehr wichtig, dass er sich nicht verzettelt. Der kreative Zufall hat nichts damit zu tun, dass man sich einfach sehr beschränken muss, darin, mit wem man wo zusammentrifft. Und deshalb laufen die Leute einfach nicht so viel rum. Deshalb sind die nicht in jeder Kneipe zu haben, sondern sitzen viel eher mal zu Hause und grübeln da über 'ne Sache.

Was ich so lustig finde, ist, was wir hier verwirklicht haben. Wir haben hier 'ne Art von Arbeitskultur verwirklicht. Das sind hochtrabende Worte, aber wir haben's einfach geschafft zu überleben, obwohl wir die erstaunlichsten sozialen Gegensätze in unserem Raster haben. Wir haben von Manfred Maurenbrecher bis Nena alles hier und das funktioniert. Was für mich so wichtig ist, ist, dass es immer weiter geht, dass sich das immer weiter entwickelt. Bei uns gehen hier zehn Bands ein und aus und ganz bestimmte Leute, das ist ein ziemlich fester Stamm, und ich frag mich immer, warum gibt es so was nur so begrenzt, denn es ist für alle, die hier arbeiten, unheimlich wichtig. Erfolg und Misserfolg wird in diesem Zusammenhang gar nicht mehr als ein Schicksal erlebt, das dich irgendwie trifft, sondern das ist eine Wellenbewegung. Das eine läuft gut, das andere noch nicht so gut, aber man rechnet sich nicht mehr so die Verkaufszahlen vor, es nivelliert sich ein bisschen.

Würde sich das denn auch allein tragen ohne so eine herausragende Persönlichkeit an der Spitze?

Ich weiß es nicht, da kann man nur drauf hoffen. Ich weiß nur, dass man sehr konkret Anlässe finden muss und Leute peitschen muss, um sich zu treffen, weil – reden ist sehr unbequem. Leute um den Tisch zu setzen, was wir hier jeden Morgen machen, um zu reden, Leute, wie wollen wir das jetzt machen, wie kommen wir an dieser Stelle weiter – das ist extrem unbequem. Da ist Machen viel einfacher, hinter »Machen« kann man sich viel einfacher verstecken.

Hat West-Berlin seinen eigenen Stil gefunden, gehen von hier aus Impulse in die Welt, die richtungsweisend sind?

Berlin ist 'ne Belastungsprobe, finde ich. Berlin funktioniert eigentlich eher wie so ein Prüflager, wir sind ein Trainingscamp. Das heißt, in Berlin müssen Sachen funktionieren aufgrund der Tatsache, dass sie 'ne gute Idee sind. Und nicht weil die Tabakfirma Soundso da Geld reinsteckt, oder der Modekonzern, sondern hier müssen Leute mit ihren Ideen überleben, auch wenn sie damit keinen Umsatz machen können. Es ist also nichts weiter als ein Indikator. Glänzen tun wir nur dadurch, dass Berlin völlig provisorisch ist. Berlin hat auch keinen richtigen Stil, sondern Berlin ist eine Stillosigkeit. Durch die Stilvielfalt und die Stilbrüche an allen Ecken und Enden ergibt sich insgesamt ein Bild, Abwesenheit von Geld, Persönlichkeitsbildung durch die Abwesenheit von Geld. Dass Leute weniger durch den Einfluss von Requisiten was werden oder durch das, was sie haben, sondern vielmehr durch das was werden, was sie sind. Das fand ich schon immer wichtig in Berlin, das unterscheidet uns ja, nicht? Dieser *spirit*, dieser Blockade-Spirit. Dieser komische Haufen hier gegen den Rest der Welt. Und dafür ist die Mauer auch gut, genau für dieses Stückchen Atmosphäre. Ansonsten – ich kann mir überhaupt keinen drauf schubbern, wenn Leute sagen, Berlin wär wie New York, weil – es stimmt nicht. Diese *melting pot*-Geschichte haben wir hier nicht, wir haben die Leute nicht gemeltet, das ist ja unser Problem. Die nächste türkische Generation, werden das Leute sein, die genauso mit heftigem Akzent sprechen und richtig zu uns gehören, so wie das in New

York ist? Ich bezweifle es, weil es zu einseitig ist. Und dieser kulturelle Anspruch gefällt mir halt in New York wesentlich besser.

Aber New York, also Manhattan, ist ja auch kein echter melting pot, da sitzen die Chinesen in Chinatown und die Italiener in Little Italy.

Ja, aber die Begegnungen! Die sind wichtig. Ein New Yorker erkennt dich nicht an deinem deutschen Akzent, sondern daran, dass du deinen deutschen Akzent unsicher sprichst. Jemand, der lange in New York lebt und seinen deutschen Akzent beibehält und Henry Kissinger heißt, ist völlig akzeptiert als Amerikaner. Der einzige ursprüngliche Amerikaner ist eh der Indianer. Den kennt sowieso keiner mehr.

Die meisten West-Berliner Rockbands stammen aus gut geheizten Übungskellern, die unter Jugendfreizeitheimen zu finden waren und eine Art von Subventionierung darstellten. Heute gibt es eine offizielle Förderung von Rockbands durch den Kultursenat. Was hältst du von solchen staatlichen Zuwendungen?

Dabei hab ich ein ganz ungutes Gefühl. Ich glaube, dass wir sowieso von einer völlig neuen Situation reden, denn die Kellerszene, von der du sprichst, findet inzwischen im Wohnzimmer statt. Aus einer Musikergeneration ist eine Produzentengeneration geworden, die sich alles, was an Rock'n'Roll schwer zu lernen war, in Kisten kaufen kann. Die Rhythmik, die ich mal für das hielt, was schwierig war, die wird dir heute von Maschinen abgenommen und du kannst Hits im Wohnzimmer produzieren. Es ist eine andere Generation. Für uns war das ja in den 60er und 70er Jahren immer so ein Prozess nach dem Motto: Per aspera ad astra – durch das Leiden zum Ruhm, das galt als notwendiger Schritt. Aber man muss ganz klar sehen, dass das heutzutage nicht mehr so ist, und dass auch keiner mehr dazu Lust hat. Das ist jetzt 'ne Generation, die wollen Musik machen, und die wollen gleich alles. Das zweite, was ich für sehr wichtig halte, ist, dass heutzutage

jeder produzieren kann und es ist im Gegensatz zu früher ein Standard, gut zu produzieren. Endlich kann man an der ganzen Effekthascherei vorbei gucken und sich auf das besinnen, was man eigentlich von Musik will: Gefühle, Persönlichkeit, Aussagen, usw. Das ist ganz ganz erfreulich. Die deutschen Bands hatten auch so eine Zeit, wo sie's allen gezeigt haben, dass sie es auch können. Und nichts langweilt mich mehr, als wenn mir jemand zeigt, wie viel er kann. Das ist tödlich langweilig. Gut gemeint ist das Gegenteil von können.

Was wäre denn, wenn unsere lokalen Popstars mal etwas Schotter rüber rücken, um beispielsweise der Avantgarde, die im Loft auftritt, ein wenig unter die Arme zu greifen?

Ich halte diese Subventioniererei für 'ne ganz zweischneidige Geschichte, denn wer wird denn da mit ins Boot gezogen? Ist das gut für den Endverbraucher? Ist es gut, wenn da noch irgendwo Etats liegen, wo dann jemand sagt, den müssen wir noch verbraten, sonst kriegen wir den nächstes Jahr nicht – also ich finde es nicht gut. Und was du vorschlägst – das ist ja sowas wie eine Ergänzungsabgabe für Besserverdienende: Udo Lindenberg gibt nach einem knackigen Jahr etwas für den Nachwuchs aus. Ich fände viel wichtiger, dass die Leute den ersten Schritt selber machen, das ist unverzichtbar. Laufen lernen muss jeder selber. Wichtig ist, dass man ihnen dann ein Forum gibt und sich bemüht, attraktive Veranstaltungen zusammenzukriegen. Und lass härteste Konkurrenz auffahren, denn Konkurrenz ist immer gut – für uns alle. Als Messlatte und Herausforderung. Dann lasst uns weiter sehen. Wo wir alle ein bisschen Schwierigkeiten haben, ist, dass Leute sich immer so voneinander abgrenzen und immer irgendwie versuchen nichts miteinander zu tun zu haben. Am schlimmsten in der Neuen Deutschen Welle. Und wenn es überhaupt eine Sache gibt, die mich optimistisch stimmte im letzten Jahr, dann ist es die Tatsache, dass Leute miteinander reden, dass eine Annette Humpe Rio Reiser produzierte. So was finde ich einfach toll. So muss es sein.

Was du ein wenig in den Schatten stellst, ist etwas, das ohnehin nicht in der Blüte steht: das Mäzenatentum. Gegen ein schönes gezieltes Mäzenatentum ist doch nichts einzuwenden. Das ist doch was Tolles, wenn Leute sagen, ich gebe für eine verrückte Idee Geld. Ich frage mich, was machen die reichen Leute in Berlin mit ihrem Geld? Die Antwort auf diese Frage lautet oft: Es gibt hier keine reichen Leute.

Berlin ist nicht besonders reich. Du hast da einen Punkt genannt, der mir gefällt: Dass man sagt, 'ne verrückte Idee. Für eine verrückte Idee hier Kohle auf den Tisch zu legen, fällt jedem Beteiligten hier viel leichter als ein Prinzip zu fördern. Ein Prinzip zu fördern ist langweilig. Ich möchte nicht sagen, in diesem Jahr geben wir soundsoviel für Dämmmaterial in Übungsräumen aus. Das interessiert mich nicht. Stattdessen soll irgend jemand kommen, es soll eine Menge Aufregung um irgendein Projekt geben. Und dann möchte ich anlässlich einer begeisternden Idee mein Geld auf den Kopp hauen. Das finde ich wichtig, das ist Spiel. Das andere ist Verbeamtung.

Was hat Berlin, was andere nicht haben, oder haben wir nichts?

Doch. Was wir nicht mehr haben, ist die Live-Szene. Das bewegt auch unseren Kultursenator sehr stark. Wenn du jetzt in die Veranstaltungszeitungen guckst und überlegst, was machst du heute Abend, dann ist das müde. Das Unterhaltungsangebot, das wir haben, ist sicher nicht besser als das von Hamburg oder München. Wo wir aber besser sind, das muss man sehen, ist, dass man künstlerisch lieber in Berlin arbeitet als woanders. Das müssen wir nutzen. Wir müssen es schaffen, Themen zu finden und Teams zu bilden, die Leute an sich ziehen. Das ist eine ganz wichtige Aufgabe. Da sehe ich die eigentlichen Versäumnisse. Gute Ideen ziehen am meisten Leute an. Gute Ideen! Und das ist das einzige, wovon es hier zu wenig gibt.

Ich kenne eine Menge hochbegabter Leute, die übrigens oft aus der DDR kommen, die hier nichts mehr machen, die das Durchsetzungsvermögen nicht haben. Kommen viele zu dir und sagen, hilf mir mal, ich hab das und das vor?

Ja. Aber das Durchsetzungsvermögen kannst du lernen, das andere kannst du nicht lernen. Also dieses Vitamin, dass du irgend was in der Birne hast, was raus muss, das muss tatsächlich da sein. Ob dir die Jeans in Flammen stehen, das sieht man ja! Darum geht es eigentlich. Ich habe große Schwierigkeiten, junge Leute – also kalendermäßig jung – zu finden, die aus diesem Holz geschnitzt sind. Die sollten auch von alleine kommen und sagen: Ich brauch den Job. Ich brauch den Job, weil ich der beste bin auf dem Gebiet. Da müssen sie durch. Das ist irgendwie der Prüfstein. Kein Mensch soll glauben, dass erfolgreiche Leute deshalb den Job machen, den sie machen, weil sie den besser können als andere. Sie haben diesen Job, weil sie ihn unter schlechten Bedingungen besser können. Das ist der einzige Grund. Wenn ich mir überlege, bin ich so ein toller Manager? Überhaupt nicht. Bin ich so'n toller Fotograf? Erst recht nicht. Aber unter den Bedingungen, unter den ich Sachen machen muss, und unter dem Zeitdruck, unter dem ich Sachen machen muss, wüsste ich – ehrlich gesagt – keinen Ersatz. Ich könnte jetzt nicht sagen, ich rufe den und den an und der macht das für mich. Das ist das Problem.

Ich denke nur, als Älterer auf die Jugend zu schimpfen ...

Überhaupt nicht! Das kommt ja auch wieder. Die haben bloß zu viel vorgesetzt bekommen. Guck mal, das Problem ist doch einfach: glauben. Wie lange bin ich rumgerannt und habe geglaubt, ich könnte irgend etwas abliefern, irgendwas Tolles machen. Dieser Glaube war unerschütterlich, der war Bestandteil der Ideologie, mit der ich aufgewachsen bin. Wer immer strebend sich bemüht, der wird schon was auf die Beine stellen. Die Generation, die jetzt am Drücker sitzt, die jetzt im Grunde genommen 'ne Kohle nachliefern müsste, diese Generation hat eigentlich nur gelernt, dass man eigentlich überhaupt nüscht verändern kann, dass sie mit einer Generation größerer Brüder kooperiert, die 1968 hinter sich haben, den Marsch durch die Institutionen und gesellschaftlich überhaupt nichts erreicht haben. Das ist ja der große Frust, dass sich die Gesellschaft überhaupt nicht in eine Richtung entwickelt hat, wie unsere Generation es gehofft hatte. Das kannste denen auch nicht übel nehmen, dass sie nicht glauben.

Mal zu Nena plus Band. Lange Zeit »Halleluja«, nun das übliche »Kreuziget sie!«?

Das Problem bei Nena war, dass Erfolg eine Meinungsbildung verursacht. Eine Meinungsbildung bei den Leuten, die ihre Karriere in irgendeiner Form beeinflussen. Um das ganz konkret zu sagen: Die Planung von so einer Tour geht so: da sitzen 'ne Menge Leute mit am Tisch. Da sitzt die Plattenfirma, da sitzt der Veranstalter und da sitzen wir mit am Tisch. In der Situation, in der Nena-Band sich befunden hat, als diese Tour geplant wurde, wollten die das mit aller Kraft, da wollten die diese riesen Tour haben. Und es gibt keinen Weg, jemandem seine Träume auszureden. Dass sie bei der Presse in Ungnade gefallen ist, und dass das durch den sich nicht einstellenden Erfolg der Tour so herrlich gefüttert worden ist, das sind Sachen, mit denen haben wir schon seit Jahren gerechnet. Dass sowas kommt. Das schmeißt uns nicht um, das wäre ja auch gelacht.

Es gibt ja bei uns das immer gleiche Ritual: Es kommt jemand nach oben, er wird gelobt und während dessen sammeln sich schon die Heckenschützen, um ihn alsbald zum Abschuss frei zu geben. Nena trifft dies zu einer Zeit, in der sie immer besser wird, sich immer mehr traut, den Anspruch erhöht. Das ist eine offensichtlich sehr deutsche Art der Hassliebe gegenüber Künstlern. Ich weiß nicht, ob die Journalisten, die diese Strategie verfolgen, das bewusst machen oder irrational handeln.

Das sind ja nicht nur die Journalisten. Da kommt vieles zusammen: Wie ich in Interviews rüberkomme, was ich sage, wie ich mich anziehe, was ich wichtig finde, wie ich mich schminke, wie ich mir die Haare schneide. Ob ich lache oder ob ich schlechte Laune habe. Das sind alles Sachen, die unglaublich viel Einfluss haben. Und man gibt offensichtlich dieser Band innerhalb unseres Landes nicht die Möglichkeit, sich zu entwickeln. Sie haben zwar alle technischen Chancen und das Geld, aber nicht die Möglichkeit, sich zurückzuziehen und sich weiterzuentwickeln und dann das Produkt davon auf den Markt zu bringen.

Und du kannst nicht sagen: Jetzt geht mal für anderthalb Jahre in Klausur!

Nein, nein. Bei uns ist nichts autoritär. Wenn aber jetzt alle der Meinung wären, dann wäre das möglich. Ich hatte übrigens den Vorschlag gemacht, eine längere Pause einzulegen. Lass uns die Zeit ein bisschen nutzen und das Album später veröffentlichen (gemeint ist vermutlich das Album »?«, O. L.). Die Plattenfirma war dabei kein Problem, die war auf Seiten dieser Idee. Jedenfalls der Boss.

Du versuchst nicht, Einfluss auf die Medien zugunsten deiner Künstler zu nehmen?

Das ist nicht mein Stil. Wir machen in diesem Sinne auch keine Promotion. Das sehe ich nicht ein, das kommt mir nicht ins Haus. Der Tag, an dem man anfängt zu versuchen, hier oder da noch einen Fuß in die Tür zu kriegen, da macht man sich dermaßen abhängig – das will ich nicht. Der Vorsprung, den wir haben, ist Qualität. Gegenüber anderen Läden. Und weshalb unsere ratio auch besser aussieht als bei jeder Plattenfirma, die ich kenne. Wir haben eine viel höhere hit ratio als jede Plattenfirma. Wir haben mit Ausnahme von vier *acts* in acht Jahren alle auf den *break even*-Punkt gebracht. Alle. Das musst du dir mal überlegen! Jedenfalls in der Zeit, in der sie mit uns gearbeitet haben. Egal, ob das jetzt Interzone war oder irgend was anderes. Die Sachen sind alle *break even* gegangen. das kann eine Plattenfirma meist jahrelang nicht von sich sagen. Nicht mal die Hälfte der Künstler. Darauf bin ich stolz, das ist unser Prinzip. Für Musik gehen wir größere Risiken ein. Für eine bestimmte Arbeitskultur auch. Aber nicht auf Kosten irgendwelcher Klinkenputzereien. Auf dieser Ebene zu versuchen, einen Blumentopf zu gewinnen, wäre völlig lächerlich. Zu uns passt das nicht. Und so denken auch die Leute, die hier arbeiten. Und hier arbeiten eine ganze Menge Leute. Und die arbeiten sehr hart.

Wir haben uns da Leben aufgebaut, oder: Vom Adlon zum Temprodrom

Irene Moessinger über Zocken und Verlieren, West-Berlin als Pflichtübung, das Tanzen im Riverboat, die Hauptaufgabe Paradies, das Haus am Mariannenplatz, Scherben und Rote Steine, die nicht stubenreine Schaubühne, pausenlose Diskussionen; über Küchenpläne, offene Türen, Lebensnähe, den Aufbau Nicaraguas, Geld als Manko, revolutionäre Kombinationen, durchquerte Täler, Mauer-Brachen und Teenage-Jesus, die Rückkehr des Spartendenkens und das Fehlen von Hemmschwellen.

Gesprächsdatum: 9.2.2001

Olaf Leitner: Bitte dein Leben – Kurzfassung.

Irene Moessinger: Ich bin in Frankfurt/M. geboren, meine Mutter stammt aus der Uckermark, wurde aber in Berlin geboren. Sie kommt aus einer sehr sehr alten wichtigen Berliner Familie, denen hat das Redern-Palais gehört, was jetzt das Hotel Adlon ist.

Und wie heißt deine Mutter?

Sie heißt Lynar-Redern.

Es gibt eine Lynar-Grundschule und vier Lynarstraßen in Gesamt-Berlin. Ich habe pflichtschuldigst recherchiert: Rochus Guerini (eigtl. Quirinus) Graf zu Lynar, geboren am 25.12.1525 in Maradia (Italien), von hinnen gegangen 22.12.1596 zu Spandau. Er war Baumeister und Offizier.

Das Redern-Palais war am Pariser Platz 1. Die Vorfahren haben es an den Kaiser verkauft. Sie haben gespielt und offenbar gegen König Heinrich Georg von England verloren. Also von meinen Familienwurzeln her bin ich mütterlicherseits mehr Berlin verbunden. Mein Vater aber kam aus Frankfurt. Wir waren geflüchtet. Ich bin in Spanien, Italien und Süddeutschland aufgewachsen. Ich bin mit 17 nach Berlin gekommen. Damals mussten alle elften Klassen nach Berlin, das war eine Pflichtübung in der Schule. Dabei wurde mir klar, dass ich nach dem Abitur hierher gehen würde. Das war dann 1967–68, da war in Berlin der Bär los. Zuhause wurde viel von Berlin erzählt und wir haben diese Berliner Lieder aus den 20er Jahren gehört, Fritzi Massary und so. Ich bin mit Berlin im Bewusstsein aufgewachsen, das war meine Prägung als Kind. Aber dann das erste Mal selber hier zu sein ...

Und dich hat nicht gestört, dass da eine Mauer drumrum war?

Nein, gar nicht! Berlin war sehr attraktiv für Leute wie mich. Wir waren mit der Klasse auch in Ost-Berlin, zum Beispiel im Pergamon-Museum. Aber mich hat die Studentenbewegung viel mehr interessiert. Wir waren tanzen im »Riverboat« und die Mauer war eher eine Attraktion für uns Besucher. Man hat sie sich angeguckt und man ging in das Checkpoint-Charlie-Museum und ins Deutschlandhaus. Aber wir sind natürlich auch nach Kreuzberg gefahren, schon damals. Per Bus die Friesenstraße hoch. Ich glaube, dass man schon so eine Atmosphäre an Energie spürt und die Stimmung der Stadt mitkriegt. Das hat mich sehr fasziniert. Ich bin ja als Kind sehr oft umgezogen, bin aber nirgendwo richtig heimisch geworden. Ich fühlte mich irgendwie entwurzelt.

Ein Freund von mir war nach Berlin gezogen. Und dann bin ich selbst mit einem VW-Käfer, meinem Hund, meinem Ghetto-Blaster und mit einem Teppich ganz allein nach Berlin gefahren. Ich kam hier an, habe bei einem Freund gewohnt, und nach drei Tagen wusste ich, ich gehöre hierher. Das war gar keine Frage!

Also: Seitdem bin ich in Berlin. Ich bin Berlinerin, seit genau dreißig Jahren.

Ich bin damals gleich in die richtige Umgebung gezogen, nämlich nach Kreuzberg. Wir haben Hausbesetzungen gemacht und waren sehr aktiv. Schließlich wollten wir ja das Paradies schaffen, damals. Ich habe auch nicht weiter studiert. Wir wollten ja die Welt verändern und man ging in die Betriebe. Das ist mir dann doch nicht ganz gelungen, mit der Weltveränderung. Das muss ich zugeben.

Würde ich in Bild-Archiven Fotos von dir finden, auf denen du Mollis in Richtung Establishment wirfst? Selbst unser derzeitiger Außenminister hat ja wacker mit gemischt – aber wohl ohne Mollis!

Wenn ich Politiker wäre und nicht freie Unternehmerin, würde mich die Vergangenheit auch einholen! Vielleicht nicht mit Fotos, auf denen ich Molotow-Cocktails werfe, aber man war mit vielen befreundet, von denen man nicht alles wusste. Das war ja auch in Ordnung. Ich kenne Joschka Fischer sogar aus der Zeit damals, ich war ja auch öfter in Frankfurt, weil ein Freund von mir auch im Kettenhofweg gewohnt hat. Und man muss einfach mal sagen, dass es Joschka Fischer zu verdanken ist, dass viele nicht in den Terror abgedriftet sind. Ich selbst war auch immer gegen den bewaffneten Kampf, aber letztlich war man Teil des Ganzen. Man hat diskutiert und die einen haben sich für diesen Weg entschieden und die anderen für jenen. Und natürlich hat man mit allen möglichen Leuten gefrühstückt. Dagegen ist ja nun wirklich nichts einzuwenden. Warum auch? Man kann mit allen diskutieren. Wir grenzen ja auch heute nicht Leute aus, oder?

Hast du damals ein Unbehagen gegenüber den Dogmatikern verspürt?

Klar! Ich war ja auch nie organisiert. Wir haben sehr viel Spaß gehabt, wir waren sehr lustbetont. Wir haben Häuser besetzt und haben uns da sozusagen Leben aufgebaut. Wir waren immer dafür, aufzubauen. Wenn man ein Haus besetzt, das völlig verschlampt ist, dann gehen 90 % der Energie in das Aufbauen. Und man kämpft dafür. Es gibt übrigens einen Film davon, über das Rauch-Haus. Davor hatten wir ein Haus am Marian-

Irene Moessinger (*1949)

Sie ist in Spanien aufgewachsen, wurde aufgrund häufiger Ortswechsel erst mit zehn Jahren eingeschult und hat über Umwege das Abitur gemacht. Doch West-Berlin stand Kopf, als die junge Frau mit gestandenem Beruf ihre Erbschaft nicht etwa auf den Kanaren verprasste, sondern in ein Zirkusunternehmen steckte, das sie mit anderen aufbaute und das heute weithin berühmt ist – das Tempodrom. Irene Moessinger hatte der Stadt einen Spielort für unterschiedlichste Genres geschenkt, der von den Künstlern und dem Publikum dankbar angenommen werden konnte – nach Überwindung der üblichen Schwierigkeiten und Malaisen, die Initiativen dieser Art mit sich bringen. Das Tempodrom wechselte mehrfach den Standort und wurde zu einem festen Haus am Anhalter Bahnhof umgestaltet, das im Dezember 2001 Einweihung feiern konnte.

nenplatz besetzt. Das war das erste besetzte Haus überhaupt in Berlin. Dort habe ich mit 70 Leuten zwei Jahre gewohnt. Das war eine sehr starke Erfahrung. Eine Erfahrung, die man sonst nie gemacht hätte: Man war selbstverwaltet, man hat gelernt, Verantwortung zu übernehmen: Da hat man gekocht, da hat man sauber gemacht und hat das Haus gewartet. In den Gemeinschaftsgedanken steckten wir noch die meiste Energie, neben unserem politischen Engagement. Das hat mich garantiert wesentlich geprägt.

Und was geschah in der Zeit kulturell? Dass man sich ein Konzert der Scherben anguckte?

Ja. In erster Linie die Scherben und die Roten Steine. Es war ja kulturell ein völlig anderes Klima, als wir es jetzt haben. Damals gab es, wie heute, die etablierte Kultur, zu der wir uns nicht hingezogen fühlten, also weder zur Oper noch zum etablierten Theater. Stattdessen gab es für uns eben Ton, Steine, Scherben, da haben wir immer mitgesungen. Die waren ja auch immer bei uns. Die Roten Steine waren eine Lehrlingstheatergruppe. Ansonsten war Kultur für uns nicht so wichtig, die existentiellen Fragen haben einen viel mehr berührt. Als wir hörten, dass sich Künstler im Bethanien niederlassen sollten, haben wir protestiert und gesagt, das Bethanien sei für die Leute, die keine Wohnung haben, keine Unterkunft. Wir waren also eher sozialpolitisch-kritisch ausgerichtet.

Inzwischen hat da die Kunst gewonnen.

Die Kunst hat gewonnen, aber am Anfang haben wir eben gesagt: Künstler raus aus dem Bethanien! Daran kann ich mich noch genau erinnern. Das Kulturelle rückte für uns eigentlich erst in den 80er Jahren ins Bewusstsein. Ende der 60er und in den 70ern interessierte das nicht. Nun gut, da gab's die Schaubühne ...

Da durfte man aber hingehen, das war stubenrein?

Ja, das war stubenrein. – Nein! das war nicht stubenrein, das war spannend! Aber die anderen Kulturangebote haben wir als junge Menschen nicht wahrgenommen. Das galt als verstaubt.

Die Schaubühne war also ideologisch akzeptiert.

Ich selbst war nicht so ideologisch geprägt. Ich war weder in einer K-Gruppe noch anderweitig fixiert. Die einzige Organisation, der ich mal beigetreten bin, war die ÖTV – in meiner Zeit als Krankenschwester. Auch mein Freundeskreis war nicht ideologisch-dogmatisch festgelegt. Wir haben uns eher daran orientiert, was uns Spaß macht und was uns einleuchtet. Danach haben wir unsere Aktivitäten ausgerichtet. Mit den Freunden von damals bin ich zum Teil ja heut noch zusammen. Der Norbert Waehl, mit dem ich das Tempodrom mache, hab ich auch zu der Zeit kennen gelernt. Wir kennen uns jetzt schon 30 Jahre.

Nun hat man ja anfangs keine Erfahrungen so einen großen Haufen Leu-

te zu organisieren. Hat man da learning by doing praktiziert? Da müssen Dienstpläne gemacht werden, wer wäscht wann ab ...

Ja, das haben wir alles gemacht. Wir hatten zweimal die Woche Plenum. Wir haben richtig gelernt zu diskutieren. Das fällt mir heute eher schwer, muss ich ehrlich sagen. Wir haben fast zu viel diskutiert, und irgendwann wollte ich gar nicht mehr diskutieren. Das war wirklich basisdemokratisch organisiert, das muss man einfach mal sagen. Jeder hatte Mitspracherecht, es gab Mehrheitsbeschlüsse, jede Einzelheit wurde ausdiskutiert. Es war ja selbstverwaltet, es gab genaue Küchenpläne, alle mussten arbeiten. Unterstützung vom Senat haben wir abgelehnt. Wir haben gesagt, wir müssten uns unsere Existenz selbst ermöglichen. Wir sind alle arbeiten gegangen. Ich habe ein Jahr in einem Betrieb gearbeitet und habe dann angefangen, Krankenschwester zu lernen. In unser Projekt wurde viel Liebe investiert, wir haben Gemeinschaftsräume gehabt. Das Rauch-Haus gibt es ja heute noch. Nur jetzt hat jeder ein Schloss vor der Tür, und jeder hat sein Zimmer für sich. Damals gab es keine geschlossenen Türen, da wurden gemeinsam Partys gefeiert, vom Sperrmüll wurden die Möbel geholt, es gab eine richtig tolle Küche und einen wunderschönen Garten. Man hat es sich wirklich gemütlich gemacht.

Ist da eine Art alternative Mafia entstanden, Leute, die jetzt immer noch zusammenhängen und bestimmte Dinge steuern?

Nein, das glaube ich nicht. Die Leute sind in ganz verschiedene Bereiche gegangen. Man ist im gewissen Sinn gestählt worden, man hat Durchhaltevermögen gelernt, das muss man einfach mal sagen. Man hat gelernt, sich nicht sofort entmutigen lassen. Das war ja wie eine Schule. Ich meine das durchaus im positiven Sinne. Und es gibt bestimmt viele Leute aus dieser Zeit, die da ihre Inspiration und ihre Tatkraft bekommen haben und die auch heute noch aktiv sind.

Warum Krankenschwester?

Während ich im Rauch-Haus gelebt habe, bin ich sehr krank geworden. Als ich aus dem Krankenhaus entlassen wurde, habe ich mich postwendend da zur Lehre angemeldet. Es war das Urban-Krankenhaus in Kreuzberg. Es war mir völlig klar, ich werde Krankenschwester. Damit ist man so nahe am Leben und so nah am Tod. Dazu kam, dass ich praktisch arbeiten wollte, ich wollte nicht studieren. Das lag an dem Personenkreis, in dem ich mich befand: man ging eben arbeiten. Außerdem war ich sehr sehr wissbegierig, und als Krankenschwester kann man sehr viel lernen. Man kann in der Ausbildung genauso viel lernen wie ein Arzt. Die sieben Jahre, in denen ich im Krankenhaus gearbeitet habe, waren eine schöne Zeit. Das war für mich sehr viel besser als Werkzeugmacher zu lernen, was damals bei vielen Mädchen in war. Ich habe dann noch eine Heilpraktikerausbildung angehängt und eine als Physiotherapeutin. Und das, obwohl ich bereits das Tempodrom geleitet habe. Diese Heilverfahren haben mich nie ganz losgelassen, auch heute noch nicht. Daher auch die Idee zum Liquidrom, ein Wasserbecken im neuen Tempodrom, ein Ort, an dem Heilung und Kultur zusammen gebracht werden.

Trotz der Erbschaft hattest du deine Ausbildung fortgesetzt?

Ja, geerbt habe ich im ersten halben Lehrjahr.

Und dann hast du das Geld versteckt, bis die Tempodrom-Idee gereift war?

So versteckt war das Geld nun auch wieder nicht. Es wurden bereits bestimmte soziale Projekte unterstützt. Manches ging nach Nicaragua um Aufbauprojekte zu unterstützen, Druckereien beispielsweise. Ich selber habe nie etwas von dem Geld genommen, weil es mir eigentlich nicht so angenehm war. Ich wollte selbstständig sein, und in der damaligen Zeit was es nicht so gut Geld zu haben. Ideologisch gesehen war das eher ein Manko. Vielleicht liegt es daran, dass ich vom Landadel abstamme. Dem ging es nicht so ums Geld als Mittel, Prestige zu erlangen. In diesen Kreisen ist man sowieso wer, ob man Geld hat oder nicht. Ich hatte nicht den Druck, mit Geld irgendwas darstellen zu müssen.

Sieben Jahre nachdem ich geerbt hatte, begann ich mit dem Tempodrom. Entscheidend war, dass ich mit dem Krankenhausbetrieb nicht mehr so klar kam. Ich war Intensivschwester, und das war mir dann genug. Ich hatte Probleme mit der Art und Weise, wie die Medizin angewandt wird, wie Krankheit und Gesundheit betrachtet werden.

Man muss auch sagen, dass sich Ende der 70er im Zeitgeist etwas verändert hatte: Kultur wurde der kreative Teil einer Bewegung gegen das Establishment. Im Film, im Theater wie in der Musik gab es eine Aufbruchstimmung. Da ich die Nase immer einigermaßen vorne hatte, hat mich das ziemlich gepackt. Besonders das an Kultur, was von unten kam – zum Beispiel das »Festival Of Fools«, das erste, in der Hasenheide. Holger Klotzbach hat das veranstaltet, zusammen mit Conny Konzack. Ich war schon immer ein Zirkusfan, ich habe dann aufgehört zu arbeiten, bin ich nach Amerika gegangen und habe mir alle Projekte, die meinen Vorstellungen entsprachen, angesehen. Was unseren berühmten Kinderzirkus angeht, so hatte ich ein Vorbild in San Francisco, das hieß »Make a circus«. Wie das halt so ist – man erfindet ja das meiste nicht selbst, sondern die Kombination, die man schafft, aus dem, was man vorfindet und dem, was man hinzu tut, ergibt oft das Revolutionäre. Mir war klar, das Tempodrom würde nie ein üblicher Zirkus werden, aber es wird eine genreübergreifende Institution werden. Als ich die Drei Tornados kennengelernt habe, wurde mir klar, in dieses Projekt werde ich Geld investieren. Ich bin zu Holger gegangen, weil der Kontakte zu Zirkusleuten hatte, und wir haben gemeinsam das Tempodrom aufgebaut, mit den Drei Tornados. Norbert war auch schon dabei. Am Anfang hat die ganze Stadt vom Tempodrom geredet. Das war etwas Neues und ein Sammelpunkt von vielem Neuen. Viele Leute sind gekommen und wollten sich bei uns realisieren. Als wir aber nach einem Jahr Pleite gingen, waren diese Leute natürlich alle weg. Und als wir trotzdem weitergemacht haben, waren sie alle wieder da. Man muss eben diese Täler durchqueren, es gibt keinen geraden Weg. Ich glaube, wir waren da zum richtigen Zeitpunkt an der richtigen Stelle, da an der Mauer. Das Ganze war schon sehr verrückt, heute kann man sich das gar nicht mehr vorstellen.

Angenommen, du hättest woanders einen Platz bekommen ...

Das gibt es nicht: hätte! Wir haben den Platz an der Mauer bekommen, und das war ganz entscheidend. Wir waren ja sogar mal direkt am Potsdamer Platz angesiedelt, das weiß ja keiner mehr.

Doch!

Und wir waren im Tiergarten, wo jetzt das Bundeskanzleramt steht. Brachen fanden sich damals ja nur an der Mauer. Das war wirklich ein irres Gelände, es gab auch noch keine Graffitis – kannst du dich erinnern? 1980? Dann sah man bald die ersten: Sie haben »Teenage-Jesus« an die Mauer gemalt. Damit fing das an.

Und die Wessis – sind die auch zu euch gekommen?

Touristen? Ja, wir waren ja ziemlich bekannt. Das Verkehrsamt hat mit uns geworben, weil wir halt einmalig waren. Die Kultur in Berlin und wie sie sich dargestellt hat, ist sehr gewachsen, von 1980 auf jetzt. Wir waren einzigartig, aber wir waren auch nur wenige. Die 90er Jahre haben eine ganz andere Generation hervorgebracht, die Raver-Generation, mit der wir anfangs nicht so viel zu tun hatten, auch wegen der Lärmproblematik. Ich fand es ein bisschen traurig, dass vieles bei uns deswegen nicht machbar war. Erst später sind viele Partys auch wieder bei uns gefeiert worden. Die Zahl der Kulturinteressierten ist insgesamt gewachsen, Kultur hat einen anderen Stellenwert bekommen. Sie ist für viele Teil des Lebens.

Welche Art von Kultur?

Alles! Das ist es ja eben: Die gehen heute in die Deutsche Oper, aber sie gehen auch in die Arena, ins Glashaus oder ins Tempodrom. Das ist vielleicht etwas, was das Tempodrom mit geleistet hat – geleistet klingt blöd, aber ... im Tempodrom gab es eben auch Klassik, Opern und Rock und Theater, Hochstehendes. Bei uns hat Tabori inszeniert, da gab es Savary, alles an einem Ort. Manchmal habe ich aber das Gefühl, dass mit der Hauptstadt-Situation auch das Spartendenken wieder kommt. Da gibt es die, die sich der Etikette unterordnen und jene, die das nicht tun. Aber in den 90er Jahren war alles möglich. Da ging man tanzen, und dann ging man auch in die Oper.

Und das neue Tempodrom?

Das Tempodrom 1980 ist eine Initiative von einigen Leuten, anfänglich ermöglicht durch mein Geld, also eine sehr beschränkte Basis. Da haben bestimmte Leute, die eine bestimmte Idee im Kopf hatten und sie umsetzen wollten, dies in der Stadt manifestiert. Als Ausdruck einer Bewegung, klar. Aber das Neue hier ist auch wieder ein Ausdruck des jetzigen Berlins, es hat viele Väter und Mütter. Sonst hätte so etwas nicht entstehen können, das Tempodrom wäre gestorben. Es konnte nur weiter bestehen, in dem man fest baut. Es ist ein 40-Millionen-Projekt, was ziemlich preiswert ist – mit der Kalkulation sind wir Spitze. Wenn das neue Tempodrom erst mal steht, werden alle sagen: Das kann doch gar nicht sein, dass das so wenig gekostet hat! Um das alles inclusive Filetgrundstück finanzieren zu können, braucht man die Unterstützung von intelligenten Menschen in ganz vielen verschiedenen Bereichen. Wir hatten das Geld ja nicht! Aber wir haben das jetzt geschafft – nach zwanzig Jahren.

Wenn ich schlecht drauf bin, denke ich manchmal, man hat uns ausgenutzt. Aber viel eher spüre ich eine Dankbarkeit dafür, dass wir Kraft und auch Ausstrahlungskraft hatten, um so viel Unterstützung anziehen zu können.

Weil das Tempodrom genreübergreifend gearbeitet hat und auch spaßorientiert war, haben sich auch die politischen Parteien nie von uns distanziert. Da hat Diepgen mit seiner Rheuma-Liga seine Feste gefeiert und genauso die Grünen. Wir haben uns nie abgegrenzt. Außer gegen rechts und gegen Dummheit und Veranstaltungen wie Sexmessen und Vergleichbares.

War es gut für die Stadt, dass da eine Mauer drumrum war, wodurch ein spezieller Humus entstehen konnte?

Ich denke, dass so eine Einengung, die dir widerfährt, auch eine Kreativität hervorruft. Es gibt eine Spannung und einen Energieausbruch. 1981 haben die Notorischen Reflexe, wenn du dich noch an die erinnerst, mit ein paar anderen, damals sehr avantgardistischen Gruppen, ein Fest veranstaltet – bei uns am Tempodrom. Hinten, da waren die Ställe, und da war die Mauer! Das Motto der Fete hieß: Wir lassen uns unsere Mauer nicht nehmen! Die Künstler haben ihre Super-8-Filme und ihre Dias auf die Mauer projiziert und dazu ihre Musik gemacht. Das war sehr aufregend! Und sie haben entsprechende Badges hergestellt. Das fand ich super!! Weil man damit eine Einzigartigkeit erlangt hat. Ende der 70er, Anfang der 80er gab es ja hier einen ungeheuer kreativen Sumpf, die kamen alle her, aus London, aus New York. Man inspirierte sich gegenseitig. Ich vertraue ja darauf, dass die Dinge meistens zur richtigen Zeit geschehen. Die Mauer ist zur rechten Zeit gefallen. Hier ist etwas gewachsen, aber wenn es sich dann nicht mehr richtig weiterführen lässt, dann fällt es halt.

Fehlt dir was?

Nein, ich bin kein West-Berlin-Westalgiker. Ich merke nur, dass meine Wurzeln hier sind. So, wie jemand sagt, ich bin aus Bayern, so sage ich, ich bin aus West-Berlin. Ich wohne immer noch in Kreuzberg, meine alten Freunde sind aus dem Westteil. Ich bin auch sehr treu, es gibt nicht so viel neue Freunde, aber ich habe auch keine Berührungsängste dem Osten gegenüber. Am Anfang habe ich bemerkt, dass ich mich da nicht so auskenne, habe mir damit aber keinen Stress gemacht. Jetzt ist das Tempodrom am Ostbahnhof, meine Tochter ist in den Osten gezogen. Das Trennende wird ja immer mehr abgebaut. Und die Ostler hatten überhaupt keine Angst vor dem Tempodrom, zu uns kamen nach der Wende ganz viel Ostbesucher. Wir waren bekannt dafür, dass es keine Hemmschwellen zu überwinden gab. Wir haben die ersten drei Jahre viele Revival-Konzerte, Deep Purple und ähnliches, veranstaltet. Das zog ein Publikum an, das zu 70 % aus Ostlern bestand.

Wenn West-Berliner wirkliche Metropolen wie London, Paris oder New York City bereist haben und nach West-Berlin zurück kamen, war das zumeist ein Schock. Man fühlte sich plötzlich wie auf dem Dorf.

Nein, ich war immer glücklich, wenn ich wieder zurück gekommen bin, mit dem Flugzeug oder dem Auto. Ich war ja viel in anderen Städten, aber ich fand immer, Berlin konnte mithalten. Es war eben anders. Es geht hier eher darum, dass man in Berlin Orte entdecken kann, die eine Ähnlichkeit beispielsweise mit New York haben. Berlin hat ein ganz eigenes Gesamtstadtbild, was keine andere Stadt hat, weil es so zerstört worden ist. Berlin ist so heterogen wie keine andere Stadt. Schön und hässlich. Berlin ist eine Mischung aus allem. Und das findet man ganz selten.

Liebe Irene Moessinger – West-Berlin dankt dir für dieses Gespräch!

Schippen ist besser als schießen

Holger Klotzbach über Hakenschläge, Zirkus- statt Schuldirektoren, Tunixe und Rote Hilfen, Stöckelschuhe in der Manege, Kleinkunst und Getränke, halblinke Kneipen, pralle Widersprüche; über den Siegeszug des Geldes, Manne Sass und John Lee Hooker, die Tornados in Santa Fu, Pappnasenkulturen, blutleere Produktionen, Rasenschoner, Geheimauftritte, AKWs und Pickelhauben.

Gesprächsdatum: 26.7.2001

Olaf Leitner: Was fällt dir zu West-Berlin ein?

Holger Klotzbach: Zuerst einmal die äußerst wichtige Studentenbewegung. Rudi Dutschke. 1968 saß ich noch in Tübingen und studierte, bin dann aber 1969 hergekommen. Wir gingen dann schnell in die Betriebe, um das Proletariat zu organisieren. Ich war Gott sei Dank schnell wieder draußen, weil es doch nicht das war, was ich eigentlich wollte. Es war eine vom Lebensstil her karge, aber vom politischen Gefühl her eine sehr reichhaltige Zeit. Und ich freue mich immer, dass ich, im Gegensatz zu den Herren Fischer und Konsorten, Gott sei Dank in einer Situation bin, wo ich nichts zurücknehmen, verschleiern oder sonst was muss. Man kann das zwar kritisch betrachten, aber die ideologischen, theoretischen Hakenschläge, die da einige vollziehen müssen, um im Amt zu bleiben oder um ein Amt zu kriegen, das bleibt einem, wenn man so ein Kleinkunsthändler ist, erspart.

Andere, wie unser Merz-Häschen von der CDU-Fraktion, versuchen wiederum, ihre Vergangenheit durch vermeintliche Laster aufzuputzen. Dich haben sie dann aber gleich beruflich gebeutelt, nur weil du in der Studentenverbindung warst?

Nicht Verbindung!!

Pardon, du warst im AstA, SDS vermutlich?

Es war damals die »Proletarische Linke Parteiinitiative«, naja, und als die sich, ich glaube, schon 1972 auflöste, habe ich viel Rote Hilfe gemacht, was unter dem Begriff »Knastarbeit« lief. Das hat man offensichtlich mitgekriegt. Ich habe nach ausführlichen Studien der Theologie und Politologie gedacht, ich müsse irgendwie Geld verdienen, habe Lehrer studiert und mich in Bremen beworben. Da bekam ich dann im Nachhinein gottlob Berufsverbot, sonst wäre ich jetzt vielleicht irgendein langweiliger Schulrat oder Oberstudiendirektor. Ich ging dann für zweieinhalb Jahre zum Zirkus. Erst als Hilfsarbeiter, dann als Lehrer. Das war sozusagen der staatlich erzwungene Startschuss für ein doch etwas bunteres Leben in dem, was man so Kulturszene nennt.

Die Frage erübrigt sich fast: Warst du in der Abteilung Dogmatiker oder Spontis?

Der Spontis. Sigi Fronius, die frühere AStA-Vorsitzende der FU, hatte mit einigen anderen wie Wolfgang Lefèvre und so die Projektgruppe Elektroindustrie gegründet. So hieß das zuerst, und dann gab es die Rote Pressekonferenz mit Semmler und Horlemann, die dann sehr schnell die KPD-AO gründeten, später ohne »AO«. Das war der dogmatischste Teil, sozusagen – später dann auch der KBW und solche Geschichten. Wir hatten immer so einen Eiertanz zwischen Leninismus und Rätesystem mit spontaneistischeren Elementen, aber es blieb immer noch leninistisch.

Klar, ich meine, wir waren auch irgendwie dogmatisch und ziemlich verbohrt. Aber jetzt nicht so auf dieser rein marxistisch-leninistischen Schiene, wie es die anderen gemacht haben.

Diese Strukturanalyse fängt an, mich geistig zu überfordern!

Nach der Auflösung war ich dann qua Rote Hilfe sehr schnell wieder ein richtiger Sponti. Das endete erst 1977/78 mit dem Tunix-Kongress, wo ich zum ersten Mal die Tornados sah. Dann flauten die politischen Bewegungen allmählich ab. Einige gingen in den Friedensbewegungen oder in Anti-AKW-Aktionen auf.

Sagst du noch was zur Roten Hilfe?

Die Rote Hilfe hatte sich zunächst einmal auf die Fahnen geschrieben, die zu betreuen, die reihenweise in den Knast kamen. Nicht nur wegen des Terrorismus-Vorwurfs, sondern auch wegen Landfriedensbruch bei Demos und all sowas. Die haben sie betreut, haben sie besucht, ihnen Päckchen geschickt und Anwälte besorgt. Aus diesem Umfeld sind dann einige in den Terrorismus, in die Roten Zellen, »2. Juni« usw., abgeglitten, wie ich erst später erfahren habe.

War die Rote Hilfe durchorganisiert oder auf Spontaneität gegründet?

Nein, das war organisiert. Alle Beschlüsse wurden immer im Plenum gefasst, es waren ganz demokratische Veranstaltungen. Da wurde die Arbeit verteilt, es gab keine hierarchische Ordnung.

Wie kommt es, dass du, solchermaßen basisdemokratisch gehärtet, in deinen Anfängen beim Tempodrom mit Irene Moessinger Schwierigkeiten hattest, Autoritätsprobleme, wie man hört?

Heute, nach einer zeitlichen Distanz, sehen wir das beide übereinstimmend so, dass ... also, es war 1980, glaub ich, als wir anfingen. Ich hatte damals gehört, da ist eine Krankenschwester, die hat 500.000 DM und will einen Zirkus machen. Als ich mich mit ihr zusammensetzte, da hatte ich ja schon mit Conny Konzack das Festival Of Fools gemacht, war also schon so ein bisschen drin in der Szene.

Ich fing an, das Ganze etwas zu dominieren. Dagegen hat sich Irene erst mal mit ihrem Kollektiv gestellt, obwohl sie selbst auch nicht so ein Kollektivmensch ist. Der Grund, weswegen ich die Leitungsebene des Tempodroms sehr schnell wieder verließ, war folgender: Als wir die Eröffnung mit Ingrid Caven und Eric Burdon u.a. machten, wo die Caven, die sich mit hohen Stöckelschuhen in der Manege abmühte, von den hauseigenen Requisiteuren ausgepfiffen wurde, da habe ich gesagt: Das geht nicht! Wer immer bei uns auftritt, hat unsere vollste Unterstützung und unseren Schutz. Das war eigentlich der Knackpunkt. Ich fand, es muss eine ganz klare Führung erkennbar sein. Entweder hab ich die, oder ich gehe raus. Später hat Irene dann das Kollektiv, wenn man es so bezeichnen will, aufgelöst.

Holger Klotzbach (*1946)

Der West-Berliner »Kleinkunsthändler« Holger Klotzbach stammt aus Duisburg, als politisch hoch interessierter Pädagoge wurde er dafür dermaleinst mit Berufsverbot belohnt. Von 1981 bis 1988 machte er bei den »Drei Tornados« Spaßguerilla-Kabarett. Der Circus Roncalli und das Tempodrom erfreuten sich seiner Mithilfe. Heute führt Klotzbach mit seinem Partner Lutz Deisinger die »Bar jeder Vernunft«, ein funkelnder Stern am Gesamt-Berliner Nachthimmel.

Kollektive sind offenbar in kreativen Bereichen nicht die ideale Lösung. Die Schaubühne hat sich seinerzeit auch schnell vom Kollektivgedanken befreit.

Ja. Oder das »Schwarze Café« – das war der Horror. Am Anfang, damals noch mit Monika Döring, wo wir alle null Ahnung hatten vom Restaurantgeschäft und am Tag der Eröffnung überrannt wurden und es in den Kollektivsitzungen zu Wut- und Tränenausbrüchen kam ...

Das waren dann sicher auch immer gleich psychotherapeutische Séancen, nicht?

Au ja! Das war heftig.

Was war die Idee des »Schwarzen Cafés«?

Es war eines der ersten sog. alternativen Cafés. Wir wollten für die Anwälte und Ärzte, die in der Nähe des Savignyplatzes arbeiteten, ein vernünftiges Speise- und Getränkeangebot haben und Kleinkunst präsentieren. Wir hatten ja oben eine Bühne. Ich erinnere mich, dass zu den ersten Künstlern Georgette Dee gehörte, die damals keiner gut fand und die auch noch nicht gut war. Sie bestieg die Bühne über den Hof und über eine Leiter, weil der Saal da oben so voll war. Es war ein ganz kleines Ding. Kleinkunst und Restaurantbetrieb miteinander zu verbinden – das war eigentlich die Idee. Und es sich dann als Kollektiv gut gehen zu lassen. Aber das Gegenteil war der Fall.

Andererseits haben alle Unternehmungen, die nicht dem Kollektivgedanken unterlagen, Misstrauen erregt. Musterbeispiel: der Selfmademan Schwenkow.

Conny Konzack hatte ja mit seiner Firma Albatross auch kein Kollektiv, die Konzertagenturen waren damals alle schon hierarchisch, oder sagen wir mal: klassisch organisiert. Und Schwenkow ist mit Sicherheit auch kein Typ um im Team zu arbeiten.

Mit dem Vietnam-Kongress am 17.2. '68 hattest du organisatorisch nichts zu tun?

Nein, zu der Zeit war ich ja noch nicht in Berlin. Von Tübingen aus sind wir natürlich hingefahren, ich war ja zu dieser Zeit da AStA- und SDS-Vorsitzender. Aber da waren wir Tübinger und auch die Heidelberger ganz kleine Lichter gegenüber den beiden Metropolen Frankfurt und Berlin.

Und was hat dich dann nach Berlin getrieben – es hätte ja auch Frankfurt sein können?

Freunde! Tübingen war uns zu eng. Und als AStA- und SDS-Vorsitzender wurdest du auf der Straße von jedem gegrüßt, musstest mit jedem reden. Irgendwann dachte ich, jetzt reicht's. Es ist ja mit 50.000 Einwohnern wirklich ein kleines Kaff. Wir wollten eben mal in diese Metropole, die ja damals noch sehr gemütlich war. Wir gingen immer zu »Herta« in der Schlüterstraße, das war die einzige halblinke Kneipe, die es damals gab.

Und deine Erwartungen wurden nicht enttäuscht in West-Berlin?

Nein, mich faszinierte dieses riesige politische Klima und der aufeinanderprallende Widerspruch zwischen den fightenden Studenten und der Berliner Normalbevölkerung. Das kann man sich heute gar nicht mehr vorstellen. Wenn du damals Flugblätter verteilt hast, haben die gleich gesagt: Geh doch rüber in' Osten! Also gleich Konfrontation. Und dagegen standen wir eben mit unseren anderen Lebensformen, mit Wohngemeinschaften – das war einfach spannend.

Und irgendwie dazwischen lavierte der Senat. Er hätte ja auch vieles verhindern können.

Das war auch ein Verdienst von Bernd Mehlitz, der in der Senatsverwaltung saß, aus der Innenverwaltung kam – ich weiß noch, als wir das erste Mal im »Quartier Latin« gespielt haben, schenkte er uns als Gag einen Pflasterstein zur Premiere oder zum Geburtstag. Sonst hatten wir ja mit dem Senat überhaupt nichts zu tun, heute duzt man da jeden Zweiten in dieser Firma. Damals war der Senat absolut der Feind, außer ein paar Leuten in der Kulturverwaltung, die so etwas wie das Tempodrom freundlich begleiteten. Ohne irgendwie auch nur einen Pfennig dazu zu tun. Kennst du die Geschichte mit den Alliierten? Das war ja der Hammer: Das Zelt vom Tempodrom hatten wir vom Zirkus Busch-Roland gekauft, bei dem ich früher ja mal war. Wir hatten aber kein Geld für eine Sitzeinrichtung. Ich kam dann auf die Idee, das wie ein Amphitheater zu machen und das auf Sand zu bauen. Und Mehlitz gab uns den Tipp, uns den Sand vom U-Bahnbau in Richtung Ruhleben oder Spandau zu besorgen und bringen zu lassen. Er würde dafür sorgen. Wir bekamen den Sand, und dann lagerten Hunderte von riesigen Haufen auf diesem Platz da in der Wüstenei. Ich fragte mich, wie bekomme ich das in eine Form? Bulldozer von einer Baufirma zu mieten war einfach zu teuer. Ich bin statt dessen zum amerikanischen Stadtkommandanten gegangen und habe gesagt, ihr habt doch das schöne Gerät und habt sowieso nix zu tun – könnt ihr uns nicht den Sand da herumschieben? Da sagte der, ja, das machen wir aber nicht alleine – mit den Russen ging es ja sowieso nicht – wir machen das mit den zwei befreundeten Alliierten, mit den Franzosen und Engländern. Wir hatten damals meinen Pressewagen, der noch aus der Zeit von Busch-Roland stammte, als Planungswagen benutzt. Der Verbindungsoffizier der Amis kam mit dem Dienstwagen und Standarte und allem Trallala, und wir Freaks saßen da mit langen Haaren vergammelt in dem Bauwagen herum. Sie mussten uns dann mit den Engländern und den Franzosen zusammen das Gelände planieren. Die einen machten die Logistik, die anderen hatten das Gerät, usw.

Was genau haben die gemacht?

Sie haben den Sand in Stufenform gepresst – wie beim Amphitheater. Dann kamen Holzbohlen drauf als Sitzbänke – im Grunde waren das Baubretter.

Und das lief so unkonventionell ab?

Ja, ich weiß nicht, ob da noch ein Telefonat von irgendeiner Senatsstelle nötig war. Ich glaube, der Bernd Mehlitz hat da auch kräftig mitgedreht, wie er mir erzählte.

Warum haben wir das nicht öfter gemacht, die Alliierten ein bisschen in Schwung zu bringen?

Das haben wir uns damals auch schon gedacht. Es ist doch besser, sie schippen uns den Sand, als dass sie irgendwo in sandigen Gegenden Krieg führen und schießen. Aber kurz vor der Fertigstellung kriegten die Amis irgendwie spitz, dass Irene und ich eine GmbH gebildet hatten. Wir hatten ihnen das aber immer als non profit-Unternehmen verkauft. Was es ja im Grunde auch war. Aber hier in Deutschland hast du halt so eine Rechtsform dafür. Doch die Amerikaner sagten: Das geht nicht, wir müssen die Unternehmung sofort abbrechen. Also bin ich mit Irene da hingefahren und habe denen irgendeine Story erzählt, weshalb das eben doch eine non-profit-Angelegenheit sei und sie weiter machen sollten. Sie haben es fertig gemacht, wir haben sie zur Premiere eingeladen. Und da kamen sie mit einem Bus und ihrem Musik-Corps angefahren und wurden in schöner Regelmäßigkeit jeden Abend ausgepfiffen! Das war natürlich peinlich. Die hatten uns den Sand geschippt und nun das! Aber sie standen das eisern durch, die stiegen aus dem Bus, marschierten rein in die Manege, bliesen ihre amerikanischen Märsche, Pfeifkonzert, und wieder raus.

Hätte man nicht sagen können, Leute, seid nett zu ihnen – die haben uns hier mächtig geholfen?!

Nein, wenn man sich irgendwie schützend vor die Amis gestellt hätte, wäre das ja konterrevolutionär gewesen! Auch noch zu der Zeit – 1980.

Die Stadtmagazine und die jüngeren Mitarbeiter in den Medien waren ja euren Unternehmungen immer sehr gewogen – man baute gemeinsam an einer Alternativkultur. Hobo, dann Zitty oder der tip waren ja ebenfalls Gegenmodelle zum üblichen Presse-Einerlei.

Ein Mann wie Klaus Stemmler, ein Unternehmertyp und irgendwie ein Einzelkämpfer, der den tip gegen alle Konkurrenz hochgebracht hat – wenn ich da an Prinz denke, der den tip massiv attackiert hat. Ich werde nie vergessen, wie der Klaus sich selber noch an die U-Bahn gestellt hat, da an der Kurfürstenstraße, und den tip verkauft hat, um zu gucken, wie die Leute auf bestimmte Überschriften reagieren und um das Kaufverhalten zu testen. Als wir das »Quartier Latin« in's »Quartier« umbauten, war er sehr hilfreich und hat uns damals vom SFB wunderbare alte Kinomaschinen gesponsort. – Das waren Leute, auch wie die von Zitty damals, der Klaus Erhart, mit denen konnte man wunderbar reden und ein Bierchen trinken. Ganz anders als die Leute von der neuen Generation, die einen Anzug anhaben und eine Aktentasche unterm Arm. Aber das baut sich jetzt langsam wieder auf, nur, die müssen auch erst mal zehn Jahre hier sein, damit wieder so etwas entsteht wie bei Stemmler oder Erhart oder Qpferdach (einst bei der taz, jetzt beim tip, O. L.). Heute ist das alles ein knallhartes Geschäft, wo in den oberen Etagen nur Zahlen und Marktaufteilung eine Rolle spielen.

Könnte Berlin nicht wieder eine Eigengesetzlichkeit im Umgang miteinander innerhalb der Kulturszene entwickeln – du sagst ja selbst, man muss erst mal eine Weile hier gewesen sein –, sozusagen eine Wiederkehr des Familiären?

Das ja! Das brauchen die ja, um beispielsweise Kontakte zu uns herstellen zu können. Aber der Siegeszug des Geldes ist letztlich nicht aufzuhalten. Dass sie aber für den Siegeszug auch andere Geschichten brauchen, um sich selber imagemäßig zu profilieren, kann uns ja nur recht sein. Aber es ist nicht mehr so bauchgesteuert, wie es vor zehn oder fünfzehn Jahren war.

Welche Rolle hat für euch das Geld gespielt, abgesehen von der Tatsache, dass man es irgendwie zum Leben brauchte?

Für mich hat Geld eigentlich nie eine Rolle gespielt. Ich hab irgendwie immer Jobs gemacht und gelebt, aber ich habe nie einen Job gemacht und gleich gefragt, was verdiene ich da?! So war das auch hier, als wir die Bar jeder Vernunft aufmachten. Wir haben gesagt, das probieren wir aus. Die erste Saison war katastrophal – wir machten im heißen Juni '92 auf, hatten viele Schweizer Spezialitätenprogramme, die offensichtlich außer uns niemanden interessierten. Dadurch waren wir am Ende des Jahres im Grunde Pleite. Wir wurden aber gedrängt und unterstützt von Otto Sander, Wim Wenders und Meret Becker, die dann auch ein neues Programm entwickelt hat. Da haben wir gesagt, na gut, dann machen wir noch mal auf. Dass man Geld braucht für so einen Laden, das haben wir immer wieder schmerzhaft erfahren müssen. Gerade wenn man nicht subventioniert ist und alles über Ticket- und Bierverkauf reinkriegen muss.

Vielleicht sollten wir an dieser Stelle, weil du das Quartier Latin erwähntest, Manfred Sass in Erinnerung bringen, das Faktotum hinterm Tresen, in der Szene eine Instanz. Immer freundlich, eine gute Seele.

Ja, der verkörperte auch das alte West-Berlin, er mit seiner Frau Christa. Wenn wir dort spielten, hing morgens die Wäsche da, Mittags gab es Koteletts und Kartoffelsalat. Das wäre heute alles undenkbar. War ja damals auch schon ein auslaufendes Modell, einen Laden so zu führen. Wir haben das Quartier dann mit BAP zusammen übernommen, gegen Schwenkow, der damals Mitbewerber war und dann letztlich doch den längeren Atem hatte. Jaja – Manne Sass und John Lee Hooker *(Lacht.)* – er schwärmte immer von John Lee Hooker, weil er mit ihm so gut einen trinken konnte.

Ein Satz mehr zu Schwenkow?

Ich habe Respekt vor seiner kaufmännischen Leistung, weil ich ja in diesem Laden hier (der Bar jeder Vernunft, O. L.) auch die Erfahrung des Unternehmers und des Kaufmanns machen musste. Denn dass ich mal 60, 70 Angestellte haben würde, war mir ja auch nicht in die Wiege gelegt worden. Ich finde es erstaunlich, wie er sich gegen Heroen und Impresarios wie Fritz Rau oder Lieberberg und Avram durchgesetzt hat.

Ihr kommt euch nicht in die Quere?

Im Gegenteil, er hat ja damals die Platzorganisation und die Vorbereitungen für uns getroffen und am Anfang sogar die Werbung für uns gemacht, aber wir haben uns dann einvernehmlich getrennt, weil er gar nicht die Zeit hatte, sich um einen kleinen Laden wie diesen hier zu kümmern.

Weiteres name-dropping: Hassemer?

Er war als Kultursenator eine Bereicherung für die West-Berliner Kulturszene. Er war, obwohl CDU, offen für alles und gerade für die Off-Kultur. Er war unter den Kultursenatoren, die ich noch in den letzten 15 Jahren kennen gelernt habe, einer der herausragenden. Das letzte Licht war wohl Frau Martiny. *(Lacht.)*

Sie ist ein paar mal durchs Bild gelaufen und das war's.

Die jetzige Senatorin, Adrienne Goehler, kenne ich seit zwanzig Jahren. Wir waren mal zusammen in Hamburg im Knast. Nicht als Insassen, sondern wir als Tornados haben da gespielt, in Santa Fu, was sie vermittelt hatte.

Sie packt ihren Job hier erfrischend an. Sie hat aber auch gegen die West-Berliner Riege der Haushaltsmafia und der Argumente des Geldes kaum eine Chance.

Machen wir die Vergangenheit wieder zur Gegenwart: Gab es in West-Ber-

lin eine Kern-Szene oder viele einzelne kulturelle Gruppierungen?

Da gab es schon zunächst eine Kernszene. Ich denke an die Zeit, als Conny Konzack sein Kant-Kino machte, mit Jango Edwards, darum und um's Tempodrom oder um's Quartier gruppierte sich ja alles. So divergierend wir alle waren, man traf sich trotzdem in den selben Kneipen, zumindest eine Zeit lang. Man kannte jeden, weil es überschaubar war. Erst dann, von der kulturpolitischen Entwicklung aus gesehen, mit dieser Pappnasen-Kultur über das Festival of Fools u.ä. und dieser Verbreiterung – da fing jeder an zu jonglieren und Feuer zu spucken – da entstand auf dem Sektor das Varietés von neuen Zirkusleuten, die mit der alten Tradition von Zirkus Renz oder Busch-Roland nix zu tun hatten, neuer Humus. Es hatte auch so etwas Selbstverwirklichendes, jeder wollte sich kulturell irgendwie darstellen. Das wurde in den 80er Jahren dann unüberschaubar. Heute gibt es, wenn man das überhaupt so nennen kann, Hunderte von Szenen in Berlin. Kulturschickeria, Raver, Partyleute und was sonst noch alles.

Otto Sander hat euch später geholfen, sagst du, aber hattet ihr früher schon Kontakt zu Theaterleuten? Die Hochkultur traulich vereint mit den Alternativen?

Das war noch getrennt. Das war lange getrennt. Das hat sich erst, grob geschätzt, in den letzten zehn Jahren verändert. Die Berührungsängste zwischen U und E werden abgebaut. Weil die Hochkultur merkte, dass da zunehmend blutleere langweilige Produktionen und Inszenierungen erstellt werden.

Mit Erik Spiekermann hattest du auch mal zu tun?

Wir kennen uns im Zusammenhang mit einer Veranstaltung, die wir so um 1972 machen wollten, ungefähr ein halbes Jahr vor der inoffiziellen Beendigung des Vietnamkriegs. Wir hatten mit einigen Leuten »Vietnam-Generation« gegründet, Heinrich Böll war dabei, und wollten im Olympiastadion ein riesiges Vietnam-Festival machen. Dazu hatten wir Emissäre in der ganzen Welt, hatten uns vorgestellt, wir holen die Stones, Jefferson Airplane, Grateful Dead und solche Leute. Spiekermann hatte damals ein Grafikbüro und machte das Briefpapier dafür. Wir trafen uns immer zu Besprechungen in der Bayernallee. Aber dann bekamen wir das Olympiastadion nicht, weil die damals noch Angst um ihren Rasen hatten – heute wird es ja gerne vermietet! Gott sei Dank, dass wir es nicht kriegten, es wäre ein riesiges Fiasko geworden. Denn nun war Chile auf der Tagesordnung, der Vietnamkrieg war praktisch zu Ende. Nun ging es um Allende. Er und sein Tod bestimmten die Diskussion. Vietnam war out. Aus dieser Zeit kenne ich Spiekermann.

Über das Fallenlassen von Namen kommt man zu interessanten Geschichten. Warst du zu Mauerzeiten in Ost-Berlin?

Ja, wir haben ja mal als Tornados eine Vier-Sektoren-Tournee gemacht. Erst sind wir durch die drei West-Sektoren getourt und dann heimlich rüber gegangen in irgend so eine Fabriketage am Prenzlberg – damals auf Einladung von Wenzel und Mensching und Barbara Thalheim. Die hatten das organisiert, aber wir konnten ja nichts mit rüber nehmen. Keine Requisiten, keine Gitarren, kein Akkordeon. Das mussten die alles besorgen. Was zu einer komischen Situation führte: Wir brauchten ein Bullenkostüm wegen irgendeiner Demo-Szene mit Prügeleien. Und das ließ sich nicht besorgen. Aber sie haben uns aus dem Theaterfundus ein Pickelhauben-Kostüm besorgt. Und so spielten wir vor etwa 200 Leuten eine Nummer, in der es um eine AKW-Demo ging, im Pickelhauben-Outfit. Wir sind dann öfter rüber gefahren ins Haus der Jungen Talente und zum Festival des Politischen Liedes. Oft in der Begleitung von Dr. Diether Dehm. *(Lacht.)* Während wir auf Herz und Nieren geprüft wurden, kam der immer sofort an der Schlange vorbei, damals wussten wir noch nicht, warum. Die Anarchisten hatten es bei denen ja am schwersten.

West-Berlin – kleines Schlussgebet?

Wie das immer so ist bei so alten Leuten wie mir, schwärmen sie natürlich von den guten alten Zeiten, weil es da schon etwas gemütlicher war. Aber was sich da jetzt in Mitte so an neuen Szenen entwickelt, finde ich ganz spannend, wiewohl ich gerne auch auf dem Land lebe. Bei den Schafen.

Wo da?

Im Wendland, im »Landkreis«, wie man so sagt.

Lieber Holger Klotzbach, trotz deiner häufigen Stadtflucht: West-Berlin dankt dir dieses Gespräch!

Das war der Kudamm: Toi, toi, toi

Sonntag. Gegen 11 Uhr. Der Wittenbergplatz noch verödet. Die Filzer-Graffitis an den Telefonboxen kann keiner entziffern – was soll's dann? Das KaDeWe, lese ich neben dem klotzigen Ziergitter, ist »von ADAC empfohlen«. Verkaufen die jetzt auch Autos?? Die Nobelbude selbst empfiehlt Coca Cola mit riesigen Pullen im Fenster. Ist denen der Sekt ausgegangen? Endlich: Revolution! Die Roten haben einen BVG-Bus gestürmt und hissen auf seinem Dach die Sowjetfahne! Wo bleibt Diepgen? Ach so: 'ne Fotoausstellung der »Berliner Geschichtswerkstatt«. Dennoch hat Otto Boenicke in Panik seine Rollos bis ins Pflaster gerammt. Passaus Wappen vor Leiser wird grad von Waldi abgespritzt. »Schöner Wohnen« kann man jetzt mit Woolworth. Schön ist eben relativ. Watt'n da – 'ne Demo?! Der freie Autofluß ist ab Nürnberger gehemmt! Flotte Blasmusik gibt Entwarnung. Heute ist der Kudamm »Euromeile« mit Ringelpietz und Anfassen. Das kann ja heiter werden. Am Royal hängt Rambo der Dritte: »Jetzt kämpft er für seinen Freund« – hat er noch einen? PanAm läßt am Euro-Center einen Zeppelin flattern. Neues Fluggerät im Preiskrieg?

Eine Swing-Combo brettert an der G.-Kirche mächtig ab, der Mann mit den Spielzeugwürmern an der Strippe läßt seine Herde dazu stepptanzen. Keine Autos, aber Buden mit und meistens ohne Zauber. Das Gloria zeigt die Aufklärungsrolle und Loriot ist Ödipussy. Das wäre er nicht, hätte er die Rolle gesehen. 'n Kleiderbügel kannste kaufen für zehn Sakkos auf einmal. Eben Weltstadt. Das Deutsche Reisebüro schenkt gegen 3 Mark Fuffzich »St.Petersburger Milchsuppe« aus – wo, zur Hölle, liegt St.Petersburg? Die Berliner sind auf den Beinen, ziehen das Bier hinter und zermalmen Exotisches wie Currywurscht. Ein Kleinbus lauert: »Das Diepgen-Team!« Da ist er also. Hat man nie seine Ruhe?

Auf dem Mittelstreifen ein Kleinbus ohne Diepgen, aber von der CDU. Auch der SFB weiß, wo die Action ist. Sein anbiedermeierlicher Reporter quält das Volk mit bohrenden Fragen: »Wie finden Sie unseren Aufkleber? Kommen Sie aus Berlin??« Ich pirsch mich ran und will wissen: »Meister, sind Sie denn aus Berlin?« Er wütet stumm zurück. Ich hake nach, dann wird er schwach: »Nein!« War klar, bei dem Akzent (verzeih mir, Kollege!). Dafür erweist sich die Schwarzwälderin am Stand gegenüber als unfähig, ihren Heimatdialekt zu verstehen. Sie nämlich kommt – aus Berlin. »Pilze« sind der große Renner, die Champis werden in Kesseln gequält und mit Soßen übergoßen. Das Bier kostet 0,4 l = 4 DM, 0,3 l = 3 DM. So einfach ist unser Reinheitsgebot. »Ertrinken verboten« fordert das Kino an der Uhland. Geht gar nicht bei diesen Preisen! Die Sannyasin in Orange sind dann doch bloß von der BSR und harken Pappbecher zusammen. Eine Schwuchtel-Combo macht in Travestie und will Samba mit mir tanzen. Und erzählt einen Witz: »Meine Freundin ging drei Jahre auf den Strich – bis sie merkte, dass die anderen Geld dafür nehmen.« Eben: »Ein Herz für Kinder« ist die Devise des Tages. Wie schön für Kids, wenn wenigstens Papa lacht!

Der Weltkonzern »Schnulzen-Uschi, Manne & Co.« hat den Ghetto-Blaster voll aufgedröhnt und spendiert: »An der Nordseeküste ...« Man ist eben immer aktuell. Nachmittags ist Polonaise angesagt. E 88-mäßig. Da hilft nur nackte Flucht!

Und weiter an jeder Kreuzung Kleinbusse von der CDU mit »Radio in Berlin«-Plakaten. »Wir unterstützen die!« sagt der Parteimann mit dem Walkie-Talkie. Warum auch die gerade nicht? Big Brother CDU: Haben wir endlich das Einparteiensystem? Aus den Notklos namens »Toi Toi« rieselt Feuchtes, es mufft nach Bratfett und schalem Bier. Der Skateboard-Rasta kann ungestört auf der Gegenfahrbahn herumkurven, wo die Wessi-Busse stehen und die Generatoren ackern: »Berlinförderung weg – Arbeitsplätze weg!« steht auf einer Maschine. Der Alltag hat uns wieder. Von hinten ist die Show eher erträglich und Schuhe kosten 279, ein Damenslip nur 119 DM. Farbe Schwarz. Ist was mit Oma?

Juli 1988

Der größte Postraub in der Geschichte Deutschlands, oder: ... dass Menschen nach Menschen gucken

Juppy über Inbetriebnahmen, alte Geister, Celulloid-Träume, getürkte Lokaltermine, ein herzliches Willkommen, Sack und Pack, schöpferische Ekstasen, Mauer-Launen, Kultur-Biotope; über Juppy die Trümmerfrau, Schubbern für Dollars, Mir-Karawanen, zwanzig Hebammen, Kommen und Gehen, grüne Dächer, Frettchen und Enten, Brot und Spiele, Denkmalschutz-Haare, Berliner Samba, Garagen-Zöllner, Weltstadt-Pförtner; über fehlenden Kapitalismus, Klingelbeutel-Abstinenz, lernfähige Bürgermeister, Kultur im Lebenszusammenhang, Bio-Pioniere, schnelle Fehlerkorrekturen, Osaka-Bildungsurlaube, die Hauptstadt der Zweigstellen und Russenangst.

Gesprächsdatum: 28.3.2001

Olaf Leitner: Meine Güte – Tempelhof! Ach Juppy, das ist der Bezirk, den ich am wenigsten leiden kann. Da drüben, hinter dem Kanal, bin ich aufgewachsen ... Früher gab es hier viele Kinos: das Tivoli, das Gaby, das Alhambra, genannt die Flohkiste, das Mali, das DKL, das Luxor, den Südpalast, das Tefi. Die meisten endeten als Supermarkt, die Flohkiste wurde Tagungsstätte der Zeugen Jehovas. Dann war hier Jahrhunderte lang tote Hose. Und eines Tages kamt ihr mit der Ufafabrik ausgerechnet hier her!

Juppy: Wir wollten ja erst nicht nach Tempelhof, wir hatten zwei Fabriketagen in der Oranienstraße, mitten in Kreuzberg, dort haben wir gewohnt und ein Kulturcentrum 1976 in der Kurfürstenstraße in Schöneberg aufgebaut, die »Fabrik für Kultur, Sport und Handwerk«. Zu dieser Zeit, da war's in Kreuzberg wie heute in Mitte. Da ziehste nicht so einfach weg. Dann haben wir uns doch nach etwas Neuem umgeguckt, weil wir uns vergrößern mussten. Wir haben uns überlegt, wir bauen uns eine Welt der kurzen Wege, eine kleine Stadt in der Stadt. Wir wollten einen Platz haben, wo wir wohnen können, unsere Arbeit machen, und wo wir ein Kulturzentrum machen können. Kultur, Leben, Arbeit, Ökologie und Sport, wie Aikido, Karate und Thai Chi, eben alles, was der Mensch so braucht – alles auf einem Platz. Dann haben wir uns erst nach 'nem Haus in Kreuzberg umgesehen, was wir haben wollten, die ehemalige Prakma- Fabrik in der Waldemarstraße. Die wurde dann sozusagen vor unseren Augen abgerissen, obwohl dagegen eine einstweilige gerichtliche Verfügung eingereicht war. Daraufhin haben wir damals gesagt, OK, wenn das so ist, gehen wir das nächste Mal erst hin und dann fragen wir. In diesem Geist ist die Besetzung der Ufafabrik entstanden. Deshalb haben wir auch nie »besetzt!« gesagt, sondern immer nur: »Wieder friedlich in Betrieb genommen«. Von ehemaligen Rockmusikern haben wir den Tipp bekommen, dass dieses historische Ufa-Gelände seit Jahren leer steht und am Verrotten ist. Wir haben lange überlegt. Erst wollten wir uns das Gelände gar nicht angucken, wegen dem konservativen Tempelhof.

Das hat euch abgeschreckt.

'Türlich! Aber dann haben wir uns das doch angeguckt, und da war uns schnell klar: Das ist eine Verpflichtung! Der ganze Platz mit seinen 7 Gebäuden war für unsere Ideen bestens geeignet, und es galt, der Stadt ein Stück Geschichte zu erhalten. Die Geister der alten Ufa waren ja alle hier, wie Marlene Dietrich, Fritz Lang u.v.m. Bertelsmann hat zwar alle Ufa-Filme aufgekauft und der Kinoketten-König Riech die ganzen Ufa-Filmtheater, aber die Geister der Ufa, die gehören uns! Hier wurde entwickelt, kopiert, synchronisiert, und hier wurden die Filme das erste Mal gezeigt, bevor sie überhaupt Premiere hatten. Im »ersten Leben der Ufa« waren in dem alten Filmbunker, der ehemaligen Schatzkammer des Deutschen Films, Träume auf Celluloid gelagert, heute im »zweiten Leben der Ufa« proben dort Künstler der Ufafabrik, um ihre Träume Wirklichkeit werden zu lassen.

Wir hatten mit der Ufa-Geschichte damals den Vorteil, dass jeder Journalist gleich einen schönen Titel hatte: Neues Leben in alter Traumfabrik! Dazu ist jedem ein toller Bericht eingefallen! Aber es bedurfte zu dieser Zeit, 1979, auch eines großen Geschicks, ein Gelände von 18.000 qm, mitten in Berlin, zu erobern. Schließlich war es der größte »Postraub« in der Geschichte Deutschlands: Das Gelände gehörte zu der Zeit der Deutschen Bundes Post, und die waren gerade in Verhandlung mit dem Land Berlin, um es zu verkaufen.

Unsere größten Unterstützer damals waren Freunde und Bekannte und die Berliner Presse und dadurch die Öffentlichkeit. Besonders der SFB, mit Fernsehen und Radio, hat super über uns berichtet. Nachdem wir Samstagabend in dem SFB Magazin »Lokaltermin« waren, hatte die Polizei das erste Mal etwas davon mitgekriegt. Und im Fernsehen hatten wir alles so dargestellt, als wären wir schon jahrelang hier. So kam die Polizei nach der Sendung tatsächlich vorbei und wunderte sich, dass sie all die Jahre nie etwas davon mitbekommen hatten. Dabei war die politische Lage in Deutschland 1979 nicht einfach. Da wurde viel von Terrorismus geredet, da hatten Politiker Angst irgendwo hin zugehen. Uns war klar, diese Situation müssen wir erst einmal durchbrechen, wenn wir erfolgreich sein wollen. Und wir fingen an den Dialog zwischen Basis und Politik wieder aufzubauen.

Wir wollten nicht nur Leute sein, die kritisieren, sondern wir wollten zeigen, wie

Juppy und die Ufafabrik
(*1948 / *1979)

Ein katholisches Internat in Gerolstein und das verantwortungsvolle Amt als Messdiener schafften ihm die solide Grundlage für spätere Leitungsfunktionen. Die Reaktionen auf seine langen Haaren in früher Zeit münzte Juppy listig um in ein Menschenerkennungsfilter, mit dem er sich »alle oberflächlichen Typen vom Hals« halten konnte. Um an der HdK Innenarchitektur zu studieren, kam er 1969 nach Berlin und hinterließ der Bundeswehr einen militärisch knapp verfassten Abschiedsbrief: »Meine Herren, ich bin ein Berliner. Bitte von künftigen Belästigungen abzusehen, da mit Arbeit verbunden, derer ich zur Genüge habe. Bin ohnehin nicht gewillt, Frondienst zu leisten für herrschende Klasse, da zur Zeit am Arbeiten, sie zu verändern.« Dies wurde ihm alsbald wichtiger, als Hochbauten zu errichten.

es besser geht. Also beispielhaft vorangehen und sich selber mal verändern.

Unsere »Barrikade« am Anfang der Besetzung war keine Mauer mit Stacheldraht, sondern das Tor weit auf und ein Transparent »Herzlich willkommen!« Das ist ja gar keine richtige Besetzung, haben uns die Politiker fast zum Vorwurf gemacht, wo ist denn hier die Barrikade. *(Lacht.)* So was hatte anscheinend vorher noch nie jemand so gemacht. Darauf haben wir gesagt, wir machen doch extra diese *action* und das Tor weit auf, damit ihr mal hinguckt. Unseren Antrag könnt ihr sehen, riechen, schmecken, hören und fühlen, habt ihr jemals einen besseren Antrag gekriegt? Bisher verschwanden unsere Anträge immer in Schubladen und Papierkörben. Das war nun nicht mehr möglich.

Wir wussten auch: Wenn du in Deutschland zu dieser Zeit, Ende der 70er Jahre, etwas Neues anfängst und die Regierung kennt

das nicht, dann wird erst mal draufgehauen, das nichts mehr übrig bleibt, bevor man mal guckt, was draus geworden wäre. Uns war bewusst, wenn du in Deutschland etwas verändern willst, musst du erst mal was vorlegen und Taten sprechen lassen. Unbemerkt von der Presse hatten wir schon 1972 die Kommune gegründet, haben dann 1976 in der Kurfürstenstraße das Kulturzentrum »Fabrik für Kultur, Sport und Handwerk« eröffnet, was dann mit 500 Mitgliedern aus allen Nähten geplatzt ist. Dann sind wir mit Sack und Pack am 9. Juni 1979 auf unübliche Weise in die Ufa gezogen. Unser Motto war »In einer Stunde der Tat steckt mehr Wirklichkeit als in dem Gerede von Jahren.«

Wir haben den Politikern gesagt, es kann nicht nur das gemacht werden, was ihr von oben anordnet, weil ihr da oben keine guten Ideen mehr habt! Die guten Ideen sind bei den Leuten, die letztlich die Arbeit machen, die Dinge entwickeln. Durch diese Offenheit haben wir es geschafft, ins Gespräch zu kommen – mit allen Parteien. Wir hatten keine Berührungsängste. Wir haben denen gesagt, wir sind Künstler, und wir bauen die Brücken, die andere in der Gesellschaft mit ihrem Arsch ständig einreißen. – Das war zu dieser Zeit nur hier im multikulturellen West-Berlin möglich, woanders hättest du keine Chance gehabt.

Wenn ich mir West-Berlin zu dieser Zeit angucke, wie viele leerstehende Häuser von aktiven Menschen wieder belebt wurden – in jedem Hinterhof wurde Kultur gemacht, Workshops, Menschen haben sich miteinander beschäftigt.

Das ist ja das Größte überhaupt, dass Menschen sich aktiv kulturell beteiligen. Mit solchen Leuten kannst du eine Demokratie machen, mit denen kann man argumentieren. Die anderen schlagen zu, da hört die Demokratie auf. Deshalb hat sich die Menschheit die Kultur doch vor vielen tausend Jahren ausgedacht, damit wir lernen, mit unserer

Ekstase schöpferisch umzugehen. Wie Ekstase negativ ankommt, hatten wir in Berlin schon vorher erlebt.

Wir West-Berliner haben uns immer überlegen müssen, was können wir tun, damit uns diese Ungerechtigkeit mit der Mauer nicht ständig im Alltag tangiert, wir nicht täglich mit schlechter Laune rumlaufen. Die verrücktesten Typen in Deutschland kamen ja deshalb extra nach Berlin, um mit zu helfen so eine Situation durchzustehen. Ich bin ja selbst so einer. Wir haben fieberhaft überlegt, was können wir jeden Tag unternehmen, dass uns diese Ungerechtigkeit mit der Mauer nicht ständig abtörnt. Und so entstanden in jedem Hinterhof Kulturzentren, Musik, Theater u.v.m. Ich möchte das mal in einem wunderschönen Begriff ausdrücken: So entstand in West-Berlin »ein Biotop unter den Kulturlandschaften der Welt«. In keiner anderen Stadt war dies so möglich, wie in West-Berlin. Und nur hier in diesem West-Berlin konnte so etwas Einmaliges entstehen wie die Ufafabrik. Hier war der Geist für so etwas, das war unser Westberliner Überlebenskampf. Deshalb muss man dieses Biotop auch schützen, da es nur durch 40 Jahre Repression entstehen konnte. Mit keinerlei Milliarden hätte man das aufbauen können, das haben die Menschen nur für sich selber gemacht und ihre Stadt. Das ist unbezahlbar, was von den Menschen in West-Berlin kulturell geleistet wurde. Das könnte man als Beispiel für persönliches Engagement in die ganze Welt übertragen und nicht einfach wegsanieren, wie es heute oft unbewusst gemacht wird.

Wolfgang Neuss hat mal in einem Gedicht über die Mauer gesagt: »Was der 2. Weltkrieg nicht geschafft hat, die Mauer hat's gebracht – die ekelhaftesten Leute haben die Stadt verlassen«. Und nun muss man halt überlegen, was ist, wenn die jetzt alle zurückkommen?

Die Trümmerfrauen möchte ich in diesem Zusammenhang auch erwähnen. Sie waren ja die Basis von allem. Vor ihnen ziehe ich nicht nur meinen Hut, sondern mache eine tiefe Verbeugung. Manchmal glaube ich, in meinem vorigen Leben bin ich auch eine Trümmerfrau gewesen.

Hattest du den Eindruck, 1989 sei dir die Bettdecke weggezogen worden?

Nein, ich hab mich gefreut! Ich hatte ja schon viele Freunde im Osten, mit denen ich gut zusammengearbeitet habe. Und denen habe ich gesagt: Ich komme jetzt zu euch rüber, und sage: Donnerwetter! Sind wir doch ein gutes Stück reicher geworden, haben ein riesen Stück Land dazu gekriegt. Und ihr müsst rüberkommen nach West-Berlin und geht ins KaDeWe und sagt: Mensch, guck mal hier, alles uns, jetze! Wenigstens denken muss man das. Ich hab ihnen manchen guten Tipp gegeben, dass sie hier schneller Fuß fassen. Davon sind jetzt einige Bürgermeister geworden. *(Lacht.)* Ich habe denen gesagt, um schnell auf West-Niveau zu kommen, da müsst ihr mindestens mal ein halbes Jahr in Amsterdam gelebt haben und ein Jahr in New York oder L.A., damit ihr mal seht, wie die für ihren Dollar schubbern. Wenn ihr dann zurückkommt, seid ihr gleich über westdeutschem Niveau vom Denken her. Haltet euch nicht nur an uns, da seid ihr immer nur die Schüler, ihr müsst eure eigenen Stärken entwickeln. Das waren meine besten Tipps, die ich ihnen geben konnte.

Ihr habt also hier auf dem Gelände nicht angefangen mit euren Erfahrungen, sondern das war schon praktisch und gedanklich in verschiedenen Institutionen vorbereitet worden?

Ja, hier wurde es dann nur richtig öffentlich. Wir mussten in die Offensive, denn unauffällig hätte man so ein grosses Gelände nicht betreiben können. Jetzt haben wir in 22 Jahren eine Menge neuer Erfahrungen gesammelt. Was man hier an Veranstaltungen sehen konnte und kann ist schon enorm: Internationale Kultur-Festivals, wie die Mir-Caravane, spitze Sommershows unterm Zeltdach,

Varieté-Shows wie den hauseigenen Ufa-Circus, der die Varieté Szene Berlins schon Anfang der 80er neu belebte, die 3 Tornados, College of Hearts, Familie Schmidt mit Lilo Wanders, Wolfgang Neuss, das Frankfurter Front Theater, die Sambaband »Terra Brasilis«, und viele junge Berliner Künstler, die in der Ufafabrik anfingen und heute in der Champions League spielen wie Daniel Rheinsberg, Andreas Wessels, Markus Pabst, BMX-Frank, Tuan Le, Kurt Krömer und noch viele andere.

Weiter betreibt die Ufafabrik eine Biobäckerei und einen Bio-Laden, damit auch jeder genau wie wir die Chance hat sich gesund zu ernähren, denn »Du bist, was du isst« ist ein Motto von uns. In unser Nachbarschafts-Centrum und unseren Freizeitbereich kommen in der Woche über 1000 Menschen. Das Problem heute in so einer grossen Stadt ist nicht die Frage, was mache ich im Urlaub, sondern täglich nach Feierabend, um 17 Uhr. Hier laufen Kurse das ganze Jahr in Tanz, Percussion und Budo. In unserem Nachbarschafts-Centrum ist eine Geburtshilfe entstanden mit über 20 Hebammen, ein Familienpflegedienst und eine Sterbehilfe. Eine Erkenntnis dabei war, dass man das kulturelle Niveau einer Gesellschaft am besten daran messen kann, was wissen wir davon, wie einer auf die Welt kommt und wie er geht. Alles was dazwischen liegt ist unser kulturelles Niveau. Da sehn wir, dass hier in Europa noch eine Menge zu tun ist. Das Leben ist wie eine gute Show, ein super Opening und ein super Finale. Wenn du zwischendrin mal einen Hänger hast, kannst du das immer mit einem super Finale wieder 'rausreißen. Beispielhaft wollten wir auch sein mit unseren Dächern. Dort haben wir Begrünung und eine der größten Solaranlagen Berlins – wir lassen die Sonne für uns arbeiten. Aber das größte, was wir hier haben, das sind die Erfahrungen, die wir mit der Kommune, der Großfamilie, gemacht haben. Diese 40 Menschen haben die Ufafabrik durch dick und dünn aufgebaut. Für mich sind meine Mitstreiter hier die wahren Helden, weil ich weiß, von Anfang an, was die alle investiert haben an Fantasie und ehrenamtlicher Arbeit, um dieses Gesamtkunstwerk aufzubauen. Und das Tollste ist, wir haben die modernste Organisationsform der Welt – die Gleichberechtigung. Da kann ich doch wirklich mal mit gutem Gewissen sagen, als deutscher Junge – ich bin stolz darauf, dabei zu sein.

Insgesamt hat die Ufafabrik über 200 Arbeitsplätze. Dazu gehört noch die Freie Schule mit ca. 40 Schülern, eine Grundschule bis zur 6. Klasse und ein Kinder-Bauernhof mit Ponys, Schweinen, Frettchen, Kaninchen, Gänsen, Enten und Hühnern. Eben eine kleine Stadt in der Stadt.

Besonders heute im Zeitalter der neuen Technologien und neuen Medien ist es in der Gesellschaft immer wichtiger für den Ausgleich zu sorgen. Was ist da besser als die Kultur, denn da habe ich mit Menschen zu tun. Da fällt dir dein Respekt vor dem Nächsten und der Natur wieder ein. Wenn die Entwicklung so weiter geht, wird es zu einer Blütezeit der Kultur kommen müssen. Oder soll die Welt untergehen? Was nützt es, du hast deinen PC, deinen BMW vor der Tür, Kohle, du könntest eigentlich zufrieden sein, und die Leute fangen an sich zu fragen, soll das alles gewesen sein? Ich hoffe, dass in Zukunft auch wieder mehr Menschen nach Menschen gucken, statt nach neuen Computerprogrammen.

Tempelhof – da stand nun zwar »Herzlich willkommen!«, aber kam da auch jemand?

Klar, viele Nachbarn kamen vom ersten Tag an. Die anderen etwas später, haben erst einmal abgewartet, was daraus wird. Schließlich waren wir die Neuen, die sich einbringen wollten. Aber wir hatten gute Argumente. Mit unserer Bio-Bäckerei und dem Ufa-Circus konnten wir das bieten, wovon jede Regierung träumt – Brot und Spiele. Spätestens bei meiner gemischten Raubtiernummer mit zwei Hunden und zwei Polizisten mussten sie lachen und haben die Angst verloren. Das war wie bei »Der Name der Rose«.

Letztendlich war es einfach, hier im Bezirk Fuß zu fassen, denn Tempelhof war damals als Kulturwüste ausgewiesen. Da waren die Bevölkerung und die Politik froh, dass endlich mal was passierte. Als wir schon ein paar Jahre hier waren, kam ein Historiker, der hat gesagt, wir machen eine Analyse fürs Land Berlin, weil wir uns Sorgen um Tempelhof machen. In jeder westdeutschen Kleinstadt, in jedem Stadtbezirk Berlins, gibt es eine Frauenbewegung und eine Schwulenbewegung, nur in Tempelhof nicht. Und das gibt uns doch zu denken. *(Lacht.)*

Hier gab es eben keine Frauen und erst recht keine Schwulen ...

Es hat sich vieles verbessert. Stell dir vor, damals hatte ich immer einen riesen Ärger wegen meiner langen Haare, heute muss ich glatt einen Antrag beim Landeskonservator stellen, wenn ich mir mal die Haare schneiden lassen will. Die Zeiten ändern sich zum Glück.

Heute ist die Stadt stolz auf uns: Wir haben Tourneen gemacht mit Artisten und »Terra Brasilis« – Samba made in Berlin –, nach Osaka, nach Seoul, wir waren im Januar 2001 in Hongkong bei der Neujahrsparade und haben dort Berlin und Deutschland vertreten. Wir wissen uns gut zu präsentieren. Denn das konntest du in der Stadt hier lernen. Wir waren in Berlin immer darauf angewiesen, unsere Gäste anständig zu behandeln, denn es war schwierig genug hierher zu kommen. Ich habe ja sogar unsere Zöllner an der Grenze anständig einarbeiten müssen: Anfang der 70er war es ja vom Osten her ziemlich hart an der Grenze. Sie haben dich gecheckt, gefilzt, rein in die Garage, alles auspacken, usw. Ende der 70er sagten die im Osten mit einem Mal: Schönen guten Tag, Ihren Ausweis, bitte! – Und noch einen kleinen Scherz hinterher: Waffen, Funkgeräte, Munition? – Nee, haben wir nicht!

Dann bist du zum Westen gekommen, da sitzt so ein Heini, hinter seiner Scheibe und sagt: Ausweis! Ich denke, ich hör nicht richtig und sag: Entschuldige, was ist?! – Ausweis!! – Ich sage: So nicht! – Er schreit: Fahr'n Sie rechts ran! – Und ich sage: Nee, du, komm mal raus aus deiner Hütte! Da kam er raus, und da habe ich ihm gesagt: Hör zu, ich muss dir eins sagen: Wir in West-Berlin müssen hart arbeiten, um gute Laune zu haben. Und auch unsere Gäste, die zu uns kommen, haben es nicht einfach. Wir müssen 180 Kilometer fahren, damit man mal wieder frei rumlaufen kann. Hier, wo du stehst, hier fängt West-Berlin an. Und ich find es unerhört, dass unsere Gäste und wir selbst auch noch von unseren Leuten respektlos behandelt werden! Wenn ich in West-Berlin ins Hotel Interconti gehe, weißt du, wie der Pförtner zu mir sagt? Tach, Juppy! Der liest Zeitung, Mann!! Und das Interconti ist so'n kleiner Popel von Berlin. Aber Sie, Mann, Sie sind Pförtner einer Weltstadt! – Mit einem Mal steht er da und sagt: Nicht schlecht! Pförtner einer Weltstadt! Na, dann wünsch ich: Gute Fahrt!! – Wir haben uns als Freunde getrennt.

Es ist einfach schrecklich, wenn der erste Deutsche, dem man begegnet, ein unfreundlicher Vollidiot ist. Da kann man doch sagen: »Hallo, einen schönen guten Tag, Ihren Ausweis, bitte!« Der erste Deutsche an der Grenze sollte ein netter Typ sein. Da haben wir Berliner einiges mitmachen müssen.

Zehn Jahre habt ihr ohne Subventionen durchgehalten?

Ja, die ersten Jahre haben wir gar keine Subventionen gewollt. Wir wollten unabhängig sein und erst mal herausfinden, was wir selbst so drauf hatten. In der Zeit haben wir eine Anleihe gemacht bei Freunden und Bekannten, haben 500-DM-Scheine vergrößert, dem Typen da drauf noch 'ne Clownsnase aufgesetzt. Da kamen in drei Monaten 240.000 Mark rein. Viele Menschen haben uns unterstützt.

Doch nach zehn Jahren haben wir gemerkt, dass unsere kulturellen und sozialen Aktivitäten uns ein riesen Loch in den Haushalt reißen. Damals war Volker Hassemer Kultursenator. Ich habe ihm gesagt, ich arbeite wie in New York, aber ich stelle fest, hier ist gar kein richtiger Kapitalismus! Unsere Konkurrenz wird 100 %ig staatlich subventioniert, und wir möchten wenigstens so viel Unterstützung haben, dass diese Wettbewerbsverzerrung ausgeglichen ist. Wie soll man denn sonst da mithalten? Und seit dieser Zeit, noch kurz vorm Mauerfall, haben wir erreicht, dass wir mit einem Teil des Geländes als »Internationales Kultur-Centrum Ufafabrik« im Haushalt vom Land Berlin sind. Zum Glück hatten wir Freunde in allen Parteien, die den Wert der Ufafabrik erkannt haben.

Den Namen hat euch niemand streitig gemacht?

Am Anfang hat die Presse immer »die Leute vom Ufa-Gelände« geschrieben, oder die Ufas. Der Name »Fabrik« drohte unterzugehen. Da haben wir die elegante Kombination gemacht: Ufa-Fabrik. Nach acht Jahren kam der Kinoketten-König Riech und hat unseren Namen angefochten. Es gab eine Gerichtsverhandlung, und da hat der Richter, ein Berliner Lokalpatriot, dem Riech gesagt: Da hätten sie mal vor acht Jahren kommen sollen. Die Ufafabrik kann sich weiter Ufafabrik nennen, innerhalb und außerhalb Berlins. Wir legen selbst großen Wert darauf, nicht all zu sehr mit der Ufa-Geschichte identifiziert zu werden, denn so rühmlich war die nicht. Uns reichen die Geister der alten Ufa, die hier zu Hause sind.

Da gab es ja durchaus auch nicht so glanzvolle Nebenaspekte!

Natürlich! Mit denen will ich gar nicht belastet sein.

Als ihr hier anfingt – hatte man da bei Senatens nicht Angst, ihr würdet mit dem Klingelbeutel auftauchen?

Die hatten Angst. Aber wir kamen ja nicht! Man hatte uns sogar Geld angeboten, aber wir wollten das nicht. Das war natürlich kurios. So was hatte es in Deutschland noch nie gegeben! Dadurch haben wir auch die Politiker viel leichter kennen lernen können, weil wir ja nichts von ihnen wollten. Bestenfalls einen anständigen Mietvertrag. Darüber haben wir lange verhandeln müssen. Weil wir ja hier wie ein kleines Land sind, mit Kultur, Ökologie, Wirtschaft, Handwerk, Schulwesen, Gesundheit, Sozialwesen und vieles mehr, mussten wir immer mit fast allen Senatsabteilungen verhandeln. So waren wir aber immer kontinuierlich über die Entwicklung vom Parlament informiert. Inzwischen haben wir acht Regierungen überlebt.

Wie hat der Bezirk reagiert?

Von der SPD-Seite ganz positiv, aber hier war immer eine CDU-Regierung. Die haben damals ein bisschen Angst vor uns gehabt. Es gab welche, die uns Knüppel zwischen die Beine werfen wollten. Im Lauf der Jahre sind denen dann die Argumente ausgegangen, weil wir mit unserer Arbeit überzeugt haben. Jetzt hat sich das total geändert. Unser größter Widersacher von damals, Dieter Hapel, der damals Chef der Jungen Union war, ist inzwischen Bürgermeister von Tempelhof-Schöneberg. Er hat im Lauf der Jahre, das sagt er selbst, das sag ich auch, dermaßen viel dazugelernt, dass wir heute fast von einer Freundschaft mit unserem Bürgermeister sprechen können. Diese Entwicklung könnte schon fast beispielhaft für andere Bezirke in Berlin sein.

Was haben denn die anderen alternativen Zentren, Gruppen etc. zu der Tatsache gesagt, dass da Kollegen und Kolleginnen ihre Arbeit ohne Staats-

knete machen? Da hätte man bei Senatens sagen können: Guckt mal, die Ufa-Leute tragen sich selbst, warum ihr euch nicht auch?

Wir sind überall aus dem Rahmen gefallen. Da waren wir immer etwas besonderes. Weil – wir machen nicht nur irgendwie Kultur, sondern wir machen Kultur im Lebenszusammenhang, in der Gesellschaft. Damals haben wir im Bioladen, in der Bäckerei unser Geld verdient, um den Theatersaal zu renovieren. Da haben wir ja, wie schon erwähnt, dazugelernt. So wie wir zusammen leben und uns entwickeln, sind wir viel schneller, weil wir eine Welt der kurzen Wege aufgebaut haben, damit kann man andere nicht vergleichen. Das wäre nicht fair. Dieses Einmalige wie die Ufafabrik konnte nur in Berlin entstehen, denn da war der Geist, der Freiraum dazu.

Vielleicht würde dir mancher aus Paris, London oder Rom jetzt widersprechen.

Das geht da nicht so schnell. Wir haben doch ganz anders aufgeräumt nach dem 2. Weltkrieg in unserem Elternhaus. Wir mussten ganz anders darüber reden, der Krieg, die Sauerei, wie wir mit den Juden umgegangen sind. Das musste verarbeitet werden. Leider nicht überall, aber in vielen Familien sind die Fetzen geflogen. Hier hat sich eine ganze Menge geändert, auch wenn immer noch Ewiggestrige rum laufen. Nehmen wir mal den Biomarkt, der ist ja auch mit in Berlin entstanden. 1976 haben wir angefangen, von Bauern aus dem Wendland Bio-Lebensmittel nach Berlin zu transportieren und in Lebensmittelcoops zu verteilen. Damals war der Bio-Markt gleich Null in Deutschland. In vielen Dingen sind wir in Berlin anderen oft zehn bis zwanzig Jahre voraus. Hier ist ein Sammelbecken von vielen tollen Typen aus ganz Deutschland und aus aller Welt. Das zeichnet diese Stadt aus.

Was bist du hier eigentlich, dein Dienstgrad, Titel, dein Hierarchen-Etikett?

Ich hab von einer Frauenzeitschrift mal den schönen Titel gekriegt: Multikulturimpressario.

Ein bisschen lang, aber hoch interessant.

Ja, aber letztendlich steckt da alles drin. Ich gebe zu, es klingt sehr gut, aber es stimmt. Ob internationale Shows, Kinderprogramme, Shows in Fußball-Stadien, Demos – ich habe schon einiges gemacht, aber ich komme mir vor, als stünde ich am Anfang. Jeder Tag bringt neue Abenteuer und neue Aufgaben, die zu erledigen sind.

Wie sorgst du für die Sauberkeit in deinem Nest hier?

Das ist unser Nest. Da haben wir wenig Probleme, denn wir wohnen hier, es ist unser zu Hause. Da haben wir den Überblick und gelernt uns zu schützen. Hier bin ich der »Sheriff«. Außerdem haben wir ständig Veranstaltungen. Menschen, die hierher kommen, um sich zu erholen und Spaß zu haben. Wenn ich Gäste einlade und noch Eintritt verlange, da sollte es auch sicher und sauber sein. Wir sind einigermaßen organisiert auf diesem Gebiet.

Auch sind wir immer noch spontan in der Lage, dadurch, dass wir eng zusammen sitzen, Fehler schnell zu korrigieren, während andere Institutionen da länger brauchen wieder umzudrehen. Wir haben uns unseren revolutionären Touch erhalten. Denn unter Revolution darf man nicht Angst und Schrecken verstehen. In Deutschland verstehn die meisten unter Revolution, ich mache meinen Kleiderschrank auf, hole die Kalaschnikoff raus und meine rote Fahne, lauf auf die Straße und schieße wild um mich. Das ist natürlich Unsinn!

Unter Revolution versteh ich heute, schleunigst die gesellschaftlichen Verhältnisse der modernen Zeit anzupassen. Wenn du siehst, wie sich in der Welt alles dreht, jetzt mit den Computern und dem Internet, und ich mir dann überlege, dass wir ein Schulsystem haben, was die alten Preußen erfunden haben und das heute noch angewendet wird – das ist furchtbar. Da sollten wir aufpassen, dass wir nicht in fünf oder zehn Jahren nach Seoul oder Osaka in den Bildungsurlaub fahren müssen. Was bedauerlich wäre. Obwohl, man sollte ja auch mal ein bisschen rumkommen in der Welt. *(Lacht.)*

Eine Sache möchte ich am Schluss noch erwähnen. Es war falsch, 1995 die Berlinhilfe zu streichen. Wo war denn einmal der Standortvorteil, nur weil die Mauer weg war. Früher standen wir eine Stunde an der Grenze, heute stundenlang im Stau. West-Berlin wäre der einzige Abstürzer der deutschen Einheit gewesen. Kein Wunder, dass Berlin so hoch verschuldet ist. Da machen die Westdeutschen uns zur Hauptstadt, sagen, ihr seid die Nr. 1, aber wo sind wir denn die Nr. 1? Wir sind in Berlin die Hauptstadt der Zweigstellen. Wenn du wirklich mal einen Sponsor finden willst, da musst du zur Hauptstelle nach Paderborn, nach Münster, nach Stuttgart. Die Deutsche Bank ist auch mal in Berlin gegründet worden. Aber warum steht der Tresor in Frankfurt? Weil man nach dem Krieg dachte, wenn wir den nicht schnell nach Frankfurt schaffen, steht der übermorgen in Moskau. Wir haben noch viel wiederzuvereinigen in Berlin. Aber das ist das Schöne daran, wir haben hier schon Schlimmeres erlebt.

Lieber Juppy – West-Berlin dankt dir für dieses Gespräch!

Die verlogenen großen Wahrheiten, oder: Meine Baumwollfelder waren die Straßen von Charlottenburg

Klaus Hoffmann über Freigeister-Sinnlichkeiten, Zwiebelfische, Calvados-Hauspreise, C&A-Outfits, Maoisten-Leninisten, Kohlen-Schleppereien, Bossa-Nova-Typen, Schillers Ferdinand; über deutsche Einkastelungen, Misstrauen und Muff, fliehende Pferde, rettende Lieder, verquere Gedankengänge, vordergründige Hintergründigkeiten, die Hölderlin-Marx-Connection, Anpinkeleien, die Military Police und eine alte Hafenstadt.

Gesprächsdatum: 19.6.2001

Olaf Leitner: Könnte es sein, dass wir beide die einzigen echten Berliner waren?

Klaus Hoffmann: Nein, Reinhard Mey fällt mir noch ein. Und Ulrich Rosky.

Dein Weib Malene ...?

Sie kommt aus Würgassen bei Höxter.

Da geht es schon los: Wessiland. Was fällt dir bei »West-Berlin« ein?

Ich gebe dir mal ein paar Vokabeln: Billige Wohnungen mieten im nassen Dreieck, mit wenig Geld 'ne Menge machen können. Die ganze Szene, die doch eine Szene war. Also Klubs, Auftritte bei Leuten, die einfach Lust hatten, anderen in deutscher Sprache zuzuhören. Und dann gibt es immer wieder alte Berlin-Bilder: Gerade wenn du in Berlin geboren bist, siehst du das natürlich immer in so einer gewissen Erinnerung als Jugendlicher und als Kind, nicht? Die 70er Jahre waren für mich in erster Linie mehr Aufbruch, weniger dass ich Berlin als Stützpunkt genommen habe. Also nicht unbedingt zu sagen: Hier will ich bleiben, sondern: Da ging es los.

Vermisst du was?

Äußerlich weniger. Ich hab mich ja sehr an Inhalten gerieben. Dann war ich zusätzlich nie einer, der politisch so korrekt war, dass man ihn packen konnte. Ich vermisse von damals die Auseinandersetzungen. Die fand ich sehr gut. Und auch das Miteinander. Das Miteinander war größer. Komischerweise. Obwohl, inselmäßig, Berlin ja so umfriedet war, umrandet, vermauert.

Was hättest du sagen müssen, um politisch angreifbar zu werden?

Damals rieb ich mich an den Doktrinen der Linken. Ich war ja selbst links, wenn es sowas überhaupt gibt, aber mehr im romantisch-verklärten Freigeister-Sinne. Ich kam von Novalis, die anderen kamen mit Biermann. Ich rieb mich an denen wie an Vaterfiguren. Da war ich in der Zwischengeneration. Ich war einfach jünger. Ich kam nach Hannes Wader und Biermann und diesen Liedermachern: Schon deshalb musste ich an den langen Tischen, an dem die parkabesetzten Leute saßen und Riesenreden schwangen, kontra sein. Weil sich das einfach dialektisch so gehörte. Aber das war inhaltlich noch nicht richtig abgestützt. – Was hätt' ich sagen müssen – ich glaube, ich hätte eben diesen Materialismus, dieses Nach-außen-Gehen, dieses Von-außen-Angucken, was nützlich etc. sein könnte – das hätte ich mehr betonen müssen. Aber dazu war ich zu kompliziert, um die Welt so einfach zu sehen.

Muss immer der Morgen wieder kommen / Endet nie des Irdischen Gewalt / Unselige Geschäftigkeit verzehrt / Den himmlischen Anflug der Nacht. – Novalis.

Der Morgen kam erst spät in die Berliner Kneipen und des Irdischen Gewalt begann schnell wieder, wenn man auf die Straße kam oder mit der U-Bahn fuhr.

Ja, das stimmt. Ich erinnere mich noch an Spaziergänge mit Hannes Wader, dem ich damals die Gitarre ins Reichskabarett trug ...

Aus Verehrung?

Aus Verehrung und aus Suche. Ich hab Hannes damals sehr geliebt. Ich suchte Vaterfiguren, die mir zeigen sollten, dass es außerhalb meiner damaligen Lehrzeit als Großhandelskaufmann etwas gibt, was mich befreit. Ich wusste nicht einmal genau, was das damals war, was mich da befreien sollte. Und die langen Nächte gehörten einfach dazu. Trunken im »Zwiebelfisch« zu sitzen, oder in der vielfältigen Klub-Szene, um sich auszutauschen. Das war ein Element, was Gold wert war. Und war ein bisschen so wie es in New York das Greenwich Village war. So hatte Berlin eine Szene von vielen Klubs, in denen sich junge Typen einfach international austauschten. Das war dann wie auf einer Börse.

Du meinst die Szene à la Go-Inn und Folkpub. Aber da gab es dann auch so eine Brettl-Abteilung mit Horst-Steffen Sommer seligen Angedenkens, die etwas transportierte, was nicht unbedingt Berlin-typisch war.

Das war nicht mein Ding. Das war mir zu laut und zu comedy-mäßig, wie man heute sagen würde. Sommer schlachtete damals immer seine Tante ...

Das war der bekannte Frank-Wedekind-Text ...

Ja, und im Grunde boten sie schon Literatur an. Von Kästner, Tucholsky und was sonst noch alles. Dann gab es da noch Alex Zander und viele mehr. Die machten das recht professionell. Man ernährte sich in diesen langen Nächten von Kurzauftritten. Man hat 20 DM bekommen, den Hauspreis auf den Calvados und die Schmalzstulle. Das ist jetzt ein bisschen nostalgisch verklärt, aber für mich hieß das damals, raus aus meiner Klein-

Klaus Hoffmann (*1951)

Seine erste LP erscheint 1974 und er gibt sein Theaterdebüt. 1976 ist er der Titelheld in Plenzdorfs vieldiskutierter Werther-Adaption und bekommt dafür die Goldene Kamera und den Bambi; er filmt mit Ingmar Bergman, spielt bei Gobert am Thalia-Theater und startet 1979 seine erste (West-)Deutschland-Tournee. Er bereist drei Kontinente, konzentriert sich zunehmend auf die Musik und hat 1997 seine Weltpremiere mit dem Musical »Brel – die letzte Vorstellung« am Schillertheater, wofür er mit der »Goldenen Europa« für das »Bühnenereignis des Jahres« ausgezeichnet wird. 2000 erscheint sein Roman »Afghana«. CD-Produktionen, Tourneen ... Quasi als Antipode zur Brachialästhetik der Polit-Punk-Szene und dem miefigpiefigen »Das ist die Berliner Luft Luft Luft«-Gerumpel setzte sich Hoffmann in seiner eher romantisch-analytischen Sichtweise schon früh mit der Stimmungslage der Teilstadt West-Berlin auseinander – er ging sozusagen einen dritten Weg im Betrachten und Beschreiben dieser Stadt.

bürgerlichkeit, rein in so eine Szene, in der ich ›zu Hause‹ war.

Wenn ich an die Klub-Szene West-Berlins denke, geht mir das so wie mit den Hippies, es hat, von heute aus betrachtet, etwas Miefiges. Denn die Avantgarde war es nicht gerade, oder?

Nein, das war es überhaupt nicht. Aber mir reichte das. Du musst sehen, wo ich herkomme. Ich bin sehr kleinbürgerlich erzogen worden, und dann war das für mich gar nicht so wichtig, wer wie war. Ich bin noch viel plemplemmer gewesen. Ich stand ja schon immer auf C&A-Anzüge. Einfach aus so einem gewissen, na ja, Freiraum-Irrsinn, ich sagte, ich bin Anarchist. Aber ich konnte das nie abstützen. Ich hätte nie eine Ideologie daraus geprägt. Insofern war mir das »Politische« wurscht. Hauptsache, man saß zusammen und tauschte sich aus. Ich hab im Steve-Club angefangen, das war sehr miefig. Die haben sich da genauso verhalten wie die Leute, die wir verurteilten. Es war Vereinsmeierei. Und wenn du nicht zu dem einen Klub gehörtest, zu den Maoisten, Leninisten oder DKP oder KPD, dann war das richtig hart. Die Insterburgs haben das alles etwas mehr lächerlich gemacht, aber man hat Sänger von der Bühne geholt, wenn sie nicht in den Doktrinen der Szene gefestigt waren. So gesehen war es total spießig. Es war ein Abbild der Erwachsenenwelt.

Du erwähnst die verschiedenen Szenen. Und ihr wohnt ja schon lange in Kladow. Kladow war für die Schöneberg-Kreuzberg-Berliner sozusagen ganz woanders, genau wie Hermsdorf oder Spandau. Oder Lichtenrade, der Südpol. Es gab also ganz verschiedene West-Berlins mit unterschiedlichen Atmosphären.

Ja. Ich lebte primär in Charlottenburg. Und der Kiez hat mir, weil ich da herkomme, von der Kindheit her am besten gefallen. Rund um den Klausener Platz bis zum Schloss Charlottenburg und dann ran an den Kudamm über die Seitenstraßen. Das war mein Quartier. Die anderen Bezirke waren für mich ganz woanders. Nach Zehlendorf zum Beispiel ging ich immer, wenn ich Gigs für 50 DM am Abend bekam, zu irgendwelchen Feten, wo Etablierte sich feierten. Dann begann später die Neuköllner und Kreuzberger Szene, die mir von Natur aus ein bisschen näher kamen. Kladow ist, wie Neuss und Müller es sangen, das »Häuschen mit Garten«. Wir haben jetzt viel Langeweile und viel Natur.

Ich komme aus Tempelhof, da hatten wir viel Langeweile ohne Natur. Aber

anhand der Gespräche, die ich für dieses Buch führe, zeigt sich, dass es zwei Szene-Schwerpunkte gab: Kreuzberg und Charlottenburg.

Ja, aber dann gab es noch den Proll-Bezirk Neukölln. Dort habe ich mit meiner damaligen Freundin Charly gewohnt, bevor ich mich etabliert habe. Wir lebten in der Sonnenallee, und das war richtig Proll, das ging richtig ab und war nicht ungefährlich. Da war nix mit Kunst oder Kleinkunst. Das war Straße. Mein Charlottenburg dagegen hatte einfach mehr Harmonie und Lieblichkeiten, da konntest du später vieles verklären. Kreuzberg war härter, ich habe auch mal in der Gneisenaustraße gewohnt, in den so genannten WG's. Das waren harte Übergangszeiten. Es war nicht mehr als sozialromantisch. Zumal wenn du in Berlin geboren bist. Dann findest du eine Ofenheizung nicht unbedingt attraktiv, wenn du es gewohnt bist, Kohlen zu schleppen. Was sollst du mit dem Mist machen? Du kannst einen Song drüber schreiben. Aber dann hat sich's auch schon.

Hab ich auch gemacht, immer vier Stockwerke. Ich meine Kohlen schleppen. Ohne Song.

Das gibt lange Arme.

Prinzipiell konnte man sich dann die Szene aussuchen, in die man reinwollte – es gab ja genug Angebote, nicht wahr?

Eben. Es war noch nicht so touristisch verklärt, und die Einflüsse, von denen, die von außen kamen, waren groß. Dany's Pan zum Beispiel. Wir waren ja ständig mit Ausländern unterwegs. Ob das Franzosen waren, Libyer oder Araber etc. und die dann wiederum Folkies aus Amerika mitbrachten, das war ja eine große, bunte Jugendherberge.

Jesse Ballard.

Ja, es gab Bluessänger wie den David ... ich hab seinen Namen vergessen, es gab Bossa-Nova-Typen, Latinos – an sich Typen und Einflüsse, wie du sie heute sogar in der Hip Hop-Szene findest, nur nicht so glatt.

Du warst Schauspieler, du warst Plenzdorfs neuer Werther – was haben deine Schauspielkollegen m/w gesagt, als du abtrünnig wurdest? Galt das Singen als unfein?

Ich war ja dann sehr schnell in vielen Filmen und Filmchen und im Fernsehen zu sehen, und wurde schon sehr schnell von Leuten angemacht, die mich, wenn sie es gebraucht haben, als schlecht deklarierten, nur eben weil ich singe. Da gab es viel Neid, weil ich noch sehr jung war. Und wenn ich da schon als Schillers Ferdinand herumstiefelte, also solche schwerenTypen zeigte, dann trauten mir einige nicht zu, dass ich die Erfahrung dafür schon hätte. Und dann sang ich auch noch obendrein, das war schon schwierig. Nach deren Meinung sang ich ja Schlager. Außerhalb Weills und Brechts war alles andre Schlager! Das hat mich sehr gekränkt. Aber dann bin ich da durch und hab's irgendwann vergessen. Das ist ja ein sehr deutsches Phänomen, diese Einkastelung. Wir waren gerade in Griechenland – wenn du von dort zurück kommst, ist das erste, was uns auffällt, diese Stille auf den Straßen. Auch wenn viele Autos hier einen Stau bauen, es bleibt immer noch überschaubar und alles unheimlich gut begrenzt.

In deinem Song »Berlin« gibt es die Zeile »Manchmal ein Witz der mich in den Magen trifft«. Das bringt mich auf das Thema Berliner Humor, der ja eine gute Art von Humor ist, despektierlich, antiautoritär, der die Sache auf den Punkt bringt. Ich erinnere mich, als Lady Di Hochzeit hatte und diesen kilometerlangen Schleier mit sich herumschleppte, war bei mir am Hohenzollernplatz gerade Markttag. Die alten Marktstände hatten ein Holzgestell dabei, und wenn es regnete, dann schoben die Händler eine Art Zeltplane drüber. Es fing wirklich an zu regnen, mein Obsthändler nahm diese Plane, warf sie über das Gestell und sagte nur einen Satz: »Damit der Schleier nicht nass wird!« Ich fand das hinreißend.

Ja, gut! Sehr gut.

Geht diese Art Humor jetzt im weltoffenen Berlin verloren?

Nee, überhaupt nicht. Als Marxist würde man sagen: Das ist eine Klassenfrage. Die Denkvorgänge sind in einer gewissen sozialen Schwierigkeit einfach schneller zu motivieren. Ich habe mich ja auch von Märkten ernährt. Von der Straße. In Kreuzberg oder Charlottenburg lebte ich an sich am lebendigsten. Da, wo der Kiez am ruhigsten war, wo nicht viel Kriminalität war, wo du für 150 DM wohnen konntest und wo mittwochs und sonnabends, jedenfalls zweimal die Woche, Markt war. Es war eine ganz direkte Kommunikation. Nicht mit Einladung oder Tweed und so. Nur, was ich damals mit »in den Magen treffen« meinte, ist auch, dass es dich sehr stark berührt und sehr direkt ist. Es kommt ja aus Generationen, die vor uns lebten. Diesen Muff, den wir kritisieren, der aber, wenn wir ihn gebrauchen konnten, Wahrhaftigkeit hieß.

Dieses Misstrauen ist von einer Generation vor uns bestimmt, die ihre Kriege eben erlebte. Berlin ist eine immer gebeutelte Stadt gewesen und war nie mit Geldern begütert. Du hast hier sehr viel länger als in Köln die Trümmerfelder des letzten Krieges gesehen. Und ich war schon 15 oder 16, da sah ich immer noch unrestauriertes Kriegsgut auf den Straßen rumliegen, also Ruinen. Zum Beispiel am Gleisdreieck. Das haben die Leute auch innerlich mit sich herumgetragen. Diese Direktheit ist dann manchmal schon sehr komisch, weil Humor ja bekanntermaßen auf Leid basiert.

Bei meinen Gesprächen wird mir immer mehr peinigend bewusst, dass die originellen Aktivitäten, die heißen Ereignisse, meistens von Nicht-Berlinern initiiert wurden. Und langsam muss ich mich fragen, was haben wir Aborigines denn zum Ruhm des unkonventionellen West-Berlins beigetragen?

Aber frag sie mal, was sie zu Hause gemacht haben. Sie haben davon geträumt, nach Berlin zu gehen. Aber wenn du dann hier lebst, bist du ein Teil eines Museumsrelikts. Bist hier aufgewachsen, hast die alten Gerüche noch und guckst dir das mit etwas nostalgischem Blick an. Das würde ich mal so differenzieren. In dem Moment wirst du dann stiller.

Wenn ich an mich denke, so war das an sich der Motor um überhaupt was zu machen. Das war meine persönliche Geschichte. Und von denen, die von außen kamen, sind ja viele auch gleich wieder weggegangen. Und die, die hierblieben, haben sich etabliert mit ihrem Traum vom Traum. Berlin war eine Traumstadt in diesem Sinne. Wo man einfach hingeht, um etwas zu machen. Das beste Pflaster für junge Leute um sich zu finden und zu spielen. Und Zadek hat mal gesagt, in Berlin kann man nur arbeiten. Sonst nischt. Was willste hier sonst machen!? Ich wohne hier quasi auf dem Land, weil ich die Natur, je älter ich werde, brauche, sonst werde ich blöde. Dieses Grün muss einfach in den Kopf, sonst wirkt der alte Muff.

Wir starrten auf die Tür, erwarteten den großen Zufall, ein neuer Anfang. – Das Lied kennst du. Haben wir immer gewartet? Dachtest du, irgendwann muss was passieren in dieser Stadt?

Ich bin ja einer, der immer wie ein Pferd floh, eben ein Fluchttier. Da weiß ich noch, im »Estaminet« in der Kaiser-Friedrich- Ecke Haubachstraße, das war unsere Stammkneipe. Da saßen wir und sprachen von unseren Plänen. Ich kenne dieses Morgengrauen, nach einer trunkenen Nacht herauszukommen, und dann packen die ersten schon ihre Stullen, um zur Arbeit zu gehen. Aber du bist in einem ganz anderen Umfeld, du suchst vielleicht nach einem Stück von dem, was du verlassen willst. Vielleicht manchmal sogar nach einer ähnlich vertrauten miefigen Kleinbürgerlichkeit und Harmonie. Aber es klingt eben besser ganz weit weg. Es klingt auch immer besser, so etwa in Marokko oder so zu machen, denn das waren ja die In-Länder der 60er und 70er Jahre.

Wenn du nicht in Vereinen politisch aktiv warst und du nicht die Weltrevolution wolltest, sondern nur die kleine Revolution, dann musstest du eben abhauen. Und abhauen von Irgendwas nach Irgendwo war immer angesagt.

Ich zitiere: Wieder eine Nacht, die wir mit Reden zugebracht. – War das was Schlechtes? Weil es zu keinem Ziel führte?

Ich hab das ja später begründet. Aber das Begründen finde ich immer so blöd, weil es alles kaputt macht. Das Reden war ein Vertreiben der Langeweile und der Versuch, dieses Freiland zu formulieren. Wir waren ja nicht wichtig. Wir, das waren Studenten. Ich bin ja dann später auf die Max-Reinhardt-Schauspielschule gegangen. Das war eine neue Chance.

Und da wir ein großes gesundes Misstrauen gegenüber politischen Vereinen hatten, waren wir ab da mit der Kunst unterwegs. Man träumte von einer Theaterform, die anders sein sollte als die anderen. Commedia dell'arte oder Peter Brook. Oder man machte sich individuell auf den Weg, und das war dann eher meine Sache. Über die Gitarre. Die Lieder haben mich im wahrsten Sinne des Wortes nicht nur gerettet, sondern mich auch außen möglich gemacht. Die haben mich bewegt. Sonst wäre ich ein ganz introvertierter, noch viel stillerer Typ geworden.

Dass heißt, dass du durch die Lieder, die in dir brannten, gezwungen warst, dich zu entäußern. Die Lieder öffentlich zu machen und dadurch dich selbst auf die Bühne zu werfen.

Ja. Mir hat mal ein Regisseur gesagt: Ich sehe an dir, du hast die Bühne gewählt, um das Schwerste zu tun, was du könntest und hast dabei gelernt dich zu äußern. Und Lieder sind phantastisch. Ich hatte ja keine Stimme wie Hannes oder Reinhard, ich musste meine erst einmal finden. Und diese Inhalte, diese verqueren Gedankengänge, ich musste sie ordnen, ich habe bei Dylan gelernt, dass du schreiben sollst wie du es kannst und nicht wie du es sollst. Und das bring raus.

In deinen Texten von damals findet sich oft eine gewisse Lethargie, eine

Das Fachblatt von »drüben«

nicht allzu optimistische Grundstimmung. Und das in einer Stadt, zu der man pilgerte, weil hier offenbar die Luft brannte. Sind wir Einheimischen von diesem Mythos nicht erfasst worden?

Wenn das Kartenhäuschen erst mal steht, sind die Träume, Neues zu bauen, erst einmal weg. Ich bin nie Marxist gewesen, aber es stimmt: Dieser Mehrwert, oder das Erziehen zum Geldverdienen, dieser Entfremdungsprozess etc., ist sehr stark. Ich musste auch sehr schnelle, kurze Wege gehen. Um ein Lied zu veräußern und um auf die Bühne zu gehen braucht es viel Atem. Selbst die kleinsten Klubs sind so kommerziell, dass du dich ja fast schon bewerben musst, um mit einer Gitarre anzutanzen. Die Verwertbarkeit ist so schnellen Gesetzen unterworfen, dass du häufig den Mut verlierst. Und meistens sind nur die Stärksten zu ertragen.

Berlin ist inzwischen eine Touri-Stadt. Wenn ich zum Kudamm gehe, bin ich Tourist. Aber die Ärmsten werden uns wieder auf die Fresse hauen. Das ist ein altes Gesetz. Wenn du die Demonstrationen gegen die Globalisierung siehst – ich habe in Athen eine mitgemacht, die war bestimmt von Typen in abgewetzten Parkas. Das war Ende der 70er. Heute ist das sehr viel gefährlicher.

An der Mauer blühen schon Veilchen, / und die Grenzer tragen Grün. / Wir lieben uns im Stehn ein Weilchen / und sehn 'ne blasse Taube in den Osten fliehen. – Einspruch, Euer Ehren: Das war doch ganz anders, da sind keine blassen Tauben rüber geflogen, sondern die bunten, lockend-schrillen Verheißungen des Kapitalismus von ›After Eight‹ bis ›Jacobs Krönung‹. Sie wurden begierig aufgesogen.

Hm.

Danke, das sagt alles!

Wenn ich doch früher nur mehr Mut gehabt hätte, meine Hintergründigkeiten noch vordergründiger zu benennen. Ich fand das aber immer unschick. Ein Plattentyp sagte mal über mich: Er neigt zu philosophischen Betrachtungen. Das fand ich unerhört.

Das sollte ein Todesurteil sein.

Es stimmt ja auch irgendwo. Ich versuchte, eine eigene Sprache zu finden. Und bei mir waren die Veränderer immer blasse Typen. Die Tauben waren immer blass. Ich musste mich ja stets gegen diese Sozialromantik wehren, dass der Kiez nur das Beste sei. Aber ich wollte es natürlich auch ein bisschen nach vorne stellen, um überhaupt neue Lieder zu machen, in denen man über die Stadt singt, die einen ausmacht. Ich war einer der ersten, der überhaupt sich an Berlin inhaltlich heran traute.

Als Antipode zu den typischen Berlin-Mief-Liedern mit dem Laubenpieper- und Dampferfahrten-Timbre.

Ja, und habe dadurch so einen inhaltlichen Faden gesponnen, der bis zu Kinderliedern führte, also bis in die Kindheit. Damit fing alles bei mir an. Dieser Proust'sche Gedanke, ich geh die alten Wege und rieche, wie es in der Kindheit war. Aber wie meintest du das eben mit dem Todesurteil?

War bloß ein Kalauer! Ich meinte, wer denkt, ist gefährlich und gehört besser abgeschafft.

In dieser Zeit war ich immer ein Fremder. Deswegen lehnte ich mich an Brel an. Denn du brauchst ja als Liedermacher Vorbilder. Die Szene war sehr geschlossen und wurde schnell kommerziell. Und als Biermann rüberkam, hatte der die Inhaltlichkeit gepachtet. Und hat sie auch laut gemacht. Und er war auch stark, sehr stark. Da hatten es die romantischen Gegenbilder schwerer, sie wirkten schwächer. Das drehte sich dann wieder, je länger ich dabei war. Leute wie Herman van Veen, Wecker etc. verbanden ja Hölderlin und Marx. Das siehst du ja heute, je älter wir werden, wie durchsichtig einige Sachen wurden, wie verlogen die großen

Wahrheiten waren. Sie purzelten dann. Mich hatten sie aber doch noch angemacht, ich ging immer als Letzter. Ich sollte zu einem Wochenendkursus in die DDR fahren, um diese bessere Welt kennen zu lernen. Im Kader. Ich im Kader!

Ich zitiere unerbittlich aus »Estaminet«: Nur in der Gosse regt sich schon ein kleiner mieser Kammerton.

Darf man hier von einem gewissen Pessimismus ausgehen?

Ich war immer zornig. Das war ein Grundgefühl, das noch anmachte. Und ich sag's dir jetzt schlankweg: Im Grunde hat es nur mit der Vergangenheit des »Wie hab ich vorher gelebt« zu tun. Je enger das Umfeld vorher war, desto lauter wurde mein Ich-wehre-mich-dagegen. Dylan, immer wieder zitierbar, denn ich halte ihn für den größten Dichter, Poeten, Liedermacher dieser Zeit – der Typ hat doch jedem weismachen wollen, er wüsste nicht, wo er herkäme. Diese Nummer hat er bis heute noch drauf. Und er ist der Sohn einer Krämerfamilie, mit allem, was du dir vorstellen kannst. Wie weit musste er gehen, um sich dessen zu erinnern.

Als der Meister 60 wurde, musste ich was fürs Radio über Willi Winklers Dylan-Biografie machen.

Habe in Duluth angerufen und gefragt: Wie sprecht Ihr euch aus? In Duluth hoch droben kurz vor Kanada ist er geboren, aber Duluth hat ziemlich wenig Interesse an seinem größten Sohn. Keine Dylan-Street, kein Blowin'-in-the-Wind-Park, kein Museum, nix. Das passt irgendwie zu deinem Thema!

Ja, richtig.

Du meinst, wenn du Vergangenheit abzuarbeiten hast, deine eigene?

Absolut, wir haben uns nur drum gedrückt. Ich dachte, das wär nicht schick, und das wär ja dann der Privatmief, den die Frankfurter Rundschau meistens zum Kotzen fand. Letzten Endes fängt's da natürlich an. Und wenn Biermann über seine Oma Meume gesungen hat – all diese Geschichten sind nicht nur charmant, sondern einfach die erste Adresse. Dein Feindbild kriegt da schon andere Gesichter. Und das Geschick derer damals, die meine Vorbilder waren, war natürlich, das alles umzusetzen. Innen und außen. Du kommst schneller vom Stalinismus weg, wenn du deine Eltern abgearbeitet hast. Ich fand es ehrlicher, wenn ich über die Kaiser-Friedrich-Straße 3a schreibe als über die Unterdrückung in Nicaragua. Das war mir einfach näher. Meine Baumwollfelder waren die Straßen von Charlottenburg.

Würdest du die letzte Zeile aus »Brett vorm Kopp« heute auch noch schreiben: Sein letzter Ton war dieser Stadt nicht angenehm. – ?

Nein, das hat auch damals nicht gestimmt. Ich wusste nur, solche Lieder hören immer so auf. *(Lacht.)* Lieder hören nie auf mit »Bitte liebt mich!«, sondern immer mit »Ich hab euch angepinkelt – habt ihr mich endlich bemerkt!?«

Weiter im Text: Verkauf dich nicht, Berlin, jung bist du nicht, du alterst so schnell, buckelst zu sehr, trägst an den Geldern der Freier so schwer.

Angesichts der aktuellen Entwicklung im Berlin des Julis 2001 muss man sich fragen: Was meinte er mit den Freiern – die Wessis, die ihre Steuervorteile nutzen, oder meint er die Einheimischen à la Landowsky?

Na ja – das Bild war dann doch ganz gut. *(Lacht.)* Ich find es gut, weil es pluralistisch klingt. Damals hatte ich eine Wohnung am Halensee, das waren für mich harte Zeiten. Da hab ich dieses Lied geschrieben, es war wie ein Abschiedslied, bevor ich nach Hamburg gegangen bin und diese »Was fang ich an in dieser Stadt«-Platte schrieb. Die hab ich also komischerweise in Hamburg geschrieben. Also Distanz schafft Nähe, wie jeder weiß. Im Grunde will ich es ja nicht wieder erklären, aber diese Stadt hat wahrhaftig immer unter den fehlenden Subventionen gelitten. Und natürlich an der Verteilung. Wenn ich an diese Typen denke ... Ich hab damals anlässlich dieser Platte mit dem Fotografen Wolfgang Krolow ein Buch gemacht. Darin waren Parlamentarier und Leute aus dem Senat zu sehen. Wenn du dir diese Gesichter anguckst, dann denkst du, du bist in irgendeiner Zuhälterriege zu Hause. Wie die das verteilt und gleichzeitig von der Stadt gelebt haben, das ist unglaublich.

Weiter geht's im fröhlichen Spiel des Metaphern-Abfragens:
Morjen Berlin, morjen du Schöne (...) / Mama is weg, Papa geht fremd, / dich will doch keener, / nich mal geschenkt.
– Wer ist da Berlins Papa?

Ich hab von den Alliierten gelebt. Ich habe mich immer gefreut, dass die da waren. Das war eine gewisse Internationalität. Die Jugendheime Soorstraße und Zillestraße lagen im amerikanischen Bezirk. Wenn es Schlägereien gab, rückte die MP an, die Military Police, und dann hattest du die Typen vor dir, die du sonst nur im Kino siehst. Diese besetzte Stadt, die fremdbestimmt war, bis in die Politik hinein durch das Alliiertenabkommen, die Umfriedung durch die Mauer, diese Verinselung – das waren ganz spezielle Augenblicke meines Lebens. Ich bin dadurch innerlich bunter geworden. So blöde es auch klingt – im Knast kriegste gute Ideen!

Warst du für deine BRD-Kollegen was Besonderes, etwa: Waaas, du kommst aus Berlin? Erzähl doch mal! Zumal das Publikum gefürchtet wurde.

Ja, das schon. Je aggressiver die Kritik in Berlin wurde, also besonderer, oder bekloppter, desto widerstandsfähiger wurde man. Berlin hatte immer einen Status der Besonderheit, aber das schafft ja eben auch gute Konkurrenz. Wir sind ja doch sehr abgebuffte Typen, die da auf diesen Brettern herumstiefeln. Als Wolfgang Neuss damals Biermann einlud – Neuss war ja der führende Kopf unter den Studis und wohnte noch in der Nähe der Kaiser-Friedrich-Straße gegenüber meinem Geburtshaus. Neuss habe ich sehr verehrt. Habe mich aber nie getraut zu ihm hinzugehen. Er war so kolossal klug und sprachgewaltig. Und dass dann Berlin-Ost Berlin-West trifft – ab diesem Moment ging es los. Berlin wurde in der Kunst, in seinen Äußerungen wichtig. Ab diesem Auftritt mit Neuss an der Pauke und Biermann an der Gitarre wurde das Thema besetzt: Keine Stadt ist so wie Berlin, hier ist was Besonderes.

Neuss und Biermann kommen im Buch hier auch vor, aber viele viele Jahre später.

Ach, dufte! – Das lockte natürlich junge Typen an, es war ein bisschen wie Amsterdam. Dazu kommt, dass Berlin ja eine alte Hafenstadt ist, wusste ich auch lange nicht. Die meisten waren eben, wie man so schön sagt, Werktätige. Die Kultur basierte ja auf diesem Mist, auf dem wir gewachsen sind – warum sollen da nicht noch auch Enkel übrig sein, die ein paar Liedchen über diese Stadt singen? Aber es wird merklich dünner. Die Städte ähneln sich so in ihren kulturellen Angeboten.

Klaus Hoffmann – West-Berlin dankt dir für dieses Gespräch!

Aus dem Archiv:

Mit langen Haaren lernt man Leute kennen

(Courtesy: Blickpunkt H.150/66)
Gesprächszeitraum: Mai 1966

***Olaf Leitner:** Warum macht ihr Musik?*

Heinz: Das machen wir aus Idealismus und dann auch des Geldes wegen.

Hofft ihr auf einen eventuellen Erfolg eurer Platten?

Werner: Vielleicht auf den Erfolg künftiger Platten, wenn wir sie machen dürfen, wie wir es eigentlich vorhaben. Und das ist auch so ein Problem in Groß-Germany, dass Bands nicht das machen dürfen, was sie gern möchten.

Aber seid ihr darin nicht gerade die rühmliche Ausnahme? Euer Sound ist doch unverfälscht wiedergegeben?

Werner: Da saß zufällig als Aufnahmeleiter ein Engländer 'rum. Jetzt wird's mickrig, der sitzt nun nicht mehr da. Der ist nicht mehr zuständig.

Was hat der denn nun bei den Aufnahmen anders gemacht als seine deutschen Kollegen?

Werner: Der hat ganz andere Auffassungen von den Dingen, wie sie gebracht werden müssen: Die deutschen Tontechniker wissen nicht, dass bestimmte Effekte, die bei normaler Musik als falsch oder störend empfunden werden, bei unserer Musik ganz brauchbar sind. Das Übersteuern zum Beispiel, oder zu viel Höhen. Und die wissen nicht, dass die Fußtrommel in der Beatmusik von entscheidender Bedeutung ist.

Bob: Und die Einstellung und der Klang der Gitarren.

Glaubt ihr, bei der nächsten Plattenaufnahme euren deutschen Tontechniker überzeugen zu können?

Werner: Wir hoffen schon. Doch werden wir schwer dagegen ankämpfen, wenn uns die Leute anders verkaufen wollen, als wir es wünschen. Dann sacken wir lieber ab.

Jockel: Das beste Beispiel dafür ist, wir sollten die Platte »Sounds of silence« in Deutsch aufnehmen.

Werner: Wir haben den Leuten klargemacht, daß sowas nicht in unserer Richtung liegt. Zuerst hielten sie das für bockbeinig und für Größenwahn, und wir haben große Schwierigkeiten gehabt. Jetzt haben sie es eingesehen.

Wie sollte denn das deutsch heißen – »Ruf der Wälder«?

Werner: »Traum der Liebe«.

(unter großem Gejohle stimmen alle fünf minutenlang eine Parodie darauf an)

Hilft euch euer Manager, euren Stil durchzusetzen, oder kassiert er nur die Prozente?

Werner: Er hat einen Riecher dafür, was im Augenblick was werden könnte, das gehört zum Manager, aber hinsichtlich der Einzelheiten unserer Musikrichtung ist er einfach überfordert. Musikalische Manager haben wir noch nicht erlebt.

Heinz: Wir haben ihm bis jetzt unsere Richtung »eingebläut«, und darum vertritt er sie jetzt einigermaßen.

Werner: Man hat uns sogar soweit gebracht, dass wir unsere Fotos für die Plattenhüllen im Anzug machen lassen mussten, obwohl wir das stark abgelehnt haben. Und das ist so furchtbar, die sehen das immer als bockbeinig und arrogant an. Wir wollen die davon überzeugen, dass nicht die Kleider die Leute machen.

Bob: Die denken, dass wir im Anzug besser zu verkaufen sind.

Was verdient euer Manager?

Werner: 10 Prozent der Gage.

Bob: Es gibt Agenturen, die bis zu 25 Prozent und mehr kassieren.

Werner: Man weiß es nicht. Ich habe noch keine Belege gesehen.

Bob: Aber ich habe sowas erlebt. Man macht doppelte Verträge. Der Agent macht mit der Kapelle einen Vertrag über einen Betrag, und mit dem Laden macht er einen viel höheren Preis ab.

Heinz: Willste 'ne Anzeige auf Band sprechen?

Wenn ihr auftretet, bringt ihr nicht nur euer Können mit, sondern stellt auch ein Kapital von ca. 25.000 DM auf die Bühne; ist der Preis, den man euch zahlt, angemessen?

Die Boots

Die Boots waren die beste, die eigenständigste Rhythm'n'Blues-Band, die West-Berlin hervorgebracht hat. Da sie meist in Klubs spielte (»Top Ten«, »Liverpool Hoop«, »Casaleon«), war das Publikum dicht dran, spürte ihre Aura, die einen ansog und dann weit weg trug. In Gefilde, die man bislang nur dunkel erahnte. Die Boots waren nicht von dieser Welt, sie waren göttlich. Ein Mythos. John Lee Hooker und der frühe Van Morrison hatten eine Dependance in West-Berlin. Und wenn Jockel »It ain't necessarily so« aus Porgy and Bess sang, hätte man anstandshalber sterben müssen. Denn was sollte da noch groß kommen?

Doch das folgende Gespräch aus dem Archiv zeigt, dass die Göttlichen im West-Berlin der 60er Jahre sehr weltliche Probleme hatten.

Die Boots: Ulli Grun – Orgel, Mundharmonika; Heinz Hoff – Drums; Bob Bresser – Bassgitarre; Jörg »Jockel« Schulte-Eckel – Vocal, Leadgitarre; Werner Krabbe – Vocal, Mundharmonika

Heinz: Ich finde, nicht!

Werner: Der Preis steigert sich mit der Güte und der Popularität. In allen Schauberufen treibt die Nachfrage den Preis empor bei weniger Spielzeit.

Heinz: In Westdeutschland haben wir Sieben-Tage-Woche mit vier bis fünf Stunden pro Tag.

Und die Gesundheit, die dabei drauf geht, die ihr investiert?

Jockel: Die bezahlt einem niemand. Ich spiele ja nun schon eine ganze Zeit – und was habe ich? 'n Husten!

Zurück noch mal zu eurer Musik: Habt ihr nur auf R&B gesetzt?

Werner: Das ist unser Gebiet, das kommt aus unserem Innern. Falls R&B nicht mehr ankommt, würden wir unsere Farbe verlieren, wir würden abbauen.

Bob: Aber nun weißt du ja nicht, was dann für eine neue Richtung kommt, es kann sein, dass sie dir liegt.

Heinz: Rhythm & Blues setzt für jeden einzelnen ein Können voraus, das bei Tanzmusik nicht so erforderlich ist.

Werner: Reinen R&B spielt sowieso keine Band, man passt sich an und macht die Musik publikumsfreundlicher.

Was macht ihr, wenn der Boom für euch vorbei ist?

Werner: Wenn es uns nicht gelingt, bis zu einer bestimmten Zeit eine bestimmte Summe zusammenzubringen, die uns einen freien Lebensunterhalt garantiert, werden wir auf unsere früheren Berufe zurückgreifen müssen. Die Summe müsste groß genug sein, um ein Geschäft damit aufzubauen oder um das Geld nutzbringend zu investieren.

Jockel: Ich gehe wieder in meine Lehrfirma zurück.

Werner: Ich werde bei einer Privatfirma anzufangen versuchen, bei der Post gibt es zuwenig Geld.

Bob: Was ich machen werde, hängt von meinen geistigen Qualitäten ab – falls ich durch das Musikerdasein nicht zu sehr verblödet bin ... man geht doch ziemlich runter dabei.

Ist, wie so oft behauptet wird, eure Musik ein Protest gegen die Umwelt?

Werner: Das sind aufgepeitschte Pressegeschichten, für die Masse gut zu lesen, aber das ist großer Quatsch. Protestiert hat die Jugend schon immer.

Wie ihr sagt, müßt ihr oft bis zu 40 Stunden pro Woche spielen. Gibt es für euch eine Gewerkschaft?

Ulli: Die Musikergenossenschaft.

Werner: Aber die Verträge können sich darüber hinwegsetzen, weil du als Vertragspartner den Vertrag, den man dir schickt, unterschreibst, und wenn du einen schriftlichen Vertrag hast, der schwirrt dann oberhalb des Tarifvertrages, ganz klar, wenn die sieben Tage miteinander ausmachen. Obwohl, du hast das Recht, darauf zu bestehen, weniger zu spielen, aber dann nimmt dich keiner. Das ist 'ne Sache, die hat keinen Boden.

Erpressung!

Werner: Natürlich. Die Unternehmer nutzen die augenblickliche Situation erheblich aus.

Seid ihr krankenversichert?

Jockel: Ja, wir sind privat versichert.

Ist das üblich?

Werner: Man kann auch schlauer sein, indem man im Anschluss an den Hauptberuf weiterklebt für die AOK.

Jockel: Mir ist erst später aufgefallen, dass ich eine Versicherung habe für Leute, die Nitroglycerin fahren. *(Tosendes (Gelächter.)* Ich zahle 120 DM monatlich. Die haben mich überrumpelt.

Was treibt ihr tagsüber, wann steht ihr auf?

Jockel: Ulli steht ja nicht auf! Wenn wir aufstehen, gehen wir wieder spielen.

Bob/Ulli: ... gehen wir zur Arbeit!

Habt ihr Gelegenheit, mal »bürgerlich« auszugehen?

Ulli: Wir gehen ins Aquarium! *(Heiterkeit)*

Werner: Wir gehen in den Zoo, Tatsache!

Heinz: So wie du das wahrscheinlich jetzt meinst, können wir es uns schon der Haare wegen nicht leisten. Ich kann nicht – wie jeder andere mit langen Haaren – in die Oper gehen, die schmeißen mich 'raus. Besser gesagt: man wird abgewiesen.

Nimm mir die Frage nicht übel, Heinz, würdest du denn in die Oper gehen wollen?

Heinz: Ja, ich würde gehen, nicht oft, aber ab und zu mal. Auch ins Theater ...

Ulli: ... mal in eine Komödie. Ich würde auch gern mal die Stachelschweine sehen.

Jockel: Tut mir leid, ich war noch nie in der Oper.

Heinz: Ins Theater würde man eventuell noch 'reinkommen, wenn auch mit Schwierigkeiten, aber ich habe nicht Lust, mich den Pöbeleien der normalen Bürger auszusetzen.

Ulli: So bleibt uns nur übrig, »Lupo« und »Micky Maus« zu Hause zu studieren. *(große Heiterkeit)*

Habt ihr überhaupt jemals versucht, mit langen Haaren in die Oper zu gehen?

Heinz: Du wirst lachen, aber ich habe es versucht. Ich habe vorher angerufen, glücklicherweise, da hat man mir gesagt, es wäre auch in meinem Interesse, wenn ich mit langen Haaren nicht erscheinen würde.

Laut Grundgesetz darfst du dich »frei entfalten«. Wäre es dir nicht mal der Mühe wert gewesen, dir – unter Polizeischutz vielleicht – Einlass zu verschaffen? Deine Steuergelder stecken auch in dem Bau!

Ulli: Das überlassen wir Ede ...

Heinz: Du schockierst die Leute tagtäglich auf der Straße, und das reicht dir dann.

Werner: Das ist 'ne Nervenbelastung.

Ich dachte immer, Berlin sei eine Großstadt?

Heinz: Nein, in diesem Fall ist es ein Dorf. Die Leute sind meiner Meinung nach zu 99 Prozent sehr dumm.

Ist man anderswo toleranter?

Werner: Besser war es noch nirgends, aber schlimmer war es auch schon.

Heinz: Außer in Straubing. Da war nur ein Laden, wo Langhaarige 'rumkreuzten, und die ganze Kleinstadt wusste, wenn da ein Langhaariger auftaucht, dann muss das ein Musiker sein, was in Berlin nicht zutrifft. Bei Musikern hat man es da eben akzeptiert. Wenn du lange Zeit hindurch mit langen Haaren herumläufst, wirst du friedlich. Es ist so makaber, was man da erlebt. Es bleibt nicht bei Wortgefechten, sondern es artet auf der Straße oft in Prügeleien aus.

Erzähl doch mal was darüber!

Heinz: Ich könnte genug erzählen, aber warum, ist doch Quatsch.

Werner: Und die handgreiflichsten Beispiele gehen von den – Klassen gibt's ja nicht – Arbeiterschichten aus. Man bemerkt das immer wieder, während Ärzte oder so vielleicht schmunzeln, nie aber in der Weise pöbeln.

Mit der Bildung steigt die Toleranz.

Heinz: Mit langen Haaren lernt man Leute kennen!

Jockel: Wenn man mit langen Haaren in die U-Bahn einsteigt, sind die Leute schockiert. Wenn sie dann meckern und man ist frech, sind sie noch mehr schockiert, und am meisten schockiert sind sie dann, wenn man für eine alte Dame einen Platz frei macht.

Werner: Weil sie dich von vornherein als minderwertig einschätzen.

Heinz: Ich sage nur – Bauarbeiter.

Jockel: Die Leute sollen's ja nicht schön finden, nur tolerant sollen sie sein.

Vielfach wird aber bewusst mit langen Haaren provoziert. Ich habe einen Langhaarigen erlebt, der seine Notdurft vor einem Polizeiauto mit Besatzung verrichtet hat! Zugegeben, es war eindrucksvoll.

Werner: Für viele sind die langen Haare das einzige Mittel, anderen in die Augen zu stechen. Bei sehr, sehr vielen ist es ein gewisses

Geltungsbedürfnis, doch das wissen die bestimmt selbst gar nicht.

Heinz: Und die sorgen dann für den schlechten Ruf der Langhaarigen. Ich finde, gerade mit langen Haaren sollte man versuchen, Vorbild zu sein im Benehmen.

Du weißt wohl, dass das veröffentlicht wird, wie?

Heinz: Ist doch Quatsch. Ich mein's ehrlich.

Gibt es überhaupt echte Gammler in Berlin?

Werner: Wir kennen aus unserem Kreis höchstens fünf oder sechs.

Jockel: Die meisten, die in Berlin von sich sagen, dass sie Gammler seien, die haben ein duftes Elternhaus. Nur abends ziehen sie ihre Fellkutte an und gehen auf die Straße.

Heinz: »Jetze will ick ma 'n bissken gammeln«.

Für sie ersetzt das lange Haar von heute das Moped von gestern.

Werner: Es ist doch immer wieder das Gleiche. Irgendwie hat sich die Jugend immer abseits gestellt.

Heinz: Ich finde, nur Musiker sollten lange Haare tragen, die anderen haben doch nichts davon, außer 'nen Haufen Ärger!

So wie Soldaten Kahlschlag haben.

Bob: Lass doch die anderen auch, wenn sie Lust haben!

Heinz: Aber es ist doch nicht ihr Vorteil, die sind doch dumm in meinen Augen.

Werner: Aber nicht doch. Wenn es immer nur Leute geben würde, die im ganzen Leben nur auf den Weg achten, der für ihre Fortschritte am bequemsten ist, dann geht's aber gewaltig bergab! Es gibt Leute, die haben wirklich den Idealismus, anders zu sein. Der, über den du maulst, kann ja einer sein, der wirklich protestiert, der seine Weltanschauung äußern will.

Wie sind eure Erfahrungen mit den Mädchen?

Alle: Fürchterlich!

Jockel: Meine nicht.

Ulli: Die sehen in uns doch nur die »Boots«, dann die langen Haare. Sie verkaufen sich sehr billig. »Habt aba ssöne Ssuhe heute an, die möcht ick ooch ham«. Als Normalbürger würden uns 95 Prozent der Mädchen nicht mal angucken.

Hast du so eine schlechte Meinung von dir?

Ulli: Im gewissen Sinne ja.

Werner: Diese ständige Mädchenclique, die sich an Bands anschließt, es mag jetzt gehässig klingen für die Leute, vielleicht sollten sie's nicht hören, sind meist Mädchen ohne die geringste Persönlichkeit. Ganz normale, durchschnittliche Typen, keine Individuen. Partner, mit denen ich mich unterhalten würde, findet man darunter nicht.

(Jockel zieht einen Band Heinz Erhardt-Gedichte aus der Tasche und beginnt unter dem Jubel der übrigen die »Sängerin« vorzulesen.)

Jockel: »... sie sang Schumann, Lincke, Brahms, der Beginn war 8 Uhr Ahms ...«

Werner: Ich hab' da noch was: In dem Augenblick, in dem der Mensch, der lange Haare trägt, eine gewisse Popularität erlangt, oder die Umwelt erkennt, oh, der steigt langsam, und das Geld wird mehr, werden die Leute zunehmend freundlicher. Auch der eigene Familienkreis, das ist sehr furchtbar. Nach dem Fernsehauftritt wird man jetzt zuweilen gegrüßt. Doch immer wieder hört man die Frage »Ja, lohnt sich das denn überhaupt?« Speziell von Taxifahrern.

Ulli: Und dann brüsten sich die Leute mit uns: »Hach, den kenn ich, guter Bekannter von mir, hat bei uns schon dreimal Kaffee getrunken.«

Aus dem Archiv:

Meine Heimat ist das Musikmachen

Gesprächsdatum: 6.6.1981

Eine bessere Einleitung für das folgende längst historische Gespräch mit der West-Berliner Punkband MDK als das vorangestellte Zitat ist kaum denkbar.

»Das ist mir eine Herzensangelegenheit, diese Unterscheidung zwischen individualistisch-politischem Bewusstsein einerseits und Political Correctness andererseits zu unterstreichen: Punk war keine politische Formation oder Ideologie. Jäki Eldorado, von dem man sagt, er sei der erste Punk Deutschlands gewesen, hat es auf den Punkt gebracht, indem er sagte: ›Dass man gegen Nazis war, das verstand sich ja von selber. Aber wir haben uns trotzdem Hakenkreuze auf die Jacken gemalt.‹ (...) Ich glaube (...), dass Punk nötig war, um den Humor zu retten. Oder treffender gesagt: Eine andere Art von Humor ins Spiel zu bringen, den es vorher nicht gab. Es war ja geradezu ein Sport seinerzeit, das Gegenteil von dem zu sagen, was man eigentlich meinte. Zu provozieren um zu provozieren. Einfach so. Das ging natürlich mit der Zeit auf den Senkel, weil es alles höllisch verkomplizierte, aber es herrschten damals nun einmal extrem verhärtete Strukturen. Ich glaube, dass die Linken in Deutschland unter anderem deshalb so hart drauf waren, weil es diese RAF- und BKA-Hysterie gab. Es gab den harten Staat, und es gab die verhärtete Linke. Und dazwischen gab es Leute, die erkannt hatten, dass es sehr, sehr einfach war, die Brechstange anzusetzen und mit den einfachsten Sachen totale Wirkung erzielen.«

Jürgen Teipel, Autor des Buches »Verschwende Deine Jugend«, in der taz vom 4.2.2002 über die Punk-Anfänge in Deutschland, über historische Wahrheiten und die Unschuld der frühen 80er Jahre.

Olaf Leitner: Eure Parole ist: »Der Weg zum Frieden.« Wie sieht denn euer Weg zum Frieden aus?

Volker: Der Weg zum Frieden heißt, Auseinandersetzung mit allen möglichen Sachen und die vielen Seiten sehen, nicht nur von einer Seite, und sich darum bemühen, das Bewusstsein irgendwie zu erweitern. Dass man fähig ist, diese Fähigkeiten auszuüben. Nämlich, objektiv die Sachen zu sehen von verschiedenen Seiten. Wie Mao das gesagt hatte – hast du es im Kopf, Ede? Das Mao-Zitat? Die verschiedenen Seiten sehn?

Edgar: ???

Volker: Schade, nicht im Kopf

Seid ihr Maoisten?

Volker: Nö, aber Mao ist ein großer Literat und (hat) 'ne blumige Sprache – unsere Musik ist so gut wie Maos blumige Sprache.

Edgar: Weg zum Frieden: Ertasten den Weg zum Frieden mit Provokation, die Reaktion aufsaugen, egal, ob positiv oder negativ und für sich verwerten. Dann kommt der Weg zum Frieden allein heraus, der kristallisiert sich von selber heraus, und den geht man dann eben vor.

Wen kann man denn heute noch mit was provozieren?

Edgar: Ach, man kann jeden provozieren, indem man eben bestimmte Tabus angreift, da sind die Linken besonders empfindlich drauf. Eben Tabus wie »Weg zum Frieden«, der Frieden als solcher, Tabus wie Mackertum oder aggressives Verhalten in der *scene*, oder Opportunismus. Also, wenn jemand sagt: Scheiß Bullen, Bullen auf die Fresse hauen (und) man sagt, das ist Scheiße, dann hat man schon so ein Tabu angegriffen, weil das still geduldet wird – na, es gibt so viele Tabus, die man ... also, diese ganzen so genannten Tabus, wo niemand gerne drüber redet, nicht? Wenn man da reinbohrt, dann provoziert man halt.

Ist es für euch interessanter, die Tabus der Rechten zu brechen als die der Linken?

Volker: In jedem Menschen steckt auch ein kleiner Rechter, und wenn man den rauslocken kann, ist da schon wieder ein neuer Ansatzpunkt gegeben. Den man da wieder gebrochen hat (?), wa? Und so – der Faschismus setzt sich ja auch zusammen nicht aus einem großen Teil, sondern aus ganz vielen kleinen Teilen, und da haben natürlich manche Leute seitendicke Bücher drüber geschrieben. Wir machen das nur eben mehr als ›Propaganda durch die Tat‹ im täglichen Leben, mit dem Boss genauso auf der Arbeit wie mit dem Typen, der in der Kneipe sitzt, 'n Kampftrinker, wie mit dem, der sich auch inhaltlich mit Anarchie oder Politik auseinandersetzt.

Stephan: Diese Provokationen sind ja auch nicht so rein der Sache wegen, sondern mehr um die Engstirnigkeit anzugreifen, die bei den Leuten drin ist. Die sich also immer als irgendwelche Feministinnen oder Ultralinke oder was geben, aber zu engstirnig sind und die Gesamtheit nicht sehen und keinen Spaß mehr vertragen können. Dagegen ist das auch. Nicht nur so die Sache selber, die Tabus ...

Ist aber nicht in der Breite der Gesellschaft die Engstirnigkeit bei den Rechten eher gegeben als bei den Linken? Dass sie bei den Linken vorhanden ist – da gebe ich euch durchaus recht.

Stephan: Ja – bei den Rechten ist es ja so offensichtlich, ja? Das anzugreifen ist müßig irgendwie. Das weiß man ja. Aber grad bei den Linken, die sich so liberal geben, und so offen für alles, aber in Wirklichkeit aber so engstirnig sind, viele zumindest – dagegen anzugehen, das macht auch mehr Spaß.

Und wie reagieren die Linken darauf?

Stephan: Na, mit Bühnenbesetzung zum Beispiel. *(Gelächter.)*

Wer möchte die Geschichte von der Bühnenbesetzung erzählen?

Volker: Ja, da kannst du eigentlich zurückgreifen auf ganz früher: Wir haben mal ... am 1. Mai 1979 haben 'ne Menge Menschen auf dem Spreewald in Kreuzberg zwei Punkbands gesehen, die eine war Katapult, die andere war Auswurf und Black Widow, die Schwarze Witwe, er war ehemals White Punk und war Mitglied von Katapult. Und da haben verschiedene Leute beschlossen, wir

MDK – Mekanik Destrüktiw Kommandöh (1979–1983)

»Punk hat uns die Möglichkeit gegeben, die Intensität von Musik als universelle Sprache zu erleben. Wir glaubten an das Schöne, Wahre und Gute. Wobei auch die Wahrheit manchmal erschreckend nüchtern ist. Erkenntnis!: Spaß muss sein.« (Volker)
(Der Bandname geht auf eine Sprachschöpfung des einstigen französischen Avantgarde-Ensembles Magma zurück)
Bandmitglieder von MDK zur Zeit des Interviews: Edgar Domin – Bass; Stephan Schwietzke – Saxofon; White Punk (†) – Gitarre; Ulrich Radke (†) – Drums; Alexander Hacke – Gitarre; Volker Hauptvogel – Gesang

machen jetzt auch Musik, und da ist unter beispielloser Solidarität zwischen zwanzig, dreißig Leuten ein Übungsraumkeller entstanden, in dieser Zeit haben so sieben, acht, neun, zehn Gruppen drin geübt, und auch da waren Musiker mit dabei, die mit uns gespielt haben, von denen wir uns nachher gelöst haben. Frag mal weiter, ich hab grad den Faden verloren.

Stephan: Na, es geht um die Bühnenbesetzung.

Volker: Jaja, ich bin ja gerade auf die Geschichte eingegangen.

Stephan: Na, die weißt du doch am besten.

Volker: Jaja, (?) ob Edgar ihm helfen kann …

Edgar: Dieselben Leute, die die Bühne besetzt haben, die haben zum Beispiel uns beiden – mir also, zum Beispiel, Bass spielen beigebracht. Wir haben also mit den Jungs zusammengespielt. Nun haben wir aber von Anfang an – also, das ging ziemlich schnell schief, die haben da rumgedüdelt ihre Musik, haben nix Neues gefunden und dann haben wir uns getrennt von den Leuten. Volker hat noch 'ne Ohrfeige gekriegt, das war für ihn ein Grund. Ich habe ihn allein gefunden, meinen Grund, als ich in London war, na, jedenfalls wir haben dann MDK gegründet, und sofort haben wir gleich mal einen vor gekriegt. Wir haben immer noch zusammen geübt im selben Raum, batsch! da haben sie ja Plenum im Raum gehabt, mal war der Übungsraumschlüssel weg und so und wir standen immer da wie ein Hirni. Wir haben uns aber trotzdem nie unterkriegen lassen, sind trotzdem aufgetreten bei diesem antifaschistischen Rockfest. Na, es ging immer weiter, es ist immer nur mehr eskaliert. Wir haben immer weiter gemacht, haben immer weiter aufgedreht mit Provokation oder mit unserer Musik oder unseren Texten, und dem entsprechend hat sich auch die Reaktion der Leute verstärkt. Zuerst waren es halt nur versteckte Übungsraumschlüssel, das ist dann eskaliert, wirklich, bis sie Flugblätter rausgebracht haben, mit »MDK« drauf und einem Adolf-Hitler-Bild. Und »MDK – nein danke – Euren Frieden wollen wir nicht!« Und alle dachten, oh, MDK haben sich einen neuen Witz erlaubt. Aber es war nicht von uns. Ja gut – die nächste Stufe war dann die Bühnenbesetzung. Das fing an, da haben sie unseren Mixer zusammengeschlagen, der hat eine schwere Platzwunde am Arm gehabt. Sie haben versucht, das Mischpult zu zertrümmern und so weiter. Und dann diese hirnrissige Aktion mit Bühnenbesetzung, da sind sie auf die Bühne und wollten von uns eine Stellungnahme zu diesem einen Flugblatt hier, mit dem Manuel, als wenn wir darauf nun reagieren würden, wenn einer auf die Bühne kommt und sagt: Jungs, nehmt Stellung dazu. Das ist totaler Quatsch. Ich würde nicht darauf reagieren, wenn mich jemand zu etwas zwingen will. Außerdem wollten wir Musik machen, nur wir beide, Volker und ich gehörten zur – müssten da Verantwortung übernehmen zu der Sache. Die anderen Vier hatten gar nichts damit zu tun. Und dann, ja, die haben auch dem entsprechend sich gezeigt, die Bühnenbesetzer, indem sie gesagt haben: Äääh – Charlottenburger raus aus Kreuzberg! MDK-Faschisten raus aus Kreuzberg! Und so in der Art. Oder: MDK sind die größten Arschlöcher, die es gibt. Das war dann deren Ebene, die sie drauf hatten. Und wir haben das dann noch beendet, indem Volker gesagt hat: Wir haben dazu nichts zu sagen, die kommen her und sprechen für sich selbst. Und wir haben unser Konzert beendet.

Volker: Da kann man sagen, Bühnenbesetzung war einmal das Ding, aufgestaute Emotionen, und eben nicht ausgegorene Sachen loszuwerden, da sind über eine lange Zeit hinweg keine richtigen Diskussionen gelaufen, inhaltlich, es wurde sich keine Mühe gegeben, die Dinge mal objektiv und wertungsfrei zu sehen, sondern die Sache um der

Sache willen zu sehen, das aus dem heraus einmal so aufgestaute Aggressionen da waren, eben so emotionale Dinge, nicht? Und andererseits eben die Politik von uns, weil wir immer mit Macht und so rumspielen, und das war auch ein Anlass dazu, das war der Angriffspunkt, der natürlich gescheitert ist, weil wir keine Macht darstellen, sondern nur Sachen aufzeigen.

Edgar: Ich würde so weit gehen ... Als ich in England war – vor zwei Jahren war ich bei Crass, diesen Crass-Anarchisten, kennst du die? – Das ist eine ganz harte *scene*. Die stehen so zwischen Links und Rechts, auf der einen Seite Skinheads, auf der anderen die Socialist-Workers-Trotzkisten, und für die ist es immer wieder ein Seiltanz, so ein Konzert. Und jetzt ist es bei uns schon so ähnlich, dass wir nur eben in der linken *scene* da so einen Seiltanz vollbringen. Das kann jeden Augenblick umkippen. So dass es einen totalen Krach gibt. Aber das wollen wir nicht. Wir wollen nur Musik machen. Die Leute halt ein bisschen antippen. Um ihnen zu zeigen, wie wir es meinen, dass sie mit Spaß die Sachen sehen sollen. Nicht so verbissen. Aber die hauen da immer voll rein.

Stephan: Ich glaub', die neiden uns auch ein bisschen die Macht, die wir haben, wenn wir Musik machen. Und stehen auf der Bühne und haben einen ganz starken *output* irgendwie nach draußen. Ist ja auch 'ne starke Form von Macht, ja? Faschistisch auch, irgendwie, weil das mit Gewalt ist und weil wir da irgendwie unseren ganzen Einsatz geben.

Das muss ja nicht unbedingt identisch sein – die Power, die rausgeht, muss ja nicht gleich eine Gewalt sein, die jemanden unterdrückt, das kann ja eine Naturkraft sei, das muss ja nicht unbedingt ...

Stephan: Ja, es ist 'ne Kraft, 'ne starke Kraft. Ich glaub, dass sie uns das irgendwie neiden, das wir uns so einfach hinstellen können und so viel rausgeben, so viel an Kraft, während die sich abmühen mit ihren Flugblättern und mit Steinewerfen oder was weiß ich, und haben aber irgendwie nicht so diese Resonanz.

Uli: Es überzeugt halt die musikalische und textliche Qualität bei der ganzen Sache.

Das ist euer Pressesprecher, das merkt man gleich!

(Gelächter.)

Edgar: Nächste Frage!

(Gelächter.)

Volker: Au, da kommen die Biere schon!

(Die Getränke werden wohlwollend entgegengenommen.)

Aber wie geht ihr denn der Gefahr aus dem Wege, dass euch die falschen Leute zujubeln, dass wirklich eines Tages mal die Viking-Jugend kommt und

Edgar und Volker von MDK

sagt: Au, toll! Jetzt haben wir unsere Kultband gefunden. Oder wär euch das egal?

Volker: Das wird nie passieren, weil unsere Texte dermaßen kritisch sind und irgendwo rumbohren, dass sich da kein überzeugter Nazi mit identifizieren kann. Außerdem ist unsere Musik lebendig und voller Kraft und so. Und gerade Lebendigkeit ist ja das, was einen Nazi auszeichnet, weil er sie nicht hat. Nazi ist immer kalt und ziemlich gefühlslos. Das ergibt sich schon aus der ganzen Sache.

Aber die Sache mit der Kraft ist doch schon ein Berührungspunkt, weil man die ja von beiden Seiten sehen kann, nicht?

Volker: Ja, aber wir suchen auch immer den Disput mit den Leuten, reden auch mit allen Leuten, und dadurch wird es klar, was wir wollen. Das beschränkt sich nicht nur auf die Bühne und die momentane Vermittlung, sondern wir bestätigen das den ganzen Tag über, wenn wir Leute auf der Straße treffen oder dir nickt einer zu und den kennste ja, nickste wieder zu, kommst ins Gespräch und ganz offen redste eben halt – wir setzen unser Bühnending eben auch auf der Straße fort oder umgekehrt: das was wir auf der Straße machen, machen wir auf der Bühne auch. Eben diesen Weg zum Frieden, diese Toleranzen, diese Botschaft, bekannt zu werden. Deswegen wird auch kein Nazi da so unbedarft uns nehmen wollen als sein Vorbild oder als Kultband.

(In einer Zeitschrift blätternd): Dieses Fanzine hier kenne ich noch nicht so, aber wenn ich zum Beispiel sehe, wie ihr das S schreibt, das ist ja nicht ganz unbewusst so gemacht, nicht?

Edgar: Das ist einfach eine künstlerische Ausdrucksform, das macht ...

Ist das nicht gefährlich?

Uli: Du, die ist ganz einfach aus der Geschichte des Punkrock zu sehen. Weil – die Sex Pistols haben ihren verdammten Sex und Pistols am Schluss mit diesen SS-Runen geschrieben, und das ist ganz einfach, wie soll ich sagen, 'ne ...

(Irgend jemand rülpst vernehmlich zur Image-Stärkung)

Uli: ... 'ne punkige Ausdrucksform einfach in der Typografie.

Du guckst mich jetzt mit deinen großen Kinderaugen an – ich meine, ganz so unschuldig ist das ja nicht, oder? Ein bisschen belastet ist es ja doch schon ...

Uli: Das ist ja auch irgendwie Provokation, aber das machen ...

Aber wen provoziert das? Das, finde ich, provoziert wirklich die falschen Leute.

White Punk: Nee, wieso – das provoziert zum Beispiel die Linken, oder das ist auch wieder 'ne Sache mit den Tabus – so ein Tabu aufzubrechen, oder so. Also irgendwie so ein »S« halt, also – wie er schon gesagt hat, das ist irgendwie aus der Punkbewegung entstanden. Und wo damals 1979 das Antifaschistische Festival war, da sind auch so 'ne *badges* rausgekommen, und da wurde ›antifaschistisch‹ mit dem Runen-S geschrieben. Und hat's ooch gleich ein Riesentrouble gegeben und 'ne Auseinandersetzung und irgendwie, ja – da sind die Leute eben total stur, wa? So'n »S« ist halt gleich faschistisch, und irgendwie kriegen die das gar nicht auf die Reihe.

Stephan: Das ist auch mehr so eine Verunsicherungsaktion, so sehe ich das. Dass die Leute einen irgendwie nicht einordnen können. Die wissen nicht, was sind das nun für welche – gehören die zu uns oder ... und das verunsichert die Leute so, und deswegen werden sie aggressiv, ja?

Uli: Auf der einen Seite Bilder, die die Freunde vom Wachturm irgendwie – hier zum Beispiel noch reichlich mitgearbeitet haben (??) und auf der anderen Seite halt der Weg des Kommandöhs und das »S« halt in der Runenschrift – was soll's, nicht? Ich meine, allein, wenn du schon die Frage stellst mit dem SS – ist doch schon für dich die Provokation irgendwie gelungen. – Darf ich euch allen gratulieren?

Alle: Toll, ja. Spitze, Sahne!

Ich kenn' die Geschichten auch, und das beste Beispiel ist ja mit der Gruppe Kiss, in der viele jüdische Musiker mitspielen. Kiss hat anfangs die SS-Runen im Namen gehabt. Bei den Kiss-Platten, die in der Bundesrepublik erschienen, hat man die Runen in unser Schrift-S umgeformt. Das ist schon ein bisschen verrückt alles.

Uli: Es steigen 'ne Menge Leute drauf ein, zum Beispiel als wir mit den Leuten von der taz gesprochen hatten, die sind da sofort drüber gestolpert. Also – die ganze Story an sich – total klar, OK, das muss ans Licht der Öffentlichkeit gebracht werden, aber ihr schreibt ja da – guck mal, hier kann ich eine SS-Rune erkennen – iiihh! Wie stellt ihr euch dazu? Und dann haben wir natürlich genau das gleiche Statement drauf abgegeben, genauso wie zum Beispiel ...

Ich weiß, du machst die Sprachregelung bei euch, das ist mir schon klar.

(Lachen.)

Uli: ... ›Unsere Ehre ist die Treue‹ ist zum Beispiel auch so 'n Spruch, der in allen Fanzines drinsteht. Den kann man genauso gut auf einen linken Sprachschatz übertragen: »Unsere Ehre, unsere ...«

Volker: Kontinuität (?)! MDK – Maßstab der Kontinuität.

Uli: Ja. Das ist bloß irgendwie verbal umgebaut. Die Linken zum Beispiel benutzen andere Wörter als »Unsere Ehre ist die Treue«, inhaltlich, sinngemäß genau die gleiche Sache.

Volker: Solidarität.

Uli: Ja, beispielsweise. »Spaß muss sein« oder »Kraft durch Freude« – es kommt inhaltlich aufs Gleiche raus. Ich kann nichts dazu, dass die Amerikaner das Ganze etwas umgebaut haben. Das gleiche passiert ja mit den Chinesen auch, mit der Viererbande: Nein, davon wollen wir überhaupt nichts mehr wissen, das ist alles ganz anders gewesen. Wir führen jetzt ein völlig neues Vokabular ein. Was soll's.

Volker: Und haben wir nicht das Recht, die Sprache zu benutzen und zu befreien und ihr damit diese dunklen Schatten zu nehmen, die auf ihr lasten? Was haben wir damit zu tun? Wenn wir das nur so mal machen, aus Spaß, um ihr den schlechten Ruf da zu nehmen, um Sprache zu befreien, wie früher das *Free Speach Movement*, da haben wir das Recht, irgendwelche Sachen zu benutzen und in unserem Sinne darzustellen, wenn der Sinn klar ist, dass es nicht auf der Ebene gemeint ist, wie das damals war.

Uli: Das hat aber mit Faschismus in der Form eigentlich nichts zu tun.

Volker: Und deswegen kann deine Frage nur als Provokation gewertet werden.

(Gelächter.)

Stephan: Ich hatte manchmal so 'ne Jotpur-Hose, so heißen die, glaub ich, so eine SA- oder SS-Hose, so eine Rittmeister-Hose, ich hab die billig bekommen, die war toll, nur ich konnte die nicht anziehen, da war die Provokation zu groß, ich hatte auch keine Haare gehabt und das sah so hart aus – damit hätte man auch Leute provoziert, die man nicht provozieren will – die man nicht provozieren will. Nämlich irgendwelche Rentner, die es miterlebt haben. Wenn man so rumläuft dann – das wollte ich nicht, irgendwelche alten Leute provozieren. Wozu? Da gibt es auch so 'ne Grenze irgendwie, mit dem Dritten Reich, so ein bisschen empfindlich ist man da schon. Man kann nicht sagen, da haben wir gar nichts mit zu tun.

Ihr dürft nicht vergessen, die Geschichte ist ja nie richtig aufgearbeitet worden. Darum reagieren die bewussteren Leute, ob sie nun links sind oder liberal, mit besonderem Entsetzen. Ich weiß nicht, wie ihr die Nazizeit in der Schule behandelt habt, was sie euch erzählt haben, bei uns fand da irgendwie eine Pause statt zwischen 1933 und '45. Da war einer, der hat Autobahnen gebaut, und einen Krieg hat er auch geführt, mehr war bei uns aber nicht angesagt.

Edgar: Ich war auf so 'nem Nobelgymnasium in Bremerhaven – nur mit alten Faschistenpaukern. Im Erdkundeunterricht – Deutschland war doch alles, mit Ostpreußen und so. Das war tierisch.

Uli: Bei uns in der Schule haben sie auch immer noch die Karte rausgehängt mit den alten Grenzen: »Dreigeteilt niemals.«

In meiner Schule, genannt die »Ekkener-Kaserne«, in Berlin-Mariendorf auch! Ich sehe den umrandeten Halbmond »Ostpreußen« rechts oben auf der Karte noch deutlich vor mir.

Uli: Die ganze Sache, wie sie vom Lehrkörper dargestellt wurde, war doch eigentlich ziemlich eindeutig. Eben dass da irgendeine Scheiße gelaufen ist, nicht?

Stephan: Man sagt das immer, dass das nicht aufgearbeitet wurde, auch jetzt im Geschichtsunterricht. Das war aber so eine Generation vor uns, die direkt nach dem Krieg in der Schule war, wo das hätte durchgenommen werden müssen. Aber jetzt so, in unserem Alter, da wurde das schon gemacht. Wir haben das sehr intensiv gemacht. Unser Geschichtslehrer hatte 'nen Arm verloren im Krieg und da haben wir das ...

Uli: Ich meine, du kriegst es auch von jeder Seite reingereicht, von deinen Eltern, überhaupt von Leuten, die so in der Zeit, wo du noch selber zur Schule gegangen bist, als ich so 14, 15 war, waren das halt Leute 40, 45, die alle im Krieg waren. Da wolltest du natürlich auch wissen, man, wie is' das gewesen? Sag mal, Papi, hast du auch Heil! geschrien? – Nein, ich bin da nie bei gewesen. – Ja, Papi, wo sind denn die ganzen Menschen hergekommen, die man immer im Fernsehen sieht? Bist du da nicht auch bei gewesen? – Ja, du, das kann ich dir auch nicht erklären. – Ja, Papi – ham sie die alle aus Japan eingeflogen? *(Gelächter.)* – Junge, nun stell nicht so dumme Fragen.

Volker: Das waren unsere drei Gymnasiasten, aber ich bin acht Jahre zur Schule gegangen, und da lief nichts mit dem Dritten Reich. Da haben sie nur ein paar vergaste Juden gezeigt, und das war innerhalb von einer Woche abgetan. White Punk ist ja bestimmt auch kein Gymnasiast, wie war's bei dir?

White Punk: Bei uns haben wir das eigentlich ooch nicht durchjenomm. Kurz mal angeschnitten oder so, wa? Aber groß ist da auch nix bei rübergekommen. Also, bei mir ist das so 'ne Entwicklungssache – ich war halt früher aktiv in der Freien Deutschen Jugend West-Berlins gewesen, wo ich so vierzehn war, da hab ich irgendwie meinen Bezug dazu gekriegt. Halt zum Faschismus und so was es Bedeutendes hat.

Und warum bist du da ausgetreten?

NN: Ist fünfzehn geworden.

(Gelächter.)

White Punk: Nee nee, fuffzehn nich, aber so mit sechzehn bin ich dann langsam dahintergekommen, dass das eigentlich – ja, auch nicht der richtige Weg ist, also halt die janzen Funktionäre oder so waren für mich mal der Hauptgrund, wo ich irgendwo gesehen habe, dass sich da total 'ne neue Führungsschicht bildet, die total ihren Vorteil ausnutzt und dann hier sagt von wegen – ja, auch: Im Namen des Volkes oder im Namen des Proletariats.

Aber die historische Aufarbeitung wurde da bei der FDJ-W geleistet, ja?

White Punk: Ja, das ist ja irgendwie klar, wa? Da haste eben Schulungsphasen mitgemacht und hast dir Konzentrationslager angesehen und hast das irgendwie mitgekommen. Aber in der Schule und so, da lief bei uns auch nicht viel. Also ich hab 10. Klasse gemacht, Realschule, da haben wir irgendwie am Schluss der 10. Klasse in den letzten zwei Wochen oder so grad mal die Anfänge ...

Stephan: Ich bin so allergisch gegen diesen neuen kleinen Faschismus, dieser Schwanzab-Faschismus oder, was weiß ich, Skinheads, wenn du mit kurzen Haaren oder Lederjacke – Scheiß Punk oder irgendwie, was von der anderen Seite läuft: *Never trust a Hippie!* oder so. Diese ganzen Sachen, die laufen. Ja, da bin ich jetzt auch so empfindlich gegen geworden. Das sind ja auch alles so faschistische Tendenzen. Also irgendwo 'ne Unterdrückung Andersdenkender. So 'ne Engstirnigkeit.

Uli: Sobald die Leute was gefunden haben, wozu sie sich kleidungsmäßig, modemäßig, was weiß ich, was die Kriterien dafür sind, zugehörig fühlen für irgendeine Geschichte, sehen sie bloß noch Schwarz-Weiß, aber das Spektrum der Farben, was dazwischen ist, fällt total untern Tisch.

White Punk: Vor allen Dingen hab ich auch die Erfahrung gemacht, dass dein Äußeres total 'ne Rolle spielt – ick bin vor kurzem mal in der Music Hall gewesen, ungefähr so wie jetzt so, mit weißem Hemd, Schlips und so, Haare noch'n bisschen ordentlich gekämmt, und da hat so'n Punker mir »auf die Fresse?!« angedroht, »Scheiß Popper, wat willsten hier?!« und so ... *(Gelächter.)*

Irgendwie sind da die Leute total *tilt* irgendwie, gehen total von der Kleidung, vom Aussehen, vom Haarschnitt oder so aus, also – wo ick sagen kann, also ich bin vom Herzen her immer noch Punk oder so, obwohl ich nicht mehr so aussehe. Naja.

Dahinter steht ja auch so die Sehnsucht nach so 'nem Gruppenbewusstsein, nach irgendeiner Heimat dahinter, dass man sich in irgendeiner Gruppe wohlfühlen will.

Uli: Du, die Heimat, die Heimat. *(Lacht.)* oh Gott, das hört sich wieder so nach Landsmannschaft an. Also, ich weiß nicht, ob das jetzt repräsentativ für die anderen hier ist, aber meine Heimat ist zum Beispiel das Musikmachen. Und dafür ist für mich unheimlich wichtig gewesen das mit den Sex Pistols, mit dieser ganzen Geschichte – damit fing das an für mich, dass sich irgendwo was getan hat. Ich hab die ganze Zeit Rock-'n'-Roll-Musik gemacht, ohne Rolling Stones oder Beatles oder diese ganze Zeit, wo irgendwelche ›Wir um die 30‹ heute noch von schwärmen. Das war halt der Punkt, wo's ›klick‹ gemacht hat. Ja – OK, da sind Leute sofort nach England gefahren und haben das ganz intensiv und bewusst mitgelebt, und das hängt drin. Und das zieh ich auch immer noch durch. Egal, wie ich ausseh' dabei. Und das ist irgendwo, find ich, so die Heimat irgendwie ein bisschen, nicht?

Stephan: Du darfst nicht vergessen, dass wir auch Musik machen. Die Musik spielt ja auch 'ne Rolle irgendwie, und nicht nur die Aussage.

Uli: Die Ausdrucksform innerhalb der Musik, natürlich auch gebunden an unseres Chefs großartige Texte, also – meine Ansicht dazu.

Volker: Meine auch.

(Lachen.)

Wirst du wenigstens rot – anstandshalber?

Volker: Nee, ich hab meine rechte Hand auf der Heizung.

Ach deswegen. – Kommen wir noch mal zu den Wahlen: Wie seht ihr das? Haben wir ein bisschen wenig Spaß in der Politik?

Volker: 'n bisschen wenig Spaß, ja.

Uli: Ich weiß nicht, ob das jetzt genau stimmt, aber ich hab letztlich im Fernsehen gesehen, dass sich Schily und Kunzelmann als Kandidaten der Alternativen Liste haben aufstellen lassen. Das fand ich schon mal ganz großartig! Ich bin am Überlegen, ob ich noch kurzzeitig in dem Wahlbezirk meinen ersten

Wohnsitz anmelden sollte. Einfach bloß um die beiden Nasen zu wählen.

Wobei das natürlich eine interessante Kombination ist, der Schily und der Kunzelmann.

Uli: Ja, allerdings, das ist die einzige interessante.

Edgar: Die Alternative Liste, die ist schon vor zwei Jahren aufgefallen für Volker und mich, wo wir bei dieser Wahl hier in Berlin waren, die haben ihre Wahlfete gehabt in der Neuen Welt, im Kleinen Saal. Wir sind hingegangen und da große Party, Musik und Trinken, und da fragen sie uns, na, was habt ihr denn gewählt? – Na, wir haben SA gewählt. – Was, SA?? – Ja, Liste 175 ...

Volker: »Schwule Aktivisten«.

Edgar: Schwule Aktivisten, nich? Ohhh, und wir noch mit Lederjacke, kurzen Haaren und Schlips natürlich. Da hab ich total abgefahren. Die haben nur SA gehört, sind durchgedreht. Es kam fast zu 'ner richtigen Schlägerei. Um uns rum 'ne Traube, und so ein wildgewordener KPD-Typ, die waren ja vor zwei Jahren da noch stärker in der AL, der hat mich gleich am Schlips gehabt, die anderen haben mir die Arme festgehalten von hinten, ganz fies, und so 'ne Oma hat immer rumgehetzt: Gebt's ihm, dem bösen Faschisten. Nur weil wir Liste 175 gewählt haben. Wir warn froh, als wir wieder raus waren, und seit dem ist die AL tot.

Da haben wir den Skandal!?

Volker: Es wird ja zweifellos interessant, wenn die AL einzieht, gibt's 'ne Menge neue Aktivitäten da im Parlament, wär ja ganz lustig.

Aber doch bloß in der Opposition.

Volker: Ja, aber trotzdem.

White Punk: Ich weiß nicht, aber ich hab vorhin »Abendschau« gesehen, die haben eigentlich alle Muffe, von olle Vogel angefangen, aber irgendwie, ja – weeß ick nich – für mich is det Ding, dass icke – ja, auf der einen Seite wäret janz interessant, dass die AL da drin ist, aber ich gloob nich, dass ich wählen gehe. Irgendwie verarschen sie dich doch, oder?

Volker: Ich hab noch nie gewählt. Ich werd auch nicht wählen gehn. Nie im Leben, du.

Edgar: Ich hab einmal gewählt – KPD! Das war in Bremerhaven. Da waren von zehntausend Stimmen drei oder fünf Stimmen KPD, eine davon war ich. *(Gelächter.)*

Uli: Ich meine, egal was du dann wählst, wie der »Wechsel« auch sein wird – ich meine, du wählst immer nur 'ne Filzokratie, meiner Ansicht nach.

Volker: Du wirst immer gebrannt, geschrappt und gevögelt, nich?

Uli: Ja, stimmt! *(Gelächter.)*

Volker: Die Sozialdemokratie, die schafft ja immer wieder die Spitzen der Bewegung irgendwie zu zerbröckeln, und die Bewegung damit bewegungslos zu machen. Das Konzept beherrschen sie so gut, dass sie auch weiterhin Erfolg damit haben werden, die SPDler, wa? Schätze, so schlau sind die jüngeren und älteren Herrn schon.

Du meinst, sie schaffen es jetzt wieder?

Uli: Die sollten sich 'ne neue Werbeagentur mal zulegen.

Volker: Aufgrund des Wahlboykotts interessiere ich mich auch gar nicht für die ganzen Mechanismen, die da ablaufen, deswegen kann ich auch keine Antwort drauf geben, ob die das schaffen wird, die SPD.

Das wollen wir dem Zauber des Augenblicks überlassen.

Edgar: Ich glaub, die SPD schafft das. Ich meine, Weizsäcker ist ein guter Typ. Die Familie Weizsäcker steht für sich in Deutschland, das ist doch einmalig! Aber Vogel als hemdsärmeliger Sozialdemokrat, der gezeigt hat, dass er aufräumen kann und so, das checken auch die Berliner inzwischen, also dass der was hat. Und Weizsäcker ist irgendwie ein engagierter Christ und kein Kanalarbeiter oder so. Oder so ein Typ wie Vogel, der von Anfang an gesagt hat, ich komm nach Berlin und ich bleib hier, egal was passiert. Weizsäcker zögert immer noch hin und her, ob er nun in den Bundestag geht oder hier bleibt. Und das find ich ein bisschen weich an ihm. Aber das war auch nicht anders zu erwarten. Obwohl er mir ziemlich sympathisch ist, mit dem kann man schon irgendwie gut reden und so, 'n netter Kerl.

Volker: Im Falle völligen Versagens aller Regierungsparteien muss MDK die provisorische Übergangsregierung in Berlin übernehmen. Wir erklären uns gern dafür bereit.

Wer ist denn da für Kultur zuständig?

Uli: Ich!

Volker: Was?!

Uli: Na – wer übernimmt das Kulturministerium?

Volker: Olaf Leitner, oder so.
(Gelächter.)
Je nach dem – wenn er das Interview gut bringt oder nicht ...

Ich bin ja nicht Mitglied der Gruppe. Ich hab mich ja nicht ...

Volker: Du kannst gerne Ehrenmitglied werden, wenn du das Interview hier bezahlst. *(Gelächter.)*

Ich hab mich ja nicht von der Basis hochgedient bei euch.

White Punk: Na, ick mach dann Verantwortlicher für Familie, Jugend und Sport.

Volker: Ich will Propagandaminister werden.

(Es werden einige Ämter durchgespielt)
(...)

Was bist du von Beruf?

Volker: Ich bin gelernter Schriftsetzer und zur Zeit arbeitslos.

Einer von denen, die man jetzt nicht mehr braucht.

Volker: Ja, ich bin Abfall von Sabet (iranischer Teppichhändler mit einem in West-Berlin einst sehr populären TV-Werbespot: »Sabet – ährrrlische Preise!«, ab 1980 kurzzeitiger Herausgeber der Zeitung »Der Abend«, O. L.) und »Tagesspiegel« geworden. Man sieht's wieder, die Ausländer, nä? *(Gelächter.)*

Ich meine, der Franz Karl Maier (Herausgeber des »Tagesspiegel« von 1949 bis 1984, O. L.) ist ja gestandener Deutscher, auch dem hab ich den Niedergang meines Portemonnaies zu verdanken. Also nicht nur den Ausländern. Edgar ist Kochlehrling.

Edgar: Deutsche Küche! *(Gelächter.)*

Keine Pizza und so'n Fraß?

Edgar: Nee, nee, nee: Friesen, Labskaus. *(Gelächter.)* ...

Nichts gegen Labskaus.

Edgar: Ja, das ist gut, wenn man nicht weiß, was drin ist.

Doch – die Reste der letzten Woche.

White Punk: Und ich hab mal bei der Deutschen Reichsbahn gearbeitet ...

Volker: »Gedient« heißt das! *(Gelächter.)*

... als Fahrdienstleiter.

Hast die berühmte rote Mütze aufgehabt?

White Punk: Ja, die berühmte Rote hab ich auch auf gehabt.

Und dann hast du gestreikt und dann hamse dich rausgeschmissen?

White Punk: Nee, ich bin schon vorher ausgestiegen, weil – na, die ham mich immer genervt mit der Partei und so ... das war irgendwie nicht dit Wahre, wa? Also wenn du irgendwie in so 'nem sozialistischen Betrieb arbeitest, dann merkst du wirklich, wie der real existierende Sozialismus aussieht, dass das ganz einfach ... das ist genau das Gleiche wie bei uns, oder? Da werden die Posten hin- und hergeschoben, da verdienen die ganz oben sind sowieso mehr – nur nicht ganz so viel wie hier.

Was haste da verdient als Fahrdienstleiter?

White Punk: Ach, das kam ganz drauf an. Ich hab auch Schichtdienst gemacht und so – zwischen eins-sechs und zwee Mille.

Volker: Ost!?

White Punk: Nee, nee.. *(Gelächter.)* Und irgendwie – ja, eigentlich könnte ich jetzt ooch SPD wählen, weil Vogel ja sagt, sie wollen die S-Bahn wieder in Betrieb setzen und dass ich da wieder meinen Job kriege – aber ...

Das ist doch 'ne tolle Strecke – Wannsee / Friedrichstraße immer hin und her pendeln, alle zwanzig Minuten?

White Punk: Nee, nee, das wär ja 'n Zugführer, da hab ich ja nicht die Ausbildung für. Aber ich würde schon gern das Stellwerk Berlin-Zoologischer Garten besetzen. *(Gelächter.)*

Und was ist mit dir?

Stephan: Ich studier' Jura.

Ach du meine Güte, da habt ihr auch noch einen Juristen ...

NN: Ja, das ist wichtig.

Stephan: Ich trau mich auch mittlerweile das ganz offen zuzugeben, ja?

Das ist keine Schande.

Stephan: Das ist schon eine Schande, wenn du die Kommilitonen siehst, die da rumlaufen.

Ich glaube, es ist sehr wichtig, dass wir mal ein paar andere Juristen haben als die, die überall herumlaufen.

Stephan: Ja, das denke ich mir auch und deswegen versuche ich ja auch noch durchzuhalten. 's ist nur verdammt hart – bei mir waren im ersten Semester, glaube ich, fünfhundert Studenten, da war kein einziger dabei, mit dem du dich irgendwie hättest unterhalten können. Bis auf einen einzigen, und der war 50 und ehemaliger Seemann, ja?, mit dem irgendwie noch was ablief. Und sonst auch nur hier die Scheuklappen und – wie heißt dieser CDU-Studentenverband da? – ganz groß drin (gemeint ist vermutlich der RCDS, O. L.). Die Klosprüche »Linke raus!« und so.

White Punk: Hoho, das is ja janz hart!

Und wie weit bist du mit dem Studium? Nähert sich die Sache dem Ende?

Stephan: *(Stöhnend.)* Aaach, ja ... ich hoffe, ich hoffe?

Oder darf ich die Frage nicht stellen?

Stephan *(Windet sich lachend.)*: Nee, ich häng schwer zurück, weil mich halt auch die Musik so sehr beschäftigt irgendwie, dass man dann immer so zweigeteilt ist.

Uli: ... und dann hat er auch noch 'n Verräterjob.

Stephan: Ja, auch noch.

Wo hast du einen Verräterjob?

Stephan: Bei den Evi & den Evidrines spiel ich Saxophon. Und das sind natürlich immer so zwei Welten irgendwie – und irgendwie in Kreuzberg wohnen und dann im Grunewald in die Universität gehen da in Dahlem, und das irgendwie auf die Reihe zu bringen ist verdammt schwer.

Ich hab auch an der FU studiert und am Wochende haben wir im Star-Club Hamburg gespielt. – Wo, wen haben wir jetzt? Du!

Uli: Icke? Na, ich bin Künstler. *(Gelächter.)*

Und was machst du tagsüber?

Uli: Ja, was mach ich tagsüber? Im Moment gehe ich grad in 'ner Druckerei arbeiten, weil ich halt Geld brauche. Von irgendwas muss der Schornstein rauchen.

Volker: Um deine Schulden bei mir zurückzuzahlen.

Stephan: Ja, weil ich Schulden zurück...

Bist du ein Agit-Drucker?

Stephan: Nein, ich bin kein Agit-Drucker, weil in dem Job ... der is' so mies, da bietet sich außer Klo-Agit überhaupt nichts an.

In welcher Druckerei arbeitest du denn?

Stephan: Also, ich möchte keine Schleichwerbung machen.

(Gelächter.)

In der Kochstraße, oder wo?!

Stephan: Nee, nee. So 'ne kleine Druckerei halt, die machen so blöde Blechschilder. Die machen so total dumpfes Industriezeug.

(Die Aufnahme-Kassette wird ausgewechselt.)

(Volker kommentiert:)

Volker: Bezugspunkt: andere Kassettenseite, erster Teil des Interviews ...

Offstimme: Klappe!

Volker: ... »Der Weg zum Frieden«.

(Gelächter.)

Volker: Also, wir sind auch der Meinung, wie Fritz Teufel schon sagte – eine Revolution muss Spaß machen, sonst macht keiner mit. Und auch diesen Weg verfolgen wir ganz konsequent, nicht? Und deshalb beinhaltet das den Weg zum Frieden, weil Frieden beinhaltet Auseinandersetzung, Toleranz und eben Spaß.

Uli: Erzähl doch mal 'n Witz!

Volker: Ja, also, man kann auch den unbewaffneten Banküberfall mit 200 Leuten machen.

Off-Stimme: Hört, hört, hört!

Volker: Das ist allerdings auch von Fritz Teufel.

(Gelächter.)

... und Fritz Teufel auch aufstellen zur provisorischen Übergangsregierung, hat Bommi Baumann, den wir auf 'ner ganz witzigen Linie solidarisch finden, der hat ja gesagt, der Fritz Teufel soll auf'n Kudamm gehen und Erdbeeren pflanzen, und was der schon wieder will, schon wieder 'ne Kommune, das wird langsam langweilig. Und dass wir eben auch meinen, Spaß muss sein, Weg zum Frieden muss auch sein und dass die Politik von unten heraus –, kommt auch von uns, also Politik davon abhängt, was in uns, mit uns usw. abläuft, wa? Und dass es nicht erstarren soll in irgend 'ner Bewegungslinie, sondern allumfassend ist. Die ganzen menschlichen Perspektiven, die heute verleugnet werden, wie Liebe und Gefühle und so, dass die auch noch mit reinkommen in unser Leben. Dass wir uns nicht davon distanzieren und anstatt von Liebe nur noch von Zweierkiste reden. Und so weiter, und so fort. Die Beispiele könnte man beliebig fortsetzen. Ja – Spaß muss sein. *(Lacht.)* Spaß ist Anarchie.

(Gelächter.)

Habt ihr mal anarchistisches Schrifttum gelesen? Erich Mühsam und solche Leute?

Volker: Der eine mehr, der andere weniger.

Du weniger?

Volker: Ich glaub, es gibt sogar einen von uns, der »Das Kapital« von Karl Marx gelesen hat. Nein, ich hab auch gelesen. Ich bin von Bakunin fasziniert gewesen, habe natürlich auch später hinein die »Zehn revolutionären Regeln« gelesen, die natürlich sehr menschenverachtend sind, und sonst RAF-Sachen hab ich natürlich auch mitgekriegt, damit sind wir ja groß geworden, mit 13 vor dem Fernseher, die Massendemonstrationen mit langen Haaren und Parkas, wie Edgar es gesagt hat, er wollte auch einen haben, da hat sein Alter gesagt, was? So einen wie die Demonstranten? Dann hat er den aber trotzdem bekommen, und das war unsere Fernsehzeit, dreizehn, vierzehn. Wir waren damals noch nicht so reif wie die heutigen Dreizehn-, Vierzehnjährigen. Anstatt demonstrieren zu gehen, haben wir lieber LSD genommen, Drogen genommen, haben 'ne Reise nach Indien gemacht – heute ist es genau umgekehrt. Aber Anarchismus steckt in jedem auch drin, nicht? Brauchste nicht unbedingt was dazu zu lesen.

Wobei ich den Eindruck habe, dass ihr auch ein bisschen Theorie drauf habt, bestimmte Sachen auch durchgangen seid, euch durchgequält habt.

Volker: Ich glaube, das ist das Buch des Lebens, was du da meinst, ein geschriebenes Buch, was so was drin hat über Anarchismus und Auseinandersetzung, theoretische Auseinandersetzung, das haste doch im ganzen Leben, das verfolgt dich immer weiter. Und der Mensch strebt irgendwie nach Freiheit hin sein ganzes Leben lang. Der eine mehr bewusst, der andere weniger bewusst. – Spaß muss sein, noch 'n Bier. Oder lieber 'n bisschen Marihuana oder wie das heißt, hier, nee – Camel ohne Filter heißt das, ja?

Wart ihr denn schon in dem berühmten Film »Christiane F.«?

Alle: *(Gestöhne, Gemurmel.)* Nee!

Volker: Ach ja, da möchte Black Widow (alias White Punk, O. L.) noch was zu sagen, »Christiane F.«

White Punk: Ja, das is so 'ne Sache, wa? Also Christiane F. kenn ich persönlich, ich bin damals halt groß geworden in der Szene, das Buch haste bestimmt auch gelesen, wa? Praktisch in der Szene, die sie da so beschreibt, das »Sound« und so war meine Heimat gewesen am Wochenende. Ja, und irgendwie find ich, ja, Christiane hat es geschafft, ooch 'n Star zu werden, auf ihre Art, wa? Irgendwie – ja, kann man dazu sagen, dass –, kann ich dazu sagen, dass 'ne janze Menge an dem Buch und an dem Film nicht stimmt, und vielleicht kannste das ooch mal bringen: Also, ich hab letztens im tip gelesen, da hat der Regisseur Uli Edel im Interview gesagt, sie haben keine Fixer als Darsteller, und da kann ich nur zu sagen, da war immer so 'n Drehtermin, wo ich auch als Komparse teilgenommen habe, und zwar im »Sound«, da konnte ich leider nur einmal drehen, weil ich da noch Hausverbot von früher habe. *(Lacht.)*, und praktisch da ham sie schon zu wenig Komparsen gehabt und da sind sie auf die *scene* gefahren, zum Kudamm, und haben sich da ein paar Junkies geholt. Ganz abgesehen von den Drehterminen, die da noch auf der *scene* waren. Da haben sich also praktisch Leute, die sonst, weeß ick, tagelang vermitteln, die ham halt da mitgespielt, 80 DM gekriegt und sich dann am Abend davon ihre Packung geholt, wa? Ich gloob nich, dass der Film, also – der Film der macht ...

Haste den gesehen?

White Punk: Nee, noch nich. Ick werd 'n mir bestimmt ansehen, irgendwie. Einfach so, wa? Aber ick gloob, dass er irgendwie genauso wie das Buch auf der einen Art mal so Kids anturnen wird Drogen zu nehmen und – ja, der trägt nix bei zur Veränderung von dem Problem. Weil – das Problem liegt janz einfach an dem, was Sache ist oder so in Berlin. Die janze Situation und irgendwie – also, ick weeß nich, irgendwie nimmt jeder seine Droge, jeder hat da halt – weeß ick – der eine säuft, der andere kifft und es gibt halt ooch Junkies, 'ne ganze Menge und irgendwie – irgendwie brauchste es um zu überleben. Ick will nich sagen, Heroin brauchste zum Überleben, aber du brauchst 'ne Droge zum Überleben, weil du sonst einfach, ja – also kiek dir die Prollis an! Das ist irgendwie das beste Beispiel dafür. Na, und Heroin ist halt 'ne spezielle Sache. Wenn du halt einmal die Erfahrung damit gemacht hast, dann haste irgendwie dein ganzes Leben damit zu kämpfen. Weil es irgendwie – ja, es ist die geilste Droge, aber es ist auch die gefährlichste, wa? Also, das ist jetzt meine Meinung.

Wenn du der liebe Gott wärest, was würdest du ändern? (Gelächter.)

White Punk: Ich bin nicht der liebe Gott.

Wenn du's wärst ...

Volker: Rauschgift für alle, Rauschgift für alle!

White Punk: Das ist echt 'ne Frage – wat soll's. Müsstest du allet umändern. Oder? Würde ich die Revolution machen, wenn ich der liebe Gott wär.

Das wär dann wieder eine Revolution von oben, wär auch Scheiße.

(Lachen.)

White Punk: Naja ...
Volker: Gott ist in allem. Der liebe Gott beinhaltet ja alle Sehnsüchte des Menschen, also ist es doch von unten und nicht von oben!
(Themawechsel: MDK beklagt sich darüber, stets in die rechte Ecke gedrängt zu werden. Edgar nennt ein Beispiel.)
Edgar: Was ist denn hier: Fünf Skinheads, die haben sich ein paar Leute geschnappt und brutal zusammengeschlagen – man fragt kennt ihr die? Deckt ihr die?? Wenn wir erfahren, dass ihr die deckt, dann seht ihr alt aus – und so. Da kommen sie zu uns an, nicht? Als wenn wir das schlechte Gewissen der linken *scene* wär'n.
Volker: Das kannste in Bezug nehmen auf diesen Artikel in der »Besetzerpost«, wo schon der Anfang gemacht wurde – so ein Skinhead-Brutalo-Artikel wurde neben die Bühnenbesetzungsformulierungssache gesetzt und die haben wieder versucht, uns in so eine Ecke zu drängen, auf 'ne Stellungnahme zu zwingen zu irgendwelchen alltäglichen Vorkommnissen, die irgendwelche politischen Wertungen draus ziehen, wa? Schlägereien gibt es jeden Tag hier in der U-Bahn oder auf der Straße oder sonst wo, nur wir sollen jetzt gerade wieder eingezwungen werden in so 'ne Identifizierung mit den Skinheads. Ich meine, ich bin der einzige Skinhead im Moment, weil ich den größten Eierkopp habe und den meisten Wirbel mache. Also permanent wird versucht, uns in irgend 'ne Ecke zu zwängen. Es wird versucht, da was aus so Stellungnahmen herauszuhören, um uns dann zu kritisieren. Da möchten wir nur sagen: Wir sind 'ne Tanzband und haben mit Politik nichts mehr am Hut. Wir möchten am liebsten aus Kreuzberg raus und suchen verschiedene Wohnungen in Schöneberg ... *(Gelächter.)*

Das glaube ich dir nicht, dass du mit Politik nichts mehr am Hut hast.

Volker: Nee, aber auf jeden Fall haben wir das satt hier, irgendwelche Stellungnahmen gegenüber irgendwelchen politischen Fraktionen zu geben und sagen, wir halten uns von der Politik fern. Und Politik ist jeder Tag. Tag für Tag, von morgens bis abends biste da Gesetzen unterworfen.
Uli: Politik ist, wenn man trotzdem lacht.

Andererseits – wenn ihr bestimmte Reaktionen provoziert, braucht ihr euch natürlich auch nicht zu wundern, wenn reagiert wird.

Volker: Wundern tun wir uns über nix da.
Stephan: Die Reaktionen sind ja mehr für uns 'ne Selbstbestätigung, also 'ne Bestätigung der Dummheit der anderen, ja?
(Lachen.)
Stephan:
So bisschen irgendwie – ist so der Spaß dabei, nicht?
Edgar: Wie – die Skinheadsache ist doch schon alt! Bei diesem antifaschistischen Festival, wo MDK eigentlich anfing, so vor zwei Jahren, da kam ich aus England zurück, hab zum ersten Mal Skinheads in England gesehen, was für 'ne Power die haben, und was Punk in England war vor zwei Jahren, also nur so jugendgeschichtlich – während Punk früher, vor zwei Jahren, noch hier Punk – alles Leute zwischen 20 und 30 waren. Viele Schwule und so, die modemäßig drauf abgefahren sind, da haben wir uns auch, irgendwie auch aus Provokation halt, die Haare auf Skinheads geschnitten, sind gleichzeitig ausgestiegen aus dem Vorbereitungsding von diesem antifaschistischen Fest. Und da fing es schon an mit hier, ja – »Skinheads« und »rechtsradikal« und das wollen sie jetzt wieder mal auffrischen. Deshalb ist es nicht umsonst, dass in dieser »Besetzerpost« der Artikel von der Bühnenbesetzung MDK neben dieser Stimmungssache gegen Skinheads ist.
(...)

Salli Sallmann

Du machst mich hin

Montagmittag
Wach ich auf
Schweren Kopf noch
Vom Gesauf
Kühlschrank leer
Doch großen Durst
Runter an die Ecke: Eine Currywurst
Von der letzten Asche
Noch Kohle kaufen
Und 'ne Pulle Wein
Zum abends besaufen
Mit der Einkaufstüte
Die Treppen hoch
In mein gemütliches
Hinterhausloch:
Westberlin Westberlin
Was hab ich dir getan
Du machst mich hin
Ich kann dich nicht lieben
Aber auch nicht hassen
Du kannst mir nichts geben
Ich kann dir keins verpassen
Fürbringerstraße
In Kreuzberg du weißt
Das ist da wo jeder Hund
Seine Scheiße hinscheißt
Die Hauswirtin hör ich
Im Vorderhaus schrein
Da pinkeln die Kinder
In den Hausflur 'rein
Paar Freaks sprühn an
Die Wand bunte Fratzen
Ich geh in den Hausflur
Und füttere Katzen
Im Osten blinkt bedrohlich
Der Fernsehturm
Die Amis werden scharf
Und blasen Sturm:

Westberlin Westberlin
Was hab ich dir getan
Du machst mich hin
Du Beweis fur Darwins These
Hockst hier im roten Käse
Du Haifischbecken Schlaraffenland
Gebaut auf märkischen Sand
Der Hausbesitzer hat
Die Miete erhöht
Weil wie er schreibt Berlin
Zum weißen Kreis übergeht
So 'ne Wut krieg ich
Daß ich mit der Fliegenklatsche
Einen Brummer zermatsche
Und extra zerlatsche
Ich möchte mich auch gern mal
Glücklich verlieben
Doch bis jetzt ist es bei
Beate Uhse geblieben
Meine Liebe will nur
Meine Freundschaft haben
Ich soll mich an klugen
Gesprächen laben:
Westberlin Westberlin
Du bist meine feste Frau
Du machst mich hin
Ich kann mit dir nicht leben
Und dich nicht verlassen
Ich kann dich nicht lieben
Aber auch nicht hassen Ich
kann dir nicht ausziehn
Deine Schmuddelviertel
Deinen Stacheldrahtgürtel
Berlin laß mich doch ziehn

Es war uncool, auf dem Erfolg abzufahren

Annette Humpe über weite Wege, das Aufregendste überhaupt, das Männchen am Klavier, geniale Dilettanten, den besten Platz in Deutschland, Zeichen der Zeit, Dummheit und Glück, die Schaubühne, Heldenmangel; über Machen und Umsetzen, nervende Erfolge, kurze Verfallszeiten, ein bisschen *magic*, flügge gewordene Kinder, Taxifahrer-Geschmäcker, das dörfliche Berlin, Mutter und Sohn, Mauer-Studios, ein bisschen Marihuana, Spitzelofferten und das kalte London.

Gesprächsdatum: 4.4.2001

Olaf Leitner: Was fällt dir zu West-Berlin ein?

Annette Humpe: West-Berlin? Stand früher für das schrillste, tollste, bunteste, interessanteste, wildeste Plätzchen – nein, ich will das jetzt nicht verniedlichen! Das stand also für den Ort überhaupt. West-Berlin – das klang für mich besser als Hollywood und alles, was man sich denken konnte. Früher, als ich dachte, ich muss da hin. 1968 war ich 17. Da dachte ich, der einzige Ort, der mir entspricht, kann nur West-Berlin sein. Und weiter weg von zu Hause kann man auch nicht. Das ging gar nicht.

Zuhause war?

Im Ruhrgebiet. Wegen der Mauer war es das weiteste.

Aber mit 17 ...

Mit 17 ging das nicht. Ich hab erst Abitur gemacht und in Köln ein bisschen Musik studiert und dann abgebrochen. Mit dem Abbruch meines Studiums war dann auch meine bürgerliche Karriere zu Ende. Damit konnte ich auch nach West-Berlin gehen.

Nun kamst du mit dem Köfferchen hier an.

Meine beste Freundin aus der Schule war schon hier, sie studierte an der HdK Malerei und lebte im »Release 2« am Mehringdamm. Da konnte ich sofort unterkommen und habe da umsonst gewohnt, weil das »Release« von der Stadt Berlin bezahlt wurde. Ich hab mit den Drogenabhängigen Musik gemacht und fand es das Aufregendste überhaupt. Ich hatte ja absolut keine Ahnung, hatte bis dahin noch nicht mal Haschisch geraucht. Ich dachte: Aha – alles hoch interessant! *(Lacht.)*

Und dann?

Dann merkte ich, dass ich in einer Band spielen wollte. Ich merkte, dass ich die soziale Laufbahn als Musiktherapeutin oder als Psychologin nicht einschlagen werde. Meine erste Band hieß Music-Therapy mit dem Tänzer Milton. Da war ich 24.

Wo seid ihr aufgetreten?

Im »Quartier Latin«, in Diskotheken. Milton machte Pantomime, die Band spielte dazu. Das nächste war eine Transvestitenband, Pink Wave, ich war die einzige Frau und hab mich da extrem unerotisch gefühlt, weil die in ihren Frauenklamotten immer irre gut aussahen, während ich da am Klavier saß und eher wie ein Männchen aussah. Wir haben auch im »Dschungel« gespielt.

Diese Kaschemme lag an der Potse. Da soll, so hieß es damals, Didi Zill, später Fotograf bei Bravo, dem Drafi Deutscher (»Marmor, Stein und Eisen bricht«) die Band geklaut haben. Das zum Thema »Dschungel«.

Ich hab bei Pink Wave Rio Reiser abgelöst, der konnte nicht mehr, weil er einen Film machte oder mit den Scherben auf Tour ging. Dann spielte ich bei den Expectors, dann kamen die Neonbabies und dann Ideal.

Wie kam es zur Neuen Deutschen Welle?

Das war eine Reaktion auf verschiedene Faktoren: Der Punk hatte den Weg für geniale Dilettanten freigegeben, dass man also mit drei oder auch nur mit zwei Akkorden selber was machen kann. Gleichzeitig kamen diese Billigmaschinen auf den Markt, dass man im Wohnzimmer seine Songs mit 'ner Rhythmusmaschine machen konnte. Das war auch einfach. Und es lag in der Luft, deutsch zu singen, denn es gab nur Disko, die Münchener Szene oder den deutschen Schlager. Diese Wave-Sachen kamen auch aus England, da gab es XTC und alles mögliche. Wir haben das nicht erfunden, wir haben das einfach nur minimalisiert und deutsche Texte dazu gemacht. Aber zu der Zeit war unheimlich viel los. Vielleicht ist jetzt genauso viel so. Man empfindet es nur nicht mehr los, weil man nicht mehr Teil der Szene ist.

Und in Berlin ließ sich das alles gut durchziehen?

Als Berliner war man arrogant, man hatte den besten Platz in Deutschland. Das war völlig klar. Leute, die was auf sich hielten, gingen nach Berlin. Man konnte dem Bund entkommen. Es war klar, dass da eine spezielle Ansammlung von Leuten war.

Habt ihr euch irgendwann dann als Berliner gefühlt?

Immer als Wahlberliner. Ich bin da nicht geboren.

Hatte man trotzdem das Gefühl, das ist unsere Stadt?

Ja, total! Ich weiß, wenn ich in Urlaub geflogen war und kam zurück und die Maschine kreiste über der Stadt, das war so ein richtiges Gefühl von, haaaach!! wie schön zu Hause! und herrlich! In meiner Heimatstadt hatte ich das nicht.

Und wenn du beispielsweise aus New York, Manhattan, zurück kamst nach Berlin ...

Ich kam dann unheimlich inspiriert wieder und wusste, dass ich das alles umsetzen kann, was ich gesehen hatte.

Du hattest nicht den Eindruck, nun die Schultern einziehen zu müssen, weil Berlin doch so eng war?

Nein, überhaupt nicht. Im Gegenteil. Ich dachte, das da eben war 'ne Nummer zu wild und zu groß. Hier aber kann ich alles umsetzen, ich wollte in keiner anderen Stadt sein.

Um alles umzusetzen, reicht da die Begabung aus?

Es reicht überhaupt nicht. Ich kenne Leute, die viel begabter sind als ich, aber die werden nie 'ne Schnitte machen, weil sie rumhängen oder die Zeichen der Zeit nicht erken-

Annette Humpe (*1950)

Auch sie stammt nicht aus Berlin, sondern aus Hagen, bereitete sich in Köln auf eine Musikantenkarriere vor, die sie dann aber im West-Berliner Untergrund startete, um bald darauf eine höchst erfolgreiche Dependance der Neuen Deutschen Welle mit den Neonbabies und mit Ideal zu etablieren. Sie sang beim Trio-Tophit »Da Da Da« mit, schickte, düse, düse im Sauseschritt!, das Ensemble Tauchen-Prokopetz hoch in die Charts und bewies fortan, dass deutsche und andere europäische Pop-Musiker durchaus gemeinsam kreativ sein können. Annette Humpe schrieb und schreibt Songs, produziert sehr erfolgreich (Rio Reiser, Nena, Die Prinzen) und lässt sich, auch zusammen mit Schwester Inga (Humpe & Humpe), selbst produzieren – etwa von Gareth Jones (Depeche Mode, John Foxx). Inzwischen lebt sie in Hamburg.

nen. Guck, ich zeig dir den Erfolgskuchen: Hier ein Viertel Talent, ein Viertel Fleiß und Durchhaltevermögen, ein Viertel Intelligenz und ein Viertel Glück. Wenn hier eines fehlt oder nicht groß genug ist, dann ist der Kuchen versaut. Wenn du doof bist, erkennst du nicht, ob du Glück hast, die richtige Person neben dir steht. Wenn du zu viel Talent hast, verbindest du dich manchmal nicht mit Leuten, die musikalisch vielleicht weniger gut sind, aber was ganz anderes drauf haben. Und wenn du zu faul bist, dann ist das auch Scheiße, und wenn du nun gar kein Glück hast, ist das auch blöd. Man muss immer nur ein Viertel davon haben. Ein Viertel Talent, ich bitte dich, das ist doch nicht viel.

Wer war für dich eine wichtige Person in West-Berlin?

Rudi Dutschke. Peter Stein an der Schaubühne.

Hast du dir da was angeguckt?

Ja.

v.l.n.r.: Eff Jott Krüger, Ernst Deuker, Annette Humpe, Hans J. Behrendt

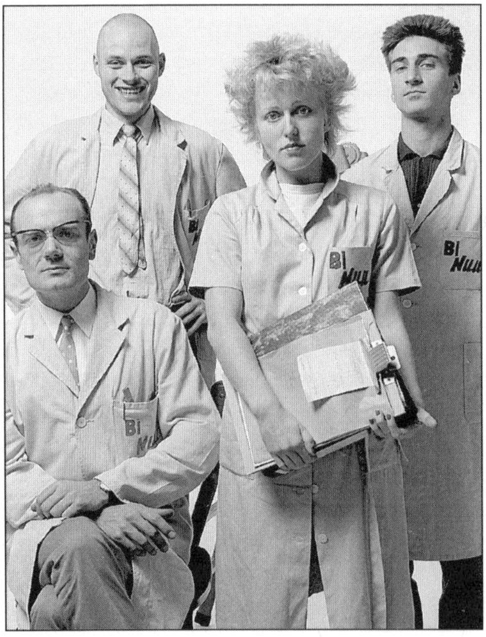

Hatte das irgendeinen Einfluss auf deine Arbeit?

Nö. Ich hatte Freunde bei der Schaubühne, Schauspieler. Die haben sich intensiv politisch auseinander gesetzt: Was das soll, was das alles bedeutet. Bowie war ja auch mal in der Stadt, aber als ich kam, war Dutschke schon weg, Bowie auch, das war bitter. Ehrlich gesagt war das auch eine Zeit für mich, die relativ *heroe*-frei war. Jetzt ging es nämlich um *output*, um Selbermachen, selber *heroe* sein und gar nicht um Verehrung. Ich hab da niemanden verehrt. Das war so eine respektlose Phase. Es ging ums Machen und Umsetzen. Es ging nicht um oben oder unten.

Ich vermisse schon ein paar Leute, das Trio Infernal mit Heinrich Albertz, mit Gollwitzer, der seine Matratze in die besetzten Häuser geschleppt hat, und den Bischof Scharf. Oder dann Heiner Müller, der immer durch eine andere Tür reinkam und Sachen sagte, die sonst keiner aussprach.

Heiner Müller hab ich gesehen, als er zeitweilig beim »Diener« (Schauspielerkneipe in Kudamm-Nähe, O. L.) rumgehangen hat.

Was waren die Ziele damals, diese oder jene Band zu machen, Erfolg zu haben? Wir haben euch ja damals zu Füßen gelegen, weil wir froh waren, dass mal was Neues kam.

Ehrlich gesagt hat man sich gar nicht so genau überlegt, wo man hin will. Klar, mit Ideal wollten wir eine Platte machen, ich hatte ja noch nie eine gemacht. Schon allein wegen meiner Eltern, die immer am Rad drehten und dachten, was macht das Kind eigentlich?! Das ist ja alles ganz furchtbar! Dass man wenigstens mal was in der Hand hatte: Hier – damit ihr's mal seht! Der Erfolg kam aber total überraschend und hat auch genervt. Leider konnt ich das nicht genießen. Erst als es weg war, ist mir klar geworden, was da los war. Ich hab es Null genossen. Es war auch irgendwie uncool, darauf abzufahren. Plötzlich wichtig zu sein, plötzlich auf Titelbildern zu sein. Und ich wusste ja, dass ich immer noch die Gleiche war und dass das Äußerlichkeiten sind. Ich mein', ich bin ja nicht blöd! Das war ja alles zu durchschauen. Also konnte ich aus inneren politischen Gründen dieses Spiel nicht richtig mitspielen, weil ich wusste, dass ich ja gar nichts besonderes bin. Nur weil ich auf dem Cover bin.

Wann ist man denn wirklich was Besonderes?

Es ist die Frage, ob man das will, ob man das sein muss. Ob das Ego so doll gefüttert werden muss, dass ich tatsächlich herausrage. Natürlich habe ich ein dickes Ego, sonst hätte ich mich nicht auf Bühnen gestellt. Es ist eben die Frage, wie weit man das spielen muss, ob ich jetzt traurig bin, dass in den Edeka-Läden nicht mehr die Leute sagen, ich soll ihnen »Annette Humpe« auf den Arm schreiben. Das war ja auch nervig! Natürlich ist Ruhm irgendwie Klasse, du musst beim Arzt nicht warten, kommst in die Bank, da rennen sie dir schon entgegen, das ist alles herrlich. Aber trotzdem weißt du, es hilft nichts, deswegen hast du trotzdem Liebeskummer oder kannst du Krebs kriegen und stockunglücklich sein.

Wie war das Verhältnis zu den anderen Musikern in Berlin?

Da war eine große Konkurrenz untereinander. Und Neid. Ich fand nicht, dass das besonders kuschelig war. Jeder dachte von sich, dass er toller ist, die bessere Musik macht, *credible* ist und der andere nicht. Natürlich dachten wir, wir sind hundertmal besser als Spliff oder fragten, machen die uns was nach? Und Spliff dachte wieder, sie können das oder das besser und wir sind blöd. Das war nie offen ausgesprochen, das lief hinten rum.

Was wird von der Musik aus der Zeit 1970 bis 1990 übrig bleiben?

Der Begriff Neue Deutsche Welle. Ich glaube nicht, dass da sonst viel übrig bleibt. 95 % der Popmusik hat ein kurzes Verfallsdatum.

Ja, und ich stehe oft weinend vor meinem Plattenregal mit traumhafter Musik, die keiner mehr kennt, keiner mehr spielt, obwohl viele Stücke darunter genauso unsterblich sein könnten wie ein Schubert-Lied oder eine Beethoven-Sonate. Nur, weil sie nie in den Charts waren oder an die große Öffentlichkeit kamen.

Meistens machen die Hits ihren Weg. Und wenn sie es nicht machen, muss man manchmal etwas zweimal veröffentlichen wie bei »Weil ich ein Mädchen bin«. Irgendwann kommt es dann durch. Und andere, die tauchen bei »Wetten dass ...?« auf und werden trotzdem nicht gekauft. Das ist das Schöne – es ist immer noch ein bisschen *magic* dabei. Das eine funktioniert eben, das andere nicht. Das ist doch herrlich.

Ich fand es bemerkenswert, dass du dich als renommierte Wessi-Frau einer Ossi-Band angenommen hast. Wie war das für dich mit den Prinzen?

Wir haben vier Platten gemacht, und dann wussten sie alles besser, und wir haben uns getrennt.

Sie haben aber anfangs auf dich gehört?

Ja, das war aber auch schwierig, es gab da auch richtige Ost-West-Kämpfe – dass sie dann sagten, eh, du als Wessi weißt alles besser! Und ich sagte, ich weiß es aber auch wirklich besser! Dann waren ihnen bei der ersten Platte die *grooves* zu schrill, sie wollten am Anfang nur schnipsen und a cappella singen. Ich sagte, das interessiert keine Sau. Andererseits bin ich denen auch extrem dankbar, denn ich hab viel Geld mit den Prinzen verdient.

Und dann war das so wie mit seinen Kinder, die irgendwann flügge werden.

Ja, die wollten sich dann von mir nichts mehr vorschreiben lassen.

Waren sie denn schon so weit, keinen Rat mehr zu brauchen?

Na, du weißt ja vielleicht, wie die nächsten beiden Platten gingen ... *(Lacht.)*

Bist du da sehr autoritär?

Ja. Einer im Studio muss das Sagen haben, sonst verzettelt man sich. Niemand wird gezwungen, mit mir zu arbeiten. Wenn man das aber möchte, und hier am Tisch wird ein Konzept besprochen, und alle sind einverstanden, ja dann wird es auch durchgezogen.

Woher nimmst du die Sicherheit, dass das, was du entscheidest, richtig ist?

Ich hab einen ziemlich breiten Geschmack, ich hab ein Geschmack wie ein Taxifahrer. Ich hab's gerne, wenn der Krokus aufgeht, wenn es los geht. Ich hab es gerne harmonisch, oder ich hab gern einen witzigen Text. Wenn's mir gefällt, dann kann man sicher sein, dass es dann nicht so abgehoben ist, dass es dann auch vielen gefallen kann.

Wie ist dein Verhältnis zu Berlin jetzt?

Wenn ich jetzt meine Schwester besuche ..., also, jetzt möchte ich nicht mehr in Berlin leben. Mir fehlt die Mauer, mir ist das jetzt zu groß, ich kann es nicht mehr überschauen. Nö! Kein Vergleich. Ich find das nicht mehr schön. *(Lacht.)*

Merkst du in der Mentalität irgend eine Veränderung?

Es ist so verschwommen, irgendwie. Berlin war früher voller Widersprüche, es hatte auch was ganz Provinzielles innerhalb der Mauern, was Dörfliches, Zusammenhaltendes. Man kannte sich, wenigstens innerhalb der Szene. Wenn ich jetzt 18 wäre, dann wäre es auch der Platz, wo ich hingehen würde. Hundertprozentig. Aber jetzt als Mutti mit 'nem kleinen Sohn, da ist es doch hier im Grünen besser, ich wohne zentral, habe einen Garten mitten in der Stadt. Die ganzen Probleme da mit der Russenmafia, das will ich doch alles nicht haben.

Berlin hatte viele Studios, viele wurden als Abschreibungsobjekt gebaut. Hatten die Studios internationales Niveau, nehmen wir mal die renommiertesten wie das Hansa- oder das Audio-Studio aus?

Die internationalen Gruppen wie Bowie oder U2 oder Depeche Mode sind ja nur ins Hansa gegangen. Die Bands sind da nicht wegen der Technik hingegangen, sondern sie sind da hingegangen, weil es ein Studio an der Mauer war, weil sie den Berlin-Mythos haben wollten. Die wollten singen und Ost-West fühlen. Und 'ne Mauer mitten durch die Stadt ... das war's! Die Bands haben später sowieso woanders abgemischt. Es ging nur um die Atmosphäre.

Wie fanden ausländische Musiker Berlin – mal abgesehen von der Mauer?

Die fanden das total aufregend. Ich weiß das von Depeche Mode, die waren sehr gern da. Martin Gore war ja ganz lange mit einer Deutschen zusammen, mit Christina.

Hatte die Politik an euch Interesse? Dass jemand von den üblichen Lokalmatadoren mal in ein Konzert kam?

Überhaupt nicht. Aber ich hatte auch kein Interesse an den Politikern.

Auch nicht an Kultur-Senatens?

Nee, da hätte ich auch Berührungsängste gehabt.

Hamburg, wo wir gerade sind, hat elitäre Zirkel, die auf die Stadt einwirken. Gab es das in West-Berlin auch?

Ich hab da nicht geguckt, es hat mich nicht interessiert. Mich hat nur meine Szene interessiert. Ich bin ins Theater gegangen, hab geguckt, was auf dem Büchermarkt war, dann war schon Feierabend. Und wer Senator war, war mir schnurz.

Hat dich Ost-Berlin interessiert?

Da haben die mich nachher nicht reingelassen. Das war so: Die letzte Ideal-LP haben wir in Wien aufgenommen. 1982 war das, oder Anfang ’83, glaub ich. Da sind wir Ost-Berlin–Wien direkt geflogen. Und ich hatte im Koffer ein bisschen Marihuana. Ich hatte überhaupt nicht damit gerechnet, dass die Ossis auf sowas kommen: Die hatten nichts besseres zu tun, als mit ’nem Drogenhund da herumzusuchen. Hätt ich auch nicht gedacht, dass sie sowas haben! Ich dachte ganz arrogant, die blöden Ossis wissen ja gar nicht, was das ist! Ich wurde also wieder rausgewunken, der Rest der Band flog nach Wien, und ich kam erst mal zum Verhör. Dann hatte ich Einreiseverbot.

Wie lief das Verhör ab?

Ich war unheimlich frech. Die haben auch gedroht und gesagt, wir können Sie hier schön einpfeifen lassen. Da hab ich gesagt, das wollen wir doch mal sehen! Das kommt sofort raus, alle Zeitungen werden das drucken, ich bin im Moment ziemlich am Drücker. Stellen Sie sich mal nicht so an! – Ich hatte nämlich andere Ost-Bands im Quartier Latin gesehen, auch Karat usw., und ich hab gesagt: Meinen Sie, die nehmen keine Drogen? Und da schalteten sie um und sagten: Ah, wir könnten da natürlich zusammenarbeiten. Wenn Sie uns da Genaueres sagen ... Da dachte ich, ihr Arschgesichter! Conny Konzack war inzwischen in Wien gelandet und hatte schon einen Rechtsanwalt angerufen, und drei Stunden später haben sie mich frei gelassen.

Waren alles Männer, die dich verhört haben?

Na, eine Frau hat mich untersucht, Leibesvisitation ...

Wieweit ging die? So richtig grob bis in alle Winkel?

Ja, richtig wie: Na, wo könnte es denn versteckt sein?! Danach durfte ich also nicht mehr rein. Die Frauenband Mona Lise wollte mit mir arbeiten, wir hatten ein Treffen verabredet, aber sie haben mich nicht mehr reingelassen. Mich hätte sehr interessiert, in der DDR zu arbeiten.

Mona Lise hatte einen wunderbaren Spruch: Wir müssen nicht gut spielen, Hauptsache, wir sehen gut aus! Die waren gut drauf, die Frauen. – Sag noch einen Satz über West-Berlin.

Komisch, ich dachte damals, ich werde immer in Berlin bleiben. Nie gehe ich hier weg, das ist meine Stadt. Und dann bin ich doch weggegangen. Ich bin ’88 nach London gezogen. Also noch vor dem Mauerfall. Es hatte sich da schon alles verändert. Oder es lag in der Luft.

Und der Kontrast London-Berlin?

In London bin ich nicht warm geworden, es hat mir nicht gefallen. Ich wollte aber von London nicht mehr nach Berlin. Da bin ich nach Hamburg gegangen. Als ich dann hier eine Wohnung hatte, fiel die Mauer.

Woran liegt es, dass man mit einer Stadt nicht warm wird?

London war die größte Stadt, in der ich bislang gelebt habe: Wenn man im Westen London gewohnt hat und im Osten jemanden besuchen wollte, war man mit der S-Bahn zwei Stunden unterwegs. Das hat man abends lange überlegt, ob man das macht. Ein Taxi hätte man gar nicht bezahlen können. Im übrigen sind die Londoner gar nicht so scharf auf die Deutschen. Die mögen die eigentlich in der Wurzel nicht. Sie sind misstrauisch und haben ihren eigenen Klüngel. Außerdem ist da noch eine andere, größere Armut gewesen, als ich das von Berlin her kannte. Auch zu Zeiten, wo ich kein Geld hatte.

Wenn du Berlin von Süden noch Norden durchquerst, bist du auch ganz schön lange unterwegs. Allerdings mit dem Unterschied, dass Leute wie du weder in Lichtenrade noch in Hermsdorf wohnen würden. Eure Szene logierte in der Mitte West-Berlins. Verteilt sich das in London besser?

Ja.

Annette Humpe – West-Berlin dankt dir für dieses Gespräch!

Das Wichtige wird in die Nacht verdammt

Wolfgang Kraesze über Quasimodos Geist, andere Welten, Blue Notes, jugendgenehme Zeiten, städtisches Rumoren, Pipeline AFN, Links und Rechts, subversive Kommentatoren, Rosenbeet Jugendfunk, Reizwort Springer; über Ehrpussligkeiten, DDR-Hörer, britische und Ami-Zonen, Dr. Mambo, Heinzelmännchens Nachtparaden, Ankommen am Anfang, Nachtasyle, anpolitisierte Runden, die Army als Freund und Feind und magische Anziehungskräfte.

Gesprächsdatum: 2.6.2001

Olaf Leitner: Fällt dir noch was zu West-Berlin ein?

Wolfgang Kraesze: Zu West-Berlin fällt mir ein: lange Spaziergänge, absurde Situation, US-Manöver im Grunewald neben Badenden, endlose düstere Nachmittage in irgendwelchen Kaffees ... Mir fällt eigentlich nichts Schlechtes ein.

Was vermisst du davon?

Nix.

Gar nix?

Gar nix. Das war eine Zeit, die war so wie sie war, aber es ist auch nichts, was ich rüberretten wollte.

Ist irgend etwas von dem Damals noch übriggeblieben, außer den Gebäuden natürlich?

Naja, es gibt noch einige Etablissements, da fällt mir auf Anhieb das »Quasimodo« ein, was überlebt hat, was auch einen bestimmten Geist aus der Zeit bewahrt hat. Es fallen mir ein paar Läden ein, die zwar den Namen geändert haben, aber auch noch da sind. Ich denke da an die Situation um den Ludwig-Kirch-Platz, es gibt noch den einen oder anderen Italiener, der da ist. Aber das hat sehr viel mit privaten Sachen zu tun – wo du selber deine Zeit verbracht hast und Leute gesehen hast. Ansonsten kann ich mich auch nicht erinnern, was so überlebenswert hätte sein können.

Du warst in West-Berlin Kult mit deinen Sendungen beim SFB, wir kannten uns quasi als Kollegen, aber nicht privat. Hattest du noch andere Neigungen?

Ich habe über die Musik auch Zutritt zu der APO gehabt. Man hat sich sehr intensiv über die Frage unterhalten, wie die Musik sein könnte. Es gibt ja die eine Form der Musik, die vornehmlich aus England importiert wurde, aber spätestens seit den Unruhen in Amerika und der doch zunehmend auch in den Songtexten radikalisierenden Bands à la Fugs wollten auch hier Leute ihre Musik im hohen Maße politisch verstanden wissen. Ich denke, vorneweg kann man da sicher Edgar Froese (von Tangerine Dream, O. L.) nennen, ob man das der Musik nun angehört hat oder nicht. Es gab kleine Zirkel, kleine Fanzines, die sich damit beschäftigt haben. Ich habe auch gelegentlich für diese Blätter geschrieben. Ich bin durch meine familiäre Situation ziemlich stark in der ersten Kinderladenbewegung – also alles Versuche, eine andere Welt zu schaffen, sagen wir es mal ganz einfach, einen anderen gesellschaftlichen Rahmen zu schaffen. Da spielte Musik schon eine wichtige Rolle, sie war das Bindemittel. Da musste man nicht viel reden, wer die richtige Musik hörte, mit dem musste man auch nicht groß diskutieren.

Wann begann dein Interesse an der Musik?

Ich hab früher lange Zeit Live-Musik gespielt, in verschiedenen Combos in Süddeutschland, nach der Schule. Habe dann lange in England in Clubs gespielt und musste dann, weil ich keine Aufenthaltserlaubnis mehr bekam, sprich: keine Arbeitserlaubnis, wieder nach Deutschland zurück. Und die einzige Stadt, die mir einfiel und groß genug war, die war Berlin. Da bin ich dann im Januar 1961 gelandet und habe dann noch eine Zeit lang als Jazzbassist in verschiedenen Hausbands mitgespielt.

Du hast also Berlin noch kurz ohne Mauer erlebt.

Ja, sieben Monate lang.

Du kommst woher?

Aus Bremen, habe aber dann in Süddeutschland gelebt, an wechselnden Orten im Raum Stuttgart/Tübingen.

Und die Stadt Berlin hatte dich nur wegen ihrer Größe fasziniert?

Ich hatte ja sonst überhaupt keine Vorstellung. Wir haben einmal als Abiturklasse den pflichtgemäß-klassischen Berlin-Besuch absolviert, aber das hat mich nicht groß beeindruckt. Ich hatte nur so die Vision, 'ne große Stadt ist 'ne Stadt, in der du dich vor den anderen verstecken kannst. Ich wollte immer irgendwo leben, wo nicht jeder weiß, was du machst. In London hatte das hervorragend geklappt, aber von Berlin hatte ich Null Vorstellung.

Bist du der Bundeswehr ausgewichen?

Nein, da war ich vorher.

Wann bist du zum SFB gekommen?

Anfang '64, und zwar auch wieder über Musiktätigkeiten. Es gab ja damals so verschiedene Spielorte wie »Jazz-Tangente«, das »Blue Note« in der Uhlandstraße. Und da spielten auch Musiker vom SFB-Tanzorchester. Zu denen hatte ich Kontakt und habe mit ihnen oft zuammengespielt. Durch sie habe ich beim SFB-Tanzorchester Gelegenheitsjobs bekommen, was damals von Franz Fijal geleitet wurde. Dessen Frau Susanne Fijal war zuständig für das Familienprogramm im weitesten Sinne.

Eine Instanz in Berlin.

Ja. Damals gab es eine Jugend-Show, die hieß »Wir um 20«, für die hatte ich schon öfter mal was geschrieben, es ergab sich eine regelmäßge Mitarbeit, aber ich blieb immer freier Mitarbeiter. Nebenher habe ich nach wie vor in den Klubs gespielt, bis dann eines Tages Frau Fijal Uli Herzog, Hans-Rainer Lange und mir sagte: Fällt euch nicht was für junge Leute ein, eine Sendung, die irgendwie spannender ist als das, was wir haben?

War das eine Reaktion auf die Aktivitäten von DT 64?

So weit ich mich erinnern kann, hat uns das nicht interessiert. Dass das für die Gremien, die hinterher gesagt haben, OK, SFBeat darf laufen, ein Hintergrund war, das glaube ich schon. Aber die Grundidee, die wir hatten, war einfach, Musik zu spielen, die nicht aus

Wolfgang Kraesze (*1941)

Er ist Moderator, Autor, Musiker, Regisseur bei bekannten Fernseh-Talk-Shows, stammt aus dem SFBeat-Clan und kann von sich sagen, in West-Berlin die ersten Radio-Shows arrangiert zu haben, in denen die »Ansage: Band ab«-Routinen des traditionsstarren Hör-Mediums gesprengt und in eigenständige journalistisch gesteuerte Kunstformen überführt wurden. Durch Text, Musik und stimmliche Präsentation ließ er Atmosphären entstehen, die mit dem Thema, das jeweils verhandelt wurde, sensibel korrespondierten.

den Rundfunkarchiven stammte. Wir hatten Leute, die brachten Platten aus Holland und England mit, wir haben eine andere Form der Ansprache gesucht und hatten vor, das täglich zu einer jugendgenehmen Zeit zu machen.

Ihr ward damit schneller als der RIAS, der erst 1968 anfing, sein Jugendprogramm täglich zu senden.

Wir waren ja auch Leute, die in anderer Form dort schon gearbeitet hatten: Ich hab zum Beispiel mit Hans-Rainer und dem Götz Kronburger ...

Auch eine Berliner Radio-Ikone.

... zusammen eine Art Morning Show gemacht. Die lief morgens von 6 bis halb 8, oder so. Wir waren immer hinterher, dass wir Berichte aus der Nacht, Konzerte, Ausstellungseröffnungen usw., gleich in den Morgen brachten. Wir wollten, dass das aktueller klingt. Das war wohl der Auslöser. Es gab ja schon ein gewisses Rumoren in der Stadt, und in den Kneipen gab es Gespräche, warum klingt euer Programm immer so langweilig? Warst du nicht da oder da? Was tust du? Und Lange und ich hatten immer nach einem Auslass gesucht, wo diese ganzen Ideen rein könnten.

Wolfgang Kraesze will nur akustisch wahrnehmbar sein

Also weniger Schiller-Theater und Unvollendete, dafür mehr Off?

Ja, vielmehr die Off-Szene, wo wir uns selber immer rumgetrieben haben. Und da wollten wir auch das Leben dieser Off-Szene schildern. Dazu gehörten natürlich auch die Folk-Klubs, neue Filme, aber nicht die Hochkultur. Das war überhaupt nicht unser Ding. Und wir hatten einen guten Draht zum AFN, zu verschiedenen Ami-Leuten, die uns versorgten. Wir hatten beispielsweise mal einen Schlussbericht über einen Boxkampf von Cassius Clay. Das hat viel Aufsehen erregt, wo wir denn das Zeug her hätten, das hätten wir wegen der Rechtsfrage gar nicht senden dürfen – es gab hinterher also wirklich *trouble*. Aber je mehr wir was auf die Pfoten bekamen, desto mehr haben wir angefangen zu überlegen, wie kann man das durchziehen. Und dann kam eben über Fijal der Uli Herzog, der viel für »Wir um 20« gearbeitet hatte, und sagte, lass uns doch mal zusammensetzen. Und das ging dann relativ schnell.

Habt ihr vom AFN Platten bekommen?

Wir haben da Platten umschneiden (auf Band kopieren, O. L.) dürfen, aber sie haben uns keine Platten gegeben.

Der SFBeat galt ja als Rote Zelle innerhalb des eher konservativen SFB. Der hatte immerhin in Matthias Walden einen zwar brillanten, aber ziemlich kalten Krieger als Kommentator. Wie ging das zusammen mit eurer Agitation von links?

Ich glaube, weil die uns nicht ernst genommen haben. Die Sendungen standen unter dem Patronat des damaligen Programmdirektors Schütz, der wiederum einen direkten Draht zur Fijal hatte. Und jedes Mal, wenn ihm was nicht gefiel, hat er das moniert. Es dauerte eine ganze Zeit, bis der Sprengstoff von Sprache und den Liedern dazu plus Ansprache und wer angesprochen wurde, allmählich durchsickerte bei den entsprechenden Leuten. Ich hab ja gut zwei Jahre lang für »Wir um 20« Skripte geschrieben. In dem Maße, in dem der SFBeat politisierender für die Jugendlichen wurde, ist auch »Wir um 20« immer politischer geworden in seinen Texten. Und die Texte hatte ich jedes Mal dem damals Zuständigen aus der Abt. Politik, das war der Herbert Hausen, vorzulegen. Mit Herbert Hausen habe ich oft stundenlang um Wörter gerungen, um Formulierungen. Das war ein schlauer Kopf, und ich hatte schon ganz schön zu ackern, um irgendwas durchzukriegen. Manchmal waren es kleine Erfolge, manchmal haben wir bei Ereignissen wie APO-Auseinandersetzungen oder größeren Schlägereien probiert, Korrespondenten englischer oder französischer Zeitungen als Kommentatoren einzuschleusen, aber auch das haben sie dann bald zugestopft. Es gab auch Auftrittsverbote, sprich: Redeverbote vor dem Mikrofon. Der Intendant des SFB, Franz Barsig war es, glaub ich, wurde in der TU mit dem Kollegen Spritulla von den Studenten mit Zeugs beschmissen und kam nicht zum Reden. Danach dachten wir, nun sei alles vorbei, er würde jetzt Schluss!! sagen. Da sagte er aber: Nein, das nicht – aber er hatte diesen schönen Spruch mal geprägt, der Jugendfunk sei sein Rosenbeet, das gepflegt, aber auch beschnitten werden müsse und die Dornen sollten nicht verletzend sein. Da würde er sich liebevoll drum kümmern. Das hat er zum Teil auch gemacht.

Mein Hauptabteilungsleiter Musik im RIAS wurde hysterisch, wenn in einem Manuskript der Begriff CIA vorkam. Seine Alarmglocken bimmelten schon bei den drei Buchstaben USA. Ich musste dann die Manuskripte von den Kollegen der Außenpolitik abzeichnen lassen. Die waren gottlob liberal. Wir dürfen die Amerikaner nicht beleidigen! war das Hauptargument. Die problematischen Texte stammten in der Regel von der klugen Holly-Jane Rahlens – einer Amerikanerin.

Das Reizwort beim SFB war Springer. Alles, was gegen Springer ging, war an der Grenze des Erträglichen, nicht?

Und warum? Weil es persönliche Bindungen gab? Walden hat ja auch für Springer geschrieben.

Da gab es Verbindungen, und es gab eine klare Haltung in der Stadt, auch in der SPD ...

Die damals betonmäßig die Freiheit der Welt verteidigte und aus deren Schoß Frau Seebacher-Brandt entstieg als einstige Chefredakteurin des Parteiblatts Berliner Stimme. Sie hat übrigens beim SFB volontiert.

Nein, die SPD war nicht sehr progressiv. Es hat sich niemand gern mit dem Hause Springer angelegt. Ob es nun die etwas gemäßigte Morgenpost war oder die Krawallblätter Bild und B.Z. Niemand wollte ins Springer-Licht gezerrt werden. Das hat beim SFB auch durchgeschlagen. Aber die Argumentation lief nicht so sehr in Richtung Verteidigung der Freiheit, sondern mehr auf Anstand, Moral und »Das macht man nicht« oder »Das ist nicht recherchiert«! Es war manchmal eher eine Ehrpusseligkeit.

Wenn du am Mikrofon gesessen hast, dachtest du daran, dass auch DDR-Bürger zuhören könnten?

An die DDR haben wir am Anfang relativ wenig gedacht, wir schielten natürlich auch in Richtung RIAS, als der Treffpunkt kam mit seinem DDR-Briefverkehr und den Deckadressen. Das war vielen SFBeat-Leuten zu unfein. So etwas hätten wir im Hause auch nicht durchbekommen. Da gab es klare Trennungen. Andererseits – ich war nach zwei Jahren SFBeat zum ersten Mal wieder in Ost-Berlin, und da habe ich gemerkt, dass da SFBeat gehört wurde. Aus der Post konntest du das nicht schließen, wir hatten immer einen Hit des Tages, dazu kam so gut wie nichts aus der DDR. Was mich zwar immer erstaunt hat, aber es war wohl so. Oder es wurde abgefangen, hing im Hause fest – ich weiß es nicht. Diese Briefaktion brachte unverhältnismäßig wenig an DDR-Post. Es gab dann Leute, die angerufen haben, was mich wiederum auch erstaunt hat. Von daher haben wir angefangen, uns den Kopf zu zerbrechen, was unser DDR-Publikum anging. Andererseits hatten wir, auch redaktionell, null Ahnung, an wen man rangehen könnte, was die wissen wollten. Dennoch waren wir überzeugt von dem, was wir taten, was man in der Zeit nicht unterschätzen darf. Wir fanden unsere Botschaft gut und richtig und wichtig. Alles andere war nebensächlich.

Wann startete der SFBeat?

Ich glaub' im März '67.

West-Berlins Radiohörer zerfielen in zwei Gruppen: Die eine hörte SFB, und nur SFB, die andere hörte RIAS. Und zwar nur RIAS. So einfach war das damals. War die Einteilung zufällig oder zielgruppenorientiert?

Ich weiß es nicht. Aber es könnte sein, dass von der Anspruchshaltung her, die beispielsweise der SFBeat mit den unterschiedlichen freien Mitarbeitern hatte, sich dieser eher an eine Oberschüler-Schicht orientierte. Denn es gab später mal einen Knatsch, dass der SFBeat so elitär würde und sich plötzlich, was ich auch erstaunlich fand, Gewerkschaftsjugend meldete und sagte, wir kommen überhaupt nicht mehr vor. Ihr redet nur noch über Uni-Probleme, über Studenten und Oberschüler usw. und Lehrplätze habt ihr überhaupt nicht mehr im Blickfeld. Das war nach drei oder vier Jahren der erste Einbruch, wo man auch gedacht hat, vielleicht haben sie ja Recht, wir haben uns von diesen Themen schon ziemlich weit entfernt von dem, was wir mal als Jugend betrachtet haben. Insofern kann es schon sein, dass sich instinktiv der SFBeat oder der SFB auch mehr an der britischen Zone oder der Ami-Zone orientiert hat. Es gab ja auch noch das andere Problem – was spielt ihr mehr, englische oder amerikanische Popmusik. Und ich denke, dass in den Anfängen der SFBeat viel viel mehr englische Popmusik gespielt hat.

Habt ihr nach dem RIAS geschielt und die ähnlichen Programmsparten beobachtet? Wir unsererseits kannten die SFBeat-Moderatoren, hörten auch öfter mal rein, aber man hatte sich arrangiert, jeder wurstelte eben rum so gut er/sie konnte.

Bei uns war es ähnlich, wie du das formuliert hast. Das einzige, was immer den Faktor Neid bei uns aufkommen ließ, war, dass ihr mehr Sendezeit hattet. Die hätten wir auch gern gehabt. SFBeat war ja nur eine Stunde lang. Ich hab übrigens ganz früher auch mal für den RIAS gearbeitet, habe Lebensläufe von Showstars für die Abteilung Unterhaltungsmusik unter Eduard Pötter geschrieben.

Pötter war, wenn man das hier mal sagen darf, ein feiner Kerl. Er hat uns damals geholfen, auch sehr verrückte Ideen umzusetzen. Er hat einfach gesagt: »Na, dann macht doch mal!«

Du hast dann im SFB eine neue Art Musiksendung kreiert.

Ich hatte mich geärgert, dass die Musiktitel immer nur drei Minuten lang waren und habe mit Goetz Kronburger begonnen, »Anything goes« zu machen. Und weil beim SFB die entsprechenden Redaktionen in einer Hand waren, habe ich auch bald angefangen Fernsehen zu machen. Die Fijal war ja immer für Programmvorschläge offen und hat gesagt, wenn euch das Fernsehprogramm nicht gefällt und ihr immer so herummault, dann tut doch was dagegen. Und so fingen wir an, uns mit Jugendfernsehen zu beschäftigen. Es gab in Köln eine Reihe, die hieß »baff!«, für die hab ich dann sehr viel Musikbeiträge gemacht. Später habe ich dann für die Dritten Programme »Dr. Mambo«, später nur »Mambo«, gemacht.

Mit dem Schauspieler Helmut Krauss, den man nie richtig zu Gesicht bekam. So hatte das immer etwas Mystisches à la »Akte X«: »The truth is out there ...«, wenn ich das recht erinnere. Und »Anything goes« war doch die erste Sendung dieser Art, die underground präsentierte. Ein Begriff, der uns heute sehr verstaubt vorkommt, aber damals ein Synonym für Andersartigkeit, Anti-Establishment und Innovation war.

Ja, und erstaunlicherweise haben mich sehr viel später, also auch nach der Maueröffnung, mehr Hörerinnen und Hörer aus der DDR auf dieses Sendung angesprochen als auf den SFBeat. Sie bekamen ja das Übliche vom Beat, von euch mit dem Treffpunkt und auch von DT 64. Aber das, was »Anything goes« brachte, bekamen sie sonst nicht. Ich heb das ja alles nie auf, aber man hat mir schon Bänder von Mitschnitten dieser Sendung zu horrenden Preisen angeboten. Da gab es von Anfang an eine richtige vitale kursierende Fangemeinde.

Es war nicht nur die Musik anders, sondern auch die Art der Moderation.

Es war eine andere Art, und ich wollte das von einem Profi sprechen lassen. Ich hab den Kronburger gefragt, ob er das machen würde. Er als ausgebildeter Sprecher mit einer sehr sympathischen Stimme, er war Redakteur und gleichzeitig so etwas wie das berühmte Nadelöhr, mit dem du mit deinen eigenen Textvisionen durchkamst. Die Platten habe ich mir größtenteils in England und Holland besorgt, durch die Film-Arbeit für den WDR bin ich gut herumgekommen. Die Quellen für die Texte waren Zeitungen, Underground-Magazine – und dann gab es hier in Berlin die ersten kleinen, ja: Haschisch-Lädchen, wo Leute rumsaßen, die Platten hatten. Das war so eine kleine ganz gute Gemeinde. Die ersten »Anything goes«-Sendungen hießen ja »Dr. Strange und Happy Traum«. Damit wollte ich zu erkennnen geben, dass es eine andere Ecke war, die man da betrat. Die Sendung begann zwei Jahre nach dem Start von SFBeat und lief einmal im Monat. Kronburger hatte die Redaktion. Sein Chef war Dieter Finnern, der das nun völlig abwegig fand.

Ich hab als Oberschüler in Finnern-Shows mit Caterina Valente und Vico Torriani die Kabel für die Kameras hin- und hergezerrt. Wir waren eben doch eine große Familie!

Ich konnte ihn nur dadurch zufrieden stellen, dass ich ihm Texte für seine Sendung »Heinzelmännchens Nachtparade« geschrieben habe. Das war eigentlich 'ne ganz witzige Idee, wo du Popsongs gespielt hast mit skurrilen Leuten, die die Musik heimlich auf dem Dachboden gehört haben.

Wir waren ja beseelt von der Idee, unsere Musik auch mit Hintergrundinformationen zu bekränzen und sie sogar in einen Gesellschaftszusammenhang zu stellen. Heute werden im Billig-Radio nicht einmal mehr Interpreten und Titel genannt.

Wenn ich das jetzt mal so betrachte, von Pötter über Kronburger bis zu Finnern, ich war immer ein Anhänger der Position, dass man als DJ Musik, deren Texte man nicht versteht, nicht einfach spielen darf, sondern noch irgend etwas drum herum bauen musste. Das hab ich auch später immer weiter verfolgt. Ich hatte das auch schon immer mit dem Jazz gemacht. Das Jazzradio im SFB hat damals ein Redakteur gemacht, der sagte nur: Die Aufnahme war dann und dann, gespielt haben so und so und nun hören Sie in den nächsten fünf Minuten die Aufnahme. Ich habe aber immer gesagt, auch aufgrund meiner eigenen Erfahrungen, hinter dem Jazz stehen Menschen, da stehen Ideen hinter den Titeln, Sehnsüchte, Träume, Niederlagen. Und das passiert in der Popmusik genauso. Das hat mich neugierig gehalten bis heute:

die Frage, was wollen die Leute eigentlich. Warum soll ich mir das anhören, was wollen sie mir vermitteln. Na, usw.

Dein Sender ist ja in der Gegenwart dabei, den Jazz beiseite zu drängen, das Kulturprogramm verordnet ausschließlich Klassik.

Das halte ich schlichtweg für eine Fehlentscheidung. Ich hab so die Erinnerung im Augenblick, wenn man so im Kreis alter Kumpel herumhockt, dass sich der Kreis fast wieder schließt. Was die Zeiten, die ich überblicke, angeht, bin ich wieder da angekommen, wo ich angefangen habe. In den 60er Jahren ist mir Sendezeit so ab 23 Uhr angeboten worden. Damals war ohnehin alles vorproduziert, damit alles überprüfbar blieb. Heute darf man es allein durchziehen, weil das Vertrauen größer ist, aber die wichtigen, die progressiven Dinge, werden heute genauso wieder in die Nacht verdammt. Und so muss man feststellen, die Golden Days are over. Es gab ja mal Zeiten, wo man das überall und zu jeder Zeit spielen konnte. Die Zeit hat sich verändert. Heute kannst du »Hey Joe« im Frühprogramm als Wunsch-Musik spielen, früher waren »Hey Joe« oder »All along the watchtower« Musik nur für bestimmte Stunden und liefen niemals am Tage. Es hat sich alles verschoben. Und Jazz wird als unkommerziell, nicht Quoten bringend, schlichtweg abserviert.

Die Quote sollte nur die Privaten interessieren, die Öffentlich-Rechtlichen haben, wenn wir uns recht erinnern, einen Kulturauftrag.

Ich bin ganz deiner Meinung, aber die Quote ist mittlerweile als Regulativ eingeführt worden, wie du weißt, und sie ist gnadenloser als jede fruchtbare Diskussion oder hitzige Auseinandersetzung.

Hast du bestimmte West-Berliner Persönlichkeiten in spezieller Erinnerung?

Schwierige Frage, ehrlich ...

Die Pause, die du dir gerade nimmst, kenn ich gut, was diese Frage angeht.

Sagen wir mal – was albern wäre, wäre zu sagen, es gäbe keine Leute, von denen man nicht was gelernt hätte. Aber in dem Beruf, Medium, Zeitung, Hörfunk, Fernsehen, habe ich mehr von Personen und deren Können profitiert, aber es gab wenig, wo ich gesagt hätte, das ist das, wo ich hin wollte, da wäre meine Leuchtfigur. Ich hab die Personen im Kollegenkreis angestaunt, was die alles konnten, was ich nicht konnte. Im Jazzbereich waren es Musiker, die von auswärts kamen, in der Politik ..., nee, da gibt's nix, wo ich sagen könnte, da hab ich hoch geguckt. Literatur, Musik, Theater – ich hab 'ne zeitlang mit Peter Weiss zusammengearbeitet, auf so einer Überlegensbasis, was man für Stücke machen könnte, wie man sich trifft. Aber das war die Zeit, wo man sich in der APO-Schiene getroffen hat, in verschiedenen Diskussionsformen, und wo du dann später wieder auseinander gelaufen bist. Ich hab das nie kontinuierlich weitergeführt. Mich hat das nur partiell interessiert. Genau wie die Anfänge der Schaubühne, ich fand das toll. Ich selbst hätte mich nie dazu durchringen könne, Theaterregie zu probieren oder fürs Theater zu schreiben. Also spezielle Persönlichkeiten in West-Berlin – nee, kann ich dir nicht sagen.

Hast du Kollegen aus deinem Musikbereich im Theater getroffen, wenn sie nicht gerade auch mit Theater beruflich zu tun hatten?

Das waren aus den eigenen Reihen sicher wenige. Aber man darf die Wirkung der Genres untereinander nicht unterschätzen. Ich habe neulich mal wieder mit Klaus Schulze gesprochen, der ja auch so ein Urgestein ist – ein Großteil dieser Musik, also Schulze, Tangerine Dream, Agitation Free lief eigentlich über die Schiene Malerei. Denn ein Großteil der Auftrittsmöglichkeiten für diese Musik, die ja erwiesenermaßen keine Beatmusik war, aber auch nicht progressiv oder sonst was war, lief über Vernissagen. Du hast dich bei Ausstellungen, Happenings und solchen Geschichten getroffen.

Ash Ra begleitete Moden-Schauen von Claudia Skoda.

Ja. Das war eine durchaus anpolitisierte Runde, die sich da unterhalten und sich den Kopf zerbrochen hat.

Das ging also von den Leuten der Bildenden Künste aus, die hatten sich die Musik angehört.

Sehr viel mehr als Theaterleute. Und was die Literaten betraf, da gab es noch mal so eine Querverbindung zu Leuten wie Fichte oder Karsunke. Aber das war so die Ecke, die sich um den Savignyplatz aufgebaut hatte, in der »Dicken Wirtin«, wo man sich einfach traf, um auch, wenn man so will, über Sprache – über Literatur wäre hier vielleicht zu viel – aber über Sprache zu reden. Sprache und Gedanken. Ein anderer wichtiger Anlaufpunkt in West-Berlin war das Natubs, die »Galerie Natubs«, wo sich im Schnitt Maler und Musiker aus dem Bereich E-Musik getroffen haben. Der Chef des Ladens, Manfred Kleber, war leidenschaftlicher Bildersammler. Und da gab es Leute wie den Koeppel, der da irgendwie zu laufender Jukebox auf dem Tresen stand und Gedichte vorlas. –

Was ich erinnere, sind APO-Geschichten, Demos, Schlägereien auf der Straße, oder auch nicht, Teach-Ins und dann abends in die Kneipe gehen und weiter zu reden, zu diskutieren, etc.

Damit bestätigst du, dass es in West-Berlin sehr viele kleine Zirkel gab. Ich hangele mich dann gleich zu der Frage durch, ob es in West-Berlin eine Gesellschaft gab.

Ich bin zu vorsichtig, um zu sagen, es gab sie nicht. Aber ich habe sie nie gefunden, aber ich habe sie auch nie gesucht. Ich möchte sagen, es waren so fünfhundert bis tausend Leute, die sich unterschiedlich immer wieder gefunden und getroffen haben und wieder auseinander gegangen sind. Ob sie nun zu den »Umherschweifenden Haschrebellen« gehörten, oder ob sie zum Umfeld er Schaubühne gehörten, oder ob sie dies oder jenes waren – du hast sie irgendwann immer wieder getroffen, aber keiner hatte Interesse daran, feste Zirkel aufzubauen. Es gab ja einige politische Klubs, die aber viel zu abgehoben maoistisch-stalinistisch diskutierten. Ich fand immer, das war ein groteskes Missverhältnis: Ein paar Meter weiter war die Mauer, und wir fanden damals überwiegend, das größte Schwein in der Stadt war der Amerikaner. Andererseits war das eine schizophrene Zeit. Wir hatten viele Freunde in der Army, die wir oft eingeladen hatten, die ihrerseits nicht verstanden, dass wir so extrem gegen ihr System waren. In der Stadt war vieles zementiert. Da war in der einen Ecke die Aufbruchstimmung, Willy Brandt, SPD in der Stadt, es geht vorwärts! Aber so richtig vorwärts ging es ja nicht. Das hat man nie richtig begriffen. Insofern gab es keine Kultur à la Hamburg oder Düsseldorf, keine Gesellschaftskultur.

Was die Popmusik in West-Berlin betraf, Stichwort Jim Rakete und sein Tross, Nena, Neue Deutsche Welle – ist davon etwas geblieben? Da du nicht unbedingt ein Apostel des Mainstream-Pop warst: War West-Berlin wichtig für dieses Genre?

Ich glaube, dass da zum Teil viel selbstorganisierter *hype* dabei war. Ich hielt die Musikszene in West-Berlin, mit ein paar Ausnahmen, für relativ provinziell.

Ausnahmen – wer?

Ausnahmen gab es in Richtung experimenteller Musik und später dann, weil du Rakete erwähnst, Anfänge von Spliff oder später die NDW, da wurde es etwas besser. Aber aus der Beat-Zeit selber – ich war da auch nie, weder in der »Dachluke« am Mehringdamm noch in anderen Läden. Und wenn wir vom SFBeat her Konzerte machten, haben wir überwiegend englische Bands eingeladen und waren froh, wenn die deutschen Bands vorbei waren. Vielleicht war das ungerecht, ich weiß es nicht. Aber ich kann mich nicht erinnern, dass West-Berlin so der musikalische Pott wäre, wo man sagen müsste, hier kocht es, hurra, hier geht es ab. Im Gegenteil. Ich habe immer von Bands gehört, die geklagt haben, in Berlin könne man nicht leben, man muss Tourneen nach Wessiland machen, wo du dann über den Tisch gezogen wirst, wo sich die lange Anreise nicht lohnt.

Lange Anreisen gab es innerhalb West-Berlins selbst ja auch: wenn die Team Beats im »Sportcasino Tiefwerder« spielten, musste unser Bassgitarrist auf dem Weg von Nikolassee dahin die Wäsche wechseln ...

In West-Berlin war es ebenso wie in anderen Großstädten: Du lebst letztlich nur in deinem Bezirk. Wenn du in London in Kensington gewohnt hast, bist du auch nie zu einer anderen Ecke der Themse gefahren, was solltest du da auch. Und so war es, fand ich, in Berlin eben auch. Ich hab den größten Teil meines Lebens in Wilmersdorf und Charlottenburg verbracht und hatte keinen Anlass, nach Tegel zu fahren. Wenn ich mal nach Steglitz kam, war das OK, und nach Kreuzberg kam ich, wenn da irgendwie was los war. Nach Kreuzberg kam ich dann regelmäßig mit Beginn des »SO 36«.

West-Berlin ...

Berlin hatte eine fast magische Anziehungskraft. Wenn ich von anderen Städten, Köln oder so, zurück kam, war ich immer wieder froh, hier zu sein. Ich habe auch aufgehört, Städte miteinander zu vergleichen. Ich bin damals unheimlich gern in Tempelhof gelandet. Das hatte irgendwie etwas Merkwürdiges – dieser kleine Flughafen mit dieser Riesenhalle. Und draußen kein Taxi, da wusste ich, jetzt biste wieder in Berlin.

Lieber Wolfgang Kraesze – West-Berlin dankt dir für dieses Gespräch!

Das war der Kudamm: Wessis & Wespen

Sonntagmittag im August. Und der Wittenbergplatz ist so verödet, dass sich gar die Tauben gruseln. Die Bude der »Sachwert-Lotterie« prahlt mit einem Auto und dem Slogan »Sofortiger Gewinn-Entscheid«. Darf ich mitentscheiden? Führerschein hab ich! Tote Hose, nur der »BVG-Kundenservice« sagt einem Türken, wo ein Telefon ist und einigen Japanern, wo man eine Taxe finden kann. Tauentzien. Der schöne alte rote Feuermelder ist »Außer Betrieb!« Aber er verrät mir: »Feuermeldung durch nächsten Feuermelder oder Fernsprecher«. Die Auskunft schafft Erleichterung.

Ein Leierkastenpärchen kurbelt »Lili Marleen« und posiert damit vor einem Fotografen. In Panik läuft ein Langhaar-Freak alle Ampeln ab, kreuz und quer über die Nürnberger, und sucht eine, die gerade Rot war.

Am Euro-Center steht »Erdmann erkennt man«. Das ist erdhafte Werbung. Ein Silber-RollsRoyce gleitet vorüber. Endlich Weltstadt oder ein Werbetrick? Eine »First King« getaufte Klamottenbude hängt dreckig-gelbe Luftballons ins Fenster. Angst vor Aids?

Am Brunnen vor dem Tore der KWG-Kirche bestaunen einige Wessis die Wasserspielchen, und Wespen umkurven die Apfelgriebsche in den Abfalleimern.

Auf den Kirchentreppen nehmen drei geknickte Bierbüchsen ein Sonnenbad, hinter verschlossener Tür wird ein zukünftiger Kirchensteuerzahler mit Wasser bespritzt. Jenseits des hohen Hauses schnarchen auf dem Holzsaum der Sitzbänke Penner und andere ehrbare Bürger waagerecht in den Mittagshimmel. Es stinkt nach Urin. Das hohe Haus mutiert friedlich zum WC mit Andachtshalle. Vor der Schlange über dem Seitenausgang hat eh' keiner Angst.

In einer Vitrine buhlt der »Lichtkreis Christi« um Anerkennung. Eine Filiale der Bewag? Und man dient »Die neue Bibel« an. Die alte denn schon ausgelesen?

C&A, Respekt!, hat sich zum SSVerkauf Originelles ausgedacht: »Machen Sie aus Ihren Mücken einen Elefanten.« Wertheim kontert mit Wiedervereinigung: Auf seiner Fassade wirbeln Ost- und West-Berliner Bezirkswappen arglos durcheinander.

Nun langweilen die Nobelboutiquen. Die teuersten sind die, wo nix im Fenster steht: Bei ESPRIT nehmen acht Scheinwerfer (das macht die T-Shirts etwas teurer) eine rätselhafte Buchstabengrafik ins Visier. Kunst statt Klamotten. Man verkauft Image statt Baumwolle. Ein Glaskäfig zeigt Platten von Karajan selig und seiner Mutter. Bei Electrola kämpft Pavarotti gegen Prince. Eine Vitrine weiter prahlt ein Stofffetzen: »Ich bin stolz ein Deutscher zu sein«. Dem glaubt man's gern.

McDonald's hat seine »Hamburger Royal TS« in »limitierter Auflage« parat. Watt'n Glück – ich hab noch einen erwischt. Unlimitiert kommt er mir dann den ganzen Nachmittag wieder hoch. Gottschalk-Klöpse, las ich neulich, kosten 5 qm Regenwald.

Vor Wiesenhavern hockt die stadtbekannte Lumpenlady in Winterkluft vor ihren aufgetürmten Plastiktüten und bringt Farbe in den Sonntag. »Machense, dasse weiterkomm'!« böllert sie.

Camilla Speth stellt Gromykos »Erinnerungen« neben Gorbis Werke. Subtile Leichenschändung. Und bei Wempe wird nach Feierabend die Armbanduhr zu 82.000 DM aus dem Fenster genommen. Schade, soviel hätte ich gerade bei mir.

Bei Daimler kostet das Liefern des 420 SE (106.080 DM a.W.) nach Berlin 702 DM, der Transport des 300 SL (126.588 DM) dann nur 582 DM. Weiß der 'ne Abkürzung?

Edle Geschenke auch bei Meißen/DDR: Ein Schälchen, das nicht mal Platz für meine Zähne hätte, ist schon ab 963 DM zu haben.

High Noon am Kudamm? No, Sir. Abends soll's hier proppevoll sein. Wer selber voll ist und Pipi machen muß – das Gebäude ist nicht zu übersehen!

Jugendfreie Grußdummheit, oder: Deep Purple für die Diversion

Ein Selbstinterview

Frage: Warum musst du dich nun auch noch selbst interviewen?
Weil ich der einzig Überlebende aus dem Gründungsteam von Rock Over RIAS bin. Walter Bachauer ist 1989 gestorben, Barry Graves 1994. Walter, im RIAS für Avantgarde und alles Schräge zuständig, hat damals, 1975, die Idee eines mehrtägigen Rockmarathons durch die hauseigenen Gremien gejagt und zu dessen Verwirklichung beigetragen. Walter war ein brillanter Verkäufer auch der verrücktesten Ideen. Seine Metamusik-Festivals als eine der Aktivitäten der Festspiele GmbH sind unvergessen. Da sang Nico in der Nationalgalerie »Deutschland Deutschland über alles« wie ein Requiem und quetschte dabei die Tasten ihres Mini-Harmoniums. West-Berlin durfte dem Gesang Tibetanischer Mönche lauschen, Steve Reich führte sein »Drumming« vor, ein Paradebeispiel der Gattung minimal music. Die Teilstadt hat durch den Bachauer wunderbare Sachen kennengelernt.

> »Ich glaube, die reine Existenz West-Berlins hat die Stimmung im Osten doch schneller verändert und stärker beeinflusst. Und außerdem hatten der AFN mit ›Frolic At Five‹ oder der RIAS mit ›Schlager der Woche‹ mehr Ideologie in den Osten gestrahlt als mit politischen Sendungen.«
>
> Joachim Nawrocki, ZEIT-Korrespondent in West-Berlin – in diesem Buch.

Und Barry?
Barry war genial. Barry baute beharrlich, wenn auch unaufdringlich, an seinem Mythos. Er hatte irgendetwas Wirtschaftswissenschaftliches studiert, ob er wirklich in White Plains / New York geboren wurde, weiß ich nicht, er begann frühzeitig seinen Namen Jürgen Deutschmann zu tilgen und uns das Barry Graves einzubimsen. Die liebevollen Weihnachtspakete, die ihm seine Eltern in den RIAS schickten, gab er sofort zur allgemeinen Plünderung frei – so als ob es ihm peinlich war, reale, weltliche Vorfahren zu haben.

Er war ein begnadeter Schreiber mit Sachkenntnis und großem Vokabelfundus, er schrieb für Zeitungen und schrieb Bücher (»Elvis – King der verlorenen Herzen«) und zusammen mit Sigi Schmidt-Joos das inzwischen legendäre »Rock-Lexikon«. Er konnte loben und tief verreißen, aber ohne Häme und ohne die zynische Künstlerverachtung, mit der damals Postillen wie »Sounds« hausieren gingen. Er war als Rockpublizist in den 70er Jahren eine Instanz. In West-Berlin war er einer der Besten.

Irgendwann verschwand er aus dem RIAS.
Nachdem ihm sein Mentor, der einstige Programmdirektor Herbert Kundler, die Huld entzogen hatte, weil der Wind nun plötzlich

anders wehte. Er wanderte zum SFB ab. Barry war eines unserer vielen Opfer, die Schiwys Clan im Haus zu verantworten hatte.

Was heißt das?

Schiwy machte aus RIAS II eine Popwelle: rias2. Prima, dachten wir damals, also mein Redakteurskollege Christian Graf und ich, prima, jetzt treten wir voll auf's Gas, wir haben mit Burghard Rausch, Uwe Wohlmacher, Sabine Korsukewitz, Holly-Jane Rahlens und vielen mehr die Spezialisten – die kommen jetzt voll zum Zuge. Pustekuchen. Der Schiwy-Clan hatte seine eigenen Leute, voll dynamisch, pflegeleicht und durchaus fähig, die nunmehr von der Plattenindustrie vorgegebenen Schwerpunkt-Musiktitel ins Programm zu hauen. Eine individuelle Musikauswahl, ein Musikprogramm, was sozusagen vom Fachmoderator durchkomponiert wird, mit eigener Dramaturgie und mit eigenem Spannungsbogen – das war plötzlich Schnee von gestern. Es reichten die 300 Titel, die alle anderen Sender auch spielen. Verzeihung, die »Hits«.

Und die Folgen?

Wir mussten unsere Leute vor die Tür setzen. Aber die meisten haben noch ein Plätzchen in anderen Sendern gefunden. Obwohl sie Fachleute waren. Und sind. Burghard ist bei Radio Bremen ständig damit beschäftigt, den Flurschaden, den die Apostel des Format-Radios in ihrer Einfalt anrichten, zu begrenzen.

Barry arbeitete fortan für »Radio 4 U« und hernach für die deutsch-deutsche Rockwelle FRITZ! Dass er den Ost-Kollegen erst einmal brieflich Inkompetenz vorwarf, kann man als typisch Grave'schen Ausrutscher abheften – Barry liebte die heftigen Spontanreaktionen und liebte es noch mehr, sie in Brandbriefen niederzulegen.

Barry hat den Rundfunk nachdrücklich verändert, hat ihn mit originellen Präsentationsmodellen angereichert und das Radiopublikum auf sensibleres Zuhören eingeschworen. Er hat neue Sendeformen geschaffen und dabei Hörspiel- und Feature-Elemente in seine Shows einbezogen und mit Elementen der aufkeimenden Elektronik angereichert. Und der RIAS hat ihn, à la bonheur, gewähren lassen. Es ist ein Jammer, dass die von ihm eingeführten Innovationen im Zeitalter der formalen und inhaltlichen Mediengleichschaltung wieder in Vergessenheit geraten sind. Für experimentelles Radio, für akustische Raffinements, für klugen Aberwitz im Äther interessiert sich niemand mehr.

Was war nun das Besondere an Rock Over RIAS?

Es war die Rache für die Niederlage in der Schweinebucht!

Spaß beiseite: Zuerst das Formale: Wir hatten zwischen Weihnachten und Neujahr und in den Sommerferien fünf bis sechs Nächte mit fünf bis sechs Stunden Sendezeit, um ein differenziertes Rockmusikprogramm abzustrahlen. Es war gespickt mit Informationen, Hintergrundberichten, Live-Interviews mit Studiogästen. Wir hatten sogar Ü-Wagen zur Verfügung, mit denen unsere Reporter nachts in der City unterwegs waren. Auch in der rauen Zeit bei den Hausbesetzern. Mitten in einem Live-Interview haben sie, oder ihre Kumpel, uns das Kabel durchgeschnitten. Das war die typische linke Medien-Blödheit, es ging ja schließlich darum, ihre Ansichten weiterzugeben.

Anarchie hat eben eigene Gesetze.

Olaf Leitner

Der Autor arbeitete von 1968 bis 1992 erst als freier Mitarbeiter, dann als Musikredakteur und danach als Redakteur KulturPolitik beim RIAS. Er hat 1975 die Sendereihe Rock Over RIAS mitbegründet, die, zumal in der DDR, einiges Aufsehen erregte.

Doch Gesetze? Gleichviel – es bestand zudem die Möglichkeit für die Hörerschaft, mit uns zu telefonieren. Das wurde weidlich genutzt zu Anregungen, Kritik und Ermunterung. Unser Musikangebot war thematisch geordnet, es gab zumeist einen Oberbegriff mit möglichst vielen Unterabteilungen und sorgfältig ausgesuchte Musikstücke.

Frage: Sozusagen collectors items?

Ja, dieser neudeutsche Begriff trifft es. Wir wussten, dass ein Großteil unserer Hörerschaft Tonbandgeräte und Kassettenrecorder plus zahllose Bänder und Kassetten bereitzuliegen hatte, um möglichst viel von der Sendung mitzufräsen.

Es gab Leute, die wegen schlechter Empfangsbedingungen ihren angefeuchteten Zeigefinger an die Antennenbuchse drückten, um selber als Antenne zu fungieren und den Empfang zu verbessern. Respekt!

Na – Deep Purples »Child in time« hätte man sich doch auch von Freunden ausleihen können, deshalb muss man sich doch nicht die Nächte um die Ohren schlagen?

In Neukölln oder Schmargendorf schon, nicht aber unbedingt in der Prignitz, in Marzahn oder in Cottbus. Unser Adressat war das junge DDR-Volk. Das hatte wenig Auswärtiges im Plattenschrank und jeweils am Morgen danach ziemlich gerötete Augen und war nicht gerade topfit.

Die Film- und Tonbandfirma ORWO meldete den Ausverkauf ihrer Produkte.

So schrieben die Zeitungen. Die leeren Regale wurden quasi zur Metapher für das Ganze. Das Aufnahmematerial war übrigens nicht billig, der Nachwuchs musste kräftig in die Tasche greifen.

Rock over RIAS-Gründerteam (v.l.n.r.: Bachauer, Graves, Leitner und Assistentin)

Gehörte es zu den Aufgaben des RIAS, Bänder für das private Archiv vollzuspielen?

Es war der Programmauftrag des Senders, unseren Brüder und Schwestern hinter, oder, wenn man so will, vor der Mauer die ewigen Wahrheiten zu verkünden und westliche Lebensart einzubimsen. Dazu gehörte einerseits die aktuelle Analyse angesichts irgendwelcher neuen Streiche des Politbüros, dazu gehörte es, über neue Spitzenleistungen des DDR-Sports zu berichten, egal ob mit oder ohne dope, dazu gehörte es aber auch, den Brothers & Sisters die Musik ins Haus zu bringen, die man in den Gefilden des weltweiten Kapitalismus zu hören bekam, und die den DDR-Kids durchaus gut mundete.

Euer Job war es also, auf hinterlistige Weise Diversion zu betreiben, behauptete die DDR.

Das meinten aber nur die Führungsetagen, Gott habe sie selig. Für die hieß RIAS »Rundfunks Im Antikommunistischen Stil«.

Interessant dabei ist folgendes: Populärmusik ist ein Ideologieträger. Das hatte die SED ganz richtig erkannt. Sie wusste, dass über Rock und Pop die Jugend am ehesten zu packen ist. Für die Partei war eine der wichtigsten Unterabteilungen im Kulturbereich die sog. »Unterhaltungskunst«. So vornehm titulierte man das Showbusiness im Lande sozialistischer Ästhetik und Normierung. Eine Binsenwahrheit: Die Popmusik war und ist für die meisten Jugendlichen die einzige Schnittstelle zum Kulturbereich. Folglich musste die SED ein- und angreifen, um den input feindlichen Fühlens, Denkens und Sehnens zu konterkarieren, was letztlich aber nie funktioniert hat. Weshalb die DDR-Kulturpolitik immer opportunistisch war.

Studiogast: Rio Reiser

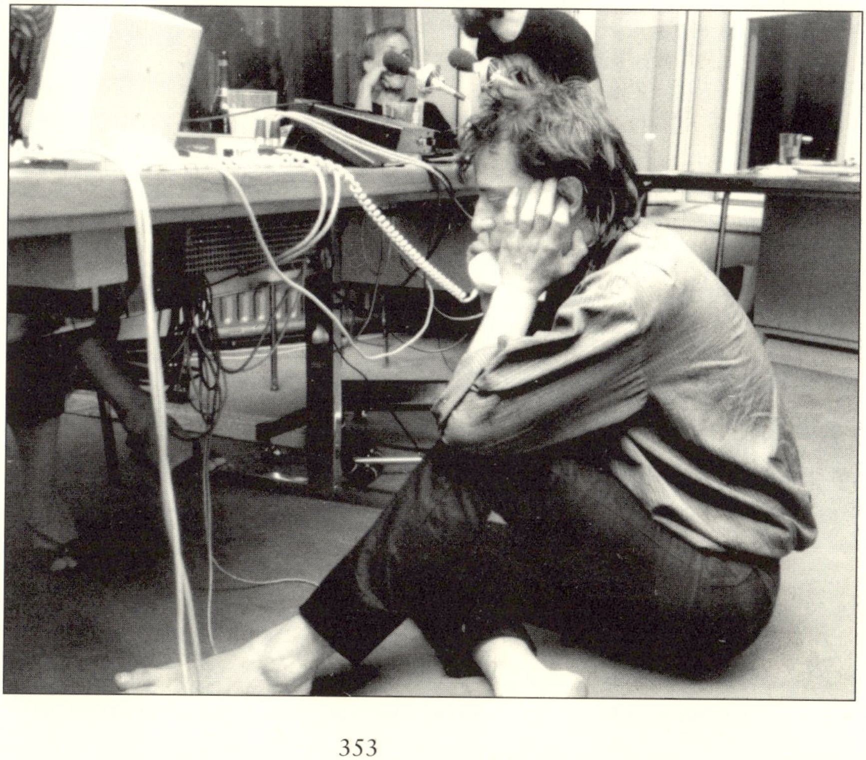

Was heißt das?

Sie haben das, was heute verboten war, morgen dann doch immer erlaubt, weil es nicht zu verhindern war. Egal ob es Jeans, Koteletten, Bärte, Schiebermützen oder Plateausohlen waren. Die Kulturadministration hatte offenbar reichlich Zeit und Muße, sich tagelang über die Länge einer Haarsträhne beim Bühnenauftritt zu echauffieren. Sie hatte dafür Zeit, die Künstler meistens nicht. Sie mussten viel kreative Energie im Kampf mit machtgeiler Inkompetenz verplempern.

Eine der ersten großen Debatten, das berüchtigte 11. Plenum des ZK der SED, fand im Dezember 1965 statt. Es war sicher auch eine Reaktion auf das Rolling-Stones-Konzert im September des gleichen Jahres, als in West-Berlin die Waldbühne zertrümmert wurde und einige S-Bahn-Wagen zu Bruch gingen. Die S-Bahn gehörte damals der DDR. Beim Plenum wurde die »Beatmusik« als Beweis imperialistischer Massenbeeinflussung von Staatschef Walter Ulbricht höchstselbst verdammt, viele Künstler, etwa Wolf Biermann, bekamen die Rote Karte oder wurden wie viele Schriftsteller oder Filmemacher böse gerügt. Die Unterhaltungskunst, zumal wenn ihre Elemente aus dem Westen via Medien in die DDR drangen, wurde zum »Hauptkampfplatz der Ideologie« erklärt, jeden öffentlichen Auftritt klopften spezielle Gremien vorher auf ideologische Treue hin ab.

Aber die ideologische Diversion seitens des RIAS mit Hilfe von Pink Floyd, Eric Clapton, den Stranglers, J. J. Cale, Bob Marley oder Peter Tosh etc., pp. wurde vom DDR-Publikum durchaus geschätzt und Rock Over RIAS bekam in der DDR Kultstatus. Sogar dem SPIEGEL waren wir eine Geschichte wert.

Ich bin ziemlich sicher, dass westliche Popmusik mit dem, was sie an Lebensgefühl transportierte, sicher ein Nagel im Sarg der DDR war. Ein weitere Nagel war die landeseigene Variante dieser Musik, der DDRock selbst, der in seinen besten Werken den Jugendlichen eine ideologische Richtung wies, die keineswegs anti-sozialistisch oder revanchistisch war, wohl aber vom Ideal sozialistischer Lebensweise à la ZK der SED erheblich abwich.

So hat also der RIAS die Popmusik raffiniert als Propagandamedium eingesetzt.

Ja und nein. Ich bin sicher, der RIAS hat sich generell erfolgreich bemüht, in erster Linie auf vielen Gebieten Fachkompetenz zu demonstrieren und weniger den Propagandaknüppel zu schwingen. Wir hatten hochprofessionelle Fachredakteure und großartige Reporter. Ein Mann wie Jürgen Graf konnte live und weltgewandt vom Wiener Opernball berichten, kannte die Politiker, die da aufkreuzten und die Stars, die da mit den Brillies klapperten. Das war auch eine Art von Propaganda, aber eine der subversiven und intelligenten Art. Die Schnitzler-Agitprop-Variante hätten die DDR-Bürger m/w nicht geschätzt, denn sie waren nicht so bescheuert, wie sie von ihren eigenen Einpeitschern eingeschätzt wurden.

Was die RIAS-Bosse da aber mit ihrer Abt. »L-Musik«, also der Leichten Musik, wo der Rock- und Popbereich redaktionell angebunden war, für eine effektive Propagandamaschine im Gepäck hatten, haben sie wohl kaum bemerkt. Es war ihnen auch irgendwie egal. Weil es ihnen eh zu laut war. Begonnen hatte das alles mal mit Fred Ignors »Schlagern der Woche«, eine Kultsendung aus den 50er Jahren. Später hatte der RIAS dann eine neue Ikone, die von der Programmdirektion höchstselbst mit Pointen in Richtung DDR gefüttert wurde: Lord Knut. Einst Bassmann der Popband The Lords, stieg er nach seinem Autounfall mit Beinverlust erst zum Kolumnisten der B.Z. auf und wurde dann DJ einer Evergreen-Show des RIAS, die regen Zuspruch diesseits und jenseits der Mauer fand.

Hatte er nicht Verbindung zu Wolfgang Neuss?

Ja, sie dröhnten sich gemeinsam zu, und die Sprüche, die Neuss ihm mitgab, hatten besondere Qualitäten. Einer der schönsten Gags ging so: Warum kaufen sich die Armen zu Weihnachten immer die Bild-Zeitung? – ? – Damit sie wenigsten die Gänsefüßchen essen können.

Wie bitte?

Das hebt auf das Springer-Dogma ab, die DDR in allen Publikationen des Verlages immer als »DDR« zu schreiben, also in Gänsefüßchen zu setzen. Damit sollte sie als Kuriosum, Provisorium, als nicht legitimierter Staat verunglimpft werden. Im RIAS gab es einen Nachrichtensprecher, der das Prinzip auf den Sender übertrug und immer vor dem Begriff DDR eine kurze Pause machte, um die drei Buchstaben dann dezent, aber unüberhörbar, zu betonen: »Der sowjetische Außenminister Gromyko ist zu einem zweitägigen Besuch in der ... DDR eingetroffen ...« Kleinkram. Welche Langzeitwirkung das hatte, weiß ich nicht.

Pop und Politik: Es hat sich nie ein Bundeskanzler seinerzeit mit Lindenberg, den Scherben oder den Scorpions auseinander gesetzt. War ja auch nicht nötig. Aber die »andere Seite«, die »drüben«, haben es bis in die Machtzentralen hinein sehr ernst genommen, wenn wir MC5 oder die Sex Pistols über die Mauer hinweg in die Lichtenberger Wohnstuben geschickt haben.

Woher weißt du das?

Weil ich wegen meiner West-Berliner Rundfunktätigkeit und einer gewissen Kenntnis DDR-eigener Strukturen auf dem Gebiet der »UK« zum staatlich anerkannten Staatsfeind der DDR aufgestiegen war, und die Stasi voller Bewunderung Dossiers über mich »für den internen Gebrauch« verfasst hat. Darin wurde ich neben dem RIAS-Chefredakteur und dem Leiter unseres Monitor-Dienstes, der damals alle wichtigen DDR-Sendungen mitgeschnitten hat, als besonders gefährlich und subversiv gelobt. In den Sendern selbst galten damals Rockmusik-Redakteure als notwendiges Übel, rangierten kurz vor der Klofrau. Plötzlich wurde man nun von der anderen Seite hoch wichtig genommen. So wichtig, dass mir die Stasi einen Top-Spitzel an die Waden geklebt hat, den »IM Pergamon«. Es war übrigens der Cheftexter der Puhdys. Er war äußerst eifrig und hat unter seine Berichte immer gleich den Straftatbestand und quasi gleich das Gerichtsurteil vorausblickend mit aufgeschrieben.

Andere Kollegen wurden natürlich auch bespitzelt, Burghard Rausch beispielsweise. Im übrigen standen RIAS-Leute vice versa immer unter CIA-Verdacht.

Na und, hast du?

Hätte mir gern bei den westlichen Schlapphüten ein Zubrot verdient mit meinem Wissen über die DDR-Massenkultur. Aber leider leider war das Interesse der CIA an dem Thema trotz seiner propagandistischen Brisanz gleich Null. Das hat meinen Stolz sehr verletzt.

Hattest du Kontakt zu den Kollegen vom DDR-Rundfunk?

Ja, und wie, da sind richtige Freundschaften entstanden, auch wenn einige davon Stasi-durchseucht waren. Wäre ich rechtzeitig zwecks Akteneinsicht zur Gauckbehörde gepilgert, hätte Lutz Bertram vermutlich nicht ganz so lange das Morgenmagazin von Radio Brandenburg selig moderieren können. Was durchaus ein Verlust gewesen wäre. Denn er taucht in meiner Akte ganz sicher und nachweisbar auf.

Ich habe ja Ende der 70er, Anfang der 80er, an einem Buch über die DDR-Rockmusik gearbeitet und viele Kontakte aufgebaut. Mit Jürgen Balitzki, Mischko oder Wolfgang Martin von DT 64 bzw. »Stimme der DDR« habe ich Platten ausgetauscht: Die brauchten die neue XTC, ich wollte die neue Rockhaus. Die Kollegen haben nach und nach dann selber alles spielen können, was ihnen sendenswert erschien. Ulbricht hat langfristig also nicht gesiegt.

Wie habt ihr den Plattenaustausch organisiert?

Gelobt sei der stern. In dessen Ost-Berliner Redaktion hatten wir Freunde, die als Kuriere fungierten, da sie beim Mauerdurchqueren nicht kontrolliert wurden. Sie schleppten AMIGA-Platten nach Schöneberg, und Virgin- oder Island-Scheiben in Richtung Nalepastraße. Danke, Harry, noch einmal von dieser Stelle!

Du hast sozusagen die Konkurrenz mit gutem Material versorgt?

Ja, das war meine Variante der Ostpolitik. Andererseits habe ich die Intendanten des RIAS, die in letzter Zeit häufig wechselten, in etlichen Dossiers darauf hingewiesen, wie attraktiv die DDR-Sender mit ihren Musikangeboten für die Jugend geworden seien und wie sie uns sogar schon Hörer abjagten. Georg Gafron, heute Berlins Medienpapst, suchte damals einen Job bei uns und hat für mich gegen Honorar Musiklisten geführt, die belegt haben, wie viele West-Titel der DDR-Rundfunk einsetzte, um DDR-Bürger von der täglichen Republikflucht via Westmedien abzuhalten. Ich wollte damit erreichen, dass wir wachsam sein und uns nicht auf den Lorbeeren ausruhen sollten.

Hast du dafür einen Orden bekommen?

Nein, nur ein nettes Schulterklopfen, bevor die Dossiers in den Papierkorb wanderten. Der RIAS hat Mitte der 80er Jahre als Entsorgungsstelle für verdiente Mitglieder des CDU-Volkes gedient, da wurden Leute zu Intendanten oder Programmdirektoren gekürt, die irgendwie weg mussten, bei uns nichts bewirkten, die nichts über den RIAS, seine diffizile Lage und seinen Stellenwert in der Region wussten, die aber in Betriebsversammlungen große Reden über unsere Liebespflichten den Amerikanern gegenüber schwangen. Obwohl sie keine Ahnung hatten, wo sich beispielsweise die Andrews-Barracks befanden. Dann verschwanden sie wieder, einer bei der Deutschen Bank, wo er sich noch eine Weile als Kulturzuständiger spreizte, bevor ihn ein gütiger Gott erlöste. Ein anderer ist dann später wegen übler Machenschaften beim NDR von der Karriereleiter gepurzelt und rausgeflogen. Ein Sonderfall war Peter Schiwy, der für Springer in Hamburg arbeitete, nach Berlin kam, vom RIAS zum NDR und dann erneut vor und zurück hüpfte und jedes Mal eine Stufe höher stieg, erst RIAS- dann NDR-Intendant wurde und letztlich bei den Privaten landete.

Schiwy hat 1985 den CDU-Durchmarsch beim RIAS geleitet, hat mit der neuen Variante von rias2 das Hörervolk auf das Niveau der Privatsender konditioniert und Medienwissenschaftler engagiert, die das Radio künftig zum »Sekundärmedium« herab zu stufen hatten.

???

Das mit dem »Sekundärmedium« war wohl pejorativ gemeint, obwohl es grundsätzlich ja stimmt: Man hört Radio nicht exklusiv, sondern in Verbindung mit irgendwelchen Tätigkeiten, sei es beim Heimwerken, beim Bügeln oder im Auto. Und gerade da ist es in Wahrheit das Primärmedium, denn das Autofahren macht man nebenher. Man sitzt in einem abgeschlossenen Raum, fast als habe man Kopfhörer auf und bekommt intensiv alles mit, was der Sendemast abstrahlt. Versteh deshalb nicht, weshalb das die Begründung für die Verblödungsstrategien sein musste. Folgerichtig ist rias2 dann irgendwann zu r.s.2 geworden, einem Privatsender.

Gab es nicht die Theorie, dass der Erfolg von rias2 den RIAS nach der Vereinigung insgesamt gerettet hat?

Ich hörte davon, mag sein. Wenn ja, ist das ein aparter Vorgang: eine Anstalt darf nicht wegen ihrer journalistischen Verdienste überleben, sondern weil ein hausverwandtes

Programm, gestrickt aus industrie-diktierten Hits, aus Schmalspurinformationen, aus reglementierten, also gestylten Sendeabläufen und auf Null gesetzten Moderatoren eine Weile Furore macht, bevor es im Kreis der Epigonen versandet oder nahezu unkenntlich wird. Nein, unkenntlich stimmt nicht, weil sie unentwegt ihre Stations-Jingles, ihre station identification, in den Äther werfen.

Neben Schiwy hat auch der bereits erwähnte RIAS-Ex-Programmdirektor Kundler versucht, noch am Schlemmertrog der Privaten zu naschen und sich da auch irgendwo engagiert. Das ist kein Verbrechen, nur muss man wissen, dass es mit Beginn der dualen Medienlandschaft allen RIAS-Mitarbeitern strengsten verboten war, auch für Privatstationen zu arbeiten. Das galt als Hochverrat. Und als Kundler, zurückgestuft vom Schiwy-Clan, zum Hauschronisten abstieg und eine Geschichte des RIAS herausbringen musste, ließ er am Ende des Buches zwei Leute den RIAS preisen, die nach mehr oder weniger kurzem Gastspiel im Hause in private Gefilde abgetaucht waren: Georg Gafron, unser schon erwähnter Medien-Papst, machte erst mal erfolgreich Hundert,6. Und Thomas Dittrich. Thommy ist ein Bruder des Komikers, selber weit weniger komisch, aber immer in gutes Tuch gewandet, war er für Schwenkows kurzes Radioabenteuer JFK nicht unbedingt super erfolgreich, er nervte später im Gesamt-Berlin mit einem Talk-Radio, für das er kurzfristig Lutz Bertram reanimierte, um dann irgendwie zu entschwinden.

Das Ende des RIAS und der Neuanfang als Deutschlandradio Berlin hatte ja so seine Dellen ...

Durchaus. D-Radio Berlin setzte sich zusammen aus RIAS-Leuten und Kollegen m/w aus dem Osten, von DS-Kultur. Diese eheliche Notgemeinschaft war anfänglich krisengeschüttelt und leidet noch immer unter den Nachwehen. Dennoch sind das Deutschlandradio insgesamt, also der Deutschlandfunk und das Deutschlandradio Berlin, einer der wenigen Hoffnungsschimmer in der gesamtdeutschen Radiolandschaft, die uns entweder Dudelfunk, Blödel-Wellen und Magazinitis mit Häppchen-Journalismus verordnet. Oder aber die Kulturprediger, die man unüberwacht schalten und walten lässt, bei denen die Unkultur schon mit Brahms beginnt, und die, in Unkenntnis modernerer Komponisten oder Stilrichtungen, an Bach, Beethoven oder Mozart kleben wie die Fliege am Honig. Und für die, falls sie sie kennen würden, Moby, Tom Waits, Nick Cave, Prince, gar die Ur-Oldies Bob Dylan oder die Beatles das wären, was für meine Eltern Jerry Cotton war – Schund und Dreck. Mozart wäre vermutlich nicht so verkalkt und verbohrt wie die Sachbearbeiter in der Abt. Hochkultur. Denn nebenbei gesagt: Als Mozart »Die Entführung aus dem Serail« schrieb und Prince sein »Purple Rain«, waren sie gleich alt – 26. Will sagen: Das Radio, das aktuellste, schnellste und für die Zielgruppe unaufwendigste Medium, geht ohne Not vor die Hunde.

Einhalt, Euer Ehren, das ergäbe ein neues Buch. Doch da war doch noch was mit DT 64?

Ja, der RIAS glaubte, DT nach der Wende übernehmen zu müssen. Ich weiß nicht, auf wessen Konto diese hirnrissige Idee ging. Es muss ein ziemlicher Plattkopf gewesen sein. Die KollegInnen und die Fans von DT haben sich tapfer gewehrt und sich letztlich durchgesetzt. Obwohl sich der Übergangsintendant des einstigen DDR-Rundfunks damals nicht gerade mit Ruhm bekleckert hat, sein Protest gegen diesen Aberwitz hielt sich sehr in Grenzen. Heute steht er Antenne Brandenburg vor und ist stolz darauf, die Kultur in seinem Laden abgeschafft zu haben.

Das Übernahmespektakel, das Zusammenschließen von RIAS und DT, habe ich noch als Mitschnitt auf Kassette. Beim Abhören stehen mir noch heute die Haare zu Berge. Der RIAS hat da unter den jungen Hörern einiges an Renommee verloren. Für nix.

Und für die SED-Getreuen blieb und bleibt der RIAS als Hetzsender in Erinnerung.

Das ist ungerecht, wie man inzwischen weiß. Der Sender hätte anlässlich des 17. Juni und seiner Folgen massiv den Generalstreik für die DDR ausrufen können, wozu ihn Gewerkschafter-Ost überreden wollten. Er hat es klugerweise sein lassen. Die wenigen Kalten Krieger, die im RIAS saßen, waren alles ehemalige DDR-Bürger. Sie hatten ihren persönlichen Groll im Leib und mit ihrer Ex-Heimat noch ein Hühnchen zu rupfen. Jüngere RIAS-Redakteure und Mitarbeiter machten ihren Job ehrbar, auch wenn sie angesichts gewisser Zustände »drüben« gelegentlich deutlich wurden. Und die ganz Jungen wussten von der DDR so viel wie unsereins von der Quantenphysik. Sie kannten, wie die meisten Wessis, das Land nur vom Durchfahren, als Verkehrshindernis zwischen Hamburg und Reinickendorf. Leute mit Direktkontakten ins Sendegebiet DDR gab es wenige, Hans Georg Soldat zum Beispiel, Literaturredakteur, kannte die wichtigen DDR-SchriftstellerInnen auch persönlich und hat sicher viel zu ihrem Bekanntwerden im Westen beigetragen.

Und du hast AMIGA-Platten in deinen Sendungen gespielt. Warum denn – das hatten die DDRler doch selbst?

Stimmt, und jetzt wird's pervers – darf ich noch mal ausholen? Gut, also die Rockbands der DDR waren einerseits so etwas wie Botschafter der Westmusik: Eine Gruppe wie electra aus Dresden musste neben eigenen Werken den Fans auch einen Hauch von Jethro Tull liefern, die Puhdys gaben Uriah Heep oder Deep Purple, die Gruppe Transit klang sehr nach Lindenberg. Was Wunder – die Bands und Interpreten-West kamen nicht oder erst sehr spät in die DDR, die landeseigenen Bands mussten sie imitieren, um wenigstens einen Hauch von Internationalität anbieten zu können. Das wurde vom Publikum dankbar angenommen, aber nicht langfristig honoriert. Zumal alle bekannten DDR-Bands, besonders wenn sie einen Reisepass errungen hatten, als angepasst, quasi als Parteikollaborateure, angesehen wurden. Motto: Wer Privilegien hat, muss wohl auch Zugeständnisse gemacht haben. Wenn nun Leitner mittwochs in seiner »Mischkothek« eine Platte von Wolfram Bodag und den Engerlingen spielte, bedeutete dies wohl, dass diese Band nicht schlecht sein könne, denn sonst hätte der da im RIAS ja wohl lieber die Stones, Kevin Coyne oder Van Morrison gespielt, Auswahl genug hatte er ja. Ich durfte sozusagen Ritterschläge verteilen, das Gütesiegel West auf die DDR-Gruppen pappen.

Das war ja ziemlich daneben.

Das sehe ich auch so. Es hat auch weniger etwas mit meiner Person als vielmehr mit meiner Funktion als Medien-Westler zu tun. Was mich von anderen unterschied, war nur meine umfangreiche Sammlung von AMIGA-Platten.

Der Westen war eben für die Rockfans das Paradies, die Kompetenz, der Hort der Glückseligkeit, und wir Radioleute von SFB und RIAS waren die Abgesandten des Himmels. Heute ist der rosa Schleier längst weg, der brutale kapitalistische Alltag, den das alte Neue Deutschland immer gepredigt hatte, wird seit fast anderthalb Jahrzehnten täglich durchlitten. Und die Bands der DDR, ob sie

> Das ist doch der Anti-Kommunismus von heute – Rock'n'Roll – da wird die DDR wahnsinnig.
> Wolfgang Neuss zu Wolf Biermann – in diesem Buch.

noch tingeln oder nicht, sind längst heilig gesprochen. Mit Recht.

Zurück zur »klassischen« RIAS-Zeit. Die andere DDR-Kultsendung war ja der RIAS-Treffpunkt.

Richtig. Die Idee, ab 1968 eine tägliche Live-Sendung für Jugendliche zu installieren, war eine späte Reaktion auf das Jugendradio DT 64 des DDR-Rundfunks. Die neue Sendung sollte ein Instrument der Propaganda und Gegenpropaganda sein. Man wollte den Kollegen in der Nalepastraße zeigen was 'ne Harke ist und ihnen Publikum wegnehmen. Das hat wohl funktioniert.

Legendär war auch die Hörerpost aus der DDR.

Dadurch bekamen die Treffpunkt-Moderatoren, die ja keine ausgewiesenen DDR-Sachverständigen waren, etwas DDR-Atmosphäre vermittelt.

Konnte man denn so einfach an den RIAS schreiben?

Eigentlich nicht. Die Stasi-Männchen hockten überall in den DDR-Briefkästen. Ab es gab ein ausgeklügeltes System von Deckadressen. Der Trick: ein Name wurde erfunden und in einer realen Straße angesiedelt, deren Hausnummer aber nicht existent war. Die Mettestraße in Schöneberg z.B. war sehr kurz, es gab keine Mettestraße 31. So hieß das für die Post, diese Einsendungen an den RIAS weiterzuleiten. Die Adresse wurde turnusmäßig so gewechselt, dass die Staatsicherheit mit der Aktualisierung nicht nachkam.

Wurde in den Briefen zum Widerstand aufgerufen?

I bewahre. Der Inhalt der DDR-Post bestand überwiegend aus Grüßen und Musikwünschen. Ein Kritiker namens Uli Joho mokierte sich in der Zeitschrift »FF-Dabei« (DDR) über die »Grußdummheiten«, »mit denen sich einschlägige westliche Rockmusiksendungen allzu gern jugendfrei geben: in der Machart von ›Der größte Stones-Fan von ... grüßt die Hungerpeitsche in ...‹«

Die »Grußdummheiten« kamen nun leider von Johos Landsleuten und waren den Stasi-Postschnüfflern durchgeschlüpft.

Nach der Wende haben sich einige MfS-Mitarbeiter damit gebrüstet, alle RIAS-Post entdeckt und konfisziert zu haben. Ich hab mal nach der Wende die Hörerpost-Statistik des RIAS durchgesehen und festgestellt, Mielkes finstre Garde hat ganz schön geschlampt. Da war 'ne Menge durchgerutscht.

Radiola

Das Radio entmachtet sich selbst, ist allerorten zu hören und zu lesen. Wir stoppen dieses Vorurteil und beweisen: Selbst Kultur hat im Rundfunk wieder eine Chance. Als Beleg dafür veröffentlichen wir Teile eines Kassibers, den man uns zuspielte. Er gibt Einblicke in das Sendeschema einer neuen Berliner Privatstation namens »Radio Bus«(-iness!).

»HAPPY NEWS VOM RADIO BUS!«

9.00 Jingle: Show-Opener 0.10
Individuelle Begrüßung (lt. Muster)
Muster: »Am Mikrofon Klaus Müller«,
oder auch »Am Mikro Peter Schmidt«
9.00 Superhit
9.03 Hit
9.06 Oldie (für 1987: »Yesterday« / Beatles)
9.09 Super-Oldie (Vorgabe: »Michelle« / Beatles)
9.12 Zeitansage (lt. Muster)
Muster: »9 Uhr 12, 12 nach 9 – Radio Bus«
9.12 Jingle Radio Bus 0.05
9.12 Superhit
9.15 Hit
9.18 Interview (Telefon): »Bonn – Berlin für Radio Bus« (lt. Muster)
Muster: a) Einleitungsfrage
b) Zwischenfrage
c) Absage lt. Muster
Muster: Helmut Kohl für Radio Bus / Franz Josef Strauß für Radio Bus.
Selten: H.-D. Genscher für Radio Bus. *Bitte nicht:* Willy Brandt / Johannes Rau / H.-J. Vogel (bei Otto Schily fristlose Kündigung!)
9.21 Zeitansage (wie oben, bitte aktualisieren!)
9.21 Jingle Radio Bus 0.05
9.21 Superhit
9.24 Hit
9.27 Oldie
9.30 Nachrichten (Redaktion: Friedhelm Ost)*
9.31 Jingle Radio Bus 0.05
9.31 Superhit
9.34 Superoldie
9.37 Hit
9.40 Zeitansage (wie oben!)

9.40 Hit
9.43 Oldie
9.47 Jingle Presseblick 0.05
9.47 Moderator: Presse-Zitat
9.48 Absage (lt. Muster)
Muster: Bild für Radio Bus / WamS für R.B. / B.Z. für R.B. / Die Welt für R.B. *Bitte selten:* FAZ / Süddeutsche. *Bitte nie:* FR / taz!
9.48 Zeitansage (wie oben!)
9.48 Superhit
9.51 Jingle: RadioBus – Wetter 0.05
9.51 Individuelle Ansage des Moderators (lt. Muster)
Muster: »Es wird kälter« / »Es wird wärmer«
9.51 Oldie
9.54 Hit
9.57 Jingle: Radio Bus – Wirtschaft 0.05
9.56 Telefon-Interview – Thema (lt. Muster)
Muster: Die Arbeitgeber informieren / Wachstum bei Daimler Benz / Warum SDI Arbeitsplätze schafft / Schöner Rhein – die Kloakenlüge.
10.00 Jingle: Show-Opener 0.10
(...)

RADIO BUS – BILDUNGSWELLE

(Sa. / So. 0.32 – 1.00 Uhr)

Themenliste Kultur: Bildende Kunst im Gespräch: Arno Breker.
Literarisches Schatzkästlein: Hedwig Courths-Mahler – verkannt, doch unvergessen.
Musik: Und heute hört uns Deutschland. Volkslieder – mitgesungen. Eine Sendung von und mit Heino.
Radio-Vernissage: Das Gemälde im Weißen Haus – Zufall oder Fügung.
Das Reise-Feature: Mit dem Papst unterwegs – Grönland (Folge Nr. 715)
Klassik zum Mitschneiden: Deutsche Märsche
Avantgarde-Magazin: Musik der Gegenwart, heute: das Jahr 1964**
Die Filmkritik: Rocky V / Rambo III (alternativ).
Das Hörspiel: Die Flucht aus Karl-Marx-Stadt
Dezentrale Kulturarbeit: Die Sieben Schwaben am Fehrbelliner Platz – Mythos und Eros. Eine Deutung von Graf Enno v. Klobig

ca. 1987

* damals Regierungssprecher in Bonn
** Originalzitat WDR!

Ich bin froh, dass West-Berlin vorbei ist

Rainer Bieling über hässliche Kröten, Gallionsfiguren, gedankliche Führungsrollen, adelige Tussis, Kleinstadtphänomene, Bussi-Gesellschaften, klare Spielregeln, mentale Anstöße; über kollektive Gesinnung, Anpinkeleien, Verknöcherungen, den Nimbus der 20er Jahre, VEB-Kultur, Mauerkoller, die NDW, Anglifizierungen und billige Grundstücke.

Gesprächsdatum: 29.3.2001

Olaf Leitner: Vorab: Dein 68er-Buch »Die Tränen der Revolution« kam 1989 im Siedler Verlag heraus. War das Buch Notwehr?

Rainer Bieling: Ich hab mich bei Zitty immer über dieses 68er Nachklappern geärgert, also diese ganzen, aus den 70ern kommenden hoch ideologischen Systeme. Dieser ideologische Kack ist mir bei Zitty immer wieder begegnet, weil wir sehr alternativ waren. Der ist mir schwer auf den Keks gegangen. Deshalb habe ich das Buch geschrieben. Es war der Versuch, die Revolte von 68 gegen den Unsinn der 70er Jahre zu verteidigen, der Anfang der 80er immer noch sehr lebendig war.

Du bist wirklich echter Berliner?

Ja.

Isses denn die Möglichkeit! »Das hat es in der Geschichte der BRD noch nicht gegeben, dass eine ›Zielgruppe‹ sich ein eigenes Massenmedium schuf, statt sich von Konzernstrategen vermarkten zu lassen.« Sagt Rainer Bieling. Ich habe das in irgendeinem schlauen Text gefunden. Bei dir hieß das Medium Zitty und die Zielgruppe war die »Szene«. Zitty ist auch heute noch in voller Blüte.

Als ich '79 zu Zitty kam, war das Blatt eine hässliche kleine Kröte und hatte gerade mal 15.000 Auflage. Ich habe ein Jahr als freier Journalist gearbeitet und ein paar provokante Titelgeschichten wie »Türken raus!« geschrieben. Wir haben dann für Rowohlt die Anders-Reisen-Bücher herausgebracht. Anfang '80 bin ich fest in die Redaktion eingestiegen und hab das sechs Jahre gemacht.

Nachdem du bei Zitty aufgehört und besagtes Buch über die 68er geschrieben hattest, landetest du irgendwann in München und bekamst Heimweh, als die Mauer fiel.

Ich dachte mir, was hockst du in München? Das Ende der DDR, der Fall der Mauer, die Wiedervereinigung – das alles ging denen in München sowas von am Arsch vorbei! Das hat sie überhaupt nicht interessiert. Sie wussten nichts, und es war überhaupt kein Thema.

Bei München fällt einem vorurteilsbewussten Menschen sofort Baby Schimmerlos und die Kir-Royal-Schickeria ein. Gab es denn in Berlin auch eine Gesellschaft? Eine Art Führungselite?

Nein. Ich hatte subjektiv damals nicht das Gefühl, dass es so etwas gab. Und wenn ich im Nachhinein zurückdenke, glaub ich wirklich nicht, dass es das gab. Die CDU zum Beispiel, die jetzt gerade (im März 2001!, O. L.) dabei ist, abzudanken mit Landowsky, die war zwar damals schon da, aber die stand noch viel mehr im Hintergrund. Sie hat sich seinerzeit beispielsweise den Weizsäcker geholt, um überhaupt hier an die Macht zu kommen. Die CDU war Anfang '80 längst noch nicht so gefestigt wie dann 15, 20 Jahre später. Sie brauchte noch Gallionsfiguren. Die SPD, andererseits, war schon so abgewrackt, dass sie nicht mehr in der Lage war, das Stadtschiff zu lenken, so dass es diese Art von Establishment, das die Stadt im Griff hat, in den 80er Jahren nicht gegeben hat. Das war alles längst nicht so verfestigt wie es jetzt ist. Eine Berliner Gesellschaft gab es in den 80er Jahren nicht. Vielleicht ist das der Grund, weshalb tip und Zitty überhaupt diese Kraft und publizistische Stärke bekommen konnten, und meines Erachtens die mentalengedanklichen Sprachrohre der Stadt waren, denn der Tagesspiegel war es damals nicht! Alles, was sich in dieser Stadt an Leuten und an Ideen bewegt hat, ist durch diese beiden Medien gegangen, so dass diese beiden Medien geradezu eine gedankliche Führungsrolle in jenen Jahren gespielt haben. Diese verschiedenen Szenen, die praktisch von den beiden Stadtmagazinen verknüpft wurden und dort ihren Widerhall fanden, waren die Motoren, die dann bis in die Politik hinein wirkten – durch so Bindeglieder wie Volker Hassemer, der Umwelt- und später Kultursenator war. Du hast mir vorhin erzählt, du gehst nachher zu Schwenkow – Peter Schwenkow war, glaub ich, schon damals in der CDU. Es gab immer so ein paar Leute, die Scharnierfunktionen hatten, aber eine einheitliche Schicht, die die Stadt führte, gab es in den 80ern nicht. Das sozialdemokratische Modell war am Ende, das christlich-demokratische baute sich gerade auf. Das 68er/70er ideologische Politikmodell war ebenfalls von gestern, es gab an vielen Stellen ein Vakuum.

Ich bezweifle auch, dass es heute eine Gesellschaft gibt. Diese komischen adeligen Tussis, die sich da mit irgendwelchen – im Westen hat man immer gesagt: Honoratioren – umgeben, repräsentieren irgendeinen zugereisten Geldadel, dieweil die Männer gerade die Friedrichstraße aufbauen oder mit irgendwelchen Fonds im Hintergrund irgendwelche Filetgrundstücke hochziehen. Deren Frauen ...

Sind gerade dabei, bei Escada Klamotten im Wert von 65.000 DM einzukaufen.

Rainer Bieling (*1950)

Der Dr. phil. brachte akademischen Glanz in die Chefetagen der Szene-Presse. Er zeigte, dass progressives Kulturverhalten nicht unbedingt im Nudelsalat- und Lambrusco-Sumpf wurzeln muss und dass Parka, Jeans und Jesuslatschen nicht alleiniger Ausweis anspruchsvoller Weltsicht zu sein hat. Sieben Jahre lang war Rainer Bieling verantwortlich für das West-Berliner Stadtmagazin Zitty, ging dann nach München zu Burda, um für ein Lifestyle-Magazin und das deutsche !Forbes zu arbeiten. Nach über sieben Jahren erfolgreicher Tätigkeit für »Guter Rat«, einem Verbrauchermagazin aus DDR-Tagen (»Ich hab die Auflage auf 250.000 steigern können« [Bieling]), hat er sich anschließend ein Jahr erfolglos für die Internet-Illustrierte vivi@n eingesetzt. Zu Zeiten des Gesprächs tüftelte er gerade an neuen Magazin-Konzepten.

... versuchen, so etwas wie eine Berliner Gesellschaft vorzuführen. Das ist wie ein Fettauge, das neben anderen schwimmt, aber in der Stadt nichts bewegt.

Deine »Honoratioren« musste man in West-Berlin auch mit der Lupe suchen.

Die gab es ja auch nie, die Stadt war dafür viel zu groß. Das ist eher ein Kleinstadtphänomen, oder passt in mittelgroße Städte. In München geht das gerade noch. Berlin ist für so etwas nicht der Typ von Stadt.

Du kamst, wie wir wissen, nach deinen Erfahrungen als Berliner nach München, der Antipode.

Das ist eine ziemlich andere Welt. Und diese beiden Pole Berlin–München, die »heimliche« und die »unheimliche« Hauptstadt gegeneinander auszuspielen, hatte durchaus seine Berechtigung. Ich habe München immer wegen seiner Andersartigkeit gemocht. Auch wegen dieser Bussi-Gesellschaft, die wir in Berlin nicht hatten und haben. Bussi-Gesellschaft hieß, die waren immer viel schnieker und feiner als wir hier in Berlin. Zum Beispiel dieser Blazer- und Goldkettchen-Look, der sich wie ein eindeutiges Erkennungsmerkmal durchzieht. Dieses Sich-untereinander-alle-kennen, was du in Berlin wegen der vielen verschiedenen Szenen nicht hast. In München ist es eine Szene. Dazu gehört auch der Adel, worin die Bunte ihre Aufgabe sah, das zu kommunizieren, während wir in Berlin nie Adel hatten. Ich hab den Enkel vom Kaiser kennen gelernt und zig andere Hohenzollern.

Irgendetwas urenkelmäßig Kaiserliches hatten wir auch in der Grunewalder Königsallee. In Berlin hieß es ganz früher: Biste ooch ›von‹? – Klar, Mutta weeß bloß nich von wem.

Die Hälfte meiner Münchener Bekannten war Hoch- und Alt- und Uradel, die alle irgendwo Hof hielten, bei »Käfer« speisten, bei »Schumanns« saßen, bei Sowieso ihre Schuhe kauften, und die Villa steht in Bogenhausen. Fürs Konsumverhalten gab es bestimmte Adressen, was man trug, war klar, wo man hin ging, war klar. Da waren Leute, die du kennen musstest, um auch in der Medienwelt weiterzukommen. Die Szene hatte klare Spielregeln, alles ein bisschen feiner als in Berlin. Sie war aber offen, man kam gut rein. Es wurde auch sehr viel mehr übers Geldausgeben geredet, was mir als Kontrast zu Berlin ganz sympathisch war. Da ich das erste Mal ein bisschen Geld verdiente, konnte ich etwas mithalten. Da wurde essen gegangen und auch mal eine Flasche Rotwein auf den Tisch gestellt – das kannte ich aus Berlin nicht. Hat mir prächtig gefallen. Aber mentale Anstöße kamen immer aus Berlin. Wir haben auch in München nur nach Berlin geguckt, da kam alles her.

Rotwein gab es in West-Berlin auch, allerdings nur glasweise ...

Ja, aber in München wurde auch mal ein Château geköpft oder Champagner geordert, einfach so. Das hat mir viel Spaß gemacht diese beiden Jahre, die ich da war, aber nach einer Weile ist das ermüdend. Impulse kommen da keine her. Du hattest zwar eine alternative Szene, aber die hatte in München nie was zu melden. Auch die Stadtmagazine haben da nie eine Rolle gespielt.

Bei Leuten, die in Berlin ein bisschen mitreden durften, galt eher das Understatement, abgewetzte Jeans als Leit-Outfit.

Die meisten hatten ja auch kein Geld! Um noch mal auf Schwenkow zu kommen: Er hatte ungefähr 1981/82 das Traumtheater Salome hergeholt. Das Zelt stand am Funkturm, wir waren zur Pressevorführung geladen. Schwenkow fuhr damals schon mit einem 500er Mercedes vor, ich fuhr so einen kleinen Honda und alle, die ich kannte, hatten auch nur solche Gurken. Was ich sagen will, Leute mit Geld, die mit einem dicken Schlitten vorfahren konnten, gab es praktisch nicht. Ich kannte ja Hinz und Kunz, aber Schwenkow war weit und breit der einzige, der so was hatte und das auch zeigte.

Nenn mir doch noch ein paar erfolgreiche Unternehmer von damals.

Kann ich nicht. Es war ja auch immer alles so kollektiv, Zitty war ebenfalls so kollektiv. Solange ich bei Zitty war, durfte ich nie Chefredakteur sein. Weil es ja keinen gab. Den gibt es erst seit zwei, drei Jahren. Der tip hat ja mal gehöhnt: Der im Impressum nicht ausgewiesene Chefredakteur Bieling. Holger Klotzbach, erst mit den Tornados, später mit der Bar jeder Vernunft, oder Irene Moessinger mit dem Tempodrom – das waren immer irgendwie Kollektive. Es gab in Berlin kaum diese Einzelkämpfer, Schwenkow ist da wirklich eine Ausnahme. Er war immer schon Schwenkow. Und war ja deswegen immer Hassobjekt, das darf man nicht vergessen. Er wurde sowohl im tip als auch bei uns pausenlos angepinkelt. Wir als Redakteure mussten das immer ein bisschen herunterholen, weil ihn unsere Autoren bei jeder Gelegenheit, die sich ihnen bot, anpinkeln mussten. Den konnte keiner leiden. Vielleicht weil er eben allein was gemacht hat. Das passte nicht ins Bild. Auch beim tip war es der Stemmler, aber man wusste, dass es da noch den Pflüger gab. Es war ein Tandem. Es gab immer Einzelne wie Monika Döring, oder den Plattenproduzenten Burkhard Seiler vom Label Zensor. Die wurzelten aber immer irgendwie in irgendwelchen Milieus, tanzten praktisch nie mit einer Solo-Performance aus der Reihe. Das war nicht üblich. Das war 68er/70er Geist, ganz typisch für die 80er Jahre. Auch die taz war so eine diffuse Gründung, die haben auch nie Chefredakteure gehabt. Das war alles typisch Berlin.

Heute ist Emotionalisierung das Zauberwort. Also: Welche Gefühle verbindest du mit dem Begriff West-Berlin?

Positive. Es ist positiv besetzt. Aber nicht, dass ich mich danach zurücksehne, auf gar keinen Fall. Ich finde, wir haben aus dieser West-Berliner Insellage toll was gemacht. Das Gefühl habe ich heute noch. Was wir in den 80er Jahren aus West-Berlin gemacht haben, hat die Stadt wieder richtig lebenswert gemacht. Auch für uns. Ich hab es ja erst mal um meinetwillen gemacht, denn das Berlin, in dem ich groß geworden bin, war tatsächlich eng. Auch diese Zuspitzung der APO damals kam daher, dass Berlin eine ganz engstirnige verknöcherte Stadt war, wo du sofort eins auf die Schnauze gekriegt hast: Geh doch rüber! Auch was die langen Haare betraf – da musstest du gar nicht links sein, um Ärger zu kriegen. Das Berlin, in dem ich groß geworden bin, war eine sehr enge unangenehme Stadt und ist erst '67/'68/'69 durch die APO sehr radikal aufgebrochen worden. Das hat sich dann in den 70er Jahren verästelt in weiß ich was alles, Terrorismus, »Deutschland im Herbst«, etc. Aber die 80er Jahre waren die schönsten Jahre, wie ich finde. Nicht nur in meiner Erinnerung, ich glaube auch für West-Berlin insgesamt, weil der ideologische Schub durch war. Mein Ziel bei Zitty war es, diese Entideologisierung weiterzubringen, alternative, innovative, avantgardistische Kulturformen zu fördern. In den 80ern blühten viele Pflänzchen des Experiments, des Probierens, des Aufbruchs, die heute noch weiterwachsen. Wir haben uns ja immer mit New York gemessen, und ich sage heute: Völlig zu Recht! Die beiden Städte hatten was Ähnliches, das Hemdsärmelige, das Ruppige. Da war auch immer nicht so viel Geld. Ich war ja öfter drüben und habe gesehen, wie die Leute gelebt haben. Genau wie hier in lausigen Lofts, weil sie kein Geld hatten. Also was die kulturellen Szenen angeht, sind die Städte durchaus zu vergleichen, auch wenn New York natürlich sehr viel größer ist.

Wie hat sich West-Berlin definiert? Über seine Politik, seine Wirtschaft oder wie sonst?

Ich glaube, es gab zwei Definitionen. Es gab die offizielle, die auch immer stimmte, und die auch immer eine große Ausstrahlung hatte auf die DDR mit Hilfe des RIAS, der ja überall im Osten gehört wurde. »Eine freie Stimme der freien Welt.« Dazu gab es eine zweite Schicht, die Alternativkultur, die den Ruf und die Funktion Berlins im letzten Jahrzehnt, als es noch eine Insel war, ausgemacht hat. Ich würde beides gleichberechtigt nebeneinander stellen. Das eine kam von unten, das andere war von oben vorgegeben.

Wirtschaftlich hat West-Berlin nie eine Bedeutung gehabt, weil es ja immer ausgenutzt wurde. Das haben wir doch gesehen: Kaum wurden die Subventionen gestrichen, fielen die Berlin-Zulagen weg. Da waren viele plötzlich verschwunden. Im Westen ist West-Berlin der einzige Verlierer der Grenzöffnung. Wirtschaftlich hat sich Berlin nicht erholt, und diese erstarrte Stadtregierung hat auch nichts in der Richtung bewegt. Wenn ich sehe, was andere Bundesländer in der gleichen Zeit versucht haben, bis hin zu einem neuen Land wie Sachsen, wo beispielsweise VW die gläserne Fabrik gebaut hat – da ist ja hier tote Hose. Politik und Wirtschaftspolitik hat es in den 90er Jahren erkennbar nicht gegeben. Das, was sichtbar ist, kommt doch nicht aus der Stadt aufgrund von Wirtschaftspolitik oder Ansiedlung von Wirtschaft, sondern wegen internationaler Investoren, die sagen, da bauen wir was. Wegen des alten Berlin-Nimbus. Sonst wäre das nicht so gekommen. Auch dass man damals gleich mit der Friedrichstraße angefangen hat, die ja in unserer Wahrnehmung tot war. Das hat mit einem Berlin-Mythos zu tun, der nicht aus den 70er oder 80er Jahren stammt, sondern sehr viel älter ist, eher aus den 20ern stammt und heute wieder wirksam geworden ist.

Habt ihr euch bei Zitty um Ost-Berlin gekümmert?

Wir haben es immer im Blatt gehabt, wenngleich mehr oder weniger alibihaft. Wir hatten immer eine Doppelseite VEB-Kultur, die damals Konrad Beck gemacht hat. Wir waren heilfroh, dass wir da einen »Dummen« gefunden hatten, der uns das gemacht hat. Bestimmte Kreise haben das Angebot dankbar angenommen. Meine eigene Mutter, die viel drüben war, hat sich daran orientiert, ist ins Theater gegangen, hat sich Ausstellungen angeguckt. Außerdem haben wir immer mal wieder Geschichten über den Osten gebracht. Aber erst ab Mitte der 80er Jahre, als die Prenzlberg-Szene anfing mit ihren Dichtern und Punks. Wir haben Reportagen über die DDR gemacht mit den üblichen Schwierigkeiten beim Beschaffen von Reisegenehmigungen, wir bemühten uns, offiziell recherchieren zu dürfen. Wir mussten wie alle rüberfahren ins Außenministerium ...

Abt. Journalistische Dienstleistungen.

... haben da mit so einem Vogel verhandelt und daraufhin dann einen Reporter drüben gehabt, der Wachhunde an die Seite bekam. Die DDR hat's uns schwergemacht und versucht uns zu vergraulen. Wie gesagt, wir haben das seit Beginn der Prenzlauer-Berg-Szene intensiviert. Ich war dann auch mal drüben, hab den Sascha »Arschloch« sehr früh kennen gelernt und mit ihm verhandelt. Deswegen gibt es über mich sicher auch ein Dossier.

Es gab ja hier in Berlin den Merve-Verlag, der hatte immer besonders avantgardistische Texte, Baudrillard und Vergleichbares. Als wir zu Sascha Anderson kamen, hatte der die neuesten Merve-Bände auf dem Tisch liegen, auch die neue Zitty hatte er schon. Die hatten wir ihm zwar auch mit reingeschmuggelt, aber das wäre gar nicht nötig gewesen.

Es gab Kontakte zur Umwelt-Bewegung, zur späteren Umweltbibliothek und zum Neuen Forum. Aber Ost-Berlin spielte bei Zitty keine zentrale Rolle. Wir haben mehr über New York oder London berichtet als über Ost-Berlin.

Hattest du mal einen Mauerkoller?

Ich als Berliner? Ich hab nie einen gehabt. Die Zugereisten, die Wessis, hatten das öfter. Die haben das aufgelöst, indem sie einfach mal nach Hause gefahren sind. Den Ausdruck Wessis und Zonis haben wir ja mal geprägt, nicht? Das war Sprachgebrauch in den 80er Jahren. Wessis waren die Schwaben, egal, wo die auch immer herkamen, und Zonis waren die von drüben.

Die, die wir hier groß geworden sind, wussten, wenn du weg wolltest, musstest du verreisen. Einfach mal wegfahren ging nicht. Du musstest ja immer wenigstens 180 Kilometer durch die »Zone«. Berlin ist – Gott sei Dank – sehr groß, sonst hätten wir das Eingemauertsein nicht geschafft.

Ein paar West-Berlin Highlights aus deiner Sicht?

Etwas, merkwürdigerweise, was für mich mit am wichtigsten ist, was mir am meisten Spaß gemacht und mich beschäftigt hat, waren zwei Sachen: die Musikszene in der Stadt und auch die Kunst. Die Neue Deutsche Welle etwa, die ja nicht allein hier entstanden ist, aber hier eine starke Hochburg hatte mit Ideal, mit den Neonbabys, etc. – das Verblüffende für mich ist dabei, dass das keine Nachhaltigkeit hatte. Dass der einzige für mich erkennbare Ansatz, der anglo-amerikanischen Popmusik ein deutsches Pendant an die Seite zu stellen, nicht etwa einen Konfrontationskurs zu steuern, dass das am Ende der 80er Jahre so völlig spurlos versandet ist. Auch das Avantgardistische, das streckenweise dabei transportiert wurde, ist ja weitgehend verschwunden. Damit einher ging doch der spielerische Umgang mit der deutschen Sprache, Läden hießen etwa ›Stilbruch‹, Gruppen hießen Geile Tiere, Mythen in Tüten, Berliner Ring usw.

Mein Lieblingsname war immer Tödliche Doris!

Ja, oder die Einstürzenden Neubauten. Dagegen diese Anglizismenflut, die in den 90er Jahren auch durch das Internet, die New Economy und die Börse über uns hereinbrach bis hin zu vivi@n, eine Zeitschrift, die keine einzige deutschsprachige Rubrikenüberschrift hatte, selbst die Gesundheitsseiten hießen Body & Soul oder so ähnlich. Die Neue Deutsche Welle war für mich auch der Versuch, das Deutsche neben dem Englischen als eine verkehrsfähige Sprache zu etablieren. Der ist so gnadenlos gescheitert, dass heute deutschsprachig entweder nur als Haddewadde-du-de-da, also als Ulknummer daherkommt ...

Oder in Form von Rap-Imitaten.

Ja, dann ist schon Schluss. Auch in der Alltags- oder Szenesprache ist alles anglifiziert worden. Für mich war das hier in den 80er Jahren – die Musik, der Sprachwitz – eine Gegenbewegung, die wirkungslos geblieben ist.

Was ich außerordentlich bedauere und was ich mir eigentlich nicht erklären kann. Ich halte das aber noch immer für eine starke eigene Leistung, an der Berlin maßgeblich beteiligt war. Was mich damals noch bewegt hat, war die Malerei, die Kunstszene fand ich außerordentlich anregend, von da ist vielleicht noch am meisten geblieben. Ich kenn mich in der heutigen Kunstszene nicht so aus, aber ich könnte mir vorstellen, dass die Impulse, die damals aus Berlin kamen, auch woanders Wirkung zeigten. Es war ja alles immer »neu« – Neue Welle, Neue Wilde usw.

Ansonsten bin ich froh, dass West-Berlin vorbei ist, bin froh, dass wir offen sind, möchte das alte West-Berlin keine Minute zurückhaben.

Warum hatten wir nie Angst in West-Berlin?

Weil die Amerikaner hier waren. Das Haus, in dem ich wohne, ist das Haus meiner Eltern. Mein Vater hat das Grundstück 1962 gekauft. Und warum hat er es gekauft? Er hat gesagt, wo der Amerikaner ist, ist nicht der Russe. Und die Amerikaner gehen nicht weg, also kaufen wir das Grundstück. Grundstücke waren nach dem Mauerbau spottbillig, sonst hätten sich meine Eltern nie ein Grundstück leisten können. 10.000 Angebote waren auf dem Markt. Seitdem habe ich dieses Gottvertrauen von meinem Vater: Solange der Amerikaner hier ist, brauchst du vor nichts und niemandem Angst zu haben. Durch die Kuba-Krise war klar, jetzt ist Schluss, es werden keine Eskapaden seitens der Russen mehr zugelassen. Das war auch Chruschtschow klar, deshalb hat er die Mauer ausbauen lassen nach dem Motto: Dann stellen wir West-Berlin eben ruhig. Und damit blieb dieser Bereich bis '89 ja auch ruhig gestellt. Und hätten sich die Russen das hier in den 80er Jahren geschnappt, sie hätten sich so viel Unruhe ins Land geholt. Aber die waren ja viel zu sehr mit sich selber beschäftigt.

Rainer Bieling – West-Berlin dankt dir für dieses Gespräch!

West-Berlin – das Gegenprogramm zur guten Kinderstube

Matthias Matussek über Ehrenrunden im Knast, Charlottenburger Spätaufsteher, Setzkasten-Jokes, agile Teppichhändler, rechtsfreie Situationen, Überlebensregeln, Ansaugmilieus, Heroin und Bier, Realitätsprinzipien; über dumpfe Stadtindianer, Tütenkleber, Promoter Landowsky, den fehlenden Mittelbau, FU-Prägungen, Kapitalkurse, Theater-Genies, Diskussionskulturen, Kultfiguren, Grenzer-Sekt und West-Verdruss.

Gesprächsdatum: 27.7.2001

Olaf Leitner: Auch du bist kein Berliner ...

Matthias Matussek: Kein Berliner ist Berliner. Außer dir. Die Berliner, die ich sonst kenne, sind alle aus Westdeutschland geflüchtet, um sich vor dem Bund zu drücken. Wie ich.

Und nicht die berühmte Klassenreise nach Berlin?

Nein, aber mit meinen Eltern war ich mal hier. Die sind Berliner. Ich bin Ruhrpott, gemütlich und naiv.

Gemütlich bist du, okay, aber naiv ... (Lacht.)

Doch! Auch ein bisschen naiv. Trotz all der wahnsinnig klugen Sachen, die ich schreibe.

Ich bin also '71 nach Berlin gekommen, hab mich polizeilich angemeldet, und dann bin ich mal anderthalb Jahre durch die Welt gefahren, nach Indien und Nepal. In Indien habe ich, als alter Kiffer, für zwei Monate eine Ehrenrunde im Knast gedreht und dann habe ich mich '73/'74 ganz in Berlin niedergelassen. '77/'78 bin ich zur Münchener Journalistenschule gekommen, und ging danach nach Berlin zurück, habe hier geheiratet und bin zuerst zum Abend und dann '79/'80 zum tip gegangen.

Weshalb hat der Abend Pleite gemacht? Dadurch, dass er, wie der Name sagt, mittags herauskam, standen schon Sachen im Blatt, die die anderen Zeitungen erst am nächsten Tag bringen konnten. Die Kritiken von Premieren und Abendveranstaltungen beispielsweise.

Das hing vermutlich mit der Veränderung in Berlin zusammen. Der Abend war eine liberale Mittagszeitung und wurde von den Charlottenburger Spätaufstehern im Café Bleibtreu gelesen – morgens um 11. Die Auflage schrumpfte und war hinterher bei 40.000. Das Publikum brach weg. Die Linken lasen die taz, die wurde ja dann irgendwann gegründet, und die Rechten haben die B.Z. sowieso nicht aus der Hand gelegt.

Und die Mitte war älter geworden und las den Tagesspiegel.

Wahrscheinlich. Wenn wir morgens um sechs in der Gasse standen und die Überschriften gemacht haben, »Tod oder Hühnchen« war eine der gelungeneren, für die es immer zehn Pfennige gab, also, wir vom Feuilleton haben da so rumgesponnen. Die Setzer, die waren nach dem dritten Bier gut gelaunt, die mussten Überschriften bauen, die gab es gar nicht im Setzkasten. Wir haben die absurdesten Zeilen erfunden. Das hat richtig Spaß gemacht, das hatte richtig Swing. Aber es war nur noch ein Inside-Joke. Und dann kam einer dieser typischen Glücksritter, von denen Berlin ja wimmelt – denk an die Affäre um den Steglitzer Kreisel und diese Sachen. Oder den Mann, der für eine Mark eine Bäckerei-Kette gekauft hat. Solche Typen gab es eben in Berlin. Der hat den Abend dann übernommen.

Sabet – ährrlische Preise! Der hieß doch Sabet?! Ganz Berlin amüsierte sich über die Fernsehwerbung für seine Teppichbude.

Genau. Verkäufer von Teppichböden scheinen in dieser Stadt sowieso eine unangemessen große Rolle zu spielen, denk an den Steffel von der CDU. Auf jeden Fall ist dieser Sabet mit dem Abend umgezogen in Richtung Tauentzien, mondäne, weniger verschimmelte Büros, aber alles nur scheingesund, denn ein halbes Jahr später war der Abend tot.

Du hast dich mal einer ›Sammlungsbewegung‹ zugunsten West-Berlins angeschlossen?

Ja. Als Kind bin ich tatsächlich mit der Sammelbüchse rumgelaufen, und habe das Brandenburger-Tor-Abzeichen verkauft: »Macht das Tor auf«. Da siehst du mal, wie verführbar man ist.

Ein Abzeichen, das sie einem auf der Transitstrecke vom Revers gerissen haben.

Genau! Zehn Pfennig das Stück, glaube ich. Das war die Begegnung mit diesem ganzen beklemmenden politischen Kalter-Krieg-und Frontstadt-Komplex, die armen Brüder und Schwestern in der Zone, und so weiter. Aber als ich das erste Mal tatsächlich nach Berlin kam, mit sechzehn, als Tramper, war das schon sowas wie eine karibische Insel. Da hast du das Kribbeln im Bauch gehabt, da hast du das Abenteuer gespürt. Berlin war ohne Zweifel die abenteuerlichste deutsche Stadt. Das war jenseits aller Erfahrungen, wie Rio, wo ich jetzt wohne. Du kommst in eine Gesellschaft rein, deren Spielregeln auf den ersten Blick völlig chaotisch sind. West-Berlin war eine rechtsfreie Situation. Das war das Gegenprogramm zur guten Kinderstube.

Hatte West-Berlin denn Spielregeln?

Ja, aber die waren albern. Das waren Pop-Spielregeln. Klar, man zog sich in einer bestimmten Art an, man ging in bestimmte Lokale, mied andere Lokalitäten. Zum Beispiel der Stamm der Eierschalen-Besucher – der war der Gegner. Das waren die BWL-Studenten mit hochgekrempelten Ärmeln und Dixieland-Musik. Ich will nicht sagen, dass das jetzt direkt faschistisch war, aber zumindest reaktionär in unseren Augen. *(Lacht.)* Wir hatten ja alle ein sehr einfaches Weltbild.

Wir reden jetzt von welcher Zeit?

Ich meine die frühen 70er Jahre. Und die Spielregeln bezogen sich auf zwei Kernpunkte: Glaubst du an die Mao-Bibel oder glaubst du nicht daran, trägst du Jeans oder trägst du keine Jeans. Das war ziemlich einfach. In Rio ist das etwas komplizierter, weil

Matthias Matussek (*1954)

Der Kisch-Preisträger schrieb in West-Berlin erst für den Abend. Danach für das tip-Magazin, bevor er zum stern und von da aus zum SPIEGEL wechselte. Als dessen Sonderkorrespondent berichtete er aus dem Ost-Berliner Palast-Hotel über den Fall der Mauer. Er leitete das New Yorker Büro des Hamburger Nachrichtenmagazins und ist jetzt dessen Lateinamerika-Korrespondent. Matussek fasste viele seiner Reportagen in Büchern zusammen, schrieb Erzählungen, Essays und den Roman »Rupert oder die Kunst des Verlierens«.

das eine viel durchwachsenere Gesellschaft ist. Das Faszinierende an Rio, aber auch wieder ähnlich wie Berlin, ist diese enorme Absorbtionsfähigkeit von Rassen und Ethnien. Es gibt ja in Brasilien 78 verschiedene Bezeichnungen für Hauttöne. Daran merkt man, dass das Konzept von Weiß und Schwarz schwachsinnig ist. Damit kommt man nicht weiter. Rein arithmetisch. Das ist eine Gesellschaft, in der die Übergänge so fließend sind, und in der auch die Klassen wie die Finger zweier Hände sehr ineinander verschränkt sind. Die Favela wächst sozusagen in den Gegenden des Mittelstandes, wie Zungen bohren die sich rein. Es ist ein unglaublicher Hexenkessel, sehr absorbtionsfähig. Und sehr tolerant. Man kennt in Brasilien den »jeito«, also den Kompromiss, den Weg drumherum, die sehr gedehnte Regelauslegung. So war es eigentlich in Berlin auch. Das war die absolute Permissivität, die große Schule der Improvisation. Das hatten sich die in West-Berlin verantwortlichen Politiker nicht gedacht, dass die Stadt zum Magneten für diese ungezogene Chaotenbande werden würde.

Aber sie haben es nicht verhindert.

Es war natürlich eine Stimmung, in der das Establishment schon langsam aufgeweicht wurde. Es waren nicht mehr die Pickelhauben. Schließlich hatten selbst die Polizisten aus Neukölln Kinder, die kifften oder gegen den US-Imperialismus demonstrierten. Ich bin drei Jahre nach den Schüssen auf Rudi Duschke hierher gekommen, und ich glaube, da hatte das äußerst verunsicherte Establishment gemerkt, dass es einen Fehler gemacht hatte, denn so eine Bewegung lässt sich nicht durch ein paar Polizisten bremsen.

Was mich bei West-Berlin sofort anspringt, ist das Symbol »Insel«, »Insulaner«. Eine Insel ist seit Robinson Crusoe immer ein besonderer Lebensort, abgekoppelt von der übrigen Welt. Thomas Morus' Utopia ist eine Insel. Der Ort, wo diese erstrebenswerte neue Welt erfunden wird. Wo neue Regeln probiert werden. Wir haben auch dauernd neue Regeln erfunden, um hier zu überleben. Den

Sprung auf die Insel West-Berlin haben einige geschafft, andere sind untergegangen.

Du warst als Korrespondent ja auch in New York. Berlin hat es gern gehört, wenn man es mit New York verglichen hat.

Auch Manhattan ist ja eine Insel, buchstäblich, übrigens aus lauter Dörfern aneinander genäht. Lauter *neighbourhoods.* Auf der Columbia Street Ecke 68ste, auf der Westside, wo wir gewohnt haben, das war eine *neighbourhood*, drei Straßenzüge breit. Die East Side, wieder anders, oder die Boheme in Soho, im Village, die Banker unten, Little China, Little Italy. Die haben sich da wie Siedlungen bestimmter Stämme festgehalten. In Berlin war es ähnlich. Ganz naturgemäß sind wir von Schöneberg oder Charlottenburg und nicht von Rudow oder Reinickendorf angesaugt worden. Es war ein bestimmtes Milieu, in dem wir gelebt haben. Wir waren ja beide beim tip und haben da ja in dem Milieu auch eine besondere Rolle gespielt. Wir waren ja so etwas wie *opinion leader*, haben schon so eine Art von Deutungshoheit gehabt für unseren Stamm, der links und jung und intelligent war. Das war unser Lebensbereich. Ich weiß nicht, wie das heute ist, aber ich glaube, das hat sich ein bisschen geändert.

Der Unterschied bestand darin, dass du in New York kämpfen musstest, um zu überleben und in Berlin nicht unbedingt. In Berlin konntest du dir Wege ausdenken, um an Staatsknete oder bestimmte *goodies* ranzukommen. New York ist eine funktionierende Stadt, West-Berlin war ein subventioniertes Biotop. Was ähnlich war, war die Off- oder Off-Off-Szene, Es gab in Berlin einfach die interessanteren Menschen als in anderen deutschen Städten. Das muss man schon sagen. Und so ist es auch in New York, das ist auch ein Magnet. Oder ein Saugnapf. Zieht halt Talente an. In New York wusste aber jeder, er muss arbeiten, wenn er nicht verhungern will. In Berlin war das nicht gegeben. Dadurch wurden natürlich auch ein Haufen Kindsköpfe angezogen.

Die frühen 70er Jahre – das war wie ein unaufgeräumtes Kinderzimmer. Da hat man sich ausgetobt. Die späteren 70er Jahre habe ich als unheimlich deprimierend in Erinnerung. Ich bin schnell in die Drogenszene reingekommen, wie hieß das da in der Nähe vom Nollendorfplatz ... Slumberland?

Ja.

Da hast du Heroin wie Bier bekommen. Und da kamen beide Sachen zusammen. Der Spät-Sechziger-Jahre-Hippie-Sexappeal war vorbei, da ging es nun politisch beinhart zur Sache. Auf der einen Seite also diese unglaubliche Radikalisierung, Dogmatisierung und Versteinerung und auf der anderen Seite dieses Abtauchen in den Drogentaumel, in den Harte-Drogen-Taumel. Ich kann mich noch erinnern, während der Schleyer-Entführung habe ich irgendwo am Mehringdamm gewohnt und habe so ein Daytime-Job gehabt, hab bei irgend so einem Radiofritzen im Laden rumgesessen und Kassetten verkauft und die Bild-Zeitung mit der Schleyer-Schlagzeile gelesen ... Es war kalt, und es war grau, und es war gehässig, die Steine haben weh getan, es war alles kantig, die Stadt gab einem wirklich ein ganz böses Gefühl. Das blieb einem in den Klamotten hängen. Das wurde man nicht mehr los. Die Party war over, plötzlich. Mit dieser Schleyer-Schlagzeile. Das Realitätsprinzip klinkte sich ein. Was da gemacht wurde, war Scheiße.

Also das war zu viel – obwohl Schleyer ja unter Linken eine Hassfigur war?

Ich hatte wahrscheinlich auch keine große Sympathie für ihn, aber allein schon dieses Bild von diesem Menschen – man hat das Menschliche gesehen. Man hat diesen Menschen abgebildet gesehen. Man wusste, dass die RAF den Kampf natürlich nie gewinnen wird, vielleicht hat man sogar insgeheim gehofft, dass sie ihn nicht gewinnen wird. Jeder von uns hatte ja irgendwie mit diesen Sympathisanten-Zirkeln zu tun gehabt, und das waren später meistens Hohlköpfe, so merkwürdig dumpfe Stadtindianer, die immer die gleiche Litanei heruntergebetet haben und auch begrifflich nie weiter gedacht haben.

Es gab eine Zeit, und da schließe ich die frühen 70er Jahre mit ein, da war links einfach das intelligentere Konzept. Da ist besser nachgedacht worden als auf der rechten Seite. Da war man kreativer. Aber irgendwann haben die anderen Leute die Oberhand gewonnen. Die Dummen, die Gewaltmeier. Da wurde nicht mehr nachgedacht. Was uns ja immer an der Linken fasziniert hat, war deren Intellektualität. Die Biegsamkeit der Argumente, das kühne Denken. Das war nun alles tot. Da war nur noch dieses verschwommene Bild von Schleyer in der Zeitung und dieser merkwürdige Bekennerbrief – da war's vorbei.

Ging da irgendwie ein Ruck durch das linke politische Lager oder waren das deine ureigenen Empfindungen?

Weißt du, ich war immer ein Einzelgänger. Ich hab zwar viel in Wohngemeinschaften gelebt, aber ganz hinein gepasst habe ich nie. Ich habe ein ironisches Verhältnis zur Welt, und zur Szene sowieso, und im Georg-von-Rauch-Haus war ich eben nicht zu Hause. Das fand ich allenfalls noch unter sozialpathologischen Aspekten interessant. Ich habe Gedichte geschrieben und viel gekifft, und dann bin ich auch rein geografisch auf Außenposten gegangen, bin nach Neukölln gezogen, ein Zimmer, vierter Stock, Klo auf der Treppe. Kachelofen, ich habe mich eingebunkert und war ziemlich verzweifelt.

Als ich nach Berlin gekommen bin, da gab es diese WG in der Schöneberger Pallasstraße, wir waren alle 19 und unverschämt und schön. Da wohnten eine Hippie-Prinzessin und ihr Freund. Heute sind das zahnlose alte drogensüchtige Methadon-Empfänger. Im Durchgangszimmer, dem typischen »Berliner Zimmer«, war ein Podest zusammengenagelt, wo man sich abends versammelte. Da saß immer einer rum, den nannten wir den Pavian, der über und über mit Haaren zugewachsen war. Der saß da nur still und hat meist irgendwelche Tüten gebastelt und war irgendwann von dem Orientteppich, auf dem er saß, nicht mehr zu unterscheiden. Der versteinerte so langsam. Solche Typen gab es da. Freaks wie aus einem Tarrantino-Film.

Wie hattest du da hingefunden?

Ich war in Stuttgart, da drückte mir einer 'ne Adresse in die Hand und sagte, das ist eine coole WG, so ging das damals. Das hast du dann gemacht. Und dann bist du auch da hängen geblieben. Wenn es da zu voll wurde, bist du in eine andere WG gezogen. Eine war in der Eisenacher Straße, da konntest du auch ein paar Nächte pennen. Das war sehr mobil, damals. Wir und meine Freunde aus Stuttgart sind ja eben nach Berlin gekommen, um uns vor dem Bund zu drücken. Ich hatte mich in der Wohnung eines Junkies eingefunden, eine Ein-Zimmer-Wohnung am Spandauer Damm, da waren schon 16 andere Leute gemeldet. Das ging alles. Das war verrückt. *(Lacht.)*

Berlin war ja dankbar, junge Leute zu bekommen.

Aber nicht diese! Diese nicht!! Mit dieser Szene wollten sie nichts zu tun haben. Erst zwanzig Jahre später. Das Verrückte ist ja, dass ein Rechter wie Landowsky, mit dem ich in den letzten Jahren gern Tennis gespielt habe, plötzlich einer der großen Promoter für die Love Parade geworden ist. Weil er diesen Werbeeffekt gespürt hat. Und den wichtigen Verjüngungseffekt, den Berlin schon immer brauchte.

Hat das Durchlüften der Stadt Berlin ab 1989 gut getan?

Ich glaube ja. Ich war vehement für Berlin als Hauptstadt. Ich war für den Zuzug von Beamten, von Kaufleuten, von normalem

Bürgertum. Das, was Berlin damals ausgezeichnet hatte, war ja, dass es keine funktionierende bürgerliche Kultur gab. Es gab die Malocher-Szene, und es gab die unverantwortliche Jugendszene. Aber es fehlte der Mittelbau. Ich bin ja dann irgendwann nach Hamburg zum stern gegangen und habe festgestellt, Hamburg war eine völlig andere Stadt. Hamburg war gesund. Es war für mich wie ein Sanatorium. Es funktionierte alles, es hatte Regeln. Die Parks sahen sauber aus, die Leute haben über die ernsten Dinge des Lebens gesprochen. Nicht über Ideen, wie man leben könnte. Nicht über Utopien. Nicht über irgendwelche Übersteigerungen, sondern es ging darum, den Alltag zu meistern. Und das war sehr wohltuend.

Das hat dir offenbar gut getan.

Ja, denn ich war sehr gefährdet in Berlin. Ich war einer derjenigen, die im Grunde genommen mit dieser Freiheit nicht viel anfangen konnten. Ich hab kein tolles Buch geschrieben, keine Oper komponiert – ich bin wirklich durchgefallen. Dass ich da rausgekommen bin, hängt sicher auch mit meiner ziemlich konservativen Erziehung zusammen. Mit meinem Vater, der sehr katholisch und sehr leistungsbewusst war, und der mir Dinge mitgegeben hat, die mich dann hinterher gerettet haben. Bei mir gibt es immer das Misstrauen vor der Dummheit. Als ich merkte, dass die Szene dumm wurde, war ich sehr schnell isoliert.

Nein, ich war in Berlin sehr gefährdet. Es gab robustere Naturen, die aus der Stadt sehr viel herausgeholt haben. Als ich den Job beim Abend oder darauf beim tip hatte, war das dann auch wieder etwas anderes. Bin morgens aufgestanden und abends müde ins Bett gefallen. Aber das Nur-vor-sich-hin-Studieren war heikel.

Obwohl ich an der FU wichtige Prägungen bekommen habe, das Expressionismus-Seminar von Schuhmacher, die Kafka-Vorlesung von Wilhelm Emrich, oder das Adorno-Seminar mit Lypp und Lenk damals ... meine Crux war, dass mich nur die Sachen interessierten, die man für den Lehrer-Beruf nicht braucht, und Lehrer wollte ich ja eigentlich werden. Ich hab zwar meine Zwischenprüfung gemacht, aber es dann sein lassen. Gott sei Dank. Die armen Schüler ...

Was hast du studiert? Germanistik vermutlich?

Ich wollte ziemlich früh schon Journalist werden, habe Publizistik studiert, und dann war der Hörsaal mit 300 Leuten voll und wir sollten die Pressegesetze von 1945 auswendig lernen. Der Kapitalkurs am OSI (Otto-Suhr-Institut, O. L.) war damals noch obligatorisch. Ich hab dann gewechselt, um irgendwas Vernünftiges zu machen, eben Lehrer. Wenn ich nicht auf die Journalistenschule in München gekommen wäre, ich weiß nicht, was aus mir geworden wäre. Für mich war das ein Glücksfall. Ich kam plötzlich in einen Schulbetrieb hinein und musste nicht über Regeln nachdenken, die gab es nämlich schon. Und das hat mich irgendwie gerettet.

Warum haben sich Hamburger Medien wie der SPIEGEL oder der stern aus dem Fundus Berliner Journalisten etwa von taz, tip oder auch Tagesspiegel, bedient? Die hatten doch ihre eigenen Ausbildungsstätten, um für sich Leute zu rekrutieren.

Da siehst du es – ich glaube, dass die Leute, die in Berlin waren, *(Lacht.)* irgendwie überraschender gedacht haben. Du hast Recht mit der Beobachtung. Hier waren die ungewöhnlicheren, regelfreieren Schreiber.

Welche herausragenden Persönlichkeiten aus dem alten West-Berlin kannst du nennen?

(Lange Pause.)

Ich hatte ja sehr viel mit dem Theater zu tun. Neuenfels war eine wichtige Figur, Peter Zadek. Mit seinem »Bunbury« ist er an der Freien Volksbühne ausgepfiffen worden, der lag ideologisch immer daneben. Kurt Hübner, eine ganz wichtige Figur. Ein toller Mensch. Ich wohnte zwei Häuser von ihm entfernt und war öfter bei ihm. Es hat Berlin auch sicher gut getan, dass hier das Theatertreffen stattfand.

Peter Stein nennst du nicht?

Naja – verrückt, dass ich den nicht nenne! Peter Stein und Berlin. Hast völlig recht. Wenn es für mich persönlich einen gegeben hat, der mir klargemacht hat, was Theater sein kann, nämlich eine Genauigkeit im Nachdenken und eine unglaubliche Kreativität und ein Zauber, eine Anmut – dann ist es Peter Stein. Ich verehre Peter Stein bis heute. Ich finde, dass er, das kannst du ja beobachten, seit zehn, fünfzehn Jahren völlig ungerechtfertigt verdroschen wird. Und er ist einer der größten Künstler des deutschen Theaters. Ich bin mit Peter Zadek befreundet, und Zadek mag ihn überhaupt nicht. Aber ich halte ihn für ganz bedeutend. »Die Sommergäste«, mein Gott, wir sind aus der Aufführung gekommen, haben uns »Die Sommergäste« als Reclam-Heft besorgt und haben die zu Hause nachgespielt.

Wer ist wir?

Freunde. Wir haben uns immer wieder reihum getroffen, um die »Sommergäste« zu spielen! Jeder hat jedesmal eine andere Rolle gespielt. So toll war die Inszenierung.

Peter Stein ist in diesem Buch auch vertreten. Wir haben eine Publikums-Diskussion über die Orestie dokumentiert. Es ist sicher nicht sehr leserfreundlich.

Das ist toll! Ilse Ritter hat mir mal von der Arbeit mit Stein erzählt. Er muß sehr anstrengend gewesen sein. Er hat auf einem sehr hohen Niveau diskutiert und war natürlich hochfahrend, hybrid. In Stein kommen verschiedene Kulturen zusammen. Eine davon ist die typische Berliner Diskussionskultur: Das bessere Argument sticht. Andere prügeln sich in der Kneipe, und die haben sich eben über den Kopf auseinander gesetzt. Das ist der Sexappeal des genauen Nachdenkens. Das hat Stein wie kaum ein anderer verkörpert.

Die Berliner Diskussionskultur – sie war offenbar nicht nur von Dogmatikern bestimmt, sondern auch von Toleranz und Flexibilität?

Zu gewisser Zeit ja! Aber sie war natürlich auch einschüchternd. Du musstest einen Begriffsapparat im Kopf haben, um überhaupt das Eintrittsticket für diese erlauchten Kreise zu bekommen. Du musstest schon Marx, die »Deutsche Ideologie«, Hegel, Kant, die kritische Theorie sowieso, das alles drauf haben. Es gab selbstverständlich auch die Kultur des Bluffs. Man hat ja gelernt und dann durchaus mal ein Leninzitat erfunden, wenn sich's angeboten hat: »Wie schon Lenin sagte ...«, *(Lacht.)* und du wusstest, mit dem Aufhänger, mit der Lokomotive, fährt dein Argument sicher durch bis ins Ziel. Das gab es. Aber es gab eben auch das, was Botho Strauß in »Paare, Passanten« schrieb: »Wie prächtig damals gedacht wurde«.

Apropos: Wer war für dich der wichtigste Dichter in der Stadt?

Ich würde sagen: Peter Schneider. Seinen »Lenz« habe ich als 22jähriger gelesen. Das war ja seine Abwendung von der Kopfkultur der Studentenbewegung hin zum Bauch. Es beginnt mit dieser wunderschönen Szene, wo er das Marx-Plakat, das seinem Bett gegenüber hängt, rumdreht, auf den Kopf stellt, damit das Gehirn abtropfen kann. Peter Schneider war enorm wichtig, und er ist mit seinen Romanen ja dem *genius loci* treu geblieben. Das sind ja Berlin-Geschichten. Auch jetzt, »Eduards Heimkehr«, der letzte Roman, spielt eben auch wieder im neuen Berlin. Ich halte ihn für einen ausgezeichneten Roman. Im Uni-Milieu war sicher Peter Szondi sehr wichtig, und sein Selbstmord hat ihn noch einmal mythisch erhöht.

Wie es damals hieß, im Halensee. Da entstehen Mythen. Eine Kultfigur. An-

hand diverser Bleistiftstriche konstatiere ich die erstaunliche Tatsache, dass ich »Das lyrische Drama des Fin de siècle« sogar gelesen haben muss. Aber mein Gedächtnis ...

Szondi hat damals das Gutachten über die Baader-Meinhof-Flugblätter gemacht. Ich glaube, im Kaufhausbrandstifter-Prozess. Er war eine wichtige Figur für die Linke, obwohl er gar keiner war. Sondern ein ausgezeichneter, im besten Sinne bürgerlich gebildeter Philologe.

Und im Rückblick: Die großen Kulturereignisse von Karajan bis zu den Festwochen und Festivals?

Das hat ein Schweinegeld gekostet, aber es war notwendig, um die Stadt immer wieder neu zu galvanisieren, sie immer wieder neu ins Gespräch zu bringen. Es gab diese Behauptung, unter der Berlin ziemlich geächzt hat, diese Welt-Stadt-Behauptung – und Berlin hatte ein Schaufenster nach Osten zu sein. Das war ja der politische Auftrag, den West-Berlin zu erfüllen hatte. Darum gab es eben enorme Anstrengungen, den Weltstadt-Anspruch irgendwie immer wieder neu zu legitimieren. Und wir haben natürlich davon profitiert. Jetzt sind die Karten anders verteilt, es läuft ein anderes Spiel. Es gibt keine Berlin-Zulagen mehr, dafür gibt es einen Solidaritätszuschlag. Und natürlich haben die Leute in Kreuzberg und Neukölln oder Rudow Recht, wenn sie sagen, die ganze Kohle fließt gen Osten, und uns geht es schlechter als vorher.

Die Wende hast du ja denn in Ost-Berlin mitgemacht. Warst du vorher schon mal ›drüben‹?

Ja, aber es war trostlos. Ich fand den Osten sehr deprimierend. Nur jede zweite Straßenlaterne funktionierte, die Stempel-Rituale, der Grenzübergang, ich fand das so unerfreulich, dass ich da selten hingegangen bin. Aber als dann die Mauer fiel, gab es von November bis Mai/Juni '90 eine interessante Phase: Das war eine absolut gesetzlose Zeit. Es war eine Wohltat, den Vopos den Finger zu zeigen. Und plötzlich fingen die an, die Hacken zusammenzuknallen. Ich war '87 ein paar Mal drüben, weil ich für den stern eine Geschichte über den Theaterregisseur Herbert König gemacht habe, der leider mittlerweile gestorben ist. Da hat man mich an der Grenze regelmäßig schmoren lassen. Die waren auch so humorlos. Einmal ging der Kofferraum hinten nicht auf, da habe ich gesagt, wahrscheinlich hält da jemand von innen zu. Das fanden sie überhaupt nicht komisch.

Immer auf's Schlimme!

Dafür durfte ich dann zwei Stunden länger warten. Und die, die dich jahrelang schikaniert haben, sitzen dann Sylvester 1989/90 da am Übergang Heinrich-Heine-Straße im Wachhäuschen und haben eine Pappnase auf und ein Sektglas in der Hand, so, als ob sie sagen wollten, war ja alles nicht so ernst gemeint. Wir wollten doch nur ein kleines bisschen Spaß machen. Unglaublich! Aber die Wendezeit war noch mal richtig Anarchie. Ich bin durch den Osten gepflügt wie ... wie Rambo. *(Lacht.)* Das hat Spaß gemacht.

Und wie kam es zum Hotelaufenthalt in Ost-Berlin?

Man wollte mich unbedingt in Berlin haben. Ich hatte ja diese Wahnsinnsgeschichte vom Erdbeben in San Francisco geschrieben und man sagte: Schön geschrieben (es waren, glaub ich, 40 Blatt, ein riesen Riemen!) aber drüben wackelt die Welt, und du bringst mir hier das Erdbeben von San Francisco. Rüber mit dir! Und da hab ich innerhalb von 24 Stunden den Koffer gepackt und mich dann im Palast-Hotel einquartiert und habe es dann zehn Monate lang nicht verlassen. Das war journalistisch gesehen eine tolle Zeit. Man hatte Themen in Hülle und Fülle. Es war natürlich auch toll zuzusehen, wie ein ganzer Kodex von Werten seine Gültigkeit verliert und erstmal eine Null-Situation da ist. So wie es bei uns nach dem Krieg gewesen sein muss. Währungsunion, das neue Geld. Die ersten DM-Scheine am Alex. Das war eine Schwarze Messe, ein Bacchanal, Blut floss, Sekt floss, die Leute küssten sich und erdrosselten sich gleichzeitig. Das war ein heidnisches Ritual. All das aus der Nähe zu sehen war großartig.

Sie haben so fleißig für die D-Mark gekämpft und was haben wir nun? Den Euro!

Ja, wieder von der Geschichte verarscht. – Und das war dann das Ende, das Ende von West-Berlin.

Hast du geahnt, dass da mal der große Katzenjammer kommen wird?

Den gab es damals schon. Was ich nicht verstanden habe, war, dass es schon im Dezember '89 im Osten Demonstrationen gegen Helmut Kohl gab. Kaum hatten sie die Bonzen aus Wandlitz rausgejagt, drehte sich der Verdruss. Die sagten dann zum Westen: Kohle her, aber du bist trotzdem ein Arschloch. Das war die Grundhaltung. Das war schon überraschend.

Aber was verrückt ist: Ich wohne jetzt, wenn ich in Berlin bin, bei Freunden in Charlottenburg. Charlottenburg hat sich in den letzten zwanzig Jahren nicht verändert. Die Wohnungen sind vielleicht ein bisschen schicker bemalt, aber im wesentlichen ist alles geblieben wie es war.

Lieber Matthias, West-Berlin, einschließlich Charlottenburg, dankt dir für dieses Gespräch!

»In der Weimarer Republik hätten wir längst geschossen!«

Joachim Nawrocki über den Verlust von Kulturinstitutionen, Quotenmusik, Paradiesvögel, Kreml-Astrologie, Preußen und Hitler, Besserwessis, Stadtklüngel und Mörder-Gangs, Knüppel aus dem Sack; über die Todesstrafe in West-Berlin, Sicherheitsschleusen, Militärmäntelknöpfe, surreale Käfige, Wodka und Zigaretten, Barracken-Ratten und gut abgefüllte Berufsberliner.

Gesprächsdatum: 9.2.2001

Olaf Leitner: West-Berlin ist lang dahin – vermissen Sie etwas?

Joachim Nawrocki: Ich hab neulich das Wort gehört von West-Berlin als einem Nichtmehr-Zentrum und ich finde, das trifft es eigentlich. Alles, was früher West-Berlin ausgemacht hat, das Abgeordnetenhaus im Rathaus Schöneberg, das Sechstage-Rennen, alles findet heute im Osten statt, Deutschlandhalle gibt's nicht mehr, der AFN ist weg, Kneipen wie Hardtke, Alexander, Kranzler, Möhring – das existiert alles nicht mehr, da finde ich doch, dass das ein ganz schöner Exodus ist und so eine Schieflage entstanden ist, es geht alles nach Ost-Berlin. Alles, was interessant ist, geht nach Ost-Berlin, selbst die Senatsverwaltungen alle. Das einzige, was von West-Berlin noch erhalten ist, ist die politische Klasse. Ich empfinde es als Verlust, dass das alte West-Berlin nicht mehr existiert. Wie viele Kinos eingegangen sind: Filmbühne Wien, Marmorhaus, die Lupe, dann Schiller-Theater, Freie Volksbühne und und und – was ist denn noch geblieben? Die Philharmoniker; das Jazzfest – hätten sie auch fast abgeschafft! Die RIAS-Bigband wird jetzt stillgelegt, der RIAS selber ist weg, der ist vom Deutschlandfunk geschluckt worden und wirklich nicht nett behandelt worden. Ursprünglich sagte man, es soll eine Fusion zwischen Deutschlandfunk und RIAS zum Deutschlandradio werden, letztlich ist der Deutschlandfunk als der große starke Sender dageblieben, er nennt sich weiter Deutschlandfunk entgegen den ursprünglichen Absichten und hat den RIAS geschluckt und wollte sogar noch oben das RIAS-Transparent abbauen, diese Leuchtschrift. Das ist gottseidank verhindert worden. Ich bin nun wirklich kein Frontstadt-Traditionalist, aber ich finde, ein bisschen davon hätte auch erhalten bleiben können. Der SFB hat seine Bigband schon vor vielen Jahren abgeschafft, jetzt haben, wie gesagt, die Musiker von der RIAS-Bigband ihre Kündigung bekommen, mit der Begründung, dass sie sich nicht selbst wirtschaftlich tragen könnte. Die sind in der Rundfunkorchester und -chöre GmbH, wo noch der RIAS-Kammerchor und die Ost-Chöre drin sind und das Deutsche Symphonieorchester und das Rundfunk Sinfonieorchester – als wenn die sich selber tragen würden! Der Laden kriegt 56 Millionen, und die 2 Millionen für die RIAS-Bigband, die hätten auch noch da sein müssen.

Was steckt dahinter?

In diesem konkreten Fall hat Kent Nagano gesagt, ich brauche für mein Orchester mehr Geld. Da haben die Gesellschafter gesagt, ja kriegste, wir tun Sponsoren auf, dann haben sie die nicht gefunden und müssen nun woanders kürzen. Dahinter steckt auch, und das hat nun mit dem Berlin-Thema nichts zu tun, die absolute Uninteressiertheit der ARD am Jazz. Die sind ja auch aus dem Berliner Jazzfest ausgestiegen, die zahlen jetzt 50.000 DM für einen miesen Mitschnitt, früher haben sie 200.000 gezahlt und alles übertragen. Sie schütten die Kanäle lieber mit Volkstümlicher Musik zu. Weil sie damit Quote machen, mit Jazz bringt man keine Quote.

Er wird auch aus dem Radio gnadenlos wegrationalisiert. Die wenigen Kulturprogramme dröhnen uns mit immer der gleichen Klassik zu.

Ja, und genau die gleiche Gnadenlosigkeit beobachte ich bei fast allem, was das frühere West-Berlin ausgemacht hat. Wenn Sie sich ansehen, wie die Stadt auch baulich verhunzt wird – der Kurfürstendamm mit diesem Riegel da beim Kranzler-Eck, das ist doch eine einzige Kulturschande. Wie hier in Berlin ohne Rücksicht auf die Stadt als solche gebaut wird – es gibt so einen Spruch von Stadtplanern: Baust du ein Haus, denk an die Stadt! Das heißt, guck dir an, was rechts und links und gegenüber ist. Das findet in Berlin nicht statt. Das finde ich ganz schlimm. –

Gut. jetzt hab ich erst mal meinen Frust abgelassen. Aber ich muss dazu sagen: die Wiedervereinigung empfinde ich als großes Glück, und den Aufschwung des früheren Ost-Berlin ebenso, da komme ich ja her.

Als Sie in der hier abzuhandelnden guten alten schlechten Mauer-Zeit West-Berlin-Korrespondent der Hamburger ZEIT waren, was waren Sie da – der Exot ...

Ja, das könnte man sagen.

... der aus einer unwirklichen Welt berichtet, der Paradiesvogel, den man aber ernst zu nehmen hat, weil man ja die Mauer-Stadt ernst nehmen musste?

Da gab es sicher verschiedene Phasen. Ich war dreißig Jahre bei der ZEIT, von 1969 bis 1999. In den ersten Jahren, als Bucerius noch eine bedeutende Rolle spielte und die Gräfin Dönhoff Chefredakteurin war, da war mehr Interesse an Berlin und der DDR als später. Es gab Zeiten, wo ich jede Woche ein, zwei Artikel drin hatte, das war in den letzten Jahren schon nicht mehr so. Während der Wende waren wir voll beschäftigt, das war ein großer Arbeitsaufwand, aber danach sank das Interesse an Berlin-Themen mehr und mehr.

1980 haben Michael Naumann und Josef Joffe ein Buch produziert mit dem Titel »Das waren die 80er Jahre – Rückblick auf ein Jahrzehnt, das uns bevorsteht«. Also, versetzt euch ins Jahr 1990 und guckt mal, was passieren könnte. Das war satirisch angelegt. Ich hatte das Thema Ostblock und ich habe, und ich bin heut noch stolz drauf, die ganze Entwicklung im Ostblock präzise vorhergesagt. Ich hab damals in einer Zeitschrift »Problems of Communism« geblättert, da wurden die jungen Leute im Kreml vorgestellt. Da gab

Joachim Nawrocki (*1934)

Nawrocki war und ist in der (West-) Berliner Medienlandschaft eine Instanz. Er schrieb, bevor er 1969 zum renommierten Hamburger Wochenblatt DIE ZEIT kam, für verschiedene Zeitungen und dann als Wirtschaftskorrespondent für die FAZ. Der Hobbymusiker (drums) begleitete das Treiben um und in West-Berlin viele Jahre hindurch als ZEIT-Korrespondent. In dieser Eigenschaft gehörten die Lokal- und Deutschland-Politik ebenso zu seinem Observationsterritorium wie Kunst und Kultur.

es einen ZK-Sekretär für Landwirtschaft, den niemand kannte, der hieß Michael Gorbatschow. Den hab ich zu meinem Protagonisten gemacht und hab alles, was im Prager Frühling passiert war, auf die Sowjetunion übertragen, einschließlich Glasnost und Perestroika, nur nicht das Scheitern, denn die Sowjetunion konnte ja nicht gut bei sich selber einmarschieren. Und das ist wirklich alles passiert.

Warum gerade Gorbatschow?

Der war der einzige von denen, der ein ordentliches abgeschlossenes Studium hatte, man sagte ja immer, Ideologen gegen Technokraten, der war also Technokrat. Und er sah nett aus. Deswegen habe ich den genommen, ich hätte mir auch jeden anderen aussuchen können. Ich hatte nicht das blasseste Gespür, dass der eines Tages die Nr. 1 werden könnte. Dass sich da aber was ändern würde, davon war ich überzeugt. Aber dass das genau in diesem Zeitablauf kommt, das war mir nicht klar.

Ich habe mal in den Archiven gewühlt, um zu erfahren, ob die sog. Kreml-Astrologen, die immer den Subtext, die Botschaft zwischen den Zeilen der offiziellen Presse, interpretieren konnten, ob die schon was geahnt hatten, Gorbatschow betreffend. Ich habe keine Hinweise gefunden. Nur dass er jünger war als seine Vorgänger, das wurde herausgestellt.

Es hat keiner geahnt. Auch vor der Wende: Erstens wollte das keiner und zweitens konnte sich das niemand vorstellen. Das ist etwas, was ich generell an der Beobachtung der DDR, aber auch Berlins immer vermisst habe, es fehlte die Phantasie, dass sich der Status quo ändern könnte, wenn auch immer nur in kleinen Schritten! An dieser Vorstellungskraft hat es auch bei der ZEIT in Hamburg gefehlt. Das zweite große Thema war dann: Soll Berlin Hauptstadt werden? Oh, das war ja igit igit! Nach Berlin, ins alte Preußen? Und Hitler! – Die große Mehrheit in der ZEIT-Redaktion war dagegen, vom Herzen her, geschrieben haben sie es so nicht. Bis sie dann, und das muss man ihr hoch anrechnen, beide Meinungen zum Thema veröffentlicht haben. Dann gab es ein Pro und Contra: Gunter Hofmann aus Bonn Contra, und Nawrocki Pro.

Konnte man denn in Hamburg beurteilen, was hier wichtig war und was nicht?

Es gab da schon die Besserwessis, in den 70er und 80er Jahren, richtig große Artikel zu Berlin konnte ich selten schreiben, über die DDR viel häufiger, und später zu Stasi, Politbüro-, Grenzgeneräle-Prozess und so. Wenn die in Hamburg meinten, wir müssen jetzt mal was Richtiges über Berlin haben, dann haben die wahrscheinlich gedacht, na, der Nawrocki hat ja Scheuklappen und der beschönigt ja alles – dann kam Nina Grunenberg und hat die große Seite über Berlin geschrieben. Das hat mich natürlich geärgert. Zumal es am

Ende nicht richtig war, da waren Sachen drin, wo man merkte, die kennt sich nicht aus. Da war 'ne falsche Zahl oder 'ne falsche Jahreszahl oder jemand wird falsch benannt in seiner Funktion. Solche Sachen passieren den ortsansässigen Korrespondenten nicht.

Was hat die Mauer für West-Berlin bewirkt, hat sie ein Biotop geschaffen?

Ja, ein politisches durch den mangelnden Personalaustausch, ein kulturelles in gleicher Weise. Und dann die miese Wirtschaftslage, da gab es ja dann die SPIEGEL-Geschichten über die unheimliche Hauptstadt, ich hab gegengehalten und geschrieben, guckt euch doch mal die Wirtschaftsdaten an! Ich war ja mal Wirtschaftskorrespondent der FAZ und dann auch für DIE ZEIT. Rein statistisch hatte sich West-Berlin nicht schlecht entwickelt, aber dass das eine ausgehaltene Stadt war und vor allem das Ausmaß, das ist mir erst nach dem Mauerfall so richtig klar geworden, als dann ja durch die Bundesregierung sehr schnell und sehr rigoros die ganzen Berlin-Vergünstigungen gestrichen worden sind. Was Berlin für enormes Geld im Bundeshaushalt gekostet hat. Ein eklatanter politischer Fehler! Seitdem gibt es ja hier die finanziellen Probleme. Der Bund hat durch die Einsparung der Berlin-Hilfe, durch die Einsparung der Zuschüsse für die Alliierten, durch die Einsparung der Transitpauschale und und und jedes Jahr 25 Milliarden eingespart und knausert jetzt mit jeder Mark.

Diese Summen gehen Berlin verloren, und wie sich daraufhin die Wirtschaft entwickelt hat, was da für ein Arbeitsplatzverlust entstanden ist – der ja nicht nur durch den Zusammenbruch der Ost-Berliner Fabriken entstanden ist, sondern im gleichen Maße auch in West-Berlin, so dass wir Arbeitslosenzahlen von 300.000 haben. Die sind so hoch wie während der Blockade, wo man damals dachte, die Stadt würde wirtschaftlich nicht überleben. Das zeigt eigentlich doch, auf wie dünnem Eis die Berliner Wirtschaft gestanden hat. Jetzt rappelt sich das langsam, jetzt kommen die Dienstleistungsbereiche, aber der Umbruch war viel zu krass und viel zu schnell.

Hat das die Berliner bequem gemacht, so am Tropf zu hängen, in netter Form zwangsernährt zu werden?

Das kann ich wenig beurteilen. Die Manager hier in den Betrieben haben sicher auch ihr Bestes gegeben, die mussten eben immer dagegen ankämpfen, dass sie lange Transportwege hatten, dass sie von den Märkten abgeschnitten waren. Ich will mal sagen, mit den Subventionen in dieser Insellage die Wirtschaft einigermaßen am Laufen zu halten, war wahrscheinlich keine weniger schwierige Aufgabe, als wenn man in Westdeutschland den Krupp-Konzern geleitet hätte. Aber es fehlte auch in diesen Bereichen am personellen Austausch. Effektivität, junge Leute, hire and fire wie heute – das hat's natürlich nicht gegeben.

Gab es eine Berliner Gesellschaft? Oder besser: einen Klüngel, der die Stadt geleitet hat?

Ja sicher, zuerst gab es den Klüngel um die alte SPD und um Peter Lorenz auf der CDU-Seite. Seit Jürgen Wohlrabe gab's die »Mörder-Gang«, die bis heute zugange war mit Landowsky und Diepgen – Mörder-Gang, weil sie gegen Lorenz und das alte CDU-Establishment waren. Das waren ganz abgegrenzte Zirkel. Beim Banken-Skandal jetzt hat man gesehen: Selbst Leute, die man längst vergessen glaubte, wie Buwitt von der CDU und Riebschläger von der SPD, hatten immer noch ihre Finger drin. Aber eine Gesellschaft im Sinne von High Society gab es aus meiner Sicht nicht. Und das große Geld, das beschränkte sich auf drei, vier Leute wie Bendzko, oder so, und die wollte man nicht unbedingt zu sich nach Hause einladen.

War West-Berlin eine Stadt ohne Oberschicht?

Würde ich sagen. Sowas wie Gabriele Henkel gab es hier nicht. Und ich kann mich auch nicht erinnern, dass jemand hergekommen ist, hat hier einen Fünf-Mann-Betrieb aufgemacht und ist gewachsen wie Grundig. Das hat's hier nicht gegeben. Dazu war es hier zu abgeschlossen.

Die Bluttransfusion kam durch die Wehrdienstverweigerer. Es drohte ja die allmähliche Vergreisung.

Die haben hier studiert, gingen dann in die APO oder in den SDS und wenn die Wehrpflicht nicht mehr drohte, sind viele wieder weggegangen. Der Vorteil war, dass die Stadt jünger geblieben ist, als sie es sonst gewesen wäre. Der Nachteil war, dass sich hier eine Szene gebildet hat, die Berlin nicht immer gut getan hat. Die Anarcho-Szene, die Hausbesetzer, das hat den Ruf im Westen erheblich beschädigt. Ich habe mehrere Reportagen über die Hausbesetzer geschrieben. Wenn man zu denen zum Interview kam, waren die auch richtig nett, haben sich Mühe gegeben, ein bisschen aufzuräumen, damit der Herd frei wurde, um 'nen Tee zu kochen – bloß welches Bild die Stadt nach außen geboten hat, bei den konservativen Westdeutschen, das ist eine andere Frage. Dieses Bild war sicher nicht so gut. Weil wir derzeit ja die Debatte über die 68er haben: Ich war noch bei der Deutschen Zeitung, was ein konservatives Blatt in Köln war, und ich war der erste, der geschrieben hat, es geht nicht, dass die Polizei sitzende Demonstranten niederknüppelt, 1963 schon. Und unser Innensenator war damals Heinrich Albertz! Darüber hab ich 'ne Glosse geschrieben, da bin ich heute noch stolz drauf. Da war ein Sitzstreik auf dem Hardenbergplatz und die sind zusammengeknüppelt worden. Als Horst Mahler aus der Anwaltskammer ausgeschlossen werden sollte – das Ehrengericht der Anwälte tagte im Tegeler Landgericht – und da gab es eine Riesendemo mit Riesenzusammenstößen, mein Artikel in der FAZ darüber hatte die Überschrift »Die Schlacht am Tegeler Landgericht«. Die Polizei war damals noch nicht so schlau, sonst hätten sie da die Baustellen abgesperrt oder nachts leergeräumt, so aber lagen massenhaft Steine herum und die Demonstranten haben damit geworfen: Wie ein Taubenschwarm kamen diese Wackersteine angeflogen, und wenn du so ein Ding an den Kopf bekommen hast, warst du hin. Ich hab mir daraufhin auch 'nen Helm gekauft. Dann gab es aber Polizisten, die nahmen die Steine auf und schmissen sie zurück. Da hab ich einen Polizeioffizier angesprochen und hab gesagt: Das geht nicht! Ihr dürft euch nicht der gleichen Methoden bedienen wie die Leute, die euch hier gegenüber stehen. Das kann auch Schwerverletzte geben! Das hat der überhaupt nicht kapiert. Für die galt damals nur: Feste drauf! Das war ihre Ideologie. Und dann sagte der zu mir: Wissen Sie watt, in der Weimarer Republik hätten wir längst geschossen! Das war also auf beiden Seiten kein Zuckerschlecken.

In West-Berlin gab es ja sogar die Todesstrafe, die von den Alliierten verhängt werden konnte. Es ist nie zu einer Hinrichtung gekommen. Wie hat sich die Oberhoheit der Alliierten ausgewirkt?

Grundsätzlich musste jedes Gesetz, das im Bund gemacht wurde, für Berlin extra übernommen werden, weil West-Berlin nicht zur Bundesrepublik gehörte. Das wurde hier im Gesetzblatt veröffentlicht und galt dann als Berliner Gesetz, auch wenn es den gleichen Wortlaut hatte. Das mussten die Alliierten regelmäßig genehmigen. Und es gab Fälle, wo sie das nicht oder nur teilweise genehmigt haben. Da gab es beispielsweise mal ein Gesetz über den Sanitätsdienst, alles was zivil war, durfte übernommen werden, aber dann gab es da ein paar Passagen, die betrafen die Bundeswehr, und das wurde gestrichen. Die Ernennung von hohen Polizeioffizieren musste von den Alliierten bestätigt werden.

Die liefen dann noch mal durch eine Sicherheitsschleuse. Und die Politik, insbesondere, was den Osten betraf, wurde regelmäßig zwischen den Stadtkommandanten und dem Regierenden Bürgermeister abgestimmt, der immer hin zitiert wurde, die kamen nicht zu ihm, sondern er musste zu ihnen kommen. Das machte auch das besondere Spannungsverhältnis zwischen Diepgen und Kornblum aus, der hier Chef der US Mission war, bevor er Botschafter wurde, weil sich Diepgen immer hinbeordert fühlte. Und als es diesen Alliierten-Status nach der Wende nicht mehr gab, hat er es dem Kornblum mal richtig gezeigt und dann lief es umgekehrt. Klein-Kinderkram, aber so war's. Also im bestimmten Turnus, wöchentlich oder vierzehntäglich, wurde der Regierende zum Mittagessen zu den Stadtkommandanten zitiert. Umschichtig in den jeweiligen Residenzen. Franzosen, Briten, Amerikaner.

Es gab auch nach Kriegsende stapelweise alliierte Gesetze, die nie aufgehoben worden sind, und ein paar, die noch praktiziert wurden. Zum Beispiel, dass in Berlin keine Rüstung hergestellt werden durfte. Im weitesten Sinne, also irgend ein elektronisches Bauteil, was man auch für Radar hätte nutzen können, durfte hier nicht produziert werden. Knöpfe für Militärmäntel eigentlich auch nicht. Das hat die Berliner Wirtschaft behindert. Weil ganze Fertigungsbereiche nicht sein durften. Dann gab es Gesetze, die bestimmten, dass kein Deutscher Waffen haben durfte. Das ging so weit, dass ein feststehendes Messer über 20 cm theoretisch hätte dazu führen können, dass Sie zum Tode verurteilt worden wären! Die alliierte Gerichtsbarkeit ist seit etwa 1949 ganz selten angewendet worden, zum Beispiel, als zwei Ostdeutsche eine Maschine der polnischen Fluggesellschaft LOT nach Tempelhof entführt haben und zehn andere Ostdeutsche gleich hier geblieben sind. Die Entführer kamen vor ein alliiertes Gericht. Der amerikanische Richter hat dann gemerkt, dass es eine besondere Geschichte war und hat sich furchtbar aufgespielt. Er hat deutsche Geschworene hinzugezogen und eine Riesenshow abgezogen, die dann selbst den alliierten Stadtkommandanten nicht recht war. Aber da er als Richter unabhängig war, konnte er das richtig durchspielen. Einer der Entführer hat neun Monate bekommen. Und die LOT hieß seitdem: »Landet Ooch in Tempelhof«. Und einmal hat, als Deutsche vor dem Verwaltungsgericht gegen den Bau von amerikanischen Wohnungen auf dem Düppeler Feld klagten, der amerikanische Stadtkommandant dem Gericht schlicht verboten, darüber zu entscheiden.

Was kaum einer weiß: Die Nürnberger Kriegsverbrecherprozesse haben in Berlin begonnen, sie wurden da in dem Gebäude des Alliierten Kontrollrats abgehalten. Das hat hier in Berlin begonnen, der Alliierte Gerichtshof. Nach ein paar Sitzungen sind sie dann nach Nürnberg verlegt worden.

Warum?

Weiß ich nicht, aus Platzgründen vielleicht, oder weil die Amerikaner dachten, wir machen das besser in unserer Zone als hier in dem Vier-Mächte-Berlin.

Fazit: West-Berlin, ein Kuriosum. Die Freiheitsinsel im Ozean der Unfreiheit. Fällt Ihnen noch was Poetisches ein?

Schaufenster des Westens, Pfahl im Fleische – waren Funktionen, die West-Berlin wirklich erfüllt hat. Der Komponist György Ligeti hat mal gemeint, Berlin sei ein surrealer Käfig: Die, die drinnen sind, sind frei. Und Stolpe hat gesagt, Brandenburg ist ein Land mit einem großen Loch drin, das galt ja auch für die DDR an sich. Sie hatte in ihrem Territorium ein großes Loch. Und wenn es dieses Loch nicht gegeben hätte, hätt' sich vermutlich manches anders entwickelt. Die Schaufenster-Funktion hat West-Berlin wie keine andere Stadt gehabt, einfach schon deswegen, weil, wenn man in Ost-Berlin auf den Fernsehturm stieg oder auf ein Hochhaus, man diese Glitzerstadt da drüben sehen konnte. Das hat mit Sicherheit die Mentalität der Ost-Berliner geprägt. Es gab viele DDR-Bürger, die gesagt haben, nee, in Berlin hätte ich nie wohnen wollen: Immer mit der Mauer vor Augen und immer mit dem Bewusstsein, dahinter brodelt das Leben und bei uns ist hier alles grau. Das hätte ich nicht ausgehalten. Insofern hatte West-Berlin eine Ausstrahlung weit in die DDR und in den Ostblock hinein, was keine andere Stadt hatte. Gar nicht mal so im Sinne des Kalten Krieges, sondern als Beispiel für eine andere Lebensweise. So wie das West-Fernsehen seine Wirkung hatte, so hatte es auch Berlin als konkretes Beispiel.

Ich habe mich ja viel in den Flüchtlingslagern wie Marienfelde umgesehen und mit DDR-Leuten gesprochen. Es war nicht so, dass diese Leute sagten, uns gefällt der Kommunismus nicht, sondern die haben gesagt, ich möchte endlich mal selber was machen können, ich war Stellvertretender Objektleiter in der HO – wenn ich einen Verbesserungsvorschlag gemacht habe, dann ist der abgewürgt worden. Ich möchte mal selbstständig arbeiten können und für meine Arbeit verantwortlich sein. Ich möchte nicht wie ein Blöder durch die Stadt laufen, wenn ich mir eine Gitarre kaufen möchte. Bei uns wirste auf 'ne Fahrspur gesetzt und kommst nicht mehr runter, und wehe du überfährst den weißen Strich.

Das sind fast wörtliche Zitate. Ich glaube, die reine Existenz West-Berlins hat die Stimmung im Osten doch schneller verändert und stärker beeinflusst. Und außerdem hatten der AFN mit »Frolic At Five« oder der RIAS mit »Schlager der Woche« mehr Ideologie in den Osten gestrahlt als mit politischen Sendungen.

Hatten die West-Berliner viel Kontakt zu den US-Soldaten?

Die Russen wurden regelrecht kaserniert, die durften nicht raus, und wenn, dann zu zwanzig Mann, rein in den Bus ab nach Sanssouci und dann wieder zurück in die Kaserne. Mir haben mal NVA-Soldaten erzählt, dass es Bereiche gab, wo die russische Kaserne direkt an die NVA-Kaserne stieß. Da hat man dann durch den Zaun Wodka und Zigaretten getauscht. Oder dass mal ein russischer Soldatenchor auftrat und die NVA unten saß und klatschte – wirklich private Berührungen gab es nicht. »Deutsch-Sowjetische Freundschaft« und »Das Regiment nebenan«, das war nur Propaganda. Das war bei den West-Alliierten ganz anders. Sicherlich nicht mit den GI's. Aber wenn der amerikanische Stadtkommandant einen Empfang gegeben hat, waren natürlich auch die Offiziere und die deutsche Nomenklatura da. Und es gab ein paar Kneipen, wo überwiegend Amerikaner waren. Aber die sind dann weitgehend unter sich geblieben.

In meiner Studentenzeit habe ich mein Studium mit Rockmusik finanziert. Wir haben mit unserer Band oft in Lichterfelde im »White Horse« gespielt, wo fast nur Amis waren. Die haben immer »FTA!« gebrüllt, das hieß Fuck the Army!, und ihren Frust gern mithilfe abgebrochener Flaschenhälse an ihren Kameraden ausgelassen. Die Kneipe hatte regelmäßigen Besuch von der MP (= Military Police). –
Einmal im Jahr gab es in Zehlendorf das Deutsch-Amerikanische Volksfest, das war sehr populär, da haben die Berliner und die Amis sich in den Armen gelegen und Popcorn und Hotdogs verspeist.

Richtig. Und ich hab Schlagzeugspielen im German Youth Club gelernt und bin da zum Jazz gekommen. Ich wollte mal eine Reportage über einen alliierten Soldaten machen. Es sollte kein Offizier sein. Da haben die mir einen zugeführt, den ich interviewen konnte. Der sprach ein ganz gepflegtes Englisch und kannte Wörter, die mehrere Silben hatten. Das war offenkundig ein High-School-Abgänger, das haben sie so ein bisschen hingemauschelt. Der erzählte mir, dass er viel ins Kino, ins Theater und in die Philharmonie ginge. Ich fragte ihn: Machen das alle deine Kollegen auch? Darauf er: No, they tend to be barrack rats. Also Stubenhocker.

Genau wie ihre Kollegen vom anderen Ideologie-Ufer.

Ja. Nur die GI's freiwillig, die Muschicks gezwungenermaßen.

Meine Mutter hatte einen Liebesbrief von einem GI in ihrem Besitz, der nach dem Zusammenbruch mit anderen in dem Mietshaus einquartiert worden war, in dem sie wohnte.

Ich glaube, direkt nach dem Krieg gab es so etwas häufiger als später. Viele GI's hatten ihre deutschen Freundinnen oder Frauen. Die sind dann oft mit nach Amerika gegangen.

Aber auf Privatfeten hat man später nie Amerikaner getroffen.

Die traf man dann eher auf den Partys der oberen Klassen, da lud man Diplomaten ein.

Meine Standardfrage: Welche Persönlichkeiten fallen Ihnen aus dem alten West-Berlin ein?

(Längere Pause.)

Das ist dünn, nicht? Peter Stein, früher Ernst Reuter, Willy Brandt, natürlich, Klaus Schütz in gewisser Weise, der ja dann später Botschafter in Israel war, einige Künstler wie Minetti oder so ... ist nicht so viel! Und die Berufsberliner, wie Pfitzmann, Juhnke, Schruppke, Biggi Mira, Ane, Oskar, Zelli – das war 'ne Szene für sich, immer gut drauf und meistens gut abgefüllt.

An der FU gab und gibt es durchaus große Namen: Wapnewski, Gesine Schwan, Alexander Schwan, Richard Löwenthal, Sontheimer, Flechtheim, Ernst Fränkel und noch einige andere. Die haben auch über Berlin hinaus gewirkt. Und große Mäzene wie Ludwig in Köln etwa, das gab es hier nicht. Doch: Bröhan, und später Berggrün, ein toller Mann, der hätte ein Denkmal verdient.

Es hat oft Kritik gegeben an den Berliner Senatoren: Guckt euch mal euren Wirtschaftssenator an usw. Darauf habe ich in Hamburg gesagt, als sie mir das vorgehalten haben, na, guckt euch mal eure Senatoren an, die sind auch nicht besser. Man konnte ja den Berliner Senat nicht mit der Bundesregierung, aber mit den anderen Regierungen der Bundesländer vergleichen. Und das ist eben nicht alles so herausragend.

Herr Nawrocki – West-Berlin dankt Ihnen für dieses Gespräch!

Tiefgefrorene Enten

(West-)Berliner Presseball

Ein gesellschaftliches Ereignis ist ein Ereignis, das auf den Umstand verweist, es gäbe eine Gesellschaft. Und eine andere. Die, die da feiert und sich feiert. Und jene, die da gafft, wenn die anderen feiern. Um feiern zu können, muss man reich, einflussreich und berühmt sein. Bei Künstlern genügt es, berühmt zu sein. Und das ist man, wenn man reich ist. Und umgekehrt. Dann schwirrt noch ein wenig Fußvolk umher, damit kaschiert wird, dass die Reichen und Einflussreichen nur sehr wenige sind. Wenn Reiche gehäuft auftreten, bildet sich das sog. soziale Gewissen. Deshalb sind Galas und Bälle Anlass, wohltätigen Zwecken zu dienen. Da geben die da oben, und die da unten nehmen. Genau wie im Leben. Nur umgekehrt.

»Dies Berlin ist eben eine tolle Stadt«, meint Die Welt (17.1.83) und meint den Presseball – »ein glanzvolles Ereignis«, wie eine Evi Keil lobt, der Schreibe nach Volontärin jenes Blattes, das an Auflage- und Talentschwund leidet. Aber für den Herrn Bundeskanzler hat sie einen klaren Blick: »Hier gibt es nicht nur Leute, die mit der Politik versippt sind«, stellt der im ICC fest, »hier gibt es so viele normale Menschen.« Das tröstet. Kohl: »Das gibt diesem Ball ein ganz anderes Ambiente.« Von wegen begrenzter Wortschatz!

In Berlin sei alles viel lockerer, lobt gar der Verteidigungsminister, der in Bonn gerade die Kleiderordnung für Soldaten verschärft hat: »Ich liebe die Liberalität und das Temperament der Berliner; sowohl in der Ehe als auch beim Ball«, sagt Wörner. Na, das ist ja ein ganz Loser. Keine Feier ohne 'n Dreier. Er hat gerade »eine waschechte Berlinerin« geheiratet. Sie bleibt wohl schwarz. Auch im Hauptwaschgang. »Es ist eine ungeheure Atmosphäre in Berlin« lobt der Minister. Besonders dann, wenn er hier ist. »Außerdem gehöre ich zu den reichstreuen Schwaben, die immer gerne nach Berlin kommen.« Das ist ja das Schlimme. Großdeutsches Reich. Jetzetle! Sodele.

Über Deutschland-Barzel weiß Die Welt, er habe früher in ICC-Nähe das Gymnasium besucht »und Fußball gespielt. Den Superball mit 3100 Gästen findet er etwas gigantisch.« Den bekommt man nur schwer auf den Spann. Volontärspointe beiseite: man ist nun mal lieber unter sich. Und »man« sind eben nur wenige.

Auch Scheel, publikumsbeflissen wie Tünnes, gibt seine Butter bei die Fische: »Ich liebe die Kultur, die Bühne, die Musik, das Museum, deren Repräsentanten samt und sonders auf diesem Ball sind.« Das glaube ich auch. In Samt, in Seide und in Sonders. Antik und viel zu teuer. Sagt die Frohnatur Scheel: »In Bonn ist es zwar gemütlicher, weil Politiker und Journalisten praktisch unter sich sind ...«, da stört kein ordinäres Volk den Klüngel von Macht und deren Chronisten. Frau Scheel lobt auch den Presseball, er sei »großstädtischer, mit allen Schichten, die eine Großstadt hat.« Mit Türken, Hausbesetzern, Arbeitslosen.

Und gar die Tombola. Rein zufällig gewann Frau Kohl einen Geländewagen. Den spendete sie für wohltätige Zwecke. Einer davon war, ihr Bild in die Zeitungen zu bringen. 1950 gab man sich, so ZDF-Löwenthal, mit den Preisen noch schlichter: »Ich gewann eine tiefgefrorene Ente, damals noch eine Sensation.« Heute nicht mehr. Löwenthals Enten haben als Terminus der Publizistik Karriere gemacht. Und tiefgefroren sind sie allemal.

Presseball in Berlin, »ein glanzvolles Ereignis«, schwadroniert die Evi, »das weit über die Grenzen der alten Hauptstadt hinausreicht.« Nach Magdeburg, Potsdam, Rostock und Karl-Marx-Stadt. Die Tombola-»Herrenuhren mit Brillanten für 12.000 Mark« könnten denen da zeigen, was die Stunde geschlagen hat.

1983

Hysterisch, klein und zugeschissen

Henryk M. Broder über Hysterie und Überlebenssymbolik, explodierendes Leben, Hochstapler und no names, unauffällige Explosionen, Billig-Rouladen, den John-le-Carré-Touch, schwäbische Pfarrerstöchter, PX-Läden; über zu separierende Ethnien, historische Gerechtigkeiten, Wien und den Dritten Mann, kurze Schockzustände, das Vierte Reich und die Angst machende Friedensbewegung.

Gesprächsdatum: 21.1.2002

Olaf Leitner: Was löst der Begriff »West-Berlin« bei Ihnen aus?

Henryk M. Broder: Sozusagen ein zweistufiges Gefühl. Das erste ist ziemlicher Widerstand und Abwehr und Ekel und Elend – ich hab Berlin nie gemocht, also West-Berlin nie gemocht. Ich hab öfter in Berlin zu tun gehabt, als ich noch in Köln wohnte, und zu Mauerzeiten bin ich äußerst ungern hingefahren. Nach Ost-Berlin schon gar nicht, ich war vielleicht zwei-, dreimal in meinem ganzen Leben in Ost-Berlin und fand's da immer besonders ekelhaft. West-Berlin war hysterisch, klein, zugeschissen, voll mit Hundekacke – eine Stadt, wo man ständig mit der Nase irgendwo gegen rannte, weil es wirklich 'ne ganz begrenzte kleine Enklave war. Mit hysterischen Leuten und mit so einer demonstrativen Überlebenssymbolik. Es war alles ziemlich anstrengend und unangenehm. Dann bin ich im Herbst '90 für drei Monate nach Berlin gekommen, also nach dem Mauerfall, den ich nicht mitbekommen habe. Ich hab erstmal die ganze DDR abgeklappert. Die DDR gab's noch, aber sie war schon weg. Das war ein seltsamer Zustand, ein Zustand der Anarchie. Ich erinnere mich, dass ich mit meinem VW Golf, den ich mir damals in Köln gekauft hatte, immer über den Checkpoint Charlie hin- und hergefahren bin und darauf gewartet habe, dass mich einer anhält. Und keiner hielt mich an, und da hab ich zwischendurch aus dem Fenster gebrüllt: Ich hab aber einen Flüchtling im Kofferraum! Es hat mich immer noch keiner angehalten, obwohl diese ganzen ekelhaften Grenzanlagen immer noch standen. Also kurzum: Ich bin für drei Monate nach Berlin gekommen, diese drei Monate dauern jetzt, nach zwölf Jahren, immer noch an, und ich find's wunderbar. Es ist die einzige deutsche Stadt, in der ich es länger aushalte, ich find' sie großzügig, sie explodiert vor Leben, es tut sich was, sie ist völlig unfertig, was ich so schön finde, jedes Mal muss man sich an neue Umleitungen, neue Straßenzüge gewöhnen, sie ist wirklich im Werden begriffen. Es kommen immer mehr Leute dahin, die Stadt wälzt sich um, sie ist vollkommen unregierbar, der jetzige Senat ist völlig indiskutabel, eine Bande von Gaunern, Aufschneidern, Hochstaplern und *no names*. Aber das ist ja, finde ich, inzwischen das Sympathische an dieser Stadt, dass sie unregierbar ist. Sie ist eine Stadt, die wirklich lebt. Also die Öffnung, der Mauerfall, hat dieser Stadt so gut getan. Ich bin richtig gern dort, und wann immer ich zurückkomme – ich war jetzt sechs Wochen in Amerika – freue ich mich darauf, dass ich nach Berlin komme.

Apropos Amerika – die Frage ist sicher makaber und unziemlich: Was wäre das Ziel von Terroristen im alten West-Berlin gewesen?

Im alten West-Berlin? Da gab's, glaub ich, keine Ziele *(Lacht.)*, nicht? Da hätte es allenfalls das seltsame hohe Haus am Tauentzien sein können, das Europa-Center, glaube ich. Wahrscheinlich das, aber ich glaube, dass darauf kein blöder Terrorist gekommen wäre. Im neuen Berlin gibt es ja da schon ein paar lohnendere Ziele. Im alten West-Berlin hätte sich kein Anschlag gelohnt. Vielleicht auf die Alliierte Luftverkehrszentrale, weil die ja im alten Freisler-Gebäude untergebracht war. Und da hätt's, finde ich, irgendwie eine Art von historischer Gerechtigkeit gegeben, weil die schon mal gebombt wurde.

Ich hatte an die geheimnisvollen, wichtigtuerisch geschützten Sendeanlagen am Teufelsberg gedacht ...

Na, die sind irgendwie ziemlich unauffällig im Ganzen, das hätte auch keiner weitgehend wahrgenommen, wenn da was explodiert wäre.

Warum wollten die USA und die BRD und wer auch immer West-Berlin unbedingt retten? Adenauer hatte kein Interesse, der ging lieber Boccia spielen, außerdem saßen hier die SPDler, die »Roten«, das war also auch nicht so attraktiv – vielleicht nur, weil West-Berlin ein Spionage-Außenposten war?

Nein, ich glaube vor allem deswegen, weil West-Berlin einen hohen symbolischen Wert hatte. West-Berlin aufzugeben hätte wahrscheinlich geheißen, den Kommunismus zu weiteren Feldzügen einzuladen, und den Appetit auf weitere Eroberungen enorm zu stärken. Man darf bei sowas nicht nachgeben. Das West-Berlin verteidigt wurde, finde ich nachträglich immer noch richtig. Und es hatte irgendwas Abenteuerliches – also 'ne Flugreise war ganz OK, aber jede Bahnfahrt, jede Autoreise durch die damalige Zone, war ein absolutes Abenteuer. Und am abenteuerlichsten waren die Besuche in diesen HO-Raststätten unterwegs, wo man eine Roulade mit Kartoffeln und Rotkohl für 1.99 DM essen konnte. Das hab ich auch immer getan und gleich wieder gekotzt, aber irgendwie war alles ziemlich aufregend.

Gab es politische Spielräume, die das alte West-Berlin nicht genutzt hat?

Das weiß ich nicht, ich habe mich damit auch nie beschäftigt. Aber es herrschte immer so eine leicht verschwiemelte, leicht konspirative Atmosphäre. Ich erinnere mich, dass ich damals öfter bei den Leuten vom Extradienst war, ich hab die Namen vergessen, einer hieß Guggomos, Guggomos war ziemlich dick ...

Charly Guggomos.

Charly Guggomos, genau! Später stellte sich heraus: natürlich ein IM, ein westdeutscher IM. Ich war also öfter beim Berliner Extradienst zu Besuch, die fand ich irgendwie ganz lustig, habe ab und zu auch für die gearbeitet. Das sollte mal eine alternative Tageszeitung geben, ist aber keine geworden. Es gab immer eine Atmosphäre von leichtem John-le-Carré-Touch. Man hatte stets das Gefühl, gleich kommt ein Spion durch die Tür. Das hat West-Berlin ausgezeichnet. Ich glaube nachträglich, das meiste war absolute Wichtigtuerei und Aufschneiderei. Politische Spielräume? Weiß ich nicht. Mich interes-

Henryk M. Broder (*1946)

Der SPIEGEL-Redakteur und Buchautor (u.a. »Erbarmen mit den Deutschen«, »Die Irren von Zion«) schreibt nicht nur für das Hamburger Nachrichtenmagazin und diverse Zeitungen, seine Glossen und Polemiken finden sich auch auf seiner Homepage. Henryk M. Broder, der es liebt, dem Zeitgeist den Ungeist auszutreiben, lebt in Berlin und Jerusalem.

sierte eher diese Spielplatzatmosphäre, diese Spielplatzatmosphäre der Psychopathen, der Größenwahnsinnigen, der Paranoiker. Das war immer ganz interessant. Ich kannte auch immer ein paar Leute dort, die Waffen hatten, obwohl es verboten war. Und dann sagten die, ja, wenn die Roten kommen, dann werden wir uns schon zu verteidigen wissen! Da konnte man schon die dollsten Sachen erleben, wenn man damals durch Kreuzberg fuhr oder lief.

Als geborener Berufsberliner war ich ja vorhin schon etwas beleidigt, dass Sie von West-Berlin nur die Hundescheiße in Erinnerung haben, nur das eine, das »offizielle« Wolfgang-Gruner-Günter-Pfitzmann-

Berlin, das pathetische ...

Das Durchhalte-Berlin!

Genau. Aber das andere Berlin war doch das interessantere, was die Leute in die Stadt geholt hat?!

Na, was war denn das andere Berlin?

(Leicht stotternd.) Na, also, angeblich eine Atmosphäre – also ich hab bei meinen Recherchen festgestellt, dass das, was an West-Berlin interessant war, nicht von den Berlinern selber kam. Juppy, Klotzbach, Schwenkow, Ulrich Eckhardt – peinlich, peinlich.

Na gut, die Hälfte von denen waren vielleicht Kriegsdienstverweigerer, die andere Hälfte

schwäbische Pfarrerssöhne und schwäbische Pfarrerstöchter.

Gut, aber haben die nix zuwege gebracht?

Ich weiß es nicht, also ich hab das komischerweise damals nicht so erlebt. Ich habe damals mit dem offiziellen Berlin nichts zu tun gehabt, ich hab mich also nicht beim Senat rumgetrieben und nicht im Abgeordnetenhaus, aber ich habe immer wieder, egal, wo ich hinging, das Durchhalte-Berlin erlebt. Das war entweder das Berlin der Wehrdienstverweigerer, der West-Flüchtlinge, oder das Berlin, das wirklich von den Durchhalteparolen lebte, bis hin zum Berliner Kabarett. Und die Tatsache, dass sich da Leute wie Juppy aus dem Westen hinretten konnten, das zeugte nur von einem gewissen Zustand der Anarchie. Was ich sympathisch fand, aber das ist auch schon völlig obszön, war, dass die westdeutsche Souveränität in dieser Stadt sehr eingeschränkt war. Und ich bin gern durch diese Zehlendorfer Viertel gelaufen, wo die Amerikaner wohnten, das war so ein Hauch von Amerika dort, es gab die PX-Läden (Einkaufszentren, die allein den Amerikanern vorbehalten waren, O. L.), wo ich nicht reinkam, aber ich wusste, dass es diese Läden gibt, das war was ganz Geheimnisvolles. Man sah auch überall in der Stadt Amerikaner, und ich muss sagen, als sie dann abzogen, hab ich 'ne gewisse Wehmut empfunden, weil ich fand, dass die Amerikaner einfach zum Stadtbild gehörten. Sie verliehen dieser Stadt so einen Hauch von Internationalität, die sie ja jetzt langsam wieder bekommt.

Was ich aus West-Berlin mitbekam, war dieses verzweifelte Durchhaltenwollen, um jeden Preis. Was ich nachträglich richtig finde, aber damals hatte es etwas unglaublich Bemühtes, Angestrengtes, Zwanghaftes.

Ich wage einen kühnen Vergleich, bei dem die Koordinaten sicher nicht stimmen: Wenn ich an die Mauer denke und an Berlin denke, dann fällt mir irgendwie Jerusalem ein, wo Sie auch einen Wohnsitz haben. Da gibt es auch eine Mauer, wenngleich eine ganz andere. Und da gibt es auch verschiedene Welten, die aufeinander prallen. Darf man da Parallelen ziehen?

Ja, sicher, ich glaub das ganz bestimmt. Wissen Sie, ich glaube, Jerusalem hat vor sich, was West-Berlin hinter sich hat. Inzwischen denke ich, dass es keine unvernünftige Idee ist, bestimmte Ethnien voneinander zu trennen. Ethnien sind politische Einheiten, woher auch immer. Die Mauer war immer gruselig, ich fand die nie besonders, ich fand die nie gut. Ich fand die auch nie richtig, und auch diese ganzen Aussichtsplattformen, wo ich gelegentlich selber draufgestiegen bin, an der Bernauer Straße; am Potsdamer Platz, das fand ich immer gruselig, aber es hatte einen gewissen Reiz. Im Prinzip bin ich dagegen, aber es gibt Situationen, wenn Sie Jerusalem ansprechen, wo ich sehr dafür bin, da zu teilen, weil, wenn das der Preis für Frieden ist, OK. In zwanzig Jahren kann man sich ja dann wieder was anderes überlegen.

West-Berlin war eine andere Situation, es gab ja keine Ethnien, die geteilt wurden, es gab nur zwei Systeme, die sich auf eine Teilung nicht verständigen konnten, deswegen hat eine Seite die Teilung gewaltsam durchgeführt. Ich fand das leicht absurd, und ich hab mich schon gefreut, als die Mauer gefallen war. Schon weil ich mit den Leuten da im Osten eine private Rechnung zu begleichen hatte für die ständigen Schikanen bei der Durchreise. Ich war komischerweise auf dieser Ostliste, auf irgendeiner Ostliste muss ich gewesen ein, denn ich wurde immer gefilzt. Ich wurde gefilzt, schikaniert, der Pass wurde fünfmal hin- und hergereicht, es war immer leicht gespenstisch, und als der Zirkus vorbei war, empfand ich das als die richtige historische Gerechtigkeit, die sich vollzogen hat.

Was hatte West-Berlin in Israel für ein Image? Einerseits diese arme gequälte Stadt, andererseits war es die Stadt, in der die zentralen Entscheidungen der Nazis gefällt wurden, die kamen ja sicher nicht vorrangig vom Obersalzberg.

Was mit Berlin verbunden wurde, glaube ich, war vor allem der Kalte Krieg. Ich glaube, jetzt ist die Erinnerung an das, was zur Zeit des Dritten Reiches stattgefunden hat, stärker als zur Zeit der Mauer. Weil zur Zeit der Mauer dieses West-Berlin so ein artifizielles Ding mitten im roten Meer war, und es wurde eher assoziiert mit allem, was mit Kaltem Krieg zu tun hat als mit dem Dritten Reich. Also dann war eher der Obersalzberg oder das Nürnberger Parteitagsgelände die historische Anbindungsstelle. Das Entscheidende, was den Reiz von West-Berlin ausgemacht hat – es war so eine Anarchostadt. Die westdeutsche Souveränität war begrenzt, es gab noch die Todesstrafe für das Führen von Schusswaffen, es gab vieles, was es im Westen nicht gab, auch wenn es nicht praktiziert wurde, und es war so eine Stadt, wo man wirklich das Gefühl hatte, wie beim »Dritten Mann« in Wien, wenn ich diesen alten Film mit Orson Welles sehe, denke ich immer, ich bin nicht in Wien, sondern ich bin im alten West-Berlin. Und die Situation in Wien war ja bis zum Abzug der Russen – die Russen sind, glaube ich, 1955 oder 56 abgezogen, also relativ spät – ja eine ähnliche. Ich habe mal ein Jahr in Wien gelebt – man konnte später, noch in den 50er und 60er Jahren, immer noch die Teilung der Stadt erleben, obwohl dort nie eine Mauer gestanden hat. Im Ostsektor von Wien ging es anders zu als in anderen Sektoren. Also man kann wirklich eher das Wien in der damaligen Zeit mit West-Berlin vergleichen als mit einer anderen Stadt, als mit Jerusalem.

Wie hat das Ausland reagiert, als die Mauer fiel und man ahnte, da würde es wieder eine Hauptstadt Berlin geben? Hier in Berlin haben wir die Reaktionen ja immer etwas gefiltert bekommen, es wurden meist nur die netten Pressestimmen zitiert.

Ich habe das von zwei Seiten mitgekriegt. Als die Mauer fiel, war ich in Jerusalem, und ein Jahr später während des Prozesses der Wiedervereinigung war ich in New York – es gab einen kurzen Schockzustand, erinnere ich mich, wo alle sagten, das kann es gar nicht geben, so was gibt's gar nicht, da hat sich irgendwie die Geschichte einen Witz erlaubt. Aber dieser Schockzustand hat relativ schnell nachgelassen, nachdem klar war, dass die einzigen, die das »Vierte Reich« erwarteten, die westdeutschen Linken waren, die davor warnten, um sich mal wieder als großartige Antifaschisten selber ins Spiel bringen zu können. Aber es wurde allen relativ schnell klar – das dauerte nur ein paar Wochen –, dass die Gefahr des »Vierten Reiches« nicht tatsächlich vorhanden war. Und dann gab es doch 'ne Menge Sympathie. Und die gibt's, glaube ich, bis heute, weil, so wie sich die Bundesregierung benimmt, egal, wer sie gerade führt, man vor einem wieder erwachten braunen Moloch keine Angst haben muss. Eher vor der deutschen Friedensbewegung *(Lacht.)*, die Deutschland wieder isolieren möchte.

Lieber Henryk – West-Berlin dankt Ihnen für das Gespräch!

Wir kamen nach Berlin mit bangem Herzen

Bernd Guggenberger über schwarze Boxen, Exzellenzen, den Verlust der Mitte, Berlin-Prägungen, hausende Löwen, Konfliktchoreografien, Kuppelparagrafen, psychologische Grenzgänger, Schmelztiegel für alles Mögliche; über Basiskulturen, soufflierende Großväter, Duftnoten, Empörungskoalitionen, lyrische Subjekte, kiffende Ministranten und linke Anbiederunsgbedürfnisse.

Gesprächsdatum: 23.7.2001

Olaf Leitner: West-Berlin …

Bernd Guggenberger: Da fallen einem natürlich erst mal die unzähligen Reisen mit Bangen im Herzen über die Grenze ein, die Schilder und Kontrollstellen, die aufgetaucht sind. Es war immer ein kleines Abenteuer. Sowohl beim Rein- wie beim Rausfahren. Dass dies weg ist, das »vermisst« man ja schon fast ein bisschen. Und Ost-Berlin war halt eine verschlossene Welt, eine Blackbox.

Es fallen Ihnen also zunächst Beschwernisse ein, wenn Sie an West-Berlin denken. Nicht ein strahlender Stadtteil in grauem Umfeld?

Zuerst war da die Abenteuerschranke. Man musste – wie im Märchen oder in alten Sagen – eine kleine Heldentat vollbringen, und dann kam man in den Genuss des Glitzerlichts und der Großstadt. Aber ohne Fleiß kein Preis: Berlin war für einen wie mich, der damals aus Freiburg, aus der Provinz, aus dem Schwarzwald kam, schon so eine Glitzerverheißung, eine Welt, die man halt nur aus dem Fernsehen kannte. Und die doch hinreichend anders war als Frankfurt/M., als Basel, als Stuttgart, als Köln.

Hatte West-Berlin im akademischen Bereich herausragende Persönlichkeiten?

Es gab beides: akademische Exzellenz und Unterdurchschnittlichkeit. Man kann beide Thesen auch mit Namen begründen. Es war immer auch ein Stück weit akademisches Strandgut, also die Leute, die woanders nichts gekriegt haben, die es nach Berlin verschlug. Das kann man an ganz einfachen Sachen festmachen. Wer sich als Professor in den Spätfünfzigern, Frühsechzigern in Berlin ein Haus kaufte, musste in den Siebzigern einen totalen Preisverfall hinnehmen. Berlin war nicht attraktiv für akademische Karrieren, was aber nicht heißt, dass deswegen nur Flaschen hier gewesen wären.

Wann sind Sie nach West-Berlin gekommen?

Um '68 herum. Ich kannte den in Berlin lebenden Helmut Gollwitzer, den ich als taxifahrender Student oft die 50 Kilometer von Freiburg aus zu seinem Ferienhaus bei Todtmoos kutschiert hatte und mit dem ich auf diesen Fahrten heiße politische Diskussionen führen konnte. Er meinte, ich müsse unbedingt nach Berlin kommen und besorgte mir dort eine Wohnung.

Und? War West-Berlin nun so toll und anders? Oder gab es das alles, was den Campus angeht, auch in Freiburg?

Nein, wir hatten nichts von dem in Freiburg. Wir kannten damals noch nicht diese hektischen, aufwühlenden Teach Ins im überfüllten Audimax und in den überfüllten Hörsälen; später dann ja, für mich war das damals einfach alles überwältigend: mit einer Stadt konfrontiert zu sein, die stärker ist als man selbst. Das hatte ich nie in Zürich erlebt, und nie in Stuttgart oder in Freiburg, also in den Städten, die ich damals gut kannte. Da hatte ich immer das Gefühl, dort, wo ich bin, sei Mittelpunkt. In Berlin hat man das nicht. Bis heute übrigens nicht! Man denkt bei allem, was man tut: Du hast dich doch wieder für das falsche Ereignis, das falsche Theater, das falsche Konzert, den falschen Film entschieden – woanders spielt die Musik. Das Gefühl, dass eine Stadt einen permanent überfordert, das hatte ich nie auf der ganzen Welt in diesem überwältigenden Ausmaß. Selbst nicht in New York. In New York verlässt man sich auf die Insider-Tipps und denkt, natürlich, man ist jetzt genau auf der Vernissage, wo die Post abgeht. Berlin ist hingegen zerfasert, es hat keine Mitte. Das Fehlen der verdichtenden Mitte. Der »Verlust der Mitte«, was Hans Sedlmayr – kritisch – als Signum der Moderne, der Modernen Kunst exponierte. Das ist etwas, was ich nie so deutlich erfahren habe wie in Berlin, in diesem zerschnittenen, ausgebluteten Berlin, das künstlich beatmet wurde und das multizentral oder zentrifugal existierte. Ich habe in Dahlem und in Zehlendorf gewohnt und bin nicht selten für mehr als eine Woche aus meinem Stadtteil überhaupt nicht herausgekommen. Da war eben Berlin identisch mit der FU, mit Zehlendorf und Dahlem.

Nach Schöneberg oder zum Tiergarten bist du unter Umständen wochenlang kaum gekommen. Was vielen Berlinern ja heute noch so geht. Die wohnen in Mariendorf und kommen da das ganze Jahr nicht raus. Also typisch war das Fehlen eines eindeutigen Zentrums, damit ging einher das Zerfasern der Stadt: ein überwältigendes Kulturangebot, aber die Hierarchien waren nie geklärt, wie in anderen Städten. Übrigens bis heute nicht. Du hast plötzlich in Friedrichshain einen wunderbaren Kiez, um die Simon-Dach-Straße etwa. Das ist aber eine ganz andere Welt. Die Leute da waren vielleicht nie in Kreuzberg und kennen die Bergmannstraße nicht.

Kleiner Einschub: Bergmannstraße Ecke Mehringdamm hab ich Anfang der 60er samstags den Telegraf verkauft. Habe in sechs Stunden etwa 12,50 DM verdient. Manchmal standen da schon meine eigenen Artikel im Blatt. Hätte am liebsten gesagt: Leute, lest mal den Aufmacher der Jugendseite! Der jüdische Uhrenhändler an der Ecke gab mir immer einen Gro-

Bernd Guggenberger (*1949)
Er lehrte in Freiburg, Osnabrück, Bielefeld, Stanford (USA) und ist Professor für Politische Wissenschaften an der FU Berlin, Direktor des Deutschen Instituts für Angewandte Sozialphilosophie (DIAS) in Bergisch Gladbach und Rektor der Lessing-Hochschule in Berlin und Meran. – Guggenberger arbeitet am Projekt einer europaweit operierenden Senioren-Universität. Neben seiner Tätigkeit in Wissenschaft, Forschung und Politikberatung schreibt Prof. Guggenberger auch für die FAZ, DIE ZEIT, die Wiener Zeitung und die Neue Zürcher Zeitung. Er arbeitet für Rundfunk und Fernsehen und zeigt als Bildender Künstler seine Bilder und Objekte auf Aufstellungen im In- und Ausland, u. a. im Freiburger Museum für moderne Kunst, im Wissenschaftskolleg Berlin und in der Orangerie von Sanssouci (Potsdam). Er hat Bücher u.a. zu Fragen der Ästhetik und zur Digitalisierung des Bewusstseins verfasst (z. B. Einfach schön. Schönheit als soziale Macht, Hamburg 1995, Das digitale Nirwana, Hamburg 1997, Sein oder Design. Im Supermarkt der Lebenswelten, Hamburg 1998).

schen Trinkgeld. Das war sensationell viel damals. Die nicht verkauften Exemplare musste ich sonntags im Verlagshaus Grunewald wieder abliefern. Ein kleiner alter Freak hat mir ab und an Gesellschaft geleistet. Er suckelte gern an seinem Flachmann. Den hatte er aus der Apotheke und der enthielt reinen Alkohol. Meinen Freak soll später ein Auto überfahren haben.

Zurück zum Fehlen der Mitte: Es gab viele junge Leute in West-Berlin, die etwas aufgebaut und viele Alte, die sich dagegen gewehrt haben. Es gab auch im Generationen-Tableau keine erkennbare Mitte.

Das ist eine ganz schöne Idee oder Interpretationsfigur von Ihnen, die Sie da aufbringen. Der »Verlust der Mitte« ist ja eine Formel, die einen reaktionären Beiklang hat, wenn man deren Entstehungsgeschichte bei Sedlmayr kennt. Aber wenn man mal alle Assoziationen, die mitschwingen, für den, der sich in dieser Debatte auskennt, beiseite lässt und das ganz unbefangen nimmt, dann ist das eine sehr fruchtbare heuristische Chiffre: der Verlust der Mitte, auch in Bezug auf die Generationen. Man hat die ganz Alten, die die Stadt geprägt haben als die, die es nicht mehr geschafft haben, wegzukommen. Weil alle, die noch etwas vorhatten im Leben, von Berlin weggingen. Wer war denn in Berlin? Das waren »Republikflüchtlinge« aus dem Westen. Leute, die habituell mit der Bonner Republik nichts anfangen konnten. Am evidentesten natürlich als »Flüchtlinge« vor Vereinnahmung durch die Bundeswehr. Es war der zuverlässigste Hort, wenn man dem Militärdienst entfliehen wollte. Was übrigens, im Umkehrschluss, noch kein »Berliner Republik«-Bewusstsein keimhaft hat entstehen lassen! Also, das bedeutete überhaupt noch keine positive Gemeinsamkeit, sondern lediglich ganz negative Weggenossenschaft: Man konnte mit Bonn, mit Adenauer und der rheinischen Republik nichts anfangen. Da ging man nach Berlin, wo alles anders

war. Was es genau war, was man da suchte und fand, wusste so recht niemand. Es war vermutlich auch das Monstrum, das Ungefügte, etwas grenzenlos Amorphes, das für viele so attraktiv war. Etwas ungeheuer Plastisches, sprich: Beeinflussbares, Gestaltbares und damit natürlich für viele kreative Querköpfe etwas ungemein Anziehendes. Alles, was an Spinnern, an Deppen im Westen rumlief und dort sehr leicht zu outen war, das konnte in Berlin eintauchen und war da plötzlich unter Seinesgleichen. Also eine unglaublich quirlige, lebendige, verrückte, aber eben auch kreativ-kritische Masse, die sich da in dieser ummauerten Diktatur-Enklave zusammenballte.

War die »Berliner Szene« eher ein lokales Ereignis oder hat die nach Westdeutschland hinübergestrahlt?

Das ist eine schwierige Frage. Das müsste man mal untersuchen. »Ausgestrahlt« hat sie vor allem über Personen, die durch Berlin geprägt waren. Da könnte ich jetzt mich selber nennen als jemand, der dann 1970 nach Freiburg zurückging, oder andere nach Hamburg oder Castrop-Rauxel, und die dann ihre Berlin-Prägung, ihre Berlin-Sozialisation, nicht ganz vergessen haben. Also über diese Art von Vermittlung könnte das funktioniert haben. Der Rest der Welt hat ja Berlin nicht wirklich wahrgenommen. Nur über die Abendnachrichten im Fernsehen. Da gab es ein paar Bilder vom Deutsch-Amerikanischen Volksfest oder wenn ein bedeutender Regierungschef eine Ansprache hielt, aber Berlin war immer etwas Monströses. Eben etwas für die Abendnachrichten, aber nichts für die wirkliche Welt. Von daher hat Berlin nur stilbildend gewirkt über sensible Berlin-Flüchtlinge auf Zeit, die wieder an ihren Ausgangspunkt zurückgegangen sind. Ansonsten aber war das immer eine kuriose Insel. Das ist sie übrigens bis heute geblieben. Wenn man etwa Köln als ein anderes Epizentrum deutscher politischer Kultur, in seiner Kunstszene, vor allem, nimmt: Die Kölner interessieren sich bis heute nicht für Berlin. Die haben davon überhaupt keine Ahnung, können damit nichts anfangen; sie waren unter Umständen auch noch nie in Berlin. Allenfalls mal mit der Schulklasse. Die haben noch gar nicht mitgekriegt, dass die Mauer weg ist. Für die hat sich Null geändert. Es interessiert sie noch nicht einmal, dass Bonn nicht mehr Hauptstadt ist. Das heißt, die Kölner leben unglaublich introvertiert. Insofern könnte man sagen, dass die Introversion ein Kennzeichen der deutschen provinziellen Kultur ist. Deutschland ist in hohem Maße provinziell umhegt und eingefriedet, übrigens auch im guten Sinn. Das ist also nicht nur eine pejorative Vokabel, überhaupt nicht: Die Leute sind mit sich selber auf intensivste Weise beschäftigt. Ich kenne viele Künstler in Köln, die vielleicht mal nach Paris fahren würden, aber niemals nach Berlin. Das interessiert die schlichtweg nicht. Das ist fern der Heimat, Feindesland oder »hic sunt leones«, wie es auf den alten Landkarten hieß – hier beginnt endgültig das Chaos oder die Wüste, hier hausen die Löwen, aber keine zivilisierten Menschen. Das war einfach schrecklich, bedrohend, da geht man als zivilisierter Mensch nicht hin. Hier haust alles, was man nicht kennt, nicht mag, nicht braucht. *Terra incognita.*

Was konnten Sie denn aus West-Berlin mitnehmen? Nur so ein Lebensgefühl?

Was heißt: nur so ein Lebensgefühl? Das Lebensgefühl ist natürlich alles! Daraus folgern ja auch die Taten: Die Gedanken-Taten und die Taten-Taten. Insofern wäre das ja nicht wenig. Aber man kann das schon präziser benennen. Es war für die Studenten-Generation in der Nach-68er/70er-Jahre-Zeit schon dieses Aufbrechen eines rundum kritischen Bewusstseins, dass man alles, was von oben kam, was nach Wirtschaft roch, nach Establishment, nach Bürokratie, nach

Staat – dass dies alles einem negativ besetzten Generalverdacht unterlag, nach Manipulation roch und Repression. Das ist das, was in den Rest Republik geschwappt ist, was wir deutschlandweit übernommen haben. Was die Generation von damals bis heute prägt. Und, sagen wir mal, negativ bis heute die ganz Jungen prägt. Nämlich so, dass die so gewiss nicht sein wollen: universalkritisch und voll galligem Kulturpessimismus! Die leisten ihr Übersoll an Konformismus, machen ihren Kotau vor Marken, Trends und Moden. Sie sind medienhörig bis zum Geht-nicht-mehr. Das hat natürlich wieder was mit ihrer spezifischen Rebellion gegen die Rebellion der Väter und Mütter zu tun, die alles kritisch sahen. So leisten die Jungen jetzt, konfliktchoreographisch ganz plausibel, ihr Übersoll an Zustimmung und Einverständnis mit der Welt. Auch so drückt sich Opposition und Generationen-Revolte aus.

Aber noch einmal: Das war damals eine Kulturrevolution – wenn ich daran denke,

BZ-Weisheit: Neues aus der Gynäkologie, 1975

als ich ’68 von Freiburg weg bin, dass ich dort mit meiner Freundin kein gemeinsames Zimmer bewohnen durfte! Oder es seitens des Vermieters riesen Schwierigkeiten gab, dass wir zwei nebeneinander liegende Zimmer hatten. Es gab da eine Zwischentür, und die musste immer abgeschlossen sein. Den Schlüssel hatte er in Verwahrung. Ich musste ihm versprechen, dass wir nie einen Nachschlüssel anfertigen lassen würden. Er hatte wegen des »Kuppelparagrafen« Angst. Diese Welt der Studenten in Berlin hat mit allem aufgeräumt, was die ältere Generation an Hindernissen aufgetürmt hatte. Das war wirklich eine Kulturrevolution. Alles, was in Richtung Revolte wider die überkommene Sittlichkeit, wider die überkommene Sexualmoral, wider die überkommenen Verhaltenscodices ging, das war etwas, was von Berlin aus angestoßen wurde. Das hatte in der Tat soziale Ausstrahlungsenergie bis hinein in die Reihen der Jungen Union in Bayern: Dass sich plötzlich auch Franz Josef Strauß nach einer Parteitagsrede mal einer 5-Minuten-Diskussion stellen musste; so etwas auch nur zu fordern war bis dahin ein Staatssakrileg.

An unserem politischen Sprechen, am Umgang miteinander, an der Sexual- oder Beziehungsmoral, hat sich unendlich vieles verändert. Man hat das vielleicht nicht vordergründig mit Berlin assoziiert, aber es ging eindeutig von hier aus.

Und warum gerade aus Berlin? Die Tatsache, dass da eine Mauer drumherum ist, wirkt ja allein noch nicht ideenbefördernd.

Nein, aber der »Bodensatz« ist interessant. Das ist ja wohl auch eine These dieses Buches: Ich glaube, dass die Tatsache, dass hier eine verfestigte Frontstadt war, wo Welten aufeinander prallten, wo es aber auch eigentlich nicht mehr weiter ging, ähnlich, wie wenn man nach Katmandu ginge, wo auch die Welt zu Ende ist und man dahinter nur noch das Himalaja-Massiv erstürmen kann; man musste also irgendwie verrückt sein, dahin zu gehen. So etwas ist immer ungeheuer attraktiv im Sinne von »anziehend« für extreme Persönlichkeiten; Leute, die fanatisch einer fixen Idee anhängen, einer schwer kommunizierbaren Weltanschauung, die sich auf bestimmte Art und Weise kleiden, ernähren, Musik machen. Es gab keine andere Stadt als Berlin, die so anziehend auf solche psychologischen Grenzgänger wirkte. Hier fand sich die kritische Masse, aus der dann tatsächlich dieser Umschlag in eine neue Sozialqualität auf breiter Basis erfolgte. Hier waren viele hochgradig »fiebrige«, im Erwartungszustand lebende Menschen versammelt, so wie Robert Musil im »Mann ohne Eigenschaften« es für die vorvorige Jahrhundertwende beschreibt. Ganz viele Leute befanden sich in diesem Schwebezustand, in diesem sozialen Moratorium, diesem Zwischenstadium. Sie wussten nicht, worauf sie warteten, aber sie wussten, dass sie warteten. Dann, zu einem bestimmten Zeitpunkt, so wie Wasser bei hundert Grad die Zustandsform verändert und zu Dampf wird, so ist hier bei einem bestimmten Siedegrad dieser fiebrigen kollektiven Erwartung – 1965: Anlass die abgesagte Erich-Kuby-Rede an der Uni – etwas explodiert. Plötzlich hatte man einen gemeinsamen Gegner, die Springerpresse, die Vietnamkrieger der USA, und das »Establishment« zu Hause. Man wusste plötzlich wogegen, aber vielleicht noch nicht so präzise, wofür man war. Die Tatsache, dass viele solcher elektrisierter und elektrisierbarer Individuen hier waren, die insgesamt zu einer kritischen sozialen Masse werden konnten, das hat West-Berlin zu etwas Besonderem gemacht.

Es gibt aber unter den Berlin-Flüchtlingen manche, die in umgekehrter Richtung getürmt sind, nämlich aus West-Berlin hinaus. Enzensberger beispielsweise.

Viele gingen dann später wieder weg, weil Berlin genau diese Art der Attraktion – Schmelztiegel für alles Mögliche zu sein, ein Laboratorium, eine Experimentierbühne – weil Berlin genau diese Qualität für sie verloren zu haben schien. Es war vielleicht ein bisschen vorschnell, durch '89 sah man ja, dass dicht bei dicht eine zweite »Experimentierküche« existierte. Die »Laboranten« hier wie da wussten offensichtlich nicht viel voneinander ...

Was wir mit diesem Buch ändern wollen!

Das war – im Osten – ja ein Laboratorium, das auch gekocht hat, wie ich beispielsweise aus der Kunstszene weiß.

Aber es war in West-Berlin durchaus bekannt, dass es auch noch andere Zentren gab, beispielsweise was die Ökobewegung betraf.

Eben. Man muss sich davor hüten, alles, was sich an Hehrem, Wahrem, Gutem und Schönem, Zukunftsweisendem, politisch Bedeutsamem in dieser magischen Zeit zwischen '65 und '85 ereignet hat, allein auf Berlin zu beziehen. Das stimmt gewiss, wenn wir diese Zwanzig-Jahre-Strecke benennen wollen, wo die 68er Botschaft das überragende Lebensthema für eine ganze Generation war: egal, wo man politisch stand, ob man CDU gewählt hat oder SPD, auch ein Diepgen beispielsweise oder so ist direkt und indirekt von dieser 68er Botschaft erreicht worden.

Aber die ökologische Idee ist woanders entdeckt und ausbuchstabiert worden, nämlich an den Orten, wo Technikkritik praktisch und folgenreich wurde. An den Bauzäunen für geplante Atomkraftwerke in der Republik: in Wyhl, Brokdorf, Gorleben u.a. Dort, wo man gegen achtspurige Autobahnen gekämpft hat. Dort, wo man gegen das Plattmachen ganzer Stadtteile in spekulativer Absicht protestiert hat, wie im Frankfurter Westend. Und so weiter. Da spielt das Dreiecksland Frankreich-Schweiz-Baden-Württemberg eine große Rolle. Oder Brokdorf oder das Wendland. Hier sind Basiskulturen entstanden, Bewegungen, die politisch und kulturell ausgestrahlt haben. Die, wenn man jetzt an Leute wie Heinrich Böll denkt, für die Älteren sehr viel attraktiver waren, auch weil sie politisch gerichteter erschienen als der diffuse Antiprotest gegen »das Ganze«. Hier hatte man plötzlich die Chance, eine politische, eine soziale, eine neue Umgangsidee mit der Natur zu modellieren, sie zu gestalten, was ja beim Vietnamprotest kaum der Fall war. Man war entschieden gegen etwas, und man hat's verhindert oder auch nicht und das war's dann. Aber die positiven Gestaltungsmöglichkeiten haben gefehlt. Dies war nun plötzlich da bei den Bauzaunleuten, die Ökodörfer gebaut, eigene Zeitungen gemacht und eigene Rundfunksender betrieben haben. Die haben sich auch über die Grenzen hinweg zusammengeschlossen. Man hat soziale Utopien ausgelebt. Aber auch das wäre ohne '68 nicht denkbar gewesen. Insofern gibt es auch hier eine Fernwirkung, die sich Berlin dankt. Walter Mossmann und solche Leute oder ich selbst, die in der Öko- und der AKW-Bewegung eine große oder kleinere Rolle gespielt haben, waren alles Ex-Berliner, d.h. sie haben

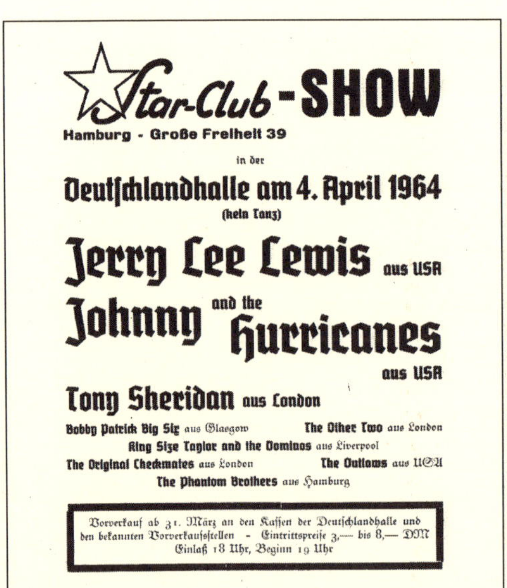

alle mal in Berlin studiert und sind davon angetörnt gewesen. Das halte ich nach wie vor für einen wichtigen Gesichtspunkt, dass wir alle mit Berlin was zu tun hatten.

Dennoch wieder die Frage: Wieso gerade Berlin, wieso kam das Neue aus einer Stadt, die lange von einer Völker-der-Welt-schaut-auf-diese-Stadt!-SPD regiert wurde, ziemlich konservativ und ziemlich stur. Ich war in den 60ern mal mit Leuten vom »Blickpunkt« beim SPD-Blatt »Berliner Stimme« eingeladen, Motto: Die jungen Spunde treffen auf hocherfahrene väterlich-weise Kollegen. Als wir irgendwann ganz schüchtern etwas Kritisches zum Vietnam-Krieg sagten, wurden wir vom damaligen Chefredakteur, er hieß Brinkmeier oder so ähnlich, sowas von abgeledert, wie es bei der CDU nicht hätte schlimmer gewesen sein können. Es waren nicht die Argumente, die uns verschreckten, sondern die eiskalt-arrogante Art, mit der man uns abgekanzelte. Hat bei uns allen Spuren hinterlassen. Also: Die SPD war die bessere CDU, es war kalt im Kalten Krieg und besonders kalt war der Krieg in Berlin. Und dennoch …

Ich muss das Stichwort von der fehlenden Mitte noch einmal aufgreifen. Was hier gefehlt hat, war die Generation der Väter. Es waren nur die Opas und Omas da und die Enkel. Die zwischen drin fielen eigentümlich aus. Es waren alte Männer, die gegen die 68er wetterten, Löwenthal und solche Leute, aber die Elterngeneration war ziemlich sprachlos. Von daher fehlte da was. Die Jungen bildeten von daher wiederum eben auch nur eine mit sich selber im Dauerdiskurs befindliche Separatpopulation. Etwa im Republikanischen Klub. Ab und zu hat sich mal einer der soufflierenden Großväter wie Herbert Marcuse eingefunden, aber es waren – im Unkritischen wie im Affirmativen – die Großväter, nicht die Väter. Es gab eben eine engagierte Gruppe, die im eigenen intellektuellen Wahrnehmungssaft schmorte, und die weder durch Kritik noch durch zusätzliche Anregung von irgend jemandem erreicht wurde. Zum anderen kann man sagen: Gerade weil wir eine knochenharte Situation hatten, einmal die alliierte Präsenz hier in der Stadt, zum anderen auch ein Frontstadtregiment, das mit Gegnern beinhart umging, gerade weil man hier die Drängelei und Bevormundung in dieser engen Welt, in dieser Arche auf dem Meer des Kalten Krieges, deutlicher und bedrückender empfunden hat, deshalb ist es wohl kein Zufall, dass sich gerade hier der Widerstand besonders regte. Es ist wie wenn du einen Vater hast, der dich ungerechtfertigter Weise ohrfeigt oder drangsaliert und wenn du dann allmählich spürst, dass deine Muskeln ausreichen, ihn mal recht hart auf die Sofakante zu setzen und zu sagen: Da bleibst du sitzen! – dann tust du es auch!

In anderen Städten hatte man die Chance, einfach wegzugehen, wenn einem etwas nicht passte. In den USA wird es niemals eine soziale Revolution geben, denn wenn es dir irgendwo ganz unerträglich wird, ziehst du einfach weiter. In Berlin konntest du aber nicht weiter ziehen. Man musste mit denen leben, die dich gepiesackt haben.

Wir haben die Uni-Landschaft West-Berlins etwas aus den Augen verloren und deren Bedeutung.

Ich sagte ja, dass West-Berlin nicht karriereförderlich war. Die Naturwissenschaften als

Liebe Berliner Star-Club-Freunde,

wir kommen trotzdem! Sie werden fragen, wieso trotzdem? Nun, seitdem wir hier in Berlin Veranstaltungen aufziehen wollen oder aufziehen, gibt es Schwierigkeiten, die man sonst nicht kennt. Diesmal waren es die Plakate. Seit Januar bestellt, sollten diesmal wieder ca. 1200 Plakate unsere Show am 4. April in der Deutschlandhalle ankündigen. Aber siehe da; die zuständigen Herren konnten sich plötzlich nicht erinnern, von uns beauftragt worden zu sein. Es war keine Plakatfläche mehr frei! Vielleicht hatte man die Hoffnung, wir würden dann fernbleiben? Aber das wollen wir unseren Berliner Freunden nicht antun. Wir kommen trotzdem. Und nicht zuletzt deshalb, weil wir uns darauf verlassen, daß Sie uns helfen. Bitte sagen Sie allen Freunden und Bekannten, daß wir am 4. April mit umstehendem Programm in der Deutschlandhalle gastieren werden. Vielleicht geht es dann diesmal auch ohne Plakate. Gleichzeitig bekämpfen Sie dadurch die Intrigen, die hier laufend gegen uns und die von uns propagierte Musik gesponnen werden.

Auf Wiedersehen am 4. April in der Deutschlandhalle und vielen Dank für Ihre Unterstützung.

Ihr Star-Club Hamburg

Zukunftswissenschaften beispielsweise haben sich woanders konzentriert. Da hat niemand investiert, da war keine Anschlussmöglichkeit an die großen Firmen, die waren ja alle nicht hier. Es gab keine Beschäftigungsperspektiven. Aber in bestimmten Bereichen der Geisteswissenschaften sah es besser aus, die Germanistik war nicht schlecht, auch die Politische Wissenschaft, die Soziologie hat hier geblüht, weil es ja interessant war, dieses intellektuelle und soziale Treibhausklima zu beobachten. Das Otto-Suhr-Institut, das aus der ehemaligen Hochschule für Politik hervorgegangen ist, hat hier auf junge Gelehrte von überall her unglaublich attraktiv gewirkt. Da war etwa die »Freiburger Fraktion« ja ganz stark vertreten, die Schwans, die Sontheimers, die da alle im Lauf der Zeit vom Bergstraesser-Institut hierher abgewandert sind. Hier waren große Namen versammelt, die dann nachher wieder, in der zweiten Welle, in die Republik zurück gingen. Die Politikwissenschaft hat sicher republikweit stilbildend ihre Berliner Duftnoten unters Politologenvolk verteilt. Aber ansonsten war Berlin tiefste Wissenschaftsprovinz, was sich auch darin äußert, dass eine Kalte-Kriegs-Gründung wie die »Freie Universität«, was eigentlich ein schöner Name für 'ne Uni ist, sich vom Bestandszweck her für den schnöden Abwehrkampf gegen den als expansiv erachteten Weltkommunismus monopolisieren ließ. Die FU ist ja eine völlig geschichtslose Einrichtung. Die Humboldt-Universität als Antipode hat ja z.B. viele Jahre mehr auf dem Buckel, genau wie andere traditionsreiche Universitäten – die Göttinger oder die Heidelberger, die FU ist eine traditionslose, nach Beendigung des 2. Weltkriegs schnell in der ideologischen Lagermentalität der damaligen Zeit aus dem Boden gestampfte Institution.

Machen wir einen Sprung vom Dahlemer Campus zur Waldbühne in Charlottenburg: Das längst legendäre Rolling-Stones-Konzert im September

1965, mit erheblichen Auswirkungen sogar auf das 11. Plenum des ZK der SED im Dezember des gleichen Jahres, hat ja wohl zum ersten Mal eine neue Art des geballten Jugendprotestes vorgeführt. Die Jugend, wenn auch noch unpolitisch, zeigte sich als Machtfaktor. Ist das richtig?

Es gab kleine Vorläufer in der Gestalt von Rockergangs in England

Die Halbstarken.

Ja, völlig unpolitische Schläger- und Radautrupps.

Von Marlon-Brando-Filmen inspiriert.

Ja, ganz genau. Langeweile, mit dem Auto oder dem Motorrad durch die Gegend fahren, das *chicken game*, Randale unter Alkoholeinfluss. Ich glaube, man hat im Rest der Republik das Rolling-Stones-Konzert dem noch zugeordnet, man hat noch nicht gesehen, dass dahinter die Schubkraft einer kulturellen Neu- und Andersorientierung wirkte. Man hat diesen doch viel weiter reichenden antiautoritären Impuls noch nicht so wahrgenommen. Man dachte, das sei das übliche Aufmotzen in der Post-Pubertät. Dass man sich ein bisschen an Autoritäten reibt. Ob es die Polizei ist, oder ob es Straßenschilder sind, die dir die Durchfahrt versperren, oder der Rektor in der Schule. Das hat sich dann aber ganz schnell geändert. Ungefähr zeitgleich '65 kam das Redeverbot für Erich Kuby seitens des Rektors der FU. Er war vom AStA eingeladen worden, der Rektor lud ihn wieder aus.

Es hieß, Kuby habe die FU bei einem Vortrag im Jahre 1958 verunglimpft. Die Veranstaltung wurde dann wohl im Studentenhaus der TU abgehalten.

Anlässlich dieser Sache gab es die ersten Auseinandersetzungen mit der Polizei, das war dann auch das Gründungsfanal, nun, (gegründet war er ja schon früher) das Aktionsfanal für den SDS, der sich ab da politisch einzumischen begann. Und die Verbindung schuf zu dem, was fern in der Welt passierte, Beispiel Vietnam, was da an Unterdrückung ortbar war mit dem, was an Unterdrückung unmittelbar im eigenen Hause stattfand. Man schmiedete so eine Art weltumspannender Empörungsgemeinschaft wider das globale Unrecht und andere Empörungskoalitionen, die sogar strategisch Sinn machen sollten.

Die Gegenseite kümmerte sich auch um Vietnam, Berliner Zeitungsverleger schickten das Modell der Friedensglocke zu den Amis nach Saigon.

Ja – das sind lustige Bewegungen kommunizierender Röhren, die da stattfinden. Das sind auch nie beachtete und beschriebene Frühformen von Globalisierung. Das muss man sehen: '68 war ja nicht nur in Berlin, sondern auch in Prag, in Paris, in Kolumbien, in den USA, in Göttingen, in Zürch – »Züri brennt!« –, und an vielen anderen Orten mehr studentenpolitisch »etwas los«, also das war eine weltweite Bewegung. Eine Internationale des Jugendaufstands. Das heißt, ganz viele haben sich offensichtlich darin wiedererkannt. Es bildeten sich weit über geografische Grenzen hinweg virtuelle Gemeinschaften. Etwas, was man sonst immer erst beschreibt als Ausfluss und Folge der Neuen Medien. Man sieht, dass Ideen schon immer grenzüberschreitende Qualitäten hatten und nicht an Schlagbäumen Halt machten. Genauso wenig wie Moden und Meinungen, Zeitgeiststimmungen und Seuchen.

'68 muss es irgendwie besondere Konstellationen gegeben haben, es war auch in der Popmusik ein Zeitraum, in dem Welthits und spätere Evergreens en masse geschaffen wurden. Vielleicht sollte man mal klammheimlich einen Astrologen befragen ...

Nein, wieso einen Astrologen – das ist doch viel schlichter zu erklären! Unsere Einteilung von kulturellen Bereichszuständigkeiten ist doch eine willkürliche! Der eine ist für Musik zuständig, der andere für Politik. Aber jemand, der hochsensibel ist in einem Gebiet, z.B. der Poesie oder auch der Architektur, ist es auch anderswo. Kreativität ist nicht teilbar, das ist meine These. Das ist ja das Schlimme, was die Ökonomisierung uns derzeit beschert, dass man meint, man könne Kreativität bornieren (= verengen, O. L.) auf ein Feld, man könne sie auf den *shareholder value* fixieren. Das ist natürlich fatal. Wer die wirtschaftliche Kreativität, die Produktinnovation haben will, der darf den künstlerischen Bereich, den »Spinnerbereich« der Kunst, nicht madig machen und als überflüssig abtun. Es gibt überhaupt keine bessere Investition in Kreativität, als dass man sie bei jungen Künstlern umfassend fördert. Das zeigte sich in Silicon Valley, das hat sich auch in jener Zeit gezeigt. Wenn da was aufbricht, dann bricht es in der Religion, in der Lyrik, in der Architektur – eben überall auf. Dann kommt's zu diesen Passungserfahrungen, das »lyrische Subjekt« taucht eben auch tatsächlich in der Architektur auf oder in der Musik und in der Wissenschaft. Plötzlich hast du auch dort das Subjekt, das sich in den Mittelpunkt stellt und der Addition von Baumasse, die bis dahin üblich war, ade sagt oder sie attackiert, oder die Tonalität, die Metrik, die Autorität oder die Wissenschaftsneutralität. Ich glaube nicht, dass das sehr geheimnisvoll ist. Es war ja auch so – jeder Architekt war politisch und umgekehrt: jeder, der aus der politischen Ecke kam, hat plötzlich auch das »andere Wohnen« entdeckt. Und damit die andere Form, Häuser zu bauen. Das war in der Oktober-Revolution genauso. Wenn es irgendwann mal losgeht und der Deckel vom Topf ist, dann läuft der ja nicht nur an einer Stelle über.

Das Innovative in West-Berlin, diese Pille müssen die Eingeborenen West-Berlins schlucken, wurde von den westdeutschen Asylsuchenden initiiert. Könnte es sein, dass die sich viel in West-Berlin getraut haben, wozu sie in ihrer Heimat keinen Mut hatten und mit dem Hintergedanken, wenn alles schief geht ...

... haben wir die Rückfahrkarte in der Tasche ...

... sind da noch Papa und Mama mit der Villa am Starnberger See und einer Firma, wo man Unterschlupf finden kann.

Völlig richtig! Wir sind nach Berlin gegangen, weil wir uns dort Dinge getraut haben, die wir uns in St. Blasien und in Castrop-Rauxel nicht getraut hätten. Wo ein jeder jeden kannte. Meine These ist ja, es waren nicht die Großstädter, die nach Berlin gegangen sind. Nicht die Hamburger, die Kölner. Die waren ja in ihrem Kiez verankert. Sondern die Leute eben aus St. Blasien, von Titisee-Neustadt, Pforzheim, Pirmasens und Aurich, aus diesen engen Gefilden. Sie lockte das Versprechen der großen weiten Sozialwelt, wo alles möglich ist und wo sich Leute treffen, die ganz anders sind, jedenfalls nicht Mainstream. Übrigens auch mit Bangen! Anfangs – im Herzen. Das war bei mir genauso, man hatte Angst, Gollwitzer musste mir erst ein Zimmer besorgen (s.o.), sonst wäre ich vielleicht gar nicht nach Berlin gegangen. Man hatte Angst, dass man der Stadt nicht gewachsen sein könnte. Und als man dann da war, hat man sich all das getraut, was du bei Mami und Papi nie machen durftest, nämlich Tassen zertöppern, Fenster einschmeißen, die Freundin fünfmal in einer Woche wechseln und ähnliches mehr. Auch die harmloseren Sachen: saufen bis zum Umfallen, mit weichen Drogen experimentieren. Das war etwas, was man zuhause nicht konnte. Da kannte dich jeder, einschließlich des Ortspolizisten, oder des Chefs deines Vaters. Und der Pfarrer hat dich bei den Löffeln genommen und gesagt, Mensch, morgen ministrierst du wieder in der Messe und heute kiffst du da in der Ecke rum! Büberl, das geht nicht! Also, das hat sicher eine ganz, ganz große Rolle gespielt.

Es gibt die Meinung, dass all das, was in West-Berlin Originelles geleistet wurde, überwiegend im Kollektiv entstand. Erfolgreiche Einzelkämpfer wurden schnell zu Hassfiguren aufgebaut.

Das Thema ist fast ein bisschen zu schwierig für so ein Gespräch. Ich erwähnte ja gerade diese Aufmüpfigkeit auf dem Grunde von Angst und Seelenbangigkeit. Wir kamen nach Berlin mit bangem Herzen. Würden wir dem allen, der Fremde und dem Neuen und dem Sprungs ins kalte Wasser, dieser ganz anderen Welt so nahe an der Grenze zu einer bis an die Zähne bewaffneten Ideologie, von der wir ja auch nicht so sehr viel Genaues wussten – würden wir alle dem standhalten? Man ist ja auch ein wenig »aus Angst« zum DDR-nahen Sozialismus konvertiert, nicht?! Also, wenn man ganz viel Angst vor denen mit ihren Panzern und ihren Drohgebärden an der Grenze hat, dann gibt man sich eben manchmal ganz gern als Gleichgesinnter oder jedenfalls als einer zu erkennen, der die blauen Bände im Fond seines Autos liegen hat und eigentlich auch, inmitten des Kapitalismus, heroisch die rote Fahne hochhält.

Solche Anbiederunsgbedürfnisse aus Angst haben stets 'ne gewisse Rolle gespielt. Ich glaube, dass man diese generelle Bangigkeit einbeziehen muss. Und diese Bangigkeit fängt man natürlich auf im Kollektiv. Im Wattebauch des Kollektivs, in der Lebens- und Hausgemeinschaft, kann nichts schief gehen. Da sind immer noch sieben andere da, die dir mit ihren markigen Sprüchen wieder Mut machen, wenn du verzagt bist, wenn der Scheck ausbleibt oder irgend etwas anderes schief läuft, das Examen nicht klappt. Also einmal das, und dann hat man das ideologisch überhöht, indem man das Individuum, die individuelle Leistung, die Boss-Attitüde entsprechend verketzert und sanktioniert hat. Alles, was mit Namen, Vornamen und individueller Biografie zu kennzeichen war, wie Axel Cäsar Springer, wie Rolf Eden (später dann auch Uschi Obermaier und Hans Magnus Enzensberger!), verfiel diesem Verdikt, das sei ja nun wirklich überholter bürgerlicher Individualismus und Biografismus.

Aber ich glaube, dass sehr viele von uns diese ideologische Flucht in den Wattebauch des Kollektivs letztlich aus Angst angetreten haben. In so einer kochenden Masse, 4000 Leute, Vietnam-Kongress Februar 1968, Audimax der Freien Universität – ja, da war es viel einfacher mutig zu sein, als wenn man dem individuellen Polizisten mit dem Schlagstock in die Visage gucken musste. Oder der Weltmacht USA gegenübersteht, die mit Napalm dräut! Ich glaube, die Flucht ins Kollektiv war vor allem etwas, was die Verzagten immer wieder aufgerichtet und Mut gemacht hat. Da war man erst so alleine, vereinzelt, und hatte den Gegner als Übermächtigen geortet, als »Kapitalismus«, als »Weltmacht USA« – die altbekannte Selbsteinschüchterung durch Analyse eben. Und da half das Kollektiv. Der Bewegung waren von Anfang an die Individualisten verdächtig. Auch ein Rudi Dutschke musste immer wieder den Kotau vor dem Kollektiv machen: Ich spreche ja nur aus, was ihr denkt! Er hatte unendlich viele solcher Demutsgesten im Programm. Einer, der das nicht gebraucht hat, war zwar geachtet, galt aber immer als Außenseiter: Hans Magnus Enzensberger. Der hat sich um solche frühen Formen der *political correctness* nie gekümmert. Er hat immer wieder Volten und Haken geschlagen. Er war eine faszinierende Einzelpersönlichkeit, ein Einzelkämpfer. Aber die waren der Bewegung suspekt.

Herr Prof. Guggenberger – West-Berlin dankt Ihnen für dieses Gespräch!

Das war der Kudamm: Condom & Cognac

Wir wollen wissen: Was hat die City zu bieten, wo brennt die Luft? Wo fliegt die Kuh, äh: Ku? Es ist montags, morgens gegen Zehn. Die polnischen Freunde suchen noch ihre Parkplätze, noch ist das Chaos geordnet. Das KaDeWe feiert seinen 40., »ein Stück Stadtgeschichte im Herzen Berlins«, bei aller Bescheidenheit. In der Marburger nimmt der Info-Bus der Bundesregierung fünf Trabbis die Stellplätze weg, um in dieser historischen Stunde mit Steuer-Kohle DDR-Bürgern zu erklären, was für ein toller Staat der Kohl-Staat ist. »Perestroika in Berlin!« jubelt ein Plakat nach dem anderen. Na Wahnsinn, geht's jetzt hier auch endlich los? Die meinen aber nur das »1. Deutsch-Sowjetische Volksfest«, wo es nur deutsches Bier zu saufen gibt, alle acht Sorten sind abgedruckt.

»Legt sie um!« fordert ein Schaufenster und meint seine Goldkettchen. Watt'n Gag! In der Marbuger ist endlich was los – ein Riesenloch! Werden da drin die Trabbis entsorgt? Zwei Gentlemen in Grün mit der Bleipuste am Gesäß passen auf, das keiner von beiden reinfällt. Die immergleichen Jeans mit den immergleichen T-Shirts baumeln zum Auslüften vor den immergleichen Läden mit der immergleichen Rumpelmusik. Frage: Wer hat jemals einen ursächlichen Zusammenhang zwischen Bundhosen und Disko-Schrammeln nachgewiesen?

Am Wasserklops wird noch geruht, das Nickerchen nach durchzechter Nacht. Die Lampenputzer der Bewag feudeln an Glaskugeln herum.

Am Ehrenmal des Gingko-Baumes in Bronzelettern ein Hauch Goethe. Er schrieb aber »Gingo« als Wahl-Sachse. »Dieses Baums (das e ließ er weg) Blatt, der vom Osten meinem Garten anvertraut ...« Ein falscher Bezug, eine mystische Grammatikpanne des Meisters. An der KWG-Kirche stinkt es noch immer nach Pisse. Gott hat für alles Platz. Und die Zigeuner-Bigband da drüben spielt sich schon mal warm ('tschuldigung, ›Zigeuner‹ ist für mich ein Ehrenname: Brauchen dem Kaiser kein Zins zu geheben faria faria ho! – Recht getan. Das Geld wandert eh nur in den Info-Bus!).

Eine christliche Schautafel mit Brandenburger Tor: »Gott sei Dank? Ja – Gott sei Dank!« jubelt es. Er hat also die Mauer aufgemacht. Aber – wieso hat er sie überhaupt gebaut? Gott hatte übrigens »Betriebsferien vom 16.7.–3.8.«

Muß ja auch mal sein. Wenn er wieder da ist, gibt es einen »Grundkurs Glauben«. Vom 3.–8.9. In sechs Tagen durch die Bibel. In der Zeit schaff' ich ja nicht mal'n Asterix. Nebenan gibt's Hosen für acht Mark und »Condome mit Geschmack – elektronisch geprüft« Das Aroma? Lecker. Das Problem ist nur – ich komm' bei mir nicht so tief 'runter!

Na, und da ist sie wieder, die »Freie Theateranstalt« mit dem meistgespielten Stück: »Ich bin es nicht, Adolf (wie hieß er doch gleich?!) ist es gewesen« – Berlins zäheste Plakataktion. Durchhalten, Hermann!

Gut denn – Wertheim: Du hast gewonnen, deine einst von mir geschmähte gesamtberliner Bezirkswappen-Aktion hat die Einheit gebracht. Also nicht Gott, du bist's gewesen!

Das Marmorhaus wirbt: »Er hat das Lächeln von John Travolta und die Stimme von Thomas Gottschalk«. Kann es schlimmer kommen?

Ecke Joachimstaler werden noch immer Mauer-Reste gekauft, die müssen schon von der chinesischen stammen, die andere ist doch längst verhökert.

Die Rote Grütze schmeckt am besten bei ..., sag ich nicht. Habe sie bezahlen müssen! Wempe hat Kugelschreiber für 1175 DM. Was muß da erst die Mine kosten? An der Uhland liegen Kinder im Sand oder hängen an Brüsten und flehen um Bargeld. Ich verdrücke mich. Und bin schon ertappt: »Eine Welt ohne Mitleid« schreit mich das Cinéma Paris an. Ein raffiniertes Arrangement, oder ein Komplott?

Vor der Bewag bietet die alte Lady im speckigen Schmuddelpelz wieder ihre Plastetüten dar. Das ist ein Gesamtkunstwerk! Beuys würde erblassen, wenn er noch könnte. Ehrfürchtig eilt man vorbei. Aus dem Café Bristol wird Maredo, wo bleiben nun die seriösen älteren Herren, die bei Kaffee und Cognac mal eben sechsstellige Provisonen getauscht haben?

Da ist er endlich, der Eierbecher für 565 und der Salzstreuer für 95 DM. Das Ei gibt's dann wohl dazu! Und das Billigfeuerzeug (2 Stück 1,50) bekommt eine Hülle aus Silber für 440 DM. Das ist wirklich snobby!

Kudamm, das einzig Neue sind die Busspuren, und ein paar Häuser wurden ausgetauscht. Ecke Wieland haben wir dann aber ein bisschen Weltkrieg-II-Atmo, manche kennen das ja noch, und Silber half da auch nicht mehr. Daneben: »Eröffnung demnächst Kudamm 195«. Eine Boutique? Ein Medienzentrum? Nein – man sieht nur eine pralle Bockwurst. Da freuen wir uns aber. Meine Peepshow* ist weg, dafür stehen, intourist-mäßig, dralle russische Babushkas im Fenster. Angezogen. Da peept nix mehr.

Was ist'n das?! Ein Barkas (Rohübersetzung: DDR-Kleinbus!) der NVA! Fährt Eppelmann hier Shopping? Agfa hat seine Schaufenster alle dichtgemacht. Die entwickeln wohl grad 'nen Film.

Aus einem Ghetto-Blaster dröhnen die Doors. Na endlich – Musik! Und ich brauch' dafür nicht mal Socken zu kaufen.

Juli 1990

* Es gab da mal eine Peepshow »Leitner«. Leider *nicht* meine!

Aus dem Archiv:

Kommt doch mal in die Synagoge und seht euch das an!

Das folgende Gespräch wurde mit Heinz Galinski 1987 anlässlich seines 75. Geburtstages geführt. Es geht um Sühne und Sünde, Assimilation, falsche Vorstellungen, um Stühle tragen, Machtfragen und um die Zukunft.

Gesprächsdatum: 12.–13.11.1987

Olaf Leitner: Was wäre für Sie das schönste Geburtstagsgeschenk?

Heinz Galinski: Dass meine Arbeit, trotz aller Schwierigkeiten, Früchte tragen würde im Hinblick auf Verständigung, mehr Verständnis uns gegenüber, weniger Gleichgültigkeit; und dass sich insbesondere die Dialoge mit der jungen Generation verstärken, um ihr zu verdeutlichen, was Freiheit und Demokratie bedeuten. Und dass man die Überlebenden, solange es sie noch gibt, mehr dazuzieht. Was, wie die Erfahrungen zeigen, mehr Betroffenheit auslösen kann als alle Geschichtsbücher zusammen.

Sie setzen auf die Jugend, weil sie weniger belastet ist?

Der nicht jüdische Jugendliche ist nicht betroffen. Man kann ihm keine Vorhaltungen machen. Allerdings mit der Einschränkung, er muss sich auch mit der Geschichte beschäftigen. Er kann sich nicht nur die positiven Seiten aus der Geschichte eines Volkes herausnehmen, man muss auch die negativen zur Kenntnis nehmen. Der jüdische Jugendliche ist immer ein Betroffener. Entweder durch die Eltern oder deren Eltern. Er kann sich aus dieser Kette nicht lösen. Aber trotz allem ist es leichter für die jungen Generationen beider Seiten zueinander zu finden, als es für die älteren möglich ist.

Was hat Sie bewogen, nach Ihren Erfahrungen mit drei KZs wieder nach Berlin zu kommen?

Ich bin nach Berlin freiwillig zurückgekehrt, in der vagen Hoffnung, meine Angehörigen zu finden. Obwohl mir klar war, dass das eine Illusion war. Ich habe natürlich niemanden vorgefunden. Und ich sah das Elend und die Zustände hier in Berlin, ich habe im wahrsten Sinn des Wortes die Arme hochgekrempelt. Ich darf mich mit Recht als einen Mann der Ersten Stunde bezeichnen. Ich habe mich der wenigen Überlebenden angenommen. Das Wichtigste damals war, den Menschen, die überlebt hatten, den Glauben wiederzugeben an ein neues und wiedergeschenktes Leben, die seelisch Zerbrochenen wieder aufzurichten.

Gab es damals eine Solidarität der Opfer, zwischen Juden und Nichtjuden?

Selbstverständlich. Ich habe mich ja damals nicht nur für die jüdischen Opfer eingesetzt, sondern auch für die anderen rassisch und religiös Verfolgten: Kommunisten, Sozialdemokraten, Bürgerliche.

Vielleicht hätten Sie selbst jemanden gebraucht?

Sicher, aber ich kam gar nicht zum Nachdenken, weil ich mich so in diese Arbeit gestürzt habe. Alles, was man bis zum heutigen Tage erreicht hat, war eigentlich Kampf. Ich hätte es viel einfacher haben können, ich wäre heute nicht der »Mahner« oder »Unbequeme«. Wenn ich, wie viele meiner anderen Kollegen im Bundesgebiet, die Hände in den Schoß gelegt und die Gemeinde als eine Verwaltungsgemeinde aufgebaut hätte, hätte ich wahrscheinlich ein sehr ruhiges Leben gehabt. Das habe ich aber nicht getan. Ich habe erklärt, eine jüdische Gemeinde kann nach den schrecklichen Geschehnissen der Vergangenheit nicht mehr unpolitisch sein. Das heißt nicht: parteipolitisch. Unsere Aufgabe muss darin bestehen, mit den positiven Kräften unserer Gemeinschaft zu arbeiten, die politische Szene zu beobachten, und wann immer es notwendig ist, sehe ich es als meine Aufgabe an, meine Stimme zu erheben. Ich bin nicht dazu da, den Herrschenden zu Munde zu reden.

Wo ist, trotzdem, Ihr politischer Standort? Sind Sie ein Konservativer?

Ich bin ein Liberaler, aber nicht parteipolitisch gesehen. Ich bin Mitglied keiner Partei. Ich bin unabhängig, kann heute jede Partei angreifen, jede Persönlichkeit. Ich unterliege keinem parteipolitischen Zwang. Ich habe nicht Auschwitz und Bergen-Belsen überlebt, um zu neuem Unrecht zu schweigen. Und vielfach werde ich in diese Rolle hineingedrängt, weil die anderen schweigen. Ich würde viel lieber über positive Dinge des Zusammenlebens reden. Was es für mich heute nicht mehr gibt, ist die Assimilation. Damals glaubten Juden, sich dadurch den Eintritt in die Gesellschaft erkaufen zu können. Was war der Erfolg? Eben. Sehen Sie, hier bei der Jüdischen Schule: Warum stellt man immer nur an uns die Frage: Warum müsst ihr euch wieder absondern? Stellt man die gleiche Frage an die evangelischen oder katholischen Konfessionsschulen? Wir sind ein Rest von 6.300 Menschen, 173.000 waren es einmal. Das ist unsere Überlebenschance, unseren Kindern das zu vermitteln, was man nicht allein im Religionsunterricht mit zwei Stunden à 45 Minuten tun kann.

Wie definieren Sie Assimilation?

Wenn ich mich hundertprozentig an meine Umwelt anpasse, meine eigene Identität aufgebe und alles mitmachen will, was die Gesellschaft von mir verlangt.

Andererseits – Sie sagen, dass kaum ein Nichtjude einen Juden kennt. Wie ändert man das?

Bei nur 6.300 Juden in dieser Millionenstadt ist das schwerer als früher. Aber wir bieten was an. Dies Gemeindehaus zum Beispiel. Gruppen, Schulen – kommt! Ihr könnt die Bibliothek benutzen, an allen Veranstaltungen teilnehmen, Freitagabend die Gottesdienste – kommt doch mal in die Synagoge und seht euch das an, damit nicht falsche Vorstellungen vom Judentum als mystische Angelegenheit entstehen. Wir können doch nur anbieten, wir suchen doch die Kontakte.

Hat das nicht immer so einen offiziösen Charakter?

Warum kann nicht ein Mensch hier zwanglos reinkommen und sich alle Einrichtungen ansehen? Er braucht doch keinen Ausweis vorzulegen. Er kann in unserem Restaurant

Heinz Galinski (1912–1992)

Auschwitz, Buchenwald und Bergen-Belsen hat er überlebt, kurz nach Kriegsende kehrte er nach Berlin zurück, dreieinhalb Jahrzehnte führte er dort die Jüdische Gemeinde, die er aufgebaut hatte. In den letzten vier Lebensjahren war Heinz Galinski Vorsitzender des Zentralrats der Juden in Deutschland.

Obwohl seine Mutter und seine erste Frau im KZ umkamen, setzte Heinz Galinski immer auf Aussöhnung. Er war als moralisch-unbestechliche Instanz hoch geschätzt und bei einigen deswegen auch gefürchtet.

oben essen wie in jedem anderen Restaurant. Das versuche ich dem Bürger seit Jahren klarzumachen. Und es wird ja von einem Teil auch akzeptiert. Nur noch nicht genügend. Wir haben eine jüdische Volkshochschule, mein großer Stolz, wo alles an Wissen über das Judentum vermittelt wird. Keine Konkurrenz zu den anderen städtischen Bildungseinrichtungen, aber eine notwendige Ergänzung.

Haben Sie den Eindruck, dass die Anliegen der Juden bei dieser Regierung in guten Händen sind?

Das kann man nicht verallgemeinern. Es gibt Menschen, zu denen ich Zutrauen habe und Menschen, zu denen ich kein Zutrauen habe.

Es heißt, Sie müßten in Israel unsere jeweiligen Bundeskanzler verteidigen und hierzulande den Staat Israel.

Ich bin noch nicht in die Situation gekommen, einen Bundeskanzler zu verteidigen. Das ist nicht meine Aufgabe. Wogegen ich

mich wehre, ist, die Bundesrepublik mit der schrecklichen Vergangenheit zu vergleichen. Es mag vieles geben, was mir missfällt. Ich sage es, spreche es aus. Aber zu vergleichen lehne ich ab. Im In- wie im Ausland. Als Staatsbürger dieses Landes bringe ich gleichzeitig dem jüdischen Staat meine besonderen Sympathien entgegen. Wenn es diesen Staat schon damals gegeben hätte, hätten Millionen Menschen überlebt. Ich billige jedem Deutschen zu, an bestimmten Maßnahmen der israelischen Regierungen Kritik zu üben. Aber sie muss konstruktiv sein. Sie darf nicht durchdrungen sein von antisemitischen Ressentiments.

Warum sieht man in Berlin keine orthodoxen Juden in ihren traditionellen Gewändern und Frisuren?

Das hängt damit zusammen, wie sie hier beobachtet und behandelt, mit hämischen Bemerkungen bedacht werden, als wären sie Exoten. Das ist ja das Furchtbare. Hippies fallen weniger auf als Juden in ihrer traditionellen Tracht.

Haben Sie in Berlin Macht?

Nein, das lehne ich ab, entschuldigen Sie mal: Ich habe keine Macht und will auch keine haben. Das wird heute immer alles verwechselt: Nur weil ich mich hier für berechtigte Anliegen so stark mache, und das ist nun mal mein Temperament – ich kann keine halben Sachen machen. Was ich immer tu' – mir bleibt ein Stück Herz dabei. Wenn ich mich mit Energie durchsetze und die anderen überzeuge, da kann man doch nicht von Macht sprechen! Sie sehen doch, dass ich es schwer habe mit politischen Parteien.

Das ist doch aber nützlich, wenn man Ihre wirkliche Macht durch Ihr Auftreten als moralische Instanz überschätzt.

Naja doch: Ich wünsche so genommen zu werden, wie ich wirklich bin. Dass ich, dank meiner Überzeugungskraft und der berechtigten Anliegen, die ich vertrete, Verständnis finde. Ich habe sehr viel geopfert in meinem privaten Bereich, auch ein großes Stück Gesundheit.

Und Bewegungsfreiheit. Sie stehen unter Polizeischutz und haben einen gepanzerten Dienstwagen.

Wissen Sie, dass ein Mensch, der Auschwitz überlebt hat, nach soundsoviel Jahren heute unter Polizeischutz steht – das zu verkraften, das ist das Schwierigste. Nur weil er seine Arbeit tut, ein Verfechter der Demokratie ist, die Demokratie auch draußen verteidigt und sich für die sozialen Belange in diesem Lande einsetzt. Ein Mensch, der jahrelang in seiner persönlichen Freiheit beschränkt war, schon vor Auschwitz in der Zwangsarbeit, durch das Stern-tragen, ist heute wieder in seiner Freiheit beschränkt.

Was bringt die Zukunft? Das beste Werk, das Sie hinterlassen, ist die Jüdische Gemeinde in West-Berlin. Kommt sie nach Ihnen in gute Hände?

Meine Aufgabe besteht darin, jetzt Jugendliche zu finden, die ich mehr und mehr in die Verantwortung hineinbringen möchte und muss. Ich habe die Absicht, mich in nächster Zeit lediglich auf die Koordinierung innerhalb der Gemeinde zu konzentrieren. Ein weiterer Schwerpunkt ist die Vertretung der Gemeinde nach außen und die Öffentlichkeitsarbeit. Das ist das Wesentlichste, was ich in den nächsten Jahren noch machen muss. Damit hier jüdisches Leben bei meinem Aussteigen nicht aufhört, sondern weitergehen wird. Das wird nicht einfach sein. Ich habe die Gemeinde ja auch als politische Gemeinde aufgebaut. Ob sie dann so in diesem Sinne weitergeführt werden kann, diese Frage zu beantworten, bin ich zur Zeit nicht in der Lage.

Haben Sie sich schon für einen Nachfolger entschieden?

Ich würde mich sehr gern entscheiden, aber bis jetzt hat sich noch nichts gefunden. Junge Menschen haben alle ihre Berufe und sehr wenig Zeit. Der Vorsitzende einer Gemeinde muss alles machen. Die Zeiten sind vorbei, wo ein Gemeindevorsitzender nur Unterschriften leistet. Ich muss alles machen. Wenn bei einer Veranstaltung Stühle fehlen, trage ich auch Stühle. Ich bin für jeden zu sprechen. Ich versuche jedem zu helfen, auch nichtjüdischen Menschen. Allein schon die Posterledigung ist ein Kapitel für sich, die Kulturarbeit. Es ist nicht so einfach, den geeigneten Nachwuchs zu finden, geschweige denn, hier mich zu vertreten. Ich habe das nie für möglich gehalten, dass ich der Vorsitzende der Jüdischen Gemeinde werden würde, gerade hier in Berlin, mit dieser Tradition. Ich habe das ursprünglich nicht gelernt. Ich habe mich selbst aufgebaut. Und ich muss leider sagen, dass meine Arbeit in den letzten Jahren immer komplizierter wird, um die Gemeinde nicht nur auf diesem Niveau zu halten, sondern weiter auszubauen.

Aus dem Archiv:

Die 68er – Protestbewegung mit Nebenwirkungen

Auszüge aus einem Live-Gespräch des Radio Brandenburg NachtClubs vom 17.11.1994

Olaf Leitner: Gehe ich fehl in der Annahme, dass das Kursbuch die ideologische Muttermilch für die 68er Generation lieferte, dass man mit dem Kursbuch im Tornister die Barrikaden gestürmt hat?

Karl Markus Michel: Das ist ein wunderbares Bild: Mit dem Kursbuch im Tornister usw., usw. – nur war die Situation eine völlig andere. Zuerst einmal gab es keine Tornister *(Lacht.)* und zweitens sind diejenigen, die nun wirklich diese Bewegung gemacht haben, vor lauter Demonstrieren und Teach-Ins und Sit-Ins usw. gar nicht zum Lesen gekommen. Und hinzu kam, dass das Kursbuch für die viel zu schön war, gut gedruckt und richtige Sätze. Das wurde diffamiert als bürgerliche Effektivität und bürgerliche Ästhetik. Also – man hat lieber hektografierte Sachen gelesen. Gut. Aber die 68er Bewegung, wenn wir mal diesen Mythos-Begriff festhalten wollen, bestand ja nicht nur aus denen, die demonstrieren gingen, sondern es wirkte ins ganze Land, bis in die Provinz hinein. Und da wurde allerdings das Kursbuch ein bisschen als ein Sprachrohr dieser Studentenbewegung, der Protestbewegung, gelesen. Das war es in der Tat nur indirekt. Jedenfalls Sprachrohr waren wir nie, wir wollten das auch gar nicht sein, haben uns gar

An seinem Ende wollte dieser Mann nicht nur die bescheidensten Titel, sondern auch alle seine Namen wieder ablegen und verfügte in einen letzten Willen, man möge seine Manuskripte, Fotos, Briefe, alles vernichten, seinen Leichnam verbrennen und die Asche auf dem Urnenfeld A9 des Berliner Friedhofs Heerstraße, dem Feld der Namenlosen, anonym bestatten.
aus: Christoph Ransmayr in: Kursbuch 146 »Vorbilder«, Dez. 2001, S. 1

Verzeihen Sie uns, K.M.M.!

nicht darum bemüht. Aber dass es eine große Nähe gab, Sympathie und viel Interesse an dem, was da geschah, das ist selbstverständlich.

Welchen Abstand haben Sie heute zu den 68ern, was ist Ihnen wichtig geblieben von den Ideen? Ist alles den Bach runtergegangen oder hat sich diese Gesellschaft in Teilen verändert?

Der Abstand beträgt ganz genau 26 Jahre, also gut ein Vierteljahrhundert, und das ist ja eine ganze Menge. Wenn man überlegt, was in anderen Vierteljahrhunderten alles geschehen ist, dann wäre es ja wirklich komisch, wenn man sagen würde, ja, '68, das ist immer noch unverändert ein Ideal. Oder, ich weiß es nicht, vielleicht auch das Gegenteil von einem Ideal. Nein. Jedes neue Jahr rückt uns ein bisschen weiter weg von '68, und so haben wir vielleicht die Chance, dass sich das Bild von '68 in einiger Zeit dann doch festigen wird und aus diesen stürmischen Interpretationen herauskommt. Also heute etwas darüber zu sagen, das ist ganz subjektivistisch. Selbstverständlich war nicht alles Unfug, aber auch nicht alles gut, damals. Sondern es war eben so, wie immer bei solchen Protestbewegungen, dass sie eine Menge an fremden Elementen anziehen und die dann mitgetragen werden müssen. Und dass sie solche Nebenwirkungen haben. Da ist allerdings interessant, dass die 68er Bewegung merkwürdige Nachwirkungen hatte. Dass einige der Forderungen von damals in schrecklicher Weise in Erfüllung gegangen sind, wie zum Beispiel die Politisierung des ganzen Lebens. Oder auch dieser Authentizitätskult und einige andere schreckliche Dinge, die sich auf die ganze Gesellschaft ausgedehnt haben. Zum Beispiel diese Betonung von Aufrichtigkeit und Redlichkeit und Ehrlichkeit, die in den Bundestag eingezogen ist und zu einer Verwilderung der politischen Sitten geführt hat – denn es ist ja ganz klar, dass die eigene Ehrlichkeit immer nur durch die Verworfenheiten, die Lüge auf der Gegenseite bestätigt werden kann. Kurz – diese ganzen Entwicklungen seit '68 sind ein Faktum, und jetzt nach Gründen (zu suchen) oder nach dem Verursacherprinzip zu sagen, das kommt daher, und das kommt daher, ist ziemlich töricht. Die 68er-Bewegung war ja auch nicht irgendetwas absolut Originäres, sondern sie war nur ein Symptom, ein Akzent, in dem sich Entwicklungen der Gesellschaft zugespitzt dargestellt haben.

Darf ich noch um eine Erklärung bitten, wenn Sie den Begriff »Politisierung des Alltags« negativ beurteilen?

Ich sage es mal so: Es gibt die klassischen Bereiche der Öffentlichkeit und des Privaten. Wenn die beiden nicht mehr getrennt sind, sondern zusammenfallen, entsteht das, was

Karl Markus Michel (1929–2000)

Einst Lektor bei Suhrkamp, genoss der legendäre Mitherausgeber des in Berlin erscheinenden Kursbuchs, Karl »Carlos« Markus Michel, nahezu mythische Verehrung. Sein bedeutender Essay »Die sprachlose Intelligenz«, mit dessen erstem Teil im Kursbuch 1 / 1965 ab S. 73 veröffentlicht, gilt* inzwischen als kaum auffindbar, was dem Mythos sicher nicht abträglich ist. Zusammen mit Eva Moldenhauer gab Michel 1970 die zwanzigbändige Hegel-Werkausgabe heraus. Er galt als »ein Mann der eleganten, schnellen, scharfen, gewitzten Feder; als Lektor, Redakteur und Herausgeber war er zudem ein Organisationstalent, ein Arbeitstier, (...) ein Mann mit Spürnase, der vorzügliche Kontakte nach Frankreich besaß und dort Namen wie Claude Lévi-Strauss, Roland Barthes oder Michel Foucault (für das Kursbuch, O. L.) gewinnen konnte« (taz).

* lt. Tagesspiegel vom 31.3.98!

der (Soziologe Richard, O. L.) Sennett die »Tyrannei der Intimität« genannt hat. Man kann auch sagen, die »Intimisierung des Politischen«. Das mag ja dem Geschmack von Nachgewachsenen entgegenkommen, aber ich sträube mich dagegen, das als normal zu bezeichnen, sondern ich betrachte es als eine Entgleisung. Es kann nicht alles politisch sein.

Können Sie ein klassisches Beispiel aus dem Alltag nennen, bei dem Sie sagen, das geht über das tolerierbare Maß hinaus, hier ist die Intimsphäre verletzt?

Es gibt seit den 70er Jahren so eine Art Bekenntniszwang, eine Lust am *outing*, die aber auch ein Terror ist, weil jeder sich outen muss. Und wehe, wenn einer nicht zugibt, dass er in dieser oder jener Weise vielleicht ein bisschen abweichend ist, oder einen anderen Gedanken hat. Aber das führt zu einer Nivellierung der Erfahrungsweisen und der Denkweisen, die ich nicht gut finden kann.

Wenn alle behaupten, dass sie in gewisser Weise extrem oder anders sind, dann wird das wieder zum Normalen – meinen Sie das so?

Nein, ich meine zunächst einmal etwas ganz Privates. *(Lacht.)* Dass das, was in die Öffentlichkeit getragen wird und breitgetreten wird, einfach keinen Spaß mehr macht und nicht mehr individuell kultiviert, nicht mehr individuell ausgedrückt werden kann. Ich bin ja nicht für Verheimlichung um jeden Preis, es gibt einige Dinge, die braucht nicht jeder zu wissen. Ich weiß auch nicht, wie das in solchen Zweierbeziehungen, ehelich oder anders, ist, ob man da sich alles sagen muss. Das sollen die Einzelnen unter sich ausmachen, aber dass in der Öffentlichkeit das gefordert wird, dass man sich alles sagen muss, das ist das Schlimme.

The Sufferer

Peter-Paul Zahl über Hausdurchsuchungen, Schleppnetze, Überraschungsmomente, Zick-Zack-Laufen, Kinderläden, Gulaschkanonen und Signalpistolen, Peymann und Stein, den Freiheits-Groove und ideologische Eintrittskarten.

Gesprächsdatum: 6.5.1994
gegengelesen: 16.8.2001

Olaf Leitner: Als du '85 nach Jamaica gingst, wusstest du, dass da politisch nicht alles im Lot war und das Paradies seine Schattenseiten hat?

Peter-Paul Zahl: Das wusste ich sehr gut, ich wusste auch, dass dies Paradies mit Hölle unterfüttert ist. Es ist ein Dritte-Welt-Land mit einer der höchsten Pro-Kopf-Verschuldungen der Welt.

Deine Wurzeln liegen in Mecklenburg.

Von da sind meine Eltern '53 geflohen und verschleppten uns in den freien Westen. Wir kamen ins Rheinland der 50er Jahre, da habe ich das erste Mal Prügelstrafe in der Schule erlebt, das heißt, die westliche Erfahrung war von vornherein sehr negativ für mich. Positiv waren später die freiwilligen Jahre '64 bis '72 in Berlin. Das war für mich sozusagen die zweite Jugend, zweite Kindheit.

Wir erinnern uns, dass dazwischen das Jahr '68 liegt, da warst du ziemlich aktiv. Du hast publizistisch die APO mit einem Kleinverlag und mit Zeitschriften unterstützt, was dir Ärger eingetragen hat.

Ja – wir hatten seit 1969 jede Woche Hausdurchsuchung, weil es in Deutschland im Gegensatz zu Jamaica und den USA keine Informationsfreiheit gibt. Ich hatte neun Ermittlungsverfahren am Hals. Zu meinen Freunden gehörten die späteren Gründer vom 2. Juni, wobei man als Sympathisant sehr schnell ins Schleppnetz kam. Als die Fahndung auf Hochtouren lief, habe ich mich in dem bewegt, was man Untergrund nennt, und wurde 1972 gefangen, angeschossen. Ich habe dann zurück geschossen auf einen Polizisten, der wurde verletzt, ich war auch verletzt und kam ins Gefängnis. '74, also zwei Jahre danach, fand der erste Prozess statt, noch mit sechs Geschworenen. Da hieß es »gemeingefährliche Körperverletzung und schwerer Widerstand«, vier Jahre Knast. Die hatte ich ja fast abgesessen gehabt. Die Staatsanwaltschaft ging in die Revision und kam '76 zu einem zweiten Urteil, in dem es dann wortwörtlich hieß: Weil Peter Paul Zahl ein Gegner des Staates ist, und zur allgemeinen Abschreckung, kriegt er fünfzehn Jahre statt drei.

Dagegen gab es Proteste.

Ja, es bildeten sich spontan vor allen in Schriftsteller- und Verlegerkreisen Initiativgruppen, die nicht agitierten, sondern Öffentlichkeit schufen. Was damals nicht einfach war. Man hatte sehr viele gegen sich. Ich erinnere nur an den deutschen Herbst '77, wo allgemeine Kontaktängste herrschten. Aber die schafften es mit einer Dokumentation an die Öffentlichkeit zu gehen, so dass auch die Medien das aufnahmen. Frankfurter Rundschau, der stern und andere. Mein Fall wurde ziemlich publik. Aber mein Fall hieß »Am Beispiel Peter-Paul Zahl«, wir wollten nur klarmachen, dass es vielen so gegangen ist.

Nun frage ich mich als braver und relativ unbescholtener Staatsbürger. Wieso hattest du eine Waffe?

In Berlin wurde Georg von Rauch aus 1,50 m Entfernung in der Eisenacher Straße erschossen. Es wurde gegen die Schützen, gegen die Polizei niemals ein Verfahren geführt. Die Zeugen, die das gesehen hatten, dachten, es wären ein paar NPD-Leute, die Hippies erschießen. Ein anderer Freund von mir, Thomas Weissbecker, wurde mit der Maschinenpistole in Augsburg erschossen, und dann gab es diesen Fall mit dem Grasshoff und der Astrid Proll in Frankfurt/Main, wo sie das Überraschungsmoment ausgenutzt haben und, ohne jemanden zu töten, flüchten konnten.

Als ich dann abgetaucht bin, habe ich mir in der Unterwelt in Berlin eine Kanone besorgt und falsche Papiere; und da ich nie beim Bund war, habe ich großen Respekt vor so einer großen Waffe und sagte mir, wenn man reinguckt in den Lauf, genügt das schon. Aber Polizisten sind ja so abgerichtet wie Schäferhunde und achten nicht groß drauf. Als ich weglief, schossen sie auf mich, und da habe ich im Laufen, im Zickzack-Laufen, zurückgeschossen. Der Polizist, den ich traf, war quasi ein Entlastungszeuge, er sagte wortwörtlich: Herr Zahl musste langsamer laufen, zickzack, und ich konnte schneller laufen und wollte ihn überholen und bin in den Schuss reingelaufen.

Diese Aussage hat offensichtlich nicht viel gebracht.

Nein, der andere Polizist ... das war sehr putzig, da gab's diese Zeugenberater. Die erste Aussage war der Wahrheit gemäß, die war aber nicht genügend belastend. Er hat dann eine zweite Aussage ein paar Tage später gemacht, wo es dann hieß, ich hätte in Mordabsicht geschossen, mich umgedreht, im klassischen Polizeischuss-Stil auf den anderen geschossen, etc. Dagegen gab es aber genügend Zeugen. Aber dem Gericht war es vollkommen schnurz, da hieß es einfach: Linksradikaler plus Pistole gleich Mörder. Nach der alten Faustformel.

Siehst du das heute mit einigem Abstand vielleicht milder? Hatte das alles so kommen müssen?

Es musste nicht so kommen. Ich habe damals in der Wederstraße in Berlin-Neukölln gewohnt, und meine Nachbarn erkannten diese schnüffelnden Herren schon an der langen Antenne am Auto mit der großen Bommel oben dran. Und wenn die meine Druckerei observierten, wurde ich von meinen Nachbarn, das waren Rentner, Arbeiter, auch viele Spießer, gewarnt. Die sagten: Herr Zahl, die haben Sie auf dem Kieker, hau'n Sie ab nach

Peter-Paul Zahl (*1944)

Zwar in Freiburg/Br. geboren, verbrachte er »neun Jahre in der DDR, elf in der BRD, elf in Westberlin, zehn im Knast und lebt nun seit 1985 auf Jamaica. Zum zweiten Mal verheiratet, hat er sechs Kinder und drei Stiefkinder in vier Ländern« (PP Zahl über PP Zahl).

Kuba oder Algerien, gehen Sie auf's Schiff von Amsterdam aus! Und ich sagte: So weit sind wir noch nicht. Da hab ich mich geirrt.

Du wurdest ja auch mal verurteilt, weil du ein schräges Plakat gedruckt hast, dieser Vorgang war ziemlich DDR-mäßig.

Das Schöne an der Sache war, es war ein Plakat zum 1. Mai. Es war eine reine Lohnarbeit, die ich per Auftrag mit Lieferschein gedruckt hatte, tausend Leute trugen es auf der Demonstration herum, es war nicht strafbar. Dann fand eine Hausdurchsuchung statt, der Leiter der Politischen Polizei sagte mir, unter der Forderung ›Freiheit für alle Gefangenen‹ müssen wir auch die Russen subsummieren. Hab ich gesagt, klar!, und dann ging er. Eine Woche später kamen die noch mal und machten eine neue Hausdurchsuchung, und da war dies Plakat auf einmal strafbar, weil ein paar Leute es am Tatort zurückgelassen hatten. Bei IBM, als es da gerumst hat.

Du sagst IBM – ich könnte jetzt beispielsweise ein IBM-Plakat drucken, da steht drauf, IBM ist der beste Konzern der Welt, dann wird es im Zusammenhang mit irgendeinem Attentat irgendwo gesehen und dann ist dieses Plakat strafbar, geht das so? Wusst' ich gar nicht.

IBM ist nicht linksradikal genug, es ist ein großer Konzern.

Wenn du an die APO denkst, was bewegt dich da rückblickend?

Für mich war das niemals die 68er Bewegung, für mich fing das '64, '65 an, und es war eine sehr schöne Mischung aus politischer Kultur, Stichwort SDS, Republikanischer Klub, Club Ça Ira in der Wilmersdorfer Straße, wo Rudi Dutschke Schulungskurse zum »Kapital« gab, usw. Andererseits war ich auch versippt und verschwägert und befreundet mit der Bohème in Kreuzberg und zum dritten mit den Leuten, die schon '65 bei den Rolling Stones dabei waren und die Waldbühne aufmischten. Es war also eine sehr bunte Mischung, die APO, und mir machte das sehr großen Spaß. Das Lernen machte großen Spaß, wir lernten neue Umgangsformen, wir gründeten Kinderläden, wir setzten uns zur Wehr. Und merkten eben einfach, fast so wie vor einiger Zeit zum Ende der DDR: Man fing mit zehn Leuten an, dann waren es hundert, dann tausend – nur ist es nie so weit gekommen wie im Osten.

War die Bundesrepublik damals wirklich kurz davor zu einem Staat zu werden wie etwa Chile unter Pinochet?

Nein, das glaube ich nicht. Es war auch an und für sich mehr, dass man provozierte. Das heißt, unter der Maske des Rechtstaates verbirgt sich so oft die stählerne Hand. Selbst wenn die einfachsten Scherze gemacht wurden, hat der Staat meistens sehr blutig und grausam reagiert. Und wir haben – es war ja eine weltweite Angelegenheit, in Paris in der Sorbonne, in den USA – mit Sit-Ins, mit Teach-Ins und was nicht alles den Staat immer wieder provoziert. Bei der Hausbesetzerbewegung ist es dann eskaliert, die andere Seite sagte dann auch, wir lassen uns nicht alles von der Polizei gefallen. Und so kam es dazu, dass Gegengewalt angewandt wurde, aber mehr taktisch. Es wurde sehr oft Mao Tse Tung zitiert. Um den Gegner zu entblößen, hat man ihn verarscht. Ich denke zum Beispiel an diese schöne geplante Demonstration gegen den CDU-Parteitag in der Neuen Welt. Da hieß es: Mao sagt, den Feind müssen wir angreifen. Ich wohnte damals in der Hermannstraße in Neukölln und konnte von meinem Außenklo die Manöver der Polizei im Jahnpark sehen. Mit Gulaschkanone und Signalpistolen usw. Die bewachten, bis an die Zähne bewaffnet, den CDU-Parteitag. Daraufhin verbreiteten wir ein Flugblatt: Mao Tse Tung sagt, wenn der Gegner zu stark ist, ziehen wir uns zurück. Also keine Sau tauchte auf. Und dann kam eine Frau, das war die Beate Klarsfeld und gab dem Stein des Anstoßes, Herrn Kiesinger, einem ehemaligen hohen Nazi und damals Bundeskanzler, die berühmte Ohrfeige, für die sie in den Knast kam. Und Heinrich Böll schickte ihr zwölf rote Rosen. Das war praktisch mehr spielerisch, im Prinzip. Und dann gab es eben die ersten Toten – Benno Ohnesorg, der zum ersten Mal in seinem Leben überhaupt auf eine Demo ging, wurde erschossen. Wo es auch hieß, er habe Polizisten angegriffen, Polizisten seien getötet worden – also die Lügen wurden damals schon verbreitet. Dann wurde es nach und nach immer ernster.

Nach dem Knast gingst du an die Schaubühne. Hat dich Peter Stein genommen, weil du den groove von Freiheit, Abenteuer und Revolution mit ins Haus brachtest – was dem Haus wohl gut tat?

Ich glaube es nicht. Weil ich nicht aus dem Knast entlassen war, sondern das war während meiner Freigängerzeit. Und sowohl Peymann als auch Stein haben mir die Chance geboten, das Regiehandwerk zu lernen, weil die meine Schriften schätzten, meine Gedichte schätzten. Deshalb kriegte ich auch später vom Schauspielhaus Bochum den Auftrag, ein Stück für sie zu schreiben, dieses »Johann Georg Elser«. Also, das ging weniger vom Ideologischen aus – Stein und die anderen Leute, die waren ja gar nicht mehr militant – sondern sie gingen vom künstlerischen Aspekt aus, um mir eine Chance zu geben, einen anderen Beruf zu lernen.

Durch deinen Knastaufenthalt hattest du ja eine wunderbare ideologische Eintrittskarte für Jamaica in der Tasche, denn da ist es eine Ehre, wenn man mal gesessen hat, weil man dann zu den Ausgebeuteten und underdogs gehört.

Ja, es heißt generell, wenn ein Weißer zehn Jahre gesessen hat, ist er ein *sufferer*, einer, der gelitten hat. Und das ist so etwa das Gleiche, als wenn man Sklave gewesen ist. Und meine Nachbarn dort sagen aus dem Grund auch ›He is one of us‹.

Peter-Paul Zahl – West-Berlin dankt dir für dieses Gespräch!

Der Korb

Vielfach habe ich versucht, auch dem Berliner Verleger Klaus Wagenbach (*1930) einige Statements zu West-Berlin zu entlocken. Es war vergeblich. Trotz vielfacher inniger Appelle wie diesem:

Lieber Klaus Wagenbach!

(...) Ich würde ja auch aus Bequemlichkeit einen anderen Berliner Verleger befragen. Aber es gibt leider keinen, der so dauerhaft profiliert und wichtig war und ist wie Sie. Das ist zwar jetzt geschleimt aber trotzdem die Wahrheit!
Geben Sie mir eine Chance ...
In bangem Hoffen freundlichst grüßend
Ihr
Olaf Leitner

Struckum, den 11.5.2001

Lieber Herr Leitner,

fahre eben für einige Wochen in Urlaub, deswegen nur kurz: leider nein. Es ist ein so weites Feld (es gab ja Zeiten, in denen war das »Spandauer Volksblatt« das einzige Springer-freie Blatt ...), das Landowsky-Berlin, wir wollen froh sein, daß es durchlüftet wird ...
Herzlichst
Ihr
Klaus Wagenbach

Berlin, den 15.5.01

Schade, sehr schade! Generell und sowieso und überhaupt.
Und so wird man außerdem nie klären können, wieso Der Tagesspiegel mal ein Springer-Blatt war – falls diese kleine von Rache getriebene Bosheit gestattet ist.

PS: Inzwischen hat Klaus Wagenbach die Verlagsleitung abgegeben.

Aus dem Archiv:

Alle weisen Männer wollen am Schluss Witze machen

Ein Gespräch zwischen Wolfgang Neuss und Wolf Biermann

Gesprächsdatum: 21.11.1988

Vorbemerkung
Dies ist, dem Prinzip des Buches folgend, ein ungeschönter, nicht nachpolierter Dialog, den der transkribierte Text mit allen Unzulänglichkeiten wiedergibt. Einige Wörter waren zu ergänzen. Neuss, der überwiegend sprach, sprang häufig schon den nächsten Satz an, bevor er den gerade formulierten beendet hatte. Manche Wörter bleiben unverständlich durch überlagernde Geräusche oder durch synchrone Gegenrede. Herausgenommen wurden sehr private Bemerkungen, die Auslassungen wurden entsprechend gekennzeichnet. Von Neuss gelegentlich nicht ausgesprochene Wörter wurden, wo sie eindeutig erkennbar waren, ergänzt und in Klammern gesetzt, wo keine Eindeutigkeit gegeben war, wurde der Einschub durch die Initialen des Verfassers markiert.

Die Unzulänglichkeit des Textes, die möglicherweise zu Missverständnissen und Unverständlichkeiten führen kann, sollen die Gesprächsbeteiligten nicht desavouieren. Im Gegenteil: Dieser hochvitale Text belegt die diffizile Freundschaft zweier Individualisten, ihre Eigenheiten im diskursiven Umgang miteinander. Er ist aber auch ein Beleg für die unnachahmliche Weise, mit der Neuss Proben seiner Gedankenwelt und Indizien für den Vorgang seines Denkens lieferte – die spontane und immer kalkulierte Verfertigung des Gedankens beim Reden. Und wer Biermann kennt, weiß, wie tapfer er den Wortkaskaden und dem fröhlichen Verbalgemetzel standgehalten haben muss. Die Rolle des Zuhörenden ist ihm bekanntlich nicht auf den Leib geschrieben.

Es war das letzte Zusammentreffen von Wolfgang und Wolf. Ein halbes Jahr später war Neuss tot.

Wolfgang Neuss
Kabarettist / Komödiant / Philosoph / Kulturbeobachter / Essayist / Dichter / Sänger

Wolf Biermann
Sänger / Dichter / Essayist / Kulturbeobachter / Philosoph / Komödiant / Kabarettist

Wolf Biermann und Pamela Biermann, Sohn Lucas-Dagobert, Brigitte Leitner und O. L. betreten am 21. November 1988 die Wohnung von Wolfgang Neuss in der Lohmeyerstraße 6 zu Charlottenburg.

Wolfgang Neuss: Wer is'n da?!
Wolf Biermann: Biermann.
Wolfgang Neuss: Biermann – ich hab Hodenkrebs! Kommt rein!
Noch eh man sich im Halbrund um den Meister gesetzt und Mikrofon sowie Aufnahmegerät platziert hatte, war der Neuss'sche Mono-Dialog bereits hoch gefahren:
Wolfgang Neuss: Wir liegen falsch mit dem Antifaschismus. Seit zwölf Jahren, komischerweise wieder seit zwölf, habe ich das Gefühl, dass wir subtiler werden müssen, also feiner. Wie der Jenninger schon sagte (in seiner umstrittenen Rede vor dem Deutschen Bundestag am 10.11.1988, O. L.): Blitzartig wurde das deutsche Volk anti-Hitler. Man beachte das Wort blitzartig, ja? Also – Klammer auf – Jenninger hätte ja nie zurücktreten dürfen. Jetzt sitzt der Mann in Schwaben und erzählt am Stammtisch all die Reden, die wir hören müssen. Warum hält der Kohl nicht einmal zehn Minuten am Tag eine Bittburg-Rede? Warum nicht? Wir müssen das hören! Weil wir sonst stehn geblieben – wir sind Stehngebliebene, die Westdeutschen und die Berliner. Wir sind in unserem Antifaschismus heute so wie die DDR am Anfang: bedingungslos. Absolut bedingungslos! Was ist der? Hat Heil Hitler! gesagt. Soll nach Dänemark gehen. Das hab ich geschrieben. Soll nach Norwegen gehen, soll nach Österreich emigrieren, aber nicht hier bleiben. Ja, was is'n das? Na, fast Faschismus, wenn man so will, ja? Wenn man so will ... Jetzt gibt's nur eine, die vergleiche ich immer mit was ganz Oberflächlichem, aber der Vergleich ist gut. Pass auf: Als ich noch nicht Haschisch rauchte, und noch nichts davon wissen wollte und direkt ein Feind (davon) war, legte einer oben die Beatles-Platte auf, ja? Na, ich hatte schon genug mit Biermann zu tun, weil der immer sagte: Clown (spricht Berlinisch:

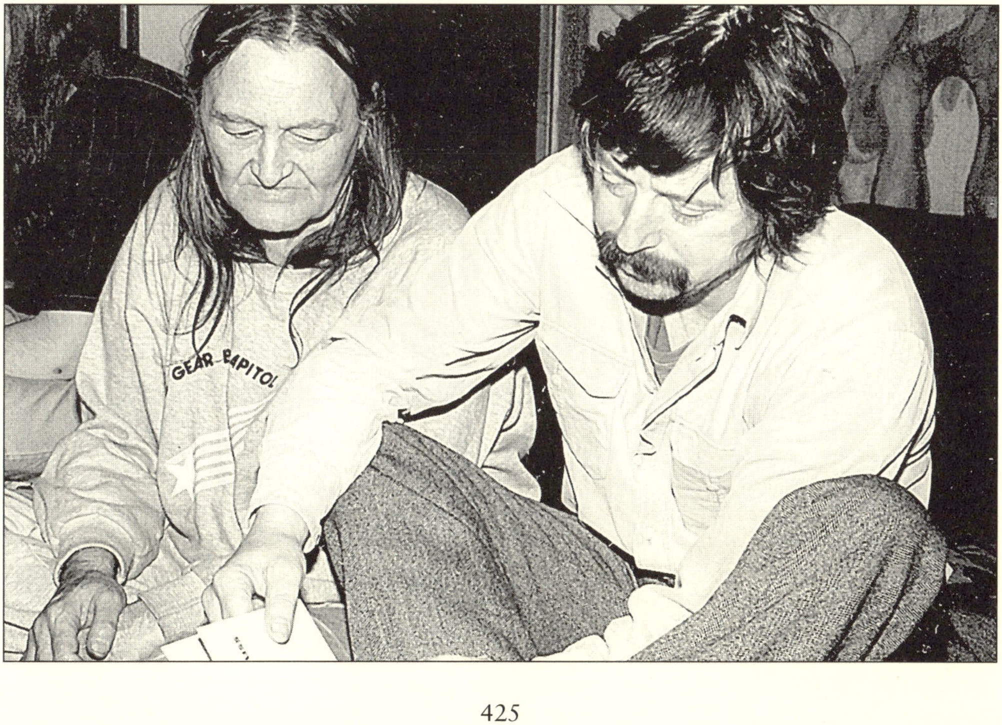

Klohn! O. L.), du bist nicht mal'n Clown, sagte der zu mir, schrieb mir das richtig auf, und ich hatte also größte Auftrittsschwierigkeiten, also überhaupt schöpferisch tätig zu sein, da höre ich die Beatles. Und habe einen Schreikrampf gekriegt: Abstellen, abstellen, sofort abstellen!! Weil ich sofort wusste, jetzt kannste abtreten. Als ich das erste Mal die Beatles hörte, wusste ich, da ist kein Wort mehr möglich. Die Leute wollen nicht mehr mit dem Gehirn ..., und das heißt auch, wir müssen unseren Antifaschismus ändern. Heißt es! Warum – die Leute wollen nicht mit dem Gehirn, wie man überall auf der Erde sieht. Wie man überall ... *(Lucas-Dagobert kiekst munter dazwischen)* Warum macht'n die das? Ach, ist das niedlich dazwischen! Das müsste man auf Platte haben. Du ...

Pamela Biermann: Das ist Lucas, das ist ein »er«!

Wolfgang Neuss: Du, jetzt ist es so: Ich war vor'n Kopf gestoßen mit den Beatles. Man kann doch nicht einfach Leute so abservieren, die mit dem Wort hantieren! Dachte ich. Und so ist es heute mit den Opfern. Man kann nicht einfach 'ne Jenninger-Rede mit solchen Formulierungen halten, wenn da unten jemand sitzt, der in Auschwitz (gewesen ist), das geht einfach nicht. Das haut nicht hin. Warum? Man hat vorher mit dem Mann gar nicht subtil oder fein geredet. Und das kann man nicht, ja? Das kann man nicht. Also müssen wir unsere öffentliche Diskussion schon lange ändern. Sie muss geändert werden. Und die kann man nur durch so Jenninger- und Bitburg-Sachen ändern. Wie mir das passiert ist mit den (Beatles). Ich war abserviert. Plötzlich heißt es, ich muss wieder um mein Leben kämpfen, die verfolgen mich schon wieder. Bei denen gibt's doch nur, und das ist ganz klar ... Ich kann mich immer als Jude fühlen. Da geht es bei mir nur: Sie schlagen mich tot, oder sie lassen mich hochleben.

Weißt du, wo diese Art von Antifaschismus natürlich anfangen müsste? In Israel. Ganz klar. In Israel reden die ja nicht über ihren Faschismus, reden sie ja nicht! Die sagen, wir sind keine Faschisten, weil unsere Väter umgebracht wurden. Also, ich meine nur – es müsste dort 'ne Diskussion losgehen. Hundertprozentig mal, weil, es ist schon in jedem Staat ein Problem geworden, über'n Faschismus, über die Zeit von Hitler zu reden. Weil wir nicht richtig reden, nicht? Wie gesagt: Blitzartig haben die Leute das abgelegt.

Ich sage nur, mein Verhältnis zu Emma und Wolf! Nur mal das als praktisches Beispiel, so wie 'ne Tasse Kaffee, die man anfassen kann. Ja, immer war doch der tote Biermann dabei, immer! Da brauchte man doch gar nicht hingucken, da war doch gar nicht DDR, und Biermann wurde doch gar nicht bedrängt, sondern es war doch der Vater, der im KZ umgekommen war. Und da bedrängen die hier noch einen in der DDR, dessen Vater im KZ (umgekommen ist) – SO dachte ich immer! Da war ich immer empört, das war immer meine (Meinung), ja? Ach, neulich übrigens, auf der Straße, bleibt einer stehn und sagt: Das ist doch Wolfgang Neuss!? Sag ich: Na du? – »Liebling Kreuzberg« Manfred Krug! Mit dem Geist von Konny Wolf (d.i. Konrad Wolf, O. L.). Der war ja auch noch geflüchtet, der Krug. Der kann sich ja noch als Flüchtling nach Biermann einreichen.

Wolf Biermann: Nein, der ist mit Genehmigung der DDR ausgereist, und nicht nur das, er durfte seine ganzen Antiquitäten mitnehmen ...

Wolfgang Neuss: Bevor er gestorben ist, war der letzte Besuch von Konny Wolf hier bei Manfred Krug. Da hab ich aufgepasst. Weil Konny Wolf ein rechter Freund von mir war. Ein wirklicher Freund von mir. Weißt du, wie der hier reinkam? Bis dahin *(zeigt einen Punkt in Türnähe)*, dann macht er: Ach, das machst du jetzt ... *(schlägt sich auf den Arm)* (dann) haut er sich so und sagt: Ich wollt' dich doch zum roten Baron schicken, in die

Therapie nach Bayern. Kennst du den? Da gibt's 'n Baron, der ist Kommunist, hat ein Gut. Und da ist er abgezischt, ohne auf Wiedersehen zu sagen. Hat sich geärgert über mich. Dass ich Haschisch rauche: Ach, das machst du jetzt, sagt er.

Wolf Biermann: Tja ... Woher kannte er den Geruch?

Wolfgang Neuss: Ja, das war's. Bravo! Bravo, sehr gut!! *(lacht)* Genau das war's.

Wolf Biermann: Beim Afghanistan-Krieg jetzt, weißt du – die Afghanen haben eine unheimlich raffinierte Art, sich gegen die Übermacht der Russen zu wehren. Das hab ich jetzt erst erfahren. Wenn sie einen toten russischen Soldaten hergestellt haben, die Widerstandskämpfer da, oder was das sind, und der dann nach Hause geschickt wird, damit er da irgendwie bei seinen Leuten eingebuddelt wird, damit sie ihn immer mal wieder besichtigen können und sich an Afghanistan erinnern, da machen sie etwas ganz Raffiniertes: Entweder, sie nehmen die Leiche ganz raus und schmeißen sie auf den Müll, oder sie packen, je nachdem, wie viel sie gerade haben, den ganzen Sarg voll mit Rauschgift. Und so schmuggeln sie, das gute Herz der Sowjetregierung missbrauchend, Rauschgift und wehren sich mit viel stärkeren Kanonen auf diese Weise ...

Wolfgang Neuss: Ich gehe ja inzwischen längst nach Symbolen, du würdest mich ja in der damaligen Zeit verurteilen, ich hab heut früh als erstes 'n schwarzen Afghani-Hund getroffen. Vor Müllers Kino an der Ecke. Ich hab dir erzählt, die Groenewolds haben mich hierher geführt, weil Müller hier geboren ist. Hier im Nebenhaus ist er geboren. Von hier aus sind wir 1953 zum Wahlkampf für Erich Ollenhauer gestartet. Da hat er gesagt, ich schäm' mich! Guck mal, oben gucken meine Eltern raus, ich schäm mich! Und dann hat hier jahrelang die (Kabarettistin, O. L.) Hannelore Kaub drin gewohnt, kennste die auch?

Wolf Biermann: Ja!

Wolfgang Neuss: Und eben, bevor du kamst, weißte, wer da hier war? Die Drei Tornados, Dieter Hildebrandt und der Volker Kühn. Und alle haben gesagt, heut' singt der Biermann in der Stadt, ob der wohl mal zu dir kommt? Ich sag, der war gestern bei Gisela, der kommt garantiert zu mir. Aber da steht am Schluss dann wieder ein Satz – wo ist'n die »Abendzeitung«?

Wolf Biermann: Pamela hat sie sich schon gekrallt.

Wolfgang Neuss: Aber den Satz vorm Schluss lies mal vor, Pamela, weil, er braucht'n seelischen Ausgleich für heute Abend.

Pamela Biermann *(liest)*: Mir geht's gut, ich hab zu essen, ich kaue mein Herz in Einsamkeit.

Wolfgang Neuss: Der ist wunderbar, der Satz, der hat mich sogar getröstet heute.

Pamela Biermann *(zu Wolf)*: Spiel's ihm doch mal vor. Das ist doch schön.

Wolfgang Neuss: Brauchste nicht, brauchste nicht. Aber er ist süß, der Satz, echt süß. Gut. Daran sehe ich, dass du noch arbeiten kannst.

Olaf Leitner: Wieso, haben die was Böses geschrieben?

Wolfgang Neuss: Na ja, das ist eben nicht mehr ..., der Biss fehlt. Na, watt war denn da für'n Biss bei?! Da war immer bei, dass er jeden Moment verhaftet werden könnte. Daran haben sich die Leute delektiert, verstehste? Dass er hier im Westen frech war, wie 'ne Eins, und drüben jeden Moment doch dafür bestraft werden könnte, das war doch das Geile daran. Daran haben sich doch alle hoch gestoßen.

Wolf Biermann: Man reitet gern mit eines andern Mannes Arsch durchs Feuer.

Wolfgang Neuss: Ja, so isses.

Wolf Biermann: Also, über sich selbst täuscht man sich ja in der Regel am meisten. Deswegen darfst du mich nach mir nicht fragen. Aber nach meiner Meinung ist dieser Abend gestern in München das Beste gewesen, was ich überhaupt hier im Westen seit zwölf Jahren gemacht habe. Und wenn das nichts taugt, dann tauge ich eben nichts, dann kann man nichts machen.

Wolfgang Neuss: Der war gelungen, der Abend – ja?

Wolf Biermann: Großartig! Er war so gut ...

Wolfgang Neuss: Am Schluss hat er ja auch den Schlenker gekriegt, Gott sei Dank.

Pamela Biermann: Das ist ja wohl echt eine Frechheit ...

Wolfgang Neuss: Ich hab doch gesagt, dass das 'ne schlechte Kritik ist! Also, was soll das denn?

Pamela Biermann *(zitiert)*: »... schwimmt nostalgie-selig durch Hamburgs Bombennacht«. Er kann ja schreiben, was er will, aber das ist ein Arsch!

Wolfgang Neuss: Na ja, pass auf: Der Biermann ist nicht eingestellt auf solche Leute. Früher hat er das mit beachtet, und die konnten gar nicht mehr anders. Heute ist er überhaupt nicht mehr ... und ich würde auch nicht mehr eingestellt sein darauf. Weil mich das ankotzt. Ich find das gut. Soll der sich doch so täuschen. Das macht doch nix. Macht doch nix! Das ist doch nur ein Zeichen, dass die (Münchener, O. L.) Abendzeitung nicht mehr richtig drauf ist. Völlig daneben ist. Und die haben früher im Feuilleton meist getroffen. Sieh mal, es gibt doch ein Uns-gut-finden-müssen. Die sind uns doch unterlegen, die Leute, geistig. Weil wir Freaks sind und natur-geboren. Das hat doch auch Emma ... seine Mutter hat doch nie verstanden, was der macht. Da brauchte er doch Stunden, Tage, eh die verstanden hat, was ... und hat sie immer noch nicht verstanden. Das habe ich immer gehört. Meine auch nicht. Aber, was haben sie gemacht, die Mütter? Unsere Arbeit hoch geschätzt. Hoch geachtet. Weil sie gesagt haben, das hat er alleine gemacht! Hätt' ich ihn in die Lehre geschickt, hätt' er das NIE gelernt. Das hat er allein gemacht, das ist erste Wahl, göttlich geradezu! Emma, Emma. Heute noch wahrscheinlich. Und meine Mutter auch. Die waren stolz auf unsere Arbeit, weil sie gespürt haben, das haben sie sich alleine ..., so haben sie sich in Szene gesetzt, die Menschen, die ich da geboren habe. Und die Geburt, das muss ich mal angesichts der kleinen – Franziska heißt die?, *(allgemeine Heiterkeit)* und der Tod, das sind ja heitere Angelegenheiten, nicht?

Pamela Biermann: Der heißt Lucas-Dagobert ...

Wolfgang Neuss: Das musst du mir doch bestätigen, dass in dem Moment, wo das Kind kommt, du nicht ohne Heiterkeit bist!

Pamela Biermann: Ich war total glücklich!

Wolfgang Neuss: Das mein' ich doch. »Glücklich« nennen die Leute das, es ist eine ungeheure Heiterkeit im Tod und in der Geburt und im ganzen, lass mich's mal so blöde nennen, Nirwana. In dem, was man nicht anfassen kann, ist eine ungeheure nicht aufzuhaltende Lao-Tse'sche Heiterkeit. Also eine tiefe Heiterkeit. Keine schallende Lache. Aber eine ständige, ewige. Und jetzt musste mal fragen, warum ich mal ausgestiegen bin, mich hier reingesetzt habe und dann plötzlich doch wieder Kabarett gemacht habe. Da denkste, naja, der hat Geld gebraucht. Klar, das ist der äußerliche Anlass. Aber der innere Anlass war, dass ich gesehen habe, oh, da ist ja alles heiter, warum hörst'n auf? Na, du warst ja noch nie heiter! hat's dann in mir gesagt. Naja, könnste's ja mal versuchen. Und dann habe ich gesehen – diese ganzen Gurus: der Maharishi. Den kennt ihr gar nicht, der sitzt in der Schweiz. TM macht der, Transzendentale Meditation. Der würde jetzt hier nur schweigen und nach einer Stunde hätte er gesagt, wir haben uns fabelhaft unterhalten! Ein guter Mann, guter Mann. Der hat aber auch gleichzeitig Annoncen im stern aufgegeben für 80.000 DM: Wenn die Regierung Schwierigkeiten hat, soll sie zu mir an den

Vierwaldstätter See kommen. Wenn du das liest, dann denkste, na, is wohl doch nichts mit TM, wa? Wollen wir lieber schweigen. Dann der Baghwan, den ich ja immer noch verehre, weil er die Terroristen, die gröbsten, weggeschafft ... weggemacht hat, ohne dass sie bestraft wurden, sondern sie haben was anderes gefunden. Die gröbsten Terroristen. Darum verehre ich Baghwan. Er weiß es selber nicht, dass er das gemacht hat. Wüsste er das, würde er ganz anders sprechen. Das ist auch so ein Mann, der die Opfer beleidigt, weil er über Hitler falsch spricht. Nur weil er schon mehr weiß. Kann man nicht machen. Man weiß überhaupt nicht mehr, wenn man nicht den Boden beachtet, worauf man es fallen lässt. Da weiß man gar nix, sozusagen.

Wolf Biermann: Da haste Recht.

Wolfgang Neuss: Wa?!

Wolf Biermann: Da haste hundertprozentig Recht.

Pamela Biermann: Und welche Terroristen meinst du genau?

Wolfgang Neuss/Wolf Biermann:: Die potenziellen Terroristen!

Wolf Biermann: Die hat er alle vom graden Weg abgebracht.

Wolfgang Neuss: Die vom Schreibtisch aus. Die hat er alle zu Orgien gebracht, der Baghwan. Aber aus allen Ländern. Aus Japan am meisten, aus Deutschland aber auch am meisten. Aus beiden Ländern. Die Terroristen, Baader-Meinhof, wo der Faschismus hoch drei ..., also, wo quasi Goebbels mit 'ner Räuberbande mordend durch die Gegend zieht, Dschingis Khan auch noch dabei, das hat er weggeräumt. Hat sie angelockt, gesagt, hier: Orgien ficken, mit Blut spritzen an die Wand. Sind sie reingefallen, nö, nicht reingefallen. Mussten sie. Weil, das war's ja. Die Ekstase, die falsche.

Wolf Biermann: In diesem milden Licht habe ich Baghwan noch nie gesehen, aber es leuchtet mir ein.

Wolfgang Neuss: Der weiß es selber nicht, darum kannst du ihn nicht so sehen. Aber ich habe ihn immer so gesehen, nie anders!

Wolf Biermann: Ich wünschte so sehr, dass du recht hast!

Wolfgang Neuss: Und darum auch der Größenwahn, der bei dem so durchkommt. Aber was will der Mann, wenn er nun alles weiß? Sein Satz ist doch, ein erleuchteter Mann kann auch Sex machen. Kann er eben nicht! sagen die anderen und lachen. Kann er eben nicht. Geht nicht. Aber was will er? Witze machen, habe ich gesehen. Was will er denn oben, wenn er ganz oben ist, getragen von den Wellen der Begeisterung? Witze machen. Was will den der Krishna Murti? Alle weisen Männer wollen am Schluss Witze machen. Hast du verstanden? Da hören wir doch nicht auf, Witze zu machen, wir Idioten. Da werd ich doch nicht jahrelang trauern, nein, das mach ich nicht. Ich weiß ja, am Schluss mach ich doch Witze! Is so!

Olaf Leitner: Was sagst du zu Richie?

Wolfgang Neuss: Meinst du Weizsäcker? Ich kenn verschiedene Richies.

Olaf Leitner: Den mein ich.

Wolfgang Neuss: Der sollte noch mal Jenningers Rede auf Band sprechen, der Weizsäcker. Wär ganz gut. Dann glaubt jeder, es war 'ne andere Rede. Hundertprozentig!

Wolf Biermann: Aber wenn Jenninger Weizsäckers Reden auf Band sprechen würde, würde man auch glauben, es ist eine andere Rede.

Wolfgang Neuss: Du, trotzdem. Ich hab mir doch nach dem Krieg, mit meiner Besonderheit, weil ich nun meine Seele nicht bei mir hatte, bei den Juden als erstes mal etwas abgeguckt, was sie selbst nicht hatten, wo sie selbst sogar gefühllos waren, nämlich für Formulierungen, 'n Ohr. Adenauer sagt: Ich hab die Juden eingeladen zu mir zu kommen. Vor '33! Aber kein jüdischer Fuß ist über meine Schwelle gekommen! – Wenn das kein Antisemitismus ist, ist nichts Antisemitismus, haste verstanden?? Kein jüdischer Fuß ist ... vorm Parlament! Darum hab ich ja den nicht gemocht. Weil ich wusste, dieser Rheinländer Knöcher, der kann keine krummen Nasen und Schwarze, die auch noch ficken, leiden. Kann er nicht, kann er nicht. Und die wissen doch längst – ich hab doch ein herrliches Judengedicht (gemacht), das Beste, was ich je geschrieben habe, kennste natürlich nicht. Kennste doch?

Wolf Biermann: Wie geht das?

Wolfgang Neuss: Na, eh – ich muss ganz ehrlich sagen, so leicht ist mir noch nichts zu schreiben gefallen, weil ich hab den Trick quasi geklaut. Den Trick kann man sagen. Ist es 'n Trick? Nee, es ist 'ne Natur. Ist uns, wir sind's. Also pass auf: Ich lese, als ich anfing, hier Kongo-Gras zu rauchen, bei Voodoo-Voodoo im Kongo, dass die schon immer wissen, die Neger, auch ohne geistig zu arbeiten, wenn ich den erschlage, kriege ich den Geist von dem. Ach, sage ich zu dem Neger, der mir das erzählt und hier neben mir saß, Puschkin (phon.!) heißt er, ja? Da haben die den wegen dem Geist erschlagen? Ja, sagt er. Ich sage: nicht wegen der Flasche Wein oder ...? Die haben den erschlagen, damit sie den Geist, den er aufgibt, in sich einsaugen können. Schlimm, wa? So ist es immer, du erschießt jemanden und hast schon den Geist drauf. Weil, die Botschaft vom LSD ist doch, wir leben immer, und das ist wahr, das kann man feststellen. Selbst mein Partner, abgestürzt Müller. Aber wer jetzt mit dem Auto verunglückt, in diesem Moment, hat schon jemanden, auf dem er landet. Mit dem Geist. Denn der Geist geht ja raus. Darum geh ich ja nicht auf den Friedhof. Da sagt der alte Dutschke zu mir, trotzdem, Wolfgang – den Körper muss man ehren. Weil ich nicht auf den Friedhof gehe *(lacht)*. Also, du verstehst: VoodooVoodoo heißt im Dings, und man erschlägt die Leute, weil man ihren Geist haben will. Ja, wenn wir die Juden umgebracht haben, wenn das so ist, und ich glaube das ohne weiteres, so geht auch mein Gedicht, dann sind wir's halt geworden! Wie geht die Geschichte gut aus? Na dann, dann ist Hitler wirklich im Jahr 3000 der größte Jude aller Zeiten. Weil er hat aus dem erwählten Volk die Bevölkerung der Erde gemacht, denn wir stecken ja alle an, wie ich sehe. Und sind wir jüdisch geworden? Also das, was wir an den Juden nicht mochten, haben wir ihnen perfekt geklaut. Perfekt geschäftstüchtig. Unsere Nasen sind zwar nicht krumm geworden, aber beim Riechen, beim Kokain nehmen und was nicht alles – wir sind zigeunermäßig – also, ich meinte mit dem Gedicht, und sage es auch, die Deutschen sind durch diesen Holocaust Juden geworden. Und da sage ich, vor zehn Jahren, ich hab's vor zehn Jahren gemacht, oder vor neun Jahren, zeigt das doch mal Henryk M. Broder. Denn was sagen denn die Juden dazu? Verstehste? Aber er hat zu Leuten von der taz gesagt: »Geht mich nichts an«. Wörtlich. Is'n Freund von mir, der Henryk M. Broder. Aber sagt: »Geht mich nichts an«. Hat er zu dem Gedicht gesagt. – Wenn wir also die Juden geworden sind, könnten wir ein besseres Leben haben, finde ich. Zum Beispiel (ein) witzigeres. Die tageszeitung ist ja auch stink ..., pass mal auf, was die wieder über dich schreiben. Wie die Abendzeitung. Oder ähnlich. Warum? Sie haben nichts mehr zu meckern. Ist ganz klar. Der Biermann, seit er vierzig ist, gibt's bei ihm nichts mehr zu meckern. Und er ist nich 'n Typ, der sagt, pass mal auf, mir is langweilig, an mir muss mal gemeckert werden. So bin ICH noch, er überhaupt nicht. Er ist ja nicht verwegen in der Beziehung. Im Gegenteil. Also: Es gibt Typen, an denen kann man einfach nicht rummeckern. – Etwas anderes wollt ich dir mal erzählen, weil es auch ganz wichtig ist, Biermann: Sieh mal, als ich dich kennen lernte, hast du doch die Poesie gebracht, die von der offiziellen Literatur voll anerkannt wurde und warst trotzdem der Typ vom Schrebergarten. Darum habe ich an dir festgehalten. Und er auch an mir. Weil er mich immer zu dem Typen gemacht, der noch in Breslau im Schrebergarten ... Und ich kenn doch seine Heimat, wo die Oma Meume gelebt hat. Bist du da auch geboren?

Wolf Biermann: Ich bin in Hamburg geboren.

Wolfgang Neuss: Dort, in dem, meine ich, wo Oma Meume gelebt hat ... die Atmosphäre, die hattst du ja immer bei dir, auch wenn du die besten Gedichte gemacht hast. Die hast du ja nie verloren. Verstehste? Also mit dieser Atmosphäre hast du mich natürlich erst mal angemacht, total ... was wollt ich denn dazu sagen? Ach so ja, richtig, das Wichtigste: Als ich anfing zu törnen, dacht ich, na jetzt werden meine Kunden ... Enzensberger, Grass, Johnson und all die Literaten, die ich näher kenne, warum? Na, da lach ich schon, wenn ich denen Shit verkaufe, verlieren die ihren Beruf. Wie das? Na, das sind doch keine Biermänner, keine Neusse. Die machen doch nicht weiter, die hören sofort auf. Die ganze Szene hier hat dafür gesorgt, dass die gar nicht erst zu mir kamen. Es ist so: Wenn du Shit rauchst und einen intellektuellen Beruf ausübst, dann hörst du sofort auf. Weil du wieder ein Typ wirst, der in der Schule abschreibt, sozusagen, ja? Du wirst wieder echt. Und die sind ja trotz Echtheit unecht, die Leute. So wie Krüger vom Hanser-Verlag oder diese Lettaus oder Raddatz', zum Beispiel. Raddatz ist nun überhaupt nicht mehr der Typ, der muss schon Romane schreiben, um sich noch mal an früher zu erinnern wie Grass. Und Grass ist da wieder der ehrlichste gewesen. Ich war bei ihm. Zu dem bin ich natürlich hingegangen, weil ich weiß, der ist nicht geizig, ja? Da saß er vor seinem Haus in der Nietstraße, das ist jetzt fuffzehn Jahre her: Wolfgang, wenn du nicht die ganze Welt mit mir klären willst, komm bitte sofort mit deinen Freunden rein. Also, wir waren schon enteiert. Da haben wir ihm schon gar keinen Shit angeboten. Dann haben wir gesehen, der Mann ist völlig wahnsinnig. Wahnsinnig heißt nur – es gibt eigentlich keinen Wahnsinn – festgehakt, sozusagen. Weißt du, wer völlig festgehakt ist? Die Hannelore Kaub. Hier, der großzügigste Kabarettist von all denen, die zu mir gekommen sind, ist der Martin Buchholz, aber völlig festgehakt. Geistig. Zurückgeblieben. Warum? Na, die lachen über Leute, die schwingen. Das ist ein Urfehler. Du verstehst, was ich meine? Heute sag ich zu Hildebrandt, hast du den Konstantin Wecker im Programm, im »Scheibenwischer«? – Nee! – Sag ich, schade, guck ich weniger hin. – Warum? – Kannst du ja am Publikum beobachten, das drin sitzt. Die Leute müssen zuhören. Da macht er eine Pointe. Ach das ... Es ist alles leichter geworden, nicht mehr so konzentriert wie früher, aber Gehirn. Da spuckt er nochmal, da – au!! das Gehirn sagt (?): Bravo, bravo, bravo. Jetzt kommt Konstantin Wecker und macht: *(imitiert lautstark eine Art Tröte)* Gehirn weg! Ich schwinge – oooch, ist da eine Begeisterung im Raum. Schwingen. Man hört gar nicht auf die Worte, man hört nur die Melodie, die reißt einen mit. Guck doch mal die Welt an! Alle Drogen sind verboten, Ekstase, Vorsicht! Wir haben keine Ekstase-Schulen à la Baghwan. Für sieben Billionen Mark Drogen – jeden Tag! Die ganze Erde lebt davon! Und schwingen. Und's Gehirn ist weg! Ja, und man kann sich erholen! Aber – kleene Leute einsperren. Das Wort »Drogenhändler« ist wie Jud Süß. Wenn der auf der Bühne sagen würde, ich verteidige alle Drogenhändler auf der Erde, am meisten die Heroin-Drogenhändler, dann würden sie ihn runterholen und er würde nicht weitersingen können. Hast verstanden? SA würde kommen, sozusagen. Polizei. Wenn der das noch mal wiederholen würde, wäre's ganz aus! Ich will mich ja nicht beschweren, das ist ja kein Auschwitz, wir werden ja nicht zum Tode verurteilt, aber zu mir sogar haben die Richter gesagt: Und bei Ihnen darf niemand wohnen! Kennst du ein Gericht, das sowas sagt? Herr H. (Name der Redaktion bekannt!) muss sofort bei Ihnen ausziehen. Sowas dürfen sie doch gar nicht sagen! Überhaupt nicht. Bei mir darf niemand wohnen! Da haben sie noch was gesagt ..., rein privater Natur, nur bei Drogenleuten machen die das, ja? Weil sie wissen, die Droge ist allumfassend, da müssen sie auch in die letzte Ecke rein. »Privat« – da nehmen sie keine Rücksicht auf's Gesetz, da ist »privat«, total »privat«. In der Beziehung muss auf der Erde was passieren. Aber cool, nicht? Muss was passieren, geht nicht mehr so. Abgesehen von der Volkswirtschaft. Habt ihr euch mal überlegt, was es für'n schwarzen Markt gibt? Na, wenn ihr das wüsstet, ihr würdet ja, nee, also ... ist ja Wahnsinn!

Wolf Biermann: Hier, im Westen?

Wolfgang Neuss: Nein, überall!!

Wolf Biermann: Im Osten, das weiß ich ja, aber im Westen?

Wolfgang Neuss: Es ist geradezu lächerlich, wenn man hört, die Russen in Afghanistan – jeder Mensch weiß, und diesmal kann man wirklich der Volkspopularität vertrauen, ach, die Russen sind im Kreml so, die sagen, die Amis waren in Vietnam, da gehen wir auch nach Afghanistan. Ist das ein Standard sowas? Ja natürlich! Das ist ein Staatsstandard! Macht ist das. Ist ein ganz primitiver Gedanke. Ein anderer sagt, nein die waren wegen der Religiosität ... nein, das ist alles nicht ... nur weil die Amis in Vietnam waren! Jetzt kommt aber der Drogenhändler und sagt: Waren gut, die Russen in Afghanistan, sind total angeturnt. Siehste doch, besser geht's nicht. Mehr als die Amis angetörnt waren. Die (Russen) bringen ja gleich Gorbatschow! Was denn, sag ich hier zu Tommy H., du meinst der Shit hat den Gorbatschow bes...? Na, was denn sonst!? sagt er. Wo kommen denn solche Gedanken her? Dass es DOCH geht.

Wolf Biermann: Auf jeden Fall, das ist die Wahrheit: Sie schicken in den Särgen massenweise Rauschgift über die Grenze.

Wolfgang Neuss: Das ist von dir eine Aussage, da du ein Rotweintrinker bist. Ich sag dir, sie schicken es auch anders. Hast du verstanden? Mit allen Mitteln. Und da jetzt die Privatwirtschaft in der Sowjetunion – kannste Ungarn vergessen. In wenigen Jahren gibt es ein solches Geschäft in der Sowjetunion, du verblüffst mich, wenn du so was ... ich hab noch Bewährung, weißt du das?

Wolf Biermann: Also ein Problem mit diesen neuen Wirtschaftsformen ist folgendes: Diejenigen, die das nötige Kapital haben, um da einzusteigen, um auf privater Basis neue Firmen zu gründen, sind natürlich die, die sich in der Stalinzeit bereichert haben.

Wolfgang Neuss: Natürlich!

Wolf Biermann: Und zwar gab es in fast jedem größeren Ort eine kleine Standardmafia: der Parteisekretär, der Staatsanwalt ...

Wolfgang Neuss: Die kaufen sich das jetzt, das Geschäft, das ist ganz klar. Die ha'm es schon.

Wolf Biermann: ... Fabrikdirektor und der Oberbuchhalter. Die vier oder fünf haben immer zusammen gearbeitet. Die haben nicht etwa irgendwas davon weggeklaut. Die haben eine ganze Abteilung einer Fabrik, oder die halbe Fabrik, nur für sich privat arbeiten lassen. Und jeder, der dahinter kam, wurde eingesperrt und belehrt, dass das nicht wahr ist. Und jetzt haben die die Millionen Rubel auf diese Weise an Land gezogen und sind jetzt die ökonomische Basis für den wirtschaftlichen Neuanfang. Die größten Gangster aus der Stalinzeit. Sind auch ...

Wolfgang Neuss: Ach, Biermann, jetzt mal ganz ehrlich: Wie komisch du hier sitzt, fällt mir gerade auf. Du könntest doch eigentlich voller Zukunftshoffnung sein, fällt mir gerade auf. Junge, Junge, bist du'n Idiot! Oder hast du sie etwa? Und zeigst sie nich? du könntest doch sagen, Gorbatschow, das ist doch mein Mann, dafür habe ich doch jahrelang gearbeitet in der DDR. Mal ganz primitiv, ja? Irgendwann muss er mich holen, er kommt ja gar nicht ohne mich aus! So größenwahnsinnig war Biermann früher auch. Meint er das im Ernst? – Im Ernst!! Und Emma sagt auch noch, ja, das stimmt. Und so sind die Groenewolds und Biermann und ich, wollt ich mal sagen. Wir sind auf der einen Seite so primitiv wie Zwerge eben, wie Liliputaner, ja? *(lacht kichernd)* Größenwahnsinnig, sagt: Ja, ohne mich kommt Gorbatschow gar nicht aus. Das ist Biermann. Also das ist, war 'ne Perspektive für Wolf, ganz ehrlich gesagt. Es gibt doch gar keine andere.

(...)

Jetzt aber – DDR. Das geht nur mit 'nem Führungswechsel. Erich Honecker kann den (Biermann) nicht mehr holen. Der versteht ihn ja gar nicht. Vestehste?! Der versteht ihn ja überhaupt nicht! Der weiß nur, Biermann, ja ist'n Problem jajagackgackgack... Is ja überfällig, Erich Honecker. Aaaach, is der fällig.

Wolf Biermann: Nu ist genug, nicht?

Wolfgang Neuss: Au!

Wolf Biermann: Jaja.

Wolfgang Neuss: Weißte, wen ich mir wünsche? Als Chef von den' da drüben?

Wolf Biermann: Na?

Wolfgang Neuss: Den kenn ich gar nicht. Auch nicht persönlich. Aber ich weiß, es würde *alles* klar gehen. Markus Wolf wünsch ich mir.

Wolf Biermann: Ja, da kannst du sogar Recht haben.

Wolfgang Neuss: Weil – der kennt das Innenleben der DDR bis zum Tezet, da kann nichts schief gehen, ja? Da kann sogar einer ein bisschen Faschist sein, den schickt er nicht gleich weg – davor hab ich ja die meiste Angst, dass sie jetzt die Faschisten immer wegschicken und vorn Kopp hauen und wieder neue machen. Anstatt sie, also zu deutsch, zu umarmen, nicht? Zu sagen, äh – kannst nicht anders? – Nein, ich ... Na, bleib mal hier sitzen, ich werd das für dich mal erledigen. So bin ich jetzt einge ... (stellt?), das meine ich mit der neuen Art von Antifaschismus, sich verantwortlich fühlen langsam mal für die Nazis, sozusagen.

Wolf Biermann: Also, der Bruder von Konny und der Sohn von Friedrich, Markus Wolf, kann gar nicht so beschissen sein. Das kann kein schlechter Mann sein.

Wolfgang Neuss: Ich werde nie die Anekdote von Konny Wolf vergessen, wir beide standen als Entlassene ... nee, noch in Uniform! sagte er, standen wir in Moskau auf der Straße. Watt machst du, sagt der Markus, nee ... der Konny sagt, was machst du? Und der Markus sagt, ich geh zum Geheimdienst. Ja, sagt der Konny, du machst es dir bequem. Ich geh auf die Eisenstein ... (unverständlich durch überfliegenden Hubschrauber!) Wörtlich!

Wolf Biermann: *Lacht.*

Wolfgang Neuss: *Lachend:* Du machst es dir bequem, wörtlich! Also, Biermann, du hast eine hervorragende Perspektive. Weißt du, was du machen müsstest?

Wolf Biermann: Na?

Wolfgang Neuss: Weil – die sind ja auch noch da: du müsstest beim jüdischen Geheimdienst landen. Beim Mossad. Das ist noch 'n Verein, der auch solche Sachen bespricht wie wir immer, auch aus dieser Zwerggrößenwahnsinnigkeit, aber immer die irrsinnigsten Sachen ..., du kannst dir gar nicht vorstellen! die irrsinnigsten Sachen macht. Also, Wahnsinn, ja? Ehrlich: Wahnsinn. Und das sind die Leute eigentlich, die in Israel mal was drehen können. Peres natürlich auch. Das ist natürlich ein sehr guter Mann, nicht? Sehr guter Mann, unglaublich gut. Da siehste mal – die Sozialdemokraten! Gorbatschow!

Wolf Biermann: *Lacht.*

Wolfgang Neuss: Aber, wie gesagt: Die deutschen Gewerkschaften und die deutschen Sozialdemokraten ... Die sitzen ja hier auch,

die helfen mir ja. Mir hilft ja sogar die SEW (= Sozialistische Einheitspartei Westberlin, Ableger-West der SED, O. L.)! Weißt du, dass die mit mir zum Arzt gehen? Nur SEW-Leute?? Die Ärzte sind SEW, alle SEW. Ich bin von SEW total beschlagnahmt mit meinem Krebs. Haha! Muss ich direkt lachen drüber.
Wolf Biermann: Ein Teil kriegen sie eben auch von dir.
Wolfgang Neuss: Den kriegen sie nur nicht. Aber ich mache alles ... ich sage dir, wie ich's mache: Ich lasse alles vorbereiten, dass die mich operieren können, lass mich aber nicht operieren. Weil ich auch 'ne Entwicklung sehe hier, 'ne andere, ja? Hast verstanden? Und wenn die nix wird, wenn ich mich täusche, dann sollen die das machen, meinetwegen, nicht? Weil – wie gesagt, man täuscht sich auch über sich selbst manchmal.
Wolf Biermann: Ja, ich war gestern bei Gisela in München ...
Wolfgang Neuss: Aber die wollen mir immer einreden, ich hab Angst vor Ärzten. Das ist nun der größte Blödsinn. Wer sich mal in die Hand geschossen hat, hat keine Angst. Echt nicht. Ich hab mir ja 'n Herzmuskel verletzt damit, leider.
Wolf Biermann: Wieso denn das?
Wolfgang Neuss: Hab ich nicht gewusst: Die linke Hand – hier rein genau – hab ich mir 'n kleinen Herzmuskel angerisssen.
Wolf Biermann: Ach? Durch den Schock der Erschütterung?
Wolfgang Neuss: Ja.
Wolf Biermann: Na ...
Wolfgang Neuss: Puschkin hat mir das auch gesagt, damals schon. Der Neger. Der Neger versteht ja 'ne Menge vom Leben, muss ich ehrlich sagen. Aber der hat auch ein Leben hinter sich ... Den hat Biermann leider nicht kennen gelernt. Der war im Kongo bei Lumumba so eine Art HJ-Führer, ja? Also alles, was der erzählt hat, habe ich immer (gedacht), das ist ja wie Hitler-Jugend. Naja, wir kennen das doch nicht, sagt er. Wir waren halt begeistert, also, du kannst dir nicht vorstellen: Auf, hinlegen, robben und Dienst, ja? Ordnung plötzlich. Da kommt er nach Lumumba nach Kairo auf die Uni, von dort nach Moskau auf die Uni, danach Leningrad, wird so richtig rumgeschickt, ja? Dort heiratet er, dann kommt er hier nach Berlin, und, sag ich, wo haste das erste Mal Shit geraucht? Na, sagt er, schon im Kongo! Und wo haste wieder angefangen, sag ich? In Leningrad, sagt er. Weil – ich musste 'ne ganze russische Familie ernähren.
Wolf Biermann: Hat er 'ne Russin geheiratet?
Wolfgang Neuss: Ja, Victoria. Die war auch mal hier. Aber ein ganz toller Neger! Also – was man sich unter Kongo vorstellt, tiefe Stimme, angenehmer Mann.

Was hab ich denn von dir zuletzt ..., ach so: Hier war ein Mädchen ... mit Nina Hagen hast (du noch Kontakt?) Kommt die noch ab und zu, hörste da (noch was?), was macht denn die Eva-Maria?
Wolf Biermann: Die reist durch die Welt ...
Wolfgang Neuss: Sag mal, wie lange kennt ihr euch? Wie lange seid ihr – ?
Pamela Biermann: Sechs Jahre.
(...)
Wolfgang Neuss: Weißt du, was ich hier an die Wände geklatscht habe? Mein Innenleben. Mach mal den kleinen Schalter an, Wolf, links! Und da oben hängt der Biermann. Den muss man sehen. Und hier hängt er auch und da drin – überall! Also, ich hab mein Innenleben richtig verteilt hier drin. Es klatscht an der Wand.
Pamela Biermann: Und glitzert.
Wolfgang Neuss: Ja. Ja – so ist es im Kopf, ich hab's nicht im Kopf, und ich kann nur mal jedem sagen, der stirbt, wenn er schon nicht LSD nimmt, wenn einer nicht malen kann, ja? Andere malen das in wirren Bildern. Klar, denk ich manchmal, wenn hier einer reinkommt, als erstes denkt er: OOaarr, nie Künstlergarderobe wie in Wittenau bei ei-

nem Irren. Das denkt der als Erstes. Aber es ist eine Komposition, hier, wie die Leute zusammenhängen. Da könnte man sagen ...

Wolf Biermann: Nina ist oft bei uns.

Pamela Biermann: Und Eva-Maria ist nach Moskau eingeladen zum Singen.

Wolf Biermann: Eva darf in Moskau singen und freut sich wie ein Kind, und es gibt Leute in der Sowjetunion, die ziemlich mächtig sind, die wollen, dass ich in die Sowjetunion kommen und dort singe. Und das würde mir ja gefallen.

Wolfgang Neuss: Mir ja auch. Na, man, Biermann, das ist ja nur noch eine Frage von Monaten ...

Wolf Biermann: Das wär doch ...

Wolfgang Neuss: Idiot!

Wolf Biermann: Das wär doch ...

Wolfgang Neuss: Du hast ja 'ne Perspektive, die ist ganz große Klasse, ich sag's dir ehrlich, und gerade mit den alten Liedern, vergiss den blauen Anzug ... nachher hat er den taubenblauen Anzug an, vergiss nicht, das wird noch mal 'n Klassiker, haste verstanden?!

Wolf Biermann: Fredi Rohsmeisl.

Wolfgang Neuss: Singste's noch, ja?

Wolf Biermann: Manchmal, ja!

Wolfgang Neuss: Sieh mal, da singt er mal über einen Freak – völlig (unverständlich!) – toll. Überhaupt in Buckow, da wohnten die meisten Idioten. – Wie hieß die nochmal, die Schauspielerin?

Wolf Biermann: Käthe Reichel.

Wolfgang Neuss: Ja.

Wolf Biermann: Käthe Reichel –

Wolfgang Neuss: Heute hab ich mir hier ja auch den Brecht angenagelt. Weißt du, wer den Geist von Brecht trägt?

Wolf Biermann: Na?

Wolfgang Neuss: Heiner Müller.

Wolf Biermann: Ja.

Wolfgang Neuss: Also, ein Teil, ja? Den die Weiber ihm gelassen haben. Aber den trägt er edel, muss ich ehrlich sagen. Er macht's edel – magst ihn leiden?

Wolf Biermann: Sehr.

Wolfgang Neuss: Hab den leider noch nicht kennen gelernt. Aber weißte – mal war ich bei dir drüben. Und da hab ich mich vor lauter Ärger – ach, ich weiß auch: »Spur der Steine« war's. Da hab ich Manfred Krug kennen gelernt. Da sitz ich bei ihm in der Wohnung und der Biermann sagt: *(brüllt)* Diese falsche Solidarität von dir, die kann ich nicht leiden! Ich hab gesagt, Biermann, ich trete nicht auf bei (Konrad, O. L.) Wolf im DEFA-Film, weil du nicht bei »Spur der Steine« auftreten kannst, da kann ich mir das als Westler nicht leisten im Ostfilm. Und da hat er gleich wie Walter Ulbricht selber geschrien, ja? Hast verstanden?!

Wolf Biermann: *(Lachend:)* Ja ...

Wolfgang Neuss: Also – und in dem Moment kommt der Manfred Krug rein und sagt: Du darfst wirklich nicht! Ich war jetzt bei ... wie hieß der Regisseur noch mal ...

Wolf Biermann: Frank Beyer.

Wolfgang Neuss: ... Frank Beyer. Und der (sagt), du darfst nicht. Ooch – und Biermann hat, äh, es war noch nicht genau raus, du darfst – Manfred Krug wörtlich: du darfst das Gelände der DEFA nicht mehr betreten. Ich: Und da denkste, ich ... Manfred Krug: du sei mal ruhig, ja? Och, ich sag dir, ich hab mich gewundert, dass der so freundlich zu mir war. Der war ja unheimlich gemein zu mir auch ... Und da hab ich mich geflüchtet zu (Hans, O. L.) Bunge, und Bunge hat gesagt, geh mal mit der – da war die noch da, die erste Frau von ihm, Kippen-Jule / Klippen-Jule (?, phon.), geh mal mit der ins Deutsche Theater, (da) war (Heinz, O. L.) Piontek, 'n Schauspieler, und sagt, hör mal, ich soll dich von Heiner Müller grüßen! Und damals hatt' ich doch 'ne Müller ... (Allergie / Aversion? O. L.), ich sag, den kenn ich ja gar nicht – ich soll dich von Heiner Müller grüßen, haste verstanden?! Nimm das mal als Stereotype, sag das weiter: Ich soll dich von Heiner Müller grüßen. Und jedesmal sag ich zur taz:

Bringt den mal mit! Nein, das geht noch nicht, sagt (Mathias, O. L.) Bröckers immer, der hat noch andere Interessen. Ich sage, ja, ich verstehe.
Wolf Biermann: Das ist ein großer Dichter ...
Wolfgang Neuss: Ja?! Ein Dichter auch noch? Ist das auch noch gut, was er macht?
Wolf Biermann: Ja.
Wolfgang Neuss: Das hab ich gar nicht erwartet. Ich finde nur, der geht seinen Weg hervorragend auch, ja?
Wolf Biermann: Doch, Heiner Müller schon.
Wolfgang Neuss: Und weißte, mit wem ich auch sehr gern, so gerne wie mit dir fast, reden würde? Weil der auf mich eine unheimliche Ausstrahlung an Gedankenschärfe hat, ja? Jurek Becker! Angenehmer Mann! Aber du kannst ja Manfred Krug neuerdings auch nicht leiden, wa?
Wolf Biermann: Doch ...
Wolfgang Neuss: Ja? Kannste noch leiden?
Wolf Biermann: Es ist so, wie es immer war. Wir kennen uns gut und sind uns fremd.
Wolfgang Neuss: Wir kennen uns gut und sind uns ... weißt du was, Biermann?
Wolf Biermann: Na?
Wolfgang Neuss: Jetzt muss ich – jetzt wird's dir mal gleich mal peinlich: Weißt du, dass du mir zu wenig Geld geschenkt hast in deinem Leben – für Medizin? Von Anfang an? Du hast immer nur gewollt ...
Wolf Biermann: Ich hab nie gewollt.
Wolfgang Neuss: (...) Biermann, ja? ganz ehrlich gesagt: Biermann hätte sagen müssen ...
Wolf Biermann: Ich glaube, das liegt am Schrebergarten ...
Wolfgang Neuss: Ja. Stimmt. Kein Wort mehr.
Wolf Biermann: Jedes Radieschen nummeriert an seinem Platz ...
Wolfgang Neuss: *(Laut:)* Ja!! Kein Wort mehr, das unterschreibe ich hundertprozentig.
Wolf Biermann: Die Karnickel ...
Wolfgang Neuss: Ich bin ja nicht Schrebergarten, gottseidank.
Wolf Biermann: Die Karnickel essen Löwenzahn ...
Wolfgang Neuss: Ja.
Wolf Biermann: ... den musste ich immer pflücken. Und wenn sie fett waren, habe ich die auch selber vorn Kopp gehauen und geschlachtet.
Wolfgang Neuss: Medizin. Das ist Medizin für mich, ja? Und da wir ja absolut nicht homosexuell sind, auch keine Frauen uns geteilt haben, höchstens mal ... weiß der Geier – ich weiß jedenfalls nix davon ...
Wolf Biermann: Was macht eigentlich Gretl, deine, deine ...
Wolfgang Neuss: Siehste!
Wolf Biermann: ... deine – denke jetzt mal daran, die hat uns nicht geteilt. Falls dich das interessiert.
Wolfgang Neuss: Die Gretl?
Wolf Biermann: Ja. Sie hat doch auch eine Tochter mit dir.
Wolfgang Neuss: Ach, die Tochter ist ja zu mir nun – also, da brauch'n wir nicht mehr drüber reden – wie Nina Hagen. Die kommt hierher – aber Nina Hagen hat mir schon mal Geld geschenkt. Das gebe ich zu. Einmal allerdings nur. Aber bei der sag, die is arm, vastehste?
Wolf Biermann: Ja!
Wolfgang Neuss: Das sag ich ehrlich, ja? Die ist arm weil – die is zum Geldweitergeben von Anfang an verurteilt, die kann machen, was sie will, sparen, wo sie will, 's wird nie hinhaun, nich?
Wolf Biermann: Bei Nina?
Wolfgang Neuss: Ja.
Wolf Biermann: Na, Nina hat keinen Pfennig auf der Naht.
Wolfgang Neuss: Nie, nie! Sie würde sonst überhaupt nicht mehr arbeiten.
Wolf Biermann: Meinst du?
Wolfgang Neuss: Ja. Aber die Nina arbeitet nicht richtig. Du hättst es längst gemerkt,

dass ihr zu guten Texten etwas fehlt. Und dass du sie nicht machen kannst. Das hättste längst gemerkt, weil sie sonst einen linken Rückschritt sozusagen macht, und das kann sich jemand, der ohne Gehirn arbeitet, nicht leisten. Ja? Massenpublikum. Aber ihr hat trotzdem ein Textdichter gefehlt. Von Anfang an. Sie hat alles allein machen gewollt. Weil sie auf deinem Trip ist. Und das ist ein irrer Fehler, weil sie als Irre gilt, so ein bisschen auch wie ich, aber ich hab doch ein bisschen noch dazu gesagt. Die sagt alles so durcheinander und so, dass man sich schämt. Ja? Hast verstanden?

Wolf Biermann: Leider wahr, ja.

Wolfgang Neuss: Und es ist doch – versteh mich doch recht: Jemand der weiß, ja? Da hat Baghwan übrigens nicht recht, Gott gibt's! Der Baghwan behauptet, weil er immer die Endresultate sagt, Gott gibt's nicht. Hat er Recht. Stimmt. Es sei denn, wir bezeichnen uns so, wa' Baghwan? – Ja, sagt er, aber wollen wir ja nicht. Haste Recht, ist nur falsch. Richtig. Und warum gibt's doch Gott? Na ja, sagt Baghwan, wenn du spekulierst, gibt's ihn. Warum? Fünf Milliarden Menschen beten jeden Tag, heimlich, meist heimlich, zu Gott. Hier sagen sie: Ich glaube nicht dran, bin in keiner Kirche. – Heimlich! Ununterbrochen haben sie ein inniges Verhältnis mit jemandem, den sie nicht kennen, den sie brauchen. Unglaublich! Fünf Milliarden! Dadurch gibt's ihn natürlich. Weil die *vibrations* sind, dass es ihn gibt. Ganz klar! Stell dir mal vor, wenn so viel Leute beten, jeden Tag und auch noch leise und auch noch innig, ja? Da wächst ja normalerweise schon Gras, oder Korn von sowas!

Wolf Biermann: Was ist denn nun aus der Gretel geworden?

Wolfgang Neuss: Bei Biermann könnt man eigentlich sagen – wenn man sagt, ja, kommt der innerlich nicht weiter – du hast ihm jetzt gesagt, Gorbatschow, das ist 'ne tolle Perspektive, die rein oberflächlich war (die letzten neun Wörter sind nur Annäherung an zusammengepresste und vernuschelte Aussage, O. L.) innerlich ist kein Weiterkommen bei Biermann. Warum? Es ist genau dasselbe wie mit den anderen. Mal verliert er den Beruf, da will er nicht – warum? In dem Moment, wo er intensiv geistig arbeitet sagt er, schließ mal alles zu, alle Kinder weg ... den lassen schon die Kinder nicht mehr törnen. Der muss arbeiten bis zum Schluss. Den lassen schon die Kinder nicht mehr törnen, ja? Und beim Törnen belügen wir uns doch nicht, (da) geht's doch ums Überleben. (Es) geht schon ums Überleben, im wahrsten Sinne des Wortes.

Wolf Biermann: Wolfgang, was ist »törnen«?

Wolfgang Neuss: Törnen ist sitzen bleiben, Vorhänge zumachen, etwas in dich reintun – wenn du's nicht brauchst – auch gut. Und geistig arbeiten. Jetzt ist doch erstmal Spekulation ununterbrochen im Gange. Na, bei einem Typen wir dir und mir, die hören gar nicht auf zu spekulieren. Ein Freund von mir, der mir Kongo-Gras gegeben hat, Puschkin, der hat gesagt: Wolfgang, du musst spekulieren. Sag ich: Warum? – Weil du sonst nie zum Meditieren kommst. Spekulier, bis es dich langweilt, ja? Hast verstanden?

(O. L. muss das Terrain aufgrund eines anderen Termins verlassen, Verabschiedung, das Aufnahmegerät läuft aber weiter. Lucas quengelt) (...)

Wolfgang Neuss: Meine Tochter ist der Meinung, du hast mir weh getan. Die steht neulich vor dem Bild da drüben und sagt, iiih – warum hast du dir das Bild ... Ich sag, warum denn nicht? Sagt sie: Der hat dir doch weh getan! Sag ich, ja, weiß er doch.

Neuss bemerkt, dass er O. L. aus den Augen verloren habe, denn:

Wolfgang Neuss: RIAS höre ich nicht mehr. Hör nur noch SFB. Weil – da ist ja der Skandal im Gange.

Wolf Biermann: Was ist das für'n Skandal?

Wolfgang Neuss: Na, Mann, ich kann dir sagen: Ich hab mich da mit dem alten Gruner von den Stachelschweinen, weil ich gedacht habe, alleine nehmen sie mich nicht, in die »Abendschau« gedrängt, um ein paar Witze loszuwerden. Aber da schneiden die gleich ... ich hab zum Beispiel über die DDR eine Sendung gemacht mit Gruner in der »Abendschau« – na, da hättste Kopf gestanden, da hättste gesagt, Mann, Wolfgang, so'n Antikommunisten wie dich hab ich ja noch nie kennen gelernt. Was haste 'n da gemacht? – Ja, ich bin zu Felde gezogen – ich hab sogar den Walter Ulbricht parodiert in der Sendung. Haben sie alles rausgeschnitten. Ich durfte nicht sagen, wissen Sie, dass Walter Ulbricht mal'n Puff in Leipzig hatte? Musste rausgeschnitten werden, ja? Damit du weißt, was hier jetzt herrscht. Also, ich weiß nicht, ob überall, jedenfalls bei uns. Ich durfte nicht sagen ..., ich kann dir gar nicht sagen, was ich alles nicht sagen durfte. Ich steh auf Stahl Brandenburg, weil, die trainieren nicht, die meditieren, ja, das haben sie ja dringelassen, also – die haben Dinger rausgeschnitten, wo man sagt, ja, ist denn die »Abendschau« 'ne DDR-Sendung? So, ja? Hast verstanden?? Ich hab so gedacht, der Biermann würde mir recht geben, jetzt musst du drauf hauen auf die DDR, ganz klar – ach, der hat aus 'ner Kirchenzeitung vorgelesen, das war der Grund. Weißt du, so fünf Minuten dauert die Sendung als längstes und (da) sind Witze (drin über das), was vorige Woche so passiert ist. Und die Kirchenzeitungen, nicht? Und am Schluss sag ich, das ist ja gar nicht die Kirchenzeitung, das ist ja die taz! Sagt er, haste schon mal 'ne bessere Kirchenzeitung gesehen? Das war dann die Schlusspointe, aber vorher haben wir schwer auf die DDR ... und da haben sie uns total geschnitten. Und der ganze SFB ist völlig durcheinander, sonst könnte ich mich ja alleine ernähren. Auch Medizin, ja? Verstehste, weil – wer ist denn der Sender? *(Türsummer)* Das bin doch ich – hier in West-Berlin. *(Geht zur Wohnungstür)*

Wenn man mal richtig nachdenkt. *(Im Off zu einem Besucher:* Tust mir mal'n Gefallen? Wunderbar – Biermann ist grade hier. Bringste den Müll runter? – Mach ich! – Danke, mein Lieber!) *Im On:* Siehste, der geht gleich mit dem Müll runter ohne Hemmungen.

Wolf Biermann: Ich hab ja auch den Müll genommen.

Wolfgang Neuss: Du warst beleidigt.

Wolf Biermann: Nein, ich hab dich erst mal genommen und ...

Wolfgang Neuss: Ja, das stimmt *(lacht)*!

Wolf Biermann: Du bist ja auch Müll.

Wolfgang Neuss: Au, das war klüger! Guuut – eins drauf mit Mappe! Das war 'ne echte Pointe. Na, stimmt doch aber *(lacht, Biermann auch)*. Stimmt irgendwo. – Wie hieß dein Vater mit Vorname?

Wolf Biermann: Dagobert ...

Wolfgang Neuss: Haaach, das noch ...

Wolf Biermann: ... und wir haben, Wolfgang, den Lucas Dagobert genannt, der hat jetzt einen Doppelnamen. Emma war dagegen, weil sie sagt, Dagobert sei so ein lächerlicher Name ...

Wolfgang Neuss: Mach doch mal das Fenster ein bissel rum, Pamela ... danke! Ist mir zu kalt.

Wolf Biermann: ... aber jetzt hat sie sich dran gewöhnt. Also der Lucas heißt Lucas-Dagobert.

Wolfgang Neuss: Sagt mal, läuft hier immer noch das Mikrofon mit bei dieser langweiligen Unterhaltung? Ja? *(In Richtung Lucas:)* Na, dann wollen wir ihnen doch mal was bieten, wa?! (...)

Wolf Biermann: Wer ist denn da grad gekommen, Wolfgang?

Wolfgang Neuss: Also, Biermann, du musstest auch 'ne Menge aushalten, weil du persönlich wirklich liberaler geworden bist, du wusstest auch, dass sie dir das zum Vorwurf machen. Jetzt muss ich dir mal sagen: Dann

mach doch mal was konsequent. Gerade wenn du vielleicht doch in die Sowjetunion reist – denk doch mal, ob man nicht den Opportunismus vielleicht doch falsch einschätzt. Ob das Wort Opportunismus in der Politik nicht anders betrachtet werden müsste.
Wolf Biermann: Du meinst, als ein Synonym für Lebensweisheit.
Wolfgang Neuss: Ja! Ja, da liegt nach meiner Meinung in unserem öffentlichen politischen Leben ein Grundfehler, dass wir den Opportunismus als eine miese Angelegenheit betrachten und er doch jüdisch ist. Als erstes mal. Das ist ja Antisemitismus, den Opportunismus als äh, als Dings zu betrachten.
Wolf Biermann: *(lacht)*
Wolfgang Neuss: Hast du verstanden?
Wolf Biermann: Klar, klar!
Wolfgang Neuss: Weil – müssen wir mal auf den Grund gehen. Opportunismus ist gut: Mann, der ist freundlich mit seinem Gegner gewesen! Der ist ihm sogar in den Arsch gekrochen. Haste das gesehen?! Ja, toll! Ich hab mal nachgedacht, muss man mal tief drüber nachdenken. Lohnt sich, ja. – Dann, was ich meinte mit dem Intellekt, das ist Burghard. Burghard und Tommy. Die beiden helfen mir. Die geben mir die Medizin. – Aber heute habe ich wirklich Geburtstag: Heute hatte ich schon so viel Besuch. Ich bin ganz selig. Biermann, und wenn du trotz Konzert – echt, ihr seid richtig lieb, lieb! Da heile ich auch. Von sowas heile ich. Ich hab heut schon mit Tornado-Günther (Thews, O. L.) so gut gefrühstückt, kann ich dir sagen! (...)

Ich hab immer gedacht, alle gehen auseinander, wenn sie anfangen zu törnen. Törnen heißt, geistig arbeiten, ich sag's noch mal. Aber geistig arbeiten heißt nicht, Gedichte machen. Geistig arbeiten heißt nicht, Prosa schreiben. Nicht Prosa denken, sondern geistig arbeiten heißt meditieren. Meditieren über Vorbilder hinaus. Das, was man nicht anfassen kann. Meditieren, zurecht legen. Ja – zurecht legen. Meditieren. Alles zurecht legen. Das ist auch so ein Ding – meditieren, wa? Man legt immer alles zurecht, geistig, und erledigt's nicht. Es ist so, als wenn die Leute sich auf der Straße treffen und sagen: Wir müssen uns mal unterhalten! Und machen's nie. Warum? Dass sie sich unterhalten müssen, weil sie sich verjüngen müssen. Sie wollen sich verjüngen. Machen's aber nicht. Alle!! Biermann is da ein Meister drin. Der geht zu jemandem, wo er auch unbedingt muss. Sonst wäre er ja nicht hier. Wenn er aber bewusst, zielbewusst, zu Manfred Krug ginge nach Hause, jetzt, ja?! Ja, dann ist es ein richtiger Räuber (?) wie früher. Warum? Was macht er? Er verjüngt sich. Und zwar hemmungslos. Er geht nicht zweihundert Mark verdienen, im Sender, sondern er geht zu Manfred Krug und unterhält sich 'ne Stunde: Was haben wir eigentlich damals gemacht, weißt du noch? Was is'n das? Das ist verjüngen. Da braucht man keine Droge. Da hat man's drauf. Aber – warum machen's die Leute nicht? Es ist wie mit dem Sterben, mit dem Tod: Sie wollen's nicht wissen, sie wollen's nicht wissen. Sie sagen: Hach! Hallo, ja, ja wir müssen mal ... unbedingt ... Ja? Und daher auch diese Einsamkeit von allen, verstehste? Weil sie nicht zusammenarbeiten zu deutsch. Ja? Warum soll ich den Biermann jünger machen – ja, ich hab ihn erinnert dran, wie ich zu ihm sagte: Gehen wir mal zu Konny Wolf. – Jetzt?? sagt er, ach, du bist ja 'n Arschloch, aber ich komme mit. – Er kommt mit, und wir kommen rein, und die sind wirklich angestoßen, wie er schon sagte. Also, der sagt richtig zu mir: Musstest du mir den jetzt zum Essen mitbringen? So'n gutes Essen?? *(Lacht.)* Sagt der Konny Wolf damals! Uwe Johnson war ja auch noch bei, wa? Ja?? Ja, richtig: Wir saßen ja in der Ente, Uwe Johnson, du und ich vor dem Neuen Deutschland! Und ich hab das Flugblatt reingebracht: »Es reizt mich nicht die Bohne, wenn mir der deutsche Gartenzwerg verleiht die Dornenkrone!« Der Gartenzwerg war ich *(Lacht.)*!

Wolf Biermann: *(Lacht.)* Weißt du, wer dieses Lied neulich gesungen hat?
Wolfgang Neuss: Na?
Wolf Biermann: Das glaubst du nicht! Der Lew Kopelew war neulich im Fernsehen, in Köln, beim WDR, zu einem Gespräch mit Nikolai S. Portugalow. Portugalow ist der Berater Gorbatschows für Deutschland-Fragen. Spricht perfekt deutsch und hat lange hier gearbeitet. Und gehört jetzt zu der oberen Athletenriege da. Und der Kopelew sprach irgendwie von mir, und da fing der Portugalow sofort an, dieses Lied zu singen. Von hinten bis vorne.
Wolfgang Neuss: Ehrlich?!!
Wolf Biermann: Das sang der alles auswendig.
Wolfgang Neuss: Is ja toll!
Wolf Biermann: Er kannte jedes Wort ...
Wolfgang Neuss: Der war damals gerade in Bonn, als das alles war, nicht?
Wolf Biermann: Der kannte jedes Wort ...
Wolfgang Neuss: Toll!
Wolf Biermann: ... und hörte überhaupt nicht wieder auf und sang: Ach Sindermann, du blinder Mann, du richtest nur noch Schaden an, du liegst nicht schief, du liegst schon quer, du machst mich populär.
Wolfgang Neuss: Wunderbar!
Wolf Biermann: Hat Portugalow ... singt der Gorbatschow-Mann dem russischen Weihnachtsmann aus Köln ...
Wolfgang Neuss: Herrlich!
Wolf Biermann: ... Lew Kopelew vor. Ja – du siehst, mein Bett wird schon gemacht in Moskau, in dem ich nicht schlafen werde. Aber ich werde dort singen, vielleicht.
Wolfgang Neuss: Du wirst doch auch in der DDR singen, das weißt du doch ganz genau. Tu doch nicht so, als ob du das nicht weißt! (*Bandwechsel!*) (...)
Wolfgang Neuss: Was heißt das – nicht hinten raus, sondern nach vorne raus, ja? Das habe ich auch zu Hildebrandt gesagt, aber, irgendwie – schaffen tut er es nicht ganz. Ein Liebling der Nation ist es nicht geworden, weil der »Scheibenwischer« keine so dolle Sendung ist. Es muss ja immer Qualität dabei sein. Der Dieter Hildbrandt an sich ist Qualität, aber ...
Wolf Biermann: Das hält er geschickt geheim.
Wolfgang Neuss: *(lacht)* Wa? Ja, aber er ist Qualität, da gibt's nix.
Wolf Biermann: Naja ...
Wolfgang Neuss: Es ist so 'ne Art weibische Witzigkeit, die immer zieht, immer gut ... mich macht sie auch (an), also mich machen Judenwitze, Juden an, Schwule, und dann so weibische Männer, die nicht schwul sind. So wie Hildebrandt, ja? Wo alles, aus ... von Mädchen kommt, wo du siehst, was der macht. Alles.
Wolf Biermann: Ja?
Wolfgang Neuss: Ja, die Frau ist ja sogar an Krebs gestorben, wunderschöne Frau, die Irene. Heute habe ich zu ihm gesagt, du darfst Irene zu mir sagen. Hat in deiner Familie eigentlich jemand Krebs? Niemand, nich?
Wolf Biermann: Mein Vater hatte keine Zeit für'n Krebs, er wurde schon mit ...
Wolfgang Neuss: Na, der Krebs will ja dem ... was zeigen, das ist ja 'ne Geisteskrankheit.
Wolf Biermann: ... der war ja schon 39 ...
Wolfgang Neuss: Krebs ist ja 'ne Geisteskrankheit.
Wolf Biermann: Mein Vater ist mit 39 umgebracht worden.
Wolfgang Neuss: Ach, du Scheiße – der war erst 39 Jahre alt?
Wolf Biermann: Ja, und als ich ...
Wolfgang Neuss: Oh, da war er ja noch stark!
Wolf Biermann: ... und als ich mein Kölner Konzert machte vor zwölf Jahren, überrundete ich ihn und wurde älter als mein Vater. Es ist ja neulich ein Film über unsere gemeinsame Freundin gelaufen, Emma Biermann, und in diesem Film erzählt sie so aus ihrem Leben, ein sehr schöner Film übrigens,

an dem ich keine Aktien habe, hab mich nicht daran beteiligt, deswegen ist er auch so gut geworden, und da sagt Emma plötzlich halb gedankenverloren: Ach, ich kann mir meinen Mann ja gar nicht vorstellen, wie er jetzt aussehen würde. Der ist ja immer so jung geblieben, so wie der Roman von Anna Seghers heißt: Die Toten bleiben jung.

Wolfgang Neuss: Jaja, der ist ja so jung gestorben, hättste sagen müssen.

Wolf Biermann: Naja. Also sie sieht ihn immer nur so als jungen Mann, und dann grübelt sie so'n bisschen vor der Kamera und sagt plötzlich ohne einen Hauch von Sarkasmus oder Ironie, sondern ganz kindlich, wie sie eben ist: Ach, sagt sie, wenn ich wissen will, wie mein Mann als alter Kerl ausgesehen hätte, das ist ja ganz leicht, da brauch ich ja nur Wolf anzugucken.

Wolfgang Neuss: Ach! *(lacht)* So jung?

Wolf Biermann: Und das stimmt.

Wolfgang Neuss: Na hör mal, du bist 52 und siehst hervorragend aus.

Wolf Biermann: Ich seh ihm ja ähnlich, nich?

Wolfgang Neuss: Ja?

Wolf Biermann: Ja! Ganz und gar.

Wolfgang Neuss: Ich weiß auch, warum sie ihn dann erschlagen haben. Die mochten seine hervorquellenden Augen nicht.

Wolf Biermann: Mmmm ...

Wolfgang Neuss: Aber einen 39jährigen Mann zu erschlagen ... ich dachte immer, er wär 60. Das ist schlimmer als 'nen 60jährigen, nich? Das ist klar, ja? Das ist brutaler, das ist gemeiner, das ...

Wolf Biermann: 21 Jahre schlimmer.

Wolfgang Neuss: Ist echt unglaublich. Ja? Ist echt schlimmer. Wenn einer so kräftig ist. Wenn der noch Hafenarbeiter war, Mann – unglaublich.

Wolf Biermann: Aber er wurde noch registriert in Auschwitz. Das wissen wir. Er ist nicht gleich von der Rampe in die Gaskammer gekommen. Übrigens, die Inge Müller, die Frau von Heiner Müller, die du vielleicht nicht kennst ...

Wolfgang Neuss: Nee.

Wolf Biermann: Heiner Müller hatte eine Frau, die sich 1966 davon gemacht hat, sie konnte nicht mehr leben. Die war irgendwie verschüttet im Krieg, und war überhaupt verschüttet. Und dann war sie auch noch verschüttet von Heiner Müller, dessen riesige Felsbrocken auch noch auf ihrer Brust lagen. Es ist anstrengend, mit so'm großen Dichter zu leben. Und so krabbelt ...

Wolfgang Neuss: Weißt du, wie der Schluss der Sendung vor der Pointe war? Entschuldige, dass ich (?) hier ablenke: Da sagt Gruner, der das Wort nie in' Mund genommen hat, aber ich hab gemerkt, dessen Zeit ist noch mehr da als deine, da kannste dich auch reinhängen, weil du ja auch ein alter Abzocker bist. Pass auf: Ich sage, in der »Abendschau«, ja? sagt Gruner: Der Robert Havemann hat mir mal ... ich sage, Robert Havemann, der Kurt Tucholsky – was glaubst du, was der zur DDR sagen würde: Rote Grütze, würde der sagen. Rote Grütze. Der Robert Havemann hat mal zu mir gesagt, die DDR wird die Bundesrepublik noch haushoch überholen. Da sage ich, da muss sie aber aufhören, in derselben Richtung lang zu laufen. Das stimmte wieder – ach, das Ganze war aufgehangen an den Leuten, die sie auf die Köppe gehauen haben drüben, weil sie protestiert hatten wegen dem Rock'n'Roll-Konzert und so. Und ich sage, die hauen ja genauso mit denselben Gummiknüppeln, weißt du das? Und das haben sie alles rausgeschnitten. Ich sage, stell dir mal vor, die prügeln, obwohl sie nicht mal 'n Weltwirtschaftsgipfel drüben haben, ja? So ging das los. Weißt du? Jetzt ist mal Schluss! Erich wackelt! Stimmt doch gar nicht, sagt Gruner, der sitzt fester denn je ... Is egal – wenn ich das sage, dann wackelt er! So. Alles geschnitten. Damit du nur weißt, ja? Also ich hab so 'ne richtige Sendung gemacht – weißt du, hier waren auch so viele aus'm Osten, muss ich dir sagen. Und ich muss auch sagen, *(lacht)* die bringen mir sogar Ostmark mit! Alles was ich Kurt F. gegeben habe – ich hab einem im Osten immer alle 14 Tage ständig 'n Hunderter gegeben (...) weil ich den von früher kannte. Vom Prenzlauer Berg einen. Na, watt du heute für Lieder über (den) Prenzlauer Berg machen würdest – wie über Kreuzberg, ja? Verstehst du? Ich hab gesagt, Union vor – noch ein Konzert am Brandenburger Tor! Das ist doch Anti-Kommunismus, sagt Müller. Das ist doch der Anti-Kommunismus von heute – Rock'n'Roll – da wird die DDR wahnsinnig. Ich sage, also passt mal auf, es gibt 'ne Grenze, ja? – Ja, weiß ich, die Mauer. – Nein, sag ich, es gibt 'ne Grenze, 'ne Grenze im Rücksichtnehmen. Das ist bei Gorbatschow so, und das ist bei der DDR so. Und diese Grenze überschreite ich jetzt. Ist das klar, ja? Ich nehme keine Rücksicht! Da sagte einer: Pscht! Runter!! Weckt die Kirche, nicht wie in Polen, äh – nee, das ist doch Sache, da spricht keiner laut drüber, ist doch Sache, nicht wie in Polen. Mann, wir haben doch jahrelang darauf gewartet, ich gebe zu, wir haben befürchtet, dass es mal zusammenbricht, aber wir sehen, es geht ja gut! Alle Pflöcke auf der Erde sind eingedonnert, damit's im Osten sich bewegt – ja? Und eben keine westliche Demokratie wird. Und Robert Havemanns Zeit wär jetzt gekommen. Ich merkte das, wie die ganze »Abendschau« – den ham se drin gelassen –, wie die ansprang. Weil – wenn jemand geistig dran ist und gar nicht erwähnt wird, weil er – einfach vergessen wurde – der ist dran, der Havemann! Weil – den Havemann ham se auch noch besser als den Biermann drüben ... da ham se sämtliche Sachen beschlagnahmt, bei Havemann. Ist das Mikro noch an? Das müssen se mal hören: Ich hab das hier verfolgt, obwohl ich nur ein kleiner DDR-Detektiv bin, ja? Wie gesagt: vom jüdischen Geheimdienst Mossad. Aber – die ham bei Havemann das ganze Haus ausgeräumt, mit nach Hause genommen, der Stasi, alles durchgeguckt. Zu deutsch – sie wissen alles! Wenn sie also wissen wollen, wie sie unter Gorbatschow die DDR machen, dann nur bei Havemann nachgucken! Alles vorbereitet, alles fertig! Kann nichts schiefgehen. Ja?! Die haben schneller 'ne Räterepublik drüben als wir hier jemals dran denken können. Mehr sag ich dir nich. Es fängt auf'm Prenzlauer Berg an. Mehr sag ich dir nicht. Und Havemann ist ein Mann, der ja anders als Biermann ohne Poesie am Staat gearbeitet hat. Heimlich. Also heimlich, weil er – er wollte es! Es war sein Werk, er liebte es, ja? Und man kann wirklich nicht sagen, dass ein Mann, wenn er in Euphorie war, ein Faschist war. Der hatte eine vollkommene, als ob er auf 'ner Ekstase-Schule war, Selbstbeherrschung, nich? Eine totale – wie der sein Temperament im Griff hatte, ja, das möcht man mal nachmachen können. Wie Bloch. Du hast schon die richtigen Leute vor dem Tode besucht! Bloch und Havemann haben mehr gemeinsam, aber auch wieder der Zwergengrößenwahnsinn. Ich weiß nicht, wo Havemann größenwahnsinnig war, aber bestimmt auch ... Der Bloch, der hat ja immer gesagt, ich bin der Messias, weißt du das?

Wolf Biermann: *Lacht.*

Wolfgang Neuss: Und Recht hat er gehabt. Recht hat er gehabt. Sein Messias ist er in jedem Fall. Sein Verkünder ist er in jedem Fall. Leute, die sowas sagen, da fühlt man sich meist vor'n Kopf gestoßen. Aber meistens stimmt's. Hundertprozentig. Die Bloch-Söhne – hast du die mal kennen gelernt?

Wolf Biermann: Ja.

Wolfgang Neuss: Sehr sympathische Leute.

Wolf Biermann: Der eine wohnt in Kiel.

Wolfgang Neuss: Und die Böll-Söhne?

Wolf Biermann: Kenn ich auch, ja.

Wolfgang Neuss: Ja?

Wolf Biermann: Ja ...

Lucas-Dagobert ist genervt und müde, er quengelt und plärrt intensiver.

Wolfgang Neuss: Biermann, hast du's eigentlich schwer, Geld zu verdienen?
Wolf Biermann: Nein.
Wolfgang Neuss: Ich dachte, jetzt is' schwerer geworden.
Wolf Biermann: Nein.
Wolfgang Neuss: Machst gar nicht so viel, wie sie dir anbieten?
Wolf Biermann: Nein, überhaupt nicht.
Wolfgang Neuss: Nee?
Wolf Biermann: Nein. Nicht ein Zehntel.
Wolfgang Neuss: Aber gut ist, dass du jetzt für die Studenten singst. Verstehste? Aber du könntest mal ein Lied ›Denken und Schwingen‹ machen. Weil du dann das als Eingangslied hast und dann haste – weißt du, das ist jüdisch. Da sagt man, pass mal auf. Ich schwinge ja nicht. Bin ja keine Nina Hagen, ja? Wenn ich schwingen würde, ja, da wär's intelligent. Da würden doch viele Leute mitschwingen wollen, weil's intelligent bleibt. *(Lucas weint heftig)* Ihr müsst gehen, ja, ich weiß – schon lange. Das Kind ist zu lange hier drin. Hier ist eine beizende Luft, vergiss das nicht.
Wolf Biermann: Lucas ist unsere Uhr.
Wolfgang Neuss: Ja, ihr müsst gehen, ich weiß. (...) Zieht euch an und geht, das Kind muss gehen, jetzt! Keine langen Mätzchen, keine langen Mätzchen. Komm lieber öfter mal, Biermann! Jetzt mal ehrlich! Wirklich wahr!
Wolf Biermann: Ich komme.
Wolfgang Neuss: Gerade jetzt, wo ich nix mehr bin, würde ich mich unheimlich freuen, wenn du trotzdem zu mir kommst.
Aufbruch.

Wolfgang Neuss starb am 5. Mai 1989.

Neuss hätte es amüsiert: Gleich zweimal gestorben

B.Z.
Nr. 104/18 · Sonnabend, 6. Mai 1989 · A 2032 A
Die größte Zeitung Berlins

Das Drama in seiner Berliner Wohnung:

BINGO
1 2 48 30 17 85 26 91 57
Es geht um Spiel 5 und um 10 000 Mark

Seine letzten Worte: Warte! Bitte, warte!
Seine letzter Besucher: Ein 22jähriger Freund
Sein letztes Gespräch: Buddha und die Religion
Sein letzter Wunsch: Bitte keinen Arzt!

Wolfgang Neuss tot im Sessel!

„Er war das liebenswerte Schandmaul der Nation"

Als der Kabarett-Star plötzlich unter schwerer Atem-Not litt, konnte sein junger Freund nicht schnell genug Hilfe herbeiholen – weil es in der Neuss-Wohnung kein Telefon gibt! Der Freund mußte in die Kneipe laufen, um den Notarzt-Wagen alarmieren! ZU SPÄT!

SCHAULANDT
TECHNIC DRIVE IM FORUM STEGLITZ

Wolfgang Neuss tot
Halbnackt auf dem Fußboden

Sonnabend, 6. Mai 1989 - 50 Pf

Bild
UNABHÄNGIG · ÜBERPARTEILICH
BERLIN

Der neue Gold-Regen
Gewinner in die Sonne

Wolfgang Neuss 1989

Das neue Pril. Deutschlands blaues Spülwund...

Hertha 4:0 gegen Essen
K'lautern - Bochum 3:0
L'kusen - Nürnberg 3:0

Das Urteil von Memmingen Abtreibungsarzt ins Gefängnis Frauen weinten

Das war der Kudamm: Cash & Curry

Der U-Bahnausgang Joachimstaler spuckt mich gleich der ersten Hütchenspieler-Crew vor die Füße. Nur Oberdeppen fallen drauf rein, und so schlage ich vor: Lasst die Jungs Vergnügungssteuer zahlen, einen Fuffi pro Woche gegen Quittung, die sieben Tage gültig ist. Wer nicht zahlt, den soll die ganze Härte des Hütchenspielergesetzes treffen. So haben wir alle was davon, und können dadurch Schillers Theater retten. Möchtegern-Yuppies pilgern vorbei mit den derzeit gängigen dezent grellbunten Krawatten und plaudern über ihre Karrieren. Die Rundfahrt-Wannen der Sightseeing-Profis warten vergeblich auf Kunden an diesem herbstlichen Julitag. Während unsere unheimlichen Polizeireserven immer noch ihren Schützenkönig von Bad Kleinen suchen, um ihn für den erfolgreichen Fangschuss zu dekorieren, der – wattn Zufall – einen linken, gottlob keinen rechten Terroristen traf, warnen Plakate in Schaufenstern die »Berliner und Stadtbesucher« vor jenen Hütchenjongleuren, die es sich davor bequem gemacht haben.

Das Kempi läßt drei Fahnen für Olympia wedeln, das macht Sinn, denn das Edelpensionat könnte im Jahr 2000 eine schnelle Mark abgreifen. Meine Lieblingsuhr bei Wempe kostet 62.800 DM, die Firma hat ihren Namen im Pflaster eingelassen, so darf man drauf rumtrampeln. Die Zigeunerin mit der offenen Hand gen Himmel hat ihr Kind nicht dabei, es ist zu kalt heuer. Das Lokal »Schildkröte« in der Uhland bietet »gute Deutsche Küche«, u.a. Curryreis und Argentinische Steaks. Haben wir Indien schon erobert? Auch das dicke Rohr über dem Kudamm wirbt für Olympia, vielleicht ist es bis dahin endlich verschwunden. Will Quadflieg darf immer noch zur Sonntagsmatinee den Faust spielen, und das Zigeunerpärchen da drüben sucht gerade ein Taxi. Das Kudamm-Karree müht sich verzweifelt, wie eine amerikanische Mall auszusehen und verströmt den kühlen Charme einer unzweckmäßigen Mehrzweckhalle. Auf der Postkarte »Berlin International Airport« ist ein Jumbo abgebildet – habe ich den bislang verschlafen? Ein Helnwein-Poster nach Edward Hopper kostet gerahmt 590 DM. Hinsetzen kann man sich nirgends, außer in den Kneipen, die Damen in den gläsernen RTL-Büros machen sich am Telefon wichtig. Die Post des verblichenen Info-Radios ist, laut Zettel, »beim RTL-Empfang« abzuholen. Immerhin ist der »Antiquariatsmarkt« einen Rundgang wert, ich kaufe ein vergriffenes Taschenbuch für 'ne Mark. Der SPIEGEL-Stapel beim Zeitungshändler ist ebenso groß wie der des tip, das ehrt den SPIEGEL. Wolfgang Spier umschlingt Maria Sebaldt, »Trauben und Rosinen« werden nicht subventioniert, sind mithin nicht existenzgefährdet. Da drüben gibt es Michelob-Bier, God Bless America! Der 600-Daimler im Fenster kostet nur 226.190 Mark mit 394 PS. Ist das ein Schnäppchen? Gehe ich zu Burger-King oder McDonald's? Die gute Alte im Wintermantel und mit den Plastiktüten zuppelt an einer Colaflasche und hält seit

Jahren die Stellung. Ihr Hackenporsche für den Kleinkram ist mir neu. Vor Udo Walz hat sie eine Filiale installiert mit weiteren Müllsäcken. Das Modell »Oregon« bei »Budapester Schuhe« kostet 798 Mark, halten die durch bis Budapest?

Die Hütchenspieler sind verschwunden bei Kudamm 193, hier ist auch nicht mehr viel los. In einer Nobelboutique stehen nackte Puppen im Fenster, »Sonderangebote« verkündet ein Schild – verkaufen die des Kaisers neue Kleider? Ich drehe bei, Jil Sanders Klamotten haben die Gatsby-Farbe, und im Maredo füllt eine Frau ihre Steuererklärung aus. Das Steak setzt sie wohl auch ab. Für das »Kosmetische Laserstudio« gebe ich mir noch ein Jahr Zeit. Am Straßenrand werden gebrauchte Nobelkarossen angepriesen – die Zeiten sind hart. Schon wieder Maredo mit Steaks »für junge Leute« – muss man dafür gesunde Zähne haben? Im »Bluepoint« stellt ein Harald Gnade aus – wie wär's mit einem Koma dazwischen? Da sich bei McDonald's 42 Walkmans mit 84 Turnschuhen breitgemacht haben, lande ich bei Burger King. »Alle Tabletts hierher« verlangt ein Schild im besten Jugendherbergsdeutsch. Wieso muss man für die den Müllträger spielen? So billig sind die Whopper wirklich nicht. »Wer hat ein Herz für meine Lora und sein Herrchen« steht auf dem Schild des Bettlers. Wie man sieht – niemand. Die Geigerin kratzt ihr Ständchen jammervoll, hat Momin auch ihr die Gelder gestrichen? Bei Kranzler verdirbt ein junges Talent mit »Hello Mary Lou« den Biss in die Erdbeertorte.

Nein, Kudamm, das war's nicht. Du bist ein Flop, nur eine Kaufmeile für ein paar Superreiche oder naive Touristen, die jeden Schrott bejubeln. Ein flottes Hütchen allein reicht nicht.

Juli 1993

Aus dem Archiv:

Ich mag nicht Seele forschen

Tilla Durieux über Marihuana, die Berliner »Hair«-Premiere, den Erfolg bei jungen Leuten, die Angst vor dem Untergang; über Scheiße als Argument, Tränen und Soufflés, wogende Busen; über das Wegspielen, schlechte Ausbildungen, Brahm und Reinhardt, den erfolglosen Ibsen, schwarze Samtmäntel, viel und wenig Geld, Hunger und Widerstände, den Mangel an Gleichberechtigung, Streit um Tolstoi, das Vorhandensein der deutschen Sprache, über Nullen und nix und das unbegreifliche Fernsehen.

Gesprächsdatum: 18.3.1970

Olaf Leitner: Die Jugend von heute, in Berlin – ?

Tilla Durieux: Wissen Sie, ich habe nie Kinder gehabt, aber ich habe mich immer für junge Leute interessiert und ich finde, dass junge Menschen heute ein unendlich schweres Leben haben – sie wissen ja gar nicht, wie schwer das Leben ist, und darum flüchten sie in Haschisch und Marihuana – ich kann's ihnen gar nicht verdenken. Denken Sie doch: Wir haben nie etwas von einer Atombombe, nichts von diesen schreckliche Erfindungen gewusst, das lastet doch auf den Menschen, wir sind ja noch gar nicht – na, ich kann nicht wir sagen, denn ich bin eine alte Frau, auch ein junger Mensch muss doch erschrecken von dem vielen, was auf ihn hereintobt. Ja, sogar der Computer ist eine Bedrohung! Ein junger Mensch sagt, was lern' ich denn das oder das, warum mach ich die Prüfung, wenn ich dann sowieso überflüssig in dem Fach bin, das ich mir heute mühsam erlerne und erkämpfe.

Apropos Marihuana: Ich habe gelesen, dass Sie schon in »Hair« waren hier in Berlin?

In der Premiere! *(Amüsiert sich.)* Da führte von der Straße aus eine Treppe hinauf in den Saal und da sind zu beiden Seiten viele Menschen gestanden, und ich war mitten drin in dem Gewuhle (!!). Und da ist auf einmal eine Rauchbombe losgegangen, und ich hab mir gedacht, du liebe Güte, jetzt zertreten die mich, mich arme Schwache! Aber zwei junge, sehr nette, ganz junge Männer haben mich genommen und haben mich hinausgebracht. Das habe ich ganz reizend gefunden. Aber wissen Sie – ich finde überhaupt, also bei jungen Leuten ... hab' ich Erfolg!

Kein Widerspruch!

Ja, wirklich!! Ich hab viele junge Leute, die mich gern mögen! Das wundert mich – denn ich biete ihnen kein Striptease! *(Lacht.)* Vielleicht ist es das, dass jüngere Menschen sehen, dass ich sie gern mag und mich für ihre Bedrängnisse interessiere. Es ist ein großes Bedrängnis unter diesen ganzen Menschen, die heute leben. Ich kann's ihnen gar nicht übelnehmen, wenn die das Rauschgift ... sie wollen weg von dem allen, weg. Ich sage es schon seit Jahren: Die Angst vor dem Untergang sitzt den jungen Leuten und auch den älteren dahinten, irgendwo dahinten, ganz klein, aber fest.

Wenn wir das auf die Bühne übertragen: Welcher Dramatiker drückt heute dieses Lebensgefühl aus?

So viel ich lese und sehe, es gibt keinen, sie erwischen es manchmal, und dann geht's vorbei. Und dann stoßen sie trotzdem auf Missverständnisse. Meine Freundin Frau Dannhoff war in »Magic Afternoon«, was doch eigentlich ein Stück ist, das ernst genommen werden kann. Und da war nachher eine Diskussion. Sie war bei dieser Diskussion dabei, sie ist Lehrerin in der Reinhardt-Schule. Sie hat von den jungen Leuten, die dabei waren, nichts anderes gehört als »Scheiße«, »alles ist Scheiße«, »Du bist ein Trottel« und »Du weißt gar nichts!«. Es war keine Diskussion. »Scheiße« ist keine Stellungnahme. »Scheiße« – das hängt zusammen mit einer Tätigkeit, die aber .... *(Lacht.)*

Finden Sie solche Diskussionen prinzipiell gut?

Ja, ja! wenn's eine Diskussion wird! Aber nicht so. Das ist ja lächerlich. »Scheiße« kann man immer sagen. Es ist nicht schön, aber ich sag's sogar als Leocadia bei Anouilh. Ja, es ist vorgeschrieben, französisch heißt es ja *merde*.

Wie war Ihr Verhältnis zu Berlins Starkritiker Alfred Kerr?

(Zögert.) Nnnnnnnaaaa! Es war kein so gutes Verhältnis. Wissen Sie, ich konnte nie, wie soll ich das sagen, mein Herz ausschütten auf der Tafel einer Einladung, und es war damals so die Mode, dass man zwischen Braten und Soufflé die Träne auf den Tisch legte. Das konnte ich einfach nicht. Was ging die denn an, wie es in mir aussah! Die forschten immer Seele! Ich mag nicht Seele forschen.

Sie waren schon damals modern im heutigen Sinne? Gegen Plüsch und falsches Sentiment, gegen das Knatter-Mimentum.

Ja! Gegen das war ich ja, hab aber auch sehr drunter gelitten. Man sagte, ich hätte kein Herz, na eben: das Herz hat gefehlt. Und ich konnte nicht Busen wogen, nicht wahr? ich hatte, aber ich konnte nicht wogen. Es war damals ganz etwas anderes: Man musste alles auf sentimental machen, immer eine Träne, und das konnte ich absolut nicht. Wissen Sie, ich habe immer im Kopf gehabt – wie es auch Renoir sagt – solang' man weint, ist es noch gar nicht der große Schmerz! Erst wenn man wieder lächelt, dann ist es unwi-

Tilla Durieux (1880–1971)

Als Ottilie Godeffroy wird sie in Wien geboren, der Stammbaum der Hugenotten-Familie reicht zurück bis in das Jahr 1447. Über Olmütz, Stuttgart und Breslau kommt sie 1903 nach Berlin und spielt u.a. bei Max Reinhardt. 1910 heiratet sie den Kunsthändler Paul Cassirer, der sich später wegen der zu erwartenden Scheidung das Leben nimmt. In den 20er Jahren gehört sie zu den Theaterstars der Hauptstadt. 1930 heiratet sie wieder, drei Jahre später siedelt sie in die Schweiz über und arbeitet als Dozentin am Mozarteum Salzburg, sie emigiriert nach Jugoslawien. Nach Einmarsch der deutschen Truppen wird ihr jüdischer Ehemann verhaftet und kommt in Berlin in Haft, wo er stirbt. Nach dem Krieg schlägt sich die Durieux als Näherin und Regieassistentin in einem Zagreber Puppentheater durch, sie absolviert 1952 ein Gastspiel in Berlin und spielt in der Bundesrepublik Theater. Sie wirkt in vielen Filmen, Hörspielen und Fernsehspielen mit, macht Schallplattenaufnahmen (»Langusten«), wird Mitglied der Akademie der Künste, erhält viele Ehrungen und wird zur Berliner Staatsschauspielerin ernannt.

derbringlich. Und das habe ich eben auch gefühlt bei einer Rolle. Wenn ich immerfort schon so *(Röhrt parodierend)* agiere, das ist nicht richtig. Der Mensch muss eigentlich, ich meine, der richtige Mensch, der nicht zu weiche Mensch, der muss erst entsetzlich viel erleiden, bis er wirklich nachgibt und zusammenbricht. Er bricht nicht so leicht zusammen. Aber wenn er zusammenbricht, dann ist es halt schlimm.

Heute wird auf der Bühne und sonstwo gern unterspielt, man versucht, den großen Ausbruch wegzuspielen.

Ja, aber wissen Sie: das »Wegspielen« – ich seh' es manchmal auch im Fernsehen, das ist zuviel. So ist es nun wieder nicht! Außerdem ist dieses Wegspielen zuviel garniert mit »nicht Können« – die Leute können nicht sprechen. Es nutzt mir nichts, wenn jemand außerordentlich natürlich ist und dann *(Folgt unverständliches Germurmel.)* Brromummum mmbribirrrr bubmammmummppf – ich versteh' kein Wort! Das geht nicht, ich muss es ja verständlich machen! Die ganzen jungen Leute, sei's im Fernsehen oder auf der Bühne, sind nicht genug ausgebildet in der Sprache. Das habe ich' in Wiesbaden erlebt, da ist die Tochter einer sehr guten Schauspielerin, die hat in einem Stück von Grabbe, »Napoleon«, ausgezeichnet ihre Rolle gespielt, mit Temperament und allem – Sie, ich habe nicht ein Wort verstanden! *(Parodiert erneut lautstark mit unverständlicher Konsonanten-Melange)* Man muss die Konsonanten artikulieren.

Zwei wichtige Regisseure für Sie waren Max Reinhardt und Otto Brahm.

Wissen Sie, der Brahm war viel stiller und viel zurückgezogener. Reinhardt dagegen war ein Menschenfischer, er hat sich die Leute ran geholt. Er war schon großartig – zuerst. Dann später – da war ich gar nicht mehr von ihm begeistert. Brahm hingegen tat man und tut man immer großes Unrecht: Denn Brahm war der erste Stanislawski für die Deutschen, er hat genau zu dem Zeitpunkt angefangen, wo Stanislawski angefangen hat, hat Brahm angefangen, den ganzen (schwülstigen) Kram herauszuschmeißen und hat ein Theater gemacht, wo Menschen auf der Bühne standen. Nur: Stanislawski hat viel Geld gehabt, er konnte sich viel Proben leisten, aber der Brahm musste viel Murks spielen, damit er Ibsen aufführen konnte, denn kein Theater hat doch damals Unterstützung vom Staat bekommen: Also musste man sich das alles erkaufen. Als ich 1903 nach Berlin kam, war ich in einer Ibsen-Aufführung von Brahm: Da waren 30 Menschen im Deutschen Theater. Die mochten Ibsen nicht – und was gab's da für Stücke! Das war eine Fundgrube, da brauchte man bloß so reinfassen. Genau wie Strindberg!

Wer hätte heute mehr Erfolg?

Heute? Brahm! Denn der ist der Ehrlichere!

Und Max Reinhardt würde den »Goldenen Schuss« fürs Fernsehen inszenieren!

So ist es! Sie haben ganz recht. Oder eine Wild-West-Story. Ich habe damals Reinhardts Hollywoodfilm gesehen, den »Sommernachtstraum«, den Sie hier in Deutschland gar nicht zu sehen bekamen. Das war ohne Beispiel: entsetzlich. Da kam der Oberon herein mit einem großen schwarzen Samtmantel, unter dem hat es auf einmal angefangen sich zu bewegen – und lauter Gartenzwerge kamen heraus. Reinhardt war nur für Geld, Geld, Geld. Er hat gelebt wie ein besoffener Fürscht. Und der Brahm – mein Gott ...

Hatte Reinhardt für Sie persönlich Bedeutung?

Absolut. Na klar! Ich war begeistert von allem. Er war ja auch so, dass er sich hat was anbieten lassen und hat dann das genommen, was man ihm angeboten hat und was das Richtige war. Das war natürlich herrlich. Während heute ...

Erst einmal kommt schon ein Schauspieler kaum mit gelernter Rolle auf die Probe, dann sagt er sich, was soll ich mich groß anstrengen, wie ich diese Rollen spielen soll, der Regisseur wird's schon wissen. Und dann kommt der Regisseur und biegt ihn um. Ein junger Mensch kommt gar nicht dazu zu zeigen, was er kann, was er wirklich kann. Die Regisseure kommen einfach mit ihrer bestimmten Idee, die lassen sie dann auf den Schauspieler los und der muss sich dann so gebärden.

Man sagt, dass Sie sich nach der Emigration sehr gewandelt hätten?

Wissen Sie, wenn man von sehr hoch herunter kommt und gar nix mehr ist und sieben Jahre staatlich angestellte Schneiderin in einem Puppentheater ist und dort von dem Direktor des Puppentheaters wie ein Schuhfetzen behandelt wird, na – da wandelt man sich schon einigermaßen. Und man dann mit 72 Jahren nach Deutschland kommt, mit fünf Mark in der Tasche und sich eine neue Existenz aufbauen muss, na ja ... danach habe ich so viel, was ich früher sehr wichtig genommen habe, danach wenig wichtig gefunden. Wenn man sehr viel Geld hat, dann kommt einem vieles sehr wichtig vor. *(Lacht.)* Wenn man goar koins (O-Ton!) hat, na dann kommt es einem auch gar nicht mehr so wichtig vor, und daher kommt dann wohl auch die ganze Auffassung der Rollen her, dass man da eigentlich nur sich das Wesentliche herausholt: Mensch, werde wesentlich! Nun habe ich ja auch das Glück gehabt, dass ich in sehr vielen Kreisen war.

Mit Paul Cassirer.

Eben, eben! Paul Cassirer. Sehen Sie mal, ich hab doch die ganzen Maler, Bildhauer und Politiker genau kennen gelernt. Was denken Sie, wie genau man Leute kennenlernt, die hungrig zu einem kommen in einer Zeit, wo's nichts zu essen gab, und die man dann zufriedenstellen kann.

Glauben Sie, dass ein junger Künstler spartanisch gelebt haben muss um Künstler zu sein?

Ich will Ihnen sagen: Es muss ja nicht der Hunger sein, aber es muss das sein, dass Widerstände da sind, dass man weiß, dass man Widerstände zu überwinden hat und nur der, der den Mut und die Fähigkeit hat, Widerstände zu überwinden, der wird etwas. Sei es nach dieser Art oder nach jener Art, irgendwie. Aber ohne Widerstand, wenn alles wie Butter geht, das gibt's nicht. Heute sind doch die Eltern mitunter so verblödet,

dass sie einen Jungen oder ein Mädel, hauptsächlich die Mädel, hach! wenn sie hübsch sind, werden sie verwöhnt, sie kriegen Geld und Kleider und – alles bekommen sie. Und dann? Dann kriegt sie mal eine Rolle, zu der sie gerade passt, dann hat sie einen Erfolg, jetzt denkt sie: »Na, jetzt bin ich groß!«. Sie fängt gar nichts mehr an, sie lernt nichts mehr. Und was ist der Schluss? Auf die Straße! Gott sei Dank hat es damals schon diesen Widerstand gegeben, dass man ja als Schauspielerin *outcast* war. Das war der Verzicht auf Familie und auf irgendwelche früheren Beziehungen: Die haben einen fallen lassen wie einen heißen Apfel. Na aber! Ich war doch überhaupt ... – und gar für meine Familie, Gott!

Sie hatten ja auch ein gespanntes Verhältnis zu Ihrer Mutter.

Ja. Ein sehr gespanntes Verhältnis.

Hat Sie das stark gemacht?

Nein, nein, nein. Das war zu schwer. An dem hätte ich beinah zerbrechen können. An diesem Verhältnis wäre ich fast zerbrochen!

Und heute, ist die Emanzipation der Frauen erreicht?

Die Frauen haben absolut noch nicht die Gleichberechtigung. Nein!

Woran das liegt? Liegt es an ...

An den Frauen! An den Frauen selber. Die nicht den Mut haben, die zu gleichgültig sind und auch zu faul. Wenn ich heute die Frauen sehe, die sich für gar nichts interessieren – was machen sie? Allenfalls Fernsehen, und wenn da irgendwie politische Gespräche aufkommen, dann »Ach, ich interessier mich nicht für Politik« und husch! waren sie weg. Die Frauen sind ja am schlechtesten dran, die geheiratet habe, vielleicht sogar einen Beruf gehabt haben, die Kinder haben, die Kinder machen sich selbstständig und nun stehen die Frauen da und wissen nicht, was sie tun sollen.

Es gibt so viele Berufe, die eine Frau heute ergreifen kann, es gibt sooo viel, wo man den anderen helfen kann, wofür man sich interessieren kann, wozu man als Frau etwas beisteuern kann.

Wie war das mit Paul Cassirer? Da kamen zwei starke Temperamente zusammen.

Wissen Sie, es war, naja, aber es war dabei schön! Denn er war sehr klug, und sehr belesen und für mich ein Lehrer, auch bei Rollen. Kolossal. Aber er hat seinen anstrengenden Beruf gehabt, ich hab meinen gehabt. Und wenn wir dann zusammengekommen sind, hatte jeder etwas Interessantes zu berichten gehabt. Und ich weiß, dass wir einmal uns so entsetzlich gestritten haben – das war in der Schweiz –, dass der Hotelier gekommen ist und hat gedacht, wir bringen uns um. Wissen Sie, warum? Wegen Tolstoi! Darüber kann man sich doch streiten. *(Lacht.)* Über Tolstoi. Aber beruflich hat er (Paul Cassirer, O. L.) mir sehr geholfen, vor allem mit der Sprache. Ich hatte gerade einen großen Erfolg auf der Bühne, komme raus, glückstrahlend, da sagt er »Sag mal, hast du schon mal gehört, dass es eine deutsche Sprache gibt, ist dir das zu Ohren gekommen?

Da hätten Sie ihn wohl am liebsten erwürgt.

Jā! Aber den nächsten Tag bin ich in mich gegangen und habe gelernt und gelernt und gebüffelt und gelernt. Jaja. Das hat er erreicht. Dass ich unendlich gelernt habe. Denken Sie an den Kreis, den ich hatte – Barlach, Slevogt, weiß Gott, wer alles. Wenn der Maler Slevogt zu mir nach einer Premiere sagte, es war gut, na, das war wie ein Orden für mich! Mit Schmeicheleien hat mich niemand verwöhnt, aber wirklich nicht! Da hat kein Mensch gesagt, Gott, wie bist du herrlich! Aber wie gut – ich bin dadurch nie größenwahnsinnig geworden und habe nicht gedacht, ich kann schon alles, ich weiß schon alles.

Es muss in der Ehe also eine starke Anziehungskraft vorhanden sein?

Ja. Ich kann mir überhaupt Liebe ohne geistige Gemeinschaft gar nicht vorstellen. Aber das ist spezial. Das (Prinzip) haben ja manche nicht. Wenn nix da ist, dann ist nix da. *(Lacht.)* Von Null zu Null wird nix! Das Schönste ist natürlich, wenn zwei Menschen sich treffen, wo jeder seine Sparte hat. Denn dadurch können sie sich gegenseitig bereichern, dadurch haben sie immer ein Gesprächsthema. Der eine erzählt von dem, was er erlebt und was er erstrebt, der andere erzählt von anderen Sachen. Allein »Butzi-Mutzi« – das geht nicht.

Sagen Sie bitte noch etwas zum Medium Fernsehen?

Wissen Sie, ich bin begeistert! Wenn man als Kind bei einer Gasflamme seine Schularbeiten gemacht hat und plötzlich als alter Mensch vor etwas so ganz Merkwürdigem, Unbegreiflichem steht – man hat es mir hundertmal erklärt, ich werd's nie kapieren – also das ist für mich wie ein Wunder. Ich find's herrlich, und am schönsten finde ich »live«. Live! Da ist man so plötzlich ganz auf sich selbst gestellt.

Foyer-Theater

In etlichen uninformierten Kreisen gilt die Meinung, Theater bedeute eine Komödie und Leute, die sie spielen. Notfalls darf es eine Tragödie sein. Dies ist blanker Unsinn. Wir sagen, wie's wirklich ist: Ins Theater geht man, um die Schauspieler vor der Bühne zu sehen. Jedenfalls bei Premieren. Da ist die Branche unter sich: »Keine Missverständnisse«, wehrt der agile Direktor einer berühmten Bühne bohrende Blicke geschmeichelt ab, »dies ist meine Tochter!«.

Man kennt sich und zeigt, dass man sich nicht mag. Und so kommt es zu intensivem Austausch von Intimitäten. Die gestisch überdeutlich angelegten Zärtlichkeitsrituale sollen nur dies belegen: Kiek ma', wie viele Leute ick kenn'!

Neuerlich ist eine besonders perverse Form der Balzerei wieder angesagt, der sog. »Handkuss«. Im Renaissance-Theater, wo die schicksten Leute Berlins verkehren, verbreitet er sich besonders hartnäckig. Man zerrt dabei die Finger vornehmlich weiblicher Wesen in die Höhe, knickt in der Nabelgegend ein und spitzt die Lippen zur Exekution. Mich erinnert die Geste an Cowboyfilme: der brave Farmer, von Indianern umlauert, brennt der Kuh sein Zeichen in den Pelz.

Das Programmheft ist so teuer wie ein Doppel-Whopper. Es informiert, welche Bank mir meine Millionen abnimmt und welche Kneipe nach der Vorstellung das Kalbssteak serviert. Im Übrigen liefert es die Aufstellung: Wer kämpft heute gegen wen?

Theater ist wie Kirche. Es veredelt den Menschen. Niemand läuft mehr – man schreitet. Keiner spricht – alles plaudert. Niemand guckt – alles schaut. In der Pause zieht sich niemand 'ne Wurst rein – man speist. Auch wenn's nur ein Hanuta ist. Und niemand lässt sich mit Sekt volllaufen – man nimmt ein Gläschen Champagner!

Die Garderobe dazu ist vielfältig. Jeans und Turnschuhe haben revolutionären Glanz verloren. Die Fummel-Industrie findet in Premierenlöwen willige Abnehmer. Der bunte Ramsch läßt sich unter dem fadenscheinigen Vorwand zu erwartender Live-Kunst gnadenlos verhökern. Dazu hat Berlins Starfriseur die Locken gewalzt. Und mancher, der seine Tolle allein zurechtgefummelt hat, bekam durch allzu viel Haarspray einen steifen Hals.

Es klingelt zur zweiten Halbzeit. Die Raucherfraktion, in den Kassenraum verbannt, drückt die Kippen aus, rückt das Programmheft in der Hand zurecht wie eine Erstausgabe und lustwandelt wieder gen Parkett. »Reizendes Stück. Ganz entzückend. Aber die Ypsilon ist alt geworden ...!« Das beweist: Man ist doch kompetent für das, was auf der Bühne stattfindet.

Schlussbeifall, nur die Kritiker klatschen nicht. Wenn sie hier schon zeigten, wie sie's finden, wäre ihre Pointe vermasselt. Sie schleichen sich davon, an Haarspray und Modellplünnen vorbei, und freuen sich auf die Schreibmaschine: »Die Ypsilon ist aber alt geworden ...!«

1987

TAXI

Scheißegal, was Shakespeare dachte

Günter Jankowiak über Bier im Seminar, gefühlte Avantgarde, Berlin-Arroganz, Halbstarke, Non-stop-Gefühle, Funkturm-Freuden, 3,95-Steaks, Eskalationsängste, die Puppe aus dem Sack, unvorbereitete Staatssekretäre; über Aufbaugymnasien, Rinderverbrennungen, Ästhetikdiskussionen, Da-Da-Dornröschen und das Verschwinden der Aufklärung.

Gesprächsdatum: 12.2.2001

Olaf Leitner: Was fällt dir zu West-Berlin ab der 70er Jahre ein?

Günter Jankowiak: Das war meine Studentenzeit, 1970 habe ich angefangen zu studieren. Mir fällt »Dr. Nock« ein, so eine Studentenkneipe damals. Student sein hieß, viel Zeit haben, wenig studieren und wenn doch, dann hieß das, sich um Selbstverwirklichung zu kümmern. Ich erinnere mich, wie wir da an der PH, später HdK, die damals noch draußen in Lankwitz war, liegen. So gegen 12 Uhr haben wir da schon Bier getrunken und die Biere mit in die Seminarräume genommen. Was mir heute unvorstellbar vorkommt, dass Studenten dasitzen und Bier saufen, während der Professor sich abrackert. Aber das war ganz normal. Ansonsten hatte das Ganze irgendwie etwas Dörfliches, mein Leben hat überwiegend nur unter Studenten stattgefunden. Als Bild kriege ich immer bunt, viel Licht, Fröhlichkeit, obwohl ich weiß, dass das längst nicht immer so war. Und obwohl wir materiell längst nicht so gut ausgestattet waren. Wenn man sieht, was heute verdient wird und was man damals verdient hat, oder was ein Auto gekostet hat – materiell ging es uns also nicht so gut, aber wir waren reicher. Das Geld spielte nicht so eine große Rolle. Es war nicht alles am Karriere-Machen und Viel-Geld-verdienen orientiert. Du konntest statt dessen mit relativ wenig Geld ganz gut klar kommen. Was das Bunte betrifft – ich hab den Eindruck heutzutage eher eine Verslummung festzustellen. Wenn ich hier durch Schöneberg gehe, treffe ich auf viel Elend und viel Grau.

Du hast Schulspiel studiert. War dies Fach ein Ergebnis der 68er-Bewegung?

Nein, das gab es auch schon vorher, es kam aus der Jugendbewegung der 20er Jahre. Burg Waldeck, was später in der Liedermacherbewegung eine Rolle spielen sollte, war auch die Urheimat von Schultheater und Ähnlichem. Aber so wie sich durch das »Grips-Theater« und die »Rote Grütze« das Kinder- und Jugendtheater verändert hatte, so änderte auch das Fach Schulspiel seine Konzeption und bekam neue Formen. Die Kinder mussten nicht mehr auswendig gelernte Texte vorspielen und vortragen, sondern es wurden eigene Stücke erarbeitet und das Interaktionstraining oder Kommunikationstraining, wie man das nannte, rückte in den Mittelpunkt. Ich erinnere mich, dass wir in der Schulspiel-Gemeinde einen ganz überheblichen Blick auf die anderen Theater hatten. Wir fühlten uns als Avantgarde –

weswegen auch immer. Ohne uns überhaupt näher mit dem zu beschäftigen, was die anderen machten, glaubten wir, das wäre alles verstaubtes Zeug, was man allenfalls wie eine Abraumhalde oder wie einen Steinbruch nutzen kann. Wir wollten nur aus uns schöpfen und improvisieren. Wir haben mal so einen Shakespeare gemacht, »Der Widerspenstigen Zähmung«, das haben wir benutzt, wie es uns gerade zupass kam. Es war uns scheißegal, was Shakespeare sich dabei gedacht hatte. Diese hochmütige Haltung war kennzeichnend für eine bestimmte Szene in Berlin. Wir fühlten uns hier als die Avantgarde. Und wenn die Wessis kamen, diese »Dummen vom Dorf«, wie wir dachten, dann mussten die sich erst mal hier eingliedern, mussten versuchen, in die Berliner Verhältnisse reinzukommen. –

Das hat vielleicht auch was mit der Jugendlichkeit zu tun. Im Zusammenhang mit der Diskussion um die 68er-Bewegung kam mir in den Kopf, dass das immer vor allen Dingen als politische Bewegung beschrieben wird und als eine Bewegung, die auf der Straße stattfand. Eigentlich war das aber eine Jugendbewegung. Ich glaube, es war seit längerer Zeit das erste Mal, dass die Jugendlichen nicht den Alten nachgeeifert haben, sondern genau das Gegenteil gemacht haben. Wenn du dir Fotos von Jugendlichen aus den Jahren davor angesehen yhast, so sahen die Jugendlichen schon immer aus wie Erwachsene, vom Outfit her, sie waren eben bloß ein bisschen jünger. In den 60er und 70er Jahren wurde eine große Abkehr von den Erwachsenen vollzogen. Von daher ist mein Gefühl, was West-Berlin betrifft, ein ganz jugendliches und auch überhebliches Gefühl den Erwachsenen gegenüber. Es hat viel zu tun mit Arroganz.

Aber dass die Jugendlichen sich ihre eigene Welt zimmern wollten, begann doch schon in den 50ern mit Aufkommen des Rock'n'Roll, mit den Marlon-Brando-Filmen, mit den geölten Haaren, dem Jeans-Lederjacken-Outfit und hierzulande, filmisch aufbereitet, mit den »Halbstarken« um Horst Buchholz.

Aber das war eher ein Proll-Kult, oder? Die Halbstarken, die auch von den Gleichaltrigen abgelehnt wurden oder in die Ecke geschoben wurden. Aber dann wurde das plötzlich sehr breit in den 60er Jahren, da das auch von Studenten getragen wurde, bekam das noch mal eine andere gesellschaftliche Wertigkeit. Als die Beatles in Hamburg-St.Pauli spielten, waren die ganz stolz darauf, dass plötzlich Intellektuelle und Studenten in den Club kamen, Astrid Kirchherr und so. Das war quasi eine Aufwertung. Da ging was zusammen.

Vermisst du heute etwas von damals?

Ich kann das abstrakt nicht sagen. Die Aufbruchstimmung, die ich damals erlebt habe, die fehlt mir. Es hängt auch mit meinem Alter zusammen. Mir kommt es vor, als ob das, was

Günter Jankowiak (*1951)

Seine spielpädagogische Grundausbildung, seine Fähigkeit, Kinder und Jugendliche ernst zu nehmen und sich in deren Welt hineinzudenken, führte ihn folgerichtig zum Theater »Rote Grütze«, wo er als Schauspieler tätig war und gemeinsam mit dem Ensemble Stücke erarbeitete. Heute ist er im Bereich der Kinder- und Jugendtheater-Szene ein gefragter Autor und Regisseur mit Hauptsitz beim Berliner Theater »Strahl«. Trend-resistent widersetzt er sich hartnäckig allen Verklärungsattitüden und hält weiter an dem Prinzip fest, auf der Bühne realitätsnah und dennoch lustvoll den Alltag seiner Zielgruppe zu spiegeln und sie zu eigenen Erkenntnissen zu animieren.

man erreichen wollte, nicht erreicht wurde. Oder nur in Teilen. Und sogar zurückgerollt wurde. Aber ich kann das nicht losgelöst von meiner eigenen Entwicklung sehen. Die Arroganz – das war so ein Gefühl von »Uns gehört die Welt«. Wenn wir uns was vornehmen, eine Idee haben, kann uns eigentlich niemand stoppen. Zumal die Alten sowieso »versagt« hatten und es nicht besser gewusst hatten. Die sagten immer: Ihr wisst ja gar nicht, was ihr wollt. Ihr wisst nur, was ihr nicht wollt. Das stimmte ja auch irgendwie.

Als ich anfing, Theater zu machen, da war es doch wahnsinnig zu glauben, dass man eine freie Gruppe gründet und dann davon leben kann. Das ist sehr naiv, aber auch, im Nachhinein betrachtet, sehr mutig. Damals hatte ich dies Gefühl überhaupt nicht, es schien für mich ohne Risiko zu sein. Damals schien eben sehr viel möglich zu sein. Jetzt guckt jeder nach einer Sicherheit.

Du bist als Frankophiler oft in Paris gewesen, auch damals schon. War das ein Kulturschock, wenn du wieder in Berlin eingeflogen bist?

Ich bin ja nicht eingeflogen, ich bin zurück getrampt. Ganz im Hintergrund hatte man doch das Gefühl von Eingesperrt-Werden und von Zurück-in-die-große-Zelle. Nach Frankreich zu fahren hieß für mich, mich frei bewegen zu können und ganz viel Platz zu haben. Wenn ich dann zurückkam, habe ich mich aber auch irgendwie gefreut auf diesen Funkturm, den man dann irgendwann gesehen hat und der einem sagte, man ist wieder zu Hause. Ich hatte immer das Gefühl, wenn ich drei, vier Wochen weg war, jetzt müsste sich hier alles verändert haben. Aber es war alles genauso wie vorher. Nüscht hatte sich geändert!

Der Aufwand, den man treiben musste, um aus diesem Berlin wieder herauszukommen, war schon ziemlich groß. Du konntest nicht zehn, zwanzig Kilometer fahren und warst dann völlig woanders, sondern es waren Richtung Hannover mindestens 150 bis 200 km. Dann war das aber nur die erste Station, dann warst du gerade mal eben durch das Land gefahren, wo du am liebsten durchgebeamt worden wärest. Du konntest da ja auch nichts machen, konntest nur mal anhalten, dir Schnapsflaschen im Intershop kaufen oder billig tanken ...

Was westlicherseits als ideologisches Schwerverbrechen angesehen wurde!

... oder dir für 3.95 DM ein Steak à la DDR einpfeifen, was immer ein großer Reiz war – aber das blieb eben das Einzige, was du auf dem Weg nach draußen machen konntest. Und dann ging die Reise eigentlich erst los. So ganz habe ich dieses Gefühl noch nicht verloren. Ich denke immer noch, ich muss ganz weit weg fahren um rauszukommen. Und Hannover war ja auch nicht, da konntest du ja nicht bleiben. Das war ja genauso schrecklich wie Berlin. *(Lacht.)* Wenn, dann musstest du ja an die See irgendwie. Wenn du in Richtung Süden gefahren bist, war es schon etwas anders. Sobald du in Hirschberg warst, dann gab es schon Berge und Wald. Das war schon das andere.

Andererseits habe ich es nie als Manko empfunden, dass Berlin nicht so ist wie Paris. Der große Unterschied zwischen beiden Städten lag für mich darin, dass es in Berlin keine Straßencafés, oder fast keine gab. Da standen allenfalls vor Kranzler ein paar Stühle. Aber diese südliche Kultur ist eigentlich erst in den 70er Jahren gekommen. Dass die Leute viel mehr auf den Straßen machten. Das fand ich immer ganz toll. Draußen zu sitzen, einen Kaffee zu trinken. Da sieht man sehr deutlich, wie sich Berlin inzwischen verändert hat. Man sieht daran, dass die Leute offenbar viel gereist sind, wir aber auch ganz viel Leute aus dem Süden bekommen haben, die diesen Lebensstil etabliert haben, ohne dass wir es bemerkt haben. Heute findet man in bestimmten Gegenden ein Straßencafé neben dem anderen.

Im Sommer findet inzwischen auch alles draußen statt. Und im Winter frage ich mich, wo sind all die Leute.

Du hast dich beim Wiederkommen immer auf den Funkturm gefreut. Was ist denn heute dein Symbol? Der Fernsehturm?

Nee, der bleibt mir fremd. Das ist immer noch Osten. Auch der Alexanderplatz. Da kommen sowieso in erster Linie die ganzen Touris hin, und als »West-Berliner« fährt man dann auch mal da hin, geht vielleicht zu Saturn, um ein Schnäppchen zu machen, mehr nicht. Du hast nach dem Symbol gefragt: Ich hab jetzt gar keins mehr so richtig. Vielleicht der Bahnhof Zoo. Wenn man da über Spandau reinfährt, weiß man, jetzt ist man wieder in West-Berlin. Und wo ich das Gefühl habe, ich hab mir das ein bisschen »einverleibt«, das ist, wenn ich nach Mitte fahre, Hackesche Höfe, Prenzlauer Berg. Aber Weißensee, Marzahn, Hellersdorf – das ist so Ost, dass ich da nie hinfahren würde. Ich wüsste auch nicht, weshalb. Und wer aus West-Berlin da hingezogen ist, hat auch versucht, so schnell wie möglich da wieder wegzukommen. Weil sie sich da in diesen Plattenbauten unwohl gefühlt haben. Es ist kein Kiez, es kommt uns zumindest nicht so vor. Ich finde es ja verrückt, dass über zehn Jahre nach dem Mauerfall diese Unterscheidung zumindest für die Leute meiner Generation – da kann ich reden, mit wem ich will – immer noch so da ist. Ich kenne aber viele junge Leute, die jetzt am Prenzlauer Berg oder in Friedrichshain wohnen, wegen der billigeren Mieten, die sich da wohl und zu Hause fühlen, da verändert sich was. Da mischt sich das inzwischen. Ob da wer aus dem Westen oder Osten kommt, ist nicht mehr so entscheidend.

Hattest du Angst vor den Russen?

Nee. Nie. Komischerweise nie. Das betraf die etablierte Politik, die wir ja auch nie so ernst genommen haben. Man hatte eher Angst vor einem Atomunfall. Nicht, dass da ein Atomkrieg passierte, aber ich hatte Angst, dass aus Versehen jemand irgendetwas drückt und sich dann eine Eskalation ergibt.

Ein Satz zu Ost-Berlin?

Das war so wie bei den Filmfestspielen: Da eine Karte zu ergattern bedeutet ziemlich viel Einsatz. Nach Ost-Berlin zu fahren erforderte einen ähnlichen Einsatz. Den hab ich nicht so oft betrieben. An der Grenze hat man sich ja gefreut, wenn die Grenzer mal gelächelt haben oder man irgendeinen Scherz mit denen machen konnte. Das gab einem das Gefühl, ach komm, das ist doch toll, wir sind doch irgendwie ... Aber wenn die ihre Nummer durchgezogen haben, dann dachtest du bloß, was ist das für ein scheiß Land.

Nun waren die in einer besonders blöden Situation. Von denen durfte nun überhaupt keiner in den Westen reisen. Und Oma Lehmann kam mit der Jacobs Krönung im Beutel durch die Sperre. Du kontrollierst die Besucher, die ins Bordell gehen, und darfst selber nie mit rein.

Wir als Theater Rote Grütze sind ja mit dem großen Bus ganz viel auf Tournee gegangen. Als wir »Darüber spricht man nicht« gespielt haben, hatten wir immer die ganz große Puppe dabei. Die war in einem großen Sack drin. Den mussten wir an der Grenze immer aufmachen, sie wollten sehen, was da drin ist. Da hätten sich ja tausend Leute drin versteckt haben können. Und das ging fast immer so, wenn sie die Puppe gesehen haben, dann haben sie angefangen zu grinsen und dann hatten wir gewonnen. Die haben auch nicht in die Puppe reingeguckt, da konnte man sich ja, wie du weißt, drin verstecken, aber es war klar, die machen Kindertheater und das ist witzig und damit harmlos.

Floss die Staatsknete damals üppiger als heute?

Ich hab neulich eine Überschrift in einer Berliner Zeitung gelesen: Kultur oder Bildung? Also: wo geht das Geld hin. Das kennzeichnet die Situation. Das man darüber diskutiert, was Priorität hätte. Weil das ja miteinander zu tun hat und das Geld in beide Bereiche rein müsste. Das Geld wird viel knapper. Es hängt aber auch damit zusammen, dass die Wertschätzung, was den Bereich Kinder- und Jugendtheater angeht, gleich Null ist. Es weiß von den Politikern, die damit zu tun haben, niemand, was das eigentlich ist. Du triffst in den Kinder- und Jugendtheatern nie den Senator. Wir waren froh, als mal Frau Künast gekommen ist. Es gibt einzelne Grüne, die zu uns kommen. Aber wenn einer vom Theater Strahl ein Gespräch mit einem Staatssekretär hat, vor kurzem war es so, dann wird ihm vorher bedeutet, am besten Sie bereiten es so vor, dass sich der Staatssekretär nicht vorbereiten muss. Du kommst immer wieder in die Situation, dass du mit Leuten reden musst, die nicht wissen, dass Jugendtheater nicht Theater von Jugendlichen ist, sondern dass es Theater von Erwachsenen ist, die für Jugendliche spielen. Sie begreifen auch nicht, dass das eine Chance ist, Bildungsarbeit zu machen. Sie wissen das einfach nicht. Und kümmern sich nicht drum. Das ist letztlich bezeichnend für die Wertschätzung von Kindern und Jugendlichen überhaupt. Da wird immer gesagt, die seien unsere Zukunft, aber es wird nichts investiert. Oder nur ganz wenig.

Und früher war das anders?

Ja, aber es lag auch daran, dass in den 70er Jahren viele junge Lehrer an die Schulen kamen. Die GEW war eine starke Gewerkschaft. Und das Wort von Willy Brandt, mehr Demokratie wagen!, bedeutete für ganz viele ganz viel. Es gab eine gesamtgesellschaftliche Bewegung, die Kinder und Jugendliche viel mehr in den Mittelpunkt gerückt hat. Es lag auch an der Bildungsreform, die damals in Gang gesetzt wurde. Leute wie ich hätten nie studieren können, ich war auf der Realschule und konnte dann an einem Aufbaugymnasium das Abitur machen. Mitte der 60er ist dieser Schultyp überhaupt erst eingeführt worden. Da versammelten sich dann all die, die eher aus kleinbürgerlichen Verhältnissen stammten. »Bildungschancen für alle« war das Motto dieser Aufbruchstimmung. Uni hieß damals auch nicht unbedingt strikte Berufsorientierung. Ich glaube, es war breiter angelegt, man hatte auch noch Zeit sich umzuorientieren. Es ging um Bildung und nicht nur um Berufsbildung. Wer heute Philosophie studiert, muss doch ein Rad abhaben, wenn er nicht gleichzeitig noch BWL (Betriebswirtschaftslehre, O. L.) belegt. Es geht nur noch darum, welchen Beruf kann ich mit welchem Studienplan ergreifen. Deshalb werden bestimmte Fachbereiche an den Unis auch unter Sparzwang gesetzt und knapper mit Mitteln bemessen. Wenn es aber um Gentechnologie geht, dann vermutlich nicht. Alles, was Geisteswissenschaft angeht, wird es schwer haben, weil es angeblich nicht gebraucht wird. Das ist ein Unding. Und es ist fast ein prinzipieller Unterschied zu früher. Ich habe den Eindruck, dass die

Funktionalität der Leute nicht so im Vordergrund stand. Es ging mehr um immaterielle Werte. Heute geht es um Verfügbarkeit, um Brauchbarkeit und Nutzen. Wenn wir 400.000 Rinder verbrennen wollen, was bei mir ja irgendwelche komischen Assoziationen freisetzt!, dann geht es nur noch darum, was ist funktional. Und um nichts anderes. Der Markt bestimmt, was mit Leben passiert.

Im Verbrennen hat dies Land ja gewisse Traditionen.

Ja, es müssten nur bestimmte Öfen reaktiviert werden.

Inzwischen hat sich auch die ideologische Landschaft bei den Kinder- und Jugendtheatern verändert.

Das entwickelte sich genauso schleichend, wie die geistig-moralische Wende, die Kohl angeschoben hat. Anfangs dachte ich, das hat sich bald wieder ausgewendet. Und heute setzt Rot-Grün die Fahrt auf verschärftem Kurs fort. Ende der 80er, mit der Etablierung des Kinder- und Jugendtheaterzentrums in Frankfurt/M., wendete sich das Blatt im Kinder- und Jugendtheater. Die große Ästhetikdiskussion – Inhalt, nein Danke. Dienet der Kunst und vergesst, für wen ihr das macht. Den Streit darüber haben die wie Kohl ausgesessen.

Die Dornröschenfraktion.

Ja. Am liebsten Dornröschen als DaDa-Spektakel. Wenn jemand in unserem Bereich Karriere machen will, also, was man da so Karriere nennen kann, und was von Volker Ludwig spielt, der noch mit dem Grips-Theater Ende der 80er Jahre stilbildend und ein Vorbild war, ist er gestorben. Ich sag das mal so hart. In Berlin ist das Grips noch sehr wichtig, aber draußen läuft inzwischen ein anderer Film. Der sozialpädagogische Anspruch, das Ideal von Aufklärung oder vom Eingreifen in gesellschaftliche Prozesse, ist allgemein verschwunden.

Jetzt wird wieder geträumt und gezaubert.

Lieber Günter Jankowiak – West-Berlin dankt dir für dieses Gespräch!

Niemandsland

von Markus Ermert

Zu Mauerzeiten gehörte es zu den angenehmen Sommer-Beschäftigungen, Partys auf dem westlich der Mauer gelegenen Gebiet Ost-Berlins zu feiern. Ein klassischer Ort dafür war – neben dem berühmten Lenné- Dreieck – die andere Seite des Görlitzer Ufers zwischen Kreuzberg und Treptow. Zwischen Landwehrkanal und Mauer war eine mehrere Meter tiefe Grünfläche, die zur DDR gehörte, aber von Westen her über die Wiener Brücke bzw. die alte Görlitzer Eisenbahnbrücke zu Fuß ganz gut erreichbar war. Die Bezirksgrenze (für Wolfi: Sektorengrenze ;-)) bildet dort das Ostufer des Landwehrkanals. Praktisch bedeutete das: laute Musik, Lagerfeuer, Zelten und andere Gesetzesverstöße, die von der West- Berliner Polizei mangels Gebietshoheit nicht geahndet werden konnten, den DDR-Grenztruppen aber stets schnuppe waren. Oder hat da jemand andere Erfahrungen gemacht? Ich kenne die eher lustige Begebenheit, dass die Ost-Grenzer Bierflaschen, die von einigen Übermütigen über die Mauer geworfen wurden, einfach zurückgeworfen haben. Andere erzählen Geschichten darüber, dass DDR-Grenzer durch eine der Türen in der Mauer mal kurz nach dem Rechten geschaut haben und nach der freundlichen Bitte, doch nicht so viel Qualm zu machen, wieder verschwanden. Auf West-Seite kenne ich da noch die Militärjeeps der Amerikaner, die völlig sinnlos Patrouille am Westufer des Kanals gefahren sind und grimmig auf die Party-People im Osten geschaut haben.Der sommerliche Blick vom Picknickplatz am Görlitzer Ufer auf die Balkon-Sitzer in Treptow gehörte ohnehin zu den absurdesten mauermäßigen Ausblicken, getoppt nur noch vom durch keinen Grenzwall getrübten Blick aus der auf Mauerkronenhöhe fahrenden S-Bahn zwischen Wollankstraße und Wilhelmsruh nach Wedding/Rdf. (links) und Pankow (rechts).

Aus dem Internet. (Abdruck mit freundlicher Genehmigung des Autors)

Das Theaterwunder funktioniert immer gleich

Volker Ludwig über einen angstmachenden SPD-Senator und eine blamierte CDU, die Traumstadt der GIs, Schwarzmarkt-Karten, grausame Wirklichkeiten, saukomische Debatten, Hetzartikel, Baader-Meinhof-Unterstützer und Kulturmenschen; über die Rolle des großen Bruders, Theater-Heute-Kampagnen, vermeidbare Publikumsbedürfnisse, einen schlauen Landowsky, verlogenes Schulterklopfen und einen treuen Heinz Hönig.

Gesprächsdatum: 24.6.2001

Olaf Leitner: Ich zitiere mit Genehmigung des Hohen Hauses: »Als es dann die großen Auseinandersetzungen mit der CDU gab, es auf Messers Schneide stand, hab ich damals dem Volker Ludwig gesagt, wenn ein Punkt kommt, wo du dich hier als Einzelperson überfordert fühlst, sag mir Bescheid, ich habe kein Problem damit, wenn du es willst, dass du das Grips unter dem Dach der Schaubühne fortführst.«

So kollegial ging das zu, im alten West-Berlin, so wie Jürgen Schitthelm uns das geschildert hat?

Volker Ludwig: Ja, das stimmt, übrigens auch heute noch. Aber es war nicht nur die Angst vor der CDU, es war auch die mangelnde Unterstützung durch den damaligen SPD-Kultur-Senator Löffler. Das war so ein ... (folgt ein Ausdruck, der, um Anwaltskosten zu sparen, hier einfach weggelassen wird! O. L.), vor dem hatte auch der Theaterreferent Hanns Kirchner Angst. Das hat also Kirchner mit Jürgen Schitthelm schon so gefummelt. Falls etwas schief geht. Die SPD war erst voll für uns, als klar war, dass die CDU sich unsterblich blamiert hat. Dann waren wir auf einmal die Größten und wurden in jeder Regierungserklärung erwähnt. Vorher waren die ganz schön ängstlich. Auch die SPD konnte schließlich keine »Kommunistenfreunde« unterstützen.

West-Berlin – ein Fazit deinerseits?

Heute würde ich sagen, es war eine Idylle! Es war eine gemütliche Idylle. Die Mauer war kaum sichtbar, West-Berlin war viel, viel größer und grüner, als man es sich von außen dachte. Wir haben sie eigentlich nur gemerkt, wenn wir nach Westdeutschland wollten. Und es ging den Leuten gut, es ging der Kultur fantastisch, weil alles übersubventioniert war.

Ein Urberliner bist du auch nicht. Du kommst aus ...?

Ich stamme aus Thüringen. Da kommt der Akzent her. Mit 15 bin ich aber schon nach Berlin gekommen, den 17. Juni habe ich schon miterlebt in Berlin. Drei Viertel meines Lebens bin ich wirklich Berliner. Ich fühl mich auch so.

Du kannst ja sicher mit einstimmen, wenn das Hohelied von den Westdeutschen gesungen wird, die West-Berlin aus der Bedeutungslosigkeit gehoben haben, während offensichtlich die Berliner selbst staunend daneben standen.

Äh ... mmm, *(dezentes Stöhnen.)* nein! Das ist dieselbe Geschichte: Wenn ein kleines Theater finanziell kürzer gehalten wird, weil es nicht die komplette künstlerische Qualität aufbringt, dann kann's nur noch schlechter werden. Ich hab grad den Fall wieder gehabt von einer Freien Gruppe. Die letzte Premiere war künstlerisch nicht befriedigend, also bekommen sie weniger Geld. Da können sie nur noch schlechter werden! Wenn es künstlerisch nicht befriedigend ist, müssen sie das doppelte Geld kriegen, dann werden sie automatisch besser. Und natürlich könnten Theater, die sich finanziell keine Sorgen machen müssen, sich bessere Leute leisten und entsprechend ist die Anziehungskraft größer. Die Schauspieler, die heute Wien groß machen, die sind halt in Berlin groß geworden. Das bedingt sich immer. Es ist viel von Berlin selber ausgegangen, aber es lief eben auch, was die Kultur betrifft, unter wunderbaren äußeren Bedingungen. Ansonsten war Berlin deswegen spannend, weil es eigentlich eine politisch ganz stockkonservative Mehrheit hatte, es war die einzige Stadt der Welt, wohin die amerikanischen Soldaten gerne gingen, weil es die einzige Stadt der Welt war, wo die Amis richtig beliebt waren – das stammt noch aus der Blokkadezeit von 1948, wo die Berliner gerettet wurden – und wo ein entsprechend rigider Antikommunismus herrschte. Und da war eben eine besonders große Alternativkultur entstanden. Hauptsache auch deswegen, weil es in West-Berlin keine Wehrpflicht gab.

Hast du das kritische Kindertheater erfunden? Sozusagen die »Frankfurter Grund-Schule«?

Ja! Das war vor allem eine politische Entscheidung. Immer wenn ein Schauspieler zu uns kommen wollte, weil er Kinder so gern hatte, der konnte gleich wieder gehen. Der hatte schon eine falsche Grundeinstellung. Das war eine politische Entscheidung nach dem Zusammenbruch der Außerparlamentarischen Opposition, des SDS, des Republikanischen Klubs, wo uns praktisch der Boden unter den Füßen weggerissen wurde. Wir verstanden uns im Reichskabarett als ein Teil einer politischen Bewegung, und als es die nicht mehr gab, mussten wir etwas entsprechendes Sinnvolles finden. Und wir empfanden unser Kabarett dann nicht mehr als sinnvoll und haben dann erst mal Kabarett für Kinder gemacht. Das heißt, wir haben mit den Kindern genau die Gegenwartsprobleme abgehandelt, aber auf ihrer Ebene, wie wir es vorher bei den Erwachsenen gemacht haben.

Wenn man etwas für Kinder macht, rutscht man im Prestige gleich vier Etagen tiefer. Kinder haben keine Lobby, sind gesamtgesellschaftlich nicht relevant. Damit habt ihr euch ja bewusst auf ein Risiko eingelassen.

Dieses Problem haben wir bis heute, das ist nun mal so in einer kinderfeindlichen Gesell-

Volker Ludwig (*1937)

Er ist Berliner seit 1952, hat Germanistik und Kunstgeschichte studiert, gründete 1965 das Reichskabarett (»ebenso erfolgreich wie linksradikal«, V. L.), dessen Leiter und Autor er war. Das sich dort entwickelnde ›Kindertheater im Reichskabarett‹ wurde 1972 in ›Grips Theater‹ umgetauft und ließ sich 1974 am Hansaplatz nieder. Mit »Linie 1« hat Volker Ludwig das über Jahre erfolgreichste deutsche Musical geschrieben (Musik: Birger Heymann). Er ist mit vielen Ehrungen, Preisen und Ehrenämtern bedacht worden. Mit seinen Schauspielern, Regisseuren, Autoren und all den assoziierten Künstlern und befreundeten Theatergruppen hat er die Theaterszenerie des Landes erheblich verändert und einen ureigenen Stil geschaffen.

schaft. Nur war das damals noch viel extremer. Wir waren damals eh Außenseiter, wir hatten ja beim Reichskabarett schon einmal erlebt, dass wir von allen Normal-Menschen gemieden wurden – bis auf eine ganz, ganz winzige Gruppe von linken Professoren an der Uni und ein paar Studenten. Aber zwei Jahre später waren wir der absolute Kult in Berlin, die Leute rissen uns die Bude ein, und die großen berühmten Intellektuellen holten sich die Karten auf dem Schwarzmarkt. So kann das umschlagen. Dieselben Kritiker, Sybille Wirsing und andere, die uns 1966 nach Moskau wünschten, die haben '68 die größten und dezidiertesten Hymnen über uns geschrieben. So kann sich sowas ändern. Und deswegen haben wir guten Mutes mit einer ganz anderen Sache angefangen, wurden auch wieder mit dem ersten Stück »Stokkerlok und Millipilli« total verrissen. Wir waren das ja gewohnt, wenn was Neues kommt, wird man erst mal verrissen. Beim zweiten Stück haben wir dann die Kritiker in die letzten Reihen gesetzt und nur Kinder reingelassen. Da haben sie gemerkt, dass Kinder anders reagieren als Erwachsene, haben zum ersten Mal einfach ein Gefühl dafür kriegen müssen, weil sie die Kinder mitbeobachten mussten. Und von da ab ging es dann aufwärts. Wir fanden das alles genauso spannend wie vorher das Kabarett auch. Es kam natürlich hinzu, dass das Kinderpublikum nicht verlogen ist und nicht höflich ist, sondern man direkt merkte, was man da erreichte.

Wann gab es die ersten Querschläger?

Die Kulturkritiker mussten sich erst mal an's Kindertheater gewöhnen, die haben wir aber ziemlich schnell rumgekriegt. Ich habe zum Beispiel Benjamin Henrichs, damals bei der Süddeutschen, einen langen Brief geschrieben, weil er unserer Meinung nach »Trummi kaputt« in München völlig falsch gesehen hatte. Der kam dann wirklich für zwei Tage nach Berlin, hat sich einen langen Nachmittag mit uns unterhalten und im Detail informiert. Er schätzt uns bis heute. Also, damals gab es so einen Nachholprozess, und die Kritiker haben sich mehr und mehr für uns interessiert, da waren wir ganz gut bedient. Ansonsten gab es aber eine große Front von den Erziehern, von den Eltern und Lehrern, die uns aus pädagogischen Gründen hassten und erst mal sehr dazulernen mussten. Dass das Märchenalter bei den Kinder mit sechs, sieben wirklich zu Ende ist und sie sich die Wirklichkeit erobern wollen und müssen. Wir wurden beschimpft, dass wir grausam seien, die Kinder bräuchten stattdessen eine heile Welt auf der Bühne und nicht ihre eigene Gegenwart. Das war die zweite Front, und die politische kam 1975 wie aus heiterem Himmel, nachdem die CDU Wahlen verloren hatte, aus denen sie dennoch sehr stark hervorging. Aber sie hatte es trotzdem nicht geschafft. Und es war eine ungeheure Wut. Ich kann es mir bis heute nur als eine politische Spekulation erklären. Alle diese CDU-Politiker, die gegen uns hetzten, hatten nie unser Theater betreten und werden es auch nie tun.

Und die SPD?

Die SPD hat sich relativ zurückgehalten, der war das alles peinlich. Ich meine, unter einem SPD-Senat wurden wir im Herbst '71 zum ersten Mal subventioniert mit 100.000 DM und man hielt auch die Hand über uns. Und während der ganzen Kampagnen gab es eine sozial-liberale Koalition, die FDP war sehr viel stärker für uns engagiert, der Schulsenator Walter Rasch hat uns immer unterstützt. Die SPD war ein bisschen zögerlich, da gab es natürlich auch Leute, die uns unterstützten – wie etwa die Jugendsenatorin Ilse Reichel, die vehement für uns eintrat. Man musste sich in Berlin eben entscheiden. Entweder man ging zu uns oder in das Märchentheater nach Alt-Moabit. Es gab nie beides. Und es gab da immer erhebliche Kämpfe. Als ich 1974 das Haus am Hansaplatz bekam, war ich ja selber im Zweifel, ob ich das wollte. Ich musste einen Zehn-Jahres-Mietvertrag unterschreiben. Und ich wusste, dann werde ich mein Leben lang Kindertheater-Mensch sein. Ich hatte mich beruflich nie für Kinder interessiert und hatte gedacht, ich mach das mal zwei, drei Jahre als politischer Mensch, und dann mach ich wieder mein Kabarett.

Pustekuchen! Wann hörten die Attacken auf?

Begonnen hatte das ja alles mit einem Jugendstadtrat in Steglitz, der uns verboten hat, ein Gastspiel in Steglitz mit »Mensch Mädchen!« zu absolvieren – mit unglaublichen Unterstellungen: Wir würden mit Kommunisten gemeinsame Sache machen und würden die Kinder aufhetzen, usw. Diese Debatten in Steglitz fanden wir saukomisch und haben uns sehr amüsiert, uns verging aber das Lachen, als Ende '75 die CDU im Abgeordnetenhaus einstimmig forderte, wir dürften kein Geld mehr kriegen und keine Schulklassen dürften mehr zu uns kommen. Das haben die drei Jahre lang durchgehalten. '75, '76, '77 – und zwar alle, incl. Diepgen, incl. Herr von Kekulé von der Theatergemeinde, der ganz schön an uns verdiente, alle – es war immer einstimmig. Und deswegen habe ich auch immer gesagt »die CDU«, obwohl später CDU-Menschen immer entsetzlich empört waren, wenn ich das sagte. Wie Volker Hassemer, der meinte, ich hätte zu sagen »Teile der CDU«. Aber ich habe nie auch nur einen einzigen CDU-Mann in den drei Jahren gehört, der mich mal angerufen hätte um zu sagen: Du musst wissen, wir sind nicht alle so, aber was soll man machen?! – Nix davon! Gar nichts.

West-Berlin wurde noch mal geteilt, ihr hattet partielles Bezirksverbot.

Wir durften in keinem CDU-regierten Bezirk auftreten. Und das waren zwei Drittel aller Bezirke. Hinzu kam eine ganz schwere Zeitungskampagne. Die »Mottenpost« hat in drei Monaten über vierzig Hetzartikel gegen uns geschrieben und lanciert. Man wollte diese kommunistische Pestbeule unbedingt ausmerzen. Die Vorwürfe wurden dabei immer abstruser. Es gab Vierspalter im Sinne von »Das Grips kassiert Hunderttausende vom Senat und paktiert mit den Kommunisten«. Ich bekam immer drei Dinge gleichzeitig vorgeworfen: Erstens war ich Stalinist und Maoist, das war für die immer dasselbe, dann war ich Kinderschänder, und drittens arbeitete ich mit faschistischen Methoden. Dieses Argument kam dann auch in schöner Regelmäßigkeit hinzu. Es gab eine Menge Politiker, die versucht haben, mich unter der Gürtellinie zu treffen. Das ist eh ein altbewährtes Mittel der Politik, solange, bis man irgendwann ausrastet und undiplomatisch wird. Es ging immer gegen meine Person, und als dann behauptet wurde, wir seien Unterstützer der Baader-Meinhof-Gruppe, wurden wir gezwungen, dagegen zu prozessieren. Weil die Lehrer sagten, nun dürfen wir auch nicht mehr kommen, jetzt sagen die Direktoren, bei Baader-Meinhof-Unterstützern hört es ja nun auf. Diesen Prozess habe ich in allerletzter Instanz vor dem

Berliner Kammergericht verloren. Wir sind also alle bis heute Unterstützer der Baader-Meinhof-Gruppe. Dieses Urteil war aber so absurd, dass es plötzlich zu einem Meinungsumschwung kam. Günter Matthes schrieb im Tagesspiegel einen ganzseitigen Leitartikel: Was für ein Kammergericht! Die Zeit, Benjamin Henrichs, der Funk, das Fernsehen, alle haben sich erhoben. Es gab eine riesen Anzeige im Tagesspiegel, die Prominente von Peter Stein bis Ulrich Roloff unterschrieben haben. Es wurde für die Kosten der CDU-Anwälte, die wir zahlen mussten – über 20.000 DM – gesammelt, da haben uns Rentnerinnen Zehn-Mark-Scheine geschickt. Es war eine unglaubliche Solidarität. Und letztlich war diese ganze Kampagne eine sehr gute PR-Aktion für uns. Und dann wurde in der CDU blutig Rache genommen an den Leuten, die die Kampagne eingekocht hatten – so sind diese Parteien ja immer. 1978 war das eigentlich beendet. Uns ging's dann wieder blendend, aber die CDU hat weiter gemauert und gepöbelt, die CDU blieb stur, und wir durften weiterhin nicht in CDU-Bezirken auftreten. In Zehlendorf hat die CDU jeden Grips-Besuch einer Schulklasse in die Personalakten der Lehrer eintragen lassen. Jeder hat auf seine Weise versucht, Grips-Besuche zu verhindern. Aber es gab inzwischen eine riesen Unterstützungsfront, die ehemaligen linken Studenten wurden ja sehr häufig Lehrer gerade in Unterschichtsgegenden. Die Lehrer hatten offiziell das Recht, während des Unterrichts zu uns zu kommen. Das war diese wunderbare Institution »Theater der Schulen« (System der Kartenvermittlung zum verbilligten Theaterbesuch von Schülern und Schülerinnen nach Auswahlkriterien und Empfehlungen einer Expertenkommission, O. L.) Die Rektoren hatten manchmal Argumente dagegen, und als dann der Baader-Meinhof-Vorwurf kam, da wurde es für die Lehrer in einzelnen Schulen fast unmöglich. Es wurde ihnen teilweise glatt verboten. Oder die Eltern haben sich aufgelehnt, die waren oft schwieriger als die Rektoren.

Hattet ihr mit der Senatorin Laurien mal Schwierigkeiten?

Nein, ich habe Hanna-Renate Laurien als eine sehr integre Person kennen gelernt, mit der man gut diskutieren konnte. Ich habe sie sehr geachtet. Sie hat sich bei uns sehr viel Respekt verschafft. Es war einfach so: 1981 kam in West-Berlin Richard von Weizsäcker an die Regierung. Wäre die CDU zwei Jahre früher an die Regierung gekommen, gäb's uns nicht mehr. Aber Weizsäcker ist ein Theatermensch und außerdem ein Kulturmensch – ihm war das Ganze unendlich peinlich, allein schon vom Niveau her, dass er es sofort abgestellt hat. Drei Tage nach den Wahlen kam schon der angekündigte neue Kultur-Staatssekretär, das war Winfried Fest, zu mir und sagte: Erzählen Sie es bitte weiter, wir lassen uns an Liberalität von niemandem in Berlin überbieten. Ich habe da sehr gestaunt, und das Tolle war, die CDU hielt sich daran. Und zwar bis heute.

Der Bruder vom Hitler-Biografen, Joachim Fest, er wurde später Senatssprecher. Die Gegner von einst – hat sie der Wind verweht?

Nein, diese Leute sitzen zum Teil heute noch im Abgeordnetenhaus. Danach war es immer sehr merkwürdig, wenn ich denen begegnete, die mich früher ganz einfach killen wollten, und wenn ich dieses so leicht andeutete, dann sagten die immer: Na, seinse doch nicht so nachtragend! Und so in der Art. Es war ihnen immer sehr peinlich.

Dann kippte es aber plötzlich in eine andere Richtung. Darüber haben wir schon mal '81 gesprochen: dass man euch altmodisch fand. Und ihr habt damals gesagt, wir sind in der Tat altmodisch. Wir spielen so, als wenn du bei Nachbars das Wohnzimmer aufmachst und reinguckst. Wir driften nicht in die hohe Kunst und Ästhetik ab.

Das war eine merkwürdige Phase. Selbst unser Großunterstützer, Arno Paul von den Theaterwissenschaftlern, hat dann ausgerechnet bei der »Linken Geschichte« gesagt, ja, muss das denn so sein?!

»Langweiliger Naturalismus«.

Was es natürlich nie war. Eine andere Phase war, dass sich in Deutschland, wo wir der ewige große Bruder waren, wo uns alles nachgemacht und nachgespielt hat, weil wir die einzige Alternative zu dem Weihnachtsmärchen-Theater waren, eine heftige konservative Gegenbewegung erhob, auf die wir schon lange gewartet hatten. Sie kam aus München und fing zu Beginn der 80er Jahre so ungefähr mit Kohl an. Und wenn man sich die heutige Kinder-und-Jugendtheater-Landschaft anguckt, da sind wir mit realistischem, gesellschaftlich engagiertem Theater wirklich eine absolute Minderheit. Das Wort »Kunst« wird ganz ganz groß geschrieben. Als ob wir etwas anderes als Kunst machen würden. Da gab es erhebliche ideologische Auseinandersetzungen, die sehr bösartig geführt wurden.

Einer der Drahtzieher in München hatte dermaleinst sein Handwerk bei der Roten Grütze in West-Berlin gelernt.

Ja. Der war so ein Intendant in München, und einer seiner Autoren hat dann 1986 in Theater Heute unter dem Mantel der Neutralität einen neun Seiten langen Artikel geschrieben, dass im Münchener Theater der Jugend endlich gutes, tolles, phantasievolles Kindertheater gemacht wird und endlich »frei von Inhalten« sei. Das war gleichzeitig auch eine ungeheure Hetze gegen uns. Das war so bösartig, da habe ich mich bei Theater Heute beschwert, habe dann im November '86 ein elf Seiten langes Interview bekommen und entsprechend zurückgehauen. Dann war erst mal Ruhe.

Heute wird mit dem Begriff Emotionalisierung hausieren gegangen. Realität gegen Märchen-Budenzauber und nun Emotionalisierung. Ist das etwas irgendwo irgendwie dazwischen?

Wir emotionalisieren sehr stark! Wir haben für »Linie 1« den Mühlheimer Dramatikerpreis gekriegt. Mit »Linie 1« gab es immer Auseinandersetzungen in den konservativen Häusern, ob man so eine Boulevard-Scheiße überhaupt spielen darf. Wir haben sehr viel dafür getan, dass sich die Theater etwas öffneten. Wir haben diese Probleme nur mit dem hermetischen Kinder- und Jugendtheater gehabt, aber nie mit dem Erwachsenentheater. Da liefen unsere Stücke immer. Und da gab es dann auch das Argument – Ulrich Schreiber in der Frankfurter Rundschau hatte es damals geschrieben – dass er es unmöglich fand, einem Theater den Preis zu geben, das dermaßen »Publikumsbedürfnisse bedient«. Das macht man nicht. Wenn man an das Publikum auch nur denkt, findet ja schon keine reine holde Kunst mehr statt. Wir waren aber stolz darauf, dass es uns gelungen ist, die Publikumsbedürfnisse zu bedienen. Wir suchen nach den Bedürfnissen, Nöten, Problemen und Sorgen des Publikums. Von dem gehen wir aus, und darüber machen wir unsere Stücke. Und darum haben die so eine starke Wirkung. Aber so unterschiedlich sind eben die Erwartungen an das Theater. Und zwar bis heute.

Inwieweit hat sich die Veränderung der Medienlandschaft seit 1985 auf eure Arbeit ausgewirkt?

Überhaupt nicht. Ich wurde das sehr oft gefragt. Ob die Kinder jetzt nur noch Sekundenclips à la MTV vertragen. Die Kinder und die Jugendlichen reagieren genau wie vor 25 Jahren. Sie sind genauso mit ganz kleinen Tricks zu kriegen, und dann ist absolute Stille im Raum. Die können genauso lange etwas verfolgen, wenn man es intensiv genug macht. Es hängt von der Spannung auf der

Bühne ab. Und gerade die Kinder, die besonders viel vor der Mattscheibe hocken, sind besonders fasziniert und überrascht von dem, was im Theater ist. Sie wollen sich auch immer vergewissern, ob es wirklich lebendige Menschen sind, die direkt für sie spielen. Das Theaterwunder funktioniert immer gleich.

Du machst ja »nur« Kindertheater, wie wir nachdrücklich feststellen konnten. Und du hast West-Berlin in der Welt bei vielen Anlässen über dein spezielles Medium vertreten. Bist du gesellschaftlich anerkannt? Da wetterleuchtet eine meiner Dauerfragen, die nach der Berliner Gesellschaft.

Die war immer geteilt. Es gibt natürlich die Gesellschaft, die ins Theater geht. Diese Personen sind die gleichen geblieben. Wenn man in West-Berlin zum Theatertreffen oder in eine Premiere geht, sind es immer noch dieselben Leute wie vor 15, 20 Jahren. Zu dieser Gesellschaft gehöre ich natürlich voll dazu, da bin ich auch absolut anerkannt, als was Besonderes. Ich werde nicht angesehen wie andere Kinder- und Jugendtheaterleute, ich fall' da raus. Zumindest seit »Linie 1«, was ja eigentlich mit Kindertheater nichts zu tun hat. Das weiß auch jeder, dass es das erfolgreichste deutsche Musical ist und jahrelang auch das meistgespielte Stück. Und nun hab ich auch das Bundesverdienstkreuz endlich angenommen und hab alle die Preise gekriegt, die man so kriegt. Die meisten. Meistens die, wo es kein Geld zu gibt. Die mit 30.000 DM fehlen mir noch. Wenn du nach der gesellschaftlichen Anerkennung fragst: Als wir Ende '86 pleite waren aufgrund der »Linie 1«, eine Produktion, die für uns einfach viel zu teuer war, bin ich zu Hassemer gerannt und habe gesagt, so, wir haben 230.000 DM Miese, wir gehen kaputt. Hassemer hat rumgeweint und gesagt, ich gehe auch kaputt, was soll ich denn machen? Dann gab es eine Talkshow, in der ich gesagt habe, dass das Grips Theater Pleite wäre und aufhören würde. Landowsky war wohl informiert, dass ich das sagen würde, er war auch in der Talkshow. Und er war ja nun wirklich vorher nicht unser Freund, aber er ist da umgekippt. Es war vor der 750-Jahr-Feier und er meinte wohl, eh ich in Berlin einen großen Skandal bekomme – und es war ihm klar, dass es einer sein würde, wenn wir aufhören! – setze ich mich lieber an die Spitze der Avantgarde. Er war halt schlau, er war schneller als die anderen CDU-Leute. Er hat dann gesagt, es gibt in West-Berlin nur zwei große Bühnen, das ist die Schaubühne und das ist das Grips Theater. Und es wäre völlig absurd, wenn eine der beiden Bühnen kaputt gehen würde. Und von da ab waren wir gerettet. Und Landowsky hat bis zum Schluss die Hand über uns gehalten. So war das halt, und ich bekam bald eine schiefe Schulter vom Schulterklopfen. Gerade auch von den CDU-Leuten.

Kein Wunder, dein Institut liefert auch dem Fernsehen immer Frischfleisch.

Das ist das Problem, was solche Theater haben. Wir haben eine kleine Garde von Schauspielern, die ewig bleiben und die Jungen hauen irgendwann ab, weil sie vom Fernsehen abgeworben werden. Und davon haben wir eine ganze Menge – nicht nur Heinz Hönig und Dieter Landuris.

Habt ihr noch Kontakt?

Aber ja! Die Leute bleiben lebenslang unsere Freunde. Heinz Hönig kommt immer, wenn er in Berlin ist, vorbei. Das Grips Theater hat diese Schauspieler geprägt, und sie sind nie im Zorn, immer in Wehmut gegangen. Und sie haben alle irgendwann bei uns am Tresen gesessen und geheult und bedauert, dass sie weggegangen sind. Aber inzwischen hat sich durch das Fernsehen ihr Lebensstandard so erhöht, dass sie nicht mehr zurück könnten.

Lieber Volker Ludwig – West-Berlin dankt dir für dieses Gespräch!

Ich war wie ein Hund, der nachschnüffelt

Holger Franke über Brach- und Ruinenwüsten, berufsberliner Selbststbeweihräucherung, aufkommende Melancholie, DT-Keller und Möwe, historische Kino-Karten, Kneipentheater, koitale Atemfrequenzen und intimes Gelispel, politische Klimazonen, Revis, Anti-Revis und gemütliche Biere; über einen Stühle schleppenden Ulrich Gregor samt Erinnerungstränen, Zwischenruf-Theater, einen exaltierten bayerischen Diskant, Trödler-Typen, Pflastersteine, Peymann in Stuttgart, eine überfeierte Schaubühne, Wallenstein in Unterhosen, eine frühe Brechtitis, Solidaritäts-Schmalzstullen, Shakespeare-Sonette, das Glanzstück Laurien, Wichtigkeit und Wahn, Ton-Angeber und Leithirsche, 50er-Jahre-Trotz, DDR-Leitbilder, Hoffnungspotenziale und Trüffeln unterm Friedensbaum.

Gesprächsdatum: 11.2.2001

Olaf Leitner: Du hast lange in Südfrankreich gelebt, bist nun wieder »daheim«. Erinnerst du dich noch an West-Berlin?

Holger Franke: Wenn ich heute durch West-Berlin gehe, habe ich ganz skurrile Sehnsuchtsgefühle. Noch mal West-Berlin so wahrnehmen wie gehabt, noch mal zurück und hineingehen und wieder heraus, in die Gegenwart. Und vergleichen. Allein die Gerüche, die mich aus Häusern, Plätzen, Kneipen, anwehen. Typisch West-berlinerische Erinnerungsgerüche. Der Geruch vom Bahnhof Zoo, als ich ankam, um hier zu leben, Winter '63, mit meiner Freundin, vier Koffern, einem Bundeswehrpass, ein paar Adressen und der Hoffnung, hier weiterzukommen in Richtung Schauspielerei. Die vielen Ankünfte, Begrüßungen, Abschiede von da. Unser großer Dorfbahnhof. Nach ein paar Monaten wohnte ich in der ersten WG, ein stehengebliebenes Haus, Eichhornstraße 1, vor der damaligen Brach- und Ruinen-Wüste Potsdamer Platz, Blick auf und über die Mauer, die Touristen auf den Holztribünen für den Blick nach Drüben. Für uns wenig wissende bis ahnungslose Wessis. Wir sahen von schräg oben auf die runter. Touristen, Gaffer. Wir waren denen weit voraus. Wir waren die Besonderen. Mit Übersicht und Durchblick. Und irgendwie privilegiert, weil wir auf einem heißen, geschichtlich ungeheuer angereicherten Boden leben durften. Und wir wissen das auch. Und der Boden ist noch nicht so mit Verdrängung und Neuzeit zubetoniert. Überall noch Risse. Lauter Hindernisse. Hier ergeben sich noch mühelos Gespräche über Politik. Anders als in Westdeutschland. Hier konnte man sich überlegen fühlen, egal wem, der berufsberliner Selbststbeweihräucherung oder den Kommunismus-Gulag-Ängsten von Berlinbesuchern aus Düsseldorf. Und solange man – noch – seinen Bundespass hatte, war man besonders fein heraus. Gab's kein Problem, in den Osten zu kommen, den »Frieden« von Hacks/Besson im DT anzugucken, und seinen einreisebehinderten Westberliner Bekannten klarzumachen, was für ein tolles Theater sie versäumen. Schön war's, mit einer für Theater und Drüberreden und sonst noch was erwärmten Person nach dem »Arturo Ui« das Berliner Ensemble zu verlassen und in der Paris Bar, Kantstraße, anzukommen. Der Rotwein schmeckte damals viel besser, wenn er's auch nicht war. Aber der Ober oder die Oberin waren zu allen nett – das war alles noch jenseits von Schickimicki. Man musste nicht berühmt sein, oder verdächtig danach aussehen, um freundlich begrüßt zu werden. Tja, da kommt Melancholie auf, dieses gewisse Grundgefühl »von der Vergänglichkeit der Dinge«. Und weiche Knie, Schwindelgefühle angesichts des irren Schwungs von Veränderung, seit '89.

Das erste Mal war ich schon 1960 hier. Für sechs Wochen. Mit meinem Lehrer, einem Theatermann und durch und durch Berliner, der mir seine Stadt zeigte, alle Theater, Museen, Plätze, Merkwürdigkeiten, Brüche, Risse, Spuren. Diese täglichen Wechsel zwischen Ost und West waren tolle Kontrasterfahrungen. Sehr belebend. Wir wohnten in der Pension Peters am Savignyplatz. Frühstück in der Bäckerei Teschendorf, Schlüterstraße. Mein jüdischer Lehrerfreund kannte die Seniorchefin noch, aus der Vor-Hitler-Zeit. Und natürlich noch den Ober aus dem »DT-Keller« drüben. Und den aus der »Möwe«. Um Mitternacht, nach den Theaterabenden, auf'm Heimweg noch zu Aschinger am Bahnhof Zoo. War auch gut. Kennste den noch, mit den Glasdächern, den Schrippen, den altgedienten freundlichen Kellnern? Heute steht da dieses schwarzbraune Unding, nennt sich auch Aschinger. Ist aber falsch.

Latsche ich heute durch mein früheres Westberlin, dann komm ich mir vor wie auf einem Parcour von lauter Hier-war-das-und-da-hast-du-mit-und-dort-biste- und-weißte-noch-Heimsuchungen. So geht's mir in keiner Stadt. Im Kantkino zum Beispiel sitze ich plötzlich wieder neben meiner Tochter Anja, damals 6 Jahre alt. Sie musste unbedingt einen japanischen Godzilla-Film sehen. War schwarz-weiß und grottenschlecht und wunderbar. Und sowieso, man könnte eine Westberliner historische Kinokarte rausgeben. Das Schlüter, um die Ecke, schön länglich; das berühmte Ehepaar – man duzte sich – vor zehn Jahren haben sie aufgehört. Steinplatzkino. Gegenüber die HdK. Hier sah man die Frauen, die man vielleicht oder eigentlich oder auch gern gehabt hätte. Bei etwas Glück und einem guten Tag bekam man 'ne Telefonnummer, und heftete sie an Hoffnungen ... Wie gesagt, so viele Häuser, Plätze, Kneipen, wo man wer weiß wieviel Kohle gelassen hat, etwa mit Theaterkollegen. Zum Beispiel Wilmersdorfer Ecke Kudamm: eine Baracke. Ein Alkohol-Asyl mit einer prachtvollen Wir-

Holger Franke (*1942)

Er hat seine berufliche Sozialisation über Ost-Berlin und das Brecht-Umfeld erfahren, lernte das Theaterhandwerk in der Provinz, sprach Nachrichten beim SFB, hatte Auftritte im »Forum-Theater«, in der »Schaubühne«, mehr noch beim »Grips-Theater«, bis er mit Freunden seine eigene Truppe, das Kinder- und Jugendtheater »Rote Grütze«, aufbaute. Später emigrierte er, großstadtmüde, für etliche Jahre nach Süd-Frankreich, um darauf reumütig ins Gesamt-Berlin zurückzukehren. Heute schreibt er Bücher, Drehbücher und Theaterstücke, die sogar den Weg ins Fernsehen schaffen – zum Beispiel »Mensch Hermann«, »ein Meisterstück freier, alternativer Theaterkunst«. (Kölnische Rundschau). Holger Franke arbeitet weiter als Regisseur und manchmal noch – oder wieder – als Schauspieler. Die erwähnte Tochter Anja ist Schauspielerin und u.a. durch ihre Rolle als Berlinisch-ruppige Anwaltsgehilfin in der TV-Serie »Liebling Kreuzberg« bekannt geworden.

tin. Wärmestube für besonders arbeitslose Schauspieler. Und ihr nachbesserungsbedürftiges Selbstbewußtsein. Diskotheken ...

Diskotheken – du???

Ja, in den 70ern. Ich war ganz munter drauf. Da gab es das »Tolstefanz«, da haben wir später gespielt (mit der Roten Grütze, O. L.), da war 1976 die Uraufführung von »Was heißt'n hier Liebe!?« Wir haben doch heftig getanzt, na klar, vor, um und nach '68. Auseinander, durcheinander ... Da fällt mir ein: Ich versuchte mal, eine Wohnsituation zu meistern in einer Fabriketage in Kreuzberg, mit zwei noch gut intakten Paaren, ich aber allein – alles auf einer Etage, ohne Zwischenwände. Nebenan war der große Raum für unsern Schülerladen. Das habe ich ungefähr vier, fünf Wochen ausgehalten. Dann verbrachte ich immer mehr Nächte außerhalb. *(Lacht.)* Anja wohnte da auch mit. Die Kinder schliefen alle in einem wunderbar geräumigen Hochbett. Ein Raum im Raum. Ich aber lag da, ziemlich unabgetrennt, versuchte, gelassen zu bleiben, wenn da nächtlich diese Dinge geschahen, die so unter Paaren üblich sind, ich hab versucht, an was anderes zu denken, mir mit Affirmationen zu helfen: Das ist das Leben! Die Gleichzeitigkeit von Leben, Liebe, Zeugung und Verhütung! Es ist wie es ist! – Es klappte überhaupt nicht! Die Energien, die da durch den Raum schwirren, die sind einfach zu stark. Das pure Orgon! Kannst du auf der eigenen Haut messen, auch wenn die handelnden Personen fünfzehn Meter entfernt sind. Wenn diese gewisse Atemfrequenz entsteht und dieses intime Gelispel losgeht – dieser atmosphärischen Verdichtung entkommst du nur durch Weglaufen. Wenn das nicht drin ist, dann schwingst du dich entweder auf die Welle drauf, läßt dich von ihr tragen und nimmst und guckst, was du davon haben kannst – es merkt ja keiner! – oder du merkst schmerzlich konkret, dass du gerade nicht dran bist. Und sagst: Scheiße, hat mir gerade noch gefehlt, dass ich merke, wie mir eine fehlt. Das war eher meine Variante. Ich bin dann bald kreuzberg- und etagenflüchtig geworden und zu meiner Freundin in der Mommsenstraße gezogen.

Und das Theater?

Ich hab nochmal 1970/71 im Forum-Theater gespielt – und wieder gemerkt, was das für ein Scheiß ist, den wir da machen. Zweieinhalb Monate proben, um dann vor 20 Zuschauern abzuschiffen. Es war nicht das, wovon ich mal geträumt hatte. An so eine Art von Traum konnte ich mich ja noch vage erinnern. Dass es zu glücklichen und geglückten Begegnungen zwischen Spielern und Zuschauern kommen kann. Gleichzeitig gab es diesen autosuggestiv forcierten Anspruch: Es ist was ganz Wichtiges, was wir den Leuten zu erzählen haben. Wir reißen ihnen die Augen auf. Es muss unmittelbar in ihr Leben eingreifen. Das war die Inszenierung eines Stückes von Michael McClure, von dem sind Texte in dieser Anthologie von Rolf Brinkmann und Rygulla, »Acid«, veröffentlicht worden. Es hieß: »Der Bart«. Da spielte ich die Jean Harlow, ich hatte ganz lange Haare bis weit unter die Schulter. Mit einem ganz langen weißen Kleid. Zwei andere Jungs waren auch noch Jean Harlow. Jack the Ripper war der Partner, und der wurde natürlich von drei Frauen gespielt, und wir saßen alle auf zwei gegeneinander sich drehenden Scheiben. Der Regisseur, ein Franzose, der von Hegel sprach wie von seinem besten Bekannten, hatte sich die Dreifachbesetzung ausgedacht, zwecks Entpsychologisierung usw., glaube ich. Ich fühlte mich sauunglücklich, ich nehme an, so spielte ich auch. Einmal saß in der ersten Reihe ein ganzer Haufen amüsierwilliger hochbegabter homosexueller Zuschauer, die uns das Bühnen-Leben ungeheuer schwer machten. Der Werner Schroeter war dabei und lästerte sich nach Herzenslust einen ab. Entfernung von mir: ein Meter. Wie konnte ich mich retten? Ich hab einen meiner hoch- und spitzhackigen Damenschuhe ausgezogen und den W. S. gut getroffen. Nicht im Gesicht ... Es gab einen netten Applaus. Auch von W. S. Das war bereits in einem Stadium der Produktion, wo ich mich ein wenig befreit hatte von der Angst vorm Fehler, und dem selbstmörderischen Respekt vor Regieanweisungen.

Das Forum-Theater lag am Kudamm und hatte doch damals das berühmte Handke-Stück gemacht.

»Publikumsbeschimpfung«. Das Forum-Theater mit Klaus Hoser und Frank Burckner als Direktoren war für gewisse Sachen in den 60ern und 70ern ganz wesentlich: Arrabal und Handke, das waren große Erfolge. Der Burckner hat gute Sachen organisiert. Er hat das Bread&Puppet-Theatre nach Berlin geholt und das Living Theatre. Das ging alles über den Forum-Theater-Kanal. Er hat auch das erste Medienzentrum gegründet am Paul-Lincke-Ufer. Ich glaube, er war Herr über hundert Dia-Projektoren. Er war auch ein brillanter Projekt- und Spektakel-Verkäufer. Der hatte eine Eloquenz am Leibe. Genial! Der konnte dir auch glänzend verkaufen, dass er sechs Wochen lang keine Gage zahlen konnte. – Das war eine fruchtbare und auch furchtbare kulturell und politisch erhitzte Klimazone, nach '68. Die Premierenfeiern fanden oft im Republikanischen Klub statt. Wielandstraße, weißte noch? Gegründet von Neuss, Enzensberger, Agnoli und und und ... Eine immens große Wohnung. Ich hab da viel republikanische Energie eingesetzt, um Weiber für mich zu interessieren. Bei der Frau hinter der Bar, sie hieß auch Anja, brachte ich es immerhin zu 'ner Menge unbezahlter Biere. Da hab ich mich mit Charly Guggomos angefreundet, den Herausgeber vom Extradienst, den mochte ich. Da war noch Horst Mahler dabei, den fand ich schon damals arrogant und unangenehm, haha! In den hinteren Räumen war die Redaktion. Bevor sie sich zerstritten und spalteten in Revis und Anti-Revis. Ich fand die Revisionisten sympathischer. Sie redeten nicht so hochgestochen. So schlicht sah ich das, teilweise. Klar fand ich Mao auch mal toll, besonders als Lyriker und Partisanenchef. Der Haffner hat den ja unwiderstehlich brillant beschrieben. Weißte noch? Haffner! Berliner Fenster, SFB III. Redaktion: HaPe Krüger. Haffner war die beste Anti-Springer-Kampagne. Sein Gesicht, diese blitzenden geistvollen Augen!

Ja, die Revisionisten waren die, mit denen du besser reden konntest, das Bier gemütlicher trinken und die guckten nicht so getrieben und flatternd. '70/'71 haben die Anti-Revisionisten unter der Führung von RA Mahler ein Go-In in der ED-Redaktion gemacht und die Karteikästen gestohlen oder übernommen, um die Kundschaft auf die »Rote Pressekorrespondenz« umzuleiten, ihr neues Organ. Für die waren DDR und Sowjetunion die schlimmsten Verräter am Sozialismus. Sie hielten wohl die chinesische Karte hoch. Bald danach schossen dann die

K-Gruppen aus dem Westberliner Boden. Und sich aufeinander ein. Die schrieben staubtrocken und schwerstverständlich. Diese Spreche hatte auch nicht mehr den Rest eines Hauches von Sinnlichkeit. Während beim Extradienst, später Pfalzburger Straße, »Drehscheibe«, gute Schreiber wie Stefan Reisner, Guggomos, Tomayer, Rainer Hachfeld (als Karikaturist) arbeiteten. Ich durfte gelegentlich Gastbeiträge vorbeibringen.

Deine wichtigsten West-Berliner Persönlichkeiten?

O je! Was soll ich dazu sagen? Also mal spontan: Da fällt mit gleich gar keiner ein. Aber es gibt sie natürlich. Also wer mich, kurz nach meiner Rückkehr nach Berlin, mal richtig gerührt hat, und zwar historisch West-berlinisch, das war der Ulrich Gregor, Mitgründer der Freunde der Kinemathek, bis vor kurzem noch Leiter des Forums bei den Berliner Filmfestspielen, ich kenne ihn nicht persönlich,

Flugblatt Franke / Tomayer 1981

aber den mochte ich immer. Ich mochte diese ... langläuferhafte unermüdbare Cinematophilie. Gibt's das Wort? Die ersten Veranstaltungen der Freunde fanden in der Mitte der Sechziger im Bellevue in Tiergarten statt, wo jetzt das Grips Theater ist. Da stand der Gregor, elf Uhr nachts, und sprach druckreife Einführungen. Im Bellevue, vor der Gründung des Arsenals, konntest du sonst nirgendwo gezeigte, meist politisch spannende und brisante Filme sehen. Da saßen wirklich interessierte Leute. Immer dieselben. Und jetzt kürzlich, im Jahr 2000, wie gesagt, in den letzten Wochen des Arsenals, zeigten sie nochmal »Die sieben Samurai«, einen meiner 100 absoluten Lieblingsfilme, in der Originalfassung, da sitz ich mit meiner Freundin, freu mich, dass sie auch und endlich diesen Film sieht. Das Kino ist voll, aber es gehen noch ein paar Stühle rein. Und wer sorgt dafür, dass das alles klar geht, und noch jeder einen Platz bekommt? Gregor der Unermüdliche. Er und seine Frau Erika. Wie vor dreißig Jahren. Na, kullerten mir doch die Tränen. Wusch! Das ist mein liebes West-Berlin. Viele sehr Westberliner Erfahrungen der 70er Jahre sind eng mit Horst Tomayer verbunden. Wir schrieben Kabaretttexte und machten Flugblattaktionen und Zwischenruf-Theater bei Teach-Ins und all solchen Sachen. Teilweise vorgeplant, teilweise spontan.

Hast du ein Beispiel dafür?

Da war, etwa 1971, ein Teach-In in der TU. Es ging um die Revolution und was ihr so im Wege steht. Die Ausbeuter sowieso, aber auch die Spaltung der Ausgebeuteten und die Schwierigkeit, diese Spaltung aufzuheben. Nach etwa zweieinhalb Stunden, als allen Zuhörern klar war, das wird heute nichts mehr, sie es aber noch nicht auszusprechen wagten, hat Tomayer sich zu Wort gemeldet, ohne Mikro, aber mit guter Stütze: »Genossen! Die Hindernisse auf dem Weg zur Einigung der Arbeiterklasse, das sind einmal ...

die Vielzahl der Strömungen und Vorhüte ... als da sind ...« – er zählte ein paar von ihnen auf, dann erhob er seine Stimme in alarmierende Höhen, durchdringend kassandrahaft, er hat ja diesen exaltierten für West-Berliner Verhältnisse bearbeiteten bayerischen Diskant: Es kommt ja noch erschwerend hinzu, liebe Genossen, die Tatsache, dass das Proletariat auch noch die Auswahl hat zwischen 485 Biersorten – allein in Deutschland! Wie soll das gutgehen?«. *(Lacht.)* Ich weiß die Formulierung nicht mehr genau, aber es funktionierte wunderbar. Es war ein gekonnt blöder Beitrag, der zu einer ungeheuren Entspannung im Raum führte. In solchen Situationen waren wir ganz gut.

Da gab es mal einen Riesenskandal, Berliner Filmfestspiele, 1970, glaube ich. Michael Verhoevens Film »OK«. Der handelt von Vietnam, nach My Lai. Ein vietnamesisches Mädchen wird von amerikanischen Soldaten vergewaltigt und umgebracht. Er hat das aber im Bayerischen Wald angesiedelt und von Deutschen spielen lassen, als blutigen Heimatfilm. Der US-amerikanische Jury-Präsident hatte gedroht zurückzutreten, wenn der Film gezeigt wird. Die Festivalleitung hat'n Eiertanz gemacht, die Springerpresse die Begleitmusik, ich glaube, sie haben sich dem gebeugt. Wir machten umgehend dazu ein großformatiges Flugblatt, eine Nacht in der Redaktion des Extradienstes. Man trank anständig, dichtete, las Korrektur. Am nächsten Tag war eine grosse Pressekonferenz angesagt, da verteilten wir, unterstützt von Freunden, unser Produkt rund um und im Zoopalast.

Was stand da so drauf?

Das weiß ich nicht mehr, aber wir haben eine gute Form gefunden, um der doppelmoralischen Verlogenheit im Umgang mit »unseren amerikanischen Freunden« flugblattartig eins auszuwischen. Die Springerpresse war so empört, wie wir uns das nur wünschen konnten.

Die Freiheit West-Berlins, und nichts anderes, wurde ja in Vietnam verteidigt.

Genau! Also ein satirisches Flugblatt. Der Michael Verhoeven hat das Flugblatt dann in der Pressekonferenz vorgelesen, mit guter Resonanz. Wir kriegten unsere Komplimente für Stil und Inhalt und war'n mal wieder wer! 'Ne Woche lang. »Ihr habt doch dieses Flugblatt gemacht, das wurde gestern im 3. Programm verlesen.« So war's schon zu Zeiten meines Dorf und Kleinstadtlebens: Du musst immer wieder mal durch irgendwas Witziges auffallen und dann haste davon 'ne Weile ein bisschen Futter für dein Ego. West-Berlin wurde in diesem Sinne zeitweilig mein vergrößertes Dorf.

Einen historischen Moment eurer Aktivitäten durfte ich ja miterleben – die Wiedereröffnung des Schiller-Theaters anlässlich der Inthronisation des damals neuen Intendanten Boy Gobert.

Mit Zadeks Inszenierung von Falladas »Jeder stirbt für sich allein«.

Und schier im letzten Augenblick rauschte Zadek mit wehendem Mantel und wehendem Schal vorn durch den Haupteingang in Richtung Parkett, damit ihn auch jeder wahrnehmen konnte. Er wollte bei diesem Auftritt keineswegs gestört, aber unbedingt gesehen werden. Wunderbar!

Wir hatten da vorher ein satirisches Flugblatt verteilt, was drauf stand, weiß ich nicht mehr. Nichts gegen Zadek. Es ging um unseren Senat, irgendwelche Sauereien. Vergessen.

Und ein Stapel davon wurde geklaut. Tomayer hat dann, ganz erregter Bürger, die Polizei gerufen und aufgefordert, eure anarchistischen Blätter wieder zu beschaffen. –

Du kennst Berlin also seit 1960.

Ich mochte Berlin von Anfang an. Und dann gab's gleich zwei davon. Ich fand es aufregend, sogar romantisch mit diesen beiden verschiedenen Teilen. Und wie mir's gezeigt wurde, von meinem Lehrer Siegbert Eick, Theatermensch, geboren in Berlin-Mitte, geflüchtet aus Deutschland 1933. Und wie er mich seinen Bekannten Helene Weigel und Wolfgang Heinz vorstellte. Also dieses Ost-Berlin wurde von mir emotional sehr stark besetzt. Besonders die Theater. Aber im Schillertheater konnte es mich auch erwischen. Mit Kortner. Curt Bois. Klaus Kammer. Martin Held. Da stand man sonntags gegen fünf Uhr in der Schlange für'n Vorverkauf. Es wurden Nummern ausgegeben. Mann, war Theater mal wichtig. Im Osten und im Westen. Hin und her. Im Osten genießen, im Westen verdauen.

Und dann war da plötzlich eine Mauer.

Da war ich auf der Schauspielschule in Stuttgart. Ich hab's nicht selber hautnah erlebt. So fand ich – vielleicht – zu einfach zu der Einstellung, dass sie eine Folge war von den ungeheuren Verbrechen zwischen '33 und '45. Die gehen nicht von einem Land aus, ohne dass das grauenerregende Folgen auch noch für die Nachgeborenen hat. Im Prinzip fand ich's ja nicht verkehrt, sogar eher gut, dass es zwei unterschiedliche, einander widersprechende Systeme gibt. Ich lebte auf der komfortablen Seite, sicher. Aber trotzdem: Die Theorie, dass das immer noch besser ist, als dass der Kapitalismus außer Konkurrenz und wer weiß wohin läuft, finde ich immer noch einleuchtend. Wie sieht denn die Welt aus heute? Die Zeit der euphorischen Hoffnungen nach '89, das One-World-Gefühl, das Schwärmen von der »Friedensdividende« – kannst du dich noch erinnern? Das ist alles vorbei. Und was für Katastrophen seitdem, die man nicht für möglich gehalten hätte, soziale, laterale, kollaterale, nationalistische, fundamentalistische ...

Da kommt man doch wieder ins Träumen von der Westberliner Idylle. Anfang der 60er Jahre konntest du dir bei Trödlern in der heute teuren Gegend Bleibtreustrasse komplette Wohnungseinrichtungen für 150 DM kaufen. Haben wir auch gemacht. Ich hab in Charlottenburg in der Herderstraße gewohnt, hinter dem Schiller-Theater. Erst Mitte der 70er fing das an, eine teure Gegend zu werden. Da gab es diese immer leicht alkoholisierten Erst-Trödler nicht mehr, die es nicht weiter störte, dass jemand was kaufen will. Es kamen dann die tüchtigen Kerle aus der Alternativ-APO und Kneipen-Szene ins Trödel-Geschäftsleben. Die wussten, was alte Vertikos wert sind. Ganz fitte Jungs, mit denen du 'ne Zeit davor noch einen gehoben hast. Manche von denen standen plötzlich auch hinterm Tresen. Als Pächter, Besitzer. Man traf ja alle irgendwann irgendwo wieder. In dem großen Dorf Westberlin.

Und das Theater in der Zeit?

In der Nach-68er-Zeit gab es Straßentheater-Gründungsversuche. Da war die ganze Schneider-Familie dabei – die konnten reden wie die Bücher, Peter Schneider, Michael Schneider, Barbara Schneider, der Buch und andere. Es ging ja darum, dem Kapitalismus so direkt wie möglich eins in die Fresse zu hauen. Da begannen meine Schwierigkeiten, mich mit meinem Beruf innerhalb der Szene zu artikulieren. Ich merkte, dass ich nirgendwo richtig zu Hause war. Weder bei denen noch im »Theater«. Ich musste zu oft über

Hausbesetzer-Terror

uns lachen, besonders wenn es richtig ernst und wichtig wurde. Ich schämte mich auch dafür. Dass ich nicht so glühte, wie ich gern wollte und sollte. Das war mein West-Berlin-Blues. Ich hätte so gern dazugehört. Es klappte nie richtig. Stereotypisch: Kudamm, die Demonstrationen, mit den klassischen Abschluss-Spielen an der Ecke Joachimstaler. Hier die Demonstranten, da die Zuschauer – und ich, nicht immer, aber oft, mal hier, mal dort. Ich war ein Mitläufer, ich schaffte es nicht, voll dabei zu sein. Ich fand gelegentlich die Gesichter am Rand aufregender als unser Geschrei, und hielt mich plötzlich bei denen auf und sah uns mit deren Augen. Einmal, das war, als Wehrdienstflüchtlinge mit der Air France ausgeflogen wurden, da haben wir dagegen eine Demo auf dem Kudamm gemacht. Die Scheiben vom Büro der Air France, neben dem Cinema Paris, gingen zu Bruch. Ich hatte endlich auch mal einen Pflasterstein in der Hand und dachte mir, jetzt bin ich soweit, jetzt überschreite ich eine Grenze. Da sprach mich ein Herr an, ganz respektvoll und höflich: »Warum machen Sie denn sowas, das kann doch jemanden verletzen.« Da hab ich ihn angeguckt und gedacht, eigentlich hat er Recht. Ich hab diesen Stein unauffällig in den Müllbehälter neben mir fallen lassen. Ich wollte doch niemandem weh tun. Also, halte dich weg von diesen Gewalt-Räuschen, Franke.

Hast du dir wenigstens die Reden der großen Vorsitzenden wie Dutschke oder Cohn-Bendit angehört?

Ich war von Dutschke sehr beeindruckt. Ich fand seine Suada, seinen Duktus, sein Pathos aufregend, ehrlich, auch musikalisch irgendwie. Bei ihm hatte ich das Gefühl, es kommt aus einer Herzquelle, da brennt ein echtes Feuer. Bei anderen Leithirschen war mir oft zu viel Imponiererei dabei. Bei meinem heimlichen Hang zu gefallen und zu imponieren, wäre ich wie die geworden. Zum Glück war ich zu schüchtern, das im großen Rahmen auszuleben. Ich agierte mich, wenn ich's mal wieder nötig hatte, meistens in unmittelbarer Nähe von Tresen und Zapfhahn aus.

Bleiben wir beim Theater – wie ging es weiter?

Am »normalen« Theater hatte ich den Eindruck, ich mach nur alberne Sachen, ich drücke mich vor meinem eigenen Traum. Dann schämte ich mich, »nur« ein Schauspieler zu sein. Theater – das ist doch ein lächerlicher Nebenschauplatz. Fernab der Hauptkampflinien. Idyllische Etappe im gesellschaftlichen Irgendwie und Irgendwo. Aber dann kam ein für mich historisches Ereignis, das war das Gastspiel des Théâtre du Soleil von der Ariane Mnouchkine in der Deutschlandhalle mit dem Revolutionsspektakel »1789«. Das habe ich mit meiner Tochter auf den Schultern drei Abende hintereinander gesehen. Da merkte ich wieder was von einem Traum vom Theater. Es hatte eine ungeheure Energie, Poesie und Leidenschaft. Alle waren da. Die gesamte linke Prominenz, und sie standen beieinander und redeten. Ich erinnere mich noch: Ja, das ist schon interessant! Naja, das ist doch sehr populistisch! Es arbeitet ja sehr stark mit sentimentalen Effekten – sehr emotionalisierend. Andererseits: Warum nicht? Und so weiter ... Für mich war das ein Auferstehungstheater-Fest. Fest der Sinne und des Sinns.

Ich wusste, jetzt bin ich langsam dran, meinen eigenen Sinn im Theater zu finden. Ich bin dann irgendwann mit einem Freund, der es auch wissen wollte, zum Grips gegangen. Das war der erste Schritt, ein wichtiger – Volker Ludwig war, ist übrigens ein für mich wichtiger West-Berliner – jedenfalls, aus solchen Krisenschritten – ins Grips hinein und heraus – ist dann die Rote Grütze entstanden.

Also noch so ein Theater, dass auf Senatsknete scharf war ...

Nee, so viel war damals nicht los. Als emanzipatorisch-fortschrittliche Kindertheater gab's die Birne, Grips und Grütze. Es waren wunderbar übersichtliche Verhältnisse. Wenn du das mit heute vergleichst, sagst du, Kinder, wir haben im Paradies gelebt. Und auch noch miteinander, nicht aneinander vorbei. Wir besuchten uns.

Welche Verbindungen hattet ihr, hattest du aus dem quasi Off-Bereich zur sog. Hochkultur? War das streng separiert?

Ich fand immer, die »da oben« würden sich einen Gefallen tun, wenn sie auch mal zu uns kämen. Ab '74/'75 hat die Rote Grütze ja auch in großen Häusern gastiert. Die beste Erfahrung war in Stuttgart, wo der Peymann Theaterdirektor war. Ensemble und Leitung waren aufgeschlossen und neugierig. Wir haben uns gegenseitig gern zugeschaut; es ist Gutes daraus entstanden. Zum Beispiel meine mehrjährige Zusammenarbeit mit dem Theaterhof Prießenthal in den Neunzigern ... An der Schaubühne gastierten wir auch mal, als die noch am Halleschen Ufer war, da hat einer von den Kollegen mal eine Stunde zugeguckt. An der Tür stehend und mit Amüsement zuschauend – der Bruno Ganz. Die anderen haben uns nur so rudimentär wahrgenommen: Ach ihr seid das, wie nett! Die haben genauso konventionell reagiert wie die in Darmstadt oder Hannover, die sich einen Scheißdreck interessierten. Die Schaubühnenkollegen aber interessierten sich noch mal anders nicht für uns, weil, sie waren viel zu sehr mit ihrer großen Mission beschäftigt. Damals noch ganz politisch.

Unpolitisch ward ihr ja nun auch nicht.

Nö. Jedenfalls nicht absichtlich. Die Anfragen, die Rote-Grütze-Gefahr betreffend, im Westberliner Abgeordnetenhaus, gehen in die Dutzend. Und gefeiert wurden wir auch. Als wir rauskamen, mit »Darüber spricht man nicht«, da war die Kritik im Abend doppelt so lang wie die über eine Schaubühnenpremiere auf der gleichen Seite. Na gut, ein bisschen länger. Es war toll. Natürlich haben die tolle Sachen gemacht, aber ich fand, die sind überfeiert worden. Sie waren nicht das Theater in Deutschland. Man konnte sich per Passierschein am DeutschenTheater, an der Volksbühne bei Besson, hin und wieder noch im BE, sogar im Gorki (-Theater, O. L.) davon überzeugen.

Könnte es sein, dass du die Ost-Berliner Theater vielleicht nachträglich unter einem leichten Heiligenschein siehst? Nostalgische Euphorie?

Das weiß ich nicht. Aber eines weiß ich: Das Ensemblespiel da war so gut wie nirgendwo sonst. Und die andere, intensivere, viel genauere, auch ästhetisch spannende Beschäftigung mit sozialer und politischer Realität. Oder Träumen. Denk nur an Besson, Dresen, Heinz. Die Zeiten der Ruth Berghaus am BE. Ach! Natürlich: Ich hatte ein romantisches, sentimentales Verhältnis zum Theater DDR-üben. Du musst dir vorstellen, ich hab 1960 dem Wolfgang Heinz (Wolfgang Heinz: Geboren 18.5.1900 in Pilsen, gestorben 30.10.1984 in Berlin. Schauspieler, Regisseur, O. L.) in der Garderobe des Deutschen Theaters vorgesprochen. Mit Achtzehn. Um halb Eins in der Nacht. Nach Wallenstein. Nach allen drei Teilen, eine sensationelle Aufführung. Karl Paryla hat das noch mit inszeniert. Das war eine glückliche Synthese, Symbiose von Österreichern und Preußen. Wolfgang Langhoff als Max Piccolomini, Wolfgang Heinz als Wallenstein. Drinda als Max. Die Frauen Raky, Pelikowsky. Das war gigantisch. Und dann schleppt mich mein alter Mentor Siegbert Eick in die Garderobe und sagt zum Heinz: Hier ist ein junger Kollege, der möchte Ihnen was vorsprechen. Darf er? Ich wollte natürlich gar nicht. Aber ich musste. Da saß der Wolfgang Heinz, mit seiner Körperfülle, wurde gerade abgeschminkt, saß da, in Unterhosen, die bis zum Knie gingen, und sagt: Na dann mal los. Ich musste den Schüler aus dem Faust machen:

»Ich bin allhier erst kurze Zeit und komme voll Ergebenheit, einen Mann zu sprechen und zu kennen, den alle mir mit Ehrfurcht nennen«. Und er antwortet als Mephisto. Während des Abschminkens. Und sein Garderobier amüsiert sich. Da soll ich kein verklärendes Verhältnis haben?

Und was hat er gesagt?

»Der Bub soll weiter machen!«

Du wusstest damals schon als junger Spund, wen du da vor dir hattest?

Ich hatte mich schon mit 12, 13 heftig für Theater interessiert und gelesen und gesammelt, was mir an Kritiken in die Hände fiel. 1956 ist meine Brechtitis ausgebrochen. Ich war noch nicht in Berlin, aber im Berliner Ensemble saß ich schon – traumweise. Und vier Jahre später wirklich. Ich hab noch die Mutter, den Galilei und die letzte Vorstellung der Courage mit der Weigel gesehen. Brecht-Inszenierungen. Das war unglaublich damals. Auch das Publikum war sensationell, ein kosmopolitisches Publikum. Aus der ganzen Welt. Aus Ost- und Westberlin, und aus den VEB, mit den Eintrittskarten über ihre Kulturabteilung. Eine interessante Mischung.

Springen wir wieder nach drüben, oder hüben: nach West-Berlin: Da gibt es die schöne Geschichte mit der Schulsenatorin Hanna-Renate Laurien.

Eine Geschichte, die keine Verlierer hatte! Das war zur Hausbesetzer-Zeit. Die Rote Grütze bekam aus Lauriens Haus einen Brief: Wir würden vor unseren Vorstellungen und in der Pause Solidaritäts-Schmalzstullen verkaufen und davon 50 Pfennige an die Hausbesetzer abführen. Das sei nicht erlaubt, weil in die Vorstellungen ja Schüler kämen, die dann unserer Propaganda für die Besetzer ausgesetzt wären. Das verstieße gegen Paragraph Soundso und verletze die Vereinbarungen, die wir mit der Organisation Theater der Schulen getroffen hätten. Wir sollten Theater spielen und keine politische Indoktrination anbieten. Da hab ich einen Antwortbrief an Frau Renate geschrieben: Irgendwie muss es in Ihrem Haus gehässige Kleingeister geben, die Ihrem Ruf schaden wollen. Schauen Sie doch da bitte mal nach! Darauf hin kam ein Brief von ihr, es seien keine Kleingeister gewesen, das Schreiben habe sie selber veranlasst. Ich hatte aber auch vorgeschlagen, dass man sich doch mal treffen und miteinander reden könnte. Sie hat angenommen! Wir hatten einen Termin für eine halbe Stunde und die Begegnung ging über zwei Stunden. Frau Laurien freute sich, dass wir Leute waren, mit denen sie auf Augenhöhe reden konnte, und die sie nicht als Feindbild vor sich hinstellten. Wir sprachen über Theater, Shakespeare-Sonette, Goethe und Hofmannsthal. Es gelang mir, einige von ihr begonnene Zitate korrekt zu ergänzen. Das gefiel ihr als literaturbegeisterte Ex-Schulleiterin. Als ein, zwei Mal ihr Referent den Kopf zur Tür reinsteckte und sagte: »Frau Laurien, wir müssen jetzt aber ...«, fand sie das unpassend: Ach, machen Sie doch klar, dass wir später kommen! Sie wollte sich ihre Freude am Disput nicht verderben lassen. Später habe ich sie dann mal anlässlich einer Talk-Show getroffen. Da sagte sie zu mir: Aber Sie haben doch nie wieder etwas aus unserem Haus an Hinderungen erfahren, nicht wahr? – Die Sache war also danach gegessen, wie die Schmalzstullen. Unter den konservativen Politikern, mit denen ich zu tun kriegte, ist oder war sie ein individuelles Glanzstück.

West-Berlin – was war seine Einzigartigkeit?

Die Gewächshaussituation. Es war ein Biotop. Fruchtbarer Nährboden für Selbstüberschätzung und/aber auch soziale, psychosoziale, eh sozialpolitische und psychologische, emanzipatorische Projekte. Kinder- und Schülerläden, Frauenbewegung, Lehrlingsgruppen, freie Jugendarbeit – und so weiter. Eine Werkstatt wie ein großes Schaufenster, in dem man sich wunderbar einrichten konnte. Und zuschauen und bestaunen lassen von draußen. Diese neuen Sachen, klar, die gab's auch in den westdeutschen Städten. Aber wir hatten hier 'ne Art Berlin-Zuschlag. Gesteigerte Aufmerksamkeit. »Völker der Welt, schaut auf diese Stadt!«

Hier konnte man sich, in relativ geschütztem Raum, bis zum Wahn wichtig nehmen und nach vorne spielen. Und diesen Raum mit eigenen Projekten, Ideen und Illusionen ausgestalten. Wie es so schön heißt: was bewegen.

Westberlin. Insel im roten Meer. Ja, hier konntest du viele spannende Leute treffen, die von zuhause abgehaun waren, aus Stuttgart, Bad Oldesloe, Oklahoma, New York. Zum Beispiel Leute aus der US-amerikanischen Bürgerrechtsbewegung in den USA. Ich kannte weiße und farbige US-Amerikaner, die konnten einem was beibringen und erzählen. Etwa, wo die Musik spielt, wer dirigiert und wie man mit oder dagegen spielt. Ich erinnere mich an Civil-Rights-Workshops, die ich mitgemacht habe. In unserer Schülerladen-Etage, einmal die Woche. Aufklärung und Einübung zivilen Widerstands. Demonstrationstechniken, auch psychologische. Wir hier, in Wee-Bee waren doch so auf die Polizei fixiert, die »Bullen«. Der sagte aber: falsches Schema, falsches Muster. Das muß man brechen. Du musst dich grundsätzlich anders verhalten als erwartet. Und überraschend. Weg vom Feindbild. Was willst du aussenden, welche ist die wichtigste Botschaft und wie weit wird sie über dein Verhalten vermittelt oder zerstört? Wir haben Rollenspiele gemacht, Konfrontationsspiele. Ich bin unter anderem deshalb aus dem Schülerladen rausgeflogen. Das war einigen der Ton-Angeber und Leithirsche zu aufweichlerisch. Da gab es schon böse ideologische Verhärtungen, da zeichneten sich schon spätere, teilweise sehr traurig endende Lebenswege ab. Man war der Meinung, dass nicht solche soften Sachen zu lernen sind, sondern der Kampf – als solcher. Saß plötzlich mein Vater mit am Tisch, in Gestalt von militant klugscheißernden, elitär gebliebenen Bürgersöhnen. Und schon bist du ein Revisionist. Der Haupt-Rausschmissgrund waren aber die Märchenspiele, die ich mit den Kindern gemacht habe. Antiautoritäre Variationen, z.B. auf den Wolf und die sieben Geißlein. Wir sollten aber Demospiele machen.

Aus den Babyfläschchen Mollies machen?

Arg verkürzt, aber nicht ganz daneben.

Waren die Kinder- und Schülerläden als Terrain für eine neue Pädagogik installiert worden oder weil man schlicht seine Kinder unterbringen musste?

Das gehörte zusammen. Ich glaube, ein wichtiger Grund war: Was unsere Alten mit uns gemacht haben, die Erziehung, die wir genossen haben, die wird jetzt nicht weitergegeben. Es gab eine Wiederentdeckung der fortschrittlichen Pädagogen, Erziehungswissenschaftler, Theoretiker, Kinderpsychologen der 20er Jahre. Das war ja alles unter der Nazi-Scheiße begraben. Wilhelm Reich, Bernstein, die frühen Schriften von Freud, die Melanie Klein, Anna Freud, Bettelheim, Benjamin, Asja Lacis, Makarenko – da wurde doch 'ne Menge wieder ausgebuddelt und neu entdeckt. Die Verlage wie Fischer und Rowohlt haben da nachgezogen mit ihren Ausgaben. Die sind auf den Zug aufgesprungen. Begonnen hat das mit den Raubdrucken, die wir nachts auf den Matritzen-Maschinen durchkurbelten. Kennste noch den Geruch dieser Druckerflüssigkeit? Dann zog man durch Kneipen, Campus und so weiter und verkaufte. Für mich 'ne sehr Westberlin-spezifische Sache. In Heidelberg wär's wahrscheinlich eine Heidelberg-spezifische ...

Sag noch etwas zur Teilung, zur Mauer, wo du ja Berlin quasi über Ost-Berlin entdeckt hattest, wie wir erfahren haben.

Immer wieder stößt du mich mit dem Kopf gegen die Mauer. Soll ich mich entschuldigen, oder was? Gut, dann entschuldige ich zum unwiderruflich letzten Mal dafür, dass ich sie für unvermeidlich und nicht einreißbar gehalten habe. Natürlich frage ich mich heute, immer wieder mal: Was haste gemacht mit der Mauer, Holger Franke? Wie haste sie in dein Weltbild eingebaut, auch in deinem Verhältnis zu DDRüben. Was wolltest du sehen und übersehen? Wie haste dir da was zurecht erklärt?

Ich denke, dass ich mich ganz stark polemisch bezogen habe auf diesen dämlichen verordneten Antikommunismus bei uns. In einer sehr ausdauerhaften Trotzhaltung, die ich schon in den späten Fünfzigern eingenommen habe. Ich hab mich immer für den Gegenblick interessiert. Den von drüben nach hier. Das, was in der DDR anders war als bei uns, fand ich nicht unbedingt furchtbar. Manchmal im Gegenteil. Oder hab's verklärt. Weniger Konsumismus, zum Beispiel. Kunststück, sag ich heute. Aber damals war es anders. Manche Ähnlichkeiten fand ich schlimmer.

Der Wunsch als Vater der Gedankens – oder die Wünsche der Gedanken – haben halt dafür gesorgt, dass die Gedanken, die nicht wunschgemäß waren, aussortiert wurden. An meinem DDR-Bild haben meine Wünsche mitgemalt. Ich habe lange Zeit Hoffnungen genährt, dass sich da produktive Kritik Bahn bricht, von wegen die »Selbstheilungskräfte in der sozialistischen Gesellschaft«. Das ihr innewohnende emanzipatorische Potenzial. Ob das nun ein kritischer Roman von Christoph Hein war oder »Der Drache« im DT oder dies oder das – ich hab immer mit Hoffnung und Neugier hingeguckt, was da geht und losgehen könnte. Einmal träumte ich, Erich Honecker wacht eines Morgens auf, ich habe mich in seine Träume geschlichen und ihm klar gemacht: Der Sozialismus darf nicht an den Sozialisten scheitern. Er soll da gefälligst aufpassen, und ich hab ihn überzeugt, dass dementsprechend die Grütze-Stücke auf DDR-Bühnen gehören. Du siehst, ich hatte ein ungeheures Hoffnungspotenzial.

Angefangen hat alles mit meiner Brecht-Faszination Mitte der Fünfziger. Nein, mit meinem großen Bruder hat das angefangen. Mit Brecht und meinem Bruder, dem Kommunisten, der, als wir weggingen, drübengeblieben und mir bis zu unserem Weggang fast wie ein Vater war. Der tolle Kerl ist freiwillig dort geblieben; und Brecht, Busch, Eisler, Seghers sind freiwillig dorthin gegangen. Wo solche Leute leben und arbeiten, dachte ich, da muss doch noch was zu machen sein *(Lacht.)* – verstehst du? Ich war wie ein kleiner Hund, der nachschnüffelt. Nach den Trüffeln unterm Friedensbaum des Sozialismus.

Es war ein interessantes Gemisch von Sentiments, Einsichten, unbegründbaren und wohl begründeten Überzeugungen und Irrtümern, die mein Verhältnis zu DDRüben geprägt haben. Nach der Ausbürgerung des Sängers Biermann hatte ich allerdings zunehmende Schwierigkeiten, mir diese Gegend wieder dahin zu fantasieren, wo ich sie gern haben wollte. Und nu isses ja vorbei. Genau wie mein Westberlin, über das noch sooo viel zu sagen wäre ...

Lieber Holger – West-Berlin dankt dir für dieses Gespräch!

Dramatische Verschiebung der Akzente

Jürgen Schitthelm über den Talente-Scout Minetti, den Kultur-Konsens, Peymann und Stein, Verschwendung in der Schaubühne, Biertischinformationen, Allround-Intensitäten, Klimaverschlechterung, angeblich funktionierende Theatersysteme, das Fort Knox am Halleschen Ufer, Plakatdimensionen und Hausbesuche; über zwei große Latschen, qualifiziertes Veto-Recht, Nichtverlängerungs-Mitteilungen, engagierte Hamburger Kaufleute, hoch kultivierte Generäle, Straßen-Philharmoniker, Eifersuchtshandlungen; über Spitzenorchester und vergessene Spitzentheaterleute.

Gesprächsdatum: 12.2.2001

Olaf Leitner: Sie und Minetti – diese beiden wurden fast auf jeder Premiere gesehen. Sie waren sehr ausgehfleißig und stets interessiert. Was für Ihre Zunft nicht die Regel war!

Jürgen Schitthelm: Nein, das ist richtig. Aber Minetti ist ungeheuer interessiert gewesen, bis ins hohe Alter, bis er nicht mehr konnte. Nicht nur in Berlin. Wir hatten einen sehr guten Kontakt, auch schon lange, bevor er hier spielte. Er hat sich immer mal wieder gemeldet und gesagt, Schitthelm, ich war da gerade in Lübeck, oder in Castrop-Rauxel, im Theater, ich hab da gedreht oder ich hab da gespielt, und habe das und das gesehen – guck da mal hin, da ist ein junges Mädchen, die ist hochbegabt. Diesen Sachen sind wir immer nachgegangen, weil der Minetti, was nachwachsende Schauspieler anging, ein frappierendes Urteilsvermögen hatte.

War oder ist Ihre Theaterbegeisterung dienstlich begründet oder eine langanhaltende Leidenschaft?

Es ist nach wie vor ein sehr großes Interesse. Und man möchte sehen, was die anderen machen. Wobei man jetzt gar nicht mehr nachkommt. Besonders in der freien Szene, wo ich mir einbilde, dass ich da eine ganze Menge sehe. Mir passiert es aber jetzt relativ häufig, dass ich mit auswärtigen Kollegen zusammentreffe und die sagen, Mensch, ich hab da gerade dies oder das gesehen, es war ja toll! Ich sage, du, entschuldige mal, wovon redest du? – Na, die Gruppe Soundso! – Ich hab noch nie davon gehört. Da kommt man nicht mehr hinterher.

Was fällt Ihnen beim Stichwort West-Berlin ein?

Wenn ich an die 70er Jahre denke, gibt es natürlich ungeheuer viel schöne Erinnerungen im Zusammenhang mit dem Theater in Berlin, nicht nur mit der Schaubühne. Was das kulturelle Berlin angeht, war das eine Zeit bis zum Fall der Mauer, in der es in Berlin innerhalb der Politik ein absoluter Konsens war, dass die Kultur für die Stadt lebenswichtig war. Man hatte den Eindruck, dass die Mittel, die wir bekommen haben, aus Überzeugung und gern gegeben wurden. Die Mittel waren ausreichend, auch wenn es immer mal wieder Schwierigkeiten gegeben hat bei Einzelfinanzierungen, weil man mehr haben wollte, als die geben wollten. Aber man hat sich zusammengerauft. Insgesamt war man aber gut finanziert. Das hat letztendlich dazu geführt, dass es in dieser Stadt ein sehr vielfältiges und gutes Theater gab. Das galt für die Volksbühne, im alten Haus, dann im neuen Haus mit Piscator. Später mit Kurt Hübner, mit Neuenfels, das galt für das Staatsschauspiel unter Lietzau usw. Und es galt ganz besonders für die Schaubühne, denn nur vor diesem Hintergrund war es denkbar, dass die Stadt sich 1970 entschieden hat, die Zuwendungen für die Schaubühne, die 1969 bei 600.000 DM lagen, zu verdreifachen, um das feste Ensemble mit Peter Stein und Claus Peymann für eine langfristige Perspektive ans Haus zu binden. Von heute aus gesehen sehr wenig Geld, aber immerhin eine Verdreifachung. Wir haben das Ganze mit der Stadt als einen Versuch für zwei Jahre verabredet. Man hat sich dann sehr schnell entschlossen, das Ganze langfristig weiterzumachen. Als wir Ende 1974 gesagt haben, dass wir auf Dauer in dem inzwischen zu eng gewordenen Gemäuer am Halleschen Ufer nicht mehr arbeiten können, hat die Stadt sich relativ schnell entschlossen, diese Baumaßnahme hier (am Lehniner Platz, O. L.), die letztlich unter dem Strich 84 Millionen gekostet hat, für eine private Truppe, wie wir es waren, herzurichten. Eine einmalige Situation, die damals in diesem reichen Deutschland außerhalb Berlins nicht möglich gewesen wäre. Und man muss dazu sagen, wir haben wirklich alle Freiheiten gehabt. Das galt auch für die Künste außerhalb des Theaterbereichs. Es hat nie den Versuch einer Einflussnahme gegeben. Jedenfalls nicht bei uns. Und ich weiß es auch von keinem Kollegen, dass es ihm passiert ist.

Die CDU hat gern ein wenig interveniert.

Ja, natürlich. Die CDU hat bei uns gemotzt, da gab es eine Große Anfrage, was zu einer kurzfristigen Sperrung unserer Mittel geführt hat, weil die Behauptung dahinter stand, wir würden aus dem Osten finanziert. Ein paar Jahre später hat sie mit dem Grips-Theater das gleiche getan, hat dafür gesorgt, dass das Grips in den CDU-geführten Bezirken nicht auftreten durfte. Später gab es dann die kritischen Anfragen von der SPD-Fraktion. Ich erinnere sehr genau: Herr Momper war damals im Fraktionsvorstand der SPD. Da gab es eine schriftliche Anfrage unter der Überschrift: »Betr. Verschwendung in der Schaubühne«. Da waren die ein Jahr in der Opposition. Die Anfrage war absolut idiotisch, weil Momper wohl am Biertisch irgendeiner Fehlinformation aufgesessen war. Es war überhaupt nichts dran an der Sache, und wir konnten diese Anfrage elegant vom Tisch wischen.

Es war immer die Situation, dass die Opposition kritisch nachfragte, was auch ihre Aufgabe ist, obwohl es teilweise ziemlich unverständlich war. Als die SPD an der Macht war, hat es ja auch kritische Anfragen gege-

Jürgen Schitthelm (*1939)

Es begann mit Hospitanzen und Tätigkeiten als Kleindarsteller am Berliner Ensemble, dann studierte der Berliner Jürgen Schitthelm an der FU Theaterwissenschaft, Publizistik und Germanistik und arbeitete beim Studententheater mit. Das Studium in West-Berlin war Grund für die Verwaltung des BE, seine Bewerbung um eine Assistentenstelle abzulehnen.

1962 gründete er zusammen mit Leni Langenscheidt, Klaus Weiffenbach und Waltraud Mau die Schaubühne am Halleschen Ufer. Bis 1987 war Schitthelm gemeinsam mit Klaus Weiffenbach Direktor und persönlich haftender Gesellschafter des Theaters, das inzwischen am Lehniner Platz residiert. Heute ist Schitthelm alleiniger Direktor der Schaubühne und persönlich haftender Gesellschafter. Er ist Vizepräsident des Deutschen Bühnenvereins.

ben. Nie über einen Senator, das kam aus der Fraktion heraus. Das haben die Senatoren dann abgewiegelt, es kam nie an uns ran. Aber als wir den Vietnam-Diskurs geplant haben und für humanitäre Hilfe an den Vietkong gesammelt haben, hat da natürlich auch die SPD rebelliert. Wie sollte es anders sein? Das hat uns nicht nur Freunde eingebracht. Die Amerikaner waren schließlich unsere Schutzmacht – völlig klar.

Die Theater hatten insgesamt alle eine gute finanzielle Ausstattung, und das galt auch für die großen Theater in der gesamten alten Bundesrepublik. Wir mussten die Ausgaben unserer Mittel nicht jeweils im Nachhinein rechtfertigen, das war anerkannt. Man konnte sich erlauben, eine optische Ausstattung, eine optische Zurichtung zu liefern, die dem Stück angemessen war – Stichwort: »Der Ritt über den Bodensee«. Wir haben eine ganze Reihe von sehr großen und sehr raumgreifenden Aufführungen gemacht mit einem großen Dekorationsaufwand. Unserer Meinung nach immer ein Aufwand, der durch die Interpretation und durch die Stücke gerechtfertig war. Die Ausstattung unserer Aufführung, die Bühnenbildfindung, die Räume waren immer dazu angetan, den Stücken, der Interpretation, auf die Sprünge zu helfen und neue Sichtweisen auch für den Zuschauer hervorzurufen. Robert Wilsons erste Produktion in Deutschland, ungefähr 1979, war D,D & D, »Death, Destruction & Detroit« am Halleschen Ufer. Eine riesige Produktion von sechs Stunden Dauer, eine ungeheuer bildmächtige Aufführung. So etwas ist heute im Theater nicht mehr möglich, weil kein Theater die Kosten dafür noch aufbringen kann. Selbst wenn ich sie für ein einzelnes Projekt aufbringen könnte, in dem ich alle anderen Projekte ganz klein mache, würde ich mir das verkneifen, weil so etwas heute bei den Zuwendungsgebern sofort in der Kritik stünde. Wegen der fehlenden Mittel.

Das ist eben der Unterschied zwischen der Zeit vor und der nach dem Fall der Mauer. Damals jedoch waren sich sowohl die in den künstlerischen Einrichtungen Verantwortlichen wie auch die handelnden Politiker darin einig, dass man mit viel Geld nicht automatisch gutes Theater macht. Dass aber andererseits gutes Theater auf Dauer einer guten finanziellen Ausstattung bedarf. Schon allein deswegen, weil es ungeheuer personalintensive Betriebe sind. Daran gab es nie einen Zweifel. Das hat in den 70er und 80er Jahren dazu geführt, dass in den Berliner Theatern, auch in der Oper und im Theater des Westens und in den großen Privattheatern, eine Menge passiert ist. Es betraf nicht nur die Schaubühne. Aber die Tatsache, dass die Schaubühne diese Entwicklung nehmen konnte, lag eben daran, dass man ausreichend Mittel zur Verfügung hatte, so dass man einen Spielplan nach eigenem Gusto machen konnte und nicht in der Situation war, sich das und das oder das aus finanziellen Gründen verkneifen zu müssen. Die

Wehmut, mit der man heutzutage nach Wien schaut, erklärt sich auch daraus, dass das Burgtheater oder die Wiener Oper eine finanzielle Ausstattung haben, die einfach einmalig ist. Das führt dazu, dass sich jetzt wesentliche Schauspieler und Regisseure ganz stark dahin orientieren, denn sie haben dort Arbeitsmöglichkeiten, die unvergleichlich besser sind als hier in der Stadt. Wer heute hingeht und sagt, guckt, was an der Burg passiert! und was passiert hier am Deutschen Theater? dem kann ich nur sagen: Es geht da zwar eine künstlerische Konstellation zu Ende, aber man darf sich nicht einbilden, dass allein ein neue Intendant und ein neu zusammengestelltes Ensemble in der Lage sind, an das anzuknüpfen, was in Wien gemacht wird. Denn von der finanziellen Ausstattung ist das Deutsche Theater in keiner Weise konkurrenzfähig. Das muss man ganz deutlich sagen.

Aber Peymann hat dann die Schaubühne bald verlassen.

Ja, er hat damals genau das Richtige getan. Er hat schon während seiner ersten Arbeit, dem »Ritt über den Bodensee«, bemerkt, dass er in einer Leitungskonstellation neben Peter Stein auf Dauer nicht bestehen kann. Nicht etwa, weil der Stein alle anderen weggebissen hätte: Das überhaupt nicht. Aber weil Peter Stein jemand war, der neben seiner Regietätigkeit das Zeug hatte, ein Theater zu führen. Und die Fähigkeit, sich um sämtliche Bereiche des Hauses zu kümmern. Mit einer Intensität, die ihn dann nach 15 Jahren dazu brachte, Knall auf Fall rauszugehen. Das war etwas, was Claus Peymann so nie wollte. Er hätte die Entwicklung als Regisseur nie nehmen können, wenn er an der Schaubühne geblieben wäre.

Was vermissen Sie seit '89?

Was ich in dieser Stadt vermisse, ist das kulturelle Klima. Und dabei rede ich erst mal nur vom Verhalten der Politik im weitesten Sinne. Das Klima hat sich in einer Weise verschlechtert, die ich für unmöglich gehalten hätte. Ich war der festen Überzeugung, dass man die materiellen Zuwendungen an die Schönen Künste seit Gründung der Bundesrepublik bis zum Fall der Mauer aus Überzeugung gegeben hat. Mit dem deutlichen wirtschaftlichen Einschnitt, der durch die Riesenausgaben für die Wiedervereinigung verstärkt wurde, als die Mittel knapp wurden, hab ich diese Überzeugung korrigieren müssen. Man hat ganz schnell angefangen, auch bei den Künsten einzuschneiden. Dass man da auch nach Sparpotenzialen gucken musste, ist ganz klar. Nur ist das mit einer Haltung wie »Nein, nein, nein, nein – das kostet alles viel zu viel Geld, das braucht Theater nicht, das muss auch deutlich billiger gehen!« einhergegangen. Berlin hatte ja, von wenigen Ausnahmen abgesehen, das Glück gehabt, über Kultursenatoren zu verfügen, die alle gestandene Persönlichkeiten waren. Es ging los mit dem Tiburtius ...

Ein Mythos!

Ein Mythos. Ein durchaus Konservativer innerhalb der CDU, aber jemand, der begeisterungsfähig war, der in die Theater rannte. Man fühlte sich bei dieser Persönlichkeit gut aufgehoben. Dann Adolf Arndt für die SPD, ein ungeheuer gebildeter Mann, dann Stein ...

»Kulturfahrplan«!

Ein Standardwerk. Ein Physiker, der den Künsten die Freiräume verschafft hat. Sauberzweig, Kewenig, Frau Martiny, Hassemer, Roloff-Momin – dann wurde es mehr und mehr problematisch. Heute müssen wir uns permanent rechtfertigen, dass wir überhaupt Geld beanspruchen. Und dann tauchen wieder die Fragen von früher auf: Ja, braucht ihr denn wirklich – in Amerika, da funktioniert doch das Theatersystem ohne große staatliche Hilfen! – Ich sage dann: Wart ihr denn mal in Amerika, habt ihr denn da herumgeguckt? Wisst ihr, dass es in Amerika nicht ein Opernhaus gibt, das eine Spielzeit über durchspielt? Dass es kein Theater gibt, das sich mit dem ganzen klassischen Repertoire beschäftigt. Dass alles nur von Fall zu Fall funktioniert? Die Berliner Politik, und das beweist sie jetzt seit einem Jahrzehnt nachhaltig, empfindet die Finanzierung von Kultur, insbesondere der personalintensiven Bereiche Oper, Orchester, Theater, zunehmend als eine Last und nicht mehr als eine Selbstverständlichkeit. Damit steht man im absoluten Widerspruch zu dem Anspruch, wir seien eine Kulturmetropole. Davon sind wir im Augenblick weit entfernt.

Als die Mauer fiel, war die Politik in dieser Stadt der Meinung: So, jetzt steht uns wieder die Welt offen. Nun kommen sie alle nach Berlin, und jetzt sind wir wieder wer. Jetzt ist die Pflege des kulturellen Bereichs nicht mehr nötig, jetzt werden wir ja wieder Hauptstadt. Das ist ein Grundirrtum. Denn wenn man sich mal die Zeit vor 1933 ansieht, dann muss man sagen, die Stadt hatte zwar Industrieansiedlung, hier saßen die Banken, hier saß die Wirtschaft und und und ..., aber das internationale Renommee, das diese Stadt in den ersten dreißig Jahren des Jahrhunderts hatte, war doch ganz wesentlich durch Wissenschaft und Kultur geprägt. Und nicht dadurch, dass es die deutsche Hauptstadt war. Wir sind ja sehr häufig im Ausland unterwegs gewesen, und viele dieser Gastspiele wurden mitfinanziert durch Sondermittel aus Berlin, durch Sondermittel des Auswärtigen Amts, weil man nämlich aus politischen Gründen interessiert war, das eingemauerte Berlin, Klammer West, im Ausland Ost und West zu repräsentieren. Mit dem Fall der Mauer hat Berlin diese Mittel sofort gestrichen, und dabei ging es noch gar nicht um Sparfragen, sondern man war der Meinung, das haben wir jetzt nicht mehr nötig. Jetzt müssen wir mit unserer Kultur auswärts nicht mehr präsent sein. Ich habe zum Entsetzen der Beamten und der Politiker vor einiger Zeit in einem Gespräch gesagt, mir ginge es so, wenn ich in die Kulturverwaltung käme, dann wäre das so wie ein Gang in die Finanzverwaltung, denn in den zurückliegenden zehn Jahren haben wir über inhaltliche oder theaterpolitische Fragen kaum noch geredet, es ginge nur noch um's Geld. Das ist eine dramatische Verschiebung der Akzente.

Man kann ja heutzutage gegenüber einem Finanzpolitiker leichter und eher argumentieren und auf Verständnis stoßen als gegenüber einem Kulturpolitiker. Insofern hat sich die Situation ungeheuer verändert. Man merkt das Gegenteil, wenn man nach München oder Stuttgart kommt. Auch wenn man nach Nordrhein-Westfalen kommt, NRW tut eigentlich als Bundesland für die Theaterlandschaft relativ wenig, aber das Bewusstsein dafür, dass mit Kultur und Medien heute ungeheuer viel Staat zu machen ist, über die Grenzen eines Bundeslandes hinaus und auch über die Grenzen des Landes insgesamt hinaus, das ist überall vorhanden. Aber nicht mehr in Berlin. Man geht zwar hin und verkündet, wir wollen kein Theater mehr schließen, aber parallel dazu sagt man eben nicht, dass wir dann auch mehr Geld brauchen.

Die Schaubühne gab sich als eine Art Fort Knox. Wer außerhalb des Zuschauerraums ins heilige Innere vorstoßen wollte, wurde standrechtlich abgewiesen. Wie es in dem Oldie-Song »Poison Ivy« heißt: »You can look but you better don't touch!«

Das hatte verschiedene Gründe. Als wir 1970 mit dem festen Ensemble, mit Stein und Peymann, angefangen hatten, gab es ein riesiges Presseecho. Und wir hatten mit den ersten Produktionen einen großen künstlerischen Erfolg. Dann kam die Subventionssperre wegen des CDU-Vorwurfs und wir hatten eine Berichterstattung, die bis in die kleinsten Orte vordrang. Ich habe Zeitungsartikel aus Ortschaften auf den Tisch bekommen, von denen ich noch nie was gehört hatte. Es war so unendlich viel, auch im Rundfunk und im Fernsehen, dass wir sagen mussten, Kinder, jetzt müssen wir kürzer treten. Wir haben unsere Publicity gehabt, jetzt konzentrieren wir uns auf die Arbeit und wehren erst mal ab. Das war sicher eine verständliche Reaktion, aber, wie immer, kann man es dann auch übertreiben. Wir haben in einer Weise dicht gemacht, dass das Ganze etwas von einem Kloster hatte – zwar nicht, was die Lebensweise drinnen ...

Ahem ...

... was aber das Abgeschiedene betraf. Das konnte dann seitens der Medien durchaus auch als Feindlichkeit verstanden werden. Man muss als weitere Erklärung dazu auch dies sagen: In diesem alten und überschaubaren West-Berlin war es doch so: Wenn eine Aufführung rauskam und eine gute Presse hatte, dann war das Ganze für uns gelaufen. Dann brauchten wir keine Tages-Anzeigen in den Zeitungen, unsere Plakate haben nie irgendeine Litfaßsäule erreicht. Das Geld hatten wir gar nicht.

Die Plakate hatten ja auch ziemliche Dimensionen.

Eben. Das konnte man ja gar nicht plakatieren. Das erste Plakat hatten wir an Bauzäunen und sonstwo aufgehängt, an Trafostationen der Bewag – dafür haben wir so viel Strafe zahlen müssen, da hätten wir es auch gleich an die Litfaßsäulen kleben lassen können. Von diesem Plakat wurde eine Erstauflage von 10.000 Stück verkauft, dann gab es eine Zweitauflage von nochmal 10.000 – die haben wir auch verkauft. Heute interessiert sowas niemanden mehr.

Die Plakate waren ja oft auch Programmheft in einem.

Eben. Mit einer guten Presse war es also gelaufen. Wir waren aber der Auffassung, wenn Aufführungen danebengehen und wir selber merken, wir haben unser Ziel nicht erreicht, dass es dann nicht lohnt, solche Sachen zu bewerben oder durch geschickte PR zu lancieren. Das bringt nichts. Heute ist die Situation eine völlig andere. Nicht nur, weil hier jetzt eine junge Truppe arbeitet. Die Dimension der Stadt hat sich immens vergrößert, es ist etwas völlig anderes geworden. Das hat gar nichts mehr mit dem Zuwachs an Fläche und Menschen zu tun. Heute reicht es nicht mehr aus, wenn man zu einer Produktion eine gute Presse hat, weil das Angebot im kulturellen Bereich so riesig ist. Da muss man permanent PR und Öffentlichkeitsarbeit machen. So etwas hatten wir doch früher gar nicht! Hier gab es keinen Pressereferenten. Damals konnten wir uns diese spleenige Haltung leisten. Es ist erst vier Jahre her, dass wir eine Presseabteilung eingerichtet haben, vor einem Jahr haben wir noch eine Mitarbeiterin für Öffentlichkeitsarbeit dazugeholt, weil es erforderlich wurde.

Stören Sie manchmal mit Ihrer Erfahrung den Betrieb hier?

Nein. Aus zwei Gründen nicht: Als die Gespräche mit Sasha Walz und Ostermeier losgingen, die Vertragsverhandlungen, habe ich über alles Auskunft gegeben, was das Haus betraf. Wenn es dann um die Erfahrungen ging, habe ich gesagt, Leute, fragt mich, ich erzähl's euch, aber wenn ihr plötzlich den Eindruck habt, der Schitthelm, der ja sehr viel redet, wird wortkarg, dann hat es nichts damit zu tun, dass ich irgendwelche Geheimnisse habe, sondern weil ich nicht zu viel erzählen will. Ihr müsst es selber mitmachen. Jeder muss Fehler machen dürfen. Die Ratschläge, die ich damals alle bekommen habe, die habe ich mir angehört und bin dann doch einen anderen Weg gegangen.

Also nochmal: Nein, es funktioniert von beiden Seiten gut. Ich weiß noch, als ich mit der Schaubühne anfing, da war ich 23. Boleslaw Barlog (Intendant der Staatstheater, O. L.) war damals für mich ein alter Herr. Und da war Barlog jünger als ich mit meinen nun schon 60 Jahren. Ich wusste durch meine Kinder und durch entsprechenden Umgang, dass ich mit dieser Generation überhaupt keine Probleme habe. Ich dachte, mal gucken, was daraus wird. Damals, als von der Sache noch gar nichts bekannt war, sagte Thomas Ostermeier zu mir: Herr Schitthelm, ich kenne die Schaubühne nur aus der Sicht des Besuchers, ich würde mit Ihnen und dem Jens Hillje (Mitglied des Künstlerischen Leitungsteams der Schaubühne und Dramaturg, O. L.) gern mal durch's Haus gehen. Ich sagte, OK, das machen wir an einem Sonntag, da treffen wir uns mal morgens um Neun. Wenn man hier gründlich durchgeht, sind das so zwei bis zweieinhalb Stunden. Dann erzähl ich was über das Haus. Wir haben uns dann um 9 getroffen und sind gegen 16 Uhr rausgegangen aus dem Haus. Weil an jeder Ecke Fragen zum Haus, zu den Erfahrungen, zur technischen Ausstattung, zur Geschichte der Schaubühne und und und aufkamen. Danach bin ich mit Ostermeier eine Kaffee trinken gegangen und Ostermeier sagte plötzlich zu mir: Herr Schitthelm, vielleicht mach ich jetzt einen ganz schweren taktischen Fehler, aber ich sag Ihnen, ich will unbedingt an die Schaubühne! Auf meine Frage, warum gerade jetzt? sagte er: Das kann ich Ihnen genau sagen. Wir haben zwar schon ein paar Gespräche geführt, aber dass jemand, der das schon über dreißig Jahre macht, heute noch mit einer solchen Begeisterung dabei ist, das habe ich nicht für möglich gehalten. – Da wusste ich: es funktioniert! Mir war bewusst, dass es leichter ist, mit einer jungen Truppe ein neues Theater zu gründen als hier eine solche Crew in die Leitung eines Theaters zu holen, das in den 70er Jahren und bis in die 80er hinein weit über die Grenzen der Stadt und des Landes hinaus bekannt war. Und jeder, der hier antritt, tritt letztlich die Nachfolge von Peter Stein an. Und das sind natürlich große Latschen, in die man da steigt. – Sämtliche künstlerischen Fragen werden zwischen der Künstlerischen Leitung und der Direktion im Einvernehmen geklärt. Aber es ist auch völlig klar, dass die Entwicklung der Pläne zuerst Aufgabe der Künstlerischen Leitung ist. Das ist insofern leichter, weil ich zwar Direktor des Theaters bin, aber nicht inszeniere. Da, wo beides zusammenkommt, ist der Ärger programmiert. Dass damals neben Stein Klaus-Michael Grüber oder Luc Bondy hier gearbeitet haben, hing mit der anderen Organisationsweise des Hauses zusammen.

Gewaltenteilung.

Ja.

Apropos: Ist die künstlerische Arbeit am Theater eine demokratische Angelegenheit? Die Schaubühne hatte ja da so ihre Erlebnisse ...

Nein, ist es nicht. Die Fragen nach der Mitbestimmung kamen hier jetzt auch auf. Da gibt es eine Menge Positives zu sagen in der Anfangsphase, aber da gibt es zunehmend auch Probleme. Ich hab gesagt, wenn ihr anfangs die Mitbestimmung des Ensembles im Hinblick auf den Spielplan und die Entscheidung über die Stücke einführt und eventuell ein qualifiziertes Veto-Recht einbaut, hab ich damit keine Probleme. Aber macht nicht den Fehler, dies auf Engagements und Nichtverlängerungs-Mitteilungen auszudehnen. Da läuft es nämlich ganz schnell nur noch auf der Mitleidsschiene. Damit haben wir die schlimmsten Erfahrungen gemacht, Bald merken alle, es ist nur noch eine verlogene Veranstaltung, niemand traut sich das auszusprechen und man hangelt sich über Jahre so weiter. – Das haben die auch ganz schnell begriffen. Und so spielt sich die Mitbestimmung nur im Bereich der Spielplanfindung ab. Da ist es für eine Truppe, die sich neu formiert und sich in Teilen schon kannte, durchaus von Vorteil und hat etwas Stabilisierendes, weil die Leute mit einem besonders großen Engagement dabei sind. Um ein Missverständnis auszuräumen: Es gibt keine Einheitsgage hier, so wie es sie in den 70er Jahren gegeben hat.

Auch an Sie meine Standardfrage: Gab es eine Berliner Gesellschaft?

Gesellschaft im Sinne von Gruppierungen und Zirkeln, die stilprägend sind, die Lebensart haben, die sich für die Schönen Künste, für die Wissenschaften interessieren, Gesprächskreise bilden, um sich als Bürger engagiert in der Stadt zu zeigen, das habe ich in diesem West-Berlin vermisst. Vielleicht habe ich es auch nur dadurch vermissen können, weil ich über meine Frau sehr engen Kontakt zu Hamburg habe, weil ihre Geschwister eher in diesem Raum leben. In Hamburg habe ich so etwas schon sehr früh gefunden – als Fördervereine beispielsweise noch überhaupt nicht zur Diskussion standen. Das gab es schon am Thalia-Theater, am Hamburger Schauspielhaus. Ich weiß, wir haben mit dem »Prinzen von Homburg« im Schauspielhaus gastiert, das war ungefähr 1975, es war ein sehr teures Gastspiel. Das hätte das Theater nie bezahlen können. Mich rief damals, ich glaub, das war schon Ivan Nagel, er rief mich also an und fragte, ob ich nicht mal hinkommen könnte. Der Freundeskreis des Theaters sei an diesem Gastspiel interessiert und sei bereit, es zu finanzieren. Er würde sich mit denen zum Abendessen treffen. Im Haus der Hamburger Kaufleute, etwas sehr Feudales. Da möge ich doch hinzukommen um Näheres zu berichten. Ich bin hingefahren und traf da zwölf bis vierzehn ältere Hamburger, alles absolut seriöse Leute, die in den verschiedensten Berufen tätig waren, aber alle ungeheuer engagiert für das Hamburger Schauspielhaus waren. Sie zeigten sich durch Ivan Nagel gut informiert und stellten Fragen zur Arbeit der Schaubühne. Das war ein Abendessen mit dem Ergebnis, dass sie das Gastspiel bezahlen. Das hat mir ungeheuer imponiert. So etwas gab es in Berlin nicht. Hier hat dann Peter Raue, und das war eine ganz große Tat, den Freundeskreis der Nationalgalerie aufgebaut, das war die erste Unternehmung ihrer Art. Irgendwann, es ist lange her, hatte ich eine Einladung zu einer Ausstellungseröffnung, für die Vor-Eröffnung für den Freundeskreis, in dem ich nicht Mitglied war. Unten in der Vorhalle waren drei- bis vierhundert Leute anwesend, Raue hat sie begrüßt und einige einführende Worte gesprochen etc. pp. Es hieß dann: Die Ausstellung ist eröffnet. Meine Frau war mit, wir saßen in einer der hintersten Reihen, weil wir sehr spät gekommen waren. Vor uns war die Ausstellung, wir standen dann auf und gingen in diese Richtung. Merkwürdigerweise strömten nahezu alle an uns vorbei in die andere Richtung. Man sah die Leute alle nur mit dem Rücken stehen wie um einen großen Kreis. Wir dachten, oh, da ist noch irgendwas Wichtiges und sind hinübergegangen. Wissen Sie, was da war, wo die rumstanden? Da war das große Buffet angerichtet. Wir sind in die Ausstellung gegangen und waren mit Raue und ein paar anderen fast allein.

Das hätten Ihre Hamburger nicht gemacht.

Nein, nein! Da ist mir klar geworden, so wichtig ein Freundeskreis auch ist, er hat ja immerhin viel Geld zusammengetragen, gar keine Frage, aber es ist eben nicht die Berliner Gesellschaft. Die gab es eben nicht. Das fängt erst jetzt an. Mir ist in den zurückliegenden zehn Jahren aufgefallen, insbesondere am Anfang der 90er, als man mehr und mehr Bundesbeamte kennenlernte, ob das Mitarbeiter aus dem Kanzleramt waren, oder aus Ministerien, dass diejenigen, die dort also in höheren Positionen sitzen, über eine andere Bildung und Ausbildung verfügen, als man das in Berlin kennen gelernt hatte. Das war für mich doch ein deutlicher Unterschied. Ich bin da auf andere Interessen gestoßen, ich habe dort ein anderes Urteilsvermögen, eine andere Kritikfähigkeit erlebt. Da ist mir der Aderlass, der in West-Berlin stattgefunden hatte, noch einmal bewusst geworden: Wer Karriere machen wollte, ging aus dieser Stadt hinaus. Das war ja eines der großen

Probleme. Jetzt gibt es wieder Salons und Gesprächskreise und manchmal denkt man, oh Gott, da ist auch wieder die alte Berliner Mannschaft, aber es mischt sich inzwischen. Und wenn ich heute irgendwelche Einladungen annehme, von Verlagen oder bestimmten Medien oder Wirtschaftsunternehmen, es ist für mich ungeheuer spannend irgendwo hinzukommen und festzustellen, hier kenne ich nur wenige.

Auf einem Empfang habe ich einen General von Speidel kennen gelernt, der war so etwas wie der Standortkommandant, es war meine erste Begegnung mit einem deutschen Militär überhaupt. Und das in Berlin ... Das war für mich höchst interessant, weil mir da ein hochkultivierter Mann gegenüber stand. Er hat mir erzählt, dass er auch schon vor dem Mauerfall in unseren Vorstellungen war, in Zivil, mit seiner Familie. Insofern bin ich, was die Entwicklung der Stadt angeht, absolut optimistisch. Die Tatsache, dass sich hier über hundert Botschaften mit ihrem Personal ansiedeln, dass hier ungeheuer viele Menschen aus Osteuropa einfach nur als Touristen einreisen, Künstler, das ist faszinierend. In dieser Stadt leben inzwischen viele Musiker und Bildende Künstler aus Osteuropa. Das ist eine solche Bereicherung, weil da die Sprachbarriere nicht die entscheidende Rolle spielt. Wenn man in den Sommermonaten abends unterwegs ist, trifft man auf kleine Musikergruppen, die hervorragend spielen. Mir sagte mal jemand, die du da vor dir siehst, das sind Mitglieder der Leningrader Philharmoniker. Was die hier am Wochenende einnehmen, das verdienen sie zu Hause in einem Jahr. Viele von denen bleiben hier. Wir merken das ja auch hier bei uns. Im künstlerisch-handwerklichen Bereich, Assistenten im Kostüm- und im Bühnenbildbereich, Requisite, Hospitanten – unendlich viel junge Leute aus Osteuropa.

Ich hab immer gesagt, wenn erst die Regierung und das Parlament hier sind, wird sich diese Stadt radikal verändern. Das fängt mit Nebensächlichkeiten an: Wenn man das Radio anstellt und das erste Wort nicht mehr Bonn, sondern Berlin ist, dann geht es den Berlinern erst richtig in den Kopf, was sich getan hat. Es gibt hier inzwischen eine positive Grundstimmung, eine Aufbruchstimmung. Mit einer Ausnahme: Die gesamte Berliner Politik ist in einer derartigen Resignation, wie es schlimmer nicht sein kann (am 12.2.2001! O. L.). Das hat mich immer gewundert. Inzwischen ist mir klar, was dahinter steckt. Die haben sich zwar alle sehnsüchtig gewünscht Hauptstadt zu werden und Regierung und Parlament hier zu haben. Was sie dabei aber nicht bedacht haben, dass sie nur noch Oberbürgermeister sind oder Stadtverordnete, die sich um die Straßenbeleuchtung kümmern müssen.

Nix mehr mit großer Repräsentation und »Bürger der Welt, schaut auf diese Stadt!«

Man hat ja die Bemühungen des Senatsprotokolls mitgekriegt, den Regierenden oder den einen oder anderen Senator mit dazuzukriegen, wenn am Pariser Platz der Bundeskanzler oder der Bundespräsident mit irgendeinem Staatsbesuch durchs Brandenburger Tor geht. Das war ja geradezu rührend! Früher ist der Regierende Bürgermeister vom amerikanischen Präsidenten empfangen worden, da war es eben die Vier-Mächte-Stadt. Jetzt ist das nur ein normaler Magistrat, wie das früher in Berlin hieß. Darunter leidet die Berliner Politik noch ungeheuerlich, dass sie nicht mehr im Mittelpunkt steht. Es gibt da regelrechte Eifersuchtshandlungen: Da ist irgendwo in einer Botschaft oder sonstwo ein Empfang, wo wir, die Vertreter der kulturellen Einrichtungen, eingeladen werden und die Berliner Politik kaum noch.

Die wird sich an euch zu rächen wissen.

Jaja!

Sie sagten vorhin, im alten West-Berlin sei das Niveau aufgrund des Ausblutens gesunken. Wie kam es dann, dass es hier das beste deutschsprachige Theater gab? Ist doch ein Widerspruch.

Nein, das war kein Widerspruch. Bleiben wir mal im Bereich Theater und Oper: Die Arbeitsbedingungen waren hier hervorragend. West-Berlin war ja immer noch die größte deutsche Stadt. Insofern war es nie ein Problem, wichtige Künstler herzukriegen – zumindest auf Zeit. Als hier 1970 die Schauspieler des Ensembles um Peter Stein für fest herkamen, haben sie die ersten zwei Jahre die Situation des Eingemauertseins durchaus gespürt, weil sie am Wochenende nicht mehr einfach aufs Land, aufs Dorf fahren konnten wie etwa in Zürich oder in München. Eine Erfahrung, die wir Berliner ja alle nicht mehr hatten. Wir wohnen in Nikolassee draußen – wenn ich am Sonnabend oder Sonntag nicht ins Theater fahre und Zeit habe und wir raus nach Brandenburg fahren, ist das für mich immer noch etwas ganz Besonderes, obwohl das ja nun schon seit über zehn Jahren möglich ist. Ich hab es, das muss ich als Großstadtpflanze zugeben, damals nicht vermisst. Aber die Möglichkeit rauszukommen und nicht nur um die Krumme Lanke oder den Grunewaldsee herumzulaufen, wo man am Wochenende mehr Bekannte traf als auf dem Kudamm, das ist etwas Tolles.

Welche Dichter hatte West-Berlin?

Grass! Solange er in dieser Stadt gelebt hat.

Und?

Robert Wolfgang Schnell in gewisser Weise, der ja nicht zu den Großen gehörte, und im Theaterbereich natürlich insbesondere Botho Strauß, der ja inzwischen mehr außerhalb der Stadt lebt.

Gibt es da noch Verbindungen?

Ja, aber Botho Strauß ist jemand, der absolut zurückgezogen lebt, aber Verbindungen gibt es noch.

Was hatten wir denn noch zum Vorzeigen?

Die Ära der Philharmoniker unter Karajan. Das war ein Glücksfall.

Ist Karajan denn in Berlin heimisch geworden, konnten die Berliner ihn als einen der ihren ansehen?

Das natürlich nicht, nein. Er war ja alles andere als ein Berliner und in Berlin nur im Zusammenhang mit seinen Konzerten anwesend. Aber er hat dieses Orchester auf der absoluten Höhe gehalten. Und mit solch einem Namen an der Spitze war es auch möglich, jeden Musiker hierher zu kriegen. Weil man a) gut zahlen konnte, und es b) für jeden Musiker wichtig war, unter einem Chefdirigenten Karajan gespielt zu haben. Heute ist die Situation völlig anders. Die Berliner Philharmoniker sind gegenüber den Spitzenorchestern des Landes nicht mehr konkurrenzfähig, weil das, was sie zahlen können, unter dem liegt, was die Münchener Philharmoniker, das Münchener Rundfunksinfonie-Orchester zahlen. Wenn die Berliner Philharmoniker rufen, heißt das noch lange nicht, dass auch alle kommen.

Was die Oper im alten West-Berlin betrifft, da hatten wir Götz Friedrich, davor Sellner – ganz erstklassige Leute. Dann Boleslaw Barlog – das Schiller-Theater ist neben dem Hamburger Schauspielhaus unter Gründgens bis in die 60er Jahre hinein die deutsche Bühne gewesen. Da habe ich hervorragendes Theater mit hervorragenden Schauspielern gesehen.

An Persönlichkeiten fällt mir ein Dietrich Fischer-Dieskau, der ja in dieser Stadt gelebt hat. Und die vielen großen Schauspieler, die die junge Generation heute ja nicht mehr kennt. Etwa Martin Held oder Horst Bollmann, da gibt es eine Generation, die die nicht mehr gesehen hat.

Erich Schellow, den viele nur als Sherlock Holmes aus dem Fernsehen kannten.

Ja, oder – noch weiter zurück – Klaus Kammer, dessen Tochter hier bei uns arbeitet. Walter Franck, oder der leider viel zu früh verstorbene Walter Henn, eine der ganz großen Regiebegabungen des deutschen Theaters. Später Lietzau als Intendant des Schiller-Theaters, ein hervorragender Mann!

Wissen Sie, dass Sie sich hier auf historischem Boden befinden?

???

Ich meine nicht, dass dies ein historisches Gebäude ist, sondern hier fand Ende der 60er Jahre die Premiere des Hippie-Musicals »Hair« statt. Mit Tilla Durieux als Premierengast. Sie bekam als Dank beim Verlassen des Gebäudes einen Knallkörper vor die Füße.

So? Wir hatten zu dieser Zeit schon mal in dieses Haus hineingeguckt, weil wir es als eine Möglichkeit für uns gesehen haben, das Theater hierher zu verlagern. Aber dann haben wir gedacht, das hier umzubauen kostet so viele Millionen, die gibt uns unsere Bank nicht. Aber früher war das ja das Filmkunst-Kino in Berlin, neben dem am Steinplatz, hier hab ich als Student viele Filme gesehen.

Welche Off-Bühnen haben Sie geschätzt?

Das war über fünf, sechs Jahre hindurch die Theatermanufaktur.

Obwohl da alles sehr steif, sehr ernst und sehr heilig war?

Ja, als die nach unserem Auszug das Hallesche Ufer angemietet hatten, war die Kraft schon raus. Eines der erfreulichsten Projekte war das Theater Zentrifuge, da waren zwei, drei Leute drunter, die vorher mal bei der Theatermanufaktur waren. Die haben in den 70er Jahren von Brecht den »Brotladen« gemacht, ein Fragment, in einer unheimlich schönen Aufführung – mit Schauspielen und mit Laien besetzt. Wir sind damals wie fast jeden Herbst mit einem Gastspiel in Paris gewesen, konnten hier parallel nichts spielen, weil es ein großes Stück war und haben deshalb die Zentrifuge drei Wochen bei uns spielen lassen. Das war für die ein Riesenerfolg. Wir hatten mitgeteilt, dass dies keine Vermietung war, sondern dass wir die Truppe ins Haus geholt haben, weil wir sie für sehr wichtig halten. Das hat damals eine solche Aufmerksamkeit gehabt, dass dann auch große Teile unseres Publikums hingegangen sind und sich dieses Theater richtig präsentieren konnte. Und auch für ihre weitere Arbeit eine ganze Menge Geld einnehmen konnte.

Dann ist die Rote Grütze zu erwähnen, das war eine hervorragende Truppe. Mit Holger Franke, der früher bei uns war. Das waren sehr schöne Aufführungen.

Kein Widerspruch. Das Grips saß ja schon in einem festen Haus.

Der Volker Ludwig hat ja die ersten Sachen noch im Reichskabarett gemacht. Als er dann da raus wollte und das Haus am Hansaplatz anstand, habe ich mich gegenüber den Abgeordneten in Absprache mit dem damaligen Kultursenat ganz stark dafür eingesetzt. Es war wichtig, dass da auch andere noch für werben. Als es dann die großen Auseinandersetzungen mit der CDU gab, es auf Messers Schneide stand, hab ich damals dem Volker Ludwig gesagt, wenn ein Punkt kommt, wo du dich hier als Einzelperson überfordert fühlst, sag mir Bescheid, ich habe kein Problem damit, wenn du es willst, dass du das Grips unter dem Dach der Schaubühne fortführst. Selbstständig organisiert natürlich, etwa in Form einer Tochterfirma mit getrennten Etats. Also – eh du resignierst, wären wir dazu bereit. Dazu musste es Gott sei Dank nicht kommen.

Jürgen Schitthelm – West-Berlin dankt Ihnen für dieses Gespräch!

Das war der Kudamm: Wasserspiele

9.30 Uhr. Dem Kudamm nähert man sich am besten vom Wittenbergplatz aus mit Blick auf KaDeWe und Mahntafel »Orte des Schreckens, die wir nicht vergessen dürfen«. Gelb auf Schwarz stehen da Namen wie Auschwitz, Treblinka oder Sachsenhausen. Man könnte sie ergänzen durch Srebrenica oder Belfast – denn woraus geht hier hervor, dass Dachau oder Flossenbürg Stätten deutschen Terrors sind? Hinter der Tafel schiebt sich ein BVG-Bus vorbei, im schlichten Klotzdesign und auch Gelb-Schwarz. Handwerker schlurfen zum Einsatz, einer sächselt. Wir haben die Einheit.

Rechts ist Markt unter duftenden Linden, vor der Deutschen Bank drohen zerborstene Bierflaschen, der »Hit der Woche« nebenan enttarnt sich als Erdbeerschnitte für 1,75 DM. Quelle hat »olympiareife Angebote« – ist so ein Spruch schon tantiemenpflichtig, Herr Samaranch? Die Peek & Cloppenburg-Fassade erinnert an die Niagara-Fälle, und folgerichtig findet sich ein Tankwagen der Berliner Wasserbetriebe in Sichtweite.

Droht ein Hurricane? Der Daimler-Stern auf dem Europa-Center hat sich flach gelegt. Ist hier nicht viel los, weil alles noch zu ist, oder ist hier zu, weil nix los ist? Im Europa-Center bin ich fast allein, man öffnet erst um Zehn. »Martin, warum rennst du denn so?!« ruft eine Mutter. Ja eben – warum? Auch der Info-Stand ist noch verwaist. Und selbst der Klops am Breitscheidtplatz fühlt sich einsam. Auf einer Bank krault sich ein Punk den himbeerroten Schädel. »Kentucky Fried Chicken« (vulgo: schreit Ficken) hat auch noch dicht. Hoch droben blubbert ein Hubschrauber. Der Gedächtnisturm ist mit blauen Netzen vor Fliegen geschützt, ein Penner spielt mit seinem Schwanz und gibt Wasser marsch. So wie der gebaut ist – warum hat der keinen Erfolg? Die Sightseeing-Busse mit aufgeschnittenem Oberdeck warten auf bessere Zeiten. Bei Regen könnten sie sich als Zisterne empfehlen. Burger King sucht das »Gesicht 96« – muss es aussehen wie ein Doppel-Whopper? Herder herrscht mich an, weil das, was ich angucke, noch nicht angeguckt werden darf – es ist noch nicht Zehn. Wo bleibt die Weltstadt?

Die Damen tragen Betonblöcke unterm Absatz – bin ich in einer Zeitschleife und wieder in den 70ern? Vor toten Räumen Ecke Ranke wölben sich Riesenfenster, davor verkauft einer Pfifferlinge aus der Handtasche. Das Steakhouse wurde offenbar vom Rinderwahn leergefressen, in der Ferne hört man Tatü-Tataa – Berlins einziges Brunstgeräusch. Das Marmorhaus macht seinem Namen keine Ehre, doch in der Häuserreihe gegenüber sind fleißige Tauben schon dabei, die Fassaden weiß zu kalken.

Die Wilmersdorfer Feuerwehr kann den Kudamm nicht kreuzen, weil sich Autos mit obskuren Kennzeichen auf der Fahrbahn verhakt haben. Die Freiluftstühle der Restaurants sind leer. Ein Geldtransporter brummt vorbei, viel kann er heut noch nicht geladen haben. Ein Bettengeschäft wirbt mit »Traumpreisen« – sind die so hoch wie Traumgagen? Und: Warum muss der Penner mit der löchrigen Plastiktüte ausgerechnet bei Wempe vorbeischlurfen? Über Wiesenhavern hängt eine Markise mit der Aufschrift: Feinste Pralinen und Präsente.

Nehme ich den Bus oder fahr ich mit dem Daimler Coupé nach Hause – für 152.000 DM incl. CD-Wechsler und Fahrersitz-Memory? Was ist das denn – merkt sich das meinen Hintern? Ich hab nur 100.000 – also Bus! Gefahrlos kommt man bei Rot über die Uhland. Auch der Bücherladen im Maison de France ist ausgeräumt. Warum lesen, es gibt doch RTL. Das Big Eden beweist – es gibt noch Tradition in der Stadt. Berlins einziger Playboy Rolf wird zwar immer blonder, aber nicht älter. McDonald's öffnet um 7 – man kommt eben aus USA.

Viele Schaufensterpuppen stehen nackt in der Auslage – kein Wunder bei den Preisen: Ein »Velvet Mink«-Pelzmantel verlangt 22.800. Aber der käme jetzt gut bei der Kälte. Ein angerosteter Golf hupt eine Blondine von der Fahrbahn, drei Schornsteinfeger – watt'n Glück! – plauschen an der Bordsteinkante. Viel gearbeitet haben sie noch nicht – sie sind ziemlich weiß. Selbach hat noch mal »stark reduziert«, na, wir warten, bis sie bei Null sind. Johannes Heesters spielt bei den unermüdlichen Wölffer-Bühnen – wäre er nicht besser als Dauerleihgabe im Erotik-Museum?

Es flaniert sich auf dem Kudamm üppiger als in der engen Friedrichstraße, aber ich flaniere ziemlich alleine und drehe bei. Die stumme Alte mit den Plastikbeuteln ist immer noch da, mit noch mehr Falten im Gesicht und mit immer weniger Tüten.

– Nun ja, es ist unfair, den Kudamm morgens zu observieren. Das ist, als wolle man beim Karnevalsprinzen Aschermittwoch 6 Uhr früh die Fenster putzen. Warten wir also lieber, bis was los ist. Aber wann ist das?

August 1996

Nicht säen, nicht hegen, nicht pflegen, aber ernten mit Wurzel, damit kein anderer was kriegt.

Klaus E. H. Zapf über das Veralbern von Kunden, Großkopfete und Schwarzlappen, Intershop-Schlangen, Paradiesvögel, Pleite-Seiten, Abgabemonopole, Meter-Schreiber und Schwarzarbeitsscheiße; über karnevalesken Humus, organisierte Nachlässigkeiten, Glasperlenspielereien, Tresensozialisten, Gitterstab-Gelder, Hoflieferanten und Minderwertigkeitskomplexe.

Gesprächsdatum: 11.7.2001

Olaf Leitner: Du bist einer von den Unternehmern, die West-Berlin auch nach auswärts vertreten haben. Wer, glaubst du, hat in Berlin noch was zu Wege gebracht?

Klaus Zapf: Ich denke, die Jungs hier von der »Zweiten Hand«, ich glaube, dass die viel bewirkt haben. Wobei man das nach außen hin nicht so merkt, aber nach innen. Der Konrad Börries und der Herbert Baumann. Wen haste sonst noch? Stemmler. Das mit der »Zweiten Hand« würd' ich mir schon mal überlegen, die Jungs haben die Berliner Morgenpost lesbar gemacht, solche Erfolge haben die erzielt. Die haben damals den Kraftfahrzeugmarkt innerhalb kürzester Zeit sonntags hier bei Springer auf ein Fünftel zurückfallen lassen. Und haben gleichzeitig den Verbrauchernutzen in den Vordergrund gestellt, und, jetzt kommt's: ohne Geld. Das war eine Sache, die war nur hier so zu machen, weil hier die Klientel war. Hier wurde plötzlich der Kundennutzen in den Vordergrund gestellt, verstehste? In Berlin konnte man, was die Unternehmer angeht und das Abkassieren, nicht sagen: Vorsicht, Kunde droht mit Auftrag, hier war es noch viel schlimmer: Vorsicht, Kunde will auch was für sein Geld! Das heißt, die Leute hier wurden ja hier wirklich über den Löffel barbiert. Wobei das Veralbern natürlich weniger dramatische Gesichtszüge hatte, weil das Einkommen noch relativiert da war, das heißt, es gab also nicht unbedingt 'ne Zitterprämie, sondern halt 'nen Teil der Beute. Es wurde ja weder erzittert, es wurde weder verzichtet. Im Grunde genommen haben sich alle in irgendeiner Form bereichert. Die großen Einstecker haben den kleinen Leuten auch was zukommen lassen, damit die Ruhe geben, während die großen Einstecker sich dafür nicht haben in die Bücher bzw. in die Hirnwindungen gucken lassen. Das war ein gesamtgesellschaftliches Agreement.

> Du hast mit den verschiedensten Menschen immer die gleichen Probleme, weil du derselbe bist und bleibst. Das krieg ich in meinem Job hier so mit.
> Klaus Zapf, Unternehmer und Philosoph

Ich bring das immer auf den Punkt, dass hier die, heute sagt man: Leistungseliten (das Wort gab es damals noch nicht, damals gab es sogenannte Großkopfeten, die sich nie als was besonderes bezeichnet haben, sondern immer nur als Diener dieser Stadt, diese Schwarzlappen, diese elenden) – dass die das so drauf abgestellt haben, dass sie den Hauptteil der Beute bekamen. Es gab so dieses Benefiz-Karussell, das heißt, man schaffe einen Anlass, damit öffentliche Mittel in private Taschen wandern, und da haben dann alle dran gearbeitet: Die Politiker, die natürlich auch in jeweils veränderter Form als Unternehmer aufgetreten sind, was sie heute eingeschränkter tun, und eben auch die handelnden Unternehmer, die sich da immer wieder positioniert haben. Das nächste ist, dass der Preuße hier, der sich ja immer als in großer Tradition stehender Leistungsethiker hingestellt hat, im Grunde genommen total verkommen war. Das hat man ja damals schon bei diesem Antes-Skandal mitgekriegt, das heißt, es ging darum, abzugreifen. Ich hab das mal so formuliert: Nicht säen, nicht hegen, nicht pflegen, aber ernten mit Wurzel, damit kein anderer was kriegt. Dadurch konnten die wirtschaftlich gesehen nichts Großes schaffen und leisten, weil halt immer wieder die verschiedensten Leute sich da mit Protektion, mit Zusagen, etwas zu verteilen, wenn denn was kommt, ins Spiel gebracht haben. Dies vornehmlich im Bau, aber auch in anderen Bereichen. Es gab ja auch gerade in der Umzugsbranche bestimmte Beritte, wo Umzüge abgerechnet wurden, die gar nicht ausgeführt wurden. Die BfA hielt es bis vor einem halben Jahr nicht für nötig, Umzugsleistungen ordnungsgemäß auszuschreiben. Wir reden hier über Summen von zweistelligen Millionenbereichen. Und das über Jahrzehnte. Zudem gab es bestimmte Behörden, wo immer die gleichen Unternehmer zum Zuge kamen, man ist mit seinen Einkäufern und Abnehmern teilweise sogar privat in Urlaub gefahren. Man hat so eine Art Abhängigkeitsverhältnisse gehabt, die unwürdig waren: Man musste dann zum Beispiel mit dem seiner Alten und mit seinem Lieferanten oder Auftraggeber in die Oper oder essen gehen und alles so 'ne Scheiße, und solchen Sachen gegenüber habe ich mich immer versagt. Ich hab da nicht mitgespielt, weil ich auch völlig anders gelagerte Interessen hab. Wenn man in den Puff geht, dann macht man das alleine und wenn man säuft, dann redet man nicht über's Geschäft, weil das dann keine Entspannung wäre.

Bist du ein besonders edler Mensch, dass du diesen Versuchungen widerstehen konntest?

Nee nee – gar nicht. Wenn man diese Lumpen gesehen hat, dann ist einem das erst recht

Klaus Zapf (*1952)

»Die Zapf-Häuser wurden 1975 mit dem Stammhaus in Berlin von Klaus E. H. Zapf gegründet. Im Laufe der folgenden Jahre eröffneten Mitarbeiter und Freunde mit Beteiligung von Klaus E. H. Zapf weitere Filialen im gesamten Bundesgebiet. Die Zapf-Häuser pflegen filialübergreifend ein ausgeprägtes kooperatives Management und bieten damit die Gewähr für Service aus einer Hand an jedem Ort der Republik. Die Planung und Durchführung bleiben in einer Hand.« Auszüge aus der Web-Seite der Umzugsfachspedition Zapf.

Der Firmenchef ist einer von ganz wenigen Unternehmern, die es in West-Berlin geschafft haben, einen Betrieb aufzubauen, der weit über die Stadt- und Landesgrenzen hinaus operiert. Obwohl ein Vollprofi, entspricht Zapf nicht dem Typenklischee des smarten, sein Notebook schaukelnden Dynamikers. Aus dem eher alternativen Milieu stammend, war er immer bemüht, ursprüngliche Ideale und menschenfreundliche Vorstellungen in sein knallhartes Business hinüberzuretten.

leicht gefallen, weil man ja mit denen einfach keine Berührungspunkte hatte. Das waren bornierte Idioten, die sich dann später nach der Wende als Widerstandskämpfer aufgespielt haben und im Grunde genommen ihren Widerstand in der Intershop-Schlange abgeleistet haben. Später haben sie sich dann aufgeregt, wenn die Ossis hier mit ihren angeblich schlechten Schuhen auftauchten.

Widerstandskämpfer? Wogegen?

Die haben sich als Widerstandskämpfer gegenüber dem Kommunismus verstanden, diese barocken schwarzen Vögel.

Reden wir von dir und deinem Unternehmen. Wie kommt man an sowas?

Man ist zu dieser Umzugsfirma gekommen wie die Jungfrau zum Kind. Man musste von irgendwas leben, man hat das erst mit wenig Liebe gemacht, man hat sein Studium und seine Lebensplanung als gutbürgerliche Existenz geschmissen und sich mit Entrümplungen und Wohnungsauflösungen über Wasser gehalten und hat dann gesehen, wie die Umzugsbranche zuschlägt. Heute ist es ja absolut lustig, wenn ich mitkriege, dass jetzt tierisch über die (Dosen-)Pfandgeschichte gemeiert wird. Das Kartonpfand hab ich eingeführt vor 25 Jahren und seitdem fliegen keine Umzugskartons mehr durch die Gegend, was früher gang und gäbe war.

Wir haben dann irgendwann diese Umzugsfirma hier gehabt und haben festgestellt, im Nachhinein kann ich das ja schon sagen, dass wir im Grunde diese Beteiligungsmodelle und diese Experimente in gesellschaftsrechtlichen Bereich bzw. in der Organisation von so einem Unternehmen auch deshalb gemacht haben, weil das für den Einzelnen mit einem enormen Risiko verbunden war. Man hätte ja die bürgerliche Existenz auch endgültig verlieren können, in dem man halt gescheitert wär, zum anderen wollte man auch so eine kleine Insel schaffen, und sei es nur für Paradiesvögel oder auch nur für einen selber, weil man sich bestimmten Sachen entziehen wollte. So eine Art kleines Reservat. Es waren also nicht nur edle Motive, es war teilweise auch ein bequemer Weg. Später kam noch dazu, dass ich als eitler, lautstarker Kritikanzel (original Zapf'sche Wortprägung, O. L.) selbstverständlich Gehör fand, wenn ich einer erfolgreichen Firma vorstand. Denn die Kapitalisten lassen sich nur von Kapitalisten kritisieren.

Wie hat sich die Vereinigung auf dein Geschäft ausgewirkt?

Nach der Wende ging es richtig ab. Im Verhältnis zu früher hat sich unsere Leistungsfähigkeit, unsere Qualität, ungefähr ums Fünffache gesteigert. Wir sind die größte Umzugsfirma nicht nur in Deutschland, sondern auch in Europa.

Was habt ihr anders gemacht als die Konkurrenz?

Meine heißgeliebte Konkurrenz hat nie kapiert, dass die Leute gerne Geld für'n Umzug ausgeben, aber dass es dann auch klappen muss. Und wenn's dann nicht klappt, dann holen sie sich wenigstens noch was Interessantes ins Haus, das waren dann wir. Wir waren nicht besonders teuer, wir waren aber unter den Blinden die Einäugigen, das heißt, wir waren damals schon für gute Qualität bekannt. Wir waren seit 1987 Marktführer, das wussten wir damals noch gar nicht, das hat uns auch überhaupt nicht interessiert. Wir haben unsere Sache in bestimmten Punkten sehr ernsthaft betrieben. Wenn ich daran denke, was wir hier für Qualitätsdiskussionen hatten. Ob der Wecker dran schuld war, wenn der Mitarbeiter morgens nicht auf der Matte stand oder der Mitarbeiter. Und warum man es nicht schafft, zum Telefonhörer zu greifen und zu sagen: Ich kann heute nicht kommen, mein Kind ist krank. Selbst das war schon zu viel verlangt. Ich kann mich erinnern, es war wohl 1987, da hat meine Belegschaft mal wieder gestreikt, da waren die wieder auf der Barrikade. Da haben wir dann mit zwölf Mann ein Tagespensum erledigt, wo eigentlich 60 Leute für eingeteilt waren. Das klingt jetzt ein bisschen unglaubwürdig, aber wir haben die Termine einfach an dem Tag hintereinander gelegt. Nach dieser Erfahrung wurde dann plötzlich völlig neu, auf einer anderen Grundlage, diskutiert. Und so haben wir uns immer von Konflikten und Erfolgen und großem Krawall zur nächsten Leistungsstufe weiterentwickelt.

Was machst du da eigentlich die ganze Zeit?

Ich sehe zum Beispiel hier auf diesen Seiten, wer gerade alles pleite geht.

Und was machst du dann?

Garnichts. Ich weiß es halt jetzt. Da ja bei Pleiten schon oft Geschichten im Vorfeld gelaufen sind – wir sind in der Regel nicht dabei, weil ich das ja alles rechtzeitig mitkrieg, denn man lebt in meiner Branche von den Geschäften, die man nicht macht. Das ist ganz wichtig, dass man von bestimmten Sachen die Finger lässt. Wie gesagt, die Gier kommt aus dem Bauch. Und das Hirn ist weit.

Und diese Umzugs-Handzettel, die ihr von den Bäumen gekratzt habt?

Die werden verfolgt. Ich hab einen eigenen Diplomkriminologen mit Humboldt-Uni-Abschluss, der mit mir und Leuten aus der Geschäftsleitung diese ganzen Unregelmäßigkeiten im Umzugsgewerbe katalogisiert. Immer wenn es dann über die Stränge schlägt, wenn irgend einer zu kess wird, dann schlagen wir zu. Die haben in der Regel keine Transportgenehmigung, man kann davon ausgehen, dass die zu den 40 % gehören, die die Umzugsumsätze nicht versteuern, keine Sozialabgaben abführen, die keine Berufsgenossenschaft bezahlen, die ihre Lkws wahrscheinlich nicht mal richtig angemeldet haben. Weil die den EU-Richtlinien des Umzugsgewebes nicht entsprechen, die auch deutsche Norm sind und die zur Erosion hier in Berlin beitragen. Denn hier in Berlin werden nach den Analysen des Deutschen Instituts für Wirtschaftsforschung 30 % des hier erwirtschafteten Bruttosozialprodukts an der Steuer vorbei geschleust, bundesweit sind es 16 %. Da sollte man sich doch mal überlegen, ob die Herren Senatoren nicht doch mal die Sektkelche aus der Hand geben und dafür wieder die Fäden in die Hand nehmen. Denn als alter Revoluzzer weiß ich, dass, wer das Abgabenmonopol aufgibt, auch das Gewaltmonopol aus der Hand gibt.

Da hat sich auch nach dem Wegfall der Mauer nichts geändert?

Nee, im Gegenteil! Man muss das so sehen: Die Leute, die heute umziehen, die verschlechtern sich etwa um 50 %, nicht sehr schlimm, nur graduell geringfügig, aber die ziehen in Wohnungen mit weniger Lage, weniger Standard, weniger Größe, weil sie sich auch ein anderes Ausgabeverhalten angeeignet haben, die Berliner. Die wissen jetzt, der Senat hilft nicht mehr, also gehen sie her und planen ihre Einnahmen und Ausgaben. Es gibt zum Beispiel grad sehr viele, die wieder in die Öffentlichen ziehen, also in die Wohnungsbaugesellschaften, weil sie sich ihren privaten Vermietern und deren Launen nicht aussetzen wollen, denn die haben nach der Wende schwerst zugeschlagen: So, jetzt haben wir andere Zeiten, wir sind jetzt Haupt-

stadt, jetzt wollen wir mehr Miete haben. Und heute ist es genau das Gegenteil, heute haben wir das Phänomen, dass ... *(deutet auf eine Zeitung)* siehste, da ist zum Beispiel wieder 'ne neue Umzugsfirma drin, die ich noch nicht kenne. Jetzt muss ich mal gucken, wo die ist ...

Zapf wurde ja auch berühmt, weil auf Euren Lkws immer draufstand ...

Erst war es »Im Besitz der Belegschaft«, da wurden wir abgemahnt, dann »Mit Belegschaftsbeteiligung«. Dann kam die Wende und damit eine neue Stunde Null. Es gab hier die große Diskussion, nehmen wir Leute aus dem Osten auf oder nicht, und dann ging hier der Punk ab. Einige meiner Mitstreiter haben gesagt, guck mal, was die für Schuhe tragen, oder guck mal, wie die drauf sind, hör doch mal, wie die reden! Weil sie natürlich instinktiv Angst hatten vor dem Wettbewerb.

Weil die Ossis billiger waren?

Nee nee, die waren eher teurer, komischerweise, weil die auch besser waren. Die hab ich persönlich abgeworben bei Autotrans. Ich bin hingefahren, hab mir angeguckt, wie die arbeiten, die haben auch eine andere Arbeitstechnik, die übersetzen zum Beispiel, das heißt, die machen 'ne Kette. Das Möbelstück wird einfach vom nächsten übernommen. Da rennt nicht jeder den vierten Stock runter und wieder hoch, sondern die machten das Abschnitt für Abschnitt. Die sind tatsächlich kollektiver. Das kommt aber auch daher, dass die meisten dort einen Beruf gelernt haben und dass die auch 'ne Arbeitskultur hatten, was man ja hier bei meinen Paradiesvögeln ja schlechter sagen konnte. Wir hatten viele Studienabbrecher, wir hatten Ärzte, die Möbel geschleppt haben, wir hatten eigentlich alles, aber die haben abschnittsweise gearbeitet, um sich dann wieder einen Wunsch zu erfüllen. Indem sie beispielsweise nach Tibet gegangen sind oder hierhin oder dorthin.

Warum ist das Modell »Firma im Besitz der Belegschaft« gescheitert?

Das hätte bedeutet, dass jeder, der da beteiligt ist, den gleichen Anteil hat. Und dass jeder beteiligt ist, auch eine Aushilfskraft oder ein Student, der über die Semesterferien arbeitet. Und möglichst noch zu gleichen Teilen. »Mit Belegschaftsbeteiligung« heißt, dass Teile der Belegschaft, mindestens ein Drittel, an der Firma beteiligt sind. Das war dann die Einigungsformel.

Du hattest also Leute von Autotrans?

Das war die größte Umzugsfirma im Osten und hatte ungefähr 600 Mitarbeiter. Die Umzüge drüben wurden zentral gehandelt – es gab nur ein paar private Firmen – das Ganze wurde finanziell gestützt, zu jedem Umzug gab es einen bestimmten Zuschuss. Die Umzugsjungs da drüben, die waren so ein bisschen ruppig, die haben auch eine relativ geringe Tiefenschärfe gehabt. Der Kunde stand da wahrlich nicht im Mittelpunkt der Bemühungen. Die haben jeden Tag zwei, drei Umzüge, das waren große Kolonnen, die haben viele Meter geschrieben und haben gleichzeitig dann auch noch den einen oder anderen Umzug nebenbei gemacht, und das wurde auch gedeckt. Die waren halt schon etwas ungehobelt, wenn die so durch die Tür sind, dann konnte es sein, dass die gesagt haben. So, die Mumpe, das Kleinzeug, das transportieren Sie selbst! Das war auch meine größte Tat und mein größter Konflikt als führungsschwacher Besserwessi, dass ich denen beibringen musste, dass es so nicht läuft, dass der Kunde im Mittelpunkt der Bemühung stehen muss. Und wenn der Kunde sagt, ich will das und das, und das vorher abgesprochen ist, dann ist das Gesetz, und dann wird nicht diskutiert und herumgelabert, dann wird auch nicht mit irgendwelchen Ausflüchten gearbeitet, sondern dann wird einfach gemacht. Was das einfachste ist. Machen ist einfacher als diskutieren. Mit der Zeit haben sie das auch begriffen, und sie haben irgendwann kapiert, dass, wenn man ordentlich arbeitet, sich das indirekt auszahlt: Man hat mehr Freude an der Arbeit, kriegt vielleicht was zu essen von den Kunden, es gibt ein Trinkgeld, es gibt auch Lob und dadurch Befriedigung und Bestätigung und man hat einen Dauerarbeitsplatz. Man hat es besser als bei anderen Firmen, bei denen man niedergehalten wird, wo man nur ausgenutzt wird, wo man nicht nach seiner Meinung gefragt wird, wo man nur zu funktionieren und zu schweigen hat und irgendwann den berühmten Tritt kriegt. Für mich hatte das zur Folge, dass ich als früher ›Nicht-geführt-werden-Wollender‹ irgendwann feststellen musste, dass ich um's Führen gar nicht herum komme. Da ich das am Anfang nicht machen wollte und das zumindest für mich selber abgelehnt habe, und nach wie vor noch ablehne, da habe ich gesagt, OK, gut, ich sehe ein, Führung muss sein, ich stehe dafür erst mal nicht zur Verfügung, also hab ich das auf meine Mitstreiter aufgeteilt. Dann haben die das halt gemacht. So einfach ist das. Zwischenzeitlich habe ich ihnen das mit den Augen und den Ohren gestohlen und kann das jetzt auch.

Führungspersönlichkeiten stehen meistens sehr früh auf.

Ich steh morgens um 4 halb 5 auf und leg mich abends um halb 9, 9 ins Bett. Früher war das umgekehrt: Da biste morgens um 4 nach Hause gekommen, bist um 10, 11 arbeiten gegangen, sicherlich nicht immer ... *(zeigt auf einen Zeitungsausschnitt)* Das ist der Herr Müller (der Bundeswirtschaftsminister, O. L.)! Da war ich mal eingeladen ins Palace, weil ich der SPD was gespendet hatte, abends war das. Ich war seit 4 auf den Beinen, ich hatte schon ein paar Bier gesoffen. Da hab ich den gefragt, Mensch, Herr Müller: Wie sieht's denn aus, warum gehen wir nicht einfach her mit dieser Schwarzarbeitsscheiße, die macht mir die größten Probleme. Die anderen Unternehmer haben alle rumgemault: Mein Personal! Meine Krankheiten!! und all diese Scheiße. Ich meine, wenn dein Personal nix arbeitet, dann liegt das an dir, das ist dein eigenes Versagen. Wir haben bei uns einen Krankenstand, wenn's schlimm kommt, von 4 %, und den kann ich wegstecken. Wir haben ja auch ein paar Berufsunfälle, denen fällt ja auch ab und zu mal was auf den Kopp, oder wenn sie vom Lkw hüpfen, dann holen sie sich 'ne Sehnenzerrung oder weiß der Teufel was. Ich hab also gesagt, Herr Müller, warum kann man nicht einfach hergehen, so wie bei der S-Bahn, wenn da randaliert wird und Scheiben beschädigt werden, dann gibt's für den Hinweisgeber 'ne Belohnung, wenn der entsprechende Täter ergriffen wird. Da sagt der zu mir, Herr Zapf, Sie sollen in der S-Bahn nicht randalieren Das war seine Antwort. Alles klar? Der wollte mich einfach nicht verstehen, der Herr Müller.

Und warum nicht?

Ich weiß es nicht. Schwarzarbeit ist natürlich für keine politische Figur ein Thema. Die wollen sich nicht mit dem Thema identifizieren, die rechnen sich da ruhig. Das heißt, die gehen einfach her und sagen, ja, wissen Sie: Das Geld geht ja dann wieder in den Kreislauf, und bringt dann wieder Verbrauchssteuer. Und wenn es auf dem Bau stattfindet, sagen sie: Wissen Sie, machen Sie sich mal keinen Kopp, die rennen doch alle in den Baumarkt! Ich schätze, dass im Baumarkt ungefähr ein Drittel bis 50 % der umgesetzten Waren für Schwarzarbeitsleistungen von Schwarzarbeitern eingekauft werden. Die greifen also nicht auf den Großhandel zurück, wo man eigentlich preiswerter einkaufen könnte. Denn da könnte man es anhand der Rechnungen zurück verfolgen.

Ist das neue Berlin nicht schön? So viele neue Häuser und Büros, in die man umziehen kann?

Das Problem ist, die Berliner, die sind bei sich noch nicht angekommen in Berlin. Obwohl – sie reden immer von Superlativen, sie reden von Visionen, dabei sehen die nicht mal ihre

Fußzehen. Wenn du von Visionen redest und kein Verhältnis zu der Furche hast, so hast du verspielt. Und das haben die einfach nicht kapiert. Und du siehst doch, wie sie hier jämmerlich und kläglich gegen die Westdeutschen, die hier auflaufen, den kürzeren ziehen. Oder gegen die Franzosen, oder gegen die Engländer oder was sich hier alles rumdrückt an Kapital. Die sind sicher noch 'ne Stufe brutaler, weil, das ist halt nur noch dumm, dreist, ohne Regulativ, ohne zu verbrämen, das ist blindwütiger Kapitalismus. Das wird natürlich alles in Abrede gestellt, wenn du da mal drauf ansprichst, dann giltst du als bornierter, verblendeter armer linker Irrer. Eins ist klar: Dieses West-Berlin hätte es nie gegeben, auch in diesem, sagen wir mal, karnevalesken Humus, wenn es nicht den Osten gegeben hätte, wo dann letztendlich dieses Schaufenster des Westens bzw. dieses Trägheitsmodell gelebt werden konnte aufgrund dieser Wettbewerbssituation. Davon haben wir doch hier alle gelebt.

Das heißt, es gab keinen Wettbewerb.

Doch. Den Wettbewerb gab's zwischen den Systemen. Und denen in Westdeutschland hat man vorgemacht, wie man sich hier bescheidet, wie man sich hier beschneidet, wie man sich in seiner persönlichen Freiheit eingeengt fühlt. Die mussten ja nichts wissen von der Yacht am Wannsee, vom Grundstück an der Havel. Das durfte halt nicht nach außen dringen. Und ich fand das selbst auch absolut oberaffengeil. Und jetzt, so im Nachhinein, sagen wir's mal so: Vielleicht hätt ich mich schon tot gesoffen, wenn die Wende nicht gekommen wäre. Denn ich war auch ein großer Lotterbube – jetzt nicht unbedingt im Sinne von Sektkelchhalter oder sowas. Man war natürlich auch 'ne Spur politisch, aber man konnte sich da sehr schnell und gut auf diese Bequemlichkeiten einlassen, auf dieses etwas einfachere Leben, man musste also auch nicht so viel arbeiten wie heute.

Was fehlt dir jetzt vom alten West-Berlin?

Dieser Unernst, diese organisierte Nachlässigkeit in allem. Das Reservatsdasein, gewissermaßen. Es gab genug Glasperlen, es war unernst und undiszipliniert, es war alles irgendwie lustbetonter und vor allem die Erlebnispalette hatte viele negative Erlebnisse, die man heute hat, ausgeklammert. Aber da bin ich mir nicht sicher, ob ich damals nur nicht genau genug hingeguckt habe. Wenn ich jetzt so die Veränderung sehe, die Jungen, zum Beispiel, meine heiß geliebten Türken, die hier alle rumspringen, diese Jugendlichen. Die Art und Weise, wie die Menschen miteinander umgehen ... Die Penner wurden schon vor der Wende jünger, also wenn du die Hasenheide lang gelaufen bist, die Alkoholopfer, die Nicht-Sesshaften, die wurden jünger so ab Anfang der 80er. Wo es dann die ersten verrissen hat aus unserer Generation, die, vom Tresen weg, nicht mehr in die geordneten Verhältnisse zurückgefunden haben, es gab viele Erlebnishungrige. Die waren in Richtung »Kreuzberger Nächte« orientiert, auf diese organisierte Fröhlichkeit, die ja so nie gestimmt hat und die dann nicht mehr herausgefunden haben. Also das fehlt mir, das Zwanglose.

Hast du mal Angst gehabt, dass West-Berlin dicht gemacht werden könnte?

Wie meinst du das?

Na, dass »die Russen kommen«.

Das wäre doch super gewesen! Ich endlich Kombinatsdirektor »Umzug«. Rabota, Rabota! Im Ernst: Ich hatte nach der Wende die große Depression und Riesentrauer, dass meine gesamte gesellschaftliche Vorstellungswelt zusammengekracht ist. Denn für mich war die DDR mit ihren Wurzeln der moralisch besser legitimierte deutsche Staat.

Von der Theorie her.

Nein, in den Wurzeln, in der Entstehung. Das hat mich jedenfalls schwer geschafft.

Wobei ich natürlich mehr ein Tresensozialist war, ich war kein Salonsozialist, sondern ein Tresensozialist. Ich hab ja früher mal im Armenhaus gewohnt! Ich hab drauf gehofft, dass, wenn man dem Übel des Besitzes aus dem Weg geht, dass man vielleicht 'ne gleiche Stoßrichtung finden könnte, um gesellschaftliche Entwicklungen anzuschieben. Wobei ich aber damals auch schon in so einer Form verkommen war, dass mir mein Privatleben hoch heilig war. Man hat schon bemerkt, dass sich die Lebenswege verändern und sich, abhängig von der Macht, die man hat, und dem Einkommen, entwickeln.

Vor den Russen hab ich keine Angst, die größte Angst hatte ich schon immer vor den Amerikanern, weil die alles dem Geld unterordnen. Ich bin ziemlich christlich erzogen worden und ich weiß, dass das Geld kein Allheilmittel sein kann. Das Geld ist nur 'ne Form von Gitterstab, das heißt, dass es dich von anderen separiert. Geld beruhigt nicht mal. Weil Geld zu haben immer impliziert, zu wenig Geld zu haben. Mein Wirtschaftsprüfer hat mal zu mir gesagt, Leute, die mehr als drei Millionen haben, sind für die Gesellschaft verloren. Mit denen ist kein Staat mehr zu machen, besser gesagt: zu verbessern. Da ist ein bisschen was dranne. Das einzige, was mich immer gestört hat, ist, dass, wenn du kein Geld hast, du dann auch keine Meinung hast. Und darauf setz ich halt. Haste was, biste was. Aber die gesellschaftliche Anerkennung ist mir nicht so wichtig. Aber wenn ich sagen kann, ich verdiene viel Geld und habe 'ne große Firma, dann hört man mir zu. Ob widerwillig oder nicht, interessiert mich erst mal nicht. Und wenn du das nicht hast, horchen sie dir einfach nicht zu. Weil die sagen: was will denn dieser linke Spinner, was will der uns erzählen?

Gab es in Berlin eine Oberschicht?

Es gibt hier diesen bürgerlichen Adel, der tritt aber nicht groß in Erscheinung, das sind absolut feine Leute, mit denen habe ich heute noch zu tun und das soll auch so sein. Die haben sich aber nie für bestimmte Geschichten hergegeben.

In welchen Berufen sitzen die?

In allen. Das geht über Rechtsanwalt, Steuerberater, Wissenschaftler, Geschäftsleute, und das ist halt das alte Geld und die geben sich eben für sehr viele Sachen nicht her, und drum treten die auch nicht in Erscheinung, weil sie mit dem neuen Geld, und den damit verbundenen ... ja: Perversionen nicht in Verbindung gebracht werden wollen.

Woran merkt man, dass es sie gibt?

Das merk ich daran, wie die eingerichtet sind, wie die nicht nur mit mir, sondern auch mit meinen Mitarbeitern umgehen, das merk ich daran, wie die sich geben. Das ist nichts Aufgesetztes, die haben einfach Stil. Hut ab! Es gibt doch nichts schlimmeres, als Leute, die ihre Klasse verlassen haben und dann in der aktiven Verdrängung leben. Und du glaubst ja nicht, was ich für einen Blick dafür habe!

Du hast auch nicht nach unten geguckt.

Nach unten guck ich immer, sonst wäre ich jetzt ein anderer. In meiner Firma habe ich immer auf Wachstum gesetzt, immer größer, größer, größer. Je größer ich bin, umso mehr kann ich kontrollieren, je größer ich bin, um so mehr kann ich beeinflussen. Je größer ich bin – ich bin ja jetzt auch Hoflieferant des Deutschen Bundestages –, umso mehr kann ich neue Umzugs-Standards setzen und umso mehr hört man mir zu, da sind wir wieder bei meinen Minderwertigkeitskomplexen. Also, wie schon gesagt: Du hast mit den verschiedensten Menschen immer die gleichen Probleme, weil du derselbe bist und bleibst. Das krieg ich in meinem Job hier so mit. Und das ist mir Ansporn und Trost genug, Freude genug und Erkenntnis: Und all das verdanke ich den Umziehenden.

Lieber Klaus Zapf – West-Berlin dankt dir für dieses Gespräch!

Bonus-Track aus dem Archiv:

Requisitensachen mit diesem komischen Blutkrempel

Peter Stein & Mitglieder des Ensembles der Schaubühne am Halleschen Ufer: Eine Orestie-Diskussion mit Publikum

Zweckdienlicher Hinweis:
Der folgende Text ist die ziemlich wörtliche Wiedergabe einer öffentlichen Diskussion, die Peter Stein und Schauspieler des Ensembles der *Schaubühne am Halleschen Ufer*, wie sie damals noch hieß, am 24. April 1981 im Berliner Hebbel-Theater abgehalten haben. Diese Diskussion ist nach meiner Kenntnis nirgendwo anders dokumentiert. Sie belegt einerseits die Art und Weise, in der die Schaubühne ihre Theaterarbeit vorbereitete und durchführte, sie zeigt andererseits den unnachahmlichen Sprachduktus, mit dem Peter Stein kommuniziert – jene exquisite Mischung aus Kumpelton, leicht näselnder Arroganz, gespieltem Understatement und einer Bildhaftigkeit und Bildung von hohem Informations-, aber auch Unterhaltungswert.

Teilnehmer der Diskussion waren vermutlich Stein, Jutta Lampe, Christine Oesterlein, Gerd Wameling, Werner Rehm und NN. Da Stein seine Schauspieler nicht vorgestellt hat, wohl wegen ihres Bekanntheitsgrades, ist die Liste der TeilnehmerInnen nur aus der Erinnerung zu rekonstruieren. Da, wo die Schauspieler nicht namentlich genannt sind, war es nicht möglich, sie akustisch zu identifizieren. Eine mögliche falsche Zuordnung von Stimmen mag bitte verziehen werden.

Es wurde versucht, trotz vieler akustischer Hemmnisse, das, was gesagt wurde, möglichst original wiederzugeben. Wegen partieller akustischer Einbrüche kann trotz aller Sorgfalt nicht alles wörtlich zitiert werden, sondern ist sinngemäß (mit entsprechendem Hinweis!) reproduziert. Womit Theaterleute ständig konfrontiert sind, kommt hier auch zum Tragen: Stets haben 95 % des Publikums starken Husten, der, einem Naturgesetz folgend, jeweils im falschesten Moment ausbricht, um wesentliche Wörter und Begriffe zu attackieren und unverständlich zu machen. »Die Huster gibt es immer im langsamen Satz« sagt der Pianist Rudolf Buchbinder. Neben den bronchiengesteuerten Lärmattacken kam es zur Überlagerung von Stimmen und hörbaren Publikumsreaktionen.

Beim jetzigen Lesen der Endlosschleifen, Ellipsen, nicht immer gleich nachvollziehbaren Assoziationen und Anspielungen, Wiederholungen, Verschachtelungen (Peter Stein ist ein Meister im Stapeln nicht zu Ende gebrachter Satzteile), also beim Nachspüren des Unperfekten, sei wieder daran erinnert, dass es etwas anderes ist, live vor eben jenem Publikum zu reden, aus den Impulsen des Augenblicks heraus, als am Schreibtisch in Abgeschiedenheit einen sprachlich hoch polierten und druckreifen Essay anzufertigen. Im Folgenden kommt es nicht auf perfekte Satzkonstruktionen, sondern auf die Reproduktion jener Atmosphäre an, in der sich kulturelle Debatten jener Jahre vollzogen. Offensichtliche Grammatikfehler wie sie »live«

kaum auszuschließen sind, zumal bei temperamentvollen Diskussionen, wurden stillschweigend korrigiert. Wo es absolut unverständlich wurde, ist dies durch ein eingeklammertes Fragezeichen »(?)« markiert.

Für Unzulänglichkeiten im Text wird man schnell entschädigt durch Einblicke in eine außergewöhnliche künstlerische Arbeit mit wunderbaren Schauspielern und ihrem hoch engagierten Prinzipal.

Zur virtuellen Rekonstruktion West-Berliner Kultur gehört es auch, in Erinnerung zu halten, wie ein Peter Stein damals dachte. Und wie er seine Gedanken und Erkenntnisse anlässlich weniger, rarer Anlässe ans Publikum trug. Immerhin galt Stein damals als wichtigster Theaterregisseur im deutschsprachigen Raum. Schon in dieser Diskussion wird klar, weshalb. Und das Publikum selbst bleibt ihm und den Schauspielern nichts schuldig und zeigt viel Kompetenz.

Der Text also bietet, so ist zu hoffen, die Möglichkeit, eine Schaubühnen-Inszenierung am Beispiel der »Orestie« (Premiere: 18. Oktober 1980) partiell zu rekonstruieren. Was dokumentiert wird, ist ein detailreiches Kolleg über das antike Theater allgemein und die »Orestie« im besonderen. Und eine Vorlesung darüber, wie man 2438 Jahre nach der Uraufführung mit dem Text umgegangen ist.

Die folgende Lektüre strengt an. Aber sie entschädigt durch hohe Informationsdichte, spürbare Leidenschaft und sogar durch Amüsement, was allen Beteiligten geschuldet ist.
O. L.

1970 kam mit Peter Stein eine Gruppe junger Theatermacher und -schauspieler an die Schaubühne. Vor dem Hintergrund der 68er-Bewegung und ausgehend von einer Unzufriedenheit mit dem damaligen Stadttheatersystem ging es darum, dem deutschen Stadttheater durch neue Formen gemeinsamer Theaterarbeit eine Alternative entgegenzusetzen. Ein Mitspracherecht aller künstlerischen Mitarbeiter bei Stückauswahl und Spielplanpolitik und die überragende Bedeutung einer wissenschaftlich und langfristig konzipierenden Dramaturgie ermöglichten den Aufbau eines der bedeutendsten Schauspielensembles und eine ungewöhnliche Durchdringung von gesellschaftlichem Alltag und konzentrierter Theaterarbeit.

Über 30 Einladungen zum Berliner Theatertreffen, 44 Fernsehaufzeichnungen von Schaubühnen-Inszenierungen und zahlreiche internationale Gastspiele dokumentieren dies auf eindrucksvolle Weise. Als »Schaubühnen-Stil« gelten seitdem der behutsame Umgang mit und die psychologisch genaue Ausleuchtung von Texten und Epochen der Weltliteratur. Neben der Auseinandersetzung mit der griechischen Tragödie, dem Zeitalter Shakespeares, Tschechows, mit Dramatikern des 19. Jahrhunderts, der deutschen und französischen Klassik gehörten Stükke zeitgenössischer Autoren wie Botho Strauß und Peter Handke zum Spielplan der Schaubühne.

Peter Stein blieb bis 1985 Künstlerischer Leiter, zu seinen bedeutendsten Inszenierungen zählen »Peer Gynt« (1971), »Das Sparschwein« (1971), »Prinz Friedrich von Homburg« (1972), »Sommergäste« (1974), »Groß und Klein« (1978), »Orestie« (1980), »Drei Schwestern« (1984), »Der Kirschgarten« (1989) und »Roberto Zucco« (1990). Weggefährten Steins, die Regisseure Klaus Michael Grüber, Luc Bondy und Robert Wilson haben bis Ende der neunziger Jahre an der Schaubühne gearbeitet.

aus: www.schaubuehne.de (Januar 2002)

Peter Stein: Ich begrüße Sie zu dieser ungewöhnlichen Zeit, aber wir müssen die Diskussion zu diesem Zeitpunkt (?) machen, weil wir zu einem anderen Zeitpunkt keine Räumlichkeiten haben aufgrund der Tatsache, dass wir relativ viele Sachen im Augenblick parallel machen, da arbeitet immer die Technik jeweils in den Räumen und selbst wenn wir in dem anderen Raum nicht spielen wie zum Beispiel drüben im Haupthaus – (da) wird die morgige »Orestie« vorbereitet, der Dreierblock, und da lässt uns die Technik nicht rein. Deswegen haben wir diesen ungewöhnlichen Zeitpunkt genommen und deswegen sind auch nicht so furchtbar viele Leute da. Aber immerhin, wir danken Ihnen ganz besonders, dass Sie gekommen sind. Wir haben ja vorneweg so kleine Veranstaltungen gemacht, wie soll man da sagen – so kleine Werbeveranstaltungen vor der Premiere, weit vor der Premiere der »Orestie«, und zu diesem Zeitpunkt hatte man gesagt, dass man sich wünscht, vielleicht noch eine oder mehrere Diskussionen anschließend, nachdem die Premiere gelaufen ist, durchzuführen, dass man darüber noch mal sprechen kann. Das sollte hiermit geschehen.

Ich will ganz kurz als Einleitung noch mal umreißen, wie es zu dieser ganzen Orestie-Geschichte gekommen ist, das dauert ganz kurz, und dann würde ich sagen, dass wir Sie dann fragen, ob Sie Fragen haben. Also: Wir haben angefangen uns mit der antiken Tragödie zu beschäftigen – das war 1973 (?), (??) aus der Beschäftigung heraus haben wir zwei Abende produziert, in der ersten Hälfte 1974, das war eine Übung für Schauspieler, in der wir uns mehr so mit den Grundvoraussetzungen dieses eigenartigen Phänomens Theater im europäischen Zusammenhang (beschäftigt haben). Wir betrachten die antike Tragödie als ersten Grundstock für die theatralischen Aktivitäten, die seit 2500 Jahren übernommen werden im europäischen Raum und haben dann da merkwürdige Übungen für Schauspieler gemacht, ohne

Text, ohne Sprache, in denen versucht worden ist, sich zu erinnern, was eigentlich die – sozusagen die Grundmotivation für die Theaterspielerei dargestellt hat. Da wurden rituelle Elemente eingearbeitet und all solches ... Dann der zweite Abend war ›Die Bakchen‹ von dem Euripides, ein ganz spätes Stück innerhalb der zeitlichen Abfolge der griechischen antiken Stücke, die überliefert sind, das hat der Klaus Michael Grüber gemacht, da war so ’ne ganze Menge Remmidemmi mit allen möglichen optischen Geschichten auch, usw. usw. – vielleicht hat einer von Ihnen das gesehen.

Aber die eigentliche Beschäftigung mit der antiken Tragödie par excellence, also mit der Erscheinungsform der antiken Tragödie, mit ihren Baugesetzen, mit ihren politischen und bildkünstlerischen und theaterformalen Aspekten – das haben wir gar nicht gemacht bei der ersten Annäherung, dazu sind wir gar nicht gekommen, sondern wir haben uns immer mit der Vorgeschichte der antiken Tragödie beschäftigt. Dann haben wir zu einem Zeitpunkt, als wir uns bemüht haben um eine Produktion, um ein Stück, das das gesamte Ensemble zusammenfasst und eine gemeinsame Bemühung langfristig ermöglicht, auch mit Einsichten, mit Überlegungen, die über das rein Spielerische und Theaterherumhexige hinausgehen, sind wir zu der antiken Tragödie zurückgekehrt, diesmal zu dem großen Meister und eigentlichem, wie man so sagt, Begründer der antiken Tragödie, nämlich zu Aischylos, der der älteste Tragiker bekanntlicherweise ist. Und von diesem Herrn ist wiederum die »Orestie« das bedeutendste oder das bemerkenswerteste, weil es die einzige erhaltene Trilogie, also drei Stücke hintereinander, die aufeinander obendrein auch noch Bezug haben, die einzig überlieferte Veranstaltung dieser Art ist, wobei dann immer noch ein Stück fehlt bekanntlicherweise: Es fehlt ja immer noch das Satyrspiel. Dessen Titel ist überliefert, sein Inhalt ist überliefert, aber es ist als Stück nicht überliefert. Ich glaub, drei Buchstaben davon sind auch überliefert.

Jutta Lampe: Das hat Menelaos geheißen.

Peter Stein: Das hat Menelaos geheißen, ja. Das war noch keine Verkackeierung von Menelaos, das wär vielleicht zuviel gesagt, aber, nach allem, was man weiß aus der Antike, handelte es sich zumindestens um das wunderbare Motiv, dass die Helena, von der ja im Stück dauernd geredet wird und die ja auch schrecklich beschimpft wird, und so weiter, und die nur gelegentlich in Schutz genommen wird, dass sich herausstellt, dass diese Helena, die all diese ganzen Schweinereien da mit stark verursacht haben soll, in Wirklichkeit völlig unberührt und unschuldig in Ägypten gesessen hätte die ganze Zeit über und gar nicht in Troja war. Das war einfach nur ein Fehler, das hat nur so ausgesehen. Die wirkliche Helena saß in Ägypten die ganze Zeit und hat natürlich ihre ehelichen Pflichten und eheliche Treue gehütet wie einen Augapfel. Und aus dieser Widersprüchlichkeit hat das Satyrspiel offensichtlich seinen Witz und seine Aggressivität auch bezogen. Na gut. Das haben wir uns dann vorgenommen, und zwar war das auch so, dass es uns gelang, im Durchlesen, im einfachen Lesen des Stücks, dass alle ziemlich schnell Spaß hatten ohne große Erklärung. Ohne großes Getue und Gemecker. Und dann haben wir uns daran gesetzt und haben eine systematische Lektüre angefangen ab 1979, immer so mal einmal in der Woche und so, und dann haben wir mit den Proben im engeren Sinne angefangen, also mit der direkten Vorbereitung in ... nein, is doch Quark – ’78 war das, Entschuldigung! ’78 war das Beginnen der gemeinsamen Lektüre. Aber direkt auf die Produktion zugesteuert sind wir ab Oktober 1979. Dann haben wir ungefähr zweieinhalb Monate damit vertan, diese drei Stücke zusammen zu lesen, und es wurde die Parole ausgegeben, dass man außer dieser Sache bitte sehr nichts mehr lesen solle, also zusätzliche Sekundärliteratur, also dies wollten die Schauspieler nicht. Das war auch mir sehr recht, und dann haben wir eben ziemlich viel Zeit damit »vergeudet« – meiner Meinung war das ein großer Gewinn! – dieses Stück gemeinsam so zu lesen, wie es in den deutschen Übersetzungen stand. In verschiedenen, allerdings. Da ergaben sich dann schon die meisten Probleme der Überlieferung, bei den einen steht es so, bei den anderen so, und dann wieder so, dass die Schauspieler kommen und sagen, ja, was denn nun!? Was ist denn nun richtig? Ist dieser Satz nun von der Elektra gesagt oder von Orest? Das muss man ja nun mal klären, nicht? Und da ergaben sich dann die überlieferungsgeschichtlichen Fragen draus, und mit der eigentlichen Probenzeit haben wir im November '79 begonnen, haben ungefähr zweieinhalb Monate probiert am Agamemnon, ungefähr zweieinviertel Monate für die Choephoren und einen Monat für die Eumeniden. Das heißt, die Probezeit selber war ziemlich kurz.

Im Gegensatz zu dem, was so rumgequatscht worden ist. Die Probenzeit selber war sehr, sehr kurz, weil wir ja parallel dazu noch andere Produktionen machen mussten, wir haben ja parallel dazu noch drei andere Produktionen rausgebracht. Während der Agamemnon, der war dann zwar fertig, so weit fertig, wie der Frankfurter sagt, und musste zurückgehalten werden, um eine gemeinsame Premiere zu ermöglichen. Dann wurden die Choephoren gemacht, die wurden auch wieder zurückgehalten, sozusagen auf Eis gelegt. Zwei Inszenierungen waren fix und fertig – nur ohne Premiere. Das geht natürlich an einem Theater wie dem unseren nicht, dass hier so'n Mixtum ist. Wir haben zwar ziemlich viele Freizügigkeiten und Freiheiten, aber wir müssen halt jeden Abend spielen, müssen jeden Abend 'ne Produktion bringen, manchmal sogar am Abend zwei. Dementsprechend war es notwendig, andere Produktionen rauszubringen, und dann haben wir die Proben unterbrochen und die anderen Produktionen rausgebracht, zum Beispiel hier in diesem Haus »Der Fremde« und an verschiedenen anderen Orten mit der Meredith Monk die Produktion »Vessel«. Dann haben wir im Oktober die Premiere gehabt. Dann waren wir inzwischen einmal mit der Produktion in Paris auf'm Gastspiel. Und dann haben wir inzwischen den Gesamtabend, nein, Gesamtabend kann man das nicht nennen, den Gesamttag, das Totale, zweiundzwanzigmal durchgezogen.

Jutta Lampe (?): Bis jetzt.

Peter Stein: Bis jetzt, ja. Das wird noch ein bisschen (?) ich hab's nämlich gerade festgestellt ...

Jutta Lampe (?): Sonntage meinst du! Sonntage.

Peter Stein: Das sind ja immer nur Sonntage, ja.

Jutta Lampe (?): Zweiundzwanzig Sonntage.

Peter Stein: Ja. Wir haben das dann zweimal in Paris gespielt, auf dem Gastspiel, ganz, und es ist so, dass diese großen Vorstellungen halt unheimliche Probleme mit sich bringen, nicht? Es ist nicht so, dass nur die Schauspieler alleine herumhängen und arbeiten, sondern hinter der Bühne arbeiten unendlich viele Leute mit, und arbeiten der Sache zu, und das ist zum Teil relativ kompliziert. Vor allem diese Requisitensachen, mit diesem komischen Blutkrempel und so, das ist alles nicht so einfach, das muss alles genau *à point* stimmen. Zum Beispiel die großen vielen Kostümwechsel, die da sind, weil die aus dem Chor immer in was anderes einsteigen und dann wieder zurück in den Chor steigen. Die müssen sich dann immer wieder an- und ausziehen, die Jungs und die Damen, und dann gibt es zum Schluss diese Eumeniden-Kostüme, die relativ kompliziert sind, weil sie so eine glibberige Oberfläche haben. Es sind also sehr viele Helfer notwendig, und diese Helfer haben natürlich Verträge, und

in den Verträgen steht nicht drin, dass man zehn Stunden am Tage arbeitet ...
Ensemble: Sonntags.
Peter Stein: Sonntags. Und schon gar nicht am Sonntag. Also das sind organisatorische Probleme, die gigantisch sind und deswegen kann man das nur einmal in der Woche machen. Das reicht ja auch. Nur kann man trotzdem nur am Samstag oder am Sonntag, sonst ist ja – wer kann denn (sonst) schon? Das haben wir, wie gesagt, also zweiundzwanzigmal gemacht und in Paris auch zweimal, und dann haben wir noch einzelne Vorstellungen gemacht. Wir haben ja unter der Woche einzelne Vorstellungen auch abends gespielt. Insgesamt zweiunddreißigmal Agamemnon, zweiundzwanzigmal Choephoren und zwanzigmal Eumeniden. Wir haben etwas mehr Agamemnon gespielt.
Schauspieler: Wobei bemerkenswert ist, dass die einzelnen Vorstellungen eigentlich weniger Resonanz hatten beim Publikum.
Peter Stein: Ja. Es ist so, dass die großen Vorstellungen, obwohl sie a) so lange dauern, obwohl b) keine einzige Freikarte, keine einzige ermäßigte Karte für die Gesamtvorstellungen ausgegeben wurden, weil ich darauf sozusagen ein bisschen bestand, auch aus dem Grunde, weil da diese kleine Essenseinladung drin enthalten ist und so weiter, sind diese Aufführungen ausverkauft gewesen. Bei den letzten zwei Malen hat es dann eine leichte Abschwächung gegeben, aber es war immer noch so gut wie voll, während bei den Einzelvorstellungen es wesentlich schwieriger war. Die Einzelvorstellungen sind nicht so gut besucht gewesen. Das sind sozusagen die technischen Daten dieser Produktion, so wie das jetzt aussieht.
Christine Oesterlein: Und wir konnten das ja gar nicht richtig einschätzen, es war doch ein Versuch, dieser Sonntag. Ich weiß noch, dass es bis kurz vor der Premiere ein großes Rätselraten gab, ob das überhaupt funktioniert ...
Peter Stein: Versteht man uns??
Publikum: *(Gemurmel.)* Nein, nö! nein!
Peter Stein: Tschuldigung! Tschuldigung! Dann muss man das natürlich ein bisschen heben – ich hab hier in dem Raum noch nie gesprochen, Verzeihung! Die Christine Oesterlein sagt gerade, dass wir über diese Entwicklung erstaunt waren und auch noch sind, weil wir natürlich die große Angst hatten, ob überhaupt jemand so eine lange Neun-Stunden-Orgie mit macht. Und das hat sich als erstaunlich günstig herausgestellt, es sind erstaunlich viele Leute daran interessiert gewesen, und diese Vorstellungen in kleinen Portionen waren von uns sozusagen eigentlich als der Normalfall vorgesehen. Aber da war es eher schwierig. Vielleicht kann man darauf auch noch mal zu sprechen kommen.

Es gibt noch einen Punkt, den ich anmerken kann – ich weiß nicht, wann Sie in den Aufführungen waren, ob Sie Einzelaufführungen gesehen haben oder das Ganze und wann –
Christine Oesterlerin: Ob überhaupt ...
Peter Stein: ... und ob überhaupt ...
Publikum: *(Lacht.)*
Peter Stein: ... da ist es so, dass, im Gegensatz zu dem, was referiert worden ist anlässlich der Premiere, in dem Mitteilungen waren wie menschenverachtende Präsentation und so – ich spreche jetzt nicht von künstlerischen Dingen, das ist nicht so wichtig, sondern rein organisatorisch: also »menschenverachtende Präsentation«, »Zuschauer schinden« und »Arthritis-Trilogie« und was noch so gesagt wurde, ...
Publikum: *(Lacht.)*
Peter Stein: ... ist festzustellen, dass unsere Erfahrungen mit den langen Aufführungen absolut anders waren. Es ist so, dass die Veranstaltungen am Sonntag in zunehmendem Maße sozusagen vervulgarisierten. Das heißt, es war offensichtlich jedem bekannt, was da läuft, und es wurde eher eine Art

Lager, eine Art Picknick-Ground dort aufgebaut, und es ist ein Verhältnis der Zuschauer untereinander gewesen, wie wir so was überhaupt noch nie, vielleicht mit Ausnahme von Shakespeare's Memory, gehabt haben. Der Erfolg war, dass dort ein großes Hallo! herrschte, obwohl es sich ja eigentlich um eine Tragödie handelt. Es gab Momente, wo mir das sogar ein bisschen zu viel war, weil ich es auch doch recht ernst haben wollte, eigentlich, und das war nicht so. Und vor allen Dingen war es so, was jedes Mal erstaunlich ist und mich also, das muss ich ehrlich sagen, auch ohne übertriebene Sentimentalität, war es die Art von – kann man schon sagen: Ovationen, die die Zuschauer jedes Mal den Schauspielern bereiten am Ende von diesen langen Aufführungen, sowas haben wir a) in der Schaubühne noch nie gehabt und b) hat man auch das Gefühl, dass sich da die Zuschauer ein bisschen auch selber zuklatschen, dass sie das so lange durchgehalten haben. Es entsteht eine Gemeinsamkeit durch diese neun Stunden, was durch uns natürlich auch ein bisschen gefördert wird, durch die Tatsache, dass man zusammen isst und solche Kisten natürlich, nicht? Das war natürlich schon ein bisschen beabsichtigt, und das hat sich tatsächlich hergestellt. Und über diese Sachen, über den Schluss der Trilogie am Sonntag, oder am Samstag mit der gesamten Geschichte, sind die Schauspieler, und ich natürlich auch, jedes Mal sehr glücklich. Und wenn es dann große Schwierigkeiten gibt, denn das ist natürlich 'ne große Viecherei für die Schauspieler, diese drei Stücke hintereinander runterzuziehen, wie Sie sich denken können, und das ist sozusagen dann in der Tat eine Art von, na ja, von Ausgleich oder so für diese Schrubberei (vermutlich Gedankensprung bei »Schwierigkeiten«, da missverständlich, O. L.).

OK. Ich glaube, das ist erst mal von vorneweg alles, was ich an technischen Daten sagen kann und vielleicht kommt es dazu, dass Sie Fragen stellen können oder irgendwas ... wissen wollen?

Ja, bitte?!

Publikum: Auf welche Übersetzung habt ihr euch letztlich geeinigt?

Peter Stein: Ja, das Übersetzungsproblem. Wenn ich das noch mal ganz kurz ansprechen soll: Es ist so gewesen, dass wir als Allererstes hatten wir eine Übersetzung, die in der DDR hergestellt worden ist, von einem Herrn Ebener (d.i. Dieter oder Dietrich – die Angaben schwanken – Ebener, O. L.). Die hatten wir als erstes gelesen, und die Schauspieler sind im Großen und Ganzen über diese Übersetzung in das Ding erst einmal eingestiegen. Weil sie ja kein Griechisch können, kein Altgriechisch. Gott sei Dank – dann wäre es noch schlimmer. Dann haben wir angefangen, langsam andere Übersetzungen dazuzugeben, als nächstes die Übersetzung von Anne Eit (phon., leider nicht identifiziert, O. L.) aus dem 19. Jahrhundert, dann Droysen (d.i. Johann G. Droysen, O. L.), ein berühmter Altphilologe und großartiger Übersetzer, der sich in seinem Leben nahezu ausschließlich mit der »Orestie« herumgeschlagen hat. Es gibt drei Übersetzungen von ihm über eine Distanz von ungefähr vierzig Jahren. Die haben wir dazu genommen, dann sah das wieder ganz anders aus. Dann wurden Übersetzungen heroischer Art dazugezogen, zum Beispiel die von Wilamowitz (d.i. Ulrich Friedrich Wichard Wilamowitz-Moellendorff, O. L.) – das ist eine, die ist um die Jahrhundertwende gefertigt worden und atmet stark Wilhelminischen Geist, ist aber dennoch eine hochberühmte und wichtige Veranstaltung. Die war wieder ganz anders. Und dann haben wir neuere Bemühungen dazugezogen. Wir haben Buschor (d.i. Ernst Buschor, O. L.), das ist eigentlich ein Archäologe, das ist ein Hobbyübersetzer, der hat sämtliche überlieferten Tragödien übersetzt. Unter anderem auch die »Orestie«. Und dann hat in jüngster Zeit Walter Jens auch einen

Versuch gemacht, sozusagen zur Aufführbarkeit hin zu übersetzen, dieses, diese ... was, hab ich jetzt'n Ding vergessen? Na, is ja Wurscht. Auf jeden Fall ...

Zuschauer: *(Zuruf.)*

Peter Stein: Wie?!

Zuschauer: Vom Schadewaldt hatten Sie auch eine ...

Peter Stein: Nee, der Schadewaldt (d.i. Wolfgang Schadewaldt, O. L.) hat das ja nicht übersetzt! Wenn der das übersetzt hätte, dann wär's anders gelaufen. Dann wär das anders gelaufen! Dass hab ich gerade vor kurzem zurückkontrolliert in einem Stück, was mich interessiert, was er übersetzt hat. Und das ist wirklich ..., in der Tat erspart einem das vieles. Die haben wir dann so nebeneinander gedruckt, das habe ich seinerzeit ja schon mal gezeigt, so nebeneinander, in kleinen Portionen, so dass das die Schauspieler simultan lesen konnten. Und dann haben wir hin und her gemacht und hin und her gemacht, überlegt, welche wir uns nehmen, und dann stellte sich heraus, bei dem einen ist *das* gut, bei dem anderen *das* gut. Dann kam als nächstes der Vorschlag, OK, wir machen ein Pasticcio, wir nehmen aus jeder Übersetzung etwas. Dann hat sich herausgestellt, dass das nicht geht, überhaupt nicht geht. Weil ohne das Zentrum einer Interpretation, nicht etwa eine, sagen wir mal, eine große philosophische Interpretationen oder sowas, sondern Interpretation des überlieferten Textmaterials, eine Übersetzungsentscheidung gar nicht möglich ist. Das sind auch gleichzeitig immer inhaltliche, nicht im hohen Sinne, sondern auch im niedrigen Sinne, inhaltliche Entscheidungen. Und dann hab ich das dann ..., hab ich mich entschlossen, das an mich zu ziehen, und ich habe vermittels der reichhaltigen Kommentare, die es zu dem Werk, zu dem überlieferten Text gibt, zu den verschiedenen Textfassungen, die dann vorgeschlagen werden, usw., da hab ich 'ne ganze Reihe von diesen Kommentaren, und zwar die neuesten und anerkannt besten Kommentare genommen, die untereinander auch wieder völlig feindlich gesinnt sind und sich gegenseitig bekämpfen, die hab ich dann zur Kenntnis und hab dann daraus einen Text selber hergestellt. Dieser Text hatte dann das Prinzip, das merkt man auch der Sache an, dass es nicht darauf ankommt, nun unbedingt die eine oder andere Bedeutung zu finden und sich auf die zu vereinigen, sondern ein Begriffsfeld zum Beispiel auch anzubieten. Also: ein Wort für *atē*. Da kommen in der Übersetzung ungefähr sieben oder acht verschiedene Wörter vor, die angeboten werden, die den griechischen Begriff *atē* abdecken: Verhängnisvolles Verderben, zum Beispiel, das ist die normalste Übersetzung, die man dafür hat für diese Schicksals-(?). Oder genauso für *erinys*: einen ganzen Hof von Bedeutungen klar zu machen, die natürlich selbstverständlich alle nicht von mir stammen, diese Mitteilungen, dass das so heißt, sondern von den Leuten, die davon 'ne Ahnung haben. Ich selber hab mein Schul-Altgriechisch, das Gymnasialzeug da und bin damit mit Ach und Krach über die Runden gekommen. Es ist nur so, dass das Ergebnis der Übersetzungen ist sozusagen nicht ausgerichtet auf eine poetische Hineinnahme dessen, was da ist, sondern eine neugierige Befragung, was das denn wohl sein könnte, was da in diesem griechischen Text drinsteht. Das ist die Methode. Und es gibt sozusagen auch Erläuterungen in der Übersetzung, die sind eingebaut. Verschiedene Übersetzungsvorschläge, zusammen eingebaut, zusammengefasst, hintereinandergesetzt, und so. Ich will Ihnen zum Beispiel mal eine Stelle dafür rausholen und versuchen zu erklären: Das kritischste Stück von allen, das werden Sie ja wahrscheinlich festgestellt haben, sind die Eumeniden. In dem werden nicht mehr Geschichten erzählt, sondern da wird Tacheles geredet. In einer sehr merkwürdigen Art. Da kommt nun zum Beispiel das große Lied vor von den Eumeniden, also von den – nee, das sind ja zu diesem Zeitpunkt noch keine Eumeniden, sondern sind ja Erinyen, so richtige blutdürstige Rachegöttinnen und diese Rachegöttinnen, haben ein großes Lied darüber, was Gerechtigkeit ist. Aus Ihrer Sicht. Was *sie* unter Gerechtigkeit verstehen. Da kommt unter anderem vor die Formulierung, ach Gott – ihr könnt das doch besser!

Jutta Lampe: Na, sag doch welche Stelle!?

Peter Stein: Na ja, die Anarchie-Kiste!

Jutta Lampe: Anarchie und Despotie?

Peter Stein: Ganz genau!

Christine Oesterlein: ... solltest du nicht preisen.

Peter Stein: Sehr richtig!

Publikum: *(Heiterkeit.)*

Peter Stein: Sehr richtig. Das Maß, die Mitte ist in allem das Beste.

Schauspieler: Der Mitte verliehen die Götter stets zu obsiegen.

Peter Stein: Ganz genau. Das ist zum Beispiel 'ne doppelte Übersetzung, da steht im Griechischen nur ein Text. Vielleicht können wir das noch mal machen, das heißt ...

Christine Oesterlein: Das heißt: Anarchie und Despotie solltest du nicht preisen, das Maß, die Mitte ist in allem das Beste. Der Mitte verliehen die Götter stets zu obsiegen.

Peter Stein: Merken Sie? Das ist 'ne Doppelübersetzung, nicht? Zweimal dasselbe. Im dem Griechischen steht da natürlich nur ein Satz. Da will ich nur sagen, da gibt es natürlich eine Kontroverse zur Frage: Kann man dort »Anarchie« und »Despotie« nehmen als Text? Im Original werden beide Wörter benutzt, das hat man mir auch ziemlich angekreidet, so etwas zum Beispiel. Im Original werden beide Wörter benutzt, nur nicht in so blanker Form. Natürlich haben für die alten Griechen Anarchie und Despotie vollständig andere Bedeutungen gehabt als für uns. Aber nicht *nur* andere, und das war das Entscheidende für meine Wahl. Es heißt im Original, du sollst ein beherrschtes Leben meiden und ein unbeherrschtes Leben ebenfalls meiden. Oder: nicht preisen, nicht loben. In Beherrschen ist das griechische Wort Despotie, das griechische Wort *despotē s* drin, und in anderen ist das Wort *anarchia*, also unbeherrscht. Anarchia heißt ja un-beherrscht, also herrschaftsfrei kann man auch sagen. Aber – wie ist das schon: Nehmen Sie das Wort »unbeherrscht«, was die wörtliche Übersetzung wäre, und das Wort »herrschaftsfrei« – da reißen Sie einen, puuuaaa!!, einen solchen Radius, eine solche Dimension um politische völlig unterschiedliche Assoziationen auf, nicht wahr? Das eine Mal »herrschaftsfrei« klingt natürlich wie Zukunftsmusik – ungezählte Dankschreiben! – und »unbeherrscht«, na, also, das will man nicht unbedingt gleich so, (?) also: Was meinen Sie damit, und so, nicht? Mir schien deshalb das Risiko einzugehen zu sagen, das Wort Anarchie und Despotie, die beide ja im heutigen Sinne, im heutigen Zusammenhang, *auch* ganz umstritten sind, nicht? OK, Despotie ist, glaub ich, ziemlich eindeutig negativ heute, das ist gewiss richtig. Aber Anarchie zum Beispiel ist keineswegs negativ, oder *nur* negativ zu sehen. Mit dem Wort Anarchie sind bis heute bestimmte Hoffnungen verbunden. Diesen Hoffnungen versetzen die Eumeniden, batsch!!!, eins auf'n Kopp. Und später sagt dieselbe Sache, denselben Text die Athene noch einmal, genau dieselbe Formulierung benutzt sie am Ende noch einmal, wenn sie den Gerichtshof eingesetzt hat und sagt: Du Gerichtshof, musst dafür sorgen, dass ja nicht Despotie und Anarchie einreißen. Das ist zwar nicht der wörtliche Text, aber so oder so ähnlich geht es. Und da habe ich mich, nur zur Erklärung, da habe ich mich nicht dafür entschlossen, was ich normalerweise gemacht habe, die philologisch genaueste Übersetzung zu nehmen, die heißt: Ein beherrschtes Leben oder ein von Herrschaft freies Leben solltest du nicht preisen, es kommt das Wort *bion* (Akkusativ von *bios*,

O. L.), also »Leben« da drin vor, sondern ich habe daran doch, und zwar aus dem Bemühen, es eben um einen kleinen Zacken provokatorisch an uns, an *uns* heranzuknallen, mit aller Vorsicht, wohlbemerkt, hab ich dort diese beiden Fremdworte, die beide aus dem Griechischen kommen, die beide wörtlich dort an der Stelle stehen, zu benutzen und zu substantivieren. Das ist das Verfahren. Ansonsten ist das Verfahren der Übersetzung erklärend sehr philologisch, mit vielen philologischen Methoden usw. usw., Schluss der Beantwortung Ihrer Frage: Die haben wir selber gestrickt, die Übersetzung.

Ja, bitte?!

Zuschauer: Ich habe eine Frage, Herr Stein: Im ersten Teil, also im Agamemnon, wirken Ihre, die von Ihnen gezeigten Volksvertreter, den Eindruck hatte ich jedenfalls, nicht nur alt, sie wirken dergestalt, dass sie am Ende dieser Geschichte, dieser Teilgeschichte, nicht einmal fähig sind, diesen Ägist, den neuen Herrscher, zu erstechen. Das wirkt wie Schmierentheater. Ich weiß nicht, ob es das soll. Herr Orest ersticht seine Mutter und den Liebhaber seiner Mutter, weil er selber herrschen will. Kommentierend geschieht bei den Göttern ja nichts anderes. Der Zuschauer könnte auf den Gedanken kommen, dass da Änderungen und Wechsel von Herrschaftsverhältnissen gezeigt werden *könnten* – naja, vielleicht in der Richtung: nicht neue Herrscher, sondern keine. Das ist vielleicht eine Frage, die entstehen könnte. Ich mach jetzt'n Sprung: Im zweiten Teil wird sehr viel geweint und sehr viel getrauert, im dritten Teil endet die Geschichte dergestalt, dass die richtenden Bürgervertreter von Athen, ja: in eine gewisse Abstimmungsinszenierung eintreten und ihre Stimmsteine spielen lassen. Ich muss ganz offen sagen, Herr Stein, ich habe manche Ihrer Inszenierungen gesehen, dies war die erste, bei der ich im Fazit sagen musste, ich hab Sie, bzw. Ihre Inszenierung, nicht verstanden. Ich hab mich gefragt, was will diese Inszenierung eigentlich bezogen auf die Leute, die da kommen und sie sich ansehen. Also ich muss sagen, ich hab den Text gelesen, soweit ich dazu fähig war und ich hab mir das Ganze auch durch den Kopf gehen lassen – ich hab natürlich eine eigene Vorstellung eben wie die vorhin skizzierte, denn der Götterbereich wird ja nicht nur im ersten, sondern im zweiten Teil sehr deutlich zur Diskussion gestellt. Etwa die Funktion, die der Herr Zeus, dieser Herr Gott, eigentlich hat, da gibt's auch noch andere Interessenten, also die Geschichte ist eigentlich offen, so sehe ich das.

Peter Stein: Sie meinen ...

Zuschauer: Die ist offen auf neue Herrschaftsverhältnisse und eventuell auch auf Zusammenleben, was ja nicht unbedingt Herrschaft, Neu-Herrschaft einschließt.

Peter Stein: Das ist gewiss richtig.

Zuschauer: Ich habe mich nur gefragt, was will diese Inszenierung zur Diskussion stellen, um es einmal so auszudrücken. Also – das wurde mir nicht klar.

Peter Stein: Richtig. Da kann ich sozusagen zunächst mal nur tautologisch antworten, als ersten Schritt: Die Inszenierung wollte das *Stück* zur Diskussion stellen, und zwar mit möglichst vielen Aspekten, und keineswegs so, dass eine ganz besondere harsche und einleuchtende Interpretation oder parteiliche Stellungnahme, irgendeine von den achtzig anliegenden Interpretationen – wie man sich denken kann, ist natürlich ein solch altes, altertümliches Werk, so eine kleine Antiquität, natürlich aufgepumpt mit Interpretationen und Bedeutungen, Meinungen, wie man es sich ja schöner gar nicht vorstellen kann – religiös, unreligiös, wilhelminisch, nichtwilhelminisch, je nachdem. Also wie das so immer ist – man bemächtigt sich der Dinge und nutzt sie zu dem, was man will. Das war nicht unsere Absicht, sondern unsere Absicht war, hauptsächlich, dieses Stück vorzustellen. Und etwas wesentlich anderes nicht. Und zwar ist dies nicht nur aus 'nem, sagen wir mal: Sammlertrieb heraus geschehen, sondern gerade aus der Kenntnisnahme der verschiedenen Interpretationsmöglichkeiten, die es gibt und die gescheitere Herren und klügere Damen, als wir es sind, zu diesem Stück sich abgerungen haben. Und da hat sich herausgestellt, dass alle diese Interpretationsversuche unheimlich scheitern. Und zwar scheitern sie grundsätzlich an den Eumeniden. Natürlich. Weil, das Entscheidende von den Eumeniden ist, auch von dem Autor her ganz offensichtlich, dass er dort eine Balance beschreibt und nicht etwa ein eindeutiges Votum in diese eine oder die andere Richtung. Das Votum geht offensichtlich, wenn man die ganze Dramaturgie und Dramatik des Stücks und des Ganzen herausnimmt, auf eine Balance von verschiedenen Kräften aus. Das wird am deutlichsten dadurch dokumentiert, dass die beiden Hauptgegner, nämlich, die Hauptgegner der Eumeniden, es sind nicht etwa Orest und die Eumeniden, das stimmt gar nicht, sondern es sind die Athena und die Eumeniden, dass diese Athena und die Eumeniden ihre Texte austauschen im Verlaufe der Entwicklung dieses Dramas. Das zuerst die Eumeniden diesen berühmten, gerade von mir zitierten Satz sagen, nachher später Athene genau dasselbe. Dass die Eumeniden zuerst anfangen zu schimpfen und zu fluchen und wollen geifern und alles kaputtschlagen, wenn wir gegen das sogenannte, wie man heute vielleicht sagen könnte – das geht natürlich schon ein bisschen weit! – gegen das so genannte gesunde Rechtsempfinden verstößt, andererseits die Athene immer sagt: Nein nein nein nein, man muss gerade gewaltig gegen das gesunde Rechtsempfinden, das so genannte gesunde Rechtsempfinden verstoßen lassen, weil: Nur solange man in der Lage ist, darüber noch 'nen klaren Kopf zu behalten, kann man überhaupt irgendetwas ändern oder irgend ein Problem lösen. Und dass diese beiden gegenseitigen Positionen sich am Schluss umtauschen, das heißt, wo die Eumeniden immer sagen, es wird herrlich, es wird wunderbar und es gibt gar keine Probleme und die Athene immer anfängt zu sagen, um Gottes Willen, passt bloß auf und haut mal kräftig zu, wenn's irgendwelche Schwierigkeiten gibt und ja nicht nachlassen, und immer euren Zorn wach halten und all solche Geschichten. Das also ist so ein Beispiel dafür, dass es offensichtlich dem Autor um die Beschreibung einer Balance, ganz allgemein gesprochen, geht. Und genau diese Erkenntnis, die wir im Verlaufe des Lesens gefunden haben, ist für uns sozusagen der militant vertretbare Teil, auch inhaltlicher Art, in dieser Sache geworden. Davon ist selbstverständlich der Agamemnon noch weit entfernt, der Agamemnon ist danach ganz ruhig, aber was ich nicht so ganz verstehe, ist die Frage oder die Mitteilung, dass wir die Alten senil gemacht haben. Die ha'm wir nicht senil gemacht, die *sind* senil! Von dem (?) Autor ...

Zuschauer: Ich habe vom Text her nicht den Eindruck und dass sie mit dem Krückstock einhergehen und zwar alle ...

Peter Stein: Ja, das ist vorgeschrieben. Das heißt – wie heißt der Text?

Schauspielerin: Dreibeiniger Gang.

Peter Stein: Dreibeiniger Gang! Wie heißt das Ding?!

Zuschauer: Ja, das ist die Beschreibung am Ende, das sind die ...

Mehrere Schauspieler: *(Protestieren.)* Nein, nein ...

Peter Stein: Das ist im Einleitungslied, im Einleitungslied ...

Schauspieler: Wir aber vom Heer damals zurückgelassen.

Peter Stein: Wir aber vom Heer damals zurückgelassen ...

Schauspieler: Blieben hier ...

Peter Stein: Blieben hier ...

Schauspieler: ... schwach wie Kinder, auf Stöcke gestützt.

Zuschauer: Das ist klar.
Peter Stein: Das ist Vers ... Vers 80!
Zuschauer: Das ist mir klar ...
Peter Stein: Vers 80 von 4900 Versen.
Zuschauer: Ja, das ist mir auch klar, aber es ist eben die Frage, ob derartig senil wirkende Leute überhaupt fähig sind, dann den Plan überhaupt vorzubereiten ...
Jutta Lampe: Welchen Plan?
Zuschauer: Den Plan, den Ägist hat (?) ...
Werner Rehm: Das ist ja gerade das Reizvolle an der Sache, dass diese Leute den Plan fassen, ihn aber dann letztlich nicht ausführen.
Jutta Lampe: Aber das ist doch kein Plan!
Werner Rehm: Dieses Hin und Her – lass mich doch mal kurz !! – dieses Hin und Her, dieses Einerseits, Andererseits, dieses Hin- und Herschwanken zwischen Hoffnung und Angst – das erschien uns als so nah, so verständlich. Das ist eine Reaktionsweise, eine politische Verhaltensweise, wie ich sie nennen würde, die uns sehr nahe ist. Dass es eben nicht schnurstracks auf ein Ziel los geht, das wird gemacht!, sondern man geht zu, schreckt zurück, geht wieder zu – dieses Hin und Her, dieses Abwägen, das empfand ich als das Aufregende an der Arbeit.
Zuschauer: Ja sicher, Ihre Argumentation ist schon klar, Herr Rehm, bloß, wenn Sie diese Leute – ich kann es leider nur wiederholen – so dreibeinig einhergehend zeigen, ist in dieser Sacklogik, also für meine Begriffe, diese Möglichkeit nicht mal mehr drin. Die wäre drin, wenn die Leute, nun ja: alt sind und 'ne gewisse, wenn Sie so wollen, biologische Potenz haben, aber die Möglichkeit, die war für mich irgendwie verstellt.
Peter Stein: Ich halte diesen Gedankengang von Ihnen, wenn es gestattet ist, das zu sagen, für eine Sackgasse. Denn das Entscheidende, was der Autor beschreibt, ist, dass in den Greisen, die körperlich hinfällig sind, wovon sie ununterbrochen reden, dass ihnen das *Handeln* nicht gegeben ist. Und das ist die Einteilung, von der dieses Stück ausgeht. Das ist eine archaische Einteilung. Das erste Stück hat in jeder Beziehung, in politischer Beziehung, in dramatischer Beziehung, in dramaturgischer Beziehung, in jeder Beziehung archaische Züge. Das kann man schon daran ablesen, und das ist sozusagen die älteste, von den überlieferten Tragödien die ergreifendste, diese archaische, das heißt, der Chor im ersten Stück hat überwiegenden Anteil, das ist der absolute Chef des Agamemnon-Stücks. Er hat unglaublich viel Profil, nämlich über zwei Drittel der einfachen Zeilen, der Verse. Er tritt in einer Art und Weise auf, die den Mutmaßungen darüber, wie die antike Tragödie entstanden ist, sehr stark entspricht. Das heißt, er ist da und singt, erzählt und gebiert alles aus sich heraus. Er gebiert die Erzählungen dessen, was gewesen ist, er gebiert aus sich heraus das, was im Augenblick läuft in der Stadt. Er gebiert aus sich heraus sämtliche politischen Überzeugungen, politischen Erwägungen, die überhaupt nur denkbar sind, aber er handelt nicht. Er kann nicht handeln, die Täterschaft, das Tätertum, ist delegiert an, und zwar mit absolutem Einverständnis von allen und nicht etwa, so wie wir uns das immer so vorstellen, zwangsläufig so vorstellen müssen, weil die Geschichte das inzwischen so gezeigt hat, dass also ein wild gewordener Agamemnon das arme Argos knechtet oder so was, nein: die Vorstellung ist die, dass dort eine politische Situation ist, in der ein politischer Konsens existiert, der das Handeln, das repräsentative Handeln, das repräsentative Empfinden und Fühlen, auch das Bewahren von Erinnerungen usw., an einen bestimmten Punkt, nämlich im Königshaus, delegiert an einen, oder auch zwei oder drei – das ist die Grundsituation. Was aber der Chor dafür besitzt, außer dem Handeln, ist die Erinnerung, und ist die Weisheit und ist die Erwägung von allem. Dadurch, dass er nicht handelt, dadurch, dass er nicht tätig ist, kann er sämtliche politischen Standpunkte in sich aufneh-

men, in sich verarbeiten, er hat auf diese Weise auch als einzige Instanz die Möglichkeit, die großen, offensichtlich, wie das Stück sagt, notwendigen Verbrechen und die notwendigen Blutstürze, die da passieren, zu verarbeiten und zu schlucken.

Schauspielerin: Er wird nicht selber schuldig.

Peter Stein: Er wird selber nicht direkt schuldig, sondern indirekt, nachdem er den Fluchtprozess vollzogen hat. Und darüber jammern sie auch, nicht? z.B. wenn der Chor immerzu sich hin und her sagt: Ja, warum haben wir denn nichts gemacht – da, gegen den Mord an Iphigenie, jetzt sind wir ganz traurig darüber, zum Kotzen, usw., und das ist ja schrecklich. Sie sprechen selber aus, dass sich selber schuldig fühlen und, dass, wenn das Königshaus schuldig ist, ganz Argos schuldig ist. Und dass der Fluch, der auf dem Haus ruht, selbstverständlich auf gesamt Argos ruht und sozusagen das politische Gewissen und die oberste politische Instanz außer dem König, dem Könighaus und dem Rat der Ältesten, die eben, wie gesagt, nicht in den Krieg gehen können, die nicht handeln können, die zu Hause bleiben, die dreibeinig sind, die schwach sind, die körperlich hinfällig sind, jenseits von Handeln oder Nicht-Handeln stehen, nämlich am Rande des Grabes, dafür aber das ganze Reservoir an politischen oder erinnerungsmäßigen oder auch phantasiemäßigen Errungenschaften dieses Staatswesens in sich versammelt hat. Und das ist, was diesen Chor im Agamemnon so aufregend macht – ich möchte schnell noch die Struktur zu Ende erzählen. Deswegen geht's immer so: Der Chor hat, wie's im Buche steht, der Chor entlässt aus sich sozusagen den ersten Protagonisten, den zweiten Protagonisten, den dritten Protagonisten. Und der Bau dieser Tragödie ist so einfach, wie man es sich nur wünschen kann: Es gibt immer das Standlied, dann tritt einer hervor und sagt was, meist in monologischer Form, dann kommt wieder das Standlied. Dann kommt wieder einer und verliest eine Regierungserklärung, dann sagen sie: ach du lieber Gott, gack-gack-gack-gack-gack-gack dann wird das eingespeichelt, benutzt und verarbeitet. Dann redet wieder einer, sag, stand was Neues drin? Der sagt: Nein, ist alles ganz anders, jetzt wird aufgeräumt, oh Gott! jetzt wird aufgeräumt, und dann wird wieder verarbeitet – so geht das ganz durch, bis nachher nicht nur geredet wird, sondern auch gezeigt wird. Nämlich das Blutbad gezeigt wird. Auch dann fangen sie an, die Sachen zu verarbeiten, auch *dann* stehen die Chancen unheimlich hoch, dass (?) sogar dieses blutige Tablett da geschluckt wird von den Greisen, solange die Klytaimestra, d.h. diejenige eine gewisse Berechtigung in diesem Herrscherhaus noch hat, weil sie immerhin die Frau des Chefs gewesen ist, und da kommt es zu Ansätzen eines Vertrags. Und dann tritt Ägist auf, der der absolute Usurpator ist, der also seitlich hineinkommt in die Sache, und sofort hören die Greise auf, irgend etwas zu machen und entschließen sich zu etwas, was ihnen überhaupt nicht zusteht, nämlich zu einer Handlung. Und zu einem Mordversuch, und das ist kein Plan, sondern ist eine spontane in diesem Zusammenhang erfundene und entwickelte Angelegenheit und – es gelingt natürlich, ist ja ganz klar, es ist sozusagen eine Art von Bereitschaft zum Selbstmord, zum Harakiri. Selbst zum Harakiri kommt es nicht, weil dann wieder die oberste politische Instanz, die einzig berechtigte, nämlich Klytaimestra, die noch einen Rest von Legitimation, von Herrscherlegitimation im Bauch hat, eingreift und sagt: Schluss jetzt, es ist genug gemordet worden. Das Entscheidende ist, wie gesagt, dass die die ... Entschuldigung: Es geht sogar so weit, dass es viele Interpreten gibt, die sagen, die Tatsache, dass dort ein Mordversuch von dem Chor unternommen wird, ist völliger Schwachsinn. Das stimmt nicht, das hat der Aischylos nie geschrieben. Es gibt eine große Kontroverse darüber. Und das Verhältnis der Parteien, der Kämpfer, der blutigen Kämpfer gegeneinander, ist zwei Drittel *für* die Attacke, ein Drittel *gegen* die Attacke. Das ist nämlich in dem aus dem Altertum überlieferten Zeilenzählen ein totales Hickhack. Da redet jeder, man weiß nicht genau, wer welchen Text hat – genau an dieser Stelle. Deswegen ist das in der Tat unklar, und es gibt selbstverständlich weder für das eine noch für das andere, also: ob nun Kampf oder Nicht-Kampf, eine definitive, wirklich fundierte, materielle Beweisführung. Aber wir haben uns da natürlich auch aus theatralischen Gründen der Mordversuch-Version angeschlossen. Das ist ja ganz klar. So scheint mir das, was von Ihnen aus als Vorwurf erscheint, erscheint uns eher als Tugend.

Entschuldigung, ich hab dich ...

Schauspieler: (?) ... dass es einen Punkt geben kann, wo z.B. die Klytaimestra zu weit geht, wo dieser Konsens eventuell entzogen wird.

Peter Stein: Sehr richtig.

Schauspieler: Also wo es genau diesen Punkt gibt, wo sie eben einen Schritt zu weit geht. Und das macht ja nun die Spannung aus, es ist ja nicht alles total abgecheckt zwischen den beiden Gruppen.

Peter Stein: Nein. Das ist zum Beispiel 'ne Stelle ... diese Stelle, wo doch wirklich erstaunlich ist an sich, für – wie man sich griechische Tragödie vorstellt: Kommt der Herrscher, und zwar der legitime Herrscher – niemals angefochten im Verlaufe das ganzen Textes bis dahin, nur indirekt, direkt nie! – kommt nach Hause und hat gesiegt, Troja zerhackt und unermesslichen Ruhm auf sich und damit auf das Haus, auf das Herrscherhaus, und damit auf Argos gehäuft. Der kommt nach Hause, und der Chor begrüßt ihn und teilt mit, dass er nicht wisse, *wie* er ihn begrüßen solle. Das ist an sich schwer vorstellbar, dass man so mit seinem Herrscher umgeht, selbst wenn es ein noch so emanzipierter Rat der Alten ist (Satz geglättet, O. L.). Da sind natürlich alle diese Elemente der griechischen Staatsvorstellung enthalten – das speziell aus äschyleischer Zeit, wo die Einbindung der Täterschaft, also der Täter, der Politiker, also der politisch Tätigen, in den Konsensus mit dem Volk sehr weit entwickelt ist und es eine sehr starke Abhängigkeit gibt. Und selbstverständlich so etwas wie Königsmord ohne weiteres denkbar ist, und auch ein Stürzen der Dynastie selbstverständlich auch denkbar ist, wenn dieser Konsens gebrochen wird, der aus alten Zeiten, stammesmäßigen Zeiten, der stammesmäßigen Organisation der Gesellschaft, so noch herüberragt in die sich immer mehr entwickelnden politischen Vorstellungen der griechischen Polis in der klassischen Zeit. Und wenn die dann sagen, also, ich weiß nicht genau, wie ich mit dir reden soll, ich möchte dich nämlich nicht zu viel loben, und ich möchte nicht zu wenig loben, weil – das bringt ja alles nur Unglück. Und überhaupt, diese ganzen Übertreibungen, zu denen man allgemein als Täter neigt, das wissen wir schon, hat uns schon so oft dazu geführt, dass wir dich für vollständig schwachsinnig ansehen mussten. Zum Beispiel was du getan hast zu Beginn des Feldzugs in Aulis, da schienst du uns nicht unbedingt der Herrscher deiner Sinne zu sein. Du schienst uns schwer töricht oder falsch beraten oder überhaupt zur Staatsführung nicht geeignet zu sein – solche Sachen werden dort gesagt. Also eine massive Kritik gegen den siegreich Heimkehrenden wird dort einfach quergesetzt. Und dann gibt es natürlich den Moment, zu dem der Chor, einfach dadurch, dass er Chor ist, ein Kollektiv ist, ein Kollektiv, das selbstverständlich die Aufgabe und die Notwendigkeit hat, irgendwann aus Überlebensgründen Dinge wegzuschlucken und wegzudrücken und dass man dann auf den Moment kommt, wo geschluckt wird. Dann heißt es – das ist ein genauer Umbruch – dann heißt es dann: Ah und jetzt, dann gucken sie sich alle so an, nicht? – Wie geht's weiter?

Schauspieler: ... weicht Missmut aus dem Herzen.

Publikum: *(Ist amüsiert.)*

Schauspieler: Wir wollen nicht länger unfreundlich (?) – du hast Mühe und Arbeit zu einem guten Ende gebracht.

Peter Stein: ... zu einem guten Ende gebracht – ganz genau. Also da ist das Ziel drin: Du hast Mühe und Qual zu 'nem guten Ende geführt. Das ist das, was wir immer als Schlucksätze bezeichnet haben, das heißt, wo für jedes sich irgendwie politisch organisierende Gemeinwesen, nicht nur für dieses, auch für einfache Stammesgesellschaften oder auch vor-stammesmäßige Organisationen, primitive, sogenannte primitive, menschliche gesellschaftliche Organisationsformen, der notwendige Prozess des Schluckens und des Wegdrückens, des Verarbeitens ist, um das Morgen zu erkämpfen und zu erreichen. Um einen lebensmäßigen Spielraum überhaupt noch zu haben – gerade im Gegensatz, gerade in Konfrontation zu dem, was dort in diesem Stück, (?) in dieser Trilogie bezeichnet wird als – von heute aus gesehen natürlich irrational – als Macht, als Fluch, als unausweichliches Schicksal, als grässlicher Zwang, naja: *ataē,* zum Beispiel, also das unausweichliche Verhängnis und solche Dinge. Einem solchen Ereignis gegenüber, oder einem solchen Gefühl gegenüber, würden wir heute sagen, dass man ein solches Gefühl hat, dass unausweichlich etwas auf einen zu kommt, wo man in der Richtung oder in der Richtung zappeln kann – es ist vollkommen egal, ein solches Gefühl, was, ich glaube, in zunehmendem Maße in den letzten zehn Jahren um sich gegriffen hat bei uns, und wo wir, glaub ich, ziemlich genau wissen, wovon wir reden, wenn wir davon sprechen, von einem solchen Gefühl der Unausweichlichkeit, entgegen einem solchen Gefühl eine Aktionsmöglichkeit oder einen Blick auf das Morgen oder auf eine eventuelle Veränderbarkeit überhaupt zu haben – darum wird im Agamemnon sozusagen basismäßig gekämpft, um sich das nicht wegzunehmen. Und da finde ich es irgendwie ganz toll, dass das gemacht wird von Leuten, die von vornherein sagen, sie seien völlig unfähig, auch nur einen Stein zu heben, den sie gegen das Herrscherhaus heben könnten. Ganz abgesehen davon, haben wir dieses Herrscherhaus zusammen gegründet, das Blut unseres Lebens ist in diesem Haus. Und das ist der Sinn von dem Nach-vorne-Marschieren und gelegentlich das Haus auch anfassen, indem der Chor natürlich mit dem Haus auf Deibel komm raus verbunden ist. Dann entwickelte sich das natürlich weiter – die Choephoren sind völlig anders, und die Euminiden sind wieder total anders, und da wird es dann immer, anscheinend, immer moderner. Aber eben halt nur *anscheinend* wird es moderner. Und alle Voten (?) der Überlegung bleiben, glaube ich, in der Art, wie wir das gemacht haben, offen. Und das haben wir auch gewollt. Wir wollten nicht Überlegungen auf eine Schnur setzen, auf eine einseitige, lineare Schnur, sondern was uns an der Sache fasziniert hat, das ist gerade die Komplexität des Denkens und des Empfindens, in dem viel viel mehr Argumentationen, viel viel mehr Wahrheit und viel viel mehr Leben einbegriffen sind, wodurch es möglich wird, anhand dieses Stücks zum Beispiel auch politische Fragen zu diskutieren und nicht bereits beim dritten Fremdwort sich gegenseitig an die Gurgel zu gehen, nicht? Seien es »demokratischer Zentralismus« oder irgendwelche Worte, deretwegen man sich gleich gegenseitig an die Gurgel geht, weil – das bedeutet diese Partei und jene Partei. Und dieses Stück eröffnete sozusagen für uns die Möglichkeit, und das ist, glaube ich, 'ne ganz präzise Antwort auf die Frage, die Sie gestellt haben, oder der Versuch zumindest, umfassender und komplexer die Sache anzugehen und nicht, weder Gedanken noch Argumentationen, auch mögliche Argumentationen, zu verschütten. Das haben wir versucht, so lange es irgend geht, aufrecht zu erhalten. Natürlich geht die Sache nicht ganz, das ist ja klar.

Zuschauer (wie oben): Noch 'n kleinen Ansatz: Wenn ich Sie richtig verstehe, sind die wichtigsten Stichwörter Übereinkunft, auf das, was richtiges Maß, das rechte Maß, nämlich die *mesotēs*, ist.

Peter Stein: Ja, sowas kann man sagen.

Zuschauer: Um das zu erreichen, ist Dialog nötig, also auch zwischen Athene ...

Peter Stein: Und den Euminiden.

Zuschauer: ... und den Euminiden. Dann hat's mich aber sehr überrascht, und es überrascht mich jetzt eigentlich noch mehr, dass in diesem Prozess, der da gezeigt wird, ja, die Euminiden dergestalt, in Anführungszeichen, überzeugt werden, dass sie eingewickelt werden.

Peter Stein: Ja.

Zuschauer: Sie werden nämlich eingewickelt.

Peter Stein: Ja. Das ist sehr gut, dass Sie das sagen. Ich habe vorhin, gerade kurz bevor Sie die Frage gestellt haben, hab ich gesagt, das wir es nicht ganz bis zum letzten Augenblick durchgezogen haben – diese völlige Öffnung. Wir haben mit dem Einwickelprozess einen Eingriff vorgenommen, ganz eindeutig im interpretatorischen Sinne. Das gebe ich glasklar zu. Aber warum haben wir das gemacht: Selbstverständlich wird in dem Stück nicht davon gesprochen, dass die eingewickelt werden, sondern es wird gesagt, dass sie in Verliese geführt werden, unten. Selbstverständlich sind die ganzen Motive der Bändigung im Text zu finden, (?) geradezu sinnfällig, dass sie ihre schweifende Freiheit, ihr Herumlaufen, ihr Herummarschieren, verlieren, und dafür sesshaft werden müssen. Es gibt ja wohl nichts Katastrophaleres – versuchen Sie mal einen Nomaden sesshaft zu machen – was das für ihn für eine Qual ist. Und das ist genau das, was hier passiert: Es werden ihnen Grundstücke angeboten, Häuser, Wohnungen und das Bürgerrecht. Ich meine, inzwischen hat sich doch herausgestellt, dass das eine der schlimmsten Sachen ist, die es überhaupt gibt an Einschnürungen und an Eindrückungen – und da ist ja gleich anschließend die Verkehrsregelung fällig, nicht? Das müssen die Euminiden mit sich geschehen lassen, dagegen protesieren sie auch 'ne Zeit lang und akzeptieren des nachher aus irgendwelchen Gründen, die absolut magisch sind, sich der rationalen Überlegung absolut entziehen. Aber das erzählt das Stück, das erzählt das Stück!, diesen Theatercoup. Dass sie dauernd sagen, ich bin doch nicht blöde, auf diesen Schwindel reinzufallen, und dann sagen sie: wie bitte?! Au ja – und fallen dann doch auf den Schwindel rein. Wir haben diese Schlussgeschichte mit der Einbindung der Euminiden deshalb gemacht, um uns selber natürlich und auch den Zuschauern ein Balancebild zu geben – wie ich das vorhin gesagt habe, also eine Einwicklung (?), die äußerst, für jeden deutlich sichtbar, schütter ist. Die also jederzeit sich enthüllen kann, in der auch die Beweglichkeiten, wenigstens die kleinen Beweglichkeiten und Bedrohlichkeiten, der Euminiden nicht aufgehoben sind.

Werner Rehm: Die auch Schmuck ist, also ...

Peter Stein: Die gleichzeitig natürlich auch Schmuck ist, also der Purpur, der dem Königshaus eigen ist, und von dem geredet wird, dass er sozusagen den absoluten Reichtum vertritt. Nun sind die Stoffe nicht so sonderlich kostbar, OK, aber ich glaube, das sieht man doch, was damit doch relativ sinnfällig gemeint ist, dass dieses Purpur da vor dem Palast, was sich dann nachher in Blut verwandelt, in ein blutbeflecktes Fluchrequisit, nachher plötzlich zu 'nem Segensrequisit, aber gleichzeitig auch wieder zu 'nem Einbindungs- und zum Fesselungsrequisit wird, wie es das auch im Agamemnon ja schon ist, wo der Purpur ja die Fessel, die Fußfessel, die Handfessel und das Gewicht ist, oder die Last ist, die verhindert, dass der Agamemnon über den Tellerrand rausguckt und sich sein Leben rettet, weil ihn das einfach fasziniert, dieser Reichtum und diese Bürde, die ja damit verbunden ist, also ich meine das nicht im negativen Sinne. Deswegen haben wir das versucht am Schluss so zu machen, dass das Gleichgewicht hergestellt wird zwischen den Euminiden, die zwar gebändigt sind, aber jederzeit losgehen können, und den oben agierenden Abstimmern und Neudemokraten, die zwar eine absolute Neuerung dort durchführen, eine neue Erfindung dort der Verbesserung des Zusammenlebens exekutieren, aber gleichzeitig in einen total festgelegten und festgefahrenen Rhythmus fallen, wie eine Uhr und mir, wenn ich mir das so angeguckt habe, viel eingebundener erscheinen als die Erinyen selber. Das ist aber 'ne Frage der persönlichen Emotion, weiter wollten wir auch nicht gehen: Ich habe eigentlich immer wesentlich mehr Angst, muss ich gestehen, dass die da unten, diese Erinyen, loslegen und alle möglichen Dinge veranstalten und den Akkord, den Vertrag, der ja damit verbunden ist, nicht? die Schlusszeile heißt: Der junge Zeus und die alte Moira, also die alte Muttergottheit, die haben einen Vertrag geschlossen, einen Frieden, der für ewig hält, und dieser Vertrag ist offensichtlich immer wieder geschlossen worden zwischen dem, wenn man das mal etwas banal sagt, mehr den emotionalen und den irrationalen, den unkontrollierbaren und dann mehr den geistigen Dingen verhafteten Angelegenheiten, die sich dort in diesem Schlussbild gegenüber stehen. Und da hab ich natürlich immer Schiss (?), dass nicht die, die sich irgendwas besserwisserisch ausgedacht haben, sondern die, die wie die Wahnsinnigen unten herumfühlen, sozusagen, die größte Gefahr für die Zerstörung einer Balance darstellen. Das ist aber nur meine Privatmeinung, es gibt auch andere Ansichten dazu. Aber ...

Schauspieler: Ich möchte ganz kurz dazu sagen, dass in diesem Einwickelvorgang, dass eben manchmal, also in einigen »Orestie«-Vorstellungen spontan die Zuschauer am Ende selber die Erinyen auswickeln, also dazukommen und auswickeln, weil ihnen das auch nicht passt oder sie das vielleicht auch vielleicht lieber ausgewickelt sehen würden.

Peter Stein: Ja, das war sehr seltsam. Das hat uns zuerst unheimlich verblüfft, nachher hat sich das immer wieder hergestellt – da wird man dann wieder ein bisschen skeptisch, also ich wenigstens, auf jeden Fall war das 'ne ziemlich verblüffende Angelegenheit. Aber ich dachte, dass wir ein bisschen in der Reihenfolge der Wortmeldungen vorgehen: Eins – zwei – drei!!

Zuschauer: Ich kannte diesen Stoff, diese Griechen gar nicht, nur sehr oberflächlich, und ich hab's auch nicht als ein Lehrstück verstanden, sondern war sehr überrascht, wie hoch aktuell das ist, diese Auseinandersetzung vom Kampf um Recht, Rache (?) des Einzelnen und einer Gemeinschaft. Und ich hab sicher nicht alles verstanden, was da so vor sich ging, aber, weil Sie jetzt eben über diese Rächerinnen diskutiert hatten, das hab ich so anders gedeutet: Dass dieses ganze Schauspiel – was dieses Schauspiel ausgedrückt hat, auch in mir selber vorgehen kann und diese Rächerin z.B. als 'ne Verkörperung meiner Aggression empfunden, und dass ich es da schon für mich selbst als sinnvoll empfinde, diesen Rächerinnen nicht freien Lauf zu lassen, sondern einzubinden in andere Kräfte, um ich selbst zu sein, um das mehr in der Hand zu haben.

Peter Stein: Ich finde das sehr ... prima! Das ist ja gerade das sehr Persönliche, was Sie da gesagt haben, es ist halt so, es ist unterschiedlich, je nachdem wie das Wetter ist und je nach dem was anfällt. Die Schauspielerinnen, und nicht nur die Schauspielerinnen, sondern die Schauspieler auch, haben gefragt, was ist das, die Erinyen, und dann haben wir versucht, Verständnismöglichkeiten dafür zu finden. Wir wussten von vornherein, selbstverständlich können wir sie nicht darstellen, man kann selbstverständlich den totalen Terror, den totalen Schrecken, der alles lähmt, wenn man nur hinschaut, fällt alles in Ohnmacht, kann man selbstverständlich auf dem Theater nicht darstellen. Weil – dann würde es mit den Zuschauern ja schwierig werden, wenn die dann alle wahnsinnig werden, nur weil sie hingucken. Das würde ja auch die Polizei dann letztlich nicht erlauben!

Publikum: *(Heiterkeit.)*

Peter Stein: Eine Diskussion, meine Damen und Herren, die bereits in der Antike geführt worden ist. Wo gesagt worden ist, in dem Augenblick, wo man die Erinyen auf der Bühne darstellt, da kann man ja wohl nicht mehr so furchtbar an sie glauben – wie geht denn das, wie funktioniert denn das!? Dadurch dass man sie darstellt auf der Bühne, sind sie bereits voll bearbeitet und obendrein eh sie eingeführt werden – der Todesschrecken wird eingeführt als Schlafmütze. Das ist doch ein Wahnsinn! Das ist ein Paradox, ein tragisches Paradox, was dort gezeigt wird. Wie doch das ganze Stück wimmelt von diesen Paradoxien, also Dinge zu zeigen, die eigentlich nicht gehen. Und es wird auch immer darüber gesprochen, es werden immer wieder Dinge gesagt, die eigentlich nicht gehen – mit einer ganz eigenartigen, zum Teil ganz primitiven Methode, die hier natürlich fantastisch ist, weil sie ermöglicht zu reden. Zum Beispiel wenn da gesagt wird: Das liedlose Lied, das heißt, ein Lied, das kein Lied ist. Da gibt es unendlich viel solcher Geschichten, immer wieder werden solche Sachen gesagt, wo Dinge gesagt werden, die eigentlich nicht miteinander zusammengehen, die also rational und auch irrational nicht erklärbar sind, auch nicht zusammenbringbar sind, aber trotzdem nebeneinander existieren. Und so haben wir dann versucht, für uns zu klären: was ist das. Und da haben wir unter anderem ganz aktuelle Sachen uns rausgesucht. Also Gerichtsgeschichten, also: Flotter Enddreißiger beschläft zwölf Monate alten Säugling und killt ihn dabei. So. Was läuft. Was läuft, wenn man das hört? Ich meine, ich hab's jetzt extra so'n bisschen pittoresk gewählt, um, nicht wahr? – also: Was läuft da? Was dann läuft, das ist genau Erinys, ganz genau. Ich meine, ich will da jetzt nicht reingehen, will mich nicht mit Beispielen spreizen, aber: Das ist doch das Entscheidende, das Problem ist, dass immer wieder der Punkt kommt, wo man zu den besten Überzeugungen, zu den sichersten Vorsätzen, die man hat, zu den klarsten Analysen, die man sich zusammengeschustert hat – oh Gott, nein, ich meine, die man sich entworfen hat, einfach nicht stehen kann, als emotionales und lebendes Wesen nicht stehen kann. Dann macht es brooaach!! dann kriegt man ein paar in die Fresse und denkt plötzlich wie, na ja, wie Lieschen Müller, oder wie man sich vorstellt, wie Lieschen Müller denkt. Und redet den horrendesten Blödsinn. Das ist aber kein Blödsinn, sondern man redet Sachen, die einem genau aus dem Herzen kommen und, wenn man sie etwas ruhiger betrachtet, widerwärtig sind. Und das genau waren Punkte, an denen es möglich war, dafür ein Verständnis zu bekommen, bei den Schauspielern und bei den Schauspielerinnen. Und trotzdem bleibt natürlich dic Darstellung der Erinyen das allergrößte Problem im ganzen Stück. Und wenn uns aber sowas gelingt, wie Sie das beschreiben, ja dann muss man Sie ja geradezu in Gold fassen! Also, das ist für uns natürlich das Schönste, was Sie uns sagen können. Nun kann man dann allerdings unterschiedlich argumentieren, und das ist auch gemacht worden. Auf den Proben. Da gab es dann natürlich die Emanzen, die dann natürlich gesagt haben: Oh nein, hier immer:

das ist eine Gemeinheit, wir lassen uns nicht verkasematuckeln, lassen uns nicht einbinden, nein, die Wahrheit liegt im Unterleib, und was nicht alles. – Das ist meine ...
Publikum: *(Lachen, Diskussion, Gemurmel, Zwischenrufe.)*
Peter Stein: 'tschuldigung, das ist meine extrem parteiische, total chauvinistische Verzerrung der Debatte! Aber ich glaub, es wird deutlich dadurch, wo sich das bewegt, die Dingens (?). Auch da, man bekommt ganz unterschiedliche Geschichten, und es ist unmöglich eindeutig aufzulösen, weil in dem Text gezeigt wird, dass diese ganz alten, oder, wie man vielleicht sagen könnte, älteren Schichten oder tieferen emotionalen Schichten zuzuordnenden Empfindungen, die auf sofortige spontane Rache gehen, eine in die Fresse – sofort eine zurück, ohne dass da auch nur die Messerschärfe eines Gedankens dazwischen zu machen ist, dass all diese Dinge natürlich sozusagen die Basis des Lebens sind, und nicht etwas sozusagen degeneriert Späteres, wenn etwa irgendwelche wahnsinnig gewordenen Demokraten dann solche unnützen und ungezogenen Dinge treiben – nein, nein, nein! Dass die Basis des Lebens, die Basis der Spezies Mensch, die Basis auch des gesellschaftlichen Zusammenlebens, aus solchen Wurzeln gewachsen ist und dass die Verteidigung, zum Beispiel, eines rigorosen Racheprinzips ein staatstragendes, ein staatserhaltendes und auch Gesellschaft beförderndes Element darstellt und darstellen kann. Auf der einen Seite. Auf der anderen Seite, wie in dem Stück auch gezeigt wird, ist es hinderlich, funktioniert es nicht mehr, dieses System, es muss geändert werden, weil, eins nach dem anderen kracht zusammen, so wie das Stück es präsentiert, das Haus Argos marschiert so nicht, weder so noch so: Es marschiert weder patriarchalisch noch matriarchalisch, noch erinysch, noch zeusisch, es funktioniert überhaupt nicht mehr. Das heißt, ein Akkord, der stattgefunden hatte, in früheren Zeiten, der wird in ganz kleinen Anmerkungen sichtbar. Ich wollte einfach nicht das ausbreiten und andere Sachen mit hineinnehmen, um das klar zu machen. Das ist auch gar nicht notwendig. Aber es gibt kleine Andeutungen in dem Stück, in denen drinsteht, dass, was die Eumeniden mit den Olympiern, vertreten durch Apoll, den total einseitigen, und die clevere Athene, was die da miteinander verhackstücken, dass das schon einmal zur Debatte gestanden hat, früher, lang bevor das Stück überhaupt angefangen hat, in düsterer mythischer Vorzeit, und wo auch der Zeus offensichtlich gekommen ist und den Moiren und den Schicksalsgöttinnen eins ausgewischt hat. Das kommt in der Stelle vor, wo der Apollon plötzlich sagt, in der Gerichtsverhandlung, zu den Eumeniden: Was? Wieso? Seid ihr etwa dagegen, dass Zeus den ersten Mörder entsühnt hat, vor ganz, ganz langer Zeit? Und da sagen sie: Jawoll, allerdings! Das ist unser entscheidendes Problem. Da waren wir schon damals dagegen. Nicht erst jetzt, wo ein viel sekundärerer Fall verhandelt wird. Wo die ganze Zivilisation ja auf's Schönste blüht. Die Frage nach Matriarchat, Patriarchat gar nicht mehr gestellt wird, sondern das Patriarchat ist voll durchgesetzt bei Beginn des Stücks. Ein schwerer Interpretationsfehler von unendlich vielen Altphilologen auf der einen Seite, und vor allen Dingen aber auch Soziologen und solchen Typen auf der anderen Seite.

Deswegen wird dieses Stück so oft missbraucht. Man kann es ja machen, das ist gar kein Problem, aber es wird missbraucht, es wird nicht richtig aufgenommen. Übrigens natürlich auch die Kritikerpäpste, die sind natürlich voll auch da reingesackt, nicht? Wenn etwas so blöde ist, dass ich es überhaupt nicht verstehen kann, weil, wenn der Vorhang aufgeht, steht da, bruuooch!!, eine Wand, der Inbegriff des Patriarchats, bruuooch!! steht vor uns und es kommen immer

Männer und sagen: Also, die Frauen sind der letzte Dreck und so weiter, gleich am Anfang sagen die, kann man vergessen, die Weiber, und so weiter, und so.

Jutta Lampe: Die Zeus-Religion ist ...

Peter Stein: Wie?

Jutta Lampe: Die Zeus-Religion ist auch ...

Peter Stein: Die Zeus-Religion ist längst durchgesetzt, Zeus hat schon seine ersten, nein: seine zehnten Probleme mit seinem eigenen System, und um diese Sekundärprobleme, also späteren, nachfolgenden Probleme, geht es. Und diese Auseinandersetzung zwischen diesen »Lichtgöttern«, so kann man das mal so ein bisschen germanisiert sagen, und den »Göttern der Finsternis«, wie das so oft gesagt worden ist, die hat es offensichtlich schon früher gegeben, in früher Vorzeit, das ist zu Gunsten von Zeus entschieden worden, und sie haben bereits einen Vertrag gemacht. Und der Vertrag zwischen dem jungen Zeus und der alten Moira, der alten Muttergottheit, ist ur-uralt, nur wird er mit dem Beginn dieses Stücks brüchig.

Jutta Lampe: Ja, mit den Erinyen, also mit den ...

Peter Stein: Im ersten Stück arbeiten die Erinyen ...

Jutta Lampe: Für Zeus.

Peter Stein: ... Hand in Hand mit Zeus zusammen. Wenn Sie sich erinnern, ununterbrochen werden sie angerufen, um die Sache von Zeus zu betreiben. Der gastrechtschützende Zeus arbeitet zusammen mit der Erinys daran (?), das Haus des Priamos, aber alle (?) zu machen. Im zweiten Stück auch, da arbeiten die Erinyen Hand in Hand mit Apollon, um den Skandal des Gattenmordes im Hause Argos durch den einzig noch überlebenden männlichen Spross zu rächen. Apoll arbeitet Hand in Hand mit der Erinys, bestens. Aber tendenziell funktioniert dieses Akkord nicht mehr, es klappt nicht mehr. Offensichtlich, weil sie machen immer und machen und machen und bringen nur Lügen hervor. Oder Dinge, die nicht stimmen. Zum Beispiel Apoll sagt munter, wir haben sie in den Tartarus geschmissen, die Erinyen, die schwarzen Götter runter in die Erde gedrückt, in die Hölle, da, wo sie hingehören. Ich mische extra ein paar Ausdrücke ein, die unkritisch sind. Dort, wo sie hingehören, da bleiben sie – Schluss, aus. Gleich anschließend heißt der Satz: Dennoch würde ich empfehlen, Orest, wegzugehen, weil, die sind offensichtlich so mächtig, bedingungslos kann ich dich nicht schützen vor ihnen.

Jutta Lampe: Sie werden dich jagen.

Peter Stein: Sie werden dich jagen. Also da sieht man, dass sozusagen von höchster Stelle herumgemogelt und herumgedruckst wird, ohne das noch irgendwie aufrechtzuerhalten, und dann kommt es zu einem wirklichen Lösungsversuch, zu einer Auseinandersetzung, in gebändigter Form. Und das ist sozusagen das Votum von dem Aischylos, diese Auseinandersetzung in gebändigter Form, in Form eines Prozesses, oder meinetwegen auch eines theatralischen Ereignisses, durchzuführen.

Als nächstes hatte sich hier die Dame gemeldet, dann Sie, bitte!

Zuschauerin: Die Erinyen sind ja die Vertreterinnen des älteren Herrschaftstyps, auch eines anderen Rechtsverständnisses. Und ich hab mir entsprechend vorgestellt, dass sie sehr bedrohlich wirken, wenn sie auftreten (?), aber ich war enttäuscht, weil sie eher dekadent wirken. Aber nicht nur das, ich hatte auch den Eindruck, dass das ganze Kostüm eher eine Assoziation an Raumfahrt ist, die den Eindruck entstehen lässt, als ob was Neues da präsentiert wurde, und was es eigentlich umdreht.

Schauspielerin: Nicht das Alte da plötzlich auftritt, sondern etwas Neues.

Zuschauerin: Ja, genau!

Peter Stein: 'Ne neue Instanz. Aha. Aha! Das wäre natürlich ein schicksalshafter Fehler und eine große Katastrophe, nicht? Ich möchte Ihnen in diesem Zusammenhang ganz offen mitteilen ... hm, hm ... andersrum: Ick find die Kostüme prima! So! Ich find sie schön, mir gefallen sie unheimlich gut. Das hat natürlich Gründe, die liegen in den Bildvorstellungen, die ich aus der Antike kenne, aus bestimmten Geschichten, die immer (?) erzählt werden und was da vorkommt, usw., also ich find das ganz dufte. Ich habe aber von verschiedenen Seiten die Kritik, die Sie äußern, massivst gehört, und es ist so, dass die Künstlerin, die diese Kostüme entworfen hat, neu dabei ist (Moidele Bickel, O. L.), ein Neuzugang (?). Das würde uns natürlich ganz ganz ganz querlaufen, wenn es in dieser Art ankommt, wie Sie es sagen. Es bleibt aber dennoch erhalten, dass sie sozusagen den totalen uralten Todesschreck, den kriegen sie nicht auf die Bühne (?), zumal nicht, wenn er schlafend reingefahren wird und ins volle apollinische Licht, wo sie (?) nicht hingehören, das ist das paradoxe Stück, da kann ich nicht dran drehen, gell? Also – deswegen – der totale ... letzte Grüße aus dem Unterleib, die bringen wir nicht. Das geht gar nicht, selbst wenn wir uns noch so anstrengen, das will ich auch nicht. Aber – wenn das Missverständnis in der Form, wie Sie es beschreiben – man kann es auch noch anders darstellen –, entstünde, und das ist offensichtlich der Fall, dann ist das behindernd für das, was wir eigentlich wollten, was wir uns vorgenommen haben.

Schauspieler: Ja, die Assoziation geht natürlich auch ganz leicht in so'ne Richtung, weil in letzter Zeit immer, wenn etwas kam, das Schrecken einflößt, etwas Unbekanntes, immer in die Zukunft weist, immer aus utopischen Filmen stammt.

Jutta Lampe: Ja, das Neue macht immer mehr Angst als das Alte.

Schauspieler: Unsere Phantasie ist belastet damit.

Peter Stein: Sehen Sie, es ist folgendes: Wir haben doch in dem ersten Teil, in den ersten beiden Teilen, die Sie gesehen haben, uns unglaublich gehütet, optische Zeichen, Bildchen, Bildelemente anzubieten, die bekanntlicherweise das Verwirrendste sind, was es überhaupt gibt. Mit einem Bild kann man jeden leimen. 'Tschuldigung – man kann natürlich mit allem leimen, aber, wie gesagt, Bilder sind besonders gefährlich, glaube ich, was Missverständnisse und so etwas betrifft. Im letzten Stück glaubten wir das nicht mehr durchhalten zu können, weil das letzte Stück sozusagen von der Struktur her, ganz anders als der Agamemnon, überhaupt nicht mehr archaisch sei, sondern eine ganz seltsame Dramaturgie habe, eine ganz merkwürdige Dramaturgie, sehr vielfältig, und im Grunde genommen besteht das ganze Ding auch aus drei Stücken: Aus dem ersten mit der Auseinandersetzung mit Apoll und Dingsbums, dann die Gerichtsszene und dann kommt noch ein Schwänzchen hinterher, was sich etwa als Wichtigstes herausstellt, nämlich, um Orest geht's gar nicht mehr, der ist schon eskamotiert. Dann kommen immer noch 350 Zeilen, und da kommt eigentlich die eigentliche Auseinandersetzung, sozusagen das große Justizoratorium wird dann da durchgezogen. Da glaubten wir dann, nicht darauf verzichten zu können, auch solche Einführung in die Mechanik und solche Schienen und so etwas, alles Elemente, die im antiken Theater auch enthalten sind nach der Überlieferung. Kräne gab es selbstverständlich, *deus ex machina* ist, die *mechanē* , die ist überliefert. Wie sie funktioniert hat, weiß der Deibel. Aber es wird schon so was gegeben haben. Da dachten wir, dass dann die Götter, wo die Sache immer komplizierter und komplizierter wird, dass man auf solche Sachen nicht mehr verzichten kann. Dass man die Erinyen nicht sozusagen in Wollschals auftreten lassen kann, und dann haben wir dieses Element eingeführt, und das ist natürlich ein bildliches Element, und das kann natürlich sofort zu solchen

Missverständnissen führen. Allerdings, verstehen Sie, habe ich halt gedacht, dass, wenn sie rausgefahren werden und es kommt ein Typ oben rüber und sagt: »Was Sie dort unten sehen, meine Damen und Herren, dass sind die greisen Jungfern aus der Urzeit«, da hab ich gedacht, dass das vielleicht reicht, dass das solche Missverständnisse verhindert. Aber das ist natürlich kurzsichtig gedacht, weil, wenn man es immer sieht ...

Jutta Lampe: Die sieht man immer.

Peter Stein: ... emotional läuft die Vorstellung dann ganz anders und so, wie Sie sagen. Also: Wir versuchen, da noch eine Änderung herbeizuführen, und wir wollen diese »Orestie« aufzeichnen, und spätestens dafür wollen wir diese neuen Kostüme ausprobieren. Und zwar wollen wir die nicht hier aufzeichnen, weil, das ist so furchtbar unansehnlich in diesem Raum, weil es dunkel und langweilig ist, wo kann man da 'ne Kamera hinhalten? Das hab ich abgelehnt, das hier zu machen. Als Hörspiel sofort, kein Problem, wunderbar, aber nicht als optische Angelegenheit. Und da sind wir dann auf den Gedanken verfallen, das in Athen, im Dionysos-Theater, nämlich im Uraufführungstheater, aufzuzeichnen ...

Publikum: *(Geraune/Unruhe.)*

Peter Stein: ... dort aufzubauen und aufzuzeichnen. Das machen wir jetzt zu Beginn der Ferien.

Zuschauerin: (?) Das ist ja auch andererseits widersprüchlich, besonders, während dieser Hetzjagd, als die von hinten kommen ...

Peter Stein: Da funktionieren sie, nicht? Das ist richtig. Richtig.

Publikum: *(Diskutiert lautstark und in der Summe unverständlich.)*

Peter Stein: Ich find das ganz prima, was Sie sagen. Es ist ganz präzis – von uns aus gesehen absolut *d'accord*. Es ist das Problem, wenn sie in das Licht kommen.

Christine Oesterlein: Das halten sie nicht aus.

Peter Stein: Das halten diese Dinger, so wie wir sie gemacht haben, nicht aus.

OK. Der Nächste – das war bei Ihnen!?

Zuschauer: (?) Ich hab mich gefragt, ob man nicht beim Gesamtprojekt nicht von der ansonsten lobenswerten Inszenierungsart der Schaubühne hätte etwas abweichen können, und das Langprojekt hätte etwas straffen können.

Peter Stein: Das haben wir uns selbstverständlich auch überlegt. Nur – der Zielpunkt war ja, sich dieser Ganzheit und Totalität dieses Stücks auszusetzen, das war ja gerade das Angebot an die Zuschauer und an uns selber, also die Anforderungen an uns selber. Das wäre mir überhaupt nicht möglich gewesen, auch nur einen einzigen Strich überhaupt zu erwägen! Weil es ja nicht so war, dass wir eine durchdringende Schau und durchdringende Interpretation dieses Werks gehabt haben, wo all das, was Schwachsinn ist, wegfällt, heute völlig unmodern: weg!, usw., sondern wir haben uns hineingetastet in das Ding, und haben es ausprobiert, das ganze Werk, in dem wir sämtliche Informationen, die uns zu dieser antiken Scherbe zugänglich waren, gesammelt haben und versucht haben, ein Verständnis dafür zu entwickeln. Allerdings immer unter dem Schutzschild, dass wir das Gefühl hatten, wir lesen *doch* die Tageszeitung. Also es geht doch nicht nur um anno dunnemals, sondern da werden Sachen rangeholt, die in einem verstärkten Maße und immer noch wachsendem Maße uns interessieren und beunruhigen. Das heißt, das Stumpfwerden – Stumpfwerden ist vielleicht falsch gesagt, aber das nicht ohne weiteres mehr Funktionieren bestimmter Begriffsapparaturen, auch gewisser rationaler Begriffsapparaturen, zum Beispiel, bestimmten politischen Phänomen gegenüber, die hier direkt angesprochen werden, diese Fragen werden ja genau angesprochen in dem Stück. Und so hatten wir überhaupt keine Möglichkeit, irgendeine Straffkiste zu machen.

Zuschauer: Darf ich schnell dazu was sagen?
Peter Stein: Ja!
Zuschauer: Das fand ich gerade sehr gut, dass das sehr langsam war und sehr gemächlich, weil es mir dadurch möglich war, mit meinen Empfindungen und Gedanken nachzukommen, denn da geschieht ja ungeheuer viel! Mir geht es oft so bei Stücken, die sehr dicht sind, sehr gedrängt, dass die Hälfte dann weg ist. Und so konnt' ich sehr viel besser nachkommen, und viel mehr mitkriegen. Ich hab mich dann in den Pausen auch mit anderen unterhalten, die fanden das auch ganz toll, also – ich fand's schon stark!
Jutta Lampe: Das fordert sehr große Anstrengungen und sehr große Aufmerksamkeit, das ist ganz klar.
Peter Stein: Die Jutta Lampe sagte, dass es sich natürlich um eine riesige Anstrengung dabei auch handelt, das ist ganz klar, nur, es ist so, wir haben das natürlich gewusst, nicht umsonst haben wir versucht, auf dieser Vorweg-Veranstaltung dafür zu werben, oder sagen wir mal: zu locken, ja? Sich mal so 'ner Sache auszusetzen.

Und trotzdem, was Sie sagen, bin ich erstaunt darüber, wie gut das funktioniert. Ich habe überhaupt nüscht gegen den Back-Schlaf (?), in so 'ner Sache, im Gegenteil, im Gegenteil: Das ist ja eine Zeit, die man miteinander verbringt, das ist ja ein Tag, und da passiert dieses und jenes, und ich glaube, dass die Struktur und die Art der Erzählung, Erzählweise dieses Stücks auch so geartet ist, dass man auch immer wieder reinkommt. Nur – Striche bedeuten ja, dass man auf gewisse Dinge glaubt verzichten zu können, weil sie nicht so wichtig seien, oder vielleicht einem nicht so viel sagen, usw. Dass es sich nicht so lohnen würde – und das war uns gar nicht möglich! Sondern wir sind in jedes reingegangen, natürlich mit der entsprechenden Portion von Befremdung, die die Sache verdient oder erzwingt, und haben dann erst mal Erfahrungen gemacht. Und wenn man dann erst mal drin ist, naja, dann will man es natürlich auch machen.
Zuschauer: Noch eine etwas abseitige Frage: Besteht die Aussicht, noch einmal die »Sommergäste« zu sehen?
Publikum: *(Gelächter.)*
Peter Stein: Nein, muss ich ganz klar antworten: Es gibt die Möglichkeit, ihn als Film zu besichtigen, aber als Theateraufführung ist er endgültig gestorben, der »Sommergast«.
(Anderer) Zuschauer: Sie haben gesagt, dass Sie nur das Stück vorstellen wollen, zur Diskussion stellen wollen, mehr nicht. Ich bin da etwas skeptisch, ich vermute, dass ist etwas kokettierende Bescheidenheit, weil, die erste Entscheidung von Ihnen, so wie ich Sie verstanden hab, war ja nicht für die »Orestie«, sondern die Beschäftigung mit der Antike ...
Peter Stein: Selbstverständlich.
Zuschauer: ... und die zweite Entscheidung war dann, die »Orestie« zu nehmen, dass Sie also gesagt haben, wir wollen uns mit der Antike beschäftigen und zu den Ursprüngen des Theaters und zu den Ursprüngen der Schauspielkunst kommen. Ich will jetzt nicht weiter darauf insistieren so zu fragen, was werden die Regisseure oder Schauspieler jetzt zu dieser Inszenierung sagen? Das wäre vielleicht 'n bisschen zu banal. Ich versuche es mal von der anderen Seite herum: Worin sehen Sie die Besonderheit in der Beschäftigung mit antiken Stücken oder mit der »Orestie« jetzt im Vergleich zu anderen Stücken, im Vergleich zum »Woyzeck« oder zum »Klassenfeind« oder sonstigen Stücken, oder gibt es da vielleicht gar keine Besonderheit, weil – Sie haben das ja schon gesagt – es ist ja sehr aktuell, das Stück. Oder, vielleicht noch anders ausgedrückt: Gibt es gar keine Besonderheit oder liegt die Besonderheit nicht vielleicht in der Inszenierung?
Peter Stein: Oh, es gibt eine gewaltige Besonderheit! Es ist so, dass ...

Zuschauer: Vielleicht, dass mal ein Schauspieler was sagt!?
Peter Stein: Ja – bitte!
Publikum: *(Lacht.)*
Schauspieler: Das war nun gerade ausgerechnet eine direkte Frage an ihn!
Peter Stein: Ja, das war ausgerechnet – ja, das muss ich sagen!
Zuschauer: Worin besteht bei den Schauspielern die Besonderheit der Beschäftigung oder ihrer Darstellung jetzt innerhalb einer ...
Peter Stein: Ja, das finde ich ganz prima ...
Zuschauer: ... Inszenierung (?) im Vergleich zu anderen ...
Peter Stein: ... auch die Erfahrung, aber das sollten die Schauspieler, wenn sie das mögen und können, mal versuchen, darzustellen. Es ist nämlich in der Tat anders als zum Beispiel in den »Sommergästen« oder im »Klassenfeind«.
Werner Rehm: Es sind diese Empfindungen von Hass, von Angst, von Freude, von Hoffnung und Zuversicht, dieses Hin- und Herschwenken von einem extremen Pol zum anderen Pol, (?) dieses Ausschreiten dieser gewaltigen Dimensionen – ich kenne keinen Text, der diese Möglichkeiten hat, wo ich eine solche Distanz sehen kann. Natürlich trägt man die Sachen wieder zurück, der Wunsch eines Schauspielers an der Rampe zu stehen, allein ... (?)
Peter Stein: Und da muss man auch kämpfen: das ist auch aufregend!
Werner Rehm: ... zum Beispiel, wie man mit zwölf Kollegen, die ganz unterschiedliche Motivationen haben, unterschiedliche Voraussetzungen, unterschiedlich lange am Theater sind, wie man mit denen zurechtkommt.
Gerd Wameling: Über drei Stunden.
Werner Rehm: Über drei Stunden. Man kann jedem in die Schnauze schlagen, während dessen.
Publikum: *(Lachen.)*
Werner Rehm: Ich meine, das ist jetzt Unsinn, aber da ist was dran. Und: wie man da wieder zusammenkommt, wie kann man mit einer Stimme sprechen und trotzdem sich wieder vereinzeln. Und wieder zusammenkommen – was ist das? Das finde ich für Schauspieler 'ne ganz aufregende Sache.

Das ist jetzt das rein Schauspielerische, ich weiß nicht, oder das rein Formale. Dann ist da (andererseits) das Inhaltliche, die politische Dimension.
Gerd Wameling: Für mich das Aufregendste war eigentlich, dass dieser antike Stoff, also der antike Text, den man dort sprechen musste, dass der einen wie in keinem anderen Stück zu einer großen Aufrichtigkeit gezwungen hat. Man hatte das Gefühl, dass die Texte erst mal das Wichtige sind und nicht der Schaupieler, der jetzt irgendeine Interpretation dafür findet, sondern der Moment, in dem ich den Text rede, dass dieser Moment unheimlich wichtig ist, und dass es auch jeden Abend wieder wichtig ist. Das ist auch für mich das andere, dass jeden Abend dieser Moment wieder neu eintritt, diesen Text möglichst aufrichtig wiederzugeben oder abzugeben, weil man sofort selber spürt, und ich glaube, auch der Zuschauer spürt es sofort, wenn das nicht hinhaut. Und das haut natürlich auch oft nicht hin. Aber das ist ein ganz großer Erlebnisprozess, jeden Abend wieder. Also einer, einer von diesen vielen. Das finde ich also ...
Jutta Lampe: Ja. das finde ich auch. Ganz besonders deutlich ist die Erfahrung, die jeder gemacht hat, dass zum Beispiel für ganz bestimmte Möglichkeiten, die ein Schauspieler sonst hat, sich, wenigstens ist es mir bei der Athene so gegangen, also sich mit einer Rolle oder mit einer Situation zu identifizieren, sich hineinzufühlen, was in diesen Texten nur bis zum gewissen Grade geht. Selbst bei Klytaimestra ist es nur bis zum gewissen Grade möglich. Der Grad der Öffentlichkeit, den diese ganzen Protagonistenrollen brauchen, also auf der einen Seite die Ehrlichkeit und das Verständnis des Textes – es gibt keine klei-

nen Empfindungen oder kleinen Zeichen, die man mit dem Körper machen könnte oder mit der Stimme, die für diesen Text sozusagen groß genug wären, um die Höhe, die Größe und die Klarheit dieses Textes zu bringen. Und man kann sich nicht irgendwie so vermuscheln, und miteinander irgend was machen, wie das oft passiert, miteinander spielen, sondern es hat eher die Tendenz ganz stark zum Publikum, immer, als zueinander – bei anderen Stücken ist es vielmehr, dass man mit den Partnern in einer Situation ...

Christine Oesterlein: Atmosphäre macht.

Jutta Lampe: Ja – spielt und voneinander abnimmt und man sich auch dadurch oft verändert, aber in diesem Fall ...

Peter Stein: Das ist das A und O der Schauspielerei. 90 % der Berufsausübung wird mit diesen kleinen Drückereien gemacht.

Publikum: *(Gelächter.)*

(Heiterkeit.)

Jutta Lampe: Und das haut alles nicht hin, das haut alles nicht hin!

Peter Stein: Ohne Spruch! Ohne Spruch! Das ist'n reiner Muschelkram!

Publikum: *(Ist amüsiert.)*

Peter Stein: Bei den »Sommergästen«, das ist ein reiner Muschelkram! Wenn ein Schauspieler unter Ihnen ist, dann weiß er genau, was ich meine. Es ist so, dass Schau ...

Jutta Lampe: Christine wollte noch was sagen!

Peter Stein: Entschuldigung, ich hab's nicht gesehen, Entschuldigung!

Christine Oesterlein: Ich wollte nur sagen, dass sich glaube, dass deine Frage auch was mit der Frage nach den Strichen zu tun hat: Wenn man Striche machen würde in einem Stück, bedeutet das doch, dass man etwas wertet, dass man eine Wertung ausspricht. Dass man sagt: Das ist wichtig, das ist nicht so wichtig, das kann man weglassen, und so. Die Frage kann sich für einen Menschen 1980 überhaupt nicht stellen, weil, du kannst ja überhaupt nicht entscheiden, was wichtig ist. Das ist für mich die Faszination dieser Sache ...

Peter Stein: Das find ich gut!

Christine Oesterlein: ... dass ich überhaupt nicht weiß, was heißt das. Deshalb kam auch diese erste Aufforderung von Peter Stein, dies einfach zu lesen wie 'ne Zeitung. Was heißt denn das, was wissen die Choephoren? Was ist das für 'ne Person? Ich glaube, dass die Frauen in der »Orestie« durchgehend fremder sind, auch die Frauenchöre, für uns heute. Fremder.

Peter Stein: Frauen haben's am schwersten.

Christine Oesterlein: Ich bild' mir immer ein, dass ich den Männerchor irgendwie noch verstehen kann, Frauenchor? Ich weiß nicht – wir haben heute wieder eine Diskussion geführt, wir wissen halt nicht was mit den Eumeniden ist, trotz all der Dinge, die hier gesagt worden sind, ist uns das sehr weit weg. Und: Ich kann das nicht beurteilen, nicht werten, man kann nur versuchen, das halt zu sammeln, was andres kann man nicht – also das zu machen.

Peter Stein: Sie kennen die Verfahren, um mit diesem Problem fertig zu werden, falls Sie schon mal Inszenierungen antiker Stücke gesehen haben. Sie kennen das Verfahren: Man nimmt eine Prise Freud und streut das drüber, anständig Feuer drunter und schon hat man das verinnerlicht, diese ganze Problematik und kann da herumgurksen. Die normale Methode ist die, dass man den Text ›verunverständlicht‹. Je abstruser und je unverständlicher der Text, um so einfacher, nicht? Da kann man ja mit seinen Vorstellungen besser quer kommen, ganz klar. Obwohl, es gibt da unendlich viele (?) Sachen, die man draufputzen kann. Man kann selbstverständlich auch das *pepnos* (?), also die Vorstellung, die man von griechischer Antike hat, kann man versuchen, in Pappmaché und in Wollstoff oder in Seidenjersey umzusetzen und anzuhängen, usw., das geht auch. Das ist sehr viel versucht worden, nur hat sich diese Möglichkeit, die ich noch die unverächtlichste finde im Vergleich zu der bedingungslosen Selbstinterpretationsmethode, die ich also als eine gigantische Selbstüberschätzung und als 'ne furchtbare Wichtigtuerei von den jeweiligen Regisseuren empfinde, finde ich diese noch gar nicht so verächtlich – dass man versucht, sozusagen ins Museum der Theaterüberlieferung zu greifen. Das funktioniert auch natürlich insofern nicht, wenn man festgestellt hat, dass die Vorstellungen, die man über das Theater des Aischylos gehabt hat, und die ich bis heute noch habe, ich hab sie bis heute nicht weg –, überhaupt nichts mit der archäologisch belegbaren Realität zu tun haben. Nein – im Gegenteil, vollkommen anders ist. Dass unsere ganzen Vorstellungen vom griechischen Theater – wenn wir, jetzt ist ja grad die Urlaubszeit, wenn wir das wieder alles da sehen, nicht? Diese Runddinge und auch den Käsgraben (?): Huuu! Hallo!! Und dieses ...

Publikum: *(Gelächter.)*

... das hat mit Aischylos gar nichts zu tun, mit Aischyleischem Theater gar nichts zu tun. Das erfahren wir seit fünfzig Jahren von den Archäologen. Meinen Sie vielleicht, das hätte sich in unseren Köpfen festgesetzt?! Das hätte sich umgesetzt?? Pfeifendeckel! Das ist das Winkelmann-Theater. Die Winkelmann-Vorstellung ist die, die uns beherrscht, mich auch. Obwohl ich das nun alles schon heftig versucht habe, den Schauspielern gegenüber, und anderen Leuten gegenüber, das zu beschreiben, wie es wirklich aussieht. Es nutzt nichts. Es ist so eingebrannt. Deswegen finde ich es immer noch einerseits ganz ehrenwert, auf der anderen Seite war es für uns nicht nötig. Nehmen Sie zum Beispiel eine Plastik, eine Bronzeplastik, den Zeus. Wie er jetzt heißt. Im Nationalmuseum. Nehmen Sie sie und stellen Sie daneben 'ne römische Plastik, 'ne gotische, 'ne romanische, 'ne karolinische, das sind noch die besten, 'n Bellini, meinetwegen auch 'n Moore oder, meinetwegen, hängen Sie 'n Stück Papier (auf), wo Konzept-Art draufsteht. Und was Sie da empfinden, wenn Sie diese ganzen Dinge nebeneinander sehen und auf diesen Typen da gucken, das ist genau das, was die Schauspieler auch empfinden. Es ist ein unheimliches Problem, weil Sie in dieser Frühklassik oder Spätarchaik oder wie das heißt – die richtige Klassik ist ja noch viel mehr zu bearbeiten, meiner Meinung nach – aber die Frühklassik und die spätere Zeit, wo der Umbruch erfolgt, aus dem Archaischen, wie man das so schön nennen muss, ins Klassische mit rein, also von den Typen, die also mehr *so* stehen, in die nahezu perfekte Beherrschung der Anatomie, zum Beispiel, *da* sitzt das Rätsel, da sitzt das, was alle Leute seit 2500 Jahren, bereits in der Antike!, genervt hat. Wo die gesagt haben, da ist irgendwas passiert, da ist irgendwas möglich geworden, da hat eine Verschmelzung von Verstand und Religiosität, wie wir heute sagen würden, stattgefunden.

Jutta Lampe: Wie die Polis ...

Peter Stein: Wie überhaupt die ganze Erfindung der athenischen Demokratie. Mit all ihren Schwächen, das kennt man ja, darum dreht es sich, deshalb ist sie ja auch gleich untergegangen. Aber – das ist genau der Punkt, den man sich als Regisseur, wenn man halbwegs seinen Kopf auf den Schultern hat und nicht von Blödheit geschlagen ist, und die Schauspieler auch nicht – eigentlich müsste man sagen: Finger weg, Finger weg! Nicht?! Das ist doch so das normale Verhalten, Finger weg, das kennen wir doch – das ist sinnlos, vorbei. Aber es ist andererseits wieder so, wenn Sie auch nur eine Scherbe dieser Figur haben, dann würden Sie niemals sagen, ach, die Scherbe lassen wir mal beiseite, ja? Nein. Man wird natürlich versuchen, diese Scherbe unbedingt auch irgendwie in den Zusammenhang der Figur mit hineinzubringen. Das ist ein – wie soll man so etwas nennen – ein Dokument der Menschheitsgeschichte von einem solchen Ehrfurcht einflößenden Rang, dass daher die zur Schau getragene Bescheidenheit unsererseits stammt, die in Wirklichkeit, wenn man's ganz ernsthaft überlegt, natürlich keine ist! Wir haben's ja gemacht. Wir haben ja gefrevelt, wir haben's ja gemacht! Nur – für die Schauspieler war es doch klar: eine Sache wie Athena, was das bedeutet, für die Menschheit, der Gedanke Athena, in dem alles enthalten ist, von der Wissenschaft bis zum Raumfahrtprogramm, bis zur Mikrobiologie, bis zur Ausdenkung der verrücktesten politischen Ideologien und des Verkehrsfunks. Das ist alles enthalten in dem Wort. Ja, lieber Gott, kommt da ein Schauspieler angewackelt und soll das da auf der Bühne darstellen, das ist ja der totale Wahnsinn. Und das ist genau das, was der Gerd gerade auch beschrieben hat. Da ist es nicht möglich zu sagen, jaja, der hat wahrscheinlich morgens nicht so gut gefrühstückt, und dann ist es so und so und dann hat er auch Probleme zu Hause mit den Kindern ... das geht gar nicht. Es ist ja nicht, zum Beispiel. Und deswegen kommt eben der Moment – und das find ich wunderbar, was der Gerd gesagt hat, und das hat er mir selber auch so noch nie mitgeteilt, dass der Moment des Zum-Klingen-Bringens, des Zum-Sprechen-Bringens dieses Textes in dem Versuch, sozusagen den Sinn der Sache, was da wohl mit gemeint sein könne, herauszuarbeiten, sozusagen das entscheidende Erlebnis dabei ist.

Wenn das mal gelingt für fünf Sätze, natürlich kommt man sich dann vor wie ein kleiner Ersatz-Apoll.

Publikum: *(Lachen.)*

Peter Stein: Also von hinten so'n Schein, so geht mir das beim Betrachten der Sache genauso, auch für mich.

Aber wenn ich gesagt habe, wir wollten nur dokumentieren, habe ich dazu gesagt vorhin auch, dass wir keineswegs nur mechanisch irgend etwas reproduzieren, was vorstellen wollen, mit dem wir gar nichts zu tun haben, nein, wir haben es nur versucht, uns sozusagen zu disziplinieren, um es überhaupt möglich zu machen. Nicht eine einseitige Zuflucht unter Wegschmeißung von (?) zu machen, sondern eine umfassende Geschichte da zu machen. Das erfordert eine Zurückhaltung in den Darstellungsmitteln. Und der Erfolg ist der, dass wir in dem Probenprozess hauptsächlich Chor probiert haben und so gut wie überhaupt nicht mit den Protagonisten. Das, was die Protagonisten dort machen, ist in einer Art und Weise ihre eigene Verantwortung wie kaum sonst bei Inszenierungen von mir. Das ist von vornherein so verabredet gewesen. Weil natürlich viele gesagt haben, wie sollen wir das darstellen, was da verhandelt wird, wie sollen wir archaischen Blutrausch darstellen, wie soll man denn das machen, wie soll das denn gehen? Da hab ich gesagt, OK, keine Angst, bitte sehr, nicht belasten, bitte sehr nicht sich unter Druck fühlen und dann irgendwelchen Unsinn machen, zur Not könnt ihr es auch vorlesen. Ich garantiere euch – so war es, nicht wahr?! – ich garantiere euch, so hab ich zu den Protagonisten gesagt, wenn ihr Probleme habt, dann nehmt den Text, stellt euch hin und lest ihn ab. Wie 'ne Regierungserklärung. Damit ist der Versuch gemacht worden, Druck von den Schauspielern zu nehmen, und sich dann doch irgendwie 'n bisschen ranzuschaffen; gut – mehr oder weniger gelungen, mm mm mm mm!, hat sich das dann präsentiert. Aber das Entscheidende war, von der Arbeit her, die Vorarbeit, das ist ganz klar, und die Merkwürdigkeiten, die man da erlebt, und das ist natürlich auch total paradox, einzeln und zusammen. (?)

Jetzt waren Sie dran!

Zuschauerin: Etwas ganz Realistisches: Ich hätte es mir gern etwas bequemer gewünscht! Man sitzt neun Stunden im Theater, und man muss sich schon mögen, so rechts und links.

Um sich eventuell bei jemandem mit auf den Stuhl zu setzen oder sich an jemanden anzulehnen, um es bequemer zu haben, und man bekommt seinen Platz auch nicht unbedingt wieder, man muss dann 'ne andere Stufe wählen.

Peter Stein: Dass musst du verteidigen, einen Verteidigungsring bilden!

Publikum: *(Heiterkeit.)*

Peter Stein: Das geht doch! Das hab ich doch gesehen, mach's doch!

Publikum: *(Gelächter.)*

Christine Oesterlein: Aber ich halte es für ausgeschlossen, dass Sie die ganze Zeit über auf einem Stuhl sitzen können. Also ich könnte das nicht.

Peter Stein: Wie hätten Sie sich's gewünscht?

Zuschauerin: Ich weiß nicht, was bei Ihnen ›ausverkauft‹ heißt, bei wie vielen Plätzen. Aber ich fand es an manchen Stellen etwas zu gedrängt.

Peter Stein: Aber haben Sie nicht die Beobachtung gemacht, dass es am Anfang gedrängter ist als am Schluss?

Zuschauerin: Na sicher, nachher konnte ich mich auch hinlegen.

Peter Stein: Aha!!

Publikum: *(Heftiges Lachen.)*

Peter Stein: Also ich hab zuerst gedacht ..., als ich das am Anfang festgestellt habe, dass ich beim Hereinschauen – ich steh dann immer hinten und kiek rin und sage: Ach du lieber Gott, ist das voll! und ab Ende »Choephoren«, vor allem in den »Eumeniden«, hat man das Gefühl, man kriegt noch hundert rein. Hab ich zuerst natürlich gedacht: die sind alle weg!

Zuschauerin: Die Leute ohne Karten kommen später. Und daher war es bei uns zuletzt am vollsten.

Peter Stein: Also, wie gesagt, das, was ich jetzt sage, ist das, was ich normalerweise festgestellt habe, und da habe ich zuerst gesagt: Aha, die Leute sind gegangen. Denen stinkt's. Dann habe ich festgestellt, dass das nicht wahr ist, dass die Abwanderungsrate sehr gering ist, gleich Null. Und dass die, im Vergleich zu anderen Aufführungen, die wir machen, golden ist, die Abwanderungsrate, und trotzdem entsteht der Effekt, dass es am Schluss leerer ist. Das liegt schlicht und einfach daran, weil die Leute lernen, sich zu orientieren und zu organisieren in der ganzen Geschichte. Das kommt natürlich zu Näherungen und zu Annäherungen usw., zu einem Sitzerlebnis ...

Publikum: *(Heiterkeit.)*

Peter Stein: ... oder Hockerlebnis oder Liegeerlebnis, das unterscheidet von den Trennungen im Sitzen, und genau das habe ich mir gewünscht, genau das habe ich mir gewünscht! Nicht die Leute zu quälen. Wenn man mir das gesagt hat, hab ich immer gesagt, 'tschuldigung, der Khomeini ist auch schon 85 und wie der sein ganzes Leben lang dasitzt – (?) das ist natürlich 'ne Gemeinheit ...

Zuschauerin: Der musste das aber auch lernen!

Peter Stein: Der hat's gelernt!

Publikum: *(Heiterkeit.)*

Peter Stein: Es ist so, dass diese Möglichkeit der Vermischung, auch der Vermischung mit dem Ensemble, das problemlose Durchharken des Chors durch die Zuschauer – das ist für mich absolut notwendig gewesen und es ist räumlich nicht anders zu organisieren. Ich befinde mich in der Situation, wir alle zusammen, aber ich besonders, weil ich mir dazu was einfallen lassen muss, es aus der Schaubühne in den Mendelsohn-Bau zu transportieren, falls wir dahin umziehen sollen. Und schon da ...

Publikum: *(Gelächter.)*

Peter Stein: ... schon da stellen sich die allergrößten Schwierigkeiten ein. Da hab ich sofort gesagt: OK, jetzt haben wir ja Platz, jetzt können wir das machen, also: *(Klatscht.)* machen wir die Stufen in derselben Höhe, wie es im spätgriechischen Theater gewesen ist. Also Sitzhöhe 45 cm, 46 cm, gut. Dann haben wir das da so aufgebaut, dann sieht das alles dermaßen monumental an, es ist Wahnsinn! Es ist nicht schlecht, aber es ist ein absoluter Wahnsinn. Die Leute rücken auseinander, jeder sitzt für sich, wir müssen dann immer, wie das auch im antiken Theater war – also ich spreche vom spätgriechischen, vor allen Dingen vom römischen Theater, das dann immer zwischen den Reihen so kleine Stufen kommen, nicht? die Leute müssen ja auch runterkommen und ich muss Geländer einbauen und was nicht alles, und das zerstört den gesamten Zusammenhang des einfachen Raums, in den, bwafff!, man sich da hineinschmeißt. Und ich sehe mich schon gezwungen, das Arrangement ...

Zuschauer: Das Arrangement wird in das Mendelsohn-Theater wieder eingebaut.

Peter Stein: Das Arrangement dieser (?) Sache mit den Stufen – die existieren natürlich schon, die Stufen, das ist auch eine Preisfrage. Sie können sich vorstellen, wenn wir die ganzen Dekorationen für den anderen Bau neu machen müssen, dann können wir keine Stücke mehr inszenieren, dann geht das ganze Geld da ja rein. Naja. Auf jeden Fall haben wir von den Gastspielen her die Stufen. Haha!

Publikum: *(Gelächter.)*

Peter Stein: Vielleicht nehmen wir die dann. Der Sinn der Sache ist tatsächlich, des sich Bemengens, des sich Bemengens mit der Geschichte. Natürlich, wenn ich höre von älteren Leuten – bei jüngeren kenne ich überhaupt gar keine Gnade! Auch bei Ihnen nicht ...

Publikum: *(Gelächter.)*

Peter Stein: ... aber wenn ich es von älteren Leuten höre, die das also gern sehen wollen, und es gibt natürlich da viele ältere Leute, die einfach eine Liebe oder 'ne Zuneigung zu diesen antiken Klamotten haben und das gerne dann schon sehen wollen. Obwohl andererseits ich wieder beobachtet habe, dass unser Publikum sich in einer erstaunlichen Weise verjüngt hat in Zusammenhang mit der »Orestie«. Aber wenn ältere Leute dann abgestoßen oder daran gehindert sind daran, dann finde ich das natürlich schon traurig. Aber wir haben ja auch ein paar Ausweichsitze eingebaut für besonders kritische Fälle. 15 Sitzplätze habe ich dann konzipiert, ringsum an der Wand. Da geht es ja auch, an der Wand ist es ja nicht so problematisch. –

Da ist eine Frage gewesen?!

Zuschauerin: Ich wollte noch etwas zu Männer-Chor / Frauen-Chor sagen und zwar im Hinblick auf den Zielsatz des Ganzen: Wenn die nämlich die Balance, die Balance der Kräfte oder wie man so sagt, sein sollen und der Männer-Chor und der Frauen-Chor jetzt von verschiedenen Gesichtspunkten aus diese Balance repräsentieren, dann hat mich das Ansehen des Männer-Chores fast geschmerzt, und ich war aus bitterer Erfahrung sehr wütend, dass die da oben, die mümmeln, die reden nicht und die kleiden sich nicht, aber sie nerven doch, (dass die) abstimmen, und wenn man selber betroffen ist in (?) in irgendwelchen Verwaltungsangelegenheiten, also Verwaltungsrat Sowieso, das sind dann auch so graue Herren, die auch immer abstimmen müssen und diese ganze Bürokratie, die damit aufgerufen ist, die ist da oben ja schön in Reih und Glied, und die wissen, wie man sich benimmt und die gehen ihren Gang und werden alt und älter und sind ja schon steinalt, und da unten sitzen dann andere, die sind nicht viel besser, die sitzen dann da und grinsen und wenn damit so ein Appell an die zeitgenössische Bürokratie- und Verwaltungswirklichkeit gerichtet (?) wird, fand ich es eigentlich schade, dass diese grauen Herren so wichtig und so dominant waren und dann immer: Abstimmung. Abstimmung, ich wusste gar nicht, warum.

Peter Stein: Die haben bis heute nicht aufgehört. Merken Sie, das ist fast wie eine kleine Gegenposition zu dem, was *Sie* vorhin gesagt haben, nicht? Wo Sie gesagt haben, dass das Einbinden der Erinyen in einer gewissen Weise schon mal sein muss. Das ist jetzt mal flapsig wiedergegeben.

Zuschauer: Ich hab das aber als 'n Vorgang in mir geschildert. Vom Verständnis her.

Peter Stein: Jaja, natürlich. Aber das ist bei dem, was gerade gesagt worden ist, ganz genauso. Die Belastung da oben, die da so vornehm und zurückhaltend ihres Amtes walten, so heißt das, seit dem 19. Jahrhundert, nein: schon länger, 'tschuldigung, und da unten sitzen diese Erinyen, sind eingebunden und können gar nichts mehr machen, obwohl die gerade (?) verfügt worden ist, die vielleicht auch nicht so ganz dolle sind (Sinn nicht erkenntlich!).

Und da kommen wir genau in den Bereich: Was Sie gesagt haben, das ist für mich ... also, ich danke Ihnen sehr dafür, weil, ganz präzis, das ist dann überhaupt vom Eingriff her natürlich unsere Spitze gewesen, der Versuch, das deutlich zu machen. Dass die Errungenschaft, die hehre, ich meine das jetzt nicht ironisch: die hehre Errungenschaft Athenes, nämlich, zum Beispiel so etwas wie die doppelte, dreifache und vierfache Verdrängung, die Anonymisierung der Probleme, der Empfindung, der Wut, der Rache, des Hasses, das In-Verwaltung-Nehmen durch anonyme Instanzen, gesichtslose Ärsche, die den Heroen ersetzen, an der Stelle, wo die Wand gestanden hat, die ja ganz eindeutig eine Provokation darstellt für uns heute, undurchdringlich – baff!! aber frontal. Die Tür geht auf, einer kommt raus, zeigt sich genau: Ich bin Klytaimestra, ich back mir ein Ei auf euch, zack, aus!! Gar kein Problem, alles klar! Und dadurch wird die Wand weggeräumt, das darf nicht sein, das ist viel zu belastend und viel zu autoritär, es klappt nicht mehr, die machen auch lauter Fehler. Und das stellen sie dafür hin, so 'n kleines Schränkchen, so 'ne Gerichtsschranke, und da sind dann irgendwie zehn Typen, es können auch zwanzig sein, es können auch 500 sein, übrigens waren es 500, 500 Richter. Zum Teil waren es sogar 1002 Richter im Athenischen Gerichtsverfahren, also Massen von anonymen Männern sitzen wiederum, allerdings frontal, vor einem und haben das Sagen! Obendrein auch noch von einer relativ doch bezaubernden Athene eingesetzt. Und genau diese Provokationen am Ende und dass das zu irgendwas anderem drängt als nur zu dem Gut-Sein-Lassen der Sache und Hurra! wir haben den Fortschritt gefeiert oder so etwas, das schien uns eben im Aischylos überhaupt nicht drin zu sein. Sondern lauter Bitternisse, lauter Befürchtungen, lauter Ängste über die Dinge, die er selber noch gar nicht erfahren hat. Das ist ja das Wahnsinnige, dass der Typ, der den Erfindung (phon. richtig wiedergegeben, aber vom Sinn her kaum verständlich!) dieser politischen Ordnung, die so wichtig geworden ist, und in gewissen Aspekten so vorbildlich für – übrigens Völker, die ganz weit von Griechenland entfernt wohnen, wie zum Beispiel die Deutschen, aber auch die Chinesen, und so – also ein Vorbild ist und studiert wird, auch heute noch, dass zu einem Zeitpunkt, wo ein solches politisches Modell in Praxis erst mal erfunden wird und in der Praxis umgesetzt wird, wo das erst begonnen wird, ein Typ bereits die Gefährdung, die Befürchtung und die Ängste, was dabei rauskommen kann, was man dafür einhandelt, was man gewinnt und was man verliert, beschreibt, das find ich einfach – also das ist das, was uns einfach platt gedrückt hat.

Wenn das also ein leidvoller Grieche, der den Niedergang Athens erfahren hat, um 400, so etwas geschrieben hätte – OK, dann sieht man, dass diese ganzen Vorschläge, die in unserem Sinne Fortschritt bedeuten, im frühklassischen Sinne (aber) ist sozusagen Fortschritt noch gar nicht existent gewesen als Vorstellung, sondern es war sozusagen eine Wiederherstellung der richtigen Ordnung, die dort angesetzt wurde durch die Einführung der Demokratie, durch das Immer-mehr-Macht-geben an die sogenannten unteren Schichten, dass einer, der das gerade noch nicht einmal richtig erlebt hat, schon vor den Folgen warnt, mit denen wir uns herumschlagen, wie Sie, meiner Meinung nach, wunderbar beschrieben haben, das find ich einfach ... also, das hat uns immer total fasziniert.

Und es schien uns nur möglich, durch eine behutsame Darstellung dieser Zusammenhänge vielleicht eine Chance zu entwickeln, das man das kapiert, dass man das anhand dieses Textes kapiert. Das war ...

Zuschauerin: *(Sinngemäß)* Hätte man die Frauen nicht so furchtbar wie die Männlein zeigen können?

Peter Stein: Ich meine, die sind doch nun furchtbar genug, dadurch, dass Sie an die grauen Männlein denken, denken Sie genau das Richtige, die grauen Männlein machen ja im einzelnen keinen Schrecken, sie machen einem ja keine Furcht, erst wenn sie zu mehreren auftreten, zum Beispiel in einem Flug von Frankfurt nach Nairobi – deswegen, (?) glaub ich, war es notwendig, den Erinyen auch was zugute zu tun, die sich dermaßen in dauerndes Unrecht gesetzt haben. Eins nach dem anderen, zuerst so, dann so, dann für Apollon, werden alle wahnsinnig gemacht, dann nachher wird gegen Apollon geschimpft, dann wird für Zeus Troja zerstört durch die Erinyen, anschließend mit Zeus gezockt und Krach gemacht, gemeckert. Zuerst wird gesagt: Athene nein, dann Athene: ja, dann Segnen, dann Begeifern. Also hin und her, sie wissen ja wohl selber nicht, was sie wollen. Und denen musste man dann zumindest doch ein bisschen die Ehre geben, um die Balance herzustellen, von der ich spreche. Der Wunsch war schon, es eine gefährliche Balance sein zu lassen, also: gefährdete, nicht gefährliche, gefährdete – *delicate balance*.

Zuschauerin: (Sinngemäß:) Man darf auch nicht vergessen: Da wird darum gekämpft, für diese Form der Politik, bzw. der Organisierung des gesellschaftlichen Lebens will man Blut lassen, um dieses Niveau erst mal zu erreichen, dann werden fortschreitend Erfahrungen gemacht, und sie werden um die Erfahrungen, die *wir* haben, nicht herumkommen. Also insofern fände ich das auch inhaltlich nicht ganz richtig, wenn man jetzt diese Sache so, verstehst du?, so im Bild, bildlich – deine Fantasie, die du da jetzt im Kopf hast, dass man es damit so verteufelt?

Peter Stein: Man kann's auch anders sagen: Genau dieses daran Rumzackern, zu sagen: es müsste doch eigentlich vielleicht 'n bisschen anders sein, auch anders aussehen, das ist natürlich beabsichtigt, am Schluss. Das hat nix zu tun mit der Kostümfrage von den Erinyen. Das ist wieder was anderes, das ist durchgehend problematisch, das ist ganz klar. Aber diese, dass man sagt, ach nee ...

Jutta Lampe: Dieser unbefriedigende Ausgang ...

Peter Stein: ach nee ..., ja, dass da etwas hängt, dass da etwas zur Debatte steht, dass da etwas weiter geht, dass da etwas ungelöst ist und wahrscheinlich unlösbar ist. Wenn man mich fragt – es ist zwar nicht von uns als Botschaft in die Sache reingetragen worden – für mich ist die Sache die, dass es sich darum handelt, in jedem Fall und immer wieder das Geschäft der Athena zu betreiben.

Jutta Lampe: Ja, Lösungen zu suchen.

Peter Stein: Selbstverständlich, Lösungen zu suchen. Und zwar auf Deibel komm raus. Möglichst bequeme, möglichst wenig ...

Jutta Lampe: Lösungen sind meist Kompromisse, und ich glaub, der Versuch der Athena kann auch nur für einen Moment wirklich schön aussehen. Und dann bleibt übrig, was bei jeder Lösung von Konflikten da bleibt, nämlich, wie bewältigt man den nächsten Konflikt, der auf jeden Fall wieder auftaucht. Es ist eigentlich nie beglückend. Nur die

Möglichkeit, dass man Lösungsversuche unternimmt, das ist allerdings beglückend, das ...

Peter Stein: Ich wollte noch einen letzten Hinweis ..., ich hatte an sich gehofft, dass Sie darauf zu sprechen kommen, ...

Publikum: *(Heiterkeit.)*

Peter Stein: ... nämlich das Verhältnis Frauen-Chor / Männer-Chor. Was ich von der Struktur der drei Stücke gesagt habe, das erste Stück, das ist die archaischste Form (?) mit unendlichen Kolonnen von großen Besserwissern, die mir da beistehen, das zweite 'ne Mittelgeschichte, das dritte ist in der Form sehr schwer ortbar und eigentlich den Begriffen, die wir von der antiken Tragödie haben, nicht zuzuordnen, das letzte Stück. Das letzte Stück hat auch noch andere Probleme, es ist zum Beispiel nicht spielbar durch das Personal der antiken Tragödie, es war nicht spielbar. Es ist ein Skandal innerhalb der antiken Überlieferung der Tragödien, weil, das ist ja seltsam in der antiken Tragödie, die ja 'ne Erfindung ist und alles ganz neu, aber es gibt da gewisse rituelle Aspekte, es wird da immer gleich gemacht, unter bestimmten Regeln, immer gleich, immer ähnlich, so ähnlich wie Fastnachtspiele und all so was, wie wir das heute noch haben. Aber es gibt eben auch Veränderungen, also: zuerst ein Schauspieler, wie Sie wissen, dann zwei Schauspieler, dann drei Schauspieler. Mehr als drei? Nee, da sind sie stehen geblieben. Oder: Veränderung des Personals, des Chors usw. Veränderung der Einführung von Wandteilen, Architekturteilen, Türen usw., verschiedene Mechaniken. Das letzte Stück ist insofern ein Skandal, es hat einfach zu viel Protagonisten, es gibt aber nur drei. Drei Schauspieler haben das gemacht, und der Chor, im antiken Theater. Nun gibt es hier aber vier Schauspieler, die gleichzeitig anwesend sind auf der Bühne, also braucht man vier Protagonisten: Es ist Apollon, bei der Gerichtsverhandlung. Die Gerichtsverhandlung ist der Skandal, sozusagen der inszenatorische Skandal, der von Apollon, Orest, Athena und der Ankläger ...

Christine Oesterlein: Wieso der Ankläger, das sind doch die Erinyen ...

Peter Stein: Na, die Erinyen ...

Christine Oesterlein: Na, das ist doch 'n Chor!?

Peter Stein: Ja! In diesem Fall ist das aber eine Protagonistenrolle, die ist von dem Chor besetzt worden. Da man zusätzlich ja noch einen anderen Chor braucht, nämlich den eigentlichen Chor, das ist der, der abstimmt, nüscht sagt. Der musste sozusagen durch einen Extrachor, einen stummen Extrachor, ausgeglichen werden. Um das zu lösen, ist nicht etwa ein vierter Schauspieler erfunden worden, das wäre nämlich ohne weiteres möglich gewesen, sozusagen die stellvertretende Erinye, sondern es ist ein Zusatzchor erfunden worden, der die Ältesten von Athen darstellt. Die Anklägerposition ist durch den Chor besetzt worden, und damit kriegt der Chor, nämlich die Erinyen, Protagonistenfunktion. Das ist ganz einfach, die Chorlieder sind reduziert, der Dialog des Chores ist immens ausgeweitet. Es gibt Stichomythien (schnelle Rede und Gegenrede verschiedener Personen im Dialog des Versdramas, verteilt auf Zeilen, O. L.) mit dem Chor, was völlig ungewöhnlich ist. Total ungewöhnlich ist. (?) Ich will nur sagen, das Stück ist für mich deswegen auch so aufregend, weil es eben mit so 'ner ganz archaischen Konstruktion anfängt, die man zur Not auch mit zwei Schauspielern hätte machen können, dann mit einem Zwischenstück in den Choephoren, wo plötzlich nicht nur eine Tür, sondern zwei Türen gebraucht werden – ganz eindeutig auch den Erkenntnissen von allen möglichen Besserwissern, (die meinen), ohne zwei Türen kommt man da schlecht aus. Es gibt also mehr Türen, das ist schon fast wie bei Fedeau, nicht?

Publikum: *(Gelächter.)*

Peter Stein: Und es gibt einige auch massiv psychologische Szenen – würde man sagen, von heute aus gesehen – ein offensichtlich zu heiß gebadeter Sohn will an der Mutter rummachen, und solche Sachen. Das gibt eine psychologische, eine zutiefst psychologische Situation, das hat fürchterliche Konsequenzen, da sammelt man ja heute noch (?) Müll um die ganzen Geschichten herum, diese Muttermord-Geschichten und diese Brustfrage (?) – na ja, lassen wir das.

Und dann zum Schluss ein Stück, das gar nicht mit dem Personal der antiken Tragödie darstellbar ist, sozusagen drüber hinaus wächst, sozusagen 'ne Art oratorienhafte Veranstaltung.

Jutta Lampe: Ja, auch die Funktion oder die Art, wie die Täter durch diese drei Stücke gehen, verändert sich natürlich auch.

Peter Stein: Richtig, richtig!

Jutta Lampe: Klytaimestra ist eine Täterin, die sozusagen vollkommen im Alleingang handelt, sie braucht niemanden dazu, nur Ägist, von dem man aber erst sehr spät erfährt. Und im zweiten Stück kommt der Orest an, der seine Tat alleine, ohne den Chor, gar nicht durchführen kann. Er braucht Apollon dazu, der ihm immer sagt: Du musst das machen ...

Peter Stein: Und wahnsinnig wird!

Jutta Lampe: ... und dann steht er da und kann's aber trotzdem nicht machen, das heißt, der Chor muss ihn unheimlich treiben, es werden alle möglichen Beschwörungen gemacht und ...

Peter Stein: Prompt wird er wahnsinnig!

Jutta Lampe: ... dann wird er wahnsinnig. Und diese Art von Täter gibt es ja dann im dritten Stück überhaupt nicht mehr, die sind ja dann sozusagen abgeschafft.

Peter Stein: *(zu einem Zuschauer)* Darf ich das ganz schnell zu Ende führen? Ich komme sofort auf Sie – oder wollen Sie direkt dazu was sagen?

Zuschauer: Direkt dazu.

Peter Stein: Bitte!

Zuschauer: (Verweist auf die Ähnlichkeit der gesellschaftlichen Situation im Stück damals und heute, auf das Wegschieben unbequemer Fragen und dass das letzte der drei Teile sich in Gegenwart auflöst und dass die Protagonisten gar nicht mehr so deutlich dastehen, sondern:)

Da sind schon zwei Chöre, da sind die Männer, da sind die Erinyen, das sind die anderen Protagonisten, während das andere, der »Agamemnon« und die »Choephoren«, an sich Geschichten sind: So ist es geworden, wie es heute ist. Und deshalb dieser offene Ausgang, wo sie ewig abstimmen, dass sich das einerseits auf unsere Gegenwart bezieht und das aber auch für die ...

Peter Stein: Die Zeitgenossen gilt.

Zuschauer: ... des Aischylos ...

Peter Stein: Richtig!

Zuschauer: ... dass es deren Gegenwart ist. Und dass es sich auflöst und sich nicht mehr so schön als Theaterstück wie zum Beispiel »Agamemnon« darstellt.

Peter Stein: Richtig! Was Sie sagen, ist astrein! Aber ich muss noch schnell aus purer Besserwisserei was dagegen sagen: Es ist immer wieder gesagt worden, in den »Eumeniden« löst sich das sozusagen in den Athenischen Alltag auf. Nein! Die Athenischen Zuschauer, die da gesessen haben bei dieses Uraufführung – es ist ja auch nie wieder aufgeführt worden, nur das eine Mal! –, also, die verwandeln sich so langsam selber in den Aeropag, die Stadt Athen wird angesprochen, die sitzen ja alle da, die Athener – also, bitte sehr, das ist ein direkter Appell an alle Leute. OK. Dem muss man aber entgegenhalten, dass das, was dort an Gericht beschrieben wird, (was) auf der Bühne stattfindet, überhaupt nichts zu tun hat mit dem Gericht, das jeden Tag in unendlich komplizierten Prozeduren, als Volksgerichtsbarkeit organisiert, mit den Zeitgenossen stattgefunden hat. Also: Es ist ein starker Fiktionscharakter ganz eindeutig nachweisbar. Weil das, was dort auf der Bühne als Areopag-Gerichtsbarkeit stattfindet, weit weit weit entfernt ist von dem, wie das real stattgefunden hat. Es bleibt also immer noch ein fiktives Element drin, ich will nur darauf hinweisen. Aber grundsätzlich ist das vollkommen richtig, was Sie sagen.

Zuschauer: Noch mal nachgefragt: Wo liegt denn dieser wesentliche Unterschied?

Peter Stein: Der Unterschied liegt darin, dass es ein ganz kompliziertes Verfahren gibt, diesen Aeropag zu bestimmen, dass es ganz unterschiedliche Mitteilungen überhaupt gegeben hat, auch während der Zeit, unterschiedlichste Mitteilungen, wie dieser Aeropag entstanden ist. Dass die Realzeit der Erfindung des Aeropags in mystische Vorzeit zurückweist, und dass selbstverständlich noch nie, kein einziger Athener berichtet hat, er hätte Athene anders als als Statue auf der Akropolis gesehen. Aber dass ihm (Apollon) persönlich begegnet, auf der Gerichtsschranke und auf den Hinterkopf klopfen und sagen: Nun stimm mal schön ab! das ist keinem Areopagiten, der ein Zeitgenosse von Aischylos war, passiert. Das heißt, die Gegenwart, die Gegenwart von Apollon und von Athena, die beiden Götter, durch die Schauspieler, die sie repräsentieren, garantiert sozusagen die ganz ganz große Distanzierung gleichzeitig.

Zuschauer: Ist das nicht gleichzeitig auch Erklärung?

Peter Stein: Selbstverständlich, aber natürlich! Selbstverständlich!!

Zuschauer: Um die Zeit begann der Verfall, es sollte doch abgeschafft werden, Aischylos wollte dafür sprechen, man sollte die hohe Einrichtung, die hohe Alt-Einrichtung, die von Athene eingerichtete Aeropag-Einrichtung, die sollte man nicht vergessen, man sollte sie nicht fallenlassen.

Peter Stein: Wenn Sie *das* wissen, dann muss ich einfach wieder beifügen – auch wiederum aus purer Besserwisserei – dass es genau um diese Frage (ging), ob nun Aischylos in den Eumeniden für die Ephialtes-Reform (votierte), die nämlich den Aeropag recht massiv beschnitten hat, also das höchste Gericht, das Gericht der Alten. Wo die Alten drin waren. Die Besserwisser, die früher alle mal Politiker waren. Die sind dann alle in den Aeropag reingekommen, waren sozusagen das Bundesverfassungsgericht im reaktionärsten Sinne, wie man heute sagen könnte. Es gibt Leute, die das Gegenteil davon behaupten und das Wort reaktionär, glaube ich, nicht richtig ist, es zu benutzen in dem Zusammenhang.

Es geht um die Frage, ob Aischylos mit diesem Stück für den Aeropag und gegen die Ephialtes-Reform oder gegen den Aeropag und für die Ephialtes-Reform votiert (Ephialtes, Sohn des Sophonides, galt als unbestechlich und verfassungstreu, wurde zum Fürsprecher des Volkes, prozessierte gegen Machtmissbrauch, wurde folgerichtig ermordet, O. L.). Blutige Schlachten bei den Interpreten. Und es ist überhaupt nicht sicher und überhaupt nicht gegeben und schon überhaupt nicht meine Angelegenheit, da irgendwie Stellung zu beziehen. Eins ist klar, auf jeden Fall, dass das, was Sie sagen, grundsätzlich richtig ist: Es geht massiv in die Gegenwart, aber gleichzeitig gibt's eben auch durch die, wie Sie sagen, Erhöhung, aber gleichzeitig auch durch die Relativierung des Geschehens, dass sinnlich vor einem passiert, die Relativierung, zum Beispiel, der Macht des Aeropags, die Relativierung, dadurch, dass sich herausstellt, dass der Aeropag ohnmächtig ist, dass er seine Aufgaben, also die Gerichtsinstanz, gar nicht vollführen kann. Da kommt zum Beispiel der entsetzliche Moment des Gleichstimmens, der Stimmengleichheit, die gar nicht funktioniert, (wo) also noch ein Impuls von Athena her muss, sozusagen: OK, also wenn nun gleich, dann pro reo, für den Angeklagten. Das sind alles Zeichen, die eindeutig auf Relativierung ausgehen. Das ganze Stück durch, die Eumeniden, ist interessant und aufregend, wie sowohl Athena als auch die Institution des Aeropags relativiert werden in ihrem Versprechen, in ihrem utopischen Versprechen, dass jetzt alles gut würde. Das hat er auch dadurch erreicht, dass er eben halt ein Bild von diesem Aeropag gemacht hat und keineswegs die Problematik des damaligen Aeropags auf die Bühne gebracht hat. Das ist es überhaupt nicht. Es wird die Ephialtes-Reform überhaupt nicht mit einer Sekunde erwähnt, ob man den da lassen soll oder nicht lassen soll, das wird gar nicht erwähnt im Stück, gesagt wird es nicht. Sondern man kann sagen, dadurch, dass er sagt, der Aeropag, wie der da so schön funktioniert und abstimmt – sicherlich, das ist ein Votum für den Aeropag, für dieses demokratische Gericht. Man kann aber genau so gut sagen, durch die Art, wie das dargestellt wird, wie fadenscheinig die ganze Angelegenheit ist, wie durchsichtig, ist es ein Votum für die Ephialtes-Reform. So geschehen von Wissenschaftlern, die sich da besser auskennen als ich.

Ich will nur ein Letztes noch sagen zu dem Chor, das ist mir ganz wichtig, weil das so oft gesagt worden ist: Es gibt eine Problematik mit diesem Chor. Der Originalchor ist von Männern gesprochen worden, auch der Frauen-Chor. Dafür waren die Masken da, um die Männer in Frauen zu verwandeln oder von einem Mann in den anderen zu verwandeln. Also ursprünglich ist die antike Tragödie von Männern aufgeführt worden, selbstverständlich wurde Athena auch von einem Mann gespielt. Wir haben das selbstverständlich, wie sich's gehört, getrennt, Männer-, Frauenrollen. Nun ist es so, dass sich herausgestellt hat, dass der Männer-Chor im Agamemnon erstens mal sozusagen der altertümlichste und, im alten Sinn der alten griechischen Tragödie, das ursprünglichste Element darstellt. Und die Männer haben 'ne ganze Menge herausgekriegt. Die Frauen-Chöre wesentlich weniger. Das liegt aber nicht daran, dass die Frauen schlechter sind, sondern es liegt daran, dass die Funktion des Chores in diesen drei Stücken ganz unterschiedliche Entwicklungen hat. Im ersten ist der Chor die Ermöglichung des Theaters überhaupt. Er ist derjenige, der da sitzt und sagt: Wir machen's jetzt. Wir sind das Publikum, wir nehmen alles auf, und wir gebären aus uns heraus alles, was weiterhin notwendig ist für die Geschichten, die erzählt werden müssen, usw., usw. Er ist derjenige, der erwägt, der hin und her wägt, der zweifelt, der so macht und so macht und so macht; und damit ist er in einer ganz tiefen humanen Weise uns am nächsten. Das haben wir auch so von Anfang an gewusst, dass der Männer-Chor im Agamemnon sozusagen der Punkt ist, wo man das packen kann. Dann kommen wir auch einigermaßen mit der ganzen Trilogie zu Rande. Denn das ist das zulassende Element in der ganzen Angelegenheit. Wir können dort mitgehen, man kann dort mitempfinden, man kann sich von denen beuteln lassen emotional, noch und noch, wenn man es will. Man kann sich natürlich auch dagegen wehren. Wenigstens mir ist es so gegangen.

Die Frauen-Chöre sind da ganz anders. Schon der Chor in den Choephoren ist ein reines Instrument, der ist ganz stark reduziert, er hat nur eine einzige Aufgabe, nämlich den Mord zu befördern. Schluss, aus. Er braucht keine Geschichten erzählen, das ist alles überflüssig, macht er nicht mehr. Er braucht nicht mehr erwägen, der erwägt nicht. Der sagt: Weg! Weg mit Klytaimestra, weg mit Ägist! Hals ab, Killer! Also ganz im erinyischen Sinne – Rübe ab! Wieviel Prozent haben wir jetzt für die Todesstrafe? Bei 60 sind wir angekommen, nicht? 60 % der Bevölkerung.

Publikum: *(Unruhe, Staunen.)*

Peter Stein: Ja. Das steigt im Augenblick gewaltig. – Es ist so, dass dadurch die Funktion des Chores natürlich von uns wegrückt, weil sie so einseitig ist, weil dieser Frauen-Chor so einseitig ist und immer nur das verlangt. Obendrein auch noch in solchen Formen, solchen rituellen Formen wie diese Grabbegehung, die für uns auch schwer zugänglich ist, usw., usw.

Christine Oesterlein: Und die ist auch wie die eigene Biografie ganz in den Hintergrund gerückt.

Peter Stein: Absolut.

(...)

Schöne bunte Stadt (?) oder nicht schöne bunte Stadt – davon reden die Frauen überhaupt nicht mehr. Die reden nur davon: Rübe ab und denken sich ganz viele Sachen aus und folgen ganz bestimmten Ritualen, um dieses Ziel zu erreichen. Dann, im dritten Teil, der Frauen-Chor tritt auf und muss sozusagen als rasende Blutwurst da erscheinen, inzwischen Protagonist geworden, wiederum absolut einseitig, noch mehr radikalisiert und überhaupt nicht mehr menschlich. Also 'ne göttliche Instanz, ein Abstraktum, das es natürlich nicht so ohne weiteres packen kann und mitnehmen kann und dementsprechend uns fremder wird (?). Und diese Geschichte liegt nun, wie gesagt, an der Tatsache, dass die Strukturen der verschiedenen Chöre in diesen drei Stücken absolut unterschiedlich sind. Das fanden wir eine absolut spannende Erfahrung, nur, haben wir auch zum Beispiel mal erwogen, ob es vielleicht daran liegt, dass Chor von Männern besser gemacht werden kann als von Frauen. Solche Erwägungen hat's bei uns gegeben. Den Erfahrungen entspricht es, wenn man zehn, selbst miteinander verfeindete, Männer auf einen Haufen tut, das, wie in einem Bärenzwinger oder wie in einer Hundemeute, immer noch ein Chor ist. Wenn man zehn miteinander verfeindete Frauen ...

Publikum: *(Heiterkeit.)*

Peter Stein: ... in eine Ecke stellt, so ist das einfach geographisch, physisch, psychisch und human gar nicht darzustellen, wenn dabei dann (?) Kontinente aufbrechen und der Chor eben nicht da ist. Solche Überlegungen chauvinistischer Art hat es gegeben.

Bitte: Darf ich Sie als letzte Wortmeldung nehmen, weil, wir müssen nämlich aufhören, weil in anderthalb Stunden hier 'ne Vorstellung läuft, bitte!

Zuschauer: Ich wollt direkt noch mal sagen zu den Funktionen des Chores im ersten und im zweiten Stück: Das bedingt sich in gewisser Weise inhaltlich gegenseitig, denn die Protagonisten des ersten Stückes wissen doch eigentlich genau, wie sie zu handeln haben, die handeln auch relativ unreflektiert, und der Chor steht dagegen, wägt ab, überlegt, denkt nach, während doch im zweiten Stück der Orest derjenige ist, der zaudert, der sich nicht entscheiden kann sondern lange überlegt.

Und dem steht doch an sich der Chor der Frauen jetzt gegenüber, der also den einzelnen Zögernden bewegen muss zur Tat. Die ersten haben das überhaupt nicht nötig, die handeln aus sich heraus ...

Peter Stein: Warum? Warum haben die das nicht nötig? Das ist ja genau das, was die Jutta meinte ...

Jutta Lampe: Die erzählt ja nichts von ihrer Tat ...

Peter Stein: ... dass das andere Menschen sind.

Jutta Lampe: ... die Klytaimestra erzählt ja nix von ihrer Tat, erst wenn sie's getan hat!

Peter Stein: Erst wenn sie es getan hat.

Jutta Lampe: Na sicher!

Peter Stein: Es bleibt erhalten, dass es offensichtlich ganz verschiedene –, ich meine, man kann verschiedenste Erklärungsmodelle nehmen, nicht? Also: Erfolgreicher Ölmagnat hat missratenen Sohn – die zweite Generation ist immer ...

Christine Oesterlein: Mickrig!

Peter Stein: Mickrig, OK.

Publikum: *(Lachen.)*

Peter Stein: Das ist ein Erklärungsmodell, das ist aber natürlich recht dumm. Ich muss Ihnen aber auch sagen, wie Sie die Erzählung gerade geführt haben, das ist verständlich, aber sie stimmt nicht genau. Da ist unheimlich viel Psychologie von heute drin. Denn es ist nicht so, dass der Orest zaudert, er zaudert nicht eine Minute! Es gibt einen einzigen Punkt, wo er zaudert, und das ist, wo er das Messer direkt an der Brust der Frau hat, seiner Mutter hat. Da gibt es einen winzige Moment von Zaudern, der zugelassen ist. Das ist aber, sozusagen wie bei jedem Tier, die Bisshemmung, die dort vorhanden ist. Aber: der kommt auf die Bühne, dieser Mann – das ist völlig unpsychologisch, die Psychologie ist noch nicht erfunden in der Zeit! – er kommt auf die Bühne und sagt: Guten Abend, meine Damen und Herren, ich bringe meine Mutter um. Wo ist sie? Merkwürdigerweise braucht es jetzt ungefähr ...
Jutta Lampe: Anderthalb Stunden.
Peter Stein: ... es braucht unendlich viel Verse und ein riesen Tamtam und eine Art Voodoo-Voodoo-Tanz und ein Einstampfen, bis das möglich ist. Warum? Das ist sehr seltsam. Aber es ist nicht so, dass er zaudert. Ich weiß, es ist klar: Orest ist der erste Hamlet, diese ganzen Geschichten kenn' Sie ja, es ist auch fruchtbar geworden, ist auch literarisch fruchtbar geworden diese Interpretation – sie ist nur falsch! Sie ist nicht belegbar aus dem Original, sie kann gar nicht existiert haben zu der Zeit. Und es ist so, dass es selbstverständlich auch nicht richtig ist, dass die Protagonisten Agamemnon unreflektiert haben. Im Gegenteil. Es wird erzählt von einem großartigen Reflexionsvorgang in den schönsten Stellen in dem ganzen Ding, die ich besonders liebe, wie nämlich Agamemnon, der große Täter, sich entschließt, seine Tochter zu killen. Und das wird in, glaub ich, dreißig, vierzig Zeilen langsam, Faser für Faser, auseinandergetrieben. Zuerst sieht er das Problem vor sich, dann sagt er: Nein! Dann sagt er, wenn nein, dann aber doch jenes, dann dieses und diese Seite betrachten – und so wird das hin und her erwogen. Und dann erzählt der Chor darüber, dass er über das Erwägen gar nicht hinausgeht. Aber, dass er aufgrund der Tatsache, dass er ein Täter ist und damit ein Verbrecher und dadurch ein unseliger Mensch und ein unfrommer Mensch, nur weil er nämlich was tut und nicht nur quatscht, dass er während dieses Erwägens bereits die Entscheidung trifft. Diese Formulierungen heißen ... und während er da noch so herum erwägte ...
Schauspieler: *(Rufen Stein Texte zu.)*
Peter Stein: ... und wie er sich bog unter das Joch der Notwendigkeit, regte sein Sinn, brannte sein Denken sich schon in gottlose unheilige Richtung und er entschloss sich.

Das heißt, es wird ein Entschlussprozess zur Tat in Zeitlupe auseinander genommen. Das heißt, er stolpert keineswegs unbewusst in etwas hinein, nein, er beschreibt: Einerseits, wenn ich das mache, hauen mir die Götter auf den Sack, wenn ich das (nicht ?) mache, hauen sie mir ebenfalls auf den Sack – was soll ich tun? Was soll ich tun?? Und während er diese Tatsache, dieses Erwägen als handelnder Mensch auf sich nimmt und sich nicht verweigert und *(Mit jauliger Stimme:)* nicht anfängt zu weinen, oder irgendwas in Auflösung zu bringen, wie der Chor das tut, sondern dass er wirklich sagt, jetzt ist es so und jetzt ist es so, die Waage herzustellen, und darin innerhalb dieses Erwägens, innerhalb dieser Waage, seinen Mann steht, und sagt: OK, ich akzeptier diese Waage, bumms!! hat er sich schon entschlossen – bumms! ist schon die Tat fällig. Und dann kommt noch der nächste Schritt, dass er dann die Tat nicht etwa wie ein Abwägender oder ein Abgeklärter, ein Aufgeklärter macht, sondern wie ein Rasender, wie ein Mörder. Ein *surplus* an Aktivität, um diese Balance-Situation zum Kippen zu bringen und um sich selber zu rechtfertigen. Also, sozusagen nicht

mit dem silbernen Messer und vielen Entschuldigungen dann diesen Ritualmord an Ephigenie zu begehen, sondern auch noch mit Blutrunst in den Augen das durchzuführen.
Jutta Lampe: Das macht der Orest *nicht*.
Peter Stein: Und von solchen Überlegungen, von solchen Sachen ist er weit weit weit entfernt. Sondern er sagt, es gibt überhaupt nichts, ich bring meine Mutter um. Aus! Es gibt kein Argument dagegen. Und trotzdem kann er es nicht tun. Weil – ich hab das ja nicht erfunden, ich will meine Mutter eigentlich sozusagen nicht ... nun, das sagt er nicht, aber: Ich hab 'n Auftrag! Da war so'n Typ, Apoll, der hat gesagt, wenn du das nicht machst, dann ist aber alles aus.
Jutta Lampe: Das heißt, seine eigene Wut ist offensichtlich ... also, die Wut, die dazu nötig ist ...
Peter Stein: ... nötig ist, die existiert nicht!
Jutta Lampe: Die existiert nicht. Und deswegen muss er ...
Peter Stein: Sie kommt dann auf einem zweiten Geschoss wieder rein, aber das würde jetzt zu weit führen.

Er ist auch schlecht informiert. Während sich Agamemnon informiert zeigt über die Konsequenzen, wenn er seine Tochter nicht killt und wenn er seine Tochter killt. Beide Konsequenzen hat er im Auge. Orest, das Schaf ...
Jutta Lampe: Nur eine.
Peter Stein: ... hat nur gesagt, also, wenn ich es nicht mache, dann fallen mir die Haare aus. Dann werd ich wahnsinnig. Und dann krieg ich Pocken, usw. Und deswegen muss ich das machen. Und dann im Verlauf dieser eigenartigen, im Grunde genommen ganz archaischen und in andere, tiefere Bereiche, nämlich sozusagen Vor-Agamemnon-Bereiche, ragende Rituale wie bumbumbum!! Beschwörungen, hallo, hallo! Wasser gießen und Haare schneiden, all solche Geschichten, also, solche Sachen, die ja gar nicht vorkommen im »Agamemnon« – das ist ja viel klarer, eigentlich, nicht? Durch solche altertümlichen Manipulationen bringt sich dann der eigentlich »modernere« – wenn man schon diese Begriffe noch mal sagen will! – der Typ, der näher an uns ist, wird dann instand gesetzt, eine ganz schöne, alte, fluchwürdige, blutige, gottlose, unreine Tat im alten Sinne durchzuführen, die dem Hause adäquat ist. Was nämlich ein Bluthaus ist. Dadurch wird er instand gesetzt, und dazu dieses merkwürdige lange Getrommel, was für uns dadurch natürlich fremd wirkt, während die Prozesse im Agamemnon, die der Chor dort vollzieht – ich auch manchmal denke, also, Herrgott nochmal, wie kann man mir zentraler aus dem Herzen sprechen als da. Ich möchte kein Sieger sein! Ich möchte kein Städtezerstörer sein, aber selber will ich auch nicht besiegt werden oder mein Leben in Knechtschaft verbringen müssen. Das ist die zentrale Schwank-Achse, um die sich der Chor drei Stunden lang so blah! blah! blah! blah! wie eine flügellahme Ente bewegt und an Emotionen so viel damit zusammenrafft, wie ich das selten bei einem Protagonisten, bei einem Einzelspieler, auch bei Shakespeare, gefunden habe.
Schauspieler: Und das ist auch genau das Spannende im Spiel.
Peter Stein: Das rauszukriegen. – OK, meine Damen und Herren, ich muss ja schließen, ich bedanke mich ganz herzlich für Ihre Anwesenheit und Ihre Beteiligung an der Diskussion und vielleicht wiederholen wir das noch mal ...
Schauspieler: Das ist vielleicht notwendig, wegen vieler Aspekte ...
Peter Stein: Danke!
Publikum: *(Beifall.)*

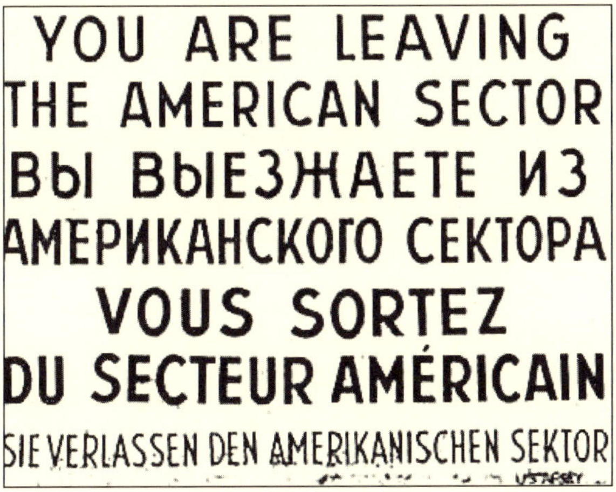
YOU ARE LEAVING
THE AMERICAN SECTOR
ВЫ ВЫЕЗЖАЕТЕ ИЗ
АМЕРИКАНСКОГО СЕКТОРА
VOUS SORTEZ
DU SECTEUR AMÉRICAIN
SIE VERLASSEN DEN AMERIKANISCHEN SEKTOR

IMPRESSUM
Olaf Leitner
WEST-BERLIN! WESTBERLIN! BERLIN (WEST)!
Die Kultur – die Szene – die Politik.
Erinnerungen an eine Teilstadt der 70er und 80er Jahre.

ISBN 3-89602-379-9

BILDNACHWEIS
Olaf Leitner: 14, 15, 20, 46, 52, 71, 80, 84, 124, 128, 137, 142, 152, 167, 175, 192, 210, 224, 225, 236, 241, 243, 250, 260, 268, 274, 283, 292, 303, 306, 319, 324, 353, 372, 425, 457, 473, 499; Wolfgang Krolow: 37, 67, 181, 221, 331, 453, 461 und alle Fotos auf dem Umschlag des Buches; Sabine Sauer: 40, 414; Stern-Bildredaktion: 57; Jim Rakete: 203; Bodo Dretzke: 334; Michael Kirsten: 363; Ashkan Sahihi: 392; Stefan Doblinger: 398; Helga Simon: 412; Imke Weidtmann: 464; Peter Himsel: 484; PR-Fotos: 70, 97, 352, 419, 448, 449; Privat: 108, 111, 184, 278, 310, 382

UMSCHLAGGESTALTUNG
Frank Wonneberg

E-MAIL
Autor: strukomm@t-online.de
Verlag: info@schwarzkopf-schwarzkopf.de